索·恩 人物档案馆

012

纵横捭阖于欧洲大陆的传奇首相，
折冲樽俎的优雅外交鬼才

Metternich

梅特涅：
帝国与世界

Stratege und Visionär.
Eine Biografie

〔德〕沃尔弗拉姆·希曼（Wolfram Siemann） 著　　杨惠群　译

社会科学文献出版社
SOCIAL SCIENCES ACADEMIC PRESS (CHINA)

沃尔弗拉姆·希曼（Wolfram Siemann）/ 作者简介

沃尔弗拉姆·希曼是德国著名的十九世纪历史学家，现任慕尼黑大学近现代史名誉教授。

杨惠群 / 译者简介

毕业于北京外国语学院德语系，后前往德国汉堡大学进修，2012年3月至2015年5月任驻汉堡总领事。

索·恩　人物档案馆已出版书目

目 录

导 言

第十二章 经济学家：从帝国伯爵到早期资本家的社会族长

**第十三章 赤贫中各国人民的春天：三月革命之前，
1830~1847**

附 录

导 言

1
一个男人——七个时代

在本长篇传记出版之前六年，我已经在一本小册子里简要描述了我对梅特涅（Klemens Wenzel von Metternich）的印象。各位读者的要求迫使我作出一个说明，我不能用同样的笔法，而是要以较长的篇幅，对这位重要的国务活动家的生平进行描述和再现。之前出版的小册子让读者先获知了结果，先了解了本应在阅读完这位伟人的人生经历后，方能熟悉的人品和性格。而此书较长的篇幅使我放开手脚，可以从另外一个角度着手讲述。它赋予了我另外一种角色——形象地说，像是一位有经验的领路人和导游，带着渴望求知的男读者和充满好奇心的女读者，进行一次穿越时空的旅游。我们将一同回到对于今人来说已经十分陌生的时代和历史的画卷中，去讲述他那融合了诸多历史时代的生平——鲜有哪位国务活动家有这样的经历——与他用一生所经历的时代，其中有五十年是在共同塑造它们，而后我们会对其进行回顾性的评说。

如果不算可以追溯到中世纪的梅特涅家族的历史足迹，那么要叙述的总共有七个历史场面。这七段历史总是被认作改朝换代的标志，并由同时代人从旧秩序（旧制度）① 向新型的 19

---

① 指1789年之前法国的政治和社会制度。（本书页下注均为译者注或编者注，后不再说明。）

世纪前进开路的六次历史变革所分开。在这里要策划的，像是一本导游指南，会事先向那些愿意一起参与这段历史进程的读者，预示他们所期待的结果。历史经验只有强烈并持续地印在同代人的集体记忆中，才具有划时代的意义，让他们终生不能舍弃，并一再出现在他们的谈话、回忆和讲解中。同时，我想就每一段划时代的历史经验作些说明，即可以从哪些极端对立的视角来感知这些历史经验。

一　梅特涅七个历史时代中的第一个，即从孩提时期到他令人印象深刻的青少年时代（1773~1788）。这一时期中，敏感的观察家既感受到了旧秩序的、社会的穷奢极欲与没落气氛，又感受到了令知识分子神往的、弥漫在贵族和平民阶级中的启蒙运动精神。1766~1777年造就了日后欧洲世界在精神、政治和军事领域的一代领军人物，后文会对这些人物详加描述。这一代人早已被打上了历史叙事学的深深烙印，比如"梅特涅一代（始于1773年）"，以及仿佛是其倒影的"波拿巴一代（始于1769年）"。[1]所有这些领军人物都具有旧式世界主义欧洲的、启蒙式的渊博学识，他们或是与商业大都会伦敦保持距离，或是在熠熠生辉的精神孵化器巴黎中活跃，或是在德国大学的讲坛中，以及在德意志各邦都城的书宅里，繁琐地、不慌不忙地沉醉于求证，试图找寻出有着数百年传统的德意志公法与启蒙的理性挑战间的内在联系。

二　这个旧式的世界主义欧洲，在一次双重危机的冲击下崩塌了。当先已爆发的大西洋革命在1789年以法国革命的形式涌向欧洲大陆，席卷莱茵河流域国家、奥地利属尼德兰地区以及尼德兰国家 ① 时，也深深地将年轻的梅特涅及他的家族裹挟进来。第一次反法同盟战争期间（1792~1797）②，德意志人、尼德兰人、西班牙人、不列颠人、意大利人及俄国人组成的联盟曾试图抵制新时期的到来。当一些同时代人心灰意懒地对旧式"德国自由"的改革还抱有希望之时，另一些人则相信，不实行"暴力恐怖（Terreur）"将不能击溃那些旧式强国的抵抗。

　　三　那场持续了近二十五年（1792~1815）的世界战争——从今人研究的角度来看，可以毫不夸张地称其为世界大战——使梅特涅先是以公使的身份、后又作为奥地利皇朝的外交大臣，经历了民族与帝国之间新型的碰撞。号称"马背上的世界之魂（Weltseele zu Pferde）"（黑格尔语）的拿破仑，为这场冲突打上了他个人的烙印。对有些人来说，拿破仑是位"世纪男人（Mann des Jahrhunderts）"，而在另一些人眼中，这个称呼则等同于最邪恶的军阀暴君。这个历史阶段使同代人迷茫，使被奴役的百姓不知所措，因为此一时期所发生的血腥战争在规模上可谓史无前例，但同时，它又预兆着自由以及人类的道德进步。拿破仑的传奇，似乎恰恰可以象征这个时代的双重面貌。战争意味着什么，它带来了什么，以及人们如何以一种新的方式利用战争促进进步，同时无情地消灭敌人：这是另一种塑造一代人的经历。

013

---

① 指尼德兰资产阶级革命（16世纪）前莱茵河、马斯河、埃斯考河下游一带的低地国家，约为现在的荷兰、比利时、卢森堡及法国东北部。

② 反法同盟和法国进行了二十多年的战争。第一和第二次反法同盟与法兰西第一共和国之间的战争即所谓的法国大革命战争，后五次反法同盟与法兰西第一帝国的战争即拿破仑战争。

四　接下来的时代（1815~1830）是欧洲国家体系的重建时期。这一体系在1814~1815年维也纳和平会议到1848~1849年欧洲革命期间，作为既要防止战争又要防止革命的庞大机制起作用。其间，国务首相 ① 梅特涅作为所谓的"欧洲的马车夫"在穿梭忙碌着，他自己也认为，只有不断地对脆弱的欧洲大厦进行必要的修补和加固，才可至少避免爆发新的欧洲大战。按照他的理解，这种战争的

---

① 原书中涉及梅特涅职务的称呼，一直沿用的是"Staatskanzler"，译成中文应该是"国务首相"，是弗朗茨皇帝于1821年5月25日在写给梅特涅的亲笔信中任命的，正式职务的全称是"Haus-、Hof- und Staatskanzler"，直译成中文即"皇室、宫廷和国务首相"，以示对他在维也纳会议前后，为奥地利国际地位的重建所作出的杰出贡献予以表彰。然而，"国务首相"的名称虽然与他之前的职务有所不同，但权力并没有扩大多少，他负责的只是外交事务和部分对外安全事务，并不负责内政与财政事务等，所以，他尚非真正意义上的总理，只不过由于当时奥地利面临的是连年不断的战争、割地赔款、国体变更（从神圣罗马帝国到奥地利帝国）以及国际地位的重建，从而因外交优先，使主管对外交往的梅特涅在与皇帝的关系上，虽不能说是冠绝百僚，但深得皇帝信任，为其股肱之臣，拥有比较优越的地位。此外，从神圣罗马帝国到奥地利皇朝，始终没有一个中央政府—内阁，梅特涅领导的国务府（Staatskanzlei）并非内阁，因而也难以算作中央政府，其职能类似于中国清朝的总理各国事务衙门，或者美国的国务院，而身为"Staatskanzler"的梅特涅，则相当于美国国务卿的地位。再加上奥地利皇朝的各主管大臣均直接向皇帝负责，诸事不经过"Staatskanzler"，而各位皇帝，特别是弗朗茨皇帝又反对设立内阁，将大权独揽，尤其擅长利用矛盾辖制群臣、防其做大，对梅特涅（建立和扩大内阁）的机构改革建议，则束之高阁，十几年不闻不问。即使后来在斐迪南皇帝治下，成立了帝国国务会议，并一度由梅特涅担任主席主持会议，但为时短暂，且由于斐迪南是位智障皇帝，因此，帝国国务会议具有摄政性质，其中各大公爵和其他大臣的发言权远大于梅特涅，而且他们还联合起来针对梅氏，不久，梅特涅会议主席之职即被取代。综上所述，"Staatskanzler"实质上是美国国务卿权限意义上的"国务首相"，或者如我在翻译时曾欲直接译成的"国务卿"，以示此"国务首相"非人们通常理解的"总理"。这样就可解释读者难以理解的问题，即为何梅特涅被称为"首相"，却鲜见他全面主理内政、经济、财政、教育、军事等事务。涉及梅特涅的有关文献，绝大多数也是围绕"梅特涅的外交实践"在做文章，仅在涉及国家的安全稳定时，才提到他于内政上的保守主义。由此可知，"首相"其实并非确切的翻译。然而，在百多年来的中文文献中，梅特涅一直被称作"首相"，已然约定俗成，故而在本书中，凡遇到"Staatskanzler"一词，亦约定俗成地一律译作"国务首相"，特此说明。

毁灭程度将会远远超过以往所有的战争。他的反对派将他的政策称为所谓的梅特涅"复辟（Restauration）"体制。

　　五　1830年，当七月革命从巴黎开始，进而席卷了欧洲大部分地区特别是欧洲南部时，其似乎已处于临界状态，此后，当时的人们对时代的认知就一直在下述两方面间摇摆不定：一方面，想通过大规模起义，必要的话甚至通过联合起来的被奴役人民进行一场大战，以赢得"人民的春天（Völkerfühling）"，并大力鼓吹"青年德意志（Junges Deutschland）"①，"青年"波兰、意大利或者匈牙利，等等；另一方面，又怀有一种对文明崩溃的永恒恐惧——因行将爆发且无法驾驭的恐怖活动所致。

　　六　第六个划时代的经历，来自1848~1849年的欧洲革命。对一些人来说，这场革命意味着通向自由、民主、宪政的统一民族国家的觉醒；对另一些人来说，就像梅特涅后来所经历的，大革命宣告了他们流亡时代的开始，以及无法克服的现代化危机，它使新国家主义的潜能迸发出来，并导致传统的国家间关系被破坏殆尽。

014

　　七　第七个阶段包括消化革命后果和对其的"反动（Reaktion）"，以及在哈布斯堡皇朝和新专制主义中所追

---

① 德意志民族国家的诞生是一个艰难的过程，这也体现在"德意志（Deutsh）"一词的含义与来历中。在1871年德意志帝国成立以前，只存在松散的德意志邦联，其中包括奥地利、普鲁士等，又由于这种国土与国家的不相一致，此一时期的"德意志兰（Deutshland）"更多是一种历史、地理和文化层面的概念，而并不指一个统一的政治实体，因此尚不具备民族国家所谓的国家政治范畴内的意涵。正如席勒所言："德意志兰？它在哪里？我找不到那块地方。学术上的德意志兰从何处开始，政治上的德意志兰就从何处结束。"

加进行的官僚主义式的现代化。如同梅特涅的第一位传记作者所描述的，**他"从包厢里"**［海因里希·冯·西尔比克（Heinrich von Srbik）语］观察着发生的一切，同时也从幕后知悉并掌握着比人们目前所知要更多的历史线索，而他的意见在政治知情者的圈子里则继续受到重视。这一时期从克里米亚战争（1853~1856）中"维也纳体系"的崩溃开始，直至新兴民族国家间的第一次大大小小的战争为止。1859 年后，哈布斯堡皇朝不情愿地被迫卷入这些重组国家的战争中，而于同年逝世的梅特涅所看到的，则是他的遗产——如果说还有这样的遗产的话——最终被赌输殆尽。

对他来说，这七段划时代的经历接踵而至：启蒙运动、法国革命、因感到永恒的生存危机而进行的战争、欧洲重建（复辟）、人民的春天、革命引起的现代化危机，以及为重建国家而引发的民族冲突。如果处于其他年代，这七段历史中任何单独的一段都足够整整一代人去消化，而他一个人却经历了所有。这一切对他而言意味着什么？作为一个不乏家道传统的伯爵家族的后裔，梅特涅同时又具有开明的自由精神，他看到的，是几近于包括其整个家族的生死存亡在内的旧秩序的败落，新秩序则在他眼前诞生，而他亦参与其中。梅特涅必须在关于把旧欧洲的（封建的）等级社会引向市场导向的资本主义的争论中展现身手。他出身于由农奴供养的帝国贵族，后来拥有了一个有着 400 名工人的钢铁厂，从而跨入了早期工业化的工厂主行列。

此前的梅特涅传记，无一例外都是从他几乎静止的人格内核着手，而对他所处时代的那些影响至深的、改天换地的历史经历，在他的人生中是否留下过痕迹、引起过变化，则鲜有关注。从孩提时期直至晚年，梅特涅都可以被称作一个聪慧睿智的人，一个知识分子，而很多人，包括他的主要传记作者海因里希·冯·西尔比克在内，却都将其贬斥为一个僵化的空想家。而这位知识分子则通过不间断的写作，使人们一再相信他四处活动的理由和目的。他不停地阅读，特别是在为时数周的、穿梭往来于欧洲的马车之旅中更是如此。他读书、看报，喜爱阅读历史和文学作品，而且如果不得不看的话，他也会阅读自己政敌写的那些论战性和诽谤性小册子。除此之外，他当然首先要看文件和会谈参考资料。无论在哪儿，他都不断地写信，写给家人、朋友、志同道合者，特别是袒露心扉地写给情人威廉米娜·冯·萨甘（Wilhelmine von Sagan）和多萝特娅·冯·丽温（Dorothea von Lieven）。这些箴言警句、备忘录、回忆录、书信等，标示了他的人生轨迹。由于这些资料对他本人来说十分重要，所以他都没有扔掉，因而在布拉格形成了由他亲自整理的遗存资料［《克莱门蒂纳文献》（Acta Clementina）］，以及保存得最为完整的梅特涅家族档案。这些资料成了认识这位不容易让人理解，却容易让人曲解的历史人物的不竭之源。

我作为虚构的导游最为关注的，是引导那些追随我足迹的游客，从时代的深渊里走出来，并向前行。对我而言重要的是，将那些影响重大的时刻——那些本原的经历——展现出来，从而理解他所做出的行为和判断。这些原始经历在后来的冲突、危机和对抗中，似乎是使得梅特涅采取当时可预见的、令人不快的行动的主要刺激。从这个角度来观察，对 18 和 19 世纪之间 "鞍形期（Sattelzeit）" [1] ［莱因哈德·科塞勒克（Reinhart Koselleck）语］的一些基本概念诸如 "法律" "革

---

[1] 科塞勒克的 "鞍形期" 指欧洲从近代早期走向 19 世纪和 20 世纪、从前现代走向现代的 "过渡时期"。

命""变革""民族""文明""代理""人民""主权在民"等，就可能会有新的理解了。然而从梅特涅的角度去理解所有这些概念，绝不意味着为它们进行辩白。一部像本书一样的传记，不能也不会奉行辩护意图，如今更再没有理由这样去做。将梅特涅那时候所想、所指但没有说出的东西，从他早期的经历中推导出来，是后来的历史学家的特权。或许可以这样理解本书的宗旨：还历史人物以本来面目。

一场内容丰富的、从方法论的角度来讲也富有成果的辩论，会使人怀疑，即使在所谓后现代的旗号下，进行历史叙事是否还有可能，以及传记作为历史学创作的一个类型——按照威廉·麦斯特（Wilhelm Meister）的模式对人的一生进行描述——是否已然成了一种"幻想（Illusion）"［皮埃尔·布迪厄（Pierre Bourdieu）语］。当然，旧式的、描写主人公个人成长历程的教科书式小说写法，以及与其相关的对主人公进行历史确证的做法，早已消亡，而且就在约翰·古斯塔夫·德罗伊森（Johann Gustav Droysen）出版他的《史学》（*Historik*）一书并写出下列语句之时，就已经死了："对于历史研究来说，过去的并非是已知的，因为它们已经过去了，而是与其相关的现时和此地还未过去的事物，无论是对古远的、曾经发生的事情的回忆，抑或是对刚刚发生的事情的残存记忆（在起作用）。"[2] 换句话说：过去的事，以及已经逝去的人的一生，是无法按原样"再重构"的：它不能容忍那些流传下来的残简碎片所显现的残缺性和偶然性。但是，让一个人生平的见证，与有充分理由的提问进行对质，仍然是可能的。而假如这样做能展现它们之间的意义关联，使历史及历史人物的"肖像"并不是非黑即白，而是闪烁着"五光十色"［理查德·伊文斯（Richard Evans）语］[3]，那么，本书的一个重要目的就算达到了。

2
梅特涅传记作者的代际变化

　　与其他重要的国务活动家相比，梅特涅很早就开始考虑，他本人会给后世留下一个什么样的形象。从1820年代起，他就开始从记忆里收集那些此后可用作回忆录素材的场景，他非常清楚，自己将会成为一个可以书写回忆录的角色。当然，他只收集那些涉及他本人并且能够对官方文件进行拾遗补缺的素材。4 历史学者那种真正的科学工作方式，对于他来说，其意义仅仅在于，研究者可以接触和查阅皇室档案，并且"在与当前的工作——'写回忆录'——有关时，才向时代的卷宗请教；从这种双重来源汲取素材，他们就能够更加容易地对这个伟大的时代进行评判。而此时却有人把这样一个困难的任务，在世界上扮演一个积极的角色派到了我的头上"。5 他说，只有历史编纂学者（Geschichtsschreiber）才能无成见、不偏不倚、公正地评价国务活动家的行为和目的。由于他对历史学家的评价很高，因此，他将同代人对他的评价与历史学家对他的评价作了严格的区分，并且只有后者的评价对他才真正算数。1829年，在又记录了一段回忆录之后，他发现，"可以撰写关于19世纪头二三十年所发生的、多如牛毛事件的历史编纂学者还没有出生。很理智的是，不能再要求同时代之人为那些日后将担当这个崇高职业的人去搜集材料。那些人将以平静和不带偏见的心态，去书写已经过去的、真正的历史，而亲身经历过和积极参与过这些历史事件的人，却一直缺乏这种平静与不偏不倚的心态"。[6]

同样，梅特涅也非常清楚，同代人对他品性的评价是两极分化的，就像他所写的那样，是他们炮制了针对他的那个概念——"梅特涅体制（Metternichsches System）"。在这方面，他同样采取了与历史学家不同的工作方式："所有国家的档案都存有那些我想要做的，以及我想促进的事务的证据，也有我不想要的，从而我要反对的事务的证据。要对客观历史作出评判，就必须对一些因素的价值，以及对另一些因素的非价值作出抉择。"[7]

约瑟夫·玛利亚·冯·拉多维茨（Joseph Maria von Radowitz），这位拥护由普鲁士占统治地位的"小德意志邦联"主张的普鲁士政治家，同样也是造访梅特涅在约翰尼斯贝格宫殿（Schloss Johannisberg）的客人之一，甚至于1830年代末曾毛遂自荐，自告奋勇地要为他客观公允地撰写传记，并声称，梅特涅将会在传记中看到一位他完全不熟悉的伟大人物。[8]拉多维茨大大地错看了梅特涅，梅特涅则一如既往地对他敬而远之。其实，他认为拉多维茨"头脑古怪"，用童话世界的一幅图画来形容：他是一个"魔鬼（Diabolus rotea）"，这个魔鬼替代了一辆车上的第四个车轮；他是那种不会在半路停下来的人，他通过他特有的五花八门的奇思妙想和丰富多彩的语言自我陶醉并试图去陶醉别人。一句话：梅特涅将拉多维茨看作一个热情的、但也不是没有偏见的同代人的典型。[9]

诚然，梅特涅对后来的历史编纂学者的评价过高了。道理很简单，他们对梅特涅的争论和评价，只有那个时代对拿破仑的研讨才能与之相提并论。1836~2015年，总共出版了约30部记述梅特涅的传记，每一部都试图全面地而不是仅就某一生平阶段来评价他的一生。这些传记作者大致可以分为不断变换视角的四代人。

第一代是那些同时代之人，在梅特涅的眼里，他们并不具 018
备进行历史叙事的资格。梅特涅的同代人当时已经出版了第一
批关于他的回忆录、文集和文件，对这些出版物，国务首相早
已进行了深入细致的研究和分析。他手拿红铅笔，仔细伏案阅
读着、标记着，然后用羽毛笔摘录下他认为重要的段落。比
如他研读了来自圣赫勒拿岛（St.Helena）的关于拿破仑的回
忆录，以及弗里德里希·根茨（Friedrich Gentz）的文集或
者施泰因男爵（Freiherr von Stein）的传记等，[10] 当然也有
阿道夫·蒂尔斯（Adolphe Thiers）的革命时代的历史巨著，
梅特涅作为历史见证人曾接受过他的采访。称上述这些传记作
者偏袒和抱有成见并不冤枉他们，两位曾经是梅特涅圈子里的
同代人就非常明显地表现出了这种特点。1836年瑞士比尔高
中的哲学和历史教授威廉·宾德（Wilhelm Binder），首先斗
胆撰写了《梅特涅传》，而这部作品充其量也只能归入"英雄
崇拜"一类。与之完全相反的另一部作品，则是由前维也纳皇
室、宫廷和国家档案馆馆长，宫廷史官约瑟夫·冯·霍尔迈耶
（Josef von Hormayr）所著。梅特涅曾下令将其作为1813年
"阿尔卑斯革命"的首领予以逮捕——这段故事后文还将详加描
述——因此也给自己制造了一个不屈不挠的敌人。霍尔迈耶逃
离了维也纳，最终转而为巴伐利亚王国效力。复仇的欲望激励
他于1848年出版了一本诽谤性的小册子，名为《弗朗茨皇帝
与梅特涅》（*Kaiser Franz und Metternich*）。他在小册子
中把梅特涅描绘成一个冷血的阴谋家、专制主义者及思想解
放的镇压者，草率、浅薄、轻浮且意志薄弱。他制造了一个
典型的遭痛恨的形象，此后，这一形象就一直突出地充斥在
"小德意志历史"的历史叙事中。

基于此，**第二代**的轮廓已然被勾勒出来。梅特涅死后没
几年，从1866年开始，这一代的历史编纂学（即历史叙事）

随即出现了分裂，将其点燃的火源是：要么鼓吹帝国与"小德意志（Kleindeutsch）"，要么主张哈布斯堡及"大德意志（großdeutsch）"。① 这场事关重大的原则性争论，使梅特涅的重要性被无情地、完全地屈从于民族的"德意志问题"视角。霍尔迈耶掀起的论调，被后来归属到普鲁士的萨克森人海因里希·冯·特赖奇克（Heinrich von Treitschke）蛊惑性地变成了一场风暴。他所著的《19世纪德国史》（*Deutsche Geschichte im 19. Jahrhundert*）虽然不是狭义上的传记，但对梅特涅形象的影响却是其他作品无法比拟的，原因是受过教育的市民阶层家家都有一本《19世纪德国史》。按照梅特涅的想法，这位历史教授本应该心情平和且公正地去著述，然而他却将国务首相其人看作德意志民族的叛徒、一个外交上的阴谋家、一个彻头彻尾的交际名流、一个"毫无思想"之徒、工于"狡诈"、"冷酷无耻"、贪赃受贿、谎话连篇，总之，"不是个德意志人，而是个奥地利人"[11]。这部充满激越情绪之作的第一卷于1879年在柏林出版。仅仅一年后，国务首相的儿子理查德·冯·梅特涅（Richard von Metternich）在维也纳即出版了《遗存的文件》（*Nachgelassenen Papiere*）一书的首卷，其中包括来自家族档案和皇室、宫廷和国家档案馆的资料，他想以此来阻止日益增长的对梅特涅的批评和贬损浪潮。

---

① 所谓的"小德意志"和"大德意志"方案最早出现在法兰克福制宪会议上。当时的"大德意志方案"主张将哈布斯堡家族统治下的全部领土纳入统一的德国；而"小德意志方案"则主张将哈布斯堡帝国分裂成多个民族国家，只有讲德语的奥地利加入新的统一的德国。但是起初，两派都主张继续由哈布斯堡家族领导德意志，只是后来因哈布斯堡家族对制宪会议的敌对态度，大德意志派开始逐渐失去影响力，而小德意志派则修改了主张，将包括讲德语的奥地利在内的整个哈布斯堡家族领土全部排除在新德国之外，而由普鲁士的霍亨索伦家族领导德国。法兰克福会议根据这一方案选举当时的普鲁士国王腓特烈·威廉四世为新德意志帝国的皇帝。但是威廉四世表示，他只能从合法君主和王公贵族手中，而非从人民手中接过皇冠。威廉四世皇帝的这种态度标志着法兰克福制宪会议的彻底失败。此后，"大德意志方案"与"小德意志方案"又不断发生了各自的变化。

在各大学的历史学家中，原属德意志民族主义者，后来完全屈从于纳粹的维克多·彼波尔（Viktor Bibl），将特赖奇克所宣传的梅特涅形象带入了 1918 年后的战间期，特别是带入了将梅特涅当作一个"奥地利恶魔（Dämon Osterreichs）"进行的清算之中，他著述的副标题就沿用了这个说法。他将哈布斯堡皇朝的败落，主要归咎于身为阴谋家与骗子的梅特涅侯爵。他说，对梅特涅来讲，如果看到我和海因里希·特赖奇克坐在被告席上，将给他"带来极大的满足和荣耀"。[12]

两次世界大战之间的**第三代**采用的视角源自他们的第一次世界大战经历。内心矛盾的西尔比克属于这一代，对西尔比克要特别加以关注，但首先要关注的是如今已被遗忘的、倍受西尔比克推崇的康斯坦丁·德·葛伦瓦尔德（Constantin de Grunwald），他在 1938 年出版的《梅特涅传》中率先维护梅特涅，反驳人们对他的诽谤。他用新的资料证明，梅特涅作为一名伟大的外交家，很早就看出欧洲文明受到了威胁。[13] 取得同样效果的还有英国人阿尔杰农·塞西尔（Algernon Cecil），他在 1933 年出版了第一部详尽的英文版梅特涅传记，颂扬梅氏是一位拯救欧洲、使之免于专制和革命暴力的伟大的欧洲人，并通过对比影射了那时的希特勒。[14]

第四代传记作者则完全处于第二次世界大战和又一次文明断裂的惊恐中。这也使得这些在两次世界大战之间出生的历史学家，更加突出强调梅特涅欧洲人、国际均势政策大师与争端调解人的形象。这些历史学家从他们前辈那里汲取了某些世界大战的经历，又加上了个人关于二战的某些经验：[15] 比如英国人艾伦·沃里克·帕尔默（Alan Warwick Palmer，生于 1926 年），对他来说，梅特涅是位"欧洲议员（Councillor of Europe）"；同样也是英国人的戴斯蒙德·西沃德（Desmond Seward，生于 1935 年）则用"第一位

020

欧洲人（The First European）"作为自己著作的副标题；还有法国人查理·佐克比伯（Charles Zorgbibe，生于 1935 年），他将梅特涅描述成"外交场上的引诱者（le séducteur diplomate）"；此外，还有美国人保罗·W. 施罗德（Paul W. Schroeder，生于 1927 年），他开创性地对重新评价梅特涅的外交艺术作出了贡献；[16] 当然，最重要的当属出生在德国福尔特的美国人亨利·基辛格（Henry Kissinger，生于 1923 年），他那杰出的博士学位论文将两次大战的经验，以及核武器对人类的威胁点得透彻、说得明白，并通过文章实用主义的副标题赋予了"复辟"这个概念全新的意义：《重建的世界——梅特涅、卡斯尔雷与和平问题，1812~1822》（*A World Restored. Metternich, Castlereagh and the Problems of Peace, 1812-1822*）[①]。[17] 虽然上述列举的历史学家，除帕尔默和佐克比伯以外，都不算是原初意义上的传记作者，但是作为使国际社会重新认识梅特涅形象的例子，他们和奥地利人赫尔穆特·隆普勒（Helmut Rumpler，生于 1935 年）一样值得关注。而此前还从未有人像隆普勒那样重视国务首相梅特涅的民族政策，并将他视为哈布斯堡皇朝的政治家，作过超然于大小德意志问题之外而置于相互关联的欧洲范畴内的认真研究。[18]

　　除了那些专业历史学者的著作之外，就像彗星的尾巴横扫夜空一样，从一开始就有由外交官、军人、记者等可统称为业余历史学家的人们，分别被梅特涅的某个方面所吸引，出版了可谓汗牛充栋的有关梅特涅生平事迹的作品，并或多或少受到欢迎。正是由于他们作品数量的庞大，因而极大地传播并巩固了梅特涅的固有形象。从国务首相去世的那年算起，隶属这一

――――――――――

① 又译《修复了的世界——梅特涅、卡苏里及和平问题，1812~1822》。

行列的有：一位普鲁士参议院议员兼自由派记者 [19]，一位奥地利的高中教师兼教育政治家 [20]，一位英国上校 [21]，一位对文化史感兴趣的奥地利少校 [22]，一位桑德曼公司（Firma Sandeman）的烈酒商兼英国陆军上尉 [23]，一位奥地利的专栏作家兼笔会会长 [24]，一位法国驻卢森堡大使 [25]，一位瑞士外交官 [26]，一位法国将军兼驻奥地利专员 [27]，一位编剧、作家兼演员 [28]，一位《德国之声》（*Deutsche Welle*）的总编辑 [29]，一位喜欢搬弄是非的英国女记者兼畅销书作家 [30]，一位"四七社"① 成员兼作家，[31] 以及一位后来改行做了历史学者并且是"天主事工会（Opus Dei）"② 创始成员的医生 [32]。从一定程度上讲，梅特涅一直特别适合被作家拿来作为进入出版市场，并同时在国民教育方面进行自我价值认定的一个媒介。勃兰登堡的教师兼自由作家伯恩特·施莱默（Bernd Schremmer）即是一例。在他的著作《绅士与首相》（*Kavalier und Kanzler*）一书中，他用一切可以想象得出的陈词滥调来形容梅氏：梅特涅是一个自欺欺人、拒绝改革的专制主义者，一个镇压者，一个反民主派；他留下的功绩，可以说只是通过发起抵制民主反而不情愿地促进了民主。[33]

上述几乎所有的传记都有一个共同点：它们总是依据同样的史料，特别是引用并非总是可靠的《遗存的文件》的版本，以及其他作者，首屈一指的是引用西尔比克的著作作为真正

① 四七社，又称"47 德国作家聚合体"，由里希特、安德施等于 1947 年发起成立，很快聚集了一批当时德国及欧洲的最具实力的作家和评论家，其中君特·格拉斯（Günter Grass）、海因里希·伯尔（Heinrich Böll）获诺贝尔文学奖，十几人获毕希纳奖；四七社成为战后德国及欧洲的文学摇篮和思想重镇，1977 年解散。

② 又译"主业社团"，拉丁语为"天主的事工"，全名为"圣十字架及主业社团（Sanctae Crucis et Operis Dei/Prelature of the Holy Cross and Opus Dei）"，系天主教自治团体，于 1928 年由巴拉格尔的圣若瑟玛利亚·施礼华（Saint Josemaria Escriva de Balaguer）在西班牙马德里创立。

的、无争议的资料来源和权威，并由此构建出他们各自不同的梅特涅形象，而从来不使用具有高可信度的、存放在档案馆的史料以对他们的结论和评价进行检验。因此，必须要说的是，自从西尔比克的原始资料研究出版以来，就基本上再没有出版过类似的、独立的梅特涅传记。

3

海因里希·冯·西尔比克所著梅特涅传记的风险和局限

　　综上所述，这位维也纳历史学家 1925 年出版的著作，从到那时为止所有的传记中脱颖而出也就不足为奇了——内容丰富、包罗万象、追根溯源、旁征博引，的确可被称为他毕生的伟大成就。西尔比克的名字不仅出现在专业领域，而且在知识界简直与梅特涅的名字紧紧绑在了一起，以至于从他那里获取的信息被认为是绝对不会有错，即便新的研究已经毫无疑问地驳斥了那些信息的正确性。

　　我想用一个形象的例子来说明这一点。为纪念维也纳会议 200 周年，不久前出版了一套豪华版纪念册，[34] 其中包括一篇梅特涅的简介，这篇文章有着一个恰如其分的标题《一个率直人物的一生》(*Das Leben eines Geradlinigen*)。作者重点讲述了梅特涅任驻巴黎大使时的故事，并断言，梅特涅研判 1809 年的政治时局时，作出了影响深远的误判，而且"主要是"根据他发自巴黎的报告以及他赞成进行一场人民战争，才导致奥地利作出了参战的决定。1968 年以来，经过对维也纳和布拉格档案极其缜密的研究，这一论断早已被明确地驳倒了。[35] 这位作者早已过时的判断出自西尔比克的解读，而西尔比克并没有去查阅相关的史料，因为这些原始史料"简直太过庞杂"。西尔比克将梅特涅看作 1809 年那场"辉煌的、不幸的战争的始作俑者"。[36] 而那位年轻的作者则不知道这一论断已被修正，反而简单地采用了西尔比克的看法，因为他认为西氏的传记"像以往一样……不可超越"。[37]

但这并非唯一需要更正的细节。按照我们现已知道的各种情况和认知水平，西尔比克著作的整体写法，以及构成他那部著作意识形态的基本结构，都存有很大的问题，而这些又直接对书中主要人物的重要意义产生了负面影响。

每一位专注于梅特涅生平和政治的人，都要面对这部分为两卷、共计1431页的大部头著作，而其实几乎没有人真的把每一行字都认真阅读过。正因为我所著的这本传记要通过西尔比克曾有意识绕过的，或者说封锁他前行的途径去探寻原始资料的来源，所以，在此非常有必要说明一下评价1925年出版的这部著作可能会面临与暗藏的风险。为了消除所有可能的疑虑：从任何一个角度看，1925年至今已经过了足够长的一段时间，（本人也实在）没有兴致再去"热衷于谋杀祖父"的勾当。托马斯·尼佩代（Thomas Nipperdey）当年主张"历史叙事应当去民族化"时，使用过上一句中的引语，而如今，这一号召一如既往地有着现实意义。[38]

生物学意义上的种族主义

鉴于西尔比克所享有的声望，强调其著作的基础是生物学意义上的种族主义可能令人震惊。然而可惜不容隐瞒的是，种族主义的确在实质性地、全过程地指导着西尔比克对梅特涅的基本评价。对这个论点以及下述的所有论点，我都将破例让西尔比克用自己的说法和措辞来回应，因为要确保这些现实证伪的文献资料不被指责成是要把一些原本错误的东西，不恰当地甚至恶意地强加在西尔比克身上。

在探寻梅特涅"体制的思想内容"时，西尔比克的一个关键论点是："对梅特涅来说，高于一切的理念是种族理念。"

（第一卷，第389页）这是完全错误的。[39] 如果我们寻找一下对梅特涅来讲关键性的重要理念，那么这些理念应当是梅特涅所理解的"法理"和"民族"，并且首先应是"社会"，而他恰恰完全是在现代意义上将"社会"这一概念理解为"集体单数（Kollektivsingular）"（莱因哈德·科塞勒克语）。[40] 仅凭这一点，就将梅特涅置于一个与西尔比克所设定的完全不同的坐标系中。我引用的这个论点绝非一个个别的意外错误。西尔比克进一步评价梅特涅说："他认为，德意志的部族、国家以及地域的自我优化分类的动力，已经作为不可改变的种族特质，深深地扎根于德意志的天性和历史中。"（第一卷，第406页）西尔比克将从梅特涅身上认识到的"精神特质"与"伟大部族的性格"，在"种族（Rasse）"这个总括的概念下融合在一起，而19世纪的欧洲也的确是经历了种族分化。（第一卷，第355页）这些专有名词的汇编是成体系的，就像西尔比克对1807年的《提尔西特和约》（Vertrag von Tilsit）所作的评判一样："罗马语民族与斯拉夫语民族在占有和瓜分土地，以及在欺压德意志和英格兰的问题上，是合为一体的。"（第一卷，第115页）

在国家概念上，遵循种族的（völkisch，纳粹用语）文明批判的西尔比克，将旧国家看作正常工作的机器，以及可以被合理理解的、为达到共同目的的协作组织，并将它与新国家对立起来，而新国家对他来讲不过是个"充满血腥的自然体"（第一卷，第374页）。这样一来，他就与纳粹的民族学挂上了钩，把确保"德意志政治体的领导地位"（第二卷，第391页）定义为根本的政治任务，所以在他看来，梅特涅未能完成这个任务。与此相反，西尔比克认识到"奥地利的欧洲国家身份"（第一卷，第198页），且他完全接受奥斯瓦尔德·斯宾格勒（Oswald Spengler）的观点，将民族和文化看作"赋有个人色彩的组织"。[41]

西尔比克非常关注"种族（Rasse）、人民（Volk）和民族（Nation）的分别"（第一卷，第406页）。在他看来，"德意志人民"是由生活在一个"血缘共同体"中的"各日耳曼族部族组成的架构"（第二卷，第391页）。这让人有时感觉西尔比克好像是在引用历史课文，但实际上那是他原本的真实信念。1951年他再一次明确强调了这种信念，提倡"尽可能不带偏见地评价种族意识形态"，[42] 而且还主张要正确地理解"德意志的种族学说"。[43]

作为武器的民族主义

给梅特涅塑造这种形象的后果是显而易见的，并且贯穿于整个贬低性评价的链条中，但这位历史学家实际上期待着通过对历史的编排整理来作出阐明。他对梅特涅这样评论道："对待唤醒人民中间蕴藏的道德和精神力量能够真正成为救命药这一点，梅特涅的内心其实既陌生又抵触。"（第一卷，第124页）西尔比克虚构并演绎推理式地解释了一个不可或缺的非历史概念："人民"；而对这个意思，梅特涅则用了不同理解的另一种表达方式："民族"。遵循这一标准，西尔比克推断出，梅特涅的本性中缺少"能够达到最高境界的英雄主义天赋"，因为"他没有认识到民族的文化财富和自治的民族国家所具有的政治价值，也不明白君主的军队可以转变为人民的军队"；西尔比克认定梅特涅没有认识到"国家与人民以及国家与文化的统一"（第一卷，第127页）。

梅特涅在"他对民族和国家陌生的思维方式中，与生俱来地对德意志人民的国家或文化共同体，缺乏或者只存有模糊的想象力"（第一卷，第85页）。1813~1815年，"德意志民族国家意识的标准"（第一卷，第 180 页）对梅特涅来讲是陌生的，并且"他对民族意愿非常的冷漠"（第一卷，第 197 页）。西尔比克否认梅特涅拥有"祖国情感"（第一卷，第 125 页），而且，即使梅特涅在拿破仑面前表示将自己看作一个德国人，西尔比克也大唱反调：梅特涅的"德意志民族特性完全属于那种正在消亡的 19 世纪的、非现实的、无所不包的德意志民族特性"（第一卷，第 407 页）；他想以此最终证明梅特涅是"非德意志的"：他这样断定梅特涅的欧洲的，即按照如今的看法已是非民族的信念，"将梅氏从内心上与奥地利的非民族的国家身份连在了一起"（第一卷，第 193 页）。他接着写道："在梅特涅的精神和心灵深处，没有一块是属于德意志民族帝国或德意志民族国家邦联崇高价值的地方。"（第二卷，第 378 页）虽然梅特涅在谈到德意志邦联时就是在表达"德意志"和"祖国"，可西尔比克仍旧如此断言。这样就从根本上批判了梅特涅所希望的联邦制，因为国务首相"是一位奥地利实际上需要的那种联邦制所设想的代表。他不想将这种联邦制建立在民族国家统一的基础之上，而是建立在各（小）邦国历史形成的国家法统政体的基础上，并且不允许超出所谓的法定管辖范围"（第二卷，第 189 页）。

失缺的德意志文化帝国主义意愿

梅特涅曾多次明确表示，应与奥皇约瑟夫二世（Joseph II）的"日耳曼化"模式中的任何一种设想保持距离，并主张奥地利全帝国范围内的所有民族一律平等。这一主张也受到西尔比克的指责，因为他认为梅氏从内心深处就失缺德意志人的文化帝国主义理念，对西尔比克来讲，这一理念是非常需要的。"在充斥于这个国家空间里的众多民族中，应当给予德意志民族以首要地位，因为追根溯源，皇室本就属于德意志民族，而且因为在这个多民族的无比巨大的联合体中，德意志民族才是真正的文明因素。凭借其文化的优越性，只有德意志民族才负有在这个国家实施统治的使命。"（第一卷，第431页）

西尔比克对梅特涅的基本理解，导致他从一开始就将梅氏基本的、防御性的对外政策，亦即着眼于维护和平的对外政策判定为错误。因此，当"德意志的灵魂"于1848~1849年革命期间，在东欧和南欧"被深深重创"之时，国务首相未能完成他所谓的使命。（第二卷，第372页）西尔比克描绘的革命时期的危险在于，奥地利的"德意志民族的领导地位会在这个多语言国家中作为少数被外来民族排挤、制服，从而没有能力完成用德意志文化去占领其所处的自然空间的任务"；他看到了"奥地利的德意志民族特性面临着被斯拉夫化的危险"，并主张在欧洲的远东地区"扩大德意志物质的、精神的以及强权政治的影响"（第二卷，第373页）。西尔比克坚信，"泛斯拉夫主张从一开始就针对着德意志先进文化，是那个民族本能的、彻头彻尾的忘恩负义"（第二卷，第188页）。一切都很清楚：西尔比克给梅特涅有关国家、法理、联邦制以及民族性的设想套上了一个阐释模式，导致的结果不是对这些设想进行历史的解释，而是予以批判。在西尔比克看来，梅特涅的错误在于，他不想为了德意志人去征服欧洲东部。

嗜权成性与政治领袖神话

对于一个传记作者来说，是否以及在多大程度上提出自己人物形象的某种标准，是一个根本性问题。一个本着科学精神工作的历史学家，恰恰在这方面必须小心谨慎且有着自我反思的意识。与此相反，西尔比克的读者将面对另外一些不容争辩的理想形象，在这些形象面前，就连梅特涅也要脱帽躬身致敬。对西尔比克来说，下述人物才具有榜样性：马扎林（Mazarin）、黎塞留（Richelieu）、施泰因（Stein）、拿破仑以及最为重要的施瓦岑贝格的费里克斯侯爵（Felix Fürst zu Schwarzenberg）——从 1848 年革命中脱颖而出的奥地利总理。西尔比克的价值标准包含以下一些判断：梅特涅"始终缺乏伟人气概：诸如政治激情、铁一般的能量以及创新能力"（第一卷，第 316 页）；他"不是一个强有力的人物，不是黎塞留，也不是马扎林"（第一卷，第 319 页）；相反，拿破仑才具有"一个征服世界的人物所要具备的威力"和"巨大的追求统治的欲望"（第一卷，第 347 页）。对 1848 年的事件，西尔比克认为，那个时代"缺少创造新的世界秩序的伟大人物"；梅特涅在他的"普罗米修斯之火政策中并不具有真正的创造力"。（第一卷，第 229 页）"他从来就没成为一个进行伟大的、决定性的和创造性行动的人。"（第一卷，第 113 页）

　　西尔比克认为施瓦岑贝格代表了与之相应的正面形象：一个"行动迅速果敢的人"、一个"富有创造性的人、一个天性使然的威权主义者，却具备为了实现其伟大的国家理想可以与宪法、资产阶级以及老百姓同流合污、沆瀣一气的能力；一个精于权力关系、能当机立断、有胆量却又冷血的算术家，可以不顾合法性和历史传统与其他国家娴熟博弈的人……一个天生的政治统治者、一位斗士"。（第二卷，第 391 页）西尔比克把施瓦岑贝格赞美成一个"具有政治领袖天赋"的"令人敬仰的、意志坚强的人"。（第二卷，第 450 页）在这位传记作者看来，梅特涅最没有能力做到的是："施瓦岑贝格将德意志问题推向了解决的方向。"（第二卷，第 392 页）

　　将西尔比克的唯强权是举的意识形态凸显出来是有意义的，因为这种理念深植于一个坐标系中，这个坐标系把强调国际法和立宪主义的西欧法制思维宣布为过时之物。西尔比克所著传记的结论是：它让梅特涅以一个已经消逝了的时代的国务活动家形象出现，即虽然想把奥地利引向更强大的统一，却在按照国际法和德意志邦联认可的标准去实现。（第二卷，第391页）非理性的行为被置于理性的政治行动之上。"一个领袖式的国务活动家的特质从不应该仅仅因局限于其政治理论而被消耗掉。……他所有的行动都应心无旁骛，以便紧紧围绕那自私的一刻、围绕权力的欲望以及事业的虚荣心来展开。"（第一卷，第414~415页）梅特涅的胸中缺少"热血沸腾的生活动力"，能使他像腓特烈大帝（Friedrich der Große，即腓特烈二世，普鲁士国王）那样"英雄般勇敢地去行动，不择手段地推行既定政策"，而并非去运用"无足轻重的、小家子气般的国家管理技巧"。（第一卷，第415页）

按照西尔比克的标准，他对梅特涅1813年年中推行的、对世界大战是否开战起决定性作用的斡旋政策的批评还算温和："这一政策毫无英雄光彩，而是冷酷无情的，比哈登贝格（Hardenberg）①的阴谋更诡计多端；不辨仇恨与崇高的思想。"（第一卷，第149页）当西尔比克在作了除他那些没有商量余地的谴责，以及完全自相矛盾的评价之后，又偏偏把梅特涅的斡旋政策宣布为除此之外别无选择之时，他下面的这个温和评价能起到什么样的帮助作用呢？"这一政策虽然考虑出色，但充其量也仅是能将奥地利这艘破船重新开动起来，为狭隘的国家利益，亦即为旧国家共同体服务，却无法将一切都押在这张牌上。"因而过去的判断并没有变化："他的政策还是干巴巴的

---

① Karl August Fürst von Hardenberg，1750~1822，普鲁士国务活动家，1810年作为普鲁士首相曾推行重要的改革，主要包括：企业改革与自由经商、解放犹太人并给予其平等权利、完成农民解放等。后代表普鲁士出席维也纳会议。

清醒却平淡无奇，缺乏激情的想象力。"（第一卷，第 164 页）梅特涅虽然保留了布吕歇尔（Blücher）① 那专横武断且充满风险的作风——这种作风曾导致一些战役的失败——但"从伦理道德上讲，对梅特涅所持的保留态度不能评价过高"（第一卷，第 167 页）。

　　为了能准确定位，在此有必要对西尔比克描画的梅特涅性格形象作连贯的完整引用。他总结道："梅特涅不属于最伟大的人物行列，这些伟大人物由于他们的个人特质，由于他们个人富有特色的人生，而重新塑造了他们所处的时代，并给那些时代深深打上了个人的烙印。……梅氏也不是一个深刻的、充满活力的思想家，他缺少铁一般无情地、可集中能量采取行动的天赋。梅特涅在本能上没有强烈的权力欲，就其总的天性来说，他不是一个行动迅速果敢之人，他害怕断然的、明显的对立，也害怕大规模的争斗……他那文雅、心慈手软、逆来顺受的天性就男人的冒险精神而言，从一开始就占据了上风。"（第一卷，第 257 页）不言而喻，西尔比克所作的这幅性格描画，恰好要归因于痛恨梅特涅的霍尔迈耶。

　　如若将西尔比克所有有关梅特涅性格描述的做法进行整理，则会看出，这里嗜权成性的意识形态与领袖神话的意味已越来越浓，一如他在精神史上主要是在尼采那里所发现的那样。关于这一类人，西氏介绍起来从不保持任何的距离感："以强人或新超人 ② 这些完全醉心于现时尘世、按照其个人规律、英雄般地单独生活着的统治者的道德，而全然不理会通常的风俗习惯与道德……这位新超人是从贵族中挑选出来的领

028

① Gebhard Leberecht von Blücher，1742~1819，普鲁士陆军元帅，瓦尔施塔特侯爵，绰号"冲锋元帅"，分别在 1813 和 1815 年于莱比锡和滑铁卢两次打败拿破仑。

② 德国著名哲学家尼采用语。

袖，奴仆们必须顺从他，追求权力的欲望始终置于其价值观排行的最顶端，他超然于法理之上，他是还在实行丛林法则的人类之中的勇士、斗士和胜利者。"⁴⁴ 西尔比克这段激情洋溢的文字，同样是受尼采的学生奥斯瓦尔德·斯宾格勒启发，而在这样慷慨激昂的描述面前，梅特涅这样的理性政治家毫无胜算。⁴⁵ 在这里，标准战胜了历史现实，因为它忽视了梅特涅所能具有的政治运作的回旋余地。而且西尔比克还隐去了奥地利皇帝以及皇室其他部门，特别是宫廷财务署（Hofkammer）对"做事之人"作为的强烈限制。

个人回忆的误导

实际上，损毁西尔比克所塑造的梅特涅形象的不仅仅是他在意识形态上的偏见，过量的原始回忆资料来源可能也对他客观地看待问题造成了危害。因为西尔比克在导言中曾承认，"要让一个人对维也纳皇室、宫廷和国家档案馆浩如烟海的馆藏，以及位于普拉斯（Plaß）的梅特涅侯爵家族档案的不计其数的文件、书信进行系统仔细的研究……简直是不可思议"（第一卷，第 12 章）。他只是抽阅了部分文献，因而使梅特涅所表达的希望正好落空，即希望未来的历史学家能够不依靠其同代人的个人意见、谣传与情绪，而根据国家档案所保存的事实和事件的整个过程来进行研究。举例来说，如果能系统地仔细查看 1809~1848 年间维也纳馆藏档案中梅特涅向奥皇呈送的所有"报告"，具体来说比如截止到 1835 年弗朗茨一世皇帝（Kaiser Franz I）① 去世时的报告，而不仅仅是抽阅其中三

---

① 即神圣罗马帝国末代皇帝弗朗茨二世，系神圣罗马帝国皇帝利奥波德二世与西班牙的玛丽娅·路易莎之子，奥地利帝国的首任皇帝。

年的，那将会得到什么样的认识！只有这样才能抛开同代人那些一时的主观印象，而设身处地地作出想象：坐在首相府梅特涅的办公桌前，然后计算一下，在他任期内有多少以及什么样的问题和任务，曾在这张桌面上被一一处理过。

西尔比克喜欢优先引用私人资料，当然这些来源也颇具价值，但这样做也非常冒险，因为它们没有向你透露除去主观印象以外，它们在多大程度上有多少是可信并算数的东西。如果去参照愤世嫉俗的霍尔迈耶的看法，一个关于梅特涅性格和品格的判断又有多大的可信度呢？西尔比克常常屈从于权威人士的判断，或者更糟糕的是——去迎合他自己的那种分类标准。如果弗里德里希·根茨某天灵机一动，发现梅特涅有某些"懒散的倾向"，那么，能因为他有时"要满足个人嗜好"，就以此说明他忘记义务、不专心致志、不会合理分配时间吗？（第一卷，第255页）如此一来，西尔比克又一次操弄起关于一个耽于享乐的廷臣的那些坏毛病的陈词滥调：肤浅、虚荣、轻浮（第一卷，第143页），以及滑稽可笑的自负（第一卷，第270页）。这样的人怎么会留下如此多的文献，以至于西尔比克本人在维也纳和普拉斯的"简直不计其数的馆藏档案"面前也宣布投降了呢？

梅特涅的矛盾形象

即使不考虑上述的所有指责，想正确评价西尔比克的成就，对广大读者来说也不是一件容易的事情。因为在他的所谓公理之下，他所做的太多有针对性的性格刻画，也与他意识形态层面的上层建筑针锋相对。按他的说法，梅特涅一方面把"19世纪寻求民族主义和自由的趋势，绝对地仅仅看作破坏性的力量"（第二卷，第312页）；另一方面，他又促使"国

家通过宽容的政策，使民族的多样性得到稳固"；因为他要求
"促进各民族的精神和物质的发展"（第二卷，第 184 页）。

在贬低梅特涅精神气质的问题上，西尔比克通篇都不惜笔
墨："他从未认识到，在他那遵守原则的说教中充斥着多少空
想。"（第一卷，第 322 页）与此完全相反的是，西尔比克认为：
"他是个经验主义者，但是，在纯粹经验主义之上，是对真实发
生之事进行建设性总结的理论。"（第一卷，第 306 页）"从梅特
涅出生的那个时代的意义上来说，他是位'哲学家'；信仰一
神论，崇尚理性，这种理性可以使人在一个非常远的边际内认
识到永恒的真理。"（第一卷，第 307 页）

一方面，梅特涅以一个反动派和"维护宗法等级制专制主
义"稳定的政治家（第二卷，第 446 页），以及一个纯粹的君
主制封臣的面貌出现（第二卷，第 303 页）；另一方面，西尔
比克又在其他地方证明，在 1842~1844 年间，梅特涅想改组
整个国家管理机构，并制定了一个庞大的整顿方案（第二卷，
第 198 页），而且在应对匈牙利事件时，"为取得积极的成功，
显出了果敢的意志"（第二卷，第 200 页）。

这位传记作者的种种说法统统无法自圆其说、自行解释。
它表明，书稿中不同阶段的著述方式已然互相嵌入，或者说，
作者为形势所限，而被其面前由各种资料来源造成的、占压倒
性优势的印象所蒙骗。至少他还没有将其海量的观察所得与大
量信息，完全屈从于由自己所制定的标准——人们可以说，谢
天谢地，因为如此一来，他的那些不容置喙的判断有时候也被
相对地弱化了。在此，为了能确定他的哪些判断是正确的，是
可以接受的，读者也必须用应有的怀疑态度来武装自己。从这
个意义上讲，这部早已被列入经典名录的传记，由于其自相矛
盾的评价和取材，的的确确达到了与圣经相似的维度：人们可
以从中读出一个"好的"梅特涅，也可以读出一个"坏的"梅

030

特涅。

　　总而言之，现代的传记作者要完全符合新的同代精神，这是哪一个作者都无法绕过的。这样一种同代精神也为历史人物的生平研究开辟了新的视野。这种同代精神早已不是世界大战时的，而是 1945 年之后第四代作者的精神：是 1989~1990 年世界政治剧变的精神。这样一种同代精神可能同样影响着一个时代的历史学家的经验，而且直到今天，它的确就像对"德意志问题"那样，对欧洲产生着巨大的影响。1945 年以后出生的几代传记作者所关注的主题，已经不仅仅是"梅特涅与奥地利——一个评价"，[46] 而且从广义上讲还应该是——用我的说法——"梅特涅与欧洲：重新审视"。一个大有希望的信号是，不久前意大利人路伊吉·马斯切里·米格里奥里尼（Luigi Mascilli Migliorini，生于 1952 年）出版了意大利第一部关于梅特涅的传记，书中国务首相梅特涅是以"欧洲的建筑师"，而非意大利之敌的形象出现。[47]

第一章

出身：家族渊源与门第升迁

　　为什么偏偏是梅特涅家族？如果有成百上千的、自中世 ⁰³¹
纪以来消失灭绝的贵族宗谱在眼前一一闪过，读者自然会提
出这个问题。为什么有些家族宗谱保留了下来，而另一些
却没有？这种家谱——宗族录（Geschlechts-Register）——
早在 1751 年就由勃兰登堡－库尔姆巴赫（Brandenburg-
Kulmbach）的高等贵族牧师约翰·戈特弗里德·彼德曼
（Johann Gottfried Biedermann）出版过。这套起源于中世
纪的先祖谱系，读起来就像在一个巨大的贵族墓地里巡礼，
你会不断地发现一个家族里新的分支葬身此地，比如安家落
户在乡下的低等贵族的代表、声名日益显赫的男爵家族以及
帝国的伯爵世家等。梅特涅家族的大部分分支，如布尔沙德
系（zu Burschied）、尼德贝尔格系（zu Niederberg）、库
尔斯道夫系（zu Chursdorff）、罗登道夫和米伦纳克系（zu
Rodendorff und Müllenarck）等，也未能免于灭亡的命运。
但是最重要的一脉生存了下来：温纳布尔格和拜尔施泰因系
（zu Winneburg und Beilstein）。关于梅特涅家族的领主、男
爵、伯爵们的重要性，彼德曼曾有评论："这是全德意志最大
的，也是最高贵的男爵和伯爵家族之一。"仅仅在这个家族
（ganz Teutschland）里，到宗谱出版为止，就产生了三位选
帝侯国的总主教——除此以外，只有舞伯恩（Schönborn）家
族才能与之媲美。当时还谈不到这个家族最著名的子弟，后来
的奥地利国务首相！[1] 他就诞生于这样一个构成皇朝最原始基
础的家族中。

　　那把或许可以帮助打开本书主人公史无前例的生平之门的
钥匙，是否就存在于家族这条宗脉的延续中呢？迄今为止，很
少有人关注尊贵世家的出身对他来讲可能意味着什么，又散发
着何种神韵。这赋予了他一种拿破仑那样的暴发户所梦寐以求
的东西，那就是：悠久的、可追溯十数代的高贵出身赋予人的

032 一种自信，生活在自己的权力管辖范围之内，这是依靠建立在
"土地和人（Land und Leute）"基础之上的自主权，也就是
说，是在占有大量的财富和自我赋予权力的统治之上的生活，
而这些又根植于一张覆盖整个旧帝国的、分支广布的远近宗族
的关系网中。仅仅这个家族誉满全国、威震四方的名字就赋
予家族中每个代表人物摄人的光芒。虽然自 1789 年以来由于
资产阶级革命对贵族的批评，人们看问题的方式大有改变，但
是 1813 年 6 月，当梅特涅和拿破仑在德累斯顿那场著名的辩
论中面对面站立时，那种自信的神气，也随着语言的交锋在一
个更高的层面回荡，这向人们表明，这边的一个新贵——梅特
涅称其为"暴发户（parvenu）"[2]——与那边的一个传统世家
显贵，针锋相对，虽然一个自许为"皇帝（Empereur）"，而
另一个自谦为"国务大臣（Staatsminister）"。正因如此，所
以很值得费些力气去探讨一下那种不同的、贵族世家的，同时
也是古老欧洲的思想世界和生活世界。只有这样，在后面才
会弄明白，梅特涅是否以及在多大程度上真的算作"旧制度
（Ancien Régime）"的、"复辟"的和反动倒退的代表人物，
还是他应该更多的是一个困于古老帝国传统的挑战者。

　　不能小看梅特涅家族的贵族出身，以及其在帝国纽带中的
分量和意义，不仅这些为数不多的预示，而且我们从对近代早
期有可比性的贵族家族的研究中获得的最新认识，也同样指明
了这一点，比如对德意志南部信奉天主教的帝国贵族的支柱之
一，即舜伯恩家族的研究。[3]

　　承载着梅特涅家族绵延数百年辉煌的三个根基，在各个时
代的演变中明显地突显出来，可以用三个词来形容它们：皇帝
—教会—家族实力（Kaiser-Kirche-Familienstärke）。此处作
下提示：皇帝意味着要依靠权力；教会意味着要置身于可以促
进加官晋爵的帝国天主教会的关系网中；最后，家族实力则要

说明，要不断地繁衍大量的后代，后代中永远要有一个主要继承人，以及为了保持和扩大家族的财富，要目的明确地、持续地增强能量。

让我们试着把在贵族等级制中的加官晋爵，想象成在攀登一座五层的宫殿：[4]底层驻留的是没有其他荣誉称号的、从事诸如信使与宫廷一般服务性事务的随扈贵族（Dienstadel）；在中世纪，随扈贵族主要指宫廷各机构的一般官员和普通骑士。位于宫殿第二层的是那些已经成功做到了可以被称为"领主（Herr）"①的群体，他们在战争中赢得了或者因立功受封获取了一片祖业——比如城堡——从这里他们可以实行对"土地和人"〔威廉·海因里希·里尔（Wilhelm Heinrich Riehl）语〕的统治；因为贵族的品质（名分）和统治只能靠持续性地占有土地来支撑。宫殿的第三层是留给男爵（Freiherr）的，他们拥有自称为"自由（Freiheit）"的特权，如在地方的常设代表机构中拥有席位和表决的权利。再上层楼，宫殿的第四层是伯爵（Graf），他们就像一个小国君主一样统治、审判和监管他们的臣民。他们可以通天，可以进入神圣罗马帝国的帝国国会，在那里组成自己的家族联盟。宫殿的最高一层是为侯爵（Fürst）所保留。他们在帝国国会中是最重要的等级，在别人发言之前，要首先听取他们的意见。在这座宫殿中爬得层级越高，住户越少，而要爬上来所需使用的力气也就越大。为了往上爬，需要几代人作坚忍不拔、坚持不懈的努力。

033

---

① 德国旧时的贵族等级比较复杂。一般欧洲国家国王以下的贵族等级排列为公、侯、伯、子、男、骑士，但德国旧时没有子爵这一等级，低等级贵族的头衔称呼也较特殊。德语"Herr"有"主人"和"先生"的意思，用在贵族身上可以指"自由领主（Freiherr）"，即男爵，是最低等的贵族，但由于此处指的是介于骑士和男爵之间的贵族等级，拥有领地和庄园，故译为"领主"，后同。

4

政府官员

　　沿着下述的这条通道，可以逐级登上我们想象中的这座五层宫殿，就像梅特涅家族曾经走过的一样，而那些身处近代早期的当代人，应该把贵族归入一个"等级阶梯图（Ständetreppe）"中。向上爬的过程也有助于解答我们前面提出来的问题："为什么偏偏是梅特涅家族？"这个家族最早的踪迹的的确确可以追溯到宫殿的第一层，人们推测，梅特涅家族的成员曾在古科隆（Colonia Agrippina）和古特里尔（Colonia Trevirensis）地区作为法官为墨洛温王朝或加洛林王朝的丕平效劳过。从 1166 年开始，就有居住在波恩附近的黑默里希城堡（Burg Hemmerich）中的随扈贵族海姆贝格（Hemberg）家族的成员，作为科隆教会的财务官见诸业经考证的文字记载的历史；这个家族的族徽纹章上绘着三只黑色贝壳。其中的一个分支在黑默里希城堡脚下的一个叫作"梅特尼希"①的地方建了一座水上城堡（Wasserburg）⁵，从此以后，他们就被称为"梅特涅领主（Herren zu Metternich）"。引人注目的是，这个家族的族徽纹章上也刻有贝壳，说明他们与海姆贝格家族有着渊源。后来的奥地利国务首相在他于 1813 年重新制作的侯爵纹章上，仍然嵌入了三只黑贝壳。

---

　　①　梅特涅的德语发音应是"梅特尼希（Metternich）"。

034

1707 年时的梅特涅家族纹章

　　"梅特涅"这个名字可以追溯到早期的凯尔特人部落，就在后来罗马人沿着从道依茨（Deutz）到特里尔一线，通过移民的方式形成的落户定居的狭长地带。因此，梅特涅的家族档案保管员所讲述的传奇故事，即这个家族或许有罗马人的祖先，好像也有些道理。这个地方如今还在。如果读者想更详细地了解，可以从南起波恩与奥伊斯基兴（Euskirchen）之间的、狭长的斯维斯特河谷（Tals der Swist）中肥沃的松土地带开始，直到托姆贝格（Tomberg）家族的边界，北至斯维斯特河流入埃尔福特河（Erft）的入河口，找到梅特涅家族的发祥领地。

梅特涅家族宗谱（从起源至克莱门斯·冯·梅特涅）[6]

1.希普金（希波多）·冯·梅特涅，梅特涅领主
（族徽纹章带有三个贝壳，约 1325~ 约 1382）
与冯·顿斯特科温女士结婚

|

2.约翰一世，梅特涅领主（1340~1449）
1375 年与安娜·冯·宾斯费尔德结婚

|

3.约翰二世，骚默斯贝尔格领主（逝于 1465 年）/ *奥托二世，梅特涅领主（尼德贝尔格一脉）*
1424 年与骚默斯贝尔格的阿克娜丝·鲁姆绍特尔·冯·弗利茨多夫
（生于 1405 年）结婚

|

4.卡尔二世，骚默斯贝尔格和齐维尔领主（1425~1496）/ *路德维希（布洛尔一脉）*
1456 年与西比拉（贝尔吉娜）·拜瑟琳·冯·吉姆尼希
（生于 1430 年）结婚

|

5.埃德蒙，弗特尔霍温和骚默斯贝尔格领主（1475~1540）/ *齐维尔的迪特（1516 年遗产分割，齐维尔 – 布尔沙德一脉）*
1495 年与阿玛莉娅·科尔夫·冯·弗特尔霍温结婚

|

6.约翰，弗尔特霍温领主，辛茨希地方官（1500~1575）/ *迪特里希（骚默斯贝尔格 / 库尔斯道夫）*
1547 年与卡塔琳娜·冯·德·莱恩（1528~1567）结婚

|

7.罗塔尔（特里尔总主教：1599~1623） / *约翰·迪特里希，辛青根领主（1553~1625）/*
弗特尔霍温的伯恩哈德
1579 年与安娜·芙莱·冯·德伦（生于 1560 年）结婚

|

8.威廉·冯·梅特涅 - 温纳布尔格和拜尔施泰因（1590~1655，1635 年起晋升男爵）/
兄弟：罗塔尔（逝于 1663 年）、卡尔（逝于 1636 年）、埃默里希（逝于 1653 年）、约翰·莱因哈德（逝于 1638 年）
1619 年与安娜·爱蕾诺拉·布吕姆赛姆·冯·吕德斯海姆（1600~1660）结婚

|

9.卡尔·海因里希（美因茨总主教：1679） / *菲利普·埃默里希·冯·梅特涅 - 温纳布尔格和拜尔施泰因*
*（1628~1698，**1679 年起晋升伯爵***
1652 年与玛丽娅·伊丽莎白·玛格达莱娜·瓦尔特波廷·冯·
巴森海姆女男爵（1630~1685）结婚
罗塔尔·弗里德里希·冯·梅特涅 – 布尔沙德（美因茨总主教：1673~1675）

|

10.弗朗茨·斐迪南·冯·梅特涅 - 温纳布尔格和拜尔施泰因伯爵（1660~1719）
1683 年与爱蕾诺勒·尤莉娅娜·冯·莱尼根·维斯特布尔格女伯爵
（1667~1742）结婚

|

11.菲利普·阿道夫·冯·梅特涅 - 温纳布尔格和拜尔施泰因伯爵（1686~1739）
1707 年与玛丽娅·弗朗茜斯卡·申金·冯·施密特贝尔格（1685~1723）结婚

|

12.约翰·胡戈·弗朗茨·冯·梅特涅 - 温纳布尔格和拜尔施泰因伯爵（1710~1750）
1745 年与克拉拉·路易茜娅·伊丽莎白·冯·凯瑟尔施塔特女男爵（1726~1746）结婚

|

13.弗朗茨·乔治·冯·梅特涅 - 温纳布尔格和拜尔施泰因伯爵（1746~1818，1803 年起晋升奥克森豪森侯爵）
1771 年与玛丽娅·贝阿特丽克丝·阿洛依茜娅·冯·卡格内克女男爵（1755~1828）结婚

|

14.克莱门斯·温策斯劳斯·罗塔尔·冯·梅特涅 - 温纳布尔格和拜尔施泰因伯爵（1773~1859，1813 年起晋
升侯爵），1818 年起晋升波特拉公爵
1795 年 9 月 27 日与爱列欧诺拉·冯·考尼茨（1775 年 10 月 1 日 ~1825 年 3 月 19 日）结婚
1827 年 11 月 5 日与玛丽娅·安托妮娅·冯·莱卡姆（1806 年 8 月 15 日 ~1829 年 1 月 17 日）结婚
1831 年 1 月 30 日与齐希和瓦佐尼科的梅拉妮·玛丽娅·安托妮娅·齐希 – 费拉里斯
（1805 年 1 月 18 日 ~1854 年 3 月 3 日）结婚

Stammbaum der Metternichs von den Anfängen bis zu Clemens von Metternich[6]

1. **Sibido (Sybgin)** von Metternich, Herr zu Metternich *(mit den drei Muscheln im Wappen)* (ca. 1325–ca. 1382)
   ∞ Frau von Dünstekoven
   |
   2. **Johann I.**, Herr zu Metternich (1340–1449)
   ∞ 1375 Anna von Binsfeld
   |
   3. **Johann II.**, Herr zu Sommersberg († nach 1465) / *Otto II., Herr zu Metternich (Linie Niederberg)*
   ∞ 1424 Agnes Rumschöttel v. Fritzdorff zu Sommersberg (* 1405)
   |
   4. **Karl II.**, Herr zu Sommersberg und Zievel (1425–1496) / *Ludwig (Linie Brohl)*
   ∞ 1456 Sybilla (Belgine) Beisselin von Gymnich (* 1430)
   |
   5. **Edmund**, Herr zu Vettelhoven und Sommersberg (1475–1540) / *Dieter zu Zievel (Erbteilung 1516,*
   Linie Zievel-Burscheid)
   ∞ 1495 Amalia Kolff von Vettelhoven
   |
   6. **Johann**, Herr zu Vettelhoven, Amtmann zu Sinzig (1500–1575) / *Dietrich (Linie Sommersberg/Chursdorf)*
   ∞ 1547 Katharina von der Leyen (1528–1567)
   |
   7. Lothar (Erzbischof von Trier: 1599-1623) / **Johann Dietrich**, Herr zu Sinzingen (1553–1625) /
   Bernhard zu Vettelhoven
   ∞ 1579 Anna Frey von Dehren (* 1560)
   |
   8. **Wilhelm (ab 1635 Freiherr)** von Metternich-Winneburg und Beilstein (1590–1655) /
   Brüder: Lothar († 1663), Carl († 1636), Emmerich († 1653), Johann Reinhard († 1638)
   ∞ 1619 Anna Elenora Broemserin von Rüdesheim (1600–1660)
   |
   9. Karl Heinrich (Erzbischof von Mainz: 1679) / **Philipp Emmerich (ab 1679 Graf)**
   von Metternich-Winneburg und Beilstein (1628–1698)
   ∞ 1652 Maria Elisabeth Magdalena Freiin Waldpotin von Bassenheim (1630–1685)
   Lothar Friedrich von Metternich-Burscheid (Erzbischof von Mainz: 1673–1675)
   |
   10. **Franz Ferdinand**, Graf von Metternich-Winneburg und Beilstein (1660–1719)
   ∞ 1683 Elenore Juliana Gräfin von Leinigen Westerburg (1667–1742)
   |
   11. **Philipp Adolph**, Graf von Metternich-Winneburg und Beilstein (1686–1739)
   ∞ 1707 Maria Franziska Schenckin von Schmidtberg (1685–1723)
   |
   12. **Johann Hugo Franz**, Graf von Metternich-Winneburg und Beilstein (1710–1750)
   ∞ 1745 Clara Louisia Elisabeth Freiin von Kesselstadt (1726–1746)
   |
   13. **Franz Georg**, Graf von Metternich-Winneburg und Beilstein **(ab 1803 Fürst von Ochsenhausen)**
   (1746–1818)
   ∞ 1771 Maria Beatrix Aloysia Freiin von Kageneck (1755–1828)
   |
   14. **Clemens Wenzeslaus Lothar**, Graf **(ab 1813 Fürst)** von Metternich-Winneburg und Beilstein,
   (ab 1818) Herzog von Portella (1773–1859)
   ∞ 27.9.1795 Eleonore von Kaunitz (1.10.1775–19.3.1825)
   ∞ 5.11.1827 Maria Antonia von Leykam (15.8.1806–17.1.1829)
   ∞ 30.1.1831 Melanie Maria Antonia Zichy-Ferraris zu Zichy und Vásonykeö (18.1.1805–3.3.1854)

5

科尼希斯瓦尔特的领主

"贝壳家族的第一位代表"[7]，14世纪初能够有明证确认的、可称为梅特涅大人的人，是科隆总教区的一位名叫希普金［Sybgin，或希波多（Sibodo）］·冯·梅特涅的封有采邑的附庸兼骑士（Lehnsmann und Ritter）。他就是香火从未中断的梅特涅家族的祖先，这一支脉的第十四代继承人就是本书的主人公。祖先希普金当时已经登上了贵族宫殿的第二层，不仅可以拥有自己的族徽纹章，而且还有一份祖业。

那么问题来了，这个问题对于低等贵族来说也非常的典型。梅特涅家族的档案保管人阿尔冯斯·冯·克林克夫施特罗姆（Alfons von Klinkowström）于1882年撰写了一则有关家族法律讼案的故事，他抱怨"这个家族通过分家，把财产分给了家族的分支，以及分支的分支"，分给了过于纷繁和支离破碎的不同后裔。[8] 贵族地位的改变，主要是通过分得遗产、获得大量陪嫁或者由于某一支脉的绝嗣，甚至是通过军事手段来实现。从梅特涅家族不断变换祖业所在地可以看出，这个家族在为生存竞争和保持高位而进行争夺——甚至于哪个地方应当作为家族的生活中心也被包含在内。在温纳布尔格和拜尔施泰因侯爵一系成为持续稳定的家族主脉之前，梅特涅家族的祖业在七代人的时间内从梅特尼希（尼德贝尔格一系）到骚默斯贝尔格（Sommersberg，库尔斯道夫一系），再到齐维尔（Zievel，布尔沙德一系）最终直至弗特尔霍温

（Vettelhoven）。[9] 所有这些城堡都处于杜伦、波恩和明斯特埃弗尔（Münstereifel）这个三角区之内，其中部分城堡的废墟今还存在。除了温纳布尔格和拜尔施泰因一系，其他所有支脉的后裔已全部灭亡。

第七代传人约翰·迪特里希（Johann Dietrich，1553~1625）实际上没有祖业。除了因娶亲获得的陪嫁财产外，他只能依靠作为地区行政官的位于辛茨希（Sinzig）[10] 的财产，因为其父将位于弗特尔霍温的领地遗赠给了他的哥哥。约翰·迪特里希同时已晋升为特里尔议事会议员。但是由于遗产分割，到第七代时，家族已经没落到谷底，而恰恰也正是第七代，日后成功阻止了家族在毁灭的道路上继续下滑，开始了转折，并稳步崛起。为了这个目的，需要兄弟俩同心协力：兄长罗塔尔（Lothar）致力于从皇帝和教会这两根支柱上都谋取好处，并于1599 年成功地在总主教的位置上，由特里尔大教堂教士咨议会（Domkapitel）一致通过当选为选帝侯（Kurfürst）①。而弟弟约翰·迪特里希当然也没闲着，他在第三个因素上大作贡献：繁衍子孙。他婚内共生了 12 个孩子，其中 9 个是儿子，可是他们都没有祖业。不过这却给了总主教足够的机会，通过安排侄子们在教会里任职、购得的货物和采邑收获，而大谋好处。兄弟

037

----

① 选帝侯制度是德意志历史上的一种特殊现象。这个词被用于特指那些拥有选举"罗马人皇帝"权利的诸侯。1356 年，查理四世皇帝为了谋求诸侯对其子继承皇位的承认，在纽伦堡制定了著名的《黄金诏书》，正式确认了大封建诸侯选举皇帝的合法性。诏书以反世俗的七宗罪为宗教依据（一说是根据古老的日耳曼七大部落），确立了帝国的七个选帝侯，并规定了具体的选举程序，选帝侯的数目后来根据时局的变化曾多次增减。初期有七个选帝侯，分别是三个教会选帝侯，美因茨总主教、科隆总主教、特里尔总主教，和四个世俗选帝侯，萨克森公爵、勃兰登堡边境伯爵、普法尔茨伯爵，以及波希米亚国王。《黄金诏书》进一步扩大了选帝侯的权利：选帝侯在其领地内政治独立，拥有司法（即独立的、不准臣民上诉的最高司法裁判权）、铸币、采矿、征税等国家主权。这个制度大大削弱了皇权，加深了德意志的政治分裂，但同时也让神圣罗马帝国成功延续了 800 多年。1806 年，神圣罗马帝国被拿破仑勒令解散，选侯权失去了意义。

二人身上都有着同样坚忍不拔和目的明确的特性，而兄弟俩的首要目标就是为这个家族获取永久性的祖产。

科尼希斯瓦尔特

第八代子嗣通过购入科尼希斯瓦尔特（Königswart/Kynžvart）的庄园，为建立新的祖业打下了基础。如果历史存有一个内在逻辑，那么追忆梅特涅家族最重要的地点是捷克——当时哈布斯堡皇朝的世袭领地是波希米亚——则令人一点也不意外。穿越时间隧道的旅行者，在这里可以看到修葺得富丽堂皇的宫殿，而且一旦他进入这座侯爵的祖产，并穿行于各个房间，马上就会被一种氛围笼罩，那就是老国务首相似乎刚刚离去。在约250年前梅特涅出生之时，他的祖先已通过购置这块领地为家族打下了直至1945年的生存基础，而此前他们从未有过类似的祖业，因而要尽全力保持和扩充它。1828~1833年，梅特涅开始重修这座宫殿，并请来艺术史上至今仍然声名卓著的维也纳美术学院院长兼宫廷建筑总管皮埃特罗·诺毕乐（Pietro Nobile）相助。[11]他将这座最早作为文艺复兴时期的军事要塞建立的，并于17世纪由一座巴洛克风格建筑所取代的建筑物，改造成一座极具古典主义风格的文艺复兴式宫殿。梅特涅从而不仅在格调上，而且在历史上让家族的祖居恢复了首次崛起时的辉煌。用建筑形式来谕示家族开始崛起的时代应该并非偶然。

购置这处祖业如此劳心费力，反映的是迄今为止绝无仅有的展示家族实力的一次行动，也是再一次将梅特涅家族获得成功的所有三个要素恰到好处地、非常典型地加以综合利用的行动：这需要帝国教会的庇护、皇帝的支持以及向着目标努力的家族实力的运用。

梅特涅家族第八代传人约翰·莱因哈德（Johann Reinhard）

1833 年修葺后的科尼希斯瓦尔特宫

于 1630 年 4 月 10 日在布拉格皇宫当着皇室上诉专员的面，为自己和另外四个兄弟签署了购买合同，[12] 而同一地点曾因 1618 年发生的闻名于世的"布拉格抛窗事件（Prager Fenstersturz）"引发三十年战争。一年后，当波希米亚代表在法兰克福拒绝选举斐迪南二世（Ferdinand II）为神圣罗马帝国皇帝，眼看选举行将泡汤之际，是特里尔选帝侯罗塔尔坚决地站在哈布斯堡皇朝候选人一边，并助其当选。因此，哈布斯堡皇朝从未忘记梅特涅家族的历史功绩，并在此后家族后人晋升贵族等级的诏书中始终指明着这一点。此前，罗塔尔就曾促成天主教诸侯组成同盟以对抗新教联盟（1609），并且在1612 年的国王选举中支持哈布斯堡皇朝的候选人［马蒂亚斯皇帝（Kaiser Matthias）］。

　　购买科尼希斯瓦尔特是展示实力的一次行动，因为业已过世的约翰·迪特里希的五个儿子为此共同筹集了 66114 莱茵古尔登（Rheinische Gulden）① 的购置款。仔细探究钱是从哪里来

———————————

　　① 德国古代的金币和银币名。

039 的于此并不合适。但是指出一点背景情况，即对于忠于皇帝可以得到何种回报，还是颇有启发。五兄弟之一的威廉，由于战功卓越，1629 年受到西班牙哈布斯堡王室 14624 古尔登的退休金奖励。[13] 此外，也值得看一看购买合同上所列举的这五兄弟在 1630 年时身兼的各种职务，为的是了解伯父罗塔尔这样一个有权有势的选帝侯，于在位的 24 年中是如何在幕后对担任神职后的财富积累施加影响的。合同中作为购买者出现的有：

施特莱辛贝尔格的约翰·莱因哈德·冯·梅特涅（Johann Reinhard von Metternich zu Streichenberg），美因茨大修道院院长、哈尔伯施塔特修士会全权总管（总督察）、马格德堡大教堂账目总管（物资和财产管理）兼教士会成员①、法兰克福修道院院长、神圣罗马帝国皇帝顾问、美因茨选帝侯枢密顾问和内廷参事长。

卡尔·冯·梅特涅（Carl von Metternich），特里尔总教区乡村主教（Chorbischop）、奥格斯堡和埃希施塔特教士会成员、亚琛皇家修道院院长。**他那位于特里尔圣玛利亚教堂的、由马蒂亚斯·劳赫穆勒（Matthias Rauchmüller）设计建造的墓碑，至今还在供人欣赏，在艺术史中非常著名。**[14]

埃默里希·冯·梅特涅（Emmerich von Metternich），特里尔、帕德波恩及维尔登主教大教堂教士咨议会成员、巴伐利亚选帝侯区聘任上校。**显而易见，在神职人员和军人之间变换角色是完全可能的。**

威廉·冯·梅特涅（Wilhelm von Metternich），贝

---

① "Dombherr" 在拉丁语中写作 "Domicellarius"，是一个天主教会和福音教会的名誉职位。19 世纪以前多指享有神职俸禄的贵族，但并不一定是主教大教堂的修士会或教士会成员，甚至有可能也不是神职人员，而是负责教会事务的官员。

尔堡领主、圣雅各布骑士团骑士、神圣罗马帝国皇帝顾问兼名誉侍从参议、特里尔选帝侯区顾问以及迈恩、蒙雷尔和凯泽塞施行政长官。

　　罗塔尔·冯·梅特涅（Lothar von Metternich），迪费丁根和哈根贝克领主（Herr zu Differdingen und Hagenbeck）、特里尔选帝侯区顾问、蒙塔保尔（Montabaur）行政长官。（黑体字为本书作者标注）

　　这纸珍贵的合同文件对家族根基具有多重性质的意义：它表明了皇帝对梅特涅家族在重大的宗教战争中始终不渝地站在自己一边，而且不仅在外交上——如罗塔尔所做的——还在军事上为皇帝而战的谢意。另外，皇帝也借此事惩罚了两处现已合并领地的原持有人："因重罪"，汉斯·塞巴斯蒂安·冯·蔡德利茨（Hanns Sebastian von Zedlitz）失去了科尼希斯瓦尔特城堡和市场，以及城堡和市场所属的村庄和"花园"。同样的惩罚也落到了汉斯·贝尔特默斯·施尔廷格（Hannß Bärthlmes Schirntinger）家族身上，罪名是"谋反"——"造皇帝陛下反之重罪"。两个家族的财产全部被查抄，"罚没充公，以示惩戒"。皇帝就是这样就地惩罚了那些在波希米亚起义的新教徒。对梅特涅家族来说，存在着决定性的理由和机会，将他们的经济生存基础和生活中心迁往波希米亚。但是这并不排除日后出于公务需要仍在科布伦茨（Koblenz）进行统治——科尼希斯瓦尔特的祖业仍然是一个基本保障，此外，还是一个受欢迎的收入来源。而事实上，科尼希斯瓦尔特也的确成了梅特涅家族1794年被从莱茵河左岸的领地驱逐之后的救生锚，它不但是个逃亡避险之地，而且是个经济储备基地，没有它，年轻的克莱门斯伯爵 ① 永远不可能与位高权重的哈布

040

————————

　　①　即克莱门斯·冯·梅特涅。

斯堡皇朝国务首相考尼茨侯爵（Fürst von Kaunitz）的孙女结婚。

对五兄弟而言，其经济收益也不可小觑。这一领地包括农庄、羊群、农田、牲畜、草地、有全套炊具的饭馆、果园、菜园、牧场、河湖，以及收入颇丰的小作坊，比如啤酒酿造坊和麦芽厂，风车磨坊和面包房。所有这一切都带来租金收入（税收），定居此处的臣民要向梅特涅家族交租金。

总而言之，贵族统治者生活在一种封建权利和债务关系的宇宙中，1848~1849年在法兰克福保尔斯教堂（Paulskirche）召开国民大会时，议员们所掀起的风暴，反对的正是这些封建残余。早在面对领主土地所有制的经济现实之时，国务首相梅特涅就不得不设法考虑，实现从封建等级经济向市场导向的农业经济过渡，后文还要谈到这一点。

梅特涅家族的五兄弟为他们自己及后代获得了这份自由遗产，即是说，这块领地完全不受此前封地世袭使用权法意义上的、可以想象到的任何限制。这份财产在波希米亚土地登记册上作了登记，而前任领主则从这部登记册上被完全消除。如此一来，梅特涅家族就在波希米亚入了籍，并获得了上流贵族的等级品质（名分），也就是说，获得了在邦国议会里的代表权。科尼希斯瓦尔特的领地在其所辖地域中具有封建制度的所有代表性特征，在这一制度中，一个贵族领主依靠自己的法律和主权统治他的臣民，而不仅仅是一个由皇室或者帝国教会派出的、起着分店作用的职务。当然，如果这个家族还想要继续向上加官晋爵的话，实行自治也并不排除——甚至提倡——继续履行皇朝的这种职责。但是领地的所有者是"自主的（souverän）"。提高这种自主权的程度则是梅特涅家族始终如一的目标，并且可以依靠本节所描绘的家族实力。当然，为了打开通往第三层，亦即男爵这一等级的大门，还需要新的名分。

041

6
温纳布尔格和拜尔施泰因男爵

　　直到家族中最优秀的人物登上哈布斯堡皇朝的、帝国的乃至整个欧洲的政治舞台之前，梅特涅家族对各代皇帝到底意味着什么？没有任何资料可以比将这一家族晋升为男爵、伯爵和侯爵等级的皇帝诏书更清晰地回答这个问题了。因为皇帝把注意力只放在了这个特殊的家族身上，而皇室则仔细认真地追溯皇室成员的记忆中的大量储备，以便让这些晋爵的理由能够自圆其说。1635 年 10 月 28 日[15]颁布的晋升梅特涅家族为男爵等级的诏书，是皇室关注这个家族的开始。它起因于当时特殊的局势：此前还不甚出名的梅特涅家族，在三十年战争各种交相混战的冲突中，尤其是在哈布斯堡皇朝与法兰西的争夺中，已然彰显了重要的作用。诏书突出强调了这一点：在 1619 年举行皇帝选举时，在选帝侯罗塔尔·冯·梅特涅的帮助下，成功阻止了普法尔茨选帝侯腓特烈五世作为反对派候选人当选。还有，诏书赞扬梅特涅家族在波希米亚王国的极具凶险和仇恨的起义中，以及此后梅特涅兄弟们"在神圣帝国烽烟四起的叛乱中和由于叛乱而引起的血腥战争中"，面对"我们的敌人"所表现的勇气与英雄豪杰般的大无畏气概，及由此建立的政治和军事功勋。

　　1635 年 10 月 28 日的诏书还具有非常戏剧性的现实意义，它表明，皇朝就是要通过晋升爵位来表彰皇帝的追随者中那些最忠诚和最勇敢的人。因为诏书特别强调梅特涅兄弟所建立的军功，具体来说就是卡尔，他在"近来法兰西军队极其危险地入侵"选帝侯领地特里尔之时，拼尽全力将其重新夺回。选帝侯罗塔尔·冯·梅特涅的继任者，选帝侯菲利普·冯·薛腾（Kurfürst Philipp von Sötern）曾与大教堂教士咨议会发生过一场地区性冲突，即主要是与梅特涅家族的冲突，他却将此演变成了一场国际范畴内的冲突。正是在这一时期，皇帝准备在1635年的《布拉格和约》中结束那场灾难性的战争，这位特里尔总主教却向法兰西国王求援，结果是法兰西军队于1632年8月20日占领了特里尔——这是叛国行为。占领了特里尔之后总主教宣布，剥夺卡尔和埃默里希·冯·梅特涅兄弟的一切世俗和宗教职务，并扬言要逮捕兄弟二人，他们逃往了西班牙哈布斯堡王朝监护下的卢森堡。总主教还想提名法兰西枢机主教黎塞留（Kardinal Richelieu）作为大教堂教士咨议会的继任者！诏书中提到的"不久前""重新夺回"特里尔指的是1635年3月26日，当天西班牙哈布斯堡王朝的军队在卡尔·冯·梅特涅的陪伴下，奇袭并占领了特里尔，他那被威胁要被革出教会的兄弟埃默里希则亲手逮捕了现任总主教并将其流放。[16]菲利普·冯·薛腾的被捕在帝国引起了巨大的反响，反应更为激烈的则是法国，他们感受到了极大的挑衅，因为这位选帝侯曾经由他们保护。于是，法王路易十三（Ludwig XIII）向西班牙和皇帝宣战，宣战的时刻正是斐迪南二世皇帝（Kaiser Ferdinand II）已经与部分帝国等级议会代表在布拉格缔结和约之时。

当三十年战争扩展为欧洲独一无二的权力争夺战，并又持续了13年之时，梅特涅家族在事件发生的关键时刻站在了皇帝的一边。诏书提及，在决定哈布斯堡皇朝命运的历史性十字路口，即使在危及个人生命的情况下，他们仍表现了对皇帝不怀二心、毫无动摇的忠诚，为此，斐迪南二世皇帝对梅特涅家

族五兄弟给予晋升男爵等级的褒奖。梅特涅家族从而登上了宫
殿的第三层。诏书还明确指出，家族五兄弟彰显了古老的、绵
延数百年的、富于骑士精神的梅特涅家族遗风。诏书中的具体
表述为：

043

　　即日起，皇室称呼梅特涅家族时用尊称"出身尊贵的
（Wohlgeboren）"。

　　具有决定性意义的还有：该家族拥有在帝国层面以及
其他所有层面的大会、骑士活动、有俸圣职会、大教堂教
士会（Domstift）中的代表权［"Prärogative（特权）"］，
即除了贵族发言权之外，获得了超越波希米亚的、在全帝
国范围内的贵族等级（当然，他们在帝国国会中还没有形
式上的席位）。

　　该家族可以获取男爵采邑及男爵采邑（属下的）二次
采邑（可当即生效）。

　　该家族可以在哈布斯堡所属各国购置或建造一处或多
处祖业和宫殿，可以对其家族所拥有的城镇、祖业、宫殿
进行防御工事加固，以及在其家族现有的名称或头衔、族
徽纹章及各种店铺中加上贵族名称。

温纳布尔格和拜尔施泰因

如果男爵的贵族等级与"获取男爵采邑及二次采邑"的
特权绑定的话，那就说明皇室在1635年的诏书中，已经考
虑到了梅特涅家族当时的利益所在，因为他们当时正处在对
莫泽尔河（Mosel）河畔的温纳布尔格和拜尔施泰因伯爵领
地的争夺中。在这个问题上，带有宗教信仰色彩的三十年战
争，也制造了新的战线和重新分配物质财富的绝佳机会。梅

特涅五兄弟之一，皇家卫队长埃默里希也参与其中。[17] 1635年他率皇家军队攻克了拜尔施泰因城堡，赶走了瑞典占领军。同时他得知，城堡的主人，温纳布尔格和拜尔施泰因各领主"勾结帝国和皇帝陛下的敌人瑞典人"，对皇帝陛下犯下了重罪。由于两处伯爵领地属于科隆选帝侯区的采邑，因此，他请求科隆总主教将这些业已无主的采邑转封予他及他的兄弟。科隆总主教于1635年7月30日颁发了他所盼望的采邑所有权证。[18]

但由于两处作为采邑的领地均与特里尔选帝侯区有牵连，因此，埃默里希又请求当地的大教堂教士咨议会以同样的方式转封采邑。但此事有个棘手之处：因为当时失去了选帝侯菲利普·冯·薛腾，特里尔大教堂教士咨议会受皇帝委托正在实行代管，而恰恰是埃默里希亲手逮捕了选帝侯菲利普·冯·薛腾，并以轰动的方式将其关押起来。所以，他只获得了一个等待封授采邑的结果，要一直等到有一个合法的选帝侯上任，并能够颁发采邑所有权证为止。在薛腾家族的人死光后不久，1652年2月5日，他的继任者以及皇帝确认，温纳布尔格和拜尔施泰因的帝国领地由于没有合法继承人，将由梅特涅家的各男爵"合法拥有"。1654年3月28日颁布的皇室法令使这一转封合法化，对他们的家族可以加上领地的名称予以明确承认。[19] 此后，他们的头衔就被正式表述为"梅特涅－温纳布尔格和拜尔施泰因男爵（Freiherr von Metternich, Winneburg und Beilstein）"。"温纳布尔格和拜尔施泰因"这一标志，从此以后一直列入他们家族的名称中，直至这一脉系的最后一名代表人物女侯爵塔佳娜（Fürstin Tatjana，逝于2006年7月26日），只是后来拜尔施泰因这个附加的名称逐渐被忽略了。

帝国国务首相于1832年将温纳布尔格城堡废墟重新购回，这个举动说明，家族的这一段历史对他十分重要。他回购废墟

044

卡尔·波德黙（Carl Bodmer）制的凹版腐蚀画《拜尔施泰因城堡废墟》，约 1835 年

的意图仅仅是"将宫殿重新纳入我们家族，尽管时代变迁，使这一名字得以保留，并在今后一直使用下去"。[20] 他有意不从中取得经济上的好处，反而将这座庄园所属的菜园和草场耕作所得捐献出来，分给当地的穷人，并亲自制定了分配方式——耕作所得在教区内通过拍卖算出，全部纳入慈善基金会。[21]

　　梅特涅宣布了重新获得这片基业的消息。他让人用生铁在其位于科尼希斯瓦尔特的铁厂铸造了一个族徽，并于 1834 年 10 月 14 日一个由地方议长担任监护人的庆祝仪式上，将其悬挂在城堡废墟的主塔上。一位也曾得到过梅特涅慈善基金资助的当地医院管理层的代表，沉浸在那个时代非常典型的、景仰浪漫情调的壮丽城堡的气氛中，并赞美说："就像这座令人崇敬的、古老的温纳布尔格废墟一样，它使我们所有人回忆起数百年来受到全德意志高度赞扬的、属于我们莱茵人的、高贵的侯爵家族的辉煌和荣耀，以及使我们可以在任何时候徜徉在这座远古时代庄严的纪念物之中，去欣赏过去的伟大，并以这种

046

045

卡尔·波德默制的凹版腐蚀画《科
赫姆附近的温纳布尔格城堡》，约
1835 年

精神为未来创造宏大的愿景。"此处似乎把帝国贵族、哈布斯堡皇朝与德意志历史性地融合在了一起。在众人山呼重新归来的尊贵同胞、伟大的国务活动家梅特涅 – 温纳布尔格侯爵万岁之后，在这个黄昏降临、和谐满满、微醉醺醺的庆祝会上，一段祝酒词中出现了"小德意志"的反对观点："为与我们尊贵的君王联合起来，通过共同战斗，把莱茵地区（Rheinlande）从外国统治下解放出来的普鲁士和所有德意志国家的繁荣干杯！" [22] 这里让人们隐隐约约听到了两个相互竞争的国家传奇神话：这边是以梅特涅侯爵形象出现的哈布斯堡皇朝，那里则是以普鲁士国家形式反映的霍亨索伦王朝（Hohenzollern）。尽管如此，帝国国务首相非常惬意地将这篇关于庆祝会的报纸文章放入了他的档案夹中。

7
作为帝国国会议员的伯爵们

　　仅仅占有新的领地并没有使梅特涅 – 温纳布尔格和拜尔施泰因各男爵感到满足。因为获得了这些财产使他们同时也获得了预示着更多内容的、有利的权利地位，因为温纳布尔格和拜尔施泰因已在帝国登记册中登记注册，这是一种贵族领主名册，登记在册的贵族领主在帝国国会可以合法地占有席位。谁占有了这种权利地位，那就似乎意味着，谁就可以等待获得帝国国会的席位。但是，为达此目的，一个门第相当的贵族等级名分却是必不可少的：伯爵领地领主需要一个伯爵头衔！而梅特涅家族进入到宫殿的第四层，晋升到"梅特涅 – 温纳布尔格和拜尔施泰因伯爵以及科尼希斯瓦尔特领主"这件事，[23] 也同样受到了一个特殊形势的眷顾；就像在罗塔尔时代一样，一位在选帝侯区高居总主教地位的人，在幕后操纵着这些事情：卡尔·海因里希（Karl Heinrich）是已经晋升为男爵的五兄弟之一威廉的大儿子。[24] 正是在他从 1679 年 1 月 9 日被选为总主教到同年 9 月 26 日去世的不长的任职时间内，利奥波德一世皇帝（Kaiser Leopold I）于 1679 年 3 月 20 日将梅特涅家族的贵族等级又晋升了一次。

　　自 1635 年以来，梅特涅家族在哈布斯堡皇朝眼中大大地扩大了他们的"道义资本"。这期间，梅特涅家族对哈布斯堡皇朝意义何在？ 1679 年的一份诏书用令人印象深刻的叙述方式，极其正式地作了说明。其中，从令人难忘的总主教罗塔尔开始，一一点名列数了梅特涅家族成员为了皇帝的基业所建立的特殊功勋。接着，是罗塔尔的弟弟、特里尔选帝侯区枢密顾问约翰·迪特里希及他的五个儿子，然后是美因茨总主教卡尔·海因里希，以及皇室步兵中将兼城防指挥埃格尔·菲利普·埃默里希（Eger Philipp Emmerich），他是购置科尼希斯瓦尔特的威廉的二儿子；说到威廉时，需特意强调指出，他在一场会战中被炮弹炸伤，失去了一条大腿，伤愈后马上又以"英雄般的气概"继续履行自己的作战职责。要将隐藏在梅特涅家族所有这些人物身后的故事详尽写出来，又将是另外一项单独的任务。在此，只能坚持一条主线，就是这个家族在何种深度和广度上，以及是如何持续地站在皇帝的一边：在 17 世纪的五次皇帝选举中、在帝国国会中、在选帝侯议事会中、在大教堂教士咨议会及主教教堂议事会（Hochstift）中，从 1648 年算起，梅特涅家族总共出了 137 位大教堂教士会成员。[25] 他们在棘手的外交事务和外交谈判中忠诚地为皇帝效力，特别是在对付不服从的新教徒、波希米亚的动乱贵族阶层以及与敌对的土耳其人的战争中。当然，所有这些之所以能充分说明晋升梅特涅家族的贵族等级有着充分的理由，"是因为整个家族在真正的、唯一能够使人幸福的天主教中团结一致，从未有过背叛，也就是说，他们［梅特涅家族成员］除了为我们德意志—西班牙这一脉系的正宗皇室效忠之外，从未为其他人效劳过"。为皇室效力就必须信奉天主教。梅特涅家族晋升为伯爵等级之后，还带来很多其他的实质性权益：他们从此以后有了铸币权，成了帝国国会中威斯特伐利亚伯爵议事团成员，可以参与所有的大教堂教士会（这确保了所有家族后人衣食无忧），可以向骑士贵族分封采邑，还可以对外在"头衔、称号，以及敬称中使用御赐'出身最尊贵的（Hochwohlgeboren）'"表达方式。

不可分割的家族财产

就像梅特涅家族过去几百年的经验所表明的，一个家族所取得的财产通过遗产分配和分割继承，很快就会消耗殆尽。为达到建立和保持一种皇朝式家庭纽带和家族集团的贵族地位的目的，就要使得一种典型的、旧欧洲式的继承法和物权法在立法上成为可能。通过这一法律，一个家族的财产，即他们最基本的生存基础，可以长期得到保障。这是一种所谓的不可分割、不能转让的家族财产权。通过签署一份特别的家族协议，似乎可以将家族财产变为一份基金，这个基金由族长来管理，但他无法自由地支配。在梅特涅家族里，总主教罗塔尔及弟弟约翰·迪特里希这一代已经认识到这个问题的重要性，并决定设置障碍，以保证家族已获取的财产不致流散。

为此，罗塔尔制定了一项不容置喙的纲要。他于 1620 年 12 月 19 日建立了家族遗产基金，并将其交付给"家族男性婚生的儿子及这些儿子婚生的男系血亲后裔"。这样做是出于"善意的、天性使然的血统感情，是出于本氏族世泽长久、家声永振的好意"。[26] 可以看出：并非后来的历史学家才开始从这一家族的成功过程中解读出"保持家族实力"一说，有这个想法的决定性人物如罗塔尔，早已有意识地将其作为家族发展纲要的一部分进行了设计，并予以实施。具体来说，比如罗塔尔在纲要中要求敬畏上帝、培养贵族知识能力、访问外国、学习各国语言，且要习成一门宗教的或世俗的可以之谋生的职业技能。甚至在危急情况下该如何自救，他都考虑周全。获得基金资助者"必须感恩于、坚信于古老的罗马天主教，对其保持感激之情并持续下去，是（获得资助金）不可或缺的条件"。谁背弃这一信仰，如路德派信徒所做的那样——"愿仁慈的上帝保佑他们"——谁不学习，或者在家族和亲戚面前缺乏恭

049

1756 年 8 月 20 日，神圣罗马帝国的弗朗茨一世皇帝有关处理梅特涅家族不可分割、不能转让的财产权监护的诏书首页

顺勤谨，那么他将失去资助。那些不按"古代骑士精神"，也就是说不按照贵族等级身份进行婚嫁的人，也不能获得基金赞助。

罗塔尔甚至走得更远。1621 年 11 月 27 日，他在自己的遗嘱[27]中要求继承人继续强化家族的凝聚力。他将所有五个侄子，就是后来购置科尼希斯瓦尔特的五个人，一一加以审视，把三个任有神职的侄子（约翰·莱因哈德、埃默里希和卡尔）从继承顺序中排除掉，并宣布他的两个世俗侄子威廉和罗塔尔为单独继承人，以继承他用"私人的财力"购置的所有财产，但是财产"不可拆散"、不可分割。如果其中一人死亡，他的那一半份额要全部留给另一位生存者。

由于是五个兄弟共同购置了科尼希斯瓦尔特的产业，这样一来，棘手的情况便显现了。在这种情况下该如何进行遗产继

050

1768 年 3 月 3 日，约瑟夫二世皇帝宣布弗朗茨·乔治提前成年的诏书上的皇玺印章

承呢？即使在这样的情况下，三个任有神职的兄弟也要从继承顺序中出局，另两位世俗兄弟罗塔尔和威廉于 1644 年 5 月 8 日达成了一份家族协议，[28] 在协议书的前言中他们明确表示将完全接受任总主教的伯父关于保持家族实力的纲要内容。当他们宣布要"通过诚实的、友好的、兄弟般的团结和忠诚可靠、亲密无间的同盟，使家族和门第崛起并保持下去，相反，误解及遗产和财产分割不能使家族和门第生存，而只能使其走向毁灭"时，他们是多么认真严肃地对几百年来人们欣然接受的、由于财产分割所招致的命运作了回应，这的确令人惊讶。他们清楚地回忆起罗塔尔伯父，"他是如何希望梅特涅家族——我们这一嫡亲脉系兴旺发达，并且让子孙后裔永远将之弘扬下去"。"家族的崛起和持续（Aufkommen und Conservation unseres Hauses）" 成为兄弟俩的座右铭。从此，梅特涅家族的财产不再允许通过婚嫁、遗嘱或抵押而被分割，至于新获得的也必须纳入已有的财产范围，并且一样不得分割。

这个家族永久性的"祖业一统"的家族协议，事后证明是件幸运的事情，因为1697年家族所有的财产，最后落到了威廉的儿子菲利普·埃默里希手中。他马上起草了所谓的不可分割、不能转让的财产受益权文件，再一次强调了过去所有的有关协议，不过与以往不同的是，这次有了利奥波德皇帝所颁诏书的确认。[29]自此，梅特涅家族的财产受到了皇帝的直接保护。

皇帝的认可恰如救星，因为半个世纪之后，梅特涅家族险些惨遭毁灭。原因是，当帝国国务首相的爷爷约翰·胡戈（Johann Hugo）于1750年5月24日去世时，克莱门斯·梅特涅的父亲弗朗茨·乔治（Franz Georg，生于1746年3月9日）还不到4岁（他父亲的两个弟弟在1753年相继夭折）。神圣罗马帝国的弗朗茨一世皇帝亲自过问并同意担任其监护人，这对家族来说意味着莫大的保护。那份不同寻常、装帧精美、耗资不菲的封印诏书，如同晋升爵位等级一般，将梅特涅这个古老家族的历史功勋又一一作了展示，使这个已经如愿以偿晋升了爵位等级的家族，在哈布斯堡皇朝那里又平添了一份明证。[30]

就连22岁的弗朗茨·乔治——在年满24周岁之前——提前宣布成年，以便成为不可分割、不能转让的财产受益权的家族族长的愿望，皇帝——当时已是约瑟夫二世（Joseph II）——也按照其家族的功绩和当时的特殊情况，予以彻底的审核及关照。他于1768年3月3日颁布的许可诏书，就像当年其父皇担当监护人时的一样，精美而华丽。[31]梅特涅的父亲在1770年凭借一项新的家族协议，重新规划了宗族的生存基础。[32]然而后来发生的事情给家族带来了巨大的灾难：他们被迫逃

051

离莱茵地区的祖业（1794），作为补偿获取的、位于符腾堡
（Württemberg）的庄园也被没收（1809），家族最终面临着
彻底破产的局面。尽管传统观念强烈的弗朗茨·乔治想竭力阻
止，但是经过坚忍的抵抗，他最终不得不在 1815 年从不可分
割、不能转让的财产受益权的家族首领位置上退位，然后"禅
让"给他的儿子克莱门斯。此事后文还将作详细描述。

8

宫殿第一层中的侯爵

当然，弗朗茨·乔治起初曾竭尽全力来弥补家族在受监护过程中衰弱时期的损失。可是他未能成功地走出家族领地的经济窘境。他与钱打交道的能力和充满革命气息的时局，均没有赋予他这样做的可能。但是他却有能力在履行皇室公职时，对家族当时悠久而又受到景仰的道义资本所拥有的功勋贵族的各种手段，充分加以利用，从而使他最终于 1803 年 6 月 30 日晋升为**侯爵等级**。[33] 由于温纳布尔格和拜尔施泰因的帝国伯爵领地已被法兰西人占领，他需要一处新的领地作为名分合法的基础。因此，神圣罗马帝国的弗朗茨二世皇帝 ① 把位于符腾堡地区的教会财产奥克森豪森（Ochsenhausen）帝国修道院挪作俗用，将其改名为梅特涅家族侯爵领地，"为了使后世永远记得他们的功绩，同时也为了激励他们作出同样的努力"。这次加官晋爵的行动显示，我们业已熟知的梅特涅家族的历史功勋，是多么深刻地烙印在皇室的脑海中。毫无疑问的是，诏书再次历数了这些历史功勋。

晋升了爵位的弗朗茨·乔治的名誉和功绩，早已体现在其为皇室效劳的三十年中。能够坚持如此长的时间，担任过可以想象得出的几乎所有职务，那么他就不可能"没有特殊的天赋和渊博的知识"，但西尔比克却判断，"相对来说狭隘的

_____

① 即导言中奥地利帝国的弗朗茨一世皇帝。

精神视野、毫无思想和行动的自主权……缺少激越的个人虚荣心"，总而言之:（他）是一个平庸的"失败者"。³⁴ 相反，皇帝则有一切理由向世人证明，恰恰是在关键时刻和关键事件上他显示了"内行、热情、聪慧和勤奋"。那么，在政治上他有什么突出的表现呢？ 1773 年以来，弗朗茨·乔治就作为外交官为哈布斯堡皇朝效力，先是作为驻上莱茵，后又作为驻下莱茵 – 威斯特伐利亚帝国管区的公使，以及作为皇室的触手在帝国教会选举中为皇室效劳。他平息了反对约瑟夫二世皇帝政策的抗议活动，这一抗议活动在列日（Lüttich，位于今比利时）的地区骚乱中达到高潮，也就是说，他为哈布斯堡皇朝结束了 1790 年发生在奥地利属尼德兰的比利时革命。同年，他作为波希米亚选举特使在利奥波德二世当选皇帝的过程中积极活动；1791 年在布鲁塞尔作为奥地利属尼德兰的皇室及王室大臣（kaiserlich-königlicher Minister），同时也是该地区的行政长官，促成了与各等级贵族的合作；1797 年，作为皇帝的"全权代表（Plenipotentarius）"出席了在拉施塔特（Rastatt）召开的帝国和平大会。在他整个人生中，他与这个多民族古老帝国的几乎所有机构都有交集。³⁵

　　这三十年给他带来的各种荣誉不胜枚举。弗朗茨·乔治曾是皇室及王室正式的名誉侍从参议与枢密顾问，金羊毛骑士勋章（Ritter des Goldenen Vlieses）① 获得者及匈牙利国王圣斯特凡骑士团大十字勋章（Großkreuz des St.-Stephans-Ordens）获得者。现代人的研究在放下他个人没有意识到的、在旧帝国的形式面前骄傲自负的做派后，在对近代早期进行研究后才发现，这些荣誉不过是象征性礼仪形式的反映。而现在，他们也表现了对"皇帝的旧衣"的理解，这件旧衣包裹着

053

----

① 　1429~1871 年奥地利颁发的一种骑士勋章。

"旧帝国的宪法史和象征性语言"［芭芭拉·施多尔贝格 – 雷林格（Barbara Stollberg-Rilinger）语］。在爵位晋升的诏书中，梅特涅家族强大的传统意识甚至事先就给长子克莱门斯投下了暗影，那时他已在柏林就任驻普鲁士王国的特命全权公使（Gesandter）。

弗朗茨·乔治因晋升奥克森豪森侯爵而遭到嘲笑，甚至约翰大公爵（Erzherzog Johann）[36] 也不放过他。但是，熟悉旧帝国的人也必须承认它的内在逻辑。梅特涅家族具有帝国等级名分，这一名分曾是与帝国伯爵等级连在一起的：失去其中之一，另一也就不复存在。将这样一种政治名分再次颁授给他们（指晋升爵位之事），也就意味着要同样封予相应的领地。正是为此目的，原来直属帝国的、已经移作俗用并打算赠予梅特涅家族的奥克森豪森修道院可以起到这种作用。这并不是对其家族失去莱茵河左岸地产的"理由不够充分的补偿"，[37] 而是一种奖励，也是弗朗茨·乔治作为谈判的参加者自己搞来的。这块地产比温纳布尔格和拜尔施泰因大得多，带来的收入也多得多。"按照德意志帝国的宪法和传统"，只有这块地产才配得上侯爵封地，也只有通过这种方式，才能合法化梅特涅家族晋升为帝国侯爵等级的现实。

皇帝晋升其为侯爵当然也不是完全没有私心。弗朗茨·乔治要为这一头衔向皇室内务署（Hofkanzlei）支付 31612 古尔登，[38] 这笔支出在很大程度上导致了其家族面临破产。但是，同样不容掩盖的是，在 1803 年 5 月 26 日呈递皇帝的亲笔信中，弗朗茨·乔治是自己主动恳请晋升为侯爵的。理由是，对于他来讲，家族时运不济，身处此境地的他最为关心的是要为家族和后裔，以及为他们的未来着想。他认为，晋升侯爵等级可以更好地保证权利不被褫夺，因为家族在伯爵等级上已经受到了这种威胁。[39] 就在晋爵的第二天，1803 年 7 月 1 日，在去觐见皇帝以表谢恩之前，这位新晋侯爵向他的侯爵领地管理层颁布了一项法令，并在其中表明了自己"对这样的表彰（指晋升侯爵一事）对于整个家族意味着什么"的看法。几百年来，这个家族在神职选帝侯和诸侯的地位与荣誉中，为德意志祖国作着奉献，而家族地位，也通过被帝国引进诸侯议事会并赋予席位和投票权而得到加强"。[40] 弗朗茨·乔治还完全生活在帝国和自己家族的传统意识中。而从帝国各地如潮水般涌来的贺信似乎已证明，他是正确的。[41]

梅特涅家族在其晋升的过程中通过假定的贵族宅第祖业达到了贵族等级的最高位。他们在帝国国会中已经拥有了"个人表决权（Virilstimme）"，而不再仅是"集体表决权（Kuriatstimme）"；他们是帝国国会诸侯议事会的成员，在国会中，在其他等级的贵族发表意见之前，这个议事会早已对一切问题作了决定。而且通过弗朗茨·乔治的加入，皇室天主教派的诸侯在国会中又重新赢得了多数。然而好景不长，三年之后，支撑的大厦崩塌了。如果人们有意忽略实际上向着 19 世纪不断发展的那些进程，那么就会感到，旧帝国的称号突然变成了只是作为历史描写的一个对象在被引用。从梅特涅这个最后飞黄腾达的贵族家族的视角来看，简直使人感到悲惨之至：无论他们如何努力，他们到得太晚，并且在这个战场上最终还是失败了。但是，他们与帝国紧密相连的家族传统就因此变得毫无意义了吗？

无论怎样，对克莱门斯·冯·梅特涅本人来说，在侯爵这一等级之前，他还得等待升格。起先，他不得不暂时仍旧使用伯爵头衔，因为只有财产权长子继承人才能晋升侯爵，而此时此刻只能是他的父亲弗朗茨·乔治获得晋升。莱比锡民族大会战胜利之后情况发生了改变。一个没有侯爵领地的侯爵？克莱门斯·冯·梅特涅晋升侯爵的方式，与我们所知道的、到目前

055

为止梅特涅家族的晋升方式有着戏剧性的区别。一无诏书，二无皇玺封印，只是追溯了一下他父亲的功绩，然而是由皇帝亲自致辞，并在讲话中列举了无出其右、再也无法过奖的理由，他将受封人称为"国家的救星"！严守仪轨、敌视变通的弗朗茨一世皇帝，将其对国务大臣的表彰变成了一桩面对公众舆论的政治事件。皇帝 1813 年 10 月 20 日的讲话手稿于两周后在《维也纳日报》（*Wiener Zeitung*）头版一字不落地全文发表。这份手稿也被梅特涅精心地保存在家族档案里。

> 亲爱的梅特涅伯爵！出于对您的信任，在困难的时刻朕委任您执掌这个部门，而面对世界命运决定性的时刻，您对这个部门睿智的领导成效卓著。因此，公开地向您表示认可和谢忱，朕深感必要。朕宣布，自即日起，将侯爵的荣誉——按照长子继承法您的家族已有人享有这一头衔——不但扩展至您本人，而且扩展至您的直系后裔，无论男女。朕希望通过这道敕封，令尊之榜样及您个人为朕和国家所做出的功绩，将来会不仅铭记在您后人的回忆中，而且会激励他们为皇朝作出同样的贡献。[42]

皇帝同样没有忘记，"鉴于这位功勋国务活动家为国家，尤其是为最高统治者皇帝陛下做出的出色功绩"，免除了其应缴纳的"国库税（Kameral-Taxe）"。[43] 在维也纳会议成功举行之后，皇帝于 1816 年将位于莱茵高地区（Rheingau）的约翰尼斯贝格宫（Schloss Johannisberg）和周边的国有农田作为额外的酬谢，一并赠予了克莱门斯·冯·梅特涅。

1814 年，当战争还在进行当中，梅特涅在法国追赶拿破仑之时，他就公开谈论起新的头衔对他本人及其家族是多么的重要。在朗格勒（Langres）时，他就酝酿了一个想法，[44] 而从盟

056

1814 年时写有族语 "力量蕴自法理" 的梅特涅家族的侯爵族徽纹章

国在肖蒙（Chaumont）结成反拿破仑同盟开始，他就琢磨着家族的侯爵族徽纹章构想该怎样获得批准，而皇帝则当即 "非常乐意地" 诏准了。[45] 那个最终定稿的，并且从此再也没有更改过的族徽纹章，将过去的梅特涅领主们升迁晋爵的每一个过程，都象征性地囊括在内：中心的盾牌是家族的发端，黑色的贝壳来自祖先的纹章，最上的位置意味着到达了顶点，放置侯爵的冠冕。两侧状似楼梯的横梁以及小十字架则代表着温纳布尔格领地，两边用服饰搭扣和缎带装饰的号角示意着拜尔施泰因领地。牛头是新获得的帝国侯爵领地奥克森豪森的象征。梅特涅非常明确地希望，再加上一句 "像英国嘉德勋章（Hosenbandorden）缎带上那种式样的" 箴言。

　　如果熟悉他那帝国贵族的出身、他的家族为了加官晋爵而显示的坚忍不拔的精神，以及他对旧帝国法理特色的理解，那么就会明白，他试图在所选择的口号"力量蕴自法理（Kraft im Recht）"[46]中表达的内容。知道了这个背景，也就容易理解他为什么对强加给他的符号"梅特涅体制"提出反驳和异议了；他驳斥说，"推翻梅特涅体制"这句口号是"不合逻辑地偷换概念"，因为实际上，正是他在谋求"推翻帝国事务中的旧的历史秩序"。

在这个变革的时代，梅特涅采取了什么样的立场，后面还会展开。当 1820 年国务首相流露他在时代交替之际的矛盾心理和真实感受时，也证实了他的深深忧虑："我的人生陷入了令人厌恶的时期。我来到这个世界上，或许是过早了，或许是太晚了；我现在对什么都感到无所适从。要是早来到这个世界上，我可能享受这个时代，要是晚来到这个世界上，我可能致力于重建她；如今我却要挨日如年地去支撑这座腐朽的宫殿。我真是应该出生在 1900 年，好来拥抱 20 世纪。"[47]当他的父亲在为旧的时代大唱挽歌之时，他却感到从这个时代掉落出来。但这并非怀疑他那从旧帝国中发展而来的"力量蕴自法理"思想的深远意义和持续—正确性的理由。他在那个时代的感觉有如"制度的一块岩石（rocher d'ordre）"。[48]那么，他是否在自己理解的所谓秩序中始终如一、一成不变呢？我们希望，在穿越他那真正意义上奇特的一生时，慢慢地搞清楚。

第二章

他这一代：旧秩序与启蒙运动，
1773~1792

9
家庭、童年和教育

出生于科布伦茨

梅特涅对自己的出身非常清楚。他在撰写的"自传备忘录"中曾开宗明义地讲道："在父亲家族无微不至的关怀下受到教养，帝国贵族的出身、家父供职于皇室的公职地位、法国式的社交生活、道德的软弱无力和堕落，在成长过程中为我个人都留下了深刻的印象，这种堕落正是风暴前那些德意志小邦国的特色，而它们也即将毁于这场风暴。"[1] 53 岁时，[2] 他如此回忆道，并确确实实地勾勒了对他的童年和青少年时代有着实质性影响的那些力量。

梅特涅 1773 年 5 月 15 日出生在父母位于科布伦茨的家中，并以克莱门斯·温策斯劳斯·罗塔留斯·内波穆策努斯（Clemens Wenceslaus Lotharius Nepomucenus）受洗命名，[3] 当时还用拉丁文撰写的受洗证明就是这样书写的。按照习俗，具有传统意识的贵族要在嫡传长子的全部名字里放入家族历史的核心内容。在名字里要纪念家族的第一位选帝侯罗塔尔，以及其为本族的崛起所做的开创性功绩，这也证明了他的父亲弗朗茨·乔治对这位祖先怀有多么强烈的感激之情。他也同样认为，向他原来的上司，美因茨总主教兼选帝侯温策斯劳斯·冯·萨克森（Wenzeslaus von Sachsen）表示敬意是合适的。后来，梅特涅反复夸耀自己曾有过这样一位洗礼教父，虽然洗礼时他并未到场，而是由弗朗茨·路德维希·冯·凯瑟尔施塔特（Franz Ludwig von Kesselstadt）代表出席（在说到此点时，梅特涅有意地避而不谈）。

作为家族可靠保护伞的帝国教会，在年轻的克莱门斯面前也展现了它的恩惠。1775 年，当特里尔总教区大教堂教士咨议会中一个有俸圣职职位（Präbende/Pfünde）由于其前任故去而出现空缺时，弗朗茨·乔治毫不犹豫，立即为其刚刚 2 岁大的儿子作了申请。这让他从腰包里掏出了 500 帝国塔勒（Reichstaler）① 的申请费。这样一种申请对于他这个帝国伯爵来说，也不是理所当然、想办就办的，因为他必须要经受令人难堪的审查，看看其家族谱系和贵族等级是否允许他申请这一职位。[4] 他必须就他 "是骑士和教士出身作出报告"，当时也被称作 "起誓（Aufschwörung）"：要求拿出 14 份证明和公证手续——首先是 "家族谱系（arbor genealogia）"，其次是他父系和母系的族谱。弗朗茨·乔治明确地列出了他的六代世袭伯爵，[5] 实际上一般只要求证明四代即可。但是，他还必须要克服一个障碍，因为他的夫人贝阿特丽克丝［Beatrix，娘家姓卡格内克（von Kageneck）］在他们结婚前不久的 1770 年才刚刚晋升为伯爵等级。为了抵消这一欠缺，梅特涅家族要将家族的荣誉、头衔一一列举。弗朗茨·乔治列出了四个理由：他的家族在威斯特伐利亚伯爵议事团中占有席位和投票权，并由国家历法证明，在等级和排序上位于其他伯爵之上；他们通过联姻与安哈尔特（Anhalt）、拿骚（Nassau）、瓦尔德克（Waldeck）和利珀（Lippe）的帝国贵族家族均结成了姻亲关系；有凭证证明他们出身于 "古老的冯·布劳恩霍恩［拜尔施泰因］和温纳布尔格统治家族，现在还保留着他们的族徽纹章"；而且，弗

---

① 18 世纪还在流通的德意志古银币。

1674 年的科布伦茨“梅特涅庄园”——出生地

朗茨·乔治还特别指出，他在担任天主教派的威斯特伐利亚伯爵议事团团长时所做的功绩。对于那些莱茵的大教堂教士咨议会中始终认为应该由他们占据这些职位的伯爵贵族们而言，这些理由无疑给他们留下了深刻的印象。1777 年，弗朗茨·乔治又成功地在美因茨总教区大教堂教士咨议会中取得了另一个有俸圣职职位。日后克莱门斯和约瑟夫兄弟俩的大学学习将证明，谋取这些有俸圣职职位颇为划算。这里也反映了帝国贵族等级的出身，以及梅特涅父亲在朝廷中的地位，对日常事务和生活有着重大的意义。

　　但是，克莱门斯为什么生在科布伦茨——位于钱币广场的梅特涅庄园——而非科尼希斯瓦尔特呢？他之前的数代先辈因为选帝侯和皇室履职的需要，已经将生活和活动的重心搬到了莱茵地区，他的父亲弗朗茨·乔治也是如此。

梅特涅的父亲先后为特里尔选帝侯区和皇室效劳而担任了一系列职务，这使他以一个功勋政治家的面目出现。1785年底，约瑟夫二世皇帝曾对他如此口头评价："朕以为，他是本帝国中最出色之人"，因为其他人"不能与之匹敌"。[6] 儿子克莱门斯出生时，时年28岁的弗朗茨·乔治已然改称温纳布尔格和拜尔施泰因伯爵，科尼希斯瓦尔特、施普肯堡（Spurkenburg）、诺因海姆（Naunbeim）、莱茵哈德施泰因（Rheinhardstein）和普骚耳（Pousseur）领主，世袭美因茨总主教名誉侍从参议与皇室正式的名誉侍从参议，特里尔选帝侯区会议大臣（Konferenzminister）以及内廷副总领大臣。此后，在这些职务上又增加了许多其他职务，其中特别是皇帝派其担任驻美因茨、特里尔和科隆选帝侯宫廷公使一职，特别值得一提。直到1810年，弗朗茨·乔治仍然非常受到皇帝的信任，以至于皇帝让他在他儿子——时任主管外交大臣的克莱门斯——长期出使波拿巴王朝期间，作为国务大臣（Staatsminister）[①]代理儿子的工作。

061

在父母家里：童年—少年—理想的教育

在梅特涅时代，贵族家庭的孩子基本上将他们的父母看作自己所处贵族等级的典范和完美的化身：谨慎并有所保留；要尽管理、交际应酬和本贵族等级特有的社交义务。有鉴于此，父母对正在成长的克莱门斯所付出的精力、爱意和关注就更加令人吃惊。在6岁时，他们特意带他前往斯特拉斯堡去注射天

---

① "国务大臣"系直译，即副大臣，等同于现在的国务部长。

062

父亲弗朗茨·乔治·冯·梅特涅,
作者不详

花疫苗。[7]在 12 岁时,父亲就鼓励他,让他多给自己写信。如果儿子关心他们夫妇的身体健康,就会受到大力表扬,并用慈父和朋友式的方式提醒他,避免重复用词和重复表达想法;字要写得大些,否则文字就会写得越发让人看不清。而且他非常希望,克莱门斯有朝一日能写出值得人们一看的东西。他把报纸副刊附在信的后面,并让儿子将其存入资料夹中。在信中父亲写到母亲时爱意满满,并强调,只有在家里他才会最幸福。在信的末尾,他的签名是:"你诚挚的、真正的朋友"或者"你忠诚的父亲和朋友"。[8]父亲作为伙伴一般的朋友:这已经表明了一种开化的、市民式的交往方式,而且肯定对这位正在成长中的、天性敏感的年轻人有着良好的影响。父亲刚去世时,梅特涅在悼词里透露,"父亲般的朋友"这一表述,绝非空洞的客套,而的的确确是生活的信念:"他的内心是德意志式的正直和纯洁。时代的任何风暴都不能减少他对祖国和古老而威严的帝国的难舍难分,作为一名国家公仆,他既忠诚又开明,同时也是最好的父亲和最忠诚的朋友。"[9]

063

母亲贝阿特丽克丝，娘家姓卡格内克，作者不详

　　母亲贝阿特丽克丝则完全沉醉于她的第一个孩子，并在他还未成年之时，就将（为他而谋划的）所有政治设想和婚嫁战略透露给了女儿鲍丽娜（Pauline）。克莱门斯上大学时，她在从未中断的书信往来中充满着对儿子慈母般的所有关爱，丝毫看不到这一等级贵族所应具有的矜持和距离感。母亲在信中经常用这样的话结尾："我难能可贵的、杰出的克莱门斯，您是我的朋友，我最信任的人，有您作为我的孩子，我都无法用语言来形容所感觉到的幸福。"[10]

　　弗朗茨·乔治是一个开明的国家公仆；他的启蒙立场持久不变，从革命时代直到 1815 年复辟始终如一，这招致了来自宫廷官员们的许多批评。对于年轻的克莱门斯来说，父亲的精神特征给予他更多的是积极影响。"17 岁时我就完全独立自主了。在我父亲确认我确实很少去做或者很少想去做蠢事之后，他就给了我完全的自由"，[11] 后来的国务首相这样描述他的家庭教育方式。弗朗茨·乔治作了非常大的努力，培养儿子的自信心——这是获取意志坚定的基本信心的前提。梅特涅在回忆录的最后一稿中将一些内容压了下来，未予透露，比如，他父亲在他孩提时代时就已经带着他到处出重要公差，并给他提供了许多机会，让他在与别人打交道时锻炼理解和待人接物方面的能力。父亲在尽可能早地为他将来的外交生涯作准备，甚至是在为他将来的国务活动家生涯作准备。1780 年，在他受约瑟夫二世皇帝陛下亲托，作为皇室专员前往科隆和明斯特，协助哈布斯堡皇朝和皇弟马克西米利安大公爵（Erzherzog Maximilian）竞选助理主教之时，也把时年 7 岁的梅特涅带上；助理主教一般是教区主教的助手，多数情况下也是注定要做其接班人的。在这些交易中，约瑟夫二世依靠的正是弗朗茨·乔治屡次被证明过的"忠诚、老练和经验"，这就是说，在大教堂教士咨议会面前佯作自由选举，实际上除了皇帝的弟弟之外，要阻止其他所有候选人当选。

年轻的克莱门斯看到了他父亲的运作是多么成功，而他父亲也毫不犹豫地向他展示了玛丽娅·特蕾莎（Maria Theresia）手写的、热情洋溢的感谢信。[12] 这种公差并不是特例：1786 年他父亲同样是作为皇室专员前往希尔德斯海姆（Hildesheim）和帕德博恩（Paderborn）出席助理主教选举，仍旧带上了他已经 13 岁的儿子。此外，同年 6 月，克莱门斯第一次前往科尼希斯瓦尔特。在这里，他也同样体会到了国家政治是怎样主导着他们的家庭生活。当时腓特烈大帝[①]驾崩，他的父亲丝毫不敢耽搁，立马启程回到公使任上——当然，这是又一个例子，证明在帝国范围内，他是受皇帝信任的第一人。

---

① Friedrich II von Preußen, der Große, 1712~1786，即腓特烈二世，又译弗里德里希二世，普鲁士国王（1740~1786）。腓特烈大帝是欧洲"开明专制"君主的代表人物，在政治、经济、哲学、法律，甚至音乐等多方面均颇有建树；在其铁腕统治下，普鲁士国力迅速上升，于短时间内便成为欧洲强国。

家庭教师约翰·弗里德里希·西蒙

在梅特涅时代，不仅仅是父母，而且乳母、儿童保姆、家庭女教师以及儿子们的私人家庭老师，即所谓的上流社会贵族家庭中的"太傅（Hofmeister）"，首先关心的都是贵族后裔的教育问题。儿子们的这些教育者，皆以有教养的侍臣和彬彬有礼的绅士形象出现在他们眼前。社交礼仪（conduite，品行举止）、艺术（特别是音乐）、语言表达技巧、骑射、剑技和跳舞均属于男孩们的教育计划范畴。此外，教育内容还包括大量的历史、国家地理学、家族谱系、财政学等方面的知识。在培养儿子这个问题上，父亲和长子的关系，早就刻上了后者是未来家族主要传嗣人的烙印。

在教育问题上，弗朗茨·乔治考虑得很周全，这从他为两个儿子克莱门斯及约瑟夫挑选教师的过程中即有展现。被选中的是一个叫约翰·弗里德里希·西蒙（Johann Friedrich Simon）的人。因为这位教师完美地代表着新时代的理想教育。他出生在阿尔萨斯，原本是一位学习基督新教的神学家，后来为了学习现代教育而放弃了学业。他在当时启蒙运动教育学的"麦加"、位于德骚（Dessau）的由约翰·伯恩哈德·巴泽多夫（Johann Bernhard Basedow）开办的"仁爱"学校学习，那是一处"人性的苗圃"。这位大师（巴泽多夫）激烈地批评了那些旧式的、以灌输和苦读为主要学习方式的学校，主张游戏式的、动手参与式的、通过观摩进行的学习，他认为这是最重要的，因而尤为提倡在学习古代经典的同时，要教活着的外语，特别是母语。这一切首先对他的学生西蒙产生了影响。西蒙回到阿尔萨斯后，根据"通过教学进行学习（docendo discitur）"的原则，自己当起了教书先生。他在一家"基督新教贵族妇女教育机构"中试用了这种先进的方式方法，但并不招人待见，没能坚持长久。[13] 于是他在 1783 年前往距离科布伦茨约 10 公里远的新维德（Neuwied）住了下来。

是什么原因促使一个信奉天主教的帝国伯爵，偏偏将一位信奉新教的学校教育工作者作为家庭教师请到家里来？显然，两个人都对启蒙运动抱有同情，这种同情，如果不是非要突出讲政治的话，在下述三个方面有所表现：对他们而言，宗教首先是道德层面的事物，而不是教条；等级的樊篱在秘密结社中消除了——他们都在追随市民阶层普世生活的理想境界，并在同一个为此目的而成立的、和谐的团体中共同努力——弗朗茨·乔治 1785 年加入了位于新维德的共济会分会（Freimaurerloge）"卡洛丽娜三孔雀（Karoline zu den drei Pfauen）"，西蒙也是这个分会的成员；此外，两人还同属北德光明会（Illuminatennorden）①。[14] 弗朗茨·乔治将"启蒙运动（Aufklärung）"作为符合时代精神的思想和生活方式来认真对待，包括在自己家里也是这样；西蒙则凭借其先进的教育方法、语言能力和对"德意志祖国"的情怀，脱颖而出。在选择家庭教师的过程中，他的教育潜力起了决定性的作用。在弗朗茨·乔治看来，语言表达能力，特别是完美的双语能力非常重要，他在写给克莱门斯的一封信中提醒道："作为德意志人，永远不能放弃对自己有一个实质性的要求，即不能仅是会说和会写母语，而且在正规教育中（在不断学习掌握的过程中），对母语的掌握同时要达到与语言和培训的进展相适应的程度，以便在平庸的人群中脱颖而出、卓尔不群。大量的阅读和写作会增强一个人的精神力量，为了加强练习，我将在今后与你，亲爱的克莱门斯，以及你弟弟用德语书信交流，而你们可以与你们的母亲继续用法语相互写信。"[15]

065

---

① 也译光照会。

自 1786 年开始，西蒙便在克莱门斯父母的家中给克莱门斯授课，因为 1 月 11 日时他作为新维德的王室特权学校的校长兼教授，鼓起勇气，以"最恭顺"的语气给帝国伯爵写了一封信。他以一个纯粹教学法研究者的身份，建议在特里尔和科布伦茨的学校中引入他研究的语言教学法，还呈上了一份教育学意义上的改革德语语法和语言教学的方案。他将其称作"为所有等级和家族的全体德意志青少年能普遍理解的德语语言教学法作的尝试"。[16] 在方案中，他具体建议：尊贵的人们，当然这里指的是必须学习外语的贵族们，在熟悉本国母语语言的精神之前，不要开始学习外语。德意志的青少年还没有掌握自己的母语，就不应该去经受拉丁语炼狱般的煎熬。这个独特的大脑通过这种独特的方式，成功地毛遂自荐，成了梅特涅的家庭教师。弗朗茨·乔治暗想，西蒙的博学多才将会在他儿子的身上留下痕迹。西蒙的藏书里有法国启蒙运动的圣经——狄德罗的《百科全书》。[17]

此外，西蒙还以一种特殊的方式影响着梅特涅的宗教思想。他不能向他的学生隐瞒自己所受到的神学教育，却将他年轻的学生引向一种不是出于教条，而是因应宗教历史发展而来的对上帝的理解。他完全以启蒙运动的精神，谈论作为"至高无上的人的上帝（l'Être Suprème）"。[18] 他讲授圣经，是将其作为一种历史文献来解读，其中有些东西由于翻译的错误需要更正，有些部分远不如当时人们对"人的本性"的认识。他说，在《创世记》中，亚当和夏娃的原罪正好给了上帝借口，给人加上了受教育的计划。第一代人就像大孩子，他们必须"经过亲身体验和作出反应才能获得知识"，而上帝有如一位睿智的父亲，在教授他们。亚当和夏娃本来不会有原罪，那仅仅是因为缺乏经验。但是，嘲笑人类由于无知犯下的错误，会有损于上帝的尊严。西蒙将上帝看作"自然界所有人的首领和管理者（le premier Chef et Directeur de toute la nature）"。基督教的真正精神是与理性哲学相一致的，并可以用博爱去满足心灵的需求。如果要去热爱的是这样一位上帝，这位上帝感到的最大满足是，人们不顾所有上帝本人给他们植入的"舒适的感情（sentiments agréables）"去作为与行动，而此时上帝却要求他们为此种行为去赎罪，那么对于这些人来讲，无论是在肉体还是道德上，都无法做到。西蒙通过讲解神学的所有内容教授了一种方法：历史性地去追根溯源，并用这种方式去发现对所有的人来说既简单又欣慰的——善于思考就会令人喜悦——真理，如果他们只是想思考和感觉的话。这个真理并不是从一成不变的圣经中推导出来的，而是来自于正确地接受历史。[19]

经验，也就是说，有助于摆脱成见的关于所有事物的知识，起到了启蒙的作用。真理就是要将世界历史看成一个教育项目：被赶出伊甸园，历尽艰辛地占领需要耕作的田地，这些故事都在教导人们，要在大自然的发展和变化中去认识上帝的影响。在田地里劳作生成的经验要伴以思考："经验和思考是形成人类精神的唯一的伟大力量。"[20]

有这样一个奇特的、充满激情的大脑在其身边，肯定对敏感的、聪慧的、年轻的梅特涅产生了影响——不是以"影响"这个概念最直接意义上的那种方式，而是引导其进行独立的、批评性的思考，即使在宗教问题上也是如此。不需要用教会中的那些教条，也不需要用正统的、视圣经为圭臬的做法来引导精神，而是要依靠源自实践的、有稳固基础的、全能的理性，这种理性早在创世秩序中即已彰明。这种认为在自然界可以认识上帝痕迹的，又假设理性是行为和价值观的最高法官，并将耶稣只看作一个榜样式人物的有神论，创造了独立思考的自由空间，而这正是梅特涅终生追求的精神。他的老师也很早就满足了他那种通过理性批评的基本立场来与自己和环绕自己的世

067

界保持距离的渴望。

后来，当他回顾并反躬自问，为什么自己没有受到法国大革命神话的传染时，会经常提及上述的这种观察距离：他"一直是这场革命的见证人，尔后是其反对派，并一直坚持反对它，因而没有被这场旋涡卷走。我认识很多人，他们在天生的性格中缺少抵制那些所谓革新的或理论的诱惑性假象的力量，按我的理解和我的良心判断，这些假象，在理性的审判席和良好的法律面前，根本站不住脚，并会被不断地驳倒。"[21]家庭教师西蒙——在梅特涅的回忆中，毫无疑问把他也算在"诱惑者"的行列之中——在呼吁进行理性批判的时候，给了梅特涅精神工具。而当这位老师 1789 年"一头栽进革命的洪流中"时，持理性批判态度的梅特涅与他保持了距离。梅特涅也将西蒙称作"雅各宾派教育家"——他是西氏"误入歧途"的见证人。[22]但梅氏并没有仇视他，就像从未仇视很多异见人士一样，而是按照下面的格言警句来行事，将他看作一位可供研究的对象："研究敌人并从其所处的形势出发辨别方向。"[23]后来，他也完全是这样看待拿破仑的。对于西蒙和另外一名"雅各宾党人（Jakobiner）"，他也始终坚持自己的看法："我必须公正地对待这两个男人，他们从来没有试图用暴力强加给我某种信仰。"[24]这里也早就显示了他的特点，后来当他年事已高，整理自己的档案并再次翻阅西蒙写给他的信件时，也照样公开表明了这种特点：他并不否认，西蒙对他而言毫无疑问是非常重要的，并冷静地申明，由于西蒙本人后来的发展变化，这些信件对他也只能提供"一些心理上的兴趣"。[25]

家庭教师阿贝·路德维希·贝尔特兰特·霍恩

年轻的克莱门斯还有一位家庭教师，从某种意义上来说，他对西蒙的教育进行了精神的纠偏：阿贝·路德维希·贝尔特兰特·霍恩（Abbé Ludwig Bertrand Höhn）。在一位修会僧侣（Ordensbruder）1782 年过世之后，他接替了家庭教师的职位，教授克莱门斯"古代经典文献（Humaniora）"，即古希腊、古罗马的知识，包括希腊语和拉丁语，并与西蒙一同负责他的古代语言课程。[26] 后来在斯特拉斯堡学习时，当西蒙偏离航向，进入革命航道以后，阿贝·贝尔特兰特成了梅特涅的稳定锚。在选择精神教师时，梅特涅的父亲就像选择西蒙时一样，表现得审慎周全，并有意识地采取了非教条主义的准则，因为这两个人——指已过世的前任及其继任者——同属于修会中不拿报酬的教育志愿者，他们主要是在哈布斯堡皇朝的教育和学校事务中效劳。与所出身的罗马特拉斯提弗列（Trastevere）贫民区相适应，他们致力于关爱社会弱势群体，并时刻贴近现实生活，准备对教会进行改革。

对于梅特涅来说，阿贝·贝尔特兰特是一位"深思熟虑、熟悉情况的人"。当他年满 19 岁，已可以不再需要家庭教师时，他对修道院院长的作用作了这样的评论："我的指导者成了我的朋友和顾问。"[27] 确实，多年的师生关系已经演变成了充满信任的朋友关系。1813 年 10 月 3 日，就在莱比锡民族大会战[①]之前，当时的局势对梅特涅已极为不利，梅氏从位于特普利采（Teplitz）的指挥部透露了这一点。阿贝正在邻近的南摩拉维亚的塔亚克斯（Tajax/Djákovice）工作，此时也正惴惴不安地关注着战局的进展。对阿贝忧心忡忡的来信，梅特涅不顾当时问题缠身和时间紧迫的困扰，回信的言辞既不空洞，也不客套，而是极为认真坦率，就像他的老师理应得到的那样。信中他向老师坦承自己的政治信仰，这种信仰使他的行为

---

①　1813 年 10 月普鲁士、俄国、奥地利、英国、瑞典对拿破仑的决战。

作为其伟大使命的一部分让人理解，而且，这种信仰使理性的行为与西蒙所认为的上帝的计划看起来融为一体。人如果自己不行动，就不要指望得到上帝的帮助："我已经开始了一项伟大的事业，要长期地、逐渐地向前推进，必须聚集起所有的力量，等待那一时刻的到来。我们**在道义上**必须正确，为的是**在物质上**达到为这种法理坚持战斗到底的目的。上天保佑这一行动，**它之所以帮助我们，是因为我们在互相帮助**。不久，法国的优势将遭受像黎巴嫩的雪松一样的命运！……如果上帝假我以生命和健康，我就要完成这一事业，请您不必害怕。"梅特涅最后以这样的词句作为信的结尾："祝您健康，亲爱的阿贝，永葆我们的友谊。"[28] 他的信就像写给一位必须要亲自感激的人一样。

10

在斯特拉斯堡和美因茨的大学时代：
政治—历史世界观的形成

  对于一个传记作者来说，探问早期的影响在多大程度上引导了主人公后来的思想和行为，是十分吸引人且必不可少的，其中，大学求学岁月始终具有特殊的意义。梅特涅本人在他的回忆录中留下了痕迹，但很多问题只是点到即止，只能通过正确地破解他遗留的书信、官方文件中的一些判断、箴言警句方能得知。本书就是系统地，同时也按照他受教育过程的编年顺序来破解的第一次尝试。1788~1794 年是破解他后来形成的政治—历史世界观的关键。他自己也这么认为，说明这个判断确凿无疑、不容争辩："17 岁时我已经成为现在的我，除了多了一些经验，现在的我与那时的完全一样，有着同样的缺陷和美德。"[29] 这是他 1818 年在回顾往事时所写。

  1788 年 4 月，生于 1773 年 5 月 15 日的他还未满 15 岁，就已经与两位家庭教师一同启程，前往斯特拉斯堡和美因茨去念大学了。[30] 1790 年年中，他 17 岁便结束了在斯特拉斯堡的学习。但实际上并没有"完结"，如他后来所说的，紧接着还有在美因茨的学习，1790 和 1792 年的两次皇帝加冕，以及在布鲁塞尔的日子与在英国的逗留。这一切都持续地对他产生着影响，直到 1794 年 8 月，"学业"方能被看作"完成"。就是这个月，他在他的第二本重要的小册子中确定了自己的政治世界观。也是在 1788~1794 年的六年中，学习、革命、战争以及帝国的衰落，所有这些基本经历全部聚齐。

学习情况

弗朗茨·乔治将他的两个儿子送到了斯特拉斯堡上大学。两人的学费无疑大大加重了他的负担。因此，美因茨大教堂的俸禄在财务支持上的作用突显出来，1783 年这笔俸禄从克莱门斯转到了弟弟约瑟夫身上，并至少保证了他的生活。这是笔两年期（Biennium）的"奖学金"，每年至少给他带来 700~800 古尔登的"还算可观的收入"；这笔款项是由教会领地生产的农作物计算得出的，而产出则在收成和市场价格之间不断变动。奖学金获得者必须遵守一项"规定，即每一名以上大学为目的的获取了奖学金，并在当地得到学习席位的美因茨大教堂教士会成员，必须服从这种安排"。[31] 斯特拉斯堡的大学被大教堂教士会所承认，因为它距美因茨大教堂只有 24 小时的路程，大教堂完全有能力进行超过两年的资助。

面对这种情况，克莱门斯就必须直接与父亲就财务问题进行谈判。每个季度他都要向"亲爱的爸爸"汇报，每天是如何度过的，首先要汇报的是，他由于手头拮据，得极其节省地过日子。他还要列表说明有关情况，以便达到比如请求父亲同意订购一张喜剧入场券的目的，好打发冬季阴晦漫长的时光。

两位家庭教师也向弗朗茨·乔治详细报告了他两个儿子的学习进展。从 1788 年 6 月开始，西蒙定期通报他的学生的学习情况，教他们学游泳，陪他们去上各种课程，并将 12 个上同一门博物学课程的贵族青年组成社交圈，还将实验物理纳入了学习计划。年轻的克莱门斯伯爵成长得"如此愉快、优雅并和蔼可亲（si gai，beau et aimable）"。[32] 阿贝·贝尔特兰特也定期给弗朗茨·乔治写信，并试图解释所产生的费用。第一学年结束之后，1789 年 5 月 13 日，他对两个学生作了总结：[33] 他们生活在一个"巨大的世界里（dans le grande monde）"，而且由于他们的出身、见识和年纪，已经成为当地贵族的一部分。他们所到之处，无不引人注目，人们在寻找或邀请他们出席野餐会、音乐会和舞会。

反过来，当父亲的也定期给两位家庭教师下达指示，用我们熟知的那种方式：弗朗茨·乔治逼迫两个儿子学习外语，主要是英语，并提醒年轻的梅特涅，这是一门需要不断学习外语花时间练习的语言，就像阿贝回信里说的那样。幸运的是，家庭教师在信中说，克莱门斯正在跟一位在伦敦生活了近 12 年，即使按照英国人的评价英语也掌握得极好的语言教师学习。

贝尔特兰特也试着小心翼翼地向做父亲的评价克莱门斯的品行举止：长公子突然间完全停止了幼稚无聊的行为，而他，阿贝，则希望年轻的伯爵能够表现出更加坚定、更富决断的性格，当然，这个缺点主要是年纪太轻的缘故，而不是心灵的问题。此后过了一段时间，弗朗茨·乔治于 1790 年 12 月 30 日给刚刚转到美因茨上大学的克莱门斯写了回信。此时他与一同转学的弟弟仍处于阿贝·贝尔特兰特的监护之下，而阿贝·贝尔特兰特同样继续受到家族的完全信任。父亲用大学生们习惯性的方式提醒兄弟俩，应该避免"讽刺挖苦别人"，而把精力只用于留学的本来目的：为更高的科学服务，并"通过正派的、日常礼貌的品行赢得他人的尊敬和爱戴"。贝尔特兰特已经给他发去了很好的成绩单："您肯定希望得到这样的荣誉，因为一切都取决于它。……我建议您要极其仔细认真地护理好身体，因为人的幸福状况完全有赖于它。"[34] 同时，弗朗茨·

071

乔治也告知他的大儿子，他去尼德兰的任命业已决定，不日即将公开宣布。

在斯特拉斯堡师从克里斯托夫·威廉·科赫

崇奉新教的斯特拉斯堡大学在其最鼎盛的旧秩序年代，好似"法兰西和德意志之间的万花筒转盘"［埃贝哈德·魏斯（Eberhard Weis）语］。[35] 它既是法兰西的，也是——除哥廷根（Göttingen）之外——德意志文化区的顶尖大学。被埃贝哈德·魏斯精彩描写的"这座城市的特殊的精神智慧"，融和了"德意志与法兰西的文化、哥特式与洛可可式的风格、天主教与基督新教、帝国的君主专制政体与富有并已经觉悟的资产阶级，以及艺术与科学"。[36] 所以这里可以形成世界主义的精神，这种精神还在影响着上一代的国家精英。在梅特涅的评价中，这所大学也"享有盛名"，"大学的德语和法语课轻松愉快的教学法"吸引了很多德意志人前往。[37]

尤其是教授国家法和历史的克里斯托夫·威廉·科赫（Christoph Wilhelm Koch），由于他的讲课，斯特拉斯堡大学自 1772 年起获得了"外交官学校"的美誉。因为在其门下学习过的有歌德、巴伐利亚著名的国家改革者马克西米利安·蒙特格拉斯（Maximilian Montgelas）、鼓吹立宪自由主义的邦雅曼·贡斯当（Benjamin Constant）、拿破仑的财政大臣米歇尔·高当（Michel Gaudin）以及后来的俄国驻维也纳大使、代表沙皇出席维也纳会议的安德列·拉索莫夫斯基侯爵（Fürst Andrej Rasumowsky），当然，还有 1788 年 4 月至 1790 年 7 月在斯特拉斯堡学习的克莱门斯·冯·梅特涅。

这个早熟的、15~17 岁的年轻人日后所形成的政治世界观要归功于这位老师。这一点无须传记作者再去作纯粹的猜测即可证明。因为确有与他的政治世界观非常接近，以及与原貌风格非常符合的相似之物存在，使这种世界观从与"时代精神"共同的迷雾中升华出来。与梅特涅后来思想的相似之物，在科赫三卷本的《西方自罗马帝国崩溃以来直至我们的时代的欧洲革命的概论》（*Gemählde der Revolutionen in Europa seit dem Umsturze des Römischen Kaiserthums im Occident bis auf unsre Zeiten*）一书中就可以找到，这部著作同时也是他研究生涯的写照。如今在梅特涅位于科尼希斯瓦尔特的图书馆中仍能找到这部著作。它展示了一种与历史打交道的方式，而后来的国务首相始终在公开按照这种方式行事。因此，有必要对这种方式的最重要的标准作下介绍。

科赫说，历史是"哲学的一种方式"。它积累经验，并通过举例教授人们"在私人和公众生活的各种情况下该如何表现"。不是要从历史中学习内容和史实，而是要学会如何运用历史知识。它教会人们一种思维方法，并且要用这种方法去整理所获得的经验。科赫在其著作中引入了一些原则，而在梅特涅那里几乎可以完全找到与这些原则相同的理念。梅特涅对政治活动和人的行为动因的很多反应，差不多均是以科赫表述的哲学基本框架的假设为基础。

　　　行为的某些准则和规则是永远正确的，因为它们符合事物不变的规律。研究历史的人收集了这些原则，就可以用这种方法形成自己的道德学说和政治体系。……特别是那些致力于学习政治的人，或者已被确定要领导公众事务的人，要在历史中发现各种统治方法的推动力，它们的缺点和长处，它们的优势和弱点，并在其中了解富人的发迹和致富过程，找到这些人崛起的法则，以及同样导致他们

073

衰落的原因。[38]

对科赫来讲，幼稚的、启蒙运动学说意义上的进步历史并不重要，更重要的是，历史是一种中性的分析工具。政治家要科学地看待历史，探讨其中的系统性和规则性，研究相互关联的因果关系。如果现代人既要运用科赫的观察方式，却又将抽象的东西转化为现代的方法论，那么，他就会成为按照马克斯·韦伯（Max Weber）方式进行政治性思考的社会学家，而马克斯·韦伯并不是在历史中探寻准则，而是在寻找一种（理想的）模式，目的是穿过错综复杂的经验主义的现实，然后"思考着去理顺它"。这样说当然不是在用一种不当的方式将科赫和梅特涅（对历史的观察方式）变得现代化。这位斯特拉斯堡的老师称，历史既是事物进步的顺序排列，也是假象、启蒙和迷信的排列，而且假象和迷信仍在不停地出现。思考的精髓就是试图从这种经验主义的乱象中，识别规则性的痕迹，以便为未来有着明确目的的行动作出规划："历史比所有规定更能治愈我们由于自负和民族偏见而误入歧途的毛病。谁只认识自己的国家，谁就会变得自以为是，认为只有他生活所在的那个地球角落的统治、习俗、观念和主张是唯一合理的。人与生俱来的自负会培养这种偏见，并瞧不起其他所有民族。"

梅特涅后来在实际的政治生涯中才领略到，要想使哈布斯堡皇朝中 12 个不同的民族和谐相处，是多么困难。此外他还认识到，盲目和自负的民族主张会为实行政治恐怖主义找到理由。他在科赫那里获得了一种理论知识，这种理论知识在长时间内慢慢地使梅氏变成了一个世界主义者，他将和平和政治理性置于在 19 世纪日益急剧发展的、各国的民族利益之上。①

科赫将历史看作科学的方法，而不是对史实和原始史料的学术收集。在他那里学习，你会学到对原始史料进行价值判定的观念、对原始史料进行批评的观念，以及运用原始史料对历史的固定说法进行证伪的强迫性冲动。人们认为，在科赫身上找到了兰克（Ranke）②的影子，因为科赫要求，对历史编纂者，"要审视他们每一位的精神和性格特点，以及审视他们写作时所处的环境"；"不偏不倚是一个历史编纂者必备的品质"，他必须抛开他自己民族的、教派的和等级的偏见。[39]当然，他也要关注一些"辅助的学科"：地理学、谱系学、年代学，等

---

① 此处的世界主义（Kosmopolitismus），来源于希腊语的"cosmos"（世界）和"polis"（城邦、人民、市民），原指"世界公民"，后引申为一种哲学理念和政治与社会学说，内涵极为丰富。《不列颠百科全书》把世界主义定义为："一种一切人都共享一个共同的理性，并服从于一种理念。这是斯多葛学派在其哲学中，为抵制希腊人和野蛮人之间的传统上的区分所采取的一种主张。"因此，世界主义的当代理解也可以表述为："世界主义是一种哲学观点，认为人类对待他人拥有同等的道德和政治义务，这种义务仅仅建立在他们的人性基础上，而非国籍、民族认同、宗教信仰、种族或他们的出生地等方面。世界主义者共同的核心关注是全人类，不考虑其政治归属（political affiliation），他们都是应属于同一共同体的公民。"所以，世界主义者不完全主张某种形式的世界政府，只是提倡一种国家之间和民族之间更具包容性的道德、经济和政治关系所依赖的世界主义。在启蒙的18世纪，欧洲民族国家加速形成，由于欧洲在文化本质上的一致性，同时也由于人们不愿局限于一国一地，更想到广阔的天地里寻获经历与经验，以便实现更大的精神上的自由，以至出现了"世界主义"的潮流。世界主义深受法国影响。本书中的世界主义更加侧重政治范畴，是一个以世界主义的理念审视和分析政治现象与问题的专有概念，其理念基础是道德世界主义。而政治世界主义关注的核心则是设计与构建具有超国家权威的政治模式，这种政治模式确立了能够使个体在全体中享有平等道德地位和权利义务的世界秩序。政治世界主义提出了三种政治模式与政治框架：①世界共和国；②由独立的世界治理体系、区域性治理体系、国内治理体系和地方治理体系共同组成的分散性政治权力格局；③源自康德的由自愿国家组成的和平联盟。

② Leopold von Ranke，1795~1886，德国著名历史学家，现代历史科学奠基人。他要求历史研究者必须具有严格的客观性和不偏不倚的态度，要在彻底和不先入为主地研究历史史料的基础上方能作出判断。

等。他说，历史是众多时代的排列；它在"革命"中一代一代排序下来，根据其古老的起源，它是一部欧洲的历史，或者更确切地说：历史是全球的历史，因为北美、西班牙殖民地、加拿大、东印度以及奥斯曼帝国都要纳入视野。

科赫教授的是国家的历史，即国家之间的战争、它们面临的争取和平以及保持和平的基本问题。后来梅特涅整天面对的政治任务，在科赫的"外交官学校"里，至少在理论上全都向梅氏作过介绍。梅特涅在这里学到了，自从 1648 年《威斯特伐利亚和约》缔结以来，欧洲国家的历史都是围绕着一个主题，即保持列强之间的均势展开：路易十四（Ludwig XIV）的政策使法国变得"实力超群"，"并使其变得如此可怕，以致所有（国家）机构的政策全部对准了它"。[40] 梅特涅所设想的欧洲大国政策，无疑是以超乎国家关系所具有的内部架构之外的假设为基础。他设想，国际政治应服从于道德标准，即服从于过去不曾有过的现代国际法。这一基本原则把我们引向了梅特涅的第二位重要学术导师，以及他的另一个学习地点——他和弟弟与家庭教师阿贝·贝尔特兰特于 1790 年 10 月中旬来到了美因茨。

在美因茨师从尼克拉斯·福克特

075

在他们于 1792 年 9 月初前往布鲁塞尔之前，兄弟两人在美因茨度过了两年，[41] 并在学习开始和结束时，各经历了一次在法兰克福举行的皇帝加冕礼。兄弟俩就读的美因茨大学是一所曾经极其落后的天主教大学。1773 年取缔天主教耶稣会，以及上一位选帝侯弗里德里希·卡尔·冯·埃尔塔尔（Friedrich Karl von Erthal，1774~1802 年在任）即位后不久，1784 年进行了一次大学改革，这次改革由于具有启蒙性的推动意义，在帝国范围内持续受到广泛承认。[42] 通过改革，历史课在丰富多彩的所有学科中获得了新颖的、独立的面貌，并发展成为一门"不可或缺的基础学科"。[43]

而 1783 年被聘来在新成立的历史—统计学院讲授世界史的尼克拉斯·福克特（Niklas Vogt）教授，对此作出了实质性的贡献。他生动的演讲深受学生的喜爱；1790 年，美因茨大学 300 名学生中有 91 人听了他的课。[44] 他在与自己的学术弟子们交流时，引入了一种全新的风格：作为一名坚定的康德哲学的信徒，提倡通过公开的交流，即通过"公开宣传"去推广启蒙运动。为此，在与共济会成员和光明会成员的相互竞争中，他邀请学生——不论等级声望，包括女性在内——去他家的沙龙做客。梅特涅是他最喜欢的学生之一，听过他的德意志帝国史，后来梅特涅承认，"我从他的课程中获得了许多有用的知识"。与科赫相比，在福克特这里，梅特涅更强烈、更深入地学会了将历史作为主导学科来对待。

福克特掌握了一套特别的教学法技巧。如果他开始讲授"教材"中新的一课，总会以提问来开场，这些问题马上就会吸引听者的注意力："普通的市民如何自己获得自由"；"神父和修道院院长为什么会成为国家的主人"；"一个伟大的女人如何拯救了奥地利皇朝，从而拯救了德意志的帝国宪法"；"德意志是如何帮助促成法国大革命的"。[45] 解释性地围绕历史题目打转，目的是与现实挂钩，并且获取进一步作出判断的辅助方法。这一招梅特涅在美因茨已默收于心。作为学成出师的考核，他在 1801 年所起草的发给驻德累斯顿公使的指示中使用了它。

福克特很快地就非常赏识年轻的伯爵，并超出课程之外，在与他进行的个别谈话中，向他讲解"历史批判"的基本问题。他很看重梅特涅的品格，特别是其中的三个特点：快速的接受能力、批判性的观察天赋、在看似表面的现象中找出原则的倾向。这也导致福克特作出了一个使人感到有着预见性的建议，梅特涅后来经常回忆起它。如果认为梅特涅在引用下面这段话时，是在虚荣地自我吹嘘，那无疑是错误的；这段话其实更是福克特与这位学生交流时显现的令人信服的、教育学上充满热情的证明，因为他知道，这个学生注定要走上外交生涯。

> 您的理解力和您的心灵正处在正确的道路上；在实际生活中您要坚持这样，而历史学将会在这方面引导您。您的职业生涯不论多长，也不会让您看到那场吞噬伟大邻国的大火终结。如果您不想被指责所困扰，那么您就永远不要离开正道。您会看到所谓的伟人从您身边疾驰而过，让他们去吧，而您务必不要偏离所在的大道；您会赶上他们，即使是在他们撤退的路上与他们相遇！ 46

在此处，梅特涅悄悄地隐瞒了，他尊敬的老师曾经有一段时间变成了一个狂热的拿破仑崇拜者，后来却也痛苦地（对拿破仑）大失所望。

福克特所教授的德意志的帝国宪法特征，持续性地深深刻印在梅特涅的脑海里，因为其中也包括了他们家族的历史起源。福克特解释说，那是一部混合宪法："对欧洲来说幸运的是，这个重要的国家（德意志）分裂成许多小邦国，又以邦联国家的形式组成了一个主要国家，这使得人们有理由说，欧洲的平衡集中在了德意志，而它的国家法律同时又成为国际法律的一部分。"47 "分裂成许多小邦国"的局面，使欧洲在一个"不容置疑会成为实力超强的君主面前得以保全……这个君主会必然地、极其容易地化身为一个万能皇朝"。换句话说就是：身处欧洲大陆中央旧帝国的这部混合式的、联邦

性质的宪法，得以使其他欧洲国家免遭德意志的专制暴政肆
虐。福克特在其 1787 年所著的《论欧洲共和国》（*Ueber die*
Europaeische Republik）的第一卷《政治制度》（*Politisches*
Sistem）中对这一基本思想作了陈述。题目则取自孟德斯鸠
（Montesquieu）的《论法的精神》，在内容上福克特也从这部
教材中充分索取。他表明，必须强迫相互争夺的大国共同演出
一部以均势为目的的"协奏曲"①。

077

福克特把这个权力分散的原则也转用到所有人类社会的
问题上，因为它们统统都要遵循吸引力和排斥力、作用力和反
作用力的规律。就是说，要在世界主义、爱国主义和利己主
义之间找到一种平衡。只有这样才能束缚利己主义的天然驱
动力——无论是在家庭、村庄、城市、采邑和教区，还是在等
级、省和国家里，抑或在欧洲共和国内，甚至直到"世界的公
民社会中"。福克特通晓那部帝国宪法的所有缺陷；虽然它也
保障弱势群体的自由和法律安全。对于他来讲，欧洲立法最重
要的基本原则应该是："要让各个乡镇、各个省、各个国家自己
选择适合它们的法律和机构设置，只要这些法律和机构不明显
违背共同的利益。"普遍适用的法律应该仅仅阻止那些从属性法
律所具有的"有害弊端。"48 这就表明，对于 18 世纪后期的人
来说，世界主义、爱国主义和利己主义完全可以融为一体。49

有鉴于此，年轻的梅特涅认为，他父亲后来在与比利
时贵族打交道时，以及他自己在与波希米亚和匈牙利各贵族
等级打交道时，遵循以下的做法是正确的：尊重历史形成的
现状。这也同时教导他，蔑视约瑟夫二世皇帝的那种专制倾
向模式。通过与欧洲相亲相近的"立宪"国家如英国、讲荷
兰语的尼德兰联省共和国北方七省代表会议（holländische

---

① 指欧洲协调，又称会议制度，后形成英、奥、俄、普、法五国同盟。

Generalstaaten）或者瑞士联邦进行比较，福克特在大学期间
传授的旧帝国宪法原则对梅特涅的影响进一步加强了："在所
有欧洲国家中，没有一个国家比英国更忠实于原始的德意志宪
法，以及由此而来的自由精神。从英国的立宪中可以看出，我
们古哥特式的欧洲，对公民自由的辉煌大厦拥有着何等的天生
资质。"[50]福克特按孟德斯鸠的方式描绘英国的宪法，他很长时
间以来一直在引用孟德斯鸠的论点，并将其介绍给梅特涅。[51]
然后福克特将自己所读的与德意志的宪法作了比较。

> 在所有欧洲国家中，德意志的帝国宪法最为奇特。看
> 一下它的立宪形式就会发现，德意志是一个受到限制的贵
> 族统治型皇朝。然而再看一下这座哥特式建筑的实际架
> 构，则会发现，它是一个由独立自主的诸侯组成的联合
> 体，在这个联合体的顶端站立的是两大强势家族，奥地利
> 和勃兰登堡，而在它的（帝国的）中央则集中了整个欧洲
> 的平衡。[52]

后来，在维也纳会议开始前夕，当梅特涅在为应该
用什么方式重建欧洲而绞尽脑汁时，他的脑海中已经有了
这个"组合而成的欧洲"的构想。他使用的是"重新构建
（Rekonstruktion）"，而非"复辟（Restauration）"，并将
哈布斯堡帝国的特点，描绘成如同后来的旧帝国的继承者德意
志邦联那样。当他写下下面这段话时，在何种程度上借用了福
克特的论点已显而易见："奥地利的帝国体制虽然并不是联邦
性的，但联邦性架构所具有的优点和缺陷它一点也不少。如果
这个家庭的主人是专制的——从专制一词最现代的意义上来理
解——鉴于他要自行戴上皇冠，那么这个皇冠，即专制这一概
念的自主权力，就要因组成联邦的各个国家宪法的不同，而受

到限制。"⁵³

　　福克特向梅特涅传授了一种历史哲学，使他加重了对不要听任远在天边的大国毫无目的的摆布的感觉。就像在科赫那里一样，历史教学大纲中包含援引的古希腊人和古罗马人的学说，因为欧洲的历史叙事是从这里开始的。经常受到变质威胁的、理想的混合宪法的古代经典学说，被 18 世纪的学院派学说所接受。人们建立了一套有规律可循的宪法制度（变质的）排列——从王朝变成专制政体或暴政、从贵族统治到寡头政治、从民主政治演变成蛊惑和煽动人心——只要这些宪法制度一经变质，即可套用。福克特也向他的听众教授了这套经典的国家政体学说。⁵⁴ 按照孟德斯鸠的说法，混合宪法（gemischte Verfassung）创造了"阻止权力的权力"，并且为了避免无休无止的从暴政到蛊惑煽动的轮回，应该找到这样的权力。

　　这样一种历史注解模式，使梅特涅后来对法国大革命进程的判断颇具说服力：法国贵族想打破王朝的权力，并将这一权力与路易十六（Ludwig XVI）一起，以国王、贵族和人民之间在立宪上达成权力平衡的形式，加以驯服；他们失败了，因为"民主的"人民清除了王朝并建立了共和国，而这个共和国却发展成为恐怖统治；它释放出一股呼唤一个新的暴君（拿破仑）的力量。只有通过在欧洲、在德意志以及在哈布斯堡帝国实行混合宪法秩序的"重构"，才能扼制这个暴君的权力。看起来，1848 年的革命又使 1789 年的这个（恶性）循环启动开来。

079

　　想要强制性地证明这些老师对他们的这位研究型学生造成了"影响"，非常困难。通常，人们也只能满足于在被指导者自己的思想框架中浮现的、有说服力的类比推理，此外，还要加上梅特涅自己说法的帮助。在回忆录中，他着重提到了福克特，甚至把他称作自己的"朋友"——一种他很少授予别人的殊荣。但是，这并没有使梅特涅变成福克特的无条件的盲目信徒。福克特后来形成的某些观点，如他理想化地回归日耳曼历史，以及他对其历史哲学涂上的宗教色彩，这些都是理性思维的梅特涅所不赞成的。然而，福克特关于帝国的连环架构的设想，却符合梅特涅贵族的及帝国法理的经验背景，并将这些梅特涅之前只是凭直觉感觉到的东西，描述得简洁明了。

作为法兰克福议员的福克特于1836年去世，梅特涅满足了他的最后愿望：他希望尽可能近地靠近他著名的学生，并葬在约翰尼斯贝格山上。5月21日他被安葬在了约翰尼斯贝格城堡小教堂的外墙边上，他的坟墓现在仍可以在那里看到。1838年8月，国务首相命人在小教堂内安放了一块用黑色大理石做成的纪念牌，该纪念牌在二战中毁于战火，后又予以修复。梅特涅撰写的金色闪光的铭文镌刻其上：

1756 年 12 月 6 日生于美因茨
1836 年 5 月 19 日故于法兰克福
旧法律忠诚的捍卫者
德意志祖国热情的朋友
家乡历史热忱的促进者
尼克拉斯·福克特
选择在此安息

他的感恩的朋友和学生
C.W.L. 冯·梅特涅侯爵
敬立 [55]

这是段公开的铭文，也是媒体所注意到的告白。

所有在科赫和福克特那里学到的原则，全部集中到了《信仰的自白》（*Glaubensbekenntnis*）——这是梅特涅在耄耋之年撰写的回忆录——中，而它们是在描述其积极的职业生涯从1801年开始的那一段时，所公布出来的。它包括了坦诚描写的基本原则，"我的政治生活的所有行为全都基于这些原则之上"。[56] 梅特涅在这里似乎不是以一个重要的"复辟者"，而是以一种启蒙政治家和"世界主义者"同代人的面貌出现。令人吃惊的是，他在大学期间学到的观点，与他作为一个实践中的政治家的指导方针极为相似。梅特涅会以什么样的面貌特征去观察政治，这听起来是个特别具有标志性意义，又令人感到极其时髦的问题：以一个冷静思考着的科学家的面貌，因为"政治是在最高领域中的、事关国家生存利益的科学"。[57] 在宣示他的老师们留给他的遗产的同时，梅特涅写道，"现代化的历史（科）学"教他认识到，历史是一种有意义的媒介，可以让他对事物进行归类并作出评价。

梅特涅说，重要的是，要将一个国家的特殊利益与普遍利益统一起来，因为只有普遍利益才能保证国家的生存。这种认识是基于梅特涅已经觉悟到的，要生活在"现代化"① 时代，需提倡既可以实现均势体系，又可以保护各单一国家利益的国际法。对于他来说，政治应该具有道义的内核，这个内核本身就包含着伊曼努尔·康德（Immaneul Kant）的绝对命令说——在此处被包装成圣经——而且它必将抗拒所有赤裸裸的强权政治结构和国家利益至上原则，以及所有拿破仑式的全能统治者。在这里，很值得全文引用这段告白，以便来认识一下这位国务首相回顾历史时的语言艺术风格。

　　什么是现代世界的特点，什么是它与旧世界的本质

————————————
① 相对于旧制度而言。

081

区别，这就是国家在相互接近并以任何一种方式加入一种社会联盟的趋势。……在旧世界中，政治在自我孤立……反复互相报复的规律，筑起了永久的栅栏并激发永久的敌意……相反，现代化的历史告诉我们，团结原则和国与国之间的均势原则，向我们展示了多国联合努力反对任何一个单一国家谋求超强实力的景象，进而阻止其势力范围的扩张，迫使其回到共同权利的道路上来。在相互对等（Reziprozität）的基础上，在保证尊重业已取得的权利和认真履行已经作出的承诺的情况下，建立国际关系，是当今政治的实质，而外交不过是每天都在运用这种政治而已。我的观点，（政治和外交）两者之间的区别，和科学与艺术间的没什么不同。[58]

福克特还向梅特涅展示了政治秩序在理论上的一个更高层级。他的这位老师的愿景的顶峰是"欧洲国家联盟（Europäischen Völkerbund）"，福克特也称其为"欧洲共和国（die europäische Republik）"。[59] 对于他来说重要的是，欧洲各帝国和各国家"应当组成一个由同一的习俗和政治精神所推动的大国家体系，联合成为一个共同的共和国"。自由和独立的国家通过一条共同的纽带实现统一，最终应当"致使整个欧洲组成一个形式上的共和国"。这个国家的基本原则应该是，不能让任何一个欧洲国家强大到再也没有其他国家能够抵制它的程度。对福克特来讲，就是建立"势力的均衡"。[60] 梅特涅将这一为欧洲建立"国家联盟"的思想，纳入了他的政治储备目录，对此，后文中还要继续探讨。

在旧秩序末期他的大学时代，梅特涅受到的这些影响也在欧洲政治开化的地平线上显现出来。它使梅特涅成了还自认为是欧洲社会一部分的那一代人的代表人物。除了著书立说的学者，贵族命中注定有着特别适合做这种事的社会等级，因为他们是最后被国家化的一部分人。"梅特涅一代"已牢记这些价值观。1770 年前后出生的这一代人，兼有旧欧洲法理秩序的思想，这种思想不能被理解成封建镇压制度，而是一种使弱势群体也能获得某种权利的制度。后来帝国的新闻时评也将他们归入"皮特一代（Generation Pütter）"①。61 值得一提的是，这一代与前已提及的"波拿巴一代"，不仅由于时间视野，而且也由于相近的理解力，可能已经联系在一起，虽然他们本身可能并没有意识到。一次，梅特涅与拿破仑在举行重要的会谈，当他抛开自己奥地利大臣的身份，与其探讨寻求一个共同的基础时，偏偏在这位最大的对手面前，梅氏自称是一个"世界主义者"。62 这种从欧洲的视角，或者甚至从全球的视角去思考问题的方式，与这位大臣后来的志同道合者，如英国政治家威灵顿及卡斯尔雷是相合的，他们也同样受到了同代人经验的影响。在目标指向相同的革命遭遇、抵制革命以及欧洲共同标准的基础上，梅特涅从 1815 年即开始推行他那被认为是"复辟"的政策。而人们很容易就忘记了，这一政策背后站着的却是一位充满活力的世界主义者。63

082

---

① Johann Stephan Pütter，1725~1808，德意志哥廷根大学国家法教授，曾整理德意志的帝国及诸侯法资料，发展了基于历史基础的宪法学。

第三章
双重危机：帝国与革命，
1789~1801

11

世纪的终结：1790 和 1792 年的皇帝选举

　　18 世纪末，中欧经历了从未出现过的"文化冲突"：处于欧洲大陆中央的旧帝国，作为一个松散的千年同盟，历史悠久、情况复杂而又等级社会结构固化，正面临着从启蒙运动生发出来的理性化、集中化和思想解放的前景，这种前景在法国大革命所谓反对旧秩序的风暴中，通过暴力取得突破。年轻的梅特涅则成长于这两个世界中。

　　两次皇帝加冕典礼——一次是在约瑟夫二世皇帝于 1790 年 2 月 20 日可预见的驾崩之后举行，一次是在有未来希望之称的利奥波德二世皇帝于 1792 年 3 月 1 日突然离世后举行——对于神圣罗马帝国来说，这意味着双重的考验，而且是在短时间之内的双重考验。两次皇帝加冕礼耗资巨大，并且在人力、典礼和法律程序方面费尽周章。因此，对于这个生存和行动能力已经遭受质疑的、复杂的国家组合体来说，能否在最短的时间内赢得这样的挑战，本身就意味着一个明显的信号。就像来自施瓦本的神父之子卡尔·海因里希·朗（Karl Heinrich Lang）对 1790 年的加冕典礼所描述的，在公众的判断中，一种反对加冕仪式的说法在持续地发酵。在他看来，这场加冕典礼就像"一幅冰冷僵硬且变得幼稚可笑的旧德意志的帝国宪法画像……好似一出狂欢节游戏，加冕典礼披着已经撕成碎布条的衣服，却在四处炫耀"。[1] 朗及此后的很多人都没有弄明白，在这种表演背后隐含着那些几百年来确立的，以及一再被人

084 梦寐以求的政治作用。因为"这些明显代表着帝国秩序的，象
征、姿态、仪式和程序的集合体"，有着每个社会都需要的功
用，即"集体虚构的吸引力"（芭芭拉·施多尔贝格－雷林格
语），它赋予机构化的秩序一种显而易见的意义。[2]

　　到目前为止，还不清楚年轻的梅特涅在皇帝选举中到底起
了什么样的作用，以及为什么他能够参加这场在法兰克福大教
堂举行的最终达到高潮的加冕与选举。他的父亲弗朗茨·乔治
作为帝国几任皇帝久经考验的仆人，曾是1790年利奥波德二
世皇帝选举时的三位特使之一，前往波希米亚主导选举活动。
首席选举特使［埃斯特哈齐侯爵（Fürst Esterházy）］起的是
波希米亚选帝侯的作用；弗朗茨·乔治则是他的副手。由于弗
朗茨·乔治同时又是帝国国会中天主教派的莱茵－威斯特伐
利亚帝国伯爵议事团团长，因此他可以放弃因这一职务所获得
的名额，并由儿子作为伯爵议事团团长代表，出席皇帝的加冕
礼。凭借这种方式，年轻的帝国伯爵克莱门斯·冯·梅特涅在
17和19岁，两次正式出席了皇帝的加冕典礼。加冕礼在他的
记忆中刻下了深深的痕迹，再加上他所属的等级由这么年轻的
代表出席加冕礼，对他来讲也是莫大的荣誉。

　　梅特涅在1790年9月30日的加冕典礼上，以及在1792
年7月14日的加冕典礼上，经历了革命带来的对立世界。对
于他来讲，加冕典礼让"世界看到了一场最庄严，同时也是
最富丽堂皇的表演"。[3] 一切的细枝末节都经过无微不至的讨
论，用现代的话来说就是：用象征的方式赋予其政治意义。梅
特涅在冷静观察了"自古流传下来的权力"以及如此之多的壮
丽豪华后，担心地发问，革命会不会或早或晚将这座古老的建
筑付之一炬。他将帝国看作是历经数百年建立的、"对抗这场
运动的保护者，而这场运动的根源则远远早于其在1789年时
的爆发"。在斯特拉斯堡和美因茨念过大学的他，现在在法兰

克福——帝国的前所在地 ①——观察着"保护者"对抗雅各宾党人的运动。对他来说，法兰克福是一个"将人的伟大与高贵民族精神［！］结合在一起"的地方。作为德意志人，可以在这个他所理解的帝国里感受爱国主义，这是他从帝国宪法中学到的。但同时，他也认识到这个帝国"已经明显病入膏肓"。梅特涅将 1792 年涌入加冕典礼的法国流亡者一并算入了帝国摧毁者的行列。

到目前为止，人们还不清楚的是，在法兰克福，梅特涅到底是从哪些地方具体感知到了什么，但是搞清楚这一点，的确又非常重要，即他从帝国的符号语言中具体形象地感知到了什么，以及他是如何参与其中的。⁴ 只有从贵族中挑选出来的一小部分熟悉宫廷礼节的人，方能以积极的角色参加庆祝仪式。克莱门斯在其中也扮演了一个积极的角色，这向他，同时也向全体公众确认，他已属于帝国等级中高等的帝国伯爵行列。

梅特涅所经历的 1790 年的典礼进程为：在皇帝加冕的整个过程中，伯爵们由临时建立的帝国庆典大营总管照料，他负责庆祝活动的所有组织工作。早上 8 点，伯爵们抵达皇室大营，并在等候室内集结。11 点由皇室总务主理，也是大营的负责人开始点名，此人还负责监督和组织之后举行的盛大宴会的品尝和试吃工作，伯爵们则需要自己动手将菜肴端上宴会桌。他们身着"大礼服"，按规定的秩序，列队步行前往大教堂。贝阿特丽克丝在此前通过写信谈判争取到的、为儿子登堂入室精心准备的华丽的马耳他骑士服，的确极为富贵，最后证明她没有白费力气。大教堂

---

① 公元 794 年法兰克福作为查理大帝的行都首次载入史册。1152 年，神圣罗马帝国的选帝侯们首次在法兰克福选举皇帝。到 1356 年时，查理四世颁布"金牛诏书"，正式规定此后选举皇帝均在法兰克福举行。从 1562 年起，法兰克福又取代亚琛成为皇帝加冕典礼的正式举办地，截至帝国 1806 年解体，共有 10 位皇帝在法兰克福加冕。

里，在紧挨着帝国侯爵们的坐位后面，伯爵们在用褶皱织物装饰的长凳上就座。在这个位置上，他们可以从最近处亲历这场用皇权象征物及最高规格仪式装点的加冕典礼的全过程。

加冕典礼不仅仅是场表演，而且同时也是一场政制活动，因为皇帝要当着亲临仪式的所有帝国代表们的面宣誓，尊重和维护帝国的法律和正义，维护教会的和平，听取诸侯的、帝国的及其家臣和随从们的建议。后来进行的贵族等级晋封仪式也属于皇帝宣誓的内容，仪式中皇帝持剑拍击受封者肩部，以示晋封。这个仪式也包括 1790 年为来自茨威布吕肯（Zweibrücken）的名誉侍从参议蒙特格拉斯男爵（Baron Montgelas），以及克莱门斯家族支系的格拉赫特伯爵马克西米利安·冯·梅特涅（Maximilian Graf von Metternich zur Gracht）举行的晋封仪式。[5]

然后，贵族们仍旧严格按照等级顺序离开教堂，在钟鸣声和礼炮声中，列队前往罗马大厅。在那里，选帝侯们要履行分配给他们的各不相同的帝国承袭职务：帝国承袭名誉侍从参议、帝国承袭膳务总管、帝国承袭掌酒官、帝国承袭内廷大臣。帝国伯爵们则要在长长的宴会桌前，完成他们"的帝国任务——上菜"。他们必须将礼帽夹在腋下，按规定的行列将菜肴端上，帝国承袭内廷大臣则手持权杖，走在队列的前面。36 位帝国伯爵则按照他们在帝国国会中的分组情况，分成四组上菜，同时也是按级别顺序排好。克莱门斯在上菜的仆人中位列第 25 名。每上完一道菜后，伯爵们都有时间在华盖笼罩下的加冕皇帝御座周围就座。加冕盛宴结束后，下午 3 点，美因茨总主教会高声朗诵谢恩祈祷词，随后，皇帝在"经久不息的欢呼和万岁声"中起驾回宫。[6]

如果不是严肃认真地去猜测那些今天人们感到陌生的事物，站在当时的角度来看，可以按照分类、等级和出身，以一种帝国政制象征性的、感性的展示方式去理解这场典礼。对于

086

了解帝国法理的人来说，这个仪式中的任何一个细节，无论是皇权还是宗教权力的象征物，抑或节日盛装，都是在向他们诉说着自查理大帝（Karl der Große）①和金牛诏书②时代以来的帝国历史的一部分，尽管后来的有些东西与原物相比，仅仅形似并徒有虚名而已。梅特涅在这里实实在在经历了一切，后来他把这种现实称作"帝国中的旧历史秩序"，而法国大革命则铲除了它。荒谬不堪的是，不久以后，自封为查理大帝后继传人的拿破仑，恰恰以令人感到怪异的方式，为自己的登基复制了全套的帝国承袭职务，就像梅特涅后来在巴黎所亲身经历的那样。而现在，他正在看着原版的演出。这就是在他眼前浮现的法理：分散不集中、组织架构复杂、势力均衡、完全基于功绩并且全部融入国家的组合体制，这一体制无论如何都不适合进行进攻性的战争，后来的现代国家要进行这样的战争必须把各种资源都投入进去；但是这一体制长期以来却以能够牢固设防著称于世，而且实际上它也足以抵御外来的进攻。相信大家对土耳其战争③仍记忆犹新。

父亲弗朗茨·乔治在选举特使身份之外的另一个身份中，也展示了他在一个秩序井然的体制里靠近权力中心的自信，这一点给他的儿子留下了深刻的印象：威斯特伐利亚伯爵议事团团长。他与帝国国会中其他三个伯爵议事团的代表，拥有组成一个特派代表团向皇帝贺喜的荣誉和权利。他们分乘两辆六驾马车直达皇室行宫，由皇室首席名誉侍从参议引领，觐见当选

087

---

① 英语写作查理大帝（Charles the Great），法语写作查理曼（Charlemagne），德语写作卡尔大帝（Karl der Große）。

② 欧洲中世纪以来保存皇帝或国王加冕诏书的金匣被称作"金公牛"。

③ 指14、15世纪开始的东南欧基督教国家，特别是奥地利和俄国对土耳其奥斯曼帝国的战争，俄国对土耳其的战争最终结束于19世纪末。战争范围从小亚细亚一直延续至整个巴尔干半岛及地中海北岸。

的新皇。弗朗茨·乔治可以单独向皇帝宣读自己的颂词。他在颂词中向皇帝保证，"帝国伯爵等级将证明，在任何情况下，都会将对皇帝陛下作为神圣罗马帝国普遍认同的和法定的、宽容的元首的最深深的顺从，以及对最最尊贵的最高家族福祉的无限的效劳热情，视为义不容辞的责任"。[7] 千万不要被这种表示顺从的花言巧语所蒙骗：从根本上说，这是一个等级的代表所作的致敬宣誓，但它同时又是在皇帝面前对宣誓者自我授权和统治等级的确认。

在克莱门斯·梅特涅的回忆中，1792 年的加冕典礼是以盛大的欢庆活动结束的。父亲的同僚、波希米亚选帝侯区首席选举特使埃斯特哈齐侯爵邀请他出席自己位于法兰克福宫殿的活动。因此，他得以第二次在帝国公众面前登台露面。埃斯特哈齐侯爵让人在宫殿前用木料建成一座大楼，并用细亚麻布将楼身包裹起来，张灯结彩，灯火通明，引发了人们的惊叹与喝彩。他让人在一层窗户的窗台上竖起自查理大帝以来的皇帝画像。人们沿着用多立克式立柱建成的楼梯，拾级而上，周边鼓号齐鸣，人们走向被灯火照亮的新皇的半身像前。皇帝、王公贵族、整个皇宫的人，当然也包括年轻的伯爵，都对这座"火焰庙堂"惊叹不已。埃斯特哈齐委托克莱门斯来"领导盛会"，而他则以与时年 16 岁的梅克伦堡郡主露依丝（Prinzessin Louise von Mecklenburg）跳第一支舞开场，而她后来成了普鲁士的王后。早前，通过他的母亲，梅特涅家族与梅克伦堡家族已经建立了信任的基础。旧秩序以举办这种盛会炫耀它的财富，而这当然不是这种活动的尾声，1815 年维也纳会议上我们将又一次见到它。

12

1789 年：法国大革命的降临

法国大革命对于梅特涅来讲，意味着世界历史的断然转折。他知道不列颠的光荣革命，并且非常推崇这场革命对英国政制发展的促进意义；他也清楚美国革命的基本概况，甚至认为这种共和的活力对任何一个国家来说都是合法的。但爆发于巴黎的这场革命，却是根本的、彻底的、富有成果的革命，因为它——他一再这样的强调——不仅仅是一场政治的革命，而且就其本质而言，是一场"社会"革命，以及一场关系到在欧洲推翻社会秩序和旧有法理的革命。

到目前为止，人们对梅特涅关于"社会"的概念究竟有何所指，观察得都过于肤浅。如果更仔细地对其生平进行传记式的追踪，比如他是如何与革命建立了联系，哪些事件对他的判断产生了影响，什么样的私人接触起到了决定性的作用，以及对立是如何接踵而至的，那么，上述问题就将清楚无疑。而弄明白他在何时何地、何种场合出现过，也将同样具有强烈的实质意义。

历史学家必须区分清楚：一方面，今天的知识告诉他，革命绝非立即就威胁到了其他的欧洲国家，它首先只是政治上已然衰弱的国家的一个内政问题。另一方面，原始史料也向他表明，梅特涅对革命的最初认识，也是建立在他对革命这一事物认知的场景不断转变的基础之上的。他的基本经历，只是逐渐使他对新现象的图景不断地充实和完整起来，这个正在成长中的青年人，把他所得到的图景又带到了他后来的生活中去。如果更加详细地了解他早期的情况，就会从一个新的视角去看待梅特涅诸多三月革命之前①有关"革命"、"激进主义"以及奉行这些主张的政治活跃分子的言论。至于他获得认知的场景和所接触的地区呢？这就要考虑到，几乎所有的主要场合，梅特涅都是作为见证人出现在现场，这些场合也都是革命在越过法国边界后牵涉其他国家的地点：在斯特拉斯堡、在莱茵河沿岸，特别是在美因茨和科布伦茨的流亡者那里，还有就是在奥属尼德兰国家，第一次（反法）同盟战争（Koalitionskrieg）就是从这里开战的。强迫年轻的伯爵接受的，都是些以不同面孔出现的事物：表面上诱惑人的、充满暴力的、秋后算账的、富有教益的、预言未来的，总之，不一而足。

阿尔萨斯的家和母亲的担忧

从 1788 年夏到 1792 年 8 月的整个学习期间，梅特涅与他的母亲一直保持着固定的书信往来。他的母亲至少每八天就要得到她热爱和关怀着的、身处远方的儿子的消息——无论她是位于科布伦茨、科尼希斯瓦尔特、布拉格还是在维也纳逗留。梅特涅后来在整理这些信件时，在捆信札的信封上亲手标记道："母亲关于法国大革命爆发的信，它们证明，革命影响的范围是如何之小，以及事件的实质被理解的程度是如此之低。"[8]

还在大革命爆发之前，他的母亲就抱怨道，为土耳其战争征收的帝国战争税，使家里的财务状况捉襟见肘，对家计的担

---

① 指 1815~1848 年德意志三月革命之前的时期，范围限定在 1815 年建立的德意志邦联内。

忧后来急骤地加重。1789 年 7 月 28 日，她对克莱门斯发自"恐怖剧场（Theater des Sohreckens）"的"令人悲伤的消息"第一次作出反应，而且是出自单纯的保皇主义："这是什么革命啊！人们屈辱地看到，看到如此辉煌的王朝由于内战而陷入混乱（troublé）。"对他的母亲来讲，法国的事变不仅仅是骚乱、起义、内战，而且已经是"革命"。于是她马上就将自己的担忧转向了阿尔萨斯，她的父母和他们的家产都在那里。她从谣传中听说，在阿尔萨斯，城市遭到焚烧与摧毁，在那里所有的宫殿，以及在法国所有的伯爵领地（Comté）均变成了废墟。贝阿特丽克丝为她的妹妹担心，她（妹妹）已经将所有的家具送到安全地区，并逃亡到了布赖斯高（Breisgau）。此外，她还担心勒米尔蒙（Remiremont）修道院的修女们，她们都失去了自己的权利；女修道院院长是已经在法国遭到诅咒的孔代亲王（Prinz Condé）的妹妹。贝阿特丽克丝的担心并非不合情理，斯特拉斯堡的报纸就报道说："整个阿尔萨斯到处是燃烧的火焰，杀人放火者组成的乌合之众在全国到处流窜。"[9]

梅特涅的母亲马上认识到了问题的根本："与教会的俸禄再见了，它们已经没有了。"当他的母亲说到这场运动针对的对象时，克莱门斯感觉到被说中了，似有切肤之痛："这是一个残酷的世纪，所有国家的贵族都被打倒了，人们就是要求他们倒台，而不幸的是，他们在数量上处于劣势，只是一小部分。"[10] 而她担心的则是"特权和封建权利（droits seigneuriaux）"。她描写了在阿尔萨斯还有财产的帝国诸侯的情况：巴黎制宪议会在 1789 年 8 月 5 日的著名会议上，剥夺了这种封建权利，一个星期之后，斯特拉斯堡就展开了针对此事的讨论。梅特涅自然也已得知，家庭教师西蒙随时都在向他通报情况。[11]

暴力革命：1789 年 8 月 21 日
对斯特拉斯堡市政厅的冲击

与母亲在信中进行的有关政治情况的交流，使克莱门斯逐渐明白了自己作为受到威胁的帝国伯爵所处的境地，同时，也自然而然地使他对革命采取了保持距离的立场。在斯特拉斯堡，这个 16 岁的青年也亲身经历了革命的爆发——冲击市政厅，与攻占巴黎的巴士底狱一模一样，就是说：从它使用暴力的角度来看，一模一样。不要小看这样的经验。梅特涅回忆道，他的"头脑那时太年轻"，还理解不了事件的深层次原因；他被"当时的情况弄蒙了"。但是，他"用一个年轻人的所有能力"去领会"雅各宾主义运动"。梅特涅并没有将其作为有害的经验来描写，但是，"革命"和"人民"在他面前的表现方式却给他留下了不可磨灭的印象。主权在民的思想，在他的评价中受到的谴责不可能再坏了："混迹在一大群自许为人民的沉默的观众中，我也看到了斯特拉斯堡市政厅被一群醉醺醺的暴徒烧杀抢掠，这些乌合之众同样也自称人民。"[12]

这并非一个保皇派的夸大宣传。梅特涅到底具体经历了什么？关于巴黎的革命事件，特别是 1789 年 7 月 14 日攻占巴士底狱的消息，很快就传到了斯特拉斯堡，一个信使只需要三天半就可以从巴黎抵达那里。7 月 19 日是一个星期天，人们已经把法国国王在制宪议会上的讲话贴满了斯特拉斯堡的大街小巷。[13] 人们欢呼国王万岁，因为他与人民达成了和解，于是宣布庆祝三天。手艺人和打短工的很快就把城市打扮得光彩照人，就像都城巴黎一样，庆祝广场上的焰火和节庆彩灯吸引了各个阶层的人前往。一个目击者强调，就连士兵都参加了庆祝活动，"特别是，还有一群大概 60 个来自体面家庭的年轻人"。[14] 作为目击者，梅特涅当属其中。

市政厅于 7 月 20 日召开会议，讨论市民和农民的抱怨与降低面包和肉品税的要求。在民众投掷石块和一片喊打声中，市政厅官员落荒而逃，而斯特拉斯堡财务总管约瑟夫·克林林（Joseph Klinglin）则安抚民众并向他们保证，将满足他们的所有要求。7 月 21 日，市政厅犹犹豫豫、毫不情愿地同意了他的说法，但是紧接着，令人迷惑的谣言突然四起，称市政厅又收回了所作的承诺。于是，民怨爆发了：年轻的学徒、好斗的青年以及妇女们相互煽风点火，手艺人和打短工的则手持他们的工具作为武器，他们决定，攻占市政厅。[15]

驻守斯特拉斯堡的士兵开始集结。梅特涅看到，他的保护人马克西米利安亲王（Prinz Maximilian）作为"皇家军团"上校率兵介入。从表面上看，似乎是底层的民众使暴力变得无法控制：玻璃被打碎，为装扮城市留下的云梯，尤其给那些大胆的人帮了忙，方便他们拾梯而上，冲进了令人憎恶的市政厅会客厅。而士兵则待命不动，以避免造成不必要的刺激。此时克林拉在大声呼喊："孩子们！你们愿意干什么就干什么，但是千万不要放火，也不要烧毁东西！"民众也的确遵守了他的要求：确实什么也没有烧，却把市政厅办公室的家具捣毁，并扔出窗外——连同档案柜中的文件、记录、契据等……在市政厅前扔了满满一广场，没过脚踝。

他们喊出的口号表明，来自巴黎的消息如同火上浇油："不要税收！三级会议万岁！"[16] 没有一间办公室能幸免于难，城市金库被洗劫一空，公用马车被全部砸毁。一部分暴乱者闯进市政厅酒窖，用 17000 升葡萄酒将其"全部淹掉"。眼睁睁地面对众多民众，士兵们似乎束手无策，只是零星地干预一下，以免最坏的事情发生。广场周围的大街小巷挤满了人，带着从市政厅获得的战利品：窗帘、文件、信函、窗框以及玻璃器皿等。

家庭教师西蒙的革命化

冲击市政厅，看起来好像是一场被经济状况恶化所驱动的人民的愤怒情绪的爆发。经济状况恶化肯定起了一定作用，但实际上，这是一个精心策划的行动的后果。在正式出版的回忆录中，梅特涅对事件真正的原因和背景保持了沉默，而实际上，当时的他十分清楚。然而，他那些没有正式出版的记录却透露，他自己的家庭教师西蒙实际上是这次行动的幕后主使："他是这次冲击斯特拉斯堡市政厅的领导人之一，目的是毁灭在市政厅中保存的历史文件、地产登记册以及一切有关保护土地所有者的文献资料。"[17] 这样一来就使这次暴动具有了理性和革命的意义。它的矛头指向了贵族手中还残存的封建特权，指向了梅特涅越来越以"旧帝国法理"所理解的东西，而西蒙则显示了该如何宣传鼓动人民群众，以及如何利用他人为自己的目的服务。

1789 年 7 月 22 日，受到愤怒暴民的惊吓，斯特拉斯堡市民自我武装起来，并依照巴黎市民的样子组织起了民团，由市政厅官员、教授、商人和传教士组成。大学校长布莱斯希（Blessig）把学生召集起来，组成了一支武装队伍，保护大学的设施。西蒙也毛遂自荐，主动承担夜间站岗的任务，这使克莱门斯的母亲贝阿特丽克丝大为光火：他要关心的，应该是托付给他的学生的安危，而不是整个城市的安全。他表现的这种被误解的勇气，使梅特涅的母亲非常生气，以至于她威胁说，由于这种非理智的行为，家庭教师会失去他的职务。[18]

对西蒙实际上卷入了斯特拉斯堡起义这件事，梅特涅并没有告诉母亲，而且，从各种迹象来看，他有意向后世隐瞒了对这位有革命倾向的教育家实际上的同情。梅特涅在他手写的笔记中标注道，西蒙"以狂热的激情投入了革命的渣滓。他在我的书桌上撰写激进的报刊文章，对阿尔萨斯的革命化起到了实质性的作用"。[19] 西蒙还翻译了全本的法兰西国家宪法，梅特涅也同时把它记录下来，因为他也想拥有一份法国的首部宪法，所以他亲手作了抄录，并在留白处写满了评注。直到他去世，这部宪法一直保留在他的书房中。[20]

在这个夏天后来的日子里，西蒙号召取消贵族头衔、禁止携带武器、没收教会财产。[21] 此外，从他在 1789 年 12 月 6 日编辑出版《爱国周刊》(*Patriotische Wochenblatt*) 开始，这个完美地讲着法语和德语的人，就被日益拉入事变的中心。他的这份周刊创办于斯特拉斯堡，以德语版本向它的德语读者讲解天赋人权。[22] 最终，他于 1790 年 8 月 31 日号召进行一场"欧洲的圣战"，以"用普遍起义去发泄神圣的和有益的愤怒吧——致邻国人民的一封秘密的公开信"为题发出了呼吁。[23] 他的激进化倾向，驱使他进入巴黎的革命首领让－保尔·马拉 (Jean-Paul Marat) 和马克西米利安·罗伯斯庇尔 (Maximilien Robespierre) 的小圈子。梅特涅知道："1792 年，马赛人支持巴黎委员会选举他任十人委员会 (Comité des dix) 主席，这个委员会领导了八月事变。"[24] 换句话说就是：在为 1792 年 8 月 10 日攻占杜伊勒里宫作准备时，西蒙也在场；进攻时，起义的人们大肆屠戮瑞士雇佣军，驱使国王逃到了立法议会。①

就像欢迎法国向旧的大国宣战一样，西蒙也是意气风发地同法国将军屈斯蒂纳 (General Custine) ② 一道回返美因茨，屈斯蒂纳 1792 年 10 月 21 日占领了美因茨；也正因如此，德意志的雅各宾党人才能够建立美因茨共和国。西蒙翻译了将军

---

① 1791 年 10 月 1 日立法议会召开，法国成为君主立宪制国家，路易十六称"法兰西人的国王"，后雅各宾派于 1792 年 8 月 10 日攻入杜伊勒里宫，推翻了君主立宪派的统治。

② 又译卡斯蒂纳。

致普法尔茨人的呼吁书。当普鲁士于 1793 年 7 月 22 日重新夺回美因茨时，这位被临时任命为"法兰西驻美因茨大法官"的人，在签署投降书之后返回了斯特拉斯堡。在此之前，他还曾在法国刺刀的保护下，作为专员试图影响"莱茵—德意志国民公会"的选举。[25]

在斯特拉斯堡，他求助于巴黎救济委员会（Pariser Wohlfahr-tsausschuss）① 权倾一时的委员、狂热的革命法院执行官路易·安东尼·德·圣鞠斯特（Louis Antoine de Saint-Just）来对付"革命的叛徒"，并于 1793 年 10 月成为"军事法庭（tribunal militaire）"的成员，该法庭作出了 62 项死刑判决。[26] 关于西蒙，梅特涅写道："在那个可怕的年代，他是革命法庭的成员"，"在那个不幸的省，那个令人厌恶的法庭对造成的流血所负有的责任，他难辞其咎。"[27] 他的回忆没有错。

在梅特涅的传记中，用这么长的篇幅只谈论一个人，说得过去吗？对于这个问题，梅特涅自己给出了一个到目前为止不为人知的答案："就极度膨胀的激进主义而言，我不可能（比起在他这里）在一所更好的学校里，来认识激进主义的学说、手段和途径了。我的直觉使我在这场闹剧中认识了我的老师的最基本品性。他个人的疯狂和行动中的愚蠢，我是非常清楚的。由于在一个的确是激进主义的学校中受到了教育，后来出现的自由主义在我看来是最为**平淡无味**的形态。"[28]

对于梅特涅而言，西蒙看起来既是一个温柔的、有担当的好人，又是一个时刻准备实行暴力革命的"原教旨主义者（Fundamentalist）"，就如今天人们常用的说法一样。按梅特涅的说法，他有着一个"激进分子（Radikalen）"的化身，但是从词义上来看，两种说法指的是一个意思，因为梅氏指

① 法国大革命后由罗伯斯庇尔于 1793 年建立的政府机构，附属于国民议会。

的是"根源（Wurzel/radix）"，而我指的是"根本（Grund/fundamentum）"。弗里德里希·西蒙属于那类很容易兴奋，以及很快就会被鼓动起来，并在为了人类理想的争论中，要求毫无顾忌地作出牺牲的人，因为目的就是一切，为了达到目的，任何手段都可以采取。

　　当梅特涅后来在三月革命之前（Vormärz）谈到"激进主义"时，人们总会将他与"西蒙"联想起来，这个人对梅特涅的影响太深了——一方面，在争取年轻人内心的过程中，使他远离这种情绪化；另一方面，又以他的极其单方面的革命经验影响着梅特涅。但是，这场革命也具有另外一副对梅特涅而言完全陌生的面孔：立宪改革运动。开始时，约瑟夫二世皇帝和利奥波德二世皇帝，也并非完全不具同情地关注着这场运动所追求的目的。梅特涅后来对他的家庭教师的评价说明，尽管他后来处在强者的地位上，但是并没有对西蒙采取报复或者诽谤的行动和意愿："这个家庭教师是世界上最好的人，他高兴了，陶醉了，会掉眼泪，他会用他的博爱和仁慈去拥抱整个世界。我是他的学生，但是我的灵魂却陷入了深深的悲伤。"29

095

　　梅特涅将自己首先看作革命的"持续的见证人，然后才是它的反对者"。他刚刚认识到自己见识了一所学校，一所误入歧途的、精神错乱的、激情过分的学校。所见识到的一切，从他的角度来看，使他后来免于被误导，使他更坚定地"反对这些革新和理论所具有的、引诱人的表面现象……按照我的理解和我的良心，这些革新和理论，在理性的和良法的法官席面前，是站不住脚和永远不被受理的"。30 这是一个世界主义的启蒙者的发声，这里响彻着伊曼努尔·康德著作中的教诲，这些康德的著作同样保存在梅特涅位于科尼希斯瓦尔特的书房中［但是没有费希特（Fichte）、黑格尔（Hegel）和谢林（Schelling）的著述］。他是如何理解"良法"这一概念的，我们在导言中，在时间旅行穿越旧帝国及梅特涅家族兴起的一章中，已经作过解读。而1789年的"良法"具体有何所指，在向贵族权利发起的第一轮攻击中，即已披露。

讨论中的革命与美因茨雅各宾党人

梅特涅首先在他的家庭教师身上观察到了法国大革命的思想是如何颠倒了政治觉悟和价值观视野的。许多做学问的教师，都有在革命的视角下重新解读他们祖辈相传下来的学说的倾向；年轻的大学生梅特涅在斯特拉斯堡大学教教会法的弗朗茨·安东·布兰德尔（Franz Anton Brendel）教授那里，即已感知了这种倾向，他将教授称作他的"宗教老师"。[31] 信奉天主教的帝国伯爵在这里学到了，革命的新说教是如何使教会秩序屈服于国家法律的：在大多数阿尔萨斯的神职人员拒绝向世俗宪法宣誓之时，布兰德尔教授则同意进行宣誓，因此，他被选为斯特拉斯堡主教区的立宪主教；自然而然，也是由巴黎的国民公会而不是由教宗免去了前任主教的职务。[32] 在布兰德尔向信徒发布的第一封公开信中，他承认自己价值观的转变，并宣称，在革命与教会的交往以及贵族流亡者的逃亡中，他看到了上帝之手："在各个国家的历史中，万能的主……总是选择伟大的和庄严的时刻，为宗教准备新的胜利，而且，他也会在一定程度上更新宗教的外在形式……天主的声音不久前就是这样地响彻起来；他将权势者赶下权位，并将傲慢者驱逐。"[33] 就像梅特涅知道的一样，此人的宗教职务升迁好景不长，1797年他就放弃了主教头衔。梅特涅同时还得知了导致这一结果的戏剧性过程：当这位神职人员和主教发誓放弃原有信仰之后，"（他）在革命的狂欢中公开烧毁了自己的神权信物"。[34] 布兰德尔教授最后终老在下莱茵区档案保管员的职位上。

　　在美因茨大学，虽然他的家庭教师西蒙已不在身边，梅特涅还是比在斯特拉斯堡更深地沉浸于革命的讨论中。美因茨选帝侯宫殿既是那些流亡者的聚集地，也是本地雅各宾党人的聚焦之所。梅特涅在这里看到了革命是如何战胜国家权力，进而赢得人心和思想，并唤醒了集体的兴奋："美丽的阳光照射着成千上万狂热的人们，他们所有的人几乎都相信，马上就要开启一个黄金时代。"[35]

　　他对其中一个狂热的兴奋者记忆犹新，因为此人在学校中运用历史解析现时的效果非常明显，无人可出其右：安德雷亚斯·约瑟夫·霍夫曼（Andreas Joseph Hofmann），哲学史和自然法教授。霍夫曼懂得如何"将他的法律课教学与影射人类的解放结合起来，就像马拉和罗伯斯庇尔将解放运动发动起来一样"。[36] 如果人们不知道学生中包括梅特涅——新生都必须要上他的课程——以及梅氏在霍夫曼的课堂上都学到了什么，还可能以为这是一句背人而言的坏话。就像西蒙一样，他宣扬要用德语讲课，因为拉丁语是一种人为的语言障碍，并且是为统治者愚弄臣民服务的。他用轻蔑的语调谈论着宗教祈祷和"神棍（Pfaffe）"，并把神学家称作"蠢牛笨蛋"，而且是以一个信教国家的大学教师的身份！他将贵族看作"人民中最少的一部分人"，却"在靠另外的大部分人的汗水养活"。[37] 在梅特涅的记忆中，他是"美因茨雅各宾俱乐部的首脑之一"，因为在法国将军屈斯蒂纳于 1792 年 10 月 21 日占领美因茨两天以后，霍夫曼就帮助建立起了美因茨雅各宾俱乐部，同样的，也是他帮助在德意志的土地上，建立起第一个共和国及其选举出的议会，他自己则当选为议长。

　　美因茨雅各宾共和国（Mainzer Jakobinerrepublik）时期，即在法国占领（1792 年 10 月 21 日）和反法同盟军重新夺回（1793 年 7 月 22 日宣布投降）之间，梅特涅实际上并没

097

有在美因茨继续逗留；那时候，他先是在布鲁塞尔他父亲的办公室工作，直到法兰西军队于 1792 年 11 月 14 日占领了那里，他们开始第一次被迫流亡为止。

19 岁的梅特涅对革命的认知

1789 年的大革命和拿破仑的军事优势是梅特涅一生中经历的最为主要的两大事件，因此，这两个主题也成了他回忆录中占压倒性地位的内容。但是有一个问题始终使人不得安宁，即是否能在他青年时期最具决定性的几年中，从最直接反映当时情况的史料来源，获取有关他的更进一步的资料，以便衡量对这位后来的政治家的评价和结论是否正确，以及或许能够更准确地界定，到底哪些时段对国务首相的品格产生了基本的和持续的影响。到目前为止，历史学家仅仅是依靠这位年迈的、沉湎于回首往事的政治家的回忆录去理解，他是如何在（革命的）语言和行动上经历革命时光的。但是，这位正在成长的青年人，那时在现场确确实实自觉接受的东西有多少，又有多少东西是后来添加进去的联想呢？

在梅特涅位于科尼希斯瓦尔特的书房里，所保存的许多不为人知的报纸和传单，均是他在 1792~1793 年收藏的。[38] 由于他热衷于阅读，因此在阅读时习惯于作标记，终生如此。在这些读物中，他开始将自己认为重要的文章和有意义的段落标记出来。这些做法也暴露了他当时的关注点，以及他如何有效地和有目的地利用时间，以便即使远在临时流亡地维泽尔（Wesel），也能关注"革命"这一现象，并能更清晰地解读它。因此，西尔比克的评价是非常不恰当的：在梅特涅的这个生活时段，"他的精神收获，既无突出的独特性又无特别的深度"。[39]

他的目光还是非常明确地聚焦于美因茨选帝侯区发生的事情。在这里，革命军在屈斯蒂纳将军的指挥下活动，梅特涅把这位将军贬斥为"总干事"；这位"总干事"在许多散发给德意志人的传单中，向人们灌输一种观念，即这种军事扩张是在解放人民，并将他们从旧秩序的暴政下拯救出来。梅特涅每天都在研究他从美因茨的报纸上看到的消息。

098

比如有一份叫作《市民朋友》（*Der Bürgerfreund*）的报纸，由与他同姓的美因茨大学数学教授马蒂亚斯·梅特涅出版，帝国伯爵还认识他，因为他在美因茨时上过他的数学课，现在他手里拿的就是这份革命的出版物。在 1792 年 10 月 26 日出版的第一期上，马蒂亚斯·梅特涅向人们预言上帝希望的并已初见曙光的"内心真正的幸福"，并威胁说："我们认识你们的敌人，他们带给你们的是贫困而不是喜悦，他们将所有的人生喜悦掠为己有，却把艰难困苦强加给你们，并且还非常无耻地自称为你们的父亲。"国王、官员、皇室下级军官、神父：这些人构成了敌人的形象。

此外，年轻的贵族还跟踪阅读《新美因茨报或人民朋友报》（*Die neue Mainzer Zeitung oder der Volksfreund*），这是他在大学期间就认识的熟人乔治·福斯特（Georg Forster）出版的刊物。在 1793 年 1 月 1 日的报纸首期上，乔治·福斯特宣布，时代的转变就是天堂乐园的开端："在这座［！］发明了印刷装订压书机的城墙中，终于能够充满新闻自由。每天都有新的文章在刊出，以劝导善良的人民改变信仰，蒙蔽他们眼睛的绑带不久前才刚刚摘下，他们还不适应真理的阳光的刺激，尚须慢慢地习惯令人舒适的光线。用不了多久，人们的城市将变成一间光线储藏室，从这里会向远方的各个方向发出明亮的、使人头脑清醒的光线。"在这里讲话的是些开明的预言家，他们能够向简单纯朴的民众揭示一个，也是唯一的真理；用梅特涅的话来说，他们代表着"革命的信仰追随者（Akolythen/Gefolgsleute im Glauben）"，他在学校的讲堂里以及在雅各宾党人的圈子中，认识过很多这样的人；他在拜访乔治·福斯特家时，就曾亲自遇到过一位这样的雅各宾党人。

作为某种平衡力量，从 1792 年 10 月 27 日起，出现了一份叫作《美因茨知识报》（*Mainzische Intelligenzblatt*）的报纸，应该承认这份报纸对新时代精神作出的贡献。起先，它还"享受着选帝侯恩赐的特权"，以官方报纸的身份运作，直到突然有一天报纸宣布："得到了法兰克国家的临时许可。"新主人的所有官方公告，均由这份报纸发布，并且还用法语和德语向市民通报令人不太舒服的事实，比如从屈斯蒂纳将军的指挥部传出的消息，说美因茨仓库中储备的木柴和盐今后不再供给市民，而是仅供法国军队使用，即便如此也"供不应求"。

梅特涅阅读的第四份报纸是《美因茨日报》（*Mainzer Zeitung*），由它的出版人、神学家兼教会法学家格奥尔格·威廉·别莫尔（Georg Wilhelm Böhmer）于 1792 年 11 月 3 日从《美因茨国家报》（*Mainzer National-Zeitung*）改名而来。别莫尔是沃尔姆斯（Worms）高中的副校长，新近担任了屈斯蒂纳的私人秘书，同时还是"自由与平等教会（Gesellschaft der Freunde der Freiheit und Gleichheit）"，即美因茨雅各宾俱乐部的传声筒。这个俱乐部是别莫尔于 10 月 23 日与人共同创建的。梅特涅从他的报纸上获取来自巴黎的最新消息——如法国军队已经开进比利时，他是从比利时开始流亡的——以及屈斯蒂纳将军的所有最新文告。

梅特涅是如何越过报纸视线的另一面来感知革命的？他收集的传单暴露了些许端倪。其中题为《一位德意志市民对法国领导人的呼吁》的文章最为引人注目，文章攻击所谓"解放"

的意识形态并竭力捍卫现行宪法："我们自由了！我们不再戴着掠夺成性的暴君强加于我们的、令人屈辱的枷锁了！我们不再出于奴隶般的恐惧而去热爱政府了，而是出于这个政府以慈父般的爱为其市民谋取福祉！你们为什么想要去除我们本来就没有戴上的枷锁？你们为什么想要将我们不需要的福祉强加于我们？你们为什么要动摇一部不是因为其古老，而是因为其功能而使人敬畏的宪法？"这位法兰克福的作者暗示的是"旧德意志的自由"，它通过帝国宪法保障了帝国各城市的秩序，并且在帝国城市法兰克福仍旧适用。梅特涅肯定与作者的思想很接近，并且支持这封反映了他本人意见的公开信，因为他不仅保留了一份这封信的印刷件，并且还存有一份手抄稿。

　　我们应该了解一下这封抗议书的更深层背景。屈斯蒂纳在1792年10月22日占领法兰克福之后，将向地方征收的占领军军税提高到200万古尔登。[40] 因此，抗议书的匿名作者将注意力指向了新的法兰西："一个按照道义基本原则行事的国家，一个高举正义和博爱旗帜的国家，一个选举口号是向宫殿（枷锁）宣战，给贫民以和平的国家，一个这样的国家去进行烧杀抢掠是不合适的。"在屈斯蒂纳提高征收军税要求的背后是威胁，不同意就要烧毁城市，或者将其洗劫一空。抗议书中的"烧杀抢掠"指的就是这个。此外，这个法兰克福人继续写到，征收军税基本上不会使富有的商人，而是会使依赖这些商人生存的工匠和短工们断粮绝食。法兰西的"所作所为正在悖逆其大肆宣扬的原则，这说明，他们在德意志并不是在寻找朋友，而是在搜罗钱财。对他们来讲，就像这座安宁之城的福祉对他们无所谓一样，市民的财产也并非神圣不可侵犯"。屈斯蒂纳在一封印刷好的致"人民委员会"的答复信——梅特涅同样也存有此信——中提出，他可以削减50万古尔登，如果他能够得到足够的大炮和军需物资来保卫"这块对他来讲最为重要的征

100

服地，即法兰克共和国的话"。[41] 已经出台的自由宪法中的那些理由，他早已抛诸脑后。

年轻的梅特涅还特别用心于阅读美因茨雅各宾俱乐部的两件印刷品：一个是安东·约瑟夫·道尔施（Anton Joseph Dorsch）的《对新成立的美因茨自由与平等之友协会的讲话》，梅特涅在这份铅印的文章上亲笔标注道："注：道尔施曾任美因茨大学教授。"[42] 他回忆起了一桩当时非常轰动的事件，这位神学、逻辑学和形而上学教授兼神父，由于受到正统天主教信徒的强烈攻击，不得不于 1791 年 11 月离开大学，因为他是开明天主教的代表，在讲课中宣传康德学说。于是他前往斯特拉斯堡，并在那里建立了雅各宾党人俱乐部。[43] 法国人占领美因茨之后，他于 1792 年 11 月返回，并在那里新建立的美因茨雅各宾俱乐部发表了一次煽动性演讲。他吹捧"英雄屈斯蒂纳让暴君和人民的压迫者闻风而逃，给守本分的市民带来了和平的棕榈叶和强大的法兰克共和国的保护"。他还描述了"人民团体"对法国国王的背叛和对自由的敌人的斗争。

他建议将法国的雅各宾俱乐部作为"仿效的榜样"。梅特涅重点画线标记下道尔施的结论："但是，雅各宾党人胜利了，而法国成为并将永远是——一个自由国家。"此处重要的是，梅特涅遇到的是作为雅各宾党人的德意志的革命朋友的自我标榜；他得到的认识是，他们在多大程度上准备认同法国革命的激进倾向，以及在多大程度上同情他们。如果后来他在谈到德意志的"雅各宾党人"时与法国大革命联系起来的话，正如在他的回忆录中所写的，那么，对他来说，这并非仅仅是个廉价的时髦词，而且他知道，这些政治先进分子直截了当地将自己的身份与法国的榜样进行了互换，并自我宣布为"雅各宾党人"。到目前为止不清楚的是，在大学学习期间，梅特涅本人与这些人的认识程度有多深，对他们的文章研究得有多透。

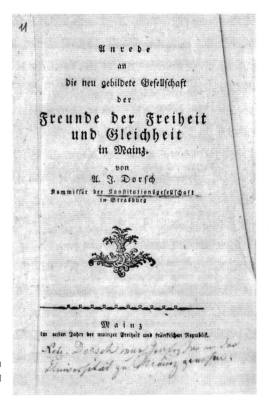

101

1792 年梅特涅亲笔标注的，神
学教授、雅各宾党人安东·约
瑟夫·道尔施的传单

　　关于道尔施其人，在美因茨雅各宾党人与法国将军屈斯蒂
纳勾结的通敌活动中也表露无遗，因为将军把这位前神父召回
了美因茨，并于 1792 年 11 月 18 日颁布法令（梅特涅同样也
保存了它），任命他为新的地方行政长官，并赋予他解雇到目
前为止所有官员的职权。在七条法令中，梅特涅用重点画线的
方式，标注了屈斯蒂纳将军在第六条中的话，他认为这是最重
要的："我们还不能用赋予我们的强力，去宣布完全剥夺所有那
些令人讨厌的权力，千百年来，人民在这些权力的压迫下呻吟。
这是制造暴政的权力，是摧毁正义的权力。但是，我们在此期
间抓住机会，满腔热情，以任命公共管理者的方式，去减轻人

民的负担。他们那些经过考验的基本原则，是保证运用智慧和适度克制，这些基本原则将指导他们的决议和行动。"[44]

梅特涅作的这些标注说明，他非常清楚当前发生的这些事情对未来的预示程度。这里，他发现了一个说法，将他后来谈到法国大革命是一场"社会"革命的说法具体化：全面颠覆现行的社会状况和法制状况发生在即。在 1792 和 1793 年的新年相交之际，他已经看到，这个号召全体"人民"的运动，将冲出法国国界，漫延到整个欧洲，进而从根本上颠覆所有内部的行政机构。

另一个特别值得他关注的美因茨雅各宾党人的代表人物，是上文提到的马蒂亚斯·梅特涅（Mathias Metternich），对于此人，年轻的帝国伯爵也特别作了标注："马·梅特涅曾是美因茨大学的数学教授。"梅特涅不仅保留了这位教授在美因茨雅各宾俱乐部的演讲稿，而且有意识地进行了加工。"讲演的内容曾谈到，要求美因茨人对新的立宪考虑给予回答。"马蒂亚斯·梅特涅做了好几任美因茨雅各宾俱乐部主席；他善于辞令，情绪激越，像他的《市民朋友》报一样喜好论战和笔伐，并下定决心，动员农民进行革命，一句话：他是一个"典型的煽动家"。[45]

克莱门斯·梅特涅在印刷好的演讲稿上标出了那些说明革命的新政策要与传统决裂的段落："第一，这个法兰克国家不再需要拧紧了螺丝钉的外交，各国宫廷就是由于奉行这种外交而受到无情地嘲笑。第二，按照法国国民公会的声明，难道每个专制君主不都是法兰西的天敌吗？"正在阅读这些段落并以成为一名外交官为志向的年轻人受到了挑战。如果欧洲所有的君主都被定义为专制暴君，并且被看作是敌人的话，那么，还有什么可谈判的呢？真正引起他警觉的是那些论调，这些论调的后果让他在此后超过 23 年的战争中深有体会；他亲手将这

103

1792 年梅特涅亲笔标注的，
数学教授、雅各宾党人马
蒂亚斯·梅特涅的传单

些段落重点画出来，足以说明他年轻时已经具备的、令人吃惊的远见："新法兰克人向人们发誓说这种想法的伟大，即只有全部铲除专制暴君后，才能完全结束目前进行的战争。哈！真正的像人一样高大的人还没产生过这种想法，也从来不可能去想；而对于目光短浅的人，是卑躬屈膝的行为把他们紧紧地束缚在地上，只有这些小（矮）人才会有这样的想法，这种法兰克人的誓言，这种妄想"。[46]

　　这实际上是在号召进行现代的十字军东征；"铲除"的动机来自所指的"真正的像人一样高大的人"。这种腔调于后来的桑德刺杀案中，在梅特涅那里产生了论证式的似曾相识（Déjà-vu）。在阅读演讲稿的时候，梅特涅画重点，突出了雅各宾党人是如何讨论为美因茨制定一部新宪法的事，而数学教

104

授则建议，要先等待巴黎国民公会给予全力的支持保证，"将我们纳入他们的军队，用他们全部的实力保护我们"。演讲者还建议将"自由联邦"扩大至莱茵河与莫泽尔河（Mosel）之间的地区。这毫无疑问会涉及梅特涅家族产业是否也要并入法国的问题，以及当时在法国激烈争论的"自然边界"问题。引起年轻贵族注意的还有，马蒂亚斯·梅特涅声称，助理主教达尔贝格（Koadjutor Dalberg），美因茨总主教的副手，是他的朋友；不过，将达尔贝格交给政府的建议只能让"苏丹式的政府宪法不断延续"。他建议，挑选一些男人，将选帝侯与大教堂教士咨议会之间所有的商业往来全都公之于众，审查他们的全部档案；如果他们拒绝打开宫殿或者柜子的锁，"那么市民就必须请求屈斯蒂纳将军，用他那神威的宝剑将它们一刀两断"。[47] 对"正派的大臣"也不能指望："诸侯和大臣——与人民的福祉——谁能够将二者很好地协调在一起，我倒愿意向他屈服，因为我做不到。"用另外的话说就是，当前的政府没有生存下去的机会。

年轻的梅特涅可以说是极其彻底地研究了法国1791年9月3日的首部宪法。宪法一出版，他当即购买了一份。[48] 在这部宪法上，还有他后来进行修订的手迹，就是说，他肯定逐字逐句地研究过它。他还同样认真地研读了散发的传单《从法兰西宪法到对美因茨总教区及沃尔姆斯和施佩尔主教区居民的教育课程》。[49] 他把这份传单的匿名作者所提出的要求，也重点画了出来，"你们必须知道，它（宪法）以什么为主要内容"，并将这句话用"注意（nota bene）"加以强调。他特别把以所有人的权利平等为理由对贵族进行的批判趋势标出，尤其是它的结论，即一个乡下农民的儿子"像国王的儿子一样"，完全可以成为大臣或者总主教，因为获得这些职位的人，其血统与出身不应该"非得是旧高等贵族、伯爵或者侯爵等级"。

在关于废除王国的段落旁，梅特涅特别标记了所列的理由，"因为他（国王）的履职只会给人民造成伤害，人民要把这样一个多余的、代价昂贵的、危害自由的位置，无论是国王的还是诸侯的尽皆废除。正因如此，法国现在已被称作共和国"。在这篇文章中，梅特涅还用铅笔勾勒并突出强调了新的意识形态将会扩散到整个欧洲。在说明这个论断的理由中，他又一次认识了古罗马人建立他们超级帝国的理由——据说是由被奴役的人民创立，目的是给他们自己带来自由。这篇文章说，法兰西共和国认为自己被敌人所包围和攻击："皇帝、普鲁士国王、帝国以及法兰西国内这么多的敌人联合起来，要消灭这部（现行的宪法）。"

19 岁的梅特涅所收藏并加工整理的报纸和传单，透露了许多人对这位成长中的年轻人到目前为止并不了解的情况：他研究了德意志最早期的革命出版物，如美因茨的革命出版物，并且表明，他早就认识到新闻媒体是"第四权力"，需认真对待，而这种认识要比拿破仑早得多，即便这一说法的发明权已归后者，并且用现有的方式操纵新闻媒体也是后者所创。梅特涅认识到了美因茨雅各宾党人的意愿形成方式，以及他们与法国占领者的交媾（Kohabitation）。而从一个读书协会发展而来的美因茨雅各宾俱乐部的运作和后来的分裂过程，也给他留下了深刻印象。对他来讲，雅各宾俱乐部好似后来所有秘密社团的一幅"蓝图"，像是所有"革命党"的细胞核与生殖细胞，就像他后来所说的，无论"革命党"的称谓是意大利的"烧炭党（Carbonaria）"，在巴黎的德意志早期社会主义者中成立的"被唾弃者联盟（Bund der Geächteten）"或"正义者联盟（Bund der Gerechten）"，还是瑞士的政治组织劳工联合会，以及位于上意大利的朱塞佩·马志尼（Giuseppe Mazzini）的"青年欧洲（Junge Europa）"，它们均无一例外。

他学会了去看穿被有些人大肆宣传的、理想的意识形态特征，并由此获得了一种认识能力，这种能力伴随了他一生：在那些热烈呼吁崇高价值的背后，可能隐藏着物质利益。此后，只要他一听到诸如给人民以幸福、时刻准备着施行暴力、革命活力，或者制定中央宪法之类的口号，他的脑海中就会浮现诸如法国大革命、激进主义以及雅各宾党人等似曾相识的图景。因为 1789 年开始发生的事会持续地在他身上产生后果。这就解释了，为什么对他来说，在他的一生中 1789 年革命从原则上讲从来没有结束，并且在一而再，再而三地爆发。还有就是将知识分子看作政治运动的发动机，也属于他的基本判断，而这一基本判断，已经深植于年轻的帝国伯爵还可塑造的秉性之中。"思想工作的无产者"，威廉·海因里希·里尔（Wilhelm Heinrich Riehl）在 1840 年代是这样称呼知识分子的。而对梅特涅来说，他们就是现存的不稳定因素，有别于因财产而接地气的"思想工作者"，如出版商弗里德里希·哥达（Friedrich Cotta）；那是些作家、律师、中学和大学的教师以及报人等，他们充满着雄心勃勃的思想，却丝毫不顾及落后的民众，强迫民众去做他们认为幸福的事。因而，梅特涅始终没有摆脱对这一"等级"的不信任。

13

布鲁塞尔与奥属尼德兰

梅特涅生平中特殊的一页是他在布鲁塞尔的逗留。自1791 年夏天起，他父亲就在那里任驻奥属尼德兰政府"全权大臣"。克莱门斯来到的这个地方具有历史意义，自 16 世纪以来，它的早期历史就与哈布斯堡皇朝以及后来帝国的发展紧密地联系在一起。尼德兰南部的天主教徒与尼德兰北部的新教徒之间为信仰进行的激烈战争，直到 1648 年签订《威斯特伐利亚和约》，并将讲荷兰语的联省共和国从帝国中分离出去，才算平息下来。南部尼德兰仍旧归属哈布斯堡皇朝，先被皇室的西班牙脉系统治，1714 年以后才由皇室的奥地利脉系掌控，直到 1781~1793 年间派驻的最后一任总督夫妇——阿尔伯特·冯·萨克森 – 切申公爵（Albert Herzog von Sachsen-Teschen）及其夫人玛丽娅·克里丝蒂娜女大公爵（Erzherzogin Marie Christine），即女皇玛丽娅·特蕾莎的女儿——在布鲁塞尔代表皇帝为止。

约瑟夫二世皇帝在推行其开明专制政策的过程中，开始向帝国各省的内部关系开刀：自 1787 年开始，他就质疑自古流传下来的"愉快的特权（Joyeuse Entrée）"，就是说，质疑 1356 年布拉班特、林堡、卢森堡各等级的所谓的《自由大宪章》（Magna Charta）①。⁵⁰ 同时，他要将鲁汶大学对神父严格的天主教培养置于国家的监督之下。这种公然打破历史权利的做法，伤害了比利时强烈的等级自治的自信心，同时也伤害了他们的宗教情感。律师亨利·范·德尔·努特（Henri van der Noot）—— 梅特涅在其回忆录中还忆起过此人——在其撰写的《关于布拉班特人民权利的备忘录》（*Mémoire sur les droits du peuple brabançon*）中罗列了皇帝所有的违法行为，并要求恢复旧有的权利。在奥地利政府对尼德兰联省共和国采取行动之前，他逃之夭夭。但是在布拉班特革命中，他又成功打破了奥地利人的统治。1789 年 10 月 24 日，受到近邻法国所发生事件的影响，反对派宣布进行革命。1790 年 1 月 10 日三个等级在布鲁塞尔宣布“比利时合众国（Vereinigte Staaten von Belgien）”成立。哈布斯堡皇朝所属尼德兰的臣民历史上第一次称自己为“比利时人”。但是，范·德尔·努特的传统党（Traditionalistenpartei）与想仿照法国模式的民主党人的内部对立削弱了独立运动，奥地利军队最终在 1790 年 12 月 3 日成功夺回了布鲁塞尔。

新皇利奥波德二世与其去世的兄长的专制政治拉开了距离，实际上，在 1789 年之前，他就在他的模范国托斯卡纳，②作为欧洲大陆上第一个实行立宪统治的诸侯确立了声望。现在，他要安抚这个重新夺回的国家，并承诺恢复旧宪法。他有意识地将梅特涅的父亲弗朗茨·乔治这样一个政治家派往比利

---

① 《自由大宪章》是英国封建专制时期宪法性文件之一，英国贵族胁迫约翰王于 1215 年 6 月 15 日在兰尼米德草原签署，俗称“大宪章”。文件共 63 条，用拉丁文写成，多数条款维护贵族教士的利益。《自由大宪章》是对王权的限制，国王如违背，由 25 名贵族组成的委员会有权对国王使用武力。《自由大宪章》后来成为资产阶级建立法制的重要依据。作者此处系借谕。

② 意大利美第奇家族统治托斯卡纳至 1737 年，由于绝嗣及与哈布斯堡皇室联姻，托斯卡纳于当年划归神圣罗马帝国的哈布斯堡皇朝。

时任政府首脑，正是由于弗朗茨·乔治的家族渊源可以追溯到下莱茵地区的久远历史之中。此外，在皇帝的眼中，弗朗茨·乔治同时还是一个在为帝国效力的过程中，善于同各等级、帝国国会以及各教派打交道的最富经验的大臣，他能够巧妙地在派系纷争中进行调解、斡旋。弗朗茨·乔治来到了一个内部撕裂的国家，充满着旧贵族等级保皇派与受法国影响的民主派的纷争，而新皇利奥波德二世则赋予了他广泛的权力。

　　在此处，我们的目光不能聚焦于哈布斯堡皇朝以及弗朗茨·乔治在当地实行了什么样的政策，而是要明晰，被父亲定位为将来要成为外交官的儿子，在当地能够学习到什么，以及这个儿子为他后来实行的政策在此地经历了怎样的事先培训。因此，我们必须尽可能详细地搞清楚，梅特涅在布鲁塞尔逗留的具体时间。到目前为止，还没人作过这项调查。他是首先利用美因茨大学的假期，于 1791 年 9~10 月在布鲁塞尔逗留的，他的父母也是在这之前不久，于 7 月 8 日才到达这个都城的。这样，他就成了父亲成功"结束列日处决"事件的直接见证人：通过与各等级的密集谈判，通过仔细算计过的赦免，以及通过延缓法庭程序。奥地利国务首相考尼茨对成功平息这次事件大加赞赏：这"在同样的程度上解决了三个问题，法律的威望、德意志帝国宪法的安全以及国家的福祉"。[51]

　　1792 年 9 月初，克莱门斯踏上了第二次前往布鲁塞尔的旅程。他在回忆录中给人的印象是，他逐地逐事地记录下了这次逗留的经历，但是尔后他再也没有返回美因茨念书。在开学之前，1792 年 10 月 21 日，屈斯蒂纳将军一举拿下了美因茨的要塞和城市。于是，梅特涅只好在布鲁塞尔待到 1794 年 3 月 25 日，即他动身前往伦敦之时，而他在布鲁塞尔的逗留也曾因在 1792 年末至 1793 年初的冬天流亡到维泽尔而中断。对

108

这一点，到目前为止人们没有给予关注，但是它十分重要：正因如此，在布鲁塞尔的时间形成了单独的一段，在梅特涅的生平中占有非常重要的分量。

他在布鲁塞尔又学到了什么？首先，他的视野超越了阿尔萨斯－莱茵地区。其次，他第一次不是在书本上，而是在实践中领会了欧洲大国交替变幻的政治游戏。在他没有付梓的回忆手记中，梅特涅记下了自己在布鲁塞尔是如何获取到一种新的观察方法，并且作了非常形象的描绘："获取一个地区概貌的方式有两种：或是从一座高山上观察，或是从平面的一个点出发开始观察。我在多次的旅行中给自己定了个规矩，前往一个我不认识的城市时，我总是先要登上市中心最高的塔顶。不用几分钟时间，我就比我的那些想不费力气，只凭逛逛几条街就想认识那座城市的同行者，更清楚地认识了它。我可以带领他们从一条街走到另一条街，直到目的地，也不会迷路；而用他们的方式，则常常需要更长的时间才能到达。我投向被观察事物的第一眼，正是从事物聚集的那一点发出的。这个立足点（立场）从此就再也不会从我的脑海中消失。"[52]

梅特涅在揭开一项新的事物或题材时，总是牢记在布鲁塞尔发现的这种善于思考的方法，比如他于 1801 年第一次就任公使职务时，或者在主持非常复杂的外交谈判和处理政治问题时——在这方面，维也纳会议可以说是最大的考验。这种善于思考的方法教会他先从寻找一个观察点开始，这个点可以拉开与被观察事物的距离，并可以使他根据事物不同的情况去寻找基本原则；这就使他站到了一个"理智"的立场上，这也是他在"学术和事业中"始终对自己提出的要求。事实上也是如此，他之所以总是能领先政治同僚和政治对手一步，正是因为他具备了能预先估计所作决定可能产生的后果的能力。

在他的回忆录中，梅特涅恰好将这种"塔顶鸟瞰"的观察事物视角，以他的布鲁塞尔时期尼德兰为例，作了一番展示。对已经被扼制住的革命势头，他阐明了自己的立场："这个国家刚刚走出了一场内部危机，其后果处处都可以感受到；我所处的位置，可以使我有机会同时观察两个国家，并对其加以研究，其中之一经受了革命的恐怖，而另一个正显示着进行这场革命的人所留下的新鲜痕迹。我从中汲取的教训和立场，在我漫长的公职生涯中，从未失去。"53

　　在尼德兰，梅特涅认识到了政治的三重维度。首先是在一个政治组合体的内政中的危机管理——类似于神圣罗马帝国，由多国组成的政体，在历史遗留下来的等级制宪法的基础上建立。其次是在外交上的国际冲突管理，在这一方面，梅特涅学到了战争是如何发生的，又如何导致了国与国的结盟，以及一个国家从战争状态中摆脱出来是何等的困难。最后一个维度告诉他，比利时的内政和外交是如何由于邻国革命战争的激进化，而纠缠在一起的，从此以后，这个现象在革命年代以及后续的一个世纪中，一直影响着政治。

110

外交的学校：内政

　　在欧洲的近代早期，奥地利属尼德兰代表着典型的组合国家。它们由半自治的省组成，每个省都有各自的首府。54 从国家法角度来说，这个国家以君合国（Personalunion）①的形式与哈布斯堡皇朝联系在一起，而哈布斯堡皇朝则由上文所提到的总督夫妇代表，并掌有最高统治权。这对在 1791 年 6 月 15

---

　　① 即两个独立的国家以某种条约的形式同意由一个君主进行统治，从而实现国家联合，但两国均有自己的宪法和权力机构，在国际关系中也都拥有主权地位。如1815~1890 年荷兰与卢森堡的联合。

日返回布鲁塞尔的总督夫妇，通过巡视所有省的方式，举行巡回就职典礼，而各省的各等级可以就地宣誓效忠，当然也可以示以报怨；凭借这种方式，双方确认这个邦国是一种联邦性的组成部分。

弗朗茨·乔治对内政管理机构进行了重组，并与各等级进行了深入的和充满着相互理解的谈判，进而重新取得了他们的信任。他的政策涉及的主题主要是内部安全，内部安全后来——自1809年《申布伦和约》（Frieden von Schönbrunn）[①]以来——也变成了他儿子克莱门斯的工作范畴。儿子在父亲那里学到了，应该用何种国家手段来解决类似的问题。弗朗茨·乔治设立了自己的"皇室警察"安全办公室，因为他必须知道，何人在何地正在从事地下秘密活动。这牵涉了由法国操纵的秘密社团，以及保王党流亡人士的秘密地下活动。这两个激进组织在同样的程度上威胁着比利时的外部安全，因为它们随时可能给法国提供与比利时开战的缘由和借口。弗朗茨·乔治领导了一场旷日持久的针对流亡者的内部斗争，直到他最终解散了由5000人组成的军官团并将他们驱逐出境。[55]而第二个工具则是他成立的新闻办公室，任务是检查信件和控制报纸——它同样主要针对"内部的敌人"。

此外，弗朗茨·乔治还要不停地与只关注自己利益的贵族进行斗争，以便为抗击法国人的战争筹集资金，维也纳政府顽固地逼迫他这样做。1792年4月20日法国宣战后，加强这种做法当然也是可以理解的。与皇帝利奥波德二世对待贵族的自由友好政策相反，自1792年开始，皇位继承人、他的儿子弗朗茨则越来越勒紧了针对贵族等级的绳索，越来越强调坚持皇

---

① 也称《维也纳和约》，奥法战争结束后，双方缔约于维也纳申布伦宫，以示"和平友好"。

权。弗朗茨·乔治认为，这种政策是灾难性的，特别是弗朗茨皇帝于 1793 年 2 月 27 日在维也纳的相府①中设立了一个自己的"联络署（Jointe）"，即比利时事务特别署，再加上这个联络署由被任命为尼德兰事务总管的费迪南·冯·特劳特曼斯多夫（Ferdinand von Trauttmansdorff）来领导，因此他非常生气。费迪南·冯·特劳特曼斯多夫在皇帝面前为布鲁塞尔要求更多的预算开支，并且想方设法阻挠和破坏梅特涅的政策，于是他成了弗朗茨·乔治的宿敌。作为父亲，他陆陆续续在五个方面向儿子克莱门斯展示了富有教益的材料，虽然他更愿意放弃这种教育：对抗革命、政治警察、新闻监控、驾驭等级冲突、挫败宫廷阴谋诡计等。[56]

弗朗茨·乔治的第一个政府任期从他 1791 年 7 月 8 日进入布鲁塞尔开始，直到 1792 年 11 月 8 日他不得不组织政府第一次逃亡为止；他首先要确保国家财产和档案的安全，以及将人员和那些常驻布鲁塞尔、已经递交过委任状的外国公使送往流亡地鲁尔蒙德（Roermond），当鲁尔蒙德也不能确保安全以后，再带领他们前往维泽尔。[57] 在此期间已经中断在美因茨的学业，并开始在父亲的办公室工作的克莱门斯，就这样第一次经历了一国政府因受革命启发的敌人而逃亡，其规模如同后来的 1809 年，当拿破仑逼近维也纳，整个皇室逃亡到匈牙利的科莫恩（Komorn），这次逃亡也是必须先将国家档案送到安全的地方。

在 1792 年末的紧急情况之下，弗朗茨皇帝下诏，免除了总督夫妇阿尔伯特和玛丽娅·克里丝蒂娜的职务，将其交予皇弟卡尔大公爵（Erzherzog Carl）。而大公爵提倡的改革纲领，

---

① 本书中的相府（Staatskanzlei）系现代意义上的首相办公室，后除特殊情况外不再说明。

恰如为弗朗茨·乔治量身订制："永久性地了结君主与等级之间的宿怨，但不能伤及国体。"[58] 皇帝特别强调这一点并谕示："你有一位主持公道的大臣辅佐在侧。"皇帝肯定对弗朗茨·乔治在这一时期取得的成就非常满意，因为就在此次危机期间，他向弗朗茨·乔治颁发了金羊毛勋章，以示表彰。[59]

112 　　在法国吞并比利时时期，各省的反抗此起彼伏。大量的传单和宣传册在社会上流传，指出祖国处于危险之中，号召比利时人行动起来，将破坏宗教和旧社团的野蛮人赶走。拿起武器武装起来的呼吁也已显现。[60] 在法国国民公会 1793 年 1 月 31 日要求将比利时并入法兰西国家的行为曝光之后，这场抗议运动的熊熊烈火如同被浇上了燃油。

　　此时，奥地利人重新夺回比利时的战争准备工作正在卓有成效地进行，并最终以科堡亲王（Prinz von Coburg）1793 年 3 月 18 日在尼尔维登（Neerwinden）的胜利而告终。同时，弗朗茨·乔治实施了一项全面恢复被法兰西人破坏掉的各等级历史权利的计划，这项计划包括"立宪制的法律、国家的习俗和特权"，[61] 参照标准就是玛丽娅·特蕾莎女皇当政时晚期的社会状况。同时实施的政治计划还有：宣布实行普遍大赦，禁止所有非法结社，其中包括于此期间在布鲁塞尔成立的雅各宾党人俱乐部；监控和驱逐法国流亡者；以及对在 1789 和 1790 年的暴动中遭受损失的人们进行经济补偿。[62] 梅特涅的父亲要向比利时人发布一项公告，这个公告在帝国军队开进被敌人吞并的地区时就已大量印刷，并要在重新占领比利时后作为展示和平的信息广为传播。儿子后来也效仿了父亲的这一手笔，1814 年初，当反法同盟军开进法国之时，当时已任外交大臣的克莱门斯也发布了一项诏示和平的公告《告法国人民书》。在布鲁塞尔的军事革命时期之后，梅特涅经历了由其父亲负责的等级立宪的法制复辟过程，可以将这个过程看作一种对梅特涅微缩了的，并集中于内政问题的考验。说它是微缩的，是相对于梅氏后来于1815年在一个大得多的时空维度上经历的考验而言，即他的欧洲"重建"计划。但是无论规模大小，斗争的原则是一样的。

弗朗茨·乔治在比利时获得了什么样的声望，或许可以从他1793年3月29日荣归布鲁塞尔时所经历的场面观出，儿子克莱门斯也一同见识了这个场景。市议会在狮子城门前准备了国宾座驾迎候，在欢迎仪式上宣读颂词，然后引导他上车，由市民们亲身拉车，在城中绕行两小时，全体市民列队，欢迎他进城。晚上，全城张灯结彩，向他表示敬意。[63]

然而，并非布鲁塞尔人民经历的法国反立宪的中央集权制的经验使梅特涅的父亲心里感到温暖，早在他临时出逃之前，布鲁塞尔人民就已经发出了对他表示敬意的信号。为庆祝10月4日（圣弗朗西斯日）弗朗茨·乔治以及皇帝的命名日，第二天在梅特涅家门前举行了一场盛大的庆祝活动，有分节歌曲演唱和音乐伴奏，并且用铜版画印制了一份节目单。[64]克莱门斯看着他们为父亲庆功，而且不容忽略的是，所有的表演都像在分析、争辩法国革命的因素，并试图将这些因素在贵族等级的意义上，吸收融化，为己所用。因此，弗朗茨·乔治的政府就出现了一个表面上看起来十分现代感的时期，但实际上并非如此。

在宣传上，弗朗茨·乔治的政府试图巧妙地利用时代精神，为自己的合法性服务。在上述宣传单中提到的一幅铜版画上有一个正方形的物体，这个物体从有关古画形式和内容的解释上说，是一种稳固的象征。它的正面是弗朗茨·乔治的圆形浮雕像，环绕周围一圈的是尼德兰各省的省徽纹章，也是历史上联邦制的化身。飘带上的文字是："他是一切的核心（Il est dans tous les Cœurs）。"左侧的旗帜上宣告："比利时全体人民的普遍心声（l'expression général du Peuple Belge）。"这听起来不得了，因为这是1789~1790年在布拉班特革命中

114

113

布鲁塞尔的一份宣传单上的铜版画，《为庆祝"派驻大臣"弗朗茨·乔治和弗朗茨皇帝圣弗朗西斯命名日》，1792 年 10 月 5 日

讲出的话，并在克服旧等级社团主义的过程中，第一次被一个比利时民族改写。铜版画中间的智慧女神密涅瓦（Minerva），同样使人马上联想到法国的"自由女神（Liberté）"。右侧的旗帜上宣布："皇帝万岁！克里丝蒂娜和阿尔伯特万岁！比利时心爱的人梅特涅万岁！（vive l'Empereur/ vivent Christine et Albert et vive Metternich le Chérie des Belges）"

完全令人吃惊的是，这里流行起来了一首按照分节歌《马赛曲》的节奏演唱的进行曲式歌曲，那是 1792 年 4 月 26 日在阿尔萨斯行军时创作，但是直到年底才作为解放歌曲在尼德兰听到的曲子。

起来吧，朋友们！

使劲地唱起欢快的歌。

所有的感谢

送给让我们幸福的人。

　　在我们的喜悦中

伴着双簧管最柔和的和弦欢呼吧，朋友们。

千百次地高呼：

弗朗茨万岁！

万岁弗朗茨！

在另外的段落中，则大肆吹捧梅特涅的功绩：在其治下，家国安康，城乡繁荣，医治创伤。作法驱魔——"喷火女王"，降妖伏怪，精神兴旺。万恶旧制，臭名昭彰，铲除罪恶，世态和祥。旌旗招展，斗志昂扬，消灭敌匪，胜利在望。不帅军旅，功盖四方，法军投降，万岁我王！①

　　从这样的表示中可以看出一种比利时式的爱国主义：由哈布斯堡皇朝统治者撑腰，为比利时的国家独立而战。谁要是仅仅将其贬斥为"哈布斯堡皇朝复辟"，那就完全没有认识到他们的独立意愿，并且会从后来的"进行现代化的"法国统治者那里，勾画出一幅符合当时宣传鼓噪的幻景，而不是真正经历过的实相。而法国人的真正意图，则是想要像三个东部强国对待波兰一样，将比利时从地图上抹去。65 此外，布鲁塞尔的贵族等级和平民的庆祝游行，非常形象地驳斥了对弗朗茨·乔治所作的评价，即他在布鲁塞尔"几乎没有做出什么值得称道的成就"，这种评价一直是特劳特曼斯多夫在背后对他说三道四的理由。66 与此正好相反的是：1792 年 10 月 5 日，当梅特涅官邸门前响彻着这些赞美声音的时候，法国军队正在向布鲁塞

115

---

① 不帅即不伦瑞克公爵（Herzog von Braunschweig）。

尔进军。可以预见的严峻情况，也使年轻的克莱门斯能够对新的、现代化的战争进行一些思考。

战争学校：国际政治

"胜利啦！胜利啦！我们打败了法国人！"法国向匈牙利和波希米亚国王宣战十天之后，贝阿特丽克丝·梅特涅在从布鲁塞尔写给克莱门斯的信中如是写道——那时他还在美因茨念书。[67] 法国人在 1792 年 4 月 20 日宣战后，立即对奥地利属尼德兰发动了进攻，开始了一场几乎可以称为第二次三十年战争的作战。

可是，1789 年攻占巴士底狱之后，起初一切看起来完全是另外的样子：法国大革命爆发，欧洲列强并没有感觉受到特别的威胁。大革命爆发初时，正赶上欧洲遇到危机，列强们各自都在以不同的特殊方式，参与到这场对它们来讲显得更为重要的危机中：叶卡捷琳娜二世女皇（Katharina II）的俄国卷入了与奥斯曼帝国的战争，并将波兰爆发的革命看作一个求之不得的缘由，以便重新瓜分这个国家。意在扩大其在欧洲权势的普鲁士，也想要同等程度地参与波兰的危机。但另一方面，它也同时支持列日和布拉班特的革命，目的在于削弱奥地利在哈布斯堡皇朝所属尼德兰国家以及在整个帝国中的优势。在约瑟夫二世皇帝统治下，以及在其于 1790 年 2 月 20 日去世后，于利奥波德二世皇帝统治下的奥地利，则致力于与土耳其缔结和约，并像大不列颠一样，更愿意将法国国内的动乱，看作他们求之不得的对法国自身的削弱。利奥波德二世皇帝的新政还包括，从与普鲁士经年累月的冲突中抽身；他成功地通过《莱辛巴赫协定》（Konvention von Reichenbach，1790 年 7 月 27 日）把普鲁士拉到自己一边，以使在奥地利军队刚刚重新夺回比利时不久的这段时间里，保证这个国家的重组不受干扰。

　　法国国王 1791 年 6 月 20 日从巴黎出逃到瓦勒纳（Varennes），改变了一切。此外，他还将布鲁塞尔看作可资考虑的逃亡地！在巴黎制宪议会里的人们相信，国王是要背叛宪法。另外，紧迫的局势迫使两个德意志强国更加靠近。在萨克森的皮尔尼茨（Pillnitz）会议上，它们迫使在场的法王路易十六的弟弟、法国流亡群体的首领阿图瓦伯爵 ① 发表一项声明，目的是："使法兰西国王有能力在完全自由的情况下，巩固政府形式的基础，因为这一形式符合君主的权力和法国的福祉。"[68]（1791 年 8 月 27 日的《皮尔尼茨宣言》）如果所有列强都同意的话，它们还威胁使用军事手段，当然仅仅是由于大不列颠反对，使用军事手段才被排除在外。但是在法国议会的眼里，这项声明无异于宣战。法国流亡者的问题也为宣传提供了子弹，选帝侯区美因茨、特里尔以及布鲁塞尔的法国流亡者，真的在试图聚集部队，以努力推动对法国的干预。

　　当法国立法议会于 1792 年 4 月 20 日向匈牙利和波希米亚国王宣战，并强迫国王路易十六同意时，帝国正在经历一个旧皇去世、新皇尚未即位的空窗期，因此无法令皇帝本人下达战书。起初，法国方面也预计仅仅会进行一场有限的局部战争：国王相信，匆忙赶来的王室陆军将很快结束巴黎的骚乱，而立法议会中的革命派则期待，在哈布斯堡皇朝的领土上可能只会进行一些事关"土地归并重划"的行动，以及将国王作为叛徒予以揭露。他们远远没有估计到，受国人拥戴的"腓特烈大帝（Frédéric le Grand）"的国家，会与奥地利协同作战，毕竟在

117

---

　　① 法国国王查理十世（查理·菲利普，1757~1836），路易十六和路易十八之弟，他一生中的大部分时间被称为阿图瓦伯爵（comte d'Artois），于"七月革命"中被推翻，后流亡英国，终老于意大利，是最后一位来自波旁王室分支的法兰西国王。

差不多半个世纪的时间里，两个列强更多的是在相互争夺，而非并肩合作。[69]

作为被主要牵涉的政治家，弗朗茨·乔治在哈布斯堡皇朝所属尼德兰国家中，属于为数不多的、在听说宣战之后立即能够预见到其影响程度的人："情况到了这种地步，我们不久将面临大的事变，这不仅对法国人，而且对所有国家人民的命运都具有决定性的意义。"[70] 同样，克莱门斯的母亲也马上看到了它们对世界历史的深远影响。还在法国宣战之前，她就从布鲁塞尔写信给还在美因茨的儿子，谈了她的具有先见之明的分析："绝望是普遍的；在没有国家元首的时刻，陷入这样一场危机，帝国的处境是多么的残酷！我敢向您肯定，我的朋友，人们会在胡乱猜测中迷失方向，一切都会随着后续发生的事情被毁掉。……人们相信，我们将不会再继续留在这个国家。"她已经预先看到，奥地利在尼德兰的统治行将结束。[71]

法国流亡者

对阿尔萨斯贵族统治权利的攻击，人民对斯特拉斯堡市政厅的冲击，与他的对革命欢欣鼓舞的家庭教师的讨论，他的那些进行煽动活动的大学老师——所有这一切，使梅特涅从一开始就成为那个时代所发生事件的直接见证人，这些事件中完全不同的，甚至完全对立的言语和行动，形成了一个色彩斑斓的万花筒，而它的密码"革命"，则无处不在。与此平行的，则是与它相反的世界在清晰地发出声音。在从科布伦茨、科尼希斯瓦尔特和维也纳写给儿子的信中，梅特涅的母亲始终关注着这个相反的世界，并为其准备好了一个合适的说法："反革命的形势进展缓慢（L'affaire de la contre révolution va tout doucement）。" 72

　　反革命！人们或许认为，这位年轻的时代观察者会始终并且感情强烈地站在反革命一边，毕竟他所属的那个贵族等级的利益，以及他的良心的基本价值遭到了威胁。但是实际上，情况要复杂得多，因为他是在不同的地方，以完全不同的方式与法国流亡者打交道：无论是在他的故乡科布伦茨——很多人逃亡到了这里，他的母亲也从这里给他写信报告情况；还是在美因茨，他上大学的地方；以及在布鲁塞尔——流亡者在此处对派驻大臣来说，已经发展成为极其严重的、几近爆发战争的问题。克莱门斯主要是在美因茨和布鲁塞尔寻求与他们（法国流亡者）建立交流。他沉浸于法兰西的文化与精神气质中，这些东西对他后来的政策制定有着不可估量的价值："我用这种方式认识法国人、理解法国人，并被他们所理解。" 73 而这些人中还有一位年轻的法国女人，后文将会提及。但是，他也以在乔治·福斯特的沙龙里研究雅各宾党人同样的外在表现去研究忠于法国国王的流亡者："从这个（雅各宾党人的激进主义）流派中脱身出来，我又陷入了另一个法兰西的（流亡者的）派别中，它让我了解了相反的一面。" 74 引人注目的是，他感到流亡者的政策同样也是"过激"和"极端"的。他们很不情愿地向他展现了"从旧的统治时期就开始犯的错误"。

　　梅特涅留下了一些暗示，然而在这些暗示的背后，总是隐藏着通过流亡者，通过美因茨的革命新闻，以及通过来自巴黎的雅各宾党人的间谍传递的具体信息。无论他去哪里，总会遇到流亡者：1792 年在法兰克福举行的皇帝加冕典礼的外围，他观察到了他们的"轻率"；在科布伦茨，法国王室的王子们聚会并预计，不出两个月就能从他们的流亡地再次返回家乡。而在法兰克福，他也常常在谈话对象中遇到著名的流亡人士，并且发现，流亡使他们的性格发生了变化：他特别指

118

出了著名的神父和修道院院长让－西夫林·莫里（Abt Jean-Siffrein Maury）。从前他是巴黎三级会议里一个坚持原则的成员，并曾是僧侣等级中的平民宪法的反对派（Gegner der Zivilverfassung des Klerus）。1791 年他流亡到罗马，并作为教廷的代表，被教宗派去出席帝国皇帝的加冕礼。在法兰克福，年轻的梅特涅已经注意到了他性格上机会主义的基本特征，正是这种基本特征，使他后来无条件地成了拿破仑的追随者。[75]

梅特涅断定，流亡者也同样负有责任，他们的责任可以追溯到旧制度那里，对此他继续写道，"就像这些事情在法国已经发生的那样，它们肯定是要发生的"。[76] 流亡者错误地认为，只要看到反革命军队的几个营，法国人就会在法国的所有塔楼上升起白旗，而"无套裤汉（Sansculotte）"[①] 就会缴械投降。这种在梅特涅看来"严重的假象"，导致了普鲁士相信流亡者，从而使它的军队在瓦尔密（Valmy）惨遭失败[②]——不但是因军事上的后撤遭到失败，而且他们的声誉也受到重创。[77]

流亡者的政策也使梅特涅意识到，革命不会仅仅局限在法国境内。贝阿特丽克丝也早在 1789 年 9 月初就预感到，这个"瘟疫"会冲出法国，到处扩散。每个人都在高呼"自由"，这不过是空洞的废话，听起来很完美，但是根本无法去证实。起初，她还对阿图瓦伯爵抱有希望，因为他在波恩得到了很多支持。她以为这一切也不会持续很长的时间，[78] 但是仅仅在半个星期之后，她就改变了自己的判断：阿图瓦伯爵的声明简直可怕，如果他的确犯了被指控的那些罪行，并因此被判处火刑

---

① 法国大革命时期贵族对出身于平民的革命党人的蔑称。

② 1792 年 9 月 20 日，法兰西革命军队为一方，奥普联军及企图扑灭革命力量、恢复君主制的法国流亡保王党为另一方，在瓦尔密地区进行了一场会战，双方在十天交战期内基本上都是炮战，最后，奥普联军由于后勤保障问题而败退。

（Autodafé，作为异教徒被置于木柴垛上焚烧），他就应该被
送上宗教裁判所（Inquisition）。[79] 她睁大眼睛关注着革命的
进程，并用她的担忧和希望不断地纠缠着儿子。这期间，她已
经将流亡首领阿图瓦伯爵当作了一个政治"障碍"，并将其看
作一个她所认识的最难忍受的人（le plus rude）。[80]

通往战争之路——战争的第一年

作为一个年仅 19 岁的青年，梅特涅是如何感知通往战争
的道路的，他又在哪些地方有机会从内部去观察战事的进展？
在这方面，比起那些回忆手记的情节，已付印出版的回忆录所
透露的情况要少得多。作为见证人，他在战争准备阶段就陪同
父亲参与其中。弗朗茨·乔治作为派驻奥属尼德兰的常驻全
权大臣，是法国军队进军的直接当事人，因此，在商讨如何继
续做战争准备工作时，他必须带着所有的情报参加。为此，在
法兰克福皇帝加冕典礼过后，所有君主都要前往美因茨出席
诸侯大会（Fürstenkongress，1792 年 7 月 19~21 日）。在
会上，弗朗茨·乔治特别要与普鲁士国王腓特烈·威廉二世
（Friedrich Wihelm II）举行谈判。就是在这次会议上，在场
的法国流亡者们试图推进进军的准备，并致力于发表一份战争
宣言。[81]

当克莱门斯与他的父亲随后前往科布伦茨，拜访位于梅特
涅庄园附近的普鲁士军队的统帅部时，他还看到了法国流亡者
对发表战争宣言所做的进一步的煽动工作。到目前为止，人们
一直忽略了梅特涅曾在不同的场合亲眼看到的事情，即由于他
父亲的原因，他所亲身经历的有关不伦瑞克公爵臭名昭著的宣
言，起初是如何在美因茨起草，后来又如何于 1792 年 7 月 25 日
从科布伦茨普鲁士军队的统帅部中发出。[82] 在梅特涅的回忆录中，

120

他不仅忽略了这桩引人注目的事件，相反，却详细论述了在科布伦茨第一次与普鲁士王储、后来的国王腓特烈·威廉三世相遇的情况。从 1797 年开始直到国王于 1840 年去世，梅氏一直与其保持着密切的接触。他也同样描述过普鲁士国王腓特烈·威廉二世高大强壮的体魄给他留下的深刻印象。[83]

关于宣言本身，他不再沉默。了解他后来所实行政策的人都知道，他永远不会同意这样一份文件，而是会将其视作政治上的愚蠢和毫无成果之物加以批判。它都宣告了什么呢？宣言宣布，这次进军是业已结盟的普鲁士人和奥地利人的共同军事行动，并将最高指挥权交给了不伦瑞克公爵。开战的理由是德意志诸侯在阿尔萨斯和洛林的领地被占领，以及奥地利属尼德兰遭遇入侵。他们并不想干涉法国内政，而只是想把法国国王、王后和王室家族成员"从监禁中解救出来"。这些理由听起来没有特别扣人心弦，也是可以说得过去的。但是在下文中，人们明显可以感受到流亡者那种激越的无法停歇的狂热，他们威胁说："假如杜伊勒里宫再一次遭到冲击，或者哪怕受到丝毫的暴力困扰，假如国王、王后以及王室的其他任何一位成员受到些许的侮辱，假如不立即对他们的安全和自由采取周到全面的有效措施，那么，为了让冲击者永远吸取教训，皇帝陛下将对他们进行杀一儆百的惩罚，将把他们交付刑事法庭，整个巴黎也将被夷为平地，不顺从的、犯有罪行的市民将遭到严酷的报复（第 8 条）。"[84]

法王路易十六于 8 月 3 日向立法议会通报的这份宣言，主要涉及的是之前于 7 月 20 日向国王发出的威胁：为了在无套裤汉向杜伊勒里宫进攻时免受伤害，国王登上了宫殿的阳台，并戴上了雅各宾党人的红色帽子。宣言全文出自当时在布鲁塞尔的一个法国流亡者，曾任奥尔良公爵财务总管的热罗姆－约瑟夫·若弗鲁瓦·德·利蒙伯爵（Graf Jérôme-Joseph Geoffroy de

Limon）之手。但是一年多以来，这类的威胁"始终是布鲁塞尔和科布伦茨谈判桌上的话题"，并且在保王党的报纸上广为传播，已经对王室造成了伤害。[85] 宣言给法国立法议会提供了理由，它向欧洲各国人民发出激情呼吁，只要他们愿意奋起反抗自己国内暴君的专制统治，法国就会向他们提供支援。1792 年，后来即位的法国国王路易·菲利普（Louis Philippe）曾这样评论道：宣言在法国唤起的保卫祖国和捍卫自主权的热情，比起立法议会以及革命组织发出的所有爱国主义号召的总和还要大。[86] 尽管发布了宣言，或者说正因为发布了宣言，无套裤汉于是在 1792 年 8 月 10 日发动了向杜伊勒里宫的进攻。梅特涅的家庭教师西蒙帮助做了进攻的准备工作，进攻以国王在立法议会的保护下逃亡而结束。一天以后，普鲁士和奥地利军队开始从卢森堡出发，向法国进军。

这就是当时的局势，对此梅特涅在回忆录中写道："夏末（1792）我前往布鲁塞尔。战争正全面展开。"[87] 紧接着在布鲁塞尔度过的时间，对梅特涅此后的人生都具有决定性的意义，因为在这个地方，他"有机会在近处观察战争。真希望所有那些被赋予掌握国家命运权柄的人，都能上一上这所学校。在履行我公职义务的长期过程中，我经常有缘由希望自己有幸获取这种经验"。[88] 在这件事情上，人们经常诋毁年轻的梅特涅，说他仅仅是想通过观看，就把自己培养成军事专家；说他想取得"战争艺术课实习培训证书"；但是，"他那种外行参与包围作战行动，一钱不值"。[89] 这种说法是完全错误的。对梅特涅而言重要的是，政治如何过渡为战争，传统战法的战争如何进行，战略和策略如何制定和运用，并且，对一个政治家来讲，如果他的行动计划失败了，要估计到人员会遭到什么样的伤害和痛苦。

此后，他在他父亲的办公室工作，也参与了与奥地利军队统帅部之间所有有关军事活动的通信往来。弗朗茨·乔治安排他从事"最秘密的密室工作，这个情况无疑对我未来的职业生涯有着实质性的影响"，梅特涅回忆道。[90] 他所担负的任务，使他频繁往来于奥地利军队统帅部与布鲁塞尔之间。这期间他听到了普鲁士军队溃败的消息：在最高指挥官不伦瑞克公爵的统率下，他们的意图是向巴黎挺进，却于 1792 年 9 月 20日在前述的瓦尔密陷入了包围。对法国人来讲，这场中断了的会战，成了革命军队有能力打败各君主联军的神话。君主们的战争已成过去，人民的战争才刚刚开始。从这个意义上说，历史见证人歌德的名言不幸言中："世界历史新的时代""从今天，从这里"——从瓦尔密——开始了。歌德是陪同卡尔·奥古斯特·冯·魏马 – 萨克森公爵（Herzog Karl August von Sachsen-Weimar）前往瓦尔密的。一天以后，国王在巴黎停职，9 月 22 日，共和国宣布诞生——即使在法国人的意识里，这也是一个新的时代——以他们自己的纪元来计算。

像上面已经提及的那样，梅特涅知道普鲁士方面受到流亡者设想的误导。在制订作战计划时，他就已经将其视为错误，并在不提及公爵姓名的前提下写道，军队"由一位在军事上的名声仅仅是建立在腓特烈二世（腓特烈大帝）对其空洞无聊的一番恭维言词的基础之上"的人来指挥。[91] 他说，公爵的无能导致了"无可挽救的败退"。后来得到的信息与梅特涅的判断非常接近，也非常符合我们今天的认识：假如不伦瑞克公爵不是犹豫不决地拖延了好几天，而是立马向巴黎进军，法国军队将根本无法抵挡。[92] 结果就是，法军主帅迪穆里埃将军（General Dumouriez）得以于 1792 年 10 月 10 日在法国国民公会上自吹自擂，并且大肆宣扬这次战争的意识形态特征，呼吁扩张军力。他说，自由将无往而不胜，所有的王权都将被征服，暴君专制将被摧毁，人民将彻底觉醒，国民公会用它的决议为各国人民的福祉和兄弟情谊打下了基础。[93] 联军在瓦尔密的后撤，为迪穆里埃提供了转而进军比利时和莱茵地区的空间——后果是灾难性的：屈斯蒂纳将军于 1792 年 10 月 21 日占领了美因茨，迪穆里埃则在 11 月 6 日于热马普（Jemappes）取得了戏剧性胜利后不久，在 1792 年 11 月 14 日挺进布鲁塞尔。

　　梅特涅在出版的回忆录中，对布鲁塞尔王室在此期间的出逃经历保持了沉默。在手写的《我一生中的重要时刻》（*Hauptmomenten meines Lebens*）中，他则透露："与尼德兰总督府逃亡到鲁尔蒙德和维泽尔。在维泽尔挨过 1792 年末到 1793 年初的冬天。"[94] 1792 年 11 月 8 日到 9 日的深夜，他们一家人逃离了城市。[95] 梅特涅有生以来第一次切身体会到政治流亡——也就是说被革命者驱逐——意味着什么，就像他 1794 和 1848 年再次经历的那样，是种灾难性的体验。他被卷入比利时的未曾中断的汹涌颠沛的湍流中度过了整整一年半的时光，这期间囊括了捍卫奥地利在尼德兰的统治，以及从革命军手中重新夺回这种统治的行动。正是在这个时期，梅特涅得到并阅读了他所提到过的大量读物，如美因茨的刊物和传单小报，它们使他能够随时随地了解到法国人在选帝侯区的强权统治与德意志雅各宾党人的活动。因为布鲁塞尔也建立了同样的雅各宾党人俱乐部。

　　梅特涅虽然还很年轻，但是在大量阅读的这几个月，以及在不安的等待中，他却比同时代之人更深刻地了解了革命的本质，而那些同时代的人，仅仅是在被动地受到宣传的价值观和革命目标的鼓舞。在此，内政和外交之间紧密的关联性也让他受到启发，而他早已在斯特拉斯堡、科布伦茨、美因茨和布鲁塞尔的法国流亡者的关于形势和煽动的宣传中，认识到了这些问题。如果说，他在自己的回忆录中，将对革命的这种深刻认识放到了"学习年代"一章内，那么，这就正好补充说明了，在斯特拉斯堡、科布伦茨、美因茨和布鲁塞尔度过的几年对他来讲具有决定性的意义。"那时候的法国人并不真正理解什么是革命"，他评判道，并且点名指向的就是那些流亡者；这些流亡者通过一次战争就想在巴黎把旧的统治重新建立起来的希望，他也认为是错误的。只有军事手段是不够的，"道德的灵丹妙药是必不可少的"，因为对他来说，错误远在旧秩序的历史中即已铸成。他认为自己父亲的政策，即在比利时革命后重建历史权利，并将其重新赋予各个等级，才是真正的灵丹妙药；正是他的父亲，成功地"维护和稳定了这些省的道德状况"。[96]

在奥地利军队于 1793 年 3 月 18 日取得尼尔维登的胜利之后，弗朗茨·乔治偕全家于 3 月 29 日重返布鲁塞尔。克莱门斯对此事标注道："与皇室及王室的军队重返布鲁塞尔。"[97]自此以后，他就始终关注着军事动态："参与了远征军的全部活动。"这期间，他经历了一出戏剧性的事件。迪穆里埃的失败在巴黎引起了极大的震动，并引发这位将军与雅各宾党人占主导地位的国民公会之间的激烈冲突。因此，迪穆里埃在与奥地利人商定之后，草拟了一份计划，要将他的部队开往巴黎，以推翻国民公会。这个计划暴露之后，国民公会派战争部长比农维勒（Kriegsminister Beurnonville）以及 4 名代表加缪（Camus）、基内（Quinette）、拉·马克（La Marque）和邦卡勒（Bancal）[98]去执行逮捕这个叛国者的任务。但这位战败的陆军统帅很清楚，他很可能要被送上断头台。迪穆里埃向 4 月 1 日抵达指挥部的代表们表明："我不会去巴黎受那些疯子们的羞辱，也不会接受革命法庭的审判。"当代表团的发言人加缪向他说明，他还不了解革命法庭时，他回答道："我知道，它是一个血腥的、罪恶的法庭。只要我还手握寸铁，我就不会屈服。我甚至向你们声明，如果我握有权力，我将为了民族自由而铲除这一耻辱。"[99] 从美因茨被驱逐的屈斯蒂纳将军后来的命运证实，迪穆里埃的担心并非没有道理，因为前者于1793年8月28日在巴黎被送上了断头台。

　　年轻的梅特涅目睹了这出戏：奥地利指挥官的一名年轻的副官向他父亲报告，迪穆里埃将军将5名国民公会的全权代表移交给了奥地利人。不仅如此，克莱门斯奉命在布鲁塞尔接收这些人，并陪同把他们送入监狱。就像之前对待在美因茨的雅各宾党人一样，即便在此时，在与雅各宾党人的直接对话中，梅特涅也试图完全不带偏见地来研究他们的思想。关于在布鲁塞尔与罗伯斯庇尔的这些信使，以及他的朋友的相识情况，梅特涅写道："在他们被关押的监狱中，我与他们进行了长时间的谈话，并听取了他们对将军的控告，他们奉命要将其解职并予以逮捕。"[100] 1793年在布鲁塞尔，在这样的一个恐怖之年，如此近距离地、活生生地面对恐怖的革命使者——来自巴黎的雅各宾党人——就像同时期面对他的家庭教师西蒙一样，当然西蒙完全是以另一种不同的角色出现。奥地利人将这五名犯人押往摩拉维亚，并在那里将他们一直关押到1795年。[101]

　　梅特涅眼看着迪穆里埃将军出于恐惧，于1793年4月4日叛逃到奥地利阵营——他的部队不愿意随他进军巴黎——而他恰恰是为反对王位上的暴君们的民族解放战争注入动力的将军，并且是起草战争宣言的主要参与者，这让梅特涅见识到革命活力更多的奇特之处。梅特涅这样评价迪穆里埃将军的非常手段："法国的恐怖统治，极大地伤害了它自己的指挥官，就像用榴霰弹在扫射士兵！"[102] 这句简明扼要的名言使人想起了吉伦特派的维克杜尼昂·韦尼奥（Victurnien Vergniaud）在1793年10月31日临刑前发出的感言："革命就像萨杜恩（Saturn，古罗马的农神）：她吞噬了自己的孩子。"[103] 三月革命之前的革命家兼戏剧家格奥尔格·毕希

125

纳（Georg Büchner）① 将这句话用在了即将走上断头台的丹东（Danton）② 身上。¹⁰⁴ 1792 年 9 月的谋杀、韦尼奥言语所指的对吉伦特派的大屠杀，以及丹东之死，所有这一切都是他亲身经历和接触的现实情况，即便他是以另一种身份在经历。

不言而喻，迪穆里埃的情况意味着另一种性质，因为此人相信可以与奥地利人一同干一番大事业。1793 年 4 月 4 日，他甫一抵达奥地利阵营，就与奥地利将军马克（General Mack）一起，着手起草以科堡亲王名义发布的公告，并计划于 4 月 5 日发布。它将公布奥地利皇帝并不想征服法国，而是要在法国重新建立和平与秩序，为此目的，科堡亲王将与迪穆里埃将军合作。¹⁰⁵ 为了解释自己的意图，迪穆里埃前往官邸拜访了"驻尼德兰全权大臣（Ministre plénipotentiaire des Pay-Bas）"弗朗茨·乔治，并按他得到的印象，表示受到了友好的接待，还在那里获得了德意志护照。¹⁰⁶

126   他的战争计划具有极高的政治爆炸性，并将年轻的梅特涅第一次引进了国际政治舞台。在名义上，他确实早已走进这个舞台，因为在布鲁塞尔的时期，皇帝弗朗茨已经任命他为驻尼德兰联省共和国公使，常驻海牙。¹⁰⁷ 这样，他就经历了一个叛

---

① Georg Büchner, 1813~1837，德意志剧作家，激进的革命民主主义者。学生时代接触圣西门的空想社会主义，并建立秘密革命组织"人权协会"，发行政治刊物《黑森信使》，被称为《共产党宣言》之前 19 世纪最革命的政治文献，因此被通缉并逃亡国外。文学作品虽然不多，但均是三月革命之前最具代表性的，在文学史上占有重要的地位，主要作品有《沃伊采克》《丹东之死》等，被称为德国现代戏剧的创始人，现实主义戏剧的先驱。

② Georges-Jacques Danton, 1759~1794，法国政治家，法国大革命领袖人物，雅各宾派主要领导人。曾作为律师供职于巴黎高等法院。受启蒙思想家孟德斯鸠、卢梭等人影响，崇尚自由、平等，积极投身革命运动，力主废黜国王路易十六，实行共和制。曾出任革命后吉伦特派内阁司法部长。后认识到恐怖政策的危害，主张宽容，被罗伯斯庇尔所领导的救国委员会下令逮捕，被革命法庭判处死刑，于 1794 年 4 月 5 日走上断头台。

国的将军试图与奥地利结盟，以便去推翻巴黎政权的事件。整个插曲之所以能在梅特涅的一生中引起众多的关注，是因为它指向了在梅氏早期的传记中到目前为止仍不为人知的一件事，即他参加了1793年4月8日的安特卫普会议。

安特卫普会议与第一次反法同盟

作为父亲的陪同，在安特卫普，年轻的梅特涅第一次不是在科赫和福克特的教科书上，而是在亲身参与中，学到了在欧洲政治中维持大国间的均势意味着什么。对此，读者需要将下述情况设身处地具体想象一下：到目前为止，威廉·皮特（William Pitt）[①]领导下的英国政府，并没有因法国国内发生的变故削弱了法国的邻国，而认真对待这件事。起初，法国人的意识形态动机并不在英国的主要考量之中，反而是全球的海洋权益——诸如去夺取法国的殖民地等——在英国人看来比欧洲大陆上发生的事要重要得多。[108] 只是当1792年11月19日法国国民公会决定，同意"对所有愿意重新夺得自由的民族进行支援和视同兄弟"，并命令法国的将军们"对这些民族提供支持，对那些因自由事业而受到迫害或将要受到迫害的公民提供保护"时，[109] 英国人的看法才发生了转变。在埃德蒙·伯克（Edmund Burke）看来，上述这些理由已经足够让大不列颠对欧洲大陆进行军事干预。之后不久，埃德蒙·伯克成为对克莱门斯·冯·梅特涅来说最重要的人物。

法国国民公会声明的在理论上准备输出革命，在迪穆里

---

① 此处指小威廉·皮特（William Pitt the Younger, 1759~1806），是前首相老威廉·皮特次子。他于1784年24岁时在英王乔治三世的支持下担任首相，是英国历史上最年轻的首相。任内爆发了法国大革命和拿破仑战争，他领导英国抗击法国，声名大噪。

埃将军征服比利时之后不久，就变成了冷酷的政治现实。"自
1787 年以来，大不列颠的法国政策的重大转折"也发生在这
里。[110] 因为自中世纪以来，只有法国占领了比利时沿海，英
国才会动用武力，这已然成为英国外交政策的一种规律性模式
（埃贝哈德·魏斯语）。[111] 1793 年 1 月 21 日路易十六被送上断
头台是最终的信号，法国大使因与流亡者搞政治阴谋而从伦敦
被驱逐，这导致了 1793 年 2 月 1 日法国向英国发出了人们早已
预计到的宣战。这是革命的法国又一次对外宣战。

　　如此一来，欧洲列强在安特卫普均要面对这个问题。本
来按照普鲁士的定义，这次碰面是一次"军事会议"，而这次
碰面却建立了第一次反法同盟战争中的联盟。用这种方式，从
1792 年初开始直到 1815 年结束，欧洲六次结盟，从而进行反
法同盟战争，而克莱门斯·冯·梅特涅则成为参与所有结盟，
并经历了所有反法战争的唯一的欧洲政治领导人，无论是以积
极的见证人身份，还是以外交官的身份，抑或以政治家的身
份。这一经验为 1813~1814 年的他带来了很多益处，那时他
要亲自处理第六次，也是最后且最具决定性的一次反法同盟战
争。1793 年 4 月 8 日各国代表齐聚一堂：不列颠［约克公爵
（Herzog von York）、大使奥克兰勋爵（Lord Auckland）］、
荷兰［王位继承人奥兰治亲王（Erbprinz von Oranien），他
是后来的尼德兰王国国王威廉一世，1848 年梅特涅曾在布鲁
塞尔给予他避难庇护］、奥地利［科堡亲王、大臣梅特涅伯爵
（由克莱门斯陪同）、特劳特曼斯多夫伯爵及驻海牙大使施塔荷
姆贝格（Starhemberg）］，以及普鲁士［中将克诺伯尔斯多夫
男爵（Generalleutnant Freiherr von Knobelsdorff）、驻海牙
公使科勒伯爵（Graf von Keller）］。会上，各方交流了有关各
自部队人数、后备情况、指挥官姓名、军火库地点和装备情况
的确切信息。[112]

这次会议是由奥地利，确切地说是由科堡亲王倡议召开的，目的是将同盟各国日益分散的利益倾向整合起来。特别是，他想让这次会议讨论他擅自与迪穆里埃商定的计划，以及他向法国人发出的呼吁书草稿。与像迪穆里埃这样的小人合作的意图，在会上引发了激烈的争吵，这一情况我们可以从奥地利公使的报告中得知。[113] 迪穆里埃投入同盟的怀抱不过是想活命；而他的品性既阴险狡诈又野心勃勃，企图在同盟中扮演男主角。约克公爵感觉自己受到了科堡亲王的欺骗，而奥克兰勋爵则声明，要马上启程离开，奥地利皇室使英国人大失所望，他还威胁说要解散同盟。其他与会者均采取了同样的拒绝立场。

如此一来，梅特涅的父亲就在年轻的克莱门斯面前展现了应如何运用娴熟的外交技巧，既要缓和走进了死胡同的僵局，又要不使科堡亲王丢面子。开会之前，施塔荷姆贝格曾多次恳请弗朗茨·乔治出席会议，现在他可以幸运地吹嘘，有一位"功绩卓著、经验丰富、政治分量重要……理智、清醒又深思熟虑的"大臣在身边帮他平息风暴，而且主要是助其与约克公爵和奥克兰勋爵进行和解谈判。施塔荷姆贝格在英国人面前详陈，如果要求一位像科堡亲王这样级别的、功勋卓著的陆军统帅，以公开的形式正式收回成命，那将对其名誉和声望造成非常大的损害。弗朗茨·乔治支持施塔荷姆贝格的说法，并且指出了一条挽救僵局的出路——会议可以共同起草另一份声明，因为根据最新情报，形势有了新的变化：迪穆里埃所指望的军队背离了他，致使与他达成的停战协定由此失效。这样的声明文本将会使亲王的名誉和自尊心得到尊重。由梅特涅父亲起草的声明受到与会者普遍的欢迎，会议记录则对迪穆里埃只字未提。有经验的父亲不仅在如何与比利时贵族打交道上，而且在国际舞台上也给儿子上了很好的一课。而克莱门斯则认识到在处理国际冲突时，大不列颠所具有的分量。

在安特卫普，年轻的梅特涅找到了"他所持信念的坚实基础"，自此，这一基础就成为其外交生涯中恒定不变的理念。然而，人们也可以不同于持反对科堡亲王立场的出席会议者，对反对科堡计划的决定作完全不同的评判。因为在这个问题上，起决定作用的是两种"战争学派"的竞争。拒绝这个计划同时也恰恰意味着，不是坚决地、共同地向巴黎进军，而只是限于占领法国边界地区的要塞。这就再次出现了克莱门斯·冯·梅特涅当时将瓦尔密战败看作是错误决定所导致的情况（"如果不伦瑞克公爵……恰恰决定向巴黎进军该多好"）。他在此学会了被后世批评家称为"奴颜婢膝地忠实于老旧战争学派"的东西。因为人们毕竟知道，在科堡的指挥部里，有些人用他们的成功证明了自己有能力指挥大股部队，并可以用很冷静的，同时又经过充分思考的锐利眼光投放这些部队作战。[114]

回到布鲁塞尔以后，梅特涅亲身观察着战争的剧场，并真的获得了他想要向所有政治家推荐的经验。那时他还不知道，军事冲突的残酷程度已经大大升级，他也不知道，在拿破仑统治欧洲期间，试图在阵地战中防止士兵伤亡的传统战役是如何演变成歼灭战的。在逗留布鲁塞尔期间，有一些战场尤其给他留下了深刻的印象，因为他对这些战场进行了持久的观察。这些战场是位于比利时边境、现今法国北部省份的密集法国堡垒。

梅特涅首先研究了对埃斯科河畔孔代（Condé-sur-l'Escaut）的围攻。围城战中，法军新任指挥官、迪穆里埃的继任者当皮埃尔（General Dampierre）将军，在想炸开包围圈时反被打死（1793 年 5 月 8 日）。[115] 给这位年轻的观察者留下最深印象的还是自 1793 年 5 月 24 日至 7 月 28 日对紧邻的瓦朗谢讷（Valenciennes）的围城战。他写道："在包围战进行时，几乎所有的军事行动我都在场。"[116] 当不列颠人在约克公爵的统率下，从 8 月 23 日到 9 月 8 日全力围困敦刻尔克，准备重新夺回这个对他们来说无比重要的欧洲大陆的桥头堡时，梅特涅正跟随着奥地利军队转战凯努瓦（Quesnoy）——8 月 19 日将其包围，并于 9 月 19 日成功占领。以这种方式，他经历了反法同盟军 1793 年在法国边界最后的几次军事胜利。但是，耗时费力的包围作战给了法国人足够的时间，从年初的失败中恢复元气，并又能够开始大面积地夺回失地。法国人得益于对手采取的老派军事战术，即仅限于包围，而不是大面积推进，因此他们夺回比利时和莱茵河左岸地区只是时间问题。

当梅特涅正致力于与军人保持持久的联系时，他得到了玛丽娅·安托瓦内特（Marie Antoinette，路易十六王后，奥地利公主）于 1793 年 10 月 19 日被送上断头台的消息。在那个时代，再也没有其他事件像此事一样带给他莫大的震动，以至于直至暮年，此事都一直对他产生着影响：他一直将这位王后、玛丽娅·特蕾莎的女儿祈祷时所使用的最后一本《圣经》——即使在监狱中她也带在身边——保存在科尼希斯瓦尔特的宫殿中。作为身处布鲁塞尔的皇室的仆人，年轻的伯爵感到这一事件就像对他本人发动的攻击，他怒不可遏，情绪彻底爆发，并诉诸文字，而在此事过后，他再也没有将自己的情绪写到过纸上。梅特涅撰写了一篇《告军人书》（*Aufruf an die Armee*），却并没有付印。

130

> 战士们！你们的勇气、你们的果敢精神无须鼓动；但要成倍地激起你们的激情、你们的欲望，向你们正在与之战斗的、残忍的敌人复仇，为令人发指的杀害玛丽娅·特蕾莎血亲的无耻行径复仇！

法国王后、奥地利的玛丽娅·安托瓦内特被害，无辜地被杀害在断头台上，在这罪恶昭彰的刑场。

去揪下那些亵渎上帝的恶魔的脑袋吧，那些杀害他们的国王、王后和毁灭祖国的杀人恶魔！

你们永生的特蕾莎之血——奥地利之血——正流淌在断头台上！

听吧！上天和大地的声音正在呼唤你们去复仇！复仇！以死复仇！

合法皇朝的英勇卫士们！在皇朝的荣誉恢复之前，向前冲锋，永不停息！ [117]

此后，在梅特涅那里再也找不到将复仇作为政治行动动机的缘由了。后来，当他年事已高，整理自己的这篇文章时，他亲笔在文件夹的封面上写了一句话："给皇室及王室军队的呼吁书草稿，于 1793 年在我年轻气盛时撰写。"

尽管他在回忆录中也声称，17 岁即已"成年"，但这次情感的爆发和感到束手无策的状况说明，即使 20 岁时他也还没有真正成熟。因为他还没有在亲身经历过的和拒绝过的"激进主义"的两种形式之间，找到自己真正的立场：是做雅各宾派还是当保皇派。他对自己在布鲁塞尔度过的时光总结如下："从这一派别〔西蒙行事方式的（激进主义）〕中解脱出来之后，我沉迷于法国流亡者之中。他们教我认识了事情的另外一面。在两种激进分子之间，必定存在着一个中间派的那种感觉，一直在影响着我年轻时的情感。寻找它（中间道路）是我内心一直存有的冲动，而要真正找到它却又是极其困难的，也使我在内心相信，我还不具备处理**世界事务**的技巧。" [118]

鉴于这种激进的情况，以及他要找寻"中间"政策的需求，他认为自己不适合搞政治。当然他还缺少实质性的经验，

131

与法国的这场大战，使他靠近了这种经验。它可以从根本上影响梅特涅的政治视野，并使他能够找到自己想寻找的东西——"中间"的政治立场，因为他认为，只有从这个立场出发，才有可能实行完全负责任的行动。为此，即将到来的大不列颠之行将助其一臂之力。

这趟差事源于反法同盟军的窘境，进一步的军事行动需要盟国不列颠的援款。1794 年 3 月，弗朗茨·乔治·冯·梅特涅委托他的财务总管——奥地利属尼德兰财务总管（Trésorier géneral des Finances des Pays-Bays Autichienne）——皮埃尔 – 贝努瓦·德桑德鲁因子爵（Vicomte Pierre-Benoît Desandrouin）去伦敦就贷款事宜进行谈判。[119] 他将他的两个儿子——克莱门斯和约瑟夫——托付给德桑德鲁因，以便使他们认识大不列颠并结识其政治首脑。德桑德鲁因又邀请他的女婿利德凯尔克 – 博福特伯爵（Comte de Liedekerke-Beaufort）陪同照料两位公子，不能不说，这一决定是个幸运的巧合，因为博福特伯爵的日记透露的梅特涅伯爵在伦敦逗留的情况——此时大概已 21 岁——远比他自己回忆录中关于此行的情况要多很多。由于利德凯尔克的出现，一个一等的流亡者又一次来到梅特涅身边，因为利德凯尔克在其于 1791 年逃亡到比利时之前，曾是法王路易十六弟弟的侍从。[120]

弗朗茨·乔治向英国首相皮特通报了这些客人即将抵达伦敦的消息。这是梅特涅第一次前往不列颠拜访上流社会和英国王室。他们于 1794 年 3 月 25 日从布鲁塞尔动身，一直待到 7 月方才重新回返大陆。

14

大不列颠之行：青年梅特涅政治宇宙中的封顶石

这次旅行将梅特涅带往的国家，他的老师尼克拉斯·福克特早在历史课中就已讲述，他并不陌生：那是一个既将"旧德意志的宪法"，又将他们感到舒适的"平民自由"维持得最好的国家。同时，梅特涅还按照福克特的指示，研究了这一（自由）思想的最著名的宣布者孟德斯鸠的著作；这两位国家学说（Staatslehre）的教师，都在书本上教导他认识在政治力量中维持平衡的原则，并表示这一原则根植于英国的"宪法"中，堪称典范。那么，在实践中这一理想境界能站得住脚吗？

1794 年 3 月 25 日，梅特涅开始书写他一生中第一本也是唯一一本没有出版的日记，一直写到 4 月 8 日为止，此后，由于很多事情占据了他的时间，使他无暇继续书写。但这本日记至少是属于其青年时代少之又少的自我论述。日记是从他自布鲁塞尔启程开始记起的。[121] 仅在最初的日记中，梅特涅就已经将自己不自觉地与不列颠议会中的"加图（Cato）"①联系在了一起，因为此人——埃德蒙·伯克——由于强烈赞成《外侨法案》（Aliens Act），以阻止难以阻挡的法国难民涌入英伦，而在 1793 年处于舆论的风口浪尖上。当然，自此以后，对那些抵达英国的人，也因此要在详加登记后报予地方政府。梅特涅在日记中写道，横渡海峡时的护照检查"从战争开始后就成了

---

① 古罗马的爱国者。

没完没了的手续"。他说，在视察旅行中，装有旅行证件的钱包又重新成为最让旅行者难以忍受的累赘，因此建议，尽可能地少携带随身行李。[122]

此外，由于在英国议会发表的讲话，伯克也不由自主地创造了英国议会的历史，因为为了解释《外侨法案》，他警告说，成千上万的间谍会为了推翻英国政府来到英伦。看得出来，很多人并不真的相信这种话。因此，为了加强自己讲话的印象，他在平民院（House of Commons）的地板上扔了一把餐刀，并高声叫喊："这就是法国雅各宾党人要刺进我们亲爱的国王心脏的武器。"平民院议员、作家理查德·布林斯利·谢里登（Richard Brinsley Sheridan）接着喊道："带餐叉了吗？"据报道，当时平民院大厅里随即一片哄笑，几乎掀翻屋顶。[123]实际上，伯克要求严肃对待法国间谍问题的警告，并非无稽之谈，虽然他夸大了这个问题的严重程度。然而，一个令人简直不可思议的偶然事件，偏偏将梅特涅扯进了英国人所担心的法国间谍活动中，这与他出席了一场音乐会有关。

这趟差事的陪同者利德凯尔克自己也记日记，[124] 并一直记到他们回国，而且记录得远比梅特涅详细。这就使我们可以通过对两种记录进行对比，从而比之前任何时候都更清楚地了解梅特涅在英国时的情况。在这次旅行中他都去了哪些地方？他们乘船从奥斯坦德到达多佛之后，在英国逗留期间，他曾前往坎特伯雷、查塔姆（Chatham）、罗切斯特、里士满、赫特福德、格林威治、朴次茅斯，或出行，或远游，并去了怀特岛（Isle of Wight）、牛津、斯陀园（Stowe）和布莱尼姆（Blenheim），整个行程的落脚点当然是伦敦。尽管这样做很诱人，我们也不可能按照时间表重新描述整个行程，而是要打破时间顺序，将目光集中于梅特涅在整个行程和会面中，得到了什么样的可持续的经验，并获得了何种印象。七个可持续的经验值得强调。

1. 社会联系

将此点放在第一位，是因为如果将梅特涅作为一个将来会在国际领域联系广泛且纵横捭阖的政治家来看待的话，他就需要依靠早期建立的各种关系所带来的成果。如果说，他的风度和言行举止已经为他在伦敦赢得了某种先声夺人的声望的话，这不仅是因为他不久前才刚被任命为驻海牙公使，实际上，这位年轻的帝国伯爵之所以已经为人熟知，还因为他父亲事先写信给英国首相皮特，对他特别加以介绍。此外，克莱门斯在伦敦还得到了很多人的提携，如托马斯·埃尔金勋爵（Lord Thomas Elgin），其在布鲁塞尔任公使时就已经与克莱门斯结识；当然，首先是路德维希·冯·施塔荷姆贝格侯爵（Ludwig Fürst von Starhemberg），他是梅特涅在海牙的前任，在安特卫普会议上他们就已相识，现在是奥地利驻伦敦大使，他的主要任务是在反法同盟中改善与大不列颠的关系。施塔荷姆贝格经常邀请梅特涅去家中做客，为他铺平通往英国社会的道路。他带梅特涅游览、熟悉伦敦，为梅氏搞到贵族院（House of Lords）大臣席位的凭证，并介绍他于4月2日觐见了英王乔治三世（Georg III）。在圣詹姆斯宫，要先穿过国王卫队列队的大厅——卫队的军服使梅特涅想到了教宗卫队瑞士军团（Schweizergarde）的制服——然后才可进入使节等候大厅。国王则在两个大厅中都绕场一周，与到场的每个人均作了简短交谈，乔治三世"特别亲切和友好"地接待了他，[125] 梅特涅在日记中如此写道。在等待了一段时间之后，梅特涅还拜会了皮特首相、外交使团的全体成员以及英国内阁的大臣们。这次访问使梅特涅"与这个时代最重要的人物建立了联系"。[126]

第二天，他应邀出席"王后晚会（Cercle de la Reine）"，得以进一步了解国王伉俪。[127] 他看到了侍女们穿着华丽的礼服长裙，为英国的宫廷礼仪增辉。王后身后的一位侍女为她托起长长的裙摆，而公主们则按照等级排列，跟着王后鱼贯而入。国王和王后在大厅中绕场一周，始终神采飞扬、兴致盎然。在梅特涅看来，再也没有比他们更热情友好的主人了；他们没有忽略怠慢任何一位客人，与在场的每一个人寒暄交谈，并且非常自然地讲着德语。晚会后，梅特涅应施塔荷姆贝格夫人、格伦维尔勋爵（Lord Grenville）及其夫人的邀请共赴晚宴，"格伦维尔夫人，"他写道，"是到目前为止〔！〕我在王宫中见到的最漂亮的女人。" [128]

在安特卫普时，梅特涅起先只是作为一个局外人知悉大不列颠作为一个国际因素的重要性；而在伦敦，他则从一个内部参与者的角度同样了解了，与大不列颠和睦融洽的政治合作属于奥地利的最高国家利益。因为，"两大帝国公众的和普遍的感情，都以同样强烈的程度表示，要对抗法国革命带来的恐怖"。[129] 两国之间看起来已经不再存有利益上的对立了。

如果我们将梅特涅所突出强调的人物单独拆分来看，就会发现，按照当时的实际情况考量，他回忆录中和谐美好的回顾，实际上是暗淡无光的。因为他见到的那些政客，对大不列颠国际政策的方向有着严重分歧，并且互不相让，誓要血战到底——无论是美洲殖民地、东印度，还是奴隶制，特别是在法国大革命的问题上。梅特涅曾与英国首相威廉·皮特当面交换看法，这位首相在很长时间内严重低估了法国大革命所引发的国际危机。他还结识了辉格党议员查尔斯·福克斯（Charles Fox），他是英国东印度政策的激烈批评者，却同情法国大革命，并因此与本党的埃德蒙·伯克闹翻了。而后者则属于法国大革命的坚定反对者，也是第一个建议要坚决采取军事干预行动的人，因此，需格外关注他对梅特涅造成的影响。辉格党议员、作家理查德·布林斯利·谢里登也在辩论中与伯克唇枪舌

135

剑，争论得不可开交。

　　此外，他与后来在七月革命时期成为首相的查尔斯·格雷（Charles Grey）的相识，特别是与摄政王乔治四世的结识，也非常重要。乔治四世由于其父亲不能执政而于1811年接掌王权，并于1820年正式登基。这位由于生活作风倍遭唾弃，又因文化政策大受赞扬的君主，尤其受到梅特涅特别详尽的赞赏："我们之间从那时开始的关系，一直持续到这位君主过世。"[130]这一点首先在《卡尔斯巴德决议》（Karlsbader Beschlüsse）和清剿煽动民心的民众领袖时期得到了证明，当时这位君主和梅特涅都认识到，眼下要克服的危机在整个欧洲具有普遍性。而当时的伦敦，被虚伪和道貌岸然的气氛笼罩着，梅特涅通过他那与王储不带成见的交往方式，引起了王储的特别注意（"他非常喜欢我"）。这是典型的梅特涅的判断方式，即梅特涅并没有跟在自己十分蔑视的、"败坏的社会"对摄政王的流言蜚语后面去风言风语，而是突出强调了王储性格上的积极一面："令人非常舒服的礼节风度"和"健康的理性"。这两点使得这位王位继承人免于被推翻。梅特涅还无所顾忌，向年长自己11岁的王储指出他身边存在着的危险；而在王储登基后作为英王乔治四世于1821年在汉诺威再次见到梅特涅时（英王乔治四世作为汉诺威执政王出现），他还记得梅氏当年对他的忠告："当时您说的完全正确。"[131]这种与王储的交往方式让人们清楚地看到，梅特涅对当时英国的党派纷争完全了然于心，而他则将王储看作"站在反对党的一边"。① 但是，与英国议会给他上的政治课相比，这只能算作小事一桩。

---

① 当时的反对党是辉格党，王储是为了与父王乔治三世作对，故意站在反对党的一边。即位后，他的主张亦随之变为保守，留任了许多他父亲在位时的托利党大臣。

136

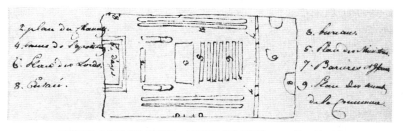

贵族院的会议坐席安排草图，《梅特涅英伦行记》1794 年 4 月 4 日

2. 相遇不列颠历久弥新的君主立宪制

　　梅特涅英国之行获得的最基本印象，即议会公之于众的政治辩论文化。他尽可能多地聆听了议会会议，特别是贵族院的会议。整个会场的布局安排深深地吸引着他，他甚至在日记中画了一幅议院草图。[132]

　　在草图中，他将每个有名位的人的坐位都一一列举出来：在最前面的正面墙下，是上方安置着华盖的国王宝座①；它对面的也是放在最前面的，即大法官（Lord Chancellor）之位②[①]；在大法官的位置前摆放着供五六个戴黑色披肩假发速记员用的桌子，称作“议院之桌”③；然后就是几排大臣们的坐位⑤。接着的是无党派的贵族议席——确切地说，是“世袭贵族”议席，左边是“世俗议员席（temporal side）”，即反对党的坐席④，右边是“神职议员席（spiritual side）”，梅特涅没有给这部分坐位编号，坐位上坐着的是英国国教会（Church of England）的主教和大主教，以及执政党议员。一道栅栏⑦将为平民院来访议员保留的席位⑨隔离开来。大厅入口⑧在王座的左边。梅特涅如此详尽地将坐位安排记录下来表

---

　　①　在英国，大法官是阁员之一，兼任贵族院议长。

137

贵族院内景，鲁道夫·阿克曼作，1808 年

明，对他来说，详细理解贵族院各种组成人员按照等级、职务和名望，并按封建秩序就座的情况是多么重要。这样的排位同时也表明了从王位以降直到"平民"的宪法组织构成，它有着保持某种微妙平衡的特性。在这种情况下，梅特涅完全有可能想起了神圣罗马帝国的国会，在国会中他的家族亦争得了一席之地。

年轻的帝国伯爵对现实的印象精确吗？或者说在程度上有多少是精确的？贵族院的议事大厅在 1834 年毁于威斯敏斯特宫发生的一场灾难性的大火，但是有一幅出自一位做德英书籍生意书商之手的油画存世，书商名叫鲁道夫·阿克曼（Rudolph Ackermann），他在梅特涅访问英国一年之后，在伦敦建立了一家印刷厂和一所美术学校。这幅油画展示的是 1808 年议会大厅的情况。看了这幅画的人们倍感惊奇：梅特涅对会场情况的描写是多么的精确。

1794 年 4 月 8 日，旁听会议的梅特涅发现，尽管声音很大，使用的言词也异常激烈，"但会议给人留下极为深刻的印象，会议过程也是庄严隆重的"。有一起冲突事件深深地印在了他的脑海中，直到他年事已高时，还时常回忆起，并将其与他那时得到的教训联系在了一起：我 "认真地追踪了当时著名的黑斯廷斯诉讼案。我试图在英国议会的架构中搞清楚方向定位，这对我后来的职业生涯肯定不无裨益"。[133] 梅特涅成了这桩英国历史上耗时最长（1788~1795）、最著名的国家诉讼案逐条逐项的见证人，诉讼案起因于埃德蒙·伯克对沃伦·黑斯廷斯总督（Generalgouverneur Warren Hastings）的 "弹劾（Impeachment）"，此人在东印度孟加拉驱逐了当地的统治者，并为了剥削那个国家而建立了军事独裁统治。伯克于 1787 年起草了针对这位横征暴敛、大发不义之财的 "暴君" 的起诉书，并称其为 "新的加图"，对其大加挞伐。他作为此次诉讼参与者的领头人，与其对手进行了长达七年的论战，直到被告被宣布无罪为止。梅特涅出席了 1794 年 4 月 10 日诉讼双方的对峙辩论，康沃利斯勋爵（Lord Cornwallis）作为证人被传唤与会。梅特涅兴奋地聆听着那个时代最著名的英国政治家的辩论演讲：伯克、查尔斯·福克斯、查尔斯·格雷以及斯坦霍普（Stanhope）。他惊奇地发现，伯克诽谤性发言的激烈程度简直不可想象，长达半个小时，其指责性发言的高潮是说总督在东印度嗜杀成性，大搞种族灭绝。反观黑斯廷斯却不为所动，只是旁若无事地拿着笔写写画画，作些记录。[134]

当梅特涅造访贵族院时，两院在这几个星期也恰好在辩论与法国战争的决定性问题，包括 1793 年 12 月夺取土伦的后果问题。在这里，在英国议会，梅特涅与拿破仑的名字，第一次在时间上平行地出现在因法国大革命而形成的国际事务网络中，拿破仑是作为野心勃勃的军事统帅出现的，梅特涅则是以

138

为布鲁塞尔效力的、认真仔细的观察员和助理外交官的身份出现。除此之外，英国议会也在讨论招募军队，以及最中心的问题，即王室、贵族和人民之间的关系定位问题。在所有这些问题上，埃德蒙·伯克的观点都非常引人注目。作为辉格党资深贵族议员，他就像追求等级社会"自由"的先锋战士一样，反对王室谋求独裁专制，并因此享有为捍卫议会拥有的反对乔治三世国王的权利而战的荣誉。在他的方案中，也包含对"印度的压迫者"黑斯廷斯的国家诉讼案。然而，人们对伯克抱有的期待——他会像他的辉格党同僚福克斯一样，理所当然地同情被理解为自由运动的法国大革命——却没有得到满足。[135] 伯克演变成为大革命最激烈的批评者，在梅特涅观察的辩论中，他坚决地要求对法国进行战争干预。

接近与趋同：伯克与梅特涅的思想

伯克的畅销书《对法国大革命的反思》(*Reflections on the Revolution in France*) 第一版于 1790 年 11 月出版，也就是梅特涅抵达英国之前的那段时间。伯克在书中构建了"贵族立宪制纲领"[迈克尔·瓦格纳（Michael Wagner）语]。[136] 对于年轻的梅特涅来讲，伯克的想法无异于具有唤起其政治觉醒的分量。在这部著作里，他看到了一个将他在大学中学过的国家观念具体落实到一种行动方案里，并在政治实践中——即在"反抗法国革命思想"中——切实可行的国务活动家形象。他在伯克身上同时发现了介于他认为属于专制主义的激进主义保王党人，与被他理解为煽动者的雅各宾党人之间的"中间道路"。伯克的著作是作为论战性的小册子在英国出版的，在欧洲大陆却成了一种信号与征兆，特别是梅特涅后来的一位工作人员弗里德里希·根茨（Friedrich Gentz）将其翻译成德文之后，更是如此。下面仅点题性地列举一下书中很符合梅特涅想法的论点。这些论点是由一个具有独创性的大脑讲出的，而到那时为止，梅特涅尚没有找到用以表达它们的自我话语。[137]

①伯克对光荣革命的诠释是保守的：它应当保持现存的、具有贵族特色的宪法。法国革命不过是克伦威尔的清教徒式革命的重复，两次革命都导致弑王杀君、宗教式的政治狂热和社会的无政府状态。

②与此相反，伯克引经据典地证明要遵守谨慎的、尊重历史传统的改革原则，进行缓慢、耐心的改变，这种改变不能破坏（人们）赖以生存的最基本的社会结构。不能低估合法的、功能与效率均高的现有机构和社会关系的价值作用。法律和宪法要持续和有机地发展。

③改革的概念要定位于和瞄准于历史，历史已经对权利和自由——每一个等级的"特权"——宣示阐明。

④革命前的法国，即旧秩序时期，并非一个以专制、经济停滞、混乱不堪为特征的社会。贵族并没有压迫和剥削他们的臣民。

⑤伯克将矛头指向了在法国大革命所有的宣传背后起作用的经济利益。资产阶级金融寡头——"资产阶级的股市投机商、银行家、土地购买者、律师"[138]——想要夺取贵族的田产和教会资产，而那些代笔捉刀者——知识分子——在这个方面助了他们一臂之力。他们对下层阶级隐瞒了自己"金钱上的利益（monied interests）"，并将下层阶级对王室、教士和贵族的忌妒与仇恨煽动起来，为他们的个人利益所用。[139]

⑥贵族的任务是，在"人民"与君主之间进行调解。通过这种方式产生一部"平衡宪法（balanced

constitution）"。伯克也研读了孟德斯鸠对专制主义的批判。在他看来，加强有利于王权的官僚国家机器，并因此损害各个等级以及历史特权，是根本性的罪恶，因为它会葬送正在成长的社会关系和社会机构，并最终摧毁它们。

⑦法国大革命是事关全欧洲的事件，因为它攻击的是欧洲的共同基础。

⑧1789 年 5 月三级会议的召开，给了法国机会去重建早期的历史性宪法，并铲除 17 世纪的专制王朝，就是说，可以续接"前"专制主义的传统 —— "欧洲旧有普通法的古老原则模式（ancient principles and models of the old common law of Europe）"。[140]

整个方案以对分成阶级并由此共同组成的国家的设想为基础。它要求合法的各个等级的共同参与。在伯克看来，这样一种秩序具有"宪法的"法律品质，并可以和法国所谓的"主权在民"立法的方案进行竞争。他的理由是，要始终具有对影响全欧洲视野和责任感的预想——在巴黎取得政权的吉伦特派及其后继者、激进的雅各宾党人，也在进行着完全类似的讨论，雅各宾党人甚至要解放全欧洲。伯克在思想斗争领域似乎与他们针锋相对、不相上下。

梅特涅的伯克方案

到目前为止，如果仅仅考虑伯克作为梅特涅的信仰基础的重要性，则还不能摆脱"单纯的概率测算"。[141] 实际上，仅从以上简单勾勒的伯克的论点出发，就不禁使人发问，梅特涅是否真的自觉地认识到了它们，或者甚至将其吸收融化到自己的理解中去了。今天，我们知道了更多的情况。直到 1968 年

141

才现身的利德凯尔克的日记告诉我们，梅特涅要比他自己描述的更加深入地研究了议会的辩论，从而必然也聆听了伯克的发言，尽管他坚持说自己只是"尽可能多地"去旁听了议会会议。这一情况也表明，弗朗茨·乔治当时是多么的明智，委托他的家庭教师阿贝·贝尔特兰特教授儿子英文。当然已不能说梅特涅对英语的掌握还"不够完善"，[142] 如果他这么频繁地去聆听英国议会的辩论，那么，他对英语的掌握肯定不仅仅是过得去而已。

此外，还有一个重要的凭据可以证明梅特涅直接接受了伯克的思想：他购买了于1790年出版的《对法国大革命的反思》一书的初版，[143] 还有，他在书中两个于他而言重要的地方作了重点标记。他标出重点的这些章节证明，梅特涅的的确确阅读了这部著作的首版，并像他自己说的，将伯克看作其政治信仰的见证人。

他标出重点的第一部分 [144] 是关于应如何评价法国大革命，而且出发点是大革命的指导思想"自由"。在伯克看来，"自由"是这场运动的动力。它让人们想干什么就干什么，至于后果是幸福还是悲伤，只有等到局势非常明了，即"它到底能否贯彻、结合到政府的行政能力之中（how it had been combined with government）"才能证明。这里要称赞一下年轻的梅特涅的判断力，他恰好将自己的注意力放在了如今被经验主义学界所称的"操作主义（Operationalisierung）"① 上，"操作主义"指的是一种能够用一些指标来测量的理论上的构想。换句话说，"自由"，就像伯克所说的，只有进入了有着自身的纪律、有着军队的服从、有着确定的和合理分配的国家收入、有着公序良俗和宗教信仰、有着私有财产的确定性、有

---

① 　也译唯实践论。

着和平与秩序、[145] 有着市民的和社会的风俗习惯的公共权力领域，作为价值观才有意义："没有这一切，自由是存续不下去的；没有这一切，只要它存续，就不会有好事发生。"这才是 1790 年 11 月，伯克所产生的（对"自由"）可以预计到的怀疑。而梅特涅此时已经认识到"恐怖执政（Terreur）"是革命体制的一种退化变种，这促使他更进一步对这种事物持保留态度。在这方面，也有人提醒过他。1789 年 9 月 1 日［！］他母亲就曾在寄往斯特拉斯堡的信中写到，每个人都在呼唤"自由（Liberté）"，然而实际上，这不过是个幻想，是种听起来非常完美悦耳的辞藻，是一个很难自我证明的概念。[146]

梅特涅标出重点的第二部分足有三页，却更为重要。[147] 伯克在书的这一段中描述了玛丽娅·安托瓦内特（法王路易十六的王后、奥地利公主）的命运；他曾在她作为王储妃（Gemahlin des Dauphins）的辉煌年代见过她，并将那个年代与她于 1793 年底的"受辱"（断头台）作了比较。伯克书中的一句话深深触动了梅特涅，他于 1793 年在一张宣传单中表达了受到伤害的感情："我真想有万剑出鞘，去惩罚革命派要辱骂她的那一刻。"[148] 但是，这段文本的中心思想在于反思那个健全的旧秩序的时代。就像通过一个聚焦镜观察，同时看到了梅特涅家族的名誉习俗，一种不成文的规定，而这个家族最著名的后裔则很少直接谈论它。伯克设计了一个（乐器的）共鸣底板：法国原本是一个崇尚名誉、礼节和骑士精神的国家。封建世袭的采邑依附关系被他解释为是不容置疑的，他假定，臣服是自愿发生的，是带着自豪感的卑躬屈膝，是充满荣誉感的顺从，是心甘情愿的臣属，并从中产生了一种崇高的自由感。但是高尚的荣誉感、男人的信念、英勇的行为，这一切却都不见了，被风吹掉了。伯克想谈及的目标似乎就是梅特涅家族的自我形象，就像这一家族在历次贵族等级晋升凭证中唤起的回忆一样，伯克在描述一个"由见解和情感组成的混合制度（this mixid system of opinion and sentiment）"，它起源于中世纪的骑士概念。骑士的原则是历经很多代人形成的，直至现在仍旧保持着它的光彩和影响力。这个制度也影响着现代欧洲。它制造了一种奇特的"平等"，在这种平等中，"国王降尊纡贵为社会一员，而普通个人则升格为国王的同伴"。这位看起来拥有无限权力的统治者，成了"在风俗习惯被神圣化了的帝国中的一个臣民"。后来，梅特涅解释了哈布斯堡皇朝的君主在"混合制度（mixid system）"中的角色地位。他说，皇帝的统治只是看起来是绝对的，而实际上，他也受到各省习惯法的各项条款的束缚。同样的约束也适用于等级制度：侯爵等级、贵族等级、资产阶级以及农民阶级。

143

　　除了阅读《对法国大革命的反思》得到的收获之外，还有一物可证明伯克给梅特涅留下了持久存续的印象，而且年轻的伯爵在这位作者兼政治家那里，找到了对于他来讲回答那个时代重大问题的答案。在梅特涅的私人遗留物中，保留了一份伯克于 1795 年 5 月 26 日写给 W. 埃利奥特（W. Elliot）书信的节录。[149] 信的内容是对当时第一次军事同盟解体的反应。由于 1795 年 4 月 5 日签署了《巴塞尔和约》（Frieden von Basel），普鲁士退出了同盟。伯克在信中批评欧洲各君主国由于大革命的宣传而背叛了它们的原则。梅特涅所作的节录是对革命前欧洲形势的宣言，在这里，在梅特涅身上，再一次映射了伯克的影子。他告知了人们他再次只是暗示性地抱怨一下的事情，即 1789 年被摧毁的是一种什么样的秩序。他还说，这种秩序被摧毁之前，是历史上"从未有过的繁荣"……一种错误的哲学从学院侵入了宫廷，而统治者却保护了这种为他们自己的衰亡作准备的理论。学问已经不再掌握在被挑选出来的人手中，而是"现在看起来，它在到处散播、到处串联和到处煽风点火"。引人注目的是，伯克再次指出了经济利益是这次社会危机的原始动因，因为"迅速增长的财富埋葬了道德"；"天才的男人们"——知识分子——在非难"公众利益的公共资本的分配"，并认为他们所得的份额太少。他说，这些"行动着的掠夺欲望"将矛头指向了现存的各国宪法。伯克认为，内在的法则是具有普遍性的；"对所有国家来说，整个旧秩序已经被彻底洞穿，一去不返。"

在这里，它出现了：这就是梅特涅后来多次引用的概念——"帝国的旧秩序"。那座大厦，伯克认为将一点一点地被剥去它的黏合剂，它的"自卫武器的子弹夹"将被剥夺：先是宗教，然后是被宣布为偏见的其他准则，最后是对私有财产的尊重。他说，统治者权威的光芒被摧毁了，权力的奥秘被打破了。从此以后，政府必须更加费劲地来说服世界去重新相信它，并要通过热心的追随者和狂热的维护者来形成对公众的同意的依赖。

伯克发现了"对自由大规模的滥用"。通过他所指明的背后的物质利益，他实际上在推动着一场早期的"意识形态批判"，并使人们注意到"长时段（longue durée）"的力量［费尔南·布罗代尔（Fernand Braudel）语］，人们基本上可以将他的手法看作是从结构上着手。一位至少是同样伟大的大师，法国人阿历克西·德·托克维尔，将这种方法置于一种更加广泛的基础之上。托克维尔也认识到在高尚的思想背后隐藏着更加深层的利益。他说，这样一来，不仅是革命前的专制主义，还有法国大革命，都想实行中央集权的现代理性国家（Anstaltsstaat）制度①。在梅特涅看来，这种制度丝毫没有意味着更多的，哪怕只多一点点的"自由"。梅氏密切关注着事态的进展，在后来与一个美国友人会面时，他并没有援引伯

144

---

① 马克斯·韦伯用语。

克，而是引用了更为熟悉的托克维尔的观点。[150]

梅特涅继续从伯克的信中摘录道：要"同时保护并限制暴力"；这是"真正的共和精神"。爱国者以正襟危坐于高于所有政治宪法宝座中的方式来代表这种共和精神。他们以这样的突破来抵制君主、参议院以及国民议会，并去清除那些"道义上的影响力量，这种影响力量运用理智，将任何一种粗俗暴力管束在它的法理限制内。强势者没有任何理由去抱怨这种限制的存在：这种力量具有为民请命的高强压力，并且在实质上又增加了它自身的能力。大人物**不得不**屈从于智慧和道德的支配，或者说，没有任何人一定要一辈子接受大人物的统治"。

在伯克的体系中，"共和精神"在君主与人民之间占有中心地位。他使君主免于在朝臣幼稚可笑的盲目和人民疯狂的迷惑面前失去理智。"这种共和精神可以阻止权力的拥有者给他们的祖国和他们自己带来不幸。这种精神不是通过摧毁他们，而是通过拯救他们，从而对大人物、对富人、对权势者进行变革。"伯克的理想的政治制度是要用充满责任感的精英控制来取代知识分子和经济学家的统治。梅氏的摘录以引用天主教规定的祈祷词作结："因你在诸神之下，你要把持自我（Dis te minorem quod geris imperas）。"[151] 从这句话中得出的结论是："这是他们用以统治世界的永恒的封地采邑制度中，最高的和最不可改变的条件。"对梅特涅来说，在这个制度中，处于"上层"和"下层"之间的精英角色，能够且只能够由通过其功绩定义的、英国意义上的贵族（Gentry）来完成，人们可以向上晋升到这个等级之中。

145

3. 大都会伦敦

这座城市引起了梅特涅极其矛盾的感觉，这种感觉在难以名状和宏伟之间来回摇摆。按照他的导游的建议，在第一次游览伦敦最漂亮的街区时——穿过皮卡迪利广场（Piccadilly）、圣詹姆斯大街（St James's Street）、干草市场（Haymarket）等——就像在维也纳或巴黎一样，他期待着能看到标志性的高楼大厦，但在所有的街道上遇到的却都是矮小的二层小楼，底层的一半处于地下，在街面以下，如同地下室，而且是用砖头砌成的，几乎完全没有彩绘图画，也完全没有装饰花纹雕刻。[152] 一些栏杆，是为防止行人从人行道跌落到下一层街道而设立的。在梅特涅眼里，没有一座建筑能够称得上城市宫殿。令他感到吃惊的还有一点，房主的名字只是用一个小小的牌子标示在门的上方。圣詹姆斯宫，这座英国国王在伦敦的正式官邸，给梅特涅留下的是同样的印象。它更像一座监狱，或者说更像一个小城市的、状态不佳的市政厅，而不像"大不列颠国王的王宫"。即使在4月2日朝觐国王时，他看到了宫殿的内部，可能也没有使他的负面评价有些许改变。因为很难区分宫殿内什么是古迹遗留，什么是年久斑驳、应予修缮之处。来自布鲁塞尔的挂毯是过时旧物，年代远久，挂在墙上已显陈旧，而"国王陛下的起居室"则让人猜想，可能被人用煤炭涂抹覆盖过。[153]对梅特涅来说，令人吃惊的是，这并非市民、贵族与国王在表现某种自命不凡，而只是一种英国式的轻描淡写，在梅特涅这位深受帝国传统影响的贵族看来，既新鲜，又惊奇。

梅特涅学习到了，辉煌伟大和风轻云淡在一个政治制度中完全可以和谐相处。正因为伦敦的城市形象对他并未产生轰动般的效应，与此形成鲜明反差的、这座国都的另外一面，才给他留下了更为深刻的印象：这座世界大都会作为权力集结的完美化身，是建立在资本和经济实力基础之上的。这就明确向他解释了英国人借以支撑对法国人在水上和陆上作战的资源来自哪里。[154] 在股票交易所里，他注意到各国的股票商都在拱形门廊下设立了他们的摊位，以及商人和工人是如何在安装他们的招牌。英格兰银行（Bank of England）大厦在他看来妙不可言，每一笔金融交易都在单独的房间内进行："那种活跃忙碌的气氛和井井有条的秩序令人吃惊。"[155] 梅特涅在伦敦进行城市调查时，也同样践行着他一贯的原则：他爬上了市中心位于鱼市街（Fish Street）的 61 米高的纪念柱（"309 节楼梯"），纪念柱是为纪念 1666 年的城市大火而建，站在上面，伦敦的全景，包括伦敦塔及周边的景色，一览无余。他还记录了伦敦工业化的后果："燃烧硬煤的烟雾，有如厚厚的云层笼罩在伦敦的上空。"

在游览萨维尔街（Savile Street，今称 Savile Row）时，他逛了铁制品商的采购市场，在他看来这个市场"无疑是欧洲最漂亮的"。他对铁制品注视的目光，预示着后来位于波希米亚普拉斯（Plaß）的炼铁厂厂主也将生产和销售同样的产品。丰富多样的产品完全征服了他：在这个市场上很难找到低于 20 种不同式样的同一类产品。店主们对外来的生客极为友好，彬彬有礼，向他们展示所有的商品，并一点也不强迫他们购买货物。这种正派本分的做派，几乎在所有的英国商人那里都有所展观。看起来，他们对享受这些惊奇和赞叹心满意足，这些惊奇和赞叹是好奇者对那些受欢迎的商品由衷发出的。这些商人是否对一般的顾客也像对待外国人一样友好，就不得而知了；但他们的发明精神和商品的丰富多彩，则给梅特涅留下了永久的印象。

而且梅特涅寻找和利用一切机会，努力弄清英国的工业制造精神，并获得了明晰的认识。就像对铁制品经销商市场的看法一样，他认为欧洲最大的马车生产商和经销商哈切特（Hatched）的工厂非常吸引人。[156] 在梅特涅的青年时代，他的求知欲就已与追求先进行业的渴望结合在一起，正如他在伦敦所发现的那样；同时，他还在有目的地寻找现代的自然科学技术发明，即今日人们所谓的工程技术潜力。当宫廷侍从利德凯尔克对伦敦格雷珠宝店璀璨的珠宝啧啧称奇之时，[157] 梅特涅却访问了当时非常著名的数学家、天文学家和科学仪器制造人杰西·拉姆斯登（Jesse Ramesden）——"著名的拉姆斯登（le fameau Ramsden）"——他享有欧洲最好的光学仪器制造者的名望，而且只想造出完美无缺的产品，对其他任何东西都嗤之以鼻。

令梅特涅惊奇的是，这样一种商业精神，竟能与对本国的统治者、英雄和国家历史的历史觉悟结合在一起，而这种历史觉悟在当时的欧洲是独一无二的。这一点在他第一次访问西敏寺（Westminster Abbey）①时就已经体会到了。大教堂的外观恰恰与伦敦的住宅区和商业区的建筑形成鲜明的对照：它展示了什么叫作壮观雄伟，证明了哥特式建筑风格的最高技艺。人们怀着极大的敬畏之心踏进这座建筑，就像进入了一座圣殿。当时，梅特涅认为正在被"亡灵"——古罗马的死者的幽灵——包围，他不可避免地感受到了古代的气息。实际上，人们只是将英国那些英雄和国王的纪念碑作了转变，只是极富艺术性地展示着他们的荣誉。但要逐一描写这些杰作，对梅特涅来讲则太过冗长，可他还是特别注意到眼中最漂亮的一座：查塔姆勋爵（Lord Chatham）的墓碑，由佛兰德艺术家约翰·巴康（John Bacon）完成。别名皮特子爵（Viscount Pitt）的查塔姆是首相小威廉·皮特的父亲。然而，他很快就推翻了先前的赞美之词，因为现在最令他印象深刻的是法国雕塑家路易-弗朗索瓦·罗比拉克（Louis-François Roubillac）设计和塑造的墓碑，著名的亨德尔纪念像（Händel-Denkmal）就出自罗比拉克之手。西敏

---

① 又译威斯敏斯特大教堂。

寺中的各种墓碑、石棺、石雕等，对梅特涅来说简直就是被石化了的不列颠数百年来的历史。一个地方就集中了那么多国王的墓室，从 1066 年去世的忏悔者爱德华（Edward the Confessor），到现任国王乔治三世的父亲，仅仅这一令人震撼的数字，就足以使英国在他在眼中成为欧洲国家的独特一员。

梅特涅在这里看到了欧洲当时最现代化的国家，其历史深度、君主立宪制与最先进的经济已完美融合。他对西敏寺的观察，是他简短日记中对单个事物最为详尽的描述，由此也特别显现了他的历史情怀。而说起话来经常喋喋不休的利德凯尔克，这个平时总是谈论时装和流行风尚的家伙，对梅特涅的感觉只是干巴巴地说，"这座古老的教堂（自从新教将天主教的唱诗班赶走以后，就变得既单调枯燥又阴郁悲凉）"除了欣赏它内部宏伟壮丽的哥特式风格外，已一无所有。[158]

148

4. 海德公园里的社会平等

在一个星期天，梅特涅体验了人们在海德公园（Hyde Park）里的活动。商店都关门了，而海德公园给伦敦人提供了郊游散步的机会。当他看到无数的伴侣、骑行者以及好奇的行人在宽阔的林荫道上和谐相处时，吃惊到了无以言表的程度。公园里有三条并行的林荫大道供人行走，有一条两车道的马车道及一条专供人骑马的骑行道，还有一条给步行者用的人行道。[159] 一切都安然有序，人们毫无紧张和危险之感。利德凯尔克跟梅特涅说，他感到这里仿佛在上演"旧制度（Ancien Régime）"。马车精致、华丽、入时，骏马体壮、膘肥、漂亮。驭手头戴三面凹进去的、尖尖的帽子，非常惹人发笑；在来访者看来，这些车夫就像那些想改变自己社会等级的副牧师或大学生, 却仍保留着曾经的帽子。而仆从则穿着打扮简朴, 大部分人的衣服没有镶边, 但是都拿一根散步手杖, 如 15 和 16 世纪流行的那样。他们身挂投石党运动 (Fronde)① 时期的佩剑, 好像要随时保护主人免遭敌人伤害。在骑行者中, 人们可以看到王储威尔士亲王 (Prince of Wales) 只有一位骑师跟随, 而大家并没有对他投以超过一位普通骑行者更多的关注。

各个等级之间这种轻松自在、无拘无束的相处, 使我们的这些来访者陷入了沉思: 我们离开了各社会等级之间正在进行血腥厮杀的大陆。"自由和平等在海德公园的古老土地上出现了, 而不像我们那里, 非要进行一场革命才能建立它。"160 梅特涅在阅读伯克的著作时, 也有过类似的思考。当梅氏走进一家中产阶级也在那里就餐的乡下的简陋小酒馆, "去体验伦敦人在方方面面是如何生活"161 时, 他没有对自己作出的判断感到失望。

5. 戏剧和音乐会文化

除了政治之外, 戏剧和音乐会是梅特涅伦敦之行的主要动力。他在伦敦的第一场文艺活动, 就是在 3 月 28 日前往两个星期前才重新开幕的王家大剧院〔特鲁里街 (Drury Lane)〕观看亨德尔的清唱剧《弥赛亚》(*Messias*) 的演出。162 剧院的规模令他震惊; 他的判断没错, 演出大厅的确是当时欧洲最大的。三位来访者——梅特涅兄弟俩及利德凯尔克伯爵——从包厢望出去, 大厅内有四千观众。舞台上, 由 300 多人组成的乐队按圆形露天剧场的形制排列, 舞台布景则按哥特式教堂的

---

① 1648~1653 年法国贵族和议会 (高等法院) 发起的反对枢机主教马扎林专制政治的运动, 但后来马扎林取得了胜利。

式样布置，合唱团位于教堂中央，乐队则列在两侧，后面与巨大的管风琴等高的是布景。梅特涅甚至详细记录了著名歌唱家的名字。

在考文特花园（Covent Garden）剧院——如今的王家歌剧院——他观看了与第一次在特鲁里街的严肃节目形成鲜明反差的表演：滑稽剧《丑角浮士德》（*Harlequin Faustus*），一部伟大的哑剧，也见证了与意大利即兴喜剧（Commedia dell'Arte）① 一脉相承的舞台奇观。而就在这座剧院，约翰·瑞奇（John Rich）于 17 世纪初发明了哑剧。梅特涅将其理解为"国家的绝对精彩演出"。哑剧、歌曲、舞蹈、布景：所有的一切都极富魅力，充满着无限的表现力。

他在伦敦经历的艺术高潮是汉诺威广场剧院（Hanover Square Rooms）著名的"萨洛蒙音乐会"，因小提琴家兼音乐会经理人约翰·彼得·萨洛蒙（Johann Peter Salomon）而得名，海顿也是应萨洛蒙邀请前来伦敦的。此时恰逢海顿第二次在伦敦逗留（1794~1795），在此期间，他创作了《伦敦交响曲》（*Londoner Symphonien*），并在首演时亲自担任指挥。梅特涅出席了 4 月 7 日的首演。这位 20 岁的年轻人已经具备的对音乐的潜在评判能力，令人吃惊。他说，萨洛蒙是一位"伟大的小提琴家"，而在其他国家很难在同一个地方见到这些天才会集在一起。年轻的伯爵出席了多场由海顿亲自指挥的演出，并在随后举行的晚宴上与他结交为友。在一次普鲁士

150

---

① 一种从 16、17 世纪发展起来的意大利喜剧形式，建立在剧情框架（scenarios）基础上即兴创作的剧本是其最大特点，又因演员伊莎贝拉·安德里尼（Isabella Andreini）发明由演员戴着面具表演，因此也称假面喜剧。其表演特色是插科打诨，以及由滑稽演员以哑剧的方式呈现。与同时期的风俗喜剧（Commedia Erudita，也称性格喜剧）不同，即兴喜剧往往没有固定台词，却有着众多固定类型的角色。

公使官邸的社交晚会上，海顿指挥了一场弦乐四重奏，并亲自弹奏中提琴。也是在这里，梅特涅聆听了著名的穆齐奥·克莱门蒂（Muzio Clementi）的钢琴表演。[163]

6月2日，他再一次出席"萨洛蒙音乐会"。当他的目光在观众席中落到一个看起来像是荷兰商人模样的人的时候，他立即看出来，这位商人是他在大学时教授哲学史和自然法的老师安德雷亚斯·约瑟夫·霍夫曼，两年前梅特涅曾在他那里听了"自然法则和国家法律（jus naturae et gentium）"的课程。而这位商人在观众里发现梅氏时，他的脑海中也立即闪现出梅特涅的名字。他现在可能——作为法国间谍网的一部分——在一个假名字的掩护下，为法国外交部长弗朗索瓦·路易·德福尔格（François Louis）搜集英国军队和军事装备的情报。音乐会还在进行期间，梅特涅就在热烈的谈话中将此事告诉了普鲁士公使，指出了这位商人的真实身份：前莱茵河-德意志国民会议主席、雅各宾党人统治时期前美因茨的行政机构首脑，此人正在受到通缉。霍夫曼也发现了他们指指点点的手势，知道自己已经暴露，遂以最快的速度逃离了大厅。第二天，当英国警察前去逮捕他时，他的住处早已人去楼空。霍夫曼在伦敦隐藏了下来，直至秋天才安全地逃离了英伦。[164] 梅特涅的回忆录中并没有记载此事，当然这种做法也非常符合梅特涅的典型性格：不是靠损害别人抬高自己，而是常常用沉默来掩盖尴尬和难堪的事情。他本来是能够轻而易举地使这位雅各宾派高官出丑的。

这段经历一点也没有败坏梅特涅在伦敦享受海顿音乐的兴致。此后他一直与这位音乐家保持着联系，并于1802年收到了这位70岁高龄的老人发自埃森施塔特（Eisenstadt）的信，当时梅氏正在德累斯顿任公使。信的内容同时也反映了这位年近30岁的政治家的文化造诣，因为海顿在信中写道："在一位聪慧的公使将其主要的时间和天赋贡献于国家利益之时，还能找出一定的时间来关注艺术和艺术家，那么，就肯定可以从中得出结论，这样一个国家将绝不会缺少艺术作品。而这个国家更加智慧的那部分人普遍高涨的热情，要归功于艺术中最为悦耳动听的珍品，而它们当前在我们的祖国中，已不再处于一个低水平的状态。"[165]

6. 访问牛津

前往古老的大学城，属于日程表中不可或缺的部分，这有助于梅特涅理解英国令人赞赏的成就所建立的基础。1794 年 5 月 22~25 日，他与利德凯尔克在牛津及附近地区逗留。[166] 甫一抵达，牛津城没有城墙引起了他的注意。"牛津是个学习的地方"，21 个学院由令人起敬的印刷厂、许多教堂以及一座漂亮的剧院相连接。其他的建筑，主要是供学生住宿的房屋以及供人们消遣的商店、咖啡馆、小酒馆、卡巴莱小剧场等。来访者惊叹大学的古老，大学的楼宇建筑在可以追溯的罗马式基座之上。同时，他们也惊奇于学生们穿戴的像律师袍似的、式样统一的长袍，头上戴着四角帽，像顶着个四角屋顶。除此之外，他们享受着与大陆人一样的自由。当然纵情享乐和放荡不羁要被严加管束。英国最好家庭的子弟都在这里念书，而牛津也是培养贵族院和平民院议员以及大臣的苗圃。

梅特涅和利德凯尔克首先来到了靠近市中心的图书馆［拉德克利夫圆楼（Radcliffe Camera）］，然后进入到当时拥有超过 150000 册藏书的图书馆主楼。图书馆内部由各种石雕像、半身雕像、油画以及价值不菲的全身雕像装饰。他们不无解嘲地注意到，在牛津"新"意味着什么——比如"新学院（New College）"是因为它的历史只能追溯到 14 世纪。即使在这所学院里，他们也像对其他的学院一样，对楼宇的宽敞和美观赞叹不已，特别是教堂，在他们看来已非常华丽，其墙基也可以追溯到古代。这座城市由于它历史建筑和现代建筑的美而光芒闪烁，而这些建筑也引起了人们对这座人类智慧培养学府的极大尊敬。他们说，牛津是"科学的殿堂"。利德凯尔克则嘲弄地说，可惜他们没有时间和愿望在这里完成成为一名"博士"的蜕变。但他没有完全说对，关于此点容后再谈。

152

7. 海洋军事强国

梅特涅也在英伦补上了第一次反法同盟战争的一课。在那里取得的经验，使他以新的维度观察革命的法国与其对手之间的上百年争端：他作为海洋军事强国大不列颠的见证人，认识到这种冲突已经超越欧洲，具有全球的，同时也是帝国主义范畴的性质。英王乔治三世亲自批准，满足了梅特涅观摩舰队从朴次茅斯军港启航的"殷切愿望"。[167]外交大臣威廉·格伦维尔（William Grenville）给他开具了一封致英国舰队指挥理查德·豪海军大臣（First Lord of Admiralty Richard Howe）的介绍信。梅特涅与利德凯尔克准备于 4 月 20 日动身，但是由于正值复活节假期，不得不等到 4 月 22 日，豪的亲随副官陪同他们从下榻地前往锚位。对于这些军官而言，陌生人的到访不同寻常，因为此时英国与法国正处于交战状态，而在他们看来，大陆上来的人在一定程度上都像法国人那样会使用假名字。梅特涅必须极其详细地证明身份并作登记之后，才被允许进入英国海军的这个看起来巨大无比的母港——进入这个国家的实力场，这个国家国力和富裕来源的核心地带。[168]

在利德凯尔克的陪伴下，一艘海军部的小船载着他驶入了炮兵军械库和放满弹药的武器库，然后抵达停泊地，王家海

军的锚港。在那里他们有机会登上"恺撒号(Caesar)"三桅
快速战舰(Fregatte)进行视察,包括双层甲板上安装的 100
门大炮以及可以装载 670 名水兵的整体规模。在泊位上,他
们还看到了 4 艘插着白旗的法国战舰,它们是反法同盟军于
1793 年 12 月中旬在土伦会战中缴获的,当时拿破仑还没有
来得及将它们撤退到炮兵火力的保护圈中。缴获的法国战舰
只是为法国革命战争的扩大多了一个象征。海军上将豪在他
的有着三层甲板、110 门大炮的旗舰"夏洛特王后号(Queen
Charlotte)"①上亲自接见了客人。

　　第二天,一艘船将他们送到了怀特岛,在那里他们可以从
著名的陡坡(Steep Hill)上看到海港的全景,并可以远眺公
海。在这里,他们方才真正理解了这场活动的规模和全貌。由
26 艘战舰组成的商船护航舰队,其中一路将驶往东印度,另
一路则驶往西印度。数百艘船只载着看热闹的市民游弋在大船
的周围,为的是观看从两个不同的港口汇集而来的商船和战
舰,总数超过 400 艘,合成一支庞大的船队。在海军上将的
战舰发出信号之后,万船齐发,扬帆启航,蔚为壮观。梅特涅
在年事已高、回顾往事时说:"这个场面是我一生中所见过的
最美好的之一,是的,我想说,是赐予人类观看的最壮观的演
出!"[169] 船队的编排,以及在人群中积累的、有序进行演示的
实力使他着迷,这种力量同时以完美的和声形式对他产生了美
学上的影响。他甚至忘记了这场表演前后因果关系中的政治意
义: 英国和法国在拿破仑于 1806 年在柏林发布大陆封锁令之
前,早就已经处于全球性的贸易战争之中。不列颠的战舰要在
法国进行可能的攻击时,保护本国的商船队伍。

　　实际上,真正的戏剧性场面发生在此后不久。梅特涅在回

---

　　① 以英王乔治三世王后梅克伦堡的索菲·夏洛特(Sophie Charlotte)之名命名。

忆录中将两件事混淆在了一起。他曾强烈要求海军上将豪允许他参加即将开始的海战，这位将军则驳回了他的请求，理由是，他（豪）已经完成了国王交予的任务，让梅特涅看到了可以看的一切，但是，他必须把梅特涅活着送回去，而不是让他去冒险观看海战。这件事应该在梅特涅于 4 月 24 日从朴次茅斯返回伦敦之前就已发生，而不是像他在回忆录中所说的，发生于 5 月 30 日晚上；因为此时豪早已经率领舰队出海了。5 月 28 日，在英吉利海峡靠近法国海岸一侧，战事已然开始，而在 5 月 30~31 日，即 1794 年 6 月 1 日具有决定性意义的海战进行之前，豪的战舰深陷于雾海之中。[170] 英国人 6 月 1 日的胜利，被称作"光荣的六月一日（Glorious First of June）"，永载战史。[171]

当"6 月 1 日乌埃尚岛①大捷"的消息传到城里时，梅特涅正在伦敦，市民情绪高昂，到处欢呼雀跃、张灯结彩。这次战役的幕后发生了什么？英国人采取了行动，要用他们的战舰保护自己的商船队免遭危险：他们试图截击和摧毁法国的护航舰队和 100 多艘商船。这些商船从美国为忍饥挨饿的法国人民运送来大量的粮食。用军事手段决定商战胜负使交战双方都作出了牺牲，这在梅特涅的眼中也非常具有戏剧性。他想亲眼看到获胜舰队返港的场面，于是又重返朴次茅斯，这次没有利德凯尔克陪同，因为他已于 5 月 31 日离开英国。6 月 13 日，舰队在返航进港之时，展现了一幅他没有预料到的景象：[172] 那艘他本想要乘坐去观摩海战的海军上将的旗舰，与法国海军上将的旗舰严重碰撞，英国旗舰现在"看起来就像一堆废铁"，"大部分水兵战死或者因伤失去了战斗能力"。[173] 此外，这次胜利只能算是一半的胜利，因为法国人玩了一个花招，并将他们的商船完好无损地送达目的地。

---

① Quessant，又译韦桑岛。

在英国逗留的意义

应该如何评价在英国的逗留对梅特涅日后发展产生的影响？到目前为止，其中的大部分都不甚明晰，特别是就其广度而言。到目前为止，只有很少的一些研究在探讨梅特涅在英国的逗留，而其中大部分既未出版也未付印，[174] 而且这些研究的负面结论较为突出，诸如：梅特涅与英国的关系"自然"应该是处于对立状态，因为这位国务首相总是从永恒的、稳定秩序的原则出发看待问题；他代表的是专制皇朝的机构，从而在精神上被合法性束缚，而且相对来说他很晚才比较深入地与岛国打交道，大约是在 1814 年之后；1821 年之前他没有对大不列颠的议会和政党发表过见解，只是到了 1830 年之后表态才深入起来；他是用怀疑的眼光看待英国宪法的，他对改革的理解不外乎是为了改善现状；他不了解英国历史；总的讲，他对英国的国家建设非常不理解。[175]

所有这些论断均不值一驳。对英国的访问决定性地影响和扩大了梅特涅的政治世界。其间，他发现并坚定了他的基本思想，此后，这些思想在他的政治活动中总是在背后持续地影响着他，尽管在哈布斯堡皇朝的现实政治中，他常常不能获得实现这些思想的活动空间。这些思想包括贵族立宪制（aristokratische Konstitutionalismus），需注意的是，梅特涅是在用一种新式的贵族概念对待这种制度；此外，他思想中始终存在着等级制度意义上的三权分立理念、埃德蒙·伯克对它的诠释，以及对英国国家制度的赞赏；最后还有英国的议会制以及在英国实行的新闻自由。梅特涅并不赞成"宗法—等级制的专制主义"，[176] 认为其本身就已经是一个荒谬的概念构成，因为"等级制"与"专制主义"是互相排斥的。简而言之：高瞻远瞩地来观察一下，梅特涅一生都是一个英国保守的辉格党

155

人，而这种立场在哈布斯堡皇朝实际上没有立足之地，因为在梅特涅的眼中，这个国家已然是一座脆弱的、无法改变的大厦，只能艰难地维持，从而避免轰然坍塌，否则就只剩彻底推倒重建了。

梅特涅自己是如何回答英国之行对他的意义，倒是很值得听一听。1819年，在所谓的清剿煽动者的高潮中，时年46岁的梅特涅在写给丽温伯爵夫人（Fürstin Lieven）的信中，思考着他的"祖国"。

> 如果只由出生地来确定一个人的祖国的话，我实际上算不上一个奥地利人。按我的原则来说，祖国不仅仅是由出生地及少年时代的习惯组成。可能有一个只依赖你心灵而存在的收养国［"一个收养家园（une patrie adoptive）"］，而且归根结底：只有那个出生与原则的一致性完全融合的地方，才是一个完整意义上的祖国。或者说，奥地利是我道义上的祖国；她就是这样的一个国家，因为她所存在的核心原因，与我的原则和我的感情是完完全全合拍的。我在奥地利如鱼得水，自由潜翔。……**如果我不是这个我原本应该是的那个人，那我愿意作一个英国人。**如果这二者都不能成为，那我宁愿什么都不是。[177]（黑体字为本书作者标注）

梅特涅1794年的英国之行，让我们理解了他对英国的热爱源自何处。这些初次获得的经验，又由于后来的两次英国之旅得到了进一步巩固和加深。1814年，当拿破仑第一次被打败并于5月在巴黎缔结和约后，梅特涅前往英国，去接受牛津大学的名誉博士学位。1848年，他在革命爆发前逃亡到英国牛津，并于4月22日发现："我曾两次在这里逗留，每次24

小时。自那以后我有 34 年再未踏上英国的土地，可是我感到，这些年就像几天。这个伟大的国家因对法律、秩序以及对自由价值观无法撼动的信念，而强大起来。自由要真正存在，也必须建立在这些信念基础之上。我又在那里见到了我的老朋友以及那种好客的热情，这种热情不是客套，而是这个国家的优势。"[178]

如果观察一下梅特涅生命的最后时刻，应该完全可以证实 1794 年的经历对他产生的影响。而且从国际政治的角度来观察，在 1793 年的安特卫普会议上，大不列颠诸岛于梅特涅而言，就已经出现在国际政治的地平线上了。1858 年 10 月 23 日，在他去世前的 8 个月，85 岁的他写信给他于 1848 年认识的本杰明·迪斯雷利（Benjamin Disraeli），一位对抗巴麦尊（Palmerston）的托利党反对派领袖。梅特涅将自己看作他的"学生"，信中说道：

> 我们于**英国**相识之后已然过去 8 年。我们相识在**我热爱的这个国家**，这个与我的公职生涯很长的一段经历紧密联系在一起的国家。假如我的信念是建立在不那么稳固的基础之上的话，近年来占据政治领域并仍席卷这一领域的很多事件，很可能都会使我的思想染上那种易变得混乱的性质。如果发生真正的一般性问题，或者发生涉及它们直接利益的事情，这个伟大的海洋帝国，欧洲的非大陆国家，与那个大陆的中央大国，而非海洋强国，终究会经常互相碰面。[179]（黑体字为本书作者标注）

在年轻的帝国伯爵离开英国时，他的政治形象已经固定下来。在这个时间点上，人们确实可以说，他在自认为的意义上，已然"定型"。

15
1794 年的崩溃和逃亡

　　回到大陆之后，梅特涅的生活彻底改变了。他经历了一次
彻底的崩溃——从个人角度讲，与家人一起，从莱茵的家乡被
驱逐，流亡到了奥地利，虽然他们自古以来在波希米亚也有领
地；从政治角度讲，他们与奥地利以及帝国一起，撤出了比利
时尼德兰地区和莱茵左岸的帝国领土。对于他一生中的这段经
历，在他的回忆录以及回忆手记中，都蒙着一层面纱，以至于
笔者很难对其进行研究，也很难向公众披露他一生中经历的这
段最严重的危机。失去了祖业，家族财务崩溃，未来生活之路
没有保障、毫无着落，而这条生活之路不再是必然通向为皇室
效劳的保险仕途，或者万不得已从事领取俸禄的神职职务——
这些变故肯定使梅特涅陷入了深深的绝望，以至于他甚至考虑
是否要移民到美国去。[180] 最后，是家族伦常阻止他走出这一
步，因为他是家族的和不能转让财产的法定继承人，以及家族
未来传嗣的长子继承人，他本人已经感到了对整个家族负有的
责任。他的弟弟约瑟夫，只是因其太不引人注目从而才引人关
注，但是，如果他的哥哥真的移民去了美国的话，他根本就不
具备承担起这种家族责任的能力。

在火炮的交火中返回

　　对于传记作者来说，自这一时段开始，他们最不能确定的

就是梅特涅返回的确切日期。这种不确定性还体现在下述问题上，即 1794 年 7~9 月他都造访了哪些地方。回到大陆之后，第一次反法同盟战争的喧嚣立即使梅特涅感到非常厌恶，确切地说，是对抗法国革命的前沿阵地陷入动摇态势使他很反感。法国军队正在准备吞并奥地利属尼德兰，然后转向讲荷兰语的尼德兰联省共和国，以及还处于激烈争夺之中的莱茵河左岸地区。奥地利、普鲁士和帝国其他邦国的军队都在竭尽全力战斗，以使自己在法国"全民动员（Levée en masse）"的新型革命军队面前不致全军覆没。梅特涅目睹了反法同盟军是如何被分割的，按照他们那些老掉牙的军事教条撤退避让，并一个一个地拱手让出了战胜敌人的机会。当然，这些也都属于他军事观察课程的一部分。

诚如梅特涅后来所写的，就在他于"初秋时分"乘船进入英国的海港城市哈里奇（Harwich）时，他的旅行路线就已经不得不由战争来引导。他已经不能再从多佛出发前往比利时的奥斯坦德，当时此城已被法国占领；而是试着从哈里奇出发，前往看起来还相对安全一些的、荷兰鹿特丹附近的赫勒富茨劳斯港（Hellevoetsluis）。我们当然愿意更清楚地知道那到底是几月——肯定不像人们声称的是 9 月，或者甚至是 10 月。[181]一场在海上展开的连续炮击——这是梅特涅亲身经历的——可以帮助确定他这次渡海的确切日期。梅氏清楚地暗示了下述状况：并没有抵达他希望去的荷兰港口，而是由于一场风暴，所乘的船只向东，被吹往了敦刻尔克。这样一来，这艘船就闯入了英国海军上将西德尼·史密斯（Sidney Smith）的活动海域，他于 7 月 7 日率领两支庞大的舰上火炮队，以及 50 艘炮舰"开始了秘密的海上远征"，出海方向正是敦刻尔克。[182]他的舰队监控着英吉利海峡往来的船只，并在此抵抗法国对商船的攻击。同时，它还会为临近海岸展开的军事包围攻势提供支

158

援。在这次"秘密"使命中，史密斯的任务是从海上支援在西佛兰德进行的、争夺敦刻尔克附近的尼乌波特（Nieuwpoort）的战斗。因此，7月17日，他的舰队用大炮轰击了法国的围攻部队，当然没有取得多大战果，因为距离太过遥远了。[183] 但是，这已足以威胁要将梅特涅送往荷兰的运输船，这艘随波逐流的帆船也因此不情愿地陷入了炮击的交火中，持续了两个小时。虽然不久前梅特涅还曾央求海军上将豪，允许他以观察员的身份去海上观战，但他绝对没有想到会亲身经历这样一场生死攸关的场面。报纸报道说，他已经被法国人俘虏，以至于弗朗茨·乔治已经准备与法国政府交涉释放事宜——直到听说他已经幸运地安然抵达荷兰才予作罢。[184] 通过这种方式我们得知，梅特涅是在7月的第三个星期再次踏上了欧洲大陆的土地。

奥地利在尼德兰的统治最终还是崩溃了，而且每隔几个星期，不，是每隔几天，边境线就要向后推移，正值此时，梅特涅回来了。从6月13日起，在布鲁塞尔，弗朗茨二世皇帝甚至亲自接管了军事指挥权，并尽了一切努力去稳定军心、鼓舞斗志，表示要用他的生命去捍卫哈布斯堡皇朝的统治。[185] 但是梅特涅在伦敦就已作出了正确的决定，绕开比利时，"因为敌人已经进入了'哈布斯堡皇朝统治的'尼德兰"。在他出发之前，以及在他的行程中，从6月到8月，那些要塞和城镇就像纸牌屋一样纷纷陷落，很多甚至不战而降，包括7月9日布鲁塞尔的沦陷。[186] 从罗伯斯庇尔的脑袋掉下断头台的那个月开始，巴黎的恐怖统治就已崩塌，但这并未使法国军队的进攻有一丝一毫的衰减。

起初，梅特涅还相信或许仍能去荷兰赴任，履行公使的职责，因为他写道，他在荷兰等了"相当长的时间"，就是为了从赫勒富茨劳斯出发，去不远处的海牙，然后再前往阿姆斯丹并去荷兰北部视察。但是，至少从 9 月 10 日起，自法国军队从梅尔勒（Meerle）向尼德兰联省共和国进军开始，他就已经不再是公使了。

弗朗茨·乔治作为尼德兰派驻大臣的终结

对梅特涅来说，回到布鲁塞尔的路早已被排除在外。他的父亲弗朗茨·乔治被迫于 7 月初从布鲁塞尔逃亡，之后的日子非常难过。在这之前的几个月里，他必须解决一系列目标上的冲突，这些目标冲突让后来的历史学家十分费解。[187]

弗朗茨·乔治一直坚贞不渝地奉行他的政策，迎合当地的各等级，并尊重他们相对自治的愿望。这样一来，他就按照利奥波德二世皇帝以及奥地利国务首相考尼茨的精神，在"保守的革命（Konservative Revolution）"的意义上来对抗约瑟夫二世皇帝的专制政治，并安抚了这个国家（奥属尼德兰）。而新皇弗朗茨二世起初还是认可弗朗茨·乔治所做的功绩的，弗朗茨·乔治曾迫切请求各省分摊保卫国家所需的战争费用，但是各省一直装聋作哑，无人响应他的呼吁。他也很早——早在 1793 年底——就建议将农民武装起来，加入到在比利时边界对抗来势汹汹的法国"全民动员"的军队的作战中。[188] 但是，这些措施对弗朗茨二世皇帝来说，走得太远了，因为他更青睐于官僚主义的理政方式，而不是通过与各等级的谈判来进行统治。而此时，偏偏是特劳特曼斯多夫伯爵在维也纳担任尼德兰事务联络署总管，正是他强化了皇帝在此事上的专制倾向。伯爵执行了约瑟夫二世的违法命令，然后作为弗朗茨·乔治的前任之一，在比利时革命前不得不逃离布鲁塞尔。他诋毁弗朗茨·乔治的等级政策是"比利时的不幸"，并建议尽快进行清洗，弗朗茨·乔治则坚决反对这一政策。此外，他还污蔑弗朗茨·乔治侵吞比利时国库以谋取私利。

弗朗茨·乔治感到他的名誉受到了污辱。当我们后来听说，他的家族财务已经处于崩溃的边缘，只是靠儿子克莱门斯方才免于破产时，他向人们展示了他真实的另外一面。这位父亲反驳道，他为皇帝和国家效劳，从来不是出于金钱上的利益。他不久前在担任派驻比利时的全权大臣时，自掏腰包，为科隆和明斯特的助理主教助选，以及为1792年在法兰克福举行的皇帝加冕礼承担了大量的费用。他进一步补充说："我的财产——实际上是我的孩子们的财产——对此有许多捐献故事可讲，而我对这些捐款绝不会感到遗憾。按照我的原则，只要这场不幸的危机持续下去，我出于自愿可以完全放弃所有的薪酬，并将这一贡献附加在我已经自愿送去的6000古尔登之上"。[189]

事实上，弗朗茨·乔治真的在尽他的权限所能，竭力去挽救在比利时的统治。7月4日，当他不得不在法国人兵临城下之前逃离布鲁塞尔时，一次历险漂泊开始了。他先是漂泊到了梅赫伦（Mechelen，7月5日），接着到了靠近布鲁塞尔北部的迪斯特旁阿沃伯德修道院（Abtei Averbode bei Diest，9日），然后前往鲁尔蒙德（14日），最终的落脚点是杜塞尔多夫旁的本拉特（Benrath，18日）。1794年7月23日，皇帝下诏："兹因比利时各省均已沦丧，至为遗憾，朕意：自即日起，解散各省政府，停发自大臣以降各级官员俸禄。"[190]

8月初，弗朗茨·乔治就已经从秘密渠道得知这一消息，8月14日他收到了解散政府的最终决定，并于18日向跟随他逃往杜塞尔多夫的政府官员通报了这一决定。8月27日，当他决定动身前往维也纳时，写下了自己对此事的评语，字里行间充满了无可奈何的失望，尽管遣词造句听起来还算友好："至于我自己，开始享受从事了27年外交生涯之后的自由，其中的 22 年，我奉献给了陛下的皇室家族，不曾间断。"弗朗茨·乔治同时相信，在维也纳，他将会继续受到重用。[191]

"全民武装"：梅特涅的第一个政治宣言

为什么要这么精确地计算天数？其实，在前述的这段插曲中，从侧面窥视的目光始终紧盯着克莱门斯·冯·梅特涅，他刚刚经历了激烈凶险的战场颠簸，由英伦返回。他在 8 月初于荷兰走了一圈之后，先来到了杜塞尔多夫旁的本拉特，并正好与父亲一道，直接经历了尼德兰—奥地利政府的解散。但是，他并没有在这个流亡的影子政府里待很长时间，而是动身前往位于列日和马斯特里赫特之间的弗隆勒孔泰（Fouron-le-Comte），这里是奥地利军队元帅科堡亲王的统帅部，梅特涅必须在 8 月 21 日克雷费特将军（General Clerfait）接替科堡亲王之前到达。[192]

在这段时间里，他撰写并印刷了自己的第二份匿名宣传单："一个热衷于普遍安宁的朋友关于在法国边界进行全民武装必要性的倡议书。"[193] 虽然年轻的梅特涅知道父亲弗朗茨·乔治对武装人民所作出的具体努力，但是他的文章绝不是出于"父亲的思想"（而且也并非于 8 月时在伦敦撰写，[194] 因为彼时彼刻梅特涅已经不在那里了）；他的想法更多属于另一种完全不同的、到那时为止还没有被发现的范畴。因为在梅特涅到达指挥部前的几天，陆军元帅科堡亲王颁布了一道全民武装的呼吁书。1794 年 7 月 30 日，他还以此向马斯河对岸的德意志人，以及莱茵河和莫泽尔河沿岸地区的德意志人发出了呼吁。[195]

法国旺代地区是当地农民自我武装的第一个例子，起因是，在 1793 年的"全民动员"运动中，这些农民要被征召入伍，编入计划中的 500000 陆军中，于是他们起而暴动。鉴于眼前这个现实的例子，梅特涅的父亲试图将靠近法国边界的佛兰德地区的农民武装起来，而科堡亲王 1793 年 12 月底就已确信，没有来自"人民"的援军，正规部队对法军进攻的抵御是无法坚持太长时间的。[196] 如今的普法尔茨地区以及莱茵黑森（Rheinhessen）的绝大部分地区，在 1793~1794 年时，惨遭日益挺进的法军制造的"冬季洗劫（Plünderwinter）"屠戮，他们烧杀抢掠、劫掳人质、暴行累累。1794 年初，施瓦本、法兰克、上莱茵以及莱茵选帝侯区的帝国各管区（Reichskreis），正在酝酿的组建地区民兵、保卫边疆的想法已日益受到公众的关注。科堡亲王计划在 7 月时发放一份传单，来回应一下这种积极的反响。

他要求各地区为保卫边疆出资、提供粮草并招募志愿者，声称可以为筹款开具帝国债务凭证。"千百万人民行动起来，与我们共同战斗，保卫你们的圣坛，保卫你们的家庭，保卫你们的皇帝，保卫你们的自由！"[197] 当然，为了宗教、财产、皇帝和自由，不能只要求"偏远地区的人民"为国捐躯流血。科堡亲王借此将整个民族的情感作为呼吁的目标，而他们也听从了他的呼吁：他称呼他们为"德意志的兄弟们和朋友们！""帝国陆军就像第一道挡风墙，在保卫着德意志的自由，"他向他的听众发出誓言，"确实，德意志人，我们没有搞错，我们把宝、把我们的信任押在我们的德意志精神和德意志血气上。"在奥地利的施塔迪翁伯爵（Graf Stadion）于 1809 年发出富有民族精神的号召之前，在 1813 年解放战争（Befreiungskrieg）[①] 时出现激愤昂扬的情绪之前，一名皇室成员——他说"我本人是一名德意志侯爵"——就以德意志精神发出了要忠于祖国的呼吁。

这份呼吁以宣传单的形式同时在各大报纸上广为传播。[198]

---

① 特指 1813~1815 年德意志人民反对拿破仑统治的战争。

这个榜样刺激了年轻的梅特涅伯爵，他也要动笔撰写文章。对两篇文章加以比较后，则可进一步明确：梅特涅有了新的政治视野。这份宣传单可以理解成他的第一个充分说理的、有根有据的，并显示其发展方向的政治告白。此番呼吁与他一年前发表的《告军人书》中的情感爆发相比，差距是巨大的。在这篇文章中，一个政治方案的基本线索已经清楚地显露出来，而以此肇始，梅特涅终其一生对这项政治方案至死不渝。那么，它的基本线索是什么呢？

隐藏的警句：现代全面战争 [199]

匿名出现的传单手稿，不仅向我们暴露了梅特涅的作者身份，而且还暴露了一段——在印刷版中被隐藏的——警句，一段他在呼吁书之前就已经讲出来的警句。这段话是："他们所经之路，血痕累累；他们所到之处，疯狂劫掠，肆意蹂躏，无论是神界还是世俗之物，概莫能免。他们无论男女，不分长幼，不看身份，斩尽杀绝。在第一波泛滥中没有发泄出来的狂热，都在后续的行动中爆发了。" [200] 这段警句显示了新型战争的特点，由乌合之众参与的嗜血屠杀战争的对象，早已不分军人平民，早已没有了任何对暴力的羁绊。如果亲历过旺代"嗜血屠杀（Mordorgie）"（米歇尔·瓦格纳语）200000农民——男人、女人、儿童——的场面，那么警句的说法是不会错的。1794年1~5月，"地狱纵队（colonnes infernales）"的恐怖活动达到了高潮，英国的议会辩论和报纸报道均将这一骇人听闻的事件作为主题，并因此激化了作出军事干预的讨论。[201]

梅特涅始终会把政治认识用历史包装起来，这样一来，从理论上讲，就将政治认识扩大到了其内心保有的原则上，这将是他未来的典型特征。上述警句，就是他不久前在英国逗留时

163

从教科书中直接获得的，是他从苏格兰历史学家、英国王室的"王家史料编纂官（Historiographer Royal）"威廉·罗伯逊（William Robertson）那里引用的，并同时引用了英语原文和自己翻译的文本。罗伯逊的这段话是针对过去日耳曼部族的野蛮而言的，认为是他们摧毁了古罗马帝国的，以艺术、科学和文学为特征的发达文明。[202] 在梅特涅的眼中，革命的法国人就是当代的汪达尔人（Vandalen）①。他说，他们不是带来文明，而是到文明的欧洲来蹂躏和毁灭它。在梅特涅看来，古罗马帝国，就等同于当时德意志民族的神圣罗马帝国。梅特涅用他的警句来坚持他的基本经验，他后来全部政策的伦理依据都是出自这一经验，尽力防止战争发生，并因而使内心得以平静的信条也源自这里。后来他承认，法理和内心的平静是这一政策的根本目的，而对外政策不过是达到这一目的的手段而已。

他在 1794 年的宣传单中指出，战争以传统的方式开始，而 1793 年初是非常辉煌的。他指的是科堡取得的军事胜利，重新夺回比利时，亲历重返布鲁塞尔以及他父亲的第二个政府任期。他说，法国军队处处惨遭失败，甚至全军覆没，并逃回了边界要塞。1793 年实行，并通过恐怖高压而得以实现的"全民动员"，彻底地改变了战争的性质，已然走向极端："儿童、老人、自愿的和被迫的、胆小如鼠的和英勇无畏的，所有的人都是在同一个队列里争来斗去。民众与军队互相磕绊纠缠，小股人群抵挡着巨浪般的人潮；在一个侧翼，成千上万的人阵亡，又有成千上万的人替补上来；而另一个侧翼，成百上千的人被消灭，他们的阵地缺口却无人封堵。"

1793 年，梅特涅亲身经历了反法同盟军由于日益艰难

---

① 为古代日耳曼部族的一支，公元 4~5 世纪进入高卢、西班牙、北非等地，并侵入罗马。汪达尔人也是摧残文化艺术者的同义语。

的进军和撤退，疲于奔命，人困马乏，直到不得不在占领的要塞里度过寒冷的冬天。这些战役告诉人们，用传统军队来对付"全民皆兵"的后果是什么。此外，由于荷兰、大不列颠、奥地利、普鲁士以及瑞典的军队的利益各不相同，相互争夺，从而大大削弱了同盟军的实力。在此，非常值得再看一下梅特涅在交付印刷后的宣传单中删除掉的一段文字，它非常清楚地说明了梅氏的分析。为了衡量传统军队与新型全民军队建设之间的关系，他曾经在草稿中使用了《孩童斗巨人》（*Kinderstärke gegen Riesenkraft*）里的插图，并在图画下方同样用着重线加上注解："鉴于欧洲联合起来的实力，这个表达方式（法国人的'巨人力量'）看起来似乎大得可笑。我再次重复这个表达；一个内部已然错乱失常，并且正在与几个没有完全联合起来的欧洲强国争斗的国家，堪用这一表达，而如果一个国家的'人民'对抗所有国家的'人民'的话"，这一"表达"可能就有些过分。换句话说，作为一个 21 岁的年轻人，梅特涅认识到，旧式的密室政治，面对的是正在联合起来的民族主义的力量。但是他已经预计到，现代战争作为各国"人民"之间的斗争，势将升级和扩大。

此外，梅特涅在他的宣传文章中也提到了他父亲的政策，这一政策也是他亲身体验过的："实行全民武装"的政策，在受到威胁的佛兰德等地已经试行过。农民、领主，他们会高兴地拿起分发给他们的武器。这种新建的军队，从某种意义上说就是民兵或保安团，他们被分派到正规部队中，并与之并肩战斗，效果显著。新的形势让人们只能选择用"人民群众对抗人民群众这种唯一的战斗方式"。对于梅特涅来讲，法国士兵在会战中所表现的新鲜热情算不了什么，他将其称为"自由闹剧"。这也符合现代历史研究经过无数讨论得出的判断：并非革命热情、英雄气概、政治思想决定革命战争的战役成败，而主要是纯粹的人数优势使然。[203] 但是，反法同盟军一次次地进行着自我削弱。比如"不知悔改"的科堡亲王拥兵超过 10 万，却指挥他们同时向蒙斯（Mons）、布鲁塞尔和那慕尔（Namur）进军。这样一来，就给了装备极差的儒尔当将军（General Jourdan）机会；他于 1794 年 7 月 9 日拿下了布鲁塞尔。[204] 梅特涅以自有的方式研究战争，就像他后来看穿拿破仑一样。这使得拿破仑 1813 年在莱比锡不能像 1805 年在奥斯特利茨（Austerlitz）那样获得机会，分割敌军纵队，进而以少胜多，各个击破。

对"老外交官"的清算以及 1789 年革命的社会特征

如果能将宣传单中掩藏的大量暗喻——正确破解，就会清楚地看到，梅特涅是如何毫不妥协地对"老外交官"的政策作了清算。他认为"老外交官"要为 1794 年 8 月的失败负责。他在传单中曾欲写道："国王和他们的顾问早已睡着，他们早就认为'革命'的烈火不足称道，吞噬不了一切。"但是，他后来又将这段话删去，用了一种更为外交式的措辞来替代："人们认为烈火是不足称道的，吞噬不了一切。"梅特涅对战争进行方式发生转变的认识，使得他要对那些"头脑空洞之人"进行清算。在他看来，父亲的呼吁是正确的，他这样评论了对弗朗茨·乔治所呼吁的实行全民武装的抵制："那些头脑空洞之人对这一充满希望的方式取得的初步进展抱有反感，这是不可理喻的，他们给君主描绘了一幅可怕的图景，因此，一收到尼德兰政府'实行全民武装'的通知，就下达了禁令。"简言之，梅特涅在指责几个星期前特劳特曼斯多夫针对他父亲实施的阴谋。对梅特涅而言，特劳特曼斯多夫就是那个"头脑空洞之人"，那个过了时的"老外交官（alter Diplomat）"。

宣传单还第一次让人们理解了梅特涅为什么至死都将法

国大革命定性为"社会的"而非"政治的"革命。对他来说，1830 年的七月革命只不过是一次政变，1848 年的革命也仅仅是政治革命。但是全民武装的问题却显示了不同于 1789 年的革命另外一种特征。因此，梅特涅与伯克一样，属于少数从一开始就能够正确估计这场变革的深远影响的人："我从方方面面都听到那些大人物——一些将现在正在进行的战争看作不过是像所有其他战争一样的、将革命自从其爆发开始就看作一场儿戏的……老外交官——向我呼喊：'什么？！武装人民？将武器交给这帮乌合之众？你们想要自掘坟墓吗？'"

166

他在斯特拉斯堡亲自了解到，这些"乌合之众"作为群众是如何表现自己的。但是他并没有因此而模糊了分析的目光。伯克不是教导过，要将更深层次的社会经济条件代入自己的判断中，而不要被那些表面的宣言牵着鼻子走吗？梅特涅确认，在大城市，"乌合之众"增长得特别多，他们主要存在于无业游民、无产者这些危险阶级中，他们随时准备起义造反。真正的"人民阶级"与他们是有区别的，主要指那些有财产并随时准备保卫自己财产的阶层，以及市民和有土地的农民；他们会拿起武器来保卫他们的财产、女人和孩子。这些"真正的人民（echte Volk）"在数量上通常远远超过毫无根基的底层人。

于他而言，"社会革命"意味着，在"真正的人民"面前，"乌合之众"可能占得了上风。对他来说，这无异于"所有的社会边界全部解体，基本原则全部毁坏，所有财产均遭掠夺"。他偏偏使这个命题更加尖锐化起来："人民只有在自我保卫中自救，保卫他的财产，尽管它少得可怜；一无所有、无损失可言、只有在混乱的秩序中浑水摸鱼、能获得一切的'乌合之众'，只有城市里才有。"因为在农村，依赖他人的就业者，是与当地农民的生存绑在一起的。[205] 这种社会模式规定了，政治权利只能给予有产者。对于受到其家庭教师人道主义教育的梅特涅来说，古罗马的西塞罗（Cicero）所阐明的，以及英国保守的辉格党人伯克所述说的，与以上观点没有什么不同。那些虽然宣布主权在民和人民代议为合法，但是并不真的信任他们的"人民"，以及因此要将他们的选举权与他们的财产调查挂钩的、后来的三月革命之前的自由党人，也持有同样的态度。即便是以人权著称的权威泰斗，如国家法法学家卡尔·冯·罗泰克（Carl von Rotteck），也反对实行普遍选举。虽然梅特涅想优待贵族，但在他的心目中，这些贵族也仅仅是那些因有功绩才具有资格的精英阶层。这样，古代的西塞罗、那个英国人、年轻的伯爵以及三月革命之前的自由党人，在以精英为核心的这种社会理想中相遇了。在看待针对梅特涅的评判时要注意的是，人们一般不会认为，他具有这种社会差异化视角，或者不知道他是以这种方式在观察，而正是这种观察方式，将他从所属等级的层次中突显出来。

保住欧洲

方才 21 岁，梅特涅就以非常罕见的洞察力认识到，近来的内政政策与外交政策已相互紧密地交织在一起，就是说，法国国内陷入缺少物资的困境，决定了其对外的侵略活动："看来，边界离平时生活在如此繁荣的祖国里的、快要饿死的人民，是如此之近。"结果是，"所有的大型纪念雕塑和艺术作品均惨遭捣毁，整个民族受到奴役"。因此，法国革命威胁着所有欧洲国家走向灭亡，现在当然要保卫祖国。但是梅特涅决定，他写的宣传单要使用的版本是，"要保住欧洲，以及要保住几代人的安宁"，而做到这些需要感谢战斗者。在此处，他又谈到了内部的和平是最终的目的。英国的政治文化，扩展了他看待欧洲的视角，提高了他观察欧洲事务的敏锐性，而他亲历的"欧洲联合"的军事战役中的现实，教会他不能像科堡亲王曾尝试的那样，去向民族主义的德意志精神发出呼吁。这种做法在同盟的多国联合陆军中会取得什么效果了吗？何况在联军中，还有苏格兰人、英格兰人和汉诺威人在战斗。

梅特涅写这份宣传单的目的是什么？他能够期待用这份传单直接改变1794年年中的政治和军事形势吗？从英国甫回大陆，他就觉察到，大陆的政治形势已经发展得很快。法国的统治在莱茵河左岸以及帝国的南德意志地区让人日益觉得是一种占领，这促成了要将人民武装起来的倡议。帝国在西南德意志的五个前沿管区，即施瓦本、法兰克、莱茵、上莱茵和下莱茵－威斯特伐利亚的管区议会，已经决定进行全民武装。它们从民众那里得到的信号是，至少可以动员150000人。[206] 皇帝于1794年1月20日亲自下诏颁布征兵令，并将这个议题交于帝国国会讨论，"由于敌人改变了战争方式，为了帝国及其忠诚的臣民的安全，看看是否有对所有德意志边界地区居民进行全民武装的必要"。[207] 但这个打算因普鲁士而告吹。为了在瓜分波兰的行动中取胜，普鲁士需要部队，因此它正日益从西部战场撤回兵力。普鲁士的答复是："如果帝国想要武装（边界地区的居民），那么帝国的保卫就不要指望由我们的军队来实现；因为那样一来，（我们的军队所需的）同样数量的给养就会立即断供，这甚至已非常可能。"[208]

梅特涅的呼吁是从当时军事政治形势发展到极端的情况下出发的，在他看来，在这种情况下实行全民武装是最后的手段。同时，他也以此拟定了自己的第一个重要的政治宣言，在其中表达了他的主导原则，并且作为一个男人——有意无意地——自荐要担任更高的职务。因为，至迟到危机发展到最困难，以及"旧式外交"最终失败之时，人们就会想起他发出的呼吁，而这一情况的确发生在1809年，这一点后面还要谈到。

他的原则是：旧式外交已然过时。战争，已经作为现代全面战争，完全改变了其本身的性质。法国革命涉及的社会范畴，已经使其同时成为欧洲的事务。战争意味着政治的彻底失败，而和平是政治的最高目标。

这张宣传单并非没有取得任何效果。1796 年在维也纳发表的一篇质问"武器的幸运"的短评，就评论到了它，这篇短评在考问当敌人大量涌来之时，莱茵人所采取的态度。评论写道，如果实行全民武装，再得到英勇军队的完全支持，那么"就可以逆转战争，逆转掠夺他们生命、他们女人和他们孩子的种种苦难"。短评说，一位热情和高贵的爱国主义者，在 1794 年已经发出了这种呼吁。他"使胆怯畏缩政策的危险消散，并指出了一条可以使全民武装成为可能的道路。但是，他的建议偏偏就没有人听：并不是人民没有勇气进行自我武装，而是因为没有人出头领导，没有人掏出必要的资财，也没有人愿意做出些许牺牲来拯救全局"。[209]

最终梅特涅形成了一种同革命的辩证关系，他在 1794 年的这篇文章中发誓要这样做：新的形势"教育你们，为了扭转如此临近的危险，使用更激烈的方式已成必要。你们要使用两面夹击，这种你们的敌人现在已经运用的方法"。[210] 他基本上是在鼓吹实行普遍兵役制，这比普鲁士在解放战争中进行的军事改革早了许多。但是，他的社会模式不是一个单一国家的，而是整个欧洲的。这个模式可以将"所有阶级的正直的人"联合起来，而不是"所有国家"的正直的人，就如《遗存的文件》对宣传单的意思所作的错误的理解一样。并非按照孟德斯鸠的意思，要由战争中各种力量的平衡来维持国家的统一，而是应当完全按照西塞罗的思想，由正直的人为和平目的所达成的共识，即"所有好人的共识（consensus omnium bonorum）"来推行。

逃向流亡地

在 1794 年夏季和秋季，日益逼近的法国士兵攻城略地，将莱茵河左岸的城市一一拿下：特里尔（8 月 9 日）、科隆（10 月 6 日）、波恩（10 月 10 日），最后是梅特涅出生的科布伦茨（10 月 23 日）。就像所有有产贵族一样，梅特涅家族也别无选择，只有逃亡。家族里当然也对如何应对混乱局面作了内部分工。母亲贝阿特丽克丝自从弗朗茨·乔治 8 月底离开前往维也纳之后，仍一直坚守在本拉特。这期间，她以极大的怀疑态度注视着反法同盟军的调动，所有这些调动都预示着联军要撤退，并放弃莱茵河左岸的领土。她的沙龙就像一个进行各种推演的参谋部，因为这里聚集了很多军方访客，如贝雷加德将军（General Bellegarde）、列支敦士登的莫里茨世子（Prinz Moritz von Liechtenstein）以及许多其他军官。[211] 她从他们那里获得了最准确的有关奥地利统帅部将撤往亚琛的消息，以及关于要临阵换帅的考虑。她的不安日益增强，因此，她在附近的农民那里征用了许多马匹，"以备不时之需"。她将一切恐惧置诸脑后，张罗着将家具从科布伦茨和本拉特装船运往维尔茨堡（Würzbrurg），一部分再远行运往富尔维尔肯（Fuhrwerken）。这一切她都可能失去，她写到，它们都有可能毁于战火，而她自己则将踏上前往维也纳的耗资巨大的路程。弗朗茨·乔治希望她过去。

整个行程就像一次历险漂泊。10 月 11 日，贝阿特丽克丝已经到了吕德斯海姆（Rüdesheim），在那里听到了来自科布伦茨的最糟糕的消息——普鲁士人已经撤退。然后，她继续前往法兰克福，目的是到那里向银行家贝特曼（Bethmann）筹集此次行程的费用。10 月 14 日，她从那里报告说，普鲁士的军队已经完全撤出了洪斯吕克（Hunsrück）。她这次行程的目的地到底是哪里，是去科尼希斯瓦尔特还是去维也纳，已经在半途中的她其实也不甚清楚。囊中羞涩使她在旅途中绞尽脑汁，一路上都得不停地计算，什么样的东西太贵了，可以在哪里省些钱。再没有什么情况比如下两件事更能证明她那时面临的财务窘境：她在考虑是否要将马车卖掉，以及对弗朗茨·乔治的保证，"请你们放心，我非常节省，不会白白扔掉任何东西，这我可以向你们保证"。[212]

贝阿特丽克丝一直关注着政治局势，而现在，她在利奥波德二世皇帝去世时所作的预言，看来要不幸言中了。帝国在崩溃，她写到，莱茵河左岸已经属于法国人，而且（她认为）如果不能取得和平，德意志的土地也会完全丧失。"多么令人悲哀的时代；我的心碎了，真的，我真坚持不住了；我的双目无法面对战争，人们会因恐惧而死，进而对任何事情都已麻木；我从未像现在这样受过这么大的煎熬；不会再有比这更令人惊恐的事了，而前景却又糟糕透顶。自从战争打响以来，人们开始愤怒地思考，如果不能以最快的速度联合起来，并使用一切可能的手段，君主们将失败，而贵族亦将与他们同眠。"[213] 她说，她老了，她的精力已经日益不济了，她只想要得到安宁。科布伦茨的房子已经放弃。她在逃亡中所写的信，表达了一种末世的情绪，这也道出了整个家族的感觉。

梅特涅对家族账务的第一次修正

9月时，年轻的梅特涅还在美因茨逗留，然后才第一次前往维也纳，到父亲那里去，但仍是临时性的，因为他父亲在梅特涅离开本拉特之前就作过周密的考虑，令他前往科尼希斯瓦尔特去"建立统治"。[214] 在梅特涅没有付诸印刷的方案中，这种干巴巴的、行政事务式的措辞，掩盖了背后实际隐藏的事情：

让他盘点下家族已一败涂地的财务状况，看看到底还剩下什么
资源。弗朗茨·乔治打算得很好，把这件事交给儿子去做，因
为儿子对数字和财务更为在行。整个 11 月梅特涅都在科尼希斯
瓦尔特度过，他向看管庄园的人分派任务，并运用自己系统的
统计方式获得了家族的财务概况。他不仅检查了莱茵河左岸受
威胁地区的状况，也查看了科尼希斯瓦尔特仅存的领地情况。

171

酒窖管理员贝克尔（Kellner Becker）从莫泽尔和科布伦
茨向他汇报了有关情况，称他已作了绝望的努力，试图在法
国人到达之前将还可以动用的藏酒卖掉，但是为时已晚，而且
葡萄酒农也拒绝交货。他还报告了法国人在整个地区查抄、没
收、劫掠粮食、牲畜和马匹的情况。乡下的农民由于受到敲诈
而面临着饥荒的威胁。10 月 23 日，贝克尔本人正在科布伦茨，
当晚，在短暂炮击后，法国将军马尔索（General Marceau）
已经同他的军团一起进到城里，第二天大部队随即进城。此
时，市民已经体验到了他们的城市此前曾为法国流亡者用作筹
备军事对抗法国革命大本营的后果。逃亡者留下来的所有财产
被洗劫一空。215

梅特涅家的房屋也未能幸免。法国人威胁道，如果逃亡的
人不返回来，他们的不动产和所有财产将被没收。"［法国］莱
茵 - 莫泽尔军团中的人民代表"布勃特（Boubotte）于 1794
年 11 月 1 日发布告示，将威胁付诸实施。他的布告以"法
国人民的名义"发布，并冠以既令人惧怕又引人敬畏的标题：
"自由、平等，或者死亡。"贝克尔也给梅特涅送来了一份。布
告中，涉及他们家的主要有两条："第一条：在法国军队收归
的地区中，所有已经离开并不在本地的居民，均视为（移出
的）移民。……第三条：此前所有领主及移民的物品和动产，
宣布为法兰西共和国所有。"216

本地政府实施的措施，是在地方报纸上一个案件、一个案

件地公布，并声称将"按照人民代表和中央政府的决议，拍卖梅特涅伯爵家族的土地"。[217] 梅特涅家族在科尼希斯瓦尔特的管家总结了贝克尔从莱茵地区发来的报告，并作了评价，评价与贝阿特丽克丝的估计基本相同。现在，年轻的梅特涅要坐在办公桌旁审阅、研究账目，要从中得知他们家族所面临的情况："莱茵河另一边发生的不幸事件……属于我们这个时代中特殊的世界现实情况，而且从某个角度看，因之产生了这么多不幸的人，让人也只有遗憾和扼腕叹息，人们能做的仅此而已，对已经消逝了的，人们已找不到更多的言语来形容。"因为人们面对的"是既不顾忌国际法、宗教信仰，又不顾忌人类法则的敌人，所以，他们也没有忠诚和信任可言，就像后来的结果已经多次证明的一样，那些没有移民出走的人，并没有得到善待"。

梅特涅家族的私人藏书则经历了一场特殊的命运安排，选帝侯罗塔尔是这些藏书储备的奠基人。1794 年"开战那年"，梅特涅家族出于担心，已经事先将藏书打包，储藏到了埃伦布赖特施泰因城堡（Festung Ehrenbreitstein）中。埃伦布赖特施泰因沦陷后，法兰西共和国的全权代表宣布本来属于私有财产的这些藏书"作为原属帝国所有的、现为共和国夺取的物品"。由于这些藏书来自贵族，因而有理由查抄没收。他们从书箱中拿出在他们看来对巴黎有足够价值的东西，然后将剩下的转交给了刚刚成立的科布伦茨女子中学。这些书籍被胡乱堆放在敞开的马车上，从城堡运往科布伦茨，途中有很多书散落在马路上。1818 年，当梅特涅第一次回到科布伦茨时，一些居民亲手将他们捡到的书又"交还给我，以证明他们祖祖辈辈对我们家族的忠诚"。腓特烈·威廉三世国王在夺回莱茵各省之后，也将这些藏书归还，使它们至今还能在科尼希斯瓦尔特供人欣赏。[218] 此外，克莱门斯还于 1794 年 11 月 13

日安排将领地的档案送往班堡（Bamberg）妥为保存。家族的文化记忆因此而得救。

在审核所剩的财产时，梅特涅下达任务，要求对波希米亚的所有土地和位于美因茨、吕德斯海姆、奥贝雷黑（Oberehe）、科布伦茨以及拜尔施泰因的葡萄种植园（"酒庄"）进行地形地貌的几何测绘，并将测量结果呈报给他。如此一来，他就掌握了梅特涅家族的葡萄种植园、耕地、草场、森林、野地、特许经营权、采邑和庄园财产、作为遗产的及可收取佃租的土地，以及村庄与辖区管理的总的概况。梅特涅深入调查，厘清了历史遗留的、相互交织在一起的所有权和采邑之间错综复杂的关系。对莱茵河左岸的所有资产，他没有"进行扣除"，从这个字眼的确切含义上讲：没有扣除掉，并暗自希望，它们有朝一日可能重新归为家族的财产。

16

在维也纳、科尼希斯瓦尔特和奥斯特利茨重新开始

1794 年 12 月，梅特涅家族的到来，在维也纳上流社会中引起了截然相反的反应。但是，家族与皇室的传统关系历时悠久，直到近代的玛丽娅·特蕾莎、约瑟夫二世和利奥波德二世治下，依然紧密。尽管弗朗茨·乔治身上也有一个（对他来说不公平的）污点，即因为人们很难抚平对失去富饶的尼德兰的痛惜之情，所以将责任推给了他，但是，在为哈布斯堡皇朝效劳的二十年中，他积累了可观的道义资本。而贝阿特丽克丝早就与宫廷建立了非常好的关系网。自 1773 年以来，凡是在她丈夫于维也纳逗留期间处理解决有关公使馆的事务时，她总是要受到年迈的国务首相考尼茨的热情关照。国务首相虽然于 1794 年 6 月 27 日去世[219]，但是，她与考尼茨的儿媳利奥波丁娜（Leopoldine）也一直保持着友好的关系，利奥波丁娜出身于奥廷根 - 斯皮尔伯格（Öttingen-Spielberg）家族，贝阿特丽克丝希望她的女儿爱列欧诺拉（Eleonore）能成为自己的儿媳妇。她盘算着，要是能够与考尼茨家联姻，至少可以起到进入维也纳封闭贵族圈子的敲门砖作用。她还一直培养与利奥波丁娜的妹妹爱列欧诺拉·冯·列支敦士登（Eleonore von Liechtenstein）的关系，这层关系可能马上就会发挥作用，因为未来新娘的母亲利奥波丁娜于 1795 年 2 月 28 日去世后，爱列欧诺拉·冯·列支敦士登就立即成了年方 19 岁的爱列欧诺拉的"母亲"。无数的聚会邀请和舞会，提供了互相交换想法

的机会，特别是在 1795 年初的一次化装舞会上，年轻的克莱门斯与爱列欧诺拉进一步相识了。[220]

御赐婚姻

174

梅特涅的订婚，引发了许多传说和真假难辨的说法，似乎是由于它们所描述的原因，这段婚姻才成为可能，而且说什么的都有，诸如：年轻优雅的、令人无法抗拒的 22 岁美男子，因疯狂地追求才赢得了爱列欧诺拉的芳心；或者：他母亲巧妙地利用了与哈布斯堡皇室流传下来的关系，设法使维也纳上流社会对这桩婚事的抵制土崩瓦解；又或者：爱列欧诺拉自逞身为女儿的全部娇媚之能事，最终让脾气倔强的父亲松口，同意了这桩婚事。[221] 所有这些解读，都将婚事的操作和决策说成个人的行为，好像是由于当事者本人各自的特点和特长，才玉成其事。这些解读模式均将资产阶级市民阶层爱情婚姻的俗套生硬地掺杂进来，而没有看到，即使是 18 世纪末，贵族婚姻也还是被置于社会结构的强制之下。并非每个单独的个体都可以随心所欲地结合，而是要考虑家庭财富方面的因素；婚姻是要组建一个新的统治核心，这个核心也要具有经济层面的目的。"贵族家庭"是"由血缘关系、统治关系以及经济责任（等等）所共同组建的单位来体现的"。[222] 在理想的情况下，婚姻应当建立这样一种新的单位，就是说，一方面要检视新娘一方的陪嫁分量，另一方面也要考量新郎一方是否有能力长期养护这个单位。对于前者，考尼茨家很快就作了通报；但是针对后者，就需要在细节上做得令人信服。考尼茨家族能够也愿意考察一下梅特涅家族的物质条件，而考察偏偏发生在 1795 年，发生在梅特涅家族失去莱茵河左岸的全部财产，只能依靠科尼希斯瓦尔特的领地维持主要开支的时段，而在 18 世纪，他们已经疏于经营科尼希斯瓦尔特了。

这次联姻事实上隐藏着什么样的危险和风险，以及整个事件在某个时刻受到了失败的威胁，到目前为止，这些事都不太为人所知，似乎也看不出梅特涅有什么理由，要在他的回忆录中谈及此事。仅仅用爱情和母亲的关系网以及她的说合技巧，无论如何是办不成此事的。最后，还是得由克莱门斯自己来操盘整个谈判过程，在这里，他在科尼希斯瓦尔特盘点家族财产一事，不但显示他要比父亲更清楚家族的财务状况，而且证明他此行没有白忙，有付出就有回报。这次联姻，从弗朗茨·乔治与考尼茨侯爵的相府总管第一次预谈开始，到最后经由相府会计佩黑格林·罗比施（Peregrin Lobisch）于 1795 年 8 月 23 日查账为止，持续了五个多月。

恰恰因为梅特涅在其回忆录中对这件复杂事情的原委讳莫如深，因此，更有必要来探明事情经过的每个过程。这个"项目（Projekt）"——文件中就是用这个词来称呼这桩婚事的——是从基本层面开始发展的，即两个相爱的人之间面对面的、鸿雁传书的情话交流。此外，还有一个子层面——对婚姻契约坚忍持久的讨价还价。两个层面的对话缺一不可，而且必须双双成功；无论哪一个层面谈崩了，那么，整个"项目"就会全盘告吹。梅特涅必须完成这件艺术作品，必须完美无缺地既进行爱情对话，又进行契约对话，但是为了爱列欧诺拉起见，又要尽可能地将两种对话分开进行。只有一次，两个层面的谈话戏剧性地撞车了。

爱情对话

看上去，这个层面的作业相对轻松。情书彬彬有礼又不可抗拒："我千百遍、千百遍、千百遍地热吻你的玉手。"他们交换发缕，当她摔了一跤的时候，他也关怀备至地询问她的身体情况。但是，时年 22 岁的他，也想通过诗歌和共同的阅读给女方留下印象。这意味着：他期待的是一位能与其在精神上相互启迪激励的女伴，而爱列欧诺拉可以成为他想要的这样的女性。梅特涅推荐她阅读法国作家让·弗朗索瓦·马蒙泰尔（Jean-François Marmontel）创作的关于秘鲁毁灭的诗小说《印加》（*Les Incas*），马蒙泰尔同时也是狄德罗《百科全书》的工作人员。同时，梅特涅请求她，在她父亲面前多美言几句，以缩短等待婚礼的时间，因为等待的时间在他看来"旷日持久"，由于去往科尼希斯瓦尔特而不在的这段时间，对他来讲就像过了几百年，他说，爱列欧诺拉是"他一生的幸福"。[223]

在爱情对话中发出第一个决定性信号的，当然是爱列欧诺拉，她说，在梅特涅之前还有两个竞争者，但她最终选中的是梅氏。[224] 她在一张邀请梅特涅看戏并约他在剧院见面的入场券上，向他作了表白，"如果您真的愿意"；在这里她承认"我们两人私下说，我真的非常愿意做您喜欢的事。……您不要把我完全忘记，并且要想到，虽然我不是那么漂亮，不是那么招人喜爱，但是我爱您超过所有您现在认识的、过去认识的和将要认识的人"。[225]

梅特涅曾在他的回忆录中写道，他从来没有过"这么年轻"就结婚的念头，但是，很快他就明白了，"我父母对这桩婚事抱有很多的期待"。[226] 通常来说，人们之所以把这桩婚事看作一桩为达到某种目的而结合的利益婚姻，特别是缘于梅特涅有过的多起持续多年的绯闻。然而他于 1795 年在信中表达的爱情誓言，之所以完全不是虚假的托词，是因为爱列欧诺拉的确有着梅特涅不能也不想摆脱的某些气质。她的小姨这样描述："她可以随意指使她的父亲，她被娇惯着、宠爱着，无忧无虑，对所有新鲜事物都感兴趣。认识这样一个有着无忧无虑

176

的天性却又意志坚决的人，真不是一件容易的事，她的未来让我发抖。"换句话说就是：不是特别漂亮，但是绝对妩媚、活泼、迷人、聪慧，并且是个富有的遗产继承人，父亲死后，她有希望每年得到 47000 古尔登的收入。[227] 虽然传记作者们不愿意承认，但梅特涅是真诚地爱着爱列欧诺拉，甚至后来在他的情人多萝特娅·冯·丽温（Dorothea von Lieven）面前，他也承认："我当时真的不愿意结婚，但是父亲希望我结婚，而我是按照他的意愿去做的。但如今，我却一点也不后悔。我的夫人杰出卓越、精神世界丰富，能够为一个家庭建立幸福的一切品格，她都集于一身。……我的夫人从来都不属于漂亮的一类，她只令真正熟知她的人喜爱。只要是真正了解她的人，就一定会爱上她；大部分人认为她死板、不太好打交道，而这恰恰是她要达到的目的。在这个世界上，没有我不准备为她做的任何事情。"[228]

1795 年 8 月 11 日，他写信给爱列欧诺拉，告诉她，她父亲的宫廷秘书基因迈尔（Kienmayer）为她在维也纳安排了房子，他自己将于 8 月中从科尼希斯瓦尔特返回，双方父母想于 9 月底去奥斯特利茨，婚礼也将在那里举行。令梅特涅更为紧张的，是期待着"泰斗的大管家（de l'homme d'affaires du Prince）"，即考尼茨侯爵的会计罗比施到来。后来他报告说，考尼茨的委托人终于在 8 月 14 日到达了，事情将在几天内解决。弗朗茨·乔治将给爱列欧诺拉的父亲写信，谈及一些不需要她去关注的琐事。梅特涅爱她超过爱自己千百倍。

基因迈尔非常私密地告诉克莱门斯，维也纳正在流传着有关他的恶意谣言。对克莱门斯来说，如何在爱列欧诺拉面前坚决地驳斥这些流言蜚语，极其重要，他的做法也说明了许多问题，因为他的信写着写着就直接从法语变成了德语："一个耳朵进，一个耳朵出；让他们狂吠吧，走自己的路。"他说，这是最简单的办法，这样最能把那些敌对者搞糊涂。这里，他道出了一项准则，在后来的政治生活中，他也是这样使用的，实际上，这项准则也的确一再将他的政敌激怒。

商 业 谈 判

真正起决定性作用的子对话，进行得就像一场障碍赛：第一个障碍被克服了，第二个接踵而至。一共有六个障碍需要跨越。

（1）接触性商谈中的安排试探

总体来看，这次联姻更像一场法律意味浓厚的、如何签订商业合同的谈判，而不像一段爱情故事。它透露了许多关于当时贵族、宫廷以及维也纳上流社会所处的真实状况。在两个相爱的人同意之后，与通常的做法相反，不是由母亲贝阿特丽克丝，而是由父亲全盘接过，主导局面。开始的时候，弗朗茨·乔治避免与儿子可能的岳父直接会谈，而先是悄悄地向相府总管、内廷参事冯·吕波尔（von Röper）征求意见。1795年 3 月 28 日晚，在一场持续了一个半小时的私密谈话中，他与冯·吕波尔当面触及了要谈的最根本事项，这个事项必将涉及两个最古老贵族家族间缔结姻亲关系的关键：婚姻协议可能采取的形式。会谈谈到了真正棘手的问题，即"伯爵家的财产现状"。[229] 同时，弗朗茨·乔治就帝国的法理给冯·吕波尔上了一课，因为冯·吕波尔很少涉猎帝国与莱茵地区的情况。弗朗茨·乔治说，他依靠温纳布尔格和拜尔施泰因的伯爵领地，从而在帝国国会中占有席位和投票权，并且是四个"酒庄"的所有人；这些财产包括葡萄种植园，除了国内外葡萄酒贸易所带来的可观收入之外，还有葡萄酒什一税，即所收的赋税。在波希米亚他有科尼希斯瓦尔特领地，外加从米尔提高（Miltigau）和赞道（Sandau）合并过来的资产。所有这些资产加在一起，每年可带来的收入介于 60000~70000 古尔登之间。[230] 其中有些资产虽然还存在债务，但是，所设立的一个分期偿还基金，会在七年之内偿清所有债务，前提是，"如果和平能够到来"。他的财产可以为大儿子"创造一个合乎其等级身份的生存基础"；小儿子由于是美因茨大教堂教社会成员、布鲁赫萨尔（Bruchsal）主教教堂教士会成员，以及温普芬教区的有俸圣职，生活来源已有保障。对唯一的女儿，家里也将会给她准备"相应的嫁妆和一定的结婚财产，她会感到满意的"。婚姻契约文本可以参照弗朗茨·乔治和贝阿特丽克丝之间的结婚协议书来起草；那份协议规定，弗朗茨·乔治每年预计支付帝国货币 6000 古尔登以及支付城里房屋的家具开销 500 古尔登，然后还要负担一辆四座六驾马车（一辆"城市用车"）以及六匹马的饲养费，再加上每年给妻子的零用钱 2000 古尔登，以及晨礼费（Morgengabe）①，也是 2000 古尔登。由于与贝阿特丽克丝婚姻协议的各项条款内容已经可以由梅特涅家族在帝国中的其他资产进行保障，因此，对未来儿媳的供给，将通过波希米亚资产中的一笔地产债抵押予以保证。

所以人们预先就可以知道：最终签署的婚姻协议对爱列欧诺拉来说并不是很有利。此外，通往婚姻的道路上满布障碍，还伴随着对失去了部分（经济）根基的这个帝国贵族家族的不确定性所反映出来的忧虑和敏感，这还不算弗朗茨·乔治对他的处境过于乐观的描述。他试图以通报他最近一次觐见皇帝的情况，来加强所作的自我介绍的分量。他说，皇帝已经准备在内务署给目前正在宫廷做名誉侍从参议的克莱门斯安排一个位置。对他本人，弗朗茨皇帝也许诺给予"一个更高的职位"，如果不能夺回尼德兰的话。然后，他向贝阿特丽克丝斜眼一瞥，补充说道，"伯爵夫人性格温柔，因此，她未来的儿媳不会有什么不满意的"。他请求与考尼茨侯爵进行首次会谈，最好就在复活节前的一周，因

———————————

① 欧洲旧时结婚后次日丈夫送给妻子的晨礼。

为他必须赶在 4 月末之前，前往科尼希斯瓦尔特的领地。

（2）首次揭开财产状况的盖子

179

　　弗朗茨·乔治信誓旦旦的保证，当然不可避免地使这位聪明的内廷参事感到可疑。于是，他给考尼茨侯爵起草了一份备忘录，为保密起见，将谈话的起因和参加谈话的人名用省略号空出。他在备忘录中建议考尼茨，应该去"布拉格的波希米亚土地登记署，摘录一下关于（梅特涅家族在）科尼希斯瓦尔特领地登记簿的内容"。在土地登记署，所有的财产状况，包括记入借方账户的土地债务，均经公证后登记在册。

　　仅仅通过口头沟通，包括与未婚妻的父亲最后的会谈来促成这桩可能的婚姻，很快证明是不够的。需要拿出能够证明情况的数据，从而令人信服地说明梅特涅家族的财务状况。在这个最棘手的问题上，还是得由克莱门斯主动出击。他清楚，在这件事情上，必须要赢得侯爵秘书基因迈尔的友好信任，因为他发现，为了促成婚礼，基因迈尔是爱列欧诺拉的一个可以信赖的盟友。在后来的一系列会谈中，克莱门斯向他解释了家族的财政形势。他甚至将所有会谈的结果郑重其事地写成了一份文件《帝国伯爵梅特涅·温纳布尔格家族的地产和资产状况》（*Besitzungen and Vermögensstand des reichsgräflich Metternich Winnebürgischen Hauses*），[231] 还附上了一份概况表格来辅助说明。[232] 基因迈尔向他声明，这样一份对于一个家族来讲如此有价值的秘密资料，如果不呈递给侯爵过目，由他私藏是绝对没有意义的。克莱门斯表示同意，但是请求基因迈尔，"鉴于他（克莱门斯）的财产状况，对提出的于（克莱门斯）不利的嫁妆要求"，基因迈尔要予以劝阻，因为不久后他就有能力反驳那些在财产上有损名誉的谣言。事实上，这些谣言的确在维也纳流传，而人们正以不信任的目光看待流亡的梅特涅一家。基因迈尔于 5 月 9 日将文件呈送给他的主人考尼茨侯爵，也就是从这天起，令人痛心、有时是令人难堪的审查才真正开始。

现在，数字表格以最乐观的形式摆到了桌面上，附带着对当前债务（"负债表"）的说明和提示。占资产价值4%的、来自收入一项的那些"资产价值"，也作了最佳的估算。

180

从收入证明中摘录之有关梅特涅 – 温纳布尔格伯爵

受益继承财产主不需纳税资产及盈利（孳息）之一览略表[233]

单位：古尔登

受益继承财产	纯收入	资产价值	不需要纳税资产	纯收入	资产价值
帝国中的：			位于波希米亚的：		
1.温纳布尔格和拜尔施泰因伯爵领地	8000 位于莱茵河左岸	200000	1.阿蒙斯格林及马尔克斯格林领地	4800	120000
2.美因茨酒庄	6000 位于莱茵河右岸	150000	2.米尔提高领地	6000	150000
3.科布伦茨酒庄	6000 位于莱茵河两岸	150000	3.投资及奥地利基金中的私人资产	5200	130000
4.特里尔酒庄	2000 位于莱茵河左岸	50000	合计	16000	400000
5.奥贝雷黑酒庄	4000 位于莱茵河左岸	100000			
6.位于列日的莱茵哈德施泰因及普骚耳	1500 位于莱茵河左岸	37500			
7.位于波希米亚的科尼希斯瓦尔特及赞道伯爵领地	24000	600000	动产		30000
首饰		60000	首饰		20000
餐具（银餐具）		20000	餐具		10000
受益继承财产总计	51500	1367500	总计		460000
			包括受益继承财产		1367500
			总资产		1827500

（3）挑剔和尝试反驳

相府总管冯·吕波尔将收到的材料进行了仔细审查，然后起草了题为《对梅特涅伯爵财产证明的异议》（*Anstände gegen den gräflich Metternischen Vermögensausweis*）的报告。[234] 特别棘手的一点是莱茵河左岸的地产，弗朗茨·乔治想把它们算进去。他的这一做法受到反驳，这些土地"在敌人手中，因此目前可以说完全不存在，即使以后归还了，土地也遭到毁坏，并且长期不能有所收获"。在波希米亚的地产中，阿蒙斯格林（Amonsgrün）和马尔克斯格林（Markesgrün）土地的一多半，以及米尔提高几乎全部土地作了抵押。这些财产均完全不适宜作为婚姻协议的保障。人们发现，这位办事认真的相府总管已经查询了布拉格地契目录（"土地登记署"）中的内容。74000古尔登的债务被隐瞒了。而且，如果莱茵河左岸的财产丧失了——他问道——那里的抵押债权人就会将波希米亚或者莱茵河右岸剩余的财产拿来抵债，那么，这些财产不就完全丧失了保障价值了吗？

这个指责的分量是非常非常重的，重到可以完全动摇梅特涅家族的社会诚信。最后得出的判断也是毁灭性的：这些情况说明，"家族答应要给予儿子的，远比他们实际能够做到的多得多，特别是比目前处于战时的情况下，他们能够做到的多得多"。说白了就是：如果不能排除这个异议，那么，这个婚姻项目就要告吹。基因迈尔于5月27日将这份文件交给了克莱门斯。爱列欧诺拉也知道了这一情况，从一切迹象看来，她的反应应该是惊慌失措与陷入绝望，因为她逼迫梅特涅对此作出解释。梅特涅则试图将两个层面的对话——爱情的对话和商业的对话——合并一处，他将自己对爱列欧诺拉的爱情，作为家族财产说明可信性的最高保证，放到了天平的秤盘里。他写了一封由爱列欧诺拉亲收的信，让人交给她，内容

182

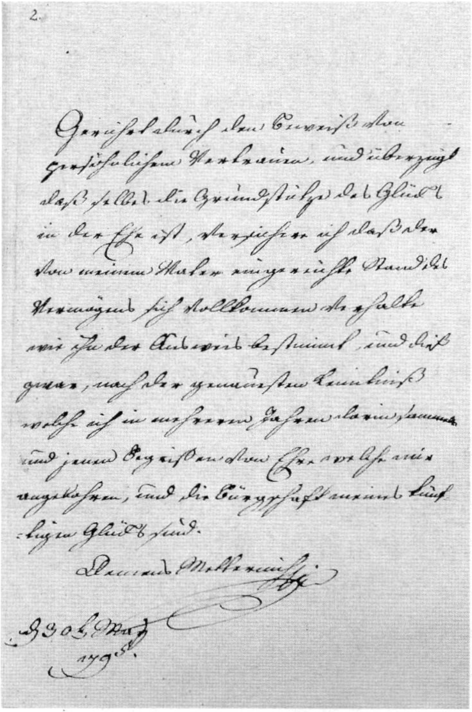

鉴于婚姻谈判受阻，1795 年
5 月 30 日梅特涅给爱列欧诺
拉·冯·考尼茨的亲笔名誉声明

如下。

    秉承经过证实的个人信誉，与坚信信誉是婚姻幸福的基础支柱，我保证，我父亲所作的财产报告，就像提供的证明所确定的一样，完全属实，而这一证明是根据最详细的了解认识，以及我经过多年的积累而成的。而那些我与生俱来的有关名誉的概念，是我未来幸福的保证。

克莱门斯·梅特涅
1795 年 5 月 30 日[235]

　　但是，它不起作用。也是在 5 月 30 日，当梅特涅试图用发誓来安抚爱列欧诺拉时，考尼茨侯爵派遣他的宫廷参事冯·吕波尔去面见弗朗茨·乔治，以手上的账单和文件的原件来查证弗朗茨·乔治所说的情况是否属实。因为事关重大，弗朗茨·乔治给予他一个正式的答复。[236] 他在谈到细节之前，先讲述了一些普遍原则，因为在他看来，须从这些原则出发来谈问题。在暗示作为被驱逐者，他不能拿出所有证据的情况时，他说道，他不得不使用"在人生的某些特定事件中作为法律证据的替代品，即诚实和信任，没有了诚信，连接人类社会的坚强纽带就会中断"。这些话听起来让人感到，他觉得自己的名誉受到了深深的伤害。

183

　　在谈及具体细节时他说，他没有将新伐树木的可观收入算进贷方项目。在科尼希斯瓦尔特和埃格尔（Eger）之间的米尔提高领地上的债务不容否认，它成了婚姻项目的根本障碍。他说，但这是作为有保证的投资，从约瑟夫二世皇帝的宗教基金中购得的，并从收益中获利，而同时，债务则通过一项分期偿还基金正在逐步减少。这说明，梅特涅家族正在努力系统地增加目前已有的财富。当然，仅仅如此还不能排除对这些财产不适合作为婚姻保障的疑虑。对莱茵河左岸，没有理由进行怀疑，因为"按照当前的政治形势，几乎可以满怀信心地宣布，那些资产会很快重新回到它们原来主人的手里"。这种希望并非不合情理，毕竟布鲁塞尔曾两次被重新夺回，而这期间莱茵地区也被夺回过。弗朗茨·乔治说，要求他对私有财产进行详细说明，让他感到的恰恰是"有失体统"。此外，帝国境内现存酒庄的收入以及波希米亚的资产收入，已经足够供克莱门斯结婚使用。

　　（4）波希米亚资产收入的书面证明

　　在此期间，冯·吕波尔已经与克莱门斯进行了进一步的商谈，并向侯爵汇报这位年轻人已经获得了有关家族经营的全面知识。考尼茨就此表扬道："这些知识赋予克莱门斯在处理未来个人事务时令人安心的前景。"他还声明，他并非对"像梅特涅伯爵这种家族的"、口头的或书面的保证，怀有丝毫的不信任。因此，除波希米亚的帝国财产之外，他放弃了将首饰、银器或者个人财产计算进来，当作婚姻契约的保障，而是将波希米亚的财产抵押用作婚姻契约的保障即可。但是，"按照我们的法律"，这里还缺少足够的证明材料。于是，弗朗茨·乔治在 6 月 4 日答应了对方提出来的所有愿望，并保证提供所需要的证明。[237]

184

（5）皇帝，解围者

后来证明，所有的计算均不起作用，因为只要米尔提高领地有大量的债务存在，家族的财政基础就达不到婚姻项目的要求。此时，约瑟夫二世皇帝作出了干预。他在弗朗茨·乔治从尼德兰返回，抵达维也纳之后，将一笔高达 40000 古尔登的"赏金"记在他的名下。弗朗茨·乔治想利用这笔款项来减少欠皇室金库的债务，之前他正是用这笔债款购得米尔提高的领地。皇帝明确表示同意这种做法，并以这样的方式替他解了燃眉之急。[238] 没有皇帝，这桩婚事可能就真的告吹了。

（6）富有成效的账目审查

现在仅仅剩下一项任务：查账，要审查所有的账簿。只要经历过税务署的账目审查，都可以想象得到，考尼茨侯爵的会计佩黑格林·罗比施会在科尼希斯瓦尔特如何工作：办事认真、目的明确、思维缜密、周到彻底。在此期间，那对未婚小情人感觉到，罗比施简直脱离了时间的控制。克莱门斯几乎每天都要从科尼希斯瓦尔特写信给爱列欧诺拉，告诉她这位于 8 月 14 日抵达的全权代表的工作进度。8 月 23 日，罗比施终于出具了人们盼望已久的"证明"。他对科尼希斯瓦尔特和米尔提高领地作了详细的检查，所有的原始账目单据均已呈他过

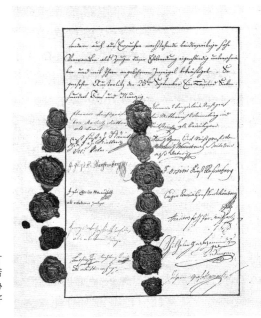

1795 年 9 月 25 日签订的梅特涅与爱列欧诺拉·冯·考尼茨的婚姻协议的最后一页，附有签字和火漆印章

目，1789~1794 年所有的收入和支出项目也都经过核实。当克莱门斯在寄给维也纳的信中写道："我爱你，爱得无法更多了（Je vous aime und fast gar zu viel）。"同时也在告知爱列欧诺拉，这位会计将于 8 月 24 日启程返回。

现在，万事俱备，只欠东风，就等着从布拉格正式出具婚姻协议了。爱列欧诺拉的父亲原来对这位未婚夫持有严重的怀疑态度，而爱列欧诺拉却热烈地为他说情，以至于她父亲最后表示："就我来说，我不反对，是你要跟他过日子，我只是警告你而已，如果你愿意，对我来说无所谓，我为你祈祷，有危险也是你自己的事。"[239] 经过克莱门斯以高超的技巧和自信进行的谈判，考尼茨侯爵对他的保留意见得以化解，举办一个和谐的婚礼已经没有障碍了。人们将谈判的结果用一份装帧华丽的凭证固定下来。[240]

艰难困苦的谈判最终取得了什么样的结果呢？协议确定了以下内容：在教堂举行订婚仪式之后，新郎的父亲给予新郎 6000 古尔登作为结婚财产，储存的 12000 古尔登为此担保。作为晨礼，新娘将获得 400 杜卡特（Dukaten）①。新郎的父亲保证供给儿子每年 17000 古尔登的生活费，外加 2400 古尔登的零用钱，这是一种给予家庭主妇的持家费用。科尼希斯瓦尔特和阿蒙斯格林领地的收入则用作抵押担保。克莱门斯要将自由产权，他们继承的柯叶坦（Kojetain）、维措米尔契茨［Witzomierzietz，奥尔米茨专区（Olmützer Kreis）］ 241 以及迪地茨（Dieditz）的一部分领地的管理和使用权留给妻子。如果她守寡，每年将得到 6000 古尔登的生活费，再加上六匹马 700 古尔登的饲料费，以及伯爵家族房产中一套"恰如其分"的住房。对于免税继承的财产——包括这些财产的盈利——将实行严格的财产分割，对此双方也达成了一致。

考尼茨侯爵为女儿婚后能保持经济上的独立费尽心力。弗朗茨·乔治则要感谢皇帝为他们排除了婚姻协议问题上的障碍。直到 9 月 27 日婚礼举行，这半年来的经历使梅特涅家族痛心疾首地感到，革命和战争给他们留下的痕迹是如此严重。看起来，梅特涅在他的个人记录中以及在面对后世时，将这一切都作了隐瞒，是有说服力的。因为他认为，只有结婚这个事实才值得通报。

奥斯特利茨的婚礼

在巨大的时间压力下，一切事宜都搞定之后，由恩斯特·冯·考尼茨（Ernst von Kaunitz）来决定应该如何举行结

---

① 一种威尼斯铸造的纯度极高的金币或银币，14~19 世纪在欧洲各国广泛流通。

婚典礼。他想要"一个在乡村举办的、安宁及尽可能快捷的婚礼"，[242] 并且限制在最小的亲属范围之内。8 月 19 日，当账目审查还在进行中时，他就建议婚礼于 9 月 26 日举行，开始本考虑在 10 月（实际上，婚礼将于 27 日星期日举行），[243] 同时，他安排婚礼在他位于奥斯特利茨的宫殿举办。有关婚礼更详细的过程，我们要感谢列支敦士登的爱列欧诺拉侯爵夫人，[244] 是她负责张罗外甥女的嫁妆的。

在 9 月 27 日星期天的前几天，新郎、新娘及他们的父母即已抵达。除了他们之外，在星期六，克莱门斯的妹妹鲍丽娜、爱列欧诺拉的姨母列支敦士登侯爵夫人、她的儿子莫里茨（Moritz）及夫人，以及西金根伯爵（Graf Sickingen）等已聚集在那里。在共同出席了一场弥撒之后，新婚夫妇、他们的父母以及婚礼见证人签署了婚姻协议。星期天在宫殿的小教堂举行了教堂婚礼，由家庭神父卡纳尔（Canal）主持，神父宣读了他本人撰写的布道词。他先是义务性地称赞了新人的贵族身份："你们的高贵血统，世代相传，真正无丝毫混杂地源源流淌在你们的血脉中"。然后，他当然要强调刚刚缔结的婚姻，作为爱情婚姻所具有的平民特征，"因为只有当婚姻联盟完全是两颗相爱之心出于自由选择和内心意愿，并由双方自己来缔结，就像你们现在这样，才会自然而然地产生爱情"。[245] 当然，这并不一定违背按照等级制度约束所导致的、必须要签署的一份婚姻协议。

按照等级制度，也要安排一些宫廷式的规定程序：官员和农民可以观看婚礼宴会，然后再由神父给六对农民新婚夫妇主持结婚典礼，"领主"出钱让他们在村中饭馆美餐一顿，并为他们组织一场农民自己的舞会。而参加正式结婚典礼的贵族，则在婚宴之后有机会观看由舞蹈、哑剧、铃鼓和鲜花组成的歌唱剧（Singspiel），由三位少女和两个儿童表演，剧目叫作《一场今天的夫妇相爱和美好家庭的盛宴》（*Das Fest für diesen Tag ist das der Gattenliebe und des guten Haushalts*）。接着，是一场风趣清唱，爱列欧诺拉作为一个失去了自由的古代女神被歌颂。然后是谣曲，新婚夫妇穿着古典神话的服装扮演《智慧女神与爱情》（*Minerve et Làmour*）中的角色。晚上，举办了舞会。婚礼盛典以第二天进行的野鸡打猎结束。这肯定不是克莱门斯·梅特涅的主意，对这位用"可怜的动物们！"来形容在科尼希斯瓦尔特宫殿里被围捕的、四处乱飞的野物的人来说，这种打猎简直是"残暴行为"。[246]

婚礼结束后，这对年轻的新婚夫妇住进了位于维也纳跑马路（Rennweg）的房子，这是十年前恩斯特·冯·考尼茨侯爵从宫廷珠宝商弗朗茨·马克（Franz Mark）手中以 15000 古尔登置办下的。[247] 此后，这里就成了克莱门斯·梅特涅一家在维也纳的府邸，如果他们不在位于英雄广场的考尼茨宫的楼上几层居住的话。而考尼茨宫如今成了联邦总理府，位于跑马路的梅特涅别墅，现在则是意大利大使馆。1795 年 12 月 8 日，新婚夫妇邀请维也纳上流社会过来出席他们的盛大结婚晚宴，而考尼茨的鼎鼎大名，使众多来宾对逃亡回奥地利的梅特涅家族名誉的怀疑，至此烟消云散。[248]

17

过渡时期：候任外交官，1796~1801

市民生活和好学的听课生

直到他逃亡为止，梅特涅首先是通过外交政策认识政治世界的：法国对抗欧洲国家强大同盟的战争；其次是在为第一次反法同盟效力期间，作为在安特卫普谈判的见证人；接着是在英国逗留期间，作为大陆的观察员从外部对英国进行考察；以及最后被任命为常驻海牙公使。这样一来，如果不是因为革命使荷兰被占领，从而使其希望破灭，那么梅氏通往国际政治大舞台的命运道路本来早已注定。生活地点换到维也纳之后，也将他从这条地平线拉了回来，并第一次教会他近距离地，同时也是从内部来观察哈布斯堡与德意志的现状。人们可以将1795~1801年的这段时期称为梅特涅的候任外交官阶段。

上述描写与梅特涅在其回忆录中一再重复的说法有些矛盾，即他所说的，在这段时间内，公职职位对他较少有吸引力，而他原本更愿以科学家作为毕生职业。[249] 实际上，在维也纳他也钟情于自然科学和医学。他听地质学、化学、物理学、植物学和医学课的讲座，为的是研究"人及人的生命"。不应该将这些仅仅看成业余爱好，而应该视作一种对事物本质寻根问底的冲动，即用那个时代的一切现代方法去寻根问底。近来对梅特涅的系统研究表明，梅特涅的兴趣显著地延伸到经验主义学说中去。[250] 此外，就像在伦敦一样，这些知识方便他了解并且与最新的技术发明打交道。后来，他将这一倾向应用到了在科尼希斯瓦尔特的植物、矿石及昆虫标本的收集爱好中去，他的收集几乎将部分宫殿变成了自然博物馆。在维也纳，他同时上许多医生的课：约翰·彼得·弗朗克（Johann Peter Frank），他是使卫生学成为大学专业的奠基人和公共预防医学的捍卫者；约瑟夫·冯·夸林（Joseph von Quarin），他是解剖学和药学专家；弗朗茨·约瑟夫·加尔（Franz Joseph Gall），他是解剖学专家和神经病学的领军人物。医学深深地吸引着梅特涅，以至于他后来自称是"半个医生"。他的儿子维克多（Victor）曾患有肺结核，为了使对健康的担忧更具说服力，他向儿子解释道："在我年轻的时候，明显地喜欢自然科学，大学时代，不算其他的学科，我学的更多的是一个医生必须要掌握的知识。"[251]

189

此外，他还去听化学、矿物学和植物学教授尼古拉斯·约瑟夫·冯·雅克温（Nikolaus Joseph von Jacquin）的课程，冯·雅克温在哈布斯堡皇朝建立了林奈系统——当梅特涅在布鲁塞尔时，正逢卡尔·冯·林奈（Carl von Linné）[①]《自然系统》（*Systema naturae*）的法文版出版，梅特涅便买了一本放到自己的藏书里。雅克温同时负责照管维也纳大学的植物园。梅特涅在布置他位于跑马路别墅的暖房和科尼希斯瓦尔特及约翰尼斯贝格的花园时，深受这个植物园的启发。

但是他后来为什么否认对从事外交工作的兴趣呢？毕竟根据回忆录的说法，他在海牙的第一次外交使命的失败，使他充满着"痛苦的感情"。[252] 即只有这个外交职位对他来讲

---

① Carl von Linné，1707~1778，瑞典生物学家，动植物双名命名法（binomial nomenclature）的创立者，1735年发表最重要的著作《自然系统》，1737年出版《植物属志》，1753年出版《植物种志》，对动植物研究的贡献巨大。他首先提出界、门、纲、目、属、种的物种分类法，被采用至今。

意义重大，这样的话才是可信的。而答案就在他对 1792 年以来奥地利政策的评价之中。在他看来，这些政策原则上应该被引至另一个方向。他指责决策者的无能，并反对他们所选择的路线。他批评"奥地利内阁的软弱与来回摇摆的立场"；第一次反法同盟所进行的糟糕的战事；对法国政府"破坏性原则（destruktive Prinzipen）"作出的时而示强、时而示弱的反应。成功的军事行动过不了几天又遭破坏。在梅特涅看来，最糟糕的事是，自从国务首相考尼茨去世后，帝国"完全缺少一个坚实可靠的计划"。在这方面，从他的回顾中可以看出，当给他提供可能性时，他愿意执行这样一种明确的计划。这一点可以从他对待拿破仑的政策中加以检验，因为就连同代人，即便是拿破仑，以及后来的像海因里希·冯·特赖奇克（Heinrich von Treitschke）这种地位的历史学家，都在指责他机会主义的、反复无常的、诡计多端的性格，进而称这种性格使他缺乏坚定的原则性。而这也正是梅特涅批评"图古特体制（System Thugut）"（西尔比克语）的地方——那位 1794 年曾追随"伟大的国务活动家"，也就是考尼茨的"战争男爵（Kriegsbaron）"[瓦尔特·齐格勒（Walter Ziegler）语]。图古特 ① 的政策显示的"只是不间断的一系列失误和错误的预估……这一切的唯一结果就是支撑和促进了法国的压倒性优势"。[253] 他说，图古特只是在策略上走了一条错误的路线，因为"在基本原则上我与他是一致的"。[254]

　　将所有的判断整合在一起，就会得出一幅复原的，并可以追溯的毁灭性图像，即对梅特涅来说，为什么在这段时间里"所有的公职都变得毫无吸引力"。如果担任公职，留给他的

190

---

① Johann Amadeus Franz de Paula von Thugut，1736~1818，奥地利国务活动家，1793 年起成为外交政策的负责人，考尼茨侯爵思想的追随者，以反普鲁士著称。

"只能是在严格的、与我的独立精神相违背的，并且挤压我的良心的界限内活动"。[255] 换句话说就是：梅特涅只有在他能够自主决定方针的情况下，才考虑为皇帝效劳，或者——像他后来担任公使时那样——至少他能够确定，奉行的普遍政策与他的原则是一致的。他完全不能想象在图古特手下的工作境况。更加仔细地观察一下政府机构内部运作的情况，就可以发现这样一种景象，即政府中主战派和主和派在举棋不定且缺乏经验的皇帝面前争相邀宠。1792~1801 年，奥地利的帝国政策，正处在一个皇帝同时追求三个目标，而这三个目标的部分内容又相互排斥的阶段：捍卫帝国不受侵犯（"领土完整"），奥地利作为一个强国的领土扩张，以及确保赢得对革命的法国所进行的战争。[256] 为此，皇帝在考尼茨死后，于 1794 年 7 月 13 日将相府和对外政策的责任交付给约翰·阿马多斯·弗朗茨·德·鲍拉（Johann Amadeus Franz de Paula，即图古特）——这位奥地利大臣中第一个市民阶层出身，从而也相应与宫廷贵族为敌的大臣（1772 年起受封为男爵）。梅特涅则属于时常拜访这位特立独行者的少数人之一。图古特奉行与俄国紧密靠拢，继续与法国作战，并与普鲁士抗衡的政策，而普鲁士与奥地利正在领土扩张问题上针锋相对。

再加上皇帝在国内践行了一套杂乱无章的政策："在行政管理上反复实验，来回折腾，人们不得不将之称为开明但没有开明内容的过渡统治。"[257] 在皇帝任命他年迈的老师、毫无政治经验的卡尔·冯·科洛雷多伯爵（Karl Graf von Colloredo）为内阁和会议大臣后，皇帝就要为自己的很多政治失误接受惩罚。关于冯·科洛雷多，梅特涅写道，他是一个"无足轻重的国务活动家"。[258]

1797~1799 年拉施塔特会议
——帝国政治及和平政策的学校

梅特涅还是一下子中断了他的市民生活：他抓住机会，生平第一次参加了一个大规模的国际和平会议。虽然由于在 1795 年与法国签署了《巴塞尔和约》①，普鲁士退出了同盟，但是，奥地利军队在卡尔大公爵的率领下，于 1796 年在阿姆贝格（Amberg）及维尔茨堡取得的胜利如此辉煌，以至于法国军队不得不放弃德意志南部的莱茵河地区。然而，当年轻的法国将军波拿巴于 1797 年占领曼图亚（Mantua），向施蒂利亚（Steiermark，即施泰厄马克）进军并威胁到维也纳时，这一胜利所造成的公众舆论中的辉煌就销声匿迹了，这一胜利甚至都被写进了歌德的《赫尔曼与多罗泰》（*Hermann und Dorothea*）。接着，奥地利就在上意大利的乌迪内（Udine）签署了《坎波福尔米奥和约》（Frieden von Campo Formio，1797 年 10 月 17 日），如同和约前言中所说，为谋求"未来永久的……坚实和不可破坏的和平"，奥地利放弃了比利时，使其成为法国的国土，并且放弃了上意大利直到阿迪杰河（Etsch）和伦巴第地区（Lombardei），由这些地区组成的"奇萨尔皮尼共和国（Cisalpinische Republik）"②；最终却要威尼斯共和国拿出领土作为赔偿，而威尼斯共和国根本就没有

---

①　1795 年 4 月 5 日，法国热月党政府与普鲁士签署《巴塞尔和约》，普鲁士退出反法同盟，并承认莱茵河左岸归属法国。这是 18 世纪法国政府针对反法同盟的一次重大胜利。

②　1796 年拿破仑率领法军灭亡了受奥地利控制的米兰公国，1798 年建立奇萨尔皮尼共和国，作为法兰西第一共和国旗下的傀儡国，首都米兰；1802 年更名为意大利共和国，拿破仑任元首，1805 年改制为意大利王国，由拿氏任国王。这个意大利王国与中世纪存在过的意大利王国并无任何关系。1814 年拿破仑退位，法兰西第一共和国灭亡，意大利王国随之灭亡。

参加战争。

　　和约的缔结包括三项原则，这三项原则将从根本上动摇了帝国的根基：第一，奥地利接受了在其以前的领土上建立一个新的国家，而且予以国际法上的承认。从而，它认可了拿破仑在这几个月里的行事方式，即按照自己的意愿，在欧洲版图上随意向新建的卫星国移民；在德意志人看来，1806年组建的莱茵联盟实属登峰造极，它的邦联最终导致帝国解体。第二，在一项秘密条款中，皇帝承认割让莱茵河左岸直到安德纳赫（Andernach）附近的内特河（Fluss Nette），以及拱手相让美因茨城堡。奥地利虽然还没有因此破坏（神圣罗马帝国的）帝国法，因为它只是承诺在即将于拉施塔特（Rastatt）召开的和会上提倡这些观点，但是，通向这一后果的道路已然打通。第三，帝国还要对莱茵河左岸被剥夺财产的人负责，用帝国已移作俗用的教会财产予以补偿。

父亲弗朗茨·乔治的角色

　　在法国与帝国之间的和平会议即将开始时，梅特涅家族亦染指其间，因为弗朗茨皇帝任命弗朗茨·乔治为皇帝的"全权代表（Plenipotentiarius）"。在较早的历史叙事中，这次和会通常被轻蔑地描写为一个盛大舞会、放松的娱乐和轻浮的调情的舞台，并且鉴于和会的结果，再加上主角之一的拿破仑避而不出席谈判，所以基本上将它作为无足轻重的会议来对待。[259] 但是，本传记必须对这次会议作出不同的评价。就像新近帝国历史的研究成果所强调的，对同时代的人来讲，帝国活生生的现实情况在这次会议上似乎被公之于众了。参与此事的帝国各等级都在认真地观察会议代表团的组成情况。很多不属于特派代表团的人，都派出了本利益集团代表前往拉施塔特。[260]

流传的那种说弗朗茨·乔治主要只是去完成礼仪上的任务，而并没有参与国务的说法是站不住脚的。[261] 他要主持会议的开幕式和闭幕式，他是帝国政治体与法国代表团之间的斡旋人。所有要交换的正式文件都要经过他的手，否则不具法律效力。这一事实非常重要，因为通过这种方式，他的儿子作为"秘书"可以参与一切事务。作为皇帝的全权代表，如果弗朗茨·乔治拒绝接受某些文件，那么就会引发剧烈的争论。这种情况发生过多次，比如在出让莱茵河左岸的问题上。在讨论是否要拆除埃伦布赖特施泰因城堡时，弗朗茨·乔治（代表皇帝）拒绝同意；他指出，关键不在于"法国人怎么说，而在于：什么是法律？什么符合帝国宪法？在帝国内部以及与外部的谈判中，甚至与法国人的谈判中，什么是被持续遵守而无异议的？"[262] 在这里发声的是一位经验老到的内行和帝国法及"德意志自由"的捍卫者。当他于1798年1月19日正式宣布会议开幕之时，帝国法的重要性已然发挥了作用，因为他通告所有代表，要以皇室法令为此次谈判的准绳；必须要"在帝国领土完整以及基于帝国宪法的基础上，以最佳的方式促进和加快实现一个合理的和公道的和平"。[263] 具体来说就意味着，只有在最极端的情况下，才能缩小帝国的疆界和帝国宪法（的影响范围），无论涉及的是阿尔萨斯、洛林、莱茵河左岸还是意大利。[264]

弗朗茨·乔治是在如履薄冰地保持平衡，因为《坎波福尔米奥和约》的秘密条款多次同时使帝国疆界的完整性与帝国等级成为问题。当要割让莱茵河左岸，不经过战斗就要将美因茨的城市和要塞交出，以及将教会财产移作战争赔偿之用的消息公开后，对在平时更愿持怀疑态度的帝国等级而言，旷日持久的谈判面临着一个没有想到的戏剧性场面。1798年3月中旬，当弗朗茨·乔治想施加自己的影响，以便说服态度犹豫的

193

帝国特派代表团相信，皇帝将同意割让莱茵河左岸时，他陷入了一个极其尴尬的进退两难的处境。直到此时，特派代表团才开始看透普鲁士和法国之间签署的《巴塞尔和约》已经为此打下的基础，而《坎波福尔米奥和约》对上述那个和约根本没有进行任何改变。[265] 参会的人——其中一部分在喧闹纷乱的愤怒中——纷纷谴责这是丑闻、背叛和违法。综合这一切想要说明的是，他们对帝国政治的信任彻底地动摇了。这是图古特的杰作。[266]

会议上克莱门斯·冯·梅特涅的角色 / 贝尔纳多特的升旗事件

和平会议的主题触及了帝国宪法的核心。而没有一部梅特涅传记动过这样的念头，即囿于传统的、年轻的帝国伯爵是否真的是认真地，以及是在怎样研究这些问题。与此相反，这些传记一直在传播陈词滥调，说他"一直在优哉游哉地享受所热衷的各种各样的娱乐"。[267] 当梅特涅于 1798 年 1 月 23 日因夫人临盆而中断在拉施塔特两个月之久的逗留，踏上回家之旅，前往在维也纳的住处，或者当他于 1798 年年中邀请夫人和孩子一同前往拉施塔特时，那些人主观臆想的所谓"放荡不羁"，对他来讲还有什么意思呢？[268] 还有，1798 年 1 月底，在抵达维也纳后不久，克莱门斯就与几乎所有肩负重任的政治家谈话，特别是见了图古特以及路德维希·冯·科本茨伯爵（Ludwig Graf von Cobenzl），后来又与皇帝进行了长时间的详谈。然后，他小心翼翼、字斟句酌地给父亲写信，描绘了决策中心糟糕的景象。有鉴于他的这番描绘，人们绝不可断言，他"不可能完全体会到和看到……拉施塔特发生的有关国家事务的水有多深"。[269]

　　在信中对宫廷进行政治分析之前，他明确指出，父亲对他非常了解，知道他不会轻易地形成某种意见，只有在经过深思熟虑之后，他才会作出最终的判断。说完这些话之后，他才向父亲提出建议，在采取行动之前，一定要征得科本茨和雷尔巴赫（Lehrbach）的同意，否则他的美好意图将受到阻碍，难以实现。接着，他又在信中对相府的情况进行了一番描述，可以说是难以想象的糟糕："您唯一依靠的，并从那里得到建议和指示的帝国相府，充斥着十分的漫不经心、无所事事和不知所措，这种情况到目前为止从未有过。他们对所有的事务都从一个角度出发看待，而这个角度与所有其他各部完全相悖。他们发出的指示，对政府的运作过程只能作或者是主观臆想，或者是完全相反的描述，而这些指示不能指导您，特别是不能在您要行进的困难重重的道路上指导您。"[270] 克莱门斯强调，人们对自己父亲的工作是满意的，要他（父亲）一定要对信中所说的内容绝对保密。

　　如果要公正地看待梅特涅，那就应该在政治上提出这样的问题：（帝国的）第一次有各国代表参加的和平会议对于他来讲真正意味着什么？他本人对此有过相当多的清晰的表示。当然，首先要搞清楚的是，他是否只是一个看客，或者说他是否积极地插手了谈判。在会议上，奥地利有三重代表：弗朗茨·乔治是皇帝的全权代表，副国务首相科本茨代表的是波希米亚和匈牙利国王，而雷尔巴赫伯爵则代表奥地利的诸帝国管区。[271] 雷尔巴赫宣称，年轻的梅特涅能否参加会议"非常需要考虑"；在答复他的询问时，图古特则表示完全同意。但是皇帝却决定应该让弗朗茨·乔治的儿子"在业务上进行锻炼"，并且应该参加会议。开始的时候，这个决定只是让他起观察作用，但是，1797 年 12 月 18 日，克莱门斯"受天主教派的威斯特伐利亚伯爵议事团委托"，得到了全权代表的正式职位，从而一改仅有的观察职能，变成具有潜在参与职能的社会等级的代表，而他也的确出色地经受了考验，以至于在一次返回维也纳时，起先对他持怀疑态度的雷尔巴赫将紧急公函委托于他，并"对他的才能、知识和良好品行连连称赞"。[272] 所以说，克莱门斯在会议期间完全不可能无所事事。有件事是他本人提出的，并在其中参与了咨询。在写给爱列欧诺拉的信中他强调，自己作为伯爵席位的派出代表所具有的无可替代的特质使他的地位合法化，并使他有可能通过自己，从而也为自己发挥作用。他提出的关于宣布莱茵河右岸的领土不受侵犯的建议，法国人二话没说就接受了。[273]

遗存下来的会议文件确实揭示克莱门斯参与了会议的工作，而且比到目前为止人们所揣测的要深入得多。他曾写信告诉爱列欧诺拉，他通宵达旦地工作，被他的委托者——那些伯爵们的询问、到访和他们厚厚的备忘录压得喘不过气来；所有的人都在关注着赔偿事宜。[274] 事实也的确如此，要求实行"保护"的问询和请求在弗朗茨·乔治那里蜂拥而至，可以说是潮水般袭来。其中包括帝国的各个等级，从帝国的诸侯到帝国的城市如法兰克福和一些乡镇，这些遭受过法国士兵侵扰的地区均要求得到赔偿。丁克斯比尔（Dinkelsbühl）甚至已经罗列出了高达 1792584 古尔登以及 38.5 十字币（Kreuzer）① 的精确的赔偿要求。[275] 这一切也经过克莱门斯之手，并向他展示了帝国各等级的多样组成情况，而且从现在的眼光来看，对他来说，这在一定程度上可能像是一种日后维也纳会议召开前的状况，一场微缩了的预演，当然，维也纳会议召开时，院外集团 ② 强烈要求实行保护的程度，要激烈得多。

---

① 1300~1900 年在德意志、奥地利、匈牙利等地流通的辅币。

② 即帝国各个等级。

在会议进行期间，发生了一桩骇人听闻的事，虽然此事在政治上总的来说无足轻重，却让整个维也纳城怒火冲天，而它形成的舆论炒作的爆炸力，因之也成了一个很好的证明——克莱门斯深深地融入了拉施塔特的事务中，甚至是主动插手其中。1798年4月13日，法国驻维也纳公使贝尔纳多特（Bernadotte）在他房屋的阳台上升起了红白蓝三色旗，这让维也纳市民感觉受到了挑衅，以致大量的人群聚集在法国大使馆门前，高呼"皇帝万岁"，有人统计，人群达5万之众。嘈嘈杂杂约一个小时之后，人们先是打碎了建筑物的所有玻璃，然后冲了进去。此事使人感到有如1789年在斯特拉斯堡发生的人民冲击事件，只不过事发的征兆正好相反。这一事件在拉施塔特和平谈判中所起的作用，就像一个开战信号。用什么办法也不能平息贝尔纳多特的怒气，他于4月15日启程离开维也纳——前往拉施塔特！在这里克莱门斯·冯·梅特涅正等着他。这一事件在国际上引起的轰动是巨大的。在柏林，人们认为这一事件是法国方面策划的阴谋，目的是让图古特出丑，然后推翻他。[276]

梅特涅马上就介入了；他急切地要求爱列欧诺拉给他提供有关这一事件的进一步消息。他认真采取的一个步骤是，于4月29日为他父亲起草了一封用词妥帖、表达得体的致图古特的同情信。弗朗茨·乔治在信中对这一事件表示了他的愤怒并称其为一个谋划已久的阴谋。法国报纸对这一事件的反应证明了这一点。他说这是背信弃义、阴谋、过激行为，并请求辞职，在图古特因此被免职之前先行下台。他儿子在信中这样起草道，他——弗朗茨·乔治——不能想象还有比这样做更充满荣誉感的离任行动。[277] 毫无疑问，他这样做也是在玩火，因为弗朗茨·乔治的离任也可以被利用为一个缘由，使这次会议流产。这一事件进一步澄清了克莱门斯·冯·梅特涅在会议中的参与程度。

196

会议作为帝国与革命碰撞的舞台

　　谈判促使刚刚经历过家族变迁的、年轻的帝国伯爵更加详细地了解了帝国的法律形势："有产者的命运是暗淡的，如果说帝国形势的特点有过值得珍惜的时刻的话，那就是当前的、现时的时刻。我收集了大量在这个不幸的国家中有关内部形势的资料。"[278] 同时，他还受到了有关帝国宪法特点的教育。会议上，帝国代表们发表的实践中的论点和论据，印证了他在斯特拉斯堡和美因茨从国家法教师们那里学到的理论。帝国的代表们之所以反对割让莱茵河左岸的各省，是因为"它们在语言、习惯和思考方式上完全不同"。位于欧洲中心的德意志帝国具有一部独特的、在《威斯特伐利亚和约》中法国人也明确表示要予以保障的宪法；开明的政策会承认这是"维持这一地区均势的首选方式"。[279]

　　根据在斯特拉斯堡和美因茨与狂热革命分子打交道的经验，当梅特涅在拉施塔特看到法国代表时，马上有了似曾相识之感。他的感觉像是文化的碰撞："我相信，是见到了一群九月党人和断头台的刽子手，这使我的内脏翻江倒海。"[280] 他的那些回忆仍近在眼前；从拉施塔特出发去斯特拉斯堡郊游途中，他发现了一个奇特的现象，他在革命前和革命中认识的这个地方，现在已变得完全认不出来。在星期天从拉施塔特出发沿着莱茵河的几次漫游中，梅特涅有机会与乘小船过河去右岸教堂祈祷的农民交谈。梅氏走近他们并询问生活过得如何。所有的人都对他肯定地说，与旧制度最坏的时期相比，他们要上缴多一倍的苛捐杂税，如果再这样下去，他们将卷起铺盖，离开这个国家。梅特涅以嘲弄的口气对着他们脱口而出："这是什么进步！这是什么自由！"并且写道："如果在他们面前说起这些有关自由的词语，或者类似平等的概念，他们哭笑不得，他们最嘲讽的就是这些东西。"²⁸¹ 从最普通的民众中获得的这些即时印象，印证了他叙述的、早年经历过的强征军税①、敲诈勒索和任意没收：疯狂的法国军队打着"以战养战"的口号，将这个国家洗劫一空，将他们所谓的希望之乡②变成赤裸裸的谎言。²⁸²

在拉施塔特与法国代表一起进餐的时候，在梅特涅看来，他们的服饰派头和言行举止与他们骄横狂妄、吞并侵占的场景别无二致。然而，对于续写他的传记来说，更为重要的是，他从会议谈判的复杂情况中获取了何种政治素养。还在 1797 年 12 月初写给爱列欧诺拉的信中，他就预言了帝国面临的暗淡命运，并且写着写着就令人毫无准备地转用了德语："Elle [l'issue] ne peut qu'être terrible pour l'Empire.（帝国终结的景象将只会非常可怕。）Über dieses muss man das Kreuz machen.（对于这个结果不得不画十字了。）"²⁸³ 12 月 9 日，还在谈判正式开始之前，他就断然认定："但是不可否认的是，帝国完蛋了。"²⁸⁴ 他要求不要引用他信中所写的内容，他感到被无知的人包围着，而他们无法理解他的看法。他获知的这些事，是如此的不同寻常，法国人在帝国面前无休无止地采取的军事措施，是如此无法用言语来形容，以至于他已经看到整个维也纳将化为灰烬。他写到，再加上人们在哪里也不如在维也纳更了解帝国的情况，而那里的政府得到的却是完全错误的印象。

在这一刻，梅特涅已经早于他人看到了法国政策将会产生的内在的必然结果，即在所有战线取得全面进展：占领美因茨和巴塞尔主教区，以及意大利的革命化；天知道这场大火会

198

---

① 占领军向居民征收的特别税。

② 指圣经中上帝赐给亚伯拉罕的迦南地方。

烧到什么地方才能停止："但是有一点是肯定的，对于欧洲其他地方来讲，没有丝毫的理由（'aucune raison'）不被从根基上彻底动摇了——被四千万人所动摇，因为他们只有一个目的。"[285] 作为直接的受害者，梅特涅更为清楚地感觉到变革带来的政治冲击力，但是作为一个受过埃德蒙·伯克学识教诲的人，他也比其他人更早地知道，这些发生在表面上的事件，只是一种具有划时代意义的长期趋势的一部分。1797 年圣诞节时他就已经能够确定，美因茨"完蛋了"，而且必然要为整个莱茵河左岸地区——不仅仅只是到安德纳赫为止——"画十字了"。很多人还不相信，但是于他而言，发生任何事情都不再会让他感到吃惊。[286] 紧接着，刚刚被法国人占领的巴塞尔就向他显示了他们的基本精神：这对相邻的、面临深渊的各国人民来说，是一个多么可怕的前兆！"在不到七年的时间里，革命潮水般地裹挟着近五千万人，到什么地方是个头？我为可怜的瑞士人感到遗憾；但是他们完了，而我们将在沿着蒂罗尔（Tirol）边界的所有地方遭遇革命。昨天，法国人已经进入了美因茨。"[287] 换句话说就是：他预期，1792 年开始的革命，将会具有四十年前发生的、席卷整个欧洲特别是德意志中部的"七年战争"的规模。

在拉施塔特谈判开始前，梅特涅预期莱茵河左岸将会全部丧失，结果不幸被言中：他肯定已经了解《坎波福尔米奥和约》中的秘密条款。早在 1 月 6 日他就非常确定，在维也纳人们相信："（法语）这次拉施塔特谈判将只是一场游戏：（德语）一切都已事先谈妥。"[288] 更有甚者：他肯定也事先知道那个突显了拿破仑无法预测的暴力倾向的事件。《坎波福尔米奥和约》是拉施塔特奥地利代表团前成员科本茨亲自与拿破仑谈成的。当一切就绪，只差签字之时，这位副国务首相还想再捞些好处。这时拿破仑警告说："法兰西共和国绝不会在其法律范围内放弃任何东西；以她现在所拥有的手段，她可以在两年内征服整个欧洲。"[289] 当科本茨还在犹豫不决时，拿破仑随即咆哮着威胁道："停战协定已经撕毁！宣布开战！但是您要记住，我将在秋季结束之前击碎你们的皇朝，就像我现在打碎这件瓷器一样。"[290] 说着，他抄起一件摆在桌子上的陶瓷雕塑，狠狠地摔在地上。这件瓷器是女皇叶卡捷琳娜二世（Zarin Katharina II）赠送给科本茨的，以表彰他在圣彼得堡担任公使的工作，对他来讲，这件瓷器可以说意义非凡，拿破仑当然也知道这一点。当天，即 1797 年 10 月 17 日，科本茨签署了和约，奥地利外交官们对此无言以对。《坎波福尔米奥和约》是在拿破仑的极端高压下，通过讹诈达成的。尽管皇帝希望保持"帝国的领土完整，但他被迫放弃了（这个立场）。这一背景使梅特涅在拉施塔特的灾难预言更具说服力。后来在 1809 年，梅氏再次置身于一种类似的处境中，当时正在进行关于《申布伦和约》①的谈判，而拿破仑的达摩克利斯之剑也将再次悬在哈布斯堡皇朝的头上。

　　欧洲以往缔结和平条约的情况，对于会议的进程和结果不可避免地造成了影响。因此，梅特涅避免在回忆录中将其贬斥为"背叛"、"丑闻"和"违法"，而在后来研究梅特涅的著作中，这种情况仍不时发生。他本人只是简洁地作了评论："我在拉施塔特的逗留，只是加强了我对那种不能给我以精神满足的职业生涯的抗拒。"[291] 1799 年 3 月 12 日，法国向奥地

---

①　又称《维也纳和约》，系法国与奥地利之间的和约。1809 年 7 月 6 日奥军在瓦格拉姆会战中被击败后，皇帝派使臣向拿破仑求和，拿破仑考虑法军虽胜但损失巨大，同时顾及西班牙的战事和国内不稳，同意休战媾和。双方于 10 月 14 日在维也纳申布伦宫（即美泉宫）签订和约。和约规定：东蒂罗尔、多瑙河以南的克恩滕（卡林西亚）地区、整个克赖因（卡尔尼奥拉）、萨瓦河以南的克罗地亚合并于此前已于 1805 年割让的伊斯特利亚和达尔马提亚，作为法国的伊利里亚行省。

利宣战。卡尔大公爵取得的胜利促使帝国副国务首相科本茨
于 1799 年 4 月 1 日将弗朗茨·乔治·冯·梅特涅撤职。4 月
7 日，弗朗茨·乔治将这一命令告知代表团，第二天，他通知
法国人他已被撤职，因为停战状态已打破，第二次反法同盟战
争实际上已然开始。由于弗朗茨·乔治的离任，代表团也失去
了同法国人斡旋的权力，因为这只有通过皇帝的全权代表方可
实现。[292]

　　克莱门斯在他的总结中再次为支持宫廷的混乱政策找到
了理由。他不是在批评会议本身，而是在批评图古特的整个政
策。同时，通过他在会议中的工作实践，他成功赢得了科本茨
与雷尔巴赫的深深尊敬与承认，使皇帝越来越认为他有能力担
负更高级别的外交职务。科本茨在 1798 年 5 月就已经接管了
外交事务，不过只是临时性的，图古特作为影响力巨大的"幕
后实权人物"还在继续活动，并且在科本茨 1798 年再次出使
圣彼得堡时，又接管了外交事务。图古特继续将外交政策的缰
绳掌握在自己手里，直到他 1801 年被最终解职。

第四章

在和平与战争之间：公使经历，
1801~1806

18

1801~1803 年的德累斯顿：
"观察岗位"上的公使

任命时的情况

对于神圣罗马帝国来说，1801 年 2 月 9 日签署的《吕内维尔和约》（Frieden von Lunéville）意味着，与邻国——法兰西共和国——的第二次反法同盟战争的结束；1799 年，拿破仑·波拿巴让自己当选为共和国的首位最高行政长官。此后不久，1802 年，法国与英国签订了《亚眠和约》（Frieden von Amiens）。看起来，通往和平的道路在欧洲终于打通了。毫无疑问，其中既有失败者也有牺牲者：波兰作为一个国家没有被重建，威尼斯被划归哈布斯堡皇朝，皮埃蒙特（Piemont）被划归法国，而奥兰治亲王成了没有国家的统治者，德意志的教会诸侯以及众多的帝国小领主，也成了大国政治版图上被呼来唤去的乌合之众。但是，古老的德意志帝国作为一个政治机体还在苟延残喘；它甚至在其复杂的政制架构中还能再一次作出决议，通过了一项基本法律，规定在所有的帝国等级之间，以何种方式对帝国莱茵河左岸世俗的财产所有者进行补偿。这就是臭名昭著的 1803 年《帝国特别代表团最终决议》（Reichsdeputationshauptschluss）[①]，是旧帝国的最后一

---

① 又译《帝国特别代表权决议》或《帝国代表权总纲》，是神圣罗马帝国解体前最后一次宪法修改性质的法律决议，由帝国特别代表团于 1803 年 2 月 25 日（转下页注）

部宪法准则。

保尔·施罗德（Paul Schroeder）对《吕内维尔和约》及《亚眠和约》的判断让人茅塞顿开：作为协议，这些和约从技术上讲是不合格的，但是，作为18世纪人们对持久和平的基础的设想，也并非毫无用处。不是和平架构本身包含着一直延续到1815年的战争的萌芽，而是拿破仑其人的人性和虚荣心导致了下一场乃至以后许多场的战争。[1] 同样，在1815年6月，梅特涅当着拿破仑的面，在回顾其政策的逻辑时表明，他的所谓和平协议永远只是一场新的战争的前奏曲（"您的和平决议从来只是一场停战而已"[2]）。

在梅特涅的回忆录中，他将1801年的《吕内维尔和约》看作历史和政治上的重要分水岭，同时也是他传记中的一个转折点，两者相互关联。帝国与法国签署的和约标志着图古特战争政策的失败。这位伟大的考尼茨的不幸继任者于1801年辞掉了所有职务，最终为科本茨伯爵路德维希的上任铺平了道路，科本茨作为国务和会议大臣及宫廷和国务首相，将奥地利的政治玩弄于股掌之中，直到1805年。[3] "图古特体制"的终结，也排除了梅特涅到目前为止对从事外交工作一直怀有的保留态度。外交上新的和平态势重新启动了活动空间，也导致了很多重要的驻外岗位，如驻伦敦、柏林以及圣彼得堡的

（接上页注①）在雷根斯堡老市政厅通过，弗朗茨二世皇帝于4月27日批准生效。所谓"帝国特别代表团"，是《坎波福尔米奥和约》及《吕内维尔和约》签署后，法国出于欧洲地缘战略的考虑及进一步削弱神圣罗马帝国的目的，要求帝国尽早履行和约及附加秘密条款的规定，即莱茵河左岸世俗诸侯被法国占领的领地，由莱茵河右岸教会土地的世俗化，以及帝国等级中较小领主的领地来进行补偿（法俄方案），进而逼迫弗朗茨皇帝让帝国国会尽快就补偿方案进行讨论，作出决议，也即在实质意义上将法俄的既定方案通过法律来确定。帝国国会则建议由一个专门委员会，即由一些选帝侯区（国）的代表、帝国诸侯议事会的地区代表及骑士团的代表组成的"帝国特别代表团"，来讨论决定，结果即是《帝国特别代表团最终决议》。

公使位置需要作出调整。在这种情况下，弗朗茨皇帝也努力
争取刚刚年满 24 岁的帝国伯爵来为帝国的外交事务效力。但
是，真正提携梅特涅的却是科本茨，在拉施塔特谈判中，科氏
对他进行了深入细致的观察。当他在梅特涅被任命为驻德累斯
顿公使并将其作为自己的学生对待，进而吐露心声时，他实际
上就已经为他出具了从事外交之事的合格凭证："您知道，长久
以来我就希望您能够从事外交工作，而我对我们一起搞定这次
漂亮的"招聘"，真是喜出望外。我在您面前一直怀有的感
觉是，在所有可能取决于我的事情中，您永远不应该怀疑您
可以发挥的作用。"[4] 在任命之前，梅特涅还在因自我怀疑而
备受烦扰，弗朗茨皇帝亲自打消了他的顾虑，唤起梅特涅的
"爱国主义"，并让他在出使哥本哈根、德累斯顿和雷根斯堡
（Regensburg）——作为波希米亚选帝侯在帝国国会的代表——
之间作出选择。在这位求职者看来，丹麦过于遥远；他也不愿
意去雷根斯堡，因为他认为——就像他后来回顾时写的——去那
里仅仅"是为高贵的德意志帝国守灵"。[5] 对于一个刚刚入行的
外交官来说，德累斯顿在所有中等的公使馆中——可能除了慕
尼黑之外——就其作为一个"观察岗位的价值"而言，确实最
具吸引力。因为萨克森代表着历史悠久的选帝侯制度，宗教改
革就是从这一制度开始的，因此，它在帝国中也代表着新教的
主导声音，尽管其统治者削弱了这种作用，因为他们为了其波
兰国王的君主选举政体而转向了天主教。萨克森因其与波兰的
传统关系，可以超越一般中等国家的视野去观望东方，也因其
在帝国其他等级代表势力中的领导作用，而被算作帝国政治中
中立的中等大国，从而为普鲁士、法兰西和奥地利竞相争取，
与此同时，当然也会受到严密的监视。

　　在回忆录中，梅特涅也将自己进入国家公职队伍与对奥地
利 1792 年以来的政治批评联系在一起，此点我们前面已然描

203

述过。[6] 他认为主要的错误在于"完全缺乏一个坚实的规划"。[7]
他在这里作的绝不是一个"生硬的、不公道的判断"，不是因
义愤填膺而发自于所谓的"青年时代悲伤的回忆"，[8] 而是虽然
不太客气，却非常客观的评价。在这一点上，最新的研究成果
不仅对此予以确认，在评判上甚至走得更远，将"图古特体制"
看作"严重的失误"、"政府灾难"、"执迷不悟"、"僵化的战
争政策"、"毫无主见的外行"以及"完全的不中用"。[9] 因此，
梅特涅当然立即会给出建议，如果是他，他会在自己的政策中
遵循这样一种"规划"。也正因如此，在回忆录中，梅氏在这
一问题上展现了他的"信念（Glaubensbekenntnis）"，对此我
们之前已经有所了解，梅特涅用的词是"原则（Grundsatz）"，
"我政治生涯中的所有行动均建立在原则的基础之上"。[10]

1801 年 11 月 2 日的"自我指令"：新型外交纲领

仅如上所述，当然还没有回答这个问题，即梅特涅是否在
1801 年就已经有了一个"坚实的规划"。那时候他就已经具有
了这些主导性的"原则"吗？在他开始外交生涯之时，他就已
经具有了那种政治视野和政治远见吗？并且有了在他的事业达
到顶峰的维也纳会议和此后的时代他所具有的，以及在后来回
顾过去时他自称一直具有的那种政治视野和政治远见吗？对这
些问题，人们从来没有认真地提出过疑问。幸运的是，梅特涅
恰恰是在 1801 年那种情况下遵循了他的原则："我从来不做半
半拉拉的事：一旦成为一名外交官，我就会全力以赴做一个完
全的外交官，并且是在我所处的等级与其所包含的意义上，做
好它。"[11] 为了向自己、向宫廷，首先是向皇帝证明一个真正
的外交人员的品质，他做了一件在外交史和国际关系史上可能
是独一无二的事：1801 年 11 月 2 日，他为就任在德累斯顿的

新职撰写了一份自己要遵守的指令，一份不少于 105 页的重要政治宣言。[12] 这是一份不可估量的文件，因为它可以让我们评估梅特涅是以何种外交才能上任的，以及在他政治生涯的初始年代，方法和原则是否真的会对他产生持久的影响。同时它也可以表明，旧帝国对于梅氏来讲，是否还能算作一个政治巨人，或者他是否真的还属于那个集团中的一员，这个集团只是将旧帝国看作一个病入膏肓、垂死挣扎的机体。

在到目前为止的驻萨克森公使埃尔茨伯爵埃默里希（Graf Emmerich zu Eltz）被派往西班牙宫廷之后，1801 年 1 月，作为继任者，梅特涅获得了常驻德累斯顿的任命。由于他要到 11 月才上任，因此，他有足够的时间为新的任务作准备，而他作准备的方式也极具个人特色：一连数月，他沉浸在相府档案室与公使馆的往来函件中，想要获知真实的情况，首先是关于那些"导致欧洲政治现状"的各种事件的情况。在此，梅特涅运用了一个他后来作为外交大臣和国务首相时一直在使用的办法，每当他要面对皇帝言简意赅地解答一些具有基础性意义的问题，并由此要作出相应决定之时，他都是使用这个方法。他总是在自己阐明一个问题时，详细地说明这个问题产生的历史背景，并将要采取的措施建立在这种基础上。在作出最终决定之前，他总是要给皇帝提供几种不同的行动方案，供其选择，并说明不同的方案所具有的不同风险，直到最后只剩下一种被证明可行的方案为止。比如，他就是以这种方式向弗朗茨皇帝说明，应该如何将皇朝带出 1809 年面临的绝望境地；他也是以这种方式论证了在 1810~1813 年之间，面对拿破仑时所应采取的战略；他还是以这种方式解释了为什么要让皇帝的女儿玛丽–路易莎（Marie-Louise）与拿破仑联姻（1810）；同样他也是以这种方式阐明，为什么在那个时刻解除与拿破仑的联盟最为适宜，并在此刻转向了反法同盟的一边（1813）。

205

在官僚机构的文件往来中，这种做法在形式上被称为"奏折（Vortrag）"，宫廷各部的大臣也都向皇帝呈送"奏折"。它们不仅涉及一般日常事务，同样也涉及关乎皇朝生死存亡的重大决定。在皇帝面前，梅特涅在奏折中总是毫无保留、秉笔直书、秉公直言。如果要恰当地理解梅特涅为自己踏入公职而撰写的那份文件的话，那么，他以这种方式进入政治决策的过程是明智的。那份文件看起来好像只是一份自我指导的自白，然而实际上，梅特涅以此呈上了一份政治上可以出师的考试答卷，同时，也通过这种方式为自己担任更高级的职务，甚至担任大臣之职作了自我介绍。皇室给予他表达自由一事，既说明了对他的信任，也说明了政府领导和定向能力的虚弱。

梅特涅将他的就职宣言分成了四个部分。第一部分是1790~1801年，此阶段可以"作为一个包含欧洲国家体系中最引人注目的变化来理解"，提供了所发生的历史政治事件的概况；第二部分描写的是萨克森宫廷在这一时期的作用；第三部分讲述的是"欧洲现时的政治状况"；第四部分总结了对公使的具体指令。

1790~1801 年的欧洲历史

只要在梅特涅按照编年史整理汇集的历史分析中，将冲突最为集中的 1790 年选取出来就已足够：在这方面，显示他的确是国家学说教师科赫和福克特的学生，因为他观察的是欧洲各帝国的变迁，但是，他同时也回味着自身的政治经历。我们已经看到从 1789 年到 1799 年，梅特涅在零距离的接触中认识到了社会力量的巨大冲击力。因此，他能够越出他的学术老师们教给他的思维轨道，认识到行动的核心，并在一定程度上，可以说知道了地震的震中在哪里，以及"社会最内部的组织核心"在哪里。梅特涅在这里首先影射的是由雅各宾派的恐怖统治引发的革命。他对一切事物都不再遵循"旧世界"的所谓等级、特权阶层或者社会团体的思维轨道来解读，而是在一种新的主导概念下来解读："社会"的、现代的集体单数（Kollektivsingular）。

206

　　他将 1790 年描绘成一个复杂的危机年份，国内和国外的情况交织重叠在一起：革命的、大国政治的、军事的、社会的。他将所有欧洲大国都囊括进了自己的视野。他将具有危机性质的冲突尖锐化，解释为是整个欧洲连接过程的结果——在地球某一洲的一端发生的事情，会反作用到另一端。1790 年在俄国、奥地利和奥斯曼帝国之间笼罩着战争，同样的战争也笼罩在俄国和瑞典之间；而英国同西班牙也面临着开战的威胁；尼德兰脱离了哈布斯堡皇朝，匈牙利也正在走向独立，列日则成为无政府主义的舞台。法国革命，梅特涅这样写到，像一棵大树，向所有方向扩展着它的树枝。普鲁士人"忠诚地秉承着祖辈遗传下来的对其宿敌哈布斯堡家族的仇恨"，所思所想的只是扩张自己的领土和强权。为此，他们不惜违背帝国的利益，支持列日人的革命，在匈牙利鼓动起义，干涉波兰危机，为的是在那里达到"领土扩张"的目的。此外，其敌视帝国的立场还体现在自约瑟夫二世皇帝驾崩后，普鲁士意图通过对德意志诸侯联盟的支持，阻止哈布斯堡皇朝的候选人加冕。俄国则不然，在与瑞典缔结和平协议后，奉行接近哈布斯堡皇朝的反普鲁士政策。1790 年，梅特涅看到的是，"德意志帝国（teutsche Reich）""由于诸侯联盟的反宪法的联合"而遭到分裂。但是，尽管如此，忠于帝国的各个等级出于对哈布斯堡家族的忠诚，还是使利奥波德二世当选，并加冕为皇帝。

帝国政治视野中 1790~1801 年的萨克森历史

梅特涅以同样彻底的态度，按照年代顺序，将在选帝侯腓特烈·奥古斯特一世（Kurfürst Friedrich August I）治下的萨克森宫廷过去 11 年的情况，一一阅读，并加以总结。他的报告表明了他的研究是多么投入，他甚至深入研究了波兰的内部情况，特别是他重点关注的，与 1791 年 5 月 3 日通过的波兰帝国宪法有关的情况，及其相关的麻烦与困难。他的研究还包括选举萨克森选帝侯腓特烈·奥古斯特为世袭国王的问题，当然最后没有成功。对于梅特涅来讲，那时候再也没有比德累斯顿更好的地方，以熟悉在中欧地区三大国之间错综复杂的权力平衡游戏了，而游戏中，普鲁士和俄国仅仅着眼于如何牺牲波兰，进而扩大自己的领土。

梅特涅对处于履行帝国义务和普鲁士强压之间的萨克森选帝侯国的困境，思考得非常彻底，以至于人们已感觉到，这个问题深深地触动了他。因为这个问题触动了他内心在旧帝国终结前的这段时间里，对他而言可能还意味着的某种心结。他后来的回忆录使人们得到这样的印象，即与他的父亲完全相反，"他坚信"，"查理大帝创造的伟大杰作，正在不可逆转地走向终结"。[13] 而在他的自白中，写的则是完全不同的内容。他大量引用公使馆的报告原文，试图证明在帝国宪法面前，哪一方做得无可指责（萨克森），而哪一方想要系统地破坏它（普鲁士），并以此削弱奥地利在大德意志的影响力。普鲁士在萨克森内阁的眼中似乎就是一种威胁，因此，要努力建立起一道抵御普鲁士的军事防线，要把萨克森在帝国的部队召回来加强自卫。维也纳宫廷在评价这一考虑中的撤军时认为，这是一起严重的事件，梅特涅则原文引用发给驻德累斯顿公使的指示来作评论，"如果帝国的所有较高等级均背离皇帝陛下，并且每个单一的帝国等级只愿考虑眼前较大的、于自己合适的事务和做法的话，且如果皇帝陛下也放弃捍卫帝国疆界，认为一切事情只限于他自己的国家的做法才属合理的话，那么，对于整个帝国来说，这一切产生悲惨的结果实属必然"。

按照梅特涅当时的分析，不应该将奥地利和普鲁士的政治置于同一级别之上，以及像卡尔·奥特马尔·冯·阿雷廷（Karl Otmar von Aretin）所断言的，"奥地利基本上只关注扩张其领土……而在两个德意志强国的政治中，帝国的命运都是不值得考虑的"。[14] 梅特涅认为恰恰相反，在当前这个时期，如果帝国各等级能够证明可以同心协力，那么帝国还是有能力巩固自身，并进行改革的。在总结中，他对目标的界定是，"尽可能维持帝国的宪法，并保护每个单一的个人"。同时，他也恰恰预见性地认识到一种可能的前景，即奥地利不情愿地完全从帝国的纽带联系中退出。

208

梅特涅的认识和结论

在一个篇幅拉长的总结中——这是第三部分——梅特涅发展了他的认识和结论，展示了他洞穿复杂的政治局面，将其置于历史的关联性中考察，从中抽象出理论主线，并将这一理论付诸政治实践的特殊才能。他的认识是：

其一，由法国革命引起的 11 年的变革，比 18 世纪的三次"主要战争"（西班牙王位继承战争、大北方战争 ① 和西里西亚及七年战争，梅特涅将后两者视为一个整体）在更大程度上改变了欧洲的政治关系。自 1756 年由考尼茨开始的与法兰西的结盟已不复存在。

---

① 　即第二次北方战争。

其二，国家关系当前的状况是一片"混乱的组成"，从这种混乱的组成部分中，完全看不出未来的欧洲国家体系；"政治原则之争"还将继续，因为离一个"普遍的安宁状况"还相距甚远。

其三，英国早已放弃了其原来对欧洲大陆采取的中立政策，并成了革命战争中（反法）"同盟的一个活跃的工具"。由于英国是一个海洋大国，并已经成为一个"全球竞争者（Global Player）"，因此，人们必须在跨欧洲的背景关联下审视其欧洲政策；英国在谋求"世界贸易垄断"。

其四，因对普鲁士和奥斯曼帝国有着共同的敌对立场而在叶卡捷琳娜二世统治时期与俄国建立的传统友谊，同样也已不复存在。尽管在梅特涅撰写"指令"之前，亚历山大一世（Alexander I）登基才4个月，梅特涅对他的性格却早就有了非常准确的描画："他的神情不安的、因蝇头小利即可失去而通过巨大的牺牲也不能赢得其人的性格"，使得与他掌管的帝国建立持久的、不受干扰的关系，不再成为可能。梅特涅在1801年即已认识到，俄国是继法国之后欧洲另一个迅速崛起的侧翼大国，它会永远以它的霸权追求来威胁欧洲大陆的中部。

其五，普鲁士自腓特烈二世（腓特烈大帝）以来就怀有野心，以二流国家的国民人口和较少的财政改革，上升为"一流强国"，并以这种"扩张追求"践踏所有国家承认的国际法的和道义的原则。马上就要遭到破坏的1791年同盟更是不在话下。1801年，梅特涅对普鲁士的长期预测是，它欲在"德意志爱国主义的旗号下"，将帝国所有的事务进程都屈从于它自己的专断领导，并且最终将德意志大部分地区的命运和生存，牺牲于普鲁士的"扩张意图"中。

其六，如同梅特涅1794年在英伦旅行时已经了然于胸的一样，英国命中注定将继续是一个结盟伙伴："到目前为止，与英国不断更新的联盟，在两国的政治和地缘关系中有着天然的原因。在一个纯粹商业大国与一个完全的内陆大国之间，几乎不会出现相互嫉妒的情况。"但是，作为英国贸易的转口地和抵抗法国的桥头堡的奥地利属尼德兰，这个共同利益的抵押物，已然丢失。

其七，尼德兰联省共和国将在"一个或早或晚的不远时刻"失去独立，并降格为法国的一个省（不出所料，此事 1810 年果然发生）。

其八，哈布斯堡皇朝将丧失对意大利的宗主权；取而代之的是，一群意大利小国——法国的共和国——将会产生（拿破仑后来的确促成了）。梅特涅断言，（意大利各国）与哈布斯堡皇朝所具有的传统联盟终将解体。

其九，肢解瓜分波兰，来源于普鲁士和俄国对"盲目扩张的狂热"，它"与健康政治的一切原则背道而驰"。对受到帝国法影响的伯爵梅特涅来说，瓜分波兰是对欧洲国际法和政治道德彻头彻尾的破坏。同时，也展现了年轻公使务实政治的深刻逻辑："波兰的生存对于我们来说，对于相邻国家的正当利益和欧洲普遍的安定来说，是同等重要的。它可以阻止三个大国之间与直接接触分不开的、经常的矛盾冲突，而且仅仅这一点，对于三国中任何一国来讲，都具有决定性的价值。"

210

梅特涅的分析，角度犀利，他也有能力预测事态的发展。他对普鲁士和俄国扩张趋势的预判非常准确，就像他同样准确地估计到，英国对普鲁士和俄国是一种持久的抗衡力量。那么，他从流传下来的联盟关系以及局面的崩溃中，得出了哪些结论呢？梅特涅认为，普遍的安定只有通过建立欧洲的均势才能产生，而当时距达此目的还相去甚远。"周边所有的从属性共和国均属于法国，这样一种特殊的占有情况"，造成了这种体系根源上的不均衡。梅特涅将这种不均衡看作拿破仑以他建立的卫星国来实行其统治的技巧：法国的霸权要通过一群非独立的、被大国挤压成中等国家地位的国家来保障。梅特涅表示，奥地利欧洲政策最紧迫的目标就是要改正这一类"过分的状况"，就是说，必须重组并回归到与大国均势相适应的程度上。从这些措辞中，可以认识到梅特涅所认定的长远目标，在与拿破仑的交往中他从未偏离——直到维也纳会议，通过这次会议，法国缩小到了与其他大国一样的地位。

萨克森宫廷：观察与经历

梅特涅不仅在思想上为他的第一个外交使命作了准备：他知道，萨克森选帝侯很注重礼节，因此，他也努力在这方面作好正确的准备；他让皇室内务署给他准备好了有关"行为准则"的详细资料。在举行盛典时穿着的宫廷大礼服，以及各式各样的交际形式、繁文缛节，让人感觉到，似乎世界的发展在这里有些停滞，人们好像还处在 18 世纪中叶。当法国革命废黜了王朝，拿破仑引入了执政官专政制度之时，在德累斯顿，人们还穿着钟式裙袍（Reifrock）①。相对于欧洲紧张不安的局势，在梅特涅看来，德累斯顿就像一个"沙漠中的绿洲"。

由于不需要进行重要的谈判，在与内阁及选帝侯的接触中，梅特涅最主要的任务就是巩固他们对帝国的忠诚，以及提醒他们需防备普鲁士。此外，只要有可能，他就尽可能多地去建立个人关系和获取情报。这就促使他进入这座都城的每个

① 16~18 世纪欧洲人穿的一种用鲸骨圈或藤圈撑起来的裙服。

沙龙中，去结识日后对他的职业生涯还会用得着的人物。[15] 他参加了伊莎贝拉·恰尔托雷斯卡公爵夫人（Fürstin Isabella Czartoryska）的沙龙，她是波兰富豪贵族亚当·恰尔托雷斯基（Adam Czartoryski）的夫人。1794 年起义失败后，恰尔托雷斯基不得不逃离波兰，在整个欧洲到处游走，为波兰争取朋友。他与年轻的沙皇亚历山大成为好友，后来做了他的外交大臣。来自维也纳的年轻公使，很快就引起了 56 岁的伊莎贝拉的好感，并尽其所能地支持梅特涅。伊莎贝拉与卢梭、伏尔泰、本杰明·富兰克林非常熟悉。在她的沙龙里，梅特涅还结识了俄国将军彼得·巴格拉季昂公爵（Peter Fürst Bagration），他年仅 19 岁的夫人叶卡捷琳娜还在德累斯顿为梅特涅生了一个私生女。对这个女人及相关的绯闻，本书后面还要详尽地讲述。

梅特涅同样感到业已守寡的公爵夫人多萝特娅·冯·库尔兰（Herzogin Dorothea von Kurland）的沙龙非常吸引人，她从她去世的丈夫那里继承了位于西里西亚的萨甘公爵采邑［今波兰扎甘（Žagañ）］，现在作为萨甘女公爵（Herzogin von Sagan）与她的三个女儿鲍丽娜（Pauline）、威廉米娜（Wilhelmine）和多萝特娅一起生活在德累斯顿。威廉米娜·冯·萨甘后来成了梅特涅的最爱。本书在单独的一章中还要进一步详述梅特涅与女人们的关系。在此处仅要说明的是，梅特涅的夫人爱列欧诺拉以从容不迫和冷静嘲弄的态度认命了，屈服于她的命运。一次，她在拿破仑的将军奥古斯特·德·马尔蒙元帅（Marschall Auguste de Marmont）面前承认，她不能理解，一个女人还能够违抗自己的丈夫。[16] 在德累斯顿，梅特涅并没有忽略他的婚姻与家庭：1803 年 1 月 3 日，全家热盼的传宗接代的继承人维克多在这里出生——之前，在维也纳出生的两个儿子乔治

212

（Georg）和埃德蒙（Edmund）均于 1799 年先后夭折。还在梅特涅任驻德累斯顿公使期间，爱列欧诺拉又怀上了女儿克莱门蒂娜（Clementine），她于 1804 年 8 月 30 日在柏林出生。

当然，梅特涅认为最轻松愉快和长于招待的沙龙，当属英国公使休·埃利奥特（Hugh Elliot）的，他于 1792~1803 年常驻德累斯顿。梅特涅高调赞扬了这位公使："我从未遇到过交往起来比他更为舒心惬意的人。"[17] 这一点在他的回忆录中之所以非常引人注目，是因为梅特涅仅用了一句话来描述选帝侯腓特烈·奥古斯特的性格，而对这位英国外交官，却整整写了两页纸。他敏捷的思维，热烈生动的性格，自信、果断且不顾忌任何外交礼节的做派——甚至连德累斯顿敏感的宫廷社交平台也不在话下——给梅特涅留下了极为深刻的印象。梅特涅曾非常开心地讲过在普鲁士国王腓特烈二世王宫中发生的一件事情。由于对法国人的偏爱，国王曾命令他的最高内廷总监在接见外交官时，要对法国外交官逐一地唱名介绍，对英国人则可作笼统的集体介绍。有一次，在这种场合，当最高内廷总监向国王介绍说："陛下，我荣幸地向国王陛下介绍 12 位英国人"时，埃利奥特突然大声插话："您搞错了，总监先生，只有 11 个人。"说完，他一个转身走了出去。几年以后，当埃利奥特作为驻柏林特命公使被召进宫时，普鲁士国王想起了几年前的这桩难堪之事，因此想让伦敦的王室也感受一下"他的坏脾气"，于是，作为报复，派遣了一位十分平庸的代办常驻伦敦，并调侃地讲道，如果英国宫廷对这个人选觉得满意，他会感到受宠若惊。普鲁士的最高内廷总监向埃利奥特通报了国王的话，埃利奥特立即反唇相讥："显而易见，您的国王无法挑选出更好的人来代表他了。"对这个事件，梅特涅不带感情色彩地评论道："以这种态度举止，埃利奥特先生在普鲁士不受待见是再自然不过的事了。"[18]

　　梅特涅经常去埃利奥特府上拜访，后来还将与这位奇特人物的交往视作他最为惬意的回忆。这再一次证明，他是多么欣赏盎格鲁—撒克逊式的生活方式，以及与此相关的精神气质和智慧才情，并且，只要他有机会，就会刻意培养它。两人的关系密切到了甚至于相互交流这样的"工作经验"，比如一名外交代办在无事可报的情况下，该如何向各自的宫廷定期发回报告。比梅特涅年长 20 多岁的埃利奥特还向他透露了自己的秘笈："如果我得知我的政府对什么事情感兴趣，我会就此写些我的看法报回去；如果我无法得知他们想要什么，我就会自己杜撰一些消息报回，然后再通过下班信使将它们撤销。"[19]

　　被西尔比克忽略了的埃利奥特，不仅仅有值得上文提到的那些特点，因为他唤起了梅特涅的亲英情怀；而且在他的沙龙里，帝国伯爵还结识了当时的普鲁士官员和"战争顾问"弗里德里希·根茨，他也是埃德蒙·伯克《对法国大革命的反思》一书的著名译者和评论家。两人之间马上迸发出精神上接近的火花。那时候，是哪些政治问题促使他——以及他的思考和论证是如何——引起梅特涅的注意的？这可以从他 1805 年 9 月撰写的文章《欧洲政治均势的最新历史片断》(*Fragmente aus der neuesten Geschichte des Politischen Gleichgewichts in Europa*) 中找到答案。仅仅题目本身，就已然符合梅特涅的政治坐标体系，而这篇文章所阐明的原则，显然与梅特涅的精神志趣惊人的一致。根茨想指明《吕内维尔和约》之后第三次反法同盟战争（1803~1805）的出路。他从"前欧洲的联邦性体系"出发，并从压迫欧洲，毁坏其旧宪法，要其收敛克制、安分守己的法国超级强权出发作了分析："这是一场正义的和必要的战争。"根茨看到了德意志有着像荷兰、瑞士、意大利和西班牙一样被奴役的危险。他宣称，他是"以真实爱国主义的和真正世界主义的情怀"在发表意见，并且是"为了祖国、为了欧洲的共同事业、为了各国的自由和尊严、为了公理和秩序的统治"而写作。[20] 他已经看到了"世界政府"及其"国家联盟"的乌托邦出现在地平线上。对他来讲重要的是，只有国际法意义上的共同事业才有能力保护弱小国家的权利。为了对抗法兰西式的中央集权的万能君主专制——拿破仑正在走向这种专制——他提出了英国式的"混合国家宪法"。[21]

214 就像梅特涅一样，根茨也使用了历史回顾方法——在此回顾的是法国革命战争——作为他的反应发酵剂。梅特涅也特别注意和同意地吸收了根茨对法国和俄国的批判，批判它们擅自修改帝国的宪法，以便为所欲为地去处理占领莱茵河左岸的赔偿问题，而不是让皇帝和帝国国会来处理。同时，根茨在瓜分波兰以及由法国主导的改变瑞士和意大利领土现状问题上的分析，也闪烁着他政治上专业老道的光芒。长话短说，鉴于如此之多的共同点，根茨在德累斯顿逗留期间主要与梅特涅待在一起，并成为他的朋友也就不足为奇了。他们共同拜访外交圈与各个沙龙，比如霍恩塔尔伯爵夫人（Gräfin Hohenthal）和恰尔托雷斯卡公爵夫人的沙龙。[22]

《帝国特别代表团最终决议》与拯救梅特涅家族

梅特涅虽然感到德累斯顿如同一片沙漠中的绿洲，但是他始终对围绕着欧洲的不安定，保持着高度清醒的敏感：自《吕内维尔和约》及《亚眠和约》签署，和平局势一直不稳定，帝国也面临生存危机。这种危机可以在雷根斯堡观察到，从1802 年起，帝国国会的一个特别委员会在那里准备起草所谓的《帝国特别代表团最终决议》。引人注目的是，梅特涅避免使用这个概念，而是使用了"法俄外交调停"的说法，因为他看得很准确，是谁在操纵帝国内部的变革，"这个变革摧毁了前德意志帝国的最后基础，并使帝国更为接近其解体的时间节点"。[23] 年轻的梅特涅对帝国未来的（生存）机会的判断，非常罕见地、出其不意地摆脱了他父亲的看法。在这项法案通过之后，他认为，（法俄的）调停使帝国的根基彻底动摇，以至于它实际上已经不复存在了；它最基本的组成要素已被破坏，无法再整合在一起了。

从 1801 年夏天他撰写"指令"之时算起，到 1803 年夏天他收到去柏林任职的命令为止，在这段时间里，他的判断彻底地发生了改变。只有考虑到在此期间父亲与儿子就《帝国特别代表团最终决议》为主要内容的大量书信往来，才能加以解释。在其指令的结尾处，梅特涅就已提出了这个问题，即帝国特别代表团该如何组成，因为它要处理莱茵河左岸的贵族赔偿问题。这个问题使他在德累斯顿一直坐卧不安。之后，他在远离谈判的地点，看到了父亲在雷根斯堡谈判的整个过程中是如何全力以赴，并最终成功地做好了院外集团的工作，以及"照管好了他们［！］家族的利益"；弗朗茨·乔治为了赔偿而战斗，要求赔偿"他们家族位于莱茵河左岸的帝国直属财产的损失"。[24] 这种表达方式，使人容易产生梅特涅似乎想与整个赔偿过程保持距离的印象，虽然他作为家族的一员，并且作为家族未来的长子继承权人将从中获益。一直到了维也纳会议的谈判中，人们都会看到父亲与儿子之间这种奇怪的，但目的非常明确的分工。父亲作为受利益驱使的帝国伯爵们的首脑角色出现，与此相反，儿子却似乎成了一个超然物外的、事不关己的、中立的调停人。

对这种分工历史学家不会轻易地照单全收。因为弗朗茨·乔治毕竟是为了全家族的利益。因此，如果要解释梅特涅家族在没收莱茵河左岸财产的过程中并不属于失败的一方，就有必

215

要看一下弗朗茨·乔治在帝国国会中的特殊地位。虽然他在与钱打交道上不太在行，但是在帝国法律以及帝国各机构的丛林中却游刃有余，毕竟他在这一行中行走了几十年。国会诸侯议事会中的天主教派曾长期处于被动的无所事事状态，弗朗茨·乔治·冯·梅特涅 1785 年被选为天主教派的威斯特伐利亚伯爵议事团团长 25 后，使他所在组织（理事会、办事处、公使团）的功能又恢复了原状，使伯爵会议重新活跃起来，也使诸侯议事会的钱库充实起来，并且，他于 1802 年展开了在赔偿问题上针对院外集团的工作。

为了将损失的财物统计清楚，弗朗茨·乔治让他的顾问兼"帝国领地"行政总管克诺特（Knoodt）编制了一份细致入微的表格。表格显示：2 处帝国伯爵领地（温纳布尔格和拜尔施泰因）、4 处领地（奥贝雷黑、莱茵哈德施泰因、普骚耳以及蒙克拉的部分采邑）、3 个官职、3 个城市、30 个村庄、18 个城堡和平区（Burgfriede）① 及院区、9 处司法管辖权区、58 个庄园、54 个磨坊和 4 座酒庄（位于美因茨、特里尔、拜尔施泰因和科布伦茨）。与此绑定的还有大量的领主权，其中最重要的是铸币权、大量的从属采邑、15 个教堂资助人权益，以及众多的基金。这些领地和财物每年的总收入达 62611 古尔登。所有的资产，包括建筑物和资本债权加在一起，梅特涅家族的会计计算出的总价值，共合 3127066 古尔登。除了被没收的财产损失以外，还另外估算出 1792~1802 年的战争损失——高达 438850 古尔登。26 但是后面这一项根本没有被列入雷根斯堡的讨论中；人们可以预计，有超过 300 多万古尔登的估算过于宽松。按照领地来计算，梅特涅家族在莱茵河左岸损失了

---

① 中世纪城堡的贵族亲属间关于在城堡周边不进行战斗的协议区域。

2.5 平方普里 ① 土地及其上的 6400 名居民。²⁷ 国会伯爵议事团团长弗朗茨·乔治还鼓动其他人，也以同样的方法去计算他们的损失，以便他能够向雷根斯堡特别代表团提交一份他所代表等级的总概况。²⁸

为此，他于 1801 年 3 月 2 日召集国会天主教帝国伯爵开会，讨论了他们的共同战略。他起草了照会、议定书和备忘录，分送皇帝、特别代表团中皇帝的"全权代表"许格尔男爵（Baron von Hügel）、特别代表团中影响力较大的其他成员，此外，还送达在雷根斯堡的俄国公使比勒男爵（Baron von Bühler）、法国公使拉弗莱斯特（Laforest）、普鲁士国务和内阁大臣冯·豪格维茨（von Haugwitz, Kabinettsminister），²⁹以及直接送交法国外交部长"公民塔列朗（Citoyen Talleyrand）"亲收。塔列朗甚至极其礼貌地答复：他已将弗朗茨·乔治·冯·梅特涅的信报告给了第一执政，也就是拿破仑。第一执政被他作为天主教派的威斯特伐利亚伯爵议事团团长向其（拿破仑）所致的谢忱深受感动，亦感谢他进行调停的建议。拿破仑将对每一位德意志帝国成员逐一予以帮助。³⁰

为达目的，弗朗茨·乔治·冯·梅特涅用尽了他在长期的政治生涯中所学会的一切手段，这也给了他自信，直接给最高的政治负责人写信，好像他们是处于同等地位似的。没有他的奔走呼号和热情投入，帝国伯爵们的事情，以及他们家族自己的事情的结局将是悲惨的。他是这一行动的中心人物，并从中得到了自我肯定，对此作为儿子的克莱门斯评论道："我父亲希望，他对祖国的热爱是，不远的将来能够允许他参与到巩固帝国这一事业中去。"³¹

《帝国特别代表团最终决议》通过后，弗朗茨·乔治得到

217

---

① 1 普里等于 7.5 公里。

了承诺，将乌尔姆（Ulm）附近原帝国奥克森豪森修道院送给他作为补偿。从这座修道院的地位和规模来看，足可以使之与帝国直属领地联系起来；也正是通过这种方式，梅特涅家族重新获得了帝国等级身份，因为家族就此找到了失去的莱茵河左岸温纳布尔格和拜尔施泰因领地的替代物，而这些领地恰恰正是帝国等级身份的法律基础。弗朗茨·乔治想将其看作对未来前程的承诺，即皇帝会同时将其晋升为帝国侯爵等级，就像本书前已描述过的那样。[32] 这也唤醒了他头脑中自欺欺人的希望，认为帝国作为一个整体可以重新巩固并继续生存下去，因为宪法的所有仪礼仍是原来的样子。1803 年夏，当他作为领地新的"主人"正式接管奥克森豪森的时候，克莱门斯拜望了他的父亲。

在德累斯顿，克莱门斯从"观察岗位"中学会了更加务实从而也更具批判性地看待所有事物。他充分利用现有的位置，继续深入研究外交，并逐步认识到驻德累斯顿公使在这方面所具有的特殊优势：柏林内阁在帝国政治中所必须要优先掩盖的意图，在萨克森宫廷面前则不得不公开，为的是争取萨克森与其一同反抗奥地利。维也纳内阁与俄国宫廷的关系一直处于紧张之中，而德累斯顿为克莱门斯提供了许多与俄国公使接触的机会，以便他探知沙皇更深层的意图。梅特涅取得的这些经验不久就可以为他所用，因为当他离开奥克森豪森的时候，任命他担任驻柏林公使的圣旨即将下达。

19

1803~1806 年的柏林：
外交大舞台上的公使

局势开端：走向第三次同盟

　　随着被派往柏林任职，梅特涅即从一个观察者变成了一个积极的谈判者，并升入了外交队伍的最高等级，在这个等级中，各大国就欧洲的战争与和平，特别是就如何应对法国第一执政日益咄咄逼人的霸权主义，进行着谈判。作为年青的一代，梅特涅已经经历了第一次反法同盟战争（1792~1797），有些过程是从他父亲的办公室中观察到的。第二次反法同盟战争（1799~1801）已经在由拿破仑引导，他是从拉施塔特会议中看着战争爆发，后来是作为没有公职的帝国伯爵在维也纳关注着战争进程的。在经过一段短暂的普遍和平之后，他于 1803 年 5 月在德累斯顿已经感受到法国与英国之间重新爆发的敌意，这为第三次反法同盟战争（1803~1805）扫清了道路。这次战争的发展规模是全新的，因为拿破仑开始动摇英国的海上霸主地位——在地中海、在爱奥尼亚群岛、在博斯普鲁斯海峡、在亚历山大、在北美和中美地区。[33] 这场冲突既是帝国主义性质的，也是贸易政治的全球性争夺战。为了赢得战争，拿破仑大为扩建了法国海军的舰队，并且致力于同时在欧洲大陆赢得霸权。要与之抗衡，只有一条路可走：必须赢得盟友，组成联盟。此时，维也纳、圣彼得堡、伦敦、柏林和巴黎成为欧洲政治谈判的五个中心，而梅特涅正处于最重要的一个之中，因为即将组成的联盟的质量，是在柏林决定的。

　　有三个方面对梅特涅的职业生涯非常重要。第一，他的新职位使他突进到奥地利"宿敌"的政治中心地带，他曾把这个宿敌描绘成摧毁旧帝国的破坏者，并且在德累斯顿时就已经认识到了这一点。但是，当他在柏林看到普鲁士内阁政策无可救药地堕落之时，他不得不用自己的政治理智加以掩盖。柏林的政策在主和派和主战派之间分裂，而处在两派之间的，是由一位胆怯的君主——腓特烈·威廉三世——及其同样极其可怕的外交大臣豪格维茨推行的更加毫无章法的政策，对这一政策，梅特涅曾在图古特那里指责和批评过。当然，公使以忧虑的心情看到了普鲁士持之以恒、以邻为壑的领土扩张追求，而且他的担忧是有道理的，因为这个国家"在其到目前为止的历史中，没有任何一个时段"，"像自腓特烈大帝驾崩到 1806 年耶拿（Jena）灾难的二十年间那样"，发展得如此迅速。[34] 第二，在柏林，梅特涅直接与俄国政治进行了紧密的接触，其中，他首次亲见了年轻的俄国沙皇亚历山大一世，并赢得了他的信任。第三，他得以研究，由于豪格维茨错误的外交政策、亚历山大被误导的虚荣心以及外行的作战指挥，导致第三次反法同盟战争失败，结果使得奥地利无论在战场还是外交领域遭遇到灾难性的后果。

1803 年 11 月 5 日的自勉

　　在梅特涅的第二个公使职位上，他同样拟就了一篇自我勉励的指令，以表明对自己的期待和意图，同时，也透露出他的恩师、外交大臣科本茨委托给他要实现的政治目标。从这篇自勉指令的写法及立论方式可以推导出一个结论，即对这些政治目标，梅特涅也曾染指其中。[35] 自勉指令中强调，梅氏就像在出使德累斯顿之前一样，从相府的档案中充分了解了情况，并仔细深入地阅读了与普鲁士宫廷最重要谈判的文件，进而加深了他"对欧洲一般事务的彻底认识"。

在这篇自勉指令中，发展了一种新的政治理性，这种政治理性产自于《吕内维尔和约》，为的是哈布斯堡皇朝的利益。放弃奥地利属尼德兰及伦巴第国家的做法受到的评价是积极的，因为这些地区与宗主国隔绝，很难加以保卫，它们始终处于外来袭击的危险之中，因为在这些地方，奥地利与法国的利益区域是直接接壤的。自 1789 年以来，奥地利与各结盟大国的政策，首要的是"从源头上抵抗法兰西革命原则的压迫"，并且毫无疑问是失败了。当然，不可否认的是，第一执政与此相同的目的大部分已然实现，因为只有他成功地在法国恢复了内部秩序，并且重建了"与君主制类似的政府形式"。对于欧洲的安定来说重要的是，拿破仑能够保持成功。

自勉指令显示，梅特涅在这方面对拿破仑进一步的计划没有把握，并且它也不能排除第一执政"危险的意图"，即永久性地建立"针对欧洲其他帝国的专制霸权"。由于拿破仑在战事上持续得手，零星的反抗只能使祸害变本加厉。能阻止他的唯一办法，就是其他欧洲大国团结起来。这就说到了梅特涅政策的目标和准绳，无论是作为公使，还是作为大臣，在与法国直到 1815 年的关系上，他都要以此为遵循。

220

拿破仑阴影中的防御性绥靖政策及接近俄国

指令中具体描述了两个目标：一方面，要利用一切机会让拿破仑相信奥地利的和平意愿；另一方面，俄国与奥地利之间曾经有过的同心协力、团结一致要重新恢复，因为是两国之间产生的裂隙造就了拿破仑的优势。如果将俄国与奥地利之间的接近评价为"通往建立欧洲均势保障的最不可或缺的第一步"，这听起来完全像是梅特涅的原声。第一个目标已经将防御性绥靖政策的大致轮廓描绘出来。在英国与法国发生战争的情况下，为了安抚拿破仑，奥地利自愿答应保持彻底的中立，而且这种中立立场甚至在奥地利所有港口和舰船的"中立营业凭证和委任状"中都有所体现。如果法国军队要占领汉诺威，指令中则这样提及，要避免在外交和公众舆论以及在帝国国会里发表任何评论。皇帝没有义务非要介入，因为选帝侯们有权利与外来的强国进行战争——这一条也同样适用于汉诺威选帝侯，即英国的国王。由于法国政府及其驻柏林公使拉弗莱斯特已经以不悦的心情看到奥地利与俄国之间正在接近，因此就必须使几乎不可能的事情变得可能：必须在拉弗莱斯特面前采取审慎的态度，既不要让他感到被疏远，也要避免任何看起来的在与法国接近的迹象，为的是不要在俄国面前丢面子，有损名誉。无论如何，不要让法国公使看出来，帝国正在准备走"将来在奥地利、俄国和普鲁士之间建立三方友好关系"这条路。

221　　这是当时外交的最高等学府了。用外交的语言来说，应当称这样一种导演指令为"口径"。后来，特别是当拿破仑指责梅特涅言行不一、诡计多端，或者甚至谎话连篇时，人们只不过轻描淡写地将这些做法说成是外交惯例，为的是不将己方深藏的意图公开显露出来，以便使要达到的目标不致从一开始就遭受失败。实际上，还将有更多的机会逐一显现，梅特涅作为一位战略家，在外交的假面下追求的是长期目标，而他在实现中期目标时的做法则是务实的，或者是因时而异以及因地制宜的。

　　指令的第二个目标——与俄国建立起和谐的关系——被描述为特别棘手；但最近以来双方关系毕竟已大为改善，因为俄方试图将奥地利拉入反法同盟。在维也纳，人们满怀乐观的情

绪期待着，如果沙皇与奥地利皇帝之间重建信任，拿破仑的行
为会马上趋于缓和。

英国的利益被冷静地视作潜在的危险。英国内阁希望能够
不受限制地继续征服殖民地，目的是扩张其海上霸权，以及扩
大英国的垄断贸易。但是这些目标只有在拿破仑放弃"登陆行
动"——即不直接进攻英伦——并且将陆军放到大陆方向，就
是说，在瞄准奥地利的前提下才能达到。指令看得非常清楚：
争夺欧洲霸权的斗争，基本上是争夺"全球竞争者"斗争的前
奏。"全球竞争者"只有两种，一种是陆上的，一种是海上的。
而拿破仑所追求的，是二者取一。指令目光敏锐地预见到，拿
破仑既不会容忍沙皇俄国，也不会容忍哈布斯堡皇朝成为与其
平起平坐的强国，他必将致力于通过战争将两国削弱为中等强
国。指令从而建议，预防性地采取守势，并"避免一切能够给
拿破仑提供机会的可能，以使他将困难重重且前景不妙的海战
转换成其相对占优势的陆战"。

拿破仑之谜

值得注意的是，对拿破仑在《吕内维尔和约》（1801）与
奥斯特利茨会战（1805）之间的形象认知，在政治思考者那里
产生的矛盾心理和矛盾看法是如此不同，包括梅特涅在内，也
无法准确把握对他的看法。在这样的背景下，梅特涅后来为什
么抓住所有机会，先是作为驻巴黎大使，后又作为玛丽－路易
莎公主的大臣级随从，就近且更为仔细地研究拿破仑其人，也
就可信且具有说服力了。在 1803 年时，他还不清楚"拿破仑
内心真的怀有被英国［比如伯克］以及英国［在德意志］的追
随者所批评的贪得无厌的统治欲及占领成性的征服欲，还是这
位治国权术高明的男人……没有能力，［就是说，无法促成他］

222

为了未来，接受一个温和的国家体系……"

这就是问题所在：拿破仑有着双重性格，甚至在1814年反法同盟军已经在法国进攻时，他的一些反对派还在对此困惑不已。只要聪明才智允许——指令这样要求到——就应该考察下人们内心暗中希望的第二种解释的可能性是否准确。奥地利的处境极其危险，一切则取决于能否赢得时间。这项任务要求最高超的外交技巧，因为所有的谅解必须极其秘密地进行，为的是不要挑衅拿破仑。

与普鲁士和睦相处

派给梅特涅最重要的任务是，"与普鲁士相处时要做到态度真诚，举止端正"，尽管有千万条理由去怀疑做到这个要求是否可能。自1740年代的西里西亚战争以来，在哈布斯堡皇朝对普鲁士扩张性的强权政治的记忆中，持续不断地又增添了许多新的内容，最近的一次是普鲁士在革命战争中的自私表现。普鲁士的这种灰暗形象也记录在了自勉指令中："浑水摸鱼，再加上作好准备，等待不费吹灰之力且又无风险的时机，这就是普鲁士所奉行政策的秘密所在。"但是双方的国家利益，要求去谋求即使不是友好的，但至少是无害的以及安稳的双边关系。两个德意志大国之间的紧张状态有损于公众利益，这样做只对安定的破坏者有利，并最终会给双方带来害处。尽管如此，也不能抱有幻想和错误的希望。鉴于那里所有发生的这些"荒唐事"，只能建议公使梅特涅用外交上通行的友好态度，来替代看起来属于"道德上的不可能"的做法。对不好的看法，并且恰恰是在帝国问题上的不好的看法，应该假装无所谓，并以沉默的方式予以忽略。

第一次方向定位

　　梅特涅用他于 11 月 5 日撰写的指令充分武装好自己，并于 1803 年 12 月抵达柏林。在他对当地的政治情况进一步熟悉之后，他又像过去的习惯做法一样，去了解所到的新城市：他从一个更高的观察视角，先向他在维也纳的顶头上司科洛雷多呈上一份概况报告，这份报告同时表明，他是如何在非常短的时间内以敏锐的目光掌握了当时的政治格局，并就其特点作出判断。从地缘政治学的角度，他得出的结论是，欧洲只有两个国家的国民有能力以依附于他们的国家为代价，在欧洲大陆上相互进行争夺，并能够改变欧洲大陆的形态：法国和俄国。

　　早在 1804 年初，拿破仑，这位还未登基的第一执政，就已经如此令人畏惧，以至于梅特涅的报告只能以加密的方式发往维也纳。一个非常有说服力的例子可以形象地说明这种现象。[36] 1804 年 3 月 16 日，梅特涅向维也纳发回了一篇印刷的匿名文章，在柏林引发"轩然大波"，因为这篇文章暗讽了 1803 年策划却失败了的一场阴谋，三位忠于波旁王朝的将军密谋在拿破仑的官邸马尔迈松宫（Schloss Malmaison）内暗杀他。

　　用密码写信当然绝非不恰当，如果考虑到两年后拿破仑下令处死了匿名文章的出版商帕尔姆（Palm），因为他拒绝说出有失体统的作者的姓名。这还是对拿破仑恐惧的开始，不久，这种恐惧就涉及欧洲大陆的所有政治家。

　　从分析中梅特涅得出结论：处于法俄之间的奥地利和普鲁士，只有联合在一起，才有能力在两个侧翼强国面前确保各自的地位。两个德意志强权可以捐弃长达半个世纪争斗的前嫌，在共同利益的基础上，建立一种"新型体系"。[37]

　　尽管后来出现过许多危机，但是与普鲁士基础性的和睦相

1804 年 3 月 16 日梅特涅从柏林发回的公使馆信函，需用行间的密码解密处构成了奥地利政策的准绳。只有通过这种方式，哈布斯堡皇朝的奥地利才能在约半个世纪的时间里被绑定在德意志的政治中，而它作为德意志的一部分也才能历久不衰，当时的人们就是这样理解的。1815 年之后的德意志邦联也是建立在这个基础上的。作长期战略思考的梅特涅，是在纲领与外交层面为此打下基础的奥地利方面的第一人。

普鲁士的"内阁体系"：政治瘫痪

随着时间的推移，梅特涅当然也了解到普鲁士政治是围绕着一个自身的动力源在运转：它建立在腓特烈·威廉三世特殊精神思想状况的基础上。梅特涅公使用令人吃惊的心理学敏感性观察到，一种，也是唯一的一种重大的情感在驾驭着国王：恐惧。梅特涅说，在奥地利面前国王不再有恐惧，只有那些可以成功使他惊骇（terreur）的强国，才有极大的把握来引导普鲁士内阁去采取措施。法国与俄国有能力施加这种影响。因此，自 1795 年《巴塞尔和约》以来，普鲁士奉行的中立政策就是想避免任何的对外挑衅。也正因如此，只要一听人提及"联盟"一词，国王立即就会本能地唤醒抵触的恶感。在这样的情况下，就导致派给了梅特涅最为艰巨的任务：要尽可能使奥地利与普鲁士的政策相互靠近，使之达到能够签署书面协议的程度。

在这个过程中，梅特涅第一次展示了他最高水平的外交技巧。为达目的，他首先调查了潜在的、反对他政策的对手的情况，他发现，这些对手均处于（普鲁士）宫廷中占压倒优势的"内阁系统"之中。其中，除了那些大臣，围绕在国王身边的还有许多私人顾问，对这些私人顾问，国王几乎毫无保留地予以信任，因此他们能够阻止任何大臣不受欢迎的行动。国王的私人秘书兼内阁顾问约翰·威廉·罗姆巴德（Johann Wilhelm Lombard），以及内阁顾问卡尔·弗里德里希·冯·拜默（Karl Friedrich von Beyme）都作为"幕后实权人物"在发挥着影响。荒谬之处还在于，偏偏有两位政客在负责外交政策，一位是形式上的外交大臣克里斯蒂安·冯·豪格维茨伯爵（Christian Graf von Haugwitz），另一位是后来的国务首相卡尔·奥古斯特·冯·哈登贝格男爵（Karl August Freiherr von Hardenberg）。梅特涅形容豪格维茨是一个毫无原则、阴险奸佞的无能之辈，并认为自己对他的看法通过拿破仑的判断得到了证实，他从拿破仑那里得知："拿破仑对豪格维茨所有的性格弱点了如指掌，并将其称为一个恶棍。"³⁸ 当沙皇亚历山大一世询问梅特涅，罗姆巴德和拜默谁更坏时，梅氏回答，他们一个是法兰西的雅各宾党人，另一个是德意志的雅各宾党人，而人们希望的是，把两个人统统赶走。³⁹ 他们都无条件地相信法国的政策，并认为，如果普鲁士严守中立，就会免遭拿破仑扩张野心的祸害；多年来普鲁士成功的扩大似乎证实了这一点。而豪格维茨作为邦联中的第三人也同意上述两人的这种估计。梅特涅的观点是，必须绕过此三人直接与国王或至少与哈登贝格打交道。

哈登贝格对保持欧洲大国均势的想法持开明态度，他也同样认为组成联盟抗衡拿破仑是必要的，最好是普鲁士加入到第三次反法同盟中来，这个同盟是英国与俄国于1805年4月11日建立的，奥地利于8月9日加入其中。但是，哈登贝格警告说，如果在柏林直截了当地进行这种对拿破仑来说属于挑衅性的联合，可能无法在法国公使面前遮掩，而且，鉴于国王对此持保留态度，因此，应完全排除在柏林进行此事的可能性。哈登贝格恳请梅特涅，一定要避开腓特烈·威廉三世周围的人，而单独觐见国王；他的这一做法也向梅特涅间接地证实，国王周围小圈子里的影子内阁（Schattenkabinett）的作用是灾难性的。

1805 年 11 月 3 日的《波茨坦盟约》：
梅特涅的艰难胜利

在柏林，梅特涅第一次证实了他非常明白该如何对谈判过程巧妙地加以引导，使潜在的反对者最终变成伙伴，达成谅解，并用协议书的形式将加入联盟的事情固定下来。但到目前为止，鲜有人对他的做法给予赞扬。确实，将简直不可能的事情变成了可能，即将普鲁士从它的中立坐标系中解脱出来，并将其拉到反拿破仑联盟的一边，他成功地做到了。弗朗茨皇帝对他的公使的功绩由衷地感到满意，并向他颁发了圣斯特凡骑士团大十字勋章以示表彰。虽然可以证明以这种方式于 1805 年 11 月 3 日达成的《波茨坦盟约》（Potsdamer Vertag），是以极大的代价换来的胜利，因为这份协议书的目的，即将各方军事力量整合在一起，尚未实现。但是，这种结果不能怪这份协议的始创者梅特涅，而是要归咎于普鲁士缺乏对联盟的忠诚，它没有信守承诺，下文还将详述这一问题。

对联盟的成功建立过程，我们已经比较清楚地知道了。如果按照当时外交谈判的惯例来衡量，那么可以将当时的情况视作相当凶险，这种情况导致了《波茨坦盟约》的产生。作为背景，可以思考一下反法同盟当时面临的极其严峻的局势：拿破仑让法国军队以急行速度，从西南和西北同时向旧帝国的中心地带开进，深入大陆的心脏。马克将军（General Mack）以军事上极其外行的方式，中了拿破仑的奸计，他指挥下的奥地利军队，在乌尔姆附近不可思议的崩溃后，不得不于 1805 年 10 月 17 日缴械投降。自从第一次反法同盟战争以来，梅特涅

227

就知其大名，因为马克将军在 1793 年就曾经出过一个大胆的主意，与法国将军迪穆里埃合谋，向巴黎进军，这一举动在安特卫普会议上受到了彻底的批判，年轻的帝国伯爵当时正在现场。[40] 第二次反法同盟战争中，当这位将军在那不勒斯惨遭失败后，拿破仑 1799 年对马克明白无误的判断也曝光出来："马克是我一生中见到过的平庸之辈中的一个，充满着自负和虚荣，自视无所不能。真希望有朝一日他能去会会我们优秀的将军，随便哪一个，都会让他大开眼界。"[41] 1805 年的乌尔姆之战，拿破仑自己成了那个"优秀将军"。

这次战败之后，奥地利受到的威胁使其非常紧迫地要求普鲁士与联盟结盟。沙皇亚历山大已让他的陆军开到了东普鲁士边界，并威胁道，如果腓特烈·威廉三世还不加入联盟，他将命令军队开进。梅特涅的判断是正确的，如果用这种方式，只能将普鲁士赶到法国一边。最终，沙皇本人亲自来到柏林。梅特涅是第一次与他谈话，此时他对沙皇的评价还不是批评性的，不像后来的评价所必然发生的变化那样。完全不顾一般的谦卑恭敬，他选择了直截了当，而沙皇反而还鼓励他这样做，并向他透露，他已经从俄国公使的报告中很好地了解了梅特涅。年轻的大使警告沙皇，提防普鲁士国王的内阁顾问们的阴谋，并向他描述了自己对此事的看法：必须尽可能快地发表一份共同声明。他说，拿破仑会直取维也纳；奥地利和沙皇俄国的部队必须联合对抗拿破仑的进攻，而普鲁士则必须对此给予支援，因为整个欧洲的安全危在旦夕。乌尔姆的悲剧必须尽快得到修复。在写给科洛雷多的报告中，梅特涅对沙皇的赞扬超乎寻常，毕竟沙皇对事态的看法、原则，以及对行动的设想与这位侯爵谈话伙伴的观点完全一致。[42]

从 11 月 1 日到 11 月 3 日，整整三天三夜，俄普双方的外交大臣恰尔托雷斯基公爵和豪格维茨伯爵，奥地利公使梅特涅

以及——用外交惯例来衡量，是破天荒的不同寻常——沙皇和
（时不时地也有）普鲁士国王亲自参加谈判，目的是使普鲁士
能够加入反法同盟。沙皇希望普鲁士直截了当地加入，而腓特
烈·威廉三世充其量只同意进行积极的合作，即进行"武装的
斡旋"，这种斡旋也将由外交大臣豪格维茨掌握。在谈判过程
中，梅特涅的判断得到了证实，普鲁士只是考虑自己的好处，
并围绕自己的算计来谈判，拯救欧洲这个目标，全然不在其视
线之内。他写到，普鲁士的态度只有在一种情况下才会受到影
响，即沙皇明确地表示，如果他在进行了这次个人访问后没有
取得成果，那么他的尊严将受到损害，尤其是在他已经屈尊降
贵到作为一个普通参与者，不顾各种拖延和无礼行为参与谈判
的情况下。

　　在这次困难重重的谈判中，梅特涅表现了多么大的勇气
和坚忍不拔精神，可以从他于边缘上冒险，差点儿使谈判破裂
的情形中看出。因为他坚决要求，如果出现拿破仑进军奥地利
都城的情况，则要加上一条附加条款：如果出现这种情况，在
"武装的斡旋"时，必须坚持要求拿破仑在 48 小时内作出明确
答复。这一要求必须由普鲁士发出的一份声明来保证，声明具
有最后通牒的性质。在这场艰难的谈判中，为了篡改协议书的
内容，豪格维茨总是找到一些新的措辞及说法，或者隐瞒前一
天已经决定的修改和补充内容，抑或将其转变为相反的意思。
他的整体战略就是拖延谈判。有一次，他拒绝将决议呈报给国
王，因为决议对国王来说是侮辱性的，这是不言而喻的。梅
特涅反唇相讥，这不符合逻辑，因为对国王的侮辱并非不言而
喻。豪格维茨的借口已经到了可笑的程度，比如他说："在我
们接触到敌人之前，我们不能打击敌人。"

　　梅特涅亲自记录下了谈判的过程是何等的非同寻常。沙皇
最终怀疑，在普鲁士国王在场的情况下，谈判是否还应继续。

只有当梅特涅在控制谈判节奏，并每隔一小时就与沙皇协调立场之后，才成功谈成了附加条款。当豪格维茨最后一次拒绝向国王呈送带有这一条款的协议书时，梅特涅威胁性地宣读了一项声明，并将矛头直指普鲁士在帝国中添麻烦的捣乱态度，同时也将自己未来的政治家形象勾勒出来："先生，皇帝一直在作出牺牲，我们像捍卫自己的事业一样在捍卫你们的事业，而如果战争的幸运可能翻转的话，敌人靠近我们的都城这件事不会吓倒我们。事关捍卫整个欧洲的独立，因此我感到，我们有权利要求不被谈判代表个人的判断任意地摆布。我们要尽快结束此事，缩短谈判时间——四个星期之内必须结束。"[43]

梅特涅在此丝毫未作趋势性的评价，他更多的是在援引历史业已证明的事实，在签订《巴塞尔和约》以来的多年内，奥地利"为保卫帝国以及在反抗法国霸权扩张的斗争中所作的贡献远比普鲁士多得多"，而普鲁士则"惧怕行动、毫无决断"，对流血战争唯恐避之不及。[44] 普鲁士国王最终还是于1805年11月3日在波茨坦签署了三皇同盟盟约。

第三次反法同盟：结盟失败的教训

后来在柏林，梅特涅不得不眼睁睁地看着原则上正确确定的同盟政策，一项一项地遭到失败，因为它们不能应对受到极端威胁的局势。拿破仑已经可以胁迫稍有成效的同盟，因为他已于1805年8月24日促成了法兰西—巴伐利亚军事联盟，此后符腾堡（Württemberg）和巴登（Baden）也相继加入；这三个南德意志国家随即向拿破仑军队提供士兵，并为其部队穿越帝国领土直捣乌尔姆，进而前往波希米亚开辟了通道。

就像后来在莱比锡民族大会战中一样，梅特涅现在也深深卷入了军事部署。比如与俄国公使一起共同参加了由哈登贝格召集的"军事会议"，英国首相小威廉·皮特的特使哈罗比伯爵（Earl of Harrowby）在场，此外参加会议的还有英国公使杰克逊（Jackson）、奥地利将军克雷内维勒（Crenneville）、普鲁士将军冯·卡尔克罗伊特（von Kalckreuth）以及普鲁士军官尚霍尔斯特（Scharnhorst）、克莱斯特（Kleist）、普费尔（Pfuel）。此时，梅特涅还认为，问题的关键是加速落实普鲁士方面的所有措施，并在一个有利的时间节点完成它。[45]他手中握有普鲁士全部兵力的详细数据，并将其报告给了维也纳：总共270000人。[46]为了抵抗拿破仑，第三次反法同盟那时看起来还是比较团结的。梅特涅也参与了进军计划的制订，照此计划，普鲁士和沙俄的部队应该联合起来。[47]

　　但是，由于外交大臣豪格维茨在时间上采取的拖延策略，阻止了普鲁士军队的介入，第三次同盟渐趋瓦解。从柏林开始，豪格维茨就一路跟随拿破仑，经过巴黎、布尔诺（Brünn），直抵维也纳，为的是先进行"武装的斡旋"。沙皇亚历山大可笑地高估了自己作为陆军元帅的能力，也不准备等待匆匆忙忙急行军从意大利赶来的卡尔大公爵的军队，尽管弗朗茨皇帝曾劝阻沙皇不要开始任何作战，却无济于事。梅特涅在回忆录中回顾此事时写到，当时的情况，似乎是1805年人们在维也纳坐失良机，后来1813年在莱比锡"民族大会战（Völkerschlacht）"时才又重新获得这样的机会，即通过联合指挥部队对拿破仑进行合围，并最终战胜他。"假如反法同盟军不去进行奥斯特利茨会战，而是在适当的距离上停止前进，并就地驻扎，那么，法国军队就会被迫从维也纳撤军，然后，同盟军就可以开始全力进攻。……这样一来，战争的机会就会变得对反法同盟有利，拿破仑所处的态势也就会随之岌岌可危"。[48]梅特涅的认识比保尔·施罗德后来经过彻底的研究得出的结论要早很多，即拿破仑的部队在进攻维也纳之前是

231

非常容易打败的——在冬季来临的时候，身陷敌区的腹地，部队的两个侧翼以及通讯联络均无设防。[49] 他还对拿破仑的成功秘笈有了认识：通过分割敌人部队，然后分而歼灭之，从而扭转己方部队在数量上的劣势。

　　然而不仅仅是在回忆录中他才提醒要将部队联合起来集中使用，而且在当时，他已经这样做了。在奥斯特利茨会战失利（1805 年 12 月 2 日）之后，他就强烈建议哈登贝格，不要另行单独去与拿破仑沟通，而是要尽可能快地将普鲁士的军队与奥地利及沙皇俄国的军队统一起来，就像《波茨坦盟约》所规定的那样。要更顽强、更有力地抵抗共同的敌人，以不使欧洲失去获救的希望："胜利的或者是灭亡的时刻来到了。"[50] 梅特涅第一次有了这样的机会去阐述他对欧洲的理解。他主张，不应将欧洲仅仅视为一块可以操纵的区域，争夺俄国、英国或法国在这个大陆上的主导地位。相反，他认为，欧洲是一个应由五个大国按照国际法规则管理的地区，而五个大国相互之间应该处于力量均衡和权力平等的关系中。在这里，欧洲的繁荣似乎是颗神秘的恒星，在 1794 年他的第二篇备忘录中，梅特涅已经将这颗恒星聚焦在他价值观的天空中了。

20
《普雷斯堡和约》及帝国终结的临近

强迫而来的和平与梅特涅从中得出的结论

在遥远的柏林，梅特涅关注着第三次反法同盟战争中，1805 年 12 月 2 日摩拉维亚附近奥斯特利茨会战灾难性的结局，以及拿破仑的军队于 11 月 13 日开进维也纳，还有 12 月 26 日突然签署的《普雷斯堡和约》（ Frieden von Preßburg ）①。奥地利因此失去了它在南德、蒂罗尔及意大利（ 威尼托 ）的权利，并且不得不承认巴伐利亚和符腾堡选帝侯的国王头衔，以及拿破仑新创立的意大利王国，此外，还要加上和约中没有明确数目的、成百万上千万的战争赔款。旧帝国的终结虽然还没有明确说出来，但是亡国之门已然敞开。这一切使得外交大臣约翰·路德维希·冯·科本茨伯爵以及内阁和会议大臣卡尔·冯·科洛雷多伯爵不能再干下去了，他们必须让位。即便在这种危急时刻，皇帝和帝国还是能够依仗点子多得要命的帝国伯爵、帝国男爵以及帝国骑士中奉行世界主义的那些精英们。接替科洛雷多和科本茨的，是帝国伯爵约翰·菲利普·冯·施塔迪翁（ Reichsgraf Johann Philipp Graf von Stadion ），他出生于上施瓦本地区的瓦尔特豪森（ Warthausen ），时年 42 岁。作为梅特涅在柏林的前任，他同样也曾有机会研究普鲁士的特殊

---

① 普雷斯堡即今斯洛伐克的布拉迪斯拉发。

状况。他也像梅特涅一样，思维具有系统性和前瞻性，因此现在从柏林收到的报告，将通常的紧急公函扩展为要求极高的纲领性方案，即奥地利将要对德意志及欧洲实行的政策。

梅特涅甫一收到和约的全文，他的思维立马就朝着帝国的，首先是欧洲的方向转动。作为另行的单独和约，这个与法兰西帝国签订的协议并没有结束第三次反法同盟战争。对梅特涅来说，其后果看来是不可预测的：俄国将会站在哪一边？普鲁士与法国的谈判结果将会如何？奥地利皇朝的安宁和生存取决于这些问题是如何解决的。[51] 对当时来说，梅特涅目光所及皆是疮痍，一切事物都不在原位，整个欧洲的命运掌握在唯一一人的万能之手中，人们完全处于从属的地位。梅特涅感到，他的国家被普鲁士出卖了，因为普鲁士利用强加于奥地利的和平谈判作为借口，拒绝向奥地利提供任何军事帮助。

由于缺乏全欧洲的和平方案，而拿破仑对此并不感兴趣，梅特涅在一篇文章中提出了一项在奥斯特利茨会战失败及《普雷斯堡和约》签署之后，应如何重建欧洲的政治计划，以达到大国之间还算说得过去的、稳定的力量均势。这也再次表明，他不仅想要，并且能够做更多的事情，而不是仅仅局限于公使的职位上。那时，一名大使通常仅起到媒介的作用，他所属的宫廷通过这种媒介传达己方意愿，驻在国则通过他转达答复，而最好的情况也不过就是能够发回有关其周围的社会舆情或者人物性格的报告。相反，梅特涅则试图积极参与政治构建：以他发给政府的呈文——又被称作"计划（Plan）"或"备忘录（Memorandum/Promemoria）"——并附上数据、图表和草图等。同时，他也以此种做法，为克服可能再一次出现的新"灾难"而毛遂自荐，即作为外交大臣命中注定的继任者，最终他在 1809 年获得了任命。

他 1806 年 1 月提出的这项计划的基本要点，就是回答《普雷斯堡和约》没有回答的问题，梅特涅想以此为奥地利的政治打下坚实的基础。事实上，他真正起到的作用还真不好估计。他也不是一个人孤军奋战，因为在现场，在维也纳相府内，还有一个参与制订计划的人——弗里德里希·根茨，此人薪水不少，有4000古尔登之多，却是一位不在编的工作人员。两个人在目标及准则上有着广泛的一致，而且将来也会继续保持下去。根茨在相府为梅特涅的入住做着准备工作，只是这位普鲁士人的论证更加理论化，语气更强烈、更富感染力，相反，梅特涅则更理智、更务实，并且在人与人之间的关系上保持着距离。

公使从柏林分析旧的同盟伙伴奥地利、沙俄和普鲁士如何能够继续存在下去。三方必须组成一个纯粹的防御联盟。他建议，从威悉河（Weser）入海口到位于上意大利弗留利（Friaul）的塔利亚门托河（Tagliamento）三角洲，建设三条要塞链。这条线以西的西部欧洲，全部出让给法兰西，因为目前想要摧毁法国是不可能的。此外，缘于拿破仑在地中海地区的扩张，要确保日益陷入危险的奥斯曼帝国融入进来。同盟会在法国与英国之间进行调停，目的是缔结和约。俄国也将与法国缔结和约，并承认拿破仑的皇帝和国王头衔，以及其他法兰西的国王头衔。三大国，奥地利、普鲁士及沙俄的军事体系将分为三个区域：右翼由普鲁士和萨克森陆军组成；中部及左翼由奥地利陆军构成；一个10万兵力的沙俄军团在占领地波兰组成后备军（Reserve）——俄军的其他部队则按梯队阵容排列其后，并随时准备听命开拔。

234

按照这个方案，有东西两个联盟相互对立；而东部联盟应当通过一个宣言来宣示其目标及赖以建立的基础。梅特涅的想法就是建立一个结构均衡的体系，将法国的优势束缚其中。拿破仑当然不会平白无故地自愿进入这样一个协议框架，他那狂

妄不羁及业已显露的全球扩张意愿，不会让他甘于受驯。尽管
这个草案仅仅只是个计划，但是也透露了梅特涅未来的思考方
式：他始终将欧洲作为一个整体来看待，并且寻求大国之间的
利益平衡，要将这种平衡通过持久的、由协议固定下来的和平
体系连接起来；作为和平体系的支撑，同样要通过协议来确定
军事预防措施和势力范围。

德意志问题和旧帝国的存续

梅特涅的欧洲计划虽然也暗示要放弃罗马帝国皇帝的皇
位，但是并没有涉及应当如何解决德意志问题。《普雷斯堡
和约》将巴伐利亚、符腾堡和巴登"作为拿破仑的盟国"纳
入其条款中，这对行将就木的帝国而言，意味着"最后的抚
慰"，但是，它还没有死亡。因为虽然巴伐利亚和符腾堡的侯
爵被升格为国王，以及巴登边境伯爵（Markgraf von Baden）
被升格为大公，并获得了形式上的独立，但是就像协议书中
规定的，它们"仍然是德意志邦联的成员"，用法语表述就
是："sans néanmoins cesser d'appartenir á la Conféderation
Germanique"。虽然已经不再称神圣罗马帝国，协议书文
本始终称哈布斯堡皇朝的统治者为"德意志和奥地利的皇帝
陛下"。[52]

梅特涅必须从他在柏林的视角解释清楚，《普雷斯堡和约》
之后，普鲁士对德意志问题持何种态度。对此，他只能指望哈
登贝格，因为在与豪格维茨的秘密谈判中，他是唯一一个对豪
氏政策保持距离的人。而恰恰在这几个星期中，哈登贝格通过
自己的一个计划让人们知道，他认为德意志帝国需要一部新的
宪法，将普鲁士的利益、法国在南德的统治地位，以及帝国的
传统在一个联邦性体系中结合起来，并将旧式的帝国纽带转变

235

为一种联邦性的联合体。53

在关于波茨坦联盟的冒险的谈判进程中，据说哈登贝格自称生病而卧床不起。于他而言，挑衅的高潮是建立进攻性或防御性联盟，这是豪格维茨于 1805 年 12 月 15 日擅自与拿破仑在申布伦宫达成的协议，从而使还在进行的第三次反法同盟战争的联盟解体。因此，哈登贝格再一次向国王递交了辞呈，而国王也再一次没有批准。腓特烈·威廉三世同样拒绝在协议书上签字，因为他一直相信还能够保持走"武装中立"的道路。无论巴黎还是柏林，都严格保持着对协议的沉默。梅特涅认识到，与法国达成的这种谅解，使普鲁士在联盟体系中的地位从根本上受到质疑，在"欧洲安定和稳定"的问题上，再也无法指望普鲁士了。与此相关，普鲁士对汉诺威的占领，必然会导致一场普鲁士与英国的军事战争，同时还将进行一场贸易战。1806 年初，法国外交大臣塔列朗顺便获得普鲁士价值 60000 塔勒（Taler）的钻石黑鹰勋章一事，远远不只是象征意义那么简单。54

当梅特涅惊悉普鲁士与法国秘密结盟时，他正准备告别柏林，接受去圣彼得堡担任公使的任命。无论如何他也要先澄清此事，于是推迟了启程时间，并于 1806 年 3 月 7 日约见哈登贝格交涉此事。梅特涅在谈话中向他表明，"如果普鲁士被拿破仑的破坏性政策束缚，那它会变得完全孤立，并丧失自己的独立"，他说，德意志帝国的宪法不久将会遭到彻底的破坏。由于梅特涅确信哈登贝格会回避或迂回回答他的问题，于是，他使用了一个时髦的方法提问，就像现在记者们就一个政治上非常敏感的问题采访谈话对象时常常使用的方法一样：他事先向哈登贝格提交了一份问题清单。他想用这种方式直接逼迫哈登贝格作出具有约束力的表态，哈登贝格的答复将构成他给施塔迪翁撰写备忘录的基础。就因为要写这份报告，他还要在柏

236

林逗留到 4 月中旬。[55]

帝国未来的命运组成了这份问题清单的核心。梅特涅想知道，新的局势是否还能允许普鲁士与奥地利的密切联合存在下去，通过这个联合，两个大国能够抗衡外来威胁——即法国的威胁——的压力；与法国的协议，是否还允许普鲁士同时与奥地利处在一个同盟中，在被占领的情况下相互提供保障；最后他还想知道，普鲁士是否准备在德意志帝国"还能在某种程度上继续存在"的意义上，达成两个大国之间的协议。对所有这些问题，哈登贝格的答复都是一样的，他先是指出，梅特涅已经熟知自己的想法，然后话头一转，又拐弯抹角地提到了这位未来大臣的想法。这些用"同上"反复重复的答复，对梅特涅来说毫无价值。由于梅特涅是将帝国还能存在下去作为谈话的前提——当然这也没错——因此他揪住问题不放，并具体问道，在帝国国会中，普鲁士的代表们是更支持皇帝进行表决的倡议，还是更支持豪格维茨式的法国利益。哈登贝格解释道，"国王本人会非常倾向于任何一种联合"；而豪格维茨此时做何想法，哈登贝格则说无从知道，就是说，在这个问题上，他的答复仍旧是含含糊糊的。

梅特涅是一位由原则指引的务实政治家，始终关注着军事问题，所以，他也问到关于"帝国防御体系"可能性的问题。他提到在自己设计的欧洲计划中涉及建立防御要塞链的方案，按照这一方案，"从北海直到克罗地亚拉一条线，用这条线组成奥地利、普鲁士及萨克森参加的联合力量，必然对帝国的这一部分有极大的好处，并且如此一来，就不那么容易受到法国的威胁了"。在这个问题上，哈登贝格也暴露了普鲁士外交政策瘫痪式的分裂，因为他完全同意梅特涅的想法，并竭力申明，他本人也奉行这样的原则——上文提到的他的计划确实也证明了这一点——"但是，豪格维茨伯爵是如此深深地钟情于自己的杰作，以至于他误认为自己已经为普鲁士作好了一切保障"。梅特涅用最后一次提问证明了他是多么的坚忍不拔、坚持不懈。他问道，普鲁士是否在任何情况下都不会允许法国军队穿越它的各邦，去实行对英国的贸易制裁。哈登贝格仅仅重复了他的政治宣示，即这个问题"只能用到目前为止业已证明的衡量普鲁士弱势的标准"来回答。所有这些探寻的结果向梅特涅表明，目前已经无法对霍亨索伦王朝采取任何政策。

237

　　柏林的公使任期，使他的职业生涯大大向前迈进了一步。他获得了在最高层面去谈判事关奥地利命运问题的机会，可以通过政策性建议以及深思熟虑的谈判技巧，来证明其作为外交官或者政治家的专业水准，而且同时还能够与欧洲未来的领导人物——沙皇亚历山大或者哈登贝格——建立关系。当然，最大的考验还在前面等待着他，而这个考验可能不会与和拿破仑的对峙有很大的不同。而此事比预想中来得还要快，因为法兰西皇帝确定了事态的发展方向，使梅特涅没有像设想的那样，作为公使轮任圣彼得堡，填补因施塔迪翁的离任而出现的空缺。他的职业生涯之路直接指向了巴黎。

第五章

世界大战：布局与升级，
1806~1812

拿破仑式的"世界大战"

1806 年，欧洲历史翻开了新的一章，梅特涅的经历也进入新的一页。本章的标题是"世界大战"，这听起来好像是将过去的历史人为地现实化了，似乎是想让其显得更为重要。但是，这种怀疑是没有道理的。新的历史研究对查核清楚 20 世纪前欧洲"世界大战"的这些问题，已经变得更为开明了。"在找寻历史上的'全球化'踪迹"的过程中，新的研究发现了很多越界的关联行动：跨国家的、跨洲的以及跨文化的。[1]研究的视角已经从狭隘的民族传统中解脱出来，并且，举例来说，比如早在 18 世纪进行的七年战争，人们从中即已发现了全球性维度。[2]然而令人奇怪的是，人们在研究拿破仑战争时，则很少处于这种视角，虽然这段历史距离我们要近得多。吉森（Gießen）的民族自由主义历史学家威廉·昂肯（Wilhelm Oncken）虽然曾经在 1876 年这样形容过，"1813 年的世界大战，是围绕着普鲁士国家的存在或不存在进行的"，[3]但是他的视野却仅仅局限于 1813 年，此外，其观察角度也陷入了"普鲁士崛起"的神话母题，致使这种观察失去了对欧洲命运及世界命运的触觉。在蒂姆·布兰宁（Tim Blanning）看来——他并非从普鲁士的角度出发，而是从英国的角度出发——1792 年奥地利和普鲁士陆军的有限进军，不啻一颗引起燎原烈火的火星，很容易"升级"为"一次世界大战"。[4]但这种想法没有被研究者继续关注。只是到了近来，方才有人原则性地提出问题：人们研究的拿破仑战争，在总体上是不是一场"世界大战"。[5]

事实上，这场战争从欧洲辐射到了整个美洲以及亚洲，有两个标志超越了七年战争时单纯的地理维度，使人们对世界大战的概念有了更加深入的理解。第一个标志是，拿破仑战争的目的是谋取全球优势，为此，他就要与大英帝国以及沙皇俄国进行争夺。第二个标志是，按照克里斯托夫·贝利（Christopher Bayly）的说法，拿破仑的国家体系及军事体系造成了"军事野心与金融危机的碰撞，这种碰撞是爆炸性的，从一开始就酿成了世界危机"。[6] 根据他在《全球史》（*Globalgeschichte*）中关于"现代世界的诞生"的叙事，欧洲大国的政治家们均在1780~1820年"世界危机"的印象中采取了行动，这个危机在"世界大战"中达到高潮。贝利说，其动因来自美国革命和法国革命，它的影响深入各大洲的内陆："开罗、莫斯科、德里、日惹（Jogjakarta，指的是印度尼西亚爪哇岛的中心）以及巴黎，所有大的、著名的政治和经济中心都被征服者的军队纳入其中。"[7] 还可以将维也纳、柏林、马德里、里斯本和罗马补充进去。

在这场"世界大战"中，1806~1815年以拿破仑和梅特涅为代表，组成了一个时代单元，这个时代单元的内容是明确的，即拿破仑大陆体系的始建、建成与毁灭。具体说来就是，这一时代单元包括神圣罗马帝国的最终瓦解、莱茵邦联作为一种联盟体制的建设、1806~1809年大国普鲁士和奥地利在第五次反法同盟战争中的衰落、使沙皇俄国在1812年远征中败落的尝试，以及1813~1815年第六次反法同盟战争中拿破仑的战败。拿破仑在这一时代签订的所有和平协议，只能算作下一次开战前的停战协定。这就是本章以及第六和第七章的主要内容。

梅特涅最重要的回忆：世界大战时代

梅特涅认为以驻巴黎大使的身份上任工作，是自己人生履历的基本转折点："基本上可以说，在这里，我的公众生涯才真正开始。"[8] 这个说法过于夸张，但是他对在巴黎任职影响的估计是准确的，因为在巴黎，"命运将他直接置于那个时代掌握世界事务决定权的男人面前"。在他所有回顾性的描述中，特别是在他老年的回忆录中，他的思绪和记忆总是将他带回到1806~1815年为了欧洲的命运而进行争斗的年代，在他的内心里，也总是将这场争斗视作他与拿破仑个人之间的决斗。决斗中绝对的高潮，他认为是与拿破仑在德累斯顿马科里诺宫（Palais Marcolino）进行的举世闻名的角逐，这场耗时超过8个小时的角力，是在一场史无前例的会谈中进行的。当时，1813年6月，他将要作出奥地利是否主动参战的决定。无论在世界历史的意义上，还是同时在单一人物传记的意义上，于他而言，这一时段也当自成一章。对梅特涅来说，从"决斗"的画面中得出的结论是，在这场二人博击中，最后胜出的是他。正因如此，在梅特涅的回忆中，这一时段超越了他一生中其他的所有时期，即使现有版本的回忆录没有足够深入的展现，但是它也非常准确地反映了梅特涅对自己一生各个阶段的侧重是多么的不平衡。从出生到1806年初驻柏林大使任期的结束，这33年只在其回忆录中占了五分之一的篇幅，而1806~1815年的世界大战，11年却占据了超过三分之二的篇幅。从1815年起，直到1853年回忆录的最后一篇记载[9]——题目是《和平时代的开启》（*Anbruch der Friedensära*）——这后来的38年在回忆录中的分量甚至还不到十分之一。而仅仅1813和1814这两年——题目是《关于联盟的历史》（*Zur Geschichte der Allianzen*）——却占了差不多三分之一的篇幅。

　　并不是说梅特涅没有时间来撰写自己的回忆录。他的长寿，以及他卸任后的几十年给了他足够的时间，而他也充分地作了利用，将众多的关于政治人物和政治事件的记忆片断记录下来，这些记录只有一部分发表了。但是，他并不准备将这些超出 1815 年的回忆集合成一部合集。究其原因，也不是他认为自己生命中的这些年代比起之前的经历不重要，而是他感到这样做恰恰理所当然，因为国家档案中已有足够多的资料可以作出说明，可以供将来的历史学家来叙述这段历史。但是，这样的说辞不包括战争时期，首先是不包括 1813 和 1814 年。在梅特涅看来，他所知道的内幕情况，让他有充分的理由恰恰在这段历史上，更愿意不成比例地多多付诸笔墨，以便向后人透露更多的情况。

21
1806~1809 年的巴黎大使任期：
进入"虎穴"

　　关于梅特涅在巴黎任大使的情况，人们所知的比他一生中经历的其他任何时期的情况都要详细。[10] 这位奥地利的使节，从巴黎观察和评论地理位置相距遥远的地方所发生的动摇帝国基础的大事：普鲁士在耶拿会战和奥尔施塔特（Auerstedt）会战中的惨败、与旧帝国衰落相关的莱茵邦联的组成、由于（奥地利）失去帝国地位从而使其帝国侯爵家族地位相应的降级、《提尔西特和约》（Tilsiter Frieden）、西班牙战争以及埃尔福特大会（Erfurter Kongress）。对各位读者来讲，可能本章中一些他自己的、插入的段落更有价值，但是这样做，也仅仅限于它们能够帮助解释梅特涅思想和行为的发展过程而已。首先应该搞清楚的是，这一时期发生的与拿破仑的辩论，在多大程度上唤醒与巩固了这位"战略家与空想家"本身固有的特质。

　　由于对梅特涅来说，在巴黎的整个时期，这个力量中心的一切均与拿破仑捆绑在一起，因此，本传记的记述也不得不由此来引导。这种记述遵循着一条批评性导线，并以提问的方式出现：公使的原则，以及他对拿破仑其人及其政治目标的判断，在多大程度符合他后来作为一个年事渐长的国务活动家对拿破仑形象的认识？他真的认识到拿破仑是在谋求"统治世界"吗？并且，梅特涅是从一开始就一以贯之地追求粉碎法国在欧洲的新兴霸权吗？

巴黎作为欧洲政治和文化的焦点

由于要赴任公使岗位，梅特涅平生第一次来到了巴黎。他也因此一跃成为奥地利外交部最高级别的外交官。[11] 这座城市肯定引发了他的截然不同的期待和情感，从政治和社会角度观察，在他看来，这座大都会就好像是革命的焦点，而有些人要从这个焦点出发去摧毁欧洲的社会秩序。第三次反法同盟的失败，特别是《普雷斯堡和约》中对奥地利的处置，以及拿破仑的压倒性优势，这一切正好将梅特涅置于一种灾难性的情绪中。对于他来说，欧洲在 1805 年 12 月 2 日——奥斯特利茨会战的这一天——获得了一个新的维度。他认为，这一挫折如同 1789 年 7 月 14 日一样重要：它引发了现在已是既成事实的事件。而他在 1806 年 1 月为所处的时代作诊断时，像他平时思考历史和未来时一样，突然陷入了理想主义者的角色，眼中看到的远远超出了他自己的那一代人，有时触及 19 世纪末，有一次甚至展望到了 20 世纪："世界完蛋了：欧洲已经被焚毁，新秩序从焚烧的灰烬中诞生，或者更应该说，旧秩序使新帝国身心愉悦。我们不会再经历法理在反对盲目的统治欲时，坚守其永久正义的时代了。所有欧洲国家将以这样的形式发生改变已不可避免，这种形式将会，也必然会出现。我们将经历这种翻天覆地的大变动。"[12]

但是，对一位深受启蒙思想影响的德意志贵族而言，巴黎还有第二张面孔：在文化上她依旧光芒四射，这种文化光环意味着精神层面的霸权和样板，自路易十四时代以来，德意志的王侯、贵族以及文化精英都对其心怀感佩。我们看到，梅特涅作为一个有教养的贵族，也渐渐地以法国方式参与社会生活，他父母的家庭、他在斯特拉斯堡的留学、他学习的教材，以及他的私人藏书，以上都令人印象深刻地证明了这一点。这种影响一直深入到了家族的交往方式中，因为家里也自然而然地在

用法语交流，无论夫妻之间、父母与子女之间都是这样，在外
交场合，法语更是首屈一指的交际通用语（Lingua franca）。
对于巴黎人来说，梅特涅的法语可以算得上"完美无缺"。[13]

任命

　　任命梅特涅前往巴黎任职，就已经将他与拿破仑这个人物
联系在一起了，尽管并不像后来根据梅特涅的回忆录所传出的
那样亲密，即拿破仑本人希望梅特涅来巴黎任职的。这个传说
的前因有些错综复杂。拿破仑让塔列朗通报奥地利，他不想看
到已被任命的科本茨来巴黎上任，他说，在《坎波福尔米奥和
约》及《吕内维尔和约》谈判时，他就认识此人，此人是一个
在俄国庇护下的反法结盟政策的拥护者。对巴黎来说，他的名
字是"不堪忍受的（odieux）"。所有与"科本茨阴谋"——即
陷入与俄国结盟的阴谋——有关联的人，均被拿破仑看作不可
接受。拿破仑希望"一位来自考尼茨家族的人来法国任职，这
才是真正的奥地利家族，长期以来，这个家族对法兰西体制心
怀感激"。[14]拿破仑想以此显示，他有权力能够强令外国政府
选派谁来任驻外公使。同时，他也借此清楚地显示他期待着与
未来的公使能够紧密地沟通和相互理解。

　　选择克莱门斯·冯·梅特涅出任该职的真正建议，却
是出自法国驻维也纳的公使亚历山大·德·拉罗什富科伯爵
（Comte Alexandre de La Rochefoucauld），他曾在德累斯顿
任外交官，并与梅特涅成为亲密的朋友。[15] 1806年4月，任
命已成定局，但是法国人还是要再次提醒施塔迪翁，尽快将巴
黎的空位补缺，这样皇帝才于1806年5月18日在形式上正式
对梅特涅作出任命。[16]新任大使曾赢得了不尚空谈、言而有信、
聪慧过人的谈判专家的美誉，也就是在柏林任职时，他虽然参

243

与了第三次反法同盟的组建，但是在与法国公使拉弗莱斯特交往时，梅特涅始终避免表现敌意，虽然这位法国公使在柏林被普鲁士宫廷排挤为门外汉。与此相关的是，在梅特涅的外交惯例上，他也曾坦承说："工作上的问题不能与个人的问题搅和到一起。"这是他的一个习惯。因此，他将自己与法国同事的关系，保持"在坦率的礼貌基础之上"。[17] 从长远看，这种做法也得到了回报，因为拉弗莱斯特是塔列朗的亲信，而塔列朗则支持对梅特涅的任命。

1806 年 7 月 8 日的自勉指令一共有十部分，卷帙浩繁，史无前例。[18] 它描述了奥地利与法国关系的一种悬而未决的状态，然而在两个星期之后，这种状态就会发生翻天覆地的变化。三个有问题的领域非常突出：《普雷斯堡和约》悬而未决的问题该如何处理、德意志宪法问题，以及奥地利在国际大国体系中的地位问题——因为要在巴黎签署一项第三次反法同盟战争中法国、俄国及奥地利等大国之间的和平协议。为了准备上任后新的工作任务，梅特涅再一次研读了相府档案中各大国宫廷与奥地利之间的外交往来文书。在指令中，施塔迪翁的话向他展示了哈布斯堡皇朝面临的严峻局面，他说，鉴于敌人的军队还驻扎在国内，因此，这种局面使得安抚法兰西皇帝成为必要，要与其在友好和信任的气氛中共同相处。当然，也不能与其缔结形式上的同盟，因为拿破仑对"同盟"的理解是，加盟的另一方要完全臣服于他的意愿，就像 1805 年 12 月 15 日拿破仑与普鲁士签署的《申布伦和约》那样。但是，直截了当地断然拒绝这样的建议同样是危险的。他说，只有拿破仑不再想要损害帝国皇帝的权威，才有可能出现一种完全相互信任的关系。

指令中写道："按照（普雷斯堡）和约的文字内容，帝国宪法还在有效存续，帝国一直还能享有一定程度的独立，虽然是受到了一定程度的限制，帝国元首还能行使他的特权，并且能够完成他的法律职责。"[19] 而在此期间，在《普雷斯堡和约》之后，法国"通过其傀儡和代理人"向一些帝国政治体授予了额外的权利。"帝国宪法一天比一天接近它的最终瓦解，一些帝国成员国的政治生存已经被扼杀了，而帝国元首的特权每天都在受到进一步的侵害。"文中提到法国宫廷的肆无忌惮。将法国将军缪拉（Murat）封为贝尔格与克莱沃公爵（Herzog von Berg und Kleve）一事，则意味着使用法国的军事暴力，将一位法国的诸侯安插在两个拥有采邑的帝国侯爵领地，而只有帝国皇帝才有权分封和晋升贵族等级。指令认为同样的挑衅还有，任命拿破仑的叔叔、枢机主教斐许（Kardinal Fesch）为帝国总主教的助理主教，就是说，将帝国的最高荣誉封给外国人。《普雷斯堡和约》并未对宣布取消帝国直属骑士之事作出决定，巴伐利亚、符腾堡及巴登所宣布的取消行动属于违法。通过这些违法活动，法国明知故犯地给了帝国"致命的一击"。虽然这是帝国总主教达尔贝格（Reichserzkanzler Dalberg）自己请求的，但也改变不了这种事实，因为此人的做法违反了他的义务，并且违反了宪法。

　　有鉴于处于劣势的皇帝和战无不胜的最高统治者法兰西皇帝之间的权力关系，弗朗茨皇帝还在坚持基于帝国宪法的法理的做法，看起来可能有些荒诞不经。他派往巴黎的克莱门斯·冯·梅特涅是一个帝国伯爵，对梅特涅而言，帝国法律秩序和声誉无比重要，这不仅仅是因为他家族的角色，还因为他本人也是被剥夺政治地位的帝国成员之一。法国的强权不仅没有尊重帝国的法律，反而肆意践踏它。对皇帝在帝国征兵事务上的排挤，就是一个明证。而与拿破仑结好的中等德意志国家却获得了此项权限，并将征得的兵源送到他们的新主人那里。如果法国的行为可以用"他（拿破仑）通过肆意妄为和强权建

245

立起来的所谓新国际法"来解释的话，那么在指令中，梅特涅又一次认识到他自己对法律概念的理解。

指令指出，拿破仑企图在帝国中完全建立另一种可能的立宪制度。弗朗茨皇帝也曾暗示，在最坏的情况下，摘下帝国皇冠退位。那么，委托给梅特涅的任务，即让他说服"拿破仑皇帝认真思考一下，并让拿破仑感到他有些地方做得不对"，几乎就显得过分幼稚和勉为其难了。在指令的结尾处，弗朗茨皇帝还令人印象深刻地以特别"决议"的形式委托梅特涅，"尽一切力量详细了解拿破仑对德意志的计划，但是要注意方式方法，避免本皇朝卷入新的交易之中"。

莱茵邦联的产生与梅特涅延缓赴任

梅特涅于 1806 年 7 月 11 日从维也纳启程。由于与一家法兰克福银行有私人事务要处理，于是他绕道途经这座美因河畔的大都会，直到 7 月 23 日，他在斯特拉斯堡踏上了法国的领土，却被边境机构阻止继续前行。在这里，他平生第一次亲身经历了，拿破仑为了要达到某些政治目的，是如何肆无忌惮地践踏外交惯例的。在他的回忆录中，梅特涅将行程延误归咎于法兰西皇帝在与俄国谈判和约时，想利用年轻的俄国公使乌布里（Oubril）的经验不足，而如果是换作对外交事务现已驾轻就熟的梅特涅在场，法兰西皇帝就不会那么轻而易举地取得成功。这个猜测当然也没有错，而更深层的原因的确是德意志的诸侯想以从未听说过的、过分的卖力，来参与被广为猜测的、拿破仑宫廷进行的帝国新建活动。而旧帝国真正的代表，也就是梅特涅，如果在场，只会败坏好事。

人们还原了自从梅特涅于 7 月 11 日启程，到 8 月 2 日抵

达巴黎为止的这些天，到底发生了什么。[20] 7 月 12 日，来自
16 个德意志国家的公使们，在塔列朗起草的邦联宪法文件草
案上签了字。7 月 16 日，所有参与结盟的各宫廷大臣集聚于
巴黎，来签署业经拿破仑批准的文件原文。对拿破仑来说，只
有新"莱茵邦联（Confédération du Rhin）"的所有成员国都
批准了邦联协议之后，他才会感到安全，而仪式定于 7 月 25
日在慕尼黑举行。这就有足够的理由让梅特涅在斯特拉斯堡边
境等待。[21] 在主要涉及的对象——神圣罗马帝国国家元首——
不在场的情况下，这一切活动都具有突然袭击的性质，其本身
已构成一次外交上闻所未闻的失礼丑闻，然而拿破仑却还要故
意加码：他于 7 月 22 日威胁弗朗茨二世皇帝，如果他不摘下皇
冠退位，将重开战争；这是拿破仑向在巴黎逗留的特使宣布的，
并作为最后通牒向他同时宣布，弗朗茨二世皇帝必须在 8 月 10
日之前退位。[22] 8 月 1 日，在梅特涅抵达巴黎的前一天，16 个
盟国就在雷根斯堡帝国国会上，宣读了退出帝国的声明。弗朗
茨皇帝迫于压力，于 8 月 6 日宣布，其帝国国家元首的名号就
此取消，并解除所有帝国等级所担负的义务。"古老悠久的帝国
纽带就此断裂。"［威利·安德雷亚斯（Willy Andreas）语］拿
破仑达到了他的目的，即必须将"德意志国家解体"。[23]

帝国伯爵们成了莱茵邦联的牺牲品及梅特涅家族的牺牲

在这些天里，克莱门斯·冯·梅特涅为之效劳的帝国的
命运与高层政治，更加紧密地与梅特涅家族的命运联系在一
起，而父亲弗朗茨·乔治也在为家族的命运进行着抗争，并
且是以戏剧性的方式。因为巴黎也在决定着那些帝国直属侯
爵和伯爵们的命运，到目前为止，他们在统治着国家。就像
1802~1803 年时一样，弗朗茨·乔治动用了他的所有人脉关

系，给塔列朗本人写信，给法国驻维也纳公使写信，给外交大臣施塔迪翁伯爵写信。施塔迪翁伯爵甚至在1806年4月3日给他回了信，赞扬弗朗茨·乔治的爱国思想，赞扬他为帝国宪法及伯爵等级的独立所作的努力，并保证给予其"所有帝国国家元首所能给予的保护及尽可能的支持"。[24]

在"保持优势"的战斗中，帝国伯爵在巴黎也有他们的全权代表：伯爵弗里德里希·卡尔·鲁道夫·冯·瓦尔特博特·巴森海姆（Friedrich Carl Rudolph von Waltbott Bassenheim）。[25] 早在7月3日《莱茵邦联法案》（Rheinbundakte）起草前的一个多星期之前，巴森海姆就已经向维也纳报告说，他与拿破仑本人进行了交谈，并向他说明了保留帝国伯爵作为一个政治等级的重要性。但是，他的结论是："从一切迹象来看，我们已经接近我们在政治上终结的不幸的时间节点。"[26]

这是对的，《莱茵邦联法案》甚至特地提到了梅特涅家族，因为"符腾堡国王陛下"可以对奥克森豪森侯爵的财产行使主权。[27]此外，还有其他许多事情取决于梅特涅家族的个人命运，7月24日，当一名法国信使将莱茵邦联加盟国退出帝国的消息带到雷根斯堡之时，帝国国会中一片哗然；比如，公使馆文书雅各布·克雷蒂安（Jacob Chrétien）就曾绝望地写信给弗朗茨·乔治，希望他作为伯爵议事团团长能够施以援手："它终于来到了，这个不幸的时刻，它几乎让德意志的帝国宪法完全失效，让在这里存在了这么长时间的帝国国会毁灭，接着让不计其数的、善良的人堕落。"他说，他自己作为一家之主要养活三个孩子，而现在，在这物价飞涨的时代，却负债400古尔登。[28]

在无助的状态下，弗朗茨·乔治对这种要求的反应是，起草一份看起来有些公事公办、就事论事的备忘录，但是在行文方式上却涉及了现代的读者，因为这份备忘录似乎是写给后世的。他回忆道，自从 16 世纪以来，他们家族各代的世袭传人，就已经"作为自由诸侯"在德意志的帝国国会中占有席位和表决权，并且他的家族出现过美因茨和特里尔的两位选帝侯——实际上是三位——而他自己在超过 36 年的时间里，一直在忠心耿耿地为皇帝效力。他表明，他的家族贵族身份源自自身的成就，同时，他批评那些"臣服的贵族等级，他们充其量只不过仅仅是……附属的等级"，符腾堡国王正被他归于这种等级中。所阐述的理由可以表明，这份备忘录是弗朗茨·乔治向与他熟悉的总主教选帝侯（Kurerzkanzler）卡尔·西奥多·冯·达尔贝格（Kurerzkanzler Karl Theodor von Dalberg）①发出的最后一次绝望的求救呼吁，达尔贝格的地位——相当于旧邦联秩序和新邦联秩序的"首脑"——使他心怀希望，认为达氏作为"帝国宪法的守护者"，在这方面可以有所作为。他建议，修改莱茵邦联宪法，并将"伯爵家族联盟作为一个独立的立宪附属等级，逐渐接纳进新的邦联"，但是，他大大地高估了达尔贝格有所作为的可能。

248

　　这完全是乌托邦式的非分之想，拿破仑本人早就考虑过这个问题，即要不要让帝国诸侯继续完全保留其独立性，并在莱茵邦联的邦联大会中具有表决权。他预言：如果让他们独立，他们就会在表决中反对法兰西，因为他们是奥地利人，或者他们与奥地利会有过多的联系。将这些小诸侯与巴伐利亚、符腾堡及巴登的君主们协调一致，几乎是不可能的。法国的根本利益在于，在强大和有威力的（法兰西）领导之下，将"德意志帝国（l'Empire Germanique）"重组。巴伐利亚和符腾堡两个王国以及巴登的大公国因篡位而发生的王位更替，不能通过

---

① 达尔贝格是当时帝国中除皇帝外政教合一的权势最强的一方主宰。

法律途径，即由德意志皇帝的帝国权威来加冕以确认其合法性。他们得到了王位，要感谢的只能是拿破仑，因此他们只能对拿破仑负责。

对拿破仑来讲，对付这些帝国的小诸侯当然无关什么原则问题。因此提出如下问题毫无意义：像霍亨索伦－黑兴根（Hohenzollern-Hechingen）、霍亨索伦－锡格马林根（Hohenzollern-Sigmaringen）、萨尔姆－萨尔姆（Salm-Salm）、萨尔姆－基尔堡（Salm-Kyrburg）、伊森堡－比尔施泰因（Isenburg-Birstein）、阿赫恩贝格（Ahremberg）以及冯·德·莱恩（von der Leyen）等，这些成为主权邦国的领主们都能够生存，梅特涅家族为什么不能呢？1806年4月，拿破仑提醒塔列朗回想一下1805年的第三次反法同盟及其参与国，奥地利、沙皇俄国，险些还有普鲁士，但首先是英国，这些国家为了羞辱法兰西，作出多大的牺牲也在所不惜。这一切让他确信："彻头彻尾的奥地利人梅特涅侯爵，以及彻头彻尾的奥地利人费尔斯腾贝格侯爵（Fürst von Fürstenberg）留在施瓦本是不可能的。"在此，必须加上一句：他们作为独立的侯爵留在施瓦本是不可能的。[29] 这就很清楚了，为什么克莱门斯·冯·梅特涅在担任他作为公使的新职位之前，有理由为哈布斯堡皇朝的生存担忧，因为拿破仑在这个问题上如此肆无忌惮、随心所欲。

249 到目前为止不清楚的是，克莱门斯是如何看待自己父亲在为帝国侯爵和伯爵服务时所做的院外集团的政治工作，以及他到底是否了解父亲的这类计划。[30] 据说，弗朗茨·乔治作为被褫夺了权利的贵族的发言人，在维也纳会议外围到处露面而颇显突出。甚至有人猜测，克莱门斯由于过于沉浸于大国的政治游戏和奥地利的国家利益，而无暇特别关注被褫夺了权利的贵族的诉求。[31] 现在我们知道了，在这个问题上，梅特涅与父亲有着密切的意见交流。

在巴黎，他身处有关事件发生的消息源头，这些事件也在引导梅氏家族命运的走向，而在这些事件的中心，塔列朗正积极地修改着《莱茵邦联法案》的文本。在抵达巴黎之后的第二天，8 月 3 日，公使梅特涅拜访了塔列朗，并在谈话中涉及了那个敏感而棘手的问题，即是神圣罗马帝国的皇帝，而非奥地利的皇帝任命他出使法国。在他抵达巴黎的两天后，他一有机会就写了一封信给自己的父亲。[32] 信中写到，他在巴黎听说，父亲正在雷根斯堡等待着正式的声明，即"我们的命运业已注定。假如这个毁灭我们政治生存的行动是一个前所未闻的、彻头彻尾的魔鬼怪兽，那么，成为它的牺牲品则是件极其恐怖和可怕的事情。我们个人的命运已经悲惨得不能再悲惨了，这是事实。在新的君主之中，符腾堡是最坏的，仅仅认定特别是这个邦国的宫廷将事情引导到它现在所处的境地，无疑就已足够证明一切了"。后来，梅特涅异常激烈地评论符腾堡国王的"欺诈（Chicanen）"行为："当前我们在符腾堡王国的处境，比起最后一个农民还要糟糕。"[33] 这里，他先一步进行了控诉，后来，符腾堡的"红色"等级领主康斯坦丁·冯·瓦尔特堡 - 采尔（Constantin von Waldburg-Zeil），用他那常被引用的名言，更强烈地将此事宣告世人："宁做土耳其的猪倌，也不做符腾堡的等级领主。"[34]

此时，身为儿子的梅特涅就已经发出了警告，不要将位于符腾堡的奥克森豪森出售，千万不要采取这一步骤——直到 1825 年，这一步方才迈出。与此相反，应该留心在哈布斯堡皇朝范围内，寻找还继续拥有主权的领地。克莱门斯向父亲指出了直接涉及他们自己的、很麻烦的情况：如果要将财产出售给莱茵邦联以外的感兴趣的买主，则必须优先向符腾堡国王报价，询问其是否感兴趣，《莱茵邦联法案》第 27 条就是这么规

250

定的。

更伤人自尊的是一条纪律性的监护规定：居住地义务。任何一个在莱茵邦联邦国中占有领地的侯爵，均不得为莱茵邦联邦国以外的大国效力（第 7 条）。恰恰正是这一条涉及弗朗茨·乔治，而且按照继承顺序，也自然涉及他的儿子克莱门斯。符腾堡国王腓特烈一世（Friedrich I）在一封亲笔信中，用一种伤人的方式通知刚刚被褫夺了权利的弗朗茨·乔治·冯·梅特涅，他要求弗朗茨·乔治必须辞掉维也纳的皇室及王室的实权枢密顾问及会议大臣的头衔与职务，因为如果他同时在莱茵邦联邦国中拥有财产，他就没有资格再为外国宫廷效力。[35] 克莱门斯安抚父亲说，他会在此事上尽力而为。他写道："但愿上帝不要让我在一个极其困难的行动计划中失败！"在这里，他接过了曾任公使馆秘书和弗朗茨·乔治法律顾问的里夫（Rieff）编纂的备忘录中的原则。这已然证明，克莱门斯在积极地研究和处理由其父亲提供的有关被褫夺了权利之事的资料。[36]

然而，无法让梅特涅父子视而不见的是，他们是在一个高层次上进行控诉的。弗朗茨·乔治从编纂的备忘录中的一篇文稿中受到了启发：从前直属帝国的贵族依然是"特权等级"，甚至在《莱茵邦联法案》中用的也是同样的措辞。具体说就是：所有现存的房产和家庭间协议、产业受益权、继承权秩序以及遗产继承协议等均不受影响，贵族最实质的核心利益得以保留。他们的作为专制统治等级的地位，即使在 1806 年之后，也将继续保持下去。《莱茵邦联法案》保障继续给予"等级领主（Standesherr）"这一新阶级以可观的主权：包括初级及中级民事和刑事司法权、继续保有森林和地方警察的权利、狩猎和渔业权、开矿和冶炼权、收取什一税和封建税的权利、教会资助人权以及贵族个人的刑事司法裁判权。鉴于这一揽子的"统治和封建权利"（《莱茵邦联法案》第 27 条），海因茨·高尔维策（Heinz Gollwitzer）将其准确地形容为在德意志国家中继续存在的"平原统治权（Unterlandesherrschaft）"。[37]

第一次遇见法兰西帝国皇帝：持久的印象

　　1806 年 8 月 3 日，梅特涅在上任拜会塔列朗的同时，也向他递交了国书。他已经从典仪大总管（Grand-Maître des Cérémonies）路易·菲利普·德·塞居尔伯爵（Graf Louis-Philippe de Ségur）那里领教了新成立的法兰西帝国对待仪式和礼节问题非常认真的态度。这位典仪大总管曾作为驻圣彼得堡和驻柏林公使为波旁王朝效力，现在，则要准备单独为梅特涅重新启用盛大的典礼仪式，新任大使在上任觐见拿破仑时，将亲历这一盛典。[38]

　　我们都曾经学过，不能将近代早期的统治者那些具有象征性意义的典礼仪式，一概理解为是宪法"本身"无足轻重的、次要的附加装饰物，就像古老的宪法史一直习以为常的叙事一样。恰恰相反，作为一个成员众多的秩序整体不可或缺的一部分，从一开始，罗马—德意志皇权帝制机构就试图用象征性的仪式来主导事务的发展进程，目的在于卓有成效地去扮演法官和调解人、元首和最高权威。[39] 拿破仑给梅特涅规定的上任觐见时间，恰恰处于法兰西"皇帝（Empereur）"与"德意志民族神圣罗马帝国皇帝"之间竞争结果尘埃落定的精准时刻，这极富象征性意义。梅特涅在上任觐见的当天，也就是 8 月 10 日，就已经得知，弗朗茨二世已经被褫夺了古老帝国的皇帝头衔。但是，他在来巴黎前的自勉指令中依然坚持，在见拿破仑时，要作为"神圣罗马帝国皇帝陛下的大使"被加以引见，然而，法国的典仪大总管却通知他，拿破仑希望将他仅作为奥地利皇帝的大使来接见。

8月10日，在圣克卢宫的朝见厅，梅特涅平生第一次面对拿破仑本人。圣克卢宫是法王路易十六作为送给王后玛丽·安托瓦内特的礼物而购置的，1804年5月18日，第一执政也是在这座宫殿里自封为法兰西的皇帝。在梅特涅后来对这次朝见的描写中，从拿破仑如何进行表演的方式里，导引刻画了拿破仑的性格特征。经历过1790和1792年两次皇帝加冕典礼的梅特涅知道，在真正的古代传统中，象征性的典礼仪式在政治上意味着什么。因此，他作为一个持批评态度的观察者，记录下了拿破仑是如何利用这一经过历史认证的典礼仪式，将其变为一场化装表演，以达到将其帝国的、超国家的统治霸业合法化的目的。

252   1820年，在一篇特写随笔中，梅特涅描绘了当时的这幕表演：拿破仑站在房子的中间，被外交大臣及其"宫廷的六位人物围绕"。[40] 由于这是一场盛典，可以从他们的身份识别一下这些宫廷的命官：大宫廷总管 ① [让－雅克·雷吉斯·德·康巴塞雷斯（Jean-Jacques Régis de Cambacérès）]、宫廷名誉大侍从参议 [查理－弗朗索瓦·勒布伦（Charles-François Lebrun）]、宫廷大元帅 [杰拉尔德·克里斯托夫·杜洛克（Géraud Christophe Duroc）]、宫廷御马大总管 [阿尔芒·德·科兰古（Armand de Caulaincourt）]、宫廷狩猎大总管

---

① 此处及下文所列的内廷官职，均系中世纪法兰克王国宫廷的仆人称谓。随着时间的推移，自奥托一世起，这些称谓与原职务已无关系，后来这些变得日益重要的职位开始被授予最高等级的帝国诸侯，而德语中将它们统称为"Erzämter"或"Hofämter"，具有这些头衔的诸侯，与三位主教一起，获得了选帝侯的权利。拿破仑此处是在刻意模仿古老传统帝国的宫廷官职以显示其称帝在法统上具有正当性。

［路易 - 亚历山大·贝尔蒂埃（Louis-Alexandre Berthier）］以及宫廷典仪大总管［塞居尔（Ségur）］。拿破仑身着皇帝卫队的步兵军服、头上戴着帽子。对典仪事务非常熟悉且敏感的梅特涅，感觉戴着帽子不合规矩，因为觐见仪式不是在露天举行。一时间，梅特涅也有些茫然无措，并暗自发问，自己是否也要戴上帽子。亲眼见到对古老皇宫中的职务生吞活剥的模仿抄袭，让他进一步感到，拿破仑戴帽子的举动是一种不合适的、不自量的僭越，暴露出他的"暴发户（parvenu）"心态。在这里使用的这个形容性格的措辞，梅特涅通常是避免使用的。它证实了这位皇帝缺乏与其等级相符的"门第相当的出身（Ebenbürtigkeit）"，在贵族圈子里，通常就是用"门第相当的出身"这个说法来形容这类现象的。

　　在此处，公使发现了拿破仑的心理弱点，尽管拿破仑在梅特涅这位古老的世家贵族面前，竭力掩盖着它。原因是，这位法国皇帝不认同自己的平民出身，总是想以贵族的荣光来装饰自己的先天不足。他的举止做派反而暴露了他的拘束，甚至狼狈不堪。与现在试图将拿破仑的身高说成是普通身高的做法相反，梅特涅认定他既矮又胖，"是个矮子或矮胖子（sa figure courte et carrée）"。[41] 在梅特涅所写随笔的靠后段落中，他确信，拿破仑"为了增加身高，以及为了他的形象显得高贵一些，不惜作了相当大的牺牲"。他踮起脚尖走路，并用一种特别的方式摆动身体，似乎是在模仿波旁王朝的人。[42] 在这里，拿破仑让人们认识到了他性格中的一些基本特性，一种自编自导的自我表演，以及自顾自地进入角色的癖好。他的很多东西都显露了这种性格：比如，由安格尔（Ingres）① 绘制的肖

---

① Jean-Auguste Dominique Ingres，1780~1867，法国新古典主义的代表画家，肖像画是他的最大成就，代表作有《瓦平松的浴女》《泉》《阿伽门农的使者》等。

像，他身着大礼服，坐在皇帝宝座上；再如，他化装后出现在
假面舞会上的癖好。梅特涅注意到，他依靠对比效果极为强烈
的服装来引起人们的注意：它们或者是极为简朴的士兵制服，
或者是极尽奢华的装束，比如大礼服。为了提高他手势的表现
力，他还特意请教著名的戏剧演员弗朗索瓦－约瑟夫·塔尔马
（François-Joseph Talma），来指导他某些特定的姿势和手势，
对这些，梅特涅也续有报道。即使是他在公众面前的讲话，特
别是他关于会战大捷的军事公报，都是精心策划的。当梅特涅
向拿破仑指出这一点时，他哈哈大笑，并解释，公报不是为他
而写的，而是写给巴黎人看的，巴黎人什么都相信。他把巴黎
人看成了小孩子，把巴黎比作一座"大歌剧院"，这倒也符合
他的性格。[43] 各种宣传也要为拿破仑自己创作和制造的这件总
艺术品服务，目的是要在意识形态上为他的统治进行论证。从
接触伊始，梅特涅就已经将他面对的这个人看透了，他就是一
个"角色和假面"大师［戈特弗里德·埃瑟尔曼（Gottfried
Eisermann）语］。而有了这一洞悉，在与拿破仑打交道时，
就已经暗中赋予了他某种优越感。[44]

在梅特涅看来，这第一次朝见中，拿破仑的装束还算"正
常"，[45] 尽管如此，他依然拼尽全力给人以一种要唤醒
人们认识到他高大形象的印象。如同现代的发展心理学
（Entwicklungspsychologe）一样，梅特涅公使感觉在自己身
上也产生了"初次印象效应（Primacy-Effekt）"，这是种第一
印象会持续性地影响判断的现象。[46] 对于他来说，拿破仑的出
场就造成了这种印象，因为这第一幅画面永久性地留在了他的
意识之中，并且，即使在他与法兰西皇帝情绪最容易激动的会
见中，第一幅画面也栩栩如生，犹在眼前。在他的精神中，对
一个"暴发户"永远挥之不去的想象，使这位全世界都在其面
前发抖的人，于他而言失去了魅力；而这位"暴发户"在帝国

伯爵面前，却在竭力争取让对方认可其身高和"门第相当的出身"。

尽管如此，在两人之间仍旧充斥着相互的吸引力：梅特涅对拿破仑的吸引力在于，一个与他在智慧上旗鼓相当，却在精神上独立的人，一个敢于反驳他，而他却对此人的堂堂仪表、练达世情以及高贵出身无比羡慕；这样的人出现在他面前，于他而言是一种非同寻常的经历。而拿破仑对梅特涅的吸引力则在于，一种具有行动和无可羁绊意志力的男人的领袖气质，这是很多人都可感受到的。但是，梅特涅一直有着眼于未来去思考问题的倾向，他已经预感到，拿破仑所具有的"别人少有的智慧"—— 梅特涅将这一美誉赋予拿破仑当然毋庸置疑——将无法阻止他自掘坟墓，尽管他有时具有威胁他人的、至高无上的权力。[47]

梅特涅绝没有循着"敌意的立场"去回忆拿破仑，[48]但也未对他进行大肆颂扬。在他的许多书信中，更多是在对拿破仑战争政策所造成的屠城后果表示谴责，1813年在德累斯顿，他曾当着拿破仑的面公开谈论这种后果。他在1820年，也就是拿破仑去世的前一年撰写的随笔中，对这位从前的斗争对手的描写，既无偏见又保持距离，既无感情色彩又目光敏锐。多年之后，他曾多次并一如既往地评价拿破仑是一个"天才"，是一个将头脑敏锐、理解迅速、以极强的联想天赋去判断事物发生的原因和预测可能发生的后果，以及对可能对其有用的人的特殊洞察力等优秀特质集于一身的人。与拿破仑的谈话对梅特涅产生了一种他本人都很难对其进行定义的"魅力（Zauber/Charme）"。拿破仑能够将错综复杂的会谈主题，从那些毫无价值的、拉闲散闷的附带话题中分离出来，并直奔重点；他总是能够找到合适的概念形容一个事物，或者当我们惯用的语言失灵、不中用的时候，他总是能发明一个新的表达方

254

式。因为他主意极多且出言轻率，因此，他晓得如何巧妙地抢过话头，主导谈话进程。他经常使用的一句口头禅是："我知道您想要什么；您希望达到的是这个目的，行呀，那我们就别绕圈子，直奔主题。"[49] 在此期间，他会很注意倾听针对他的评论和不同意见。他听取意见，进行辩白，必要的话也进行反驳。从个人的观点出发，梅特涅也会毫无顾忌地将他认为正确的意见表达出来，即使他对面的这个人不喜欢听，他也全然不顾。

在他的随笔中，梅特涅还记录了自己经常被人问到的问题，即拿破仑究竟到底是好人还是坏人。在这个问题上，他也像个心理学家一样作了评判，因为他不想陷入仅仅在道德层面上作简单的评价，而是试图进行条分缕析的解释，因此，他认为这个问题的提法是不合适的。他更愿意将拿破仑描写成一个人格分裂的人物，这个人物有两张面孔：在私人的生活中，拿破仑虽然不那么招人喜欢，但是他随和迁就，是个好儿子、好父亲，具有人们在意大利平民家庭中看到的那些特征。他平息了家族圈子里那种过度的、无节制的要求，也拒绝了他的姐妹们的无理要求。他原谅了他的夫人玛丽-路易莎的一些举止失当的错误，因为他对她是那么迷恋，以致对她太放纵并言听计从。与之相反，根据梅特涅的观察，作为一个国务活动家，这位皇帝却不能容忍自己有任何的感情用事，他从不出于喜好或者憎恶来作出决定。只要他认为是必要的，或者是他想摆脱某人，他就会消灭他的敌人或者让某人靠边站，而从不顾忌其他的事宜。目的一旦达到，他就会将他们抛诸脑后并不再追究。[50] 由于他自认肩负着代表很大一部分欧洲利益的使命，因此，他没有被千千万万、不计其数的单一的个人所遭受的战争苦难吓住，为了实施他的计划，他不得不承担造成这些苦难的骂名，就像一辆已经进入高速奔驰状态的古代战车，不顾一切，所向披靡，路遇反抗，皆成齑粉。[51] 他对那些不接受他保护的人，就是说，不愿臣服于他的人，毫无顾忌与怜悯，并骂他们是傻瓜笨蛋。他对远离他的精神和政治路线的一切事物都不感兴趣，既不从好的角度，也不从坏的角度去理睬它们。这样一种分裂的人格，使得他只有在家庭和朋友的圈子里，才能共同感受一些小小不言、平民常有的不幸和倒霉，以及激动人心之事。

一件事印证了梅特涅所描写的这种拿破仑在私人生活和公务活动间性格上的不一致性。当皇帝拿破仑看到夫人玛丽－路易莎在生产时那种难以控制的巨大痛苦后，他变得脸色惨白，慌忙逃到隔壁房间，后来他承认："为了生孩子要付出这么大的代价，我再也不要孩子了。"[52] 然而，面对由政治而引发的灾难和人类的痛苦时，他却无动于衷，甚至毫无人性。[53] 他要在经过精心算计接受者对他能有多大用处之后，才会行些善举或者表示下仁怀厚意。拿破仑本人曾确认过梅特涅在他身上观察到的这种分裂人格。在进行当年的大战之前，拿破仑在与他1813 年任命的司法大臣路易－马修·莫莱（Louis-Mathieu Molé）谈话时承认："只是请您不要相信，似乎我不能像其他人一样，有一颗'敏感的心灵（le cœur sensible）'。我甚至是'一个非常好的人（un assez bon homme）'。但是，从我童年时代起，我就已经习惯于让这根心弦静默，而现在，它已经完全哑了。"[54]

精于算计的特点，是梅特涅首先在拿破仑的贵族政策中发现的，这种政策决然不仅仅是缘于缺少"门第相当的出身"的自卑感。梅特涅极其敏锐地观察到了一位新贵的基金情况，以及与此有关的中饱私囊和通过再分配而大发横财的行为，因为他自己就属于被剥夺者的行列，是这些被剥夺者将金钱贡献给了新富们（此话他本人并未说出）。早在 1808 年，他就已经获得了令人惊讶的、详细的有关拿破仑的新贵们是如何运作，

256

以及他的新贵们是如何在欧洲大发横财的情况。通常，在对拿破仑体制进行历史性赞美的时候，总是将其与旧秩序相比较，突出其"现代化"的一面，而梅特涅看到的，是拿破仑体制的黑暗面："欧洲已被驱赶、被强奸，即使在当前的时刻（1808）也还在被穷追猛打；野心、虚荣心、贪婪之心：人类所有这些灵魂的原动力，在规模巨大的毁灭行动的同谋犯中都被利用。当时很多人得到了满足，但不是所有的人都得到了满足；在后续时代就需要更多的诱饵，于是人们就在能找到的地方到处寻嗅，分发战利品给合作者的制度在历史的进程中，这种恶劣的例子不胜枚举，拿破仑想回避也回避不了。"[55]

内伊元帅（Marschall Ney）就曾亲口告诉梅特涅，他从在意大利、波兰、威斯特伐利亚和汉诺威转赠给他的财产中，收了500000利弗尔（Livre）①的佃租和地租。那些宫廷高官的收入已经赶上了王公贵胄：大宫廷总管康巴塞雷斯从帕尔马"永久性地"岁入150000法郎，外加公爵头衔；宫廷名誉大侍从参议勒布伦作为皮亚琴察公爵（Herzog von Piacenza）一年的收入也是这么多。宫廷典仪大总管塞居尔、1807任外交大臣的尚帕尼（Champagny）以及第一秘书"巴萨诺公爵"马雷（"Herzog von Bassano" Maret），每人每年从威斯特伐利亚和汉诺威的财产中均可获得50000及100000法郎的收入。梅特涅1808年说，人们估计拿破仑也想授予宫廷大元帅杜洛克、御马大总管科兰古以及秘密警务大臣萨瓦里（interner Polizeiminister Savary）以同样的公爵头衔。欧洲是怎样受到剥削的，看看拿破仑的那些被晋封为公爵的元帅们获取收入的地区就知道了：奥热罗（Augerau）被晋封为卡斯奇里恩和马塞纳公爵（Herzog von Castiglione

---

① 法国旧币名。

und Masséna），内伊被晋封为埃尔欣根公爵（Herzog von Elchingen），达武（Davout）被晋封为奥尔施塔特公爵（Herzog von Auerstedt），杜洛克被晋封为弗留利公爵（Herzog von Friaul），科兰古被晋封为维琴察公爵（Herzog von Vicenza），拿破仑的表弟阿利吉上校（Oberst Arrighi）被晋封为帕多瓦公爵（Herzog von Padua），朱诺（Junot）则被晋封为阿布兰特什公爵（Herzog von Abrantès）。

　　拿破仑完全按照旧帝国的方法，为他的追随者加官晋爵制造了大量的头衔，分封他们采邑，并赋予他们的家族以长子继承权。此外，他还给皇帝卫队发放额外津贴，并且给予所有的军官永久性的养老金，而且其直系后代可以继承——上尉 2000 法郎，中尉 1000 法郎，少尉 500 法郎。梅特涅报道说，拿破仑的帝国统治，不仅仅在地域上到达了维斯瓦河（Weichsel）河畔，而且，这种统治还减少和削弱了那些在他的保护下，在巨大帝国中各省进行统治的、归顺了的君主的权力与财力。他将这些财富给予法国的臣民，让他们由此成为莱茵邦联的邦国中最富有的业主，从而也扩大了自己的权力。梅特涅看到，他是如何抓住发财的新机会，以使别人与他自己、他的继承人以及他的征服活动绑定在一起，在这方面，他的确是"天才拿破仑（Génie de Napoleon）"。在回顾第三次反法同盟战争时，梅特涅确信，拿破仑通过与此相关的一切手段，使自己拥有的领地数量无法估计。这样，梅特涅就更加具体地将其对旧有社会秩序被颠覆的理解，以及他为什么称法国革命充其量是一场社会革命而非政治革命，展现在人们面前。

法兰西帝国

　　毫无疑问的是，一个问题，即旧帝国在梅特涅的一生中意味着什么，在到目前为止的研究中它被关注得太少。他是在多大程度上将自我价值感，和他作为一个欧洲世界主义者的社会性的社会化思想归功于旧帝国，还有，他是在多大程度上深入地扎根于旧帝国——这个由很多部分组成并相互交织在一起的帝国的法律遗产中，这些，在他所记载的经历中，是非常引人注目的。但是，如果仅仅想去追踪帝国对他的"影响"，就像向一条单一河道的溪涧注入水流一样，注入对一个人一生的影响，那就过于简单化了。在曾经充满革命气息的巴黎，在新皇帝拿破仑的宫廷里，旧帝国的概念变了，对于熟谙历史而同时又与时俱进的观察者梅特涅来说，旧帝国变成了一只万花筒，就是说变成了一种媒介，其原本对称有序的排列，只能通过各个被反射的、单一的组成部分才能看到，而通过不断变化着的排序，万花筒的图案也在不断变化着花样。对梅特涅来说，帝国已然支离破碎，成为并列、相互交织或对立的至少六种元素，他在巴黎则直接面对着它们：①帝国伟大的历史传统，他在斯特拉斯堡和美因茨大学学习研究过这些传统；②他经历过的帝国传统，他在法兰克福的皇帝加冕典礼中共同参与了这些传统；③在政治上还苟延残喘的哈布斯堡皇朝，从 1792 年起就进行着反抗法国革命军队的战争，是根植于老欧洲联盟的帝国；④作为他的伯爵家族和领地保护伞的帝国；⑤其父亲弗朗茨·乔治作为最高等级官员之一为之效忠服务的帝国；⑥最后，以法国人的皇帝作为"保护人"的、变为"莱茵邦联"的帝国。这位法国人的皇帝，自诩为查理大帝的继承人，通过冯·达尔贝格为自己创造了一座有连续继承法统的桥梁，他的方法是将这位帝国的最后一位帝国总主教，以及旧帝国中最重要的选帝侯区的所有者，变成新成立的莱茵邦联的首脑["诸侯总领（Fürstprimas）"]。

旧帝国对梅特涅来说还意味着什么？因为他已经清楚地认

识了帝国的所有面孔，并且同时认清了帝国中各邦国的诸侯破坏性的离心力，所以，与他的父亲相反，他认为可以排除拯救帝国的可能性，或者是尔后有朝一日复活帝国的可能性。对他来讲，旧帝国仅仅作为一个项目实验平台为他所用，在这个平台上，他发展了他即将产生的"德意志国家（Deutschland）"方案。而从1806年到1815年，对他首先形成挑战的是，拿破仑是如何依靠那个古老的、超民族的帝国，并且借助使用这个帝国的因素的。

拿破仑使梅特涅卷入了一场他所喜好的关于历史题目的讨论中，而这一讨论暴露了拿破仑对历史知识的一知半解，同时却也显示了他的一项特殊本事：判断原因和预知后果。对不知道的东西，他有本事猜到，并且通过他的那种特别的精神对人物和事件夸夸其谈、滔滔不绝。拿破仑总是反复不断地引用从他所阅读过的、为数不多的作品中，特别是从一些历史片断中摘录的同一段引言，并且特别喜爱那些出自古典的，以及法国历史上英雄时段的篇章。他心目中的英雄是亚历山大、恺撒，特别是查理大帝。梅特涅所描写的原话是：拿破仑"声称从事实上和法理上是他（查理大帝）的继承人这一想法，一直以一种奇怪的方式占据着他的头脑。我曾看到，他是如此沉溺在与我没完没了的讨论中，目的就是用最弱智的理由来支撑他那奇怪的论断。很显然，是我作为奥地利大使的身份，将他的执着带进了这一章节。"[56]

拿破仑将梅特涅看作旧帝国的化身，并认为，正因如此，就更应说服梅特涅相信这一点。梅特涅正确地指出了一个悖论，拿破仑当然也注意到了这一点：如果像拿破仑那样，仅仅经过一场会战的失败就丧失了皇帝的宝座，那怎么能在传统中站得住脚呢？这位皇帝自己也承认："你们那些生在皇帝的宝座上的统治者，可以被打败20次，然后可以一而再，再而三

259

地回到自己的皇宫里，而我却不行。我只是个幸运儿。如果哪一天我不再强大了，从而人们也便不再惧怕我了，那么，我的统治也将就此终结，挨不过这一天。"⁵⁷梅特涅得出的结论是，几乎没有第二个人像拿破仑一样感到，一个没有基础的权威是多么"脆弱和没有保障（précaire et fragile）"。

尽管如此，拿破仑还是不放过任何机会，在梅特涅面前抗议那些说他是篡位者，从而窃取了法兰西王位的说法。他说，王位之所以出现了真空，是因为路易十六不懂得如何保住它。推翻国王之后，法国土地上的共和国铲除了王国和王位："旧王位已经与王国的瓦砾废墟一同被埋葬了，而我必须建立一个新的。……我如同新帝国一样新，新帝国与我顺理成章地组成一个完全的整体。"⁵⁸拿破仑用历史的活动布景为他的舞台建立了一道背景，在这个舞台上，他扮演着皇帝的角色。现代历史编纂学将这种做法称为"传统的虚构（invention of tradition）"［E.P.汤普森（E.P.Thompson）语］。

在一次前帝国总主教、今莱茵邦联诸侯总领达尔贝格的觐见结束后，拿破仑当着梅特涅的面嘲笑了他，这完全显露拿破仑实际上根本没有想要让查理曼的旧德意志帝国继续存在下去或者重新使其恢复活力。"达尔贝格其人充满着不切实际的空洞梦想。他一再以让我重建他所称的德意志祖国的宪法的问题折磨于我。他想重新要回他的雷根斯堡，要回他的帝国高等法院以及旧德意志帝国的所有传统。刚才他又在试图谈论这些愚蠢无聊的事，但是，我一口回绝了他。"⁵⁹拿破仑因此也暴露了他进行统治的"秘密"：德意志国家中的那些小国想要在大国面前得到保护，但是大国却要根据自己的意愿进行任意的统治。而达尔贝格则只想从"邦联"中得到人和钱，而人和钱只有大国才能提供。因此，他不去骚扰这些大国，而是让小国看到，他们相处得是多么融洽。梅特涅刚刚去巴黎担任公使时，拿破仑就当着他的面明确地宣布了这一点，这位前帝国伯爵从而也知道，将来，他所属的阶级从拿破仑那里什么也得不到，但能从像那位符腾堡人（达尔贝格）一样的新统治者那里获得一切，这可不是什么好兆头。

更使人目瞪口呆的，是拿破仑关于他的最高权威是君权神授的想法。拿破仑还援引说，哈布斯堡皇帝的头衔"就是拜上帝恩赐，奉天承运，被选为罗马皇帝的"。[60] 按梅特涅的说法，拿破仑对此还有他自己的评论："这个风俗既美妙又理所当然。权力来自上帝，只有那里是普通人达不到的地方。而我则会恰逢其时地从那里接受同样的头衔。"[61] 实际上，这种事 1807 年 11 月真的就发生了，当时，拿破仑就是以下面这句套话，作为威斯特伐利亚王国宪法导言开篇的："朕，拿破仑，奉天承运，宪授帝祚、法兰西之皇帝、意大利之国王、莱茵邦联之护主。"梅特涅写到，然而在宗教信仰上，拿破仑并非特别虔诚。天主教作为宗教崇拜，在他看来只不过是一种有用的手段，用来保持道德世界的平静与秩序。就像与政治权力打交道时一样，拿破仑在与宗教打交道时，他坚信人以及公众舆论本身毫无价值，他看到的只是他们所起到的工具作用，这一点在他那里早已表露无遗。因此，当梅特涅说拿破仑并没有在启蒙运动的作家中寻求他的榜样时，这个说法是可信的，更不用说将伏尔泰作为榜样了，他甚至很是反感伏尔泰。拿破仑反而在近代的强权政治的预言家那里寻找榜样，这位预言家也曾使腓特烈大帝着迷：尼科洛·马基雅维利（Niccolò Machiavelli）。[62]

在关于任职巴黎的指令中，梅特涅已经预计到拿破仑进行征战的两面性，因为他既征服了革命又征服了欧洲大陆。在梅特涅看来，他既是"化身为肉体的革命"[63]，同时也是一个"天生的占领者、立法者和管理者"。[64] 在一次两人之间进行的推心置腹的谈话中，皇帝向这位公使透露："在青年时代，我由于微不足道且出于虚荣心，是倾向革命的。年纪渐长，变得理智了，我遵循了理智的建议并按照我的直觉，'践踏（écrasé）'了革命。"[65]

261 　　总而言之，可以确定的是：1806~1813 年，奥地利公使在法兰西皇帝面前处于一种非常独特的、享有特权的地位。这是一种"持续多年的、直接的接触，在非法国人中，还从未有第二个人与拿破仑有过这样的接触"。[66]也正因如此，梅特涅可以完成他给自己设定的任务，即"通过对这个已经人格化的、革命的产物的分析，深入了解这个起点如此之低的人是如何达到如此高度的"。[67]在梅特涅 1820 年发表的随笔中，梅氏对他研究对象的研究方式可以证明，梅特涅不愧是其老师科赫和福克特历史批判方法的信徒。当然，梅特涅也要顾忌和考虑"自己赖以存在的条件"，这也造成了梅特涅与他的研究对象保持距离、采取不偏不倚的客观立场的态度。

　　从而梅特涅也同时回答了关于拿破仑是否伟大的问题。仅仅强调拿破仑赖以在极短的时间内从一个无名鼠辈一跃而起的实力、暴力和优势等特点，是远远不够的。梅特涅批评道，人们为了更好地去理解拿破仑，便将他们那些毫无用处的丰富学识，过多地用在了将拿破仑与历史上的大人物进行比较上面，无论是古代的英雄、中世纪的野蛮征服者，还是一种像克伦威尔那样的篡权者。"寻找'历史上'相似者的癖好"歪曲了现实的历史。因为这样一来，就容易将人物从他所处的框架中解构出来，从其所从事表演的各种场景的交互状态中解脱出来。不同的时代和形势的不同的特殊性，不允许进行所有这样的类比。

　　为了评判"天才"拿破仑，这个时代需要一种尺度。就像作出判断总是取决于立场一样，梅特涅对此种做法完全保持着距离。谁认为法国革命时代是"现代历史中"一个最辉煌、最闪光的时代，那么，对于这个人来说，拿破仑就会作为历史上在某个时刻总要出现的最伟大的男人之一，占据一个位置。相反，那些认为拿破仑不过是一颗流星，一颗从普遍消散的浓雾中升起的流星的人认为，拿破仑身边只有因"虚假文明（fausse civilisation）"的无节制而产生的社会废墟的瓦砾，他所干的，无外乎就是与弱小的反抗者及无力的竞争者战斗，进而战胜盲目的狂热及自相残杀的对手，他们不会"夸大拿破仑的伟大"。预先指出了拿破仑"传统的虚构"的想法，并影射其策划导演的贵族和皇帝戏之后，梅特涅断言："它（建筑物）赖以组成的建筑材料，只有来自其他建筑物的碎砖残瓦。而这些建筑，一部分已腐朽残败，另一部分则已失去了内在的结构支撑。起支撑作用的最后一块压顶石已被取下，建筑物从顶盖到地基，顷刻间会轰然坍塌。"[68]

262

　　因此，梅特涅提出这个问题是有理由的，即"拿破仑让我担任一些职务的决定是不是一个明智的选择，这些职务让我不仅能够赞美他的优点，也能够认识到他的错误，这些错误最终导致他堕落，并使欧洲从压迫中解放了出来"。[69]在后来对这段历史进行回顾时，国务首相认为，拿破仑将他派往巴黎，实际上种下了自己垮台的种子。对于传记作者来说，梅特涅政治生活中后来的历史，最终引出了一个引人入胜的问题，即梅特涅所独有的、从与这位皇帝自 1806 年至 1813 年私人交往中获得的内幕情况，是不是他制定出导致拿破仑的"世界王朝"覆灭的长期战略的原因。

耶拿与奥尔施塔特（1806 年 10 月 14 日）
普鲁士忘记了奥斯特利茨会战的教训

　　梅特涅在巴黎的两项最重要的任务是，跟踪拿破仑对德意志情况与形势的影响，并尽可能作出他个人对有关局势的判断；此外，他的任务还包括仔细观察拿破仑与其他欧洲列强的交往情况，并尽量从中得到法国皇帝头脑中要采取的下一步行动计划，特别是针对哈布斯堡皇朝的行动计划，因为哈布斯堡皇朝扮演的（从法国皇帝的更为广阔的视角来看）不过是拿破仑整个台球桌上的一颗小球。在梅特涅担任公使的整整三年中，他观察着欧洲大陆上产生较大新旧冲突的所有地区：富于传统的西班牙波旁王国，腓特烈大帝及其不那么伟大的继任者普鲁士，由于无数的战争已经风雨飘摇的奥斯曼帝国，在年轻的、虚荣心极强的沙皇亚历山大治下的沙皇俄国，大不列颠海上世界帝国以及意大利，在这个半岛上，所有大国——普鲁士除外——的利益在交织碰撞。所有这些帝国和地区都成为拿破仑帝国政治的一部分，梅特涅因而都要说清楚其合理性。这些是他出使巴黎期间凌驾于一切之上的课题，其他的一切都被囊括在这一题目之下。

263

在此需要思考的是，奥斯特利茨会战带来的震惊成了梅特涅政治觉悟的气候分界线。在此之前他认为，通过对欧洲均势形成一致意见的政策，就可以阻止"万能皇朝"，对这种认识，他更多是纯粹从理论上加以说明。奥斯特利茨会战给他上了一堂经验课，他后来的外交政策信仰，则要归功于这一课。像拿破仑的法兰西这样的帝国，只有通过一个强大的、始终如一的大国联盟，才能够削弱并战胜它，直到 1815 年之前，这个想法充其量不过只是他的一个一直以来的、确定无疑的符咒。在与拿破仑进行的战争中，各个单一大国的失败一再证实，梅特涅的说法是多么正确。1806 年 1 月，还在柏林，奥斯特利茨会战刚刚给他留下的印象仍清晰深刻，他在给弗里德里希·根茨的信中写道：

我已经 30 多岁了（梅特涅即将年满 33 岁），我过去的三年比其他世纪的 30 年更具总结意义。我和所观察的对象过于靠近，我对普鲁士、俄国就像对奥地利一样了如指掌，我也掌握了英国政策的要点，那么，如果援助不是来自这些大国的紧密联合，还有什么能拯救我们呢！……为了摧毁那个欧洲南部和西部完全结合起来的庞然大物，这种联合是必不可少的。我之所以说摧毁，是因为仅仅用抵制来对付这种情况，从来都是无济于事的……人们说要限制这个男人，把他圈在篱笆里。不，要去征服他，摧毁他，进而肢解他的帝国——谁不想征服，那么他就将被征服——欧洲唯有这个愿意行动的男人，为我们认识这个真理提供了一个可怕的凭证。[70]

这个认识完全可以作为纲领来理解，直到 1815 年为止，梅特涅都将其视为最理想的纲领，虽然在拿破仑面前，他不得不作出很多临时性的妥协——外界则常将他的这些让步错误地评价为机会主义。他同时奉行由原则引导的务实政策，从长远看，这种务实政策是不允许与这位篡权者妥协的。就像这段解释所透露的，原因在于拿破仑本人，在于其无法遏制和无法满足的、扩充其权力的欲望。

1806 年 9 月 16 日，在他抵达巴黎六个星期之后，也就是耶拿和奥尔施塔特会战前不到四个星期，梅特涅就已经声明，普鲁士与法兰西之间难免一战，并认为霍亨索伦王朝对战争的准备不足。在任职柏林时，他就对德意志的内部情况了如指掌，而偏偏在这个时候，他又回忆起奥斯特利茨会战的教训，并且剑指普鲁士，将其与下述指责联系在一起："既然 1806 年（普鲁士和普鲁士国王）就已经显示了性格特点，那在 1805 年为什么没有拯救欧洲？"[71] 梅特涅判断，将要发生的战争以及

264

后续发生的所有战争，不仅是双边冲突，而且是整个体系的危机："我们已经到了欧洲面临令人厌恶的危机的时刻。"[72] 人们几乎可以想到，他先批评奥地利 1809 年的战争冒险，又指责普鲁士国王贸然投入了一场"没有经过任何算计，而仅凭冲动就进行的战争"——这是一种未经协调的举动。[73]

所有这些战事行动均以失败而告终是顺理成章、理所当然的：虽然一个由俄国、普鲁士和英国——第四个加盟者——组成的反拿破仑同盟已然出现，但是，拿破仑成功地将其拆散：对普鲁士来说，灾难性的，而且并非不可避免的耶拿与奥尔施塔特会战的失败，成了反法同盟军军事上优柔寡断、指挥上毫无协调，以及各部队之间联络上杂乱无章的典型范例。英国坚持继续进行战争，而普鲁士和俄国却由于拿破仑策略上的分而治之，在 1807 年分别与拿破仑签订了双边的《提尔西特和约》，和约的条件完全是不平等的。

两份《提尔西特和约》（1807 年 7 月 7~9 日）
世界皇朝取代大国协调

由于拿破仑与沙皇之间达成了谅解，梅特涅认识到，到目前为止的欧洲五国共治体系（System der Pentarchie）已经完全崩溃，因为在 1807 年 7 月 9 日的《提尔西特和约》中，拿破仑与沙皇私下划分了在欧洲大陆的势力范围，从而使五国平衡完全失效，而且重要的还有，俄国参与了对英国的大陆封锁行动计划。早在 1794 年，梅特涅就学会了从全球的角度思考问题。现在他看到，在尼曼河（Memel/Niemen）的一条木筏子上，拿破仑与亚历山大举行了有关《提尔西特和约》的谈判，以解决两个全球竞争者在此发生的冲突，而拿破仑在谈判中则精彩地、极具象征性地导演了新的格局："欧洲被改变了。

两个帝国，一个位于西方，一个位于东方，正准备将一些同盟小国聚集在周围，使它们作为居间调解斡旋的国家任人摆布、换来变去、为己所用。"[74]

如果说，这两个强权大国之间还是在平等的地位上签署和约，那么，7月7日同样是在提尔西特，拿破仑与普鲁士签署的则是一个征服性的和约，它使普鲁士的领土缩小了三分之一，并且让它承担了1.2亿法郎的巨额战争赔款。梅特涅在施塔迪翁面前不无道理地评价说，霍亨索伦王朝因此从一个一等大国沦落为一个三流国家，而奥地利的处境也因此从根本上转向恶化。莱茵邦联从两侧包围着她，并且，与法国的任何军事冲突，实质上都将导致在维斯瓦河与因河（Inn）之间的两面作战。自此，梅特涅开始了持久性的警告：不要与法国进行双边战争。由于他发出了这些警告，就不能将梅特涅描绘成一个战争的推动者，这一点，正如将他一直视作1809年战争的推动者那样。

就梅特涅担任公使期间发回报告的特点，怎么突显都不过分。他并非只是一个中间人，仅仅传递一些驻在国发生的事实情况——当然，这些事他也在做——而是研究并得出有关政治全景的结论，并在其中准确地定义奥地利治国理政所应作出的选择。他预言，欧洲的现状，业已将内部毁灭的萌芽置于自身之中，维也纳政府只需等待适当的时机，因为整个体制都是建立在唯一一人的生命基础之上，而此人对于其后继者却一无所知。

在梅特涅看来，不是1809年西班牙起义才带来转机。这位公使在《提尔西特和约》签订时，就看到了这是拿破仑所犯的最大"政治错误"，就是说，这是拿破仑倒台的开端（他并非是事后才这样断言，而是在当时就已经认识到）。在他的回忆录中，他深化了对时代转折点的判断，他确认，拿破仑的衰落"在很大程度上是由于其错误设想的后果造成的，他自以为是地想象普鲁士的实力会彻底衰竭耗尽"。[75] 拿破仑"无可比拟的大厦"既不牢固又不持久，因为《提尔西特和约》提出的条件"既强硬又过分"。并非仅仅梅特涅一人持有这样的看法。赞同提出较温和条件的法国外交大臣塔列朗就认为，拿破仑从提尔西特开始，将弓弦绷得过紧："拿破仑胜利了，辉煌的胜利。他欢欣鼓舞、洋洋自得，从而态度也变得固执强硬。他沉湎于之前从未有过的荣誉感和伟大胜利的心醉神迷之中。"[76]

梅特涅用他的判断，间接地对普鲁士改革派及其联合所有反抗拿破仑力量的出色能力，给予了褒扬，他将这种看法与他的基本说法结合在一起，即只有其他大国结成联盟，才能推翻拿破仑："1805 年普鲁士所犯的错误——［就是说，在奥斯特利茨会战之前］未将其力量与奥地利及俄国的力量联合在一起——在 1806 年又通过拥戴（拿破仑）重新犯了一次。但是，欧洲能从由于拿破仑的征服精神而套上的枷锁中解放出来，最终还要归功于这些经常犯的错误。"[77]

《枫丹白露协议》（1807 年 10 月 10 日）初次领略拿破仑的谈判风格

梅特涅出使巴黎的任务之一，是明确澄清《普雷斯堡和约》中的遗留问题。这是他平生第一次在最高层级、由自己全权负责为奥地利进行谈判。问题的实质是，将奥地利的领土与拿破仑"发明的"新意大利王国之间的边界走向，通过协议确定下来。这使得梅特涅第一次见识了拿破仑是如何在谈判桌上肆无忌惮地虐待弱小国家的谈判代表，以及践踏国际法基本原则的：践踏平等对待的，或者如同拿破仑在其外交信仰自白中所说的"相互关系"的规定。[78] 梅特涅说，他此后再也没有见识过在这种捉摸不透的谈判中，有如此多的诡计多端和厚颜无耻了。[79] 他一而再，再而三地面对对方提出的新要求和强加于人的条件。拿破仑直截了当地拒绝与他进行直接的对话，而是将一切交由其外交大臣尚帕尼打理。尚帕尼拿出一幅地图，上面有拿破仑亲笔沿着伊松佐河（Isonzo）画的一条边界线，一条不容再讨论的边界。

梅特涅试着采取迂回方式，通过意大利公使费迪南多·马雷斯卡尔奇伯爵（Graf Ferdinando Marescalchi）去影响拿破仑。他在马雷斯卡尔奇伯爵面前抱怨法国人说："他们想得到一切，却什么都不想拿出来。"但是这位意大利人警告他说，他认识他（拿破仑）的许多国人，他们有能力并且想要唤醒拿破仑对的里雅斯特（Triest）①的贪得无厌。这条奥地利通向亚得里亚海的唯一通道，像个楔子一样，插在新建立的意大利王国和拿破仑新近争得的达尔马提亚（Dalmatien）之间。对于拿破仑来说，进行威胁易如反掌，因为他的军队还驻扎在奥地利。马雷斯卡尔奇建议，在对方将新的要求提到谈判桌上之前，尽可能快速地签署所建议的边界走向协议。梅特涅判断，拿破仑的胃口是毫无节制的，并且已经完全撕下了他的伪装。

尽管如此，这位公使还是发现了谈判结果对奥地利来说有某些好处；因为拿破仑将谈判视作双边关系新时代的开端，这一关系从此将以谅解精神为特征。实际上，面对法国，奥地利第一次处于其边界问题已完全澄清，以及拿破仑再不能向其提出新要求的形势中。拿破仑甚至希望有朝一日与奥地利结盟，[80] 但是对于这一愿望，梅特涅持担忧的态度，因为他立即怀疑拿破仑打算让奥地利为法国的军事目的服务。

----

① 又译特雷斯特，意大利东北部港口城市，位于亚得里亚海威尼斯湾顶部，靠近意大利东北岸、斯洛文尼亚及克罗地亚。

大陆封锁（1806 年 11 月 21 日）
拿破仑通往"万能皇朝"之路

为了征服欧洲大陆，拿破仑需要巨大的战争机器。法国的军事实力包括从革命群众中招募的 200 万武装士兵，卫星国——所谓盟国的——部队，以及来自各地的、希冀能从拿破仑那里分得一杯羹的地区武装，或者如大量的波兰人和意大利人，他们希望获得国家的统一和自由。为了在财政上支撑战争，拿破仑的军队几乎不可能给他们带来已许诺的自由，因为这些军队必须向"被吓倒和被征服的领土"索要赔偿、税款和实物贡献，并且直接掠夺富裕的城市——就像梅特涅早在 1792 年 10 月于法兰克福经历过的那样。[81] 为了平衡在海外殖民地输给英国的收入，法国还需要"控制欧洲的经济"[克里斯托夫·A. 贝利语]。[82] 这就需要由大陆封锁行动来完成，这一封锁行动禁止一切来自英国的货物登陆欧陆，这是 1806 年 11 月 21 日在柏林宣布，1807 年底又进一步扩大了的措施。第三次反法同盟战争时，由纳尔逊（Nelson）率领的英国王家海军在特拉法尔加海战（Schlacht von Trafalgar，1805 年 10 月 21 日）中给了法国和西班牙联合舰队以毁灭性的重创，并使英国海上霸权获得了不可战胜的声誉，在此之后，拿破仑就更加倚重这一措施。

剥夺英国人的全球优势仍然是拿破仑的目标，他想要通过经济战迫使英国人投降，也正因如此，他企图对输往大陆的英国产品尽可能采取水泄不通的封锁。在法国国内，这个行动计划是绝对得人心的，因为这样一来，就排除掉了令人讨厌的英国竞争者，创造了巨大的经济空间，总体上强劲地推动了法国经济的发展。[83] 结果是，英国经济在 1808 年陷入严重危机，也引发了社会动荡。当然，那些拒绝参与经济封锁的国家，也

268

要为它们的举动付出代价，因为拿破仑用战争席卷了这些国家，先是葡萄牙，过后不久是沙皇俄国。

此外，拿破仑还曾想用 1807 年签署的《提尔西特和约》，将沙皇拉入对英国实行的大陆封锁体系。而对葡萄牙来讲，这当然意味着即将开战。在 1807 年 8 月 2 日的外交官招待会上，梅特涅亲耳听到，拿破仑是如何当着葡萄牙公使唐·洛伦佐·德·利马（Don Lorenzo de Lima）的面威胁他："不能再这样继续下去了。我们要的，或者是和平，或者是战争。"[84] 这里所谓的和平，无非是意味着要参加到大陆封锁中来。拿破仑要求，葡萄牙立即对来自英国的货物关闭所有港口，没收英国在葡萄牙的一切财产，对英国人，无论男女老幼，一律都要像战俘一样关押起来。葡萄牙摄政王愿意准备关闭所有港口，但是拒绝逮捕无辜的人，因为这样做违反人权。

在这个问题上，梅特涅第一次亲身领略了拿破仑无可遏制的征服欲望。首先是尚帕尼告诉了他拿破仑谋求"万能皇朝"的渴望。他说，由于英国已是海上主宰，因此，皇帝认为，成为"陆上的统治者（le dominateur du continent）"的时刻已经到来。所有违背其意愿者，或者进行哪怕是微弱的反抗，都将被消灭。但是，由于他的行动是在俄国同意下进行的，因此，没有哪个人敢于反抗。在 1807 年 10 月 15 日的盛大朝觐时，拿破仑再一次直接对葡萄牙公使说："如果葡萄牙不按我想要的去做，不出两个月，布拉干萨家族（Haus Bragança）就不会继续在欧洲进行统治了。"[85]

这就给拿破仑政治带来一个新的威胁性脚注，因为这种政治开启了不但是将其他国家降格，而且是直接铲除这些国家的统治者家族的先河，无论这些家族的历史有多么古老。为了进一步强化对大陆封锁的要求，法兰西皇帝威胁说，他将不能容忍英国使节出现在欧洲，他会对任何一个还在接受英国大使的国家宣战,有 300000 俄国士兵听从他的指挥。梅特涅冷静的判断是,拿破仑的狂热及对统治世界霸业的渴望,已经无视任何限制了。

在对葡萄牙宣战之后,拿破仑派出的部队由朱诺将军指挥,于 1807 年 11 月 3 日横穿西班牙到达里斯本,宣布布拉干萨家族下台。摄政王若昂(Prinzregent)与整个王室逃亡到了巴西。对拿破仑来说,葡萄牙又开启了新的战场,因为一年以后,英国人在威灵顿公爵(Duke of Wellington)的率领下驻扎下来,一直到拿破仑统治结束,都在这里进行着抵抗战争,并最终于 1813 年将拿破仑的军队彻底赶出了伊比利亚半岛。

拿破仑对西班牙的战争: 对欧洲君主的冲击

梅特涅以极大的忧虑全神贯注地跟踪着拿破仑的扩张野心,看他是如何觊觎着伊比利亚半岛的。西班牙于 1795 年加入了《巴塞尔和约》,一年后与法国结成联盟,并在后来的数年中一直站在法国一边,即使 1805 年在特拉法尔加与英国的海战中遭遇毁灭性失败也是如此。1807 年 10 月 27 日,两国在枫丹白露宫签署了协议,规定两国该如何瓜分战败了的葡萄牙。因此,朱诺将军的部队在西班牙政府的完全同意下穿越西班牙,前往占领葡萄牙。

西班牙王室的一个宫廷阴谋却给了拿破仑一个求之不得的机会,为了一己之私而干涉其内政,并将西班牙的政局搅得地覆天翻。起因是斐迪南王子(infant Ferdinand,储君)企图让现任第一国务大臣曼努埃尔·德·戈多伊(Manuel de Godoy)下台,这位第一国务大臣是政治上无所作为的卡洛斯四世(Karl IV)的宠臣,也是王后的情人。拿破仑就势邀请所有的王室成员,前往靠近大西洋海岸的法属巴斯克地区巴约

讷（Bayonne）的马拉克宫（Schloss Marracq），进行说合调
解。1808年5月2日在马德里，当法国士兵准备去接斐迪南的
弟弟弗朗西斯科（Francesco）前往会见地点时，一些起义者
想阻止他们的行动。第二天，若阿尚·缪拉元帅命令血洗马德
里，为前一天被起义人员杀害的法国士兵复仇，这引发了席卷
西班牙全国的抵抗拿破仑的战争，一直延续到1813年。

当梅特涅解释法国的实力在中欧大陆还会如何发展壮大
之时，西班牙这个将拿破仑的很大一部分军事力量牵制其中的
战争舞台，从此强烈地主宰着梅特涅的政治推理联想。起先，
他对拿破仑在巴约讷用武力威胁卡洛斯四世将王位交给他的
方式和做法，异常激愤。法国皇帝通过"政变"〔让·蒂拉尔
（Jean Tulard）语〕，"用诡计多端的阴险手段和残忍的暴力"
〔奥古斯特·福尼尔（August Fournier）语〕来实现他的目标。
1808年6月6日，拿破仑将西班牙王位授予了长兄约瑟夫。[86]
即使是塔列朗，也对这种方式的"谋杀（Attentat）"保持了
距离，他在自己的回忆录中写道："如果说，曾经有过将背叛
和阴谋诡计等均事先密谋得天衣无缝，并且将陷阱巧妙安排妥
当，使得阴谋计划得逞的话，那就非此莫属。"[87] 就在1807年
8月9日，拿破仑顺从了他的这位外交大臣的辞职愿望，但是，
还是继续让塔列朗担任他的政治顾问，后来在埃尔福特召开的
诸侯大会上，塔列朗也仍然担任顾问一职。会上，当塔列朗试
图劝阻拿破仑不要搞此类"谋杀"，并公开警告说，他会因此
在公众舆论中以"小偷和骗子的面貌"出现时，拿破仑遂命
令西班牙王室，举家搬入塔列朗位于图尔（Tours）以东的瓦
朗塞宫（Schloss Valençay）——这是一座文艺复兴时期的宫
殿——并且要房主负担一切费用。以此事件为开端，塔列朗与
拿破仑渐行渐远。

将波旁家族赶下西班牙王位事件，之所以如此严重地给梅

特涅敲响了警钟，是因为这位法兰西皇帝在建立其欧洲"大陆体系"的道路上，不但毫无忌惮地铲除了各个传统王朝，而且同时用自己的皇朝政治取而代之。他创造了一套新的正当性合法化体系，在这套体系中，他要自己的家族集团成员成为统治者，诸如他的弟弟路易做了法国统治下的荷兰王国的国王（自 1806 年 5 月起）；哥哥约瑟夫当了那不勒斯国王（自 1806 年 3 月起），接着又做了西班牙国王（自 1808 年 6 月起）；然后是他的妹夫缪拉继承了那不勒斯王位（自 1808 年 7 月起）；与此前的西班牙一样，在那不勒斯，波旁家族被从王位上驱逐。拿破仑的弟弟热罗姆（Jérôme）受封新确立的威斯特伐利亚国王（1807 年 8 月），西汉诺威和黑森 - 卡塞尔的选帝侯，以及不伦瑞克 - 沃尔芬比特尔公爵（Herzog von Braunschweig-Wolfenbüttel），都成了他的牺牲品。拿破仑的舅舅、枢机主教约瑟夫·斐许（Joseph Fesch）成了莱茵邦联的诸侯总领达尔贝格的助理主教（1806），法国皇帝还让他的继子欧仁·德·博阿尔内（Eugène de Beauharnais）当上了意大利王国的副王（Vizekönig，1805）。

此外，拿破仑还赋予他的皇朝政治一个意识形态的维度，使得改朝换代看起来更加危险。这一点是在他 1807 年 11 月 15 日一封著名的、写给热罗姆的信中宣布的。拿破仑帝国主义的这份宣言，同时具有革命性和使命感的双重力量，并以这种力量进一步威胁着旧欧洲的各国王朝："您的臣民一定会享受到自由、平等和丰裕生活，这些是德意志其他地方的各族人民见所未见的！……德意志、法兰西、意大利和西班牙的各族人民希望得到平等和启蒙的思想！自朕掌管欧洲事务起，多年以来，一再发生的事情使朕确信，那些特权阶层的牢骚抱怨，是与人民的意愿背道而驰的。您要做一个立宪型的国王！如果您所处的这个世纪的理智和开明，没有要求您去这样做，出于明智的政治需要，您也必须这样做。您将因此在公众舆论中赢得巨大的权力，以及对于您的那些专制的诸侯邻居们而言，赢得自然而然的优势。"[88]

当然，由于政治警察、新闻检查制度的存在，以及新贵们自肥腰包、中饱私囊，这些美妙的宣传在信中提及的所有国家中都是无法实现的。熟谙旧欧洲事务的梅特涅早就看穿了一切。为了能够感同身受梅特涅 1808 年 8 月时所面临的状况，可以设身处地地想象一下，在 1805~1808 年的短暂时间内，有多少旧诸侯被新的世袭王朝所取代。谁还在对拿破仑更大的计划持怀疑态度？哪一个还存世的大国是下一个牺牲品？公使不停地给自己提出这样的问题。拿破仑看似亲密知心地与梅特涅商谈如何瓜分奥斯曼帝国的做法，更加深了梅特涅对拿破仑的怀疑。至迟到此次谈话之后，以及当西班牙的起义被镇压下去以后，梅特涅就已经开始了这样的猜测：下一步将轮到"作为其新的德意志盟友计划中的猎物之一"——哈布斯堡皇朝的生死存亡问题了。[89]

272

在 1808 年 8 月 25 日特别安排的觐见中，拿破仑用表面上看起来亲密知心的姿态，与梅特涅讨论了战争问题。因为他已经详细获悉，奥地利自 4 月以来开始重整陆军，建立国家防务。拿破仑的说法也没错，如果没有俄国作为盟友，奥地利是不敢发动战争的，而且它与沙俄的关系也不怎么样。然后他直截了当地说道："您应当承认，是西班牙的事情让您害怕。就像我推翻这个王位一样，你们已经自认为被推翻了。"[90]尽管拿破仑在说出此话之后，试图立即缓和自己的怀疑，但他的话听起来不得不被认为是在威胁，是要由着他的判断来决定哈布斯堡皇朝的生死存亡。他声称，自己之所以占据了波旁家族的王位，是因为波旁王朝是他本人的私敌。"你们不可能与我同时拥有欧洲的各个王位。其他的王朝与你们没有共同点。对我来说，[哈布斯堡－]洛林王室与波旁王室有着很大的区别。"[91]

　　波旁问题使梅特涅陷入了一个棘手的困境，因为拿破仑要求奥地利不仅承认约瑟夫在西班牙是正当合法的统治者，而且还要承认缪拉在那不勒斯也是正当合法的统治者。梅特涅对施塔迪翁说，无论按什么法律标准来衡量，这都是不可思议的，而且即使是用占领者的权利作为借口，也是不能自圆其说的，因为这两个国家的王位从未空缺过（拿破仑就曾在自己篡位的事情上因为事先处死路易十六而用这种理由来辩护）。但是，如果要断然拒绝，就要事先谴责那些承认拿破仑取路易十八王位而代之的国家。"这是重大的篡位活动的首创，其他的篡位活动，不过只是这次篡位活动的合乎逻辑的后续。"[92] 因此，梅特涅建议，不给对手提供任何发起攻击的口实，而是从务实的理由出发，承认拿破仑所赐封的各位新国王。况且，在这件事情上，沙皇已经先于奥地利承认了他们。但是，作为承认的回报，梅特涅还想在谈判中要求对方不再谈论奥地利的军备问题，并且恢复与法国的友好关系。然而，弗朗茨皇帝和施塔迪翁没有同意他的建议，因为在他们看来，这样做无异于打破了禁忌。

埃尔福特诸侯大会（1808年9月27日至10月14日）以及对奥地利的包围威胁

　　当听说拿破仑在西班牙得胜后班师回朝，并准备与沙皇于1808年秋在埃尔福特举行一次新的会晤后——如同一年前在提尔西特举行的一样——梅特涅极度警觉起来。他想要尽一切努力说服拿破仑，也邀请弗朗茨皇帝与会，或者至少让梅特涅本人参加会晤。拒绝梅特涅请求的方式与方法，按照外交惯例来说是侮辱性的，而这种做法更使他感到不安。[93] 塔列朗是唯一一个向他详细通报已经启程赴会人员情况的人，他强烈建议梅氏，通过与外交大臣尚帕尼或者与拿破仑本人进行直接交涉，来获得邀请，他甚至建议弗朗茨皇帝干脆直接出现在埃尔福特的会晤现场，给两位统治者一个震惊。事实上，德意志诸侯的确也是在没有被邀请的情况下，成群结队地前往埃尔福特，因为他们相信，在现场可以直接表达自己的愿望。但是对于奥地利皇帝来说，这样的做法完全不在考虑范畴之内，因为它有失体统。

梅特涅想让尚帕尼认识到，如果在埃尔福特谈判中涉及奥地利的利益，而他却不在现场的话，那他将会多么狼狈。他的出席可以向欧洲表明，奥地利与法国的关系有多么友好，这一点拿破仑在上次觐见时也同样强调过。最后他甚至建议，可以不作为奥地利公使——因为他还没有得到国内指示——前往，而是纯粹以私人身份与会。尚帕尼只能尴尬地闪烁其词，回答时字不成句，尽可能三言两语地躲闪回避，他强调说，带上整个使团去参加这样的会晤，不是皇帝的一贯做法。另外，这只是一次朋友间的会晤，不会涉及奥地利的利益。如果西班牙和波斯［！］的大使也提出同样的要求，那该如何是好？梅特涅嘲笑地回答说，他不知道有哪些道德上的或是政治上的观点，可以将奥地利公使与波斯的汗（Khan）[①] 扯上关系。尚帕尼发现，他自己已经陷入了尴尬的境地，最后只能自我解嘲式地确认，他会将梅特涅的愿望转告皇帝。

以梅特涅获得的二手情报的水平来衡量，他能够在会晤之前就对会晤的深层次原因作出分析，说明其思想的敏锐程度已令人十分吃惊。他研读拿破仑的官方通报和宣传喉舌《箴言报》（*Moniteur*）、巴黎参议院会议的发言以及法国政府的公告等，感到无论在风格上还是使用的陈词滥调上，法兰西又回

274

---

① 中亚各国的官吏称号，此处不指最高统治者可汗。

到了 1793 年时的情景，就是说，又使他回忆起雅各宾党人的游行集会。他们又玩起了两面派手段：大臣们在他们的公开宣言中提到奥地利时，不用刺激性语言；而在参议院的发言则相反，因为针对的听众是"法兰西民族"，因而奥地利就得被放在被告席上。拿破仑基本是受下述这种意愿所驱使，即补救其在国内或国外（西班牙）犯的错误，利用宣传攻势在公众舆论中改善气氛和情绪，但首先是确保在他还全力投入于西班牙战争的表演舞台时，不会受到沙俄和奥地利的攻击。埃尔福特会晤的目的在于，让俄国与奥地利保持距离、商讨该如何瓜分奥斯曼帝国以及"迫使英国停战"；最后一点无外乎就是更有效、更严格地实施大陆封锁。尚帕尼对梅特涅解释说，从地缘形势出发，这里需要的是俄国而非奥地利。梅特涅只能一再重复说，据他所知，欧洲的普遍和平也需要奥地利参与；但是一切努力都徒劳无用。

梅特涅说到了问题的根源上。在埃尔福特，拿破仑在驻圣彼得堡公使、后来成为他副官的阿尔芒·德·科兰古面前公开承认，他是故意不邀请奥地利皇帝出席大会的，如果亚历山大是他的朋友的话，那么俄国必须毫无保留地与他一道，从事反对奥地利的事业，而不必费时间去考虑"德意志地区（l'Allemagne）"，更不用说西班牙。[94] 在出发前，他对塔列朗解释埃尔福特行动的目的时说："当我再次回到这里时，我要达到在西班牙能够完全自由行动的目的。此外，我要确保，奥地利确实被孤立了，它确实不能再采取针对我的任何行动了。"[95] 过后不久，在埃尔福特，他将奥地利描绘成"我真正的敌人"，认为必须牵制和控制它。[96] 拿破仑与科兰古进行的所有商谈，都是出于对奥地利可能针对他而进行的军备和战争的忧虑。虽然没有受邀与会，但是皇帝弗朗茨像一个幽灵一般，在所有的会谈中无处不在。无论如何，弗朗茨皇帝至少还是派出了卡尔·冯·文森特将军（General Karl von Vincent）作为观察员参会，他曾经作为外交特使出使巴黎，对巴黎的情况非常熟悉，拿破仑也认识他。

对于一个外来的观察者而言，大会的宣传投入完全达到了它的目的。拿破仑违背国际法，在《提尔西特和约》之后，以一纸敕令（1807 年 8 月 4 日）宣布埃尔福特为其皇室领地，使其成为德意志领土上的法国飞地。这样一来，拿破仑邀请的人就是到他的家里来做客。他事先亲自导演了一番，精确到分钟，并与塔列朗进行了商讨，向他透露："我要用富丽堂皇和光彩夺目让德意志大吃一惊。"他详细地准备了剧院的节目，并安排巴黎著名的喜剧团"法国喜剧（Comédie Française）"来埃尔福特演出。必须让有着"超越一切经验的思想"的德意志人领教一下悲剧，而不是喜剧，以便教会他们"更高尚的道德观念"，让他们放弃那种"狭隘的道德"。[97]

大会完全按照旧秩序时代的宫廷盛会模式进行：有围猎活动、晚会话剧演出以及正式的晚宴，整个编排完全是挖空心思想出来的。莱茵邦联的各位诸侯作为皇朝"大家庭"扩大的成员，就座于专门为此而设的椭圆形桌子旁，以显示拿破仑是这个家庭的"家长（pater familias）"。[98] 人们将这次活动的双重意义突显出来，并非没有道理，这次活动模仿了巴洛克时期的宫廷典仪，但同时又让其在可容忍的报纸上，作为轰动效应的新闻报道出现。

一个莱比锡的编年史作家曾报道说，在政治上到底谈判了些什么，人们连一点风声都没有听到。[99] 事实上，结果并不如人意，没有满足拿破仑的愿望：沙皇亚历山大不准备由法国单方面来主导协议。拿破仑追求亚历山大的妹妹叶卡捷琳娜的企图也没有得逞，但至少《埃尔福特秘密协议》将英国视为"共同的敌人以及欧洲大陆的敌人"；必须在意见完全一致之时才能与英国签署和平协议。[100]

当拿破仑认为奥地利才是真正的敌人之时，曾在起草《普雷斯堡和约》时照顾奥地利利益的塔列朗反驳道："眼前可能是您的敌人，但是陛下，奥地利奉行的政策基本上不是法国政策的反对者。它奉行的不是占领政策，而是维持政策。"拿破仑回答说："塔列朗，您现在是，并将永远是一个奥地利人！"[101] 另外，在埃尔福特，还有一位拿破仑小圈子里的旧贵族——科兰古——也对拿破仑持批评态度，塔列朗知晓此事。科兰古在谈到与德意志国家及普鲁士的关系，以及在《提尔西特和约》之后吞并的领土时，坦率地提醒拿破仑，所有的人都感受到了他的威胁。科兰古甚至走得更远，他建议拿破仑改变制度，使之温和化，为此，要采取的主要措施就是从德意志撤军。他说，欧洲要的是安抚，而不是恐吓。一切能够促成这种局面的措施，都会使拿破仑的杰作在将来得到巩固。而皇帝则认为，科兰古的所有建议都会导致出现一个虚弱的制度，在这种制度下，在谋求战胜英国的过程中，他只能放弃付出了巨大的牺牲后已经获得的果实。也就是说，拿破仑仍要遵循他实行的大陆封锁逻辑，而这一封锁行动则要求对大陆实行没有漏洞的管治。[102]

埃尔福特大会结束之后，梅特涅通过塔列朗和对他比较信任的俄国派驻巴黎皇室的公使彼得·托尔斯泰伯爵（Peter Graf Tolstoi），以及奥地利特使冯·文森特将军，了解了那里所记录的一切。他发现，他的预测得到了证实，首先是对哈布斯堡皇朝进行的危险的外交孤立，以及正在日益加紧进行的拿破仑对奥地利的军事进攻准备。梅特涅将法国进攻英国在印度的殖民地，仅仅看作拿破仑在其全球霸业环节上的一个远期目标：目前最紧要的是"完善他的大陆体系"，驱逐波旁王朝也属于完善这种体系的一部分。[103] 两大帝国，法兰西和奥地利的接近，并"没有现实基础"，它不过是一个"假象联盟"，只是用来在法国继续侵略其他国家之时，让俄国保持安静。

塔列朗："虎穴中的"奥地利代言人

作为公使，梅特涅需要在巴黎应对奥地利面临的困难局面，他发现，塔列朗是一个可靠的、可以信赖的人。塔列朗作为出身于另一个坐标系的旧贵族，与刚刚飞黄腾达的拿破仑的思维方式并不一样。梅特涅与塔列朗对大国关系间的独特性，以及欧洲均衡政治的原则最为清楚；两人均认为"欧洲协调（europäisches Konzert）"是稳定秩序的唯一正确基础。在他们的眼中，拿破仑谋求的"世界皇朝"从长远看是不可能站得住脚的，也是无法捍卫的。与拿破仑不同，但是与梅特涅却完全一致的是，年长几乎 20 岁的塔列朗，憎恶现代战争的残酷及其造成的牺牲，举例来说，就像他在视察奥斯特利茨战场后所宣布的："目之所及全是死亡的、流血的、支离破碎的身躯，以及受到重创和濒临死亡却还期待救援之人的呻吟声，总计有成千上万，我方的牺牲同样如此巨大！这种景象对我来说……是如此的恐怖，我将终生难忘。"[104]

还在埃尔福特诸侯大会召开之前，梅特涅就已经向施塔迪翁呈送了一份分析报告，将巴黎的宫廷分为"两派"：一派是欧洲利益的代表，另一派是拿破仑的附庸。皇帝追随者的影响力，要归功于军事暴力以及一定程度上任人唯亲的裙带关系。[105] 在法国只有一种身份能让人获得一切——幸福、头衔以及君主持续的庇护，那就是军人。人们说，法国是一个只有军人人口的国家，虽然还有市民，但它的存在是为军人服务的。"另一派"是资产阶级，更确切地说，是着便装的非军人，以塔列朗和警务大臣富歇（Polizeiminister Fouché）为代表。他们自 1805

年起就一直存在，就是说，自奥斯特利茨会战、帝国终结以及莱茵邦联成立之时就一直存在。1806 年对普鲁士和 1807 年对沙皇俄国的征战，更是加强了"这一派"的力量，而 1808 年用多次毁灭性的战争对西班牙采取的行动，以及极不道德地驱赶波旁王朝下台的做法，反过来对法国内政产生了危机性的影响。还有就是养活军队所需要的财政资源，已不能从进行抵抗的国家获取，从而使得财源渐趋枯竭。

278

塔列朗与现存体制保持着距离，也可以从下列事项上看出，即他从未要求过要承认拿破仑御封的新国王们。梅特涅以其独到的敏锐眼光猜测，在塔列朗身上，需要将道德和政治区分对待。塔列朗在生活上放荡不羁、渔猎女人、贪污受贿、挥霍无度，这些当然是毋庸置疑的；但另一方面，他又是一个杰出的政治人物，"行事遵循原则（homme à systèmes）"。正因如此，他既可能是有用的，也可能是危险的，可能要比尚帕尼一类的无能大臣危险得多："塔列朗先生这样的人，就像一把切肉的刀，要玩转这种刀是非常危险的；但是，伤口越大，疗法也要越狠，而被委托来治病的人，用不着担心他所用的手术器械是不是更加锋利。"[106]

在这里，梅特涅已经暗示了，为了铲除拿破仑及其体制（"伤口"），塔列朗可能会成为一个理想的结盟伙伴。此后，两人经过长期的交谈，小心翼翼地不断相互接近，直到后来塔列朗对梅特涅完全信任，甚至可以冒着生命危险将秘密情报交给梅氏，诸如有关法军及其盟军的状况、所处位置和规模，以及拿破仑停留的地点等。由于两人以出色的、相互间势均力敌的外交艺术来掩盖他们之间的这种联系，以至于直到 1815 年拿破仑政治生命的结束，他都对这出双簧戏一无所知。

当然，塔列朗的这种做法也是拿破仑的所作所为促成的。1808 年底，当拿破仑还在西班牙的战争舞台上时，便已得知塔列朗与富歇正在制订应对其一旦阵亡的计划，缪拉是他们看好的接班人的优先人选。[107] 从巴利亚多利德（Valladolid）到巴黎，经过六天急驰，拿破仑皇帝抵达都城，立即于 1 月 23 日传唤塔列朗、富歇、康巴塞雷斯、勒布伦、海军上将德克勒斯（Admiral Decrès）进宫。在他的办公室里，拿破仑表演了一场他臭名昭著的、设计好的暴怒，发怒的目标是原本要枪决的塔列朗，拿破仑对他破口大骂，直骂到祖宗三代："你是一个窃贼，一个懦夫胆小鬼，一个不知何物为神圣的人！你不信上帝！你一辈子都没有履行过你的义务！你欺骗并背叛了全世界！对你来说没有任何事物是神圣的！你会出卖你的亲生父亲！我曾经恩惠于你，你却在所有的事情上与我作对。……我可以像摔碎一个玻璃杯一样，让你粉身碎骨，因为你罪有应得！我有权力这么做，可我是如此鄙视你，都懒得去费这个劲儿！"这一幕骂戏，虽然业已证实确切无疑，却有着多个版本和来源。[108] 其中之一便是拿破仑的那句著名的破口大骂："你他妈就是丝袜里的一泡屎！"不管拿破仑是否真的这样说过，在朝堂上，在大庭广众面前被这样骂得狗血喷头，塔列朗深为受伤。在离开宫廷时，他虽然仍能保持仪态端庄，却喃喃自语道："太可惜了，一个如此重要的人物，却如此没有教养，"同时他也脱口而出，"有些事情是永远不能原谅的。"[109]

从此以后，他不但在政治原则上，而且在与法兰西皇帝交往的个人经历中，又多了一个在暗中推翻拿破仑，并完全站在奥地利一边的明确理由。为此目的，梅特涅成了他非常知心的担保人。在驻巴黎公使发回的、需要优先处理的加密文件中，塔列朗经常作为不再进一步说明的某个"可靠来源"，或者就是被简单地称为不祥之兆的"X 先生（Monsieur X）"。[110] 梅特涅已然知悉拿破仑的骂人举止曝光，同样的，他也从拿破仑发脾气一事得知了塔列朗在背后散布的对《普雷斯堡和约》的

279

评价，称其"卑鄙无耻，是一项腐败工程"。梅特涅向维也纳报告说，塔列朗已经失宠，他失去了作为宫廷名誉侍从参议40000法郎的年俸。在拿破仑不知情的情况下，塔列朗接受了作为奥地利间谍的任务，因为是他主动为梅特涅搞到了陆军进军的计划，并与奥地利的政治紧密地结合在一起。对他来说，除了与奥地利生死共存之外，再无选择。同时，他请求能够得到因失去收入而损失的数十万法郎，以及能够补偿他因将瓦朗塞宫提供给西班牙波旁王室使用而产生的费用。1809年2月23日，也即在战争爆发前，梅特涅在上呈给皇帝的奏折中，请求向荷兰的一个伪装账户的收款人，转汇300000或400000法郎外汇："这笔款项看起来很多，但是，它与通常所作出的牺牲相比，是不成比例的。而从中获得的效益，却是巨大无比的。"[111]

梅特涅，1809年辉煌但不幸的战争肇事者？

280

拿破仑什么时候准备将战争的意图对准奥地利？获得这个问题的确切答案，是对梅特涅巴黎大使任期的最大考验。无论这位使节什么时候与拿破仑亲自见面，这种不确定性总是萦绕其间，或者皇帝会直截了当地谈起这个话题。拿破仑以多疑的态度，注意着奥地利的政策是如何追求重整陆军的。他指出，这是在扩军，为的是重新——第四次——发起针对他的战争。梅特涅则竭尽全力去消除这种误解。在这种情况下，就像通常一样，他准备进一步深入熟悉军事问题，因为他将其理解为是任何外交政策中最具实质性的组成部分。1807年9月，他请信使通过秘密渠道从维也纳途经美因茨送来一份《普雷斯堡和约》签署以来，军队实行改革和变化的图表概况"。[112]

拿破仑的国际政策，使时刻警惕着的梅特涅有足够的理由去担心，奥地利已经被系统性地孤立起来——比如像埃尔福特大会这种情况——并且被包围起来：被与拿破仑结盟的莱茵邦联邦国包围起来，无论顺利与否，这些国家必须以它们参与的兵源份额来加强拿破仑的军队，但是自从签署《提尔西特和约》以来，普鲁士和沙皇俄国也要这样做。当拿破仑的军队对付西班牙、奥斯曼帝国、他的超级敌人英国以及最终将矛头指向哈布斯堡皇朝之时，他与其所谓的"朋友"沙皇亚历山大的结盟，可以缓解兵源不足的窘况。

梅特涅的目光主要在盯着法国和莱茵邦联军队的兵力及其调动情况，以及伊比利亚半岛的局势。在伊比利亚半岛，一个由贵族、教士及农民推动的，忠于西班牙王室的强大运动，在进行着令人意想不到的、顽强的抵抗：依托令人捉摸不定的游击战新战法，抵抗者可以在任何一处灌木丛后埋伏、隐藏、窥视。而占领者则相反，试图通过恐怖性的惩罚行动阻吓民众。由于拿破仑用这种方式很难在短时间内尽快获胜，并签署停战协定，所以，他也不能用在其他地方的惯常做法，从这个国家榨取军税，因而必须自行筹集战争费用，这就大大削弱了他在法国国内的地位。此外，英国人成功地将葡萄牙扩充为大不列颠在伊比利亚半岛的桥头堡，军事奇才亚瑟·韦尔斯利（Arthur Wellesley），后来的威灵顿公爵，从这里出动，开创了西部战线。

梅特涅仔细关注着西班牙国内局势的发展，将获得的印刷品如呼吁书、文告，以及在巴约讷为西班牙起草的、以拿破仑意志为基础的宪法文本送往维也纳。[113] 他报告了有关西班牙国内骚乱的情况，并作为例子，附上了评论西班牙国王下台并被押往法国的呼吁书。还有下述的这种后来在德意志地下新闻界也能时常听到的声音，它对拿破仑的宣传和新闻检查形成了登峰造极的挑战："来自法国的恶魔已经在他那诡计多端的内心中

281

决定，用最卑鄙无耻的方式来压制我们的独立，这在历史记录中是空前绝后的。他的无耻勾当显而易见，他的背叛明目张胆，让我们的国王下台，即向我们证明了一切。"[114]

在为施塔迪翁提供情报的过程中，塔列朗是梅特涅手上掌握的，也是他希望所能得到的最好的告密者。例如，1808年7月，公使传回去"一份非常详细的，并且高度可信的（surtout très sure）有关法国军团的名单，这些军团驻扎在最前线，并可以从普鲁士出动来进攻我们"。[115] 同样还有关于法国军队驻扎在西里西亚、勃兰登堡，以及在柏林、波美拉尼亚（Pommern）和丹麦周围的军力分布情况。他还可以贡献法国军队发自西班牙的秘密战报摘录，这些战报透露了在西班牙的军队调动情况和对战局的判断。[116] 1809年初，他从英国媒体中获取了有关英军派往西班牙的部队的人员数量和装备情况的信息。[117] 最重要的、可以让塔列朗掉脑袋的，是关于西班牙和莱茵邦联军队现状的情报，以及法国军队在意大利的详细补充名单。梅特涅于1809年2月用密码加密，将这份情报送回。[118] 最顶级的情报，是法兰西帝国军队所有团级单位1809年3月10日的位置信息图，总共19页，就像在透视仪上显示的那样，清清楚楚，梅特涅于3月23日将这份情报附上加密的说明从巴黎发回。[119]

当时，在常驻欧洲宫廷的公使中，再没有另外一位能像梅特涅那样，处于如此关键的地位了。他以自己敏锐的洞察力、广泛的人脉联系——在这些人脉中，有的是他在柏林和德累斯顿任职时就已着手建立的——以及极其出色的情报，成为维也纳宫廷无人可以替代的人物。他曾警告说，拿破仑让他明白，梅氏一旦哪句话说错，或者采取了哪个不当措施，就会引发战争。[120] 拿破仑的话虽然言过其实，充满戏剧色彩，但是，恐吓梅特涅倒是确有其事。

　　梅特涅的这个虽然出人头地却招惹是非的角色，也引发了持续至今的有关战争责任问题的讨论。历史学家亚当·沃尔夫（Adam Wolf）更是不经意间提出了这个问题，1875 年，他在没有任何证据的情况下断言道："梅特涅是 1809 年战争的制造者。他的夫人在维也纳赞成并煽动战争。"[121] 西尔比克也在没有查看档案，以及没有确证本源出处的情况下，不进行任何评析就全盘接受了这个判断，进而将其扩大为一个论题：梅特涅，"1809 年辉煌但不幸的战争肇事者"。"灾难性的错误控制了他，以至于他在措辞强烈的备忘录及紧急公函中，以最大的热情和令人吃惊的力度，一再要求开战。"[122] 西尔比克绕开查询国家档案的研究方法，是一个尤其特别引人注目的失败例子。相反，只要仔细地查阅一下维也纳和布拉格的档案卷宗，结论就会水落石出。"根本就没有证据说明，梅特涅于 1808 年 11 月到 12 月在维也纳逗留之前，有过让奥地利主动发动针对拿破仑的战争的想法。"［曼弗雷德·博岑哈尔特（Manfred Botzenhart）语］[123]

　　追踪梅特涅的心路历程至此时此刻，我们已经看到了他在国际冲突和国际战争中所认识到的逻辑。他坚信，只有其他所有大国结成紧密的联盟，才能驯服和战胜像拿破仑统治体系那样的不可抗力。到目前为止的三次反法同盟的多次失败，已经证明了这一点——瓦尔密、马伦哥（Marengo）、霍恩林登（Hohenlinden）、奥斯特利茨以及最后的耶拿和奥尔施塔特会战。在巴黎，梅特涅曾试图说服俄国公使托尔斯泰伯爵，让他相信，联合起来对抗拿破仑是生死攸关的问题，但是毫无作用，虽然托尔斯泰伯爵毫无保留地赞同梅特涅的政治信念，可是与沙皇亚历山大相反，此人当时还不懂得正确地估计拿破仑，还认为与拿破仑相比，自己一方仍占有很大的优势。他起初还相信，可以与拿破仑一起来瓜分欧洲大陆。

283

梅特涅在他那典型的基本原则分析中，向他的外交大臣说明，只有各个大国选择结盟，采取对付拿破仑的行动才会变得可能。他明确无误地提醒施塔迪翁："对我们一方来说，刺激法国开战完全就是精神错乱（démence）。"[124] 1808 年中期，他对局势作出的判断，使人感到就像是在预言未来，这个预言已事先宣告了 1809 年的战争只能以失败告终。仅仅在一个星期之后，他又竭力地、强调性地重申："刺激法国开战是发疯行为，避免这样做是理所当然的；但是只用一般的力量投入，是做不到避免战争的。……无论我们的军队多么具有实力，训练多么有素并得到了加强，但是，它有足够的数量来拯救皇朝不会最终败落吗？……很显然，在我们能够和必须寻求我们的幸福这件事上，顺理成章已经不再仅仅取决于我们自己。"[125]

一般人会用这种语言去挑动战争吗？而且是在没有同盟军的情况下单打独斗，奥地利真的会作出这种决定？[126] 恰恰相反：在埃尔福特大会之前和之后的几个月中，正是梅特涅在竭力劝阻那种不加思考的盲目开战行为，因为他感觉到，在维也纳有人在制订此类战争计划。他告诉父亲，他处在政治旋涡的中心整整八个星期，并拯救了和平。[127] 毫无疑问，他在此处指的正是他 1808 年夏天——还在埃尔福特大会之前——对拿破仑的几次朝见，在朝见中，他试图驳回拿破仑对奥地利大力扩军的指责。而现在，他感到信息不够了，不灵了。因此他强烈地要求允许他返回维也纳，去搞清情况，否则，他无法在巴黎正确地履行职责。

1808 年 11 月 12 日梅特涅回到了国都。[128] 他立即去拜见施塔迪翁，施塔迪翁告诉他，已经基本决定要开战了。这就证实了梅特涅后来在回忆录中所说的判断：比起他在 1808 年 10 月作出的猜测，"战争离人们更近了"。[129] 在与皇帝本人进行了数小时的谈话后，他认识到，皇帝对正在如火如荼进行的战

争准备的规模和范围, 尚不清楚, 但是期待着公使能给出一个
更清楚的局势判断, 因为在巴黎, 梅特涅是最能接近拿破仑的
人, 并且拥有最新的情报。在不到三个星期的时间内, 梅特涅
撰写了三份篇幅很长的备忘录, 并于 12 月 4 日呈交上去。

　　对于梅特涅来说, 第一份备忘录是最为重要的, 因为它集
中于政治和道义的视角, 以此来分析问题, 至于军事情况则被
置于背景的位置。[130] 梅特涅用一种现代历史全景的方式, 将
1806 年以来的时代特征描绘出来, 将这个时代作为欧洲体系
的根本转折, 并解释了每一个转折点——提尔西特、巴约讷、
西班牙战争以及埃尔福特诸侯大会——对拿破仑的地位产生的
意义。他提醒注意, 法国国内和国外的力量对比是互相影响、
互为因果的。他非常详细地描写了法国国内反拿破仑派系的情
况, 即塔列朗和富歇的反抗活动, 但也介绍了持批评态度的观
察者与他们所保持的距离, 例如俄国公使托尔斯泰伯爵。如果
有谁想寻找反对立即开战的理由, 在这份备忘录中就可以找
到, 而且还有下面这句指令:"欧洲最终只有通过奥地利与沙
俄的紧密联合才能获救。"[131] 这种认识, 在原则上拒绝了任何
一种形式的单打独斗。

　　第二份备忘录的内容, 集中在俄国的作用及其与奥地利的
关系上。[132] 在这篇文章里, 相对于尽快开战的立场, 人们或许
更能读出一种不同的谨慎态度。梅特涅报告说, 俄国外交大臣
尼古拉·罗曼佐夫 (Nicolai Romanzov) 建议缔结和约, 主
要是因为他考虑到, 如果奥地利进攻法国, 按照《提尔西特和
约》, 俄国必须站在法兰西一边进行干预。罗曼佐夫在启程离
开巴黎的前一天晚上, 当面对梅特涅说:"不要采取任何行动,
否则将使俄国处于极其尴尬的境地。"[133] 不管怎么说, 这位大
臣还是希望将来俄国与奥地利的关系能变得更好, 沙皇也不愿
一味地任由拿破仑施加影响。塔列朗也从埃尔福特传递回同样

的印象。但是，梅特涅写到，由于沙皇亚历山大政治上的反复无常，以及性格上的意志薄弱、极不坚定，因此他靠不住，也指望不上。在当前的局势中，根本不能指望俄国改变政策取向，或者是指望法国内政软弱不稳："我们不得不从我们的自身寻找治病良方。"由于梅特涅认为，以单打独斗来对付拿破仑是完全错误的，人们也可以将这一说法仅仅看作是采取与未来开战保持距离的立场。

第三个备忘录思考的是，拿破仑在西班牙遇到的问题该如何为奥地利所用。备忘录提出的问题是，拿破仑是否能够同时进行分别针对西班牙和奥地利的两场战争，并非常清楚地记录下笃信宗教的保王党人、商业利益，但首先是民族感受与民族激奋情绪，是如何推动着西班牙抵抗拿破仑的运动。但是这份备忘录又坚决地警告说，千万不要忽视伊比利亚半岛的战争与莱茵河畔以及阿尔卑斯山的战争间的本质性区别。毕竟德意志是由 20 个不同的部族组成的，从来没有作为一个统一的国家存在过，将来也不可能统一，自古以来就是互相残杀。[134]

梅特涅 1808 年 12 月在维也纳向皇帝和内阁陈述的全局局势，要求对两个阵营的军事实力作出评估。由于有出自塔列朗之手的出色情报，梅特涅成了少有的有能力作出这种评估的人，忠于职守的他得出的结论是："在西班牙起义之前，奥地利的军事实力与法国相比仍在下风，但至少在行动开始阶段将会势均力敌。"[135] 但是，即使是在这个结论中，梅特涅也没有明确地给出建议，因为对军事行动作具体估量很少是他的职权范畴，他对此也只能保持低调。

因此，按上述所有的情况展示的趋势来看——这种展示有助于作出明确判断——将梅特涅归于"好战派"的做法是完全错误的。施塔迪翁则陷入了不得不采取行动的境地，因为他认为，奥地利的财政状况不允许将针对拿破仑的行动拖延到

1809 年春季之后，因此他成为"自己战争政策的牺牲品"。[136]
如果换作是梅特涅，在没有一个具有承载能力的同盟作为后盾
的前提下，他永远不会冒战争的风险。但是施塔迪翁看到的是
西班牙的榜样，并估计会有一个不属于传统大国游戏圈子的结
盟伙伴：他指望（普鲁士）发生内战。很长时间以来，直到
后来已经停战的那几天，他一直都在致力于培养与普鲁士的联
系，并且希望，德意志北部的起义可以瘫痪拿破仑的力量。梅
特涅在回顾这段历史时评论道："由此说来，战争的准备工作
已确定并加入了一个新元素，即自从 1806 年普鲁士战败以来
在北德出现的'民族觉醒'。而这种帮助的虚幻性，在事实中
已得到证明。"但是，"通过北德的'人民意愿'获得的有力支
援，已经在一些人［！］的头脑中形成"，它之所以不是真正的
援助，而只是幻想，是因为——梅特涅这样预言道——正是这
个所谓的"人民意愿"，"在德意志南部，在战争开始的情况
下，将不去对付拿破仑，而是将矛头转而对准奥地利"。[137] 最
新的历史研究已经确认，南德确实绝少被吸引到德意志意义上
的民族冲动中来，而是更可能对奥地利的干预怀有疑虑。在即
将到来的 1809 年战争中，蒂罗尔人的起义，更具有反巴伐利
亚的特征，而不具备反拿破仑的性质。[138]

在梅特涅政治生涯的这段时期，他作为一个参与者有机
会观察到，不仅仅只有事实和决策，而且性格和脾气也可能决
定着通往战争的道。无论如何，至少他下述说的这些描绘外交
大臣的话，会让人这样去理解："施塔迪翁伯爵属于那种有活
跃的想象力和清醒的理解力的男人，这种男人轻易地相信眼前
的印象。这种类型的人，始终倾向于走极端。对于他们来说不
存在什么过渡和转变，而因为过渡恰恰是事物的自然属性，他
们往往先于事件的发生就采取行动，而不知道要等待事件的
发展，从而很容易不加思考地即兴采取行动。"[139] 历史研究者

也同意梅特涅对施塔迪翁导致失败的政策的判断："火热心情和热烈意愿的政策。"（曼弗雷德·博岑哈尔特语）[140] 梅特涅在 1813 这个战争之年中，终于有机会证明，要想首次成功地战胜拿破仑，还需要另外一种思考更加成熟、更具战略性的特质。

22

等待召回的公使，软禁在家的
拿破仑的囚徒

梅特涅怀着极端抑郁的心情回到巴黎："我的角色之被动，形成了一个军事命令行动的对立面，成了仅仅限于这些军事行动的见证人。"[141] 在维也纳宫廷中，人们心里都非常清楚，这位公使在巴黎的处境将会极为棘手，于是就他应该如何去做，纷纷出主意、想办法，并确定了一个基本原则："什么也不说，只用耳朵去听，并且除非是板上钉钉的事，什么也不要信。"他们说，在拿破仑面前的态度一点也不用变，谈话的基本口径就是，除了和平，奥地利没有任何其他的奢望；当前它感到被孤立了，因此不得不依靠自己的力量；它不想获取任何人的东西，但是时刻准备着在全世界面前捍卫它的完全独立。拿破仑可能会提起的问题，不外乎瓜分奥斯曼帝国，或者承认西班牙及那不勒斯的国王。对这些问题，公使应该装得好像遇到了完全崭新的问题一样，不加评论，仅仅作为一个要向国内请示的（ad referendum）新消息来对待即可。对所有问题都要采取避而不谈，以及绕弯子和兜圈子的态度。此外，交给他的任务是，搞清楚塔列朗的建议的真实性到底有多大。[142]

梅特涅乘着马车日夜兼程，要在盛大的新年外交招待会之前及时返回。由于拿破仑还在西班牙，仪式改由约瑟芬皇后主持。梅特涅的返任受到了兴高采烈的欢迎，表面上看起来，她对即将来临的战争的担忧好像已烟消云散。而实际上，场内嘉宾之间正流传着奥地利至迟会在年初投入战争的谣言。梅特涅

严格按照设定的路线图行事，他在尚帕尼面前宣称，奥地利除
了和平别无所求，而且期待着法国军队撤出德意志。

接下来的几个星期里，无论梅特涅在哪里遇到拿破仑，是
在朝觐时，还是在宫廷活动的圈子里，他都试图解读出，在他
熟悉的礼仪形式上，拿破仑对他采取的偏离惯例的做法所包含
的意义。在场的所有人都明白，皇帝所做的姿态具有公众舆论
效应。比如在仪式中，拿破仑习惯于在列队站好的外交使团面
前来回走两圈，并与使节们一一打招呼寒暄。而如果当他在第
二圈走过梅特涅公使面前时，并没有再次与他寒暄，或者在某
次社交晚会上，拿破仑只与梅特涅夫人打招呼，却完全不理睬
她的丈夫，这非常引人注目，使人猜想纷纷。[143] 拿破仑的打招
呼也充斥着间接的威胁，如在 1809 年 2 月 21 日的觐见中，他
只是简单询问了梅特涅夫人的健康状况，这意思就是，他与梅
特涅本人无话可说；但又紧接着询问巴伐利亚公使，巴伐利亚
用来抵抗的要塞的军事装备进展如何，特别是位于奥地利边界
的帕绍要塞的情况等。[144]

梅特涅当面询问俄国外交大臣罗曼佐夫，如果要系统性
地将第三个大国奥地利排除在外，俄国和法国作为盟国将如
何保障欧洲的和平。被问的人回答道，奥地利宫廷千万不要
被误导，认为法国是受到俄方的鼓励才要进行战争。但是紧
接着，罗曼佐夫又坦率地提到拿破仑在他面前透露了哪些意
图："法国人的皇帝需要它（战争），因为他需要一个他或多
或少能够随意剥削的国家。他必须养活他的军队，用别人的
钱养活他们。……他需要钱，此事他在我面前一点儿也不隐
瞒。为了获得钱，他要对奥地利开战。但是，他什么时候会
停下来，他会否打过来试图在我们这儿也这样做？"[145]

最后的这些没有给出结论的话也证明，对于拿破仑的统治
体系，不能仅仅在源于其个人和心理上的、无法羁绊的统治欲

中去寻求解释：在他的内心中存在着一种资源依赖逻辑，这种
逻辑似乎类似于国民经济中著名的经济腾飞论（Take-off）——
如果动力变得足够大，经济就会自发增长。当罗曼佐夫认识
到，从长远看，拿破仑的军事自我供给体系也是对沙皇俄国的
一种威胁时，他对未来的展望无疑是正确的。

阴暗的未来前景

　　梅特涅也认识到这种逻辑，战争爆发后，他在发自巴黎
的报告中对这种逻辑描写得简明扼要、确切精辟。对于奥地利
可能输掉战争，他设计了几种可能的前景，其中之一是：奥地
利将被从大国的名单上除掉，并被分割，欧洲将经历彻底的变
革。一个巨大的中央政府将成为众多弱小朝贡国家的巨大负
担，而这些朝贡国则是被逐一单独占领的，目的是让它们在枷
锁中勉强维持、困苦生存。这样一来，拿破仑的长远计划就会
实现，他将成为欧洲的君主。他的死亡也将会给新的、令人害
怕的、剧烈的暴力变革以信号，一场真正的大内战将席卷欧洲
大陆这个巨大的帝国，并将长达半个世纪。[146]

　　更敏锐的是，梅特涅看穿了拿破仑的总计划，即计划的最
终结果是建立一个具有全球影响力的大帝国。建立这样一个帝
国的前提条件是，要将欧洲分成若干居民不超过三四百万的领
土，拿破仑成为这个巨大帝国的元首和20~30个小国家的监
护主。实现这个霸业会引发骇人听闻的动荡，而法兰西皇帝什
么也不怕。任何道义上的原则都无法阻止他。这个帝国的边界
要延伸到尼曼河河畔、第聂伯河河畔，直达匈牙利和土耳其的
国界，它还要摧毁奥斯曼帝国，并最终用"整个旧欧洲的所有
人"去进攻俄国，以至将俄方的势力赶回伏尔加河对岸，赶到
鞑靼人的草原上去；这就是拿破仑的"世界统治（domination

289

universelle）"计划。他将消灭旧欧洲，并将他的子孙扶上新造的王位。从这些王位中会产生一个巨大的联邦——拿破仑联邦（la ligue napoleonienne）；诸侯间的争风吃醋、军事倾轧以及出自法国并覆盖全部领土的警察，将会维护整个体系作为一个稳定的整体。法国人的皇帝——无论他将来可能会变得如何弱智低能、身体虚弱或性情怪诞——都将仅仅以他的地位和形式上的权威，就能维系秩序。

在梅特涅看来，《提尔西特和约》构成了转折。他说，自此之后，拿破仑有机会选择是推翻西班牙还是推翻奥地利。对于梅特涅来说，对西班牙王朝的进攻是拿破仑颠覆欧洲体系的帝国主义的证明。但拿破仑的眼光超越了欧洲，已然觊觎着整个殖民地世界，他渴望以富饶的美洲大陆来代替法国失去的殖民地。[147] 这样一个剧本的最终结果意味着：世界上只能存在两个"全球竞争者"；将俄国驱逐之后，法国作为欧洲大陆的唯一大国，不得不与大不列颠两雄争锋。大陆封锁要为这种争夺铺平道路，而英国自 1793 年以来——除去 1802 年因签署《亚眠和约》而有一段短暂的例外——就一直处于同法国的交战之中，并且已将战争延伸到世界的大洋上。正因如此，在梅特涅恢复和重建欧洲的未来政策中，英国必将是一个可以信赖的结盟伙伴。

1809 年战争中的奥地利以及梅特涅的奇怪参与

肯定不会有另外一个同时代的人像梅特涅一样，在 1809 年战争期间，在短短的半年时间内，集如此众多却又相互对立的角色于一身：等待召回的公使、被拿破仑软禁在家的政治犯、被打入冷宫的和谈代表、过渡性质的临时大臣，以及最后成为教宗所封奥地利皇帝陛下的主管外交大臣。[148]

在 1808 年 12 月 23 日最终作出开战决定之后，奥地利人先是企图于 1809 年 3 月 15 日从波希米亚出发，开始向法兰克方向进发，但是后来计划有变，转而向老巴伐利亚（Altbayern）① 进军，开拔时间被推迟到 4 月 10 日，这一天奥地利军队渡过因河。4 月 12 日晚 10 点，拿破仑通过火光传信（optische Telegrafie）得知，奥地利军队已经渡过因河，五小时之后，他启程前往斯特拉斯堡。经过雷根斯堡的五天激战（4 月 19~23 日），卡尔大公爵最终不敌拿破仑的凶猛进攻，败下阵来，并撤返波希米亚。大公爵事前发布的"告德意志民族书"，已被证明毫无作用，他的充满民族精神的激情号召——"德意志人！考虑一下你们所处的局势！接受我们向你们提供的帮助！共同参与对你们的拯救吧！"——无人理睬。[149] 他首先发出号召的巴伐利亚和施瓦本地区，更无人举手赞成。

　　这样，拿破仑通往维也纳的道路，已然门户大开，5 月 13 日，他开进了维也纳。但是，大公爵于 5 月 21~22 日在阿斯佩恩（Aspern）附近偷袭成功，让拿破仑第一次吃了败仗。也就是在这两天，威廉·冯·多恩贝格上校（Oberst Wihelm von Dörnberg）以及北德的轻骑兵少校费迪南·冯·席尔（Ferdinand von Schill）的起义计划失败，这一起义计划曾向梅特涅透露过。[150] 然而，梅特涅关于德意志民族运动将会受到削弱的预言不幸成为现实：与西班牙不同，这次起义失败后，再也没有出现过其他的、可以起支援作用的起义。

监禁在巴黎

　　梅特涅完全不清楚，战争爆发后，他在巴黎会受到怎样的对待。如果只是他本人受些痛苦，就像他在写给施塔迪翁的

---

　　① 包括上下巴伐利亚及上普法尔茨。

信中所说，他很愿意将它看作自己义务职责的一部分，予以接受。他认识到，拿破仑会利用与帝国公使打交道的象征性意义。[151] 当然，他也作了最坏的打算，因为他已经让人将使馆的文件全部销毁，并于 4 月 10 日在信中以自嘲的语气向施塔迪翁告别："再见了 [！] 亲爱的伯爵。我是在凌晨 4 点钟给您写信的，现在我要上床睡觉了，并等待着被人叫醒，然后拉出去枪毙。如果您得到消息，称大使馆已被碾压成齑粉，那么，就请您为这么多的牺牲者做一次精神上和外交上的悼念弥撒吧！"[152] 但是这种忧虑不久就烟消云散了。

在巴黎，在梅特涅 4 月 15 日启程之前，尚帕尼邀请他来家里做客，据说是想更多地了解一些新情况。而客人却干巴巴地回答说，你已经知道了一切，因为我的信使的往来函件被打开并被偷看。对此，尚帕尼没有否认，他告诉梅特涅，皇帝认为在两国关系破裂之后，使馆成员还继续在巴黎逗留是不合适的，并准备将离任回国的通关凭证开具给他。[153] 皇帝还明确地委托尚帕尼向梅特涅表示，对他在整个公使任期内的行为举止非常满意。拿破仑还表示，愿意将梅特涅的夫人和家属置于他的亲自保护之下，他们愿意在法国待多久就待多久。[154] 梅特涅表示，很愿意接受这番好意，因为他不想让他的夫人和孩子在作战部队大量调动的同时，动身上路回国，也不愿意让他们面对敌对的公众情绪。此外，"就我对我的家人在巴黎的平安生存不完全放心这件事而言，我太了解这里的处境了"。[155] 梅特涅安排家人回到使馆所在的旅馆，然后将动身的时间确定在 4 月 21 日，星期五。

但是，一切进展得并不如计划的那样顺利。因为在启程的这一天，邮政马车驿站站长拒绝给马车派马。梅特涅从尚帕尼那里获知了原因——此时已经抵达慕尼黑的尚帕尼告诉他，发生了一件令人难堪的事。在法国驻维也纳公使安德列奥西伯爵

292

富歇为留在巴黎的梅特涅
夫人开具的1809年战争
期间亦可使用的出境凭证

（Graf Andréossy）业已先期回国后，奥地利政府逮捕了他的
临时代办、公使馆一等秘书克劳德·多顿（Claude Dodun），
以及使馆的其他人员，并准备将他们送往匈牙利。据说这将有
助于确保梅特涅的人身安全——梅特涅则认为"这是一个非同
寻常的、完全不必要的措施"。但是此事表明，"奥地利内阁
对拿破仑的精神和行为的判断显然错得离谱"。[156]尚帕尼写信
说，梅特涅必须待在巴黎，直到多顿被释放为止。

293

作为拿破仑的人质待在维也纳

但是，当拿破仑积极介入战争行动之后，事情又发生了令人意外的转折。拿破仑有了一个主意，梅特涅作为一个政治或者军事谈判中的抵押品，可能会很有用处。这样一来，梅特涅的身份就变成了一个——马上就要被流放的——政治犯。富歇于 5 月 16 日向他传达了拿破仑的命令，并宣布从即日起，他将处于一个宪兵队军官的保护之下。

1809 年 5 月 26 日，梅特涅不得不与使馆所有人员一起动身出发。这一事件发生的方式方法震惊了整个巴黎社会。"从来没有一个公使像梅特涅先生一样，以这种方式离开王都……有如一个罪犯一样，珍贵的权利遭受攻击，被强迫离开巴黎！……在一辆拉上帘子的马车里，让人什么也看不见——就这样，一个无辜的人，一张高贵的面容，一张只有在我们面前才会脸红的高贵面容。"享有盛名的法国女作家、拿破仑的宫廷贵妇、朱诺将军的夫人劳拉·德·阿布兰特什（Laure d'Abrantès）义愤填膺地写道。[157]

当梅特涅与他的随行人员在押解下于 6 月 5 日抵达维也纳，并在埃斯特哈齐宫下车时，他已经看得更加清楚，拿破仑是如何想将他（梅特涅）套住用于自己的目的，因为他与被法国皇帝绑架的第二批人质见了面，这批人质就是要让他吃惊并让他恐惧的。这批人质中，包括他的父亲弗朗茨·乔治、警务大臣佩尔根伯爵（Graf Pergen）、少将哈德克伯爵（Graf Hardegg）以及维也纳总主教——所有这些人都在法军总管的暴力下被软禁。这种无耻的讹诈使梅特涅有足够的理由，尽快与拿破仑的外交大臣尚帕尼取得联系。梅特涅在他的回忆中，对绑架四个平民的性质作了错误的描述，因为他在回忆录中声称，拿破仑命令将人质押往法国并在那里长期关押，直到维也纳这座城市向它的占领军缴纳所征收的军税为止。

最接近当时情况的资料来源告诉我们此事的另外一种解读。第二天一早，当梅特涅与尚帕尼交涉后，事情得到澄清。

距梅特涅在巴黎最后一次见他并被逐出法国，才刚刚过去不到两个月，而现在，这位拿破仑的大臣却在霍夫堡（Hofburg）哈布斯堡皇后的内宫里，将公使作为政治犯来接见，并且"使用肉麻的甜言蜜语，从中可以听出躁动的不安"，梅特涅回忆道。[158] 法国侵略军在对于他们来说惨败的 5 月 21~22 日的阿斯佩恩会战之后颇感不安；在维也纳，反对派的精神意志又给了他们迎头痛击，而拿破仑急着想知道奥地利更准确的开战目的，因为从官方的宣传中仍无法探知这种信息。

　　梅特涅曾将当时与尚帕尼的谈话作了记录，这份记录揭露了拿破仑将梅特涅作为政治犯带到敌对阵营中心维也纳的真实意图。[159] 真正的原因并非是要保障维也纳这座城市缴纳军税——也许是为了在人质面前掩盖军事背景而故意这样表述——而是由于两名法国军官被俘：准将让·奥古斯特·迪罗斯内尔（Jean Auguste Durosnel）和骑兵少将阿尔贝－路易·德·弗利（Albert-Louis de Fouler）。拿破仑希望用绑架上述四名所谓的奥地利平民来施压，令奥方释放这两名军官；为此，他需要利用梅特涅与奥地利当局进行具体的谈判。

　　就像记录所透露的那样，拿破仑的外交大臣"以极其友好的方式"接待了梅特涅，并受拿破仑委托，立即向他展示了三份不同的照会。第一份是要求交换外交代办，即用梅特涅及其随员交换多顿及他的随员；第二份是有关交换方式的建议；第三份涉及"卡斯特勒将军之事"，是最为棘手的。

　　陆军中将约翰·加布里埃尔·冯·卡斯特勒（Johann Gabriel von Chasteler）在约翰大公爵①的统率下，在 4

---

①　Erzherzog Johann von Oesterreich，1782~1859，奥地利陆军元帅，号称阿尔卑斯山之王，神圣罗马帝国皇帝利奥波德二世之九子，弗朗茨二世皇帝及卡尔大公爵之弟。他是一个有着自由思想的人，在奥地利拥有很高的人望，以至出现了《约翰大公爵之歌》的谣曲，此曲现为施泰因马克州州歌。

月的第三个星期，以一个军团的兵力占领了因斯布鲁克
（Innsbruck）和特伦托（Trient），并俘获了上述两名法国将
军，但是，又在 5 月 13 日的沃尔格（Wöral）一战中失败。拿
破仑令一个法国军事法庭将其作为蒂罗尔骚乱的煽动者，在缺
席的情况下判处死刑。梅特涅反驳外交大臣：这一做法违反了
所有战争和国际法的法律和规则。由于一方不能按军法枪毙四
名平民，另一方也不能按军法枪毙两名军官，因此拿破仑绑架
人质的命令既不起作用，也毫无意义。仅仅这次谈话就足以说
明，拿破仑正准备将梅特涅牵扯到事件中来。

　　尚帕尼甚至邀请梅特涅坐到他的桌子旁边，并与他并排而
坐——这在梅特涅看来近乎异常："我身处敌对阵营之中，身
份却像个置身事外的观察者。"[160] 只有利用他作为一个唯命是
从的中间调停人，这样做才有意义，而一切似乎是在向着这个
方向发展。因为尚帕尼暗示，对尽快交换外交官感兴趣，他甚
至可以展望，在当年冬天又可以在巴黎欢迎梅特涅作为公使返
任。对此番表示，这位被拘禁者当即非常坚决地予以驳回，在
法国向奥地利皇朝宣布进行关乎其生死存亡的战争之后，这
绝不可能。如果拿破仑像他向世界宣布的那样实现其扩张的计
划，他，梅特涅，将永远不会再踏上巴黎的任何一寸土地。此
外，如果这一切真的发生，他将永远成为一个让拿破仑"不堪
忍受的（odieux）"人。然而尚帕尼却不为所动，试图争取梅
特涅参与一个政治行动，他讲道："您可以暂时设想一下这场
悬而未决的戏剧可能的结局，您将会看到皇帝的情绪会非常不
错。"[161] 在记录中，梅特涅也将他察觉到的一点感觉记录在案，
此点感觉远远不仅是尚帕尼的阿谀奉承："您是唯一的能够维
持友好关系的人，战前皇帝对您充满了信任，他也会在将来把
和平还给您。"但是梅特涅坚定不移地坚持他被监禁者的身份，
并称，这一身份禁止他去做任何交易。

软禁在格林贝格

由于梅特涅想尽快从法国人的监禁中解放出来，于是他当天就将从尚帕尼处获得的三份照会转往卡尔大公爵的指挥部，卡尔大公爵于 6 月 9 日答复，他接受交换被俘人员条件的建议，要按着一人换一人和官衔大小的顺序来进行。他指定了两个军官负责此事，并提出将埃格尔作为交换地点。弗朗茨皇帝督促尽可能快地进行交换，为了将梅特涅尽快赎回，他甚至提出在什么地点交换都可以。[162]

梅特涅感觉自己的交换将会被拖延，这个预感得到了证实。因为拿破仑派到维也纳任总督的安德列奥西——梅特涅认识他时他是法国驻维也纳大使——派他的副官来告诉梅特涅，他不能再待在维也纳，可以在城市附近随便找一个住处。梅特涅建议去他母亲在格林贝格——现在的维也纳希青区（Bezirk Hietzing）——的一处乡间别墅，紧临申布伦宫花园。自 5 月 13 日以来，申布伦宫就成了拿破仑的官邸。6 月 8 日，梅特涅到了那里，并一直有巴黎的宪兵队军官陪同。他已经作好了继续困在拿破仑手中的准备，而拿破仑的确试图再次说服他，而这一次，则是通过他的巴黎秘密警务大臣萨瓦里将军，他正在指挥部执行警务。

此人先是拜访了弗朗茨·乔治，了解他的身体状况，然后才去拜访克莱门斯——找的借口也极其拙劣可笑，说是正好碰巧路过这座乡间别墅，但是谈话一开始就直奔政治主题。他先是抱怨没完没了的战争，并强调，奥地利和法兰西最终必须走向持久的和平，然后，他竟然放胆提出建议说："您为什么不利用与（法国）皇帝是邻居的机会，与他会面？您二位住得没有两步路远，两家的花园也挨在一起，您可以毫不费力地走进申布伦宫花园；如果皇帝碰到您，他会非常高兴。"

在两个小时的谈话中，梅特涅自始至终都非常注意，"不要被收买进去"，就像他所写的那样——这一次他也对谈话作了记录。[163] 尽管如此，梅特涅还是从与萨瓦里的谈话中得到了对奥地利方面来说富有启发性的情报。他说，拿破仑先是猜测对手的战争动机，在这个过程中，他将一个令梅特涅惊讶的意图强加给对手：奥地利是为了西班牙才开战的，并且想让"几百年来"早已失效的哈布斯堡皇朝的古老法理继续起作用，因为西班牙已经成为波旁王朝的遗产，但是，现在拿破仑"已经接管了波旁王室的全部遗产，所以，从法律上讲，马德里和那不勒斯均已属于拿破仑"。萨瓦里说，但是，蒂罗尔的起义给法国人带来了很大的问题，于是他建议，由（奥地利）发命令制止起义。梅特涅答道，他不能回答这个问题，因为那个国家三年来都是处在外来权力（巴伐利亚）的统治之下。

然而，萨瓦里的一个批评性评论，正中梅特涅所坚守信念的要害，萨瓦里说："您得承认，没有沙俄作为依靠就进行战争，是贵国宫廷做出的最不明智之举。而普鲁士原本是个傲慢的大国，可是连席尔的'开小差'都阻止不了，也不敢对此有所表示；它会为此后悔莫及的。"这是敌对阵营在指责奥地利内阁没有能力实行绝对必要的结盟政策。同时，也说明他们对德意志的内政事务了如指掌，情报搞得极其出色。对于从他的立场进行谈判的提议，梅特涅坚决地拒绝了："这是两个君主之间要达成的协议。"

梅特涅完全清楚他所处的非常棘手的困难境地，而且他也知道，如果他准备在申布伦宫花园里与拿破仑进行对话的话，公众舆论会如何看待此事。人们必须清楚整个局面的象征性意义：哈布斯堡皇朝的皇帝从他的维也纳皇宫逃亡到了位于匈牙利科莫恩（Komorn）的一座要塞里，取而代之的是法国外交大臣尚帕尼在霍夫堡的皇后内宫中下榻；而拿破仑本人则占据着申布伦宫，作为御用官邸，并在这里庄严地举行朝拜典礼，处理国政，每个星期还会在维也纳公众面前举行盛大的阅兵式。一个当权者远离自己的宫廷半年时间（5月13日至10月15日），在一个陌生的宫殿中安营扎寨，这真是史无前例。对此，梅特涅非常清楚，在这种情况下，如果他在维也纳法国人的活动范围内出现，会使他也有了嫌疑。因此，他坚决地回绝拿破仑对他的一切诱惑人的信任，他知道，这些所谓的信任都是打好了小算盘的，因而他明确地对外坚持自己的政治犯身份。对于拿破仑有关举行会谈的建议，他拒绝接受："如果我是个阶下囚，我的举止就要像一个囚犯；如果我自由了，那我就会使用我的自由；假如我现在就获得了自由，那我将不会利用它来在我的皇帝——我的主人——的花园里，与拿破仑一起散步。"[164] 说这样的话是需要一些勇气的。

298

交换俘虏：在喜剧与生死之间迷路

在他的回忆录中，梅特涅给了他的这段监禁插曲整整七页篇幅。与其他那些较少令人激动的事件相比，可以看出，这段经历深深地占据了他的回忆。6月17日，拿破仑终于在这个倔强的对手面前无可奈何，让人通知他监禁结束。第二天上午，开始了一次冒险行动，因为这次行动是在双方战线的连绵不断的战火中进行的。法军总参谋部参谋阿维上校（Oberst Avy）受命组织被捕的外交官的移交任务。五辆马车分别载着梅特涅和他的外交随员从巴黎出发，由50名骑兵狙击手伴随，踏上征程。第一站先到达位于莱塔河（Leitha）河畔布鲁克（Bruck）的哈拉赫伯爵宫殿（Schloss des Grafen Harrach），并在此过夜。经过数次的踌躇犹豫和走了无数冤枉路之后，于6月28日到达拉布［Raab，杰尔（Györ）］，并继续前行到了相邻的阿克斯（Acs），这里已经是法国军队的前哨地区，对面就是奥地利的战线，在多瑙河支流的入河口格纽村（Dorfe Gönyö）附近，一个炮兵连标出了战线走向。奥地利军队指挥官觉得，华丽的马车队引人注目，还有庞大的卫队护驾，肯定是从意大利来的副王博阿尔内的车队，于是万炮齐轰；其中一发炮弹正好从梅特涅乘坐的马车车轮间穿过，另一发炮弹在距他的马车顶篷几厘米的上方呼啸而过。在马车东躲西藏的同时，梅特涅也观察到，法军大部队正向着维也纳方向开进。他得出的结论是，拿破仑正在准备一场"大战"。

又经过几番耽搁，车队终于在 7 月 2 日抵达了交换地点齐希宫。在那里发生了一件滑稽可笑的事：这座宫殿原属于法国准将路易 – 皮埃尔·蒙布伦伯爵（Graf Louis-Pierre Montbrun），但在此期间，又在帕拉丁·约瑟夫大公爵（Palatin Erzherzog Joseph）①，也就是皇帝派驻匈牙利的代表的领导下，被马扎尔人（Magyaren）的起义所占领，这样一来，宫殿就成了奥地利的。因此，在这个地方，阿维上校一下子又成了一个可能的战俘。当他意识到这个情况之后，立即从他的马车上跳了下来，一跃而起，跨上一匹战马要扬鞭逃窜。这件事之所以值得一提，完全是因为梅特涅当天的态度。他发话拦住了上校："您忘记了，我们的角色已经转换。我曾经在您的保护之下，而现在您变成了在我的保护之下。国际法在保护您，放心，不会把您变成战俘的。"¹⁶⁵ 于是，上校让他的卫队返回，而自己留下来亲自陪同梅特涅。他们见到了被拘禁的法国外交官多顿，阿维与他一道前往法国军团的所在地，而梅特涅则返回了奥地利一方。

---

① Erzherzog-Palatin Joseph, 1776~1847, 匈牙利副王，利奥波德二世皇帝之七子，弗朗茨二世皇帝之弟。

23

被拿破仑智胜的临时大臣

"临时"外交部的委托

获释后，梅特涅未敢耽搁，径直前往位于沃尔克尔斯多夫的奥地利军队统帅部，弗朗茨皇帝正在那里。君主于 7 月 3 日接见他时，明显地感到轻松愉快，并表示希望他从即日起留在自己身边。这样，梅特涅就在最近的距离，直接经历了 7 月 4 日和 5 日进行的具有决定性意义的瓦格拉姆会战（Schlacht bei Wagram），奥地利在作战中失利是他预料到的。他近距离地研究了奥地利作战指挥的缺陷：整个奥地利军队明显缺乏内部的协调；过早的进攻；约翰大公爵率领的陆军迟迟不到位；卡尔大公爵的军队未经与皇帝协商就擅自撤退；卡尔大公爵违背皇帝的旨意，自作主张于 7 月 12 日与拿破仑签署停战协定。由于这一协定，弗朗茨皇帝在蒂罗尔人民面前食言，因为他曾保证过，没有蒂罗尔，绝不签署停战协定。而停战协定已经规定，奥地利军队必须撤出蒂罗尔。

虽然施塔迪翁还一直指望普鲁士的支援和德意志北部的起义，但是最终，他所有的期望都落空了，以至于他不得不在梅特涅面前承认，他失败了。这样，他在外交大臣的位置上也待不下去了，并在确定瓦格拉姆会战失败之后，于 7 月 8 日向皇帝递交了辞呈。属于梅特涅的时刻来临了。由于对一个政治家的评价，首先是看他如何得到自己的职务的，因此，在此处必须对恶意诋毁梅特涅的说法进行反驳，即诡计多端的梅特涅是通过耍阴谋诡计来推翻施塔迪翁，以便最终能满足自己的虚荣心，谋到外交大臣的位置。而这种中伤一再散布流传，或者只是偶尔被半心半意地驳斥一下。[166] 与此相关联，西尔比克对梅特涅性格形象毁灭性的描写，也属于此列：他是个没有想象力的、非德意志的、对"人民"的道义上的能量毫无感知的，以及缺少"性格塑造者"之高尚道德的人，施泰因、费希特以及威廉·冯·洪堡所具有的一切，他都缺少。[167]

而最终任职采取何种方式过渡，却导致了另外的结论。起初，梅特涅拒绝接受担任外交大臣的建议，当皇帝坚持要这样做之后，他表示，只有在一个条件下他才准备接受任职：他不想接手外交部，而仅仅是要一个与法国外交大臣在权限和职能上并驾齐驱、等量齐观的职位，以便他有可能去达成和平协议。为此，他自己建议只是临时性地履行这个职能，而让施塔迪翁仍然留在外交大臣的位置上。如果在瓦格拉姆会战失败后马上将施塔迪翁赶下台，会削弱奥地利的谈判地位，他将不得不认为"这是一个严重的错误"。皇帝同意了梅特涅的建议，也同意他同时提出的可能性，即让施塔迪翁在战争说不定也许获胜的情况下，继续担任外交大臣。

说梅特涅有野心的人，不会这样去论证。梅特涅也知道这种诽谤，他的同时代人就这样做过，他也在回忆录中进行过反驳。[168] 这样一来，奥地利就临时性地有了两个外交大臣：一个，称作外交大臣，但是不履行职责；另一个，履行职责，却不叫作外交大臣。梅特涅要的是能够在谈判中与他的法国同事平起平坐。因此，皇帝于 7 月 31 日在形式上任命他为"国务及会议大臣"，以便于谈判。[169]

弗朗茨皇帝与梅特涅：他们的事业基础

梅特涅以前发自巴黎的报告与备忘录，给皇帝留下了清晰的印象：他的公使睿智、分析水平上乘。政治局势的低谷，迫使这位君主在科本茨、科洛雷多、图古特和施塔迪翁之后，启用一位思想和行动方式完全不同的大臣。这项任命，意味着完全转变路线，梅特涅本人也是这样看的。到目前为止，人们一直将他自己的顾虑——"我不认为我有能力担当这个职位"[170]——作为对他来说所谓的非常典型的、过分的沾沾自喜和自负，这完全是看错了。他的一番话更是加重了这种看法："我自认为没有能力来引领我们这个巨大帝国的国家之船。"

只有了解了他准备担任这一职务的决定性条件，才能理解他的这番话。人们只是回想起他为什么在图古特时期，直到1801年，都避免担任公职，尽管人们一直看好他的仕途：他不愿意在一个负责任的职务上，听凭别人来指手画脚、发号施令。并非因为当前的问题成堆才引起他的顾虑，1809年7月的危机也同样是非常严重的，他并非在怀疑自己的政治能力。那么，真正的障碍是什么呢？他在下面这句话里透露出来："我不愿意模仿那些我认为比我更聪明的人做的事。"[171]他是以对皇帝应有的尊重说这番话的。如果用非外交的语言来表达，那么，梅特涅就应该这样说：自考尼茨以降，我之前所有的政治家都在这个职位上奉行了错误的政策，无原则、不专业、前后不一、无连贯性。假如我要贯彻我认为正确的政策，这些东西就会与我完全背道而驰。梅特涅将会遇到一条反对他的阵线，在这条阵线面前，他只能失败。下面引用的他外交式的、用复杂的句子和费解的措辞表达的话，除了想对此进行解释之外，没有其他目的："采取这种行动，使我面临误入歧途的危险，而我的良心不允许让陛下您和这个国家去冒这样的危险。"

而恰恰正是由于他愿意尝试新的政策，才得到了皇帝的青睐；皇帝认为，梅特涅所提出的保留意见——下面是梅特涅记录的皇帝的原话——"于朕而言，具有作出决定理由的价值，且坚定了朕对朕内心里中意的、涉及您本人的选择"。[172]

302　　梅特涅想要与皇帝有一个清晰的，并且是确定的工作基础。那么，是否存在这样的基础呢？他没过多久就可以获知结果。由于一个特殊的机会，他将单独陪同皇帝乘坐御辇銮驾从位于茨纳姆（Znaim）的大本营前往匈牙利的要塞科莫恩。因为此时尚未签订停战协定，因此要提防分布在各地的敌方军队，皇室车队必须绕道东部的摩拉维亚，穿越雅布伦卡关隘（Jablunkapass），这样一来，新任大臣就有了足够的时间，"向皇帝陈述我观察局势得出的结论"。梅特涅在回忆录中写到此处时，加上了他对皇帝性格的详细描写，当然这也绝非偶然，因为在整个旅途中，一个对于他来讲具有决定性意义的问题得到了澄清，即他能否在任何情况下都指望得到皇帝的支持。因此，人们应该将他的有时使人感到过于热情的评价，冷静地看作是可以使梅特涅怀有希望的一些证据，即他那些在公众舆论中无疑受到指责的政策，其实已得到了皇帝的支持。

　　看起来，皇帝的身份特质可以在以下几方面给他以担保：即使在最大的危机中也能保持一份自信从容、"灵魂的坚强"、性格的刚毅、冷静和直线思维的能力，有着"强大且纯粹的思想"的气质——如今人们会将这些说成是完美无瑕的道德。梅特涅"坚信，在所有重要的问题上，我的观点与他的观点会一直保持协调一致，并且以他君临天下的伟大身份始终确保对我的支持，没有这种支持，一个大臣无论其意愿是多么的美好，也不能指望为自己的行动制订前景有效的确切计划"。[173] 这就是他在回忆中描述的那次陪同皇帝乘坐马车所经历的过程，并且以此证实了，他之前没有看错。毫无疑问的是，在一些个别的具体事例中，皇帝和大臣不会永远谐调。尽管如此，他们之间在关乎江山社稷、国家生死存亡的所有事件上，意见十分一致。就像 1809 年 7 月曾经发生的一样，1813 年 7 月再次出现了极端的状况，在这次事件中，他再次向皇帝要求无条件的誓言，无论像沙皇亚历山大这样的统治者如何强烈要求他辞职。

　　他们之间能如此紧密合作的秘密是什么？紧密合作到甚至皇帝行将就木时，还要委托这位大臣代为起草遗嘱。说皇帝只是一个头脑简单、耳根子软的君主，无力对付一个强势诱骗者的手法等等，诸如此类的那些猜测显然是错误的。[174] 弗朗茨皇帝的行事作风是固执己见、独立自主，谁要是跟他耍花招或者强迫他接受什么，那他会立即变得难以驾驭。然而，他的思想不是那么灵活，不能在面对一种复杂的、需要作出决断的情况时，很快地从中条分缕析出一条清晰明确的行动路线。他知道自己想要什么、不想要什么，但是复杂的情况会使他踌躇不安，并让他犹豫不决。在这种情况下，梅特涅就像一个天赐的伙伴一样出现在他身旁——后来弗朗茨皇帝在遗嘱中甚至将梅特涅称为自己的"朋友"——因为梅特涅具有的理论天赋、理智悟性、快速的理解力和几乎无穷无尽的洞察力，使得他可以制定各种条理分明的行动方案，这些方案便于皇帝去斟酌思考、据理力争，然后独自地作出决定。梅特涅撰写了数以百计的这类供作出决定之用的前期准备材料，即所谓的"奏折"，当需要作出重大决定之时，这些奏折就获取了可以成为出色的备忘录和纲领文本的维度。他从不做手脚摆布皇帝，而是等待皇帝的"最高圣断"，在大多数情况下，皇帝都会在"奏折"的结尾处签名，御批诏准。

　　梅特涅赢得好感的行为举止是负责任的，然而他的态度则是无所畏惧和坚守原则。皇帝的身份特质保证了他可以坦率地、毫无保留地发表见解。在上文提到过的马车之行中，他也

303

验证了这一点："我们在完全没有先入为主之见的情况下，审视当前帝国所处的局势；我们考虑战争还能带来哪些前景，以及那个在令人诅咒的凶兆之下签署的和平协议所致的后果。"[175]

梅特涅就职的政治总分析："在令人诅咒的凶兆之下"的指令

获释后，梅特涅在与皇帝亲密接触的两个星期中所解释和考虑的所有问题，都总结在他于 1809 年 7 月 20 日撰写的、对哈布斯堡皇朝形势的政治总分析中。[176] 7 月 12 日的《茨纳姆停战协定》是他这篇分析的开端，并涉及和平协议谈判代表的任命。这位临时外交大臣在此立刻证明了，为什么他对于皇帝来说是如此重要，这位新任命的大臣需要一个行动指示——一个"指令"——而只有君主才有权颁布这样的命令，然而，为颁布此项指令，这位君主需要一些提纲挈领的、导向性的帮助。梅特涅则用非常明晰的原则和建议，提供了这种帮助，比如应该谈判什么，以及在拿破仑面前哪些方面是无论如何都不能作出让步的。

梅特涅首先将当前的力量对比与 1805 年底奥斯特利茨会战之后的力量对比作了比较。那时候奥地利的武装力量几乎全军覆没，而现在则还拥有 250000 陆军，并且几乎成功地"全歼敌人"。那时，盟国——沙俄与普鲁士——仍然处于后台，并且拿破仑还没有完全取得对德意志的影响力，而现在普鲁士已经完蛋，俄国也已成为法国的盟国，拿破仑则成了"德意志的主人"。奥地利已被全然孤立，形势比起 1805 年要糟糕得多，完全不可同日而语。当时的和平协议谈判只涉及割地，而现在则可能关系"帝国的生死存亡"与"江山社稷的毁灭"。梅特涅说，停战协定之所以有必要，是因为如果征战失利，

304

"当前的奥地利国家联盟就会面临完全解体的危险"。

梅特涅还解释了除了这个风险，具体的割地还会产生哪些影响。萨尔茨堡从军事角度上看要比西加利西亚（Galicia）① 重要得多。割让达尔马提亚的沿海地区，会牵动全国的神经："达尔马提亚沿海地区从财政角度来说，占有首要位置，按我的看法，是最重要的地区。"失去这个地区，国家将失去通往亚得里亚海的出海口，并且将变成一个纯粹的内陆国家。梅特涅甚至担心将发生内部解体。[177] 哈布斯堡皇朝拥有一支海军舰队以及是一个海洋大国这一事实，常常被视而不见，尽管它不在世界大洋上追求殖民地，而是将地中海领域理解为属于自己的经济和贸易领域，皇朝非常依赖于这一领域的经济力量；1809 年以来的数年中，对它的依赖程度更是有增无减。哈布斯堡皇朝与奥斯曼帝国的共同边界线是最长的，因而它与奥斯曼帝国的经济联系也最为紧密。[178] 对地中海领域的辐射力之所以占有如此重要的分量，是因为在传统上，哈布斯堡皇朝的帝王们都将亚平宁半岛视作自留的势力范围。相反，梅特涅对裁减军队的要求看得没那么严重，因为帝国的财政状况已经极其糟糕，缩减军队是必然的；而且本来也要在名义上进行部分裁减，如果能保留各个团级单位的骨干架构，并且除此之外依靠预备役及各邦国的防卫体系，问题不会太大。

305

为满足法国新军事贵族和本家族的庞大开支，以及支撑新的征战，拿破仑非常需要金钱，对此俄国外交大臣罗曼佐夫在巴黎时已向梅特涅作过预言，不幸的是，已被预言过的情况现

---

① 又译加里西亚，旧地名，位于今波兰东南部，居民东部为路德尼亚人，西部为波兰人，历史上长期为俄罗斯和奥地利争夺的目标。1795 年第三次瓜分波兰时，西加利西亚被奥地利占领，1867 年东部亦被占。第一次世界大战后，奥匈帝国瓦解，加利西亚归还波兰。

在出现了。这位大臣要人们思考，缴纳军税的要求固然会瘫痪奥地利的经济，但是如果"弦绷得过紧"，就会随时给拿破仑提供挑起新的战争冲突的借口。

梅特涅知道，政治象征性意义对于统治优势意味着什么。因此他毫不妥协地建议，必须保留奥地利皇帝的头衔。单纯的皇帝头衔而不带有罗马这一附加的前缀，在"不久前还是一个空洞的词语"，但是拿破仑使用这个头衔之后就变了。他对欧洲的统治地位定义道："拿破仑将最高统治权和自主权与皇帝这个头衔联系在一起。奥地利由于失去了它……便被降格为要进行朝贡的国家等级。"[179] 梅特涅在此处眼睛紧盯着拿破仑将欧洲国家分割成众多小国的方案，奥地利必须反对这一方案，捍卫它的大国地位。

作为一个刚上任的新官，梅特涅已在考虑超出他的职务范围的事情，他对帝国内部行政管理的批评证明了这一点。他认为行政管理应该集中，"以便能够远离因为分权对大局产生的令人讨厌的影响"。他列举宫廷中相互竞争的各机构所导致的瘫痪性影响，这些机构本身不能参与对战争与和平所作的决定。但是他认为，首先是军队指挥部门无论如何不能干涉对和平协议条件的谈判。他已经预感到，拿破仑想在智能上战胜他这位新任外交大臣，而他的预感不久便得到了证实。

梅特涅的新路线："考尔纳手法"

306

梅特涅的新路线由两部分组成：第一部分是，自己的、着眼于一个政治目标的行动措施的详细计划（战略）——这个目标叫作：为重建，借助于尽可能快速地施展自己的职权，来拯救整个国家；第二部分则是，在实施行动的方式方法中，采取的经过精心测算的、目标始终明确的行为态度（策略）。两者的结合，可以被称为贝托尔特·布莱希特（Bertolt Brecht）的"考尔纳手法（Methode Keuner）"，这是由布莱希特的作品《K 先生的系列故事》（*Geschichten vom Herrn Keuner*）转引而来，来自其中的一篇名为《反对暴力的措施》（*Maßnahmen gegen die Gewalt*）的故事。这原本是一个故事中的故事，因为考尔纳先生在这里讲述的是一个叫作埃格先生（Herr Egge）的人，他在暴力统治的年代，不得不在家中安置一个权力极大的特务。这个特务问他："你会为我效劳吗？"埃格先生虽沉默不语，却甘为这个请求者服务了七年之久，直到他发胖到要死去。埃格先生将这个特务拖出了屋子，然后才回答道："不。"这个寓言以戏剧性的形象方式触动的问题是，一种行为态度是如何被外界错误地看作软弱和机会主义，只有在考尔纳先生下述的标准中才能找到解释："我确实没有骨气去经受酷刑，正是因为我必须比暴力活得更长久。"[180]

梅特涅在 1809~1815 年——至少到 1813 年——对拿破仑采取的手法，正是应该这样去理解。要是不理解这种手法，就很容易被误导，将他的战略和策略与他的性格混为一谈，就像西尔比克所做的。对西尔比克来说，梅特涅是个"软蛋"，与"耿直倔强"、常令人不舒服、思想高尚的施塔迪翁正好相反。在西氏看来，施塔迪翁是嗜权成性的统治者中的"佼佼者"。[181] 对于历史学家来讲，政治上的聪明与精专当然是更适当的概念。梅特涅既不是豪格维茨，能对拿破仑百依百顺，并背叛了他的国王和国家。他也不是科本茨，当拿破仑在其面前摔碎一个价值连城的、有纪念意义的花瓶时，科本茨显然被他的暴怒吓破了胆。梅特涅则在多种场合在拿破仑面前表现得无所畏惧，以至于迫使拿破仑不得不对他肃然起敬，比如举世闻名的 1813 年6 月的会晤。

还在阿尔滕堡（Altenburg）和平谈判之前，梅特涅就再三提醒尚逗留在科莫恩行宫的皇帝，牢记"考尔纳手法"的提纲。梅特涅已经预计到，这个手法将给他在维也纳和其他地方带来不少敌人，因为他不想让皇朝被"打断脊梁"。他说，将来的和平不得不屈服于下述"一揽子做法"："我们的安全只能在巴结因胜利而得意洋洋的法国体制中才能寻得——至少在开始的时候，以及在一些无法预知的情况下是这样。"[182] 奥地利的国情与法国的这种体制是格格不入的，这一点对于他来说是明摆着的，"因为这种体制本来就是冲着正确政治的所有原则而来的，是冲着所有大的国家联盟而来的……我的坚信来自于我之前任公使时期所作的调查研究。我的原则是不会改变的，但是不能反对'一揽子做法'，这是无需争辩的。……我们不得不在签署和约的当天，将我们的体制限制在绕开困难、躲避进攻、讨好对手的范围内。我们只能孤独无援地苦熬，度日如年，直到得到普遍的解救。……就是说……我们只有一条出路：保存我们的力量，等待时机，通过温和的手段——先不要顾及目前为止我们的经历——去力求保存实力"。[183] 这个未来的策略纲领等同于一份自白，而没有这个自白就不能理解后来由梅特涅推动的各项决定。

从长远看，按照梅特涅的意思，哈布斯堡皇朝必须从国际孤立的状态中解脱出来。在对抗拿破仑这件事上，就像其秘密警务大臣萨瓦里所断定的，只有在俄国的支持下，才能采取一些行动。对此，梅特涅眼前浮现了一条意味深远的途径——将反复无常且优柔寡断的沙俄宫廷，从与法兰西的联盟中分化出来，让其靠向奥地利，方法是以活跃的竞争者的面貌出现，与沙皇一样争当拿破仑的盟友。早在1809年8月，梅特涅就曾让人含蓄地将联姻方案作为一种达此目的的"软"方法加以考虑：让哈布斯堡皇帝的女儿玛丽－路易莎排挤掉已经被拿破仑看中的联姻对象、沙皇的妹妹叶卡捷琳娜。1808年12月，此事已然有了眉目。

　　梅特涅还认为，参加对英国的全面的大陆封锁，是无法
避免的，尽管这样做的害处非常巨大。此外，他还不顾皇帝及
施塔迪翁的坚决拒绝，主张进一步打破禁忌，承认"在西班牙
的篡位"，就是说，承认由拿破仑的缪拉国王和约瑟夫国王在
那不勒斯和马德里驱逐并取代波旁王室的既成事实。这位大臣
还预见到，奥地利将不得不对拿破仑通过 1809 年 5 月颁布的
解散教宗国的敕令，表明立场，但是表明立场只能涉及政治问
题，而不谈教会问题。缴纳军税最后也将是不可避免的。

308

在匈牙利阿尔滕堡的和平谈判中被打入
"冷宫"的梅特涅

　　只要不通过和平协议来排除战争继续的可能性，茨纳姆
停战制造出的状态，仍旧会悬而未决。1809 年 8 月 17 日开始
了关于和平协议的谈判，皇帝已经移驾匈牙利托蒂斯〔Totis,
匈牙利语称"陶陶（Tata）"〕的埃斯特哈齐宫，大本营亦随行
迁至此地。最高军事指挥权已经从卡尔大公爵手中移交给列支
顿士登侯爵约翰，梅特涅则被委任为"和平协议谈判的第一全
权代表"。双方一致同意将谈判地点定于匈牙利的阿尔滕堡，
阿尔滕堡处于法国势力范围之内，并被宣布为中立地区。

　　梅特涅在其回忆录中披露过未对外公布的谈判内幕，对他
来讲，这些内幕令人痛心疾首地证实了他对尚帕尼和拿破仑的
预料，因为他从巴黎时期起就熟知他们所有的将一个弱势对手
逼入墙角的伎俩。拿破仑如何签署对己有利的协议，他已经通
过西班牙波旁王室在巴约讷，以及普鲁士国王腓特烈·威廉三
世在提尔西特的例子予以证实。而这次则事涉奥地利要为和平
协议割让领土和人口，外加拿破仑臭名昭著的巨额军税。

　　梅特涅在阿尔滕堡受到的对待，以他无法想象的程度，远

超他之前在枫丹白露的恶劣经历。当他要求对形式上的会谈形成一份议定书时，尚帕尼则予以拒绝，理由是他没有得到这样的指示。14 天之后，当他们再一次会谈时，尚帕尼拿出了一大堆业已审定的议定书，要求他签字同意。其中包括许多根本就没有召开的会议的议定书。梅特涅识破了拿破仑的意图：将一些假的议定书强加于他，然后从中搞出一份宣言，以便为由于谈判失败，所以战争不得不继续的情况作出辩解。当梅特涅怒斥尚帕尼，说稍微有点儿头脑的人都可以看出这种做法是徒劳无益又有损名誉的企图时，尚帕尼为逃避责任不慎泄了密，因为他承认，这些议定书是拿破仑本人口授的。当这位法国皇帝意识到，他用这种手法在梅特涅处达不到目的时，于是就将尚帕尼召回了维也纳，中断了在阿尔滕堡的谈判。这一幕幕侮辱人格的情形使梅特涅确信，他在这里进行的仅仅是"表面上的谈判"，而拿破仑只是想以此争取时间，以便重新装备他的部队，并进行军事的调整重组。

自梅特涅就任临时大臣伊始，他就有了这种经历，出于原则，他非常想避开它，因为他厌恶这种做法：奥地利皇帝绕过他的大臣们，设立了第二个行动平台。[184] 弗朗茨看到，谈判的时间拖得越长，拿破仑就越能不断巩固他的陆军，他担心，胜者一方的优势越是日益增长，就越会提出于己不利的条件来缔结和平协议。于是，他在没有与梅特涅商定的情况下，就派遣布普纳将军（General Bubna）作为谈判代表前往拿破仑的军营，目的是最终确定可以接受的和平协议的基础。没有梅特涅对拿破仑诡计的讲解，其他人不会预料和了解到拿破仑的阴谋与算计。拿破仑向布普纳建议："外交官们解决不了当前的事情，还是我们当兵的能相互就此事更好地沟通。贵国皇帝派列支顿士登侯爵到我这里，我们将在 24 小时内结束这一进程。"[185]
于是皇帝在托蒂斯召开会议听取意见，没有让还在阿尔滕堡的梅特涅参加，只有新任总指挥列支顿士登与陆军元帅海因里希·冯·贝勒加尔德伯爵（Graf Heinrich von Bellegrade）以及施塔迪翁出席，这些人建议，试着按拿破仑的建议去谈。[186] 而主管大臣梅特涅直到列支顿士登于返回维也纳途中在他那里下车休息时，才得知会议的情况。皇帝明确委托梅特涅，将含有奥地利所提要求的文件交给列支顿士登，今后不再与尚帕尼进行谈判。甚至连谈判行动如果失败的情况都已估计到，在这种情况下，战争将继续进行下去，而施塔迪翁将再次接管他的部门。

310

　　通过将列支顿士登牵涉进来这件事，梅特涅突然看清了拿破仑建议中所包含的危险。列支顿士登不是一般的谈判代表，而是奥地利整个陆军的总指挥官，现在正在以这个身份前往敌军的地盘。这样一来就等于给了法国皇帝一个非常有利的态势，因为他可以强迫列支顿士登签署和平协议，如果列支顿士登拒绝法方提出的条件，法国人可以将他扣留。梅特涅预言道，这样一来，奥地利军队就会群龙无首，进而会很难继续进行战争。梅特涅把话说完，使列支顿士登大吃一惊，想当即返回。直到此时此刻为止，列支顿士登侯爵还一直相信，他将面对的拿破仑是一个正直的军人。而梅特涅则从他自己的角度感觉到，他已经被"限制成一个只能被动地等待的角色"，因为弗朗茨皇帝又像过去一样，在主管范围和责任划分上，开始玩起来回摇摆的游戏，将事权交到列支顿士登手上。[187]

违反国际法的和平协议

　　9 月 25 日阿尔滕堡谈判破裂之后，梅特涅"还试图挽救能挽救的东西"，因为他知道，好心且容易轻信的列支顿士登已经不堪重负。梅特涅向皇帝提议，对外发布将谈判地点从阿尔滕堡移往维也纳，并授权他与列支顿士登一起与拿破仑进行面对面谈判的消息。[188] 他甚至走得更远，间接批评起皇帝的行事方式，因为"在这里（阿尔滕堡），我一个人说话算数，而在维也纳，我只能站在列支顿士登侯爵的身后"。因此，整个程序必须改正［"修正（modifiziert）"］成这样的方式，即皇帝应该命令将军，"在谈判这桩交易（Negoziation-Geschäft）的过程中，要以我（梅特涅）为准"。[189] 之前，无论梅特涅感到与皇帝相处得多么和睦融洽、意见一致，但是在目前这件事情上，他遇到的是一个结构性问题，直到1835年初皇帝驾崩，他都在与这个结构性问题作斗争，即与同样被召来进行咨询的官僚们的矛盾冲突。因为皇帝喜欢召集各种不同的主管机构进行咨询，并且让它们相互缠斗，而这些人自己却对皇帝的这种利用手法一无所知。

当前就是一个典型例子，这位新晋大臣经历的正是政府机构之间相互拆台，并以这种方式毁坏谈判，让自己一方吃亏的事实。这使梅特涅愤怒并痛心疾首。在后来的总结中，梅特涅再一次分析，拿破仑在得知奥地利方面准备派遣的是一名军人来与之谈判，也就是说，是一位在国家管理艺术方面的外行，"对外交这门学科中的迂回和退却的方法不是都掌握"，是一个单纯地信任他人，对于制造假象、耍两面派以及诡计多端的预设陷阱等手法，并不熟悉的人时，是如何将谈判中的所有机会都转变成了对其有利的做法。[190] 谈判的主角尚帕尼不停地向列支顿士登侯爵妥协并给他以新的希望，人们心里都很清楚，这些妥协在下轮会谈中又会悉数收回。梅特涅在这里形容的是外交交易的肮脏一面，而拿破仑对这些肮脏之物掌握娴熟，在这方面必须与他势均力敌才能应对。梅特涅精于此道、游刃有余，但也正是因为这一点，他没少让自己生气，因为别人将这些外交技巧，错误地作为他的性格特征来到处散布。列支顿士登可以将梅特涅在阿尔滕堡参与的、6个星期也不能达成一致的谈判，在一个晚上就同意并搞定。尚帕尼后来这样描述道，好像只过了一夜，列支顿士登就给拿破仑"送上"了和平。[191]

梅特涅为什么在他的回忆录中，而且在大庭广众面前，毫无保留地讲述有关和平协议的事？他只称其为"所谓的"和平协议——虽然他自己处在一个非常不利的角色中：既被要弄，且又无助。他是想为政治道德做出一个标杆，对他来讲，欧洲的国际法代表了这种道德。拿破仑则以史无前例的方式践踏了它，因为1809年证实了被排挤掉的梅特涅向列支顿士登侯爵预言过的东西。当列支顿士登由于不断地被对方要弄，要离开谈判地点维也纳，以示抗议时，有人对他——奥地利军队的总指挥——说，拿破仑会将他的离开理解为停战状态已被打破，会将侯爵作为军事战俘来对待，这样一来，奥军将群龙无首。这就将这位被讹诈者逼到了墙角，使他不得不在1809年10月13~14日的夜间会谈中，接受尚帕尼强加给他的一切，并且最终还要签字画押。

14日一早，列支顿士登准备从托蒂斯动身，前往维也纳向皇帝请示时，就听见炮声轰鸣，实际上是拿破仑在奥地利皇帝还没有同意的情况下，以炮声公开宣布和平协议已签署完毕。梅特涅得知后，他不仅被当时的情况，同时也被拿破仑的丑态深深地震惊。在回忆录中，他以少有的激烈笔触形诸文字，强烈谴责这一做法："一个充满阴谋诡计的、颜面扫地的、缺乏任何国际法基础的和平行动……让我发现了拿破仑在我眼中极其低劣的一面，而在良心面前的我要捍卫的事业，以同样的程度得以升华。"[192]

梅特涅回忆录中的愤怒毫不夸张，因为即使在那个时候，在当时那种情况下，人们也几乎很难相信，拿破仑会这样行事，而且也不愿意看到，拿破仑以他的不辞而别来宣布和约业

312

已签署。在炮声庆祝之后两天，在托蒂斯召开的会议上，外交大臣（梅特涅）、战争大臣[卡尔·冯·齐希伯爵（Karl Graf von Zichy）]、宫廷财务署总管[约瑟夫·奥多奈尔伯爵（Joseph Graf O'Donel）]讨论通过什么途径能够减少缴纳的军税数额。他们抨击"法国政府的、由于皇帝离开造成的恶意先决条件"，使得谈判因此受到延误，甚至成为不可能。[193] 他们认为，和平协议当前的版本确实有了实质性的恶化——似乎好像还存在可以谈判的东西似的。

但是，弗朗茨皇帝为什么最终同意了这个被讹诈而来的和平协议，并在 1809 年 10 月 14 日于申布伦宫盖上了玉玺？按照梅特涅在他后来的总结中认定的，六个动机起了决定性的作用：①在敌人占领的各个省中所遭受的各式各样的祸害；②只要法国军队还驻扎在国内，需要供养，平民百姓除了军税之外就还要负担他们的巨额开销；③本国军队糟糕的现状：由于伤亡，陆军在数量上缩减了三分之一，已经没有能力进行新的战斗；④由于加利西亚的起义，需同时应对两条战线；⑤沙俄已经准备入侵匈牙利；⑥对再进行一场会战的结局没有把握，这种会战可能会拿整个皇朝作为一个整体去冒险，战争的结局可能会使欧洲抵抗侵略成性的法国的最后一座独立的堤坝最终崩溃。

由失败的战争得出结论

如果不把梅特涅对 1809 年失败的战争的看法考虑进去，就不能充分理解他为什么转变路线，奉行一套讨好法国的政策。战后不久进行的清算透露了梅特涅从 1809 年的这场溃败中学到了什么，如果他不是事先对此已经有所知觉的话。[194] 在此处，梅特涅也再一次证明，他不是那种所谓的在一次戏剧性的转变中，从一个战争推动者变成采取守势政策的政客，并且也证明了他不是——像西尔比克诋毁的那样——"从政治仇恨迅速地转变为热衷于算计，从进行激情的战争煽动到拒绝所有的过度刺激、激进行为和暴力行动"。[195] 不是梅特涅变了，而是他要改变奥地利内阁到目前为止的、注定的灾难性路线。

按照梅特涅的看法，两个动机导致了奥地利的宣战：拿破仑对欧洲大陆无休无止的征服，让奥地利内阁担心帝国的生死存亡。第一个动机是：通过西班牙战争削弱拿破仑，是自我坚守的唯一机会，一个"示意，即奥地利感到能够打出有望取胜的最后一张王牌的那个时刻已然来临"。[196] 一个主观臆想的结盟伙伴——也是第二个动机——支持这种做法，即使没有形式上的结盟也可以开战：1806 年北德出现的"人民意愿的起义"。战争的结局已证明，这纯粹是幻想。

这就涉及了梅特涅对政治性的民族运动能力的怀疑。人们误解了他的这些怀疑，并因此将他原则上是（德意志）各民族的敌人的说法，强加在他的头上。梅特涅所理解的民族，是作为人的不可放弃和改变的本质标志。但是，他担心并批判那种要引导大政，更不用说是要进行战争的民族运动。他坚信，只有集中军事力量，并且尽可能地以大规模的军事实力才能战胜拿破仑。在有关民族的这个因素上，他认识到了一个原则，如果民族的这个因素政治化了，这个原则就会造成各民族之间的相互分裂与相互敌视。那个时代，参与战争的各大国都依靠各民族混合编成的陆军，这一点只要看看拿破仑的盟友就清楚了——莱茵邦联、意大利和波兰的雇佣军团。而且假如拿破仑要在政治上利用民族感情，他就会转向法国人或者被他战胜的国家中的各民族，目的是要让这些国家不稳定。比如，他在 1809 年就说过，如果匈牙利人脱离哈布斯堡皇朝的话，他向匈牙利人预言他们会民族自立。

在梅特涅看来，像施泰因男爵一样的、热情的政客们没有看到，唯一能够决定战争胜负的，是盟国之间的团结一致，更不用说如果再加上英国、俄国、普鲁士、奥地利、瑞典，最终甚至是已经背叛的莱茵邦联的各位诸侯，如果能够率领他们的军队投入到反拿破仑的战场的话。相较于通过民族推动来战胜拿破仑，发动一场反拿破仑的"世界大战"，在梅特涅看来规模仍是过于庞大。而恰恰是拿破仑自己证实了梅特涅的怀疑，即通过法国人的民族起义，卓有成效地与拿破仑进行斗争。1813 年 6 月拿破仑反驳他说："您指望德意志？那您就睁开眼睛看看，它在 1809 年都干了些什么！要控制老百姓，有我的士兵就足够了；要让诸侯对我保持忠诚，让他们害怕你们（奥地利人），就是他们对我忠诚的保障。"[197]

如果要指明梅特涅对 1809 年战争所作批评的中心思想，那它就是：选择错误的时间点、缺乏协调的战争策划、过早撤军以及缺少同盟伙伴。[198] 梅特涅因此与现代军事史的认识已经非常接近，按照现代军事史的观点，以外行人的眼光看，奥地利军队的机会并不是很糟糕，能够以 400000 万士兵，造成数量上的优势。相反，拿破仑当时优于对手的只是他能将大部队进行长距离的调动并协调指挥。而奥地利的陆军统帅们还是遵循着 18 世纪的战法，从其受到局限的各自军队的视野出发，去调动部队，因而不能在关键的战局中整合军力以集中优势兵力，以及不懂得"宜将剩勇追穷寇"的道理。[199]

《申布伦和约》的抵押物

对《申布伦和约》的评价，通常首先是根据皇朝割让了多少领土和人口来进行的。这符合当时的时代思想，在这个时代，国家具备较为精确的统计工具的时间还不长。当时是按照国土面积和人口数量——而不是按照民族——这样一条视线，来衡量"一个国家的实力"。[200] 看起来对于梅特涅而言，按这个方法去统计损失也非常重要，以至于他搞到了一份极其详细的统计表，并将其存放在自己的家族档案中。[201]

更具决定性的是和平协议的政治意义。在进行评价时，有一点通常被忽视，而它对梅特涅家族的历史来说却举足轻重：《申布伦和约》成为时代的分界线，以此为界，重建旧帝国的尝试被最终画上了句号。根据对施塔迪翁进行战争的目的的了解，他是谋求重建旧帝国而为哈布斯堡皇朝效力的最后一位政治家。无论在领土问题还是在政治问题上，他都想将德意志带返签署《帝国特别代表团最终决议》时的状态中，要将1803年发生的将帝国降格事件——而不是教会财产的世俗化——宣布为无效并予以恢复，并且有迹象显示，他要将帝制以旧有的方式重新复活。这样一来，在德意志就会出现以哈布斯堡皇朝取代法国统治地位的情况。从这个意义上讲，施塔迪翁向"德意志民族"发出的呼吁看起来也是可信的，因为，他本身作为一个也被褫夺了权利的帝国伯爵，不可能对一个统一的德意志民族国家有清醒的认识。[202]

梅特涅也清楚上述提到的重大事件，因为他在政治上不再以回望旧帝国的眼光来评判当前的和平协议：对他来说，现在眼中只有这个"帝国"，他指的是哈布斯堡帝国（而不是神圣罗马帝国）。在他看来，最具灾难性的事是哈布斯堡帝国被受拿破仑影响的统治势力所包围。[203] 拿破仑让奥地利来犒劳这个势力范围的成员：萨尔茨堡、贝希特斯加登（Berchtesgaden）以及因河流域中割让给了莱茵邦联的忠实盟国巴伐利亚；用西加利西亚、克拉科夫（Krakau）以及扎莫斯克专区（Kreis Zamosk）来扩大华沙公国；东加利西亚的一部分换给了沙皇俄国；而法国的军政府则将新组建的"伊利里亚行省"收入其中，这样一来，奥地利的海港城市的里雅斯特，这条通往亚得里亚海的入海通道就被掠夺了。

《申布伦和约》在经济上对于奥地利意味着什么，梅特涅早前已经作过解释。[204] 和约在军事和经济上使奥地利严重地被削弱；再加上 8500 万法郎的战争赔款更使其不堪重负；参加欧洲大陆对英国的封锁使其在外贸领域极为不利；武装力量缩减为至多 150000 人，更使军力受到重创。所有这一切逼迫奥地利的政治采用前面述及的"考尔纳手法"，它意味着：韬光养晦，"让奥地利等待时机"，并寄希望于未来可以使法国的"世界体系"坍塌的"日耳曼人审判大会的威力（Gewalt der Dinge）"。[205]

24

执行新路线的大臣：对内防守政策与对外和亲，1809~1810

灾难管理:《申布伦和约》后的局势

1809 年 11 月 27 日，弗朗茨皇帝和梅特涅相隔数小时，先后回到了国都。维也纳人聚集在街道两旁，用真诚的欢呼来欢迎君主归来。在他们眼中，皇帝就是法国的占领终于成为过去的保证。梅特涅径直去了位于考尼茨宫的相府，开始作为正式任命的外交大臣和皇帝身边最重要的谋臣履行他的职责。他将第二层的房间作为办公室布置起来，并计划在上一层的其他房间安置自己的家眷。在他一生中类似这样的交叉路口中，他思考的总是关于他自己、他本人的人生之路以及在时代的大潮中他所处的位置。在战争之前，他再次从维也纳前往巴黎任职已有一年，而从巴黎动身启程也过去了七个月。

"在这段时间里还有什么事情没有发生！世界再也没有接近过安宁，也从未离它毁灭的边缘如此之近。这是些什么样的事件和挑战啊！幸运的是，上天给了我健康和永不疲倦的感受力，任何东西都不能将我从我的既定路线引开，它恰恰就像我的心脏……而我，的的确确，会成为一个幸运儿，假如我——既有生存保证，但是又能独立——能够循着我的意愿做事，这种意愿与一直围绕着我的、可怕的运动完全相反。我不顾忌奥地利不得不承载的负担有多少，我也不顾忌还要接受多少目前我正在承受的负担。"那么现在他已经在担当"第一主角"了。

对当前这个时间节点的意义，梅特涅概括道："在 1809 年这个时候出任奥地利外交大臣，并不是一件轻松的事。"[206]

很多传记将这种自我评估解释为梅特涅以自我为中心、自恋、自负、自高自大，而并没有对他这些说法中的核心含义作出评价。外交大臣是在剧变的形势下走马上任的，时值国家正处于最严重的危机之中。梅特涅自有一套纲领，他也预计到这个纲领会遭到巨大的反抗。在纲领的实施上他依赖的是皇帝，这对他来讲是绝对必要的。而且这还取决于他自己，因为已不再像任公使时那样，他现在已然可以独立行事，并且能够预先制定方针政策——至少开始的时候他相信应该是这样的。

皇帝和梅特涅如何看待灾难性的《申布伦和约》后国家的局势，他们如何在政治上治疗这个创伤，以及他们——首先是梅特涅——会在其中制订什么样的纲领计划，到目前为止，人们对这些问题丝毫没有进行足够的观察。这样一个纲领在和约签署后几个月的时间内已经显露出来，并且在宫廷和相府还在托蒂斯办公时就已显露。而现在正在系统执行的、目的明确的新政，理所当然与"会巧妙避风头"的大臣（施塔迪翁）的设想完全矛盾，1809~1813 年的这段时光对他（施塔迪翁）来说，不过是个"过渡期"而已（西尔比克语）。[207]

梅特涅在他的职权范围内抓住弊病的根源不放，还是 11 月在托蒂斯时，他就已经开始改组相府，将施塔迪翁时期混乱不堪的工作程序和分工予以清理。此外，他还为自己的路线方针作了一个几乎无人注意到的原则决定，这一决定受制于法国革命和拿破仑"世界统治"。他的结论是："我把社会革命看作欧洲担负的灾祸的原点，就像它在法国 1789 年开创时的那样。"[208] 在过去二十年的革命战争中，它一直在试图用社会的、有时候是无政府主义的理论来"感染"德意志和奥地利。不是在宪法的政治纲领中——对此他同样进行批评——而是在对旧欧洲社会秩序的攻击中，梅特涅认识到了真正的挑战。德意志各邦大部分都未受到感染，"因为各邦人民不愿意接受通过武力、作为善举向他们提供的社会说教"。

　　相反，在法国，"社会革命"导致了用断头台进行的内战。1795 年，年轻的拿破仑在巴黎指挥用大炮轰击示威和起义的市民，实际上是他对当时局势作出的目的明确的反应，而他的机会则完全要归功于这次乱局。梅特涅称他最大的对手之所以能够飞黄腾达，是社会革命"系统的、顺理成章的后果"，因为正是这场革命，才招致了"拿破仑内心的、以最高方式表达的军事暴政"。正是拿破仑本人"在法国，以及在他的铁腕弹压下的那些国家里，筑起了抵抗无政府主义理论的大坝"。拿破仑曾在梅特涅面前亲自解释说："是我粉碎了革命（J'ai écrasé la Révoltion）。"[209]

　　这个对 1809 年还有效的结论，也说明这位新任大臣明确表示将社会问题置于次要位置的做法是正确的，但这并不意味着，他对社会问题不够敏感。在法国，拿破仑用专制的方式将社会问题压制住，因此在梅特涅看来，在这方面德意志在初期不会再有来自外部的危险，因而他首先要集中力量"保住核心，在不幸的战役之后组成奥地利帝国的核心"。那么，他所谓的核心具体指什么呢？在他的优先名单中，除了社会问题还有什么问题？当人民欢呼庆祝皇帝归来，并认为已从敌人手中解放出来时，梅特涅则在展望遥远的未来。"拿破仑在欧洲各国眼中取得了无法抵抗的权力，欧洲在他的桎梏下不得不完完全全地屈服。"[210] 自此之后，这一事实一直影响着梅特涅的政策。必须小心翼翼地避免一切可能给这位新帝王提供的任何哪怕是很小的借口，否则他将再次侵入奥地利的腹地，如果这样的事情发生，那么在梅特涅看来，奥地利在很难预测的将来，就会完全无助地任其摆布。皇帝和他的大臣坚信，必须对内采

319

取镇压手段，对外则采取谨慎措施，方能在拿破仑面前将这个国家带往安全的境地。

早在法国革命时期，梅特涅就一直遵循一个原则：研究对手并向对手学习。而现在他也见样学样，在奥地利复制拿破仑的镇压体系的结构和成效。并非是封建专制制度的原则影响了1809以来的政治变更，而是新的、"现代的"、建立在恐吓之上的拿破仑的教育专政，为此提供了蓝图。虽然听起来是那样的荒谬和似是而非：如果不将"现代的（modern）"这个概念与"进步（Fortschritt）"等同起来，而是认为它只是组织实施政治和控制人的一种新的、技术上的和工具式的方式，那么，拿破仑和梅特涅在公众舆论、宣传、通信检查、基础设施以及内部安全等领域，是以同样的方式在激发现代化的冲动。在1809~1813年间，奥地利的内政外交双重地受到"拿破仑体制"的影响：对外，面临着被从地图上抹去的威胁，仿佛处在高悬的达摩克利斯之剑下；对内则努力保持剩余的独立性，方法是用一种统治制度对社会进行控制，而这种制度的实质性内涵，是在照抄拿破仑的制度。路线改变后的新政，开始编织控制这个国家的防卫性大网，并且很少是在反对启蒙的意图上，而是在尽可能地抗拒拿破仑的咄咄逼人上。这一点可以以那些重要的行动领域作为例子来进行观察。

将引导舆论作为防范拿破仑的措施

新闻检查和印刷品检查在哈布斯堡皇朝早有传统。专制统治，无论它是多么受到启蒙思想的激励，是不会与自由的、符合社会要求的公众舆论相融合的。在约瑟夫二世和利奥波德二世皇帝尝试较为自由开放地与新闻界打交道时，没过多长时间，就搞明白了这一点。他们的继承人弗朗茨皇帝

严重怀疑他们的做法，将流传下来的新闻检查又完全恢复，
特别是在出现这样的怀疑时：秘密的政治组织如玫瑰十字会
（Rosenkreuzer）、光明会、共济会成员以及"雅各宾党人"，
企图颠覆社会。

可是，仅仅是新闻检查看起来对弗朗茨来说已经远远不够
了。因为要怎么对付每天在外国出版的、数量巨大的宣传单和
报纸呢？在与拿破仑签署和约之后，能够不加评论地让它们在
奥地利肆意流通吗？如果它们显露了"明显的有害倾向"该怎
么办？弗朗茨想到的是来自法国、意大利以及莱茵邦联的报刊，
因而他想到了一个主意，"能否在这类文字刚一出现时就将其驳
回，使其失去影响力，这样做是否适当，以及对对外关系会不
会带来不利影响？"因此他建议，办一家忠于政府的新闻机构，
由自己主导并影响公众意见，进而让梅特涅对此事先作一个评
估。[211] 这样做有悖于传统的观念，即"政府最不适合在任意的
一种公众舆论面前发表意见和进行解释"。[212] 相反，弗朗茨皇
帝于 1809 年 11 月初开始主张奉行一种积极的新闻政策。为此，
他当然需要一些思想先驱，他找到了梅特涅和他的父亲。

新任外交大臣在巴黎任公使期间，就曾起草过一份影响新闻
舆论——首先是除了奥地利之外讲德语国家的新闻舆论——的计
划。早在 1808 年中期，梅特涅就曾提醒过，认为"与公众舆论
打交道（parler avec le public）"是多余的和有失尊严的，是所
有政府，特别是奥地利政府所犯的巨大错误。他说，必须向公众
讲明真相，停止那种不向公众讲话的做法，好像这样做很危险似
的。自从法国革命以来，法国人对付公众舆论似乎轻而易举，那
是因为他们占领了记者办公室的阵地。他们拿起了当权者曾经蔑
视的，从而也不使用的武器，现在他们将子弹射向了各国政府。

在这个问题上，梅特涅完全是现代派的做法，很清楚要将
新闻作为一种先进的大众媒体来加以利用。他作为那个时代非

常少有的政治家已经明白，他所处的当代——指的是"话语的时代"——媒体已然发生了变化，这种变化有助于从根本上改变"社会"，因为新闻已经变成了一种社会权力。正因如此，他预言性地宣布："公众意见是最有力的手段之一，一种——如同宗教一样——可以穿透政府影响不到的、最隐秘角落的手段。蔑视公众意见如同蔑视道德原则，是十分危险的。……与公众意见打交道，需要一种特殊的崇敬心、持久性和不疲惫的耐力。后世的人们几乎不会相信，我们曾经将沉默不语看作是有力的武器，以对抗对方的呐喊喧嚣，而这种事却恰恰发生在'话语权的世纪里（dans le siècle des mots）'"。[213] 在他看来，关键是要操纵新闻舆论，并且去掉官方色彩，而没有什么比这么做更容易的了。他指名道姓地以拿破仑为榜样，这个榜样教他认识到，报纸可以起到一支 300000 人军队的作用。遵照皇帝的最新旨意，1809 年 11 月，大臣梅特涅马上想到了自 1809 年 6 月 24 日起出版的《奥地利日报》（*Österreichische Zeitung*），这是由弗里德里希·冯·施莱格尔（Friedrich von Schlegel）领导的、出自卡尔大公爵指挥部的报纸。[214] "每一个不是昨天才诞生的政府"要做的事就是，竭尽一切力量去反对那个近年来试图"扼杀公众精神或者至少要毒化公众精神"的政党。至于另一份《维也纳日报》，则是奥地利政府可以用来发布官方文告的报纸。但是仅仅这样做，对于大众获取新闻的需求来说仍远远不够，还要考虑到现在正处于一个"每天都有灾祸消息"的时刻。由于作为政府报纸，《维也纳日报》不可能不带倾向性意见地写作和发表文章，所以很少引起反响。因此需要"定期发表一些表面看起来不受官方影响的文章"。[215] 于是，梅特涅立即集中精力，系统性地着手设立"文献资料室（literarisches Büro）"，并从这里对新闻进行操纵。自从他主政之后，就一直在搜罗知名的知识分子，吸引他们进入他的领地，并让他们为奥地利的政治撰写文章：在莱比锡有亚当·米勒（Adem Müller），在 1813 年的布拉格有弗里德里希·根茨，而在维也纳则是弗里德里希·冯·施莱格尔。

梅特涅总是从大的历史关联性角度出发看问题。早在 1808 年，他就感觉到自从法国革命以来，来自法国的文章总是深刻地影响着德意志的公众舆论。为了对此进行控制，原本希望与法国签署一纸协议，以便清除"那些每天进行讽刺谩骂的（有政治倾向性的）文章"。这一次，又是法国皇帝来影响事情的方向："不管一种武器是多么的下三滥，到了拿破仑手中就是一件重要武器，他决不能让别人从他手中夺走。"当然，梅特涅也不主张实行过于严格的新闻检查，因为这只会引起不必要的骚动。因此，他建议使用"比较理智的、原则比较坚定的、能够不偏不倚、不用左顾右盼的人"来做新闻检查官。他想要进行"大规模的宣传"，以便让新闻这个"巨大的权力"能够为反制对手效更大的力。[216]

同时，根据梅特涅的建议，各地区首脑均收到一道圣谕，提醒大家，现在正处于与法兰西及其盟国的和平状态；圣谕要求，"在帝国中出版的报刊用语的腔调也要与此相适应，出于同样的原因，所有那些（会引起不满的）回忆内容要全部删掉"。这一点也说明，在拿破仑"不高兴的抱怨"面前要多么小心翼翼。[217]

到目前为止，人们忽视了梅特涅的这个新闻政策，实际上它原本来自于外部的推动，因为人们对这种推动，从"三月革命之前"的意义上，进行了过度的解读——并将它作为与自由派组织竞争，以及弹奏爱国主义的、"祖国"的调子的努力来看待。这种解释对后来的时代是合适的，但是其基本的推动力却是缘于对强大的外部敌人拿破仑的恐惧。

恰恰是皇帝，而不是梅特涅一人，不断地注视着新闻和

322

新闻检查，而且也是皇帝要求强行实施和大力推进系统性的监视和控制。他害怕在被认为是官方报纸的《维也纳日报》上刊出"考虑不周的"报道，并且害怕出现"既给朕的各个省又给外国留下印象和引起轰动的"文章。当梅特涅由于拿破仑与玛丽－路易莎的婚事，在巴黎逗留数月之时，皇帝召来他的父亲弗朗茨·乔治，在维也纳临时代表儿子工作。他委托这位效力多年的帝国伯爵，对现行的新闻检查条例进行评价，并希望能够进一步更有目的性地组织监视。[218]

323　　弗朗茨·乔治在儿子不在的这段时间里，成了官方新闻政策的实际组织者，这在以前是闻所未闻的。从 1810 年 2 月起，他就制订了有组织地引导舆论的计划。1810 年 10 月 31 日，在将工作重新交回到儿子手上时，他拿出了一份成熟的规划，明显地运用了他 45 年的工作经验，特别是他在布鲁塞尔时的执政经验，当时在与英国和革命的法国的媒体政策的斗争中，他第一次产生了反宣传的想法和推行新闻检查的设想。[219] 当儿子克莱门斯作为主管大臣集中管控和重新构建新闻检查和宣传工作时，依赖的就是父亲所做的、专业特点非常明显的前期工作。

　　弗朗茨·乔治明确地指出，像英国和法国这样的国家，正在"以最大的努力试图通过报纸、杂志和传单对公众意见施加影响"。[220] 也是梅特涅的父亲建议，要设立一个收集所有数据和信息的"文献资料室"——他这样称呼它。这个文献资料室要在相府的监督下与皇室内务署及警务署联合起来开展工作。此外，还要设立三份机关报：一是设立《奥地利帝国总汇报》，刊登国内的消息并影响外国的关于奥地利的民情舆论；二是设立一张政府公报，主要刊登官方的公告、布告，并发给各省的所有机构；三是设立一份主要关注社会和经济问题的普及知识性报纸（工业、农业、货币金融、艺术）。

　　文献资料室真的于 1810 年 4 月开始运行。甫一成立它就拥有自己的图书馆，长期订阅"期刊和报纸"，包括国内外政治小报和周刊，并拥有独立的预算和特别的人员编制。[221] 资料室的刊物《业务报道》（*Geschäftsjournalen*）每天都会提供一份新闻汇总，内容来自国内外的新闻，配上警告性的、重点突出的或者评估性的评论注解。引人注目的是对时代的分析判断，弗朗茨·乔治将这一分析判断作为整个项目的基础，它显露了思想在政治上的彻底转变："时代的紧迫性决定并要求各国政府在制定对外政策时，必须与国内局势保持持续不断的联系。"[222] 在新闻媒体与公众意见中，外交与内政已相互交叉；而在对待拿破仑的问题上，不再允许将内政与外交截然分开。

用"政治警察"对付内部的外来敌人

此外，拿破仑还在奥地利的内部国情中投下了另外一道阴影，梅特涅称之为"法国在我们国家的内部观察的阴谋诡计"。在维也纳以及在法国人长期占领过的所有较大的城市，"都存有形式上的有组织的秘密警察"。必须除掉这些秘密警察或者至少让他们无害化。在这件事情上如果不想刺激拿破仑，那只有"通过目的明确、完全统一、静悄悄的行动才有可能，即组建一支与其同步化的反秘密警察部队"。只有这样才能渗透到间谍和秘密特务中去并让他们销声匿迹。在普鲁士，在 1809 年，柏林警务署长尤斯图斯·格鲁纳（Justus Gruner）在相同的情况下——即也有法国的军人和特务在国内活动——组建了同样形式的秘密反间谍机构。[223]

而梅特涅则显而易见地完全复制了法国的样板，特别是富歇的体系，但是在做的时候，则有意识地为哈布斯堡皇朝引进了一套全新的东西，对此他还创造了一个特别的概念："我将其看作独立于一般警察，因而本身也仅仅涉及国家的内部管理，我几乎想将其称为**政治警察**——之所以特别这样想，是因为它在法国确实是作为政治警察（politische Polizei）来对待的。"[224] 据他说，他不想伤害任何人的感情，但是他敢肯定，在整个皇朝中，"他是唯一熟知法国内外政府系统秘密动力弹簧的人"。由于人们对法国警察系统知之甚少，因而也很少知道，如何从法国国内参与运作在国外的活动。梅特涅的机构革新的重点在于，皇室警务署今后要始终与外交部保持沟通，对此皇帝毫无保留地给予支持，而梅特涅则获得了向警务大臣哈格尔（Hager）派发任务的权力。

325

当然，人们不能视而不见的是，在所有的侦查和措施建议方面，皇帝最终还是把缰绳牢牢地掌握在自己手里。这一事实——这种情况后来在许多事情上一再出现——也使得无处不在的对"梅特涅体制"浅薄无知的非议成为问题。即使对重要的"涉外"案件，警务大臣哈格尔也是首先向皇帝禀报，比如在普鲁士发生的"道义联盟（Tugendbund）"的阴谋颠覆活动，或者一个被称作费希特教授的人在柏林的"邪教"活动等。他是从偷偷拆开的（Interzepte）通信中获知的，而弗朗茨皇帝只是在他认为合适的时候将一部分情况告知了梅特涅。梅特涅知道后要安排进一步的调查，尽管在没有通报他的情况下，皇帝已经采取了自己的措施。[225]

处处平静与蒂罗尔反抗拿破仑的起义

《申布伦和约》签订之后，应该已到处是一片安宁，不能公开出现侮辱法国皇帝的只言片语，新的警察和新闻机构要对此负责。但是有一件事情使弗朗茨皇帝在道义上的处境非常尴尬，时而让他经受着良心的折磨。1809 年 4 月战争爆发后，蒂罗尔人就坚忍地进行着反拿破仑和莱茵邦联国家巴伐利亚的斗争，以至于梅特涅在格林贝格拜访萨瓦里时，萨瓦里逼迫他介入此事，进行调停。10 月 14 日和约签署后，蒂罗尔人仍然在战斗，因为长期以来他们相信，皇帝已经放弃了他喜爱的蒂罗尔纯粹是个谣言。即使了解了更多的事实真相之后，他们还在高唱着《安德雷亚斯·霍弗尔之歌》中的歌词："吾皇弗朗茨万岁，蒂罗尔与之永存！"这样做本来也是有原因的，因为1809 年 4 月 18 日，弗朗茨在向"我亲爱的、忠诚的蒂罗尔人民！"发出的呼吁书中，呼吁他们一起参加战斗，让古老的哈布斯堡皇朝统治与奥地利再度融合。[226] 5 月 15 日，他甚至将蒂罗尔人的首领安德雷亚斯·霍弗尔（Andreas Hofer）晋升为贵族，以褒奖他的鼎力相助和英勇无畏的精神。[227] 皇帝走得更远，5 月 29 日在阿斯佩恩战胜拿破仑后，他赞扬"他的忠诚的伯爵领地蒂罗尔"，"它再也不会从奥地利帝国的身体上分离出去，朕再也不会签署除了这块与朕的皇朝永不分离的（领地的）和约以外的任何和约了"。[228]

众所周知，《申布伦和约》将蒂罗尔划给了巴伐利亚，但是和约保证"完全彻底地原谅蒂罗尔和前阿尔贝格地区参加起义的居民"，就是说，给他们以完全的赦免，不进行法庭审判以及不查抄财产。意大利的副王欧仁·德·博阿尔内在 10 月25 日发布的《告蒂罗尔人民书》中，通告蒂罗尔人的首领，和约已经签署并将实行大赦，要求他们放下武器。[229]

对于奥地利来说，蒂罗尔问题既是一个国际问题，也是一个国内问题，因为自 1805 年以来它属于巴伐利亚，处于莱茵邦联庇护者拿破仑的宗主权之下，但是历史上却一直与哈布斯堡皇朝紧密联系在一起。新任外交大臣对这个冲突不能视而不见、漠不关心。为了缓和危机，他以皇帝的名义起草了一封呼吁书，"朕闻听你们还将继续抵抗，直至你们从朕本人处获悉真正的和平为止。朕遂向你们承诺此事"，并且同时表明要实行完全的大赦。在谈及皇帝之前所作出的承诺时，他以作为皇帝在这种毫无出路的情况下别无选择来解释："处在被敌人重重包围，遭受主要方面的多点同时进攻的危急之中。"[230]

他想将呼吁书托付给皇室代办鲁道夫·冯·赫布纳伯爵（Rudolph Graf von Wrbna），让他通过法军指挥部转交给蒂罗尔人的军事主管。在这份梅特涅为皇帝起草的呼吁书中，也透露了他是如何摆脱拿破仑带来的窘境而采取行动的："在我采取的这一步骤中，法国宫廷必须看到我的态度以及我的愿望的诚意，以及我希望不再让一个善良的民族继续遭受战争的恐怖和破坏的愿望。"不像他在私人信函中经常承认的，梅特涅很少在官方正式的文告中谈及他对战争的厌恶。但是，皇帝显示了他并非一个唯命是从、任人摆布的木偶，虽然他经常会被人描绘成是这样的傀儡。他完全没有听从梅特涅的建议，而是简明扼要且干巴巴地御批道："蒂罗尔局势不清，此事暂时搁置，至少目前如此。"

但是，梅特涅并没有置之不理，因为蒂罗尔人的反抗仍在继续，最后皇帝于1810年1月1日诏准，颁布了经过修改的呼吁书。

蒂罗尔吾民

汝等对寡人之拥戴及追随，招致牺牲无数，亦无数次证明汝等忠贞。朕谨要求汝等顾及家人与安宁。和约已签（1809年10月14日）。汝等历经悲伤困苦者众，朕心尤为不忍。汝等民族生存延续、终止喋血，实朕心所系，万望思虑并顺应之。

奥地利皇帝
弗朗茨一世

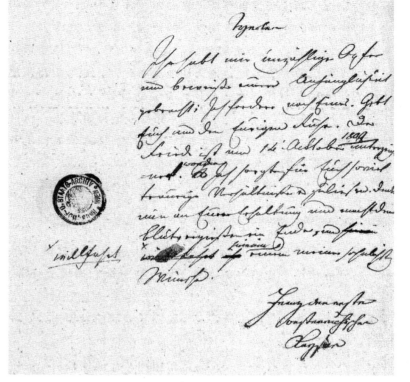

梅特涅以皇帝的名义起草的《致蒂罗尔人呼吁书》，1810 年 1 月 1 日

对这份呼吁书，梅特涅字斟句酌，因为文字内容不能伤 328
害蒂罗尔人的感情，特别是无论如何也不能鼓励他们再继续战
斗。但是文字内容又不能引起人们获得这种印象，似乎奥地利
还想染指蒂罗尔，这是法国和巴伐利亚不愿意看到的。所以，
梅特涅给皇帝所作的解释应当这样来理解："我非常看重**生存
延续**一词，它说明了一切，不会以任何方式有损名誉、有失
体面。"[231]

在安德雷亚斯·霍弗尔一案中，梅特涅看到了拿破仑的军
事司法是多么的毫无怜悯。弗朗茨皇帝获悉，法国士兵抓捕了

著名的小饭店老板安德雷亚斯·霍弗尔，并且得知，因为他拒绝了博阿尔内的建议（在缴械投降的情况下给予赦免）并继续战斗，他们要将他判处死刑。皇帝遂命令梅特涅："您要运用一切可以使用的手段去解救他，让他免于死刑，并努力将释放他作为与法国友好的标志去商谈，并说话算数。"[232] 他是在暗指即将举行的拿破仑与他女儿玛丽－路易莎的订婚典礼。1810年 3 月 22 日他得知已然行刑，霍弗尔写给约翰大公爵的求救信是很晚才送达的。此外，皇帝的话令人沉思，他说，是"已经生效的与法国的和平友好关系"使得霍弗尔本来的请愿——让蒂罗尔回归奥地利——成为不可能，对霍弗尔的遗属要给予照顾。皇帝作出的决定中含有一个申明，而这个申明再一次明确无误地表明，应该在什么样的背景下去理解他的政策："朕愈是感到应该给予支持，就愈是不得不智慧地和谨慎地行事，以避免出现任何不利的现象。"[233] 如果知道拿破仑是如何与人打交道的话，就不要相信他后来当着梅特涅的面对霍弗尔之死所承认的话："这是发生的一件违背我的意愿和喜好的恶劣事件。霍弗尔是个勇敢的男人，我曾指望他，让他使蒂罗尔安定下来。请向您的君主转达我的歉意。"[234]

拿破仑寻亲

如果在维也纳展望未来，就会一再提出同样的问题：拿破仑将来还会有什么计划，他在欧洲的优势会持续地存在下去吗？这个世纪暴发户，这个很愿意自诩为思想进步的人，却克隆了遭人唾弃和被消灭的旧秩序的统治方式，因为他在找寻皇朝式帝祚永延、代代相传的根基，具体地说就是：在找一个血脉传人，因为 1763 年出生的皇后约瑟芬，不能再给他生产这样的传人。要选的人须是欧洲名望显赫的皇室贵胄，或出自极富传统的王侯世家，目的是利用嫁接而来的旁系，使拿破仑的家族血脉高贵起来。波拿巴家族的很多成员，已经或娶或嫁了德意志中小邦国的统治家族中，或至少是传统旧贵族家族中的女儿或公子，比如：威斯特伐利亚国王热罗姆娶了符腾堡国王的女儿卡塔琳娜（Katharina，1807），拿破仑的继子欧仁·德·博阿尔内娶了后来的巴伐利亚国王的女儿奥古斯特（Auguste，1806），而拿破仑的妹妹波利娜（Pauline）则嫁给了出身古老贵族博尔盖塞家族（Borghese）的一名军官。如果娶了一个等级不相符的女人，就会像拿破仑的弟弟吕西安（Lucien）那样，造成兄弟间反目成仇、家族不和。对于拿破仑本人来说，只有最高等级的对象才是不二之选：一位出身于罗曼诺夫家族（沙俄）、哈布斯堡家族（奥地利）或者阿尔贝提纳家族（Albertiner，萨克森/波兰）的新娘。他完全清楚这是一种过时的做法，他自己就曾在1807年将一个立宪君主制的国王的"优越性"，比如他的弟弟热罗姆，吹嘘成"高于一切专制的诸侯"。[235] 而现在，他将自己描绘成"被迫考虑这种观念，而这种观念是君主和人民必须遵循的"。[236]

　　至迟到1809年秋，有关皇帝是否离婚、寻找一位新的皇后以及找一个什么样的新娘的猜测，搞得拿破仑的宫廷以及整个巴黎居民的神经都紧张兮兮。在10月初进行维也纳和平谈判期间，驻巴黎公使馆秘书、梅特涅最信任的人恩格贝尔特·约瑟夫·冯·弗洛雷特骑士（Engelbert Joseph Ritter von Floret）就已经注意到，法国方面正在谈论玛丽-路易莎入选的可能性。[237] 但是，直到1810年2月的第一个星期，在沙皇的妹妹叶卡捷琳娜拒绝了求婚之后，她的妹妹安娜（Anna）还在人们的考虑之中。是拿破仑的亲信拉博德侯爵亚历山大（Marquis Alexandre de Laborde），首先将与哈布斯堡皇朝结亲的设想纳入了梅特涅的视野。他是法国皇帝行政法院——国务议事会——的"监察（Auditeur）"，类似于财政专员，与奥地利皇室关系极好，能讲一口流利的德语。当梅特涅从他的口中听说此事时，起初并没有认真对等，而是将这种说法当成了"痴人说梦"。[238]

当梅特涅的继任者、驻巴黎公使施瓦岑贝格侯爵卡尔·菲利普（Karl Philipp Fürst zu Schwarzenberg）于1809年11月底抵达巴黎，并听说了那里的传闻和猜测后，情况变了。10月12日，17岁的商人弗里德里希·施塔普斯（Friedrich Staps）在维也纳对拿破仑行刺未果，这次事件之后，波拿巴家族惊恐万状，并开始认真思考拿破仑的继承人问题；首选考虑的是拿破仑的继子欧仁·德·博阿尔内，他是皇后约瑟芬与前夫的儿子。但是，家族中的"博阿尔内反对派"则开始提议让皇帝离婚并再结婚姻，目的是产生一位亲生的皇位继承人。

在施瓦岑贝格于11月26日第一次拜见拿破仑时，他看到主持这一庄重仪式的拿破仑情绪极坏——约瑟芬皇后因身体不适而未出席——并且获悉，人们正在斟酌，由谁来取代现任皇后。只有极少数人知道，考虑的新方向是哈布斯堡皇朝，而将此事通报施瓦岑贝格的条件是严格保密。施瓦岑贝格在12月4日的报告中给了梅特涅决定性的提示，在两个统治者家族之间的联姻关系，可能真是一个需要认真对待的机会。[239]如何在这件棘手的事情上表态，新任公使请求给予指示。

不久，当拿破仑于1809年12月15日在位于杜伊勒里宫正殿旁的大内阁厅召见家族议事会时，选新娘的问题已经在公众舆论中流传得沸沸扬扬。拿破仑当着约瑟芬皇后，荷兰、那不勒斯、西班牙以及威斯特伐利亚国王和王后们的面，还有意大利副王及波利娜公主的面，开宗明义地宣布了不容置喙的决定，他要结束当前的婚姻，组建新的家庭。第二天，这个消息就已经出现在《箴言报》上了，同一天召开的参议院会议也作出了

解除婚姻的正式决议，离婚夫妇将分房居住，拿破仑住在大小
两座特里亚农宫内，约瑟芬与侍从则前往马尔迈松城堡。[240]

331

按照"考尔纳手法"举行哈布斯堡皇朝式婚礼

梅特涅已经得到了事件整个过程的通报，现在对他来讲，
提出问题的时机已然成熟，即这件事是否提供了一个不容犹
豫、要立即抓住的千载难逢的机会。但是很多东西还悬而未
决：还不能肯定拿破仑是否已经拿定主意，他是否还在向圣彼
得堡方向张望；也不能肯定，弗朗茨皇帝以及求婚对象玛丽－
路易莎本人是否同意，特别是后者将拿破仑看成一个"敌基
督"，并且得到她的继母——皇后卢多维卡（Ludovika）的支
持。[241] 此外，宫廷内部可能存在广泛的反对声音，首先是大公
爵们，其次还有一个强大的"俄国帮"，其代表人物是圣彼得
堡驻维也纳公使以及巴格拉季昂公爵夫人和萨甘女公爵。

现在重要的是要能列举出不可辩驳的理由。12 月 25 日，
梅特涅拟定了一份给施瓦岑贝格的指示，这份指示也是奥地利
政策重新定位的一个关键文件，[242] 这项指示标注着"只限公
用（reservé）"的标签。文件以对欧洲局势的判断开头：在西
班牙被征服后，要估计到拿破仑向欧洲东部运动的新动态。拿
破仑的生涯轨迹非常清楚地指明了这一点。这样一个搞阴谋诡
计的家伙，那些他自己创建的、完全彻底臣服于他的体系的国
家，照样很少能逃脱毁灭的命运，更不要说那些体系外的国家
了。荷兰就是第一个例子。那些小同盟国也一样会屈服，如果
拿破仑不想让它们在表面上存在的话。这些部族的所谓独立，
受限于一位君主——拿破仑——他的"皇帝"头衔唤起了人们
对历史上帝王思想的回忆。痛苦的结论是：

自此以后，力量太弱，无法单打独斗地去对抗法国皇帝的毁灭意愿；如果法兰西帝国的联合暴力出现在东部边界，对我们来说，从一个固定的角度去担负我们本应出任的角色，已经不再可能。预计俄国有朝一日会醒悟，则仍是遥远之事。……如果说我们未来的角色……要屈从于很多的、无法预计的可能性的话，那么，这种角色当前已经由事物的自然规律来支配了。我们不得不避免任何的麻烦和纠缠，并且要采取这样一种态度：假如在我们面前出现新的问题，则不至于将我们带到一条使我们恰恰在这一时刻失败的道路上去。

要极其谨慎地、小心翼翼地从被孤立的困局中解脱出来，沉住气，等待将来可能出现的反拿破仑同盟所致的时机：这里包括作为政治准则的、对时代最阴郁的诊断。为了将奥地利带出孤立和持续的危险境地，与拿破仑联姻看起来不失为一条合乎逻辑的出路。在同一封信中，施瓦岑贝格得到了对联姻的指示。在梅特涅任公使时，他结识了巴黎宫廷中奉行对欧洲进行有限变革思想的"一派"。他想到了塔列朗，塔氏可以在联姻的问题上起到重要作用。梅特涅让施瓦岑贝格知道，时刻将国家的安宁和安全放在首位的皇帝的旨意是，迎合法国方面的问询，但是在做的时候要尽可能地减少正式的色彩。

为结亲曲线铺路

为订婚决定所进行的小心翼翼的、试探性的接触，实际上快得耸人听闻，这符合拿破仑的举止做派。许许多多的逸闻趣事在坊间流传，比如，据说在巴黎举行的一次化装舞会上，拿破仑问化了装的梅特涅夫人爱列欧诺拉·冯·梅特涅，"她是否相信，玛丽-路易莎女大公爵会接受他的求婚，她的父亲，奥地利皇帝，是否也会同意这桩婚事"。²⁴³ 但是，实际上并不需要这些零零碎碎的试探，拿破仑从他身边的人那里获得了许许多多的消息，比如说通过人脉关系极广的拉博德侯爵，并且他自己也能够制造很多机会，以便获知更多的确切情况。

在宫廷所办的刊物《巴黎公告》（*Bulletin de Paris*）的每日消息中，几乎全部围绕着已经离婚的这对前夫妇之间的错综复杂的麻烦纠缠，以及充斥着对可能成为新皇后人选的猜测。²⁴⁴ 在一次见过拿破仑之后，约瑟芬皇后透露，他不会在一个俄国公主和一个奥地利公主之间作出抉择（12月25日）。对法国宫廷气氛的变化感觉最为明显的，是战争爆发后一直生活在巴黎，并自那以后一直遭受冷落和排斥的梅特涅夫人爱列欧诺拉及其家人：而现在她们突然受到宫廷的待见，甚至受到波拿巴家族最核心圈子的欢迎。

她接到邀请出席12月31日在皇宫举行的贵妇会见（Damenaudienz）。当她抵达时，拿破仑正在看文件，但是，当下人禀报说她已经到达时，拿破仑一改整日的坏情绪，笑脸相迎，并亲切且意味深长地对她说："啊，夫人，您一直逗留在这里，那您可以利用一切机会了。您的先生担负着美好的职务，他可以为自己创造荣誉；他又熟悉这个国家，可以为这个国家做些好事。您的孩子们怎么样？"所引用的上述这段《巴黎公告》的文字，几乎逐字逐句地印证了爱列欧诺拉对此次会见的个人印象。她在写给丈夫的信中说，拿破仑说梅特涅可以对这个国家"有用"。她对这个措辞感到吃惊，并有鉴于在此后数天内经历的所有事情，她将这理解为一种暗示。她对丈夫解释道，虽然她在联姻这件事上没有确切的消息可以传达，可是她已得到了如此多的敬意，在这么短的篇幅里根本说不完。她说，她受邀出席皇帝"最亲信圈子"的聚会，拿破仑主动接近

333

她、恭维她，并开始询问她的家庭和所有亲戚的情况。皇帝的
这个引人注目的关照给人的印象是如此的深刻，使得接下来所
有的达官显贵、元帅大臣都在围绕着她频献殷勤。她用她特有
的酸涩的嘲讽语调评论道，此事可以促使人们对人情世故、沉
浮变迁进行哲学上的反思。[245]

当爱列欧诺拉从最高层的权威方面，也就是从被直接涉及
的一方那里得到确认之后，她报告她的丈夫，事情在此间已经
进行到了非常认真的地步。约瑟芬皇后的一个女侍通知她，皇
后希望无论如何也要在 1 月 2 日见她一面。当爱列欧诺拉抵达
马尔迈松城堡时，正好碰上了荷兰王后——拿破仑的继女奥坦
丝·博阿尔内（Hortense Beauharnais）。她将爱列欧诺拉拽到
一边，并对她说："您知道，我们从内心上讲都是奥地利人，但
是，您无论如何也想不到，我哥哥会鼓起勇气向皇帝建议，向
您那方的女大公爵求婚。"爱列欧诺拉还没有从她的吃惊中回
过神来，约瑟芬皇后已经进来，并公开大倒苦水："我有一个计
划，这个计划无时无刻不占据着我的心思，只有这个计划的成
功才会让我有希望，我即将做出的牺牲不会完全是徒劳的。这
个计划就是，皇帝将迎娶您那方的女大公爵；我昨天与他谈过
此事，他对我说，他还没有最终作出抉择，'但是，'他这样补
充说道，'我相信，将会是她（女大公爵），如果他能被贵方接
受的话'。"

爱列欧诺拉回答道，她本人将这次婚姻看作一个伟大的幸
事，但是，她也不能隐瞒不说的是，对奥地利女大公爵来讲，
嫁到法国来也是令人痛苦的。谁都听得出来，这是在暗指玛
丽·安托瓦内特的命运。皇后答道："我们会尽力安排好的。"
并表示，遗憾的是爱列欧诺拉的丈夫克莱门斯没有在场。然
后，她又补充了一句意义不能过分高估的意见："应该让贵国
皇帝清楚，如果他不同意，他本人以及他的国家肯定就毁了。"

她还说，她今天还要与拿破仑共同进餐，如果有什么积极的进展，她会让爱列欧诺拉知道。

如此看来，将玛丽－路易莎选作新娘"这一计划的始作俑者，究竟是拿破仑还是梅特涅"，已经是毫无疑问、板上钉钉了。[246] 爱列欧诺拉写给她丈夫的信不容置疑地证明了，是拿破仑本人采取了主动，而梅特涅作为主管大臣，只处在一个主持人的角色上。他出于国家利益至上的考虑，非常希望能"玉成好事"，并同时知道，聪明的做法是在此事上不要违抗拿破仑的意愿。正是因为梅特涅对玛丽－路易莎本人的态度没有百分之百的把握，因此，不得不运用他所有的外交艺术，为这桩棘手的"交易"穿针引线，而且不要使本国利益受损。由于不能在这个敏感微妙的事情上直接与尚帕尼或者甚至是直接与拿破仑进行谈判，就必须找到一种方法，既能表达意愿，又不会给人以过分纠缠献殷勤的印象。

由于拿破仑选择了间接的方式，爱列欧诺拉又被利用作为中介，梅特涅于是从他这一方出发，于1月27日写了两封信，一封是给施瓦岑贝格公使的正式信函，另一封是写给爱列欧诺拉的私人信件，但也抄写了一份交予施瓦岑贝格。梅特涅嘱咐施瓦岑贝格，让他说是出于信任，将写给爱列欧诺拉的信念给拉博德听，并将信交给他，这样就可以确保，拉博德会将信呈送到拿破仑手中。在这封私人信件中，梅特涅将皇帝家族原本糟糕的情况大大地美化了一番，并传递出他对皇帝家族会同意这门亲事的信心。他用这个说法有力地论证了，奥地利的公主们几乎不习惯按照自己的心愿选择自己的夫婿。一个像女大公爵这样的、受到过如此良好教养的孩子所具有的对其父皇意愿的尊重，使得他满怀希望地相信，求婚在她那里不会遇到障碍。他说，自己发现弗朗茨皇帝对这种情况就像在遇到其他情况时一样：没有成见、直来直去、君主主义、坚持原则、意志坚定。他说，自己也在此事上认识到，皇帝是一个伟大帝国的主宰。梅特涅进一步解释道，他的主君奉行国家利益至上原则，并用了一个恰恰是针对拿破仑的眼睛和耳朵而作的自白来强调这一点，："我将此事看作眼下欧洲所作的最重大的事情；我将拿破仑皇帝所作的选择看作对一种秩序的可能的保障，这种秩序是更符合许多民族的普遍利益的，这些民族在经历过如此令人恐惧和如此之多的动荡后，正在谋求和平，这比保障（我）这个侯爵的特殊利益要大得多。"[247]

1810 年 2 月 14 日，当巴黎早已作出决定之后，梅特涅也得到了玛丽 – 路易莎的允诺。现在他可以告诉爱列欧诺拉，"现在我们已经有了大公爵女士的同意。如果要历数我所经历过的最困难的谈判，那当然要数这一桩最为困难——谢天谢地，终于完全谈成了，我相信可以肯定地说，这完全是我个人的成功，为了这个成功，需要尽我所有的力量来支撑我所持的态度"。[248] 对这桩婚事激烈的反对情况，梅特涅在他的回忆录中只字未提。在这一刻，他已经知道巴黎作出的决定是以一种多么奇特的方式在进行。

拿破仑逾期未兑现的结婚条件

尽管越来越多的暗示表明，拿破仑本人更属意玛丽 – 路易莎，但是他先不作决定。1 月 28 日他把家族议事会全体成员召集在一起，并在会上展开来讲述他选择的可能性：沙俄、奥地利、萨克森的公主，另一个来自德意志或法兰西君主家庭的人选或者是一个法国女人。这里大多数在场的人建议与奥地利结亲，但是皇帝本人还不想敲定。然而，当盼望已久的信使 2 月 6 日从圣彼得堡赶回后，情况有了变化。拿破仑从其派驻俄国的公使科兰古的信中得知，沙皇没有在限期至 1 月 16 日的另一个考虑时间内给予答复。这样一来，与沙皇妹妹结亲的计划，对于求婚者来说就此告吹，于是，他将目光投向了玛丽－路易莎。

　　拿破仑不想再推迟了，并要尽快作出决定，于是在2月7日再次召集家族议事会。塔列朗也出席了会议，并向会议报告了应该如何处理这个问题。如同国务会议一般，赞成和反对的意见都要充分说明理由，然后投票表决，作出决定。[249] 帝国大宫廷总管康巴塞雷斯、缪拉和富歇赞成迎娶俄国的女大公爵安娜，查理·弗朗索瓦·勒布伦则投票赞成与萨克森王室结亲。塔列朗的理由给人的印象最深，因为他阐述的是他"最钟爱的题目"，拿破仑曾在埃尔福特训斥过这一题目，因而印象深刻：关于法国与奥地利结盟。塔列朗后来在他的回忆录中承认："由此一来（通过联姻），奥地利反拿破仑的欲求即可确保，我当然没有表露出来。"塔列朗最后阐述的理由具有决定性意义：奥地利可以将法国从那个恶名中解脱出来，因为在欧洲的眼中，由于谋杀玛丽·安托瓦内特，这个恶名一直困扰着法国，这一行为一直以"背信弃义的流氓恶棍"的罪名出现。假如作出与奥地利结亲的决定，拿破仑就将会与整个欧洲和解。这个理由令人印象极为深刻，塔列朗写道，再加上在场的一些人早已对"无休无止的战争感到厌倦"，而拿破仑也早已不再自称"革命之子"了。

　　拿破仑未作任何评论，便离开了会议，但是当晚即派遣了一名内阁信使前往维也纳，并在此前派人去找了施瓦岑贝格，他被利用来代表他的皇朝，在法国外交部于正式的婚约上加盖封章——尚帕尼则代表拿破仑签字。施瓦岑贝格惊呆了，表示抗议，因为他根本没有被授权签字盖章。尚帕尼对施瓦岑贝格回应了什么话，可以用施瓦岑贝格紧接着用恳请的话语来试图说服梅特涅予以解读：他说他没有别的选择，如果拒绝，就会引来拿破仑以及全法国人民的仇恨。尽管女大公爵将要作出极大的牺牲，但是，对于受苦受难的大多数国人来说，这就像一个和平天使发出的光芒——她一只手阻断了血流成河，另一只手同时在治愈所有的新鲜伤口。为了祖国的生存，要消除一切成见。"毫不犹豫地顺从是必要的。"[250] 施瓦岑贝格派驻巴黎公使馆的秘书、梅特涅最信任的人弗洛雷特带着所有文件返回维也纳。但是，在他抵达目的地之前三天，法国驻维也纳公使奥托伯爵（Graf Otto）就已经得知了全部情况，并于 2 月 15 日早上 8 点前往相府拜会梅特涅，向他传达了这些极其重要的信息。

对于皇帝和梅特涅来说，事情如此进行是极其令人愤怒、倍感受伤和深受侮辱的，这种程度对于一个君主要比对于一个大臣更为深重。在枫丹白露和阿尔滕堡，梅特涅早就领教过这种肆无忌惮的突然袭击，并且这种做法再一次印证了，如果不能与拿破仑建立特殊的关系，此人将变得多么凶险。原本打算从这桩婚事中讨价还价，争取捞回一些政治筹码的机会，显然被这种突然袭击搅黄了。弗朗茨皇帝感觉受到了伤害，因为欧洲最古老的皇室家族被一个暴发户将婚姻强加于身，形同逼婚，没有经过向新娘求婚，没有像贵族家族之间通常的做法一样，缔结一份形式上的婚约，也没有遵循皇室之间应有的、体面周到的仪轨礼节。虽然如此，他也还是准备于 2 月 21 日交换批准文书。

这次婚礼的开支花费，只有看一看如今英国王室的婚礼排场，才能体会到其奢华的程度，而且这仅是开始，因为同样的仪式要举行两次，先是于 3 月 11 日在维也纳的奥古斯蒂纳教堂举行。按照拿破仑的明确愿望，阿斯佩恩会战的胜利者卡尔大公爵全权代表新郎出席仪式。有不尽相同的研究均曾指出，梅特涅曾以不知趣和伤人感情的方式，让人从皇室档案中将有关 1770 年玛丽·安托瓦内特出嫁时的档案找出来，以便作为这次婚礼的模板加以参考。这些解读是错误的。因为只有梅特涅对法国皇室的人员最为熟悉，因此他受委托去准备送给法国的皇亲贵胄、世家大族以及其他参加婚礼的客人的礼品和赠物。奥地利皇帝在钱财上的小气和抠门是尽人皆知的，要想从他的手里要钱，是一件棘手且颇费周章的事。为了获得有说服力且可信的证据，以便说明奥地利驻巴黎大使馆以前曾因类似的婚事，额外获得了多少拨款，梅特涅不得不去翻陈年旧账，追溯 1770 年的开销数额，并认为由于物价上涨，这些开销现在已远远不够。此外，更何况这次要嫁的对象是法国当朝皇帝，而非那个当年要嫁的王储。[251]

旧帝国和皇帝象征的"再现"：金羊毛勋章与梅特涅家族

如果人们按照正规的、政治—历史象征的轨迹去思考一下，那么，与拿破仑历史性的、轰动一时的着装事件完全相反，梅特涅几乎同时经历着和构建着一个象征性世界，这个象征性世界对于这位前帝国伯爵来说，就是真实存在的神圣罗马帝国。在他看来，只有这个象征性世界才真正具有约束力和榜样意义。就在婚礼举行的前一天，3 月 10 日，在一个特别举行的隆重仪式上，皇帝向他的这位大臣颁发了金羊毛勋章。这个颁授仪式透露了关于梅特涅家族和皇室家族的许多信息，这位大臣由于重建了与法国的和平，功勋卓著而获此勋章。所谓的功勋当然不是指《申布伦和约》，梅特涅认为这个和约谈得非常糟糕；而是指建立在即将确立的两个皇室家族联姻基础上的、显然也是对皇朝的生存给予了保障的新的和平状况。

出自 15 世纪勃艮第的金羊毛勋章，历史悠久、举世景仰，这一勋章只能由奥地利（哈布斯堡）皇帝作为（中世纪的）骑

向克莱门斯·冯·梅特涅颁发金羊毛勋章的证书，1810 年 3 月 15 日

士团大团长亲自颁发。梅特涅不无自豪地向他在巴黎的夫人报告了这一喜讯，并且让她得知，当时在维也纳的法国代表对于他们在此处看到的场景是多么的惊讶，因为到目前为止，他们只见过拿破仑创立的新贵族。[252] 这种强烈对比，也可以说成是在仪式举办上的竞争，他是完全清楚的：“这是事实，只要我们想要干事，那么我们的富丽堂皇与法国人比起来，就像是拿纯金白银的餐具与镀金镀银（Plated）的餐具作比较。”他所比较的是真正的贵金属与在简单的基础材料上镀上廉价合金的玩意儿。

由于这独一无二的、到目前为止没有任何地方描写过的两个仪式活动的巧合，维也纳的宫廷社交圈逐渐意识到梅特涅家族现在在维也纳的重要性。1794 年，他们作为逃难者从莱茵河畔流落到哈布斯堡皇朝的大都会，而现在，他们已然处于皇室光环的中心。父亲弗朗茨·乔治和儿子克莱门斯共同代表着业已表明的象征意义、仪式和传统。这一次，皇帝拒绝了所有其他的候选人，而唯独让克莱门斯一人出席（加入秘密社团的）入会仪式，并通过此种方式将他的这位大臣突显出来。而他，梅特涅，则成为这场宫廷大戏的中心，这场宫廷大戏是在皇帝的监护下，由骑士团于霍夫堡的舞会大厅中上演。[253] 卡尔·冯·利涅侯爵（Karl Fürst von Ligne）曾作为骑士团主教（名誉职位）中的元老，也是他后来给维也纳会议起了个外号，一句非常流行的表述——"跳舞的会议——舞会"——但是他将行使仪式活动的职权委托给了副主教弗朗茨·乔治。父亲弗朗茨·乔治按照骑士团流传下来的仪式和规矩，将等候在门口的儿子引进骑士大厅，引至皇帝的御座前，这位君主与四位在场的、身着全套礼服的骑士围绕着他。弗朗茨·乔治将放在天鹅绒枕头上的勋章和绶带呈给皇帝。皇帝以剑拍击受勋者的颈部和肩部，之后，父亲弗朗茨·乔治将勋章和绶带系到了儿子的脖子上。在由托马斯·劳伦斯（Thomas Lawrence）创作的梅特涅肖像上，日后的国务首相也戴着绶带和这枚勋章。

　　一个同时代的观察者详述了这件似曾相识的"奇特"事件：他回忆起 17 年之前在维泽尔时，比利时宫廷在弗朗茨·乔治的带领下，在法国人到来之前第一次逃亡的情况。[254] 当时，1792 年 12 月 12 日，时年 19 岁的儿子，马耳他骑士团骑士，也完成了一个类似的仪式，在这个仪式上，他受皇帝之命，授予其父一把荣誉之剑，将绶带系到他的脖子上，并给了他一个骑士团式的兄弟之吻。[255] 而现在，当克莱门斯·冯·梅特涅自己身着全套骑士礼服，在皇亲贵胄、世家大族以及高坐在宝座上的皇帝等人的众目睽睽之下，从其父亲手中接受同样的荣誉时，他感到似乎这一切回到了"查理五世的皇宫"。查理五世是法国国王们在世界政治上的最大天敌。当他父亲在他身上履行骑士团大团长的职责时，他看到，大厅里有三分之一

341

340

托马斯·劳伦斯绘制的
《戴金羊毛勋章和绶带的
梅特涅》，1819 年

的人的眼泪夺眶而出，而拿破仑的元帅、讷沙泰勒亲王路易－
亚历山大·贝尔蒂埃（Louis-Alexandre Berthier, Fürst von
Neufchâtel）则"由于感动，泪流不止"。不久以后，1810 年
4 月 2 日，梅特涅将在杜伊勒里宫接着举行的拿破仑婚礼盛宴
上，看到拿破仑与奥地利竞争的、具有象征意义的节目。

25
旅途中的外交大臣：与拿破仑相处的 181 天

"巴黎短行"的计划

拿破仑与玛丽－路易莎之间的婚事特别麻烦，因为婚礼要分两次举行：一次是"代理（in Procura）"婚礼，就是说，由别人代表（拿破仑），这次是在维也纳举行；而另一次则是"事实（realiter）"婚礼，以盛大的排场和豪华的庆祝活动在巴黎举行。要举行婚礼，就得"迎亲"；由于迎娶的新娘是位皇女，就要按宫廷的仪式规矩来办，极其繁琐复杂，仪轨要求法国最高等级的皇亲贵胄要对等地面对其奥地利等级相同的世家大族。首先，要在国界布劳瑙（Braunau）这个地方，举行新娘的交接仪式，然后，还是在布劳瑙，由一位奥地利女大公爵将新娘从用品、装束到内宫侍从等教导、服侍、装扮一番，让她从各方面变成一个未来的法国皇后。梅特涅则受命负责对前来迎亲的、他非常熟悉的法国的皇亲贵胄们按地位等级分类，并向他们赠送礼品。[256]

因此，梅特涅处在了这次联姻外交的中心地位。婚事之前，法国外交大臣透露的一个规模巨大的计划，给了这位奥地利的同行很大的启发。2月18日，当联姻的决定作出之后，在维也纳逗留的尚帕尼曾邀请梅特涅吃饭。在饭桌上，他口头告诉梅特涅，拿破仑已决定，从德意志撤出他的军队，并准备将莱茵邦联的军队缩减至和平时期的规模；停止在帕绍军事要塞的扩建工程，而且皇帝也同样要将位于伊利里亚行省的部队裁减至四分之一的规模。[257] 这些好消息让梅特涅开始考虑，能否这样策划一下与波拿巴家族的这次联姻行动，即让他对《申布伦和约》中强加于人的条款，也作出有利于奥地利的修改。那么，梅特涅为什么不能以在初期方便玛丽 – 路易莎习惯巴黎的生活为借口，陪同她前往，同时在当地与拿破仑进行幕后的政治谈判呢？当前这种非常特殊的形势，肯定有利于接近拿破仑，并从这种格局中获取政治上的好处。

这就产生了一个在外交史上闻所未闻的情况。从他抵达巴黎的那一天（1810 年 3 月 28 日）算起，到告别拜会拿破仑的这一天（9 月 24 日）为止，作为外交大臣，本来办公场所应该在维也纳相府的梅特涅，却一直在一个外国统治者的皇宫中逗留。在巴黎的这半年时间，确切地说是 181 天，甚至超过了拿破仑在维也纳申布伦宫逗留的 153 天。他向弗朗茨皇帝报告："将暂时离开任所一段时间，大概几个星期。"[258] 但是他以实际行动证明，他对自己所说的话也根本不相信。因为他向皇帝建议，在他离任期间，由他的父亲作为国务大臣接掌外交事务。[259] 相府总管胡德里斯特（Hudelist）也可以协调维也纳的业务工作几个星期，后来在梅特涅进行的多次旅行期间，也一直沿用这种工作模式。但是就目前的这桩事，他的出差计划从时间上讲要长得多。

因为外交大臣将当前的这一事项理解为一次具有高度政治意义的"使命"。他起草的一份政府纲领性文件说明，他对策划好这次活动是多么重视，这份政府文件看起来就像是一份自我行动指令，而他作为全权大臣，根本不再需要这样的指令。像往常一样，在这份文件中，他想要在所有重要问题上得到皇帝的书面认可。梅特涅当然知道，当他本人不在弗朗茨皇帝身边时，皇帝很容易就会受到周围其他人的影响。梅特涅向皇帝说明，皇帝御准的这桩婚事，让皇帝实现了三个原则性目标：①两个家族的联盟保证了皇朝"暂时的平安无事"；②但愿这种平安能扩大到欧洲其他地区；③帝国赢得了她急需的和平，并且赢得了时间，以便巩固内部并同时针对外部进行军事准备，从而应付未来来自外部的可能攻击。

外交大臣想将这些对原则的考虑，带进在巴黎举行的现实政治的谈判中。他的具体考虑是，让法国放弃隐藏在和平协议秘密条款中的款项和定额，这些定额"会瘫痪我国的内部力量"，即8500万法郎的战争赔款以及限制陆军人数为15万。此外，他还想要划出一条狭长地带，作为通往亚得里亚海的通道，并且要将此事谈成。还有，假如不能取消战争赔款，就需达成一项解决贷款的融资方案以及一项贸易协定。梅特涅甚至最终还幻想着奥地利能"参与海上和平协议"，也就是说，让奥地利作为一个大国，在"全球竞争者"英法之间就国际和平协议进行斡旋调停。在财政问题上，梅特涅已经得到宫廷财务署的保证。[260] 皇帝本人则对他所有的设想表示支持，并对他给予了完全的信任。梅特涅也完全是顺便提及，让自己与据说非常和气待人的拿破仑——他君主的新女婿——谈一谈退还其家族在1809年战争中被符腾堡国王没收的地产。

梅特涅于3月28日抵达巴黎。他用红色铅笔将巴黎3月31日的《帝国报道》(*Journal de l'Empire*)的文章标示出并加以注解。文章报道说他是受拿破仑之邀前来巴黎，以及他不在期间将由他的父亲主持维也纳的工作，还说这两位"著名的人物"为奥地利皇室作出了杰出的贡献。法国报纸回忆起弗朗茨·乔治在布鲁塞尔的活动、在法兰克福出席利奥波德二世皇帝选举以及作为全权代表出席拉施塔特会议。对梅特涅活动报道的描述尤为值得注意："他的儿子，现任外交大臣，有幸参与法国与奥地利两家皇室之间联盟的形成过程。"[261] 但是，对即将举行的婚礼之事，却只字不提。

巴黎的大婚盛典：旧瓶装新酒？

梅特涅是 1810 年 3 月 15 日夜从维也纳出发的。在半路上，他找来有关新娘婚礼车队的新闻报道，看看反应。反响是强烈的，效果如同对哈布斯堡统治皇朝作了一次特别的宣传：车队就像"一次凯旋大游行"，梅特涅写道，并且发现它还起到了促进社会团结的作用，是"对所有阶层的公共福利"——算起来有市民、农民、商人和有产者——所有这些阶层都毫无例外的热情高涨。[262] 在慕尼黑，巴伐利亚国王为新娘举办了盛大的集会。接着，玛丽－路易莎在奥格斯堡拜会了前特里尔选帝侯克莱门斯·温策斯劳斯（Clemens Wenzeslaus），他是梅特涅受洗时的教父。途经斯图加特后，玛丽－路易莎于 3 月 23 日抵达斯特拉斯堡，在这里，梅特涅拜见了她。然后他们分道而行，玛丽－路易莎沿着从苏瓦松（Soisson）到贡比涅（Compiègne）的大路前行。在贡比涅，在成排的杨树和柳树之间的一个广场中央，已经搭建起了三个富丽堂皇的帐篷，拿破仑将在这里与玛丽－路易莎举行第一次见面仪式。梅特涅也于 3 月 28 日赶到贡比涅，他的夫人爱列欧诺拉在施瓦岑贝格的陪同下，在这里与他会合。由于在结亲过程中，他们三人被波拿巴家族视为做了出色的协助工作，因此，他们将在随后的几天内，作为荣誉客人受邀参加拿破仑的家庭宴会。[263]

也是从这里开始，梅特涅仔细观察着玛丽－路易莎在新的环境中逐渐适应的情况。他向一直为她担心的父皇竭力地保证，玛丽－路易莎在这里感觉很好。他这样说也不是没有道理，因为拿破仑几乎整日地围着她转，并且会满足她任何一个细小的愿望和要求。关于这位 18 岁的新娘，他写道："从各个方面讲，她的言谈举止都称得上完美无缺，讨人喜欢、平易近人、广受赞誉，并赢得了所有人的心。"梅特涅作为被挑选出来的客人，出席了在 4 月 1 日于圣克劳德（St.Cloud）举行的民俗婚礼，以及第二天在巴黎举行的教堂婚礼。他的记录上写道，所有的庆典活动几乎"是毫无例外地以前所未有的奢华宏大在进行……无论什么种类的活动，规模都是如此巨大，如果不是亲身经历，很难想象它们的巨大是种什么样的概念"。[264]

对于宗教仪式，拿破仑并没有像 1804 年 12 月 2 日在巴黎圣母院举行的登基大典那样选择宗教场所：皇帝将自己扮演成一个新时期热心艺术和文化的创造者，因为这一次他选择了卢浮宫的戴安娜画廊（Diana-Galerie）作为表演场地，这是正在规划中的现代欧洲艺术的文化殿堂。画廊后部被改造成了一个小教堂，只有通过油画展览大厅，才能到达的小教堂举行的宗教结婚会场。对于一个像旺代省省长巴朗特男爵（Baron de Barante）那样协助担任司仪的法国人来说，没有比这场宫廷巡游更加壮观的了：随从皇后的国王和王后们、贵族名流、佩戴金饰和勋章的元帅们在两排盛装的观众之间缓缓行进。[265]

梅特涅发现，国家与教会的关系极不和谐。当拿破仑抵达大婚现场，看到驻节巴黎的 29 位枢机主教中，有一半以上的人拒绝出席典礼，人们只好将已经为他们摆放好的豪华沙发迅速撤除，而拿破仑的怒火骤然而起，难以压抑。后来，他将拒绝出席仪式的枢机主教放逐到乡下，甚至威胁道，要以侮辱皇帝陛下罪和谋反罪，枪毙为首闹事的康萨尔维。但是在梅特涅眼中，康萨尔维却是一个具有平民勇气的榜样式人物。[266] 正是这位埃尔科莱·康萨尔维（Ercole Consalvi），作为教宗的首席外交官参加了维也纳会议，并在 1814 年重新调整国家与罗马教廷关系的时刻，成为梅特涅最重要的会谈伙伴。

与宗教婚礼仪式不同，紧接着举行的盛大婚宴，拿破仑没有选择在文化圣殿，而是选择在历代国王的杜伊勒里宫举办，他曾在这里自导自演，登基为帝，开创了自己的传统并自封为

345

346

《杜伊勒里宫 1810 年 4 月 2 日的盛大婚宴》（油画），俗名卡萨诺瓦的亚历山大·班诺特·让·杜费作

贵族。画家亚历山大·班诺特·让·杜费（Alexandre Banoît Jean Dufay）用他的油画记录了这场盛大的婚宴。只有破解了谁能荣幸地在婚宴主桌上就座的问题，才能解读出导演这一幕的真实意义。有一张《1810年4月2日帝国宴会坐位图》（*Plan du Banquet Imperial du 2 Avril 1810*）可以解答这个疑问，梅特涅后来搞到了一张，作为纪念收藏起来。[267]

其他的观看者站立着，波拿巴家族的成员则围绕着拿破仑依次而坐，以他为权力中心——继查理大帝之后，自1804年加冕为帝以及于1805年在米兰以伦巴第人的铁制皇冠加冕为罗马—德意志国王以来，在短短的五年内，他将为数众多的欧洲君主逐一赶下了王位：汉诺威的韦尔夫王朝（Welfen）[①]、那不勒斯－西西里及西班牙的波旁王朝、托斯卡那的哈布斯堡皇朝，以及教宗国的教宗。取代他们——加冕登基的，是作为新的国王和王后的他自己家族的成员。如果谁还对此持有怀疑态度，那么，他可以从拿破仑婚宴坐位的排列中，解读出拿破仑的整个欧洲帝国体系，这一体系的代表人物当时都在现场。对参加宴会人物的选择也间接地透露出，对统治的理解是多么明确地反映了他的家族的政治目的，因为，就连莱茵邦联的诸侯总领卡尔·西奥多·冯·达尔贝格都没有资格在宴会桌旁就座。然而，哈布斯堡皇朝的斐迪南却被奉为座上宾，不是由于其莱茵邦联同盟者的身份，而是因为他是玛丽－路易莎的叔叔、新郎岳父的弟弟。

由于外交使团是站立着观宴，并没有人款待他们，梅特

① 在意大利被称为圭尔夫家族（Guelfo），德意志的传统贵族世家，最早起源于伦巴第地区（日耳曼民族的源头之一，位于易北河下游）。在历史上的不同时期，该家族成员曾先后是施瓦本、勃艮第、意大利、巴伐利亚、萨克森、不伦瑞克－吕讷堡（汉诺威）统治王朝的君主；家族成员、不伦瑞克的奥托曾是神圣罗马帝国皇帝（1209年加冕）。从1714年起，家族的一个分支成为英国的王室（汉诺威王朝）。

348

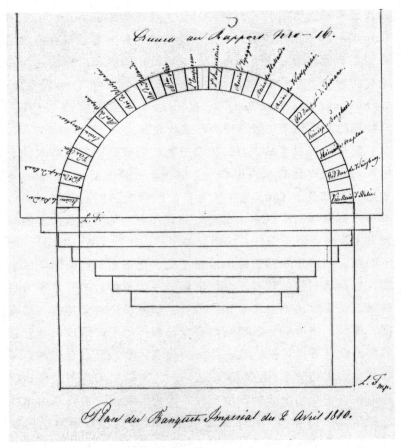

皇室婚宴上的坐位安排，1810年4月2日

涅就让奥地利大使馆准备好了食物。当俄国大使进来时，所有的位子都已经被人占住了，于是就出现了一个意味深长的情况——成为引发许多玩笑话的由头，"俄国迟到了"。晚宴后，梅特涅来到露台上，许多好奇的人正聚集在露台下，他手持一杯香槟，嘴里说出了为一个有着半哈布斯堡皇室血统的人出生的祝酒词："为罗马王干杯！"他以这句祝酒词暗示，拿破仑非常渴望一个皇位继承人出生。就像法国的观察家一样，德

意志的历史学家也认为，他的祝酒词包含了极不合适的阿谀奉承，是对帝国毁灭者的赞礼，是对"业已失去光辉的神圣罗马帝国光荣传统记忆"的背叛。[268] 而他们并没有体会到梅特涅作为"考尔纳先生"本应起的作用，以及没有看到这位大臣内心深处对整个事件所持的距离感，他们也很少知道，他具有藏而不露的冷嘲热讽和自我解嘲的天赋。此外，具有这种讽刺意味的，还有拿破仑对不久以后出生的儿子——即1806年作为"神圣罗马帝国"皇帝退位的统治者的外孙——宣布为"罗马国王（König von Rom/Roi de Rome）"的奇怪荒谬的分封。

大婚盛典就座的人员，从左至右，以及每人的即位年代 349

巴登亲王，卡尔·路德维希·腓特烈，与拿破仑的义女斯蒂芬妮·德·博阿尔内结婚

巴登大公，卡尔·腓特烈

意大利副王，欧仁·德·博阿尔内（1805）

博尔盖塞亲王，卡米洛，拿破仑妹妹波利娜的丈夫

那不勒斯国王，若阿尚·缪拉，拿破仑的元帅（1808）

威斯特伐利亚国王，热罗姆，拿破仑的幼弟（1807）

荷兰国王，路易，后来不受待见的拿破仑的三弟（1806）

拿破仑的母亲，莱蒂齐亚·波拿巴

皇帝，拿破仑（1804）

皇后，玛丽-路易莎（1810）

西班牙王后，朱莉·克拉里，商人之女，丈夫是拿破仑的长兄约瑟夫（1808）

荷兰王后，奥坦丝·德·博阿尔内，拿破仑的继女（1806）

威斯特伐利亚王后，卡塔琳娜·冯·符腾堡，符腾堡

国王腓特烈的女儿（1807）

托斯卡纳"女大公"（名誉头衔），埃莉萨·巴西奥克齐女总督，拿破仑的长妹（1809）

博尔盖塞亲王妃，波利娜，拿破仑的二妹

那不勒斯王后，卡罗利娜，拿破仑的小妹（1808）

维尔茨堡大公，斐迪南，玛丽－路易莎的叔叔，弗朗茨皇帝的弟弟

意大利副王王后，奥古斯特·冯·巴伐利亚，后来成为巴伐利亚国王的马克西米利安一世约瑟夫·冯·巴伐利亚的女儿（1805）

像梅特涅这样的观察者，一定会给自己提出诸如这位看起来处于权力巅峰的统治者，下一步还会追逐何种目标的问题。处在这样一个圈子里的玛丽－路易莎，看起来基本上是一个异类，因为她出身于真正的哈布斯堡皇朝，有着皇室血脉和传统。梅特涅在其回忆录中，对经历的这次大婚的特点着墨极少。因为他处在一个尴尬棘手的位置，他作为婚姻介绍人，不好对自己的这件作品公开地进行批评，更何况他所崇敬的皇帝的女儿，正处于事件的中心。但是人们可以毫不费力地想象一下，他的头脑中正在做何思想，因为两年前，他就头脑清醒地将对暴富的新贵拿破仑的看法写了出来：这是个依靠刺刀剥削欧洲而自肥的家伙。[269] 他同意塔列朗的判断，这位懂得并经历过"旧法国宫廷的优美雅致"的目击者，出于对"拿破仑创造的新宫廷奢侈无度"的反感，点中了拿破仑的一个"痛点"，并将这些驴唇不对马嘴的、颠三倒四的、简直是胡来的东西，公诸天下："这种波拿巴式的奢侈，既非德意志式的，亦非法兰西式的；它只不过是大排筵宴、大摆排场、大显阔气的一场大杂烩，天晓得他们是从哪儿学来的。他们肯定是想从奥地利

宫廷那里学一些优雅得体的气质，再从圣彼得堡人那里学一些东方式的豪华排场，可是又过于矫揉造作，见样学样的不自然，却还穿着古罗马恺撒大帝的龙袍，洋洋自得。"[270]

梅特涅在婚礼宴会上看到的这场表演，代表性地说明了拿破仑的"痛点"。"拿破仑皇朝（Dynastie de Napoléon）"代表的是"坐上皇帝宝座的暴发户新贵（les parvenus sur les trônes）"，而作为一名观众，梅特涅并没有被那些外表的、装出来友好的、和气可亲的现象蒙蔽。[271] 正因如此，拿破仑对他的这次大婚赋予何种意义，三年后在德累斯顿，法国皇帝当着梅特涅的面坦白了出来："我之所以娶一个女大公爵为妻，就是想要将新的和旧的东西融合在一起，将哥特式的（日耳曼式的）偏见与我的世纪的婚姻制度融合在一起。"[272] 这才是拿破仑瞄准的方向。从根本上说，他还是在为贵族标准所要求的、等级上的门第相当而奋斗。

尼德兰之旅以及梅特涅对布鲁塞尔年代的回忆

大婚盛典之后，1810 年 5 月初，拿破仑与新皇后在梅特涅时断时续的陪同下，前往被吞并的尼德兰旅行——这是一次（向皇帝的）致敬之旅——主要是前往布鲁塞尔，而由梅特涅陪同的这个情况，至今几乎未被人们注意。然而对于法国皇帝来说，由梅特涅陪同却意味深长。这位有此殊荣担任陪同的人，在其回忆录中强调，是拿破仑本人明确要求他陪同，并出席觐见活动的，理由是："我想让您看看，我是怎么习惯与人们讲话的。"[273] 梅特涅说，很显然，拿破仑"的确在很努力地证明他所具有的行政知识的多面性"。梅特涅的这个说法部分是准确的，至少就拿破仑获得承认的欲望来说是这样的，拿破仑觉得有必要在梅特涅面前，必须一而再，再而三地予以证明。

对此次旅行的意义到底有何感受，梅特涅本人则竭力避免公开谈及，因为毕竟是在原属于哈布斯堡皇朝的旧有领土上旅行，而拿破仑则要以梅特涅在场一事，让人们懂得，历史的胜利者正在向他的陪同人显示，这个国家现在要比以前好得多。而恰恰正是这次旅行，显示了梅特涅在整段巴黎逗留期间，伴随着他的是内心的矛盾冲突和所保持的距离感。只是在一份"奏折"中，他才向自己的皇帝讲述了他是如何从早到晚，在拿破仑最核心的家庭圈子里，与拿破仑度过这些时日的。在此期间他也看到了，在玛丽－路易莎在场的情况下，拿破仑在晚上是如何接见名目繁多的各种特派代表们，不厌其烦地向他们提出一些细节问题，直到夜深。[274]梅特涅向他的君主坦承，作为一个各种场合都在场的婚姻介绍人，他当时对那些对拿破仑所表示出来的个人崇拜，是多么看不惯，而旧帝国的皇室传统则永远活在他的思想深处。

> 5月，法国皇帝在皇后的陪伴下，游历了奥地利所属的前尼德兰。皇后受到了无以名状的热烈欢呼，而前者则相反，皇帝受到了引人注目的冷遇。每走一步，都是让这位君主确信，皇帝陛下，您的那些在过去是那么幸福的臣民，由于缺少商业活动，由于实行征兵制以及引入与尼德兰精神相违背的法律和制度，他们在这些枷锁下痛苦地呻吟着。一个皇室公主的出现，使他们在情感中重新见到了耀眼的阳光。[275]

很明显，拿破仑不希望让人看到这些亲哈布斯堡皇朝的反响，因此，在陪同旅行了三天之后，梅特涅决定在康布雷（Cambrai）离开这对夫妇，返回巴黎。促使他离开的原因还有，站在迎接队伍最前列的、曾效力于奥地利的各类人员的家属们，他们公然地表达着自己的不满，梅特涅想避免发生任何的挑衅性事件。尽管如此,拿破仑在尼德兰的经历还是产生了严重的后果:梅特涅注意到,皇帝旅行回来后,对尼德兰实行了更加严厉的政策,一个经过考验的、受民众爱戴的、负责内政事务的官员被解职,警察又掌握在了萨瓦里将军手中。同时他还想更进一步实行"尼德兰人与法国人同化"的措施。在不计其数的会谈中,梅特涅当着拿破仑的面,对为哈布斯堡皇朝效力的奥地利人和法国人受到的不公正待遇进行了抗争,甚至争取到了将贝勒加尔德(Bellegarde)麾下的前军官卢梭将军(General Rousseau)从法国的监狱中释放出来。此外,他还在拿破仑那里争取到,使那些"过去在奥地利属尼德兰领取军饷的军官,不再受到没收财产的威胁"。[276]在与皇帝夫妇共同旅行的过程中,他就这样过着如同在两个世界里的生活:一个是回忆着曾经属于哈布斯堡皇朝的比利时的世界,一个是现实中的世界,在这个世界生活着被压迫的、由于大陆封锁政策而为自己的民族和自治所担忧的、被紧紧束缚的人民。

352

骗人的希望

尽管内心对拿破仑的政治制度和政治要求保持无可争辩的距离,梅特涅还是仔细地观察着玛丽-路易莎与拿破仑之间关系的发展。他向弗朗茨皇帝描绘这位深深地陷入情网的帝王时说道:拿破仑会从新娘的眼神中看出她的任何一个愿望,而且无论什么代价,都会满足她。拿破仑声称,从现在起,他才真正地开始了生活。梅特涅注意到,拿破仑"整天梦想着的,只是他所继承皇位的正当合法性"。[277]正因如此,同样重要的是,皇帝一家人对娶玛丽-路易莎为皇后,至少是经过极其认真的权衡和掂量的。尽管拿破仑的三个妹妹内心极其痛苦和不情愿,但也不得不为年轻的女大公爵,也就是新娘子拖曳着婚

纱裙摆走向婚礼的圣坛。拿破仑的母亲莱蒂齐亚甚至在玛丽 –
路易莎面前感动得泪水涟涟、痛哭流涕，而年轻的皇后则成功
地在法国宫廷礼仪的平台上熠熠生辉。拿破仑赞赏她的温顺和
举止适度有分寸；而她则相反，相信自己已经很好地了解了自
己的丈夫，以至于她在梅特涅面前透露："我在拿破仑面前根
本不感到害怕，但是我开始觉得，他害怕我。"[278] 就像梅特涅
后来所认识到的，他明白了，想通过玛丽 – 路易莎去操控拿破
仑，是他在希望中的一次迷失，他错了。但是当时，关于拿破
仑他是这么写的："比起其他许多人，他或许还有更多的弱点，
如果皇后能够像她现在已经开始看到的可能性一样，利用他的
弱点，并继续这样做下去，那么她就可以为她自己，也为全欧
洲立下丰功伟绩。"[279]

在巴黎逗留的时候，当梅特涅熟悉了波拿巴家族的核心
圈子，并在此期间有机会连续多日见到拿破仑，那么这位皇帝
与他彻夜长谈，有时甚至聊到次日凌晨 4 点，并向他详细讲述
自己一生经历中的各种细节，也就不足为奇了。梅特涅认为这
些信息"从某种历史角度看是如此重要"，以至于他将它们记
录下来，想在以后向弗朗茨皇帝作一次口头禀报。从这些信息
中，梅特涅也获得了未来绘制拿破仑心理画像的知识。[280]

353　　　梅特涅的奏折在弗朗茨皇帝那里起到的作用是矛盾的，这
些矛盾反映在，他在他的这位大臣发自巴黎的奏折的边眉上作
了详细的御批。皇帝御批通常惜墨如金，鲜有过多用词。而一
旦他这样做时，那肯定是遇到了特殊的事件或是有使他放心不
下的事情。对梅特涅热情洋溢地描写有关玛丽 – 路易莎在巴黎
宫廷中受到的热情接待云云，弗朗茨皇帝的批示让这位大臣明
晰，这些消息对于皇帝来说，的确是"真正的慰藉"，然而同
时，这些消息也让皇帝想到和平协议不尽如人意之处，这让他陷
入了沮丧：皇帝还想着蒂罗尔人和其他没能留在帝国之内的臣

民，他还希望取消对曾经为他——皇帝——效劳过的人施加的没收财产、死刑和其他判决的惩罚，并于最后交还关在法国及莱茵邦联各邦的、被俘的奥地利军官和士兵。所有这一切，一次性地说明，为什么这位奥地利的统治者同意与几乎是万能的拿破仑皇朝的家族联姻。

在巴黎的谈判过程中，梅特涅也始终想着自己的祖产。因为他也希望，在拿破仑还在蜜月期时，展开与拿破仑的秘密谈话能说动他撤销在开战后莱茵邦联各邦对服务于奥地利之人进行的财产抄没。梅特涅已经安排他的夫人，在合适的情况下，与拿破仑的继女奥坦丝，或者甚至与拿破仑本人谈一谈奥克森豪森。在梅特涅的《遗存的文件》中，他的儿子理查德将有关这一话题的线索，基本上都掩盖起来。而撤销没收财产一事，对大臣本人却是如此重要，以至于他将有关此事的谈判方案，都存入了藏有所有财务损失文件的家族档案中。[281] 实际上，他也的确与尚帕尼谈成了一项有关此事的协议，并作为《申布伦和约》的补充文件，于 1810 年 8 月 30 日生效。[282] 此时此刻，在维也纳宫廷里，梅特涅家族已然不可小觑：通过拿破仑的关系，儿子克莱门斯将本家族位于符腾堡的财产，经过谈判要了回来，而他父亲作为国务大臣，将协议呈请皇帝诏准，皇帝则御笔亲批，准奏。[283]

354

梅特涅在巴黎逗留的深刻意图

与拿破仑本人以及与尚帕尼的所有谈判，都是在个人感情上的和解妥协与具体事务上铁一般的强硬态度之间，来回摇摆，以至于让梅特涅对法国皇帝与哈布斯堡皇朝之间的联姻，在短期内没有带来实际上的好处，感到了极度的失望。在他的回忆录中，他将巴黎之行称作"我的下一个最重要的任务，目的在于发现和了解法国皇帝各种动机的痕迹"。[284] 这个解释立马遭到了质疑，被认为他是想在事后为解决现实日常问题时完全失败了的计划，赋予一个更崇高的意义。因此，将梅特涅自己的说法从当时现实的时局中找出来，就显得更加重要。

梅特涅在那个时候就坚信，通过他在巴黎的逗留，"可以同时找到对于未来发展形势意义重大的启发"。他得到的印象是，他在巴黎的时光，正逢欧洲大国之间相互关系进入到一个崭新阶段的时刻。他在离开巴黎之前曾断言，他"处在一个重要的，正因如此从而也更容易使自己丧失名誉的尴尬境地"。说这话的时候，他想到的是那些正在维也纳等候着他的批评者，其中个别来自皇帝家族核心圈子里的人，更愿意看到他因此而倒台。所以，他在弗朗茨皇帝面前强调了此行的主要意图，因为他不在期间，皇帝始终被对梅特涅的批评意见所困扰，特别是来自皇后卢多维卡方面的批评。梅特涅固执地坚持他巴黎之行的价值和重要性，认为："我的观点……**主要集中于调研拿破仑可能确定的、近期和远期的意图和打算，而且我肯定，在不会让任何一个对未来的最高目标采取行动的派别造成名誉损失的情况下**，能够达此目的。"[285]

在抵达巴黎后不久，梅特涅就当面向拿破仑表明，他是秉承皇帝的旨意，在玛丽 – 路易莎"适应"法国生活的初期来作陪；而他原本的意图要比此事广阔得多，即"要为我在遥远未来的政治态度找到一条准绳"。[286] 拿破仑回答道，这也完全符合他本人的希望，梅特涅的意图会在"几个星期内"得到满足。但是，梅特涅说到，他也敏感地注意着，他的国际政策的指南针——在一定程度上可以说是核心内容——不能受到损害，即"行动的自由"，这种行动自由"在与征服者的各种紧密联系中只能受到限制"。[287]

"欧洲的未来蒙着一层面纱，我要把它揭开"，梅特涅写道。可是，当他一个星期又一个星期地推迟返程时间，他到底在等待什么样的启发性认识呢？答案就在 1810 年 9 月 20 日梅特涅与拿破仑于圣克劳德进行的一次谈话中。到目前为止，这次谈话对于他作为一名大臣直到 1815 年的政治行动的意义，一直没有被认识到。人们甚至可以将这次谈话的深远影响，与 1813 年 6 月在德累斯顿进行的争论相媲美。1810 年 9 月，梅特涅深刻地看穿了拿破仑执政的前提条件和原则，这使他知道了在对付法国时，他在多大程度上可以不冒风险地、一步一步地扩大自己的行动范围，直到 1813 年夏天奥地利改换门庭，投靠到节节胜利的反拿破仑同盟成为可能。这次谈话对梅特涅有多么重要，在他的回忆录中完全透露出来。他一改通常的写作风格，没有以回忆的方式描述当时的谈话，而是将记录的原话直接添加到行文中，而这些记录，都是他在谈话后根据最清醒的记忆，立即追记完成的。[288] 这就使得这段文字非同寻常地更加可信，因为这段文字以此种方式再现了梅特涅当时的判断视野。谈话的特殊意义也可以从拿破仑（对梅特涅）的绝对式的命令中解读出来：拿破仑说，他所有涉及未来的考虑、推断和算计必须要"绝对保密"，除了弗朗茨皇帝可以知道以外，就连尚帕尼也不清楚。拿破仑说，对于他来讲重要的是，要为奥地利外交大臣"打开一个全新的视角"。

最具决定性的意义是，拿破仑的所有考虑都围绕着一个主题：与俄国将不免一战。本来，自 1807 年签署《提尔西特和约》，以及 1808 年在埃尔福特举行辉煌的会晤以来，他与俄国就处于一种结盟关系之中，他还将沙皇宣为"自己的兄弟"。而与哈布斯堡皇朝的联姻，的的确确改变了他的地缘政治视角。但是，圣彼得堡选亲求婚失败一事，只占拿破仑感觉到的、日益紧张的法国与沙俄之间关系的很小一部分，他与梅特涅当面谈到了这种关系。再加上，拿破仑的元帅贝尔纳多特

（Bernadotte）成了瑞典的王位继承人，法国就此侵犯了沙皇俄国的利益范围。同样的事情还有，拿破仑倾向于在俄国边境建立一个强大的波兰王国。但是，梅特涅认识到，真正起决定性作用的是"始终不断要求进行的贸易禁运"，即大陆封锁，它日益损害着俄国的贸易。三个方面的话题突出了这次的谈话印象：战争的目的，解散（与俄国的）同盟，以及战争到底是否真的已经迫在眉睫。

如果一旦开战，拿破仑将波兰国王突出列为"一个伟大的和强势的盟友"，梅特涅则在此次谈话中发现，现存的华沙公国因此而获得了一个新名称——当然是以将奥地利的加利西亚扩充进去为代价的。萨克森国王腓特烈·奥古斯特从中起着关键性的作用，因为他自1807年起，就一元化地同时兼任公国的元首。作为补偿，法国皇帝提出将物产丰富同时地位也很重要的伊利里亚行省归还给奥地利。相反，他说，如果奥地利坚持不放弃加利西亚，那它就得站到俄国一边。

假设战争一旦开打，拿破仑直截了当地向梅特涅提出一个问题："您（奥地利）将扮演什么角色？"被提问的人指出，他仅是一个大臣，没有资格对此事作出评判；而且，从他的嘴中说出的一切话语，应该理解为"是从一个世界主义者口中说出的话"，也就是说，是一种完全抛开任何国家利益至上意义上的表达，从而巧妙摆脱了要直接回答这个问题的困境。后来梅特涅才弄明白，拿破仑提出的、保证给奥地利的到底是什么，因为在重新看了他的手写记录后，梅特涅才又将拿破仑的保证作了补充："我并不渴望你们积极参与，因为我已经作出决定，不再与人结盟。我对1809年所作的尝试（与俄国结盟，要求其站在法国一边，积极勇敢地去战斗）已经受够了。如果当时我单打独斗，那么，给您展现的战争将会完全是另一个样子。我从未过多地指望俄国人会作出贡献，但是他们却占据了

5~6 万法国人的位置，这些位置如果给你们，就不会像俄国人一样，而会准备一场完全不同的战争。"[289] 尽管后来拿破仑还是要求奥地利出兵 30000 人，但是梅特涅就此已经知道，在拿破仑的眼里，这点儿兵源对战争不会起到决定性的作用。事先知道这一点是非常重要的，因为梅特涅据此就可以进行估计，他能够在多大程度上去迎合拿破仑的战争计划。

但是，对于梅特涅来说，从这次谈话中得到的最重要的认识却在于，对战争的假设已然变成了一个可以预计的事实："我将出于超乎人类能力之外的原因与俄国开战，因为这些原因存在于事情本身的特殊性之中。这一时刻马上〔！〕就会来临……因为反目成仇已经不可避免。"[290] 梅特涅从拿破仑的口中听出了他的顾问拉博德在 1810 年 2 月联姻时曾预言过的事情：法国将"在 5~6 个月之内，与俄国冷却关系，在不到 18 个月之内，与它开战"。[291] 第一个预言言中了，因为 1810 年 9 月，拿破仑的决定已趋成熟，与俄国的一战已不可避免。

在圣克劳德进行了这次值得纪念的谈话之后，梅特涅终于可以确定，"已经吸收了足够充分的光线。我在巴黎逗留的目的已经达到"。[292] 四天之后，9 月 24 日，他觐见拿破仑辞行告别。谈话时，拿破仑对他的新岳父进行了令人生疑的恭维，这种恭维将门当户对和等级相当强加在了他的家族与哈布斯堡家族之间，并将他自己装扮成高于欧洲各种名位的、高高在上的人主："假如我明天将我的哪位弟弟安放在奥地利的皇位上，那么，他在那里将不会像一位正在其位的诸侯那样，对我唯命是从。"[293] 拿破仑回顾梅特涅在巴黎的停留，评价其是一流的有政治意义的事件，此事对他来讲非常具有宣传意义，他愿意公开宣传两国之间的关系已经非常好。因此，他委托尚帕尼，让《箴言报》报道一下梅特涅在离开法国时，法兰西皇帝送给了他什么礼物——一张哥白林双面织花壁毯

（Gobelin）、一尊皇帝本人的大理石半身像，以及一套赛夫勒瓷器餐具（Service aus Sèvres-Porzellan）。[294] 利涅侯爵（Fürst von Ligne）以嘲讽的腔调评论道："餐具为此效劳（Service pour le Service）。"

而对于梅特涅来说，最重要的结论是：在国际力量的角逐中，奥地利的态度又受到了重视，因为了解哈布斯堡皇朝在拿破仑对俄国的战争中，是站在支持他还是反对他的那一边，对拿破仑来讲，已经并非无足轻重的问题。外交大臣梅特涅在9月的最后几天启程返回，并于10月10日重新回到了维也纳。[295]

26
巩固内外关系，1810~1812

对1811年局势的总体判断

回国之后，梅特涅必须先熟悉一下国内情况，才能基于其在巴黎获得的认识，"对处于当前欧洲国家体系之中皇朝的真实形势"作出描述。这些都体现在他于1811年1月17日撰写的长篇总结报告中，也可以同时将这篇报告看作梅特涅自1809年上任以来所作的第一个长篇纲领性政府声明。[296] 他自己将报告形容为在完成"一部单独的、完整的作品"，是一份"作业"，事实上，这篇文章读起来也像一篇不停地提出论据的科学论文，并带有一个决定性的目的，就是在此基础之上"构建出一幅政治蓝图"。

梅特涅的论断是，在外交政策上，哈布斯堡皇朝是还有选择余地的、唯一的欧洲大国。要证明这一点，就要对拿破仑统治体系的本质有所认识。在这一体系中，皇帝是"所有力量的中心"。他在按照一个对其他统治者和被统治者保密的计划行事："从一开始，他的每一步都始终为着一个整体总目标"。根据梅特涅的观察，从梅特涅的外交生涯伊始，就是说自1801年开始，拿破仑的意图和算计即始终如一："他那野心巨大、怪异可怕的目标，就是单独统治欧洲大陆这一霸业"，要以"他方案中一种令人称奇的冷酷［！］方式"来实现！就在《提尔西特和约》签署的时刻，像普鲁士的情况那样，将"奥地利确定为要彻底肢解的帝国"已是板上钉钉之事。梅特涅认识到，作为这一计划的最终结局，"拿破仑……将来要踏过奥地利和普鲁士的废墟，将沙俄逼返中亚的沙漠"。

359

令人惊奇的是，他先是从这一体系的经济特性上着手，突显了该体系是一种进行剥削的专制暴政：法国生存"在严厉的君权统治、独一无二的财政管理、不堪重负的上缴份额以及贸易的完全毁灭之中"，国库早已空虚。尽管如此，法国依然是"欧洲大陆上最富裕的国家"，"在财政金融上可与其他任何国家相抗"。这种似是而非的怪事，通过拿破仑的财政政策得到了解决，因为皇朝的钱库是满的。他让从外国征收的所有军税、战争赔款和没收的财产，流入一个私人的、由统治者本人掌握的"专有领域（Domaine extraordinaire）"。梅特涅想起了不久前在米兰出现过一个被称作"蒙特拿破仑（Monte Napoleone）"的机构，是一家某种形式的抵押银行，将意大利王国的房地产，以及建立在房地产基础上的债权全部集中于此。[297] 拿破仑可以在法国人面前将自己装扮成一位行善者，看起来好像是从自己个人的腰包中——皇帝的资产中——掏出钱来满足国家的需要；他也因此可以抵御那些来自内部的反抗，因为法国国民看到"周边一个国家跟着一个国家在毁灭"，所以可以预计，仍会有大量的财富从这些国家源源不断地流入法国。

梅特涅认为，环视一下周边的国家，拿破仑用不着害怕德意志的各位诸侯联合起来抗衡法国。这些诸侯从与拿破仑的结盟中获取了太多的个人好处，并且通过妥协，在依赖这个制度的程度上陷得太深。根据最近二十年的经验，也不能指望"依靠德意志人民的投票"去实现什么目标。在梅特涅看来，唯一难以预计的是，最终西班牙和英国的反抗能取得多大的成效，尤其是因为拿破仑在伊比利亚半岛的失败"总是可能成为其他地方新动荡的信号"。俄国既没钱也缺乏内部凝聚力，已然瘫痪，普鲁士则已经不再"属于大国的行列"。

梅特涅认为，造成这种总的局面的原因，在于最近二十年，"所有欧洲大国不断地在道义上、政治上、军事上以及金融财政上犯了一系列错误"。反法同盟总是因内部的弱点和不团结而翻车。提尔西特体系是"法国政治的最大胜利"，因为两个大国，法国和俄国，站到了一起，从而"不可战胜"，而奥地利则被赶入了一个"孤立的体系"中。仅仅由于拿破仑与玛丽-路易莎的婚姻，才阻止了哈布斯堡皇朝已然注定要面临的解体。梅特涅看到了，这个婚姻的重要意义深植于拿破仑的思维方式中，而他无疑是欧洲国务活动家中，唯一一个对法国皇帝的心理活动能够如此精细算透的人。他了解拿破仑为保住自己的统治和皇朝，会有什么样的特殊需求，它们必须建立在一种"保险"之上。而联姻，与之前谋求的"推翻奥地利的皇室"，取得的效果是相同的：对于拿破仑来说，联姻使得哈布斯堡帝国不再会成为一个潜在的危险。而这样一来，就从根本上改变了奥地利在欧洲的地位，特别是相对于法国与俄国的地位。法国与俄国的联盟开始瓦解，而奥地利则摆脱了孤立，现在，它可以选择与谁结盟了。

梅特涅 1811 年 1 月向皇帝提出了三个愿景，在到了具有决定性意义的 1813 年时，它们几乎没有改变。仔细理解这些决定性的前景估计，并且认真看待它们，也就意味着，可以将梅特涅从那些恶意的猜疑中解脱出来：诸如说他就像莱茵邦联的诸侯一样，奉行自私的、仅对本国有利的政策等。道理很简单，因为梅特涅是着眼于自己原本的政治愿景，即他所称的"欧洲和平（Frieden Europas）"的设想。

按照梅特涅的大国关系哲学，作为**第一个愿景方案**，与俄国的结盟必将是根本的"救国途径"：与沙俄组成一个新的、

360

第六次反法同盟。他预测，这个反法同盟对奥地利来讲，将意味着一道死刑的判决，因为这样一来，拿破仑在征讨俄国时，必将先拐个弯儿向南。在俄国还在聚集兵力备战之时，毫无准备的奥地利将首当其冲，遭到拿破仑的进攻，而这一进攻"从最远期的前景看，拿破仑胜券在握"，因为此时奥地利的国家防务还处于瘫痪的状态。在70000士兵进入阵地之前，加利西亚可能会爆发起义，而拿破仑在挥手之间就会第三次占领维也纳。一切经验表明，指望人民起义完全属于幻想。当然也可以完全依靠俄国的，抑或普鲁士的决心，但是过去战争的历史，以及普鲁士的国王们和俄国沙皇的性格告诉我们，他们非常不靠谱。

361   **第二个愿景方案**，即按照莱茵邦联的形式与法国结盟，奥地利军队将纳入法国陆军，置于拿破仑的指挥之下，这一方案被梅特涅直接否决，其理由值得仔细言说。因为拿破仑指挥之下的军队，意图要进行的是"反对神圣的、不容改变原则的战争，即反对奥地利最直接的利益"。奥地利在欧洲占据着独一无二的地位，代表着一种"道义高度"，它可以经受住各种各样攻击的考验。哈布斯堡皇帝是"一个中心，即以一个古老秩序的、原原本本的、硕果仅存的唯一代表的形象出现，这种秩序是建立在永久的、不容改变的法律基础之上的"。梅特涅在这里论述的主题是欧洲的改变，描述的是他感受到的一个旧欧洲和一个新欧洲之间形成的战线，在此处，他没有将"旧的"和"新的"屈从于进步乌托邦的概念，而是有着自己对法律的理解，而法律在人类的这一段历史中，还有待仔细地解读。如果在此处，人们将业已提及的梅特涅倾向于英国的、有牢固历史基础的立宪主义作一联想，那就至少找准了梅特涅所指内容的核心。在那个时候，他就已经将自己长期以来所追求的、从不妥协的"道义"，与短期的、以减少其反对者和批评者为目的的策略区分开。在他反对与法国结盟的认识中，他也将与莱茵邦联盟国的界限划分得泾渭分明，这些盟国军队——就像他所形容的，这些"加盟的乌合之众"——并入了法国军队序列，并参与了"毁灭性的战争"。

这样一来，**第三个愿景方案**，即"保持严格意义上的中立"，就成了唯一可行的愿景。拿破仑在1810年9月20日进行的、向梅特涅透露针对俄国的行动计划的谈话中，展现了这种愿景。谈话中，他也提到了重新建立的波兰王国所具有的关键地位。法国皇帝想看到这个王国在反俄战争中站到自己一边，而此时他会给奥地利保持中立的机会。这也意味着，如果（法国）进军顺利，奥地利将会失去加利西亚，并将之让给扩大了的波兰。梅特涅的设想是，作为补偿，奥地利将赢回伊利里亚行省［克恩滕（Kärnten）、克拉尼斯卡（Krain，即克莱恩）、戈里齐亚（Görz，即格尔茨）、克罗地亚、匈牙利所属沿海地区及达尔马提亚］。

在巴黎，梅特涅与拿破仑曾多次谈到关于人民运动只具有一种徒劳努力的作用的话题，其中拿破仑谈及西班牙和德意志，在这里，奥地利1794年和1808~1809年的两次希望均告落空、均被欺骗。拿破仑教诲道，如果想要依靠人民起义，那么在他这里就是自己把自己送到刀口上。9月20日，梅特涅反驳拿破仑说，"在当前民众情绪总的气氛之下，对俄国发动战争，会成为全面起义的信号，也即俄国将会取胜的先兆"。拿破仑向他透露了自己的战略：最多只会有80000~100000法国人参加对俄战役，其他部队都会来自处于莱茵河与奥得河之间的国家，就是说来自莱茵邦联和波兰。但是会有300000法国士兵被派驻到德意志和意大利，这个人数已经足以"控制住这些国家，并将一切人民运动扼杀在萌芽状态"。那些好心的人民解放者在1813年怎么也不会预想到的，梅特涅却预计到

362

了，因为他首先了解了拿破仑的军事情报，并且能够成功地预计到，武装起来的人民运动没有获胜的希望。因此，他将计划建立在协调军事行动，以及战争同盟中传统陆军人数的绝对优势之上。

俄国的结盟努力

从巴黎回来以后，梅特涅对与俄国进行的结盟谈判感到极大的不安，是他父亲作为他的副手一直在推动谈判的进展，直到协议条件成熟。梅特涅将这一谈判评价为"极其重要，是会对我们未来所有政治行动产生最直接影响的一件事"。[298] 俄国向奥地利提出的建议是，回归到两国之间旧有的友好关系上去，对此梅特涅反驳道，俄国通过《提尔西特和约》损害了奥地利的利益，除此之外，俄国在上次战争中助纣为虐，使奥地利遭受了灾难性的后果。拿破仑与玛丽－路易莎的婚姻以及梅特涅的巴黎之行，才使形势得到根本性的改变。实际上，对于沙皇的侍从武官长（即副官长）、将军鲍尔·舒哈洛夫伯爵（Paul Graf Schuwalow）以及外交大臣罗曼佐夫而言，重要的是获悉奥地利，特别是他——梅特涅本人——在法国与俄国决裂时持何种立场。但是，恰恰是对这一点，梅特涅在竭力地、尽可能长时间地加以隐瞒。首先，这位大臣不想"暴露我们有弱点这个秘密"。总而言之，梅特涅告诉负有外交使命的舒哈洛夫，在奥地利与法国之间只存在着家庭关系，但是绝没有军事上防御性的或进攻性的同盟存在。他说，亲戚关系使得政治结盟变得多余。他认为更为严重的是俄国所有的扩张行动，诸如对摩尔多瓦以及瓦拉几亚（Walachei）这些名义上仍还置于奥斯曼帝国宗主权之下的国家的占领。弗朗茨皇帝则完全听从了他的大臣所作的阐述和建议。[299]

梅特涅认识到，俄国国内存在着与拿破仑法国国内一样的扩张倾向。自彼得大帝以来，沙皇俄国一直是以牺牲盟友以及奥地利的朋友为代价向外扩张，给普鲁士的崛起创造了便利，通过消灭波兰而"无视欧洲的所有政治观念"，并在总体上建立了一个"毁灭和掠夺的体系"。没有奥地利的抗衡，奥斯曼帝国早就会在俄国的进攻下完蛋。而对1803年旧帝国的解体，俄国也是卖力参与的。

巩固内部：梅特涅与经济问题

在巴黎时，梅特涅已经谈判好了一项协议，可以在伊利里亚行省以及经济聚集区阜姆地区［Fiume，即里耶卡地区（Rijeka）］推行过境贸易，只待签署。而现在他痛心疾首地获悉，他的这份协议将可能面对着来自宫廷另一些机构的反对。由于宫廷财务署总管冯·沃利斯（von Wallis）对协议起草了一个毁灭性的评估，他预测，法国人将会滥用协议中保障给他们的权利，以商业为理由设立新的法国领事馆，从而建立一个将整个哈布斯堡皇朝包围起来的间谍网。这使得梅特涅丢脸并被指责为没有征求宫廷财务署的意见而擅自行事。决不能批准这一协议，否则奥地利将会受到极大的伤害。[300]

由于这样的一个判断，以及协议未获批准，人们于是得出一个结论：梅特涅根本不懂经济，他对那时奥地利的国内情况过于陌生，他的行政管理知识不足，因此，"在国家经济秩序问题上，不能参与重要意见"。[301] 这个评价隐瞒了梅特涅动身前往巴黎之前，曾咨询过宫廷财务署总管，并且让人带上了从宫廷财务署那里要来的有关此事的见解材料的事实。梅特涅辩解道，协议主要是参照这些材料谈成的，而现在又出于同样的原因受到批评，那是因为"看来同一拨人改变了自己的

364

观点"。[302]

此外，梅特涅当然可以在"经济秩序问题上"参与发表重要见解，而且是在皇朝最为重要的经济问题上：恢复币值稳定，并且即使是通过国家破产的方式也在所不惜，就像1811年真的发生的那样。当时要做的事情是，结束前些年的超量发行纸币和货币失常的局面，方法是减少在市面上流通的纸币数量。宫廷财务署总管在一份评估报告中建议，至迟到1810年12月31日，市面上流通的纸币将被减少至五分之一，而且剩余的（这五分之一）纸币只能流通到1811年12月31日。皇帝在最严格的保密措施下，给他的大臣梅特涅发了一封加了封印的密函，其中就有这个评估报告。他要求梅特涅，在最严格保密的情况下，"认识到朕寄予您的信任"；然后，这位君主对他最信任的大臣写了如下的语句，迄今，他从未在任何行文中使用过它们："相反，朕不得不向您坦白地说明，如果您向外透露了这个秘密建议的任何消息，在这种情况下，朕将无法顾及您对朕的效忠，而将您解职：有鉴于此，您不得向任何人提及建议内容，并注意对此严加保密。"[303] 看到这些，人们还能断言梅特涅没有参与经济形势的新秩序吗？

与宫廷财务署的冲突，暴露出的不是梅特涅缺少经济专业才能，而是一个结构性问题：财政大员沃利斯坚持国家财政要不可动摇地执行勤俭节约政策，而梅特涅作为外交大臣不可避免地要解决与战争和侵略相关的冲突，因此花销不菲。在特定的战争年代，如1813年或1830年六月革命期间，财政开支暴增是自然而然的事情。1810年在奥地利，人们已经看到自1792年以来几乎连年不断的战争带来的后果，而现在又增加了拿破仑强加的战争赔款负担。因此，在奥地利谋求巩固内部财政和军事力量的这些年中，梅特涅在皇帝面前表明了，内部节约与军备开支必须从整体上来统一协调，这是最高的原则，因为这也是他在巴黎从与拿破仑的多次亲自交谈中得出的教训：国家的独立只能建立在军事力量的基础之上。

梅特涅撰写的《关于1810年10月的军队状况》的备忘录，恰恰使得经济的窘境更为尖锐："任何一个国家都是建立在双重基础之上的：①在由民族资本形成的富裕和财物的基础上；②在独立自主和保卫这些财富的基础上，即在战争力量的基础上。这两个基础互为条件，又结为一体。不能自我保持的财富及顺理成章地也不能自我保卫的财富，是无本之木，而能够毁坏财富的战争力量也将不可持久。找到二者之间关系的正确比例，并均衡地使它们相互促进加强，才是国家经济的强固之本。"[304] 人们可以把这段话称为梅特涅的军政财政论。拿破仑肆无忌惮地在军事力量的基础上建立其统治地位的经验，导致热爱和平、厌恶战争的梅特涅得出了一个务实的国家经济政策："它不仅仅只要和平，它不得不还要战争，因为这两者互为依存，缺一不可。"必须说服全体国民相信：必须聚集全部的力量。梅特涅借用"民族精神"，在不消蚀财产的同时，协助加强战争力量。同时，他赞同将兵役制扩大"至更多的等级"——他想到的是"受教育等级"，同时也要扩大预备役。但是，梅特涅也不无忧虑地注意到，货币贬值和物价上涨已危及军队的给养。

改变方针：对法国从"严格的中立变成积极的中立"

1812年伊始，奥地利就站在了即将来临的法俄大战的地平线上。这迫使梅特涅再一次重新考虑"选边站"的问题，因为他看到，奥地利未来的生死存亡，取决于与谁结盟这个关键问题。1811年11月28日，梅特涅向弗朗茨皇帝面陈他所作的新的回顾性和前瞻性总结，同时作为备忘，再次呈上了他1

月时写的奏折。[305] 他预计，1812 年欧洲将经历一场史无前例的大变动。很久以来拿破仑就算计的时间节点，即将到来，在这个时间节点上，"旧秩序与他的变革计划的最后战斗，已在所难免"。事关胜利或者失败，事关"生存或者灭亡"，无论战争结局如何，它都将彻底改变欧洲的格局。拿破仑已经在暗地里准备组织他的进攻手段，而且将不会顾及奥地利的利益，走向"消灭旧形式的最后战斗"。即将来临的将是一场"欧洲大战"。

驻巴黎大使施瓦岑贝格发回的消息，使梅特涅怀疑起奥地利奉行的"严守中立"方案。他的眼前一再上演着即将来临的战争场面。普鲁士可能像莱茵邦联的其他国家一样，作为同盟国无条件地被拉入战争，这让他坐立不安。他的忧虑不无道理，因为实际上，腓特烈·威廉三世统治的这个国家已于1812 年 2 月 24 日签署了一项协议，规定一旦战争爆发，（普鲁士）有义务在军事上完全跟随（法国军队行动），如果战争获胜，它将得到巨大的战争补偿 ——包括由奥地利来进行的补偿。

梅特涅的忧虑首先还是针对可能出现的那种局面，即拿破仑不得不将枪口对准奥地利，这样一来，将极大地增强普鲁士的军事潜力。施瓦岑贝格从巴黎发回的新消息使这样一种局面变得可以想象，他在报告中特别列举了拿破仑当着大使的面所说的警告性话语："如果奥地利保持中立，我将不会鼓动加利西亚革命，但是，如果我的盟友，比如波兰这样做，那我不能阻止它。这样一来，我们（两国）之间就很容易陷入争端。"[306]这些话促使梅特涅提出建议：在攻打俄国的战役中，向拿破仑提供一支辅助军团，前提是要求他同意奥地利在加利西亚组建一支自己的"观察军团"。他从过去与拿破仑的谈话中知道，拿破仑永远不会让中立的奥地利拥有这样一支军团，奥地利就连在加利西亚采取警察措施都不可能。那么要做的就是，参与拿破仑的远征，但是参与规模应尽可能的小，并缔结一项详细界定同盟关系的协议。在这样一种框架下，应该可以在加利西亚部署一支自己的军团。辅助军团的规模应在30000人左右，并驻扎在法国军队最右翼的外围，由一名奥地利的将军来指挥。

梅特涅以他自己才清楚的方式，并从奥地利的视角出发，将参与拿破仑的战役定义为"非自卫的战争"，因为奥地利没有遭受侵略；也不是"征服战争"，那是拿破仑的目的；而是一场"保存战争"，目的是"通过积极参与欧洲事务的进程，能够为己方的未来作好准备"。人们可以将梅特涅的战略称为辩证的，因为他试图通过参与战争，来避免由波兰挑起的针对奥地利的战事。对他来讲最重要的是，竭尽全力阻止波兰革命，而要达到这个目的，在加利西亚的军事存在就起着桥头堡的作用。对于那种批判所谓奥地利奉行的是轻率地支持拿破仑的政策，从这个角度去思考问题显得十分重要。实际上，参与拿破仑战争的目的，是与拿破仑保持距离。

这件事对于皇帝以及他的大臣的重要性，在与拿破仑达成最终的协议之前已经显示出来：1811年12月18日，皇帝向皇室警务署副署长哈格尔下诏，发布一道由梅特涅起草的决议。决议说，在与奥地利北部接壤的国家中，聚集着日益增多的军队，引起越来越严密的关注。他们虽然不是冲着奥地利而来，但是，出于"政治的和警务方面的考虑"，需要在最靠近这些军队集结的、相邻的边境地区采取措施，维持"秩序与安定"。因此，皇帝命令匈牙利人部队——而不是德意志人部队——开进这一地区，因为可供调遣的匈牙利人部队在数量上要多于德意志，这样，国家就可以不增加额外的财政负担，如果必须将已经放假的（德意志）军人重新召回部队，则将是另外一种（开支）情况。[307] 梅特涅在处理这些事情时，也不得不寻求在军队开支与整顿财政预算的压力之间，达成某种平衡。

1812 年 3 月 14 日的法奥同盟

从 1811 年秋到 1812 年春，梅特涅的政治算计还处于一种摇摆不定的状况之中，因为他不清楚，拿破仑会不会，以及在多大程度上会进入他如此挖空心思精巧设计的平衡方略中来。平衡方略指的是参与精确界定的有限同盟，这个同盟既要使奥地利免受进攻，而且在战争取得胜利的情况下，又不要使奥地利成为军事调动中被呼来唤去的芸芸众生，而是要成为分享胜利果实的伙伴。但是同时也不能让奥地利哈布斯堡皇朝降尊纡贵，被贬低到一个政治卫星国的地位，而是要保持一个独立大国的自由活动空间。这位大臣的忧虑是有道理的，因为整个皇朝的生死存亡已系其一身，并且完全取决于他提出什么样的建议。他相信，拿破仑在与较弱的大国打交道时，什么事情都做得出来。虽然有这种认识，他却丝毫没有因此而去大肆渲染，反而是在这种情况下，甚至在一份让人头脑清醒的奏折中，让弗朗茨皇帝看到了他很少形之于色的内心感情。

　　应该怎么办？解答这个关系一切的、涉及国家荣辱和国家整个前途的问题，使臣深感千钧压顶、不堪重负。陛下，您面前站立的，是一个除了上帝、他的君主和他效忠的义务之外，不知其他事情为何物的人。而恰恰是这个事实，决定了必须言简意赅地说明臣所面临的压力！事关国家的生死存亡，一步走错，国家危矣。而稍稍偏离既定轨道，亦是错步。[308]

梅特涅以这个略带渲染的表白，向皇帝发出了恳求性的，也是紧急的呼吁："已经决定了的东西，绝对不能改变。"这位大臣只有在极端特殊、需要当机立断的情况下——比如在 1813 年 4 月，当他说服皇帝改变战争方针，起而反抗拿破仑的时候——才会这样明白无误地表达。结果就是，最后形成了一个与法国在形式上结盟的纲领性文件。梅特涅事先将所要缔结的结盟条约，与他和拿破仑均崇拜的考尼茨侯爵 1756 年与法国签署的结盟条约，逐条逐句作了比较。他想凭借此举同时发出信号：即使在 1812 年，奥地利也仍然作为一个独立、自主的国家在积极行动。[309] 事情整个过程的特别之处在于，梅特涅提出了一个军事政治性倡议，皇帝诏准，但是执行则委托给了一个委员会，委员会的决定需呈请皇帝御批（皇帝有否决权）。委员会由外交大臣、宫廷财务署总管、内廷战争议事会议长组成，战争大臣卡尔·齐希伯爵任委员会主席。[310] 所以，梅特涅根本不是在皇帝之外独断专行。这也让人理解了，他为什么始终认为有必要强烈呼吁弗朗茨皇帝要为坚持他的路线进行担保。

1812 年 3 月 14 日，法国与奥地利在一份形式上的协议中结成联盟，这个联盟完全按照梅特涅"积极的中立"路线而设，并以此证明了奥地利的国际地位得到了相当的巩固，因为这纸协议用文字的形式迫使欧洲最强有力的人承认：

> 保证两国各自领土不受对方侵犯。
>
> 保证奥斯曼帝国的国家完整。
>
> 同意奥地利军队（只需）出兵 30000 人（24000 名步兵，6000 名骑兵）。
>
> 此外，在秘密附加条款中确定：
>
> 这些军人由一名皇帝指定的奥地利将军指挥，不得

369

分割。

　　奥地利没有义务参与针对英国和伊比利亚半岛的战争，只参与对俄作战。

　　如果波兰王国重建，加利西亚仍是奥地利的一部分。

　　奥地利可根据愿望用加利西亚交换伊利里亚行省。[311]

这样的谈判成果价值如何，梅特涅用了一个比较来进行说明：这次谈判获得的成果，比"最近二十年"——就是说自 1792 年战争开始以来——所希望的和所渴望的加在一起还要多。[312] 普鲁士的例子说明，如果完全以依附于人的地位同拿破仑结盟，会是何种状况。1812 年 2 月 24 日普鲁士签订的联盟，为自己套上了一个进攻加防守联盟的枷锁，所有莱茵邦联邦国也都这样被套了进去。[313] 梅特涅则成功地防止了奥地利加入这种无条件的"战友关系"之中。

1812 年 5 月 16~29 日的德累斯顿会议

　　1812 年春，拿破仑全面开始了为这次大战的准备，准备是从德累斯顿开始的。他于 5 月 16 日抵达德累斯顿，一直逗留到 29 日，并且每天都会给他的总参谋长贝尔蒂埃下达命令。[314] 他利用这次逗留机会，搞了一次革新了的君主大聚会，对旁观者来说，就像经历了一场奇怪象棋局中政治力量的王车大易位。在 1808 年，当时俄国还作为盟友受到邀请，那时（法国）皇帝还在计划对奥地利开战，而现在，俄国却成了一个被孤立的大国，奥地利反而成了联盟伙伴。整个活动都带着最高级别大家庭聚会的味道，因为拿破仑通过其驻维也纳公使通知说，如果他与皇后玛丽－路易莎到达德累斯顿的时候，能在那里见到岳父，"他将感到非常高兴"。1808 年时还是明确的被放逐之人，一下子变成了受欢迎的客人。梅特涅则将其看作对奥地利地位非常重要的利好。

在拿破仑和玛丽-路易莎 5 月 16 日 [315] 到达德累斯顿之前，梅特涅就张罗着拟定客人名单，并为那些带着大量随行人员抵达的贵宾们安排合适的下榻地点。[316] 他的客人名单上有：

法国皇帝拿破仑和皇后玛丽-路易莎

奥地利皇帝弗朗茨和皇后卢多维卡

奥地利大公爵约翰

那不勒斯国王若阿尚·缪拉元帅

讷沙泰勒亲王路易-亚历山大·贝尔蒂埃，拿破仑的总参谋长

威斯特伐利亚王后卡塔琳娜·冯·符腾堡（国王热罗姆正在开赴战场途中）

贝尼文托亲王查理·莫里斯·德·塔列朗

巴萨诺公爵于格-贝尔纳·马雷，拿破仑的新任外交大臣

维尔茨堡大公斐迪南三世，前托斯卡纳大公，弗朗茨皇帝之弟

梅特涅夫妇

普鲁士国王腓特烈·威廉三世

如果看一看梅特涅的角色，那么，在有关俄国之战的文献中很少受到赞誉的这次会晤，还是很有意义的。因为这次会晤再一次给了他与拿破仑紧密和深入交往的机会，可以去打探拿破仑的其他计划。他可以证实自己的做法没错，因为他得到了拿破仑并没有过于看重奥地利的军事支持的印象，对奥军，拿破仑也愿意人为地小看一等。拿破仑最终还是同意奥地利以 30000

371

1812 年 5 月在德累斯顿的君主大聚会。从左至右为：弗朗茨皇帝和卢多维卡，拿破仑皇帝和玛丽 – 路易莎，萨克森国王腓特烈·奥古斯特一世和夫人玛丽娅·奥古斯塔

人的"辅助军团"积极参与战争，对他来说，这意味着一种道义上的保证，即"确保奥地利的其他军队在自己的帝国内原封不动"。[317] 同时，就像之前协议同意的，拿破仑真的允许他的这个盟友在加利西亚及波希米亚保有自己的军队作为"观察军团"。

梅特涅自己也感到，在保持中立和保证奥地利领土不受侵犯的同时，积极参与的这种格局从根本上讲是荒谬的；他将其看作一个"古怪的政治地位"，在外交史上是史无前例的，而且只出现在一个"在各个方面均使人感到离奇的，并且以各种非正常方式受到惩罚的时期"。从与拿破仑的秘密谈话中，梅特涅了解到拿破仑希望建立一个"波拿巴王朝统治下的加洛林帝国"。[318] 他将这个举动评论为"一种难以置信的行为，一种通过过往'孤注一掷（va banque）'的投机获利，而变得胆

372

大包天的赌徒的行为"。为了这个帝国，拿破仑愿意冒入侵莫斯科的风险，逼迫亚历山大去面对毁灭性的屠城作战，因为他相信，沙皇无论如何也要在入侵的敌人面前去捍卫他辉煌的城市。不管怎么说，拿破仑向梅特涅透露，他准备进行一场分为两部分的战役，这场战役将因冬季而中断，并在1813年春季继续，这后来得到了证实。

在德累斯顿，拿破仑与他的岳父首次相见，而这位岳父大人显而易见对这个科西嘉人印象深刻（"这才是条汉子！"）。并且由于他的态度，使拿破仑更加相信，奥地利绝对不会加入反对他的同盟。1813年也是在德累斯顿，拿破仑向梅特涅坦白，这种信任是他的一个最大的失误。"卢多维卡皇后在思想上最敌视拿破仑，这是众所周知的"，任凭什么事物也不会减轻她对拿破仑的反感。[319] 她一再明确地提醒梅特涅，在维也纳，他会面对一个强大的反对阵线，其中包括出于抗议，在德累斯顿仅逗留了48小时便扬长而去的约翰大公爵。[320]

等待灾难与路线改变的信号

梅特涅是6月28日在布拉格得到战争爆发的消息的，当时他正手拿一份法国6月22日发给军队的布告。还在德累斯顿之时，拿破仑就曾当面向这位大臣预言，23日将会听到他的讲话。[321] 在战役进行期间，梅特涅的工作是为军队筹集军费，特别是为施瓦岑贝格指挥的辅助军团筹集军费，甚至他在7月于科尼希斯瓦尔特逗留期间，也是在做这件事。他对宫廷财务署总管沃利斯的恼怒，集中反映在他给皇帝上的奏折中："宫廷财务署总是从奥地利不再需要军队这种观念出发考虑问题。反驳这种观念，就像同一个空想的主张扭打在一起，纠缠不清。在我看来，我们的军队目前处于最糟糕的时期，这是不容否认的：国家花钱养了这么多人，但是危险关头却一个也指望不上。"[322]

梅特涅紧张地关注着战事的进展。俄国战役的进程和结局对他来讲有着地震仪般的作用，因为可以向他显示，拿破仑是否，以及在什么时候被致命地削弱，好使他有机会组建反拿破仑的同盟。但是，到目前为止，人们一直没有更仔细地考证过，这位大臣到底得到了些什么样的情报，以及他具体是什么时间得到这些情报的。因此，有必要看一下下述按时间顺序编排的信息，这些信息就像一个个素材一样，会聚成了一幕危机剧，最终让拿破仑的军事力量被削弱，并决定性地促成了梅特涅改变方针政策。需要设身处地地想象一下，梅特涅在维也纳具有哪些情报来源。他从法国大使那里定期得到总是经过美化的战况通报。同时，他让人"截获"（打开）各公使馆的往来通信，并获得比如说俄国的军事战报内容。当然，他也从被派到拿破仑阵营做"线人"的奥地利宫廷参事冯·鲍姆（von Baum）处得到情报。

早在 8 月 14 日，不祥的预感就使梅特涅心绪不宁：8 月 17~18 日的第一场会战，当拿破仑的军队还没有与俄军遭遇时，他就提到斯摩棱斯克战场，并且当时就断定，不要过于看重拿破仑统帅部及其军事顾问的进攻组织，"为的是要事先就清楚可能发生的一切不幸，为没完没了的战事作好准备。一个泥潭［！］就足够让一支军队被永久地消灭"。[323] 他这句话指的是 1806 年奥尔施塔特会战中，不幸的普鲁士军需总监卡尔·路德维希·冯·普费尔（Karl Ludwig von Pfuel），此人现在正为俄国人效力。9 月 8 日，梅特涅从法军的战报和鲍姆的报告中获悉，"俄国人现在要进攻了"，但是处处都被拿破仑的军事行动打败。对莫斯科的进军会造成多大的影响，目前还不能确定。[324] 9 月 16 日，他安排向施瓦岑贝格的部队发放过冬大衣，并且清楚，法国皇帝会"不中断地"向莫斯科挺进。9月20日，他已知道拿破仑的军队通过血战拿下了斯摩棱斯克。9月24日，奥地利公使馆秘书冯·贝克斯（von Berks）带着新的消息从圣彼得堡返回维也纳，他是途经莫斯科和基辅回来的，并向梅特涅汇报了细节，这些细节促使梅特涅评论道："所有的地方都存在错误。如果不能按照领导人的标准来衡量，就很难对事务的进展状况得出一种理解。"[325]

374

　　9月14日，敌人的部队开进了莫斯科。从9月14日起直到18日，整个城市都在燃烧。9月30日，法国大使在维也纳递交给梅特涅一份9月16日的军事战报，是在莫斯科标注的日期。战报报道了军队的进城情况，并向法国读者介绍了这个大都会与他们自己的国都相比的规模和繁华程度，但是也报道说："完全的无政府状态毁掉了这座伟大而又美丽的城市，大火已将其化为灰烬。"[326] 梅特涅勉强作出了一个绝望的评论："这个战报制造了一切，而唯有和平却没有制造出来。"[327] 公使还有消息要通报，但是他只想口头告诉梅特涅。

　　之后不到一个星期，10月4日，梅特涅得到了第20份日期标明为9月17日的战报。战报虽然是在拿破仑的新闻检查下写的，但还是包含了足够的真实情况，这些情况使梅特涅"不禁打了个冷战，毛骨悚然"，因为数字太过惊人。三天的大火，将城市的六分之五化为灰烬，都是木质结构的房屋：1600座教堂，1000多座宫殿，储存可供8个月食用的、不计其数的粮库，全部被付之一炬。30000受伤和患病的俄国人被烧死，最富有的商店被夷为平地。军队找到的、要劫掠的东西并不多——战报将这种抢劫美化为"资助来源"。[328] 梅特涅将俄国军队撤回到腹地的做法，评价为"唯一正确的军事行动"。他将战役描绘成"西伯利亚帝国与欧洲之间进行的战争"，俄国人是被赶出欧洲，逃往西伯利亚的。梅特涅还没有找到形容谁是战胜者，谁是战败者的词汇："反正从已经发生的事来看，还理不清思路。有一点是可以肯定的，一百年之内，俄国也不可能还手反击了。"[329]

拿破仑于 10 月 19 日离开莫斯科。出于保护自己部队的考虑，10 月 2 日，施瓦岑贝格就小心翼翼地把部队撤退到了布克河（Fluss Bug）之后。对梅特涅来说产生了一个棘手的局面，他不得不向加利西亚增兵，以补充由于阵亡而减少的兵额，使之重新达到 30000 人。但是实际上已经无仗可打了。10 月，在维也纳，从不同的方面传来的谣言四起，其中一个讲到，拿破仑已经在克里姆林宫被炸上了天。施瓦岑贝格的报告澄清了这一谣言。12 月 15 日，梅特涅已经得知，拿破仑"本人"已于 5 日安抵维尔纽斯（Wilna，即维尔纳）。12 月 17 日，梅特涅向弗朗茨皇帝转呈了一份拿破仑的亲笔信，此信是由法国公使递交给梅特涅的，信的语调平和。此时梅特涅了解到，拿破仑已经回到了巴黎。[330]

在相府的档案中，有一张呈给皇帝的纸条，为梅特涅亲笔所写，但未标明日期，显然是出于来自俄国战场的紧急消息写成的。这个纸条是出现的第一个清晰的信号，说明这位大臣看到了反拿破仑的时刻已经来临。在这个纸条中，他急切地写道："陛下！无论怎样处置臣，在波希米亚紧急组建军队一事，刻不容缓。臣启禀陛下颁诏，御准所附抄件。"[331] 他已经为皇帝事先拟好了一道诏书。改变方针的信号已然发出，可以开始备战了。

第六章

世界大战：转折与危机，
1813

27
梅特涅秘密集结力量

1813年梅特涅被低估的作用

历史上出现过这样的时段，在人生中也有过这种情况，即一年中集中发生的事情，平时可能需要十年、二十年或者更长的时间才会经历。遭遇到这种情况的人所经历的被称为"时间支配（Zeitgewalt）"，由于"时间支配"，一切事情均不可思议地加快了速度，使人们承受着心理上的高度紧张。1813年梅特涅就经历了这样的一年——转折之年——从1789~1815年整整一个时代，都在这一年中被当年的各种进程所决定。历史学家也很难对这一年中发生的并行的、对立的以及相互纠缠的、政治上的和军事上的行动厘清头绪，搞不清最具决定性的行动地点到底在哪里。更令人奇怪的是，奥地利外交大臣在那些会战中的重要性，几乎无人知晓，他的作用或者被完全忽略，或者只是在某一点上被注意到，但是总的来讲是被低估和曲解了。

先将论题点破：不仅仅是历时数月的谈判，而且在所谓解放战争的整个期间，梅特涅均以到目前为止人们还没有认识的程度，在驾驭着它们的进程。没有他政治上的联想天赋，没有他对军事全局的小心和注意，新建立的同盟也会像此前的所有同盟一样流产。这个大胆的断言，只有在人们重新解读了没有印刷出版的资料来源之后，并且对梅特涅进行完整连贯地考证之后，才能成立。那么，他真的具备意志坚强、目的明确的战略家潜质吗？难道不是沙皇亚历山大才是"欧洲的救世主吗"？[1] 占压倒性的看法可以信手拈来："1813 年之初，梅特涅根本没有一个总体计划，不像他后来想让人们相信的那样"；他"非常狡猾"，并且在大玩"重婚政治和欺诈"；[2] 他只是在这一年形势的发展过程中，直到看起来局势变得有利了，才改变了自己的主意，加入了反拿破仑的同盟。持这些观点的人只是将眼光主要放在了外交行动上。他对军事行动的参与却被完全忽略，特别是忽略了他在"莱比锡民族大会战"之前和在会战进行过程中所做的调解工作，当然同时也忽略了他在将军们与君主们之间所做的调解工作，而这些将军与君主，都想要引导战争的发展方向。[3]

疏远拿破仑：1813 年 1 月 24~30 日与俄国的停战协定

1813 年底，奥地利的军事政策就已经开始重新定向。在梅特涅与皇帝得到了关于俄国战役中具有决定性意义的情报之后，他们认为自己做对了——已经得知：拿破仑的元帅贝尔蒂埃（讷沙泰勒亲王）正在撤退；"大军（Grande Armée）"的联合部队统帅部已于 1813 年 1 月 14 日来到了波森（Posen）；缪拉（那不勒斯国王）也已打道回府，回到了自己的国家。弗朗茨皇帝和梅特涅担心的是施瓦岑贝格的辅助军团，因为一直没有他们的消息。他们担心部队会与俄国人遭遇，并想无论如何也要阻止这种情况发生。皇帝 1 月 24 日下诏，命令"在最短的时间内，（与俄国）缔结一项临时停战协定，无须达成书面一致"。这就意味着，基本上撕毁了与拿破仑的协议，这种做法与陆军元帅路德维希·约克·冯·瓦尔腾堡伯

爵（Ludwig Graf Yorck von Wartenburg）12 月 30 日率领他
的普鲁士辅助军团所做的一样，他就是擅自与俄国人在陶拉格
（Tauroggen）签署了停战协定。现在皇帝自己也走了这一步，
但是他的分量却与前者完全不同。此后，他按照梅特涅的战
略，小心翼翼却也按部就班地与（拿破仑的）联盟疏远起来。
这就给了俄国一个决定性的明确信号，表明他将从敌对的行列
中退出。从此后的目的着眼，弗朗茨皇帝同时命令，辅助军团
在任何情况下都要保持为一个整体，并向加利西亚进发。[4]

梅特涅办公桌上的一份宣传单间接地透露了这个行动计划
已经进行到何种程度。它逼迫政府，让奥地利从拿破仑的枷锁
中解脱出来，接受一个调停人的角色，并为此与俄国、英国及
法国建立联系。2 月 3 日，梅特涅仅仅简单地评论道，传单只
是"对已经在做的事及有些已经做完的事"提出了建议。事实
确实如此，他早已将政治触角伸了出去，建立了一张外交工作
网，这张网就是要有能力承担起反拿破仑同盟的重任。[5] 局势
是怪异的：其他大国——英国、俄国，还有普鲁士——均已经
与法国开战，并都是向着结盟方向靠近，而梅特涅则是唯一一
个从"积极的中立"的角色中跳出来，并与交战的各方保有联
系的人。他的行动极具冒险性，在最坏的情况下，可能会刺
激拿破仑立即对奥地利开战。所以，他选择了一个——他认为
的——外交上不落人口实的方式，即作为欧洲普遍和平协议建
议的中介人，而奔走斡旋于交战各方之间。他在做这件事的时
候，从一开始就将和平建议作为策略手段加以利用，进而赢得
了更大的活动空间。他本来的目的是，组建一个有承受能力的
反拿破仑同盟。

看起来，他的做法好像是要尽可能长时间地避免军事冲
突，但是，在这个意义上去理解梅特涅的做法就错了。他最终
还是在 8 月加入了战争同盟，而这种做法又被当作他和平政策

的失败。[6] 这样看也是不对的，因为梅特涅是一个非常务实的人，他清楚，不打一仗，拿破仑的法兰西帝国不会缩回到一个莱茵河左岸"正常的"、限定在 1792 年边界之内的欧洲国家的规模中去。所宣布的和平目标，仅仅具有功能上的价值，如果拿破仑一旦接受，那么就如同还给了奥地利行动的自由。因为谁要是在一个会议上具备各方承认的领导和平谈判的能力，那么他也能就领土归属问题，或者就停战问题的军事条件及停战时长进行谈判。而梅特涅以调停人身份提出的建议，还有另外一种效应：他逼迫同盟各国不得不一同在拿破仑面前搞清楚，他们的战争目的以及他们的谈判目标是什么。由此就会产生一个共同承担责任的纲领。如果谈判失败，手上就有了一个宣战的理由。他想的就是宣战，这就是他的总体规划。

受阻的"阿尔卑斯革命"（1813 年 2 月）

正当梅特涅准备将这一总体规划及其一系列措施付诸实施之时，一个蓄谋已久、极具冒险性的阿尔卑斯山区爱国革命行动，险些使他精心编织的战略遭到挫败。三个危险在威胁着它：以蒂罗尔为中心的、针对拿破仑的起义，可能会招至法国军队再一次向哈布斯堡皇朝腹地进军。与此相反，梅特涅想要的正是避免这种情况，并且将战场固定在德意志中部，固定在萨克森。此外，已被发现的谋反者与各重要欧洲国家王室的联系，也在干扰着计划中的外交接触。而最令人没有面子的是，起义的精神领袖、皇帝的弟弟约翰大公爵出现在了公众的视野中。

这位大公爵将他的秘密计划全写在了自己的日记中。1812 年 12 月中旬，他就在日记中写道："我的计划是完美的，我要是能实施它该有多好。我已经为一切作好了准备，无论是以善意对待拿破仑或者是用宝剑对付他，我的眼中只有一个目的，即德意志的自由、奥地利的复仇——以及我可爱的蒂罗尔的幸福。"[7] 他已经不再相信法国皇帝不可战胜的谎言。蒂罗尔要依靠自己的力量获得自由，俄国和英国热情地支持蒂罗尔的起义，以斩断法国在意大利的援助来源。[8] 而在梅特涅看来，起义的想法来自一个有爱国热情但政治上十分幼稚的大脑，这个大脑不知道拿破仑有多么危险，也没有想起来他曾经有一次，在 1809~1810 年，不费吹灰之力就将孤军奋战的蒂罗尔人镇压下去。早在 1811 年梅特涅就担心，在蒂罗尔和瑞士有人在准备起义，他认为这是极其严重的事：叛乱的结果就意味着"无数无辜的战争牺牲者"。他是从事务内在联系的更大格局去预想的，在这种内在联系中值得关注的是，"在过去发生的事件中，这些省对我们的帮助是多么的必要"。[9] 约翰大公爵却不为类似的想法所误导，他要按照自己认为的良好的意愿行事，并在 1813 年 1 月 29 日至 2 月 3 日制订了令人吃惊的、具体的起义计划。

380

梅特涅肯定是感到了震惊，因为这个政策完全绕开了奥地利政府，而且约翰还依靠着著名的星火燎原理论，即一个行动信号就可以引起燎原大火。还有就是，这个计划完全没有考虑结局。大公爵只考虑到，人们或许会把他看作一个傻瓜或是一个"失败者"，并且还天真无邪地发誓："如果幸运，事情成功，那么所有的人都会睁大眼睛，惊叹不已，并且会说：谁会相信他竟然真的搞成了！"[10] 但是如果计划失败了，会发生什么事呢？他没有回答这些问题。

革命暴乱的过程细节在此处并不重要。这次行动的核心人物除了大公爵，还有维也纳皇室、宫廷和国家档案馆馆长兼宫廷参事约瑟夫·冯·霍尔迈耶男爵（Josef Freiherr von Hormayr），申诉参事安东·施耐德（Anton Schneider），以及了解一切细节的专区行政长官安东·冯·罗施曼（Anton von Roschman），是他将行动计划报告给了梅特涅。起事时间定于 1813 年 4 月 19 日，星期一，复活节，但是皇室警务署副署长哈格尔却先于这些首脑们一步，命人于 3 月 8 日夜间将霍尔迈耶、施耐德以及——为了做做样子——罗施曼逮捕。对于奸细报告的情报是否可靠，梅特涅通过采取突然袭击加以证实，因为其成功截获了谋反者的一个通信员，他正在从维也纳前往圣彼得堡的路上，并于 2 月 25 日被制服。他携带的具有高度轰动性的资料，证明了已经宣布的谋反者与外界存在着的联系网；这些资料最后收入了相府的"绝密档案（Acta Secreta）"之中，直至今天还保存在那里。[11]

被截获的书信往来暴露了高层政治名流也卷入了谋反活动：作为牵头的外交协调人、英国在维也纳的间谍［约翰·哈考特·金（John Harcourt King）］，英国驻沙皇俄国大使［卡思卡特子爵（Viscount Cathcart）］，一个在俄国统帅部的英国人［霍雷肖·沃波尔勋爵（Horatio Lord Walpole）］，约翰大公爵在北德的亲信及沙俄—德意志地区指挥官［陆军中将路德维希·冯·瓦尔莫登（Ludwig von Wallmoden）］，以及最后还有一位——也是最轰动的揭露——英国外交大臣卡斯尔雷子爵（Viscount Castlereagh）。英国人准备为这一行动提供 30000 英镑。无疑，俄国与英国用他们背着奥地利政府的活动，为将来与梅特涅的结盟谈判作了抵押。此外，还让梅特涅不安的是，巴伐利亚公使雷希贝格伯爵（Graf Rechberg）1813 年 2 月就已经知晓，蒂罗尔人将在约翰大公爵的率领下举行起义。可以肯定，拿破仑不久就会通过巴伐利亚这个莱茵邦联成员获知此事。[12]

梅特涅在与皇帝协商一致之后，批评了大公爵。3 月 9 日，大公爵以懊悔和低声下气的态度，向大臣作了"某种形式的总忏悔"。他解释说，"自己犯了一个大错"。[13]这次训练有素的反阿尔卑斯联盟（Alpenbund）行动教育了梅特涅：将来要更加仔细地关注国内的、一时心血来潮的、马上付诸实施的举动。时刻认真关注着德意志各邦国内行动的拿破仑，将于6月底与梅特涅在德累斯顿会晤，在大战中，不能指望依靠国内的民族运动来解决自身的问题。

"我们已经到了作出决定的一天"：奥地利政策的彻底转向

"Alea iacta est"——大局已定：当恺撒大帝渡过上意大利的卢比孔河（Rubikon），走在向罗马进军的道路上时，他说出了这句话。对梅特涅而言，决定是于1813年3月3日作出的。在对他本人而言具有特殊意义的这一天，皇帝晋升他为"玛丽娅·特蕾莎骑士团"执行长（副团长）。这个皇朝最重要的军事骑士团，是由玛丽娅·特蕾莎皇后于1757年为了表彰最勇敢的将士而创建的，骑士团大团长由皇帝本人亲自担任，除大团长外，最重要的职务就属骑士团执行长了。在一定程度上，可以将这一举动看作皇帝发出的最高信任，并以这种方式显示他与梅特涅已经结成的精神战友关系。受到晋升的人也是这么理解的，在谢恩答词中，他加进了这样一段回忆："陛下识臣多年，共历艰难险阻，史开新章。危急存亡之秋，臣忠贞不贰，报效陛下于危难之时。臣已汲陛下思想之精华，性格之勇武。陛下，命运时刻已到。"[14]

这个时刻，就是梅特涅不为其他因素干扰、思想始终一以贯之追求的时刻：这次要在一个军事、政治的反拿破仑同盟中取胜，并且不再受拿破仑引诱，退出所追求的同盟——虽然多少年来一再被强迫这样做。让人感觉这好像是命运的暗示一样，作为骑士团执行长的梅特涅，后来同样也将一枚"玛丽娅特蕾莎骑士勋章"授予了滑铁卢之战的胜利者威灵顿公爵，以表彰他早在 1814 年 2 月于西班牙维多利亚盆地战胜拿破仑。[15]

到目前为止，从未系统考虑过的是，在短短的几个星期之内，梅特涅一步一步有计划地前后采取了哪些措施。他热情充沛、目标明确地实施着自己的政策，而这一政策在维也纳则遇到相当大的抵制，需要他去克服。此外，他还要平衡内部的军备建设与奥地利的国际政策。

（1）加强内部控制和"警务"（3 月 4 日）

就在晋升为骑士团执行长后的第一天，3 月 4 日，梅特涅在皇帝面前竭力举荐哈格尔由皇室警务署临时副署长晋升为正式署长——晋升为"当前局势下特别重要的机构的首脑"。[16]他援引刚刚被揭发的、流产了的由约翰大公爵主导的"阿尔卑斯革命"的例子，进而表明，除此以外，他能够借此更好地控制维也纳及奥地利国内的各种运动，以便使它们不致同他在国际上推行的政治和军事计划背道而驰。

（2）军事措施：转入"武装调停"之路（1813 年 3 月 14 日）

梅特涅绝非像很多人所描写的那样，是一个踌躇不定、犹豫不决的战术家，而是在 1813 年 3 月时就已十万火急地敦促落实这一措施，因为"每一刻的损失都将是无法挽回的"。这就好似 1813 年战争之年中一道新的闪光照耀在梅特涅的角色上，如果人们知道，他已经在持续地运用他的政治和军事话语权，或者要求采取，或者赞同采取相应的措施的话。3 月 14 日，他发给内廷战争议事会议长贝勒加尔德一个他以皇帝名义起草的决定，即向参战各方提出"武装调停"，并以此开始实施他的新政策。"武装调停"也使皇帝重新定义了"朕与外国关系的政治水平"。[17]

　　这样做也同时要求采取军事措施，因为调停谈判的结果不好预测，所以必须为可能发生的军事冲突作好准备。弗朗茨皇帝（御批："对旁边所列明显的手写内容予以颁布"）命令，靠近西里西亚边境的军团及驻扎在加利西亚未受损失的军团整装待发。这些驻扎在后方的部队的任务，是加强奥地利在谈判中的地位，因为用这种方式可以使那些对手们清楚，奥地利既可以站在这一边，亦可以站在另一边，它站在哪一边将对战局具有决定性的意义。同样，皇帝也考虑到了一旦出现不免与法国一战的情况，就要考虑部署军力以对付南德及上意大利。还要将驻扎在特兰西瓦尼亚（Siebenbürgen）和布科维纳（Bukowina）的部队调往加利西亚，施瓦岑贝格指挥的辅助军团也将转移到波希米亚。贝勒加尔德"立即组织实施"，同时将军队部署所需的地图资料分发下去。

　　这道命令的结果是，贝勒加尔德匆匆忙忙地张罗着加强波希米亚边防，以应对萨克森。为此，陆军中将杜卡（Duka）请求皇帝下旨，又是梅特涅照例（以皇帝的名义）拟定谕旨；杜卡中将表示"完全同意"送达的草案，因为他自己也认为，"时间紧迫，这样做是合适的"。[18] 这一切还都是在 3 月发生的事，4 月，同盟就开始了反拿破仑的春季战役。

　　（3）皇帝的财政敕令（1813 年 3 月 17 日）

　　梅特涅忙碌的手也出现在财政金融领域。通常负责财政金融事务的"小圈子会议"，在"可能弄到特别的国家资源"的问题上争来吵去，不能达成一致，皇帝对此非常生气。他同意梅特涅的说法，认为"在当前极为严重的时刻"，这是完全不可接受的。梅特涅在此事上如法炮制，起草了一道敕令，针对在此期间已经转任财政大臣的施塔迪翁。而且，他非同寻常地使用了在平时公文行文中很少出现的粗鲁生硬的措辞，诸如"朕秉公特令卿，遵诏执行"。梅特涅于 3 月 17 日以皇帝

384

的名义另外组建了一个委员会，其成员由他——外交大臣——挑选。他委托这个新机构在施塔迪翁的主持下，重新讨论并提出建议。梅特涅着重强调，他"期待着委员会方面在当前的非常时刻，以最快的速度来保证筹集能让国家自由支配的至少3000万奥地利古尔登，以便填补特别支出形成的亏空"。[19]

一个债台高筑的帝国，而且是在1811年刚刚经历了国家破产的帝国，从哪里能够重新搞到钱呢？按照此类机构一般的悠闲缓慢的办事节奏来衡量，在令人震惊的三个星期时间内，委员会就提出了一个解决方案，按照这个方案，不只是3000万古尔登，而是要搞到4500万。4月10日，梅特涅向皇帝解释了这一计划：在确立未来国家收入的流程中，应率先设立一个可供使用的基金——一个所谓的预期基金；每年向这个基金注资375万古尔登，为期12年。这笔金额每年从德意志、波希米亚和加利西亚的基本税额中事先截留下来，以后再偿还，并且以国家收入中最具有保障功效的那部分，为此基金作担保。当然，这也意味着，在今后的12年里，就不得不像个节约冠军一样勒紧裤腰带，来使用国家预算了。梅特涅也再一次以现实形势为由，争取皇帝同意："特殊的时代和特殊的情况，需要采取特殊的措施，为的是不会在任何时代和任何情况面前，再遭遇最为特殊的事情！"[20]对施塔迪翁要将这项非常必要的贷款措施推迟的更改建议，他强烈反对。梅特涅成功了。新闻界在1813年4月25日就宣布了基金的设立。[21]令人吃惊的是，拿破仑在5月16日就知道了这项新的4500万的"预算"，但是他说，用这点儿钱，没法进行反对他的战争。[22]

385

（4）梅特涅在外交政策上改换体系的设想

由于梅特涅总是将内政与外交联系起来思考，所以，他对警察、军队和财政金融所作的努力，同时也涉及他在外交政策上的计划。在此，讨论一下在将来才能实现的、未来欧洲和平秩序的设想，是完全合适的。在梅特涅看来，在这个意义重大的 3 月，他脑海中浮现的改换体系的时间，终于成熟了。他也是先在纲领和理论上形成自己的计划，这与他的行事风格相符。做此事最好的由头是，驻法国大使馆一直存有空缺，现在要重新派人去填满这个真空：施瓦岑贝格侯爵又得从他将军的角色，转变回驻巴黎公使。而且由于形势已经彻底改变，因此，梅特涅认为有必要拟定一个新的指导意见，让他的使节在 3 月 28 日动身时带上。[23] 让我们回到曾经出现过的画面中：现在——在拿破仑的俄国战役失败之后——考尔纳先生说"不"的时刻来到了，尽管是渐渐地、缓慢地到来，而不像寓言中那样突然而至。对于所知更多的历史观察家来说，更加有意义的是，这位外交大臣用他的指导意见，将他的愿景现在就已告诉了那位将来的、反拿破仑同盟的联合陆军元帅，并因此赢得了一个政治上的志同道合者。

而具体到梅特涅这里，就不能不复归历史。法国的霸权使得过去所有有关欧洲均势的想法均已破灭。1806~1807 年战争后，只有两个结盟的大国——法国和俄国——掌握着欧洲大陆。刚刚过去的事件——梅特涅指的是俄国战役——颠覆了到目前为止所有的预测，并带来了各国关系的重大转变。法国正处于极度的危机中，处于"不可言状的巨大灾难"中，这是现代历史任何一个阶段都未曾有过的灾难。但是，病痛之中，也隐藏着救命解药："和平状态下，回归秩序，这是全体欧洲人民都心向往之的，除了一个人例外。"他设想，现在就是提出倡议的时机，而参加战争的大国都没有能力提出这样的倡议。他说，普鲁士与俄国在 2 月确立的同盟，创造了完全崭新的政治局面。

梅特涅随即开始了欧洲秩序的"设计"，即一个由四个大陆型欧洲大国组成的力量场，法国和俄国，这两大帝国位于两翼，无休无止地在争夺欧洲大陆的霸权，因而也不断地威胁着处于它们之间的两个帝国——奥地利与普鲁士。这两个"居间（intermediären）"帝国可贵的独立资产，要感谢它们的一致性。对居间的任何一国的损害都同时直接威胁到另一国的生存。反过来中欧的安宁也要由两大帝国来保障。因此，奥地利皇帝再也不可从"兄弟国家（état ami）"普鲁士的废墟中攫取好处了，因为这也意味着他自己的灭亡。

梅特涅绝对不会有回到过去旧的大国机制的想法。他追求的是"建立在一流大国之间'合法的（juste équilibre）'均势之上的和平状态，即建立在二三流大国独立及富裕之上的和平状态"。保护实力稍差的大国，从来就不是旧的均势政治的目的。此外，被正确解读的欧洲利益，应该同意保留奥斯曼帝国。梅特涅认为，最紧要的目标就是欧洲大陆实现和平，这种和平必须要辐射到英国和俄国。在他看来，另外的目标应该是海上和平以及普遍的和平，其中，西班牙的问题应该能够在法国与英国双边之间加以解决。具体而言，梅特涅希望拿破仑能像俄国一样，抓住当前的合适机会，并且接受奥地利为促进和平而进行的干预。梅特涅以此含蓄地表示，奥地利的长期目标是独立，因此它最终将脱离与法国的联盟。

（5）与其他欧洲大国建立联系

自1812年以来，梅特涅就着眼于与其他所有参战大国改善联系。他从未中断过与英国的联系，尤其是在1812年3月14日与拿破仑签署紧急同盟之后。他自1794年在伦敦第一次逗留以来，就与摄政王保持着一种特殊的信任关系。[24]他借此关系来防止奥地利被误认为是英国的潜在敌人。因此，他将消息通报给了摄政王（未来的乔治四世），告之奥地利与法国的结盟不会改变它同英国的关系，也不会改变它同英国势力范围内的伊比利亚半岛的关系，因为这两个地区明确地被排除在结盟协议之外。当然了，他也希望英国停止其"在上意大利以及在伊利里亚行省策动暴乱的计划"，否则将会引发不必要的不满情绪，那样的话奥地利则将陷入"最尴尬的被动之中"。[25]

　　1813 年，梅特涅试着着手改善与英国的关系。1813 年 4 月 24 日，当瑞典公使争取他加入战争同盟时，他当面强调说，欧洲的和平秩序以及欧洲的均势和重建德意志的自由是大家的共同利益。4 月 26 日，他向俄国发出信号，解除由于战争状态对沙俄实行的最严厉的贸易禁运，以显示奥地利鉴于时代变化，可以承担起"武装的和平调解人的角色"。5 月初，他还试着让驻扎在维斯瓦河畔的奥地利军与普鲁士军达成谅解。此外，1813 年 4 月，他恢复了与普鲁士国务首相哈登贝格的联系，在前一年的 10 月，梅特涅就曾向他申明，相互的独立与两国的繁荣符合奥地利与普鲁士的利益。[26]

　　对于梅特涅来说，最重要的肯定是拿破仑如何看待"武装调停"的企图。起初，在 4 月 21 日，他还认为法国皇帝会接受这一做法。[27] 但是，1813 年春，俄国与普鲁士结盟后的战役彻底改变了这个设想。拿破仑于 4 月 17~24 日在美因茨举行了一场阅兵式，他当时肯定已经发现，他最忠诚的盟友之一，萨克森国王，与奥地利签署了一项协议，并于 4 月 20 日在梅特涅的劝说下退出了莱茵邦联，加入了"武装调停"。此处显示了梅特涅的一个长远战略，即不仅仅只是依靠反拿破仑同盟，而且要通过挖墙脚的方式，让莱茵邦联失去稳定。他这样做的最成功的一次是在 1813 年 10 月 8 日，在民族大会战开战前不久，莱茵邦联最为重要的成员巴伐利亚退出了邦联。然而，萨克森国王不得不眼睁睁地看着，拿破仑通过在大格尔申和吕岑（Großgörschen und Lützen，5 月 2 日）以及在包岑（Bautzen，5 月 20 日）的胜利，将他的国家以及作为大本营的德累斯顿重新又夺了回来。

388

在拿破仑、普鲁士和俄国之间的战争行动已经开始之际，
施瓦岑贝格在巴黎时的副手、现陆军中将斐迪南·布普纳伯爵
于 1813 年 5 月 16 日在德累斯顿觐见了拿破仑。人们完全可以
将这次谈话的方式、拿破仑下判断和做手势的举止，看作是不
到六个月之后梅特涅与拿破仑在德累斯顿争吵的预演，这次谈
话也是对梅特涅"武装调停"想法的一次吐露心声式的坦露。
并不像历史学家后来才做到的那样，拿破仑当即就看穿了这个
建议的策略性质，并且对奥地利开始与他离心离德，进而逐步
向敌对阵营靠拢的做法感到恼怒。他将施瓦岑贝格的辅助军团
与俄国签订的停战协定视作已然撕毁了 1812 年 3 月签署的联
盟协议。这样一来，奥地利就不再是同盟者，并且也不可能以
中立的立场去做调停人，因为它有了自己的利益诉求。原因是
奥地利的统治家族起源于意大利（他暗指弗朗茨皇帝出生在
佛罗伦萨），女大公爵贝阿特丽克丝的家族也来自意大利［他
指的是弗朗茨皇帝的皇后、出生于摩德纳公国（Herzogtum
Modena）的卢多维卡·贝阿特丽克丝］。此外，奥地利将是
在意大利失去很多东西的唯一国家："我怎么能够接受一个对
意大利有兴趣，但又要蒙受这样大的损失的国家来做调停人
呢？"[28] 拿破仑这样说并非缺乏逻辑，另外，他还补充了一桩
奥地利的罪状，这桩罪状也使得奥地利的和平倡议在他看来不
可信：梅特涅将萨克森从莱茵邦联中挖走的企图，让他大为光
火。奥地利在波希米亚整军备战，不仅使拿破仑警觉起来，而
且也惊动了巴伐利亚和符腾堡的宫廷，是他向他们作了通报。
一切的一切归为一句话："我不想要您的武装调解。"

拿破仑肯定是气得不轻，并且大光其火：他是以一种"激
烈爆发"的情绪与布普纳讲话的，"这种激烈爆发的程度难以
描述，因为我实在找不出哪一种表达方式来形容它"。我们可
以看到梅特涅所处的危险境地。拿破仑对自己的这种情绪失控

是完全清楚的，我们从梅特涅那里得知，法国皇帝是故意这样
歇斯底里地大发雷霆，目的是要影响他的谈话对手，并对其进
行试探。第二天，皇帝又一次接见了布普纳，却是以善良友好
的脸色请求他忘记自己前一天的情绪失控。他说，他不是对所
有的人都这样坦率地讲话，他甚至向布普纳讲解了即将进行的
包岑会战中俄国军队的部署，并且向他——一位将军——咨询
普鲁士和俄国的军力情况，并向他透露了法军作为应对措施所
采取的军事调动。关键性的信息——这场历时 7 个小时争论的
核心精髓是，法国皇帝准备接受停战，关于停战协定的细节还
要进一步沟通。布普纳同时还得知拿破仑给施塔迪翁写了一封
信，并得以告知梅特涅，法国皇帝咬牙切齿地（"非常不情愿、
不耐烦地"）接受了"武装调停"。作为军事专家，布普纳还
补充说，在当前的局势和情况下，赢得的时间对奥地利军队来
说，是求之不得的。

28
通往"武装调停"的策略途径

形成反拿破仑联盟时梅特涅的倡议
第一份战争目标草案（1813 年 5 月初）

拿破仑在俄国的灾难以及拿破仑于 1812 年 12 月回到巴黎，像重大的历史转折事件一样，在人们的历史意识中锚定下来，但是对他而言，不过只是结束了一场战役，法国、莱茵邦联与俄国之间，仍然处于战争状态。由于 12 月 30 日签署了《陶拉格协议》，俄国与普鲁士之间缔结了停战协定，两个大国于 2 月 27 日在布雷斯劳［Breslau，2 月 28 日在卡利什（Kalisch）］完成了最后一步，签署了和平、友好和结盟条约。这样，俄国人通往柏林的道路就完全打开了，并于 3 月 4 日作为解放者开进柏林，之前，法国人未作抵抗就将这座城市拱手让了出去。撤往布雷斯劳的普鲁士国王于 3 月 17 日在沙皇抵达之后，向法国宣战。[29]

著名的俄国陆军元帅、战胜拿破仑的胜利者库图佐夫公爵（Fürst Kutusow）作为"联合陆军"的最高指挥官，终于可以在他著名的《卡利什告德意志人民书》中，"号召德意志诸侯和人民，回到自由和独立"上来。普鲁士国王在他 3 月 17 日颁布的《告吾臣民》（An mein Volk）的诏书中宣布支持普鲁士人民。尽管与民主的动因偏离甚远，但是沙皇与普鲁士国王从拿破仑及其反对者西班牙那里学到了在人民内部点燃爱国主义情绪会带来多大的好处。然而完全不清楚的是，如果将这些因爱国主义情绪应召而来的、自发但未受训练的志愿者，投入到拿破仑指挥的、传统上以方阵行进且效率极高的军队的战斗中去，更多的是不是帮了倒忙。在这个问题上，梅特涅持怀疑态度，而且有充分的理由。

但是，在人民解放的事业上，汉堡人却不得不付出惨痛的学费。他们在 3 月试图以他们的"汉萨军团（Hanseatische Legion）"为主，在俄国军队的支持下去实现自我解放。因为 5 月底，法国军队又重新夺回了这座城市，残酷地镇压了当地训练极差的民团及毫无经验的军官。拿破仑指示他的元帅达武（Davout），将城门前的房屋全部拆毁，以便空出一片射击开阔地，并逼迫所有市民参加修筑堑壕的工程，将前汉萨城市（Hansestadt）① 变成了一座大的城防工事。4800 万法郎的战争赔偿以及数万法国军队的给养，将这个城市逼到了灾难的边缘，³⁰ 汉堡成了德意志的阿兰胡埃斯（Aranjuez）②。得知了汉堡命运的梅特涅，看到了尤其是由普鲁士宣传的"人民战争"中隐藏的、用这种方式将平民拖入战争的风险。此外，法国军队仍然通过占据在但泽（Danzig，即格但斯克）、什切青（Stettin）、库斯特林（Küstrin，即奥得河畔科斯琴）、格洛高（Glogau，今格沃古夫）、马格德堡（Magdeburg）、维泽尔及美因茨的要塞，将德意志北部和中部牢牢掌控在手中。但是总体上，仍驻扎在德意志北部的法国军队处于守势，这种局势直到拿破仑 4 月底又重新出现在战场上方才改观。

梅特涅"武装调停"的想法，遇到的就是这种悬而未决的胶着状态。他看得很正确，奥地利作为联盟伙伴现在被极为看

---

① 指今德国北部的不来梅、汉堡和吕贝克。

② 位于西班牙马德里以南特茹河畔，为西班牙王室驻地之一，建有西班牙王室的夏宫。1808 年反抗拿破仑的起义，即发祥于此。

重，但在他看来这一切发生得太早了，因为从装备到实力，奥地利军队还未能达到投入实战的水平。在这种情况下，他派遣施塔迪翁作为特别代表前往莱辛巴赫的俄军统帅部，身带一封弗朗茨皇帝给沙皇的亲笔信。这次使命之所以意义重大，是因为梅特涅试图说服同盟国，对战争目标的共同纲领承担义务，它是第一次对欧洲在和平状态下重建的愿景所作的规划。尽管他当时的政治家同僚以及沙皇亚历山大和腓特烈·威廉三世对这个建议的深刻影响还不能完全理解，但是梅特涅已经于1813年5月7日拟就了一个框架，这个框架预先勾画了1815年维也纳秩序的原则和结构。[31] 这个未来方案分为一般和特别两部分。下述四项普遍原则需要得到遵守：

> ①共同目标是达成共同协议形式的和平，共同协议将地理和政治意义上的国家关系，置于合理的，从而可持续的基础之上。
>
> ②应当建立一种为了所有国家利益的新秩序；排除回归旧状态的可能性。
>
> ③没有普遍的和平，包括海洋和平，和平和安宁的状态就无法存续。取得包括英国在内的这种和平是最为优先的事务。
>
> ④普遍的和平只能通过与大陆相关的共识才能实现，这个共识就是将法国缩小到合适的范围之内。

一种良好的大陆和平还要落实作为方案特别附加的几个要点：

> ①重建组成旧波兰王国的几个国家，在形式上恢复到1809年签署《申布伦和约》之前的状态。这一条作为附加条款，意味着华沙公国的终结，俄国、普鲁士及奥地利

391

将从波兰一分为三的三个部分重新获得领土。

②在北德旧有关系的范围内，重建普鲁士。

③法国放弃莱茵河左岸的德意志地区。

④荷兰从法国的掌控中获得独立。

⑤重新恢复现在成为法国省份的原意大利领土。

⑥在意大利原占有区内恢复教宗国。

⑦对于奥地利而言，恢复通过《吕内维尔和约》被占领的意大利边境地区，以及归还由于《申布伦和约》而丧失的蒂罗尔、因河流域、达尔马提亚行省和此前所丧失的一切。

⑧对于德意志而言，结束拿破仑的统治，即放弃莱茵邦联，并以德意志各邦和欧洲国家利益一致的体系取而代之。

⑨拿破仑放弃意大利王国。

这一总体方案背后没有言明的，是梅特涅曾经对施瓦岑贝格阐述的欧洲均势思想。

方案已经公之于世，但是一开始并没有获得预期的反响。然而，无论如何梅特涅已经清楚地表明，只有对战争目标达成某种共识，奥地利才会加入共同的联盟。还在 5 月，当这个建议摆到桌面上时，梅特涅的角色和分量就从根本上得到了改变。拿破仑的战争运气和俄国与普鲁士之间的新联盟即是缘由。

吕岑、包岑和联盟危机（1813 年 5 月）

联军的春季战役在 5 月已经决出胜负。拿破仑于 5 月 24 日离开美因茨，收回了他原本进军柏林的计划，并紧急驰援正在受到威胁的部将内伊和马尔蒙元帅，他们正在艰难地抵抗着维特根施泰因（Wittgenstein）统率下的俄普联军。[32] 拿破仑于 5 月 1 日回到战场之后，5 月 2 日就扭转了吕岑战局，使之向对己有利的方向发展，但是也不彻底，因为他缺乏足够的骑兵去追剿敌军。5月8日，他重新占领了德累斯顿，并将统帅部设在了那里。

在这几个星期里，已经叙述过的奥地利的会议外交，通过派施塔迪翁和布普纳两位代表前往莱辛巴赫和德累斯顿的统帅部，业已开始，起初当然收效甚微，因为梅特涅违抗了人们热切的期待，要奥地利无固定政治条件地加入同盟。5月20~21日，包岑附近进行的两场会战使局势彻底改观。按照蒙罗·普莱斯（Munro Price）的判断，拿破仑曾希望能够重复奥斯特利茨会战的辉煌，但是，只取得了博罗季诺（Borodino）的成果，就是说，一场血战和20000人的牺牲，比对方损失多了一倍。尽管如此，失败对联军在道义和军事上造成的影响仍旧巨大，在军事上使己方的阵营中出现了反目和不和。在沙俄阵营内部，维特根施泰因的命令与沙皇周围资深将军们［米罗拉多维奇（Miloradowitsch）及托尔玛佐夫（Tormasow）］的命令相互竞争，他们是沙皇身边的近臣，极力怂恿沙皇在战争中将指挥大权独揽。但是，亚历山大在军事作战指挥上的无能，在1805年12月2日奥斯特利茨会战时已经得到证实，当时他人数上占有优势的军队在著名的普拉岑高地让人大失所望，在拿破仑面前望风而逃。包岑会战的失利也主要归因于亚历山大，当然，他成功地组织了撤退。

紧接着，除了军事问题以外，还有政治道义上的问题。一些俄国将军，包括后来起决定性作用的巴克莱·德·托利（Barclay de Tolley）①，赞成撤回波兰。这样一来，柏林就会在毫无设防的情况下，拱手让给法国军队。因此，布吕歇尔

---

① Mikhail Bogdannovich Barclay de Tolley，1761~1818，俄国陆军元帅、公爵，苏格兰贵族后裔。1812年拿破仑入侵俄国时他是战争大臣（陆军大臣，1810~1812）及俄普联军的指挥官。

（Blücher）和约克威胁说，要将自己的部队撤往北方，来保卫国都，俄普联盟眼看就要解体。拿破仑提出的停战协定——1813 年 6 月 4 日于普拉斯维茨（Pläswitz）签署——对这些战败者不啻上天的恩赐。起先，达成的协议是将停火维持到 7 月20 日，然后，经过梅特涅在德累斯顿向拿破仑倡议，延续到了8 月 10 日，这些时间和机会足以让部队重新休整并重组兵力。

梅特涅的"外交革命"：
皇帝和相府启程迁往联军统帅部

梅特涅作为直接参与者，在那时就已经认识到，在与拿破仑进行最后的决战时，国际政治和外交的惯例必须来一次革命，特别是在面对拿破仑这样的对手时，更是必不可少的。1813 年 6 月 1 日，奥地利皇帝与他的大臣躲开维也纳的公众视线，相继离开秘密行宫，前往帝国的波希米亚这个角落，为的是近距离靠近事发地。在欧洲大陆的心脏地区正在发生着有史以来前所未闻的频密对话，正在创造着世界历史：位于德累斯顿的马科里诺宫（拿破仑的统帅部）、位于西里西亚猫头鹰山的莱辛巴赫［杰尔若纽夫（Dzierżoniów），俄普联军统帅部］、位于布拉格东北 85 公里处的伊钦宫［Schloss Gitschin（Jičín），奥地利统帅部］、位于东波希米亚科洛雷多伯爵的奥波奇诺宫［Schloss Opotschno（Opočno），沙皇的临时谈判地］以及位于北波希米亚的拉第伯舍茨（Ratiborschitz/Ratibořice）——同威廉米娜·冯·萨甘女公爵的夏宫之间进行着联络。6 月 3 日，梅特涅和皇帝抵达伊钦。

是什么具体的事情导致作出了这样的决定？并非包岑会战失利的消息改变了梅特涅的战略——虽然后来他在回忆录中是这样描写的 [33] ——而是近在眼前的停战消息。5 月 27 日，施塔

394

迪翁从德累斯顿发回的报告送达，其中只是笼统地提到，俄国方面已作此建议。就在同一天，大臣向他的皇帝进言："恭请陛下悄然准备，一俟停战，圣躬移驾波希米亚，抵近谈判地，以向臣等亲授谕示。"[34] 促使梅特涅非要尽快亲自前往谈判地的原因有三：①必须消除即将解体的俄普联盟所面临的灾难性状况。②应全力避免沙皇与拿破仑可能组成双边联盟的危险，这对奥地利将有害无利，有可能再次重演提尔西特的悲剧。③在战争冲突之中的停战造成了新的现实，打开了一条进行深入谈判的时间通道，可以利用来组建四大国的反拿破仑同盟——后来瑞典成为第五个入盟者。

梅特涅以他的政策踏入了一个新的领域。他在身边组建了一个移动的相府，有办公室、工作人员、仆人、厨师和所有设施，以便抵近奥地利及俄普联军统帅部，并随时跟进情况的进展。

395

1813～1814 年战役时梅特涅的车队名单 [35]

随 从	
1. 四轮带篷大马车：大臣阁下＋1 狙击手	6 匹御马
2. 四轮带篷小马车：莱德、吉洛克斯＋1 狙击手	4 匹挽马
3. 四座马车：大厨、侍餐仆人、宾德男爵的内侍	4 匹挽马
4. 带篷大行李车：仆役（物资食品）	6 匹挽马
5. 餐车：帮厨	4 匹挽马
6. 小香肠（一种状如香肠的敞篷马车）	2 匹挽马
办 公 室	
7. 宾德男爵＋1 宾德男爵的狙击手	4 匹挽马
8. 拉特·冯·瓦肯和克鲁夫特男爵＋克鲁夫特的侍从	4 匹挽马
9. 施维格、吉格	4 匹挽马
10. 内阁文职人员、仆役	4 匹挽马
马匹共计	42 匹

如果他的团队全体都随行的话，梅特涅的仆人及办公人员要用
10 辆马车以及总共 42 匹马。与前五次反法同盟不同，在组建
第六次反法同盟时，按当时的情况，梅特涅为对话设定了有巨
大效应的前提条件。奥地利皇帝、俄国沙皇、普鲁士国王，以
及英国首相一同聚齐在现场，这在"历史记录中从未有过先
例"。[36] 最艰难的事务就在一个房间一个房间之间，轮流转换
着谈妥了，不用信使，不用交换文件，也不用大使们做中间传
话人。君主和政府首脑们亲密地讨论着实质性的问题，一旦就
某个问题达成一致，大臣们就会就此开会，在会上起草议定书
以及解释性的备忘录，将一致意见的形式和有效范围固定下
来。在与俄国外交大臣涅谢尔罗迭（Nesselrode）以及普鲁士
国务首相哈登贝格谈判之后，梅特涅确信："我相信在一些谈
判中取得的效果，比三个星期的照会往来要好得多。"[37]

396

　　新的做法有三大好处：第一，当事各国政府机构与军事
统帅部可以相互之间以最快的速度交换对局势的研判、最新的
情报以及作出的决定。这有助于联盟的统一和加强。一旦出现
争端可以立即予以消解。第二，通过签订协议，可以达成对未
来新秩序要点和轮廓的共识。维也纳会议的实质性成果，通过
这一途径事先就已确定下来，而且会议中那些原本要讨论的题
目，以及可能产生的摩擦，在 1813~1814 年就谈判过了，在
维也纳会议上只需用相对很短的时间在形式上确认一下即可，
对于上述这些成果，或许到目前为止还没有给予足够的赞扬。
因此，在下文中值得予以关注的是，战争时期的这些决定，在
多大程度上事先即已成就了 1815 年的维也纳体系。这样一来
也就清楚了，各国的行动空间在 1813~1814 年就已经开始越
来越被缩窄，以至于在 1814 年 11 月再也不能随意地"恢复
重建"欧洲秩序了：欧洲秩序的绝大部分已经在原则之中被确
定了。

第三，梅特涅可以从对话网络中超越出来，通过接近作决断者来指挥演绎他的协调政策，并且同时帮助勾心斗角的将军们调解他们之间显现的冲突。回顾一下截至 1813 年 10 月莱比锡民族大会战的成功之路，证明梅特涅的判断是正确的，一切都是他的杰作，因为是他"在驾驭这个联盟，并多次阻止它搁浅"［亚当·札莫伊斯基（Adam Zamoyski）语］。[38] 英国外交大臣卡斯尔雷在见识了梅特涅在困难时期的谈判技巧，以及他不达目的誓不罢休的精神之后，特别是在他与沙皇亚历山大以及与普鲁士国王的谋臣们谈判之后，甚至认为："您是世界的首相，而我要请求您原谅我，没有始终给予您同样的信任。"[39] 实际上，起初，由于奥地利与拿破仑结盟，卡斯尔雷对其非常不信任，而在他亲自结识了特涅梅——这一政策的首创者——之后，也没有立即改变这种看法。这使得他对后来与他关系密切的特涅梅的评价更具可信度。

在下面的讲述中，我们将把目光放到从萨克森—波希米亚舞台到 1814 年 5 月 30 日第一次巴黎和会的路途，以及梅特涅在这条道路上所起的作用上来。自从这位大臣 1813 年 6 月 3 日抵达伊钦起，他就以对于一个政治家来说独特的方式，一整年都在推行他的巡回会议外交。

在通往结盟的路途上（1813 年 6 月 17~20 日）
沙皇亚历山大与梅特涅在奥波奇诺宫的峰会

多萝茜·麦圭根（Dorothy McGuigan）将 1813 年 6 月梅特涅在波希米亚宫殿之间的往复穿梭外交，逐日作了形象的记述，并将他对威廉米娜·冯·萨甘的狂热追求也编写进去。[40] 这段情史我们放在后面再谈。梅特涅在柏林任公使期间曾结识了哈登贝格，并对他尊敬有加，在 1805 年关于普鲁士加入第三次反法同盟的激烈谈判中，也曾赢得沙皇的信任，这些均对梅氏大有裨益。[41] 但是，梅特涅对俄国政策的可靠性仍旧较为悲观——他的怨愤特别是与奥斯特利茨、提尔西特和埃尔福特这些地名联系在一起。现在他如果想以调停人的角色得到承认，就必须再艰苦奋斗一番。

普鲁士和俄国坚信，一旦他们的军队由于奥地利军队的加入而得到加强，就可以放弃令人厌烦的停战状态，也即可以立刻打败拿破仑。如果考虑一下拿破仑的实力、他的用兵诡计、恢复战斗力的能力和活力，以及他能够与他的敌对者再相抗衡一整年的本事，其中还可以取得威胁性的胜利，就会很容易地确定，俄国和普鲁士决策者的希望是虚幻的。梅特涅对此持批评态度是正确的，因为他比其他任何人都更了解拿破仑的危险性。沙皇亚历山大、威廉·冯·洪堡、哈登贝格以及普鲁士的将军们，认为谈判毫无意义，他们想尽快继续战斗。与他们相反，梅特涅看到的是，奥地利军队还缺乏战斗力和装备，他还想找到一个赢得时间的方法，这可以通过向拿破仑提出谈判建议来获得。同时，他还开启了"毫无保留的先决条件（Conditio sine qua non）"模式，并将奥地利加入战争同盟与这一模式绑定。参与各方均对用协议的形式作出约定表现了极大的兴趣：梅特涅一方需要一个确实达成一致的条件，以便作为调停人以这个条件去面见拿破仑；而普鲁士和俄国一方则是因为愿意看到，一旦拿破仑拒绝的话，奥地利就有义务加入战争同盟。

梅特涅必须与对立的两极——拿破仑与俄国沙皇——谈判。他与亚历山大约定在东波希米亚的奥波奇诺宫觐见。弗朗茨皇帝命令立即将宫殿的沙龙布置好，6 月 17~20 日，梅特涅与亚历山大的会谈将在这里举行，这些会谈在世界历史上的意义，堪与这位大臣接着在德累斯顿进行的会谈相媲美。还在维

398

也纳的时候，梅特涅就已经完全准确地研判了情况，必须亲临现场才能掌控复杂的局势、厘清与拿破仑的距离，并且同时加入反拿破仑同盟。仅靠外交文书往来，肯定达不到面对面会晤的互动效果。

在此处，有必要先说一下梅特涅与亚历山大对同盟的稳定所起的作用。关于第六次反法同盟，一个影响广泛的说法是，这个同盟只是通过英国外交大臣卡斯尔雷［"卡斯尔雷的领导（Castlereagh's leadership）"］，通过他的智慧、想法、坚持不懈和谈判技巧，才能取得成功，并且是卡斯尔雷最终将同盟团结到了一起。[42] 然而，事实是，英国外交大臣直到 1814 年 1 月才加入到事务的进程中，而同盟早在 1813 年 6 月就已经建立。卡斯尔雷对大陆内部事务并不精通，只是在与梅特涅的"真挚融洽（Entente cordiale）"的合作中，才逐渐发展成为同盟的重要支柱，而在这个过程中，梅特涅仍然继续起着必不可少的危机管理者的作用。在这里强调这一点，对于理解梅特涅和亚历山大作为同盟的首创者是非常重要的，是他们于 1813 年 6 月，为这个一再受到威胁的信任关系奠定了基础。整个同盟的成功，取决于他们两人所具有的、调解冲突的方式和方法的能力。直到 1814 年 4 月攻入巴黎为止，对立的两极在各个转折点上都有着严重的分歧，以致谈判到了破裂的边缘：关于最高军事统帅人选、关于战役行动计划、关于德意志的重建、关于法国的皇位继承等。在这个过程中，梅特涅扮演的是一个一再成功地将俄国统治者的自私自利、感情冲动、在方案上反复无常又难以预测的性格摆平，并一再使同盟恢复和平的角色。

梅特涅的这种角色被误解的原因，在于他的那个表面上看起来容易被双重解读的政策。沙皇的怒火——或者更应该说是复仇的欲望——促使他至少要让俄国军队占领敌方的大城市，才能让莫斯科遭受的灾难得到补偿。他向西进军的冲动，得到了哈登贝格、洪堡以及围绕在沙皇顾问施泰因男爵身边之人的支持。而奥地利的这位大臣却引起了他深深的不信任，因为正是这位大臣促成了哈布斯堡皇室与拿破仑的联姻，也正是他，在俄法战争之前与法国结盟。梅特涅一而再，再而三地顽固坚持的与拿破仑建立联系、向拿破仑提出谈判建议的做法，引起了沙皇的满腹狐疑，怀疑梅氏最终是要从冲突中为奥地利捞取最大的好处，并且有随时脱离同盟的可能。梅特涅很清楚，主要是前外交大臣和首相尼古拉·鲁缅采夫伯爵（Graf Nikolai Romanzov）圈子的人在诋毁他的政治原则和品格。

在会见之前，梅特涅已经作好了沙皇对他"一直怀有严重的个人偏见"的心理准备。这个事项成败的关键，取决于他能否唤起沙皇的信任，以及能否将与拿破仑进行谈判的必要性作出可信的解释。因此，他当面向沙皇申明，要"以最坦诚的方式"来谈问题。只有"在无限的相互信任中"，盟国才能取得成功。此外，也应该"对弗朗茨皇帝的性格有深刻的了解"。[43] 梅特涅不得不向沙皇解释说，如果必须要作出开战的决定，那么，奥地利的这位统治者就被置于一个政治困境之中："弗朗茨皇帝相信拿破仑公开表示的想法的诚意，而我本人坚信的则恰恰相反。"说这话的时候，梅特涅遵循着他的基本信念，"和平思想对拿破仑而言是陌生的"。[44] 他试图让沙皇相信，"任何事物都不能使我们偏离已经踏上的拯救欧洲的道路"。[45] 这种话听起来有些狂妄自大、夸夸其谈，然而，如果人们能够从梅特涅私人信件中经常使用的这个修辞——"欧洲的拯救者（Retter Europas）"——中，认识到他铲除拿破仑体制及其发明者的长远计划的话，就会认识到这些用词的意义所在。梅特涅太熟悉拿破仑了，他完全不相信拿破仑会满足于让自己的统治仅仅限于法国的旧边界之内。因此，将 1813~1814 年中的梅特涅看

400

成一个绝望的、试图与拿破仑达成谅解的政客，而非一个十数年来渴望建立反法同盟的建筑师，是非常错误的。

在奥波奇诺宫，在沙皇面前，他将牌面亮了出来，他已经"准备好，向他和盘托出整个计划"。这个计划的目标是，与拿破仑血战到底。当被问到，假如拿破仑接受了谈判建议，他会怎么办时，梅特涅答道，所致力于召开大会的谈判将证明，"拿破仑既不想要明智，也不想要公正，而结果将会是同样的"。[46] 梅特涅不容置疑地让人相信，对于他而言，谈判只是个策略性的目的。那为什么谈判还是必要的呢？他的理由是要顾及弗朗茨皇帝，但是也要顾及法国的公众舆论以及拿破仑身边的人物，据说，拿氏的王公贵族、大臣将军们也纷纷赞成和平。目前的社会情绪"有些类似于革命的恐怖氛围时期"，就是说，像 1793~1794 年时的情况。[47] 同时，梅特涅警告说，不要提出过于具体和过于苛刻的条件。如果条件过于苛刻，拿破仑会大事声张，他的新闻工具以及他的外交界就会叫嚷说，你们强迫让法国名誉扫地。[48] 梅特涅想在拿破仑和法国人民之间打进一根楔子，而且无论如何，也要避免出现全国人民与拿破仑团结一致的危险效果。后来局势的发展，证明梅特涅是对的：拿破仑在更加无望的情况下从厄尔巴（Elba）逃离时，他的旧部将军和士兵纷纷反水，追随他而去。对于亚历山大来讲，特别引起他信任的是梅特涅建议，请沙皇选派一名军官前往统帅部，以便了解、掌握施瓦岑贝格全部的军事行动计划。按照梅特涅的建议，弗朗茨皇帝已经于 5 月 8 日任命施瓦岑贝格为新组建的奥地利在波希米亚主力部队的最高统帅。

除了梅特涅后来写的回忆录之外，还有见证人的报告完全确认了他对谈话的回忆所言不虚。因为弗里德里希·根茨在梅特涅离开一天之后，与沙皇进行了 3 个半小时的谈话，在谈话中，他用许许多多令人信服的理由，对大臣谈到要特别顾及的内容以及他的原本意图再次作了确认。

就像在奥波奇诺一样，自1813年直到1820年代，根茨都在积极参与梅特涅的政策。因此，有必要简要描述一下他所起的作用。通常他的作用往往被夸大了。他喜欢时髦的修辞，喜欢靠近权力、金钱和美女。"没有贵族头衔、没有学历、没有明显表现出来对……工作纪律的道德意识"，因而他并不符合"现代的、专业的官员标准"。[49] 基于此，他对在柏林仅仅做一名战争和领地顾问并不高兴和满意，并于1802年由科本茨招募，转而为奥地利效力。他按时收到报酬，但令他感到苦恼的是，他不属于预算内的在编人员。作为一个政论作家、一个宣传鼓动家、一个善于思考且有才干的顾问，在金融、国际事务特别是英国事务上，他的意见也经常得到别人的重视。自梅特涅1809年担任外交大臣以来，长期请他前往相府——作为工作人员、顾问、专题写手、秘书和各种会议的文书。他是梅特涅的工具，而不是相反。梅氏看重他，有时在私密事情上也信任他，但是从来没有承认他与自己平起平坐。这个虚荣心很强的政论作家也帮助起草文稿、备忘录、公告或者报刊文章，以至于大臣很愿意将他带在身边，并利用他作为中间人与外人打交道。

在奥波奇诺，他使他的主人在沙皇面前讲的话有了可信性："如果梅特涅先生是陛下您的大臣，并且像陛下您的大臣一样站在陛下面前，那么陛下将会发现，他是一个热烈赞成战争的人。但是，作为一个奥地利的大臣，他不得不有另外的看法和想法。"[50] 他说，与拿破仑一起，无法重建欧洲的均势。

最具实质性的内容是，梅特涅最后当面向沙皇亚历山大说明，为了能够完全投入战斗，奥地利军队还需要拖延一些时日。总而言之，这位大臣完全说服了沙皇。当同盟军于1813年11月决定向法国进军时，出现了另外一些急迫的理由（下

402

面将会说明），要与敌方进行持续的谈判，与此同时，远征和战斗也正在进行之中。

《莱辛巴赫专约》：
联盟的基础（1813 年 6 月 27 日）

梅特涅在动身前往德累斯顿之前，于 6 月 24 日给仍在伊钦的弗朗茨皇帝呈上了一道提示，禀报了他与俄国外交大臣涅谢尔罗迭会谈时所要说的理由，但是恳请皇帝注意，已经获得的（与俄国的）相互信任，比在某一具体条件上的争论要重要得多。为了消除任何怀疑，恭请皇帝在沙皇面前保证，准备"以武力来支持"共同的观点，并且"为了达到最高目标，一旦加入战争，陛下将心无旁骛，不再作任何其他考虑！"[51] 陛下还应该唤起沙皇回忆与梅特涅不久前进行的会谈，梅特涅在会谈中不仅将总体计划向沙皇和盘托出，而且还让他坚信，为什么与拿破仑的谈判是必不可少的：为奥地利的军备赢得时间，并且为的是能将拿破仑视作侵略者加以惩处。

梅特涅动身前往德累斯顿之前于 6 月 25 日批准的协议，作为秘密的、所谓的《莱辛巴赫专约》于 6 月 27 日签署。《专约》规定：①解散华沙公国，将领土分给俄国、普鲁士及奥地利；②普鲁士扩大到但泽，清除法国军队在普鲁士及华沙公国所建的所有军事要塞，并将北德地区归还给普鲁士（这实际上就包含着解散莱茵邦联的意思）；③将伊利里亚行省归还给奥地利；④恢复汉萨城市汉堡和吕贝克。在历史的著述中，总是出现第二款所写的内容，第一款却通常不被人关注；而正是第一款体现了梅特涅的思想，因为它包含了奥地利重新获得的角色——成为大国之间协议的执笔起草者——以及建立在均势基础之上的欧洲和平状态。这份协议无论在任何情况下都要保密，因为它明显地破坏了奥地利与拿破仑的联盟，并强迫拿破仑接受单方面的条件。

在德累斯顿马科里诺宫与拿破仑的峰会
（1813 年 6 月 26~30 日）

　　与梅特涅同时代的人，都在猜测梅氏在这次举世闻名的会晤中有何意图。今天的历史学家也更愿意沉迷于这些几乎可以用来拍电影的情景之中，他们再也找不到比这更好的戏剧角色了：世界历史浓缩在两个人物身上，并且以这个日子来划定欧洲大陆政治力量角逐的分水岭。原因当然不在于梅特涅 1829 年回顾这段经历时，在细节上添油加醋、添枝加叶的描绘方式。作为一个前外交官，他对谈判内容具有非凡的记忆力，因为在谈判中，一言不合，对手就可能拿来作为宣战的借口。因此，对梅特涅就会谈内容的复述几乎没有什么可怀疑的。对留存下来的所有文字记录——无论是出自梅特涅的，还是出自拿破仑或者其周边人物的——最新进行的极其缜密的比对，结果"令人吃惊的高度一致"。[52] 历史学家的大量指责，说梅特涅是想以虚荣的、矫揉造作的风格来卖弄、出风头，可以说是毫无根据的。

　　尽管如此，他在德累斯顿的本意还是难觅其踪，因为只有将到那时为止他形成的判断视野作为一个整体加以考虑，才能得出结论。可以肯定的一点是：他于 6 月初甫抵皇帝位于波希米亚伊钦的统帅部，就立即不但与拿破仑而且与沙皇亚历山大建立了联系，以便促成同两人的会晤。当法国皇帝得悉梅特涅与沙皇见面的消息后，立即邀请这位大臣到德累斯顿来与自己见面。梅特涅于 1813 年 6 月 26 日，星期六，出现在拿破仑位于德累斯顿的马科里诺宫中，公文包中则带着有奥地利自我约

404

《1813 年 6 月 26 日梅特涅侯爵觐见拿破仑一世》（油画），沃尔德玛·弗里德里希
（Woldemar Friedrich）作，1900 年

束条款的《莱辛巴赫专约》。当时举行会谈的中国厅，如今还
在供人参观。

对梅特涅带有回顾性质的记录，不能像对速记员所作的逐
字逐句的记录那样来阅读，这样做才是对的。就像他自己所写
的那样，他并不打算完全记录拿破仑在近 9 个小时的长谈中所
详述的内容："我只是将跟我发出的信息有直接关系的回应中
的突出重点，写了出来。"[53] 这位大臣以大受欢迎的直截了当
的方式，向他的传记写作者透露，在他看来什么是政治上最重
要的东西。对他来讲最紧迫的是两个问题：当前拿破仑的作战
实力，以及这位皇帝的谈判意愿。由于这场争吵所具有的独特
意义，人们对它进行世界历史性的评价是理所当然的，因此有
必要对它进行仔细的研究，虽然看起来已经再没有什么内容不
为人所知了。

　　对于第一个问题，**拿破仑现时的作战实力**，从拿破仑本
人口中获取消息，是梅特涅的最高目标。我们知道，自从梅特
涅给自己任驻德累斯顿公使拟定行事指令以来，特别是在巴黎
任公使以来，他已经认识到拿破仑的"世界霸业"倾向是对世
界和平的威胁。同样，他不懈地谋求不仅仅要按照均势的模式
来恢复欧洲的秩序，而且还要新建这种秩序。如果拿破仑不从
本质上改变自己，这个新秩序中就没有他的位置。布普纳伯爵
最近在德累斯顿与他进行的谈话表明，拿破仑会将作为胜利者
放弃已经占领的土地，或者放弃对德意志的宗主权的行为，看
作是有损名誉的一种污辱。他又在德累斯再次申明这一点，并
当面要求梅特涅补偿 30 万士兵 ① 给他，因为在攻占伊利里亚
和达尔马提亚时，他损失了这么多军队。在与沙皇会谈时，梅
特涅就曾经解释过，他在与拿破仑谈判时，并不期待他会同意
任何一种和平条件。无疑，梅特涅的意图是，不仅要从沙皇那
里获得对"武装调停"的授权，而且要获得拿破仑本人的亲自
授权，因为他在六个星期前，当着布普纳的面坚决拒绝了这个
要求。

　　然而，会谈还有远远超出这些意义的更深层面的含义，这
层含义出自于当前的局面，也正是由于这种局面，梅特涅才离
开伊钦的统帅部。在那里，奥地利人已经完全致力于将各种不
同的军团整合，积极地为战争的到来作着准备：所有在战场上
可能落入敌人手中的物资，全部被清走；人们将驻防加固，封
闭通往布拉格的交通线，因为布拉格被用作武器堆放地；开
始沿着易北河和伏尔塔瓦河建立桥头堡，并建设供奥地利军队
和被调来的波希米亚的联盟部队使用的给养仓库；同时，还设
立了大量的食品集散点。东波希米亚和北波希米亚地区都变成

---

　　① 原文如此，似只是拿破仑的口头说辞。

了巨大的野战营地。[54] 当人们开始为开战统计自己的军力时，梅特涅离开了统帅部，实际上，这是去进行会谈的真正动力："我想要确定能够强有力地影响战争进程的实际情况。"他在这里指的是对手的兵力情况，并再一次证明，他懂得在战略的轨道上同时考虑政治、外交和军事问题。

如果考虑到这一点，拿破仑与梅特涅之间谈话的某些段落就突然变得有了令人不可思议的意义。因为梅特涅知道他的对手心理上的弱点，于是，梅特涅就有目的地专门在估计可能有弱点的地方向他挑衅，以试图激怒他。他头脑冷静地对他们之间在脾气秉性上的反差加以利用：他自己冷静从容、保持距离、自律自持、说话算数，很难通过挑衅套出他的话来——而拿破仑则暴躁易怒、冲动发火、缺乏自制，容易被他外交技巧老到的对手故意表演出来的平静所激怒。梅特涅的第一个挑衅，是当他给出奥地利的军队数量为 25 万人时发出的，而拿破仑则计算出人数最高不会超过 7.5 万人，拿破仑还惊讶地表示，（奥地利）皇帝搞到一个准确的数字应该不难，[55] 而他，梅特涅，也应该有本事给自己一份法国军队的准确名单。自认为是军事计算大师的拿破仑，却轻易地上了挑衅的当，并透露了他的消息来源：是法国驻维也纳公使纳尔榜伯爵（Comte de Narbonne）通过（奥地利）陆军中为他工作的间谍搞到了情报。根据情报编制的一张列表中，他——拿破仑——就连奥军中最后一名鼓号手都计算进来，同样的事他的军事统帅部也在做，简言之：他的一切都建立在"数学计算的基础上"。他甚至带着梅特涅进入他的作战室参观，并将奥地利的军事部署图展现给梅氏看，他每天都会获得奥军直到团以下单位的调动情况。拿破仑滔滔不绝且相当深入地（"也有大段的离题话"）介绍着他所计算的军队实力，从而也被引诱着向他的潜在敌手展示了本应保密的军事情报。送别梅特涅时，贝尔蒂埃问梅特涅对与皇帝的谈话是否满意，他得到的回答是："他给了我完全的启发，与这个人的戏结束了。"[56] 梅特涅用以下的话语作了非常珍贵的解释："我与拿破仑谈判一事引起了我的疑问，是否再争取几个星期的时间会更好一些，以便我们的'战斗序列（Ordre de bataille）'尽可能地达到充分满员。"[57]

还在 6 月 26 日深夜，梅特涅就派出了一名信使，携带一封信前往施瓦岑贝格侯爵的统帅部，询问奥地利陆军通过延长停火协定是否还可以得到加强，以及为达此目的具体需要多长时间。两天之后的下午，梅特涅就得到了答复。施瓦岑贝格写道："我的部队二十天之内就可以增加 7.5 万人，我将把在这个期限内达到目的看作是幸运的事，第二十一天对于我来说都是多余的负担。"[58]

这个消息为梅特涅创造了一个全新的局面，促使他在德累斯顿多坚持了三天，这是原来没有计划进去的。于是，梅特涅脑子里装着新得到的消息，不停地与拿破仑，与他的外交大臣马雷以及与在场的元帅和将军们交谈。他的目的是，通过延长停战为重整军备赢得时间。当他在 6 月 29 日仍然没有获得具体的结果后，他向马雷宣布，自己将于第二天一早动身离开。直到这时拿破仑才作出让步，邀请他于第二天早上 8 点先到马科里诺宫花园见面，然后去他的办公室。6 月 30 日进行的第二次德累斯顿谈话通常很少被注意，它当然不像四天之前的谈话那样富于激烈的戏剧性，但是，它带来的结果却对战争或许具有决定性的影响，后来，拿破仑在圣赫勒拿岛诅咒这一结果时说，这次停战是他一生中犯的最大的错误。

梅特涅则在这里显示了他是为正在成立的反法同盟效力的、光彩照人的军事政治战略家。当时的局面是错综复杂的。拿破仑鼓励梅特涅将自己的要求诉诸笔端，要求中相对简要的部分都在拿破仑的容忍范围之内：承认奥地利的武装调停，交战各方及调停人奥地利参加 7 月 10 日在布拉格召开的和会；
确定 8 月 10 日为谈判的日子；以及最后一条，各方以此时为
限，停止军事行动。

408 　　这个拿破仑签署了的契约，实际上是纯双边性质的，不能
算作停战协定，因为奥地利并没有与法国处于战争状态。拿破
仑指出的也很对，他与俄国和普鲁士的停战协定到 7 月 20 日
为止，而梅特涅不得不承认，他没有被授予全权来延长停战时
限。这并非一个单纯形式上的问题，因为普鲁士和俄国的军队
密集地集结在普鲁士上西里西亚，这在地理上极其不利，给养
的提供变得非常困难。弗朗茨皇帝在 1813 年春季战役开始时，
曾下令禁止从波希米亚和摩拉维亚出口任何食品，以证明他在
领土问题上保持中立的立场。但是梅特涅却不能通过延长停战
协定，让未来的盟友再继续坚持三个星期。因此，他逼迫拿破
仑同意，从奥地利的国土上出口给养，并运送给敌方军队。拿
破仑肯定会将这一举动视为奥地利打破了保持中立的立场。从
严格的意义上讲，无疑是这样的。而在这个问题上，梅特涅却
证明了他的贯彻实施能力和远见卓识。鉴于获得了这些同意，
梅特涅认为自己也有权为腓特烈·威廉三世和沙皇担保，说他
们会延长停战。[59]

　　作为梅特涅优先关注的第二个问题，即**拿破仑当时的谈
判意愿**，到目前为止对所有解读德累斯顿谈判的人而言都是主
要的课题。因为由于《莱辛巴赫专约》所承担的义务，梅特涅
自己就说过，这个问题对于他来说原本处于最中心的位置，但
是后来由于拿破仑慷慨大度地透露情报，无疑使问题的优先级
向后推了：军事考虑及军事计划被放到了更优先的位置。由于
到目前为止，人们的目光只关注这次会谈的谈判方面，所以将
梅特涅在这次争论中的角色评价为：争取不力，因为他面对拿
破仑，没有提出更强硬的政治条件，诸如要求他放弃莱茵邦联

等。但梅特涅很清楚，这种要求完全是多余的：拿破仑在与布
普纳将军谈话时，就已经对奥地利皇帝的立场了然于胸，如
果奥地利要求归还一些省，那就得付出流血的代价。[60] 沉浸在
吕岑和包岑两场会战获胜后兴高采烈情绪中的拿破仑还扬言：
"我一寸土地都不会让出。"

　　梅特涅更是避免谈及领土话题，相反却恳请欧洲："世界
需要和平。为了保证和平，你们必须回到以普遍安宁达成的
权力边界中去。"他构筑了他的"国家联盟愿景"（多萝茜·
麦圭根语），或者更确切地说：欧洲未来的图景。在这个图
景中，"克制的精神、对独立国家自己奉行的法律和财产的尊
重"，要起支配作用。在梅特涅告别之后，秘书范恩（Fain，
也译"凡"）这样记录下拿破仑的口头报告："奥地利想要建
立一种秩序，在欧洲'独立国家的联合（association d'états
indépendants）'的庇护下，通过明智的权力分立来制造和
平。"[61] 按范恩的说法，拿破仑在驳斥要其"克制"的要求时，
冷嘲热讽并且说得很具体。在上面提到的作战室里，他曾对他
的谈判对手说，问题不仅仅涉及伊利里亚，还涉及中部意大利
问题，教宗的回归问题，波兰解体问题，放弃西班牙、荷兰、
莱茵邦联和瑞士等诸多问题。奥地利想要得到意大利，俄国觊
觎着波兰，瑞典要求获得挪威，普鲁士索要萨克森，而英国则
要重建荷兰和比利时。和平不过是个借口而已。"你们要求的，
无非是要法兰西帝国解体。""你们"想一下子铲除库斯特林、
格洛高、马格德堡、维泽尔、美因茨、安特卫普、亚历山大和
曼图亚的军事要塞，将法军赶过莱茵河、阿尔卑斯山和（赶
出）伊比利亚半岛。[62]

　　在这场争论之后，还在对梅特涅的角色耿耿于怀的拿破
仑，也曾当着科兰古的面吐露过心声，以至于还存有关于这次
会谈情况的另外的报告。[63] 根据这个报告也可以推测，是梅特

409

涅自己将这些设想付诸讨论的。在这位大臣的眼里，这些东西最终是无关紧要的。因为拿破仑认为，要求他在其统治过程中采取克制，无异于要求他投降。最近，蒙罗·普莱斯在解读这次会谈时，将梅特涅标准规范的未来前景，与拿破仑赤裸裸的利益政策进行比较后，对前者大加赞扬。这显然是对的。他说，法国皇帝所认识的外交的唯一基础，就是权力和暴力。相反，对于梅特涅和弗朗茨皇帝来说，全欧洲的命运已经岌岌可危，这体现在失败了的大国"均势（equilibrium）"之中。他们看到了未来有一个新的、可以保障所有欧洲国家权利的协约体系。普莱斯的关于这个未来前景在维也纳会议的地平线上至少已经部分实现了的想法，是完全具有说服力的。[64]

梅特涅与拿破仑谈判的意愿，曾备受指责，但是人们却没有看到，这位政治家是有意识地将谈判失败考虑在内。他就像寓言中的"考尔纳先生"，在他的表象下面，深藏着一个长远的战略：消灭拿破仑。1814年4月，在巴黎，梅特涅在拿破仑面前已经用不着藏着掖着了。当被问到，拿破仑的权力已经受到限制，是否可以继续统治下去时，梅特涅毫不掩饰地坦承——据说是根据塔列朗的说法流传的——"拿破仑是一个与之不能谈判的人，因为在他不走运的时候，他看起来什么都可以让步，而一旦取得一点点成功，他就会立刻变得狮子大开口，贪得无厌"。[65]

原因在于，任何教训都不能使这位皇帝的固执性格开窍，在德累斯顿他又一次表现出来。在那里，这位皇帝追求在欧洲的全能统治这一点，又以无以复加的粗暴方式得到确认，并且同时还以此印证了心理学上的解释说明，即拿破仑的人性中，一半的同情体谅心已经泯灭。[66]此事发生在梅特涅触及他的谈判对手的另一个痛点之时，这就是：在拿破仑自诩为一个给人类带来幸福的进步人士，与他不断进行的战争造成无数牺牲者的人道灾难之间，在道德上的矛盾和不一致。梅特涅指出，如果停战没有结果，就存在着新的战争危险，并恳请拿破仑关注法国人民对和平的渴望。[67] 梅特涅说，他非常仔细地注意到，战争已经改变了它的体量，变成了全面战争："在正常年代，军队只是人民中很小的一部分，如今已经全民皆兵，是您号召人民加入军队的。"他当面对拿破仑这样说道。而新兵基本上是"预订的一代"，他们实际上还都是孩子。梅特涅说的不错：2001 年秋在维尔纽斯（Vilnius）发现了一个群体墓葬，有3000 具士兵的尸骸，经过认真考证确认，这些尸骸属于 1812年的"大军"。在撤退的过程中，这些士兵将自己艰难地拖到了这里，而对这些尸骸的腿骨进行的检查证明，其中果真有非常年轻的士兵——他们有的断了脚趾，矫形外科专家诊断为应力性骨折，是非人道的强行军导致了这些牺牲者的命运。

在说到军事原因时，拿破仑感到触及了他的灵魂深处，于是变得出奇的愤怒。他对梅特涅横加斥责，说他不是军人，根本不了解军人的思想。据说，他随后补充道："百万人的生命算个屁！"后来付梓的梅特涅的《遗存的文件》也是这样写的。梅特涅还在誊清稿的边缘加了亲笔补充："我都不敢在这里引用拿破仑使用过很多次的、更加粗鲁的表达方式（Je nòse pas me servir ici du terme bien plus énergique employé par Napoléon）。"[68]

与后来的誊清稿相反，在布拉格保存的梅特涅用法语写的与拿破仑会谈的手稿中，梅氏还使用了一个缩写，这个缩写可以将拿破仑的原话重新还原。[69] 为了不让公众看到，梅特涅亲手删除了拿破仑的原话："Je suis élevé dans les camps, je ne connais que les camps, et un homme comme moi se fout] de la vie d'un million d'hommes！"——"我是在野战军营中长大的，除了野战军营，我不知道别的东西，而对于一个像

411

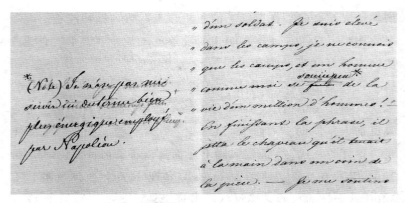

梅特涅在手稿边缘的注释："我都不敢在这里引用拿破仑使用过很多次的、
更加粗鲁的表达方式。"

我这样的人来说，百万人的生命算个屁！"

在历史学家看来，没有必要掩盖拿破仑的这种思维方式，再加上此人实际上也的确在由他挑起的战争中，置生灵涂炭于不顾，只想要自己成为"世纪伟人"。在德累斯顿的表态也不是随口而出的口误，因为当着布普纳的面时，拿破仑已经将其兵痞的秉性展露无遗，并且还威胁说，如果完蛋，那就大家一块儿玩完："我不会退让出任何东西，一个村庄也不让，这些是我通过符合宪法的途径，合并进法兰西的。一个从普通人地位登上皇位的人［'暴发户（parvenu）'］，一个在枪林弹雨中闯荡了二十年的人，一个连炮弹都不怕的人，威胁更不在话下。我不胡诌我的人生，但也很少夸大别人的。我不会为了活命而摇摆不定，我并不将自己的生命看得比千百万人的生命更高贵。但是如果必须的话，我会牺牲百万人的生命。通过暴力你们什么都得不到，我们会在许多战役中厮杀，你们想要逼迫我就范，就必须在许多战争中战胜我。我也许会灭亡，我的皇朝与我同归于尽。这一切于我都无所谓。你们想从我手中夺走意大利和德意志。你们想羞辱我。"[70]

413

梅特涅的手稿："而对于一个像我
这样的人来说，百万人的生命算
个屁！"

　　梅特涅知道，他去德累斯顿见拿破仑会遇到什么情况，因
为布普纳通过上述引用的报告内容，已经使他有了思想准备。
谈判对于拿破仑来说，同对梅特涅一样，意味着要考虑、研究
对方提出的条件。仅仅这一点就使这位皇帝感到受了羞辱。在
科兰古的报告中就可以看到，拿破仑说着说着就会大为光火，
因为他将梅特涅的和平倡议——说得对，就是和平倡议——理
解为一个借口。他说，梅特涅不想再与其结盟了，他现在会变
成敌人吗？当梅特涅正在试图揣测拿破仑的谈判意愿的程度
时，此人却正在因为奥地利不再可靠而怒火冲天。他清楚地知
道，梅特涅的意图是限制法国的权力，他要羞辱法国、削弱法

国、瘫痪法军，并用枪口对准自己（拿破仑）的胸膛。拿破仑说，"和平"这个字眼只不过是掩盖奥地利重新夺回业已失去的意大利、德意志以及所有一切的企图，想要将一切推翻，隐藏着的就是背叛。梅特涅原本的目标就是持续的欧洲和平秩序，而拿破仑则始终将只是贪婪小块领土的罪名强加在他的对手身上，并且无休无止地让奥地利面对已经失去的伊利里亚这一话题，进而将其作为诱饵加以利用。

总之，通过会谈，梅特涅肯定更加确认了他的判断，即拿破仑永远不会遵守条约协议并受其约束。梅特涅对法国皇帝没有政治自我节制能力的估计十分正确，后来的历史证实了这一点。因为拿破仑本来可以作为一个统治者在厄尔巴岛上生存下来，虽然在政治上受到限制。相反，他却利用了在这里的机会，卷土重来，重新开始了权力的游戏。梅特涅1814年4月在巴黎就曾经预见到这一点，并对将拿破仑流放到厄尔巴岛的解决方式异常恼火。但是，在梅特涅从第戎（Dijon）出发抵达巴黎之前，亚历山大就已经将一切安排就绪，成为既成事实——完全违背了梅特涅坚定不移的意愿。反过来可以追溯一下他在马科里诺宫的态度，他一直在坚持实施反抗拿破仑的战争计划，虽然也曾提出过举行布拉格和谈的倡议。

29

奥地利参战：四国同盟

和谈闹剧：在布拉格的战争准备（1813年7~8月）

梅特涅从德累斯顿出发驱车前往"拉第伯舍茨的阿瑞斯圣山（Areopag von Ratiborschitz）"，威廉米娜·冯·萨甘这样称呼她的消夏宫舍。因为这个地方已经——像梅特涅所描写的——"在可怜的欧洲成为世界不安宁焦点的时刻，变成欧洲外交的中心"。[71] 实际上，在1813年7月4日，也的确有普鲁士国务首相哈登贝格、威廉·冯·洪堡、俄国外交大臣涅谢尔罗迭和施塔迪翁齐聚此处，听梅特涅汇报在拿破仑那里所取得的成果。当得知要延长停火时，他们的火气如同炸开了的锅。[72] 他们指责梅特涅食言，当即决定，7月20日结束停战。在他的回忆录中，梅特涅将这一场面完全跳过不提，好像什么问题都没有，任何事都没有发生一般。而实际上，他要艰苦地为他与拿破仑达成的协议获得承认而斗争。看看他——这个被攻击的人——是如何为军队的利益进行辩解的，颇有启发意义。他呈现了一份施瓦岑贝格的《军情备忘录》，这份《军情备忘录》指出，如果提前结束停战，维也纳将完全陷入已经从意大利开来的法国军队的威胁中，毫无招架之功、自卫之力。弗朗茨皇帝担心，整个战争的负担将立刻全部压向奥地利。因此，他不能提前放弃奥地利的中立立场。如果同盟军要在8月10日之前出击，那只能不算上奥地利，而且，由于奥地利的中立立场继续生效，同盟军也不能穿越波希米亚。

在梅特涅倾其全力做说服工作之后，他得到了普鲁士的同

⁴¹⁵意。第二天，同样费尽心思地做了说服工作之后，雷普策尔腾
骑士（Ritter von Lebzeltern）也取得了沙皇的同意。他的理
由是，如果在第一次出击时奥地利就不堪一击，这并不符合盟
国的利益。梅特涅做的这一切都是对的，陆军元帅拉德斯基伯
爵（Graf Radetzky）在局势现况报告中评论说：只有过去的
辅助军团以及波希米亚驻军的三分之一是合格的军人，其余的
三分之二都是未经训练的新兵蛋子，还都必须进行武器使用的
训练，但是目前能用的火枪储备太少。购置火枪和训练新兵是
当务之急。⁷³

梅特涅同时在两线作战：他必须拖住咄咄逼人的盟国，同
时还要将弗朗茨皇帝拉到准备进行战争的阵营中来。在布拉格
谈判正式开始之前，1813 年 7 月 12 日，梅特涅试图以他能够
运用的最坚决的态度和道义上的说服力，让奥地利皇帝同意他
的方针路线。在他那件最具影响力的"原则奏折"中，他要求
皇帝立场要坚定："臣能否指望，陛下在拿破仑不接受奥地利
的和平基础（和平条件）的情况下，坚定不移，毫不动摇，进
而将正义的事业交给奥地利和其他联合起来的欧洲国家的武装
来决定？"⁷⁴ 好像这样说还意犹未尽，他又固执地重复了一遍：
"如果所有国家的最高君主如陛下一样，高度一致，众志成城，
臣可以有充分的信心指望在这件已经决定的，并经臣预先确定
的事情上的坚定不移和坚忍不拔，陛下方可自救并拯救皇朝。
倘若对此不坚定明确，那么从明天起，臣所有的步骤就将失误
连连、毫无条理，因而变得极度危险。"

梅特涅以一种历史回顾的方式，提纲挈领地重述了自
1809 年"皇朝一切可资利用的手段"均被摧毁以来，他的政
策的实施过程：在短短的四年之间又重新赢得了"欧洲第一的

地位"（指奥地利又可主导欧洲的进程）。对此他警告说，不要轻率地忽视或者低估皇朝实际上持续存在的弱点，奥地利现实的实力，是建立在一种独特的格局之上的，是梅特涅以他对准确时间节点和当时力量对比的杰出的敏锐鉴别力，将这个国家引导到这种格局之中的。他将此归结为一道公式："在抽象的意义上——只是将皇朝与自身相比——我们离我们曾经有过的强大，还相去甚远；但是，作为天平上的分量，我们所在的一边是超重的。"

　　皇帝的反应是亲笔御批，且超乎寻常的长。御批是以赞扬开篇的："朕之皇朝当前政治处境美誉有加，卿居功至伟。"接着，则是用略带限制性的语气指出，皇帝想要知道的是能真正理解成和平的和平建议，最好是持久的和平。弗朗茨要求："卿须竭尽全力，免使拿氏名誉受损。"皇帝要梅特涅在与拿破仑的谈判中坚持最小的要价，假如其他国家要价更高，梅特涅可以支持，前提条件是不致使谈判破裂。在万不得已的情况下，他——皇帝本人——也可以准备放弃要回伊利里亚的要求。弗朗茨皇帝奉行的，基本上是避免战争的路线。与其相反，梅特涅则是在用他策略性极强的和平理由，推行一种"外交上的双重战役"（威廉·昂肯语）。谈论和平是必要的，为的是抚慰皇帝的良心。皇帝想要的是时间上尽可能长的谈判，直到战争作为最后的手段确实不可避免为止。将和平作为目的去讲，也同样是必须的，为的是不要过早地刺激拿破仑动用武力。

　　各方出席会议的全权代表于 7 月中旬陆续抵达布拉格：代表法国的是科兰古和法国驻维也纳大使纳尔榜伯爵；代表普鲁士的是威廉·冯·洪堡；代表俄国的是约翰·冯·安施泰特男爵（Freiherr Johann von Anstett）；梅特涅则作为"调停人"出席。连哈登贝格和涅谢尔罗迭都没有派的普鲁士和沙俄，想以此表明，它们从一开始就没把这次谈判当回事儿。在这一点

416

上，拿破仑也不比它们强多少，他连要求的资格凭证都没有给他派出的代表开具，并且一再拖延，尽管他的代表苦苦等待着（代表）凭证的到来。而在全体代表在形式上都出示全权代表状之前，梅特涅拒绝宣布开会。8 月 5 日，他向他的皇帝禀报说："我们的谈判进程静悄悄。"连科兰古都在明白无误地谈论拿破仑的"盲目"。

417

梅特涅在外交谈判中非常的小心翼翼，就像他告诉皇帝的一样，他还只是在追求"主要目标，在上帝和世界面前证明我们正确，并且将罪过送往它真正应去的地方"。弗朗茨皇帝则热切地强调："如果达不到和平目的，那我们必须尽一切力量，不使责任落到我们头上。"[75] 与拿破仑的谈判，无论是对于弗朗茨皇帝本人还是对于梅特涅来说，看起来之所以是不可放弃的，是因为他们都想从中捞取公众舆论上的资本。只要拿破仑作为战争发动者存在一天，法国内部就不会存在团结一致的效应。就连拿破仑本人也注意到了公众意见，并且鉴于他给法国人民带来的巨大牺牲，也不得不显示他也拥有和平的意愿。最新的消息是，在谈判前，法国各省省长在呈送给拿破仑的报告中禀报，和平的渴望正在各地大面积扩散，人们都将热切期盼的目光投向了布拉格。[76]

拿破仑用尽了各式各样的策略招数，包括用领土建议作为诱饵，引诱奥地利脱离同盟。8 月 6 日晚，科兰古"极其秘密地"找到梅特涅，并告诉他，拿破仑希望知道，"如果与法国联合或者保持中立，奥地利会向法国提出什么样的条件"。[77] 梅特涅立即让俄国和普鲁士的代表获知了此消息，他想以此种方式消除盟友的疑虑，并着重强调"我们对我们的盟友承诺的忠诚"，而要达到这一目的，没有比这更好的机会了。当在布拉格和德累斯顿之间来回奔波的科兰古在停战协定结束的第二天，8 月 11 日，终于带着人们所期望的拿破仑的建议抵达后，他被告知，现在已然处于战争状态了。

在判断梅特涅极不透明的作决定的态度和做法时，有一个视角经常被忽略：他必须还要顾及法兰西和奥地利这两个大国之间的亲戚关系，这层亲戚关系使两国形成了一种特殊的关系。比起哈布斯堡皇帝的皇朝意识，忠诚的情感肯定更深深地根植在拿破仑思想中，这种情感也根植在科西嘉人家族集团的传统之中。从根本上说，拿破仑根本不愿相信，他的岳父会进行一场针对他的战争。在德累斯顿他回答梅特涅说："请您调30万人到波希米亚来，在谈判结束之前，只要（奥地利）皇帝说一句，他不会对我开战，对我来说就已足够。"过后不久他又说："难道弗朗茨皇帝愿意剥夺他女儿的皇冠？"[78] 在几个星期之前与布普纳将军的谈话中，拿破仑的话更加具体："那个血管里流淌着奥地利之血的孩子，该怎么办呢？"此外，他还曾试图吓唬对方，因为他曾威胁说，如果他完蛋了，整个法兰西都将陷入无政府主义状态，他的皇后及有奥皇血统的皇子也将一同毁灭——弗朗茨皇帝将自我毁灭。

由于拿破仑对这种家族联姻很有把握，所以在停战协定失效的前一天，即1813年8月9日，他还警告说，不要逼他。他对自己想要说的话，并不是要写下来，而是要求布普纳回去亲口转告。他要以良好的方式帮助梅特涅从糟糕的局面中脱身。[79] 由于有这层亲戚关系，他希望奥地利还是能够退出同盟，并回到与法国的双边联盟中来。因此，当他收到奥地利向他宣战的消息时，更是大惊失色。梅特涅向他的相府总管通报说："从所有的消息来看，对我们的宣战，法国人那里是惊慌失措的。拿破仑八天前的'议事日程（à l'ordre du jour）'还是从可以达成和平协议的角度出发的，他认为奥地利将会宣布站在他的一边。"[80]

当时间接近8月10日的午夜，梅特涅还思念着爱列欧诺

418

拉。此时他正在给她写信，并心满意足地回顾着他在德累斯顿从拿破仑那里争得的军事上的好处。这一天，他最重要的思虑都放在了已经获得的军事实力上。他注意到，人们正在等待着开战，就是说，等待着约定好作为信号的炮声于午夜响起，第二天将会有 15 万奥地利士兵加入战局。他们将与在波希米亚驻扎的俄普联军一起形成 34 万之众，而这些军队将统一听命于施瓦岑贝格侯爵。[81]

梅特涅，"不情愿的总参谋长"

还在停战期间，未来将成立的同盟军就已经在共同制定战役规划了。1813 年 7 月 10~13 日，沙皇亚历山大、普鲁士国王腓特烈·威廉三世、瑞典王储贝尔纳多特和施塔迪翁伯爵在布雷斯劳以北的特拉赫滕贝格宫（Schloss Trachtenberg）——如今称作日米格鲁德宫（Schloss Żmigród）——举行会晤。在那里倒不是确定行动计划本身，而是在瑞典像英国一样于 1813 年 6 月加入同盟之后，向瑞典王储介绍同盟的基本考虑。军事历史学家作了好几个前期时段的划分，来追溯共同的规划制定过程，一直回溯到了 3 月，并且发现，普鲁士的格奈瑟瑙将军（General Gneisenau）及奥地利的拉德斯基总指挥也参与了规划的制定。理论上思维最为敏锐的即是拉德斯基。最近，阿兰·斯科德（Alan Sked）在撰写拉德斯基传记时，就是这样评价他的。当然，所有的盟国在制定行动规划时，都具有共同的基本思想。至少要组建三支陆军部队，才能够对拿破仑的军队形成包围之势，并且才可以按照下述原则部署军事行动："未受到攻击的部队采取攻势，以帮助受到攻击的部队。"[82]这一原则的正确基本指导思想是：拿破仑麾下的将军们指挥的地方，是法军的薄弱环节；相反，要避开与拿氏本人指挥的军队进行直接的正面对抗。

　　这个军事行动计划完全没有被 18 世纪的军事观点所迷惑，看起来好像是并未理解从与拿破仑的数次战役中取得的重要教训。[83] 因为他们将旧的教条置诸脑后，这些教条要求首先占领战略要地，控制制高点，注重不可攻克的阵地，等等。现在则不是这么回事了，不是要保住在要塞后面的坚不可摧的防御工事，或者一个建有防御工事的军营。在特拉赫滕贝格宫制订的这个著名的作战计划里，最重要的原则是："如果拿破仑皇帝抢在驻扎在波希米亚的友军之前，向他们发起进攻，以消灭他们，那么瑞典王储的军队将急行军到其背后偷袭；假如相反，拿破仑皇帝转而攻击瑞典王储的军队，那么，同盟军的主力部队就将全力进攻，并切断他们的联络，给他们以重创。同盟军所有的军队均将采取攻势，将敌人的军营都变成他们的集合点。"[84]

　　而最后实施的行动计划，要归功于拉德斯基。[85] 但是方案在基本思想上完全符合梅特涅对过去失败战役的反思。梅特涅应该算是自图古特时代以来，对拿破仑的作战原则最了如指掌的人。新标准要求，分别受到拿破仑进攻的部队，不要应战，并且要避让。这就要求同盟军部队要不停地运动，这也同时意味着：部队之间要不间断地保持联系和协调。在梅特涅看来，这些正是此前数次战役中同盟军一直缺乏的。这次军事行动方式的先进之处在于，要求每个单一的有指挥权的将军，随时都要对战局作出独立的判断，然后独自作出决定，赶往何处以及如何前往，从而对受到威胁的部队进行援助。拿破仑的元帅们则不习惯于独立行动，而是始终等待着他们的大帅向其发号施令；而一旦没有接到命令，他们就会犯致命性的错误。总体回顾一下自 1813 年 4 月至 1814 年 3 月进行的所有战役，就会发现，如果确实按照同盟军的作战计划实施，绝大部分战役都会

420

取胜。如果偏离作战方案，并且与拿破仑正面对决，那拿破仑很快就会占据上风。

梅特涅在整个军事计划的制订和实施过程中起的作用首先是，他于 1813 年 8 月 19 日在《奥地利战争宣言》中提供了公开辩护。[86] 文章虽然出自弗里德里希·根茨之手，但是经梅特涅详细审阅并编审了最终定稿。在修辞方面颇具天赋的时政作家根茨，用文字生动表达了梅特涅自 1809 年以来系统而持续地向皇帝灌输的观点：拿破仑通过无法无天的专横独裁，将整个欧洲的社会体系毁灭，建立了包围整个大陆的腐朽制度，将欧洲的经济、金融毁于一旦，将半个德意志变成了法国的省，并且将一个没有国防、束手无策的制度强加于奥地利。但是，自 1812 年以来，奥地利迈出了反抗这一制度的重要步伐，并自 1813 年 3 月起，系统性地向前推进。通过由奥地利主导的武装调停，拿破仑曾获得过达成全面和平的机会，却不善加利用。宣言不厌其详地叙述了拿破仑是如何让布拉格和谈归于失败的，唯一的结果是："进行这场战争的理由，写在了每一个奥地利人的心中［！］，写在了每一个欧洲人的心中，无论他是生活在谁的统治下，其特色如此显著且清晰，它的效果无需借助艺术的帮助。国家［！］和军队将履行它们的义务。一个由于共同的灾难和共同的利益、为独立武装起来的国家而成立的同盟，将给我们的努力以全力的支援。"

这样，梅特涅就达到了他多年来为之奋斗的目标。现在他可以公开地出现在反抗拿破仑统治霸业的欧洲联盟中了。虽然与普鲁士和俄国的盟约在形式上于 9 月 9 日才在特普利采（Teplitz）签署，与英国的盟约甚至到了 10 月 3 日才签订，但是，根茨用他的文章介绍了情况，使公众舆论看宣言"就像看一扇透明的玻璃，在玻璃的另一面展示的是那个政治制度，那个制度并不是我发明的"。弗里德里希·冯·施莱格尔评论说：

"现在我才明白，也才感到，一切的一切，发展得恰恰像应该发展的那样，一点儿也不可能有别样的进展。"[87]

在宣言的事情上，梅特涅作为外交大臣在自己的领域展开活动。那么，他也参与了具体的军事活动吗？直到前不久，历史学家的书籍中关于1813年各个战役的描写都没有提到他，有些传记作者干脆认为他没有任何军事天分，或者指责他是个外行，是个自以为无所不知的人。只是在军事专业的书籍中，作者们开始改变了看法，比如将他比喻为"不情愿的总参谋长"，他像专家拉德斯基一样，擅长于将战略思考与政治行动方法以及规划综合起来加以统筹。[88]尤其是蒙罗·普莱斯关于拿破仑1813~1814年战争的描述，以及阿兰·斯科德写的拉德斯基传记极大地改变了人们的看法，将梅特涅的重要性凸显出来。不太被重视的总指挥施瓦岑贝格，以及由他、梅特涅和拉德斯基组成的铁三角，被誉为同盟中不可或缺的黏合剂，只要同盟想要建立在军事成功的基础之上的话。

对梅特涅的第一次考验就发生在这个领域：当奥地利加入同盟中之后，沙皇要求得到同盟军的最高军事指挥权。梅特涅还能够生动地回忆起，由于沙皇专横武断和非常外行的军事行动，导致了奥斯特利茨会战的惨败，诡计多端的拿破仑运用谋略，毫不留情地将其打败，让沙皇在战场上号啕大哭、泪如雨下。因此梅特涅威胁说，如果亚历山大一定要掌握指挥大权，那么奥地利就不参加同盟。结果他赢了，年长他两岁的奥地利陆军元帅施瓦岑贝格侯爵卡尔·菲利普得到了指挥权。施瓦岑贝格在任驻巴黎公使时期就认识拿破仑，而且在俄国战役中，他几乎毫发无损地成功将所指挥的辅助军团带了回来，为此，弗朗茨皇帝还特地亲自对他予以表彰。施瓦岑贝格善于采取不冒险的行动，不将一切都押在一张牌上，而是三思而后行，尽可能减少不必要的损失。他命中注定是适合梅特涅战略的指挥官——这个战略就是在更高的层级上，将作战与政治融为一体——并且有能力以此来对付老奸巨猾的拿破仑。施瓦岑贝格的本事还在于，他比其他任何人都有能力去调和盟友之间不尽一致的利益取向，缓解相互之间的争权夺利和争风吃醋，并且像梅特涅所希望的，能够在其他人陷入盲目的爱国主义陷阱时，沉得住气，保持耐性。

在莱比锡民族大会战三个星期之后，1813 年 11 月 11 日，根茨在回顾这段经历时强调，梅特涅在所有不满和批评施瓦岑贝格的人面前，为他进行了辩护，表示了对他的支持，没有梅特涅，这位将军既不能作为总指挥被人接受，也保不住他的位置。梅特涅既是所有政治组合的灵魂，也保证了军事行动的成功。他亲自关注着所有的军队调动情况，并在战役行动中始终站在施瓦岑贝格一边。[89] 当与 1814 年 2 月特鲁瓦（Troyes）大危机有关的、又一次偏离既定作战方案的情况发生时，梅特涅在一篇原则性说明中，称赞他与总指挥的特殊关系，他说："到目前为止，是我与施瓦岑贝格侯爵维系了（同盟的）团结，因为在我们的性格中，有更多的安宁与冷静。"他同时用嘲讽的口气，指责那些真正的拨弄是非之人："我们俩与俄国沙皇的关系均非常融洽，特别是我与他的关系尤其好，连他的大臣都自愧弗如。"[90] 梅特涅还以皇帝的名义施压，让普鲁士的两位将军——格布哈德·列博莱希特·冯·布吕歇尔（Gebhard Leberecht von Blücher）和弗里德里希·威廉·冯·毕洛（Friedrich Wilhelm von Bülow）服从施瓦岑贝格的命令，而布吕歇尔因其火爆的脾气，总是将命令忘诸脑后。

最令人佩服的举动，是梅特涅协助陆军元帅拉德斯基获任施瓦岑贝格的总参谋长。1813 年 5 月 9 日，弗朗茨皇帝晋升他为施瓦岑贝格联军总参谋部总参谋长兼军需总监，这样，拉德斯基以后就负责将同盟军从瑞典属波美拉尼亚直到下意大利、从伊比利亚半岛直到俄国的所有部队聚集到一起，并在顾及这些部队的所属国家特点的同时，将他们引导到共同的目标上来。在更小的范围内，"是梅特涅这位国务大臣的艺术"［胡贝尔特·蔡纳尔（Hubert Zeiner）语］，使得自 1809 年起几乎完全被裁撤掉的奥地利军队，在短短三个半月的时间内又重新建立陆军，而且是以一种连拿破仑都敬佩不已的方式重整旗鼓的。[91] 1813 年 8 月，拉德斯基为同盟国聚集的部队共计479000 人。

梅特涅深入参与具体军事行动的情况出现得越来越多，以至于将那些细节全部描写出来已太过庞杂。比如他发现，为那些混合起来的、来自不同的民族、有着不同军事传统的军事代表建立起行之有效的指挥架构，困难巨大。因此，他激励要对战争目标达成一致，或者对目标首先要有一个明确的描述。他对这样一个目标对具体军事行动产生的积极影响了然于胸，并且成为唯一一个能够缓解个别君主不断进行的干涉的人。这些干涉，特别是来自沙皇的干涉，容易引发冲突。在 8 月 10 日宣战之后的关键时期，梅特涅始终待在军队和统帅部附近，并且严密关注着部队的行动。有一次他甚至直接接管了军务。当时在迪波尔迪斯瓦尔德（Dippoldiswalde）的沙皇，命令继续派兵增援与范达默将军作战的部队，并要向距离最近的奥地利军发号施令。当指挥官科洛雷多伯爵拒绝执行这一命令时，梅特涅恰逢在场，他命令科洛雷多满足沙皇的愿望，责任由他来负。因此，他也对这场战胜拿破仑麾下将军的战争的胜利作出了贡献。[92]

梅特涅向他在维也纳的相府总管胡德里斯特通报了有关情况，而此人又将有关军事情报部分转给了内廷战争议事会议长贝勒加尔德伯爵。1810~1812 年，梅特涅与此人一道，秘密地协助重整了军备。关于贝勒加尔德，梅特涅在其回忆录中有所

424

论述："他具有坚实的战争知识，熟悉我的思想形成过程，完全赞同我的观点。他关心的主要是，在不引起任何人注意的情况下，不但要保持帝国的武装力量，而且要加强壮大它，以应对一切可能出现的情况。只有他能完全理解我的全部意图，并且懂得和我一起，在表面接受公众舆论的假象之外，贯彻我们的意图。"[93] 这段回顾性的话语，也再一次刻画了梅特涅本人对战争所作的长远规划，以及他内心始终念念不忘的"对战争的私下盘算"（奥古斯特·福尼尔语），和他随时准备的在合适时间节点的出击。

梅特涅在 1813 年 8 月 26~27 日
德累斯顿失败之后的危机管理

反法同盟经历的第一次严峻的压力测试，是 1813 年 8 月 26~27 日德累斯顿会战的失败。失败暴露了军队指挥方面的深层危机，因为亚历山大与总指挥施瓦岑贝格的命令背道而驰，强迫军队发起进攻。到目前为止，一切行动都在严格按照特拉赫滕贝格计划进行，避免与拿破仑正面对抗，而是先打败他麾下的将军们：在大贝伦（Großbeeren，8 月 23 日）战胜尼古拉斯·乌迪诺（Nicolas Oudinot）；在卡茨巴赫（Katzbach，8 月 26 日）战胜陆军元帅雅克·麦克唐纳（Jacques Macdonald）；在哈格尔贝格（Hagelberg，8 月 27 日）战胜让－巴蒂斯特·吉拉尔将军（General Jean-Baptiste Girard）。同样辉煌的是在库尔姆（Kulm，8 月 30 日）战胜多米尼克·约瑟夫·范达默将军（General Dominique Joseph Vandamme），将军本人连同 10000 名士兵被俘，沙皇立即命令将他流放到西伯利亚。这个流放措施，完全是沙皇亚历山大对德累斯顿会战失败的恼怒情绪的表达，而沙皇对那次轰动一时的败仗负有责任。

这些事件形象地表现了同盟存在的原则性问题，以及梅特涅在这方面的积极参与。牵涉的主要是施瓦岑贝格指挥的主力部队，他作为总指挥不想将这支部队投入到与拿破仑正面对抗的行动中去。亚历山大则在统帅部逼他这样做，最后，他让步了——而结果则是灾难性的，在梅特涅看来同时也是令人恼火的。[94] 施瓦岑贝格已经出奇的愤怒，只能直接求助于弗朗茨皇帝，并向他禀报了不仅仅是日常的，而且尤其是会战期间在统帅部发生的情况。沙皇亚历山大不服从总指挥，并且放任他的将军们为所欲为，干他们想干的任何事情。亚历山大麾下的巴克莱·德·托利将军，不仅不听从命令，而且很不专业，此外，在性格上还妒意十足、争风吃醋。他麾下的维特根施泰因和克莱斯特在军事行动中，要不就是很迟才接到命令，要不就是根本接不到命令。施瓦岑贝格报告说，沙皇经常打断他说话，不断地搞出新建议，不断地评说，用他那些自相矛盾的观点搞得他一头雾水，无所适从。因此，他要求让亚历山大离开军队，并调离巴克莱，让克莱斯特、维特根施泰因以及米罗拉多维奇听命于他的指挥。如果不采取这些措施，那么就请皇帝"另请高明来指挥同盟军，而且此人要具备将一个将军的天赋与超出一般人的身体体能和道义力量结合在一起的能力，并且可以在如此令人厌恶的情况下，对重要的军事行动指挥若定"。[95]

像在所有类似的情况中一样，需要梅特涅出面调解，但是正如他所通报的，如果施瓦岑贝格、亚历山大以及其他形形色色的指挥官们碰到一起，根本不可能达成一致。[96] 在西尔比克眼中，梅特涅是一个如此迁就忍让、实施能力欠缺的人，然而恰恰是他，政治家中的唯一一人，却敢于公开顶撞对抗沙皇，以至于沙皇几次三番地要求弗朗茨皇帝将这位大臣解职。

就在施瓦岑贝格提出，再这样下去就放弃总指挥职务的建议后不久，亚历山大就挑起了这样一场冲突。在德累斯顿会战失败后的第三天，9月1日，沙皇召见了梅特涅，并向他透露，自己想要接过总指挥的头衔（最高统帅），至于实际的军事作战指挥，他将委托给莫罗将军（General Moreau）。莫罗是法国前将军，由于受到拿破仑的迫害，自1813年春以来，一直在为俄国效力。梅特涅警告说，这样的安排将迫使弗朗茨皇帝立马退出同盟。沙皇让步了——两天之后，发现莫罗在他附近身亡。[97]

426

这一事件教训了所有的参与者：要始终如一地严格按照共同的特拉赫滕贝格行动方案执行。对于这个方案所带来的好处，在德累斯顿会战之后，梅特涅立即报告给了维也纳。他所起的作用完全就像一个处于超然阶层的最高危机管理者，当君主和将军之间的战略、情感或非理性分歧危及同盟的存续时，就需要他来出面。

特普利采与第六次反法同盟

"如果注定要将一种危及其本身的行动方式强加于一个大国身上，那这个大国必须至少能确保自己获得这种行动的最高领导的职位。这个要求深刻地统领着我们的感情，1813年的特普利采文件业已证明这种判断"。[98] 梅特涅以这句外交教科书式的话语，来评论1854年12月2日英国和法国之间建立的联盟，奥地利也于克里米亚战争期间加入了这个同盟。同时，梅特涅也用这句话描述了自己在1813年奥地利参战之后的政治力量角力中扮演的角色。自3月以来，他就一直在贯彻自己的战略，为此，他还有另外一句话："在当今这种纷繁复杂的情况下，奥地利的力量在于她的行动自由，而不在于被束缚其中。"⁹⁹ 他也为自己获取了这种自由。

加入同盟的形式也奠定了国际法的基础。1813 年 9 月 9 日，俄国、普鲁士和奥地利"以神圣的和不可分割的三国一体的名义"，在特普利采分别签署了同等内容的双边同盟协议。10 月 3 日，英国也加入了同盟。协议的前言反映的主要是梅特涅的和平愿景：要结束欧洲的不幸，通过真正的力量均势，重建它的安宁。如果一国受到攻击，其他各国保证相互提供军事支援。任何一国在未将各国包括进去的情况下，均不得签署和约。引人注目的是，虽然一共签署了六份双边协议，却没有签署一份共同协议。9 月 3 日，英国代表阿伯丁伯爵（Earl of Aberdeen）抵达特普利采。有评价说，这些协议的内容含糊不清、模棱两可，因为它们将重要的领土问题给省略了。在伦敦，卡斯尔雷也对这样的安排能否保证欧洲的持久和平备感担忧。¹⁰⁰

对于当时的公众舆论来说，看起来可能是这样的，但是这其实不符合事实。在观察《特普利采盟约》时，分别签署的秘密条款往往被忽视，而这些秘密条款才是实质所在，因为在战争爆发前，协议的基本要点即已确定，而这些基本要点对后来在维也纳会议上建立的欧洲格局产生了深远的影响。¹⁰¹ 具体内容是：

①按照 1805 年的标准重建奥地利和普鲁士的君主制。

②解散莱茵邦联，"恢复（reconstruites）"在奥地利皇朝和普鲁士王朝边界之间的，以及在莱茵河与阿尔卑斯山之间的国家"完全的和不受限制的独立（l'indépendance entière et absolue）"。

③将汉诺威及其家族的其他财产归还给不伦瑞克－吕讷堡家族，即恢复在前选帝侯国汉诺威与英王之间的共主

君合国。

④在俄国、奥地利和普鲁士之间，就华沙公国的命运达成意见完全一致的协议。

⑤恢复那些成为部分法国领土的以及被命名为"三十二军区（32 division militaire）"的国家，即汉萨城市和奥尔登堡大公国。

⑥恢复那些被法国亲王们占据的国家。

"完全的和不受限制的独立"这句话，听起来像是一个用来打开莱茵邦联中拿破仑盟国大门的魔咒（威廉·昂肯语），[102] 因为他要担保这些盟国的占领状态。这句魔咒已经预先安排好了后来的德意志邦联的联邦制架构。1815年6月8日的《德意志邦联法案》对此的定义是，"德意志独立诸侯和自由城市"联盟。梅特涅在他的《遗存的文件》中透露说，他早在特普利采时就曾要求，德意志作为一个"政体，除了组成一个国家联盟之外，不允许它组成其他形式"的国家。对于梅特涅来说，"这是奥地利加入四国同盟的基本前提条件"。如此一来，将即将产生的"德意志国家（Deutschland）"整合起来的"联邦制联盟"方案，并非在1814年5月30日《第一次巴黎和约》中才固定下来，而且可以确定的是，这样做的想法和意愿出自梅特涅。[103]

所有这些协议都驳斥了关于只是在"卡斯尔雷的领导"（保尔·施罗德语）以及他的"伟大设计（Grand Design）"下，盟国才取得了8~9月在重大战争目标问题上的"高度统一和团结"。[104] 然而，对1813年6月梅特涅与沙皇在奥波奇诺宫的谈判，以及对普遍和平的考虑，英国政府心中当然非常清楚，其代表卡思卡特子爵已经将全部情况向政府作了通报。卡斯尔雷于1813年7月告知梅特涅，摄政王对参加即将在布拉格举行的和谈极其感兴趣。同时，他也大体勾画出重建中欧计划的基本要点，这些基本要点也在《特普利采协议》中得到了部分体现：复辟奥地利和普鲁士的君主制；"完全地和不受限制地复辟（complete and absolute Restoration）"英王对汉诺威以及德意志其他地区的统治。[105] 他还要求恢复荷兰、瑞士和意大利等在《特普利采协议》中尚未涉及的地区；西班牙、葡萄牙和西西里岛的合法统治者也要重新归位。在梅特涅看来，这几点以后肯定是要加进去。因此，关于卡斯尔雷或梅特涅谁是计划的推动者的争论非常多余。英国和奥地利的利益以及对未来的设想，早在1813年夏，就以令人惊讶的并行不悖的方式展开了；因而，当卡斯尔雷在1814年1月亲自参与有关要继续遵循的战争目标谈判时，梅特涅和他为了挽救同盟的成果，结成牢不可破的联盟伙伴，也就不足为奇了。

在重建欧洲的漫长而血腥的道路上，《特普利采协议》从而有了关键性的意义。梅特涅看到了自己多年来一直在为之努力的目标："在我着手开始这个伟大的作品之前，我要仔细认清我的对手和我们自己的实力，看来我这样做没有白费功夫。"[106]

莱比锡民族大会战

在梅特涅发给维也纳的报告中，他也同样讲到，自己是如何仔细地关注着战争的计划与行动，以及是如何试图施加影响的，比如在9月1日德累斯顿惨败之后："以后的行动现在已经计划好了，我希望，我对它们的影响不会是坏的。我们将致力于避免大战，并在拿破仑走投无路的情况下消耗他。"[107] 两天后梅特涅解释了这个预测，这个被证明是正确的预测："在这个国家里，他已经靠吃马肉为生了，这场游戏他能玩多久还很难确定。但无论如何有一点是确定无疑的，即他正在面临精疲力竭的危险，而我们的战争方针，也就是着眼于避免战场大决战的方针，在此处是非常合适的。"[108] 到了 9 月，这位"不情愿的总参谋长"成功说服沙皇亚历山大进一步遵循共同的成功战略。对此，梅特涅解释说："上帝给了我足够多的冷静和从容，引领此事在政治上发展到如此地步，而现在我又在此事的军事方面实施了（我的意图）。军队的形势非常之好。最高层之间空前团结。沙皇亚历山大开始时想要更快地上手，并希望在八天之内吃掉拿破仑，而现在，他与我和施瓦岑贝格的意见已经完全一致。只要会战的时间一到，我将是第一个促成此事之人。但是，我愿意看到的是拿破仑失去他一半的军队，而我们一方则毫发无损。"[109] 这种同心协力和团结一致，在莱比锡民族大会战之前一直在持续。

这位大臣是如何仔细地跟踪战场形势变化的呢？他手绘的两份草图说明了情况，一份到目前为止尚不为人知，一份则已经公之于众。他于 10 月 10 日将第一份寄给了夫人爱列欧诺拉。草图画的是当时的军事部署，非常引人注目地描绘了包围拿破仑的阵势：他被各个独自指挥但又统一行动的部队围困，有布吕歇尔、贝尼希森（Bennigsen）的部队，施瓦岑贝格的主力部队（背靠波希米亚）以及瑞典王储的军队。[110]

四天以后，10 月 14 日，拿破仑将他的军队从德累斯顿后撤，统一集中在莱比锡周围。在这一天，梅特涅在一份给皇帝的奏折中又附上了一份草图"14 日的军队部署"。[111] 图的中央是莱比锡，博尔纳（Borna）之南是骑兵上将约翰·冯·克雷瑙伯爵（Graf Johann von Klenau）的部队，在阿尔滕堡附近严阵以待的是俄国的后备军，在开姆尼茨（Chemnitz）坚守的是步兵中将科洛雷多－曼斯菲尔德（Colloredo-Mansfeld）的步兵军团，在蔡茨（Zeitz）驻扎的是施瓦岑贝格指挥的主

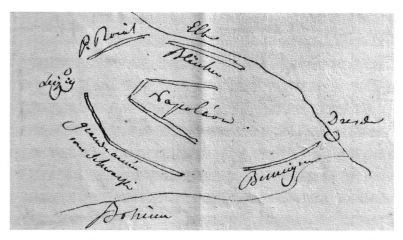

1813 年 10 月 10 日梅特涅寄给夫人爱列欧诺拉的有关莱比锡和德累斯顿间的军事部署草图

力部队，在梅泽堡（Merseburg）和哈勒（Halle）前部署的
是瑞典王储贝尔纳多特指挥的北方军（Nordarmee），以及布
吕歇尔骑兵上将的部队，在瑙姆堡（Naumburg）驻囤的是匈牙
利的阿尔伯特·冯·于莱伯爵（Graf Albert von Gyulai）的
步兵军团，在佩高（Pegau）前部署的是骑兵上将塞恩－维
特根施泰因的路德维希（Ludwig zu Sayn-Wittgenstein）的
部队和普鲁士中将弗里德里希·冯·克莱斯特（Friedrich
von Kleist）率领的军团，他们听命于沙俄的骑兵上将巴克
莱·德·托利将军，而在吕岑，则是陆军中将克雷内维勒
（Feldmarschallleutnant Crenneville）的师团。

　　手绘草图形象地展现了同盟军有能力从不同地区集中向莱
比锡方向运动。而对拿破仑来讲，这个复杂的安排却使他感到
局势眼花缭乱，以致多次被关于某些军队所处位置的错误情报
欺骗，从而发出错误的命令。这也证明盟国相互提供支援帮助
的方案是正确的。在德累斯顿与梅特涅会谈时，拿破仑就表现
得自大狂妄，但是这也表明，他还没有理解，他的军事处境已

431

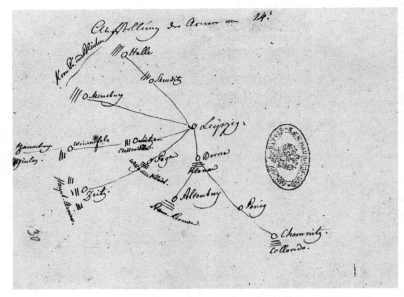

1813 年 10 月 14 日梅特涅寄给弗朗茨皇帝的关于进军莱比锡的草图

经从根本上改变了。当时他曾宣布，他要一个一个地收拾参战的国家："我在吕岑干掉了普鲁士的军队；我在包岑战胜了俄国人；你们也将成为下一支败军，除非我们在维也纳举行'幽会'……您想通过结盟让我完蛋？……你们才有几个国家，你们的同盟国？你们有 4 个、5 个、6 个、20 个？对我来说，你们越多越好。"[112]

可拿破仑算计错了。遭其谩骂侮辱的同盟狠狠地教训了他。在大战决定性的这天，10 月 18 日，梅特涅从上午 11 点开始紧跟着三个盟国的君主，在施瓦岑贝格为他们选择好的地点观察着战况。他写道："在这血腥的一天结束后，晚上 6 点才陪同君主们离开这个观察点。"[113] 还在当天，他就评论说会战是"世界大战（bataille du monde）"。但是，他并没有被欢呼声和胜利的喜悦之情冲昏头脑，而是将军事细节记录下

432

来，比如 100 多门被敌人掠走的大炮。对他来说，这一天首先是"血腥的一天"。会战当晚 11 点前后，他抽时间给威廉米娜·冯·萨甘写了一封短信，抱怨整个战场完全被死人覆盖了。[114]

第二天，19 日，梅特涅立即将情况通报给了在维也纳的相府总管胡德里斯特，并同时经此途径转告给内廷战争议事会议长贝勒加尔德伯爵。同盟内部当时关于如何正确制订抗衡最强大的军事统帅——这位统帅到目前为止还没有被完全战胜——的行动计划的争执，在这份报告中也看得出来，只不过带有一种轻松的满足感："现在这个惹是生非的家伙终于将要看到，我们的行动方案是非常正确的，是出色地算计好的。如果想一想，将四支来自世界各地的盟国军队，聚集在一个，而且是同一个战场上，将多么的困难，而且要将它们部署到位，不使其中任何一支军队被打败，还要将像拿破仑这样的军事统帅逼迫到所有的军队之间，让他走投无路，这其中有多少事情要做，这样看来，陆军元帅施瓦岑贝格侯爵的功勋是不容置疑的。"[115]

会战结束后的这天，出现了很启发人的一幕，透露了梅特涅要对拿破仑穷追猛打，以及他与法国皇帝的停战协定与和平协议谈判，只不过是作为借口加以利用而已。默费尔特伯爵（Graf Merveldt）在大会战的第一天（10 月 16 日）被俘，拿破仑在会战失败的当晚（18 日）释放了他。释放之前，拿破仑曾与他进行了数小时的长谈，然后将其"以假释的方式"释放，就是说，拿破仑想利用他作为传话人，邀请敌方进行和谈。梅特涅非常清楚拿破仑的绝望处境："他现在是处在一个被打败了的最高统帅的位置，好像准备要作出很多的——但不是所有的——让步。"梅特涅拒绝了拿破仑的建议："我们将在莱茵河边回答他，弗雷德（Wrede）的部队已经急速进军到那里。"就是说，梅特涅要继续穷追猛打拿破仑，并且一待追讨有了结果，再说后话。[116] 如果他真是一个被经常称作的绥靖主义政治家，那么在这个时候，在这个法国皇帝最倒霉的时候，他应该会抓住机会签订和约。

莱茵邦联的终结和德意志的重建

然而，仅仅依靠军事上的睿智还不足以彻底战胜拿破仑。人们有时会忽视梅特涅在幕后进行的外交行动对削弱拿破仑军事力量所起的作用。因为战争的胜负，也取决于法国皇帝无法再指望莱茵邦联各邦军队毫无保留的支持，首先是无法再获得邦联最重要的成员巴伐利亚的支持。梅特涅在大会战之前，10月8日，就已经通过巧妙的谈判，用一份《里德协议》将巴伐利亚从拿破仑的联盟中瓦解出来。不是蒙特格拉斯（Montgelas）①，而是巴伐利亚的将军弗雷德伯爵推动了这次转变，也是他以36000名士兵加强了同盟军的实力。

《里德协议》在较早的德意志国家历史叙事中是受到质疑的，这些叙事指责梅特涅促进了莱茵邦联中某些小邦的利益，背叛了对促进德意志更大的统一的鼓励。协议文本虽然将解散莱茵邦联作为最重要的战争目标作了定义，但是它——在秘密条款第一条中——同时保证"巴伐利亚完全的、不受限制的独立，不受任何外来影响，并充分享有自主权"。[117] 人们评价说，这是"一个针对将要到来的解决德意志宪法问题的、很成问题的前期行动……是对创立德意志帝国的一个严重障碍"。[118] 诚然，这一条款已经确定了解决"德意志问题"的活动空间，这

---

① Maximilian Graf von Montgelas，1759~1838，在巴伐利亚马克西米利安一世时任内廷总领大臣（1799~1817）。其通过与法国结盟使巴伐利亚成为一个中等强国，后由于与王储路德维希在宪法问题上存在尖锐分歧于1817年下台。

一活动空间后来一直留至维也纳会议上才解决，因为，巴伐利亚是莱茵邦联最重要的成员。这个例子表明，同盟军可能的胜利者对待失败者是多么的宽容，而不久前，这些可能的胜利者还刚刚被这些失败者所战胜。如果人们批评所谓的放弃统一德意志的要求，那他们肯定是忽视了同盟军正面对着一个极其危险的对手，况且当时的处境非常的困难。只有迎合倒戈者以及照顾到他们的领土利益范围，才能够从莱茵邦联成员的改换门庭中获得好处。因为，"事实是，我们通过可能的形式上的保留，可以非常轻松地启用军事手段，并且必须坚持快速部署德意志的军队，作为我们当前的主要目的"——这是梅特涅的同道施瓦岑贝格侯爵，以完全符合梅特涅的想法而作出的与莱茵邦联成员打交道的建议。[119]

梅特涅注意到，巴伐利亚的改换门庭在军队中引起了"异常巨大的轰动"。[120] 于是，还在莱比锡民族大会战之前，他就致力于达到所希望的多米诺骨牌效应，以便引起更多的莱茵邦联成员倒戈。因此他建议，在同盟军所有的前沿阵地上大张旗鼓地鸣礼炮庆祝，让所有的朋友和敌人都能知悉巴伐利亚 8 月 14 日改换门庭的消息。之后，他作为观察者确实看到，会战还在进行中，就有萨克森的和两个符腾堡的作战旅投诚过来。符腾堡作为整体于 11 月 2 日通过签订《富尔达协议》而步了巴伐利亚的后尘，至于莱茵邦联的彻底崩溃则发生在 11 月 7 日，即梅特涅抵达美因河畔古皇城法兰克福的两天之后。

还在 11 月 6 日，在法兰克福，他成了一个不可思议的历史时代碰撞的见证人——灭亡了的旧帝国的过去，与正在走向灭亡的拿破仑帝国的当代的大碰撞。因为在这一天，弗朗茨皇帝，这位前神圣罗马帝国皇帝，隆重辉煌地开进了法兰克福。同盟各方已达成一致，作为进军的中途，要在这座古老的帝国城市和皇帝加冕城市中停留，并研究下一步的行动计划。就在

434

梅特涅作入城仪式准备的时候，他突然有了一个主意：何不给入城的队伍搞一场旧式的"到达仪式（Adventus）"（人们当时这样称呼旧帝国时期为即将选出的皇帝在加冕前举行的隆重的入城仪式）？因此，他将队伍引导到过去皇帝加冕时游行队伍走过的大街上。他年少时，曾两次在这个地方参加皇帝的加冕典礼，曾看着加冕了的神圣罗马帝国皇帝穿过这些场地，"而它们却被流氓无赖玷污了"；"过去从未有过善良对于邪恶、美好对于低劣、庄严对于荒谬的胜利——这一对对的关系从未以如此快捷的方式互见高下"。那时在旧帝国，在罄竹难书的灾难之后，"德意志之皇"不再是神圣的、不再是救世主、不再是上天的使者。但如今人民呼唤着："旧时的幸福、旧时的回忆、旧时的幸福与繁荣——回来吧！"[121]

9月7日，梅特涅从早上7点直到下午2点，一直是在极度的喧嚣和特别的骚动中度过的，这与1806年7月莱茵邦联组成时，德意志的大小诸侯齐聚巴黎的热闹场面有一比，而梅特涅当时正被拿破仑扣押在斯特拉斯堡的边界上。[122] 梅特涅不无嘲讽地报道说，现在，美丽德意志的所有大臣以及小邦的王公来到他面前，跪拜于地，享受着觐见（皇帝）的幸福时光。梅特涅与巴登、拿骚和黑森均已达成协议："既然邦联已经没有成员了，那么邦联也就自然而然地不复存在了……我是多么愿意看到它（莱茵邦联）寿终正寝啊——这个令人厌恶的'丑陋的联合会（monstrueuse association）'。"[123] 三天之内，他要准备14份加入同盟的合约。

但是，对于新来乍到者，改换门庭并不是完全免费的，因为他们必须承担协议上的义务，提供士兵及共同负担战争费用。他们虽然在形式上获得了自主权，但是，还是感到了统一的德意志国家给他们带来的军事上和财政上的负担。比如，对（德意志）邦联——这已然是对统一的新称呼，是为1815年会议事先采取的行动——的新成员作了规定："为保证德意志未来的独立，为保证其军事手段更多的一致性和权力，各方达成协议，德意志［！］各邦建立统一的制度。"[124] 在接下来的几个星期内，维也纳相府将审查，要求他们交纳的费用是否已经到账，并对拖延不交者发出警告。

奥地利—巴伐利亚关系作为梅特涅和平政策的典范

保尔·施罗德以其睿智的目光从外部观察德意志（国家之间的）关系，并将奥地利、普鲁士和前莱茵邦联各邦之间的新关系形成的方式方法，描绘为更多针对的是德意志的内部事务。[125] 它更应该是在新建欧洲秩序时，在维也纳会议上要解决的"德意志问题"的模式。本来在德语的使用范畴内只是"政治均势（politisches Gleichgewicht）"的概念，施罗德却将其区分成"政治平衡（political equilibrium）"和"力量均势（balance of power）"，也可以将所指的事物改称为"平等对待的势均力敌（respektierte Ebenbürtigkeit）"，并且——按照杆式天平的图像——改称为"大国平衡（Mächtebalance）"。只有在五国共治体系中同等级的大国之间，大国平衡政策才能实现，这些大国在利益对立的情况下是相互竞争的。一个单一的大国不能将其意志强加给别的大国，因为这个大国可以以同样的力学方式，将更重的质量放入天平的秤盘。1648 年《威斯特伐利亚和约》之后，这一点就一直影响着欧洲政治。虽然它也不能完全排除侵略战争，但是，侵略者最终还是会被体系中数量上占优势的反对方的分量所驱逐，就像普鲁士国王腓特烈二世在七年战争中所经历的那样。相反，"政治平衡"也可以在霸权主义体系中生存。它并不是在机械地起作用，而是——如梅特涅所形容的——有一个道义的内核。相互尊重各

436

自的利益，注重各大国间的意见协调，以及（国际）法律、对独立的需求和安全利益。

这样理解的欧洲均势，完全符合梅特涅的政治哲学，这种哲学是作为他的智慧形成过程的成果而发展起来的。[126] 按照施罗德的说法，1815 年的维也纳体系是连接在这一思想之上的。在这一思想被《里德协议》接受之后，证明它有能力去建立一种同样根据平等对待的原则，而不是按照机械的权力平衡运作的体系。可惜的是，在这个连接点，施罗德自始至终只是抽象笼统地谈及奥地利。然而，是梅特涅从根本上改变了欧洲的政治方向，是他重新定义了什么是欧洲的安全利益，以及如何才能实现这种安全利益。他的思想是，假如有足够多的大国共同追求这一目标，欧洲政治就可以在质量上出现一种新兴体制，他发誓今后要将其纳入国际法。

这一点对于奥地利—巴伐利亚关系来说就意味着：巴伐利亚不必再担心最大的邻国会对它进行干涉、占领，或者用其他的领土与巴伐利亚进行交换。《里德协议》"确实结束了现实的争夺"，奥地利约束了它的大国利益，并尊重巴伐利亚的独立和要求，甚至连在拿破仑时期占领的领土范围也丝毫没有触碰。这是在巴伐利亚方面没有运用外界大国影响，或者没有其他欧洲国家影响的情况下发生的。梅特涅奉行的原则是，"大鱼不要吞食中鱼，而是让中鱼去消化它们之前吞食的小鱼"。他以此创立了"一种危险和冲突较少的国际秩序"（保尔·施罗德语）。[127]

437

预先决定"德意志问题"：施泰因与梅特涅的冲突

如何重新组建前莱茵邦联各邦与德意志的关系这一问题，是由以帝国男爵卡尔·冯·施泰因（Reichsfreiherr Karl von

Stein）为主席的中央管理委员会在法兰克福决定的。这里有必要简短地回顾一下历史。9月初，在特普利采组建第六次反法同盟时，参加会议的代表就已经在考虑，如何处理即将被占领的莱茵邦联的问题。哈登贝格和洪堡出的主意是建立一个"德意志管理委员会"，对占领的各邦提出建议，并由帝国男爵卡尔·冯·施泰因来领导。这个管理委员会也应该同时作为普鲁士—沙俄的占领机构，被赋予广泛的经济统管职能。委员会还要负责征收国家税款、征兵和组织武器供应。沙皇亚历山大要求由其牵头召开会议，并于同盟军攻入莱比锡的第二天，即10月20日，邀请梅特涅加入委员会：奥地利应该充实管理委员会，并接受施泰因作为主席来领导这个主导机构——中央管理委员会。

梅特涅坚决抗议这一做法，而且他也有着充分的理由。因为他手中有一份施泰因于1813年8月底写给沙皇和洪堡的备忘录。这份备忘录属于"他的宪法政治影响中最具争议的文件"［恩斯特·鲁道夫·胡贝尔（Ernst Rudolf Huber）语］，并且极为适宜让人理解施泰因是如何吓到梅特涅的。这份文件鼓吹以种族和强权政治为导向的德意志民族主义，宣称普鲁士是更为优秀的德意志国家，应该由它来当德意志的领导……就连其中有关推举哈布斯堡皇朝的弗朗茨来重新当德意志之皇的建议，也改变不了文件的精神实质。因为"普鲁士由于其所处的特殊地理位置、它的居民的精神、它的政府、它相对于欧洲来讲所获得的教育程度，特别是它对于德意志来讲，一直是个重要的国家"。在施泰因看来，哈布斯堡皇朝是太不适合了！"普鲁士所保持的德意志精神，比起由匈牙利人和斯拉夫人混居的、由土耳其和斯拉夫国家包围的奥地利，简直要自由和纯洁得多。而奥地利的发展则因为上述原因，无论如何是严重的滞后了，即便其发展和进步并未在17~18世纪由于精神压迫和

438

不宽容而受到严重的破坏。"在这里，梅特涅已经预见到，奥地利对于德意志（国家）来讲将是一个外国，这与1833年他鉴于德意志关税同盟（Deutscher Zollverein）的建立而说的话一样。

他不得不将施泰因的下述建议恰如其分地评价为胡来："为了使普鲁士更加完整和强大，就得将梅克伦堡、荷尔施泰因（Holstein）、萨克森选帝侯国并入给它，而后两者要通过占领法来决定。"[128] 在特普利采，梅特涅强烈要求"将占领这个概念从同盟的目标中剔除"，这明显是基于他对（上文引述的）施泰因政治要求的认识。[129] 施泰因在反拿破仑的战斗还远远没有打响之前，就已经威胁说，要吞并德意志其余各邦、宣布德意志其余各邦为附属国，或剥夺德意志其余各邦（的主权）。当时，莱茵邦联各邦大部分还处于法国阵营之中。当他谈到"36个小专制暴君的肆无忌惮"时，他咄咄逼人的言辞暗示了最坏的情况，即1500万德意志人任由他们摆布。疯狂的求新求异欲望、目空一切、狂妄自大、浪费无度、穷奢极欲，将生活在这些地区的可怜居民的幸福摧毁了。施泰因关于肢解德意志的说法，非常伤害民族感情，也让人预感到将要面临一场更大的领土变更。此外，他还想将德意志恢复到1803年《帝国特别代表团最终决议》之前的状况，复活忠于皇帝的中小等级和中小邦国，以让他们支持皇帝的权力。

这些粗暴的威胁姿态，肯定会使梅特涅精心编织的外交网络遭到破坏，而他正在准备将莱茵邦联各邦拉入这个网络。他虽然不能阻止施泰因出任中央管理委员会主席，因为沙皇已经答应将这一位子给予他中意的人选，如果沙皇让步的话，他就会——再一次——被看作在世人面前受到羞辱。而梅特涅则用他独有的方式达到了目的，大为限制了中央管理委员会的实际功效，并将其与结盟国家的总体授权联系起来。[130]

　　总而言之，可以说，"德意志问题"早在维也纳会议之前很久，就在联邦形式的基础上确定下来——通过《特普利采盟约协议》、《里德协议》、《中央管理委员会协定》以及巴登最后的加入（同盟）。发生的这一切，正好符合梅特涅式的平衡思想，这个思想确保了德意志各邦和欧洲的内部安全。"中鱼到底吞食了什么？"这个问题只有它们自己才知道，时钟也没有倒拨回 1803 年之前，奥地利的统治者也不想再当德意志的皇帝。这一切也断绝了在谈论与此有关的问题时，使用"复辟"这一概念的可能性。而梅特涅关于德意志的想法和政治措施，实际指向的则是联邦式的重建之路。

　　梅特涅与施泰因的政治倾向和政治信仰，在本质上其实是共同的。两个人同样出身于旧帝国的传统，而且——非常奇怪的是——同样将英国宪法尊崇为自由的、建立在参与基础之上的政治秩序的榜样。然而，尽管如此，来自莱茵地区的帝国伯爵还是将这位来自拿骚的帝国骑士划入了"与他（施泰因）相联系的普鲁士分离主义者，或者德意志狂"的范畴之内。在施泰因身上，1807 年的革命精神"披上了普鲁士爱国主义的外衣，后来又染上条顿人的色彩"。梅特涅将"贵族式民主倾向"加在了他的头上。[131] 而弗里德里希·根茨在一篇关于维也纳会议的文章中，支持所谓施泰因是个"欧洲麻烦制造者"的说法。[132] 他说，梅特涅之所以作出如此强硬的判断，是因为他认为施泰因对莱茵邦联各邦所采取的、毫无顾忌的、有时是复仇心态所主导的处理方式，是极端危险的。从根本上讲，在这里，一个观念伦理学家（Gesinnungsethiker）——这是马克斯·韦伯所作的概念上的区分——碰上了一个责任伦理学家（Verantwortungsethiker）：施泰因代表的是进取性的基本政治信念，这些信念能否实现，对他来说无所谓。"在很多情况下，可行不可行，于他而言，是第二次思考时才值得考虑

439

的事。"〔海因茨·杜赫哈尔特（Heinz Duchhardt）语〕梅特
涅虽然知道该用何种手段对付它，但是基于可能达成的政治成
果，他认为这种态度完全不可取。[133]

第七章
世界大战：灾难与解救，
1814

30

反拿破仑的最后战斗和维也纳秩序的预告

　　梅特涅将 1813 年 8~9 月组成第六次反法同盟以来的反拿破仑战争，分成三大"战役"。第一场战役是从奥地利 1813 年 8 月 10 日加入战争到同盟军进驻法兰克福为止。第二场战役自同盟军 1813 年 11 月最终决定将战争继续进行下去并进军法国，到 1814 年 1 月中旬占领了在战略上极其重要的高地朗格勒（Langres）为止。第三场战役包括了在法国领土上进行的所有战斗，直到 1814 年 4 月同盟军进驻巴黎为止。这三大战役的情况在国际关系史上无疑是非常独特的，都伴随着各参战方之间从未中断的外交交流。按照沙皇亚历山大和格奈瑟瑙及布吕歇尔身边的军事领袖们的意见，对拿破仑来个毕其功于一役，强迫法国接受和约，才是正确的做法。从这个角度看，他们对拿破仑的权力和军事手段的认识是多么的无知和幼稚，梅特涅在他对法国皇帝的研究中，以及从前五次的反法同盟战争中，已经学到了足够多的经验。是他一个人始终不渝地以一再更新的、共同促进的和平建议，伴随着战役的进程，直至 1814 年 3 月。

　　当反法同盟军到达法兰克福之后，并没有一致决定是否将战役继续进行下去，进而挥师法国。普鲁士国王声明，他坚决反对渡过莱茵河。就连维斯瓦河都不愿意渡过的沙俄将军们，则试图劝阻沙皇不要再继续进军。而梅特涅的观点则完全不同，他与施瓦岑贝格共同表示，要将战争继续进行下去。我们已经知道，无论发生什么情况，这是他始终如一坚持的信念。[1]
1813 年 11 月 9 日，在他位于法兰克福的行营举行了一次决定
性的会谈，在会谈中，普鲁士和奥地利的将领们就共同的行动
计划达成了一致，内容是，施瓦岑贝格的主力部队穿越瑞士，
从南面进军法国，并与在意大利的奥地利军队以及从西班牙赶
来的、英国威灵顿公爵的军队建立联系。布吕歇尔则从东面进
军，在美因茨越过莱茵河，而贝尔纳多特王储则穿过被法国吞
并的尼德兰地区，从北面包抄，这样就形成了对拿破仑的集中
包围之势。战略上要求在包围行动中仍然继续奉行相互协调的
进退迂回战术，待到以这种方式将拿破仑削弱、拖累得差不多
之时，再与其进行最后的决战。在梅特涅行营中参加会谈的还
有哈登贝格、施瓦岑贝格和拉德斯基；会谈责成施瓦岑贝格将
商议结果汇总，书面呈报沙皇。[2]

梅特涅借口推托的和平倡议

战争将继续进行，这已经是板上钉钉的事，但是梅特涅坚
持，不能中断与拿破仑的谈判。拿破仑在莱比锡提出的和谈建
议至今还未给予答复。民族大会战之后，鉴于失败，拿破仑曾
将被俘的奥地利将军默费尔特作为传话人释放。而同盟军也见样
学样，同样俘虏了法国驻哥达（Gotha）和魏玛（Weimar）宫
廷的公使圣艾尼昂男爵（Baron Saint-Aignan）。但是，梅特
涅却认为这是“违反国际法的”行动，[3] 他自己就曾在巴黎被
拿破仑如此对待过。当然，也可以将这个过失弥补一下，把被
俘的人作为报信人释放，将他送回巴黎。

同样是在 1813 年 11 月 9 日，梅特涅召集施瓦岑贝格侯爵、
英国代表阿伯丁勋爵，以及同时也代表哈登贝格的涅谢尔罗迭
伯爵到他那里会晤。在会晤时，梅特涅在行事策略上极其巧

妙：他没有拿出任何文字的东西，而是在圣艾尼昂在场的情况 442下，口头阐述了一项和平计划。男爵不得不自己将内容记下，特别是有关法国应该保持在其"自然边界"的范围之内，即在阿尔卑斯山、伊比利亚半岛以及莱茵河边界范围之内的建议。该建议要求承认德意志、西班牙（在原王朝的统治之下）、意大利及荷兰的独立。建议只提出了召开和谈，而没有提出缔结和约。停战或者只限于欧洲大陆的和平则被完全排除在外。[4]

英国的部分舆论以及卡斯尔雷对圣艾尼昂的使命非常恼火，因为他们不知道这到底有何意义。直到今天的历史叙事，都将梅特涅在此事上的所作所为定格成"狡猾（slippery）"，因为他绕过了英国和普鲁士的利益，而在这个行动失败之后，他又否认了这个行动。[5] 但是，如果了解梅特涅的长远战略，特别是了解他从一开始就将时常向拿破仑发出的谈判建议可能会失败这一点预估进去的话，那么这种评价是站不住脚的。1813 年 6 月，他就已经在奥波奇诺宫当面向沙皇作了说明，并透露了这个"庞大的计划"。他让圣艾尼昂给科兰古带封信，信中说："圣艾尼昂先生将向您报告我们的谈话内容。我不期待会有什么结果，但是，我再一次尽了我的职责——'拿破仑不会制造和平，这是我的基本信条（Napoléon ne fera pas la paix，voilà ma profession de foi）'。"[6]

就像梅特涅之前将莱茵邦联邦国从拿破仑体制中争取过来一样，他也以同样的做法对待拿破仑最后的盟友：瑞士、丹麦和那不勒斯。当他将这些国家同样从与拿破仑的联结中解脱出来后，对这些国家就不再讲和平谈判了。德累斯顿会谈之后停战协定的延长所达到的目的，是圣艾尼昂的秘密使命所同样要达到的：为动员军队争取时间。梅特涅在发给他的相府总管的绝密信息中透露："我不相信拿破仑会给此事一个结果。但是，从任何方面考虑，我们必须走这一步，目的是要看清楚，并且同时要为我们的国家搞到武器。"[7]

从莱茵邦联过来的同盟新成员，必须承担为继续进行反拿破仑战争提供新兵源的义务。在此，梅特涅的联邦性的德意志政策得到了切切实实的回报。在这个问题上，也是梅特涅给予了决定性的推动："我们在军事方面对德意志进行了临时性的全面重组，并且固定下来。在不到两个月的时间里，德意志提供了120000人的前线部队，以及120000人的主动防御部队，并组织了从瑞士边界直到波罗的海的，对位于黑森林、奥登森林与威斯特森林及施佩萨特山和哈尔茨山中城市的进攻。"[8] 在所有这些要由前莱茵邦联各邦尽其义务的事务中，施泰因作为中央管理委员会主席，特别是在1813年11~12月提供了大量的、无法估价的帮助。但是，这当然不足以使他成为"反拿破仑同盟战争"中的关键人物，[9] 因为这场战争足足进行了9个多月，在这9个多月中，施泰因并非一直作为决策者出头露面。他的作用有些类似根茨，是一个幕后的政论作家、一个出主意的人、一个监工，最终作出决定的则是其他人。

1813 年 12 月 1 日的声明：对法国人的宣言

梅特涅没有看错拿破仑。11月25日，他从外交大臣马雷手上看到了拿破仑的答复。信中完全忽视了所有的和平建议，满篇都是关于所有国家的独立和皇帝本人的普遍的和平愿望的空洞言词。这封信后来被梅特涅用来作为下一个策略性步骤的资料，因为他向同盟国建议，起草一份告法国人民的宣言书。这个声明到底意味着什么，或者说，梅特涅将它与哪种政治和历史背景结合在一起，只有通过了解他自1792年以来所走的道路，才能得出结论。对于这一点，到目前为止还没有人想到过。

　　这就需要回忆一下：梅特涅 1792 年在美因茨逗留时，曾经经历了不伦瑞克公爵那臭名昭著宣言的炮制过程。[10] 几个月之后他注意到，这份宣言中包含的要摧毁巴黎的威胁，在巴黎激怒了国人的情绪，被法国国民公会用来作为借口，向"波希米亚和匈牙利王国"宣战。梅特涅将自己看作"一个透彻了解法国公众精神的人"，要尽一切努力，"不要将这种痛苦加在自己一方身上"。[11] 同盟军新近要进行的干涉，可能会在法国内部引发如 1792~1793 年那样的激进革命浪潮，这使他坐卧不安。他所经历的那种灾难性的场面，二十年后还像一种永远洗不掉的染料一样，影响着他的思想。只有看到这一点，才能理解他为什么偏偏将 1813 年的这份宣言，解释为自己一生中最为棘手的工作，这是他"发自心底的"呼声。[12]

　　几个星期以后，当布吕歇尔由于失去耐心而急于向凡尔登开进时，梅特涅的脑海里马上出现了"类似 1792 年的那次结果极其糟糕的军事行动"，他想到的是在瓦尔密遭到炮轰之后的撤退。[13] 当同盟在特普利采成立时，梅特涅就考虑到，签署的这些协议在巴黎会被错误地理解为是按照 1792 年的模式建立的一个进攻性同盟。他曾经从相府档案中将 1792 年的协议文本找出来，并参照其内容——像他所说的——"小心谨慎地"草拟新的协议："我竭尽全力遵循着我们的最高标准——'适度'——我甚至将个别可能会导致法国人直接作为借口攻击我们的条款，放在了另外一个协议里，这个协议只有三国皇（王）室知道。"[14] 在他的没有付梓的那部分回忆录中，梅　　透露了自己的真实意图，这些意图隐藏在他策略性奉行的 13~1814 年和平政策的背后："在我的眼中，拿破仑就是　　的代表者，革命也在热烈地支持着他。如果各大国就反抗　　革命代表者'的占领欲的行动，赋予占领意图的性质，那么，　　他们就会加强那些正要被削弱之地的反对派的力量。"[15]

"不要像 1792 年一样"——梅特涅也参照这个标准来起草宣言。他在宣言中先是恭维法国人的"民族自爱"情结，并向他们承诺，同盟各国会保证法国的"领土范围，是他们在过去的各位国王的统治下从未见到过的范围，因为一个富于骑士精神的国家，不会由于遇到自己造成的事故就沉沦下去"。[16] 梅特涅以这样的方式改写了这个国家以莱茵河、阿尔卑斯山、比利牛斯山为"自然边界"的说法。他宣称，盟国不是在与法国打仗，而是与破坏了欧洲大陆上的均势，从而给欧洲也给法国带来不幸的拿破仑在进行战争，还称拿破仑也曾提出了各种各样的和平建议。在后来的回忆录中，梅特涅解释了他的意图："进一步将拿破仑与这个国家区分开来，并以此对法国军队施加影响。"因为他知道，很大一部分的法国将军早已厌烦战争。在他的宣言中，他也没有忘记提及法国人民最不舒服的一件事：法国还要再征兵 300000 人。

宣言以梅特涅最典型的欧洲和平愿景作结：不仅仅只有法国，"别的国家也都想要和平、幸福和安宁。他们想要的是一种通过智慧的力量分配与合理的均势产生的和平状态，为的是各国人民不再继续经受二十多年来加在欧洲身上的苦难。在欧洲的国家秩序重新确定之前，在不容改变的原则对肆意的侵略取得胜利之前，在神圣的条约最终保证欧洲真正的和平之前，他们是不会放下武器的"。在这里，奥地利的外交大臣看起来已经将他在维也纳会议上的理想目标预先确定了，这个目标也是在他还是一个年轻人时，就已经确定下来的。

对宣言的预期完全准确。梅特涅得知，民众接受的效果非常之好。他让人在法国散发了 20000 份传单；后来从科兰古那里听说，他击中了拿破仑的要害。拿破仑的警务大臣萨瓦里将在巴黎得到的第一份传单，立即呈交给拿氏过目，法国皇帝评论说："起草这份传单的，除了梅特涅不会是别人。以莱茵河、阿尔卑斯山、比利牛斯山为边界的说法，完全是在耍滑头。只有像他那样对法兰西了如指掌的人，才会产生这样的想法。"[17]

瑞士的表面看起来受到损害的中立

1813 年 12 月初，瑞士和法兰西帝国之间的联盟尚还存在。但是，按照拉德斯基的军事行动计划，军队穿越瑞士领土向朗格勒高地进军已不可避免。沙皇亚历山大对此行动坚决反对，并宣称此事涉及他的个人名誉，他过去也没少这样说过。他曾公开承担过义务，要捍卫瑞士的中立，并担心这样做会使他丢脸。这个冲突也发展成了梅特涅用其政治考虑和政治行动来引导军事活动的诸多案例中的一个。

以瑞士中立作为理由是十分荒谬的，因为自 1798 年以来，赫尔维蒂共和国（Helvetische Republik）——与莱茵邦联完全一样——就与拿破仑结成了防御和进攻联盟，并且提供了16000 人的部队。不久前各州的代表大会——州代会——这个鼓吹所谓中立的机构，新征了 300 名士兵，送到在法国为拿破仑效力的瑞士旅中服役，一个从法国逃回瑞士的奥地利军官也被重新引渡回法国。[18] 梅特涅重又运用对付莱茵邦联体系的做法，并当面据理说服弗朗茨皇帝——即将对瑞士的干预，实际上不是干预："不是我们想干涉瑞士的事务，而是我们必须消除业已渗入瑞士所有阶层的法国影响。我们必须摧毁法国的大厦，但并非要取而代之，即并非在其基础上建立奥国的大厦：我们要重新建立的是瑞士的自由。但是，瑞士人自己在这方面必须为我们提供手段。"[19]

通过秘密谈判，梅特涅促成了伯尔尼州决定向同盟发出呼救，寻求帮助。梅特涅的行动支持了瑞士国内的"独立派"，

446

同时打击了"亲法派"。此外梅特涅还预计，格劳宾登州和苏黎世州将效法伯尔尼州，加入同盟。在施瓦岑贝格和拉德斯基也一再坚持表示支持梅特涅的意见后，弗朗茨皇帝同意了梅氏的干预计划。1813 年 12 月 21 日，奥地利军队在巴塞尔、劳芬堡（Laufenburg）和沙夫豪森（Schaffhausen）跨过原有的大桥越过莱茵河，未遇任何抵抗。虽然后来与沙皇的反目和争吵是很难抚平的，但是沙皇也不得不承认，对瑞士的行动在军事上是必要且正确的：同盟军不可能容忍有一个与拿破仑结盟的国家像桥头堡一样，在地理位置上横亘在奥地利驻意大利军队与从西班牙赶来的威灵顿公爵的军队之间。

战场与外交：梅特涅前往巴黎的途中

已经过去的历史真实，比后来的历史叙事所能发掘的东西要复杂得多。这一点特别适合用来形容 1814 年 1~4 月在法国战场上发生的事情。政治和军事行动在这里相互交织，轮番施加影响，简直纠缠不清。大量的军事行动出自陆军的各指挥部，而这些指挥部不停地变换着地点。施瓦岑贝格的统帅部曾经较长时间分别设在勒拉赫（Lörrach）、朗格勒高地、特鲁瓦、肖蒙以及奥布河畔巴尔（Bar-sur-Aube），另外也曾短暂设在了旺德夫尔（Vandœvre）、科隆贝（Colombey）以及塞纳河畔巴尔（Bar-sur-Seine）。各国君主的皇室大营和大臣们的行营有的会紧挨着指挥部设立，有的会在空间上与它们分开。与这些指挥部迁移并行进行的，是在 2 月 3 日到 9 日以及 2 月 17 日到 3 月 19 日之间，同盟国代表与科兰古进行的两次有关和约条件的谈判——在此期间，科兰古已经接替马雷出任法国外交大臣。在朗格勒举行的特别峰会以及大臣特别会议上，谈判在紧锣密鼓地进行，特别是在 3 月初，联盟已经更新为四国同盟，从而得到了加强。

　　为便于理解，还要开动脑筋，军队不断更换驻地，持续调动目的是从侧面或者从后方夹击拿破仑，因为除了施瓦岑贝格的统帅部之外，还有布吕歇尔、维特根施泰因、弗雷德和贝尔纳多特的部队在行动。如果想统计一下，当时在军事上同时开展了多少行动，那就必须以日为基础，进而逐日地记录所有的细节。要想这样做，就得像许久之前的军事作家卡尔·冯·普罗妥（Carl von Plotho）一样，按照事情发生的顺序，用编年史的方式逐日作记录。[20] 所有的、在各地区进行的不同的行动——当时正值隆冬，饥饿寒冷，给养不足，又是在陌生的国度里——都要相互协调配合，如果不想被拿破仑各个击破和被歼灭的话。而且还要想象一下，对法国方面也要作同样的统计，当然，关于法国方面，由于蒙罗·普莱斯的研究，人们已经有了更加详细的信息。

　　到目前为止，历史叙事还没有成功地以一个总系统中各个行动相互作用、相互影响的模式，来解释直到拿破仑退位这段时间的历史发展进程。只有这件事做成了，才能算清楚每个单一的行动参与者在总体中所占的分量。不难理解，为什么到目前为止，研究这段历史时，总是些选择性的视角占据着主导地位，而梅特涅则没有被纳入视野。在这个问题上，笔者倒是做得颇为容易，因为我至少知道，梅特涅什么时间到了什么地方，以及他在解决哪些基础性的冲突中，参与到了什么程度。因为原则性的争论还在继续：什么是正确的军事策略？法国和欧洲如何重新整顿？由谁来统治战败了的拿破仑帝国？哪部分领土要留给这个国家？由于很少有人同时具备既冷静又聪慧的足够天赋，来驾驭这个异常复杂的局势——沙皇、格奈瑟瑙、布吕歇尔或者施泰因肯定不行，在军事问题上施瓦岑贝格以及拉德斯基当然还可以，[21] 而在执行领域，唯有梅特涅堪当此任。

448

当然，如果冲突升级，那么，这个冲突会在沙皇和梅特涅这两个主要对手之间爆发，但是自1月19日起，作为一个强有力的结盟伙伴，英国外交大臣卡斯尔雷站到了梅特涅的一边。

三个突出的决定性地点，形象地展示了梅特涅的危机管理才能：1814年1月27日至2月1日在朗格勒召开的危机会议；2月25日在奥布河畔巴尔召开的扩大的战争议事会；以及3月初在肖蒙召开的巩固四国同盟的会议。而在沙蒂永（Châtillon）并行召开的会议也占据了一定的篇幅。

1814年春梅特涅穿越法国前往巴黎的路线

弗莱堡	1813年12月14日~1814年1月12日
巴塞尔	1814年1月12日~24日
朗格勒	1814年1月25日~2月2日
肖蒙	1814年2月3~4日
旺德夫尔	1814年2月5日
奥布河畔巴尔	1814年2月6日
塞纳河畔巴尔	1814年2月7日
特鲁瓦	1814年2月8~24日
奥布河畔巴尔	1814年2月25日
肖蒙	1814年2月26日~3月14日
特鲁瓦	1814年3月15~19日
塞纳河畔巴尔	1814年3月19日
奥布河畔巴尔	1814年3月21~24日
第戎	1814年3月25日~4月7日
巴黎	1814年4月10日~6月3日
伦敦	1814年6月5~30日
巴黎	1814年7月2~7日
抵达维也纳	1814年7月18日

大危机：策略性的和平建议或者向巴黎进军
朗格勒，1814 年 1 月底

按照梅特涅的划分计划，位于上马恩省的朗格勒高地是
第二次反拿破仑战役的预定地点。在那里要作出决定，部队
是要继续进军——这是沙皇亚历山大、格奈瑟瑙、布吕歇尔
和施泰因催着要继续做的——还是先休整恢复一下，因为正值
隆冬，要等待补给的到来。施瓦岑贝格在一份备忘录中建议休
整，并得到了梅特涅的支持。

军事问题实际上是与政治问题纠缠在一起的：到底还要不
要进行和平谈判？如果要谈，那么拿破仑还能作为一个谈判对
手被接受吗？沙皇突如其来地提出了一个令人震惊的建议，并
挑起了争论，他建议，宣布瑞典王储贝尔纳多特——这位拿破
仑的前将军——出任法国的统治者，或者让"法国人民"来表
决由谁担任拿破仑的继任人。亚历山大想召开全民大会，由全
民大会选举出席巴黎议会的代表，再由这些代表来决定宪法问
题和国家元首问题。梅特涅强烈反对这一建议："这是（法国）
大学生联合会的翻新版本，是再次煽动革命，是拿破仑曾经制
服过的革命！"[22] 在此处，背景和经历不同的两个世界发生了
碰撞：作为一个早熟的年轻人，梅特涅对革命暴力的爆发性、
其对群众的煽动性、不断升级的激进性以及对敌人进行物理消
灭的种种手段都曾有过亲身体会。与此相反，比他年轻四岁的
沙皇亚历山大，此时生活在遥远的圣彼得堡，正在接受卢梭的
崇拜者、思想自由的共济会成员弗雷德里克 – 塞萨尔·德·拉
阿尔佩（Frédéric-César de Laharpe）的教育。沙皇没有看到
1814 年存在什么危险，并想指令同盟军去吓唬选民，称拿破
仑已经完蛋，谁也不愿意再听到他的消息了。沙皇甚至想让他
老迈年高的帝师拉阿尔佩来主持这些事务。由拉阿尔佩让那些

450 议员作出选择: 是要共和国还是要贝尔纳多特, 他们无疑将会选择贝尔纳多特。

梅特涅和卡斯尔雷竭尽全力反对这个计划, 因为他们担心, 用这种方式会鼓励雅各宾党人或者专制主义者发动政变。塔列朗用他的预言证明了, 梅特涅和卡斯尔雷的做法是正确的, 因为如果贝尔纳多特登上皇位, 他只会"促成一个革命的新阶段"。[23] 对于梅特涅和卡斯尔雷来说, 只有波旁王朝才有考虑安排的可能。在梅特涅威胁奥地利要退出同盟之后, 沙皇的暂时成功, 也仅仅限于将自己的想法说出来而已。此时真正棘手的问题是, 是否还要与拿破仑进行谈判。到目前为止, 沙皇对梅特涅主张的进行策略性谈判的战略, 还是赞同的, 但是到了 1814 年 1 月, 沙皇要毕其功于一役将拿破仑消灭, 而且他对胜利进军巴黎的渴望已非常强烈, 再也不想听到梅特涅的这些想法了。

我们知道, 梅特涅策略性的理由是, 如果拿破仑一而再, 再而三地拒绝和平建议的话, 策略性谈判可以争取法国的公众舆论以及巴黎的大小官员, 鼓动他们反抗拿破仑。在朗格勒, 这位大臣于 1814 年 1 月 27 日在呈送给弗朗茨皇帝的"原则奏折"中, 对他的理由有了新说法: "同盟可以用来反对拿破仑的强大武器, 就是'撕下他的和平假面(arracher la masque pacifique)', 就是在这副假面的掩盖下, 他进行着一个接一个的征服。"接着, 梅特涅解释了作为长期战略成果, 皇帝应该采取的政策——实际上是他自己的政策——"陛下深谋远虑, 为此政策指明方向, 同盟各国, 全力奉行。唯派性偏见, 否认此策硕果累累, 获益良多。此得益于同盟逐步成长, 步步均具适度、合法及和平之特点。"[24] 他说, 就是现在, 也不能让这个强大的武器从他手中失落, 因为一旦用错, 它也会调转枪口, 瞄准同盟。在这里, 梅特涅非同寻常地明确透露了, 向世人公开地玩弄和平的熟练技巧，对于他来讲，不过是个宣传手段而已，根本不是他所奉行政策的目标。

他在这次起草的奏折中一改平时的做法，没有用德语，而用了法语。这样一来，从一开始就清楚了：他想在下一次会议上，向所有的参加者发放奏折的文本，而且也的确这样做了。梅特涅的宣传策略还包括，盟国要将自己定义为欧洲的代表，并且要绕过拿破仑，将其和平建议直接在法国的公众舆论中宣扬。因为欧洲是要与法国谈判，而不是与拿破仑谈判。欧洲要将自己看作一个体系，一个要按照已经商定的大国均势思想重新建构的体系。

451

梅特涅外交的标志性特点是，他总是试图争取多数，以达成广泛的共识。他将他的奏折分发给卡斯尔雷、涅谢尔罗迭、哈登贝格、施塔迪翁以及安德列·拉索莫夫斯基公爵（Fürst Andrej Rasumowsky），后者到 1807 年为止担任俄国驻维也纳公使，现在作为顾问在陪同沙皇。在 1 月 29 日的会议上，要就奏折的内容进行谈判。梅特涅还出了个主意，在沙蒂永同时另行召开一个有科兰古参加的（代表）大会，对可能提出的和约条件向大会作出解释。所有四国代表均同意在朗格勒召开会议，并委托梅特涅，为代表们出席沙蒂永大会撰写一份指南。[25]

因为现代历史叙事中所清一色充斥的判断是，直到最后一刻，梅特涅还试图与拿破仑达成和平谅解，以便最后能保住他的皇位，那么，认真详细地叙述一下他是如何用所撰写的指南在战略上指导沙蒂永大会，就非常重要了。梅特涅为出席沙蒂永大会的代表写了一份战争目标纲要，其中最具刺激性的条件是："法国回到革命前［！］的边界中去。"在这份纲要中不再谈论"自然边界"了。总而言之，纲要意味着拿破仑帝国的完全解体。法国必须放弃超出其自身边界之外的所有影响，即对意大利、德意志和瑞士的保护国统治。所有与之相关的统治头衔将全被废除，巴萨诺公爵（Duc de Bassano）、塔兰托公爵（Duc de Tarente）、瑞吉欧公爵（Duc de Reggio）、埃尔欣根公爵（Duc d'Elchingen）、卡斯奇里恩公爵（Due de Castiglione）、阿布兰特什公爵（Duc d'Abrantès）、讷沙泰勒亲王（Prince de Neufcâtel）、帕尔马亲王（Prince de Parme）、埃克米尔亲王（Prince d'Eckmühl）、维琴察亲王（Prince de Vicenze）——他们将失去与他们那些人为制造的头衔联合在一起的、油水极大的俸禄。旧奥地利在意大利的势力范围要重新建立。由斐迪南七世领导的波旁王朝将重新统治西班牙。在奥兰治亲王的统治下，将重建荷兰。在指南中，对德意志有一个确定未来指向的定义，并事先划定了即将在维也纳召开会议讨论此问题的空间："德意志是由自主的诸侯组成，并由一条联邦制纽带连在一起的，这条纽带保障和保证德意志的独立。"在此处，这个说法第一次在梅特涅的笔下出现，而不是一个月之后在《肖蒙条约》中才出现，并且也不是通常所说的，在卡斯尔雷的所谓的决定性影响下才出现。这个说法作为梅特涅提出的基本条件，已经写进了《特普利采协议》。[26] 作为一个整体来看，就不能不将指南理解为"是一个包装在不可满足的要求中的、向拿破仑发出的要其下台的命令"（威廉·昂肯语）。[27]

452

拿破仑也正是在这个意义上理解来自沙蒂永的信息的。1804年5月18日，他作为皇帝隆重发出的誓言音犹在耳、历历在目：要保护"共和国国土的完整"。从拿破仑的秘书范恩那里我们得知，拿破仑拿到沙蒂永大会指南时勃然大怒。法国皇帝立刻明白了，人们要求他做什么：他不仅必须放弃继续征战，而且必须归还经过征伐占领的他国国土。他必须将法国还原到比他现在所见到的缩小许多的范围中，就是说，他得食言。他感到这样的要求无法容忍，只能用阴险卑鄙、背信弃义、无耻羞辱、荒谬透顶等字眼来发泄。[28] 梅特涅也没指望他能有比这更好的反应，这种反应也正好说明，他对拿破仑政治性格的估计非常准确。

但是，梅特涅要避免在巴黎的社会政治精英和法国民众那里，造成一种外来干涉的大国要强加给他们一个统治者的印象。因此，他在给朗格勒会议与会者的报告中，只是用复杂的句子和费解的措辞，将问题提了出来，如果拿破仑被赶下台，下一个王朝应该怎么称呼？同盟国在这个问题上可以进行直接的干涉吗？他们应该首先提出这个问题，还是作为次要问题提出来？他们应该以挑战性方式将问题提出，还是仅仅对结果表示支持？

这个报告也驳斥了广为传播的有关梅特涅想要使拿破仑在皇位上坚持到最后一刻的判断，以及是在施瓦岑贝格于1814年3月21日的突破性作战之后，同盟军向着巴黎胜利进军时，他才放弃了这一努力的说法。[29] 梅特涅非常清楚，拿破仑是坚持不下去的。这个意思表达得最明确的，是他向威廉米娜·冯·萨甘谈起朗格勒会议时说的："多少年来我一直对自己说，'我要杀死拿破仑'，并且要建立世界和平。……假如拿破仑活着，假如他还在统治——那么他就必须成为一个小一号的人，如同从来没有进行过统治的人一样！"[30]

453

同盟面临失败：
1814 年 2 月 14 日梅特涅的危机外交

2月3日，出席沙蒂永大会的代表已经到达会议地点，其中施塔迪翁是同盟的发言人，卡斯尔雷是英国代表团团长（阿伯丁、卡思卡特、斯图尔特），洪堡代表普鲁士，俄国的代表

是拉索莫夫斯基。当会议进程显示，科兰古可能会接受梅特涅
指南中提出的苛刻条件时，沙皇亚历山大于 2 月 9 日撤回了他
的代表，中断了会议。他的理由是，如果战争状况发生了变化，
指南中有一项条款允许更改条件。同盟军取得的一些胜利，助
长了沙皇不再顺从施瓦岑贝格的束缚，而是要直接进军巴黎，
他要亲自摧毁拿破仑的军队和拿破仑本人，并且让人们自由选
举未来的国家元首。他的理由还有同盟军在数量上占有的优势，
却忽略了自己队伍中有 50000 伤病员；他也同样没有看到部队
的补给和供应情况是灾难性的，而施瓦岑贝格对此则顾虑重重。

在这种情况下，梅特涅再一次显示了对保持同盟的团结和
坚持同盟的路线所起到的关键作用。沙皇威胁说，如果同盟不
跟着他感觉的政策走，他就让同盟解体。鉴于此，盟国的大臣
们匆匆忙忙于 2 月 10~15 日在朗格勒召开紧急会议，卡斯尔雷
亲自做沙皇的工作，要其回心转意，却无果而归。其他参会人
士也纷纷写信给沙皇，而他则一律不作答复。于是，大家纷纷
将目光投向了梅特涅，梅特涅表示，2 月 14 日将与沙皇进行
直接的谈判。他将一切押在了一张牌上，并威胁说，奥地利将
撤出战争并与拿破仑另外单独签署和平协议。这样一来，沙皇
让步了。让步的原因还加上在此期间布吕歇尔在与拿破仑的战
斗中遭到了几次失利。从 2 月 17 日起，又可以在沙蒂永继续
谈判了。

一天以后，梅特涅带着稍许嘲讽之音，向威廉米娜·冯·
萨甘描述了盟国如释重负的轻松："那是一群傻瓜，一段时间
以来，他们笼络住了**你的可爱的朋友**［亚历山大］，如果他
们继续这样玩下去，他们将毁掉整个世界。"他说，是自己承
担起责任，独自一人与亚历山大正面交锋，并大获全胜。"我
的朋友卡斯尔雷对我说：'您是全世界的首相（le premier
ministre du monde）。'我请求您原谅的是，我并不能每次都

给您送来（他所说的）同样的知心话。普鲁士国务首相（哈登贝格）拥抱了我，我的皇帝（弗朗茨）追着我不停提问，普鲁士国王则冲着我微笑，而**你的美男子**［亚历山大］则对我说，他爱我，因为除了我以外，再没有第二个人懂他的心思，他想要什么，并且还能始终如一，坚守己念。"[31]

1814 年 2 月 25 日，奥布河畔巴尔的战争议事会

在施瓦岑贝格看来，在整个法兰西战役中，同盟军一再重犯 1813 年 8 月底在德累斯顿失败中已无以复加的错误。布吕歇尔的固执己见，让总指挥一而再，再而三地抱怨道："他又开始愚蠢地突进，根本就不考虑他迎面的敌人可能很弱，但是两翼却有强敌。如果这种肢解包抄没有再一次陷他于灾难之中的话，那简直就是奇迹。"[32] 2 月中旬，由于同盟军曾在好几次战役中相互之间缺少协调，拿破仑虽然在人数上处于劣势，但是他那危险的军事天赋却闪耀出光彩，最终取得了胜利。再加上同盟军是在一个陌生的国度里，正处于绝望的状况，正如施瓦岑贝格所简要概述的："如果我将我的军队分散，那他们将被各个击破；若将他们聚拢起来，那他们将会活活饿死。"[33]

危机迫使同盟各国于 2 月 25 日相聚奥布河畔巴尔，由普鲁士国王腓特烈·威廉三世召集了一个规模很大的战争议事会。弗朗茨皇帝、沙皇亚历山大、施瓦岑贝格、梅特涅、卡斯尔雷、涅谢尔罗迭、哈登贝格、拉德斯基伯爵（奥军总参谋长兼军需总监）、沃尔孔斯基公爵（Fürst Wolkonski，沙俄总参谋长）、冯·迪比奇（von Diebitsch，沙俄副总参谋长）以及冯·科内塞伯克（von Knesebeck，普鲁士国王侍从武官长）聚集一起，沙皇亚历山大亲自作记录。仅凭这份长长的出席名单就可以推测，危机是多么严重。施瓦岑贝格向自己的

455

夫人描绘了沙皇的态度："沙皇亚历山大又一次被经常作弄他的、极其细致的'恶作剧'所击倒。"[34] 他说，他羡慕拿破仑或者威灵顿，他们可以做一个无牵无挂、无所顾忌的独立指挥官："我们却是各个国家组合在一起，忍受着他人的可悲的判断，即，要承受三个君主……的指挥。被傲慢的、虚荣的、无知的、扮演军人的君主们所折磨，简直是在受酷刑。"[35]

会议最终还是达成了一致，重新回到既有战略上去，按照这一战略指引的道路，曾经一路凯旋，直到取得了莱比锡民族大会战的胜利。这个战略就是，"不要让整场战役的命运，遭受到某些一般战斗不幸结局的影响和操控，而是要逐渐地消耗拿破仑的兵力，直到最后取得胜利"。[36] 再次重回已被证明是成功的战略一事——虽然这个战略一再遭受攻击——突显了梅特涅在危机管理中的关键作用和地位，因为在对抗俄国和普鲁士的反对声中，他给了奥地利的军事领袖施瓦岑贝格和拉德斯基以政治上的支持。会议同时决定，开始向巴黎进军。鉴于整个政治的、军事的和人际关系的困难局面，促使梅特涅和卡斯尔雷考虑进一步巩固同盟的基础。

梅特涅与卡斯尔雷："真诚的伙伴"

在卡斯尔雷于 1 月 19 日抵达巴塞尔之前，梅特涅就已经迫不及待地期待着这位英国外交大臣的到来，他们从那里共同启程前往朗格勒，并于 1 月 25 日到达。两人在进行了几个小时的深入交谈后发现，他们之间的观点是何其的相似与一致。他们有相同的在大国均势之下的涉及欧洲和平政策的政治愿景，这种大国均势会基于原则和结盟而得以巩固。梅特涅感到，自己像一个保守的辉格党人一样，被他的英国谈话伙伴所理解——他自己本来也非常愿意成为一个埃德蒙·伯克意义

上的辉格党人。两人都想褫夺拿破仑的权力，都想让波旁王朝
复位。而且两个人都担心，在法国可能从巴黎兴起，重新出现
雅各宾党人的革命。通常在与政客交往的过程中，梅特涅极少
谈论友谊，然而在与卡斯尔雷的交往中，以及后来在威灵顿那
里，他却大为破例。在朗格勒，梅特涅和卡斯尔雷第一次在外
交平台上为了一个共同的目标而战斗。在这件事情上，他们成
了"真诚的伙伴（Entente cordiale）。"如果说，第六次反法
同盟取得了成功，那就不得不将他们二人称为自朗格勒会议以
来取得成功的扛鼎人物，是他们精力充沛、竭尽全力地促成了
成功。3 月初在特鲁瓦，施塔迪翁就曾当着法国保王党的一个
信使以及当着达尔贝格的面，用下面的话形容梅特涅在谈判
中的地位："另外，除了他以外，不需要您转达任何信息。梅
特涅先生就是连接各位君主的纽带。在这一刻，他既是沙皇的
大臣，也是奥皇的大臣。"[37] 通过在巴塞尔、拉施塔特、德累
斯顿、柏林、巴黎和维也纳的活动，梅特涅在政治眼光上已比
对大陆事务缺少经验的卡斯尔雷高出一大截。当然，英国大臣
本身也是一位重量级人物。一个外交大臣允许自己离开英伦本
岛，在大陆上逗留数月进行政治谈判，是极其不寻常的。

两个人的关系是如此的不同寻常，这就需要我们进行更
为详细的描述，才能更好地学会理解梅特涅。英国的着装与
法国时装比起来有些奇特，梅特涅非常清楚这一点。[38] 卡斯尔
雷在巴塞尔现身时，身着红色及膝的裤子与蓝色镶花边的长
袍，很像 1780 年代的高等教士身穿的法袍。但是梅特涅没有
像威廉·冯·洪堡第一次见到阿伯丁勋爵时那样，肆意嘲笑这
身装扮，而是将其看成一种英国人可爱的特征，应当予以包
容。卡斯尔雷立即就感觉到了这些反应，在与梅特涅长谈数小
时之后，他对阿伯丁说，他虽然与很多有名望、有教养的男士
一起工作过，但是还从未遇到比梅特涅在仪表上更具"礼数

456

（galantry）"的人。

阿伯丁立刻将这些话通报给了梅特涅，而这却令受到赞扬的梅氏非常吃惊，因为他感到在见卡斯尔雷时，自己过于直白地冲着他发话，言辞非常不符合外交礼仪："大人，我们没有时间相互试探着、揣摩着来慢慢了解对方了。在您知道我在想什么之前，我没有权力从您那里得知，您在想些什么。我想用四句话告诉您——就四句，不多也不少：①如果您像我一样思考，②如果您想要的也是我想要的，③那世界就有救了——④如果您不这样想，那世界就会完蛋。您将在我们这里逗留几个星期，您可以选择，或者将好事马上做起来，或者从长计议，慢慢为坏事的到来作准备。"卡斯尔雷连眉毛都没抬一下，立即答道："如果这是您想要的；那么我们就算在原则上达成一致了？""是的。"梅特涅答道。在一封写给威廉米娜·冯·萨甘的信中他评论说："从那以后，我们就像在同一间办公室里工作的两个雇员一样，共同努力了。"[39]

在卡斯尔雷于1月19日刚刚抵达巴塞尔后，梅特涅就试图尽可能近地将其拉向自己一边。他与其长谈数小时，直到嗓子沙哑。为了向他的谈话伙伴介绍欧洲的情况，他整整挨过了一整天的时间，"像弄碎一块奶酪一样，掰开揉碎地去讲解"。他看到，卡斯尔雷对他很满意，并兴奋地写道："我与他相处得很好，就好像我们一辈子都一直生活在一起似的。他冷静、深思熟虑、有担当、挺得住、头脑清醒。"卡斯尔雷也对梅特涅充满信任，称他为"我尊贵的朋友"，甚至将威灵顿公爵的一封信展示给他看。梅特涅吃惊地发现，信中逐字逐句说的几乎都是他的立场，甚至发现信中还使用了他曾使用的成语。[40]而卡斯尔雷在1813年从伦敦开始推行英国的对大陆政策时，还对这位奥地利政治家充满着极大的猜忌。那时，他还不清楚梅特涅的长远战略，不清楚这是一个不得不在拿破仑面前进行伪装的战略。哈布斯堡皇朝与拿破仑的联姻、1812 年春季的结盟、1812 年夏天拿破仑开始进攻俄国之前在德累斯顿会晤时（对梅特涅）公开进行的友好接触，等等：所有这些，当时在卡斯尔雷的眼中都是理由充分的证据，让人怀疑，能不能将梅特涅作为一个可靠的结盟伙伴来看待。

　　这种迅速发展起来的相互之间的推崇，绝非来自一时的热烈气氛，而是由梅特涅心中那偏向英国的政治罗盘唤起的，这是他在 1794 年就已经获取并早已融于心中的。两位大臣的观察力中都带有同样冷静的保留成分，都兼具嘲讽的色彩，均感到有义务奉行政治经验主义和实用主义，并且两人都承认，自己属于 1770 年代的世界主义的一代人。虽然卡斯尔雷在前往巴黎的途中，还要从梅特涅那里学习不少有关大陆事务的经验，但两人奉行的是同样的原则，也正是这些原则，使两人成为维也纳秩序的建筑师。

　　是真正的友谊将这两个男人确确实实连接在一起，这一点后来在英国摄政王于 1821 年访问汉诺威，向梅特涅谈到卡斯尔雷时得到了证实，他说："他理解您，他是您的朋友，这就说明了一切。"[41] 而卡斯尔雷对于梅特涅来说非常重要。1822 年 8 月末，梅特涅在一封私人信件中透露，当时他刚刚得悉卡斯尔雷可怕的死讯："这是一个极大的不幸。这个人是无人可以取代的，特别是对我来讲。一个充满智慧的人的一切都可以取代，但是经验除外。伦敦德里侯爵（Marquess of Londonderry，卡斯尔雷）在他的国家里是唯一一个积累了外交经验的人，他学会了理解我。……这是个我遇到的最可怕的灾难。我的内心、我的灵魂已然委身于他，原因并不仅仅出于个人对他的爱慕，而是出于信仰。……我在此（在维罗纳会议上）等待着他就像等着第二个我。如果有他为我分担工作，我的工作量会减少一半。"[42] 作为 "唯一或许能够勉强替代他的人"，梅特涅看好威灵顿公爵，事实上威灵顿公爵后来也成为梅氏的另一位英国朋友，直到他 1848~1849 年流亡伦敦，威灵顿都对他一直忠诚不贰。[43]

"欧洲大国协调"的诞生时刻
——《肖蒙条约》（1814 年 3 月初）

拿破仑在 1814 年 2 月取得的还能算在他头上的胜利，不仅仅导致同盟国在奥布河畔巴尔召开了大型的战争议事会，而且也使同盟国的政治家们对战争可能旷日持久地拖延下去感到满腹狐疑。因此，3 月的第一个星期，正在肖蒙的四大国的大臣梅特涅、涅谢尔罗迭、卡斯尔雷和哈登贝格有了一个想法：将同盟置于一个新的协议基础之上。现在很难确定这个倡议是出自卡斯尔雷还是梅特涅，两位政治家在这个问题上的思路是并行不悖的。卡斯尔雷早在 1805 年的一份备忘录中，就已经赞同欧洲和平秩序的想法，并于 1813 年 4 月将备忘录交给英国驻圣彼得堡大使卡思卡特作谈判之用。[44] 梅特涅在科赫和福克特那里上学期间，就已经怀有根植于国际法的欧洲和平秩序愿景了。在肖蒙，两人所处的不稳固的战争同盟，正陷入困境之中，他们两人亟须找寻更多的支持——比一个纯粹军事防御或进攻同盟所能给予的要更多。在 3 月第一个星期的谈判中，他们赋予了梅特涅的谈判政策以新的品质，而这一谈判政策致力于欧洲的和平，曾不断遭受批评。

同盟国家遂以协议的方式相互重新保证，不会在战胜拿破仑之前分道扬镳，并且这一次接过了 1813 年 9 月《特普利采协定》的大部分内容，甚至照抄了原文，同时，又加入了一些原则性的新内容，对"完美的协作"达成了一致，就是说，对赖以在欧洲建立普遍和平的体系达成了一致。在这个普遍和平体系的保护下，所有国家的权利和自由会得到保障。在这个巩固了四国同盟的协议里，他们也对军队出兵的数额，以及各国应分担的费用达成了谅解。作为主要目标，定义了应对法国的安全概念。这其中包括成员国中某一国遭到法国进攻时，其余国家要尽皆驰援。协议的客体被形容成一个防御联盟，"目的是保持欧洲的均势，保障各国的安宁与独立，防止它们遭到多年来多次陷世界于不幸的突然袭击"。因此，四大国承诺，在今后的二十年内，遇到情况需要时，仍要联合应对。

　　一条秘密条款逐字逐句地重复了梅特涅为沙蒂永大会所撰写的指南中有关战争目的以及缔结和约的条件。这也说明了梅特涅对倡议所作的决定性的参与。如此一来，人们的目光又投向了瑞士、意大利、西班牙和荷兰。同样，具有宪法意义的关于德意志的定义又一次出现：德意志由自主的邦国组成，要通过联邦制纽带，以德意志独立为目的联合起来。[45]

　　保尔·施罗德将《肖蒙条约》评价为一个"愿景"，并非没有道理。因为这里要求形成一个由独立自主的国家组成的欧洲，尽管这些国家在实力、责任和影响力方面各不相同，但是在法律、地位和安全上是平等的。[46] 当梅特涅1813年10月将巴伐利亚从莱茵邦联中解脱出来时，他就已经在实践这种模式了。如果谁将四国同盟的革故鼎新，仅仅说成是"英国的胜利"，[47] 那他就没有认识到在其产生、形成和最终实现的过程中，梅特涅所作的贡献。就像已经表明过的，梅特涅在沙皇面前说的话，比起卡斯尔雷要有分量得多。梅特涅虽然没有在他的回忆录中公开炫耀，说同盟打上的是他的烙印，但是，在威廉米娜·冯·萨甘面前他却透露说，沙皇亚历山大的反复无常和优柔寡断，对人真是一种精神折磨，而无休止的争论，又是多么的令人难以忍受和疲惫不堪。另一方面，如果认为一切都是按照梅特涅的愿望做的，那当然也是错的。他在肖蒙所使用

460

的，更多的是他在无休止的讲话和反驳中，最终能将分歧的意见引导到达成一致的本事。

梅特涅感到自己正行驶在"普遍和平（la paix générale）"的道路之上，不仅仅是大陆的和平，而且是包括英国和各殖民帝国在内的和平。这个目标，他早在1813年5月就通过施塔迪翁在莱辛巴赫的使命，对外作了宣布。总之，他懂得历史关键时刻的特别之处，因为在他看来，肖蒙的谈判是到那时为止世界历史有记录以来所绝无仅有的。四国同盟具有双重面孔：它看起来像是梅特涅和卡斯尔雷政治哲学意义上的未来设计，但同时，梅特涅又将它视作可以操控的宣传媒介。按照大臣梅特涅的意见，恰恰由于它那温和的原则，可以"在欧洲公众中产生最好的印象"。[48]

梅特涅的远离现场与1814年5月30日《第一次巴黎和约》

由于同盟国认为它们的要求未得到满足，3月19日，同盟各国中断了与拿破仑在沙蒂永的谈判，谈判是由科兰古代表法方进行的。这样一来，"世界大战"的最后战斗打响了。而在对形势转折具有决定性意义的这些天里，梅特涅却自1813年6月以来，第一次不处在事情发展的中心，是的，偏偏是在这个时刻，在对战略和战争目的以及对"世界大战"的最终结局作出决定的时刻，他却不在现场。到目前为止，一直以来所希望的皇帝的大营与施瓦岑贝格的统帅部尽可能地接近，现在却成了致命的妨害。因为在3月19日之后，这样近的距离，有使皇帝的大营落入敌手的极度危险。因此，皇帝的大营就得不停变换地点。3月19日先是从特鲁瓦迁往塞纳河畔巴尔，又于21日转移至奥布河畔巴尔，在24日最终移至第戎。这天傍

461

晚，拿破仑正是在他岳父当天早上刚刚撤离的那栋房子里过的夜，哈登贝格在他的日记中记下了此事。[49]

在奥布河畔巴尔，弗朗茨皇帝、大臣们和外交官们喜闻施瓦岑贝格于 3 月 20~21 日在附近的奥布河畔阿尔西（Arcis-sur-Aube）取得了决定性的大捷，这给了梅特涅在 4 月 10 日进入巴黎之前最后一次机会，对形势的发展再一次施加影响。3 月 23 日晚，同盟国成员聚集在奥布河畔巴尔，起草了一份《同盟国在沙蒂永谈判中断后的声明》。[50] 宣言明确强调，同盟国不是想要来占领欧洲各国的，而是欧洲应该按照在大国之间合理的比例进行重建。

施瓦岑贝格的军事突破使得同盟军有可能继续向巴黎开进，拿破仑已经无力抵抗大军的进攻了，当然，他还会对奥地利的大营构成威胁。因此，为谨慎起见，施瓦岑贝格建议弗朗茨皇帝，与他的随从一道，移驾至南方部队的大炮射程之内的第戎，并在这里坚持到没有危险时，再行计议。塔列朗的猜测当然也不无道理，这样做，是不想让奥地利皇帝亲眼看到他女婿被褫夺权力，以及不想让他亲眼看着他的女儿——法兰西皇后——不得不被流放，这是更为合适的做法。[51] 在施瓦岑贝格这里，他让他的主力部队与西里西亚方面军会师，并与腓特烈·威廉三世和沙皇亚历山大一道，挥师向巴黎开进。

3 月 25 日，下述人物齐聚第戎：弗朗茨皇帝、梅特涅、卡斯尔雷、阿伯丁、哈登贝格、洪堡和施泰因。梅特涅感到好像一下子从战争杀戮的场景，进入了一个乡村田园诗般的和平环境中。这些外来的造访者，在这里受到了极好的接待——不是作为敌人，而是作为解放者，因为整个勃艮第都是保王党人的地盘。当看到四头牛拉的牛车在面前缓缓走过时，他感动了；当看到一只公鸡带着 12 只母鸡以及一个农妇在门槛旁织毛衣时，他兴奋了。24 小时之内，这个城市的面貌完全变了：

三色国徽变成了白色国徽，白色是波旁王朝的颜色。[52]

在这种孤独寡欢、离群索居的环境中，威廉·冯·洪堡诱导梅特涅去考虑和体验不同的爱情和幸福之感。而这位大臣则边写信、边陷入可以想象得到的对威廉米娜·冯·萨甘的爱情思念之中，他向她描绘着第戎和平的田园风光。同时也写信给他的夫人爱列欧诺拉，描写乡村般的城市生活的类似景象，并爱意深深地表达了他对家人的担心。此外，他还充满着父爱，给他还不到 17 岁的女儿玛丽写信，同样向她描绘了第戎，[53]同时还寄给她一份 5 月 23 日发表的同盟国声明，进而向她说明了战况的进程。梅特涅对情人、夫人和女儿的爱，与古典教育的宣喻者威廉·冯·洪堡向梅特涅推荐的爱情生活，形成了强烈的反差和对照。每天晚上 7 点，威廉·冯·洪堡都要接待一位从城里来的"姑娘"，一直待到第二天早上 6 点。当他在办公室处理案头公务时，那些姑娘就坐在旁边。"那她们也写点儿什么吗？"梅特涅问道，因为他对此类召妓调情的勾当毫无概念，并且想了解了解。"不，她们就呆坐着，看着壁炉里的火，然后我们就上床做爱，她们真的妙不可言。"洪堡认为，第戎之所以比世界上所有其他城市都美丽，就是因为这里的女人会曲意逢迎、伺候周到、尽态极妍。梅特涅则干巴巴地评论说："即使世界毁灭了——只要这些女人在世界毁灭的过程中给洪堡提出合适的嫖价——他就会感到满意。我身边围绕的一群人，他们一点儿也不缺少幸福感，因为他们的心思全放在了这类不同的事情上——由于每人的口味、乐趣和幸福观不同，所以因人而异，但是也有很多人，在这个问题上比起洪堡来，要理智得多。"[54]

梅特涅、卡斯尔雷和哈登贝格在这两个星期被强制不能出门期间，经常碰面，一起吃饭或者聊天。在这些时候，他们已经着手解决后来在维也纳会议上要解决的问题，首先是意大利和华沙公国的未来问题。他们如饥似渴地研究从各个战场发来的消息，对来自巴黎的报告尤感兴趣。他们知道，自 3 月 31 日起，沙皇亚历山大与腓特烈·威廉三世和施瓦岑贝格就已经开进了巴黎。他们也清楚，瑞典王储贝尔纳多特派了一名信使去拜见沙皇，"商讨"和平事务——商讨"他（贝尔纳多特）在巴黎的阴谋"，哈登贝格在他的日记中如此写道。[55] 因此，梅特涅有理由恼火，因为沙皇亚历山大有可能打破同盟各国在皇位继承人问题上达成的一致。

463

3 月 30 日，拿破仑的马尔蒙元帅将巴黎拱手交出，沙皇亚历山大进城后立即搬入了塔列朗的宫殿，并将其作为行宫在那里安顿下来。进城之后，同盟军心中非常没底，不知道在巴黎等待着他们的是什么。在数不清的会议上，他们无数次在头脑中冥思苦想，会出现什么情况：会爆发雅各宾党人的革命吗？人民会与拿破仑——这位成功地将自己装扮成将敌人包围之中的民族拯救出来的救世主——站在一起吗？皇位问题该怎么解决？能够冒险在法兰西这个将波旁国王路易十六斩首的国家里，让他的弟弟作为路易十八继承拿破仑的王位？会不会发生在拿破仑的追随者与波旁王朝激进的保王党人之间的内战？多次声称已经厌烦战争的法国人又会处于什么样的状况？

以上问题，使人们基本上都想到了要依靠一位无所不知的顾问。现在，塔列朗的机会来了。他已经把缰绳握在了自己的手中——谢天谢地是在他的手里，据说梅特涅这样感叹道，因为他是法国政治精英中最有经验的人，也是唯一懂得如何以和平的方式，将一个帝国过渡到王国的人。他的人脉关系四通八达：与拿破仑的人，与波旁王朝，与国家机构，特别是与起决定作用的巴黎的参议院，以及与同盟各国。他具有全面的威信，并且知道具体应该去做什么。沙皇以他头脑简单的思维方式相信，可以利用塔列朗。而实际上，塔列朗也确实成了其编织的政治上难以捉摸的游戏中的主角。比如塔列朗鼓动沙皇亚历山大发表一个公开宣言。沙皇显然没有征得弗朗茨皇帝的同意，就大胆地以同盟的名义发表了声明。他让人在大街小巷和住家门口张贴了数千张声明，声明以同盟国的意愿宣称，"他们将不再与拿破仑·波拿巴以及任何一个他的家族成员谈判，但是，他们将要承认法国人民自己满意的国家宪法"。[56]

　　塔列朗让人将这个声明送到了参议院，并且利用这个声明提出议案废黜皇帝，复辟波旁王朝，但是要有宪法作为担保。4月1日，参议院在记名投票表决后，通过了上述两项法令，在投赞成票的参议员中，曾经投票表决同意处死路易十六的也大有人在。[57] 立法机构（Gesetzgebender Körper，当时各省特别代表大会的称谓）确认了法令。拿破仑皇室的高官，首先是审计署和最高上诉法院的高官，纷纷改换门庭。是否召回路易十八来继位，可以由法国人民自由选择。4月4日，拿破仑最忠诚的将军们——内伊、麦克唐纳、勒费弗尔和乌迪诺——将退位诏书的草稿放到了拿破仑面前，他在上面签下了自己的名字。

　　沙皇再一次将贝尔纳多特的名字作为王位继承人提了出来，塔列朗则完全按照梅特涅的意思说服了他，理由是，如果法国真的需要一个当兵的来做他们的国家元首，那他们可以保留现在的这个人：没有比现在这个人更合适的了，因此只有波旁王朝可以考虑。在他的回忆录中，塔列朗透露了促使他这样做的真实原因。作为曾效力拿破仑的前法国元帅，贝尔纳多特在即将召开的和谈中所占的分量，远比合法的波旁王朝要小得多。对于塔列朗来说，重要的是，尽可能多地挽救法国的国际地位。[58] 参议院也认识到了这一点，因此，委托塔列朗组建临时政府，让他从条约法律上，将制度变革一以贯之地完成。4月11日，拿破仑、奥地利、普鲁士和沙俄草签了《枫丹白露协议》。协议中，法国皇帝声明其本人及子嗣退位，皇帝的直系亲属可以保留头衔，并可获得优渥的俸养。拿破仑可以获得已经升格为侯爵领地的厄尔巴岛，皇后玛丽－路易莎将得到帕尔马和瓜斯塔拉（Guastalla）的公爵领地。在 4 月 11 日的文件上，也有梅特涅和哈登贝格的签名。[59]

梅特涅和哈登贝格两位政治家是在 4 月 10 日才从第戎穿越战场，到达巴黎的。沙皇亚历山大则用他的这一招，出其不意地给两个人来了个突然袭击。梅特涅立刻断定，从长远看，将拿破仑这种性格的人放逐在距离法国大陆如此之近的厄尔巴岛上，根本辖制不住他。因此，他要求在签署协议之前，与施瓦岑贝格和卡斯尔雷先行磋商。由于沙皇已经公开地敲定了此事，将其再一次看作一个有关他个人名誉的问题，并且同时威胁说，如果不接受这个协议，战争会立即再次爆发。在回忆录中，梅特涅用非常外交化的手段对自己作出判断的用词进行了修饰，他确定，自己所预计将出席的签字前的会议，"将会是我公众生涯中最奇特的一幕"。[60] 在信中，他说得更为坦率：假如他提前三天赶到巴黎，他将会阻止选择厄尔巴岛，然而，他不得不面对既成事实，沙皇亚历山大"干了好多蠢事，而他的表现，像一个又逃脱了老师监管的学生。老师回来了，一切又恢复了正常"。[61] 关于沙皇亚历山大，他下面的话写得更加清楚："他是这个地球上最大的男孩！是他开始把好事变成坏事，现在，好多事得要我们去收拾残局，但是，他在逃脱我们的监督最初的那段时间所做的烂事，却得让我们付出更长的时间去忍受！"[62]

在接下来的几个星期中，梅特涅从早到晚不停地参加会议，修改和约条款，如果遇到讨论涉及欧洲定义的条目，还要开会到深夜。关于塑造和平，他看到只能有两种选择：或者是实行复仇，或者是达成"大国之间尽可能的政治均衡的立场"。

465

这就意味着要适度，因为只有这样，欧洲才能获得持久的和平。因此，梅特涅也抵制"占领体制"方案。在着眼于未来秩序的同时，总体上，他不谈制度复辟，而是使用"为重建帝国和国家而建立一个补偿的等价的体系"的说法。[63]

1814 年 5 月 30 日，《第一次巴黎和约》为拿破仑的条约体系画上了句号：所有的自主权、宗主权、在法国境外的所有占领地被宣布为完全非法。[64] 条约文本的起草者想"将不幸事件造成的、压在人民肩上的重负的痕迹，一律清除干净"。这其中就明显有梅特涅的印迹，是他在附加条款中加进去的：从现在起，宣布《维也纳和约》（1805）与《申布伦和约》（1809）无效。同时，《第一次巴黎和约》为在维也纳召开的"未来的会议"奠定了基础，也在此一并宣布。

466　　尽管波旁王朝又被重新确立，但是他们所面对的，是一个完全变了样子的国家。1789 年开始进行的财产大变革，不应触动；在拿破仑时期从全欧洲的档案馆中掠走的档案、地图、计划以及各种各样的文件，必须立即归还给所涉及的国家；相反，抢夺走的艺术品则留存在卢浮宫；法国不必向同盟国交付战争赔款；法国国界限定于 1792 年 1 月 1 日所定边界的范围之内；莱茵河左岸所出售的国有土地——其中包括梅特涅家族被侵占的领地！[65]——归属于那些通过购置而获得的购买者。

波旁王朝重返王位六个星期之后，同盟国的军队就离开了法国。但和约内容还涉及超出法国范围之外的规定：对于德意志各邦，则保留了原来由梅特涅于 1814 年 1 月在朗格勒首次向世界提出的模式。然而，在著名的、被多次引用的第 6 款中，不再使用自主诸侯的说法，而仅仅被描述成独立邦国，这些国家应该通过联邦制纽带统一起来。奥兰治家族治下的荷兰，以及瑞士，被宣布获得独立；意大利的一部分重归奥地利，其他部分由独立的邦国组成；马耳他受英国主权管辖；殖

民地的瓜分参照 1792 年 1 月 1 日时的情况进行。有关世界上
殖民地的瓜分条款要远比关于欧洲的条款详细得多，仅此一点
就可以明显地看出，除英国和俄国之外，法国依然继续被列为
"全球竞争者"。

31

在维也纳会议征兆之下的
第二次英国之行

伦敦公众对梅特涅的认知

1794 年 3 月 26 日，一个年轻的、未来的外交官及准备学习国家学说和帝国历史的大学生，站在奥斯坦德港口的码头上，等待着定期的轮渡，准备渡海前往英国——一名受比利时政府之命委派的普通陪同，在与他一道等候。二十年之后，1814 年 6 月 5 日，一艘原本是英国摄政王为接待欧洲最重要的政治家准备的王家三桅快速战舰，恭候在布洛涅（Boulogne）港口，迎接的还是同一个人，准备将他渡海送往多佛（Dover）。他的名字——梅特涅——在政治圈子里已经家喻户晓。这艘运载他的舰船隶属于一支 17 艘战舰的舰队，舰队指挥官是海军少将克拉伦斯公爵（Duke of Clarence），即英王乔治三世的儿子，后来的国王威廉四世（Wilhelm IV）。舰队负责接送签订《第一次巴黎和约》的所有君主，包括沙皇亚历山大和腓特烈·威廉三世，以及他们的大臣渡过海峡进行隆重的国事访问。[66] 梅特涅则代表弗朗茨皇帝出席。

梅特涅是怎样历经他生活道路上的这种转变的，这一点他没有用自我标榜的语言作表示，而是通过授予他的荣誉及对他地位的提升暗示出来。他兴高采烈地向夫人描绘说，在他抵达多佛上岸后，他获得了与各位君主一样的表彰，关于他的报道天天出现在报纸上。当在 10~11 日深夜离开摄政王宫殿时，大街上的人紧紧跟随着他，一边冲向他的马车，一边欢呼着："呼啦！梅特涅侯爵万岁！（Hurray Prince Metternich forever！)"①人们不仅要看到他，还要触摸到他，并且与他握手，他们一下子在他的马车周围伸出了300只手。车夫好像从他的驾驭台上被猛推了一把，梅特涅也一溜烟地逃回了寓所，以便不要被"爱"窒息。67

梅特涅把伦敦的庆祝会、集会、上台讲话以及游行等欧洲统治贵族自娱自乐的机会，当作受欢迎的素材用于国内新闻政策的制定中。他自己就为《维也纳日报》撰写文章，将英国之行解释为奥地利去感谢大不列颠的一贯支持和参与欧洲的解放。在6月22日到7月17日间，《维也纳日报》几乎每天都要在"大不列颠"专栏中报道这次国事访问。这本来可以使梅特涅有机会展示他自己在欧洲解放大业中所扮演的辉煌角色，而他并没有这样做，报纸每天报道的几乎都是有关君主摄政王的活动，只是在梅特涅抵达和离开时，以及其间前往牛津时，才对他有所报道。涉及奥地利方面的表彰活动却被突显出来：鉴于英国摄政王的功绩，授予他金羊毛勋章，由梅特涅亲自呈送。弗朗茨皇帝则荣获嘉德勋章②，这是联合王国最高级别的，也是最令人景仰的表彰。1814年6月10日，《泰晤士报》发表专题文章报道了向弗朗茨皇帝授勋之事，认为这是"对他以军队大力参与共同事业的高度认可"，并以此强调——也是最新的声明——双方关系处于最好的状态。此前，奥地利因其对拿破仑的依附在英国政治中长期受到高度批评。68

表示对梅特涅尊重的一个特别姿态，是授予他牛津大学名

---

① 英国人称梅特涅侯爵为亲王。

② 1350年爱德华三世颁发的系在左膝下方的英国最高等级勋章。

468

The Dean and Chapter of Christ Church, with the gracious permission of His Royal Highness the Prince Regent, request the company of *Prince Metternich* at dinner to-day, in Christ Church Hall, at *five* o'clock.

June 15th, 1814.

牛津教区主教长及全体教士在牛津大学授予梅特涅荣誉博士头衔的晚宴请柬，1814 年 6 月 15 日

誉博士头衔。为此，他于 6 月 15 日到达牛津大学，并于 6 月 16 日获得"民法"博士头衔。梅特涅带着与二十年前同样的赞叹口吻，向爱列欧诺拉讲述说，牛津是一个极其不平凡的地方，同时也是他认为最美丽的地方之一。他说，人们感觉好像回到了 12 世纪，那时的纪念碑全都完好无损地保留着。[69] 30 个学院为这个地方赋予了独特的风韵。有一些房子的墙壁是在阿尔弗雷德国王（Köning Alfred）时期建造的，其他的则是建于诺曼王朝时期。这些房子使用和维护得是如此之好，好像它们刚刚由建筑师建造完成一样。似乎是为了使这种幻觉更加完美，教授和大学生都身穿非同寻常的袍子，这种袍子在大陆上从未见过。他自己则穿着一件巨大的猩红色丝绸大氅，头戴黑色天鹅绒无檐四角帽。

469

如此打扮，是为了去接受大学的博士头衔，而且是在沙皇亚历山大、普鲁士国王、威灵顿公爵和布吕歇尔在场的情况下。在他看来，整个仪式端庄典雅。仪式在一个巨大的带走廊的哥特式大厅中举行，摄政王端坐在王位上，坐在两旁的坐椅上的是几位君主。所有的博士依次坐在有软垫的长椅上，大学

教务长站在讲台前；按规程轮到梅特涅时，仪式主持人用拉丁语向他致辞，讲完之后，整个大厅高呼"呼啦"。

英国持续的榜样作用和梅特涅制订的"庞大计划"

就像在二十年前一样，梅特涅再一次被英国国都的影响力征服。在他看来，这个大都会是世界上最特殊的一个城市，就像当时的北京一样，欧洲的其他地方无法与之相比。除了伦敦，梅特涅再一次到访英国的其余各地，再一次感叹英国农作物和植被的丰富。草场就像地毯一样伸展开去，农田在他看来有如鲜花盛开的大花园，各式各样的参天大树散落其间，小巧又高出平地的房屋，使这座花园既丰富而又不单调。哪里也看不到乞丐和穷人，农民大部分都骑着马行在路上。

当然，梅特涅抓住在伦敦的有利时机，继续奉行他那庞大的、有关欧洲持久和平秩序的计划，因为对战争具有决定性影响的四大国大臣齐聚于此：他自己、哈登贝格、卡斯尔雷和涅谢尔罗迭。6月9日，在他觐见摄政王时，摄政王在他面前预言了也是他自己对这次旅行所希望的，即"对下一步政治事务具有充分影响的后续行动"。只要不影响其他活动安排，四位大臣就会聚在一起开会。梅特涅赞成对外公开就即将召开的和会已达成一致，并且将华沙公国的前途、萨克森的命运以及"德意志事务的平衡"作为中心问题提了出来，至少在主要原则制定之前，四国内阁还不能就此散伙，各自回家。由于普鲁士国王在沙皇面前"从未有过的让步倾向"，波兰问题使梅特涅伤透了脑筋。梅特涅得到的印象是，英国形形色色的反对党也在思忖波兰问题，他们大部分同意重建一个王国，相反，却没有任何人同意俄国与波兰合并。[70] 在伦敦，又是那个沙皇，使得就基本问题达成一致或者予以确定的希望泡了汤。

470

在伦敦，梅特涅也与哈登贝格定期举行双边会晤，以便在维也纳的正式谈判开始之前，为关于德意志前途的谈判找到共同的行动方式。特别要关注的是，"如何达到减轻在南德的一些中小邦国中，生活在暴政之下臣民的痛苦"的目的。[71] 两人达成了一致意见，奥地利与普鲁士应该到 8 月份为止，"制订出一个关于德意志宪法的详细计划"，然后再将汉诺威、巴伐利亚和符腾堡拉入讨论之中。[72]

在伦敦讨论的问题中，有一个问题使同盟国特别不安：在此期间，巴黎的新政权巩固到了什么程度？在可能发生的推翻新政权的行动面前，它能坚持得住吗？在梅特涅动身前往伦敦之前，他就曾坚决地向皇帝提出建议，"在我们不在的几个星期中，我们至少要保持一种在军事上让人敬畏的姿态。……只有我们全副武装地驻扎在那里，我们才能避免复杂情况的出现"。[73] 实际上，所有的人都对新政权的稳定心存怀疑，因此一致决定，军事上"要作好战争准备"，各大国各自都要准备 75000 人的部队。第二年拿破仑返回后的"百日政变"，很好地证明了他们当初的决定是多么的英明，在此期间，四国的军队立即可以投入战斗，说明他们所作的准备是非常值得的。梅特涅之所以认为必须"至少要保持一种在军事上让人敬畏的姿态"，是因为他有个想法，即在即将进行的维也纳谈判中，为了强权政治的胜利而留有王牌。对于未来，他认为首要的是，要准备"与俄国皇帝的疯狂想法作斗争"。[74]

在梅特涅、哈登贝格、卡斯尔雷和涅谢尔罗迭之间举行的会议上，他们已经达成召开维也纳会议的一致意见，他们确定 10 月 1 日为开会的日期，这样沙皇还有时间返回圣彼得堡一趟。此外，从英国方面看，议会会议这时已经结束，卡斯尔雷可以脱身前来赴会。梅特涅已经在考虑详细的会议细节问题了，比如，会议该如何组织，他不愿将一切交给运气。

因此，四国大臣在伦敦一致同意作出下列安排：四国皇（王）室于9月10日全部抵达维也纳，澄清领土瓜分问题，他们的计划必须在9月27日之前呈交各国君主。梅特涅建议皇帝9月10日也要到达维也纳，这样，他作为唯一一个在场的君主，就会在预备会谈中享有一个受欢迎的、最高地位的优势。[75]

梅特涅继续当面向皇帝献策，他说，如果和会召开，他建议从所有全权代表中，选出一个由7名成员组成的委员会。这个委员会代表1814年5月30日与法国缔结和约的国家：奥地利、英国、沙俄、普鲁士、瑞典、西班牙和葡萄牙。委员会应该制订一个关于和会日程的"会议全面安排计划"。实际上，梅特涅在此处描述的，更多的是他个人的美好愿望，而不是现实，他认为，四大国可以事先取得一致，这样就可以在七人委员会讨论具体事务的过程中占有多数，并可以此加速谈判的进程。他说，在这里，最让人拿不准的还是沙皇，他可能自己走"偏道儿"——如果这种情况没有出现，那么六个星期就可以结束会议。

梅特涅对奥地利的同情政策

与沙皇亚历山大不同，弗朗茨皇帝放弃了伦敦之行，其原因首先在于担心由于他以前奉行的表面上看起来对拿破仑友好的政策，而会受到公开的敌视。但是在伦敦，沙皇和他同行的妹妹叶卡捷琳娜拒人千里之外的表现令人吃惊，而且他们利用一切机会，破坏社交准则，这样一来，英国王室以及公众的情绪反而变得对奥地利颇为有利。此外，沙皇还去拜访与摄政王闹翻了的摄政王妃，并且与反对党辉格党的圈子来往，这进一步引起了不满。沙皇公开批评英国内阁的所有举措，虽然这

472

些举措在当前的情况下非常受欢迎。鉴于沙皇这种不得体的失礼和傲慢自大，摄政王与他彻底决裂了。在梅特涅看来，奥地利从此可以在所有事情上利用他们的这种对立，为本国的利益服务。

还在 6 月 8 日，摄政王就接见了梅特涅，他受到了摄政王"极其友好的"款待。这也得益于当年 21 岁的年轻人与人相比的不同凡响之处：早在 1794 年，梅特涅就与当时在公众舆论中饱受争议的王储建立了格外热忱又充满信任的关系，而现在，这种关系得到了回报。王储已经作为摄政王接过了统治权，由于他父亲乔治三世因病于 1811 年宣布不能主政，他父亲 1820 年死后应该由他作为国王乔治四世继位，而在 1814 年，虽然还不能算是正式的国君，但是他因此已经是实际上的统治者了。梅特涅可以利用与他私人之间的信任关系，使奥地利在英国国际政治中的作用再次提升，这就更有意义了。

他实际上在多大程度上成功地利用了这一关系，摄政王本人作了证实。那天，在沙皇启程离开之后，他当着梅特涅的面发泄对沙皇的怒气："如果是贵国皇帝到来此地，英国看到的会是一位尊者。而现在这个时刻，却是一个来自北方的野蛮人在演戏，而他又倒霉透顶，扮演的却是中间派的雅各宾党人。我看得出来，沙皇亚历山大想让我难堪，而我会成十倍地回敬给他。"[76] 梅特涅声称，想在公众舆论中来一个情绪转变：看来所有英国政党最喜欢的想法是，让奥地利、英国和普鲁士联合起来，钳制沙俄和法国。对于梅特涅来说，这是最理想的格局，也是他在维也纳会议上想为以后的时代继续巩固的格局。但是，普鲁士想吞并萨克森的贪婪欲望，后来无疑使这个愿望蒙上了厚厚的阴影。

和会前外交上的幕后工作

6 月 31 日，梅特涅与哈登贝格一起从伦敦前往巴黎，直到 7 月 18 日，他才终于重新回到维也纳。他利用从伦敦到维也纳的整个行程，在大会召开前争取赢得更多的战略结盟伙伴。他本来想直接从伦敦赶回维也纳，但是，在伦敦的大臣会议上得到的印象，促使他还必须前往巴黎逗留几天，去会一会塔列朗。塔列朗同意他的关于大国要在"欧洲协调"中进行自我约束的基本思想，这也证明了，他是一个令人不那么舒服的拿破仑的批评者。在巴黎，梅特涅还想就法国出席和会的全权代表——也就是塔列朗——到达维也纳的时间与路易十八达成谅解。在伦敦时，四国大臣表示，希望在 9 月 20 日再会见法国的代表，以便在会议之前，在法国的代表未到场的情况下能够进行磋商，但梅特涅的这个算计后来也没有成功。然而，7 月 6 日觐见法国国王时，却使国王靠近了奥地利的政策，而对沙俄皇室保持了距离。梅特涅看到，俄国在政治上被孤立了。"我对国王在各个方面都完全满意。"[77]

此外，在从伦敦的回程中，梅特涅催促皇帝将意大利的情况按照奥地利的想法向前推进。他制订了一个"临时吞并"意大利一些国家的计划，已经通过《第一次巴黎和约》或者此前同盟各国之间的各项协议，获得了他们的最终同意。皇帝应该发布敕令，宣布这些被临时占领的国家，全部置于奥地利的势力范围之内。如果皇帝让奥地利军队占领位于波河（Po）与提契诺河（Ticino）之间的各省，将不会遇到任何障碍。

梅特涅将两个南德王国——符腾堡和巴伐利亚——看作将德意志各邦进行联邦化重组的重要战略伙伴。因此，他从巴黎出发，绕道斯图加特和慕尼黑，在那里与符腾堡和巴伐利亚国王见了面。他也试图在和会之前将这两个王室统一到他的想法上来。[78] 他把与巴伐利亚的关系判断为"我们与德意志关系中唯一坚实的立足点"。同过去奥地利与巴伐利亚的敌对关系相比，变化是令人吃惊的。哈布斯堡皇朝虽然是一个多民族组成的国家，但还是想融入新的"德意志国家"，而被哈布斯堡皇朝看作这一政策支撑点的，却不是普鲁士。在巴黎，巴伐利亚的元帅弗雷德伯爵与梅特涅还于 1814 年 6 月 3 日签署了一个协议，重新确保了巴伐利亚的占领状态。梅特涅将《第一次巴黎和约》与维也纳会议期间这段时间，理解为一个"极端危险的时期"，他担心，在这几个月的漫长时间里，"业已确定了的欧洲秩序会陷入某种摇摆"。俄国和普鲁士会利用这段时间，回到旧的观点上去，并可能试图对巴伐利亚施加影响。[79]

象征性的对内政策

总的讲，在《第一次巴黎和约》之后，梅特涅的活动是在顺应一个考虑周全的战略，那就是将大国之间的问题尽可能地事先排除掉，以便达到那个伟大的目标。他也没有忽视在本国国内推行一些象征性的政策，制造一些按当时的说法叫作"公众气氛"的东西，这有利于巩固民众对皇室的忠诚。梅特涅建议，设立军人和平民荣誉奖章，奖章通过缴获的敌军大炮作为原料压制而成，形状如同一个用花环环绕的十字架，上面的铭文是"保卫国土 1813（或 1814）[PRO PATRIA SALVATA 1813（oder 1814）]"。梅特涅打算为军人打造 100000 枚这样的奖章，针对平民的功勋章则要少发：100 枚银质十字勋章及 2 枚金质十字勋章（梅特涅向皇帝建议的是 200 枚），由军方和民政部门提出谁可以获得勋章的建议。同时，梅特涅安排下属写了一篇官方文章，在《维也纳日报》上公布受表彰人员的名单。[80]

1814 年梅特涅建议的状如十字架
的奥地利军人荣誉十字勋章

　　此外，他还为皇帝起草了一篇演讲稿，讲话对象是各省
的等级大会代表。在讲话中，皇帝回忆了长达二十年之久的牺
牲和苦难，说代表们从来就是他的人民的爱和不间断的忠诚的
基石。他发誓在君主和臣民之间建立牢固的亲密关系，并特别
感谢那些从帝国中被掠走，现在又重新与帝国结合在一起的省
的不离不弃："爱你们的国家，你们是她的肢体。爱你们的祖
国，相信你们的君主，并且永远不要忘记，只有共同的福祉才
是我人生唯一的目标。"这样，这位君主就将自己作为多民族
国家的联结中心点，从而唤起了人们的记忆。在解放战争中有
很多这样的例子，在讲话中，君主都是以"我的子民"称呼受
众。而梅特涅在这种更多的是宣传性的姿态的讲话上，倍加小
心，以便不使听讲话的代表突然胆大妄为起来。他向皇帝解释
道："这篇讲稿我写得很短，因为感情［！］的表达永远不能用
时过长，况且，过于深入针对人民代表的问题之中，就永远会
很棘手，特别是在我们这个时代，这一点，须臾不能逃脱我们
的监视。"[81]

　　上述这一切，都是梅特涅要在即将召开的维也纳会议上要

达到目标的组成步骤。他是如何理解这一切的，在他向爱列欧诺拉通报维也纳欢迎会应该具有什么样的特点时，透露了更多的情况："不搞军事化的东西（欢迎仪式），因为我们用不着再用士兵来装饰自身，而完全以和平的方式。来出席我们庆祝活动的人，应该为二十年的和平而兴高采烈才对。"[82]

32
梅特涅、战争与政治中的暴力

　　在穿越梅特涅一生的道路上，按照编年史的记载，我们作为他人生之旅的陪伴者，有必要在此处中断一下，从一个更高的、赋予我们更加广阔视野的立足点出发，来审视一个命题。总括起来，要审视的是四个具体的题目：战争、女人、经济和统治。由于这四个题目贯穿他的一生，因此，其对于梅特涅所具有的意义，就要通过可以回顾，也可以展望，以及可以认识其基本原则的综合眼光来发掘。"世界大战"的结束，也给了我们一个暂停的片刻，来追寻一下，战争对于梅特涅到底意味着什么。遍查到目前为止的所有梅特涅传记，均找不到有关此问题的表述。他是如何对待通过这种有组织的物理消灭的方式，使人类遭受痛苦的？令人惊讶的是，在西尔比克的作品里，倒是不缺少这种章节，因为在他那里，战争行为被当作彰显一个杰出政治人物——一个"领袖形象"——意志坚强和行动能力强大的标志。本来，人们是可以不太在意西尔比克的错误解释的，假如不是一条顽固地延续下来的线索生生扯到他身上的话。在一些传记作者的作品中，国务首相均在较大的历史叙事的框架内出现，而他们所援引的，基本上都延续了西尔比克的判断，并且将这些判断与这位"肤浅的廷臣"的世界观联系在一起。在不久前出版的一部有关推翻拿破仑统治的重要著作的描述中，就可以看到这样的说法："战争的可怕对于梅特涅来说是无所谓的，这令人吃惊。"同时，这种说法还与关于他患有慢性的过度自私症、他的以自我为中心、他的虚荣心，以及他"并非具有超常的智慧"等一起，到处流传。[83]

梅特涅真的没有同情心吗？他在与人谈话时，表现的真诚、不含个人目的的同情以及好奇心，对谈话对象来说是真的吗？他一再以他那说话算数的、谦和虚心的，也完全不带虚荣的举止态度，在交往中使来访者感到惊奇。那时候，到访欧洲大陆的美国人，对贵族式的、傲慢的、等级特有的狂妄自大的举止行为最为敏感。举例来说，一个名叫乔治·蒂克纳（George Ticknor）的到访者与国务首相进行了一次谈话。国务首相以他优雅的、令人舒适的方式，非常认真乐意地倾听完了客人所有的讲述。他的回答用词贴切，并且非常自然而不做作，最后甚至还邀请客人一同进餐。一位声称是共和党人的访客也得到了同样的关照，事后还欣喜若狂地评论道："我认为他是我们这个时代涌现的最完美的国务活动家。"[84] 除了蒂克纳，还可以引述许许多多同样的见证人，而且恰恰包括许多梅特涅的敌人和批评者，他们都曾亲身面对国务首相，吃惊地感受到他与人交往时的负责精神和友好态度，诸如卡尔·冯·罗泰克（Carl von Rotteck）①、路德维希·科苏特（Ludwig Kossuth）②、奥诺雷·德·巴尔扎克（Honoré de Balzac）或者路易·勃朗（Louis Blanc）③。

毫无疑问，梅特涅将自己看作并称作特定历史时期内的"世界的拯救者"，而且他还曾不止一次强调过这一点。但是，

---

① Carl von Rotteck，1775~1840，德国激进自由主义历史学家、政治家、思想家，主张德意志的自由与统一。

② Ludwig Kossuth，1802~1894，匈牙利1848~1849年革命最著名的活动家和卓越的领导人，匈牙利民族解放运动的领袖，为消灭封建农奴制和奥地利哈布斯堡皇朝的统治，争取匈牙利民族独立贡献了毕生精力。

③ Louis Blanc，1811~1882，法国空想社会主义者，历史学家。

历史学家不应该对这一说法孤立地抽象出来进行评价，好像这一说法的原创者自己故意在向世界散播似的。从某种立场来看，如果你不是拿破仑党徒的话，他这样说甚至也没有错。然而——注意，这一点非常重要——他这样的说法只是在他与他所信任的（女）人的、原本非常私密的书信中才用过，这些人知道，梅特涅在所有东西——人、事或物——面前始终保持着内心的距离，他也对自我同样保持着这种距离。因此，这句听起来有些狂妄自大的自我描述，在听者的感觉中，完全带有一种自嘲的语气。而他从来也没有想过，要把这样的话说给公众听，因为他们只会看到文字的表面，而且也不了解写信的人，因而通常会忽略其中同样含有的自我解嘲的意味。

在有关梅特涅对战争的评价上，人们同样也会遇到一个这些评价的来源和出处的问题，因为在外交交往中，这位大臣几乎从不表达他的看法，而是仅仅在他的私人的、保存在家庭遗留物中的相关信函中，如写给他夫人、女儿和情人的信中，才有所表示。谁要是在历史叙事中对性别问题有足够的敏感，在此就应该能够注意到，梅特涅显露了他对女人所更富有的同情心。这样的同情是如何对西尔比克所吹捧的男人发生影响的，梅特涅在拿破仑那里已然体验到，当时拿破仑竟无耻到向梅特涅指出，他（拿破仑）所进行的战争，只是牺牲了成千上万的生命。

但是最近，历史的叙事出现了思想转变，一次偶然的发现促成了这种转变。一封迄今为止几乎没有引起注意的、1813 年6 月 28 日梅特涅从德累斯顿写给夫人爱列欧诺拉的信，迫使蒙罗·普莱斯得出结论，梅特涅在信中显露的正面特点，要比虚荣心多得多："这些特点宣示了基本的人道主义和对战争及其后果的看法，这种看法与拿破仑的看法非常的不同。"[85] 在写这封信的时候，梅特涅还完全处于他与法国皇帝进行的激动

478

人心谈话的印象之中，他感到这次谈话就像一场舌战，而舌战中，拿破仑"如同一个魔鬼一样"，破口大骂、脏话连篇。[86]他在给爱列欧诺拉的信中同时解释道，人们简直无法想象，上次大战以来在德累斯顿充斥着的苦难和惊骇的程度。仅仅法国就死伤了 80000 多人。所有能利用的房屋都变成了医院。此外，在德累斯顿和周边地区，还有 25000 名伤病员，易北河大桥上布满了木栅和大炮，在"白城门"和"黑城门"之间的林荫道上，全是炮兵部队。

而当梅特涅在同一时间，于同一地点看到了引人注目的和谐假象时，他脑海中的可怕景象直接上升为一出荒诞剧：在拿破仑为自己布置的马科里诺宫中，日式花园里的玫瑰鲜花怒放、争奇斗艳。有过之无不及的是，法国皇帝让在花园的巴洛克式花厅中种植、搭建了一出完整的戏剧场景，而且调来了他在圣克劳德官邸的原班演员和原版布景。他在德累斯顿观看了拉辛（Racine）的《费德尔》（*Phèdre*），就像之前在埃尔福特观看伏尔泰（Voltaire）的《俄狄浦斯王》一样，并且肆意展现着自己的嗜好——身着古典帝国（幻想世界）中的戏服四处走动。拿破仑为尽力挽回他设计好的情绪爆发产生的影响，就好像它根本没有发生过——在与梅特涅争论到第九个小时之时，他真的向梅特涅解释道："我（梅特涅）是他在全世界所有人中最为热爱的一个。即使我们明天就相互宣战，他对我的喜欢也不会有丝毫的减弱。"[①] 这位大臣在任公使期间，就对拿破仑表演的、来回反复进行的、在粗暴的威胁与买好的阿谀奉承之间、在战争的阴霾与宫廷和家族内部的亲密关系之间游刃有余。我们可以肯定的是，梅特涅通过拿破仑的生活世界，正如现在在德累斯顿发生的这种矛盾经历，印证了那些认为这位

---

① 这句话引用的是梅特涅信中的自述。

统治者人格分裂的想法。他向爱列欧诺拉说出了自己对此事的 479
内心感受，但是也清楚地知道对外要掩盖自己的感情："鉴于
这种没完没了的被称为帝国历史的暴力变革，我实在是想哭。"

以这种对史料来源作批评性评论的背景来看，梅特涅对战
争中军人和平民所遭受的人类苦难的感同身受与惊骇，是可信
的和真实的。如果不仅仅把这种态度理解为是在一封单一的信
中所表达的一时情绪的结果，而更多地理解为作为他道德标准
内核的一部分，而且这种道德也影响到他的政策的话，那就可
以说明更多的问题。梅特涅不为人所知的这一面，值得更详细
地将其展现出来。因此，下面的叙述将第一次对他对自己战争
经历的最重要的评价进行描写。

1813 年 8 月最后一周的几天，梅特涅是在德累斯顿和库
尔姆的战斗中度过的。他向威廉米娜·冯·萨甘袒露了他的思
想和感情："让人看到的只是惊骇，但是我喜欢经受惊吓，就
像我经受真正美好的事物一样。战场上成千上万的死人给我的
感受，不似看到一个受伤者躺在他的军营里的那种情况。看到
前一个景象给我的感受，让我感到遗憾的是，没有在他们中间
成为他们的一员，这导致我深深地憎恨那个家伙，他制造了这
幅疯狂的景象，而且是从最不名誉的感情出发，让成千上万人
的喉咙被割断。我认为，亲爱的朋友，我有义务去终止这个巨
大的悲剧，只有这样，我的最深切的愿望才能得到满足。多年
以来，这个想法就不曾离开我。它是个动力弹簧，一直在引导
着我全部的政治态度。我为它牺牲了所有的一切——对于一个
人来讲，在这个世界上最为美好和最为宝贵的一切。"[87]

在这短短的几句话中，梅特涅还将自己同时作为一个战略
家和空想家的特点勾画出来，这位战略家和空想家在与拿破仑
蔑视人类的体制的斗争中，一直瞄准着一个长远——多少年以
来——的目标，即打破这种政治，建立持久的和平秩序。十年

前，他为这座大厦打下了第一个基础，而他的前任们当时可能会将这个国家带向毁灭。其中大部分年份他都在暗中为此目标工作着。他说，和平目标还未达到，但是，"九头蛇"已经被击中——不仅仅是击中了它的九个头，而是直刺心脏。[88]

480　　回顾 1815 年终于取得的和平时，在许许多多男男女女的历史学家们看来，它不过是由一个时代机械构成的、合乎逻辑的终结，并没有什么特别的思想内涵。相反，从 1813 年的视角出发，在与看起来二十多年都无法战胜的制度的斗争中，梅特涅对和平的希望发展成熟为一个愿景：一个自己都不能完全肯定的、对未来的希望。这种和平对于他来讲不仅仅是没有战争，而且是没有暴政专制政体。

在莱比锡民族大会战之后，1813 年 10 月 20 日，梅特涅在当地与沙皇亚历山大以及瑞典王储贝尔纳多特还有几场小型的谈判要进行。虽然是骑在马上，他都无法克服这段前往克腾（Köthen）的回程之路的艰难。他对威廉米娜·冯·萨甘描写道，人们只能在死人上面穿行，更可怕的是，要在垂死的活人身上穿行。他憎恨战争，厌恶这些会战。他看到，战争使灵魂麻木不仁，并因此使人们对不幸和贫困的基本反应都消失殆尽。它就如同绝望一样使人感到，如果能死去，那是唯一的好事。[89]

1813 年 10 月底，梅特涅跟着施瓦岑贝格侯爵统帅部的进军路线前往富尔达，拿破仑的残军败将正是沿着这条路线撤退的："他的军队溃不成军；他走的这条路可以说是死人、饥饿和苦难之路。"10 普里长的一段路上布满尸体——人的尸体、马的尸体，其中还夹杂着活人，他们跪倒在地，"向他们的神圣帝国的老元首祈祷（祈祷，因为这是唯一合适的用来形容他们的概念），就是这个帝国，要消灭野蛮人。富尔达的人民不禁要问，谁是查理大帝的继任者"。[90]

可是，在前往莱茵河继续远征的路途上的景象更加惨烈："即使是一个有着不太轻易动情、不会很快动情秉性的人，看到从莱比锡到法兰克福的大道上阴森可怕的景象，都会被吓得不敢前行。走不到十步，就会碰上一个死人，碰上一个要死的人，或者碰上一个俘虏，而俘虏的面部表情比死人还要难看。主啊，这个男人不能指责你，这个为了被荣誉误导的虚荣感情，而让千百万人流血牺牲的男人。在他目睹了像这次一样的，也是唯一一次的戏剧场面之后，在惊骇之余，他已不能在自己面前退缩！那么，是拿破仑将莫斯科到法兰克福的道路以同样的方式用废墟在填满。"[91]

在历史叙事异乎寻常地突出莱比锡民族大会战的意义的同时，拿破仑的衰败踪迹早已在他身后拖曳了半年——但并没有进入历史叙事的视阈之内。而梅特涅在 12 月份就已经行进在从法兰克福前往奥芬堡（Offenburg）的路上，并将其展示出来："地狱中为人和为旅行者发明的让其遭受苦难的所有东西，全部集中在这段路上，而旅行者作为一个人类阶层，在任何时间都是最不幸的。在极端狭窄的小路上，堆积着浮桥、大炮、各种箱子。"[92] 在渡过莱茵河进入法国国内的路上，梅特涅也一直在继续追踪着战争的暴行。在深冬的严寒中乘坐马车旅行的艰辛，在各国君主、大臣以及统帅部之间无法停歇的谈判中的讨价还价与锱铢必较，就连睡觉都不能让它们中断：这一切都在消耗着体力和心力，让人吃不消。从肖蒙开始，梅特涅就一路描述他的心境："我痛恨战争及其带来的一切：杀戮、痛苦、污秽、掠夺、尸体、残肢、死马——同样的还有强奸。"[93] 忧伤使他无法入眠，很多烦心事纠缠在一起：与沙皇反目不和；由于亚历山大和布吕歇尔偏离已经讨论并达成一致的作战战略，致使 1814 年 2 月中旬拿破仑赢得了一系列胜仗，并导致要准备举行停战谈判等事。[94] 这些烦心事让梅特涅到了绝

481

望的边缘，并且让他深陷抑郁："我的思维只能集中到一点上。我让这些已经不再是时机的时机，从眼前流过，飘向未来。朋友，最后我只有泪奔。"⁹⁵

在通往会议的下一个地点奥布河畔巴尔的路上，战争暴行也没有丝毫停止："我的确是很快地来到了这里。道路上布满了死马和令人恐怖的景象，使我宁愿更快地穿越而过，离开此地。无休无止的毁灭场面使人毛骨悚然，让我的内心发痛。上天造我不是为了战争，或许恰恰是为了战争：如果我是个将军，我将会坚决地支持战争，使我能够尽快地结束它，好让它长时间不会再开战。"⁹⁶ 梅特涅看到的最惨烈的场面是在朗格勒，这让他回忆起当年南德的一些狭长地带，1794 年法国军队从不同方向多次横扫这些地方。⁹⁷ "这些地区已经不复存在了，没有一所完整的房子，没有一棵直立的树，没有一匹活马，我几乎要说，没有一个活人。仅在一条小巷中，就发生了四次战斗，这里的一切人和物均无一幸免，连去埋死人的人都已没有。战争是一件多么可恶的事情啊！它荡涤着一切，甚至包括思想，而我挣扎着、抵抗着，这种事不要发生在我身上。正因如此，我丝毫不顾那些傻瓜、白痴们的疯狂叫嚣，为和平而奋斗着——我要让它早日到来。"⁹⁸

引人注目的是，梅特涅认知的战争的实质，是作为与性别有特殊关系的一种现象，并将其解释为是根植在男人身上的、人类学特点的结果。同时他还注意到，战争如何以其特有的方式，使军人的心理状态发生了变化。这些看法，是他在写给女儿玛丽的信中表露出来的："如果世界其他地方都与我们一样，我亲爱的玛丽，那就没有战争了。战争确实是一个极其罪恶的发明，可惜不幸的是，它却依附于人的本性：您会看到部队在成千上万死伤者中间唱歌跳舞、开怀大笑，如果三天没有打仗，他们就会抱怨。"⁹⁹ 梅特涅的情人多萝特娅·冯·丽温，

间接地证实了他特有的关于从性别视角看待战争的说法，她将
梅特涅的人格解释为与社会军事化格格不入："不得不拥有兵
士是件多么丑陋的事情！看着他们的那些机械动作，是多么的
有失人类的尊严，本来要向左走，却要抬起右脚！那是一种什
么样的人生目标，就这样地挨过他（们）的一生！我打赌，你
永远不会有去当兵的想法，即使你还是个孩子的时候，也不会
有这样的想法，那个时候，你就已经有太多的想法了。"[100]

　　梅特涅经历的战争和战争带来的毁灭性的破坏，是那样
明显，他对战争的描写是如此惨烈，以致人们在他那里看到的
惊骇与同情，与同时代的弗朗西斯科·德·戈雅（Francisco
de Goya）在其版画系列作品《战争的灾难》（*Schrecken des
Krieges*）中所引起的惊骇与同情是一样的。画家的灾难景象，
不带偏见地取自1810~1814年间的西班牙战场，并且以画作
的形式，将战争作为人类的灾难刻画下来，这种灾难无论对西
班牙人还是法国人，对牺牲者还是杀戮者，都是一样的。梅特
涅在练习做一个马克斯·韦伯意义上的"观念伦理学家"，但
只是因其人道动力的驱动使然。然而，作为一个国务活动家，
不允许他只是沉湎于自身的基本感情的世界中，而是不得不将
拿破仑强加于人的战争看作一个事实，他必须在政治上，就是
说，作为一个"责任伦理学家"与其打交道。在解放战争期间
他是如何做的？而且，如果我们再向远处看呢？看他1815年
之后的国际关系政策？众所周知，普鲁士的经典战争理论家卡
尔·冯·克劳塞维茨将军（General Carl von Clausewitz）曾
创造过一句名言："战争不过是政治以另一种方式的继续。[①]"[101]
还没有人像拿破仑一样，在建立他的大陆帝国时，毫不迟疑地
先将这一条付诸实施，操练起来。因此，梅特涅在德累斯顿谈

──────────

① 又译：战争是政治通过另一种手段的继续。

话中所反驳的话没有说错：每一次和约的签署，对于（法国）皇帝来说，只不过意味着在通向新的战争途中的一次停火。梅特涅绝不会认可克劳塞维茨的说法，因为他认为，战争就是政治上出现根本性错误所导致的结果。1824 年，他在解释那个他认为是 19 世纪欧洲最为严重的危机策源地时，将这个意思讲得非常清楚。这个危机策源地就是奥斯曼帝国与被其统治的地中海地区，首当其冲的是博斯普鲁斯海峡、巴尔干以及所谓的黎凡特地区，也就是历史上的叙利亚和巴勒斯坦。自1820 年代到 1840 年代，俄国、法国、英国等大国的利益，就一直在这一地区相互交织、相互冲突。冲突的第一个爆发点是希腊问题，在 1824 和 1832 年之间召开的会议上，各大国试图对这个问题运用一种避免战争的战略。[102] 对这个已达战争边缘的、具有高度爆炸性的局势，梅特涅评论道：

> 战争只能是惊人的错误的结果，而坎宁先生（英国外交大臣），虽然也不喜欢战争，却可能将我们引向那个方向。"战争就是人类社会的毁灭（la perte du corps social）"——无论是沙俄的社会、奥地利的社会，还是全世界的社会。战争——现在要进行的唯一的战争——并不是一场让人们仅仅认识俄国或者土耳其的争夺者式的战争，似乎这些争夺者相信，他们进行的战争不过就是相互之间制造伤兵、与对方的偏见作战或者支撑这种偏见……不是的，我的朋友，战争就像"那种巨大的自然灾害（des grandes catastrophes de la nature）"，从下而上，将一切掀个底朝天。一切的一切都撞击在一起，在撞击时又将处在它们之间的东西——欧洲——作为一个整体碾成齑粉。但是，这种战争不会发生，除非坎宁先生变成一个能将这个毁灭和死亡的巨大战争游戏玩转起来的"解救神

484

（Deus ex machina）"。他有这个能力。[103]

　　梅特涅在此预见到了欧洲的"原始灾难"[乔治·F.凯南（George F. Kennan）语]是文明的断裂，是由这些一无所知的政治家引起的，他们以为，能够将战争作为局部地区危机加以限制，这是一种并非情愿地"卷入"冲突的危机，而且他们不愿意（危机）有这种意想不到的（为战争的）扩展。后来，英国首相劳合·乔治（Lloyd George）就是以这种"卷入"的说法，宣布了第一次世界大战的开始。1824年，梅特涅不是简单地宣传虚构的灾难景象，而是从严酷的政治现实中据理力争来加以说明。1853年在同一个战争策源地爆发的克里米亚战争，以其特有的开战和将大国卷入的方式，证实了他所言不虚。在历史叙事中，这场大国之间的战争是以"未完成的、没有决出胜负的世界大战"的面貌出现的。[104]

　　由于哈布斯堡皇朝没有奉行利益扩张政策，因此，战争被皇朝用来作为阻止战争的手段，用它来进行威慑。在谈到与希腊危机有关的事情时，梅特涅坦承："'如果你想要和平，那就准备进行战争（Si vis pacem para bellum）。'……这句话而不是其他的话，是我在整个希腊事件中[自1821年革命爆发以来]，特别是在谈判进程中一直在使用的。人们不理解这句话。我装满了我的外交火药库，让军队满员并进行了整编，并不是为了投入战争，而是为了要阻止它。"[105]

　　对于梅特涅来说，战争并不会自发地从国际利益对立中发生。法国革命的经验教他学会了，可以从解放运动的意识形态中，去发现拿起武器进行战争的重大动因。为了正义的事业去实行暴力、去进行战斗，使得一部分战争在行动者的头脑中变了味儿，对于他们来说，目的的正当性，捍卫了手段的不正当性，从而拓宽了革命的战场，以及对政治家及戴着王冠的元首

485 们的刺杀行动。恐怖主义——通过不可预测的暴力袭击，进行有目的的恐吓——也属于新式武器。它对于梅特涅来说，早就作为一个概念存在了。对这位大臣而言，在"雅各宾党人"这个概念中，类似的行动方式多得无以复加。这个概念还要求在世界政治范围内采取行动。相反，在后拿破仑时代，这类人突然变成了民族精神的圣战战士，比如就像卡尔·路德维希·桑德（Carl Ludwig Sand）1819年3月23日刺杀了科策布（Kotzebue）所表现的那样。① 梅特涅自己很清楚，假如每一个人都可以随随便便地以自己良心的主观标准来判断是否动用武器，那么，法律体系就完全失效了。针对凶手桑德，他评论道："如果以博爱的名义去进行刺杀，这使我感到厌恶，我不喜任何一种形式的癫狂和疯狂行动，更不喜欢令安静地坐在其小屋子里的无辜的人献出生命的举动。"在写给多萝特娅·冯·丽温的同一封信中，他以他对时代的悲观诊断，表达得更具原则性："这个世界病得厉害，朋友。没有什么比以对自由的渴望进行误导更坏的事情了。它消灭一切，最后也消灭了自己。"106 还在1848年法国二月革命和紧接着的德国三月革命爆发之前，梅特涅就针对以革命的目的为之辩护的有关暴力行动写道："革命进展很快！这句话让我自然而然地想起德意志那个年轻的、非常受人喜爱的诗人，戈特弗里德·奥古斯特·比尔格（Gottfried August Bürger）的叙事诗《雷奥诺拉》（*Leonore*）中的一句：**这些死者骑马骑得飞快。**"107

总结、反思战争，对于梅特涅来说意味着，他必须将他在战场上和沿着战争的道路成百上千次目睹的苦难景象，看作是

---

① 德国神学大学生卡尔·路德维希·桑德，1819年3月23日刺杀了经常抨击自由主义思想和爱国学生运动的保守派作家奥古斯特·冯·科策布，桑德后被处决。梅特涅立即利用这一事件促使德意志邦联议会通过了《卡尔斯巴德决议》，据此，大学中的学术自由受到严格限制，新闻受到严格的检查和控制。

多余的、无用的，是的，看作是犯罪，是由人的自大狂妄引起的，他相信，这种自大狂妄在任何时候都能一而再，再而三地重新撕裂文明的保护锁和法律之篱。政治就是要持续地给战争设置障碍，去阻止它。如果不能认识到二十多年欧洲战争的基本经验，是影响梅特涅一生的根本力量，那么，就不会理解梅特涅，也不会理解他自 1815 年以来所身体力行的政治追求。他是出于人道的动力，用于他而言具有持续约束力的告白——"永远不再要战争"——来对抗战争的灾难。那些基本经验包括了一切：他对革命行动的态度、对刺杀君主的态度、对新闻界号召实行暴力的态度，以及对那些阴谋反对法律秩序的秘密组织和秘密联络网的态度。指责梅特涅搞镇压是容易的，但是，忽视他有关文明毁灭的经验，则是非常困难的。

486

第八章

行将结束和重新开始之间的欧洲：维也纳会议，1814~1815

开局局势：战争经验与法律真空

战争，还是战争，会战和战场，堆积成山的死人，世界历史上还没有见过这样的场面：1814年秋，政客和君主们背负着沉重的负担、创伤和对未来的恐惧，他们要按照各自不同的理解，在内心和思想上去消解这些东西。一场残酷程度比三十年战争有过之而无不及的战争，属于整整一代人的记忆，他们要带着这些记忆前往维也纳出席和会，为的是拆建、改建和新建还残存的欧洲。当今天的我们去观察耗时三个季度的维也纳谈判和庆祝活动，并且头脑中还保留着"跳舞的会议"[1]这个肤浅的叫法时，我们很容易犯短视的毛病。我们忽略了战争的经历以及战争带来的毁灭，是多么深刻地引领着遭遇了战争的人们，他们试图将您的思想从过去拯救出来，或者建立一些新的东西。不属于历史短视者行列的美国历史学家保尔·施罗德写到，从比例上来看，拿破仑战争给英国造成的人员的牺牲和资源的损失，要比第一次世界大战多很多。[2]这说明了许多问题，因为在英国人的死亡纪念中，第一次世界大战对王国的创伤，比第二次世界大战要深刻得多。

1814年9~10月，各国代表团陆续抵达维也纳——一个召开和会的所在地，世界历史上还从来没有召开过这样的会议。历史上近代早期的和平会议，对外交官和公使们来说是过于无聊乏味、平淡无奇了，经常是通过文书往来在进行谈判。可是现在，君主们以及王公大臣们亲自现身会议地点，并且因此能够就复杂的问题很快作出有效的决定。而维也纳会议本身又不 是缔结和约的论坛，因为自从1814年5月30日《第一次巴黎和约》签订之后，和平就已经存在了。那么，现在于此处要做什么呢？

拿破仑留下的战争废墟的景象，只是事实的一半。因为他并非仅仅进行了一场战争、摧毁了许多国家而已，而是建立了一个新的、具有欧洲范围约束力的法律和宪法秩序。在拿破仑的统治下，法国在形式上实行的是1799年的最高执政府宪政，以及自1804年帝国建立起到其结束为止的参议院宪政。通过吞并，法国皇帝将他国领土作为新的省，纳入了法国的版图（加泰罗尼亚、伊利里亚、托斯卡那、北海沿岸地区包括那些汉萨城市、比利时与荷兰）。他制造了新的示范国家如威斯特伐利亚王国。当法国人将梅特涅家族驱赶出家园逃亡时，他们亲身经历了哈布斯堡皇朝所属尼德兰国家被吞并，荷兰地区的尼德兰联省共和国先是变成单一制的巴达维亚共和国（1795~1806）①，然后变成了荷兰王国。拿破仑用他的家族成员或者他的统帅部成员的统治，取代了波旁王朝（西班牙、那不勒斯）、奥兰治王朝（荷兰）及哈布斯堡皇朝（托斯卡纳）这些古老的欧洲统治家族。拿破仑是莱茵邦联体系的保护者，并且为其制定了自己的宪法，通过莱茵邦联体系，他使（除普鲁士和奥地利之外的）"第三个德意志（Dritte Deutschland）"②变成了他帝国的一部分。华沙公国以及瑞士以同样的方式与他紧密相连。几乎所有的欧洲大国都承认了他的帝国；许多欧洲统治家族还与他的家族成员缔结了婚姻——巴伐利亚、符腾堡、巴登，以及最终哈布斯堡皇朝还与他本人联姻。他发动的所有战争，最后均以缔结双边和约结束，这些和约都收入了当时的公法汇编当中。为他本人量身定制的帝国，代表着植根于国际法律中的国家制度，而这一带有《拿破仑法典》以及示范宪法性质的国家制度，在那些卫星国中——

---

① 在现荷兰领土上建立的法兰西第一共和国的傀儡国，前身是尼德兰联省共和国，1806年改制为荷兰王国，拿破仑的弟弟路易·波拿巴任国王，四年后并入法兰西帝国。

② 指德意志邦联。

至少在主观意愿上——已经渗入了社会的内部。他与其盟国共同发动的战争，使这些盟国不仅仅在人员和财力上作出了牺牲：这些战争也让其盟国在领土问题上收获颇丰，以至于它们的领土范围一再扩大，如巴伐利亚、符腾堡、巴登、萨克森或者华沙。拿破仑自己非常清楚，他的帝国完全是以他为准而建立和运行的，但是，如果他一旦去世，他的帝国将面临争夺继承权的斗争。

489

　　这一整套制度于 1813~1814 年的半年之内土崩瓦解了。一个专制支撑的国家制度消亡了，与之有一比的，且在较小的规模上相比，是 1989~1990 年德意志民主共和国及其周边的华沙条约组织国家的土崩瓦解。如果要想理解维也纳会议当时所面临的任务，那么，对上述这个问题再怎么具体详尽地去认识清楚，都不过分。只有这样才能够理解，为什么现代历史叙事要去掉作为维也纳会议目标的"复辟（Restauration）"这个概念。[3] 这个具有政治意涵的陈词滥调，这个伯尔尼国家学说学者卡尔·路德维希·冯·哈勒（Karl Ludwig von Haller）的概念，充其量只能用来忽悠和欺骗那些白日梦想家和失败者，好像他们还能重新赢回自己已经失去的东西：天主教会可以在重建的德意志帝国重新实行政教合一的统治，帝国诸侯和帝国骑士重获统治领地，帝国城市重新获得独立等，不一而足。"重建（Rekonstruktion）"或者"恢复（Restitution）"曾经是当时的常用说法，这些说法与实际情况更加贴近。在"重建"这个概念中，也可以包括建设性的继续建设这个因素。看起来最合适的概念是"改建（Umbaus）"，因为这个概念表明的，是在现有的东西上进行建设，并同时可以添加进新的东西。

　　上文所谓的土崩瓦解，也为未决之事制造了一种悬浮状态：那些到目前为止受拿破仑统治的地区，是处在法律的真空中吗？这种悬而未决的状态，恰恰使得莱茵邦联各邦的统治者和大臣们备受折磨，他们在拿破仑统治下获取的利益，还能保得住吗？而且，允许莱茵河左岸地区的居民保留他们从"法国国家财产"基金中获取的财物吗？也就是说，从贵族和教会那里掠夺的财产？本身也曾遭到掠夺的梅特涅，对这种悬而未决的状态了如指掌，曾多次在他的名言警句中谈及这种情况，并且切中要害，说到了点子上，"如果一个旧的社会被摧毁了，要在新的基础上去重建它，将非常艰难"。[4]

33
"世界主义政治家"：在帝国秩序基础上的法律建设

"梅特涅一代"与欧洲的国际法

"一幅失去了世界的世界图像"——沃尔夫冈·布尔格道夫（Wolfgang Burgdorf）用这句滑稽的话，来表示1789~1815年席卷欧洲的整个进程。正在毁灭的世界正是那个欧洲，为了简短起见，可以用"旧制度（Ancien Régime）"和"启蒙"这样的标语口号，来作为理解这句话的注解。这句话也指出了那时所处的真空。对于这段时期，人们要提的问题也是引人入胜的：谁，他们会用什么，以及凭借什么样的方式取代旧世界？如今要想弄明白维也纳会议，那就必须认识清楚当时那些起决定作用的政治家所遵循的思维逻辑和他们的基本假设。他们之中的很多人甚至连自己本身所处的"范畴"都没有搞清楚——"范畴"这个概念是康德的说法。相反，历史学家所给出的公理则必须要确定，维也纳会议的主导者们是受这些公理引导的。

在纪念1815年维也纳会议两百周年时，最新发表的著述指责会议的奠基者们，说他们没有将他们的作品建立在民族国家的基础之上；说他们忽视了各国人民的民族意愿，而只是在各国之间肮脏交易的过程中完成了他们的作品。"1815年的维也纳会议造就的，只是一个完全不幸的欧洲，其中意大利问题、德意志问题、波兰问题以及巴尔干问题，最后统

统都是通过战争解决的。后革命时期的秩序、后拿破仑时期
的秩序以及复辟，才是真正的原始灾难，而非第一次世界大
战。这次大战必然会到来，因为它打碎的，是原本就设计错
了的东西：维也纳会议体系。"⁵然而，这种对当时的政治家
的指责，反映了从后来的时代回到过去的时代的、非历史客
观性的建构。

1814~1815 年人们所能想象的事物，是与那个时代联系
在一起的，而那些政治家正是出生在那个时代。两个死对头所
属的那一代人——"梅特涅一代"以及"波拿巴一代"⁶——统
治了维也纳会议。他们大多在 1770 年代出生，同年代的共同
经历都给他们打上了启蒙、旧制度、法国革命以及持续了二十
多年的世界范围的战争影响的烙印。这些政治家在刚刚克服
的、从"世界战争"脱胎而来的"世界危机"的影响下，以全
球历史的视角在行事。⁷在拿破仑所计划的世界统治之后，什
么是应该并且能够重新带入均势的制度？这应该是能将其他
欧洲国家纳入其中的帝国体系，即预定的建构，其他的行动
愿景并不在计划安排的议题之中。那些在座的政治家，有谁
事先考虑过这样的愿景呢？而且只有在帝国体系构建的条件
下，才能保证产生一个欧洲的和平秩序和欧洲的国际法。主导
维也纳会议的政治家们，设想的是"优先于民族特征的欧洲
法"，即一部"欧洲公法（public law of Europe）"的想法。
只是后来巴麦尊（Palmerston）、加富尔（Cavour）和俾斯麦
（Bismarck），才将国家之间竞争的"国际法（international
law）"，作为新的论说取而代之［安塞姆·多林－曼托菲尔
（Anselm Doering-Manteuffel）语］。此时已经不再像维也纳
会议中在帝国的层面上，那种集体的、同事般的谈判行事方式
了，而是在"国家之间"战斗，而且其中的大部分，是在民族
国家间的军事竞争。⁸

维也纳秩序之所以成为可能，恰恰是因为没有将国家的重建置于民族原则之下——与1918年伍德罗·威尔逊（Woodrow Wilson）的"十四点计划"完全不同。维也纳会议的决策者们每个人都是属于世界主义政治的一代人。威廉·冯·洪堡出生于1767年，弗朗茨皇帝生于1768年，卡斯尔雷、威灵顿、拿破仑（作为非直接参会者）出生于1769年，腓特烈·威廉三世和乔治·坎宁是1770年出生的，施瓦岑贝格是1771年，梅特涅和达尔贝格出生于1773年，沙皇亚历山大则出生于1777年。早几年出生的有哈登贝格（1750）、塔列朗（1754）、施泰因（1757）以及弗里德里希·根茨（1764）。他们所有人参政的经验背景，都是旧欧洲的各帝国。

作为谈判基础的帝国

在关注18世纪和19世纪早期的世界全球化的同时，在历史叙事中，对在1770~1830年之间的"鞍形期"[9]发生变革的前期民族（国家）基础——帝国——的关注度也变得更为敏锐。如果将法国革命与维也纳会议之间的这个时代，作为一个整体来看待，那么，所有在进行相互争夺的大国都可以说是帝国。这一点适用于大不列颠、沙俄、哈布斯堡帝国、德意志民族神圣罗马帝国、奥斯曼帝国，而且如果算上殖民地的话，也适用于法兰西，但比较不适用于霍亨索伦王朝。其中的四国——奥、俄、普、英——是给维也纳会议定调的军事战胜国。

如果搞清楚那个时候世界制度的帝国特点，就会比较容易理解，为什么维也纳会议在划定各国版图之时，是按照人口数量和国土面积，而不是按照"民族"来重新划定的。与较现代的、由中央政权和固定国土面积组成的国家相比，帝国的特点可以总结为以下五点。[10]

492

①领土不清。通常来讲，帝国往往缺乏精确的边界线，在领域边缘地区无远弗届。这点可以很容易地以沙皇俄国、奥斯曼帝国和大不列颠来说明，它们在西伯利亚的广袤、撒哈拉沙漠的深远，以及世界大洋的无边无际上，是开放的。

②缺乏统治密度。从中央到边缘地区，在一体化融入程度上存在着落差，换句话说，从中央以降，各帝国并非是以完全等级森严的制度构建而成的。愈是边远，法律束缚愈是依次衰减，对中央政治的回应，以及对中央政治的参与决定亦愈少。

③多民族化。将人民一体化融合的趋势，并没有以保障全体帝国国民权利同等的方式——无论他们是生活在国家的核心地区还是生活在边远地区——来进行。他们可以按其不同的特别身份享有不同的权利。这就造就了帝国多种族、多民族的特性。

④杂合的国家属性。帝国并不是平等政治单位的联合体，而是以根据权力和影响力的差异而形成的等级关系为特征。帝国的结构可以是多种国家制度的叠加；它也可以将这些政治实体以当事人的身份或卫星国的地位与中央联系起来。

⑤偶然式的崛起。帝国生存在一个"长时段（longue dure'e）"内，在称为时代的时间地平线上，它的存在要归功于"各种偶然事件和许多个人决断的混合"，而不是归功于某一单独的帝国主义动力，或者归功于一个伟大的战略计划。哈布斯堡皇朝通过联姻扩大帝国的准则，最明显不过地说明了这一点。但是也有通过战争方式实现的，看看18~19世纪无休无止进行的俄土战争就清楚了。两个地

493

缘政治邻国反反复复地打来打去，不需要任何的战略规划。

　　那些起着决定性作用的政治家来到维也纳，脑子中带着的，就是上述这样的前提，而不是带着迎来"各国人民的春天"的想法，也不是人们需要的"复兴运动"，或者人们希望的在自由中实现的国家统一。这样的方案在 1815 年是不合时宜的，因为按照这样的方案，就会将现存世界上的所有国家都作为讨论议题提出来——这是不可想象的，因为当时人们完全不清楚如何建立一个"民族国家"。某个施泰因式的、阿恩特（Arndt）式的、雅恩（Jahn）式的或者格勒斯（Görres）式的、定义模糊的民族（国家）方案，更多的是意识形态上的信仰宣示，而不是切实可行的政治纲领。因为他们完全忽略了国家边界问题，这个问题在 1815 年本应是个重要议题，因而他们也就对无法驯服的冲突策源地视而不见，这些策源地也正是由于国家边界问题而引发冲突的。当人们在 1848~1849 年试图建立德意志的、波兰的和意大利的民族国家之时，围绕着石勒苏益格（Schleswig）、波森、波希米亚和上意大利，由民族定义的国家边界问题很快导致了流血冲突。维也纳会议所代表的利益，是得胜的大国的利益，他们并不想再寻新衅，引起冲突，而是想要并且必须巩固他们的国家，巩固欧洲。然而，谁又具有创造正义的力量呢？谁又能说话算数呢？或者说，谁能够第一个发言定调，确定由什么样的机构来解释和说明问题，或者作出什么决议呢？

事务运作过程中帝国占据上风

　　当真的要决定大会如何运作的时候，谁说话算数马上就显示了出来。因为这样一种规模的外交会议，根本没有先例可循，人们是在一个完全新的领域进行讨论。在这个会议上，大臣们在前台开会，他们的君主在后台积极活动，面对的是如此复杂地交织在一起的问题，比如像拿破仑帝国遗留下来的问题：领土、国家、人、法律和未来的经济繁荣，这一切问题都要在会上讨论。

494　　　从一开始就很清楚，四大战胜国要求由它们来确定会议的方向和节奏。四大国于 9 月 16 日在梅特涅那里开会，比在伦敦约定的时间晚了一个星期，而且人员还未到齐，因为哈登贝格第二天才到。在位于舞厅广场（Ballhausplatz，奥地利外交部）旁的相府中，开过多次严格保密的会议之后，对大会的程序作出了决定。出席会议的有涅谢尔罗迭（俄国）、哈登贝格和洪堡（普鲁士）、卡斯尔雷（英国）以及梅特涅（奥地利），都是数月以来紧密接触、相互之间非常熟悉的人，也是能够承担起他们"主要决策者角色"［莱因哈德·施陶伯（Reinhard Stauber）语］的人。他们代表着大会的标准核心。

在如何形成大会的意愿这个问题上，塔列朗起到了破冰者的作用。他是 9 月 23 日抵达维也纳的，9 月 30 日，他参加了位于跑马路梅特涅别墅的四国秘密会议。是梅特涅邀请他出席这次会议的，以便向他通报大会的筹备情况。他的出现，可以说是对各种外交手腕和阴谋诡计烂熟于心的这位法国人，在外交舞台上的惊艳亮相。他称梅特涅是一位想要与同盟国一起统治宇宙的、现代版的马扎林或黎塞留。这是挑起论战的狡猾一招，绵里藏针，因为事实上，四大国的确想要将和会的一切事务统揽在自己手中，并居高临下地操纵会议。

塔列朗质疑和会的整个程序和议事规则，因为他自认为是所谓弱势国家的发言人。他以此来奉行一种透明策略，并以此来提升作为局外人的法国的地位。他不无道理地指责说，在签署了《第一次巴黎和约》之后，不应该再将法国排除在核心圈子之外。用现代时髦的概念来表达就是，他迫使会议讨论，是要按照"自下而上（bottom-up）"还是"自上而下（top-down）"原则来组织召开和会。塔列朗赞成"自下而上"的方式：在会议中他愤怒地对"同盟国"的发言方式反唇相讥，说这样讲话是不合适的，因为已经签订了和约。他要求组成一个大会主席团，而全体大会才能作为具有决定权的机制，来决定专门委员会的组成和原则性议题的讨论。他说，《第一次巴黎和约》的八个签字国并非大会的全部，它们只是其中的一部分。塔列朗还想让国际公法的基本原则作为和会的宗旨固定下来。[11] 他在这里说的话，代表了出席会议的中小国家的当权者、前帝国诸侯和教会势力的愿望。梅特涅坚决抵制这个要将大国的表决权置于一个"审议团体（assemblée délibéante）"之下的计划。在梅特涅威胁说要中断会议，并同时表明了他认为自己要扮演什么角色之后，塔列朗方才退缩。塔列朗直截了当地承认了这一点，并接着建议由梅特涅来领导谈判。

495

最终，大会形成了四个谈判层级：

① 梅特涅任主席的八国会议。会议负责处理整个欧洲事务；其成员（奥地利、普鲁士、英国、法国、俄国、瑞典、西班牙、葡萄牙）作为签署国最终赋予会议文件以国际法层面的约束效力。

② 前同盟国加上法国的五国会议。他们是会议真正的权力和实力中心，致力于处理所有问题中最棘手的问题，即领土问题。根茨称其为"唯一的、真正的大会"，"是所有事务的中心和所在地"。

③ 以梅特涅为主席的德意志问题委员会。这是唯一一个只有德意志成员组成的机构（奥地利、普鲁士、汉诺威、巴伐利亚、符腾堡），负责制定邦联宪法。10月

16日，梅特涅提出了"奥地利—普鲁士联合宪法草案"。1815年5月，在中断数月之后，这个机构的范围被扩大到了其他德意志各邦。6月初，梅特涅要尽快结束讨论，并在他的领导下，于6月8日进行了《德意志邦联法案》的最后一次审阅。

④ 12个专门委员会。来到维也纳的形形色色的院外集团可以将他们的声音向这些委员会倾诉。[12]

总的讲，大会是多轨并行的，是一种"多元工作方式"（莱因哈德·施陶伯语），而且工作效率令人吃惊的高，因为成功地将有时是同时召开的各委员会与大会会议的进程进行总体整合，并送交表决。最值得大书特书的大会成果是，将所有的单一成果最终都统一纳入了总体文件之中，就是所谓的《普遍和平协议》（Traité de la paix générale）。直到1815年6月9日晚，梅特涅都一直将这一文件保存在相府的房间里，在这里，由他监督草签文件。而此时，其他参会人员已经奔赴与杀回来的拿破仑战斗的战场了，或者已经启程奔向各自的统帅部。对于欧洲国家来说，《维也纳最后议定书》的约束效力至少持续到了1866年，也就是持续到了德意志邦联的终结，以及哈布斯堡皇朝退出在维也纳建立的"德意志国家"的国家秩序为止。

按照梅特涅的理念，还是一个和平会议吗？

在历史叙事中，众口一词的说法是，维也纳会议不再是一个和平会议，因为和约早在1814年5月30日就在巴黎签署了。[13]这次会议充其量只能算是"和约执行会议"。[14] 这里达成的和平不是传统意义上的和平，如《威斯特伐利亚和约》那样，因为维也纳会议并未结束哪一场具体的战争。[15] 以上的说法，当然与参会的谈判者们的看法相矛盾。他们对《第一次巴黎和约》[原称《全面和平条约》(Traité de paix et d'amitié)]和《普遍和平协议》以及《普遍和平文件》(instrument général de la paix)加以区分。[16] 因为《第一次巴黎和约》规定，应该由在维也纳召开的后续会议来"完善当前的这个协议"（第 32 条），那么，1814 年 5 月 30 日的这份文件，只能算作基本上没有完成的、仅仅进行了一半的和约。只有通过《维也纳最后议定书》的补充，它（《第一次巴黎和约》）才能成为一个整体。

这也符合梅特涅的政治世界观。在梅特涅的意识中，只有能替代拿破仑帝国地位的，不仅仅在莱茵河边界止步的和约，才能被理解成最后确定的协议。与拿破仑帝国的势力范围所及相适应，和约也不能只是双向的和仅涉及法国而已，就像《第一次巴黎和约》一样，也不能仅仅涉及欧洲大陆，它必须更加广泛的放之四海而皆准。建立和平的全球视野对于当时的人来说，以及对于当今的历史学家来说，是唯一合适的视野。在 1813 年 5 月，当梅特涅将普遍和平作为长期目标写入给他的特使施塔迪翁的指令中时，他已经具有了这样一种视野。[17] 两年之后，他实现了这个目标。

维也纳会议的谈判一直伴随着持续的不满。和会的官方文书弗里德里希·根茨直截了当地称其为"巨大的战场"，欧洲列强在这个战场上相互残杀。[18] 1814 年 5 月在巴黎开始的进程，必须谈判完成，什么样的结果都可能出现。各大国现在不再使用军事手段来结束战争，而是使用政治手段，虽然他们相互之间的反目和不和，几乎到了战争的边缘，并且几乎要组成新的同盟——也说不定是第七次反法同盟。因为直到在其领土上建立起一种新秩序之前，拿破仑帝国的事，就不能算处理完毕。

497

34

万能计划？在务实政策、战略
与愿景之间的梅特涅

梅特涅的行事方式

人们曾怀疑，在维也纳会议上梅特涅在奉行他的万能计划。[19] 要对这个问题作出判断，就必须从这位战略家和空想家所固有的两个特点出发去研究，本传记正是要聚焦在这两个特点上。这位国务活动家必须要解决拿破仑帝国崩溃后的政治问题，并为欧洲国家以及它们之间的相互关系，建立一个新的基础。政治对于梅特涅来说是"国家生存利益的科学"。然而，由于各个国家不能够孤立存在，政治家就必须在现代的世界中——即"当前的世界中"——关注"各个国家的社会情况"。[20] 将这一点套用到维也纳会议上，对于他来讲就意味着，要认清那些出席这次和会的国家，或者在会议上被代表的那些国家的利益，进而对其进行平衡，并将它们建设性地联结在一起。

愿景在此处表明的是未来的长期规划，对于梅特涅来讲，等同于他的政治的"信仰告白"。我们已经认识了他的出身和成长个性，[21] 愿景因而也就有了标准规范的实质。于梅特涅而言它存在于均衡的道义的核心之中，其实质并非一直以来与他联系在一起的"安定与秩序"，这两个先决条件对于他这位充满对雅各宾党人统治和暴政的可怕景象记忆的人来说，是理所当然的，因为它们意味着远离战争和内战。没有"安定与秩序"就没有法律、自由和繁荣——这就是他的信仰。相反，均衡代表着团结互助的原则，以及在共同法律基础之上的国家之间的均势。而谋求达成均势的过程，本身就包含着通过其他多数国家来强迫一个强势崛起并占优势的国家，重归共同法律的选择的可能性。

就像维也纳秩序最终建成一样，这样一来，梅特涅就实现了他的愿景：它是有着共同法律的欧洲秩序，由 8 个签署国来共同担保。《维也纳最后议定书》形成了重新定义欧洲国家各种协议的总汇，人们甚至将它说成是"发明欧洲"。[22] 其中，在第六次反法同盟中作为基础的四国同盟，创造了一个一旦这个体系有了危险就可以进行干预的工具。在 1853 年进行回顾时，梅特涅还认为，维也纳秩序实现了它的目标，并且成功阻止了 1815 年之前可能发生的欧洲大战，其影响甚至超越了1848~1849 年的革命。

梅特涅的**战略**则是，在形势多变的情况下，经过多年经营，有计划地实现自己的长远规划。到目前为止，人们试图从他的言论和行动中推导出，这位公使和大臣的政策确实是按计划进行的。自从奥地利 1813 年 6 月加入同盟以来，直到 1814 年 11 月维也纳会议开始，梅特涅努力"设计"了维也纳秩序，并将其固定下来，在这一过程中，他起了决定性的作用。尽管他没有完全达到想要达到的一切目标，但是，他也在限制参会者的行动空间和限定他们的利益方面，施加了决定性的影响，这涉及法国和莱茵邦联，但同样也涉及了同盟各国。恰恰是梅特涅，坚持要求盟国相互之间要对战争目标达成谅解，并同时不能中断与拿破仑谈判这根线。自 1813 年 6 月以来，同盟国的君主和大臣们在空间距离上能始终相距不远地在一起，一系列持久坚持的会议、大会和首脑会晤，以及根据形势需要所举行的个人会见，处理了大部分的基本问题，并且其中很多也成为维也纳会议的

499

议题，以上的一切应主要归功于梅特涅。梅氏在维也纳会议之前的 16 个月中所做的，自始至终都是管理危机和解决问题。

人们不得不问，维也纳会议的解决方案在多大程度上已经通过谈判就事先搞定了。为了不再一次详细地展开各个已经确定的细节，再简短回顾一下这条谈判链条的各个节点：莱辛巴赫、特普利采、里德，以及在富尔达、巴伐利亚和符腾堡签署的所有入盟条约，在法兰克福与莱茵邦联其他大部分邦国签署的加盟协议，圣艾尼昂的使命和对法国人发表的宣言，朗格勒、沙蒂永、奥布河畔巴尔、肖蒙，1814 年 5 月 30 日《第一次巴黎和约》及 6 月的伦敦会谈，各处都已经为维也纳的万花筒拼图确定了彩色石块。已经确定的有，莱茵邦联不能再作为一个邦国间的联邦继续存在，一条新的"联邦制纽带"将使所有单一的德意志邦国统一起来（朗格勒）。除此之外，允许此前投靠拿破仑的国家，保留它们的财产和自主权；尼德兰应被恢复，并将前哈布斯堡皇朝所属的尼德兰国家（比利时）囊括其中。瑞士已经获得了他们梦寐以求的中立地位。波旁王朝则重返在法国、西班牙以及那不勒斯的王位。

梅特涅在会议进程中的角色

如果据称自视甚高、爱慕虚荣的梅特涅，想要向后世炫耀的话，维也纳会议本可以成为他回忆录的理想素材，是可以在全世界面前展示他辉煌角色的历史性伟大意义的一章。不过，人们在此处的确遇到了一个引人注目的缺失。通往维也纳会议的道路，"同盟的历史"，这些内容却在他回忆录的所有篇章中占了绝大部分篇幅，然后就是几页关于"和平时代的开始"的描写。除了几句话之外，梅特涅将有关维也纳会议的部分省

500

略掉了——而这正是他长期政治生涯中最为重要的事件，他的确以此创造了世界历史。这一点他自己是清楚的，但是他仅仅以几句简洁的话将其匆匆带过："会议的历史都写进了文件，写进了会议的结果，在这几页纸（回忆录）中，没有它们的地方。"[23] 回忆录的出版人，他的儿子理查德，在《遗存的文件》中，于此处也仅仅是将出自弗里德里希·根茨之手的关于会议的报告加了进去。梅特涅本人对这部回忆录评价说："总的说，讲的还是符合事实的"，但是紧接着又加以限制地补充道，根茨受制于"变幻不定的印象"，以及他本人的情绪，因此写的还是不够客观。[24]

关于维也纳会议历史的书籍与文献汗牛充栋，在2014~2015年的两百周年纪念活动中，又有大量新的书籍、文章得以出版。因此，在关于维也纳会议的基本情况方面，我们仅需要一个框架性的东西，以便将会议主要的时点和基本原则简单勾勒出来，而梅特涅的作用和意义则要处于我们叙事的中心位置。称他是会议成功的保障，理由很多，即使他本人不把成功归功于自己，因为他有着强有力的、不可或缺的同道，其中有"朋友"卡斯尔雷，梅特涅将其形容为另一个自己。[25] 如果仔细观察就会发现，是梅特涅的性格、智慧和长期的国际经验，造就了他的成功。

性格赋予他在任何人面前都保持客观、冷静和礼貌待人的品性，这一点我们已有了解。他能够控制个人的情绪，这也使他能够换位思考——对所面对的形形色色的人的行为动机，进行设身处地的思考——即使与某人在政治关系上是处于冲突或敌对的立场，他也会在个人交往中始终保持以礼相待的方式。这一点已经在他与法国驻柏林公使拉·图尔（La Tour）或者后来与圣奥莱尔（Saint-Aulaire）在维也纳的交往中得到证实，最引人注目的是他在拿破仑和亚历山大面前的表现。比如，与易怒和暴躁的亚历山大不同，他从不以这种方式陷自己于辩论的死路之中，陷入强加于人的、有损名誉的情绪旋涡之中，或者摆出那种绷着脸生气的样子。那些关于梅特涅特质的轻蔑判断，往往是出于对他的妒忌，也有不少是出于男人们的争夺，抑或是纯粹的猜忌，就像愤世嫉俗的霍尔迈耶的情况一样，他始终努力去成为——或者不得不正确地说，被利用为——对梅特涅作出评判的、同时代的见证人，尤其是在维也纳会议这件事情上。[26] 而梅特涅的同僚涅谢尔罗迭的评判，则更加可信，他发现 33 岁的梅特涅除了和蔼可亲的翩翩风度，还有着"比在维也纳的各位阁下中四分之三的人还要多得多的精神气质"。[27]

在**智慧**方面，梅特涅始终具备从问题产生的起源去观察复杂问题的天赋——这是他的从历史着手处理问题的方式——然后再从如何采取行动的立场出发，将这些问题进行抽丝剥茧的条分缕析，或者使其尖锐化、极端化。我们已经从他撰写的关于哈布斯堡皇朝前途命运的、可以成为教科书的大量长篇"上疏"中，认识了他处理危机的能力。这样，他就能够先向会议的参加者灌输有选择可能性的意识，以使他们可以自主地认识、考虑和决定哪些事务具有优先性。自从奥地利参加了第六次反法同盟以来，这种着手分析解决问题的方式，梅特涅曾屡试不爽，并一再为达成妥协打下了基础。

最后，**经验**是他的生活要素，他以经验驾驭政治。如果他上任一个新的职位，比如当年前往德累斯顿和柏林任职，他了解国际进程和状况的消息来源，不仅仅只是依靠相府中的文件，只要有可能，他都要在当地或在旅途中建立关系，以便更多地了解一个国家，获知其风俗习惯和宪法情况。到目前为止，他职业生涯中的各站，已然说明了他的丰富阅历和经验：科布伦茨、斯特拉斯堡、美因茨、布鲁塞尔、安特卫普、伦

敦、拉施塔特、德累斯顿、柏林、巴黎，再加上德意志的一些
驻节地和中心城市如法兰克福、卡尔斯鲁厄、汉诺威、斯图加
特和慕尼黑。参加会议的所有人中，没有一个政治家游历过如
此多的地方，也没有一个人在超过 25 年的时间里，持续不断
地逗留在事件发生地周围，而这些地方，当时都创造了历史，
名震寰宇。梅特涅与各界的参会者都建立了联系，在通过与他
们的个人交往中，知晓他们的诉求：与罗伯斯庇尔的雅各宾俱
乐部的全权代表的交往；与像他自己的家庭教师一样的法国革
命的狂热崇拜者的交往；与法国流亡者中的激进保王党，直至
他们的首脑孔代亲王的交往；与大臣们、外交官们、将军们以   502
及君主们的交往，而君主中拿破仑、沙皇亚历山大和英国王储
可以说是最为重要的人物。

在会议的整个过程中，梅特涅可以说是最"无处不在"
（莱因哈德·施陶伯语）的那个人。直到 1815 年 6 月 9 日，会
议文件汇编在他的办公室最终敲定为止时，都是如此。如果细
数一下梅特涅作为谈判者或者调停者特别重点参与的问题领
域，就会发现，这些问题领域可以区分为两大类型：**危机类议
题**一直在同盟国之间引发争论并涉及了联盟的实质。这类题目
自始至终都将欧洲的主导权问题提上日程，并要求建立危机管
理机制，最终，这个危机管理机制成为维也纳会议体系的组成
部分。**冲突类议题**是在一个较低的，却更为广泛的层级上讨论
解决的，同盟国只需要部分地介入即可，而且也可以较为轻易
地达成一致。对于梅特涅来说，"德意志问题"有着特殊的地
位，因为从他的传记来看，他与旧帝国的传统纽带在此得到了
最直接体现。

35

濒临失败的会议：作为均势试金石的危机类议题

波兰问题

在会议进行之中，哪里出现重大的利益冲突，大国就要在哪里实践他们本来是作为目标想要建立的均势体系。在解决波兰问题时，一开始就处于这种状态。沙俄、奥地利和普鲁士，本来已经在特普利采谈判的一项秘密条款中，平和地处理了这一问题，即在组建华沙公国之前，恢复波兰的地位。然而在取得法国战役的胜利之后，沙皇亚历山大自认为不再受这一条款约束，并表示，要将波兰的全部——包括属于奥地利和普鲁士的部分——统一成一个国家，并且作为一个君合国并入沙皇俄国。对于梅特涅和卡斯尔雷来说，在欧洲大陆上的这种实力转移，意味着他们的 ① 独立将会受到俄国优势的威胁。

503 重要的是要指出，在波兰问题上，在欧洲范围内，特别是在奥地利国内，梅特涅代表的是一个另类的立场。从一开始，他就在原则上对波兰的分裂持批判态度，在他 1801 年步入政坛伊始，就明确表达了这一立场。[28] 对于梅特涅而言，沙皇的做法违反了国际法，违反在他看来需要在沙俄与中等大国奥地利和普鲁士之间，有一个较大的缓冲国的这种政治理性。就在 1814 年 7 月底从伦敦返回维也纳之后，他就曾当面向约翰

---

① 指梅卡二人及他们代表的国家。

大公爵表示: "放弃波兰属于奥地利的部分, 确保那里有一个自由的国王, 对奥地利有什么不可以的呢?"[29] 1814 年 10 月底, 在维也纳进行预备谈判的时候, 他与卡斯尔雷和哈登贝格一样, 建议在 1772 年波兰第一次被瓜分时的边界范围内, 彻底重建波兰, 并将其置于一个自主的君主统治之下。如果沙皇认为, 在这个方案中沙俄的领土损失太多, 那就在 1791 年的边界范围内组建一个独立的波兰王国。当时, 波兰在斯坦尼斯瓦夫·波尼亚托夫斯基 (Stanislaus Poniatowski) 的统治下, 还曾有过一部自由宪法。[30]

梅特涅认为, 波兰的命运是一个关乎欧洲领土问题根源的议题, 原因在于, 它使得这一问题的跨度清晰地展现在世人面前。因为一方面, 可以由被大国分裂的各省, 在位于三个大国之间 "组合成一个独立的国家 (réunies en un corps politique indépendant)" (或联合成一个独立的政治体); 另一方面, 也可以有另外的选择, 即由三个大国将华沙公国完全瓜分。[31]

鉴于梅特涅是所谓复辟政客的流言蜚语一直在流行, 所以, 对上述这一点怎么强调都不过分。他并没有想要压迫波兰, 而是沙皇要追求扩充沙俄帝国, 并使梅特涅引人注目的、理智的建议遭到破坏。但是, 普鲁士也在激烈地抵制, 因为如果放弃已经在普鲁士手中掌握的、通过瓜分得到的波兰领土, 就会刺激普鲁士在其他地区取得替代领土。银行家让·加布里埃尔·埃纳德 (Jean Gabriel Eynard), 一位聪明的瑞士观察者, 从他在 12 月会议期间的沙龙, 或者应邀出席活动得到的印象中得出结论, 人们在维也纳认为, 同盟国之间发生战争的可能性越来越大了。在他看来, 圣诞节第二天的形势尤其严重: "对欧洲未来的安定来说, 我们处在非常关键的时刻。就一般事务而言, 已经坏到了无以复加的地步, 而统治者之间的

504

不和谐气氛正在蔓延。战争是不可避免的，而双方进行战争的理由都在增加。"[32]

沙皇与梅特涅之间关于这个问题的冲突，在 1814 年 10 月 24 日进行的两个小时的争论中，就已经异常尖锐了，以至于梅特涅声明，不再与沙皇进行两个人之间的谈判。维也纳甚至有流传的消息说，梅特涅在离开的时候，一时间都不知道，"是应该从大门走出去，还是从窗子走出去"。[33] 而沙皇那方面更是生气地对弗朗茨皇帝表示，他真想与梅特涅进行决斗。[34] 为慎重起见，梅特涅立即向弗朗茨皇帝禀报了他的谈判对手在波兰问题上根本不想让步的态度："他满口大话，信誓旦旦，不容改变他的意愿。他在这次会议上的胡搅蛮缠几乎无法用语言来形容，这使我想起了过去与拿破仑皇帝交往时的很多状态和表达方式。"[35]

沙皇与梅特涅之间的这种冲突，这次当然不是唯一的一次。这次冲突清楚地表明，是谁在和会的定调、改调问题上唱主角。到目前为止的历史研究中，前奏是由保尔·施罗德起得调，比起哈布斯堡皇朝遗留下来的史料，他更接近英国的史料来源。按照施罗德的观点，卡斯尔雷在谈判过程中起了主导作用。表面来看，似乎弗里德里希·根茨的名言佐证了保尔·施罗德是对的，根茨 1815 年 2 月中旬关于这位子爵的名言是："他是所有大臣中最为积极和最有影响力的一个。"然而，紧接着根茨就弱化了他的说法：卡斯尔雷缺少落实的能力，他不明白，与普鲁士和法国建立同样紧密的信任关系，对于奥地利而言——具体说是对于梅特涅而言——是不言而喻的事情，而且卡斯尔雷对大陆事务了解不深。根茨最后的结论是："虽然他在会议上占据第一的位置，可是按照他取得的结果来衡量，他只扮演了'一个中等角色（un rôle assez médiocre）'。"[36]

与之相反，梅特涅是唯一一个敢于当面顶撞沙皇，将其逼入墙角，并最后说动他收回受到人们攻击的过分要求的人。就像他平时的行事方式一样，在行动过程中，他总是要确保能有同盟伙伴。沙皇谋求优势的企图，招致梅特涅和其他盟国不得已将预备筹建的均衡体系提早付诸计划。当波兰问题与普鲁士整个吞并萨克森的企图挂起钩来时，危机明显地出现了。于是，在极为严格保密的情况下，奥地利、英国和法国在 1815 年 1 月 3 日达成一致，以一种防御性的变通方案，抵制沙俄与普鲁士要开展的行动。对此，塔列朗禁不住欢呼雀跃，因为仅仅从这一天开始，在梅特涅和卡斯尔雷于亚历山大和哈登贝格面前的"强烈推动下"，他才被允许参加五大国会议。[37] 梅特涅故技重施，以战争相威胁来避免战争，最后沙皇让步了，各国达成了一致意见，在扩充了的华沙公国的范围内，建立波兰王国。亚历山大就像过去的萨克森国王一样，成为波兰国王。但是，这个"会议上的波兰"——后来也是这样称呼波兰的——应该有自己的行政机构和自己的宪法。值得注意的是，是梅特涅建议采用"立宪方式"，"尽可能多地限制俄国政府的影响"。[38]《维也纳最后议定书》的第 1 条，就以波兰问题开头，足见其地位十分的重要。

萨克森问题

　　围绕着波兰问题进行的历时数月的讨论，实质上是对中欧东部地区均势的重新划分，但这个问题根本上仍旧根植于整个欧洲版图的构建中。因为，如果俄国扩大到波兰境内，那么，普鲁士也将会在"捆绑连带交易"（海因茨·杜赫哈尔特语）中更多地向萨克森扩张，甚至扩张到莱茵河。[39] 霍亨索伦王朝想要的是重新获取 1805 年时已经确定的领土，在哈登贝格看来是如此，更不用说施泰因了：完全吞并萨克森是有理由的。

505

他们说萨克森国王腓特烈·奥古斯特长年忠于拿破仑，其实这不过只是个借口。梅特涅已经以 1813 年 4 月 20 日的协议，将萨克森国王从莱茵邦联中争取过来，并向他表示，对其财产的保全给予军事上的支撑。[40] 没有当时刚刚诞生的同盟的援助，这个中等国家将再一次屈从于拿破仑——被吞并。当然，也不能因此而指责国王。

在普鲁士的政策中，梅特涅更多地认识到了一种结构性的"膨胀"趋势，和一种"膨胀体制"的倾向。[41] 在旧帝国时代，他就已经发现了普鲁士的这种趋势，而且他也没有看错，因为普鲁士不断地在试图侵占邻国，扩张自己。在维也纳会议上，普鲁士的这一政策对梅特涅来说是一个严重的棘手问题，因为他之所以将普鲁士视为一个天生的盟友，是由于其可以为制衡谋求优势的两翼大国——法国和俄国——提供一股地缘政治上的平衡力量。但同时，按照他的安定德意志内部的方案，梅氏必须阻止普鲁士以牺牲德意志其余各邦为代价的急骤扩张，因为这会使即将产生的联邦——德意志邦联——的可信性遭到破坏。只是经过五国的斗争——在塔列朗的影响下——以及在普鲁士深深的扫兴和不满中，才使其勉强同意将萨克森的一半划归其所有，从而保住了德意志最古老的王朝之一——韦廷王朝（Wettin）的王冠。在这件事情上，均势作为"弱势国家"的保护锁，经受住了考验。

36

哈布斯堡帝国：旧帝国的尽头及德意志问题

在哈布斯堡帝制中重建旧德意志帝国？

拿破仑帝国对待哈布斯堡皇朝虽然并非像对待普鲁士那样凶恶，但是也通过强加于人的1805年《普雷斯堡和约》和《申布伦和约》，大大缩小了哈布斯堡皇朝的领土。对弗朗茨皇帝伤害最为严重的，是让他失去了的里雅斯特，包括通向地中海的出海口达尔马提亚，以及固有领土蒂罗尔。这样一来，1815年在维也纳会议上的任务，也包括重建哈布斯堡帝国，同时也提出了这样的问题，即神圣罗马帝国是否也应该拥戴哈布斯堡皇帝，重新崛起。就连沙皇也于1813年制订了重建以哈布斯堡皇冠为标志的古老帝国的计划，而他最信任的顾问、帝国男爵冯·施泰因，甚至一时间梦想着恢复10~13世纪的帝国宪法。这些强烈的发声，被那些"被剥夺财产的"和"弱势群体"的合唱所附和，就是说，受到了那些被褫夺爵位和财产的帝国各等级的附和。⁴²

弗朗茨皇帝和梅特涅都很清楚这个问题。印制出版的梅特涅的《遗存的文件》，恰恰在这个地方用了多页传记主人公的原文，梅特涅在原文中详细地作了解释，为什么不能考虑重建帝国。他的考虑与奥地利于1813年9月在特普利采加入同盟有关，当时的说法是，结盟问题同时将决定未来塑造德意志的问题，其意义非凡。但是到目前为止，这一点并没有清楚地为

507

人所知。在他的回忆录中没有付梓的那部分，有两个缘由缠绕着他，让他去思考德国的未来。这两个缘由都排除了建立一个新的罗马—德意志帝国的选项。[43]

第一个缘由是假如取得战争的胜利，该如何处置莱茵邦联各邦以及被法国吞并的领土的问题。在其他盟国看来，重建帝国就意味着将莱茵邦联的各诸侯从他们原来的，以及后来几年攫取的土地上赶走，或者褫夺他们的爵位。如果是将他们赶走，那些领土就将在盟国之间瓜分；如果褫夺他们的爵位，就意味着要将各位诸侯的德意志领土，划归新成立的、自主的中央政权。梅特涅说，这样一来，同盟国就在"道义上和物质上"把自己贬低到了与拿破仑同样的地位。他们就像拿破仑一样，运用了征服的原则，并将其付诸实践，而这正是他们反对并与之进行战斗的目标。那么，结论就必然是，哪怕仅仅是为了自己的诚信，也应该让莱茵邦联各邦继续存在。

任何一个政治实体都是以统一概念为基础的，梅特涅这样训诫道。但是，除了政治统一之外，还要尊重这些政治实体组成部分的多样性，这是 1813 年"我们的计划"的基础和宗旨。这一标准也属于梅特涅的基本信念之一，并且是建立在组合国家思想的基础之上的，这一信念和思想也在他对自主权的理解中表达了出来。在旧帝国中，自主权是在皇帝与帝国之间分享的，各邦国诸侯、帝国各等级——梅特涅也将自己算作旧帝国伯爵等级的一员——以及自由城市，享有领地的统治权。但是，由于帝国解体，莱茵邦联诸侯被剥夺了完全的自主权。然而，一个新成立的、名叫普鲁士的帝国的未来成员，会交出已经赢得的自主权——"刚刚获得的权利"——而同意"复活奥地利特权"吗？此外，梅特涅与弗朗茨皇帝不能忘记在与革命的法国进行的帝国战争期间，普鲁士以及其他帝国各等级所奉行的拖延政策，当时年纪尚轻的弗朗茨皇帝在给他驻德累斯顿公使的信中威胁说，如果帝国不改善，（哈布斯堡）就要退出帝国。[44]

梅特涅总结说，1806年神圣罗马帝国的终结，"使一个名叫德意志的政治实体自行从地图上消失了"。[45] 德意志看起来四分五裂：变成奥地利和普鲁士王朝，变成莱茵邦联，变成了一条狭长地带，这条狭长地带成了法兰西帝国的省。在皇帝和梅特涅看来，"日耳曼人审判大会的威力"可以回答一个冠以"德意志"名字的政治实体是否应该诞生的问题。奥地利在1805和1809年"完全被抛弃"的战争经历，足以使它怀疑当时置身事外、袖手旁观的普鲁士"对德意志的理解"。因此，后来普鲁士的民族主义宣传鼓动家们在1813~1815年前后表现出的强烈德意志爱国主义，对于梅特涅来讲只具有"神话的价值"，因为在他眼里，他们想以此（德意志爱国主义）作为包括奥地利在内的（大）德意志整体思想的证据，而这几乎是不可信的。[46]

第二个缘由来自1813年8月，人们当时都在考虑同盟的战争目的是什么。在进行这种思考的时候，梅特涅已经在抵制重建旧帝国的想法："历经千年的德意志国家政体在1805和1806年……一方面由于缺少内部活力，另一方面由于外部的影响，已然解体了。如果说过去是由于衰弱而瘫痪了帝国的力量，那么，由于1803年雷根斯堡调停行动的结果，帝国的继续存在就根本不可能了。不仅仅是德意志的帝国在1805年消失了，而且德意志这个名字在地图上也被抹去了！"在这个时刻，德意志"仅仅具有地理称谓的价值"。[47] 具体地讲，要恢复旧帝国，就得要求要回皇帝的自主权，而它们已经让渡给了各单一邦国的诸侯。这一点只有通过强制力才有可能实现，并且作为"道义后果"，将会重新引发各单一邦国的国家主权与帝国元首之间的不和，这种不和本是"前帝国的基本弊病"。总而

509

言之，这种架构，从一开始就会陷入结构性的不协调中，这正是梅特涅在其新秩序方案中要竭力避免的情况。

在伦敦流亡期间，在法兰克福国民大会计划讨论德意志帝制国家政体问题时，梅特涅再一次面对了这个问题。在1848年8月的一份备忘录中，他强烈警告刚刚上任的帝国摄政（约翰大公爵），避免这一情况出现，并提醒他们去注意1813~1815年时的历史局面。[48] 此后，他再也没有放弃过对"德意志问题"的关注。1849年1月，他又再一次特别强烈地给自己提出这个问题。在三份不同的、经过大量的反复修改的方案中，他回忆起1813和1815之间的几种选择的可能性，并发表了一个声明。就所能看出来的内容而言，这个声明在所有反对重建德意志帝制国家政体的理由中，到目前为止是不为人所知的。在进行回顾时，梅特涅认为德意志的前途有四种选项：①在莱茵邦联终结之后，德意志各邦完全不受束缚、不结盟；②在一个共同的国家元首之下，建立新的德意志帝国；③在一个国家邦联中统一前帝国的各个组成部分；④一个旨在针对前莱茵邦联的、"各诸侯"在奥地利和普鲁士"领地的敌意性融合"。

在梅特涅和皇帝看来，最后一个解决办法是完全不可以讨论的。"完全不受束缚、不结盟"的可能性——第一种选项——也已经由于与巴伐利亚签署的《里德协议》而预先被排除了。不能重建帝国的理由还有，"在一座坍塌了的大厦的残砖碎瓦中，损失掉了太多的建材"。而仅仅使用剩下的建材，再去建设一座与过去相类似的建筑是不可能的。要想建立的话，那必须是"一个新的帝国"，而既然加入了同盟，就必须考虑从占领国的角度着手进行。这样一个帝国不会被同盟中的大国英国、俄国，尤其是普鲁士所接受。但是，梅特涅在特普利采的战略则是"确保一个持久的和平状态"，奥地利的制度必须

510

与"法国皇帝的制度"截然有别，而实现这一点的方法，"就在于四大国牢不可破的团结一致。德意志问题作为一个帝国问题或者皇帝问题提出来，将无法与四大国之间意见统一的概念相容，而解决这一重大任务的方法［从一开始就］被宣判为不可能"。[49] 这一条件对于梅特涅来说，在维也纳会议上是这样，在 1848~1849 年时同样也是这样。俄国、英国、普鲁士和法国会抵制一个在中欧出现的中央集权的哈布斯堡大国。因此，从一开始，梅特涅就规避了这样一种选项。

在哈布斯堡帝制中继续生存的旧帝国

皇帝与大臣在抗拒着一切重建神圣罗马帝国的诱惑。尽管如此，自 1804 年以来，继续存在着的奥地利的"帝制"已经屈服于历史，首先屈服于旧帝国持续着的结构，这一基本事实也使得维也纳会议上所有的决议和目标，对奥地利产生着影响。人们必须设身处地地设想一下，构建哈布斯堡帝国可能产生的后果，就像梅特涅在维也纳会议之前所做的那样。

一个帝国是通过其国名来昭示自己的地位的。"奥地利帝国"已于 1804 年 8 月 11 日建立，这样一来，似乎这个帝国向现代社会迈进了一步，因为到那时为止，它只是作为一个由许多单一的、有着各自法律的领地组成的复合体而存在，缺少一个整体的名称。梅特涅认为，在当时的欧洲，一个国家按照其统治者家族来命名完全不是普遍现象，如"哈布斯堡家族"或者"奥地利家族"。因为如此一来就会促使人们产生这样的想法，即这个整体只不过是一个通过皇帝这个人物将大家聚拢起来的大杂烩，只是由所有帝国的组成部分为此目的组成了一个君合国而已。[50] 弗朗茨皇帝或许最愿意保持这样一个虚构的体制，这个体制说明，他不主张拥有至高无上的权力，而是与他

的所有内部王国保持着一种双边关系。相反，用1804年6月
4日通过宪法建立的"奥地利帝国"这个新的名称，就可以在
拿破仑帝国面前获得平等对待。然而，这个中央集权的、实行
自上而下（表面上的）立宪制的皇朝，看起来好像与一个建立
在准联邦制基础上的、历史形成的君主政体的统一国家完全相
反。在这座帝国大厦中，君主是连接一切的那块拱顶石。梅特
涅对这个既是新的，然而又是旧的"奥地利帝国"的定义，是
如此的精准绝伦，其原话超越了任何的描述。

> 这个帝国并非联邦制国家，却有着比联邦制一点也
> 不少的优点和缺点：如果说，**奥地利家族的家长**是专制这
> 个概念在现代意义上的意思，那么，这个概念在各邦国的
> 宪法中，不同程度地限制了他的自主权，虽然他将他们统
> 一到他头戴的皇冠之下。最大的限制，形成于最大的邦国
> 匈牙利王国和其他较大的国家之中。……毫无疑问，形势
> 极其独特而异常，如果不是以权利中最重要的权利——奠
> 定组成这个帝国各部分的统一存在的利益——作为基础的
> 话，形势本身的发展将一发不可收拾，这也是确定无疑
> 的。这个对于皇帝和我本人来说活生生的现实情况，对
> 1813~1815年帝国的重建，产生了非常深刻的影响。[51]

现在，对近代早期的研究，又开始赞赏这种国家制度，并且
为此找到了更为复杂但是很贴切的词语，来描写具有"多种民族
认同"的、"组合而成的、互为补充的国家体"。[52] 这个古老的、
直到1848年一直存在的建构形式，也在其统治者的头衔上体现
出来，再现了他在名称拼写上的古老陈旧。这个组合政体的多元
性令人实在是无法想象，与以前哈布斯堡皇朝的"专制主义"相
去甚远。1806年皇帝"伟大头衔"的全称为：

奉天承运，朕，弗朗茨一世，奥地利皇帝，耶路撒冷、匈牙利、伯海姆、达尔马提亚、克罗地亚、斯拉沃尼亚、加利西亚和沃里尼亚国王，奥地利大公爵，洛林、萨尔茨堡、维尔茨堡和法兰克、施泰埃尔、克恩滕、克拉尼斯卡公爵，克拉科夫大公，特兰西瓦尼亚大公，摩拉维亚边境伯爵，桑多梅日、马索维亚、卢布林、上下西里西亚、奥斯维辛和扎托尔、切申及弗留利公爵，贝希特斯加登和梅尔根特海姆侯爵，哈布斯堡、基堡、戈里齐亚及格拉迪斯卡帝国伯爵，上下劳斯尼茨及伊斯特拉边境伯爵，沃伦、波德拉谢和布热什切、的里雅斯特、弗洛伊登塔尔和奥伊伦贝格及温迪施马克土地之领主。53

512

所有这些皇帝和王室头衔，只有在需要显示皇权和统治地位的最高级别的特定场合，或者仪式上才会用到。

"我的意大利诸国"

对于哈布斯堡帝国来说，作为与德意志邦联处于相同地位的旧帝国的遗产，是意大利各国。在维也纳会议之前，弗朗茨皇帝就让人们知晓，在全皇朝的政治视野中，意大利对于他有着极其特殊的重要意义。对于1768年出生于佛罗伦萨的弗朗茨皇帝来说，这个国家是他的出生地，是他人生前16年的故乡，直到他的伯父约瑟夫二世皇帝将他召回维也纳为止，他都生活在那里。1814年7月初重新夺回伦巴第和威尼托（Venetien）之后，他当着在当地驻扎的陆军中将贝勒加尔德的面，指着这些国土，说出"我的意大利诸国"。54 对他而言，从这一刻起，整个意大利都属于哈布斯堡皇朝的"霸权势力范围"。55 他已经下令在重建的意大利各国中派驻军团：在撒丁尼亚王国，在托斯卡纳大公国，在帕尔马和摩德纳公国，以及在重又回到教宗手中的教宗国。他还下令，所有重新置于哈布斯堡皇朝保护的国家，必须各自筹集和承担驻军的给养和军饷。[56]

鉴于这种开局局面，梅特涅在维也纳会议上奉行的策略是，将涉及整个意大利的所有决定排除在谈判之外。[57] 他反对组成一个类似重组德意志问题那样的委员会的建议，按照他的观点，关于意大利的问题，只有皇帝才能决断，会议只能讨论保障恢复这些意大利各国的问题。因此，梅特涅让我们只能在维也纳会议之后，才能对其"意大利的伟大规划"（莱因哈德·施陶伯语）加以研讨。从如何养活这些作为哈布斯堡皇室支系统治者的——所谓的次子继承人的（第二顺位继承权）——意大利各国的方式，可以看出，皇帝的主导方案是清楚的，但是，这个方案并不一定与梅特涅的方案相符。因为皇帝要利用这些意大利国家作为世袭的家族权力，来养活他的家族成员。就这一点来讲，他与拿破仑没有什么太大的不同。梅特涅则成功地从英国和法国那里得到了如何重建意大利的保证。在1815年2月18日的备忘录中，他将这些保障内容写入其中。[58] 备忘录明显表明，奥地利统治家族是如何通过皇朝的网络与亚平宁半岛联系在一起，以及亚平宁半岛——不算教宗国——是如何让自己成为哈布斯堡皇朝的世袭领地的。下列决议写入了《维也纳最后议定书》中。

> 在驱逐缪拉家族之后，两西西里王国归还给波旁王朝，即归还给国王费迪南多一世（Ferdinad I, 1751~1825），其王后是玛丽娅·特蕾莎的一个女儿。
>
> 按照与拿破仑签署的《枫丹白露协议》（1814年4月11日）已经作出的决定，帕尔马、皮亚琴察和瓜斯塔拉

用来供养前皇后玛丽 – 路易莎。

应该让教宗能够重回教宗国。

将托斯卡纳扩大至卢卡（Lucca）、皮翁比诺（Piombino）以及厄尔巴岛，并重新划归弗朗茨皇帝的弟弟托斯卡纳大公斐迪南三世。**在 1810 年拿破仑的婚礼庆祝活动上，我们已经听到过他的名字。**

在摩德纳，由大公爵弗朗茨四世·冯·埃斯特接管统治权（Franz IV von Este），他是玛丽娅·特蕾莎的孙辈之一，也是弗朗茨皇帝的堂兄弟。

重建的皮埃蒙特 – 撒丁尼亚王国虽然没有哈布斯堡皇朝的统治者，但是自 1815 年 6 月 1 日起，已通过一个单独的军事协议与奥地利结合在一起，主要目的是共同进行反拿破仑的战争。（黑体字为本书作者标注）

1815 年之后，意大利成了奥地利政治的主要展示场。而梅特涅是如何安排德意志这个奇特的组合在一起的国家的，将在下面的章节中详细讲述。

37

"德国——通过联邦制纽带的统一"
梅特涅在建立德意志邦联中的贡献

在组合国家体中的"德意志自由"

以前，哈布斯堡帝国的多元体制是反映在另一个巨大的帝国中的——神圣罗马帝国。两个帝国通过皇帝这个人物，也通过帝国机构如帝国国会、帝国高等法院及帝国内廷议事会，互相交叉而又重叠，然而，它们却形成了两个秩序截然不同的大国。它们所拥有的意义重大的历史遗产，使1814~1815年时的和平缔造者们遇到了无法衡量的重大问题，如果这些和平缔造者们不想挑衅，让中欧的现行秩序彻底崩溃的话。梅特涅则按照他自己内心的准则在行事，这使得他能够捍卫自己所称的第一重要的"德意志民族的联邦制纽带"。作为一个深深根植于旧帝国的贵族，以及一个世界主义者，梅特涅保持着对爱国主义和民族自我认同的感觉和鉴别力。

在1813年时，歌德曾非常准确地描写过关于旧秩序所具有的进行政治训练和保障自由的品质："涵盖许多小邦在内的德意志帝国宪法，内容很像希腊宪法。极小的、不起眼的，甚至都找不到的小城邦，由于有着自己的利益，这个利益就要受到保护，就要维持，就必须在邻国面前捍卫它。因此，这个城邦的年轻人早早地就要觉醒，就被要求对国情进行思考。"[59]歌德可以在这个多成员的帝国中，轻而易举地将自己理解为是一个德意志人，并且代表着在1789年之前就早已存在的那种德意志的帝国爱国主义：用不着在解放战争中才开始将自己定义为"德国人"。同时代之人是在"德意志帝国宪法"这个外壳中去谈论"旧德意志的自由"的。世界主义者歌德，像梅特涅一样生活在同样的民族自我理解中。拿破仑在俄国战役失败之后，于1813年6月26日在德累斯顿自夸道："法国人不能抱怨我。为了保护他们，我牺牲了德意志人和波兰人。"梅特涅对此则反唇相讥道："您忘记了，陛下，您在同一个德意志人说话。"[60]

也曾经有过像穷困潦倒的、不得志的、巴伐利亚相府官员骑士卡尔·海因里希·冯·朗（Karl Heinrich Ritter von Lang）一样的人，对旧帝国秩序作过尖酸恶意的评价，他将旧世界讽刺为历史的假面狂欢舞会。[61] 这个平民教授的儿子，因1808年获得巴伐利亚十字勋章而被封为骑士，1792年时，他也曾出席了在法兰克福举行的皇帝加冕典礼，年轻的梅特涅作为帝国伯爵参加了这场活动。如果朗的世界观不是如此的目光短浅、眼界狭隘，他当时就有可能受到同时代开明人士的教诲，告诉他，帝国宪法早在18世纪后期就被外国观察家视为榜样了，比如美国的宪法之父。美国驻巴黎大使托马斯·杰斐逊（Thomas Jefferson）就曾向他的好朋友、宪法设计师詹姆斯·麦迪逊（James Madison）寄送了成箱的关于帝国宪法的书籍。而麦迪逊则认识到，在那里实行的"牵制与平衡（Checks and Balances）"的联邦体制，并有一个选出来的皇帝——就是说，在政治模式的顶端是一个总统——对于美利坚合众国来说具有典范意义。在《联邦党人文集》（*Federalist Papers*）中，他明确地建议以德意志的帝国宪法作为样板。[62] 华盛顿和麦迪逊在制定宪法的工作中，还阅读了孟德斯鸠的著作《论法的精神》。在他们看来，书中特别重要的是关于分权学说的核心章节，在这些章节中，孟德斯鸠同样将德意志的帝

515

国宪法作为值得效法的样板加以描述，并且将旧帝国称为"德意志联邦共和国（la république fédérale de l'Allemagne）"。他认为，这个国家的建设实现了他的基本思想，他用了一句话来形容这个基本思想："为了阻止权力被滥用，权力就必须给权力设置限制。"孟德斯鸠很清楚他在谈论的事物，因为他在1728和1729年游历了整个德意志。[63]

被吞噬的帝国秩序，以一种简直奇特的方式在进行着自我调整，而批评家则嫌其过于繁琐迂腐：要通过皇帝选举，以及通过选帝侯议事会、帝国国会、帝国内廷议事会和帝国高等法院。它们保证了弱势者的权利，弱势者可以在法院捍卫自己的诉求。从现在的视角来看，这个帝国当然是将未来的与过时的统一了起来。过时的东西，比如说，神权政治的思想，按照这一思想，宗教界的显赫人物——如总主教、有侯爵封号的主教、帝国修道院院长或者宗教骑士团的大团长——同时也是世俗世界的统治者。维也纳会议将这种旧式的、奥托大帝（Otto der Größe）式的帝国教会体系不可挽回地予以终结。会议只让主要位于罗马的"教宗国"继续生存。

梅特涅——德意志邦联之父

梅特涅很清楚这个走向毁灭的世界留下了什么样的遗产，但是，作为一个务实的政治家，他不得不使自己面向未来，因而他有意识地将维也纳会议上成立的德意志问题委员会主席的职务，掌握在自己手中。重新塑造"德国"的努力，其前世的经历和后来的结果，实际上是1989~1990年在欧洲具有划时代意义的转折之后，才重新被发现的。随着德意志的重新统一，也重新解决了"德国"问题，德意志邦联也从其民族肮脏的角落中被推向前台，并被作为"联邦国家"〔迪特·朗格维舍（Dietex Langewiesche）语］的先驱被放在了真正的历史光照之中。[64]

　　但是，到此时为止，威廉·冯·洪堡的计划一直占据着历史注视的前台。他为德意志提出了奥地利—普鲁士的霸权统治宪法思想。[65]毫无疑问，自 1813 年 12 月以来，洪堡用了很多精力和想象力，去锻造德意志计划，然而，他工作起来更像一个事后诸葛，而不像一位导师。他计划中关于以联邦形式解决德意志问题倡议的大胆命题，原本出自梅特涅之手。但是，如果梅特涅不是有年长他 23 岁的国务首相和世界主义政治家哈登贝格，作为一个相当的志趣相投之人站在他一边，他就有可能起不到任何作用，虽然这个思想本是来源于他。

　　纵观梅特涅在通往德意志邦联道路上的步骤、紧凑的年月顺序，它们均显示了梅特涅在矢志不渝地追寻和践行着他的联邦方案。1812 年 10 月 5 日，正值普鲁士陷入低谷之时，梅特涅与他在柏林公使任期内就已经非常熟悉的哈登贝格重新建立了联系。这时，他第一次展示了在中欧地区的奥地利—普鲁士双霸方案，是莫斯科的灾难性的大火促使他走这一步的。他坦率地承认，两个国家的国家利益是一致的：赢得独立并且作为俄国和法国之间的"居间大国"，尽可能地为了共同的政策强化自身。[66] 1813 年 3 月底，梅特涅又深化了他对"中欧的（l'Europe intermediare）"愿景：只有奥地利和普鲁士——除了法国和俄国之外的这另外两个大帝国——才能保障局势安定。[67] 1813 年 5 月，他派出施塔迪翁作为特使，前往位于莱辛巴赫的同盟军俄国和普鲁士的统帅部，在那里当着哈登贝格的面，再一次介绍了"居间的"双霸统治方案，并就此已经将其与为德意志建立一个独特的体制联系在一起。[68]

　　国家邦联方案在梅特涅的强力推动下取得突破。因为他将奥地利于 1813 年 9 月 9 日在特普利采加入第六次反法同盟，

517

与一个必要的前提条件联系在一起：从莱茵邦联中解散的邦国不仅要独立（这一项已经在一条秘密条款中予以确定），而且德意志将来必须以一个国家邦联，而不是以其他任何一种形式组成。这样一来，梅特涅同时就向同盟国作了保证：哈布斯堡皇朝将来不会有谋求建立一个新的德意志帝国的野心。这起初仅仅是一个口头的保证，但是同样具有约束义务。就像已经提到过的，梅特涅最终于1814年底在朗格勒，为德意志作为国家邦联的本质性的表述方式打上了烙印，[69] 哈登贝格和腓特烈·威廉三世国王则用他们的签字予以确认。这个表述方式亦被《肖蒙条约》和《第一次巴黎和约》所接受，从而作为一项任务议程进入了维也纳会议。有鉴于这一段历史经过，梅特涅堪称德意志邦联的建国之父。

在梅特涅最后终于实施了国家邦联的解决方案以后，称梅特涅是德意志邦联的建国之父的说法就更加合适了。如果将业已被很好地研究评述过的实现这一目标的主要途径和次要途径再详细描述一遍，篇幅就会太长。当然，马上就认为梅特涅已然战胜了他的对手，也是错误的。在德意志问题委员会的讨论中，经常出现激烈和无法控制的局面，但是梅特涅始终保持着灵活、客观、寻求意见一致的态度，这使得他在所有与会者的眼中显得可信、可靠。他也没有利用他所处的地位，去向那些被褫夺了权利的本等级的贵族们，包括他父亲让步，以及为旧帝国的利益政治服务。恰恰相反："在他主持的所有会议上，通过他的宽宏大量的主持风格，梅特涅赢得了普遍的赞誉。"[70]

518　　　　他原本与哈登贝格和洪堡的目标一致，即在德意志的"霸权式保护联盟"［埃克哈特·特莱歇尔（Eckhardt Treichel）语］中加入中央集权的因素：比如一个由德意志问题委员会五个成员国组成的行政领导层；通过地区宪法，使中小邦国失去帝国的直辖地位；设立邦联法院；等等。但是，在波兰—萨克森危机之后，梅特涅从与普鲁士如此紧密的合作立场中后退了。普鲁士的毫无顾忌的"扩充"愿望、吞并萨克森的欲望，促使哈登贝格和洪堡在德意志问题上越位。中小邦国感受到了像波兰模式一样的、通过分裂而使国家遭受毁灭命运的威胁。梅特涅利用了它们的这种恐惧心理，以建立"第三个德意志"作为对普鲁士扩张的抗衡。[71] 1815 年 5 月，他甚至放弃了德意志问题委员会的排他性规定，最终让邦联成员的所有国家代表参与了关于未来国家问题的讨论。他能迫使不可能联合的事物组合到一起，人们几乎可以将其称为"辩证法政治"：一方面同普鲁士小心翼翼地保持一定距离，另一方面又无法放弃同这个德意志双雄之一的强权的合作，没有普鲁士，国家联盟体系就会必然失败。双霸方案的想法得以保留，这是早在 1801 年，梅特涅在他在德累斯顿任职的自我指令中就有所要求的。当这种伙伴关系不再继续存在时，德意志邦联就会被削弱甚至被破坏。1840 年普鲁士王位更迭之时，以及 1848~1849 年革命时，还有，也是最后一次，当俾斯麦提出权力问题时，都证明了这一点。

大而广之的总结
梅特涅及维也纳会议原则作为国家间确保和平的方式

作为旧帝国秩序中指向未来的东西，可以从一个组合的国家构成的、最后赖以成功的"牵制与平衡"体制中识别出来。1815 年建立的德意志邦联也受到了它的影响，这个邦联还在用典型的旧欧洲方式来处理德意志问题。它融入欧洲的做法，在某种程度上延长了旧帝国，并且与任何一种现代理性国家的方案背道而驰。因为维也纳会议秩序在政治上限制了两个国家构成：德意志邦联的区域范围以及哈布斯堡皇朝，因为它

519 们各有一部分属于邦联。1815 年 6 月 8 日的《德意志邦联法案》，宣布其领土为 "德意志兰（Deutschland）"，文件明确表示它依据的是旧帝国宪法，因为旧帝国宪法将奥地利和普鲁士的归属，定义为 "之前全部属于德意志帝国的资产"（第 1 条）。但是，邦联的领土并不等同于一个民族国家的领土，因为有三个外国元首作为拥有邦联所有权利的成员，亦加入了邦联：英国国王通过君合国代表汉诺威；丹麦国王代表荷尔施泰因和劳恩堡（Lauenburg）；尼德兰国王代表卢森堡。邦联是一个国际法主体，但是并没有国家元首。在它的内部集合的单一国家中，包括共和制、贵族等级制、代议制以及专制宪法等形式。在它的土地上，德意志人与丹麦人、波兰人、斯拉夫索布人（slawische Wenden）、捷克人、斯洛文尼亚人和意大利人共同生活着。在那些法律圈子、领土和民族以异乎寻常的方式犬牙交错地混居在一起的地方，按照民族国家的标准，法律制度看起来只能是与时代不合的错误现象。

　　然而，批评当时的政治家忽视民族性原则或者在民族性原则上表现冷漠，也是不对的。最令人信服的论据，是解决波兰问题的方式方法，因为恰恰是从民族的视角去观察，波兰问题属于最难以解决的问题。1815 年 6 月 9 日的《维也纳最后议定书》确定："身为俄国、奥地利和普鲁士臣民的波兰人，将获得召开各等级议会和设立国家机构的权利。"这一条款在原则上保证了生活在三个帝国之中的波兰人各自均有自己民族的常设代表机构：在俄属波兰会议王国①、在普属波森，以及在奥属加利西亚，也就是说，在组合的国家形式中，同等地拥有这些机构。

----

① 波兰王国，通常称为 "波兰会议王国" 或俄属波兰，1815 年经由维也纳会议成立，故得名，本质上是俄国的共主邦联，于 1915 年被同盟国用另一个波兰王国取代。

这些说法在原则上意味着：维也纳会议秩序保障了**在**一个国家中的民族性。当时也给予了瑞士联邦以同样的保证，也是经过梅特涅的努力而达成的协议，直到现在，瑞士联邦仍然是一个光辉的典范。当今的欧盟也在遵循着相同的模式：欧盟也是在一个组合而成的国家体屋檐下——就是说在欧盟中——给予单一**国家中的**民族性以保障，但是却没有**欧洲民族**这种说法。而相反的模式——民族国家——宣示的则是**国家的**民族性。国家成为民族的载体，并进而获得国家的最本质的标志。由此而来，这个国家的外在表现就是民族的单一性，因为它只属于一个民族。

梅特涅不厌其烦，一而再，再而三地考虑用国家邦联的方式解决德意志问题。当 1848~1849 年，作为中欧秩序的德意志邦联看起来像过去的拿破仑体制一样行将崩溃之时，他又一次激烈地涉及这个问题。他也一再得出了同样的结论：如果奥地利想作为一个帝国得以保存，并同时在德意志的"政治国体"中占有一席之地，那就没有其他的解决方案可想。1849年，梅特涅自我解嘲地写下一段名言，也透露了他在民族问题上的窘境："作为皇朝，奥地利是一个巨人，它所具有的力量，连民主的孩子和革命的幻想者都吹不走，它甚至能够战胜迂腐僵化的梅特涅的、身体衰弱的皮勒斯多夫的，以及固执己见的施瓦岑贝格的行政机构。然而，这个巨人的阿喀琉斯之踵则是德国！"[72] 这里他所指称的弗朗茨·冯·皮勒斯多夫（Franz von Pillersdorf）以及施瓦岑贝格侯爵费里克斯①，均是他的继任者。

1815 年，所有的参与国都想要一个有奥地利参加的、一直以来也都是这样塑造的"德意志国家"。甚至连属意于普鲁

520

---

① 施瓦岑贝格元帅卡尔·菲利普的侄子。

士的施泰因，都要求建立一个哈布斯堡帝国，这反映了旧帝国的影响力在持续地存在着。看起来，德意志邦联似乎可以将不可能的事情变为可能，将奥地利保留在其余的德国之中。但是，就像1848年革命所证明的一样，任何一种较强的中央集权，都意味着一种实实在在的严峻考验。还在1848年12月，奥地利总理（österreichischer Ministerpräsident）施瓦岑贝格侯爵费里克斯就坚持对于他来讲不可让步的教条，即德意志的、哈布斯堡的和奥地利的要融为一体。他要求："如今奥地利还是一个德意志邦联大国，由上千年历史自然发展形成的这个地位，从没打算放弃。"[73]他强调，对这个国家邦联唯一可替代的选择——在1815年这已经可以看出来——就是让它瓦解成一个位于中欧的由中小独立邦国组成的集合体。自解放战争以来，梅特涅的准则就是为了防止这种情况的出现。

当民族的追求与帝国的秩序发生冲撞时，比起同时代的人，梅特涅对这个根本性问题看得更为清楚。"统一和自由"是当时流行的口号，但听起来没有任何约束力。然而，国家领土问题制造产生的，则是根本的迫切性问题，因为要把领土疆界划清楚。梅特涅与维也纳会议上的其他欧洲助产士们，还要抗衡将要到来的19世纪的另一个原罪。总而言之，他们拒绝由战争推动进行的民族、语言和领土的三位一体。

神圣同盟，"响当当的空洞无物"

只要是了解梅特涅所具有的政治远见的人，就几乎不能否认，梅特涅是多么严肃认真地对待自己的事业：在欧洲实行的防御性地避免战争和积极性地保证和平一事。另外，了解梅特涅的人也可以设身处地地理解，他对超国家保证和平的方式——所谓的神圣同盟——的评判又是何其的冷酷。这个由沙皇亚历山大倡议的宣言，想要将基督教信条宣布为欧洲和平秩序的准则。在巴黎，亚历山大、弗朗茨和腓特烈·威廉三世于 1815 年 9 月 26 日签署了受基督教灵感启示的和平条约。而弗朗茨皇帝，更不要说梅特涅本人，宁愿让这个神圣同盟垮台。梅特涅对它的评价尽人皆知：一个"响当当的空洞无物"，一纸政治上毫无价值的"道义宣言"，是"沙皇亚历山大的虔信派教徒式情绪的宣泄"。按照梅特涅的说法，在政府间正式的文书往来中，这个概念从未出现过。梅特涅毫不妥协地反对将《肖蒙条约》以来的这个国际同盟，冠以"神圣"的标志。这还不够，他意识到，这个貌似皇朝间阴谋的产物，会招致公众舆论的多么激烈的反应：一个"贬低人民权利、促进专制主义以及某种暴政的产物"。[74] 在他的理解中，政治应该遵循理智的标准，并且尊重国家之间和社会之中的保持均衡的原则。他不能将沙皇的方案与宗教根源分开来看，并且肯定会讥讽或愤怒地驳斥那种解释，即将天主教、基督新教和希腊东正教宗教式的兄弟情谊算作"国家联盟"。[75] 他本人曾经形容过一种类似的愿景，且是作为一个远期目标，但是他的概念中却从未充斥着诸如此类的意识形态内涵：在 1840 年 8 月莱茵危机达到高潮时，他甚至曾经组织深入讨论过有关欧洲"国家联盟"的题目，那是在他位于科尼希斯瓦尔特的府邸，有很多外交官在场。按照他们的讨论，"国家联盟"不应该是一个"神圣同盟"的再现，而应该是国际法意义上的、制度化了的谅解体系，以在欧洲持续性地阻止战争发生。[76] 最终，由于巴麦尊的反对，这件事成了一个失败的插曲。之所以值得将这个插曲突出来，是因为它表明了，在现实政治中，梅特涅的政治思维已极为深远，以及他对大学时期的世界主义思想的忠诚是多么强烈。梅特涅将沙皇和"神圣同盟"的光芒，与虔信派女作家朱丽安娜·冯·克吕德纳（Juliane von Krüdener）联系在一起，并没有什么疑问。她曾在与"敌基督"——她这样称

522

呼拿破仑——的战役中，跟随着同盟国的军队直到巴黎，并在滑铁卢之战胜利后，住进了巴黎的一套公寓里，紧邻沙皇的官邸。她每天与他一起唱颂《旧约》诗篇，默念祷词，并且与他讨论有关各国基督教联盟的重要问题。[77] 尽管可以去细致地体会亚历山大的宗教努力和他那深深的和平渴望，以及去分析他那些建设性的表态，[78] 但是，这些都改变不了一个事实：这位沙皇像他的前辈们一样——其中包括著名的叶卡捷琳娜——奉行的都是扩张政策。他想要吞并波兰，他的帝国要向巴尔干和地中海扩展，甚至要扩展至东亚。宣示的和平渴望与实行的好战主义并行不悖，这引起了梅特涅的反感。

维也纳会议小而细的总结：
贵族和处在高位的梅特涅家族

我们的视线也要从维也纳会议的大视角，转向本传记主人公人生经历框架中较小的活动半径，以及与其家族直接相关的范围。德意志问题委员会的讨论也处理了贵族在德意志邦联范围内的未来地位问题。相对来说，帝国贵族还是比较幸运地度过了 1806 年的生存危机，损失还不算太大，因为作为统治等级，《莱茵邦联法案》还是为他们保留了拥有特权的社会地位。然而莱茵邦联解散后，对于他们来讲，权利的连续性已经不复存在。初期，那些前莱茵邦联邦国还不敢援引拿破仑制定的东西作为榜样。但令人吃惊的是，后来，他们最终商定的《德意志邦联法案》相当精确地保留并承认了他们在 1806 年所捍卫的地位。

无论是父亲还是儿子，梅特涅家族也卷了进来。1805~1806 年时，他们曾协调过立场，[79] 但是现在情况完全变了，儿子已经坐在了掌握权柄的位子上，简而言之，父亲和儿子现在是两股道上跑的车。大臣的角色，像是一名毫不犹豫就同意为法庭上争议的双方斡旋调停的中立的代言人。由于从帝国贵族的角度看，争取最好的结果——将1803年以来所有的改变恢复到以前的状态——完全是幻想，因此，只得将力量集中在三个剩余的核心问题上，即能够保证他们等级的特殊地位的问题：统治权利继续保留的问题；在德意志即将召开的等级议会"上院"中的代表问题；以及在法兰克福邦联中央机构中的席位问题。过去，在讨论邦联宪法时，有的时候，旧帝国贵族看起来简直就像消失了似的，等级代表早就对此现象大感惊骇，并于1813年12月建立了被褫夺权利者协会。帝国贵族曾被排除在德意志问题委员会之外，当这个委员会的讨论于1815年5~6月进入决定性阶段时，被褫夺权利者也成立了一个共同委员会，而委员会的主席就是梅特涅的父亲弗朗茨·乔治。[80]

　　如今业已全部出版的回忆录、方案、呈文、修正案，以及在哈登贝格、梅特涅、巴伐利亚和符腾堡及所谓弱势国家的大臣们之间的书信往来，说明了在德意志问题委员会中，以及在其周边的有关工作中，参与的相关人士投入了多少时间、精力和努力。[81] 被褫夺权利者也制造了大量的文件，其中自然包括弗朗茨·乔治。对这件事，他在布拉格的家族遗产提供了证明。与大国在危机类议题上做事的方式方法相反，在德意志问题委员会中，在处理德意志问题有争议的节点上，一套意见表达程序逐渐成形，这恰恰让人感到很前卫，因为这套程序可以让委员会赢得民主的赞誉。这里的讨论是完全公开的，讨论中令人特别有感触的，是前莱茵邦联各邦对过于集权的德意志国家组成形式，当然也对前帝国贵族过多的影响，进行的反抗。

　　尽管如此，讨论中涉及帝国贵族地位，具体讲涉及旧帝国国会成员问题的结果，并不像被涉及之人——首要者便是弗朗

524

茨·乔治——自己感觉并且公开表示抗议的那样，是特别灾难性的。在按照《莱茵邦联法案》所给予帝国贵族的地位，与《德意志邦联法案》所保证的新状况之间作一个对比，就会得出如下情形：

《莱茵邦联法案》，1806 年 7 月 12 日 第 27 和 28 条（侯爵和伯爵）	《德意志邦联法案》，1815 年 6 月 8 日 第 14 条（侯爵和伯爵家族）
归属于"特权阶层"	国家中的"特权阶层"，作为"高等贵族"继续存在
平等对待的权利 在所有莱茵邦联邦国中选择居住地的权利	平等对待的权利 在所有德意志邦联邦国中选择居住地的权利 保证家庭契约和遗产继承权（财产受益权）
初级民事和刑事司法裁判权 中级民事和刑事司法裁判权	民事和刑事司法初审裁判权 民事和刑事司法二审裁判权，前提是如果领地足够大
林业裁判权	林业裁判权
领主警察权	地方警察权
狩猎裁判权	狩猎权
渔业裁判权，矿山、炼铁厂经营特权，什一税，上述领地的贵族地税及流动收入权	保证所有基于财产产生的权利和收益
教会资助人权	教会资助人权、教会与学校监事权
选择审理法院的特权	选择审理法院的特权 兵役义务豁免 缴税特权
不得查抄没收财产	
	在地方议会中享有名额

525   梅特涅也曾多次积极参与有关被褫夺权利者命运的谈判。比如他在 1815 年 5 月 31 日的会议上，就建议在邦联大会中，至少给被褫夺权利者一个中小诸侯团体的席位（Kuriatstimme，集体表决权）。这就将他们提高到其在原帝国国会中曾经有过的政治层面。他还申请将"平等对待"帝国

贵族纳入《德意志邦联法案》。通过这种实质性的待遇水平，旧日的帝国高等贵族在形式上已经与现在执政的贵族在地位上平起平坐了。这一点应该理解成一个明确的暗示，即同意他们的确还具有"领地主人"地位的尊严，这样就能够更容易地使继续存在的统治权利合法化。

被褫夺权利者这件事，在德意志问题委员会中还经历了一个尴尬的转折。因为在1815年6月3日，在讨论结束前不久，弗朗茨·乔治提出了一个"保留权利声明"。《德意志邦联法案草案》中，有一项指出可参考1807年时的巴伐利亚的规定，对这一点，弗朗茨·乔治在形式上提出了激烈抗议，但没有取得什么效果。这听起来好像是在法律上吹毛求疵，钻牛角尖。但是事实上，从旧帝国贵族的视角来看，在可参考的这一条规定背后，隐藏着一件丑闻。因为《德意志邦联法案》所定义的前帝国贵族的地位，是在"《莱茵邦联法案》基础"之上制定的，[82] 这样一来，《莱茵邦联法案》中的第27和28条的内容，就在外行的不知不觉中，绕道成为《德意志邦联法案》第14条中的权利。这位旧帝国贵族认为，在拿破仑之后，将《莱茵邦联法案》通过这种方式加以美化，是有失体统的。

也可以对这种法律上的连续性——就像儿子克莱门斯肯定要做的一样——作出积极的评价，因为帝国贵族毕竟将他们1806年在拿破仑治下遭到削弱但是仍然保留了很多的特权拯救了回来，并带入了新时代。因为上述那个参考规定除了这个意思，再无其他。旧帝国贵族以这种方式作为土地和臣民的当权统治者继续存在，也并非理所当然，虽然他们现在只具有"次级土地的统治"地位［海因茨·高尔维策（Heinz Gollwitzer）语］。对于德意志西南地区的农民来说，"国家中特权阶级"的这种特殊地位招致他们的反感，于是，他们在1848年烧毁宫殿，冲击财政机构。他们想通过这种方式销毁法案中加给他们的封建赋税，并且以此清除不合理的国家和等级贵族领主的双重征税。

相反，旧帝国国会中莱茵－威斯特伐利亚伯爵议事团前团长弗朗茨·乔治，则完全生活在他作为旧时的和现在的经选举产生的等级代表的角色之中。他有意识地避免使用遭人们蔑视和唾弃的概念"等级领主（Standesherr）"，或者更为难听的"被褫夺权利者（Mediatisieren）"，取而代之的是，他将与他同等级的人以及他自己本人，定义为"现今隶属于不同的德意志君主的前帝国贵族领主"。他尽可能长时间地对不再实行自主统治的贵族这一新的现实，视而不见，相反，却一再重复地要求，"首先要在德意志邦联大会上，将符合年龄、重要性和其家族声望的代表权利，归还给帝国贵族，并且要宣布给予他们纯粹的平反"。

在父亲与儿子之间明显暴露出的意见分歧之所以如此富于启发性，是因为它刻画出了两个人的性格特点。弗朗茨·乔治看起来是神圣罗马帝国的一个坚守原则与信念伦理的贵族，克莱门斯则是一个兼有传统意识，但又务实的国务活动家。比起父亲，儿子眼前的视野要广阔得多，他要在一片不久前甚至前溯一百多年都饱受战火蹂躏的土地上取得政治成果，而这是一个德意志人打德意志人的战场：帝国的各等级组成了一个诸侯联盟来对抗帝国，巴伐利亚站在法国一方与帝国进行战争，奥地利试图吞并巴伐利亚，普鲁士则占领了属于奥地利的西里西亚，黑森的选帝侯将本国的子弟作为士兵出售给北美，等等。

克莱门斯·冯·梅特涅已经为被褫夺权利者——他自己也属于这个行列——争取到了可能争取的利益。通过对得到"平等对待"地位的投票表决，他也发出了一个明确的信号。但是，南德的一些王国还想将它们得到的一些被视作累赘的成员，那些已经变成"臣民"的人，最好再向下贬低。这种降级政策深深地刺激了一个绝望的符腾堡人，他说出了下面这句广为引用的流行语："宁做土耳其的猪倌，也不做符腾堡的等级领主。"[83]

　　当梅特涅于深夜 1 点回顾 6 月 8 日关于建立邦联谈判这漫长的最后一天时，他又再一次回想起与父亲的分歧。虽然形势迫使他要尽可能快地赶往位于海德堡（Heidelberg）的统帅部，以便就近追踪拿破仑的命运（滑铁卢之战于 6 月 18 日进行），但是，他还是抽出时间给父亲写了几行安慰的话。信中，他直截了当地谈到父亲最为关注的话题："关于被褫夺权利者这一条款（第 14 条），并没有发生什么变化——而关于第 2 条中及与第 6 条相关联的，即按照全会（邦联大会）投票计票结果的集体表决权名额的转换问题（这个要求已经转给法兰克福），则是一个不错的改善。"[84] 这样一来，关于被褫夺权利者在邦联大会中有争议的代表权问题，至少目前得到了一个机会，而大会不久将在法兰克福召开。

527

　　弗朗茨·乔治祝贺他的儿子"取得了和平的胜利"，并希望，和平的基础能建立在"一个持久的安宁的状态之上，并且要持续多年"。他将维也纳会议秩序看作一项"伟大的事业"："作为父亲和一个世界公民，我对这个最为重要的事件非常关注，但不要因我对这一事业的拥护、同情和喜悦，而减轻我的祝贺分量。"[85] 可尽管如此，他仍然于 1815 年 11 月 9 日"将一封正式的普通照会发给了外交事务大臣"，就是说，发给自己的儿子。在照会中他通知儿子，在维也纳会议之后，他（儿子）也必须为侯爵和伯爵们的利益服务，将在南德的工作继续做下去，并且要以此法案为后世作上一个标记。

　　起初，他已经准备等着看看维也纳会议决议对"德意志事务中的王朝地位"有何成效。结果他发现了令人深思的强烈反差：在德意志北部，侯爵和伯爵们充分享受着维也纳会议向他们保证的权利和他们所提的要求，而在德意志南部，"则恰恰仍然是专横霸道及独裁统治，就像莱茵邦联最黑暗的时期一样，如果不是比那时更糟糕的话"。这促使他重新接过代表贵族同仁的"积极发言人的角色"，因为符腾堡宫廷拒绝同意给予属于他们的权利，理由是，这个邦国根本没有同意维也纳会议决议。弗朗茨·乔治认识到，符腾堡"代表着一个专横霸道、道德败坏的制度"，并要求维也纳宫廷对此进行干预。[86] 这样一来，他就重新点燃了与符腾堡国王旷日持久冲突的导火索，而符腾堡国王早在莱茵邦联时代，就因奥克森豪森的财产抄没充公事件，使梅特涅家族大伤元气。这一冲突因此上了一个台阶，直到大臣梅特涅在其父亲去世，并作为长子继承人接管家族事务之后，将位于乌尔姆的领地出售，交换了一处位于波希米亚普拉斯的领地方才结束。对于此事，我们还会在有关梅特涅的经济生活的章节中详加叙述。

38

"跳舞的会议"——梅特涅更甚

政治与欢乐活动

　　1814 年 7 月 18 日，当梅特涅重返维也纳之后，他又动身前往巴登觐见皇帝，并于 20 日返回自己的相府，接见外交使团成员。当晚，相府前广场举行的欢乐音乐之夜给了他一个惊喜。宫廷剧院乐团和维也纳剧院合唱团，利用这个机会举办了一场联合演出。宫廷剧院经理帕尔费（Pálffy）以贝多芬的《普罗米修斯的创造 》(*Die Geschöpfe des Prometheus*) 芭蕾舞曲的序曲作为开幕曲，接着是维也纳剧院乐团团长路易·施波尔（Louis Spohr）亲自指挥的小提琴音乐会。整场演出最后以为本次活动特意创作的康塔塔（Kantate）① 结束。作曲家约翰·尼波默克·胡梅尔（Johann Nepomuk Hummel）的小歌剧脚本作家约翰·伊曼努尔·费特（Johann Emanuel Veith）为演出创作了歌词。在看台上的梅特涅，看起来被这场压轴的康塔塔深深感动，并且像一位观察者所批评的，忍受了其中的一些粗俗的阿谀奉承。这位大臣听到的是由独唱和合唱轮番演唱的内容：

---

　　①　康塔塔即清唱套曲，是一种穿插有独唱、重唱、合唱及宗教和世俗主题情节的声乐套曲。

第一声部：　在时代海洋的汹涌澎湃中，

　　　　　　是谁冷静矗立，雄视四方？

合　　唱：　侯爵梅特涅！

第二声部：　是谁身先士卒，

　　　　　　建功立业，英勇辉煌？

合　　唱：　侯爵施瓦岑贝格！

五个声部：　谁应被我幸运的祖国

　　　　　　感恩戴德？

合　　唱：　梅特涅和施瓦岑贝格！ [87]

529　　　　可以将这场为梅特涅举办的音乐会，解释为"跳舞的会议"这个称号的预演，这是一个不久之后就会影响到这座哈布斯堡大都会整个城市形象的称号。

　　梅特涅对这个他自己所称的打趣的"诙谐话"非常熟悉，它出自杂志文章中利涅侯爵之口："会议迈着舞步，却只在原地打转（Le Congrès danse, mais ne marche pas）。"他驳回了这个评判。他在回顾这段经历时写道，许多王公贵族由宫廷随从陪同，聚集在维也纳，还有不计其数的旅游者。皇室有义务恢复"社会的休养生息"，而这样做对大会的工作没有造成丝毫的影响。"在短短五个［！］月的时间中"取得的成果，也充分证明了这一点。事先的会谈可忽略不计，梅特涅让会议于11月3日正式开始。[88] 从这一刻算起，到1815年6月9日八国代表草签《维也纳最后议定书》，会议正好开了七个月。[89]

　　维也纳宫廷为了给高贵的客人提供较好的下榻场所，并且给他们留下哈布斯堡皇朝在欧洲的、由梅特涅担任指挥的"协作（协奏）"中重新获得重要地位的印象，从而作出了这样的努力。所以温和地说，恢复"社会的休养生息"，是一个没有充分表达实情的说法。这一"庆祝活动"当然是由另一个人负责：内廷总领大臣府御前总领大臣特劳特曼斯多夫－维斯贝格侯爵费迪南（Ferdinand Fürst zu Trauttmansdorff-Weinsberg）。弗朗茨皇帝1814年5月28日还在巴黎时就已经下令，筹划于6月16日举行迎接他自己回朝的活动，并委托特劳特曼斯多夫设计具体方案，并于8月将特氏随后呈报的"奏折"及皇宫霍夫堡的平面图纸，转批给在巴登的梅特涅审阅，以便他作为专家能够审查在外国贵宾饮食起居的安排上，哪些地方会有损他们的敏感头衔。[90]

在筹备这场迎接皇帝从胜利战场归来的伟大"凯旋"活动中，特劳特曼斯多夫也收集了民众中大量有关如何参与活动的请求和建议，诸如迎宾彩门如何搭建、建筑物如何装饰、如何用彩灯普遍点亮城市和郊区等，这就慢慢集中到一句口号上：要"用骑马进入维也纳的庆祝方式，来纪念伟大的自由战争"。御前总领大臣组成了一个有宫廷各机构代表参加的（部际）委员会。[91] 他们像总参谋部一样计划如何将各等级、各管区首脑、军人、神职人员、学校及各地区纳入其中，以及游行队伍的路线，直到队伍抵达（斯特凡）大教堂后，齐唱感恩赞美诗结束游行。

530

游行进城的庆祝活动是前所未有的，皇朝要以旧制度的全部庆祝活动的节目和编排来展示自己。特劳特曼斯多夫透露了这次以及后面将要举行的庆祝活动的重要意义，他的话也解释了，1811年的国家破产，以及事先就给国库造成了12年亏空的"预付基金"，[92] 也不能限制住平常小气吝啬的皇帝的花钱乐趣——如果事关要展现他的皇朝划时代的使命的话——即使是花掉全年预算的十分之一，他也在所不惜。[93] 特劳特曼斯多夫沾沾自喜地吹嘘道："皇室的珠光宝气、陪同的贵族们礼服的丰富多彩和灿烂夺目、匈牙利绅士们民族服装的华美、城市居民的人山人海、其他帝国宾客的蜂拥而至，那些让皇帝也明显看出证明他无比高兴的最令人动容的表达，最后，想着在一年不到的极短时间内发生的、几百年都无法做到的这些事件，并安详地展望着幸福的、繁荣的未来，天公作美，天气也极尽美好，这一切，将这一天升华为帝国历史上永恒不灭的一刻，其辉煌将永远照亮奥地利统治家族的万代子孙。"[94]

国家和诸侯宣传的庆典的正式消息，就是上面这样的文字，这种宣传是用篱笆围在一个小心翼翼的宗法等级制度之中的。然而，欢庆活动却遍及整个维也纳社会，直到贵族的沙龙、咖啡馆、普拉特（Prater）[1]、河谷大草坪、政客的宫殿以及那些"知名夫人"的住宅，巴格拉季昂夫人的、萨甘夫人的和阿尔施泰因夫人的，[95] 甚至直到各种酒肆和妓院。居住在这些地方的人，让人们感觉到自己是一张纵横交织的交流网络的组成部分，并好似新近学会了互相理解一样。[96] 在政治谈判之外，或者与其并行进行着的社会生活，从一开始就点燃了参加会议者的好奇心和热烈情绪。要想既动人心弦又声情并茂地描述那丰富多彩的生活，一篇传记的篇幅是绝对不够的。[97] 梅特涅似乎像一道鬼火一样出现在这丰富多彩生活的各个角落，但这是假象，因为他拒绝大部分的诱惑，只会将自己宝贵时间的很少一部分用在此道，反而将大部分时间用于工作，并且比其他任何人工作的时间都长很多，以便能够将许多同时发生的事情整合到一起。

跑马路旁的盛大庆典（1814 年 10 月 18 日）

但是，梅特涅更多地在关注庆祝活动和娱乐活动，而非艰

---

① 维也纳的游乐场，建于多瑙河与多瑙运河之间，最著名的摩天轮建于 120 年前，至今仍在使用。

苦的外交官工作，他自己在其中也起了决定性的作用。在《第一次巴黎和约》刚刚签署四天后，他就于 1814 年 6 月 3 日请求皇帝预先拨款 10000 古尔登，因为他已经在筹备迎接即将到来的各国君主了。[98] 这仅仅是这场在维也纳会议期间举行的盛大和豪华的庆典活动计划的开端。所有的观察者都是这么说的，即使沙皇本人都坦率地承认了这一点，[99] 即庆典活动要大大突破到那时为止的所有财政预算的界限。由于不能将会议期间全部的庆祝活动逐一描述，仅能举例说明，这些由皇室指导的庆祝活动的目的何在，因为它们不仅仅意味着所谓的恢复"社会的休养生息"。只是——迄今不为人知的——更深层次的谋划背景，才让这些庆祝活动原本要起的作用初见端倪。

还在巴黎的时候，梅特涅就与一个老相识取得了联系，那是他在巴黎任职期间在拿破仑的庆典活动中结识的：巴黎皇家音乐学院院长让－艾蒂安·德斯普罗（Jean-Étienne Despréaux，Inspecteur Général de l'Académie Royale de Musique）。当梅特涅还在伦敦逗留时，他就已经给梅氏准备了一套庆祝活动的想法。这位舞台艺术家也是一位彻头彻尾的旧秩序戏剧文化从业者，在路易十五和路易十六治下，他是一个极受欢迎的舞蹈家，后来作为皇家音乐学院舞蹈教师，颇具影响。他也经历了革命，波拿巴的妻子约瑟芬将他召来作为波拿巴家族的舞蹈教师，并且提拔他作为学院的舞蹈教授，直到最后让他做了学院的院长。[100] 他曾为拿破仑组织过舞会和宴会，并教过他的继女奥坦丝及继子欧仁。他也是波拿巴的小妹妹卡罗利娜的教师，梅特涅与这位小妹妹有着许多令人注目的绯闻。梅特涅请求德斯普罗，对举办最华丽的"和平庆典"提出建议，他给出的基本指导思想是：不搞带有军事色彩的东西。6 月 19 日，德斯普罗就已经制订出了一套完整的计划，并送往在伦敦的梅特涅处。[101]

由于哑剧是当时戏剧表演的重要组成部分，德斯普罗提醒说，需要一位最聪慧并且受过杰出训练的哑剧演员，他提名了一位最好的演员，让－皮埃尔·欧米（Jean-Pierre Aumer）。欧米曾在热罗姆·波拿巴统治下的卡塞尔的宫廷剧院里，做了一段时间的芭蕾舞教练。梅特涅让人将其召来维也纳——可能梅特涅在伦敦时就已经认识了他——这位艺人1794年与一个舞蹈团在伦敦演出，并且曾在国王剧院登台，而梅特涅那时候就喜欢上了哑剧。[102] 最终，全套的宫廷经典节目都被表演了一遍，包括王宫贵族在花园中游行，经过玛尔斯、阿波罗和密涅瓦的古神庙布景，它们寓意着和平、艺术和工业。哑剧表演的是狄斯科耳狄亚（Discordia）行进到和平神庙的寓言故事。在表演过程中，各式餐饮摆到了一张巨大的宴会桌上。

整场活动是在梅特涅位于跑马路旁的别墅中进行的。这位大臣在制订庆祝活动计划时，不仅要主导戏剧舞蹈的演出，而且还要操心场地的布置安排。他的别墅有足够大的马车停车场，然而要给1700位客人都安排坐位，现有的建筑物是远远不够的。通常，在举办此类宫廷庆典活动时，都要搭建一些亭台、帐篷以及其他类似的临时建筑。为了这次活动，梅特涅特意向当时最出色的大型活动装饰家求教：出生于巴黎的建筑师和画家查理·德·莫罗（Charles de Moreau）。他曾在著名的前雅各宾党人、声名显赫的拿破仑的御用画家雅克－路易·大卫（Jacques-Louis David）的画廊里学习。就像德斯普罗一样，德·莫罗也主张古典主义风格，在梅特涅在拿破仑统治的巴黎逗留期间，这种风格比以前更加彰显。梅特涅的愿望均逐一得到落实，甚至细化到君主们如何入场、如何就位等细节问题上。梅特涅指挥人们悬挂装饰标语和彩灯（有信号烟火以及一个用气球带上空中的火焰花环），乐队坐在哪里以及芭蕾舞演员从哪里登台。最重要、花费最多，同时也是最不可缺少的建筑项目是一座三层的木质楼房，活动大厅就在其中。所附草图展示了莫罗建筑方案的正面：一层是舞厅，二层是咖啡厅，在咖啡厅上面的回廊中，是乐队的位子。在舞厅中，王公贵族们会被安置在一个特别的帐子中，帐子上悬挂着四大国奥地利、沙俄、普鲁士和英国的国徽。梅特涅为所有的安排准备最多可以开支 30000 古尔登，莫罗却告诉他，仅仅这座巨大的庆祝活动大厅就要花费 60000 古尔登。[103] 最后，庆祝活动的总花销整整用了 318600 古尔登！[104]

1814 年 10 月 18 日举办的这场庆典活动，披露了隐藏在前台表演后面的三个方面的重要意涵。

第一，它象征性地宣告了梅特涅家族的重要性，并向在场的每一个人表明，这个家族终于来到了维也纳。由于皇帝通过自己的权威为本次活动奠定了基础，那么，他也就部分地将这场活动变成了象征性政治。差不多在整整二十年前，梅特涅家

534

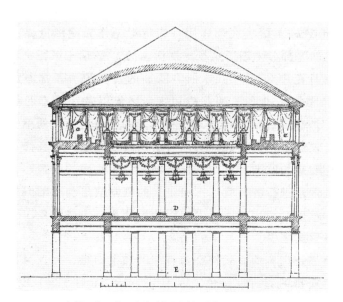

查理·德·莫罗专为庆祝活动设计的三层木质楼房

族在帝国的衰落中被驱逐到了维也纳，那时他们几乎被看成了逃难的难民，现在则身处宫廷贵族的中心，处于哈布斯堡政治的核心圈子，以及——通过克莱门斯所主导的维也纳会议——也成为欧洲舆论关注的焦点。虽然梅特涅家族之前也曾有过机会，在哈布斯堡宫廷或者在维也纳贵族面前彰显自己，比如1810年4月10日，皇帝在完美无缺的宫廷仪式上，将金羊毛勋章授予这位36岁的大臣时，可以说极尽荣耀。[105] 但是，梅特涅10月18日的表演，让以往的这一切都显得黯然无光，现在，他作为皇朝的顶梁柱，已经无人能出其右。皇帝本人也对他起到的重要作用作出了公开表示：在梅特涅的父亲于1803年晋升侯爵之后，莱比锡民族大会战刚过一个星期，儿子便被擢升进入侯爵行列，并且免除了梅特涅通常来说颇高的赋税，而当年他父亲晋爵时，还不得不缴纳这笔税款。[106]

第二，通过巨额花费，这场精心导演的大戏作为庆典象征，表明"整个欧洲宫廷社会和王朝秩序［布赖恩·维克（Brian Vick）语］在起作用。梅特涅是作为欧洲世界主义贵族统治的一部分来亲历这场庆祝活动的。[107] 瑞士银行家埃纳德在他的日记中写道："几乎所有欧洲的最高统治者都参加了这场庆祝聚会，50名王朝首脑和统治诸侯以及德意志的全体贵族"。[108] 但是，活动却给人一种怪异的、似是而非的感觉：维也纳会议原本是要将共同的敌人法国限制起来，并且修正经过拿破仑改造的欧洲，然而庆祝活动却是用法国的语言、文化和造型艺术来进行的，就连古典主义的哑剧演出和舞蹈编排都是如此。拿破仑帝国——至少在梅特涅这里——被埋葬在了帝国的风格形式之中。

第三，庆典的方式符合梅特涅的和平幻想，并且突出了一个有意安排的对抗性特色。因为1814年10月18日正是莱比锡民族大会战一周年的纪念日，皇朝于当日上午在普拉特举办

了一场正式的纪念活动。在这场纪念活动中，军队有机会运用
所有可以想象的仪式来公开进行演习——隆重的宗教式游行、
在君主们抵达时鸣放礼炮、步兵举火把跑步行进，以及所有军
种的分列式表演。多瑙河上还架起了浮桥。表演场地是用捡来
的法国火枪围拢的，并用缴获的大炮作为战利品装饰起来。在
一间"使用大量法国战利品并充满情趣"装饰起来的"亭榭"
中，各国君主与他们的宫廷随从在桌边就座。

　　就像塔列朗发现的一样，梅特涅搞了一场对比强烈的节
目。沙皇亚历山大虽然毫无保留地称赞那场华丽的庆祝活动，
但是也在抱怨，在一天里搞两场庆典实在是太多了些。他当然
不理解梅特涅作此编排的良苦用心——但是塔列朗心知肚明，
他向路易十八汇报说："昨天一整天都用在了两场庆祝活动上：
一场是军事庆典，纪念莱比锡会战，陛下的代表团不能出席那
场活动，我出席的是另一场由梅特涅侯爵举办的庆祝和平的盛
会。"[109] 这个法国人非常清楚，梅特涅用他自己的方式拒绝了
纯军事的典礼，进而拒绝了对取得了辉煌战绩的胜利者与罪有

536

535

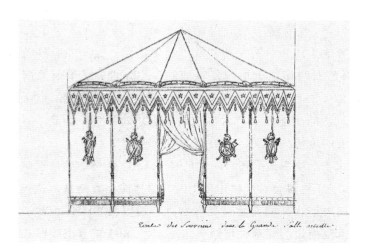

查理·德·莫罗在第一层舞厅中为王公贵族们设计的帐篷

应得的失败者的回顾。作为会议的主持人，他让参会者的目光望向了远方的未来。

受到奖励的和平缔造者：莱茵河畔的约翰尼斯贝格

梅特涅感受的维也纳会议闭幕的高潮，是为他本人特设的，这就是皇帝以极其特殊的方式，将位于莱茵高地区的约翰尼斯贝格领地赠给了他。皇帝在 1816 年 7 月 1 日 "全部是御笔亲书的诏书" 中，说明了此次赏赐的理由："近期以来，卿署理欧洲事务，殚精竭虑，夙夜在公，功勋圆满，为朕及江山社稷，贡献良多。特赐莱茵河畔前富尔达领地约翰尼斯贝格予卿，谨为表彰，以作朕对卿满意与承认之永久纪念。"[110]

这是一个特殊的命运安排。梅特涅家族的根在下莱茵地区，在莫泽尔河畔，在科布伦茨、美因茨和吕德斯海姆一带，这位前帝国伯爵在这次欧洲最大的会议上起了主导作用，会议将家族的财产损失以国际法的形式固定下来。剥夺财产的行动已经无法挽回，再说已经用奥克森豪森的领地对他进行了补偿。但是，《维也纳最后议定书》第 51 条包含了一个关键内容，为他重回当时的莱茵河畔打通了道路。这一条款涉及的是 "将莱茵河两岸的土地归还奥地利"，指的是属于前法国的省份萨尔（Saar）、多纳斯贝格（Donnersberg）、法兰克福以及富尔达的土地及财产。奥地利皇帝以 "自主的财产"，即归他统治的地区的名义，获得了这些领土。

属于这块领地的还有一座已经于 1563 年解体的修道院，直到 1803 年将教会财产移作俗用时，修道院一直是富尔达侯爵主教区的财产，并曾作为避暑行宫进行过巴洛克式的扩建，这使得修道院周边的葡萄种植园收入颇丰。1803 年修道院归入拿骚公国。由于拿骚公爵 1806 年作为普鲁士的盟友抗拒拿破仑，法国人随即将其吞并，并将其变成了"专属地（payreservé）"，也就是说，变成了国家法律意义上的法国的地方，而甘醇甜美的约翰尼斯贝格葡萄酒的销售收入自然就全部流入了法国的国库。拿破仑的特别嗜好，就是染指被占领地区的奢侈品，拿这些东西去犒劳他的追随者。1807年8月20日，他就将约翰尼斯贝格修道院赏给了弗朗茨·克里斯托夫·克勒曼元帅（Marschall Franz Christoph Kellermann），克勒曼曾与迪穆里埃一道，指挥了瓦尔密会战中的炮战，因此，拿破仑晋升他为瓦尔密公爵（Duc de Valmy）。莱比锡民族大会战后，莱茵高地区的这颗璀璨的明珠，落入了中央管理委员会的权限内，也就是说，落入了管理者施泰因的手中。《第一次巴黎和约》在形式上宣布了拿破仑对他的元帅们的赏赐无效。这样一来，人们各式各样的贪婪欲望，都被纷纷激发出来，倒要看看这块宝地花

经梅特涅按照古典主义风格修复的约翰尼斯贝格宫，水彩画，卡尔·黑默莱作，1841年

落谁家。《维也纳最后议定书》将其判给了奥地利皇帝，而这位皇帝却不愿意大老远地从维也纳去管理这块地方。

那么，就这块宝地赠予谁的问题，很多知名人物都可在考虑之列：布吕歇尔、格奈瑟瑙等，而最有希望的是施泰因。[111] 1815 年 10 月 7 日，哈登贝格亲自写信给梅特涅，为施泰因说项。信中说，由于此地位于莱茵河畔，地处偏远，因此这处地产"就其方便性来讲，并不适宜奥地利皇帝"。他说，沙皇亚历山大希望这块领地作为同盟大国的荣誉礼物，赠予冯·施泰因。之所以应该给施泰因，首先是因为他在公众舆论中的突出形象，毕竟他被任命为共同占领国中央管理委员会主席，而且他出身拿骚也为此增分不少。[112] 然而，这位普鲁士的国务首相找错了写信的对象，因为梅特涅本人也正在觊觎这块领地。1815 年，他的财务状况正处于麻烦境地，并可能在 1816 年扩大为家族的灾难，他正在与"可悲的、完全不是由于我的责任而导致的家族的财产状况"作斗争，1814 年 5 月 22 日，他在向皇帝作解释时就是这么说的。[113] 在后面的章节里我们会更加详细地说明他们家族的糟糕经济情况：他父亲积累了 90 万古尔登的债务，而梅特涅正在努力安抚债权人，说服他们同意延长偿债期限。本来是用奥克森豪森的资产为这些债务提供担保的，但是这些位于符腾堡的资产，很可能被变卖，因为梅特涅家族无法支付当地国王要求缴纳的官邸税金（即常驻官邸义务）。这样，梅特涅就需要一笔财富来进行抵押担保。在他看来，约翰尼斯贝格是一个吸引人的机会。

当然，这次的赏赐也不是无偿的，因为梅特涅向他的君主建议做一笔交易。财政大臣施塔迪翁所作的鉴定使皇帝明白，他不可能像一个普通的平民一样去经营这份资产，而且还要横跨这么远的距离去经营，这对于他来讲非常不经济，况且从他的地位来讲，也不明智。同样，假如他想将其卖掉，那他在德意志的形象就会大大受损。梅特涅恰恰就是从此处开始着手的。他接过了施塔迪翁陈述的理由，并且声称会每年将这块土地上收获的十分之一进献给皇帝。[114] 这十分之一的优质葡萄酒，足以装满他皇宫里的地下酒窖，并远远超过皇帝每年所消耗的数量。梅特涅还直接谈到他的竞争者施泰因，他反驳了所谓这块领地是施泰因家乡的理由，指出："此外，这处资产正好位于我家五百年前继承的房屋以及施泰因在上次风暴中被剥夺的房屋的中间。"然后他打出了民族牌——1816 年！——"正因为沙皇确定要将这份资产送给施泰因男爵，那么，如果陛下将其赐予自己国家的一位仆人，在德意志各邦眼中，这肯定会是对陛下表示最为满意的最生动的证明。问题本身是一个德意志问题，而假如这座莱茵河畔名列第一的葡萄酒庄的归属，要由俄国沙皇来安排，那么德意志各邦将永远不会原谅这种做法。"[115] 此外，酒庄还可以为皇帝在缓解经济境况上作出极好的贡献。这些理由使皇帝茅塞顿开，于是，他委托梅特涅起草赏赐诏书。此后，事情就进展得有如神速了。1816 年 8 月 1 日，这位大臣就已经占有了这块领地，并将获得的收入记在了自己的账下。

9 月 12 日，当他第一次参观这个地方时，就已经被这里的景色所迷倒。他是在黄昏时分抵达的，不久，他就试着将在这里看到的景色，描绘给还在维也纳逗留的夫人："我来到的时间还算够早，还能从阳台眺望莱茵蜿蜒 20 普里的长河，看到 8~10 个小城，看到由草场、农田及菜园分隔着的上百个村庄和葡萄种植园，这些葡萄种植园今年将会产出 2000 万［？］葡萄酒，其间还有大片的橡树林，以及平坦的、布满果树的平原，而果树都被硕大的果实压弯了腰。"[116] 使人感觉有些像南方的景色，让他在家乡嗅到了一丝意大利的气息，不久前，1816 年春季的一次旅行，让他爱上了意大利。

熟悉的历史，精心开垦培育的田园，莱茵河谷温和的气候、

539

丰富的植被，目之所及的广阔无垠和伟大庄严，使他终生为之
着迷。这一切吸引着他在 1857 年 8 月最后一次到访时，情不自
禁地表达了对莱茵河的爱："所有的河流中，这条大河是独一无
二的，因为她将大自然和文明世界能够展现的所有魅力，都融
进了自己的胸怀。"这促使尼克劳斯·贝克（Nikolaus Becker）
为了他，将想法浓缩在了脍炙人口的莱茵之歌《你不该拥有她，
自由的德意志莱茵》（*Sie sollen ihn nicht haben，den freien
deutschen Rhein*）中。这首歌词的头五句提供了"（经历莱茵
的）事实和她引发的民族感情的证明"。在此处还应提到梅特
涅曾被多次引用的话："莱茵河流淌在我的血管中，我感觉得到
她，所以，看到她使我心醉神迷。"[117]

约翰尼斯贝格宫的全景也吸引着众多的到访者，因为梅特
涅的宫殿是开放的，客人们可以在一个留言簿上留言，到 1857
年为止，已经写满了整整两册大对开本。[118] 陈词滥调的留言排
列成行，但是也偶有格言警句式的精神闪光。梅特涅以其细腻
的解嘲口吻评价着这些文学式的倾诉和发泄："我亲爱的德意志
同胞，特别是来自北方的国人，认为将他们的精神随处展现，
是一件有趣的事情。满篇套话的首首歪诗，不知何人所作。留
言簿中唯一让我喜欢的签名，是我们的一个才华横溢的诗人，
一个叫作让－鲍尔（Jean-Paul）①的人，在德意志非常有名。"
梅特涅在这里指的这句话是："回忆是我们不会被赶出去的唯一
天堂。"[119] 这句话写于 1811 年，但是让－鲍尔用在留言簿上恰
到好处。1851 年，在从流亡地返回之后，让梅特涅幸灾乐祸的
是，偏偏是众多的"左派"和法兰克福国民大会的"左翼中心"
的议员们，在他的"回忆书"（留言簿）中永久地留下了大名。
我们如今能够欣赏的约翰尼斯贝格宫的一些高度艺术性的画作，
也要归功于梅特涅欢迎艺术家的好客精神。出生于美因茨的历

541

---

① 全名为 Jean（Johann）Paul Friedrich Richter。

从约翰尼斯贝格宫眺望南方的远景，水彩画，卡尔·黑默莱作，1837 年后

史和风景画家卡尔·黑默莱（Carl Hemerlein）曾就读于维也纳美术学院，在重新回到德意志并结识梅特涅之前，曾在巴黎的许多画廊深造过。他曾长时间逗留在约翰尼斯贝格宫，作为感谢和恭维，他将自己创作的约翰尼斯贝格宫的水彩画整理成套，送给了梅特涅，通过这些画作，我们可以欣赏在第二次世界大战中毁于战火的宫殿内部的景象。[120]

　　在与约翰尼斯贝格有关的对梅特涅的赞扬中，伶牙俐齿、毒舌刻薄、令人畏惧的世界公民海因里希·海涅（Heinrich Heine）的赞许，是用温和的自我解嘲包装的最高的赞许："我知道，梅特涅经常想着我，并且喜欢我；而我也喜欢他，并且不为他的政治追求所迷惑；我坚信，拥有这座火焰般的约翰尼斯贝格葡萄自由生长的山的人，在内心是永远不会喜欢卑躬屈膝、阿谀奉承，也永远不会喜欢蒙昧主义和愚民政策的。也许是他的一种葡萄酒情绪使然，他要成为奥地利唯一自由且让人畏惧的人？"[121] 他接着说道："我一直认为那里生长的葡萄是最好的，而且仍一直认为约翰尼斯贝格的主人是一只聪明的鸟。但是，当我得知他是多么热爱我的诗篇，以及……在诵读这些诗篇时，有时会泪流如柱后，我对他的尊敬陡然倍增。"[122]

对于获得这一赏赐之后不久就被任命为国务首相的梅特涅来说，约翰尼斯贝格远不只是一处避暑胜地，它起着哈布斯堡皇朝在德意志的桥头堡作用。法兰克福邦联大会近在咫尺，普鲁士和奥地利军队共同驻守的邦联要塞美因茨，同样也相距不远，1833 年之后，梅特涅的秘密情报机构也驻扎于此。梅特涅时常到访并尽可能每年都来约翰尼斯贝格，他的到访经常与重要的政治会谈有关，在去巴黎或者亚琛开会的途中，也总会在此停留。王公贵族，无论是在任的还是下野的，都会前来这里拜会他，寻求他的建议或者向他陈述他们关切的事情。德意志邦联那些主事的国务活动家也会定期在这里聚会。

542

受到欢呼的和平缔造者：
约翰·海因里希·拉姆贝格的水彩画

汉诺威的宫廷画家约翰·海因里希·拉姆贝格（Johann Heinrich Ramberg）1822 年赠给了梅特涅一份特殊的尊崇。1821 年 10 月末，梅特涅正在汉诺威逗留，时逢英王乔治四世到访。利用这个机会，他拜访了这位曾为歌德、席勒及维兰德的作品画插图的著名插画家的画廊。1822 年春，拉姆贝格为了他儿子的事曾求助于梅特涅，并赠送了一幅水彩画给梅氏，以这幅作品表达他对梅特涅的崇敬。[123]

这幅画参照了巴洛克时期以来很常见的比喻手法以及1800 年前后流行的模式，就像取自于维尔茨堡皇宫中提埃坡

543

《梅特涅作为和平侯爵》（水彩画），约翰·海因里希·拉姆贝格作，1822 年

罗（Tiepolo）[①] 的一幅湿壁画一样。在那幅壁画中，巴巴罗萨
端坐在两座站立的塑像（赫拉克勒斯和密涅瓦）间的国王宝座
上。[124] 而拉姆贝格的水彩画显而易见是在寓意维也纳会议：梅
特涅变成了一个古典的和平缔造者，很艺术化地出现在画面中
央，他的右侧站立着和平女神，手擎和平的象征橄榄枝，他的
左侧是象征力量的赫拉克勒斯，背后是守护着的战神，手持刻
有奥地利双头鹰的盾牌，眼睛望着皇冠发出的光芒。皇冠已经
不是旧帝国的皇冠，而是哈布斯堡的皇权，即作为统治一切的
统一力量的皇冠。

---

① Giovanni Battista Tiepolo，1696~1770，意大利著名画家，常被称为贾姆巴蒂斯塔
（Giambattista），曾为维尔茨堡宫创作大量的壁画和装饰，包括最著名的大型天穹
画《行星和大陆的寓言》。

值得注意的是，画作中有着已经超出和平缔造者作用
的、指向商业的寓意，而商业只有在和平的环境中才能繁
荣，梅特涅则作为和平的促进者被描绘出来：他正在扶持工
商业——辛勤的手工业生产效率——而原本主管工商业的墨丘
利（Merkur）① 则正在埋头数钱。 周边的环境意味着航海和贸
易。在这个主题框架下，农业文明以抱着麦捆、手拿镰刀的小
天使形象来表现，也符合画作的意图。最后，科学（地球仪代
表地理学、四分仪代表天文学）及艺术也被考虑进去：举着
画笔的小天使代表美术；另一个手拿锤子的小天使可以算是
在代表雕塑艺术；穿红衣服的、触摸柱子的女人则象征着建
筑艺术。这样，三位一体的美术、建筑和雕塑艺术就算齐备
了，还要再加上戏剧艺术和音乐。所以，梅特涅本来的角色变
得不算太引人注目，只给懂行的人稍微暗示了一下：他手中掌
握的是船舵——这是通常只在统治者手中出现的象征。他身上
穿的宽外袍，让他看起来像个古罗马时代的"驭手"。这样的
一种联想可能使梅特涅想起恰恰在这几个月中影响颇大的一句
流行语：他夫人从巴黎通报了首相让－巴蒂斯特·德·维莱尔
（Jean-Baptiste de Villéle）② 与外交大臣马修·德·蒙默朗希将
军（General Mathieu de Montmorency）的一次谈话，后者将
梅特涅称为"欧洲的马车夫"。[125] 就是说，梅特涅不是像后来
一再散布的谣传那样，是自行将这一象征安在自己身上的。[126]
但是，在拉姆贝格的水彩画中，看起来更加重要的是，一个与
梅特涅画像同时代的人，在庆祝欧洲和平思想的同时，将其与
"工业"和商业的要求联系在了一起。

---

① 古希腊神话中的商业神。

② 原文如此。作者在此处可能将当时法国波旁王朝两任首相的名和姓搞混了［维莱尔
伯爵（Joseph de Villèle，1773~1854），1821~1828 年任首相；马蒂尼亚克子爵（Jean-
Baptiste Sylvère Gay，vicomte de Martignac，1778~1832），1828~1829 年任首相］。

第九章
理解女人的人和长子继承人

39
古画学和爱情的时代束缚

爱情作为人类行为学的挑战

如果想将公众对梅特涅一生的关注程度形象地画出一条曲线的话，那么，曲线中1814~1815年维也纳会议这几年，肯定是处于直线上升的阶段，并直奔曲线的顶点。在这个阶段，他作为一个政治家、宫廷社交圈的明星以及极富天赋的"掌礼者"，一直身处欧洲观众注目的中心。而且，从来没有这么多的目光投向这位作为女人的情人的"欧洲的马车夫"。在这个话题上，又是海因里希·冯·西尔比克作为一名开路先锋，走在了各方都愿意为其传播的、造谣生事的道路上。他在描写会议期间的梅特涅时说："他身上所追求的轻佻享乐的习气，漫不经心和放荡轻浮的倾向，再一次［！］彰显出来，而'渔猎女色'又使他在时间和精力上，到了耗费无度的地步。"[1] 西尔比克还不忘提到在维也纳贵族圈中很多与梅特涅为敌的"集团"，他们贪婪地收集着各种谣言和流言蜚语，然后再广为散布，就连梅特涅最亲近的工作人员弗里德里希·根茨都会火上浇油。1815年4月初他就抱怨说："我7点去梅特涅那里参加晚宴，他几乎根本不听我说话，所有库尔兰的妓女全都围在那里，心思根本不在其他人身上。八天来，梅特涅让这些女人了解了所有的政治秘密：她们所知道的东西，简直令人不敢相信。"[2] 而一部标题为《梅特涅与女士》的半纪实作品，体量庞大、卷帙浩繁，是西尔比克的一个学生所作，就这个题目使用了所有可以想象得出的陈词滥调，以至于每位历史学家都注意到，这个题目是多么棘手和难以应付。[3] 传记写到此处，用一个单独的章节，以完全不同的方式对这个问题展开探讨，是非常合适的。

545 由于所有的人都认为自己知道什么是爱情，以及它在两性之间该如何表达，因此，每个人也对自己对梅特涅的评价及判他有错，信心十足。直到最近，女性历史学家才对这种自信发出了她们的批评之声。[4] 这之前的有关讨论，都是男性历史学家在定调子，他们以非历史科学的态度对待实证资料的做法，既令人注目，又非常幼稚，因为他们对其中梅特涅以情人面貌出现的信件的阅读方式，竟然好像梅特涅的话是当着他们的面说出的，而且说到了他们的心里去。然后，他们就会让他们的惊讶诧异展开联想的翅膀，自由翱翔，认为梅特涅的语言是"华而不实"、多愁善感、伤风败俗、谎话连篇、虚假空洞、夸夸其谈，并很快就将他缩略为一个"渔猎女色之徒（Womanizer）"或者"调情高手"，一个"轻佻的沙龙主角"，对女人献殷勤的"情郎"。[5] 然而，一个历史学家，无论男女，都必须先将自己现在所处时代的道德观念置诸脑后，然后，再找到进入已经过去两百多年的那个时代的人们的精神气质和心理状态的入口。他（她）必须像一个人类行为学家一样，要懂得人与人之间的爱情，超越人类学基础而受到历史影响是可能的，以至于必须先要解密他们那些令人感到陌生的信号和方式。没有一个艺术史学家，会像历史学家通常喜欢做的那样，如对待和处理一张照片一样，去对待和处理一幅油画作品。他们会探寻研究对象在古画学（Ikonografie）①意义上的

———————

① 此处特指西方研究和解释古代绘画作品内容与形式的学问。

内容和形式，探寻创作那幅作品的艺术家的画廊，探寻他创作的传统方式。梅特涅在宫闱交际及书信风格中的"爱情"，也遵循着一套规定的动作设计，无论他愿意与否，他没有选择的自由，因为女人在他面前期待的，就是这样的时代安排。

梅特涅的爱情崇拜："阿贝拉尔与海萝莉丝"及"丘比特与普赛克"

到目前为止，对梅特涅早期活动的一个不为人知的碰巧发现，第一次允许对他的规定动作设计是如何开始的，作一番切实具体的探讨。在国务首相位于科尼希斯瓦尔特的书房里，在一处隐秘地方的墙上，挂着一幅有画框的素描铅笔画，画框的玻璃已经有了裂纹，似乎说明了从这幅画的诞生地斯特拉斯堡到科尼希斯瓦尔特宫这段路程的危险与艰辛。这幅画展示在一个圆形卡纸框内，这是一种 15~16 世纪源自佛罗伦萨的艺术形式。画的标题是《海萝莉丝与阿贝拉尔相会于天堂牧场》(*The Meeting of Eloisa and Abaelard in the Elysian Fields*)。[1]在画下方的左边和右边，可以看到刻印的文字："克莱门斯·冯·梅特涅伯爵画/斯特拉斯堡，1790 年 5 月 4 日（Dessiné par le Comte Clément de Metternich/A Strasbourg ce 4 May 1790)。"这幅画是年轻的帝国伯爵在斯特拉斯堡学习期

---

[1]　阿贝拉尔（1079~1142），欧洲中世纪经院哲学家、神学家和逻辑学家，在法国出生和去世。一般认为他开创了概念论的先河。阿贝拉尔不仅在上述领域的学术上备受关注，他与海萝莉丝（Heloise）的恋情也广受瞩目，这构成了他的不幸遭遇。在巴黎主教座堂任讲师时，他认识并爱上了教士富尔贝尔的侄女海萝莉丝，两人秘密结婚并生有一子。出于对阿贝拉尔学术研究及前途的考虑，海萝莉丝否认了这段婚姻，遭到富尔贝尔误会，认为阿贝拉尔欺骗了侄女的感情，于是设计陷害，派人对他施行宫刑，致使他们不能组成正常家庭。最终，海萝莉丝遁入修道院，阿贝拉尔也前往另一座修道院做了修士。

546

1790 年 5 月 4 日梅特涅亲笔
签名的素描铅笔画《海萝莉丝
与阿贝拉尔相会于天堂牧场》

间，在 17 岁生日前两周，亲笔所画。

　　这幅画说的是阿贝拉尔与海萝莉丝（也译海洛薇兹）在天堂再次相见的故事。他们穿着古代的服装，在一片田园风光中，互相问候，左前方有两个小天使陪伴，其中一个看起来好像是由于阿贝拉尔的长袍滑落而获得了一对翅膀，从而变成了小爱神。在右侧后方，一汪溪水相隔，可以看到一些人在聆听一个女人演奏竖琴。两个站立的人在看着歌谱唱歌，为游戏伴唱。画的主题形象地展示了 12 世纪的神学家和哲学家阿贝拉尔与他的女学生之间炽热的爱情。两个人的命运也象征着两性之间在知识智慧上的平等，以及虽然被暴力强行分开，却仍然冲破社会传统习俗的束缚，不为所动地坚守爱情的顽强意志。

547　　在这里，梅特涅试图将自己展现为一个洛可可式的年轻艺术家。洛可可式文艺创作对应的是阿那克里翁诗派

（Anakreontik），借助的是古希腊抒情诗人阿那克里翁。古典的范式以及细腻的、"温柔的"艺术风格，在语言和艺术上占据了主要地位，而不再以说教为目的。流行的游戏是以远离现实世界，并用流传下来的古典主题来使人们的感观变得敏感，使他们的欣赏兴味变得细腻。题材往往是爱情、美酒及友谊，这一切又被安排在有着湖水、树林、人造山洞和泉水的，甜美的田园风光里，再加上用可爱的动物群、仙女女神、牧羊女和牧童来活跃气氛，是在"过着明朗、轻快的此岸生活"。⁶这位早熟的大学生，将他的时光都沉浸在令人向往的、风流奇遇的、敏感却又没有得到满足的爱情的理想中。阿贝拉尔与海萝莉丝之间爱情关系的两个特点，似乎在影响着他：两个相拥在一起的身体的情欲吸引力，以及这对恋人的平等地位；这期间她的手放在了他的肩上，并挑逗性地将他拉向自己。

显然，梅特涅这一引人注目的艺术成就，是照着一个模子绘制的。这方面既有出自乔凡尼·巴蒂斯塔·西普里亚尼（Giovanni Battista Cipriani）之手的油画，又有出生于佛罗伦萨，并在伦敦定居的铜版画家弗朗西斯科·巴特罗奇（Francesco Bartolozzi）的印迹（1784），这两位画家是好朋友。⁷梅特涅以这种绘画方式成为意大利古典主义的一份子，就像佛罗伦萨美术学院教给他的一样。佛罗伦萨美术学院最典型的就是它"对人体之美的欣赏，特别是对女人妩媚优美的赞誉"。⁸古希腊和古罗马的神话对于这所学院来讲，是创作它的女神、酒神、仙女以及丘比特们灵感的源泉。他们杰出的人体解剖学知识，以及他们对美丽女人的敏锐感觉，全都体现在他们作品的高超品质之中：在光的精彩运用和优雅线条之中将女人的优美妩媚展现出来。梅特涅也是很早就开始，并持之以恒地以这种方式训练自己对古典主义的偏爱。后来他也是以古希腊和古罗马神话题材的歌唱剧，来给自己的婚礼助兴。他还

548

安东尼奥·卡诺瓦约 1820
年雕刻的《丘比特与普赛
克》，1822 年立于梅特涅
在维也纳跑马路的别墅

　　将自己位于科尼希斯瓦尔特和约翰尼斯贝格的宫殿改建成古典
主义风格，并将他在跑马路别墅的花园与会客厅，均用古典主
义式的雕塑和雕刻装饰起来。

　　铜版画原件上有两段亚历山大·蒲柏（Alexander Pope）
的诗《海萝莉丝对阿贝拉尔说》（*Eloisa to Abelard*，1717）。
蒲柏用这段文学创作为欧洲对这对恋人的欣赏狂热起了头，而
卢梭更是用他的《新海萝莉丝》（*Neue Héloise*）为此定了调。
卢梭的这部作品梅特涅也有一部，藏在他的书房中。很明显，
他在斯特拉斯堡的英文教师将蒲柏作为感伤主义的先驱，并将
铜版画一并介绍给他，让他熟识。

梅特涅到后来也一直忠诚地坚持他对艺术基本题材的欣赏和偏爱。32 年之后，他的素描铅笔画变成了这一主题令人惊讶的对立面。1822 年 2 月，他给维也纳跑马路的别墅送去了一组《丘比特与普赛克》（*Amor und Psyche*）①的大理石雕像，原件是意大利著名的古典主义雕塑家安东尼奥·卡诺瓦（Antonio Canova）为拿破仑的马尔迈松城堡创作的。梅特涅所拥有的复制品也是卡诺瓦本人亲手制作的，他让人将其立在自己别墅的亭子里。"这是这位艺术家最细腻，同时也是最性感的创作（les plus délicates et les plus voluptueues），从而他将大理石变形成了爱与美。"梅特涅以他自己特有的嘲讽笔调，写出了这组真人大小的雕塑所引发的（他的）担忧，因为观众中的"贞洁之人和害羞之人"，会看到丘比特献给普赛克的、已经艺术化的初吻；他会在"贞洁之人"参观时，给丘比特披上一件睡衣，给普赛克盖上一张毯子。除此之外，在正常情况下，他会让这对迷人的造物"还其本来面目"。⁹现在，这件艺术品藏于他位于科尼希斯瓦尔特宫的大厅中。梅特涅通过这种隐秘的方式，以这组雕塑和他早期在斯特拉斯堡所作的素描铅笔画为标志，透露了他对两性关系的理想观念。他将性欲的吸引力，对女人的殷勤恭维、温存抚爱，以及伙伴关系式的平等，融合在了一起。

感伤主义的爱情修辞学

比起这些美学上的先期影响，更重要的是梅特涅在语言上受到的先期影响。到目前为止，当那些历史学家对梅特涅写

---

① 典出阿普列乌斯的童话。阿普列乌斯（Lucius Apuleius，约 124~约 170），罗马柏拉图派哲学家、修辞学家及作家，主要作品为《金驴记》。

给女人们的信倍加关怀，并以为从中窥探到了他最隐私的内心时，这一点几乎被完全忽略了。在此，仅仅列举几条把后来的读者引入歧途的套话。比如，梅特涅曾经向威廉米娜·冯·萨甘承认："不要把我忘记，在您的记忆中稍稍记得我，并且告诉您，我从心底里爱您，啊！多么爱您。""再见我的朋友，我爱您胜过爱我自己的生命一百倍。""我将不会对您说出我的心路历程，我的内心充满了纷乱无序的感觉，无法释怀——我对自己选择的正确途径是那么的晕头转向、疑惑不定，以致我对探索我的感受都不再关心了。"[10]

当他在期待与威廉米娜·冯·萨甘幽会的时候，他于1813年8月16日发自布拉格的信，是他在追求对象时，充满激情（在感情上做作）的爱情修辞学最为明确的例子。将这个修辞学在与此相关的这种话题中作一介绍，是因为唯有这样，它才能被解读出来："您不爱我。如果您爱我，您会非常幸福！……我炽热地爱着您，爱到了心疼的地步，是我助长了这种痛苦，我也赞美这种痛苦。我是地球上最为不幸的生物，远离您我不会幸福。我现在还不能为抚平我的痛苦去做任何事情。……亲爱的，我简直不能再想象，没有您，生活会成为什么样子。也许，时间会教会我！如果我死了，那么，让我在远离您的地方死去——我不会让您受这种痛苦的折磨。愿您幸福！我会为您献身一百次，我可以为您去失败，为您去死。……再见。对我来说，这个世界上再也没有幸福了——除此而外所剩下的一切，都属于您！我亲爱的，尽可能少想起我吧——不要让我的形象与能引起您痛苦的任何想法联系在一起；让我去受苦，让我自己去承受我的痛苦吧。"

后来，当梅特涅移情别恋，转而爱上萨甘女公爵的继任者、"他心中的"多萝特娅·冯·丽温时，他对于甜言蜜语的情话和激情四射的腔调的忠诚程度，依然没有丝毫改变。他是这样给冯·丽温写信的："我是那么爱你，就像我的呼吸，在我的心中可以找到你，就像你出生在那里！"当梅特涅紧接着这句深切的爱情表白，又写出下列句子时，让人感到了里面含有的、海因里希·海涅式解嘲意味的冷静考虑："对此，总有一天，我会借助我的哲学中的一个美好立论，向你作出解释，我的哲学并非通常的哲学，但是它值得这样去做。"[11]

仅仅这一句自我解嘲的、有所保留的话——对梅特涅来讲，这种话绝非少见，然而却极具风格——就明显地说明，如果仅从他非常情绪化的说话方式，就直接得出他的心理状况如何如何的结论，并将其解释为自发的、失去自我控制的，甚至是"激烈的感情发泄"，则是完全不对的。[12] 18世纪发现了书信文化，人们发现，书信可以被用来达到各种不同的目的：有意识地进行自我价值界定、自我策划表演、促使（对方）产生想接近你的想法、表明（自己）有教养的文雅谈吐、暗示肉体的亲昵行为，等等。所有这些都赋予书信以"艺术作品的特征，不但是作为个人之间互通信息的特征……而且是作为一种渴望被人阅读的、充满艺术韵味的表达方式"。[13] 书信变成了交友文化的一部分，而表达隐私的亲昵行为，则要求有一定的修辞方法。书信中的那种"装腔作势"，那种"表演"，是与信的内容同样重要的。"信息和新闻意义上的内容，并非情书的基本要义，而是与其联系在一起的、人际交流上的效果。"[14]

阅读业经译解诠释的梅特涅书信，就会发现一个"爱情通信密码"［坦雅·莱因莱（Tanja Reinlein）语］。属于这个密码的有：书信作为心灵写照的虚构内容、回绝、辩解、渴望与对方的身体亲密接触、赌咒发誓、寻死觅活，等等。可以这么说，歌德用他的《少年维特之烦恼》，在这方面创造出了一个著称世界的榜样。而如果将梅特涅分别写给威廉米娜·冯·萨甘和多萝特娅·冯·丽温的信的内容串联到一起，也会形成一部与之相似的"书信体小说"。梅特涅将与"维特"相近似的情况进行了艺术的风格化：与一位未婚的——在他这里是与一位贵族的——女人未实现的爱情。为了证明他的——也就是说，最终并没有实现的——"忠诚"，梅特涅曾经明确地申明："我从未毁坏一桩婚姻。"[15]

梅特涅语言的实质性色彩，是通过同时代的人在"感伤主义"和"温存柔情"的概念中，对新的经验进行文学创作而获得的。对"感伤主义"的认知是一个全欧洲的现象。它发源于学者和官员的新的市民身份，却在超越社会等级的影响中被发扬光大，而且对开明的贵族也产生了强烈的吸引力。[16]一位经验心理学理论家1788年曾这样写道："**细腻的**感伤情绪，尤其会表现在温情脉脉的有教养的人身上，他们具有丰富幻想的禀赋，而幻想正是感伤之母。感伤情绪通常是出于对友谊和爱情过于紧张和狂热的感情，以及在对他人的痛苦的极度同情中，体现出来的。"恰恰是那些将希望寄托到那种"小心翼翼、体贴入微的男人"身上的"女人"，表现得更为明显。作者批评道，这种女人怀着一种对男人的完美理想，并要求男人要具有只有"在未婚夫时期"才能表现出来的态度举止。[17]总而言之，作者对这种"不幸的维特时代"，这个让"一切风俗习惯变得温软、轻柔、娇弱"的时代，保持着距离。

梅特涅靠近感伤主义不仅是通过文学上的，即在思想史上的传承中而且是建立在科布伦茨其父母家庭与女作家索菲·冯·拉罗什（Sophie von La Roche）紧密接触的基础之上的。冯·拉罗什的丈夫当时与弗朗茨·乔治一样，是美因茨宫廷的会议大臣。有据可考的是，梅特涅的父亲经常出入这位女作家的沙龙，而女作家自己的作品多是感伤主义的风格，并在沙龙的圈子中俘获了很多听众。[18]教育改革家巴赛多夫（Basedow）也参加这个沙龙，他是梅特涅的家庭教师约

翰·弗里德里希·西蒙的榜样。歌德所创造的维特女友绿蒂
（Lotte）的原型，就是索菲·冯·拉罗什的女儿马克西米利安
娜（Maximiliane）。

在梅特涅的教育和家庭环境中，可以发现足够多的让年轻
的梅特涅与感伤主义接触的痕迹。有一个特别的情况可以引起
额外的关注，因为就像我们在梅特涅身上已经看到的一样，在
这些圈子中，人们均对战争在原则上持批评的态度。"战争表
现的是 19 世纪中启蒙的残忍和野蛮"，一位感伤主义的追随者
评论道，他举拿破仑战争以及"德累斯顿和萨克森的废墟"为
例，进而谴责了"德意志莱茵地区、瑞士和意大利的军人化"，
恐怖暴行的画面，非人道的罪行，令人毛骨悚然的对征服荷兰
的描述，"对已经缴械的战俘进行冷酷残杀的令所有人类感官
愤怒的例子"，以及所谓的"因为人权而进行的"战争。[19] 同
时他描写了在道义上对"懒散无力的静默和冷淡的漠不关心"、
对专制统治和对"故意制造的人类贫困"的反抗力量的感伤主
义，以及对人友善的狂热主义的热情。

从这个方面来看，梅特涅是在感伤主义式地倾心于情人，
因此，对战争时代的厌恶以及由此而"玷污了的思想"之间的
辩证法，也就更容易被理解了。读者在他的信中发现，在这两
个方面的表达并不少见。看起来他好像是在心理上、在通过文
学塑造的感情现实世界中，以及通过经验世界内政治活动的残
忍幻想中的生活，来进行自我解脱的。否则就很难理解，为什
么他在自己公众生活的心理负担上，还要再加上私生活的负担。
他自己也曾对这种棘手的关系进行过思考，而对这一点，根茨
始终抱怨说，大臣忽视和荒疏了他的重要的政治职责。下面的
话虽然是写给多萝特娅·冯·丽温的，但梅特涅所观察的对象
却是他自己："在最紧张的工作中，对我女朋友的思念也没有离
开过我。而这种思念也没有让我放松我的义务。恰恰相反，它

553　加深了我的责任感。它没有削弱我的行动能力，而是加强了这种能力。爱情对于我来说，就像是良心，良心一直是强大和意志力最重要的因素。我在这里所说的，不能适用于所有的男人，然而他们并非令人吃惊的软弱，软弱的人是没有能力强有力地激昂起来的，在达到目的之前，他们就已经失败了。"[20] 这样的自我剖析，就其清楚程度来讲，是令人吃惊的，因为一方面，梅特涅认识到他向女人们表白的爱情，是一种特殊天性的结果；另一方面，他则将爱情功能化作一种应对生活的手段。

梅特涅对"忠诚"以及对所选对象的理解

　　莫扎特的歌剧主角唐璜有一位仆人莱波雷洛（Leporello），他在自己的"流水账"中详细记录了主人曾与哪些女人调情狎昵，这是一份精确的名单。而这样一种做法，在梅特涅这里肯定是办不到的。首先，他不是欲火难泯的唐璜，虽然他经常被说成是这个样子。除了已经与他结婚的女人，他永远只是倾心于一个情人，但是，是在不同的生活阶段，这样一来，前后完全可能有好几个情人。这就解释了他所作出的、乍一听起来令人吃惊的声明："我从来就没有过不忠；我爱着的女人，对我来说是世界上唯一的女人。"[21] 他生活在一种双重的一夫一妻制之中：情爱上的和婚姻中的。他对他的夫人们就是以这种方式保持着忠贞，直到她们去世——他经历了全部三个夫人的去世过程。由于他对她们的爱都是真诚的，所以，只有想象得出他对充满了情感的"真正的爱情"的设想，才能解释上述这种矛盾现象。这是一种伟大的、别样的、对整个人心都勾魂摄魄的"上天力量"，这种力量深植于感伤主义的坐标系中，而且存在于一种完全脱离了一切家庭式的家庭生活的情感坐标体系之中，并且是在这种家庭生活之外、比起生活过的现实世界更多是一种幻想的世界之中。

　　要列出一份情人名单之所以是不可能的，还因为梅特涅令人吃惊地清楚，对这种事要隐秘和守口如瓶。在他布拉格的遗物中，有许多出自女人之手的信件，它们都是明显的爱情见证，反映着崇拜或者亲昵，但是有一点，全都没有签名。当梅特涅开始整理他的文字遗物时，他通常都在文件的封皮上写上名字，以作评论或者解释，而对这些女人写的东西，他却没有这样做。为什么任何一个想对他的情史作疏理的人，都不可能成功，对这个原因，他自己对多萝特娅·冯·丽温作了解释："很多女人声称曾与我在一起过，可是我连想都从未想起过她们。相反，我与许多人保持绝少充满浪漫感情的关系，公众也从来不知道她们的任何情况。"[22]

　　有关梅特涅的传记作者，首要的便是西尔比克，他总是喜好从 19 世纪小市民的境遇出发，观察他与女人的交往，在这样的境遇中发展出来的，是小家庭的理想爱情和婚姻模式。这些作家忽视了梅特涅的行为受到的社会环境的影响，如同我们在他 1795 年缔结婚约时已经看到的，在欧洲的贵族圈子里，婚姻就像是一宗交易，要用一纸形式上的协议确定下来。当多萝特娅·冯·丽温让人们知道她对自己的婚姻不满意时，梅特涅用以下的话安慰她说："在婚姻中能获得爱情满足的，只是一小部分受到眷顾的人。按我的意见，爱情永远不会存在于过早缔结的婚姻之中。"[23] 在贵族社会中，这容易使人想到在梅特涅那里已经从平民变得"高贵起来的"、作为"爱人（非妻子）"的"情妇（Maitresse）"。

　　他选择女性情侣并非没有先决条件，她们须在经济上是完全独立的，可以自由决定她们的生活方式和生活地点，如果不是强迫，可以跟随她们的丈夫——比如多萝特娅·冯·丽温跟随她的身为公使的丈夫——前往他们各自供职的地方。通常

554

她们就像梅特涅一样，属于贵族阶层，本人也已经结婚，却反婚姻妇道而行，放纵自己去自由地养一个"情夫（Maitre）"，在一个极小的范围内去体验妇女解放。而其他的女人，直到20世纪才逐渐有了这种自由。

启蒙运动以来，妇女开始培养起一种后来发展为沙龙文化的待客交际之道。在沙龙中，上流社会的人相识交往，超越了等级：大臣、君主，以及他们的顾问们。在这里，人们编织着交际网络并交换消息。而梅特涅却发现，沙龙中的女人被赋予了一种特殊的角色："男人的圈子中心，必须是一个精神丰富的女人。这样，一切就变成了另外一种模样，各种想法都变得新鲜起来，而且，在亲密知心的聚会中，一切都不能与一个头脑冷静的、妩媚优雅的、懂得如何展现这种特殊节奏和特有智慧的女人相比。我一生中最好的年头，就是在这种存在方式中度过的。"[24] 在沙龙中，他体验的是时髦高雅、世道俗情、交谈技巧以及"如何营造一种共同的情感和文化氛围"，女人平等参与，以及女性如何从所在等级中已经标准化了的妇女角色中解放出来等。[25]

下文将对他一生中最重要的女人逐一加以介绍，在她们身上，每个人都具有一种不同的突出的特点，或者独到的眼光，通过这种看事物的眼光，可以让梅特涅作为一个政治家和一个人，更好地获得理解。在与女人调情这种事情上，可以将梅特涅的自白当成一条贯穿始终的主线。1818年11月中旬，梅特涅在亚琛与丽温伯爵夫人告别。他是在那里举行的一次会议期间认识她的，自那以后，两人之间就开始了书信往来。起初，梅特涅认为应该在通信中更多地向多萝特娅介绍自己："此时，我的内心你已经清楚地知道了，但是我一生的历史你却知之甚少。"[26] 于是他写了一篇"全面的报告"，[27] 同时，却向他的通信对象展开了魅力攻势，以期引起她的注意。因此，他无论如何"也要让我的女朋友认识我，自愿向她提供所有她可以用来攻击我的武器。对我来说，其中甚至有锐利的武器，即不允许我爱你！"[28]梅特涅很清楚有关他的名声的各种说法，这种名声至迟自巴黎开始，就先于他而到处散播了。因此他认为，必须以攻为守，采取进攻式的防御战术，对自己过去的爱情故事作出解释，其中也包括对他夫人的地位作出解释，以便打消可能会阻止多萝特娅向他倾注爱情的疑虑。

"我的一生中有两种爱情关系"，梅特涅 1818 年 12 月 1 日说道。这句话，一方面指的是感伤主义的、充满激情的爱情，对于他来讲，属于这种形式的爱情最为必要的，是持续不断的书信往来。而在另一个范畴里，主要是指"热恋"，这方面他主要运用的是宫廷里对女人大献殷勤的习惯做法。俄国外交官、后来成为外交大臣的涅谢尔罗迭在德累斯顿时，很早就注意到了这位年轻同事在这方面玩的把戏："他非常的和蔼可亲，如果他愿意，以英俊的外貌，他永远会被人爱上，但是经常发生的，则会是心不在焉，同在外交上一样，心不在焉在爱情上也是非常危险的。"[29]涅谢尔罗迭心不在焉的说法，是他自己没搞清楚，但是有一点他认识得很准确，即梅特涅利用他在女人面前的与生俱来和后天教养的吸引力，也在追求着政治企图。为了对爱情的两种关系加以区分，梅特涅也将"爱（l'amour）"与不那么投入的"勾搭（liaison）"加以区分。与后者完全可能在没有"爱"，甚至没有"友谊（amitié）"的情况下上床，即便双方的情趣、倾向和愿望截然不同。[30]

第三种形式是婚姻中的爱，这种婚姻的硕果给梅特涅足足带来了 12 个孩子。他是非常认真地关注家庭的，这也通过他与夫人们的通信得到了证实，只要他与夫人们在空间上分开，他就会非常守信用地坚持与她们通信。最后，他所认知的第四种爱是父爱，他也把这种父爱给了他的儿子维克多和理查德，

556

而这种父爱表现在女儿玛丽和莱欧蒂娜（Leontine）身上时，特别是前一个女儿时，好像是由某种意趣相投在主导。

以洛可可的眼光来观察：康斯坦策·冯·拉莫尼翁

在他出生的城市科布伦茨，在他上大学的城市美因茨，以及在他父亲那里和在布鲁塞尔的学校假期期间，年轻的梅特涅到处都会遇到法国的流亡者。在他 1791 年秋到访布鲁塞尔时，他结识了时常出入他父亲府邸的流亡者圈子中的一个"与我年龄相仿的年轻女人，聪慧美貌、思想活跃、有品味，一个出身高贵的法国女人。我就像一个毛头小子一样爱着她，她也用她纯净的心灵完全爱着我。我们两人都看得出来，却永远不会自告奋勇地主动向对方表白。"[31] 45 岁的梅特涅，用上述这种词语来形容他的初恋。渴望着、向往着、互诉着衷肠，白天在她的闺房中，夜间则在脑海里编织着未来的长远计划，以至于他们"将如此温柔的爱情的圆满完成，推迟到一个更为合适的时间"。青年梅特涅经历的初恋，就像在斯特拉斯堡洛可可风格的画作中，阿贝拉尔和海萝莉丝展示在他眼前的那样。这段恋情持续了三年之久，在分开的时间里，激发了这对陷入爱情的青年用书信互通款曲的热情。梅特涅则在其中发现了"通信"这种追逐女人并沉湎其中的媒介手段，到他与多萝特娅·冯·丽温交往时，他运用这种手段已经达到了炉火纯青的地步。

如果不是美因茨的一个同学留下了回忆录，曝光了这个秘密的话，我们还不知道如何猜测，隐藏在这个神秘的情人背后的人是谁。这位布耶侯爵（Marquis de Bouillé）发现自己与梅特涅一样，同样地爱慕巴黎的玛丽娅·康斯坦策·德·拉莫尼翁（Marie Constance de Lamoignon）。这位 1791 年才 17 岁的女人，已经与科蒙伯爵弗朗索瓦·皮埃尔·贝特朗

（Comte François Pierre Bertand de Caumont）结婚，并逃
亡到了美因茨。侯爵与帝国伯爵两人都爱慕她，而布耶对她所
作的古典主义的描写，就如同梅特涅在斯特拉斯堡所画的梦中
情人一样：活泼并充满青春的魅力、带有孩童般处女的魔力、
曲线苗条的身材、优美摇曳的步态。布耶认为，她对于一个画
家来讲，是画赫柏（Hebe）①或者普赛克的最完美的模特。32 他
与梅特涅相互之间的感觉好像并非情敌，通过爱慕同一个人反
而是愈加接近，几乎成了朋友。他们两人几乎每天都腻在美因
茨市莱茵大街科蒙伯爵夫人的府邸里。

强化的感伤主义巅峰：
朱莉·齐希伯爵夫人，娘家姓费斯特提克

　　他的第二次爱情，属于那种庄严崇高的感伤式风格，梅
特涅将其同样搞得神乎其神，没有暴露对方的姓名。他用宗教
式的过分强调来形容这段爱情，将其说成是"我生命的一个
阶段"，"所有我心中的现实，似乎永远地包括在这个阶段中
了。我爱着一个女人，她下凡到地球上，为的是与春天一起飘
过。她用上天一样的心灵之大爱爱着我。世人对此几乎毫无察
觉，只有我们自己知道这个秘密。……她死了。……我的生命
那时也终止了，我既不想也不希望再活下去。我的心已经破碎，
我也不再有心脏了。"33 这里所祈祷的女人，是匈牙利伯爵夫人
朱莉·费斯特提克（Julie Festetics，1778~1816）。匈牙利著
名的国务和会议大臣齐希的卡尔一世（Karl I Zichy）的儿子、
宫廷财务署总管瓦佐尼科的卡尔二世（Karl II Vásonykeő），
在其不幸福的第二次婚姻中娶她为妻。34 她在维也纳会议期间

---

① 古希腊神话中司掌青春的女神。

举办了一个著名的沙龙，所有有头有脸的名流，都聚集在这个沙龙里：沙皇亚历山大、普鲁士国王、拿破仑的继子欧仁·博阿尔内、根茨和弗里德里希·冯·施莱格尔、威廉米娜·冯·萨甘，以及维也纳的高等贵族们，当然也包括梅特涅。我们要归功于并非没有争议的、普鲁士作家兼外交官卡尔·奥古斯特·法恩哈根·冯·恩泽（Karl August Varnhagen von Ense）对伯爵夫人的美誉。虽然不像梅特涅那样有所偏袒，但是他的描写也使用了类似的语言："在最纯粹的女性贵族中，一个最美丽的女人在这里光彩照人、星光熠熠，展现了在完美的处世教养中的那种天真无邪与心地善良。"35

558

梅特涅进出她的沙龙到底有多保密，法恩哈根用他的判断证实道："他超乎寻常的友情姿态，以及他坦诚自然的沉着镇静……好像世界上已经不存在为国担忧之事一样。"谁也没有料想到他与伯爵夫人的关系。在这位伯爵夫人去世之前，她写了一份遗嘱和一封附加的信件，信中她向她的丈夫解释了她为什么不能够爱他。遗嘱中的一段也涉及了梅特涅，而且只有梅特涅能够看懂。她遗留给他一个上了锁的小盒子，当他打开小盒子时，发现其中是自己写给她的信件，皆已烧成灰烬，还有梅特涅的一枚戒指，她也把它打碎了，她以此表明，鸿雁传书是他们这种类型关系的本质特征。在朱莉去世两年之后，梅特涅将这一切写信告诉了丽温伯爵夫人，目的是让她相信，她是他最热烈的爱情顺序选择中的第三个人。通过这种方式，梅特涅也开启了与她长达八年的、持续不断的、有时每天一封的书信往来。36

40
政治与情人：在德累斯顿、柏林和巴黎的宫廷中

德累斯顿：叶卡捷琳娜·冯·巴格拉季昂公爵夫人

在梅特涅与女人关系的概观中，那些宫廷中既迷人又具有足够影响力的女人，被置于"调情"的范畴之内，自然她们也就不会出现在他的"总忏悔"之中。由于在各处官邸，一个公使有如一个游荡的情报掮客在工作，所以，那些通过私密的性关系获取的有关权力中心的情报，就肯定更受到他的欢迎。人们甚至可以谐谑地嘲讽说，这是温柔乡里的享受同获取有用利益的美妙结合——当然这种事情也是一把双刃剑，有时甚至是一件非常危险的事儿，比如，如果这类好事恰好发生在拿破仑的后宫之中。但是，梅特涅的第一次经验，则发生在德累斯顿的毫无危险的各个沙龙里。在那里，他经常光顾的是对他颇有好感的伊莎贝拉·恰尔托雷斯卡公爵夫人（Fürstin Isabella Czartoryska）的沙龙。她是波兰著名的爱国者亚当·耶日·恰尔托雷斯基（Adam Jerzy Czartoryski）[1]的母亲。在她的

559

---

① Adam Jerzy Czartoryski，1770~1861，波兰贵族、政治家、作家。他是亚当·卡齐米日·恰尔托雷斯基与伊莎贝拉·恰尔托雷斯卡之子，虽然有传言称他是伊莎贝拉与沙俄驻波兰大使尼古拉·莱普宁（Nikolai Repnin）的私生子。恰尔托雷斯基因是沙俄的外交大臣而知名，他曾先后担任两个敌对国家的政府首脑：他曾是沙皇俄国大臣会议主席，即沙俄首相，也曾是反抗俄国的十一月起义的波兰临时政府总理。

沙龙里，梅特涅直接面对了波兰的命运，他对分裂波兰持批评态度。在 1794 年起义失败之后，恰尔托雷斯基被作为人质押往沙俄皇宫，在那里，他与沙皇亚历山大成了好朋友，并在 1804~1806 年任沙皇亚历山大的大臣，还作为陪同和顾问，与沙皇共同出席了维也纳会议，促使沙皇给波兰制定了一部宪法。在他母亲的沙龙里，梅特涅结识了沙皇叶卡捷琳娜一世及沙俄陆军元帅波将金（Potjomkin）的侄外孙女叶卡捷琳娜·巴甫洛夫娜·巴格拉季昂（Katharina Pawlowna Bagration，1783~1857）。她那比她大 18 岁的丈夫彼得·巴格拉季昂亲王①，出身于格鲁吉亚王室，曾经多次参加对波兰及反抗拿破仑的战争。

属于俄国政治的一切消息，都会引起梅特涅的注意。他对德累斯顿使命的"指令"，以及他自己的分析均告诫他，要将此前在叶卡捷琳娜二世统治时期培养的友好关系网活跃起来，进而仔细关注这个巨大帝国的扩张趋势。[37] 与前俄国贵族的所有联系现在都值得重视，而要实现这一点，通过 19 岁的巴格拉季昂公爵夫人，也是可行和可信的，再加上由于她的学识（她能流利地讲法语、德语、英语和意大利语），她在宫廷中颇受待见，当然更主要的是由于她那薄如蝉翼的裸视装，使她获得了一个外号"裸露天使"，甚至有一本小说就是以这个外号为题。[38] 据说，卡斯尔雷夫人的这句话被经常引用："她的低胸开领装，已经开到了肚脐眼。"梅特涅当然要夸大他们之间的关系，因为伯爵夫人为他生了一个女儿，并给这个女儿起了一个朗朗上口的、指明谁是父亲的名字：玛丽－克莱门蒂娜（Marie-Clementine）。[39] 梅特涅承认了这个女儿，自 1814 年起，这个女儿就与他们家生活在一起，她 1828 年出嫁，一年

---

① 这位彼得亲王于 1800 年获得了沙俄的公爵爵位。

之后死于难产。[40] 直到暮年，梅特涅的生活之路与巴格拉季昂公爵夫人的生活道路始终有着多次交集。然而引人注目的是，他们之间连续不断的通信往来却不为人知。相对于他与下一个竞争者威廉米娜·冯·萨甘的关系，这段情史看起来似乎有些短促而轻率。维也纳会议期间，两位女士下榻在同一个宫殿中相对应的两侧。即使在维也纳会议之后，梅特涅也与她保持着联系，并且偶尔互通一下信件。1852 年 7 月，国务首相的第三任夫人梅拉妮·冯·梅特涅（Melanie von Metternich）在日记中写下了她对公爵夫人嘲弄的记载："巴格拉季昂公爵夫人也到访我们家，她在维也纳逗留了 6 个星期，并且几乎每天都来我们这里。她的妆容和她的穿戴真可谓光怪陆离、俗不可耐、闻所未闻。"[41] 在巴格拉季昂公爵夫人于 1857 年 5 月 21 日去世的前几天，梅特涅还与她一起吃了饭。当得知她去世的消息时，梅氏评论道："对于她的离世，我不会感到吃惊。令人惊奇的是，她竟然能以这样的方式度过一生。她的外貌超越了所有的意识形态。用行走的、吃饭的和说话的木乃伊来形容她，再恰当不过。"[42]

560

巴黎：卡罗利娜·波拿巴，后来的缪拉王后

就目前所知，在柏林的公使任期内，梅特涅在外交圈里没有类似的与女人之间招惹是非的风流韵事，但是转任巴黎后，情况有了一个根本的改变。拿破仑位于圣克劳德的、诞生不久的新宫廷吸引着他，因为在这里，都是他这一代的男人和女人在主导着事务的进程。新老贵族掺杂在一起，人们并不由于高贵傲慢、头衔标签和夸张的等级意识而与社会隔绝——就像维也纳贵族所习惯做的那样。他们在 1794 年对刚刚在维也纳冒头的梅特涅家族所采取的，就是保留甚至是排斥的态度。对梅

特涅来讲，法兰西帝国这个社会"摆脱了贵族的狂妄自大或者等级观念，没有成见和忌妒"。[43] 虽然他抗拒拿破仑的政治制度，但是，他却被那里作为古典主义的一种现代变种的帝国风气所深深地感染着。曾经偶尔也充当一下拿破仑情人的著名女演员乔治小姐（Mademoiselle George），在与公使梅特涅幽会了多次之后证实，他在这种环境中被愉快地接受了，并且在宫廷的圈子里登堂入室、常来常往："这个著名的外交官非常开朗、非常放松、非常淳朴，而且是一个充满机智的爱挖苦人的人。他喜欢笑，是个伟大的外交官。"[44] 后来，正是梅特涅与拿破仑在德累斯顿激烈争吵的那几天，她也受邀来到那里登台演出。

561 　　梅特涅知道，他的主要任务是准确估计拿破仑的秘密意图。为此，他就要寻找接近宫廷的途径，而且也经常得到这样的机会。在那里的女人看来，"他就像一个奥地利版的卡萨诺瓦（Casanova）① 的转世"。[45] 卡罗利娜·波拿巴的传记作者所描写的这位新上任的年轻公使的外貌，很像一个被拟人化的缪拉的对立面——身材修长、举止优雅、比例匀称的面部轮廓、金黄色的头发，为了让面相老成一点，略施脂粉，蓝色的眼睛、微垂的睫毛，这些使他在女人的眼中更加迷人。他的脸颊微白，以至于卡罗利娜第一次见到他时，说他像个"奶油小生"——不管怎么说，他是一个招人喜欢的男人。[46]

　　出身于雅克－路易·大卫画廊的画家弗朗索瓦·杰拉德（François Gérard），在这一时期为梅特涅画了一幅肖像。这幅油画让时年 36 岁的梅特涅显得更为年轻、善感，浮现了一种既全情倾注，又矜持内敛的带着一丝神秘的审视之情。这位

① Giacomo Giroramo Casanova，1725~1798，极富传奇色彩的意大利冒险家、作家、"追寻女色的风流才子"，18 世纪"享誉"欧洲的"大情圣"。

几乎与梅特涅同龄的法国人（生于 1770 年）晓得梅特涅（在女人中）的魅力，便从一个妇人的视角来刻画他。而被艺术家所描画的人，对这幅肖像竟是如此喜爱，以至于 1810 年在巴黎长期停留时，他又让人复制了一幅（见下页），并将这幅画像带回了科尼希斯瓦尔特，人们现在仍然可以在那里欣赏这幅作品。所以，当梅特涅在巴黎非常自信地抵制"马背上的世界之魂"（黑格尔语，指拿破仑），并且制订用欧洲大国之间的力量平衡，来取代拿破仑及其帝国的长期计划时，人们必须这样来想象梅氏。

　　欣赏一下杰拉德的这幅油画就会很容易理解，杀伐决断、举止粗俗的拿破仑，是多么小看了梅特涅。他甚至建议他的妹妹卡罗利娜："给我与这个'傻瓜（ce niais）'好好保持关系，当前我们需要他。"[47] 长着一个大鼻子、有着一双凶狠的眼睛、"自私、缺少教养、冷酷而又精于算计的"卡罗利娜［贝蒂耶·德·圣维尼（Bertier de Sauvigny）语］，当时很是难为御用画师，给他们制造了不少麻烦。梅特涅则不这么看她的相貌问题，由于她在政治上与拿破仑亲近，在这位公使看来，接近她是大有好处的。他回忆说："她将一个温柔的身体与一个稍嫌平庸的大脑结合在一起。她彻底研究了她哥哥的性格，不再对他抱有幻想，既不对他犯的错误，也不对由于他超乎寻常的野心和统治欲，让他的幸运所面临的危险，抱有幻想。……卡罗利娜对他哥哥的思想影响极大，而且她是那个将整个家族整合在一起的人。"[48] 成果很快就出现了，因为通过她，梅特涅早在 1806 年 11 月底就了解到，她丈夫缪拉希望成为刚刚重建的波兰的国王；知道拿破仑在华沙有一个情人——玛丽娅·瓦莱夫斯卡伯爵夫人（Gräfin Maria Walewska）——并且早于其他人获知了拿破仑的离婚计划。[49]当然，不能过高地估计"女人作为情报来源"的作用（曼弗雷

德·博岑哈尔特语）。在人际交往中，始终精于冷静算计的拿破仑，很少披露真正的秘密，如果说有的话，就是 1813 年 6 月在德累斯顿与梅特涅的直接谈话，那时，由于后者懂得雄辩术，进而巧妙地刺激和操纵了他。如果我们有前瞻的本事，能够看到那不勒斯王后（卡罗利娜）与她的丈夫从当地被驱逐出来，以及在其丈夫被斩首后，她不得不给自己取一个新名字的话，我们当然就会完全跟上圣维尼的刻薄评判：她从现在起要自称为"里波拿（Lipona）"伯爵夫人了——将"那不勒斯（Napoli）"的地名倒过来用。梅特涅则继续与她保持通信联系，并且关照她在奥地利上意大利地区的流亡生活，使其尽可能还可以过得下去。

劳拉·朱诺，阿布兰特什公爵夫人

在当时巴黎的众多沙龙中，有一家还需要特别提到：一位 22 岁的沙龙女主人，因其魅力、娴静和思想而引人注目，而且，她同时以一个勇敢将军夫人的身份出现在世人面前，这位将军则在其主人面前表现得"像一只猎狗一样"。[50] 拿破仑明白要善待忠于他的军队领袖，所以将自己的这位前副官安多什·朱诺（Andoche Junot）晋升为贵族：阿布兰特什公爵（Duc d'Abrantès）。1806 年时他还是巴黎总督，一年之后，就被拿破仑任命为征战葡萄牙的总指挥，这为朱诺夫人对梅特涅展开追求提供了时间和机会，而被追求者则更懂得在这位拿破仑的宫廷贵妇，即皇后约瑟芬的密友身上，不仅能够享受温存，而且还可以获取更有价值的东西。他赢得了劳拉的炽热的仰慕，在劳拉长达 25 卷的回忆录中，她为梅特涅树起了一座丰碑。

正是梅特涅与这位宫廷贵妇兼作家的关系，可能引起了历

563 　史学家的注意。尽管他本人极其低调、保密地行事，还是卷入了一场被大量报道的宫闱秘闻。要形象地说明这个他游戏其间的，充斥混杂着妒忌吃醋、爱情冲动、愤怒发火、哗众取宠、桃色新闻以及政治顾忌的光滑的平台，他是再适合不过了。[51] 因为当他与劳拉·朱诺（Laure Junot）分开时，他失于粗心，将与她的秘密通信，经由一个女侍以及皮埃尔-贝努瓦·德桑德鲁因子爵（Vicomte Pierre-Benoît Desandrouin）来传递。后者是梅特涅在青年时代就非常熟悉的人，因为他就是梅特涅的父亲在布鲁塞尔当政时的前政府旧皇室司库，虽然现在已然过气。这位子爵曾于 1794 年去伦敦出差时，将年轻的梅特涅作为陪同一同偕往。[52] 现在，他在受到绝对信任的情况下，向梅特涅解释到底发生了什么事。虽然拿破仑的妹妹卡罗利娜现在已经成为那不勒斯的缪拉王后，却同时一直与朱诺的夫人争风吃醋，并且通过贿赂，使得上述书信落到了朱诺将军手里。朱诺将军虽然也在想着如何与卡罗利娜来一腿，却在发怒的疯狂之中，不仅将醋意发向他的夫人，而且同时也向本来只是被引用了明信片上的话而受到牵连的梅特涅夫人发泄，从而使梅特涅夫人现在也知晓了此事。此外，宫廷的舆论也参与其中，因为拿破仑的妹妹、塔列朗，当然也包括皇帝本人都知晓了这桩丑闻。对于拿破仑来说，没有任何其他的事情比起这桩丑闻来得更不是时候，因为他恰巧在此期间——1810 年 1 月底 2 月初——由于（与奥地利）联姻的需求，刚刚向梅特涅伸出了试探的触角，梅特涅现在已经不仅是一名简单的公使，还是主管婚事的大臣，而且因为这件棘手之事，拿破仑也曾请求梅特涅夫人从中斡旋。[53] 因此，拿破仑不得不立即将朱诺打发走，派遣他偕夫人前往伊比利亚半岛，去征战葡萄牙。

　　爱列欧诺拉冷酷地顶回了这个小市民出身的暴发户的醋意爆发，并且将消息报告了她在维也纳的丈夫。在 1810 年 2

月 14 日的信中，梅特涅称赞了妻子，说她保持了非常清醒和健康的头脑。[54] 同时，与劳拉·朱诺的关系丝毫也没有蒙上阴影，她仍然一心一意地与梅特涅站在一起，并且与拿破仑的圈子（日益）渐行渐远，最终在 1815 年之后，作为一个法国人，成了梅特涅政策的最为著名的女捍卫者之一。对于她来说，"1793 年"的理由——暗指朱诺将军曾是雅各宾党人的历史污点——是成立的。她很清楚，匈牙利和波希米亚的要塞中曾有过战俘："但是我问那些试图为 1793 年开脱罪责的人，如果没有干伤天害理的事，这些世界监狱是如何人满为患的！"[55]

564

　　1817 年，阿布兰特什公爵夫人离开了巴黎，前往意大利旅行，在佛罗伦萨她遇到了梅特涅，并且还在罗马最后一次见到了他。梅特涅为她写了她在罗马所需要的介绍信。在她的回忆录 1837 年出版的那一卷中，她坦承，梅特涅从未从她的记忆中消失；其实梅特涅也知道这一点，"但是我愿意这个感恩的友谊的证明，能够通过这册回忆录传抵他那里"。[56] 接着，就是按照那个时代最典型的友谊崇拜方式所作的一段自白，这种友谊崇拜恰恰只是一种限于德意志的"感伤主义"和"狂飙突进运动"的表象，而且这种友谊崇拜的狂热，也已在法国落地生根。同时，她在梅特涅面前证明了自己是一位心心相印、心灵相通的朋友，她声明，友谊不是行动之事，而是心灵之物，她自己就可以证明，有一个真正的朋友意味着什么。"梅特涅先生是一位一诺千金的朋友，言出必行。他是一个有着一种道德支撑的男人，是人们任何时候都不可或缺的道德支撑，而这种道德支撑，正是我在痛苦时要找寻的东西。"[57]

　　在这个公开的承认背后，有一段迄今为止未被解释的故事。人们只是知道，梅特涅在 1836 年 12 月 1 日，即在这卷回忆录出版之前，向阿布兰特什公爵夫人说了一句含义多多，同时却又神秘莫测巴的话："当您相信我的时候，您丝毫没有看错。"[58] 回忆录的女作者当时由于儿子的赌债，在财务上正陷入绝望的境地，这也正威胁着她的美誉。在困境中，1836年9月10日，她"秘密地，也是紧急地（confidentielle expressée）"向詹姆斯·罗斯柴尔德男爵（Baron James Rothschild）[①]求助，请求他给自己出具一张3500法郎的限期汇票，国务首相将为此作保。她之所以向罗斯柴尔德求助，是因为他的银行同奥地利及梅特涅保持着良好的关系。她那激情洋溢的求助信，以下列附言作结："梅特涅是我36年来最好的朋友。"罗斯柴尔德虽然表示完全理解，并且原则上也同意借钱给他，但是就像人们对银行家所熟知的那样，他要求梅特涅出具一份认证书。10月8日，公爵夫人亲手交给奥地利驻巴黎大使阿波尼伯爵（Graf Apponyi）一封非常私密、非常绝望的亲笔信，让其转交梅特涅［"我的朋友，我亲爱的克莱门斯……（mon ami, mon cher Clément... ）"］；大使将所有的信件都转呈给国务首相。当阿波尼看了信的内容之后，认为事情过于棘手和敏感，所以他决定亲自处理它。他擅自在罗斯柴尔德面前保证，梅特涅已经授权，并且鼓励这位银行家在汇票背面签字，同意这笔贷款。而在梅特涅面前，他则秘密地解释称，他是有意避开这种关系（梅特涅与劳拉·朱诺）的，但是必须说清楚，如果拒绝的话，就会引发一场丑闻，一个女人（梅特涅夫人）会陷入绝望，然后还会有一个作为作家的女人，

---

① James Mayer Rothschild，1792~1868，久负盛名的金融家族罗斯柴尔德家族成员，是创始人梅耶·罗斯柴尔德五个儿子中的幼子。1815年，他们在拿破仑执政时期建立了罗斯柴尔德巴黎银行。在法国军事战败后，詹姆斯兄弟从经济危机中拯救了法国，他们的银行也成了人们竞相求贷的金融机构，罗斯柴尔德家族因而也控制了法国的金融。随后几年，詹姆斯的兄长先后去世，他成了家族的中心，并为家族创造了无尽的财富。

有着强有力的武器，从而可以引爆它。[59] 我们知道，梅特涅是如何答复这位往日的情人的：他支持她的请求。对于梅特涅的通常做法来说，这是一个特别典型的例子，他一旦开始了一段关系，且这段关系不是因为反目成仇，而是经双方一致同意、你情我愿而结束，就要尽可能地保持接触和再见的可能。就是与巴格拉季昂公爵夫人、日后成为公爵夫人的丽温伯爵夫人，以及同萨甘女公爵的关系结束之后，他也与她们保持着通信。

41
威廉米娜·冯·萨甘以及感情的迷惘

　　与威廉米娜·冯·萨甘的关系，是梅特涅与女人交往中最为复杂的，即使对于像他这样的人来说，梅特涅也看到了自己在爱情方面的能力所限。在与其他女人的关系上，还从未像在1813~1815年的这段世界历史变革时期中与威廉米娜·冯·萨甘的关系这样，政治和感情、公众事务和私人生活混杂在一起，而且，鲜有像他们两人的来往书信那样，作为历史的物证，让人们深入窥探到他们的私密领域。"在活着时就已享有国际知名度"［君特·艾尔伯（Günter Erbe）语］的威廉米娜的生活经历，肯定丰富多彩。[60] 她出身于库尔兰公国的一个贵族世家，她的父亲彼得·比隆（Peter Biron）是库尔兰、利沃尼亚和瑟米加利亚公爵（Herzog von Kurland, Livland und Semgallen）。腓特烈·威廉二世于1786年将位于西里西亚的普鲁士王室采邑萨甘赠给了他，并明确表示，女性有此采邑的继承权。随着1795年波兰第三次被瓜分，库尔兰公国被划分给俄国，公爵亦退位，但是他每年可以得到25000杜卡特的年俸，外加出售其库尔兰财产获得的200万卢布。这些继承的年俸解释了，为什么威廉米娜同时感到她有义务成为一个沙皇亚历山大治下的臣民，而沙皇同时也与她保持着私人的交往，这就让她后来在梅特涅的算计中，增加了更多的吸引力。

　　1800年，在她的父亲去世后，腓特烈·威廉三世又将萨甘分封给威廉米娜，1781年出生的她，在24岁之后，开始统

治这块封地。位于波希米亚的纳赫罗德（Nàchrod）及拉第伯
舍茨宫均属于这块封地，威廉米娜的这处夏宫，后来在 1813
年时成为欧洲战争政治的中心。[61] 就像她所处的生活圈子里的
人通常所经历的，威廉米娜也是在多种语言的教育环境中长大
的，她熟练掌握德语和俄语，并学会了法语和英语。她的家庭
教师安东尼娜·福斯特（Antonia Forster）与梅特涅的雅各宾
派家庭教师惊人的相似：她是博物学家和民族学家乔治·福斯
特（Georg Forster）的妹妹，梅特涅正是在他们家里结识了
德意志高谈阔论、大谈理论的雅各宾党人。由此，启蒙运动
教育也成为她所受教育的一部分。她后来所认识的所有男人，
都在鼓吹这个女人完美统一的在精神气质、魅力和优雅举止
上的理想形象。[62] 3 岁时，作为一个贵族小姐，在罗马被德
意志女画家安格丽卡·考夫曼（Angelika Kauffman）画了
肖像的威廉米娜，其所作所为就是女性独立自主的完美典范。
可以想象，在贵族时代，她的独立自主只是个例外——例外的
前提是这个女人取得了成功——当然是在她们经济上能完全独
立自主的情况下。

　　梅特涅任公使时，就已经在德累斯顿的沙龙里认识了威
廉米娜。当时，他还身陷在与俄国的叶卡捷琳娜·巴格拉季
昂公爵夫人的缠绵悱恻之中，不能自拔。他赞同威廉米娜对
拿破仑的批评，她对拿破仑怀有深深的敌意，将拿破仑称为
一个"大恶棍（Erzungeheuer）"，这当然也毫不奇怪，因为
在 1806~1807 年和 1813 年时，法国军队曾多次占领她的封
地萨甘。[63] 梅特涅与威廉米娜的关系在幻想的王国里持续了
很长一段时间，并伴以鸿雁传书，这种鸿雁传书可以替代离
别的愁绪。热烈感性的爱情语言攻势，自然要受到尘世折磨
的困扰。对情敌阿尔弗雷德·冯·温迪施格雷茨（Alfred von
Windischgrätz）的强烈醋意，使梅特涅的感情陷入了迷惘。

567

随后，他写信给威廉米娜，说他非常高兴能够因感冒而发烧，因为看来感冒发烧反倒治好了他精神上的疾病。而威廉米娜的一封信则排解了所有情感上的混乱。1813 年 8 月 19 日，梅特涅在她面前第一次亲密地用"你（Du）"来称呼，因为他的情人在此之前从未打开过他的心扉。梅特涅因此可以满怀希望，她会将"她精神的、她理性的、她那坚强而又简明特性的全部力量"，全都倾心于他："就像 17 日的信那样，你永远这样给我写信，永远称'你'，除了'你'，还是'你'"。[64]

在梅特涅面前，威廉米娜用同样的爱情表白来答复他的爱情演说，当然，她也从未忽略政治形势的发展，并在同一封信中，请求处于事态中心的梅特涅对战事给予指点，而梅特涅也在一封又一封的信中满足了她的愿望。梅特涅对她的追求最终取得了成效，而她也显示了，如果她突然迷恋上一个德意志人，那她就会像这次的恋情一样，非常深入地让人们窥视到她的内心世界："我感到的是真正的渴望——再次与您相会。"[65]她虽然没有陷入用"你"来称呼，但是准备公开坦承这段恋情："您非常懂得如何去做一个情人，我是真正地、全身心地——是的，真心话，亲爱的克莱门斯，比您能够想象的更加爱着您。在这一点上，从我的视角来看，是您错了——我在朝思暮想，在时时刻刻地思念着您，就像您所能够希望的那样。……跟您这样说吧，您再不会有比我更好的情人了……您的爱对我的幸福来说，不可或缺。"

是鸿雁传书让两人的关系更加亲密，相互间的信任更加增强，直至到达了顶点，即威廉米娜从宫廷风格的、彬彬有礼的、咬文嚼字的、谈情说爱的语言游戏中摆脱出来，并且突然认真了起来。她一改以往的矜持态度，放下了自己的身段，并第一次表明，真正的爱情对于她来说是排他性的、是承担责任的，她原本相信，在那时的传统形式中，只有婚姻才能给这样的爱情以担保。她于 1813 年 8 月 31 日在拉第伯舍茨夏宫所写的信，透露了她产生的日益强烈的希望：梅特涅会更多地想要得到她。这一点她恰恰以自己不自觉的动人方式表现出来，因为她在写信时不由自主地放弃了宫廷文化的语言——法语。她起先还是用法语写道："世上再也没有比我从您的精神、从您的心灵中所期待的更加高贵的东西了，但是，如果您想要给我一个更大的惊喜，那我会更加感动。"接着，她就突然改用德语写道：

568

　　［男人］很少遵守诺言，或者很少能实现我们［女人］寄于他们的愿望，而您，亲爱的克莱门斯，您却——我以喜悦和自豪，以及我内心最美好感情的充分满足，来将您称为朋友——不仅满足了我的期待，而且满足了我幻想中的梦想。以远远超越地球上生活的情感，并仅仅在赞扬这种感情的喜怒哀乐的同时，我紧紧地将这个由于上天的好意让我得到的朋友，拥抱在我的心房上，除去感受您所具有的价值的这种幸福，这颗心灵已无法再生发另外的乞求。我最最亲爱的、乖乖的克莱门斯，我全心全意地爱着您，无论这种爱情是不是您所要求的全部，但在有些方面，它实际上要多得多，它本身就是对我的保证。

　　紧接着她就制订计划，想方设法让两人在出行路线的设计中，尽快地会面。她不止一次地在信的结尾再次强调她的爱情，有时以这样的语句结束："（用德语）现在您知道了，克莱门斯，您尽管提出要求——我都会满足您。再会！（然后用法语）再会，我的朋友，我亲爱的克莱门斯，再会——我不知道为什么我在用德语给你写信，我没有注意到。"66

　　梅特涅当然毫不迟疑，立即计划在北波希米亚的洛乌尼（Laun/ Louny）确定下榻地，并且向他的厨师下达了命令。

紧接着这次见面后的通信，越来越充满了相互之间的情爱表白，威廉米娜发出的信号，也越来越强烈地希望确定关系，比如她在信中写道："在这个世界上，我再也不会孤独地为一个人感到担忧了，一个越来越想爱我的人。亲爱的克莱门斯，判断一下，我是多么真诚地感激您。"[67] 当她将一个明显的信物亲手交给梅特涅时，这样的一种坦明心怀显露无遗：这是她的一绺红褐色的发髻，梅特涅像圣物一样将它保存在书桌里。[68] 不久，当她谈到两人的关系时，就更加清楚了："想一想我对您谈到的我的处境：有许多牢固的义务约束，虽然这些义务约束没有一个像在圣坛前缔结的义务约束（婚约）那样不能解除——这就是不得不用来观察我们关系的视点。"

569　　　显然，梅特涅很想要排解掉这种严峻的处境，他回复道，还有比在圣坛前缔结的义务约束——即那些自发于上天智慧的作为法律的东西——更加强烈的义务约束，这就是心灵的义务约束。人类的法律之所以存在，是要束缚那些自身不能相守在一起的人。而心灵不需要法律，因为它比法律强大，是超然于法律和理智之上的。[69]

自 1813 年 10 月 31 日起，威廉米娜终于开始使用"你"，"这个甜蜜的、充满家人间亲密含义的称呼，这个称呼在所有国家语言的使用中，都是发自内心的，都隐含着真正的亲昵意味。我亲吻了这封美好的信；不要以为，我会弄丢这封信！"[70] 但是，威廉米娜没有放弃向梅特涅倾诉她的秘密愿望：她希望自己的安全、希望与幸福得以保全，免受生活的变迁带来的影响。[71] 梅特涅则不自觉地促进了它们，他当时向她描述，随着战线的推进，他于 1814 年 1 月在巴塞尔的一家旅店过夜。店主巴赫奥芬（Bachofen）夫妇热情好客，在他看来，这对六旬老夫妇是如此和谐地待人接物、与人交往，就像奥维德（Ovid）《变形记》（*Metamorphosen*）中的费莱蒙（Philemon）和鲍西丝（Baucis）一样。他们的整座房子都带有毕德迈耶尔（Biedermeier）风格：非常干净，维护得极好，摆放着精美的家具和油画，墙板上了油漆。他们有 4 个子女和 18 个孙子女，自己过着恬淡寡欲的悠闲生活。看到这一切，梅特涅便开始想入非非，如果威廉米娜能变成巴赫奥芬夫人，他宁愿什么都不做，只做个巴赫奥芬先生。[72] 恰恰是在这一点上，梅特涅触及了威廉米娜敏感的软肋。她回答道，她希望任何一个虔诚的女基督徒，都能够过上这样幸福的居家生活，然而，这样的居家生活她却没有，这引发了她的毫无益处的渴望。她说，在自己的生活道路上，她总是碰到"幸福的幻想，而从未碰到幸福本身"。然后，她说了一句话，一句梅特涅可能永远不会理解的话，因为即使他感情细腻、善解人意，也不可能，或者也不愿意承认这个绝对要实现的渴望。威廉米娜写道："亲爱的，你可以少爱我一些，这也是自然的天性；如果你突然停止去爱，也同样是这个道理，但是……与你疏远的想法，着实吓坏了我。如果你对我兴趣不再，你会毁灭我整个人生。我亲爱的爱人，如果你要爱我，不仅要依靠你所知道的、全部的完美方式，还要用另外的你所不知道的方式。我再也不能放弃你的心了。"[73] 脑子里想象着巴赫奥芬夫妇，威廉米娜承认，她只是出于绝望才爱着这个喧嚣的世界。她真正的幸福当是深居简出，由几个朋友围绕，并且仅仅为了一个人而生活，一个在他身上能够找到她的幸福的人。[74] 她的秉性如此，以至于她在不停地要求她所爱的人出现在自己面前。并非她以前的婚姻错了，而是她选错了人。[75]

570

可梅特涅则在竭力避免继续给予这种渴望以养料和鼓励，因为如此一来，他有可能要不得不放弃对于他来讲不可或缺的婚姻——也就是威廉米娜寻找的那种稳定，以及由于他在情感和形象上对她的诱导所触发的一切幻想，她恰恰想在他这里，而且只在他这里才能得到。另外，她与一位在认识梅特涅之前就非常崇拜的对象的关系，也一直是藕断丝连，对于梅特涅来说，这样的关系当然是一种不断的刺激和挑衅。此人是阿尔弗雷德·冯·温迪施格雷茨，曾于 1813~1814 年作为中校在施瓦岑贝格麾下参加过许多战役。威廉米娜偏偏在与梅特涅的鸿雁传书中，期待从梅氏那里持续获得有关这位军官在战争中的消息。梅特涅对威廉米娜的这种逻辑实在想不通，即如果他明确地决定选择她，她才会为了他而放弃自己的选择自由。但因争风吃醋产生的与情敌阿尔弗雷德·冯·温迪施格雷茨的争夺，并不符合梅特涅的爱情理念。

弗里德里希·根茨则是在不间断地从维也纳用新的谣传给这次的混乱关系火上浇油，散布一些还有谁谁谁可能倾心于威廉米娜的说法，并且用下面这种办法来包装自己的谣传："我的主要的和基本的观点不可撼动：W 有着太多的理性以及一种太过于高贵的性情，以至于她不可能会将其他的一切，都毫无例外地置于与您的稳定关系的幸福之后。她绝不会长时间地不过问自己的事情。" [76] 根茨与梅特涅一样，很少会理解威廉米娜真正想要的东西。梅特涅与根茨的秘密通信显露了这次的混乱关系总共给梅氏带来了多少不安。这些通信一直瞒着编辑弗里德里希·维蒂辛（Friedrich Wittichen），而《遗存的文件》根本就没有提到它们。梅特涅家族档案保管员在所有要出版的每一封信件上都标明了："完全隐缺。"在这些信件里，根茨定期从萨甘的家中，报告关于威廉米娜的状况和忧虑。根茨这样做，是否真的起到了有助益的中间人的作用呢？鉴于他好搬弄是非、传播流言蜚语，以及有着将普通之事戏剧化或者尖锐化的倾向，因而很值得怀疑。倒不如说他造成了更多的损害和迷惘，并且类似一场恋爱关系中的第三者，成了几乎不断地引发许多误解的原因。如梅特涅后来所说，当他费尽心力要对威廉米娜搞一个"教养项目"时，根茨为此提供的却是大量的实在是独特的说法："W本身对于有规律的、静谧的、纯粹的、开朗的关系还没有应有的纪律。她过去的年代是在狂热的激情下度过的，这种激情除了给予她短暂的、痉挛般的享受，以及一连串的折磨之外，就没有任何其他东西了。如果她确实还能够对幸福有所感动的话，那么，她在与您的亲密交往的阳光中，就应该像花朵一样绽放。"[77] 当她神情沮丧之时，根茨也有药方："与您一起过上八天——一切就会和谐完满。"[78]

在他们的关系中，政治一直完全是实然的。威廉米娜让梅特涅着迷的就是她那独特的睿智，而梅特涅则以他靠近权力中心，紧紧地吸引着自己的情人。她作为欧洲权势人物间的交际花，又得以在维也纳会议期间，在她的沙龙里可以继续施展自己的魅力。作为一个毫无成见的局外人，法恩哈根在形容她的秘密作用时写道："就像过去一样，萨甘女公爵始终是一个充满活力圈子里的中心人物，这一次，这个圈子的规格由于其高贵和重要性，又大大地升格了。这个美丽女人充满吸引力的，既温柔亲切又生机勃勃、热情洋溢的性格，显示了胜利者的力量，就好像要赢得对重大决定的影响，只能取决于她似的。"这位外交官强调，但是，虽然她具有这样的能力，她却根本没有类似的虚荣心。[79]

在威廉米娜身上，梅特涅作为爱情寻找的，以及她在梅氏身上作为爱情寻找的，两者之间并不协调一致，以至于开始时的高调，最终以跌落到痛苦的洼地作结，传统的、生分的"您（Vous）"又将亲昵的"你"排挤掉了。心理学家就此会说这是一种类似转移、投射、误导的角色期待，以及个人观念的作用方式等的现象。与这些考虑相去不远的梅特涅，解释离开威廉米娜·冯·萨甘的原因时称，这是一次重大清醒后的结果。

572

　　我们之间的一切已完全改变，我们的思想和我们的感情完全不再碰撞，使我们处于一种一个人对另一个人比陌生还陌生的境地。我甚至开始相信，我们从来就不曾相识。我们俩每个人都在追求自己的幻影。您认为在我身上看到了一幅完美无瑕的形象，而我在您身上则看到了一切关于美丽和睿智的，远远超越于荣誉之上的东西。而作为这种幻想的自然结果，就是您认为这样更好，即将我在您的想象［Vorstellung，幻想（Imagination）］中尽可能地贬低，就像之前您将我尽可能地抬高一样。[80]

　　1814 年 7 月底，梅特涅和威廉米娜·冯·萨甘再次接近，双方似乎已经和解，[81] 但是 10 月出现的问题又把他们绞在了一起，这些问题对他们来说最终无法解决。阿尔弗雷德·冯·温迪施格雷茨又成功地与他的老情人结合在一处，并使梅特涅陷入了深深的妒火中烧的折磨中。沙皇的做法则更胜一筹，他答应帮助威廉米娜使她 13 岁的私生女摆脱父亲的影响，她父亲作为芬兰总督正效力于俄国，也只有沙皇能够在这场"抚养权争议"中作出处置。[82] 而威廉米娜偏偏是在沙皇与梅特涅就波兰—萨克森问题作激烈的政治争论的一决胜负的关键时刻，向沙皇求助的，这在感情上伤害了梅特涅，他感到同时受到了沙皇和威廉米娜的愚弄。亚历山大对梅特涅的这一桃色事件，有着"奇特的，甚至是心理变态式的兴趣"（麦圭根语），并津津有味地利用这件事，让梅特涅在社会公众舆论的闲言碎语中丢人现眼。1814 年 10 月，梅特涅与威廉米娜之间的关系彻底破裂。[83] 他虽然还继续与她说话并通信，甚至还因为她的一块封地的问题，帮助她起草了给俄国财政大臣的申请，但他们的关系仍是冷淡的和形式上的。

　　1815 年 3 月，他的冷淡态度让位于一种深深的忧愤。他开始指责这个他曾认为没有她自己就会去死的女人，说她一直在制造与他的巨大的距离，而这种距离也并没有促使她给予特别的关注，因为他对于她来讲，已不再是那种浅薄兴趣的对象。他说，他整个一生，他所有的道德上的能力，所有他感觉具有力量的一切，全都给了她。他说自己将一切都送给了她，而她却声称连一点点都不想要。[84]

　　在问到梅特涅，他怎么能爱上这个女人的问题时，他的回答，距离他向他的下一任女友所作的"人生表白"，只有一步之遥："我从来没有这样过：我爱上的是我不像样的愿望。……正是由于她，使我自己变得表里不一。我不恨她，因为我从未爱上她，我恨的是由于沉湎于错误的想象而浪费的时间。"[85] 他在此透露，他试图作为一个长期战略，像一个精于计算的数学家一样，将威廉米娜从她的那些"蠢事"中引开，在这里，"蠢事"指的是她与其他男人的关系。他创造了一句话，一句几乎在任何一个关于威廉米娜·冯·萨甘的说法中都会出现的话，却没有说明她到底处在一种什么样的状况："她一天犯七次罪，举止有如一个疯子，她的爱情冒险就像吃午饭一样自然随性。"然后他突然笔锋一转，作出下面的判断，使这句侮辱性的谩骂言语，看起来完全丧失了力量："萨甘夫人是一位思想丰富的女人，有着坚强的自信心与非常清醒的判断力，而且有着几乎用之不竭的、体力上的平静。"

42

多萝特娅·冯·丽温:"情人的亲近"?

结识在旅途

在梅特涅的风流韵事中,他最后的、与多萝特娅·冯·丽温的关系,算是最为奇特的了,因为他与多萝特娅保持着时间最长,也是最为广泛的通信联系——从 1818 年 11 月直到 1826 年 7 月。之所以说它奇特,是因为在这么长的时间里,两个有情人只亲身会面了三次:开始的一次是 1818 年 10~11 月在亚琛会议举行期间,后来的一次是缘于 1821 年 10 月英国国王到访汉诺威,而最后一次则是在 1822 年 10~11 月维罗纳会议期间。两情相悦的信友,鸿雁传书数百页,互诉衷肠,那就远远不只是一种床笫之欢的出轨这么简单,就像梅特涅与他那些有教养的、可以起政治沟通作用的贵族女人的庸俗而又老生常谈的关系那样。如果仅仅见过三次面,而且总共不到几个星期,却又持续而深入地鸿雁传书长达八年,那就必须寻找另外的原因来解释了。

多萝特娅·冯·丽温于 1785 年 12 月 28 日出生于拉脱维亚的里加(Riga),生在一个名为冯·本肯多夫(von Benckendorff)的德意志波罗的人① 的贵族家庭。[86] 她哥哥

---

① 波罗的人,生活于波罗的海东南沿海一带的民族,主要指爱沙尼亚、拉脱维亚、立陶宛的居民,也指来自波罗的海东岸三国的德意志人。

亚历山大是沙皇的侍从武官长，并且是指挥抵抗拿破仑战役的将军之一。她于 1800 年与年长她 11 岁的德意志波罗的人贵族，即在俄国服役的克里斯托夫·冯·丽温将军（General Christoph von Lieven）结婚。1812~1834 年，在丈夫任俄国驻伦敦公使期间，丽温夫人在宫廷中练就了一种影响力，使她成了一个一流的社会和政治领域的大人物，即一名"卓越的伟大女性（grande dame par excellence）"。1816 年 1 月，她给哥哥写信说："我不在的地方就不会有时尚，我甚至做到了同时娱乐英国人和我自己。"[87] 喜欢她的外交官们称其为"外交使团的母亲"。[88] 人们尽可能避免在她那儿失宠，因为她与卡斯尔雷和威灵顿，后来与坎宁都是好朋友，还同时与英国的摄政王关系密切。虚荣、聪明、诙谐、机敏、伶牙俐齿、对答如流，而且很容易就会感到无聊和闲闷：人们赋予她"这位世界主义女贵族"的这些特质，就连涅谢尔罗迭都赞誉她拥有领袖气质。[89] 在 1814 年访问英国时，梅特涅虽有缘与她结识，但那个时候他还是忽视了她。而伯爵夫人那时也认为，这位大臣冷淡、使人胆怯，并且骄傲自负。

第二次相见发生在 1818 年 10 月在亚琛举行的君主大会期间，丽温公使偕夫人参加了这次会议。而梅特涅与多萝特娅的会面就像是一件自然而然发生的事。10 月 22 日，涅谢尔罗迭做东，邀请多人出席宴会，安排两人相邻而坐。[90] 未几多时，多萝特娅就被梅特涅坦诚的做派俘虏了。她很快就发现，自己几次三番地被他内容精彩的评论引得开怀大笑，她也马上找到了可以让梅特涅立马慷慨激昂的题目：拿破仑。他们两人也都发现，他们对一些作家、油画、家具、书籍以及音乐有着同样的喜好。多萝特娅像梅特涅的女儿玛丽一样，用钢琴演奏了他最喜爱的作曲家罗西尼（Rossini）的作品。后来，梅特涅送给她一部本韦努托·切利尼（Benvenuto Cellini）的自传。两人都喜欢孩子，有着同样的政治判断，并且都相信，他们所属的两个国家应该结成同盟。他们的相会，让这位33岁的女人和这位45岁的男人兴奋不已，以至于他们感觉心心相印、互相渴望。只要有机会，他们就尽可能亲密地靠近，哪怕只是出席会议的人员结束郊游之后，从比利时的浴场斯帕（Spa）回返亚琛的路上，那个共乘马车的机会。当然也有其他的机会让他们相互接近并加深关系。仅仅才分开几天，梅特涅就向他的新欢描述，不可抗拒的自然力是如何深深地改变了他：

> 我们生命的历史，浓缩到了几个瞬间。为失去您，我找到了您。这几句话决定了过去、现在，或许还有将来。在不到八天的时间里，我已经结束了我一生中的一个阶段。它对于我来讲就像是一个梦，我再也不能控制住自己。对于我来讲，只是要么不要，要么全要。我的灵魂既不接受半半拉拉的感情，也不接受半心半意的想法。我挨近您度过了这几个星期。我没有与您多说，而您如今已经成为我的人生的一部分。……就在那一天，在我看到我的思想与您的思想相遇的那一天，在我不再怀疑您理解了我的那一天，在您的精神以及您的心灵在沿着也是我要前进的方向前行的那一天，我就感到，我可以成为您的朋友。……我必须要向我的朋友强调：您——是我八天以来的朋友，也是我一生的朋友！ [91]

通信的特点

就像年轻时一样，梅特涅也是以起誓的激情及感性的语言来表现对新欢的情意。他找到了合适的语调，以适应这位情侣的期待，并赢得了她持续的注目。这就是一场持续了八年的风流韵事的开端。

但是，实际上梅特涅不可能忘记，他是一个时刻在作清醒计算的政客，因为他不仅将多萝特娅看作一个求之不得的"女朋友"，并且多萝特娅还是一个在欧洲的宫廷中，既影响力广泛，又几乎无所不知的女人，而这个宫廷，正是他为了哈布斯堡皇朝的利益，从而致力于欧洲均势的、从长远看最为重要的宫廷。多萝特娅充分地满足了他的这种期待，因为在她的信中，她几乎不加过滤地报告了有关英国高层的政治演变，有关摄政王与卡斯尔雷和威灵顿之间的谈话，有些谈话是她作为见证人在场直接听到的，有些谈话则是在场之人告知她的。[92] 通过她，梅特涅了解到一些即使英国自由的新闻界也得不到的情况，诸如卡斯尔雷是如何自杀的，或者作为危险的"卡托街阴谋（Cato-Street-Verschwörung）"[①] 基础的详细计划等。而梅特涅则始终在围绕三个题目发声。

第一，他对多萝特娅表达和解释了他在与各种政治圈子打交道时，所心怀的基本的政治信仰。比如在科策布刺杀案和新闻检查的问题上，他解释了他对个人自由和个人正直的看法，以及他为什么认为政治暗杀、刺杀和革命是一种歧途。但是我们也得到了具体的政治活动的、有时非常有价值的背景材料，而这些背景材料却不能放在官方的文件中。

第二，他描述了他所理解的自己在政治中的角色，以及他是如何胜任这种角色的：这种角色给他带来了非常沉重的负担，而且他在履行角色时很少依赖别人的判断。在反复思考的

① 指英国斯宾塞俱乐部 1820 年策划的第二次暴动，史称"卡托街阴谋"。英国政府因此查封了斯宾塞俱乐部，逮捕了参加暴动的成员，俱乐部从而瓦解，但是托马斯·斯宾塞的思想并未因此而消亡。

过程中，他总是形成新的自我认知，并将这种认知用公众舆论中传播的及别人对他的认知加以衡量，而且，（梅特涅）通常都要试图揭露别人的那些认知是陈词滥调、充满成见或者是革命宣传的产物。这一点他很少放到他的官方文件的交流中。知道了这一点，那么，当历史学家用批评的眼光审视他在书信中的用语时，我们就可以更好地对他作出评价，并且比起仅仅在表面上认识他的那些同时代之人，可以更确切地理解他。也正是出于这个原因，与他近距离接触过的女人，比起他在官场中的同事，能够更有利地对他作出判断。

第三，这个题目涉及了他生活中的一般的女人和特殊的女人，因而在本章中应该占据优先地位。这个题目贯穿于与他有过亲密书信往来的女人们的所有通信中，然而在与多萝特娅·冯·丽温保持的鸿雁传书中，这个题目明显地占据上风，再加上他对这回的书信往来，完全没有像与威廉米娜·冯·萨甘的通信那样，醋意大发，频受干扰。

1818 年 11 月 17 日，梅特涅在亚琛最后一次见到多萝特娅，而且这次会面再一次改变了他们的关系，因为从这时开始，他们之间用亲昵的"你"来互相称呼——这比他与威廉米娜·冯·萨甘之间使用这种称呼快了很多。要达到称"你"的程度，在受到传统的要保持距离感影响尤其严重的宫廷社会，需要很长的时间，即使在家庭成员之间，通常也非常少见。那么，在一个伦敦的德意志—沙俄伯爵夫人暨后来的公爵夫人，与大国奥地利的股肱重臣之间，在短短八天之间就将称谓改变，不能不说是难能可贵了。

公式化的两性关系与女性的心理平等

梅特涅在多萝特娅身上认识到了什么，使他发生了这么大的改变，而她又在他身上发现了什么，使她这么快就信任了他，并且两人都言称，要相爱一生一世？这并非一个庸俗陈腐的问题，而是两性关系中的基本问题，也是导致对妇女解放和被强加的角色定位的设想问题。梅特涅不停地在思考着这些问题，并试图向多萝特娅解释，他为什么能在短短几天之中，就对她对自己的态度这么有把握。他针对相识之初情欲成分的威力声称："吸引大多数男人的东西，对于我来说毫无作用；我不知道，我是否比其他的人需要的更多，然而我自己清楚，我渴望的是别的东西。"[93] 那么，是什么东西呢？他用与出身于都灵的俄国公使"关于女性"的一次谈话，向她作了解释。每个人都吹嘘他最欣赏女人的什么方面：对于这个俄国人来说，是女人的丰乳肥臀、圆润脸蛋和丰满的臂膀，精神层面他则不大在意，他喜欢"丰腴的"、膘肥体壮的、营养充足的、在饭桌上大快朵颐的（女人）。梅特涅回答道，自己注重的是"精神、气质和心灵（l'esprit，le cœur et l'âme）"，无论她的脸庞是丰满还是消瘦。这一点毫无疑问完全适用于他的夫人爱列欧诺拉，人们一致认为她是一位美人。

梅特涅认为，在两性之间可以看出一个区别，即两性对于爱情的理解并不相同，虽然双方的感情投入程度可能是一样的，但是有一点："爱情对于女人的一生都是最关紧要的，而对于男人来说则相反，它只是人生的一部分。"[94] 男人愈是远离青春时代，就愈易受到年轻女人的吸引。梅特涅自己当然抵制了这种感情的冲动。虽然多萝特娅比他年轻 12 岁，但是他们相识时，她也已经 33 岁了。他向她保证，"你的年龄只是对我产生的魅力之一"。他与女人打交道的人生经验告诉他，在两性之间，存在着"十年的时差"。他认为，女人在心理上比起男人要早发育十年，换句话说，在同样的年龄下，女人在心理上对于男人是占压倒性优势的："任何一对幸福的男女关系

578

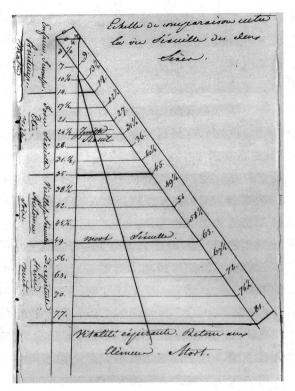

1823 年 5 月 6 日梅特涅亲笔绘制的《男人与女人的性生活对比图》

的基础，应该是接近相同的思想高度。但是，恰恰是在同龄的
两个性别之间，却很少出现这样的情况。"[95]

　　在梅特涅画的图中，他形象地描绘了两性之间这种大约
579. 十年的发展落差：他按照季节和天时，将生命的循环周期加以
区别：①童年和青年（春天、早晨）；②性能力旺盛（夏天、
中午）；③性能力衰弱（秋天、晚上）；④年老体衰（冬天、
午夜）。他将男人性能力的全盛时期定在 31~32 岁（女人是
24~25 岁），男人性能力的衰亡期约在 63 岁（女人是 49 岁）。
他于 1823 年 5 月 15 日将这张图送给了多萝特娅，刚好是他

50 岁生日的当天，非常精确。

　　看到这张图的第一眼会让人感到吃惊，因为在这张图中，梅特涅仅仅形象地描绘了性能力，然而由于他在谈及这类事情时，总体上只是在讲他对心理能力的解释，那么他应该是将心理和生理的存在，默认地视作一个个体的两种互为依赖的表现方式。但无论如何，他首先都是在强调女性在心理层面与男性能力相当、势均力敌。而且在他看来，女性甚至应该更优越，因为如上所说，在年龄的对比中，梅特涅认为女性在心智层面更占优势，或者说得更好听一点：发展得更加超前。

　　抱有这种观点的梅特涅绝对要受到孤立，因为他的绝大多数的男性同代人，都会愤怒地反驳这种观点，如果以比较的眼光观察一下获得许多赞誉的、进步的《拿破仑法典》，那么这部法典就在现代化的意义上显示出了逆差。在讨论这部法律该如何编纂时，拿破仑亲自删去了女性在法庭上拥有行为能力的相关表述。按照拿破仑的明确愿望，第 213 条后来是这样说的："男人是其妻子的保护者，而妻子要顺从自己的丈夫。"没有其丈夫的许可，她不可以出庭。在普鲁士，按照国家普通法的规定，妇女可以离婚，就像威廉米娜·冯·萨甘或者著名的女小说作家范妮·雷瓦尔德（Fanny Lewald）所做的那样，而在法国，《拿破仑法典》却拒绝女性拥有这样的权利。

自由选择伴侣和女人在政治中的地位

　　在伴侣选择的问题上，梅特涅同样有自己的看法，但完全不符合贵族社会的传统。传统的做法是，在缔结婚姻时，要通过签署家族协议来确保或者扩大财产的保有量，而梅特涅原本的理想，是自由选择伴侣，然而恰恰是在这种形势中，他看到了对于女性来说几乎无法克服的困难。当男人直奔他们所追逐

580 的女人这个目标而来的时候，女人则试图在年轻时，就去寻求"即使人类心智的成熟经验和深刻认识也几乎没有能力十分有把握能认识到的东西"。她们试图先确保未来，比如，她的伴侣未来是不是一个值得尊敬的朋友，他是否可靠，是否能够爱自己，以及是否正直和诚实："女人的心思，是想要事前就能确定，她们心仪的男人的心是处在一种什么状态。而男人大多则是在女人无法拒绝的情况下开了头的时刻，就已经达到了目的。而当女人要开始的时候，男人就已经准备要放弃了。在他看来，爱情太漫长，人生却苦短。……它（爱情）首先是由矛盾和对立组成的，并由困难来强化，**而且只有通过完全等值的旗鼓相当，才能到达圆满**。它要经历多个阶段，并且克服多重困难。多数人遇到困难时，会半途而废——谁能坚持到底，就会幸福！"

梅特涅关于爱情、关于角色强迫，以及关于成功的伴侣选择等的这些思考，与众所周知的有关他作为一个通奸者、一个佞臣、一个肤浅的渔猎女性的好色之徒的形象，相去甚远。这些思考显示了他的生活经验，着眼于男性和女性的平等，尽管他们迫于社会的强迫不得不接受不同的义务。在他生活的那个时代，他还有更为超前的想法，他将男女平等的问题转移到了政治领域，他以此反驳了19世纪资产阶级由于男性权利的增加，而使女性的活动空间日益受到限制的倾向。男人不断地争取到权利，拿起武器，建立社团，担负政治责任，可以参与选举地方议会甚至选举帝国国会，并且还可以当选，而这一切却都没有女人的份。梅特涅在他的那个时代，则想要平等对待她们。他实际上也还是经历过她们作为被社会尊敬的人物的那段时光，那时男人还要向她们寻求政治建议——至少在我们所知的一些例外的情况中是这样的。对于哈布斯堡皇朝的主管大臣梅特涅来说，女人登上政治的巅峰位置，是完全可以想象和接受的。玛丽娅·特蕾莎就是一个最好不过的范例。梅特涅对在政治生活中设定性别界限持批评态度，他曾经向多萝特娅肯定："假如你是作为一个男人来到这个世界上的话，你会仕途坦荡、前途无量。以你这样的心智，以你这样的勇于担当的性格，干什么都不在话下。"[96]

在与威廉米娜·冯·萨甘交往时，他就曾鼓励她在政治上给他以咨询。1813 年 11 月底，在法国人入侵之际，他正在撰写致法国的声明，与此相关，他起草了执行备忘录，发展了他关于此事的政治观点。他将备忘录送给威廉米娜看并写道："我指望得到你的认可，你的认可对于我来说就相当于审查。"他甚至走得更远，进而希望她应该来当公使，他自己则任大臣，或者干脆颠倒过来。[97]而对于多萝特娅·冯·丽温，他简直就想让她坐上王位："我的自由主义也同时是我的专制主义，让我有了这样的考虑，即最好的君主制度，就是拥有一位富有智慧和在很大程度上有着远比男人更多的得体举止和礼貌待人的女君主，而且还是一个最高的行政长官，一个有着头脑、心灵和荣誉的人物。"[98]

这并非空洞的花言巧语，或者仅仅是为了向多萝特娅献殷勤才这么说，因为就像我们已经看到的，这种思想完全符合梅特涅的基本信仰，他也反复多次并且一成不变地就女人的政治能力表达过这种想法。约翰大公爵对这种立场的愤怒反应，同时证实了人们对梅特涅的这些表示是非常认真在对待的，而并非看作他是在嘲弄地开开玩笑。大公爵坚决反对这种想法，并且批评说，梅特涅过于深入地沉溺于由女人开办的沙龙之中："在我们所谓'高贵女人'的圈子里，有一次，他就女流是否能担任外交大臣一事，发表了两个小时的不同意见！"[99]

两情相悦，却关山万重，天各一方，这促使两人考虑他们之间关系的性质。多萝特娅为此还发展出了自己的一种"关于她的男女私情的理论"。她揣测，梅特涅在崇拜一种"柏拉图式"的理想，而梅特涅则坚决地反驳了这种揣测，并强调说，她不在自己身边时，自己是多么的痛苦难耐、忍受煎熬。但是，他原则上不想致力于事后可能只会引起他更加遗憾的事情。毫无疑问，天南地北，千里迢迢，阻隔了他们的幸福。但是他有一个对付这种不幸的秘密："千里迢迢，漫道阻且长，路途或亦短，幸福且被夺。我的心不识万水千山，却可缩短它。我能心无旁骛，与天涯海角的红颜在一处。我已知晓，只有在她身边，我方会幸福。"[100]

582

　　这个想象出的和梦幻中的亲近感，在歌德于 1795 年所创作的四段诗《有情人近在咫尺》（*Nähe des Geliebten*）[①]中，更加情意绵绵地表达出来。这首诗的最后四句是："我心在你身上，尽管秋水依人在远方。你就在我身旁！夕阳西下，星光闪耀我身上。啊！愿你就在我身旁！"这种诗情画意的关于情人间望眼欲穿的相思画面，似乎非常符合梅特涅贯穿于鸿雁传书中的基本语调。

梅特涅的书信欲

　　如果两个有情人几乎没有机会亲身相会，而整个关系看起来完全是柏拉图式的话，这种让人受用的语言风格，以及持续多年、不知疲倦的爱情承诺，也完全可能招致猜忌。那么，她对于梅特涅来说，到底还算不算是一个人物，或者梅特涅是否还有另外更重要的考虑呢？多萝特娅·冯·丽温好像应该这样反问一下自己。为什么日理万机的国务首相，还要牺牲自己那么多的宝贵时间（用来写信）？梅特涅自己解释了这个疑问，

----

① 又译《爱在身旁》或《爱人之旁》。

他透露道，写信是如何融入自己的日常工作和生活的。他信写得很快，在几分钟之内就可以记住"我脑子里想过的事物"。写了一半的信纸触手可及，而他则利用无聊的事务或者严肃讨论之间的分分秒秒，在没有写完的信纸上再添一段："我逃到了你那里，在你那里汲取力量，在你那里我倍感幸福。"用这种方法，他将工作、不快和各种各样的烦心事抛之脑后。通过缜密思考的谈话，他唤起了对方给他以心理支撑的理解，要是以清醒的语言来表达，那就意味着，信中的这些谈话实际上与爱情基本无关。在这里，是通过自己选择的想象图景，来实践一种自我激励性的自我控制。而其对话的伙伴，则起到了反映他自身状况的投射功用，通过这种方法，他的身心状况稳定下来。

由于梅特涅整日都在时刻准备着，接受由他自己唤醒的、与通信对象同时并行的生活世界，他就要不间断地保持着思想意识的流动。写信的身心特质，使他处于一种不断地——自我批评式地——围绕着政治原则，以及他在公众生活中担任的角色的打转状态。因为女人在政治利益分配的斗争中，不会成为竞争对手，并且还可以提供没有偏见和利益牵扯的信息反馈，所以她们是他最好的沟通对象。梅特涅的这种用写信进行自我映射的方式，不但限于他不同的情人，而且包括他的家人，首先是夫人，以及他最喜爱的女儿和最喜欢的儿子，这些情况也支持了（我们）对他之所以要写信的解读。不能够和家人在一起的时候，他就与他们保持着不间断的通信联系。

文学研究当时发展了一种"书信理论（Epistolartheorie）"，凭借它可以很好地解释梅特涅写信的驱动力。德意志的启蒙运动文学家，首先便是克里斯蒂安·富尔希特哥特·盖勒特（Christian Fürchtegott Gellert），发展了一种实用书信学，

583

有意识地引导写信的人，通过他的书信活动获得益处。写信可以事后模制之前所谈的内容，可以制造"分解的和延长的信息交流状态"，可以迫使写信者进行更准确地、更简洁地表达，而首要的是："写信重新组织了写信人的思想。"[101] 在梅特涅的情书中，他对自己在政治和历史中所扮演角色评价的表述，在历史学家那里，引发了对他所谓的自负和虚荣性格的诧异。这些表述的语句有"我所犯的每一个疏忽，会影响三千万人"，"我的名字与那么多重大的事件联系在一起，以至于它会与这些事件一起，影响后世"。[102] 与他不断进行的思考，进而确保自己的良心安宁的需要相关，他的这些语句，也应该出现在另外一种光线的照耀之下。

　　梅特涅在这些私人通信中所践行的，诚如他的一个同时代人 1805 年所建议的："如果你想要知道些什么，而且通过沉思冥想却找不到它，那么我建议你，我亲爱的、考虑周全的朋友，就向你碰到的下一个人去诉说。"梅特涅练习的是海因里希·冯·克莱斯特（Heinrich von Kleist）的方法：《关于在说话中逐渐地制造思想》（*Über die allmähliche Verfertigung der Gedanken beim Reden*）。[103] 在书信这个媒介中，他不停地在进行着内心的独白，即使是身临其境的幻想，也都进入到为这个演出的服务中来。梅特涅本人很清楚这种爱情、思想、书信、政治义务和行动力之间的内在联系，就像之前提到的，他非常清晰地确认道："在最紧张的工作中，对我女朋友的思念也没有离开过我。而这种思念也没有让我放松我的义务。恰恰相反，它加深了我的责任感。它没有削弱我的行动力，而是加强了这种行动力。"[104]

　　在卡斯尔雷去世后，当多萝特娅·冯·丽温在政治上转向被梅特涅强烈批评的坎宁时，他与多萝特娅的爱情也因此出现了危机，面临无法持续下去的可能性。在希腊问题上，沙俄废除了与奥地利达成的一致，转而与英国结盟，梅特涅担心，欧洲的安全体系会由此而被打破。而丽温伯爵夫人在这个问题上所起的作用，让他极为诧异。多萝特娅自己则使用"不和谐"来形容他们之间的关系。同时，她从维也纳得到消息，53 岁的梅特涅在其夫人去世后，正在与年方二十的外交官女儿安托尼娅·冯·莱卡姆（Antonia von Leykam）交往。她猜疑，这个姑娘会不会是他现在的情人，并可能成为他未来的夫人："你是一个多么奇怪的男人！看上一个小姑娘！我觉得，如果我委身于一个青葱少年小白脸，那是会被笑掉大牙的！"[105]梅特涅给她写的最后一封信的时间是 1826 年 10 月 30 日，多萝特娅于 11 月 22 日回信，并表达希望说："让我们重新开始。对于我们——对你和对我——来说，在整个世界上再找到像我们这种品位的人，将非常困难。我们的心灵是相通的，我们的精神世界也是相通的，而我们之间的通信则是非常愉快的。……你再也不会找到比我更好的情人了，并且，顺便说一句，如果你遇到了一个像你一样的人，那就介绍给我。"[106]后来，没有发现梅特涅对此信作过回复。

43
妻子、孩子、家庭纽带与探亲

爱列欧诺拉·冯·考尼茨

在记述梅特涅婚姻的时候，我们已经结识了他的第一任夫人，并通过第一任夫人的姨妈爱列欧诺拉·冯·列支敦士登侯爵夫人，对第一任夫人的品性有了了解：不是很漂亮，但绝对是妩媚优雅、活跃、迷人、聪慧，并且是一个富有的女继承人。[107] 最准确的描写是由梅特涅本人作出的，并且恰恰是在他疯狂热恋着的多萝特娅·冯·丽温面前说的。没有任何迹象可以看出，他有在情人面前贬低妻子的倾向，以便在情人面前装作好像只有她（情人）才是最为重要的，是他唯一的选择。梅特涅所做的恰恰相反，他在多萝特娅面前对他"优秀的妻子"赞不绝口。[108]

在棘手的境遇中，爱列欧诺拉一再证实了她的沉着镇定和刚直不阿，即使是在拿破仑这个努力想表现为一个"健谈者（Causeur）"［话痨（Plauderer）］，却再也没有比他表现得更不得体和更没有分寸的人面前也是如此。梅特涅的孙女鲍丽娜就曾听祖父讲过这样一段插曲。一次，法国皇帝在爱列欧诺拉面前翻过来、掉过去地讲——他自认为是在讲笑话："劳拉公主，我们越来越老态，我们越来越消瘦，我们越来越丑陋！"爱列欧诺拉则习惯于对此类饶舌报之以大笑，这让拿破仑喜欢，以至于他补充道："您绝对比围绕在您身边的这群（所有的）野鸡，具有更多的智慧！"[109]

他说的没错。爱列欧诺拉懂得在尴尬的情况下，要坚定地站在丈夫一边，助他一臂之力。最为突出的，是在撮合拿破仑与玛丽－路易莎的婚姻时，以及在朱诺将军公开地一手导演策划的丑闻中，她表现出来的自立。在不在一起的时间里，梅特涅就像给情人写信一样，非常信任地给她写信，并且积极地参与孩子们的教育成长，参与她持家过程中的忧虑烦恼，以及解决具体事务。在写给夫人的信中，他除了政治性的原则表述之外，同时还包括大量的对人物的臧否，对事件的评论，以及他的意图，诸如有关会议的进程和会议上出现的问题，（这可以）让她随时了解《卡尔斯巴德决议》的准备情况。他将他的夫人同时看成他的女君主，想要随时听取她的旨意。第三任妻子梅拉妮·齐希－费拉里斯（Melanie Zichy-Ferraris）甚至可以坐在他的办公室里，为他念保密的急报，她也是他回忆录草稿的第一个读者。

如果声称爱列欧诺拉过于不善交际，不能开办和主持一个出色的沙龙，那就忽略了她在自己家中——在相府的最上一层，更多的是在跑马路的别墅中——的好客热情。在那里，星期一会定期举办招待外交使团的晚宴，这还不算出于各种交际原因，在梅特涅家中举行的大大小小的餐宴。在他的房屋住处，梅特涅还建立了很多的温室、猴苑和鹦鹉苑，并从意大利和巴西搞来了不少的各色植物，在那里茂密地生长。他由此制造了一种他可以沉浸其中的家居环境，以便他摆脱日常工作的繁琐和烦恼。在这里，古典主义的氛围围绕着他，在意大利之旅后，他更加喜爱这种古典氛围了。如果去他家做客，直接进入客人眼帘的，是那幅位于房间过厅的卡诺瓦的《丘比特与普赛克》。

在梅特涅的意识里，他生活在两个世界之中：一个世界里面充满着备忘录和议定书，这个世界属于他的职务范畴，是他

《跑马路别墅中的"博物馆"》(1836),铜版雕刻:爱德华·古尔克;铜版画:F.德维尔特;
印制:约翰·赫弗里希

作为一个国家活动家的义务。[110] 他在其中也谈论自己生活中令
人厌恶的事情,指的是服务于宫廷、沙皇亚历山大的抵达仪式、
50 人的晚宴、300 人的晚宴、没完没了的招待会、由吹牛说大
话而精疲力竭的人组成的无尽的人流、虚假的辉煌、不实的荣
誉、空洞的演说和骗人的知名度等。[111] 他痛恨一切宫廷的和与
之有关的东西:僵化、晚间招待会、长而冰冷的走廊、热得不
得了的沙龙、装腔作势、矫揉造作、感情贫乏、只是关于检阅
和买卖等内容的谈话等。他将这一切称作"交易的泥潭"。[112]

与此并列的是私人世界,一个相反的世界,"却是我真正的
资本,是伴随我的一生,建立我的幸福的所在"。属于这个世
界的还包括与妻儿老小一同共进早餐,当然也包括抽空给情人
写封情书的闲情逸致,因为他认为,如果人的一生完完全全地
受制于其他事务——他指的是公务——简直是无法忍受的。在

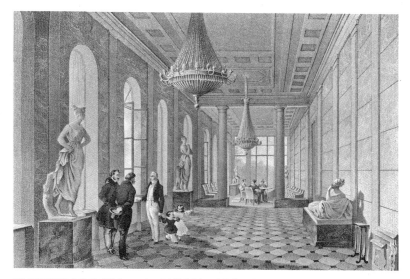

587

《跑马路别墅中的长廊》（1836），铜版雕刻：爱德华·古尔克；铜版画：F.德维尔特；印制：约翰·赫弗里希

世界的熙熙攘攘、热闹喧嚣中是找不到个人的幸福的。[113] 他将舞会也看成一种义务。如果他不得缺席，那么，他在舞会上最多会逗留 1~2 个小时，而且是在深夜 23~1 点之间。[114]

对于梅特涅来讲，这个私人世界是由少许的欢乐、一个情人以及妻子儿女组成的。一次，他用几句话概括了这个私人世界，并一语道破："几个非常靠得住的、指望我就像指望自己一样的忠诚的朋友，一个女友，这就是我的幸福的组成部分；一个舒适恬静的家庭氛围，一个优秀的妻子——听话的孩子们的母亲，懂得如何很好地教育孩子，这看起来就是我的生活的全部。"[115]

与孩子们的亲密关系及克莱门蒂娜的死亡

1820 年夏天，在间隔仅仅两个月的时间里，梅特涅的两个女儿均死于肺结核，这件事也显示了，他经历着一次非人的艰难困境，他是如此眷恋着他的孩子。1819年11月24日至1820年5月24日，德意志邦联各邦的代表齐聚维也纳，讨论扩展1815年《德意志邦联法案》中的基本法，这是维也纳会议预先确定的。梅特涅邀请这些政客到相府的会客厅中共商国是。当他正在那里主持最后的谈判时，他16岁的女儿克莱门蒂娜正在相府的上面一层的闺房里，病入膏肓。她除了患有肺结核和肺炎，还染上了胸膜炎，医生尽了一切努力，接连三天给她放血，使她本已软弱无力的身体雪上加霜，更为虚弱。梅特涅眼睁睁地看到，患病三个月后，超量的失血必将会使她彻底衰竭，并且对医生的工作评论道，他们不能够再自夸说还有能力挽救"我的"女儿："在有些情况下，医术比疾病更糟糕。"[116]

这种情况比平常任何时候都更能让人看到他的内心世界："没有任何东西比起一个患病的孩子更让我感到压抑了。……仅仅知道我爱着的一个生命生活满意，对我来讲是不够的，我要让她幸福。……悲哀不是我的性格，我不能悲叹哭诉。上天判罚我，让我静默着忍受痛苦。"[117] 他不得不在将他绑在谈判桌旁的政治活动，与呼唤他到女儿的病床边的感情之间来回奔波。能够经受住这样的困境，要得益于他那种不断地思考着来确定自身处境的方式。将这种困境记录下来并且告诉他人，就像他告诉多萝特娅·冯·丽温那样，有利于对外显示他能够保持镇静的自制力。他知道其他人是如何评价他的，而这种评价现在恰恰正出现在他的眼前："在困难的时候，就像现在这种情况下，我不得不比平常之时更多地炫耀我的双重天性，那种使很多人相信我毫无怜悯之心的天性。"[118]

这样的场景，让他几乎无法忍受，但他不得不生活其中。当全体医生将他从谈判厅叫出来，喊他到病房中去的时候，一个不知就里的代表向他提问："请允许向您再谈一些有关莱茵

589

肖像画《克莱门蒂娜·冯·梅特涅》(局部),托马斯·劳伦斯作,1820 年

河上关税的问题。"梅特涅的回答让他的谈话对象目瞪口呆,他说自己现在要马上离开,即使莱茵河倒流至源头,他也无所谓。

1820 年 5 月 1 日,托马斯·劳伦斯(Thomas Lawrence)为克莱门蒂娜画的肖像画从佛罗伦萨运达。梅特涅决定,在几个月之内先不打开包装箱,但是处于半昏迷状态的克莱门蒂娜已经得知是怎么回事了,并且请求将画像从包装箱中取出,让她看看。她微笑着说:"看来,劳伦斯是为上天画的我,因为他让云彩包围着我。"她想让人把画靠近她的病床,大家虽然没有拒绝,但是梅特涅说道:"这真让我们受不了。生和死不应该这样并列。"[119]

最让人难受的是,克莱门蒂娜称她预感到了死亡。为了给她换洗,在她的病房中还放置了一张床。一天,她让人将那张床调转过来,并对别人的疑问解释说:"我不想总是看着同一样东西,你们看看这张床,你们不觉得奇怪吗,给我一张石制的床?"梅特涅回答道,第二张床是用麦斯林纱(Musselin,

一种高级薄纱）床罩罩着的。她回答："石头和麦斯林纱对我来说都一样，两种东西都是白色的，这我喜欢。"她的脸色让父亲战栗："她的脸完全变了形，即使是劳伦斯也不会认出她来，只有当她微笑时，她的面容才稍有恢复。但是，这种微笑更多是来自一个超脱了世俗的生物，而不是来自一个人间的女儿。"[120] 克莱门蒂娜的不幸早已将爱列欧诺拉彻底击垮，她从未离开过女儿去世的房间，沉浸在所有属于女儿的物品和环境中。梅特涅也很难保持自制力："进入她的房间，我不能抑制住眼泪，然后再回到工作中去，这是'在我与我本身之间（entre moi et moi même）'永远树立着的栅栏。"[121]

在这种情况下，应该将梅特涅所表达的与此相关的话语重新表述出来，因为它们表明，他懂得以怎样的感性，同时也是以怎样的敏锐眼光去观察女人——而本章的焦点就是女人——"我说的对，我对过于漂亮的年轻姑娘怀着担心。造成她们美貌的原因，在大多数情况下也是造成她们结局的原因。面部的过于娇嫩、几近完全透明的肌肤、在形体上的某种柔美，等等，都证明她们的身体组织过于娇柔细嫩。而我们这里的气候，就像北海吹过来的春风使鲜花开放一样，滋润着她们。我有幸具有一种即使我的心已经破碎逾半，也能正确保持我的思想意识的天赋，在最近的几个月中，我已经明显证明了这种能耐。当我发表 3~4 个小时的演讲，或者口授成百页的文件时，那 30 多个整天围坐在谈判桌旁的男人，肯定做梦也不会想到，我脑海里真正在想些什么。"[122]

玛丽之死

梅特涅再一次经历了在迫不得已的政治困境与个人的痛苦之间的分身乏术。1820 年 6 月，在每年一次的回科尼希斯瓦尔特小住之后，梅特涅于 7 月 11 日经卡尔斯巴德前往维也纳，并于 13 日抵达，之后于第二天马上前往巴登与家人团聚。他刚刚在那里过了一夜，15 日就得到了在那不勒斯爆发革命的消息（7 月 2 日），并立即返回维也纳。此时，弗朗茨皇帝正在他位于下奥地利的夏宫温茨尔宫（Schloss Weinzierl）逗留。他立即召梅特涅前往，这位大臣于 16 日抵达。

在巴登他见到了自己最为宠爱的女儿玛丽，她刚刚结婚不久，已经怀孕，但是同时也已显现罹患肺结核的所有症状："我看到她完全变了，非常可怕，她是那样的虚弱，那样的病态，我简直不敢抱有希望。"[123] 在他离开后五天，20 日，玛丽去世了。关于玛丽，梅特涅写道："我是多么爱着我的这个女儿，她也比爱一个父亲更多地爱着我。多年来她就是我最好的朋友，我的想法不用告诉她，她就会猜到，她比我自己更加了解我，她从未有过不是我的想法的想法，从来没有说过一句如果我处在她的位置上不应该说的话。我一直就有一种抑制不住的冲动，要去感谢她，感谢这样的她，而且她做得多好啊。我的损失无可替代。"[124] 1819 年初，在准备意大利之旅时——这次旅行是梅特涅最想躲避的——因为女儿玛丽的陪同，让他有了些许安慰。为此，他再一次描写了父女俩的相同性格："我在她那里永远会得到理解，比起这一点来，世上再没有任何东西能够在我游戏世界事务时，安慰我孤独的灵魂。"他在女儿身上发现了一种特殊的才能：能使用格言警句将一件事表述得极具艺术性："不久前，她在母亲生日时写信说：'我双膝跪地，给您写信，感激您给予我幸福的 22 年的养育之恩！'整篇信只有这么一句话，但是对于我来说，它已胜过一整部感伤的小说。"[125]

如果问一问，他的天主教个人信仰在多大程度上会给他以安慰，那么就会碰到一个抽象概念，这个抽象概念符合康德学

591

派的、受到启蒙运动影响的精神。但是，他不愿意完全放弃对彼岸的希望，即使是康德，也没有先验地排除这个彼岸："上天给了我一个严酷的考验。我屈从于祂的意志，并且希望，这种考验在一个更好的世界里，能够作价回报给我。"在这里，任何工作都不能抗拒残酷的上帝："天意加予我的负担，是如此的沉重，放在别人身上将会压死他们。"而他的应对疗法就是工作："我埋头于我的任务中，就像一个绝望的战士冲进敌人的炮兵阵地。我活着，不再是为了去感觉，而是要去行动。"[126]

全家在巴黎

到目前为止梅特涅只是有过设想，而现在经过夫人的同意，他将设想付诸现实。他认为，让一家人去躲避一下维也纳的气候的这一步是必要的："在我的家族中，在二十年的时间里，八人之中有七个死于肺病。"[127] 但是，什么地方比多瑙河畔的大都会更合适呢？梅特涅的考虑显示，他虽然能够客观地对世界局势进行分析，比如他刚刚将在意大利广布组织的烧炭党的秘密同伙找出来，这个同伙也是那不勒斯革命的头目："烧炭党，这个制造了一切的邪教的主要特征，就是恐怖。"[128] 但是，所有的与这个组织保持距离的智谋，现在都帮不上（梅特涅）任何忙。他本人也被这种有计划策动的"恐怖"所控制，因为当爱列欧诺拉建议在意大利生活几年，并且让儿子维克多在帕多瓦或者锡耶纳完成学业时，梅特涅对这个建议回答道，就他现在的处境和当前的情况而言，在意大利待下去是不可能的。鉴于不久之前的科策布刺杀案，他马上补充道："我也不会让儿子迁到德意志，在那里他可能会遭到刺杀。我已过于暴露在所有国家激进分子攻击计划的面前。"[129] 因此，就有了对于他来讲非常矛盾的结论：将他的家属送到法国去，即将他们托付给一个他认为安全的国家，一个他并非没有理由认识和评价为欧洲革命策源地的国家。

1820 年 9 月的最后一个星期，他的夫人和孩子们动身出发了，完全不需要想象就可以知道，他离开家庭是如何生活的，即使他是那个坐着通勤马车，来回穿梭于欧洲的、行程最多的大臣——也许涅谢尔罗迭也可以算一个。然而一旦他回到家里，上午 9~10 点之间的时光他会与妻子和孩子们一起度过。而现在，家里空空如也。他将相府上层作住房用的整个区域都封了起来。"没有战战兢兢的敬畏心情，他不能跨进"克莱门蒂娜去世时的房间，他也真的没有勇气再跨进他的玛丽的房间一步。

差不多三年之后，1823 年 5 月 17 日，爱列欧诺拉与女儿莱欧蒂娜和海尔米娜（Hermine）及儿子维克多才返回家中。空间上的距离，应该同时可以使梅特涅夫人再一次踏进这座与如此之多的可怕回忆联系在一起的房子。梅特涅将屋子的格局改变了许多，将那些可能会使悲伤时刻重新进入人们记忆的物品，全部都清走了。在此处，梅特涅也没有求助于祈祷和宗教式的虔诚，而是感谢"天意"给予这个进步的时代如此之多的驾驭人们情感的力量，以至于人们学会了去治好创伤。[130] 梅特涅又回归到他在家庭的范围内，共进早餐和午餐的"家庭生活气息"之中，并且用他最喜欢的一句箴言使这样的生活完美无缺，这句与《旧约》十分相似的箴言是这样开头的："绝不是为了让人孤独才创造了人，而那些声称与此相反的人，他们的精神或者心灵已然抱恙。"[131]

爱列欧诺拉在巴黎去世

家庭幸福的时间持续不长，因为（家属的）身体健康状况

593

又迫使他将家人再次送往巴黎。最终，他所怀有的在巴黎让夫人的健康状况趋于稳定的希望，并没有实现。就如宫廷日历中梅特涅个人所属的那一份所表明的，1824 年夏的六七两个月中，他是在约翰尼斯贝格度过的。这期间，爱列欧诺拉由于肺病正在巴德埃姆斯（Bad Ems）疗养。梅特涅在 7 月 21 日启程去伊舍尔（Ischl）觐见皇帝。爱列欧诺拉与孩子们则没有返回维也纳，而是在约翰尼斯贝格稍作停留，在 9 月时直接到了巴黎，就在路易十八于 9 月去世后的几天，就是说，他们抵达巴黎的时间正好遇到了政治变幻的局势，整个欧洲都见证了查理十世的登基。

　　1825 年 1 月初，梅特涅得到了令人不安的消息，但是他也有理由生气，因为医生和家人都尽可能长时间地不想让他焦虑。[132] 他决定，如果爱列欧诺拉的病情确实急剧恶化的话，他将毫不犹豫，立即动身前往法国国都。梅特涅担心并且怀疑，爱列欧诺拉的肺是不是受到了侵害——如今我们知道，是染上了肺结核。如果是这样，他认为等同于对她判了死刑，不确定的消息和不明就里的情况让他几乎瘫痪。

　　就像 1820 年夏季的那几个月一样，个人的命运和政治危机交织在一起，当时先是加强邦联的立宪问题，接着是那不勒斯的革命，而现在则是希腊问题在折磨着他，那里的冲突使各国可能会分裂。梅特涅担心的是，伦敦坎宁的外交部会将他纯粹出于私人原因的巴黎之行，当作是他在找借口。在他们的眼里，梅特涅是想与法国政府一道，来破坏各大国所希望建立的、抵抗奥斯曼帝国的统一战线，并且利用法国王位更迭之后的局势，为奥地利谋取好处。在这样一件具体的事件上，他证明了自己写给多萝特娅·冯·丽温的、意在英国王室的通知是多么的重要，因为他极为准确地向她描述了自己所处的困境，并且表明，并非出于所谓的政治原因，而纯粹是私人原因让他前往巴黎。"世界"对此事的判断于他来说，已经无所谓了。他已经事先预想到了，法国的媒体会写出什么样的评论。

在他动身之前就已经担心会出事，而他处理后来发生事情的方式和方法，再一次证明，他的妻子于他而言是多么的重要。他知道，他将"在三十年纯净的共同生活之后，走入可怕的孤独之中。我的女儿们该怎么办？把她们交给一个家庭女教师是一种非常不够的补救办法，虽然我绝不会与我的孩子们分开。"[133] 他在将家庭遭遇的命运打击，与公众舆论对他得出的"幸福者"的形象加以对比之后，半是绝望、半是挖苦地自问："所谓不幸福的人过得又如何呢！"

2月8日，梅特涅终于完全下定决心，动身出发。他手中拿着爱列欧诺拉于1月28日给他往维也纳写的一封信。她已经得知丈夫要过来的打算，这封信是她在知道自己行将就木后写的，她在信中虽然仍希望上帝还能够对她假以时日，让她与爱人有更多的时间。然后，她对梅特涅坦白道："如果告别此生，对我来说，代价实在是太大了。除去那些将我击倒的可怕的不幸事件，我一直是非常幸福的。这我要完全感谢您，我最好的、尊贵的朋友，您从未给我带来过任何的苦闷。您全心全意地关怀着我是否幸福，而且您成功了，因为我一直非常幸福，再过四十年，我将重新开始我充满幸福欢乐的一生。"[134] 去世前，在病榻上的这样一种坦白不容怀疑：她是真诚地说这番话的。

梅特涅不得不将他的旅行计划推倒重来。他曾经计划在米兰觐见弗朗茨皇帝，现在不得不紧急改在5月的第一个星期进行。他于3月5日从维也纳动身，径直前往法国国都，并于3月14日一早抵达巴黎。他急忙赶到夫人的病榻前，并且看到，爱列欧诺拉挨不过几个小时，或者最多只有几天了。3月19日，她去世了。梅特涅在写给多萝特娅·冯·丽温的信中，再一次

595　说出了他对夫人的极端尊重："我痛失亲人的经历是无法替代的，天意要这样安排。在孩子们最好的母亲没有一句怨言离我们而去之后，就不能怪活着的人将他们应有的悲伤一下子恸哭出来。"[135]

安托尼娅·冯·莱卡姆：为何偏偏找一个 21 岁的？

梅特涅 1827 年缔结的第二次婚姻，一下子打破了维也纳封闭的高等贵族圈子里的许多禁忌。他挑选的安托尼娅·冯·莱卡姆的母亲，是一位意大利歌唱家，在那不勒斯的剧场里登台演唱，她母亲的娘家姓名是卡普托·德·马奇希·德拉·彼得雷拉（Caputo de Marchesi della Petrella）。她的父亲安布罗斯·冯·莱卡姆男爵（Ambros Freiherr von Leykam），曾经担任巴登的财务总管并且是巴登的奥特瑙州骑士团前成员。[136] 多萝特娅·冯·丽温一年前就已经认真地注意到一条流言蜚语，说有人看到一个非常漂亮的年轻佳丽，出现在梅特涅的周围。[137] 做一个女艺人的女儿就已经够不体面了，足以让人怀疑她是否会遵守传统的道德规范。更让人受不了的是，偏偏是梅特涅，竟然会这样轻佻随意地对待贵族的门当户对和合法合规的原则。[138] 但是，皇帝却公开宣布支持他的国务首相，并且下诏，加封莱卡姆小姐为拜尔施泰因女伯爵，这位淑女就这样十分受用地得到了晋爵。这还不算，皇后还于 12 月 21 日颁旨，准其在宫中"登堂入室"，就是说，给予了她宫廷贵妇的地位。[139]

按照梅特涅的说法，孩子们对此事是感到幸福的，而他本人必须对维克多解释，是什么原因促使他第二次结婚。他向儿子说明，不想变得孤独的渴望是如此强烈地影响着他，让他终于决定走出这一步。[140] 但是这个解释牵强附会、软弱无力，远远不能使传播很广的闲言恶语失去迷惑力，特别是一些历史学家泼向业已老迈的梅特涅身上的流言蜚语：老牛吃嫩草。多萝特娅·冯·丽温、弗里德里希·根茨，还有维也纳的贵族们，也都把他们的嗓音借给了这场后来由西尔比克和克尔蒂（Corti）定调的、冷嘲热讽的大合唱，并且还掀起了高潮。多萝特娅·冯·丽温还在英国的舆论中，煽起了一场反对这位大臣的运动，并毫不犹豫地讥诮梅特涅的婚姻。据奥地利驻伦敦公使报告，她还到处散布一句顺口溜："神圣同盟的骑士，迎娶下九流女士（Le chevalier de la Sainte Alliance finit par une mésalliance）。"这尤使梅特涅感到痛苦，因为多萝特娅·冯·丽温明明知道，他是将神圣同盟作为一个"吵吵嚷嚷、毫无用处"的机构加以拒绝的。同时，她还向卡斯尔雷告密，散布说："梅特涅的天才和智慧最终变成了什么？他的确很聪明，极其聪明。我还记得，卡斯尔雷勋爵有时将他称作一个'政治小丑'，这话说得一点也没有错。"并且她还为批评者的大合唱定了调，当这些批评者不赞成梅特涅的政策时，就把他诽谤为一个具有"阴谋家……狠毒心肠、愚蠢笨蛋、不正派"特点的人。[141]

梅特涅试图让这些流言蜚语和对自己的指责失去效力，像"排泄的污泥"一样从他的另一半世界中消失。但是，当这种指责来自于朋友和家庭成员的圈子时，就冲击了他私人生活的核心地带——对他来讲最为重要的那一半世界。我们在他向多萝特娅·冯·丽温所作的坦白中已经知道，妻子、孩子和可靠的朋友形成了他生活和精神的基本支柱。而现在，他迫不得已要为自己进行辩解。一封写给莫莉·齐希－费拉里斯伯爵夫人（Gräfin Molly Zichy-Ferraris）的、值得思考的信中所列的理由，指出了是什么原因促使他这样做，而且是明显要远远比两性之间的某种强大的性吸引力强烈得多的原因。

这位伯爵夫人属于所说的那种由"可靠的"朋友组成的小圈子里的人。在婚礼举行的两个星期之前，梅特涅告诉了她从唯一的一封信中摘录的一段内容，信中他到那时为止只在一个人面前为此次婚姻作了辩解。[142] 他没有透露，这封信的女收信人是谁，而这个女人肯定对他来说极为重要，因为现在他的这种神神秘秘的做法，曾经是他平时竭力要避免的。经过调查，（我们）弄清楚了这个神秘人物到底何许人也：他的表妹弗萝拉·富尔普纳（Flora Wrbna），娘家姓卡格内克，伯爵夫人。很久以来，她就在"梅特涅别墅"的家政中起着"幕后实权派"的作用，总揽和操纵着一切，并且组织张罗诸如庆祝聚会、招待会以及照顾所有来访客人等事务。梅特涅每天接触最多的人中，除了妻子和孩子，就是她了。在家里大家都称呼她为"弗萝（Flore）"。而她（对这桩婚事）的拒绝，则深深地伤害了梅特涅。

梅特涅在给她的信中说，他经过"明智的思考和冷静的深思熟虑（avec la raison et avec le calme）"，才作出了结婚的决定：在作重大的决策时，他不需要任何人的建议。他已经不再是 25 岁了——在现在这个年纪，他已经非常清楚自己必须做什么。然后，他在一句非常奇怪的话中表示："人的方向定位可能受到人所处的境况的影响，而这种境况，有时又确定着人所置于其中的范畴。"[143] 在此处，他没有让人们听到那些爱情誓言，而是指向了需要经过明智思考算计的情况。这是一种什么情况？可以从他所处的 1827 年的局势和他家族传统的影响中来寻求解释。

一系列可怕的命运打击形成了这件事情的出发点，而这些命运打击并非来自于他的公职生涯，它们来自对他来说更为重要的私人生活领域。他对莫莉抱怨道："我已经失去了能够使一个人幸福的一切。"[144] 到他举行第二次婚礼为止，他的痛苦已经积累到了非常深的程度，一张如实记录的表格，罗列了他三次婚姻中失去的所有孩子。到举行第二次婚礼的 1827 年为止，他经历了他的夫人和到那时已经出生的七个孩子中的四个的不幸去世，去世的孩子中有两个儿子。我们已经在梅特涅家族长期的历史延续中得知，对于他们家族传宗接代的链条不可或缺的是，至少要生一个男性"香火传嗣人"。从梅特涅家族的先祖希波多（Sibodo）开始，香火就一直成功地传续下来。到克莱门斯·冯·梅特涅为止，已经传承了 14 代，他作为家族的长子继承人，感到对这个家族的延续具有同样的义务。而在 1827 年，他看到了威胁家族续存的灾难性的征兆。

出生日期	名字	死亡日期
1797 年 1 月 17 日	玛丽	1820 年 7 月 20 日
1798 年 2 月 22 日	乔治	1799 年 11 月 22 日
1799 年 4 月 6 日	埃德蒙	1799 年 7 月 15 日
1803 年 1 月 3 日	维克多	1829 年 11 月 30 日
1804 年 8 月 30 日	克莱门蒂娜	1820 年 5 月 6 日
1811 年 6 月 18 日	莱欧蒂娜	1861 年 11 月 6 日
1815 年 7 月 1 日	海尔米娜	1890 年 12 月
1829 年 1 月 7 日	理查德	1895 年 3 月 1 日
1832 年 2 月 27 日	梅拉妮	1919 年 11 月 16 日
1833 年 4 月 21 日	克莱门斯	1833 年 6 月 3 日
1834 年 10 月 14 日	鲍尔	1906 年 2 月 6 日
1835 年 9 月 12 日	罗塔尔	1904 年 10 月 2 日

对他写给 24 岁的儿子、家族唯一活在世上的香火传嗣人维克多的信，必须正确解读，信中他向儿子告知了他将结婚的消息。[145] 有关结婚的消息听起来干巴巴的就像一纸公文记录，父亲在信中没有渲染粉饰对他来讲应该高兴的这件事，而主要是关于儿子令人担忧的健康状况。他给出的建议听起来也似曾

相识：注意你的健康，因为你的健康正在衰弱，如果超过两个星期还不见好转的话，一定要去看大夫。初冬时分一定要躲开这恶劣的季节；离开巴黎，到南方去；去热那亚，去尼斯，去耶尔［Hyères，在蔚蓝海岸（Côte d'Azur）边］。梅特涅这里所说的都是一些预防措施，应该更准确地说，他已经有了可能会再次发生不幸事件的预感，也是因为"虚弱的胸肺"，他或许会再丧失掉最后的一个儿子。这对他来说将意味着什么，八年之前他就已经写道："我只有这一个儿子了。……可能要失去他的想法，或者看到他会长年卧病的想法，会要了我本人的命。"[146] 他于 1790 年代末在维也纳大学学得的医学知识，使他几乎可以确定，或早或晚，他都将看到这个儿子也会去世，因此，得出的唯一可以想象的结论必然是，不能与威廉米娜·冯·萨甘或多萝特娅·冯·丽温这样的对象结婚，而是要找一个尽可能年轻、没有感染那种致命的疾病、可以保证生产男性继承人，并且能够像一开始描述的那样有助于"加强家族实力"的女人。此外，1827 年之所以看来是个好机会，还因为梅特涅在一年之前，已经将等级贵族领地奥克森豪森出售给了符腾堡国王，并且利用出售所得购置了位于波希米亚普拉斯的西多会修道院的一块古老领地。以波希米亚为中心，重新开始新生活的时机已然成熟。

婚礼于 1827 年 11 月 5 日在皇室的赫岑多夫宫（Schloss Hetzendorf）举行，这里是梅特涅的妹夫斐迪南·弗里德里希·奥古斯特·冯·符腾堡公爵与妹妹鲍丽娜的府邸。婚礼庆典举行得并不顺利，因为 11 月的寒风充斥着整场仪式，而就在婚宴期间，一名皇室侍从武官给新郎送来一个消息说，俄国、法国和英国的联合舰队在纳瓦里诺港（Hafen von Navarino）击溃了土耳其人的舰队。梅特涅在消息中看到了坎宁政策结出的硕果，对动摇奥斯曼帝国起到了极大的作用。

安托尼娅没有辜负她丈夫的期望，于 1829 年 1 月 7 日生下了强壮而健康的儿子理查德，在同一年维克多去世后，这个儿子成为唯一幸存的家族继承人，也成了唯一的希望。他的全名是：理查德·克莱门斯·约瑟夫·罗塔尔·赫尔曼（Richard Clemens Joseph Lothar Hermann）。[147] 梅特涅的弟弟约瑟夫当了他的受洗教父。罗塔尔这个名字让人回忆起，这位国务首相仍然一直在传承着那位总主教的遗产，也正是这份遗产奠定了家族统治的根基。然而令人吃惊的是，死亡的打击又完全来自另一方面。在儿子出生仅仅五天之后，1829 年 1 月 12 日，安托尼娅就死于产褥热。

维克多之死

现在，一家之主的父亲，只剩维克多一个完全成年的家庭成员了，他可以向儿子诉说他那不可名状的悲伤，他知道，他只能无助地听命于上帝了："上帝赐予的一切，可以收回，人则应该低头，而不是向祂要求自己的权利。我的信任属于祂，我尊崇祂的旨意。我的生命已经快到尽头，而这条生命中还剩余的东西，则属于我的孩子。这个想法支撑着我，并且给我力量存活下去。"[148]

父亲清楚他所寄厚望的维克多的所有禀赋：思维敏捷、无所不在的幽默感、知书达礼、无忧无虑的爱、是女人崇拜的对象，等等。然而，维克多也未能免遭不幸，他要忍受折磨，因为时间长得就像受难一样，到了最后的时刻，他几乎不让父亲离开病床一步。1829 年 11 月 30 日，他听到了儿子说的最后的话——讲的德语——"你现在马上就可以轻松了！"整座房子的上方好像悬着这样的天命，它最后都要以灭亡来威胁人们，这是梅特涅之前的成千上万的贵族家庭已经经历过的同样的命运。

梅拉妮·冯·齐希－费拉里斯

国务首相的第三任妻子，是曾任奥地利国务大臣、会议大臣、外交大臣，以及 1813~1814 年任内政大臣的卡尔·齐希－瓦佐尼科伯爵的孙女。在解放战争中，他曾与梅特涅有过各种各样的工作关系。他的儿子弗朗茨·齐希－费拉里斯伯爵，曾作为上校在奥地利军队里作战。这位上校与夫人玛丽·[亦被称为"莫莉（Molly）"]费拉里斯在维也纳举办有一个沙龙，梅特涅夫妇经常光顾那里。在安托尼娅去世后，梅特涅更加为就职于驻巴黎公使馆的维克多担心，当维克多的健康状况日益恶化之时，梅特涅将这一情况告知了他所唯一信任的莫莉·齐希－费拉里斯女伯爵，因为他最近愈加经常地拜访他们家。

1805 年出生的年轻女儿梅拉妮与她的母亲，早在 1825 年就看上这位鳏夫了。梅拉妮曾在爱列欧诺拉去世时，写了一封令人动情的吊唁信，并因此留在了国务首相的记忆中。自 1827 年以来，她非常认真地收藏着越来越多的来自梅特涅的信。他们的通信一直用法语书写，但是 1830 年 10 月 2 日梅特涅的来信却是以几句德语作结："在这一切之后，多多地爱我吧，要更多，特别多地爱我，因为我完全不惧怕太多的爱。"[149] 10 月 22 日的信又是以德语收尾，只不过多了一句表白，"我全心全意地爱着你"，而 10 月 31 日的信就像是一封求婚信，以非常严肃的方式，包括发誓绝对忠诚："志同道合似乎更加符合我的口味。**与你**可以；与其他人不行！"[150] 1831 年 1 月 30 日，婚礼隆重举行，一切如仪，婚约内容详细而全面。25 岁的新娘无限景仰 57 岁的新郎，并将其紧紧地拴于己侧，使他既无时间、也无精力和机会继续再与其他特殊的情人调情。梅特涅的私人医生耶格尔（Jäger）则劝阻梅拉妮，对丈夫要尽可能地悠着点，以表示对她在那方面的嗔怪，他指的是她在短时间内接二连三的怀孕。然而，她这样的表现，却给了丈夫一颗定心丸，家族的男性香火传嗣得到了保证。

梅拉妮在她的周围招致了相互矛盾的评价：热情、执拗、专横、活泼。关于她大量的负面说法来自于根茨，他认为一个女人干涉政治的核心事务，对于梅特涅的角色来说有损其尊严，并且简直就是危险的："她什么事都想知道，发出的所有急件她都要看看，收到的文件她甚至也要打开。"[151] 根茨后面说的这句话可能是对的。1831 年 2 月 17 日，梅拉妮在她的自从 1819 年以来直到她去世一直在写的日记中，坦率地吐露道："自结婚以来，今天是我第一次与克莱门斯单独共进早餐，他谈论了很多工作上的事，向我透露和解释了他的观点和计划，而我却对于自己的无知深感吃惊和震动。我想要使自己做到，他的话一说出口，我就能理解他的意图，使自己在一切事务上，以及在每件事情上都能够帮助他，能够跟上他的讲解，并使自己能够与他一起，参与这样的讨论。简单说就是，我想要的不仅仅是做一个爱着他的妻子，的的确确不是只做一个过于随意的工具。"[152] 梅特涅在伴侣的选择上，始终秉承着要为自己选一位能够独立思考的夫人的宗旨，绝不能仅仅是"她的先生的传声筒"。

有两件事可以清楚地显示梅特涅与他年轻的夫人是如何相处的。梅特涅出于坚定的信念，对顺势疗法（Homöopathie）采取批评态度，为反对这种疗法，他甚至可以在宴会桌上开一堂讲座课。而普罗克什·冯·奥斯滕伯爵（Graf Prokesch von Osten）则在此事上谈到梅拉妮时说道："侯爵夫人与他之间，在关于顺势疗法的问题上发生了激烈的争论，顺势疗法对于她来说几乎成了一种宗教，她以一个异教徒对这种疗法狂热的盲信而激情满怀。"[153] 她甚至因此与整个医生界论战，而她的丈夫则对发生这样的事泰然处之，也就是说，如果梅拉妮与

601

他在公众场合，对某件他认为完全是瞎胡闹的事情发生争论，他会爽快地容忍。

第二件事的开端，起源于梅拉妮在日记中描述的这样一个情节：在 1834 年新年的一次晚宴上，她盛装出席，头发上戴了一个引人注目的、类似王冠一样的钻石冕状头饰。在她旁边就座的法国公使圣奥莱尔伯爵（Graf von Saint-Aulaire）想要恭维她，对她说："侯爵夫人，您的头是用皇冠装饰的。"她答道："为什么不呢？它是属于我的。如果它不是我的财产，我就不会戴它。"[154] 她的这句话，是以她众所周知的对法国七月革命的反感，来隐喻路易·菲利普（Louis Philippe）的王冠，并且间接地暗指这位"平民国王"的统治根本不合法。这句话被传了出去，最终让法国新闻界以及法国外交大臣维克多·德·伯格利（Victor de Broglie）得知，并且作为一桩丑闻，伯格利向维也纳宫廷提出了抗议。公使想找梅拉妮交涉，而她则坚持一定要丈夫在场才与他见面，圣奥莱尔最后不得不起草了一份正式的照会，要求梅拉妮改正错误。梅特涅则坚决反对这种所谓梅拉妮对法国政府怀有敌意的说法，以保护他的夫人。他所说的理由值得在此展现出来："一个女人完全应该像一个男人一样，拥有她自己的观点。"[155]

通过梅拉妮不厌其烦地大量张罗，梅特涅在跑马路的房子又成了社交中心。在这里，规模庞大的舞会可以招待 800 人，几乎每天都有客人前来此处赴宴，20 人的宴会不在少数。这个富于艺术鉴赏力的匈牙利女人留下了一套收藏品，讲述了几年来有哪些名人出入过梅特涅的府邸，令人印象深刻。这是一套贵宾相册，那些声名显赫、影响巨大，以及至少是被社会承认的人物——全都是男人——被制成象牙微型肖像画而永存于历史。莫里茨·米歇尔·达芬格（Moritz Michael Daffinger）或者约瑟夫·克里胡贝尔（Josef Kriehuber）等艺术家创造了

602

《梅拉妮·冯·梅特涅侯爵夫人》，
象牙微型肖像画，莫里茨·米歇
尔·达芬格作，约 1836 年

这些微缩的艺术精品。[156]

　　1833 年 6 月 3 日，梅拉妮所生的第一个儿子在出生六个
星期之后夭折，这是梅特涅重新又遭受的沉重打击。夫妇二
人曾于 4 月 21 日给孩子取名为克莱门斯·弗朗茨·费迪南·
罗塔尔·格雷格尔·伯尼法茨（Clemens Franz Ferdinand
Lothar Gregor Bonifaz），并且以这些别名列入家族族谱长长
的旗手行列。那么，儿子死亡的故事要继续演绎下去吗？这种
不安促使他采取了一个非同寻常的步骤，他安排了一次医学解
剖，以便彻底搞清楚原因，而且要从源头上杜绝这种家族遗传
病重又蔓延。病理检查的结果是：这个六个星期大的婴儿"死
于一种源于与生俱来的病态双肺的后果——神经周期性肺痉挛
（suffocatio periodica）"。[157] 这种可怕的景象，在后来出生
的孩子身上没有再出现。

603

作为家族纪念地的普拉斯家族陵墓

　　每当梅特涅面对自己家族中的死亡事件时，他总是从留存在世的孩子们身上，汲取最后的生活勇气。在安托尼娅过世后，他曾向维克多承认："我现在的生命还能留给我的东西，就是我对我的孩子们的爱，这是我生命中最有用处的东西用于最重要事情上的感觉；最终就是这种我不是一件世界上毫无用处的旧家具的感觉！"[158] 由于生命和死亡是这样如影随形、紧密相连地出现在家里，并且由此将可能最终决定梅特涅家族的未来，长子继承人梅特涅萌生了为他们家族建立一座自己的陵墓的想法，就像在他看来贵族等级本应拥有的那样。到目前为止，有伯爵爵位的祖先们，被分散地葬在各地，17~18 世纪去世的，则部分葬在科尼希斯瓦尔特的圣马加雷塔（St.Margaretha），以及位于波希米亚埃格尔河畔的科尼希斯贝格 [Königsberg an der Eger，即奥热河畔的金什佩尔克（Kynšperk nad Ohří）] 的圣乌尔苏拉（St. Ursula）。[159]

　　但是，他想要一个新的开始，为家族建立一个中心纪念地。他早就有这样的意图，而 1820 年亲人的相继去世，使他这个考虑更加积极起来。他曾中意于自己科尼希斯瓦尔特领地上的米尔提高城堡废墟，但是这个废墟于 1820 年 4 月与整个村子一起，被一场大火化为灰烬。对于他来讲，计划中的建筑不能仅仅作为墓室，而且要作为他的家族可以看得见的标志："应该建一座这样的陵墓，它在波希米亚应该是独一无二的，或许在欧洲也找不出第二个。"他想象的是类似于"埃及的陵墓"的样子，但是不要金字塔那样，而是要一座带有"埃及风格"的墓室小教堂。引人注目的是，在这个问题上他背离了他喜爱的古典主义风格，并将这种风格定性为具有历史局限性。他说，"埃及风格"是唯一能与时代和季节相抗衡的因

位于普拉斯圣温采尔的梅特涅家族陵墓

素。梅特涅以这种回归到复古的、前欧洲式的、在一定程度上属于自然主义的建筑形式，预先抢了布鲁诺·施密茨（Bruno Schmitz）1913 年在莱比锡民族大会战纪念碑实现的创作理念的风头。[160]

购置普拉斯，带来了一个完全新的机会。这所前西多会修道院经营着一块墓地，并有一座叫作圣温采尔（St. Wenzel）的墓地教堂。梅特涅让人将教堂地下的一个穹隆型地下室，改建为存放家族棺椁的墓穴，并将整座建筑确定为家族的陵墓。他将建筑的正立面改建为完全像科尼希斯瓦尔特和约翰尼斯贝格一样的古典帝国风格，属于"非埃及风格"。

由于教宗利奥十二世（Leo XII）曾多次获得过梅特涅所给予的支持，作为对他的感谢，教宗遂亲自将圣徒瓦伦蒂娜（Santa Valentina Vergina）的遗骨托付予他，因此，陵墓落

为圣温采尔新的墓地教堂及梅特涅家族陵墓落成而作的赞美诗（德语和捷克语），阿达贝尔特·赛德拉切克作，1828 年 8 月 10~11 日

成典礼的宗教荣誉规格超乎寻常。[161] 1828 年 7 月 4 日，当地的大量民众从四面八方蜂拥而来，迎接瓦伦蒂娜圣徒的遗骨抵达，并观瞻了石制棺椁奉安于陵墓的祭坛之中，盛况空前。而家族成员——父亲弗朗茨·乔治、妻子爱列欧诺拉以及女儿玛丽和克莱门蒂娜——的灵柩正式移至普拉斯安置（以隆重的宗教仪式进行）。墓地教堂的落成典礼则于 8 月 10 日和 11 日举行。[162] 阿达贝尔特·赛德拉切克（Adalbert Sedláček）特意创作了一首赞美诗。当地所有的文化潜质，集于赛德拉切克一身：他是哲学博士，是皮尔森地区（Pilsen）的数学和语言学教授，他还曾是特普尔（Tepl/Teplá）修道院修士会成员，并且是波希米亚国家博物馆馆员。

小教堂的落成典礼彰显了梅特涅民族平等的理想。因为他尊重在场的民族的不同一性，所以，所有参加落成典礼的人都拿到了一份德文的和一份捷克文的赞美诗诗词。以颂诗风格写成的这首赞美诗，唤起了人们对一位守卫着祭坛和皇位的侯爵

606

位于普拉斯的家族陵墓，中间是
克莱门斯·冯·梅特涅的灵柩

形象的想象。

通过侯爵你虔诚的思想和神圣的教会精英，
已看到如今成千上万的人为你的教堂热血沸腾，
听到四面八方响起的赞美、颂扬和歌声，
山呼万岁，为教堂祈福，为人的虔诚，
是他让这个寂静的山谷沉浸在幸福之中！
他用父爱培育普拉斯，渴望虔诚的道德民风，
他用他的身躯让他的孩子安息其中，
他完成了这座华美的作品——先祖圣陵，
四位已安然睡去的灵魂，在这里寻求安宁。

赞美诗就像赞赏一位列祖列宗排序中的臣民族长，以及像赞
赏一位领主权利的当权者——一位仍然在认真地对待教会资助
人权利和义务的当权者——一样，赞赏着这位统治者。然而梅
特涅不是一个脱离现实生活的发思古之幽情的人，由于仪式的
举办地有高度现代化炼铁厂的产业工人，因而同时也代表着现

代的时代精神。即使这座 1828 年落成的家族陵墓的外观不是"埃及风格"，而是古典主义式的，它也达到了自己的目的，因为直到今天，来访的客人仍然可以参观梅特涅家族的墓室。我们看到，他当时的一句话已经得到证实："我热爱一切能与时间抗衡的东西。"[163]

第十章

构建与新开端：
改革与变动，1815~1818

44

梅特涅民族政策的幻想
（以意大利为例）

1815 年后的防御性和建设性安全政策

1815 年 6 月 9 日的《维也纳最后议定书》，为欧洲的历史进程画定了一条时代性的界线，并且由于三个主导大国——英、俄、法——仍然在谋求将它们在欧洲的势力范围继续向外扩张，这个转折就在全球历史的视野上有了重要意义。如果人们试着以 1815 年的眼光展望一下不远的将来，就会马上清楚，那个已经确立的划时代的概念——"复辟"——是多么误导人和多么的荒谬。用"安全政策"来形容它们的目的和行为动机倒是更加贴切。这种安全政策由两部分组成。一部分即**防御性**安全政策，它是用来保护 1815 年建立的、国际法意义上的体系免遭攻击。但是由于法国革命以来的内外事务已经不能截然分开，当维也纳体系在各国国内受到质疑时，大国的目光也转而关注着本国内部的革命和颠覆的企图，以及刺杀和对政权的攻击。比如希腊革命就发生了这样的事情：通过革命分裂出一个独立的国家。

另一部分包含的是**建设性**安全政策。它是要在过去战争年代废墟的基础上，建立和完善维也纳会议悬而未决，从而搁置起来的内容。后拿破仑时代的世界已成为立宪制，法国有了 1814 年 6 月 4 日的宪章（Charte Constitutionnelle，即《法兰西一八一四年宪章》），它"不但确认了革命的主要成果，而且比起帝国宪法要自由得多。它在很多方面都标志着从专制……向现代自由宪政国家的过渡", 沃尔克·泽林（Volker Sellin）这样形容道。[1] 不是"后退（Rollback）"进革命，而是将革命的成果消化，才是当前的口号。

建设和继续发展，正符合普鲁士改革者们的思想。莱茵邦联的继承人开始在他们的民族版图中，寻找作为"第三个德意志"的地点，并且将通过拿破仑战争所赢得的领土，组成新的、现代的中等国家。最明显的例子是巴伐利亚的总领大臣蒙特格拉斯（Montgelas）走在了前面，紧随他的是巴登的西吉斯蒙德·莱岑施泰因（Sigismund von Reitzenstein）或者符腾堡的欧根·冯·毛克勒（Eugen von Maucler），梅特涅也追随着这种趋势。1815~1819 年，他推动在意大利实行发展前景非常乐观的哈布斯堡政策，并推动整个皇朝重组，以及发展奥地利的对"德"关系。

在弗朗茨皇帝关于拿破仑之后的皇朝应该如何构建的计划中，尚在解放战争时期，意大利问题就已经被赋予了较高的地位。[2] 在意大利政策中，我们有唯一一个梅特涅的实例可举，他发展了一系列有关意大利内政政策的设想，可是作为外交大臣他却无权执行。在这方面，他的建议无疑是受到重视的，因为虽然对于皇朝来说，亚平宁半岛的大部分是外国，但是伦巴第-威尼托王国自 1815 年以来就直属于哈布斯堡帝国。而外交大臣在这个问题上的关于民族问题的表态，也可以直接运用到他与皇朝内部其他所有民族打交道的态度上。因此，意大利的例子可以代表性地解释，梅特涅在实践中针对国家和民族问题的基本观点。西尔比克出于所谈及的意识形态的前后关系，抛出了所谓的梅特涅"违背民族的思维方式"，以及他的"非民族思想"的荒谬断言。[3] 如果不是他的权威具有压倒性的优势，使人准备去相信这种断

言，而且这种断言散布得是如此广泛，那么，在这方面早就
会形成另一种梅特涅的形象。早在 1963 年，学界就已经发
表过一项研究成果，彻底颠覆了西尔比克在民族问题上的判
断。这个被内行所承认的研究成果之所以能够出现，是因为
图宾根（Tübingen）的现代历史研究之父汉斯·罗特费尔斯
（Hans Rothfels）对这位传记作者的评价产生了怀疑。他将
民族主义作为自己的研究题目，并鼓励他的一个博士生将西
尔比克已经印刷出版的评价，与存于维也纳的原始文件逐一
检查比对。为了历史的公正起见，这个出色的，却并非广为
人知的美国博士生的名字亚瑟·G.哈斯（Arthur G. Haas），
值得在此特别突出地加以强调。[4]

作为范例的伦巴第 — 威尼托王国

甫一抵达米兰，梅特涅就于 1815 年 12 月 29 日开始制定
他的新意大利政策的原则。在米兰，他四处倾听人们的说法，
并且得知在伦巴第 - 威尼托王国中，人们有一种恐慌情绪，害
怕被哈布斯堡重新占领的国家，会完全像一个下辖的省一样受
到对待。他发现，从维也纳派驻此地的官员受到了好评，这位
官员提出了如何加强自治和自我管理的具体建议，并建议米兰
司法程序问题中的第三审上诉制应予保留。当地人们最大的担
忧是，米兰会降格为一个可怜的省城，这里的人们不愿意成为
布尔诺或格拉茨（Graz）一样的城市，抑或落在都灵或者佛罗
伦萨后面。因此，人们希望宫廷未来直接在这里设府统治。当
地的行政管理在近几年获得了巨大的进步，就是说，是在拿破
仑时代。梅特涅说，当地官员都非常有教养，他们的管理质量
非常出色，但是他们担心，他们的本土管理会被"世袭的"，
明确地说，会被引进的"所推翻"。同时，他们还担心削减

本土官员的编制，希望在维也纳面前可以保留自己的中间一级
的审判机构。因此，梅特涅奏请皇帝，在维也纳"绝对要设立
一个意大利事务署"。但是，在做这件事的时候不能犯错误：
"这里的国家要由本地来统治，而这里的政府在维也纳也要有
代表。如果这里的事务拿到维也纳去处理，那么陛下您不久就
会在这里再也拿不到一文钱，一切都会停滞。但是如果是相反
的话，让伦巴第与威尼托按照在维也纳已经明确说好的、必须
进行监督的原则，由一个非常负责任的总督来统治的话，陛下
将会享受到阿尔卑斯山这一侧（南面）国家的安宁、幸福与和
平（梅特涅是在米兰给皇帝上书的）。……这个问题最终还是
个工作量的问题：每个月究竟是想将 500 个还是 50 个问题拿
到维也纳去解决？"[5]

　　这中间，就已经隐含着一个政治纲领了。梅特涅同时还
批评了到目前为止奥地利各行政机构的政策，这些政策没有像
指示的那样，首先应当尊重当地业已存在的立法机构。被招进
组委会的那些人，对这些国家的具体情况没有丝毫的了解，管
理陷于瘫痪，"社会公众的精神意识极端的不和谐"。对于他
来讲，重要的是，将到目前为止在行政管理上所犯的错误清除
干净，"以便针对民众的思想意识，来解说陛下的真实意图"。
梅特涅当然也照顾到了像他所说的"国家当前的愿望"。他急
切地建议皇帝降旨给总督，不能解散目前还存在的机构，如果
要取消，必须事先禀报皇帝御准。[6]

　　1819 年 10 月，梅特涅向皇帝呈送了关于伦巴第－威尼托
王国在意大利王国解体之后以及——像他所用的说法——"意
大利的一些省与奥地利皇朝重新统一"以来的中期发展报告。[7]
他报告说，他正在努力地"满足这个美丽国家的当地居民的愿
望"。但是，只取得了部分成功，因为"几乎没有结束的革命
的原则"，在伦巴第当地的知识阶层中，还在发挥着影响力。

"独立派"以及他们在全国的广泛关系，还在遵循着"在一个治权之下的意大利全国统一的幻觉魔咒"。对此，梅特涅的观察具有根本性的意义。政治活跃分子正在意大利民众中进行煽动宣传，"并且向他们展示在外国的任何一个民众运动中的，以及在欧洲任何的政治联系中的时间节点，在这个时间节点上，哪些幻想是可能实现的"。

他以此描绘了遍布欧洲的地区性民族运动和民族诉求的兴起，他认识到，民族思想——民族、语言和领土的统一——是如何在全欧洲广为宣传，并且跨国越界、相互接收、互相影响，以及通过这种方式持续地互相鼓励并得以加强的。在1819年10月时，梅特涅还认为，这不过是一种政治信息交流的现象，到了1820~1821年，革命者已经将其付诸行动：从1820年3月的西班牙开始，起义运动一直蔓延到葡萄牙、意大利和希腊。共同的榜样——首先是1812年西班牙的《科尔特斯宪法》（Cortes-Verfassung）①——将各处分散的、地区性的起义地点联结了起来。这并非梅特涅从不合情理的谋反想象中得出的幻觉，而是如今通过历史研究确认了的事实，因为这个结论对1820~1821年间的所有革命都适合，"这些革命将地中海地区的三个半岛——就像在一个管道连通系统中一样——相互串联在一起"（莱因哈德·科塞勒克语）。8

但是，如果梅特涅相信，上意大利的这些民族主义的激动情绪是可以操纵的，那他就大错特错了。他想到了一个主意，"将那些泛滥的政治行动悄无声息地引导开，并且让它们指向无害的，甚或有用的事务"。他想利用意大利人称为"再生的但丁（Dante redivivo）"的著名诗人文森佐·蒙蒂

611

----

① "Cortes"在西班牙语中意为议会、国会。此处指1812年流亡到加的斯的西班牙议会创立的西班牙第一部现代宪法。

（Vincenzo Monti）。蒙蒂曾经作为宫廷御用诗人为拿破仑效劳，对梅氏来讲这并无所谓，因为这位诗人自 1814 年以来就为弗朗茨皇帝创作颂歌。蒙蒂正在为纯洁意大利语言，与佛罗伦萨的秕糠学会（Academia della Crusca）打着笔墨官司。梅特涅想要将这场个人之间的争论，改变成佛罗伦萨和米兰两座相互竞争的大都会之间，在民族领域中的一般性争论。他指望着："意大利人之间的争风吃醋，或许可以在道义上加强这一地区的政治分裂。这场笔墨官司打得越激烈，那么，当前政治事态对这个国家知识界情绪的影响，恰恰也就会变得越弱。"

在文化统一中的国家多样性

梅特涅的这种将意大利在文化上看作一个整体，但是在政治上保持分裂的意图，可能会被误解为玩世不恭。但是对于这位大臣来说，这正是务实的现实政治，因为他认为，只有将这个国家分为几个地区，"意大利"才能得以实现。对于他来讲，这个国家是由几个相互竞争的部分组成的，就像他在德意志看到的一样："在意大利，省与省之间斗，城与城之间斗，家与家之间斗，人与人之间斗。如果在佛罗伦萨爆发一个运动，那么普拉腾人（Pratenser）和皮斯托人（Pistojer）就会成为反对派，因为他们痛恨佛罗伦萨。同样，那不勒斯恨罗马，罗马恨博洛尼亚，利沃诺恨安科纳，米兰恨威尼斯。"[9]

612　　　值得注意的是，梅特涅在这里说的是意大利民族。他的战略是：促进这些民族在文化上发展，这意味着要让他们去政治化。但是他忽略了，具体问题上的争论并没有削弱民族共性的基本思想，反而进一步将其加强。他建议皇帝助力 1776 年由皇后玛丽娅·特蕾莎建立的布雷拉美术学院（Accademia di Bella Arti di Brera），首先要重组业已存在却衰落的"文学院"，就是说，去占领"这座国家机构"中那些空缺的位置。在这个问题上，梅特涅还贯彻着他的一个政治文化意图，即以此对那些反对奥地利政府的人的理由来一个釜底抽薪，这些人心怀"对任何形式的启蒙和科学的仇恨"。当弗朗茨皇帝在罗马公开表彰意大利的艺术家，进而获得令人吃惊的好评之后，类似这样的措施，也会在米兰的学者和艺术家那里取得同样好的反响。梅特涅已经有了改革艺术学院和重组皇室及王室科学院、文学院及艺术学院的具体方案。两个机构均由伦巴第 - 威尼托王国的副王、奥地利大公爵莱纳（Rainer）担任院长。

此外，梅特涅还建议，方便奥地利留学生在佛罗伦萨和帕尔马的学习和居住，以及放松目前存在着的禁令，再加上，托斯卡纳作为皇室次子顺位继承人的所在地，因而不能被视作外国，通常对于这样的外国，禁止留学的禁令还在适用。梅特涅还想到了可以作为学科的古代典籍及意大利语言的问题，他正在争取让奥地利的臣民有机会"去学习意大利语，而托斯卡纳的意大利语言水平是最高的"。梅特涅认为，让从奥地利前来伦巴第 - 威尼托王国的官员掌握意大利语，非常的必要。[10]

中心观察站

梅特涅定期通过布普纳伯爵获得有关伦巴第 - 威尼托王国舆情的秘密报告，并将报告直接转呈皇帝。直到 1818 年底，从奥地利的官方机构和军人的眼光来看，整体社会是非常平静的。不容忽视的是，这份舆情报告不但服务于现代化的"政治警察"，而且也为已经过时的旧"公共救济警察（Wohlfahrts-Polizei）"所用，并且已对行政管理中的弊端作了调查。比如，鉴于冲突争吵和偷窃"剧增"，警察的相关规定存在明显的缺陷；司法机

613

构的办案过程过于拖沓；副王暨大公爵也过于脱离民众。梅特涅期待着大公爵通过在公开场合露面，为奥地利的良好形象作些宣传。然而，梅特涅在米兰建立的绝密的"中心观察站"的首要任务却是，必须时刻盯紧亚平宁半岛上其他国家的政治态势。[11]

对于整个意大利的情报密探，梅特涅则借助于铁托·曼齐，（Tito Manzi）——一个当地出生的托斯卡纳人。在斐迪南三世大公统治时期，他曾在比萨大学当了九年的刑法教授，然后改换门庭，为拿破仑的妹夫、那不勒斯国王缪拉效劳，在那不勒斯最高法院做了四年法官后，最后被任命为国务顾问。这样的生平丝毫没有影响梅特涅将曼齐称作全意大利最为著名的人——因其所具有的天才和知识。由于对各位君主都很忠诚，曼齐因此享有"完全没有任何私利的、最为温和不激进的人"的赞誉。因此，梅特涅建议皇帝，升他为维罗纳最高法院的参事。[12]

在"中心观察站"，曼齐的备忘录也被集中送到在那里负责的圭恰尔第伯爵（Graf Guicciardi）和布普纳伯爵手中。梅特涅在皇帝面前开心地说，那不勒斯进步很大，没有任何革命的迹象。即使曼齐对情况有所夸张，教宗国的缺陷也是显而易见的，托斯卡纳已与教宗国划清界限，并已经与奥地利的政策相衔接；在卢卡、摩德纳和帕尔马则没有什么变化；在皮埃蒙特，就其幅员来说，也仅仅是存在着一些可笑的、试探性的捣乱；在热那亚、撒丁尼亚和伯爵领地尼斯，由于财政枯竭，仍存在着强烈的不满。梅特涅就各个不同地区的情况作出的判断，使他的欧洲政策框架变得透明："如果欧洲的普遍和平能得到巩固，都灵宫廷的扩张意图尚不足以引起严重的担心。"在梅特涅看来，恰恰是这种对邻国敌意政策的事实，要求对其进行不间断的监视。布普纳做这项工作再合适不过了，因为他熟悉这个国家，并且他还有非常多的秘密联系渠道。两个迹象确保了梅特涅能够在意大利维持和平：日益减少的秘密社团的活动，以及俄国间谍的撤离。梅特涅知道这是他坚决反对俄国在意大利进行煽动宣传的结果，就像他于1818 年在亚琛会议上宣布的那样。[13]

1819 年 4 月，他得知在上意大利的剧变正在酝酿之中。这并非政府的失策导致，而是法德发生的事件使然，即那里所谋求的"向始终按照独立幻想实行统治的民族看齐"。[14] 老百姓被表演出来的"所谓的权利"蒙骗，说意大利也可以像其他任何国家一样，"梦想着所谓的自由宪法"。布普纳认为，只要皇帝来访问一下，并且给当地一些他们渴望得到的补贴，维护一下米兰的斯卡拉大剧院（Teatro alla Scala）与儿童教养院，老百姓就很容易被安抚，政府应该给伦巴第和米兰"一些有用的和受欢迎的东西"。在威尼托实行逮捕的行动，过于草率匆忙，留下了非常不好的印象。相反，真正的知情者是警务署长赛德尼茨基（Sedlnitzky），他直接向君主报告了甚至梅特涅都根本不清楚的详细背景。不停地征招士兵似乎也引起了骚乱，而梅特涅则解释说，征招入伍的适龄范围到底要有多大，这些事情并不属于自己的影响范围。

但是，他给予了秘密情报机构以特殊的地位。这个机构的中心必须要位于米兰，因为这里是全意大利邮政信件的集散地，而信件检查——所谓的对可疑对象的严格调查——只能由专门的官员进行，而他们正属于皇室的秘密顾问团。这意味着，就连梅特涅从皇帝那里得到的情报，也可能源自这个来源。

在哈布斯堡皇朝势力范围内，作为一个整体的意大利

弗朗茨皇帝以及梅特涅将目光超越伦巴第 - 威尼托王国的边界，而投向了意大利全境。在这方面，梅特涅设定了多种不同的行动方案，都是旨在反驳那些称他只是将这个国家作为"地理概

615

念"来定义的说法。他虽然此时也在用这个惯用语，[15] 但是实际上他在幻想着——如同德意志邦联一样——将意大利的各单一国家融入一个"意大利联盟（Lega Italica）"的形式中来。1815 年 6 月 12 日，梅特涅写信给贝勒加尔德——梅氏在他面前没有什么政治秘密——说他"很长时间以来就倾向于在我们的监护下，'在意大利组建一个联邦式的防御体系（un système fédératif de défense en Italie）'，这个体系可以在欧洲这个重要的部分，保证坚实且持久的和平，以及保证内部的安宁。我只是要等待第一个合适的时机，以便采取进一步的行动。"[16]

为此，他按照一个帝国社会学者的方法，要先获知整个半岛的情况和问题的全貌。1817 年 3 月 28 日，曼齐向他呈送了一大套卷宗，[17] 梅特涅还从他那里得到了有关烧炭党秘密联盟的第一手情报，但是更重要的是，获得了关于在这个国家内弊端所在的情报。根据曼齐的情报，梅特涅撰写了一份内容广泛的备忘录呈送皇帝。[18] 值得注意的是，梅特涅在报告中关注了这个国家的社会经济发展水平，并且指出了这个国家的落后状态。报告说，这里只有轻微的"手工业思想"，大部分日常生活用品都来自外国，与之相比，法国和英国在"工厂化生产"上遥遥领先，并且向意大利的所有市场提供商品。他说，奥地利在"工厂化生产"的发展进程上，同样是磨磨蹭蹭，令人昏昏欲睡。手工业生产商很少关心他们的产品在国外是否知名，而应该对这种情况负责的则是皇室商业委员会。

然而最令人注目的，是梅特涅对奥地利伦巴第－威尼托王国政策所取得的成绩的描述。这个王国的管理经验，应当成为其他意大利国家的榜样。梅特涅认为下述几点具有示范意义。

> 民众的各个阶级均须遵守同样的法律；
> 贵族和富人不得占优势；

教会有义务服从；

在革命时期发生的财产易主，并经以前的法律认可 616
的，将受到尊重；

不存在复辟或者反动政治，因为"过去的东西已经被
失忆的面纱遮住，就是说，没有人被公开或秘密迫害"。[19]

但是，他不满意的几点是：

办事过程太慢；

存在着"将意大利各省完全按照德意志邦联的样子建
设的意图"。意大利人每天都在痛心地、眼睁睁地看着德
意志官员被任命担任新的官职。

梅特涅在此表达的，是他在与非德意志民族打交道时的一
个准则，这一准则在他的职业生涯中贯彻始终。在哈布斯堡皇
朝的所有国土疆域的组成部分中，他都坚决反对任何"日耳曼
化"的企图，也就是反对强制进行语言同化。这位大臣向他的
皇帝建议："给这些省一种可以向意大利人证明的、并非想将
他们完全像对皇朝中的德意志省份一样对待的、所谓进行融合
的管理形式，以便讨好这个民族（意大利）的民族精神和他们
的自恋情结。"[20]

梅特涅是以这种信念对待皇朝中其他所有的民族的。比
如，他与弗朗茨皇帝一同支持在莱巴赫（Laibach，即卢布尔
雅那）设立斯拉夫语言教席，以及为促进"本地语言"，在波
希米亚（布拉格大学）和摩拉维亚设立类似的教席，即捷克
语教席。他促成了在利沃夫（即伦贝格）大学（Universität
Lemberg）设立波兰语教席，并且促进在德意志的大学中设立
意大利语教席，以及在意大利的大学中设立德语教席。[21]

45

前往一个幸运的却无法统治的国家
——意大利之旅

梅特涅的三次意大利之旅（1816~1819）

"美丽的意大利"，梅特涅在呈送弗朗茨皇帝的报告中曾这样称呼它，他们两人在 1815 年都向这个国家投以极大的关注，从关注的时长来看，要远远超过对德意志情况的关注。

直到 1820 年 7 月那不勒斯爆发革命，以及后来革命席卷半岛，直至撒丁尼亚 - 皮埃蒙特为止，梅特涅曾三次前往意大利，而且每次都停留了数月之久。

第一次考察，与弗朗茨皇帝前往重新夺回的以及新赢得的国土，接受当地的致敬和进行交接仪式有关。这位大臣于此制订了他有关奥地利统治亚平宁半岛和实施改造的第一批计划。1816 年 5 月中旬，在与弗朗茨皇帝共同视察时，梅特涅访问了威尼斯、米兰及其他地区，目的是重组伦巴第 - 威尼托王国。

第二次旅行也属于政治使命的出公差。历史似乎在重演，因为梅特涅再一次承担了"皇室及王室的交接全权代表"的角色，将皇帝的女儿、20 岁的女大公爵利奥波丁娜（Leopoldine）作为已经订婚的公主交到其丈夫唐·佩德罗·德·阿尔坎塔拉（Dom Pedro de Alkantara）手中。他是葡萄牙和巴西国王若昂六世（Johann VI）的第二个儿子。梅特涅的任务是，陪同公主与随侍一起，从维也纳出发前往利沃诺港，在那里将她交予葡萄牙王室的全权代表，他们将在那里登船，前往里约热内卢。梅特涅一行人于 1817 年 6 月 3 日从维也纳出发，并于 8 月 12 日在利沃诺港举行了隆重的交接仪式。在这座城市，他还访问了意大利最华丽的犹太会堂，并在那里得知，有一万多犹太人生活在利沃诺市，他们在此享有很大的特权。接着，他在卢卡治疗了眼疾，直到月底，并利用这个机会与玛丽－路易莎见了面。

第三次旅行是所有旅行中最为奇特的一次，因为按照方式划分，这次旅行应当算是近代早期贵族的"盛大之旅（Grand Tour）"。建议是皇帝提出的，却给了梅特涅一个求之不得的机会，来弥补他当年作为一个年轻的贵族，由于囊中羞涩而没有实现的愿望。皇帝于 1819 年 2 月 10 日从维也纳起驾，前拥后簇、辎重庞大、车乘相衔，由 98 人、54 辆马车组成。[22] 旅行中进行政治会见是免不了的，比如在罗马、佛罗伦萨和那不勒斯。而此行的主要目的却是参观艺术珍藏、自然科学陈列馆、图书馆，当然还有在佛罗伦萨的家族聚会，斐迪南三世大公、大公爵弗朗茨四世·冯·摩德纳（Franz IV von Modena）、玛丽－路易莎·冯·帕尔马（Marie-Louise von Parma），以及从匈牙利赶来的帕拉丁约瑟夫大公爵（Erzherzog-Palatin Joseph）均参加了聚会。所有这三次旅行给细心的观察家梅特涅，提供了有关这个国家和人民的非常有价值的认识，就像我们此前已经看到的，他的以改革为主导的政策正是建立在这些认识之上的。此外，在这里，应该将其鲜为人知的对意大利的私人印象描述一下。我们可以从他写给夫人爱列欧诺拉、母亲贝阿特丽克丝、女儿玛丽，以及在第三次旅行时增加的写给多萝特娅·冯·丽温的私人信件中获知。

意大利神话

在这之前，意大利就是一个神话。半个世纪以来，罗马同时成了现代艺术家和艺术理论家如温克尔曼（Johann Joachim Winkelmann）、大卫或者卡诺瓦的圣地麦加。至迟在歌德的小说《威廉·麦斯特的学习时代》（*Wilhelm Meisters Lehrjahre*）第二卷于1795年出版之后，当受过教育的人沉醉于迷娘（Mignon）①的动听唱段中时（"你可认识柠檬花开的国度"），方知对意大利的渴望为何物。成群结队的德意志画家、雕塑家蜂拥而至，到罗马来，让大师们的作品启发他们的灵感，在这里，好交友的赞助人卡洛琳·冯·洪堡（Caroline von Humboldt）②在很长一段时间里向他们介绍住处、订单和生计。²³ 当梅特涅来此地旅行时，维也纳艺术学院的学子们，所谓的拿撒勒人画派（Nazarener）③，已经作为艺术家移民在罗马定居下来。

现在，奥地利的这位大臣已经接受了这个国家的所有感觉。辛普朗（Simplon）山口三英尺厚的积雪还记忆犹新，在向下走到波河河谷（Poebene）的途中，他就感到了这里的景色更美，太阳更亲切，他写信给他的母亲说，比起她在格林贝格（Grünberg）的房子，她肯定会更喜欢"贝拉岛（Isola bella）"。²⁴ 1815年12月，他第一次结识了威尼斯，而在1817年6月，他感到威尼斯就像是变成了另外一座城市。²⁵ 由于靠海，它已经没有那么炎热。每天晚上都会吹起阵阵小风；圣马可广场充满着许多巨大的帐篷。人们在大街上逗留

---

① 根据歌德小说《威廉·麦斯特的学习时代》改编的同名歌剧中的主人公，又译"梅娘"。

② 威廉·冯·洪堡的夫人，威廉·冯·洪堡19世纪初曾任普鲁士驻教宗国使节。

③ 19世纪初德国浪漫主义画家的一个派别。

到凌晨，咖啡馆到早上 5 点才打烊。他感到，威尼斯"有如《一千零一夜》中的某个城市"。女人不会被冻得脸蛋通红，鼻子也不会被冻得发青。

只要在路上遇到景点，他就会去参观博洛尼亚的图书馆，佛罗伦萨的皮蒂宫（Palazzo Pitti）、精美艺术学院以及乌菲齐美术馆（Uffizien）。总之他看到的一切都远远超出他的期待。佛罗伦萨展现了一个人所能期望的所有的美好和伟大的一切。他看到的一切，让他大为惊叹："天啊！过去那些时代的人都是些什么样的人啊！"托斯卡纳的景色美不胜收，文明的发展堪称楷模。这里的气候在他看来简直绝妙非凡，在 11~17 点的酷热过后，黄昏、晚上和夜间就像天堂一般。他一路上都在赞赏植被：橄榄树林、无花果树、楸树丛、农家的橙子园、长满迎春花的栅栏、石榴树、葡萄架，以及布满大街小巷的花花草草，让一切都散发着芬芳。让他不开心的则是夜间成千上万的蚊子。

在比萨，他参观了大教堂、斜塔和浸礼教堂。他感到在全意大利，统治者是多么受到欢迎，而雅各宾党人则到处在躲躲藏藏。如果要让他作出去哪里安身立命的抉择，他会选择这里，而她——爱列欧诺拉可以作证，他会在一刻钟之内就作出决定。他接着访问了罗马，以及伊特拉斯坎（Etruskisch）①的菲耶索莱（Fiesole）；在菲耶索莱，靠近橄榄树林有个椭圆形露天剧场遗迹。所到之处的景色、古迹及思古幽情，让他深感震撼，比如，从皮斯托利亚（Pistoria）到沃尔泰拉山谷（Tal Volterra）的游走就是如此，卡蒂利纳（Catilina）②即战败于此。

①　古意大利西北部伊特鲁里亚地区的古老民族。

②　Lucius Sergius Catilina，约前 108~前 62，罗马贵族，曾密谋推翻元老院统治，史称"卡蒂利纳阴谋"，后被起诉逐出罗马，在皮斯托利亚阵亡。

在他 1819 年夏季的意大利之行中，他更详细地表达了对罗马的感受。身临其境，他才理解了罗马曾经是如何成为世界的中心的。所有的建筑都宏伟无比，不是一般的超乎寻常；一切的一切都使人的思想回到过去。皇宫的巨大废墟，帕拉廷山的建筑拱门，断垣残壁的墙体，可以容纳 80000 人的罗马圆形剧场，可以容纳 3000 人的、豪华大理石装饰的卡拉卡拉（Caracalla）室内浴场，浴池之大就像一个巨大的游泳池。他干巴巴地评论道："我们现在的生活是多么的渺小。我真的担心，新闻自由能不能将人类社会再次带进过去的状况之中。"[26]

他在托斯卡纳发现，人们相互之间非常文明的交往方式令人惊异。每个普通的农民讲起意大利语，都是咬文嚼字却非常优雅，如同佛罗伦萨秕糠学会的成员在演讲。与这些正派诚实的人聊天是非常奇特的，他们的语言是沙龙的语言，完全没有俚语俗言，也没有大呼小叫，没有在意大利其他地方耳熟能详的扯破嗓子的激情。一个他看起来长得像半个非洲人的葡萄酒农为他做导游，这个酒农给他讲解一切时，就像一个考古学家解释掌故那样。在梅特涅的报告中，人们看到了：梅特涅讲意大利语，并且一点也不畏惧与普通人打交道。他并非根茨在许多的讽刺挖苦中声称的那样，是个对普通人的意见充耳不闻的宫廷佞臣。

对基督教的矛盾心理

旅行中他头脑中产生的那些幸福的意大利印象，在此只能举几个例子来形象地说明一下。梅特涅有一项观察在这里要特别地予以强调，因为对这个观察的描述，同时也是对他本人性格的刻画，这就是在他看来具有典范意义的事务——基督教。他回忆起好像是在帕多瓦看到的一幅小画，这幅画的基本思想让他吃惊。基督在画中被描绘成一个胜利者，他在一个巨大的岩洞里，手中擎着直立的十字架。这个地方是通向地狱的入口，在右侧恭敬站立的，则是喜极而泣的（基督教的）鼻祖。施洗者约翰召唤着一群从岩洞中拥出并奔向四方的灵魂，聚拢在自己身边，向它们展示了十字架："画中被一种神奇的灵感笼罩着。这已经不再是在十字架上受难的基督，而是战胜死亡的基督，并且让正义之魂分享他的胜利，让其进入他的王国。各个形象都焕发了既期待着什么而又幸福满满的表情，基督本人情绪开朗，圣徒约翰则更被赋予灵感，人们似乎可以听到他正向着深渊呼喊：'决定性的时刻来到了！'"[27]

　　两年之后的意大利之行，梅特涅更加深入地研究了基督教。这是在参观君士坦丁大帝风格的圣保罗大教堂"门前"发生的。建筑巨大而粗犷，拼花图案离经叛道，"且极其堕落变质"。他将其评价为衰落——鉴于这些建筑的纪念性质让他油然而生的评价——并解释为"中世纪艺术的完全堕落"。他认为这些艺术堕落的原因是君士坦丁大帝确立的基督教宗教。

> 基督教的东西与异教的东西不能结合在一起，基督教为了扫清和纯洁自己的地域，在开始占领行动之前必须去毁灭（别的宗教）。……第一批基督徒肯定会去寻衅，将那些使庙宇熠熠生辉、创造异教神灵偶像的艺术，彻底地铲除。……圣母的画像永远不能让人联想到维纳斯的魅力，或者朱诺的高贵，她不能用罗马年高望重女人的、风姿优美的长袍来围裹。……基督徒们充分利用了帝国的崩溃，以毁灭令他们憎恨的、异教用来祭祀的纪念碑和纪念物。没有比牺牲者转变为刽子手更经常的了，基督徒们在异教生活的残留物上，发泄着他们的仇恨。[28]

621

梅特涅将这种认识作为他的人类学的一面镜子，他的这一学说，彰显了他在人性堕落的悲观主义面前的自由精神，正如康德在《永久和平论》（*Zum ewigen Frieden*）中向他阐明的。[29] 康德那里的用来雕刻人的"弯曲的木头"，在梅特涅这里则表现为基督徒们毁灭的遗嘱，这种毁灭是跟随在基督教身后到处出现的现象："这就说明，如果胜利没有被破坏行动的痕迹包围，好事是不能成功的。我的朋友，人性是极其危险的东西，人性是由完全反对的事物组成的，并且从极端的事物中汲取营养，并在这些事物中活跃着，而理智则永远是后来才会出现的、最终的解决方式。"

结论："内部改良"

1817 年 8 月底，梅特涅作了一个总结，这个总结让他对意大利作出了一个精彩的判断："我离开了一个不大，但是在各方面都非常有意思的国家，'在我心中确实留下了非常美好的回忆（un souvenir bien doux à mon cœur）'。我在这里的觉醒——人们对我这样说——就像一场公众的灾难。我有幸改正了许多错误，并纠正了许多愚蠢的事情，而且我还阻止了，在最近的和远期的将来，重新犯这些错误，这对于一个正在准备转变为接受另外的统治的国家来说，非常的重要。我又重新开始坚信，只有自己亲自做的事情，才能够做好，而为了将事情做好，就必须到处去看看。"[30]

就是说，对于梅特涅来讲，重要的不是通过有效的监督来维持意大利的安宁。他奠定了公约协定形式的、不以谋求政治优势为目的的、跨地区的基础设施的开端，比如关税协议、贸易协议、扩大邮政网点和交通网等。他给予伦巴第 – 威尼托王国在哈布斯堡皇朝内以特殊地位：授权这个王国可

以直接与奥地利所有的驻意大利公使馆进行通信联系。梅特
涅在这方面令人瞩目地将只能由中央政府——就是说由他的相
府——主导进行的政治外交业务，与很多具有外交形式的活动
相区分。因为在米兰，有着很多掌握了意大利语并涉及外交事
务的人。[31]

　　梅特涅当时认为意大利不能在民族国家意义上融入的看法
是正确的。现在，如果他还活着，就可以以一种奇特的方式来
体验，自己当时的做法已被世人认可。罗马这个城市在 2011
年举办了一个纪念意大利国家统一 150 周年的展览，却选择
了一句意义表达完全相反的口号作为标题："意大利的地域和
见　证，1861~2011（1861-2011，Regioni e Testimonianze
d'Italia）"。[32] 这个国家无法统一的信念，是与三月革命之前
的"复兴运动（Risorgimento）"的民族激情相悖的。尽管如
此，从长远看，梅特涅发现了在政治上也能够使半岛达到对其
最为有利的统一的方式，这使人感到有些辩证法的味道。帝国
主义者在多民族国家的组成过程中，也曾观察到这个方式，比
如美国。在 19 世纪初，从水平方向上看，美国与意大利在建
国问题上分摊了负面的新闻消息。统一的动力来自于各单一国
家从连年战争中产生的债务，这些债务必须由中央政府出面来
抹平。就像梅特涅在意大利使用的方式，为了维护国家的统一
完整，杰弗逊采取的也是建设基础设施等措施，比如扩建通邮
公路、减少贸易壁垒，以及缔结涉及共同利益的法律协议等。
通过这些举措，创建了"全社会的信息环境"［沃尔夫冈·克
诺布尔（Wolfgang Knöbl）语］。国家的内部建设主要是在这
个基础上形成的。在德意志邦联的各个邦国中，则是各邦议会
的立宪制在起作用。现代社会学将所有这一切称为"内部改良
（internal improvement）"。[33] 梅特涅也指望在这个基础上发
生的、所谓的逐渐进化，而不是断然的革命。1820~1822 年南

欧的革命浪潮，以及后续的 1830 年的七月革命，则明显超出了这个范畴。它们改变了梅特涅的政治坐标系：从建设性的安全政策过渡到防御性的安全政策。

623

46
梅特涅重组整个皇朝的计划

帝国的联邦化

　　但是，外交大臣走的要远得多，因为他于 1817 年 10 月 27 日上书皇帝，呈送了他的改组整个皇朝的方案。在这个方案中，他想要按照现代的部委体系来构建帝国的管理机构，以取代依据古代体制并立的宫廷机构。① 他建议，在业已存在的外交部和财政部之后，设立内务司法部（内政部）。这个部要领导四个司，四个司由"不同民族的四位司长"领衔。这四个司可以补充宫廷中业已存在的匈牙利和特兰西瓦尼亚事务署。[34]

　　梅特涅自己很清楚，他在这里所做的是打破常规的事情。他曾非常和缓地提醒过皇帝，皇帝"从多年的经验中也知道，我会远离在行政体系中的任何不必要的改动，或者冒险的革新尝试。在我的建议中，没有要求普遍改动的内容，也不是什么颠覆性的变动，没有丝毫的冒险原则。我建议的是建立秩序，因为在过于复杂的行政机构内部，只能听凭无序在横行"。他援引"玛丽娅·特蕾莎皇后的辉煌统治"，并且很外交地与"她的继任者在理论上的实验"保持了距离，实际上他是在批评矛头所指的、最后归于失败的约瑟夫二世的改革实验。自此之后，"这个国家大多数人真正的共同思想［！］才活跃起来"。

---

　　①　奥地利当时并没有内阁和现代意义上的部，一事会有多个部门插手。

弗朗茨皇帝最终才可能"作为拯救人民的最幸运的立法者"，登场亮相。

梅特涅暗示，他从此间拿到的调查结果中得知了存在的"弊病"。他说，自己经过长时间的思考，现在将结果告知，这也是他"在多次的秘密谈话中"，向皇帝一步步地、慢慢地解释的结果。他不想"轻率地、不加思考地、不经检验地就说出可能造成严重后果的事情"。他将目标对准了"国家中央机构业已存在的、组织架构完备"的制度。对于他来说，匈牙利在其中占有独特的地位。他援引的是"启蒙原则"和"各个世纪的经验"。

在他看来，当今这个制度之所以在正常运行，是因为在行政管理的顶端，站着一位"懂得如何统治的君主"。但是必须事先预想到可能出现灾难的情况："陛下，您考虑过如果您不在场，当今国是的运作会如何吗？这种完全是由于您的影响而建立起来的运作！"在此处，梅特涅在暗指智力受到限制的，并可能继位的王储斐迪南——多么准确的预见。

他又拾起了业已成形的想法：奥地利应该是一个在唯一的共主统治下的联邦国家，一个"组合成的国家"。他按照自己的想法，向皇帝推荐了两套理想的行动方案。**第一套方案**是在一个唯一的政府形式中，将皇朝领土所有的组成部分"彻底地融合在一起"。约瑟夫二世皇帝曾经实验过这种做法，然而，在这种管理形式下没过几年，又不得不收回这种尝试。因为"相互陌生的部分完全融合，可能只会导致暴力革命的结果"。[35] 对于梅特涅来说，还有：过于强大的中央集权，容易导致"形成一种想法，即国家的集中代表是必要的"。因而，鉴于帝国中有如此众多的、完全不同的语言，以及相互之间分隔着的"民族部落"，他认为这种做法是行不通的。

作为他研发的**第二套方案**，则将政策影响范围作为各部的权限来进行定义，就如同当时各大国已在实行的那样。他区分的权限是：①外交事务；②内政管理；③财政；④战争事务；⑤司法管理；⑥警察；⑦普遍性的审计监督。内政管理负责人的头衔为"最高总务相"和"内政大臣"，他下辖四个总务司。在这几个岗位的安排上，梅特涅照顾到了各个民族，因为各司的管辖范围是由"各省民族，以及照顾到由此产生的该民族相应的地域情况"来确定的。

梅特涅通常被描绘为一个专制主义者，然而，没有一个专制主义者会发表这样的看法。在这里，他证明了自己是一个国务活动家，是一个声明将参与原则——政治参与——当作政治

625

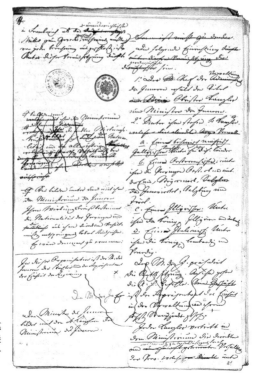

1817年10月27日梅特涅亲笔所写或亲笔修改的《哈布斯堡皇朝组织方式草案》，涉及划分的四个宫廷总务司

行动基础的国务活动家。当然，他在此所谈论的并非选举出来的社团法人，而是行政管理的工作方式。传统上的行政管理只是走"自上而下"的统制途径；而当顾及民族问题时，梅特涅则建议在行政管理上也要走"倒着来"的途径："自下而上"，这是一种非常现代的思想。

在具体的细节上，他将皇朝领土按照民族分布划为四个地区：

①波希米亚—摩拉维亚—加利西亚总务司，涵盖北部斯拉夫地区；

②奥地利总务司，包括奥地利的上下恩斯（Enns）、施蒂利亚、因河流域、萨尔茨堡以及蒂罗尔等德意志各省；

③伊利里亚总务司，包括伊利里亚王国和达尔马提亚王国，以及位于其间的南部斯拉夫地区；

④意大利总务司，主管伦巴第－威尼托王国事务。

内政部中的每一位总管，在工作中都要履行两种职能：面对内政部时，他要直接代表必要时需要照顾的各省的地方利益；而面对各省时，他则要捍卫政府的旨在国家统一的原则。但也恰恰是在这方面，梅特涅则要"从开明的意义上"，尽可能长远地考虑当前的国情。各总务司之间是一种平等的关系。[36] 每一个宫廷机构，都会配备必要数量的下属官员和职员。这个"改革"，梅特涅自己这样称呼它，起到了平衡的作用，因为通过这种方式，负责匈牙利事务和特兰西瓦尼亚事务的事务署"被从它们现在所处的高级别上拉下来，成为一般的行政机构"。这样，也就同时开始了"在这两个国家逐渐准备进行的改革"。

作为一个政治家，梅特涅在处理民族问题方面的敏感性和智慧，以令人吃惊的程度展现出来。因为他的自上而下的地方分权方案，同时也实现了一种"均衡"：保持了同等分量的地区之间的平衡。这样他就避免了1867年进行"平衡调整"时的严重错误，这一年在新成立的奥匈二元帝国（Doppelmonarchie）中，其他那些较大的民族，感到自身作为二等民族受到了歧视，如捷克人、波兰人、克罗地亚人以及鲁塞尼亚人（Ruthenen，乌克兰人）①。

　　整个改革纲领遵循的方案是"在多元中的统一"，这是一个充满着德意志式的联邦主义色彩的模式。这样一来，梅特涅就显得好像是一个具有远见卓识的改革政治家，试图解决将不同的民族绑在一个唯一的国家中的世纪难题。在他的理解中，只有通过对整个国家进行分权，才能预防各民族之间的冲突。

　　梅特涅是多么强烈地努力在哈布斯堡皇朝的人民中照顾好各民族的利益，这在他的建立一个伊利里亚王国的建议中已得到证明。他说明理由的方式，也显示了他的思想是多么的前卫。他征询了当地"所有理智之人"的意见，得出的结论是："这里民族的大多数人，出身于斯拉夫民族，因而也偏爱这种出身。一个南方的斯拉夫帝国只会带来好处，而且，尤其是在这个民族与罗马天主教宗教融合的这个关键节点上。"他认为，赖以组建这个王国基础的伊利里亚省和达尔马提亚省，也从而能够得以保留，并且可以将克拉尼斯卡公国②轻而易举地添加进去。然后他又突发奇想，让人在维也纳研究探讨一下，"如何可以为伊利里亚王国的古老的，或许伟大的历史纪念找出一个国徽"。³⁷他试图以这种方式从历史中使民族认同

627

---

① 亦称鲁提尼人。

② 克拉尼斯卡（Kranjska）也称卡尔尼奥拉（Carniola），指古斯洛文尼亚，是斯洛文尼亚语的发源地。斯洛文尼亚人认同自己为克拉尼斯卡人，并属于克拉尼斯卡地区。

合法化，他坦露，他将自己的一切做法都是作为"传统的发现（invention of tradition）"来理解的。美国民族主义研究者 E.P. 汤普森（E.P.Thompson）就是以这个著名的范式，将 19 世纪民族主义的出现，理解为虚构设计所产生的后果。[38]

哈布斯堡帝国作为世袭领地及玛丽 - 路易莎的案例

梅特涅方案的命运，再一次加强了人们对他在哈布斯堡皇朝中作为一个国务活动家所起作用的认识。作为政府决议，行政机构的革新内容在 1817 年 12 月 24 日的《维也纳日报》上发表。[39] 但是，梅特涅的大胆改革计划的结果如何呢？这个计划被掏空了，是的，它的实质内容被阉割了。作为主导价值的"国家（Nation）"和"民族（Nationalität）"等概念，本来是要给革新注入生命活力的，却不断地被删除，最后的结果只是强调了各种需求的不尽相同，以及要照顾情况的特殊性等，整个改组仅仅变成了内政部之间及下属机构之间互换的把戏，好在这些事至少还是被允许了。梅特涅所要求的在中央与各省之间的平行平等，不得不给"自上而下"的官僚主义逐级办事进程让步。此外，建议成立的伊利里亚王国只得到了有限度的允许；南部斯拉夫地区机构的组建，也因在中央机构中没有获得自己的奥地利 - 伊利里亚总务司而未能实现。

这一切都反映了哈布斯堡皇朝的国家组成的独特性，对这种独特性不得不评价为是其结构性的特征：弗朗茨皇帝将奥地利 - 伊利里亚地区视作家族的古老财产，他只愿意将某些部分贡献出来。[40] 在古罗马人的法令中，从祖辈继承的、分得的，以及可以继续遗传给下一代的财产，被称为"世袭领地（Patrimonium）"。这个统治皇朝的族长，要让皇朝屈服于他个人陈旧的、按照家族集团轨道行进的想法：他是将整个皇朝作为家族的私有财产来看待的，要让他众多的儿子及女儿（玛丽-路易莎）来统治帝国。玛丽娅·特蕾莎、利奥波德二世皇帝以及弗朗茨皇帝的生殖能力，为家族集团创造了充足的王子和女大公爵的储备军。皇朝的支系——所谓的次子继承人——发现亚平宁半岛收入丰厚却又不用花费气力的职位，是保障他们的供养值得优先考虑的地方，在此不要忘了，按照民族的观点，在佛罗伦萨出生的弗朗茨皇帝也是一个"意大利人"。家族成员具体是如何划分这个国家的财富的，维也纳会议上早已作出了规定。[41]

　　祖传世袭财产的占有权在皇帝及其家人的思想中已根深蒂固，特别是在令人瞩目——如果还谈不上是戏剧性的——玛丽-路易莎的案例中显露无遗。由于拿破仑的退位，她成了一个没有帝国的皇后，因此，梅特涅受弗朗茨皇帝之托，在巴黎和谈期间，就已经向同盟国提出要求，让皇后继续作为女统治者生存下去，即使是受到限制的生存。1814 年 4 月 11 日的《枫丹白露协议》确定将帕尔马、皮亚琴察和瓜斯塔拉作为可继承领地判给她。

　　随后，1816 年 11 月 6 日，皇帝坦率地承认，在他看来，他女儿到 1816 年 3 月 7 日——即举行形式上的权力交接的这一天——为止的"生活费用"委实过于昂贵，因为到此时为止的所有花费，都是源于他的"财务预算资金"，也就是说是从皇帝的"私房钱"中出的。于是，他正式向财政大臣下诏，对"朕之女儿在完全有权享用其公爵领地财产收入（1816 年 3 月 7 日）之前，以及在何种程度上对已开销的费用给予补偿，是否合适"作出评估，并就此与外交大臣进行了沟通。[42] 这个任务迫使很多机构都行动起来，并制造出了厚厚的账册文件，因为是要审核从 1814 年 4 月 11 日到 1816 年 3 月 7 日，玛丽-

629

1816 年 3 月 7 日弗朗茨皇帝
在米兰将帕尔马公国交予其
女儿玛丽－路易莎的诏书

路易莎总共花销了多少款项。事实上，自 1814 年 5 月 1 日到 1816 年 1 月底的开支是 799982 古尔登 $40\frac{1}{28}$ 十字币。鉴于账册并不完整，而审计结果却如此精确，着实令人吃惊。

只有对皇室的利益格局，必须尽可能具体地认识清楚，才能作出判断，即梅特涅是否真的像仇恨他的维克多·彼波尔（Viktor Bibl）所说的，是一个权倾朝野的国务首相，而这里只是一个单一的个案。[43] 事实上，梅特涅对整个皇朝进行现代化革新的原则确实落了空，因为世袭领地所占的分量，将民族和合理化的标准完全搅乱，而这些标准，正是梅特涅设计的分散和下放权力方案所要遵循的。他那内容广泛的上书，使用了曼齐提供的大量情报，对皇帝提出的要求有些过分，因为皇帝非常清楚地认识到，他正在被引到一条违背家族利益的道路上

去。梅特涅期待着皇帝能在上呈的奏折上准奏，但是他白忙活
了一场。通常情况下，即使不作出任何决定，皇帝也都要在奏
折上批上一句"已阅"，意思是"朕知道了"。但是这次奏呈，
连这几个字也没有写。

47

哈布斯堡与德意志邦联：梅特涅与普鲁士的自我认同，1817~1818

与其他方式的民族凝聚的竞争：德意志邦联经受考验

对于梅特涅来讲，在1815~1819年之间，很多情况还处于发展演变之中，还有许多可以塑造的余地，可以让他对未来进行建设性的设计。就连德意志邦联本身如何组织，也还有足够多的问题需要澄清。在维也纳会议上德意志邦联的成立，使所有与会者得到一种印象，即在他们成为一个新诞生的"德国"无可争议的教父之后，1817年又出现了一个新情况，如果这个情况公之于众，会在舆论中引起轰动。原因是普鲁士向奥地利提出了要讨论邦联组织的基本原则，使得哈布斯堡政策的贯彻执行，一下子变得不知所措。梅特涅则感到非常气愤，一场攻击最根本的社会根基的辩论展开了，而这场辩论无论如何也要写进这本传记。就我的观察所见，在历史书中，尚没有人注意到这场论争。

1816年11月5日，邦联大会成立会议召开，并以大会主席、奥地利公使的一个对"德意志民族"充满希望的讲话，在形式上开始了它的工作。尽管如此，在1817年末1818年初，维也纳内阁和柏林内阁还是再一次讨论了"德意志问题"的所有方案，似乎在邦联的组成方面，还继续存在着需要改变的地方，而且他们还进一步讨论了普鲁士与奥地利相对于邦联应该保有一种什么样的关系。这一切是从普鲁士王国的国务顾

问、普鲁士外交部主理约翰·路德维希·冯·约尔丹（Johann
Ludwig von Jordan）的一项特别使命开始的。他是哈登贝格
的亲信，并出席过维也纳会议，也是一个执行特别任务的人。
他奉普鲁士国王之命，在1818年1月的第一个星期前往维也
纳，并在那里进行了多次会谈，甚至在1月5日觐见了弗朗茨
皇帝。[44] 他在与梅特涅会谈时，向梅氏通报了腓特烈·威廉三
世的建议，这个建议使梅特涅一时不知所措。梅特涅在任驻柏
林公使期间，以及在与拿破仑斗争期间，就已经感到这位国
王有犹豫不决、优柔寡断和耳根子软的弱点，而现在，他又像
以前多次做过的一样，再一次被柏林"革命军人派的冲动"绑
架了，梅特涅给皇帝的奏折中就是这么说的。他首先想到的是
格奈瑟瑙，当然还有施泰因在鼓动。国王被"几近疯狂的建议
误导了"：普鲁士或者作为一个整体——就是说与邦联无关的
东西普鲁士等外省以及波森——与邦联合并在一起；或者——
如果前一个方案被拒绝——加入邦联，但不包括西里西亚和卢
萨蒂亚（Lausitz，即劳西茨）。起初，哈登贝格还能费九牛二
虎之力说服国王放弃这个想法，但是现在，普鲁士国务首相要
到维也纳来寻求保护和帮助。约尔丹的任务是逼迫梅特涅，促
使他"运用奥地利内阁的全部力量"，[45] 让国王放弃这个打算。

　　梅特涅以备忘录的形式接过了这个建议。在这份由他起
草的备忘录中，他严谨细致地对各种选择方案进行了研究比
对，目的是对它们对奥地利和普鲁士与德意志邦联关系的承
受程度作出界定。他基本上将所有可能的方案都讲到了，在
1848~1849年的法兰克福国民大会上，代表们对这些方案进
行了深入的辩论，并因而分裂成几派。梅特涅清楚地知道，德
意志邦联对于哈布斯堡和中欧国家意味着什么，会带来什么样
的利益，以及每个解决方案本身会带来什么样的副作用，会导
致牺牲维也纳秩序的后果。在还没有对这份备忘录进行深入研

631

究的情况下，那些赞成一个统一的德意志民族国家的发言人就相信，这个方案可以获得奥地利的赞同。对他们而言，只有关于1848年革命的讨论，特别是在法兰克福国民议会上的讨论，才揭示了这是不可能的事。在这些选择方案从讨论中显露出来前的很长一段时间内，梅特涅就已经看清楚了这些结果。他在备忘录中描述了三个在政治上可以考虑的草案，这些草案可以与德意志邦联进行竞争。[46] 他也同时指出了每个草案的不利之处，这些不利之处可以通过放弃到那时为止的邦联秩序来进行置换。

他首先对共同利益进行了概括。在其外交政策中，两大国由于各自的地理位置，在欧洲处于一种独特的形势之中，迫使两国在国家的组成上实行类似的建构。因为两国都处于同样的"挤迫"之下，不仅有来自东部（俄国）的，还有来自西部（法国）的。俄国进逼奥斯曼帝国以及多瑙河下游，并直接涉及奥地利的利益。匈牙利有着"自己独特的宪法"，而意大利则一直处于或革命性或政治性的反奥地利的情绪酝酿之中。普鲁士没有面临类似奥地利那样的挑战，并与尼德兰联合王国一起处于抵抗法国的"警惕同盟"中。欧洲需要普鲁士，也需要奥地利的双重存在——既作为欧洲大国，而且同时作为德意志邦联中的强国——只有这样才能保证中欧的稳定。接着，梅特涅介绍了各种可能的方案。

第一种选择：**普鲁士和奥地利及它们的所有外省整体加入德意志邦联**。这个建议包括了与1848~1849年奥地利总理施瓦岑贝格侯爵费里克斯提出的"七千万人帝国"建议相类似的方案。反对此方案的理由有三。

①奥地利和普鲁士必须保持各自的独立，不能将"其全部的政治生存，湮没于与德意志邦联的关系之中"。如

果两国合并到德意志邦联中，它们就不再是独立的欧洲大国，它们将不得不把欧洲的大政方针，拱手交给其他仅存的三个欧洲大国，两国将失去对欧洲均势施加影响的话语权，它们将被削弱，和平将受到危害。

②这个解决方案意味着，两国与它们的政治外省一起加入德意志邦联（东西普鲁士、波森、加利西亚）。沙皇俄国也可能以同样的权力，为与其联合在一起的波兰王国提出相同的要求。梅特涅已经看到，立宪君主制波兰的各式各样的宪法，在俄国以及沙皇亚历山大的统治下，是如何产生影响其权力集中的各种问题的。如果波兰王国加入德意志邦联，沙皇就可能绕开俄国和波兰的完全是另一种形式的组织和管理，就可以解决在旧波兰和新波兰省份之间，每天给其带来的大量问题。梅特涅看得很对，如果偏离到那时为止对德意志邦联的处理方式，波兰问题就会马上变得现实而紧迫，必须重新谈判。他只需提醒一下维也纳会议的情况，就可以让人注意到此处假装已经安定了的潜在冲突。此外，这样一来，德意志各邦的诸侯就可以召唤邦联的新成员俄国——由于与波兰是共主君合国——作为他们新的"保护人"，来反抗普鲁士和奥地利。

③这样的架构就会使奥地利和普鲁士失去它们到目前为止的、从一个分立的德意志邦联的关系中取得的好处，包括军事方面的好处。此外，奥地利还可以永远不同其外省匈牙利、特兰西瓦尼亚、伦巴第－威尼托王国一起加入邦联。在此点上奥地利与普鲁士不同，当时的德意志邦联起的是"其共同的安全守护神的作用"。普鲁士一旦并入邦联，这种保护作用就会丧失，而奥地利就会不可阻挡地被排挤出去。

633

第二种选择：**普鲁士自己及其所有外省整体加入德意志邦联**。恰恰这个方案也是后来法兰克福国民大会试图以其于1849年3月通过的帝国宪法所要达到的目的，即不含奥地利在内的德意志的统一，却包括被吞并的普鲁士外省——东西普鲁士以及被分裂的波森在内。这就是"小德意志解决方案"。梅特涅反对这个方案：《维也纳最后议定书》的规定，是对所有欧洲国家关系的护卫。这种国家关系特别适用于《德意志邦联法案》第1条。这一条确定了两个德意志霸权大国"要将过去属于德意志帝国的全部土地……统一到一个永久的联邦中去"的地位。普鲁士所希望的加入方式，既不会得到德意志各邦，也不会得到《维也纳最后议定书》签字国的赞同。而且还会刺激其他有加入意愿的国家，如丹麦或者尼德兰，为本国提出同样的要求。如果一切照此方案实行，个别德意志邦国可能会重新解除与邦联的关系。

634　　　此外，德意志各邦也不会喜欢接纳整个普鲁士王朝加入邦联。目前它们相互之间的权利和义务处于"一种众所周知并且可以预计的均衡状态"，而邦联正是建立在这个基础之上。这个绝妙地去除了毛重的、纯粹净重的平衡，将会丧失，德意志各邦也会由于普鲁士的强权而陷入恐惧。

　　第三种选择：**鉴于普鲁士和奥地利所拥有的非德意志的外省领土，它们与邦联进入一种各自的同盟关系**。这种选择至少部分预示了1849年德意志统一的辅助架构，据说在这个辅助结构中，由**大德意志统一**的形成组成一个"较紧密的邦联"。奥地利的德意志诸省也要属于这个"较紧密的邦联"。奥地利所拥有的非德意志领土，则将在"另一个联邦中"并入帝国。

　　而现在，1818年，梅特涅认为非常有必要再一次解释清楚建立邦联给欧洲带来的好处。他将其称为"强有力的国家联合体"，即一个"巨大的政治实体"，它可以在欧洲中部维持和平，因为这个联合体生来就是防御性的。它不需要结盟，是因为它不会参与进攻性的同盟。但是，它可以"为受到威胁者向威胁者发声"。关于此点的解释，梅特涅说，他在这件事上认识到德意志邦联作为一个大国的特殊的政治价值，而普鲁士恰恰还没有完全明白这个大国的作用。奥地利像普鲁士一样，可以相互以这种方式获得一个同盟伙伴——具体地说，是获得一种额外的军事资源——如果这两个国家在其非德意志的外省地区遭到攻击的话。他说，由于现有的邦联宪法规定，如果出现一个邦联成员遭到进攻的情况，其他成员要保证提供援助，因此，这个遭到进攻的成员就无需事到临头才去寻找军事同盟。"防御性联邦体系"的特点意味着，在和平时期不需要一支常设的现役邦联军队，也不需要设立一个军事统帅部。换句话说就是：邦联本身就具有防御性的特质，但是在受到威胁时，则可以从各成员的军队中组建一支陆军，并任命一个共同的总指挥。此处，梅特涅在暗示可能来自俄国方面的进攻，并且描绘了可以想象的军事合作："在这种情况下，两个君主国背靠邦联，就可以将其全部的军事力量投放到东普鲁士各省、波森、加利西亚以及布科维纳（Bukowina）。"

由于存在可以在军事上借助德意志邦联的可能性，奥地利和普鲁士就具有了其他欧洲强国所不具有的优势。如果两国将德意志邦联变成一个像与欧洲任何一个国家结盟的方式一样的结盟伙伴，这种专有的优势特性就会丧失。因为这样一来，就给其他欧洲强国提供了与德意志邦联结盟的机会。梅特涅说得很具体：法国、英国、俄国、瑞典、西班牙、那不勒斯、撒丁尼亚王国，甚至葡萄牙以及奥斯曼帝国，都可以与德意志邦联结成防御性同盟。假如德意志邦联同意玩这种政治游戏，它就会亲近一些大国，而抗拒另一些大国——它"将失去其重要的和平特征"，并且会卷入同盟国之间的竞争，而且不得不选边

635

站。梅特涅的这些阐述非常清楚地解释了，为什么他认为将德意志邦联变成一个民族国家的呼吁是极其危险的。梅特涅要求哈登贝格严格保密，只有普鲁士国王才有权看到这份备忘录。

究竟哈布斯堡皇朝的哪些部分属于德意志邦联？

这个问题是弗朗茨皇帝于 1818 年 2 月给自己提出的，正是在梅特涅与他一同审改备忘录之后。1818 年初，皇帝真的非得搞清楚他的大臣已经在 1815 年 6 月 8 日用邦联法案的形式确定了的事吗？这份文件已经用文字的形式将领土确定，普鲁士和奥地利之"以前属于德意志帝国的全部疆土"属于他（第 1 条），而他则非要知道详情，并指示梅特涅召开有财政大臣（施塔迪翁）、内廷战争议事会议长（施瓦岑贝格）和内政大臣［骚劳伯爵（Graf von Saurau）］参加的会议，让他们搞清楚，"波希米亚在古时是如何并入德意志的，是否曾要求这个王国分担征兵份额，以及它是否向德意志帝国缴税纳贡，然后查一下阜姆以及所有属于它的在一个名叫'Flaum'（里耶卡，Rijeka）的伯爵领地名下的领土，以及属于德意志的这个狭长地带叫什么，最后，万不得已时，如果宣布奥斯维辛和扎托尔属于德意志邦联，是否会以及如何会产生相反的和不利的印象"。[47]

636　　梅特涅以他对旧帝国内部情况的深刻了解，是主持这次会议的最好人选。上面提到的会议参加者于 1818 年 3 月 5 日前往梅特涅的相府开会，并由宫廷参事屈贝克（Kübeck）和施皮格尔（Spiegel）陪同。梅特涅以一份法律历史的报告开场，谈及波希米亚问题可以追溯到查理大帝的时代。[48] 他强调波希米亚的选帝侯名誉是其属于帝国的最为重要的标志，胡斯派信徒（Hussit）及后来的宗教暴乱使原来的紧密联系松弛了。但是，自 1708 年汉诺威加入选帝侯行列以来，波希米亚的选帝侯名誉又活跃起来。波希米亚（指摩拉维亚和奥地利－西里西亚）应该被当作"德意志的融入部分"来看待。梅特涅提醒说，1795 年 3 月 6 日，帝国国会曾要求波希米亚贵族提供还没有征满的兵源。他之所以知道此事，是因为他当时作为波希米亚贵族也被要求提供士兵，在这一时期，他正在他的领地科尼希斯瓦尔特清理家族账目。[49] 此外，波希米亚作为帝国成员不仅参加了德意志帝国战争，而且还参加了欧洲的战争。梅特涅还向会议参加者确认，波希米亚确实向帝国缴纳赋税。

对皇帝的其他问题，他说明：阜姆不应算作帝国领土，而奥斯维辛和扎托尔公国应归波希米亚－西里西亚所有，因此可以被纳入德意志邦联（事实上其已经于 1818 年加入）。他说，这个措施一经采取，德意志邦联就与沙皇俄国有了共同的边界。正因如此，从梅特涅的观点来看，不但有"地理—公众舆论上"的（公共—法理上的）理由，而且有"军事—战略上"的理由，以支持两个公国加入邦联。相府的档案保管员还通过有关"奥地利皇朝的组成、面积以及人口概况"的数据表格，给了梅特涅足够的信息支持资料。非常典型的是，他也以同样彻底的精神，对普鲁士的情况作了一番调查。这样就用文件的方式清楚地说明，对两个德意志强权来说，应当如何理解德意志外省的领土范围。

上述一段描写可能由于表述略显小气，因而看起来好像对于写入梅特涅的传记不够恰当。但这是假象，因为我们已经在此处非常具体地看到，他在民族问题上是如何工作的。他从头到尾谈论的都是德意志帝国和德意志领土，这一点常常被忽略。然而民族这个概念首先不是语言上，更不是人种上的定义，而是来自于国家宪法：谁属于决策机构（选帝侯议事会），谁提供兵源，以及谁缴纳赋税，这些事均是德意志的国家事

637

务。我们在维也纳会议上已经知道的原则，在这里得到重复。德意志——以及其他的——民族都是国家的一部分，而不是他们特有的特质——这些特质只是附加之物，而非本质。哪些地区属于哈布斯堡皇朝，哪些地区同时也属于邦联，现在都搞清楚了。

第十一章

防御性安全政策："维也纳体系"地平线上的危机防范，1815~1829

48

拿破仑"百日政变"：欧洲安全体系的启动

拿破仑最后的遗产：同盟国危机的戏剧脚本

　　当这个退位的法国皇帝在大陆登陆，维也纳会议的参会者又被请回了同盟军统帅部之后，由这位退位皇帝制造的轻喜剧——"百日政变这一幕间插曲"会得到怎样的处理呢？维也纳会议的表述，将他的回归看作一场大聚会行将结束时，一段引起混乱的插曲。"欧洲协调"的上演，让"维也纳会议体系"在 1818 年亚琛会议后，方才开始运作。¹ 由于这次事件具有的历史意义，它本应选择一个更好的、更加亮眼的地点：以拿破仑的回归为节点，欧洲安全体系才真正开始运行——在纲领上得以更新，在政治实践中得以应用。

　　仅仅从事件的发生过程就已经可以得出上述结论。梅特涅在自己的回忆录中，对事件起因的描写极为生动形象，令人印象深刻。² 1815 年 3 月 6 日，他刚刚在住所开完了所谓的五国会议，会议持续到凌晨 3 点。他指示他的仆从，夜间即使有信使送来公函急件，也不要叫醒他。他认为这些公函充其量也不会有什么重要的内容，因为大国的所有代表目前已然齐聚维也纳，不会再有什么大事发生。睡了不到两个小时，他就收到了急步而来的信使送达的一封紧急公函，信封上写着"特急"两个字，急件来自热那亚。最终，他不得不向他的好奇心屈服，打开了这件放在床头柜上的紧急公函。3 月 7 日早上 7 点半，

639 　　他便得知了拿破仑已经从厄尔巴岛失踪——完全像梅特涅一年前在巴黎预言的那样。[3] 他对事件的过程描写也精确到分钟：早上 8 点来到奥地利皇帝那里，8 点 15 分就见了沙皇，8 点半与腓特烈·威廉三世会面，9 点时又回到了相府，在这里，他将事件通报给已经先期到达的陆军元帅施瓦岑贝格侯爵。梅特涅总结道："不到一个小时，战争已然确定。"

　　这句简洁的话说明，《肖蒙条约》四国同盟意见完全一致，并毫不犹豫地准备开始行动。由于波兰—萨克森领土问题，不久前才刚刚解决好的严重冲突，一点也没有影响各国达成一致意见。10 点，梅特涅在自己的府邸召开了四大国大臣会议。3 月 25 日，同盟国在形式上更新了《肖蒙条约》，正是这个条约确立了维也纳会议体系。他们对目标的定义是："欧洲的安宁以及普遍的和平，在其保护之下，各国的权利、自由和独立。"[4] 四大国的所有陆军基本上已经就绪，第七次反法同盟已然成立。然而，1815 年 6 月 15 日，在布鲁塞尔以南一个叫作滑铁卢的小地方，战争的胜负已经决出：英国陆军在威灵顿公爵的率领下，以及普鲁士陆军在陆军元帅布吕歇尔的率领下，与拿破仑军队相遇，并在这次举世闻名的会战中给了拿破仑军队致命的一击，将其彻底打败。

　　必须将 1815 年 3 月 7 日迅速达成的协议，以及 3 月 25 日更新了的同盟，作为几大国在此后十年所遵循的欧洲安全政策的开端。从历史的角度看，反拿破仑战争的胜利，也要归类于欧洲安全体系保证的第一次共同行动。"欧洲协调"也是第一次针对颠覆企图，从内部捍卫了由国际法创立的维也纳秩序；尽管这一秩序是于 1815 年 6 月 9 日由《维也纳最后议定书》才正式确立的。从来就不存在与拿破仑再进行一次谈判的可能，他被看作是欧洲和平的破坏者，是他向同盟国国内提供了颠覆国家、刺杀与革命起义的蓝图，而这些破坏行动根本就不顾忌一个国家的自主权利。干预意味着"先行践行干涉主义"(保尔·施罗德语),干涉主义(Interventionismus)是后来于1820年在特罗保(Troppau)会议上确定的说法。[5]

现在,人们是在新型的欧洲安全政策的基础上进行谈判,这一点得到了于1815年11月20日签订的《第二次巴黎和约》的措辞和措施上的确认。[6] 和约的前言宣布,同盟大国通过共同的努力与军队的成功来实施行动。他们捍卫法国和欧洲免于被颠覆。拿破仑的行动在和约里被评价为"谋杀"!同盟采取的措施直指为这种谋杀创造有利条件的"革命体系"。这就是1823年以来,"欧洲协调"体系中所追寻的那个非常精确的瞄准方向,而这里所说的并非"梅特涅体制"。梅特涅认为,同盟是持久和坚忍不拔的,即使拿破仑在滑铁卢取得了胜利,也将会迎来"无可救药的失败"。在假设的这种情况下,奥地利和俄国的军队以及德意志邦联的部队会"将法国淹没"。[7]

与《第一次巴黎和约》作下比较即可看出,对拿破仑实施的直至滑铁卢的"斩首行动",以及1815年11月20日的和约,开创了一个新的纪元,因为与上一年的处置方式不同,这次法国要屈服于安全政策:按照和约的条款,法国将进驻一支150000人的"占领军",并且还要负担这支军队的开销。但是,如果法国的态度和表现足够好的话,这个期限暂定为五年的措施,可以酌情缩短。现在,法国还要赔偿7亿法郎的战争赔款,并且额外地还要交出一些重要的军事要塞。同盟国精准地实现了它们此后也在"欧洲协调"中要做的事情:如果一个在任的政府不够强大到足以保障国内的和平,从而也不能保障欧洲的和平的话,它们就要干预。

1815年11月20日,《第二次巴黎和约》签署的这一天,四大国同时也更新了四国同盟。这个同盟源自于《肖蒙条约》(1814年3月1日),以及《维也纳会议附加议定书》(即《全

640

体同盟条约》，1815 年 3 月 25 日）。在和约的前言中，四大国再次发誓确保欧洲的安宁。[8] 德语使用"安宁（Ruhe）"一词时只有一个含义，而法语却必须用两个词——"休息（repos）"和"宁静（tranquillité）"。和约的法文文本表达了两个方面的观点："欧洲的休息（Repos de l'Europe）"指的是经历消耗过后再度恢复元气，并涉及战争后果导致的损失。相反，"普遍宁静（tranquillité générale）"则描绘了不受干扰的安静状态，其中似乎已可以听到欧洲和平秩序思想的声音。这种思想是"人类的意愿（vœux de l'humanité）"，并且是其追求的永恒目标。缔约国愿意加强相互之间的关系，这种关系是从为各自人民的普遍利益的共同战斗中，生发成长起来的。它们愿意为了未来，遵守那些使欧洲免于危险的原则，这些危险可能会重新威胁欧洲。

为什么将拿破仑最后的一次登场，列入欧洲安全政策的新时代的开端，是如此的重要？他的重新出现，描绘了一幅可能出现的危机场景的画面。他为同盟创造了经验背景和思维模式，表明了欧洲的和平会因这些因素遭到破坏。同样的一些革命原则，如果以另一种形式出现，就可能重新危及欧洲的安宁。同盟国要在类似的情况下提高警惕，避免类似不幸的事件再次发生。

因此，要给法国绑上一条军事枷锁，这样从一开始就能阻止来自法国方面可能发起的进攻。各国相互承诺，如果辖制法国的军队数量不足，就立即加强它。拿破仑的反攻让欧洲各国亲眼看到，一个篡权大盗可能在极短的时间内赢得革命的支持，并且颠覆现行的秩序。这样，他就给同盟国留下了一幅作为"精神地图（Mental Map）"的随时可以调用的危机景象。

从英国方面来看也是这样，因此，再建立一条英国的特殊道路，就没有什么太大的意义了。无论是年纪更大的人，还是属于"梅特涅一代"的人，和约上签字的所有人，以及授权他们签字的各国君主，9 都具有至少四条可以流传后世的基本经验。①以崇高的目的和非人性的堕落的形式出现的革命的两面性；②一个几乎无法遏制的暴力统治者的优势地位；③自 1789 年以来要严肃对待的"世界战争"的风险；④对他们的国家由此造成的物质层面的巨大损失。这四条经验在道义上给了"欧洲协调"联合起来的动力。

49

1815 年之后欧洲社会中的
扭曲现象

　　如果历史学家从欧洲的视野出发，来观察后拿破仑时代，他们通常会在国际关系的层面上展开。他们的目光会聚焦在某些人物，以及作为行为主体的某些大国上，甚或还会观察一些机构，譬如一个理想的、典型的"安全理事会"[马蒂亚斯·舒尔茨（Matthias Schulz）语]，而原本的政治，只要不在战争中灭亡，那它则更适合在大规模的国际会议的舞台上展现。社会的情况和危机，以及经济的情况和危机，在多大程度上影响和促进了政治进程，对于这一点，历史学家不能视而不见。还有，当时所宣称的危机是否具有现实依据，还是仅仅是意识形态的一个借口，这样的一个经常提出的问题，不可能会有别的答案。换一种问法就是：1815 年以来实施的欧洲安全政策，对现实威胁的反应到底有多剧烈？对所谓"梅特涅体制"的评价，以及与之齐名的《卡尔斯巴德决议》的评价，就取决于对这个问题的回答。在这一节中，就这两个核心题目，作一些因拿破仑大陆体系崩溃而遗留下来的关于欧洲框架条件的解读，较为合适。

拿破仑战争的遗产：持续的国家债务

　　如果质问一下拿破仑时代在所涉及的国家中造成的破坏与

毁灭的波及范围,目前流行的经济和社会史中的叙述,并没有讲清楚。存在一种假象,即似乎随着这位法国皇帝被流放到圣赫勒拿岛,其政治遗毒也被清除干净了。事实恰恰相反:《关于我们时代的控诉》(*Über die Klagen unserer Zeit*)是一位作者所作的关于1820年代初农业经济形势的分析中的说法,而像他所声称的,对符腾堡的观察也适用于"整个德意志",这当然是毫无疑问的。农户们陷入"日益严重的贫困和短缺",负债日益沉重。而城市中的工商业者以及"资本家"——银行家——也面临着同样的遭遇。作者也解释了,贫困来自哪里。

> 此外,我们在寻找国民收入与国家公共收入比例失调的成因,我们也在政府要求臣民缴纳的高额赋税的定额中寻找原因,如果我们回顾一下各邦以及各城镇,在超过二十年的、摧毁了那么多资本的战争中累积起来的公共债务,我们在很大程度上必然会要求政府对其臣民过度征收。[10]

643

在通常缺少对战争带来的破坏及对拿破仑"掠夺经济"[汉斯-彼得·乌尔曼(Hans-Peter Ullmann)语]的后果进行测评的地方,公共预算持续性的债台高筑,为此提供了一些证据。我们已经认识了哈布斯堡皇朝的筹资方式,即为资助1813年的战争,将征税时间提前十年。[11] 这只是国家累积的债务的一小部分,因为哈布斯堡帝国同时要两次供养法国驻军,以及缴纳两次由《普雷斯堡和约》及《申布伦和约》所规定的给占领军的特别军税。

1807年,普鲁士的国家债务为4800万帝国塔勒,而国民收入只有2500万帝国塔勒。1807年《提尔西特和约》之后，国民收入降至 1200 万帝国塔勒，但是拿破仑却在两年的时间里（1806~1808）从这个国家拿走了 2 亿帝国塔勒，以及 3000 万特别军税。1811 年，国家债务已经高达 1.12 亿帝国塔勒，当 1820 年清点国库时，总债务已经到了 2.17 亿。到了 1833 年，债务总额仍然维持在 2.16 亿之巨。在 19 世纪中叶，三分之二的普鲁士人只能生活在最低生活标准线上，[12] 这种情况导致了后拿破仑时代的"预算开支自我紧缩"[伊尔雅·米克（Ilja Mieck）语]。直到 1848 年革命发生时，国家行政开支仍一直徘徊在 1821 年的水平线下。

持续了二十多年战争的结果是，人的生命的巨大牺牲和物质财富的巨大损失：被战争荒芜的土地，被查抄没收的财产，被缴纳的军税，以及首先是在财政上对到那时为止，历史上从未有过的这么大规模军队的供养。艾夏赫－巴伐利亚施瓦本地区有着 220 家住户的一个地方——在 1796~1809 年之间要供养 18699 名军官、194086 个普通士兵以及 95784 匹马。[13] 而且任何地方不都是艾夏赫（Aichach）吗？对 1815 年之后的时代的抵押，只剩下了一贫如洗、大量减少的人民。人民已经失去了他们中间青年男性的那部分，而另一部分，即政治上比较活跃的那群人，在赤贫时代和国家职位大量削减的时代，则经常表现出在新的国家治理理论上易受影响以及暴力的倾向，这在下面的讲述中还可以看到。属于拿破仑后遗症的高赤字预算及国家预算方面的节俭政策，共同加剧了长达几十年的经济停滞。很多国家直到 1840 年代中期才勉强达到稳固。并非出于国家的主动，而是出于纯粹的财政货币危机，南德许多有自主意识的邦国加入了由普鲁士占优势的关税同盟，目的是从负担平衡的机制中得到好处，自 1834 年以来，平衡机制一直由关税同盟的基金在出钱支撑。按照乌尔曼的说法，直到 19 世纪中叶，节省开支的国家一直被当作榜样。[14]

从预算拮据到"脑力劳动的无产者"

空空如也的国库导致的后果是灾难性的：就业岗位的削减永无休止，由于岗位减少，大学毕业生几乎没有在公职机构谋得让人梦寐以求的职位的希望。1819~1825年，巴伐利亚的退休保险基金还有1436000古尔登，而1849~1851年就只剩下571000古尔登了。从这个方面也可以看出就业岗位削减的程度。[15]从贵族土地制和领主家族制过渡到资本主义农业经济是国家的目标，由于国家债台高筑，这一复杂的转型过程所需的必要公共投资，也付诸缺如。巴伐利亚国王补贴工业企业家和发明家弗里德里希·柯尼希（Friedrich Koenig）的特殊例子，可以说明，如果有国家财政上的促进，应当可以干出多少事业。柯尼希发明的快速印刷术，引发了平面媒体的革命，他的产品也因此成了国际标准。[16]但是，结构缺陷和资金短缺却是普遍的情况。这种人为造成的困境，又由于1815年影响全世界的自然灾害印度尼西亚坦博拉火山（Tambora）的喷发，雪上加霜。由于火山喷发，紧接着的第二年成了无夏之年，1815~1817年的粮价也一飞冲天，整个欧洲被饥荒和物价飞涨所笼罩。此外，随着拿破仑大陆封锁行动的结束，英国的廉价商品淹没了大陆，各国的内部市场因而顷刻崩溃。

在这种危机之下，国家财政不得不着眼于长远目标和结构调整，这就持续性地影响着德意志各邦的贫穷和落后。年青一代，特别是持批评态度的知识分子，不再向战争年代的遗毒以及战争的发起者进行清算——这是发生在他们之前的事——而是将矛头指向了各邦，他们认为，各邦的政策要对1815年以来的经济停滞和落后负责。

在反对派中，梅特涅优先打交道的当事人主要是记者、作家和诗人，这些人都有作品和成果强迫症，他们生活在"高度

645

的虚荣心"与穷困潦倒的物质生活保障的矛盾之中。记者成了"集体理智的民意领袖和某种主义的倡导者"。[17]在"典型的三月革命之前的记者"中，很多人都具有博士或者教授头衔，他们在国家使命与低下的社会地位的尖锐对立中工作着。人们在纷纷竞逐官员的位置，而得不到一官半职的学者则将自己看作勉强糊口度日的打工写手，纷纷将"他们对自己没有颜面的文人状况的不快和不满"[18]发泄在犹太人身上，结果使得现代文学的反对派精神，与坚定的反犹主义结合在一起，特别是当这种精神与有思想解放意愿的犹太作家相竞争时。

私人教师、生活无着落的候补法官、作家，这些自由的、独立于所谓资助者的职业，只能自己努力，艰苦度日。他们从事的所有这些职业，组成了"脑力劳动的无产者"阶级〔威廉·海因里希·里尔（Wilhelm Heinrich Riehl）语〕，这个阶级认为，是"梅特涅体制"要为他们沦落到这种地步负责。他们得到了来自没有升迁机会的手工业学徒工圈子的支持，这些学徒工由于周期性的三月革命前饥荒和物价危机，看不到任何出师的前途和机会。在1848年时，人们看到他们聚集在街道上阻止游行的障碍物前，所有的人都怀着自己受到了不公正对待的感觉，他们经济的、社会的和精神心理的状态，注定了他们会成为民族主义新宗教的信徒和追随者。

落后地区的民族主义："行动宣传"的刺杀动机

现代的民族主义研究确认，攻击性的、排外的民族主义，更容易在落后的地区被煽动起来，1815年之后的二十年，这段时间的状况正是这样。无论是在个别的德意志邦国中——首先是在有大学的邦国内，还是在南欧、波兰或者同样充满战争痕迹的法国，到处布满了支部、社团、联合会性质的组织，这些组织以革命的、受到民族主义鼓动的强大活力，攻击政府。在 1820 年代，这些组织自称为大学生协会、德意志联盟、青年联盟、希腊人联合会等，五花八门；在七月革命之后则自称为青年欧洲、青年德意志、青年波兰、青年意大利等，或者自称为正义者联盟、受歧视者联盟，以及共产主义者联盟，不一而足。

646

之前的拿破仑帝国是欧洲的，之后紧接着的转型中社会的经济基础也是欧洲的——而从中引发的政治运动也是在发生于 1820、1830 和 1848 年这三个日益扩散的起义风潮与欧洲的交流空间中得以实现。这个交流空间，是由自由的宪政、统一的民族国家、欧洲"各民族的春天"，以及——通常都要有这一条——以立宪君主为元首的、共同的未来愿景所主导。而经济落后的状态，要通过民族主义的惯用修辞来弥补，即"选择出来的人民"、"神圣的祖国"、"历史使命"以及——此点很重要——"假想的敌人"。为了焕发力量，民族主义需要制造人民再生的神话，需要通过"复活"、"复兴"或者"国家春天"这些充满神圣化的图景来拔高它。[19]

经济的落后与民族主义社会运动的扩散直接相关。"所有的原发性民族主义都先于工业化立足"已然证明了这一点。[20] 如果将这种治理理论作功能上的理解，那么，这种理论就会发展成为对所有那些自认为是弱者、被忽视者以及失败者——一言以蔽之——那些现代化过程中的迟到者，起到"拐杖"作用的东西。[21] 在一定程度上，民族主义也回答了拿破仑及其制度导致的公共预算拮据的问题。他们相对于拿破仑而言所处的劣势和弱势，给了他们开始的动力。1815 年之后，据说民族主义在其追随者的信念中，赋予了他们一种力量，一种被认为可以从共同的德意志民族认同中获取的力量。在这一过程中，民族主义以"互相不当面认识的'不在场的人们'之间的团结互助在起作用"。[22] 动员、参与——看起来一切都聚集到人们所希望的、使人强大的"资源共同体"中（迪特·朗格维舍语）。

647
  这就是梅特涅赖以出发攻击欧洲"社会"的反应基础。引人注目的是，他没有再去谈旧的等级、公会社团、同业行会、教团骑士团等载体，他使用的是前卫的单数集合名词"社会（Gesellschaft）"。他将1789年开始的进程，顺理成章地称为"社会革命（soziale Revolution）"。对于他来说，1815年之后，革命仍在继续蔓延。但是，他说，"激进派"清楚，他们已经不可能再接近"群众"了。想要促使"群众起义"已经不那么容易，在德意志大部分地区甚至已完全不可能。如果事情就这样下去，"那么，对人的袭击、引起恐怖的事件就会是另一番模样，就不像那些人希望的一样，应该引起混乱和让人丧失勇气"。[23]他并不认为，能够动摇体制稳定的革命爆发，是现实的危险，而是认为，某些在地下施加影响的联合会的恐怖行动，才是现实的危险。在欧洲层面，有目的的对摄政王乔治以及威灵顿公爵的恐怖袭击，和在德意志的对为俄国人效力的轻喜剧作家奥古斯特·冯·科策布（August von Kotzebue）的袭击，应该说已发出了信号。对这些事件，本传记还将进一步加以阐述。上述所有这些情况，都导致了一种政治行动模式，是一种自法国革命以来并入欧洲的行动模式：一种出于民族动机而导致刺杀的"行动宣传"。[24]

  这个引导性的观察，将战争造成的恶果、国家的经济财政危机、社会精英对降低自己社会地位的恐惧，以及由此而来的他们对"体系"的批评，与加倍出现的、走上进化之途的原教旨主义意愿——即有目的地使用政治暴力（刺杀、革命）——之间的关联关系，突出地强调出来。只有这样去看，才能理解1815年之后，在欧洲当时的那样一种坐标体系中，梅特涅对待"革命"的态度。这样一来，当可以确认，在法国、英国、俄国这些国家中，对革命的反应是相似的，甚至当比奥地利、普鲁士以及第三个德意志的反应更为激烈时，梅特涅就能从自己完全被脸谱化了的"反革命分子"的孤立境地中解脱出来。将责任完全归于他一身，与历史并不相符。实际上，1817~1825 年之间的欧洲特色的恐怖主义，也属于此列。这段历史尚没有人去书写。只有在这样的基础上，现代民族主义才能成为不可克服的社会力量。

梅特涅与现代民族主义的战争潜力

梅特涅对整个欧洲的危机、对旧欧洲秩序的崩溃，以及对过渡到一个全新的时代，认识得很仔细。他经历的哈布斯堡皇朝，本身就是一个腐朽败坏的制度，在这样的一种制度中，他所能从事的不再是帮助，而只能是做一些修修补补的零活：整座大厦必须重新匡正。他作为一个政治家和时代观察家，感到正处于一个他自己也将不会活到其终结的过渡时期，即使人们愿意与他进行关于是皇朝还是共和国、关于是专制还是立宪、关于出版自由、关于是等级权利还是主权在民等问题的讨论。对于他来说，所有的问题都在民族这一现象中一并打包显现。这些问题成为政治激情的生命元素，在维也纳会议之后，这种政治激情继续折磨着受过教育的平民精英。到目前为止，人们满足于将梅特涅视为民族运动的敌人，以及"迫害民众领袖"的罪魁祸首。但是，促使他反对这股时代潮流的具体原因到底是什么？知道这一点非常重要，以便去评估，将他评价为"反革命分子"或者将这个时代评价为"复辟"，是否能应对历史的挑战。

在他的遗留文献中，有两篇他流亡时期写的文章，解释了他对民族和民族国家问题的基本看法。观察了 1848~1849 年的革命过程之后，他确认："在这一天中出现的最为值得注意的现象，就是各种民族的出现。"[25] 他问道，随着这一现象出

648

现，是否就意味着业已失去的一种"财富"在复活，或者是否这个词不过只是个"空洞的外壳"。梅特涅知道，民族这个概念的基础，存在于"民族部落，存在于一个国家的地理范围之中"，这两个元素在语言中表现出来。他指出，另外的特征是部族的历史，以及作为部族历史产物和气候环境的影响所形成的独特的风俗习惯和立法。他是在约翰·戈特弗里德·赫尔德（Johann Gottfried Herder）的文化和人种学的意义上，给这种对民族的理解下定义的。

在此处，他已将成为政治斗争武器的、近代早期的"民族狂飙运动"分离出来。在约瑟夫二世皇帝的统治结束时，他就第一次观察到了这种变化，当时是匈牙利人于 1790~1791 年在地方议会中开始强调他们的民族性。但是更具决定性意义的是："在被奴役的德意志各邦中，席卷欧洲的法国革命煽动起了同样的民族感情，直到其变成火焰爆发。"在 1815 年"普遍实现和平"之后，这种感情在自由主义的名义下，回归到了理论领域。他说，相反，丧失了相信"自由（Liberté）"和"博爱（Fraternité）"这两个词的"激进主义"，却使用起民族性作为政治武器，而且是在"一切经过法兰西，一切为了法兰西（Tout par et pour la France）"这句法语口号的意义上来使用。梅特涅认识到这是在滥用"民族性"这个概念。这个概念在这里起到的不再是保护的作用，而是成为一个在政治性的"国家利益"下的附属，以此来鼓动人民起而反对业已瘫痪了的、应当起到保护作用的（国家）强制力。

在英国的疗养地布莱顿（Brighton）的流亡时期，回过头来反观从 1815 年到 1848 年革命这一阶段的时代变化，梅特涅在他的第二篇文章中作出了如下的评价："两个因素在社会中出现，这两个因素彻底动摇了这个社会安定的基础。我将它们中的一个称作**民族的基本概念**向**政治占领状态**领域的延伸，而将另一个称作**语言**向这个称谓的延伸。"[26] 在他看来，政治和军事斗争之所以没完没了，是因为他们要按照语言民族的标准来索求国家领土，以达到建立统一的民族国家的目的。

令人吃惊的是，当梅特涅批评"先进的时代精神统治"，并恰恰将社会的那种时髦追求的注意力引向这个概念时，他那关于组建民族国家的战争即将开始的预料，是多么的精确。在他看来，这些战争就是"在追求所谓的自然边界的幌子下，实行的征服占领计划。任何一个完整的国家都有权抗衡这种所谓的追求。据此，和平谅解要让位于更强国家独享的权利"。[27] 换句话说就是：他认识到，认为民族的（种族的、语言的）同种性可以作为一个国家建立原则的这种假设，完全是一种误解。在中部欧洲，任何一个这种类型的、要以语言的同一性来自我定义的国家，都会在其国土上制造出所谓的少数民族问题。如果这些已经并入一个国家的少数民族，也要求建立自己的民族国家，那就必然意味着战争。

作为一个时代的见证人，在 1848 年，梅特涅看到了他 1815 年预言的事情发生了：那种不仅仅将自己算作文化载体，而且算作向着实现自己的统一的民族国家的发动机——"向着一个完整的国家"——的民族性，最终将必然以民族的分裂告终。[28] 像梅特涅一样同属哈布斯堡皇朝的弗朗茨·格里尔帕策（Franz Grillparzer），于 1849 年在他的格言警句式的四行诗中，使这样的认识走向了极端："新式的教育行走在路上 / 从人道主义而来 / 穿越民族主义 / 奔向兽行主义。"[29]

梅特涅所担心的新民族主义，在一个国家内部强化了多数民族与少数民族的区分，是的，是它通过同一性的理想，才制造了少数民族的问题。这种分裂属于"创立国家的倒影"也实属必然。[30] 一个意志一致的国家，会给自己制造两个敌人。对第一个——外部的——敌人，恩斯特·莫里茨·阿恩特（Ernst

650

Moritz Arndt ）① 在 1813 年解放战争中所创作的著名歌曲里已作过宣布，这首歌梅特涅也知道："这就是德意志祖国 /……/ 在这里的所有的法国人都被称作敌人 / 在此国所有的德意志人都被称作朋友。"② 为此，他还特别专门撰文出版了一本宣传册《民众仇恨论》（*Über den Volkshass* ）。梦想中的同一国家，也唤醒了内部的敌人。属于这些敌人的有过去的、正在民族异化中遍布世界的各种人：贵族、普遍意义上的犹太人，以及在一些特定时段中的天主教徒，比如在拿破仑统治下的平民立宪时期，或者在后来的俾斯麦帝国文化战争的岁月里。民族主义制造了统一战线，而一个多元文化的帝国应该按照梅特涅的想法，放弃这些阵线。

在他的分析中，梅特涅的表现不合时宜、不与时俱进，因为他反对自己所处的这个世纪的向自主的民族国家发展的趋势。从这个意义上讲，他是个空想家，因为他不合时宜地事先就认识到两百年之后对现代国家的历史研究才做到的事。沃尔夫冈·莱因哈德（Wolfgang Reinhard）将其总结为一种范式："自法国革命以来，作为现代化标准政治模式的完整民族国家，除了只是个虚构的东西之外，什么也不是。……**理论上**只有民族国家，然而**实践中**却几乎只有多民族国家。……很明显，是到了向不现实的民族国家告别的时候了。"31 现代比较民族主义研究，已经充分探讨解释了语言、民族性和领土的这种三位一体，给 19 世纪带来的风险有多大，诸如 "民族主义作为不

---

① Ernst Moritz Arndt, 1769~1860，德国作家、历史学家、诗人。他的诗歌富于反封建和爱国主义精神，但也有沙文主义倾向，在解放战争中广为流传，是反拿破仑的杰出爱国诗人。他是迄今所知我国翻译的第一首德语诗歌《祖国歌》（直译为《德意志祖国》）的作者，即鲁迅先生大加标举的名叫 "爱伦德" 的德意志爱国诗人。

② 由王韬（1828~1897）翻译的德语诗歌《祖国歌》收录在《普法战纪》中，采用的是在今天看来颇显古奥、晦涩的 "楚辞体"，故未在译文中引用。

宽容的义务"、"民族国家作为战争的产物"、"'国家的春天'
和'国家的梦魇'"、"冲突的火药桶——领土"以及"清除外
国人"……等等。[32]

　　我们必须跟上梅特涅对国家与民族主义所理解的、看起来
比较繁琐的思路，以便能够重现这位大臣在面对越来越多的、
出于民族动机实施的信仰犯罪的几个月时间内——简而言之就
是，在欧洲实施政治刺杀时——他所采取的行动视野。在这种
环境中，瓦尔特堡音乐节（Wartburgfeier）①和陈腐的《卡尔
斯巴德决议》宣布诞生。其中可以肯定的是：梅特涅对"民族
性"的辨析和解释，并不是这位名垂青史的国务首相事后变得
现代化了，因为正是他，将"统一"这个问题在政治上的基本
要求——语言—民族性—领土——即这个爆炸装置带到了这一
概念上。

　　他也对阿恩特的《德意志祖国》作了分析。在歌曲出现
的时候，他考虑到了这首歌可能产生的后果，同时也考虑了
是否要对阿恩特进行反驳。阿恩特头脑中想到的，只是那些
被法国剥夺的德意志土地的回归，他没有看到除此而外的事
情。这首歌后来遭到了滥用，这肯定不是他创作这首歌的初
衷。"**波兰的起义暴动**，以及在维也纳会议上就已经广为传
播的**希腊风（暴）**，是这些祸害的真正原因，而这些原因，
在动荡的年代甚至可以升级到暴乱的地步。"

　　按照时间顺序，希腊人是以1821年的革命开始的。他们
以此加入1820~1823年间席卷了西班牙和葡萄牙，并穿越意
大利直至伯罗奔尼撒半岛的革命动荡浪潮中。这场起义和革命

---

①　1817年10月18日，第一届瓦尔特堡音乐节在具有历史意义的、与马丁·路德和
　　歌德的名字紧紧联系在一起的瓦尔特堡举行，德意志爱国主义者，主要是青年学
　　生在这里庆祝战胜了强大的敌人拿破仑。

的浪潮，马上列入了正在制订的、维也纳会议体系相互协调的防御性安全政策的计划里。对梅特涅来讲，作为冲突发源地的希腊，比起上面提到的所有国家都更为重要，因为它威胁到了奥斯曼帝国作为一个整体的生死存亡，并且得到了一些盟国的支持。

同样严重的是，在七月革命影响下发生的1830年华沙十一月起义。因为如果要修正波兰的划分，那就意味着普鲁士、沙俄和哈布斯堡皇朝在波兰的领土以及三大国的国体要重新规划。梅特涅按照他的价值准则，给予欧洲国家秩序的领土完整和稳定，以及与此相关的普遍和平以优先权，而不是优先考虑个别单一的民族利益。就像我们已经看到的，民族性完全可以在流传下来的多民族秩序中得到发展，一个没有语言和民族同一性的好国家，也是可以想象的，当时，瑞士联邦在这方面提供了最好的范例。

50

梅特涅与英国安全政策，
1817~1820：借口还是反抗革命？

深陷解读的交叉火力之中的梅特涅

自拿破仑遭遇滑铁卢而开启的欧洲安全政策实施以来，梅特涅的传记也已进行到了一个节点，在评判他的生平时，这个节点可以比作"气候分界线"。难道警察国家式的、干涉主义的"梅特涅体制"不是这时开始的？难道不是他领导下的这个体制，开启了"复辟"进程，并且遇到了西方大国英法的立宪自由主义的抵制，才失败了吗？

这正是标准化了的、教科书式的说法，这种说法不久前还再一次以纪念文字的方式确定下来。马蒂亚斯·舒尔茨使1815年起实行的、反对让"革命"复活的"国际协调"政策个人化、脸谱化，创立了"梅特涅侯爵会议体系（Kongress-System des Fürsten Metternich）"的说法，说梅特涅在1815~1823年间将一切都置于其"反对革命的教条"之下。[33]还有：在最新的普鲁士历史叙事的视角中，就像在特赖奇克时代一样，还一再出现了一种共生现象，在这种现象中，"梅特涅同与他相关的神圣同盟的反动体系"合流在一起。在这个体系中，人们让普鲁士看起来好像是一个被绑架者，是"梅特涅反革命政策的一个唯命是从的、过分热心的执行者"，好像普鲁士的政治家并没有自己的意志一样。[34]

这种解读，创立了在"反动的"东方列强奥地利、沙俄和普鲁士——梅特涅则是这三个大国的化身——与"先进的"西方列强英国和法国之间的对立，而英法这两个西方大国正走在立宪和自由的道路上，先是以卡斯尔雷为代表，后来的代表人物则是坎宁和巴麦尊。这种对国际政治的木雕版画式的看法，给梅特涅生生扣上了反动总指挥的帽子，他们看到的只是"欧洲协调"中的那些男人，却没有注意到当时的社会和经济条件，更不用说去注意受到经年累月的共同经验所影响的、心理上的基本情感了。

这种民族性的、德意志式的，间杂着普鲁士式的对梅特涅的管窥蠡测，是相对于较旧式的、非教条的盎格鲁—撒克逊研究中对梅特涅认知的倒退，这个研究成果在 1920 年代就已经广为传播。英国的外交史权威哈罗德·坦普利（Harold Temperley）在他关于坎宁一书的第一章里，开宗明义地说道："1820 年之初，欧洲还在被亚历山大、梅特涅和卡斯尔雷统治。这个三人帮称著于世并非受之有愧，因为是他们打倒了拿破仑。……为了保障世界和平，他们之间的联盟和友谊在 1820 年一直维系着。"[35]

梅特涅被描写成了一个试图在卡斯尔雷这个要顾及议会和公众舆论的人，与亚历山大这样一位模模糊糊的、世界性的神秘主义者之间，进行平衡斡旋的政治家。所谓"反动"，在坦普利看来根本不值一提：在他看来，这些政治家是想要阻止拿破仑皇朝的复辟，如果在法国爆发了革命或者动乱，他们就要坐到一起开会。

上文所列举的、将梅特涅作为影响时代的反动派的各种评价，全都是基于这样一种假设：说他如果得到了有关要搞革命或者有关要搞暴力的"雅各宾党人"的警告，他就会将这些理由仅仅作为借口，去掩盖他原本的复辟意图。他所援引的所谓起义和刺杀，不过是地区性的事件，没有什么其他重要的意义。第二种解读方式，仅仅将革命的发生评价为是值得称赞的平民勇气的表达，是为自由、宪政和民族统一而战斗。"1789年"是争夺进步未来的象征。这种历史教育学中天真的陈腐思想，扭曲了人们对回顾过去25年的战争和革命的经历情况的观察视角。时代的见证人会扪心自问，在欧洲战场上超过300万的阵亡冤魂，是否在为了有意义的目的而牺牲。很多农民家庭失去了他们的青年壮劳力，譬如巴伐利亚30000年轻士兵为拿破仑在俄国服役，全部有去无回，但是后来这些冤魂仅仅获得了在慕尼黑卡洛琳广场的方尖碑上，一句安慰性的铭文："他们也是为了祖国的解放而死。"

654

英国的革命恐惧与非自由主义的特殊道路

观察一下英国与革命暴力打交道的方式，就可以驳斥将反动的——反革命的东方，特别是梅特涅——与进步的、自由主义的、对革命的宪政运动持宽容态度的西方，针锋相对地对立起来的、老一套的刻板印象。这样一种刻板印象隐藏在类似这样的说法中："英国已经先期预防性地对建立反对革命的自动干涉机制进行抵抗，理由是，这种干涉会违反国家独立，从而也违反国际法的根本理念。"³⁶ 这其中包括了两个立论：一个是梅特涅反对革命的政策，一个是英国的反对干涉论。先来观察一下英国的对革命友好的政策。

所有意见分歧的核心，全集中于卡斯尔雷对事物的印象。同时代的梅特涅对法国革命会传播什么样的想法，以及这个革命又会如何影响他的决策呢？早在1814年1月，当同盟军开进法国之时，梅特涅和卡斯尔雷都同样担心，如果拿破仑被打败，对拿破仑的同情浪潮，会使雅各宾党人的白色恐怖沉渣泛起，并夺取政权。卡斯尔雷将1814年5月战胜法国，看作与"一场规模浩大的道义转变"息息相关，这个转变会席卷全欧洲，自由的原则蓄势待发，将占上风。[37] 就像伯克的看法一样，"自由"在此处是作为与革命神话相对立的概念出现的。

卡斯尔雷与威灵顿一样，签署了四国同盟反对革命的原则，并以他们的签字，将这一原则在《第一次巴黎和约》中确定下来。1815~1822 年，同盟国中所有的主管大臣根据他们同时代的经验，都认为会出现持续的、欧洲各国将共同面临的革命危险。1820 年初，当在欧洲南部到处出现披着革命外衣，但是常常不是人民运动，而仅仅是政变的起义时，他们感到自己的看法得到了证实。统治精英们担心，可能爆发新的"雅各宾党人运动"。人们并非没有理由地猜测，有拿破仑的追随者插手其中。

655

在西班牙革命从马德里爆发之后，威灵顿报告说，雅各宾俱乐部取得了相当大的进展。一个俱乐部的运作，就相当于令人毛骨悚然的德意志的光明会。[38] 在这位将军的经验背景中，还有断头台以及以革命的理智来说明理由的旺代大屠杀。卡斯尔雷收到一份关于那不勒斯革命情况的报告，这份报告充满着对爆发革命的不理解，因为这个国家过得很好，政府很温和，税收也不过分。用半个营训练有素的士兵，转眼之间就可以将一小撮起义者铲除。报告的起草者担心，革命会扩散到意大利其余地区，并且怀疑这将导致到处会发生流血和动乱。"宪政"是他们打着的口号，然而真正发生的事情，不亚于雅各宾党人运动的胜利，是"贫穷战胜财富的战争"，下层的人被煽动起来。[39]

1817 年 1 月 28 日行刺英国摄政王
坎宁与英国的《卡尔斯巴德决议》

卡斯尔雷的继任者坎宁在史书中被特别地赞誉为一个不干涉主张的信奉者，是西方所谓民主阵营大国的代表，因为对他的解读是，他不想反对其他国家自由立宪的发展。相反，在他的内政政策中，比起梅特涅在卡尔斯巴德所代表的政策，他要高压得多。在这位奥地利大臣的遗物中，有一份迄今不为人所知的文件，可以帮助重新搞明白英国在拿破仑之后的欧洲政策，以及这种政策的先行者角色。这份文件就是梅特涅让人复制下来的、坎宁于1817年2月24日在西敏英国下院讲话的节选。[40]

　　先对有关的情况作一下解释：上文谈及的经济危机与社会动乱，在1816~1817年也席卷了英国。与此相关，在英国也出现了人们喜欢的"大规模群众游行示威（mass meetings）"。1816年11月15日和12月2日，爆发了大规模骚乱，即在伦敦伊斯灵顿区（Bezirk Islington）同名公园中发生的"温泉场暴乱（Spa Fields Riots）"。激进分子首领托马斯·斯宾塞（Thomas Spence）制订了袭击伦敦塔以及英格兰银行（Bank of England，中央银行）的计划。他与后来由于企图实施一场更加残暴袭击的亚瑟·西瑟尔伍德（Arthur Thistlewood）被逮捕，并因叛国罪被判刑，对后者我们之后还将谈到。直到1817年1月28日发生了刺杀正在乘马车前去出席会议的摄政王事件，形势最终骤然紧张起来。两院的秘密委员会（Secret Committee）开始搜集伦敦以及全国其他工业城市的广泛不满情况的证据，他们发现有阴谋活动插手其间，意在推翻政府，并进行普遍的掠夺，进而将财富重新分配。坎宁依据的特别是下院秘密委员会的报告。在一场原则性的演讲中，坎宁按照委员会的建议，强烈地支持实行限制集会自由的《紧急状况法》。[41]

656

　　梅特涅手中的坎宁讲话节选，同时证明了多重问题：袭击的企图不是孤立的，而是被看作一种全欧洲的现象。梅特涅就此进行了研究，并且认为他对欧洲共同安全利益的假设是成立的。他看的是英文版讲话原文，并且按照自己的习惯，在文字旁作了许多边注和加重符号。他在对照了原文与他的评论后，对其中与自己的观点并行不悖的共同点感到吃惊，诸如对革命分子对国家形成的挑战，以及作出什么样的反应是合适的等。正因如此，看一看被梅特涅视为"雅各宾党人"的坎宁，与他自己作为坎宁最无情的批评者，是如何发誓应对欧洲的灾难场景，以及为做法完全相同的收紧安全政策作出辩解，就会感到非常的轰动。两相对照的坎宁讲话最重要的段落与梅特涅的评论性边注如下。

坎宁的讲话 （梅特涅强调的部分用粗体标出）	梅特涅所作的边注
危险的性质是什么？我的先生，为什么这个要人们理解的危险不能用一个词来定义？它是造反，但不仅仅是造反。它是背叛，它不仅仅是背叛。它是查抄没收，却又不是那种在界线内的查抄没收。在改朝换代或者在国家革命中，那种查抄没收通常与这条界线联系在一起，**它是一种集所有祸害之大成者**。它是那种可怕的担忧与不幸的多重体，是紧跟着消灭忠诚、道德和宗教而来的，并且是在实施不但要分化瓦解英国宪法，而且要在整体上推翻这个社会的计划的危险。	*在此处精彩描写的这种祸害，是在大陆上不止一个国家中，被英国所允许和保护的同一种祸害。*
政府要求获得这种额外授权……的目的**仅仅是要保障公众安全**。……但是有人声称，大臣们呼吁这种授权，是要处于一种更有利的地位，以便进行对付人民的战争。我们以蔑视的态度，坚决反驳这种指控。**我们要求授权，是为了人民——为了保护民族健康的和担心的大多数，为了那些真正的、合法的人民的共同体中的民众和团体。**……如果（1789年的这些论调）令人不可思议的复活的确发生，如果这些论调的追随者确实要动用武器来促进它们，那么，就是时候要保持警惕了，不是对他们的计划保持警惕（这些计划我认为无法实施），而**是对伴随他们要用武力来完成的计划的企图而造成的损害，保持警惕。**	*这与本身认为要求获得权力是必要的，是同一种语言，目的是不让别人使用这种专为自己书写的语言。* *事实上，政府必须抢在既可以毁灭所有茅屋，也可以毁灭所有宫殿的火山爆发之前行动，这对民众来说的确完全是核心利益。这是政府的义务，保护理智的民众不受这些论调鼓吹百人队的迫害。这些鼓吹者将一些人逐入苦难的深渊，而将另一些人送上断头台或者押往流亡地，并将所有的人都带入混乱。* *绝对真实的理由，因为这些事情的祸害真是要受到指控，即使没有对其对象造成伤害。*

657

像梅特涅一样，坎宁也看到了，不仅仅是国家——"宪政"——处于危险之中，而且社会作为一个整体也处于危险之中。这是一个一目了然的偏激狂热论调鼓吹者的小圈子。坎宁愤怒地驳斥他们的那些怀疑，即一切只是借口，是政府的一个狡猾、卑劣的捏造，是一个阴谋，是政府实际上要利用已经改变了的、实行镇压的法律形势，去对付人民。他批评那种说法，即危险的存在是自欺欺人，至少危险的程度是自欺欺人。事实上，这些反对派的确想要分化瓦解国家，他们滥用劳苦阶层的绝望和困境，以便为造反作准备。现行的法律，不足以严格应对策划"温泉场暴乱"的阴谋，那些卑鄙的人在暗中活动，他认出其中有法国革命的积极分子，二十年来，他们在欺骗不幸的人们。在"休眠状态中（when dormant）"，1789 年的论调鼓吹者们看起来好像是无害的，然而一旦复活，他们就会实施暴力。

一切都在围绕着财富进行，而托马斯·斯宾塞的这些可怕的"追随者（the Spenceans）"，虽然还没有想将全王国的财富重新分配，但是，肯定要重新分配农业资产。坎宁希望，在这些祸害产生的萌芽状态，就要阻止它们，并唤回还没有作出决断的人，以便阻止已经作出一半决定的人。对于这一切想法，梅特涅都表示同意，他评论道："这就是基于同样的原则，按照这一原则要求采取预防措施，以避免不得不采用武力来镇压。"

坎宁警告，不要被"自称愿意改革者"和革命者人员的数量稀少所蒙骗，如果不采取坚决的措施将他们的企图镇压下去，就会发生法国革命给予我们的教训。不能忘记，在革命过程中，世界经历了多少嗜血成性的少数人，踏着他们的同胞从脖子中喷涌而出的鲜血，扬长而去。他提醒他的听众，如果轻信人们面对一种怪异到一定程度的思想，就会自然而然地对它进行抵抗而不会有危险，那将是完全错误的。

无神论者创造出了一种新的宗教，旨在争夺年轻人。一旦年轻人的道德和宗教被剥夺，那么，一个伟大的国家就会在无政府主义和毁灭面前失去保护。"主权在民"不只是作为抽象的理论来教育民众，而且是作为一种原则，一种适合在实践中实现的原则。坎宁提请人们回忆，在法国，正是以"主权在民"的名义，使社会的上层被打翻在地。在长期的系列性恐怖中，犯罪一桩接着一桩，最终走向了动人心魄但相比较而言也还是令人舒适的专制。对于他来说，罗伯斯庇尔由于无以数计的罪行，已经上升为恐怖的化身。

坎宁同时将人们的注意力引向了正在四处散布的大量的论战性文章，在许多贫民居住的城区都会看到它们。而深夜的秘密聚会正在密谋进行推翻国家的活动。梅特涅认为坎宁的讲话有一段特别值得突显出来，他将坎宁的问题加以重点标注："如果政府要求授予特别的全权，那么，我就要从另一方面提问：这难道不是时代使然吗？难道不是吗？我们——英国——以前难道经历过类似的事情吗？"对此，梅特涅在边注中评论道："提出的问题非常精准，而且，如今提出来非常合适。"总而言之，"捍卫宪法"等同于捍卫"法制和自由体系"。下院以 190 票同意，14 票反对，通过了《煽动性集会法案》（Seditious Meetings Bill）。

坎宁在其演说中涉及了"温泉场暴乱"的发言人，激进者亨利·亨特（Henry Hunt），他试图将示威游行者的一份请愿书交到摄政王手中，结果却是徒劳。亨特公开承认他秉承革命传统，因为他是带着法国革命的象征物出现在集会上的：手持无套裤汉的长矛，头戴雅各宾党人的自由象征——红色圆锥帽——身披三色旗。[42] 对于秘密调查委员会以及坎宁来说，这一切都是无可辩驳的标志，证明一个有组织的革命运动正在形成,必须用特殊的措施才能对付。坎宁实行的是预防性的安全政策,但是,其涉及的范围则是欧洲革命不断发展的趋势。他将"温泉场暴乱"的发言人视作精神纵火犯,是要推翻英国宪政、社会以及"1815年体系"。

刺杀威灵顿——安全政策的代表人物
(1818年2月11日)

1815年之后,让梅特涅持续不断地担忧的,是遍布全欧洲的拿破仑分子,其中相当大的一部分在波希米亚,特别是在意大利于哈布斯堡的保护伞下。这种警惕性丝毫没有夸张,后来拿破仑的侄子路易·拿破仑·波拿巴在1836和1840年两次试图政变未果,此后效仿其伯父皇帝的伟大榜样,于1851年通过政变成功成为法兰西人的拿破仑三世皇帝,就是证明。

第一次敢于通过试图刺杀,来开辟波拿巴家族复辟之途的,是一名流亡比利时的、叫作路易·约瑟夫·斯坦尼斯拉斯·马利内(Louis Joseph Stanislas Marinet)的拿破仑分子和雅各宾党人。[43]此人早先是在里昂、后在第戎做律师,"百日政变"期间被聘为国务委员会法律顾问,后作为拿破仑的急先锋不得不再次回到流亡地。他被缺席判处死刑。后来的法庭调查,破解了他在布鲁塞尔的拿破仑分子网络。[44]

他招雇35岁的巴黎珠宝店伙计兼下级军官玛利亚·安德雷亚斯·康蒂永(Maria Andreas Cantillon),去实施刺杀同盟国在法国的占领军总指挥威灵顿公爵。这个拿破仑从厄尔巴岛返回后担任其近卫军阻击营上校的康蒂永,是在1818年2月10~11日夜行刺的。当威灵顿在深夜1点前乘马车返回下榻的旅馆时,这个被收买的刺客用手枪向马车开了枪。[45]

梅特涅是在2月22日从输送到维也纳的法文报纸中得

660

知这次试图刺杀的消息的。他毫不迟疑地将消息呈报给了弗朗茨皇帝。皇帝以他特有的简洁方式，表达了对此事的愤怒，同时，委托梅特涅："朕欣慰地获悉，这一预谋的残暴行动未能得逞，并谨此向威灵顿公爵表示朕诚挚的同情。"[46] 第二天，梅特涅就致信公爵宣布：他将亲自过问，让奥地利最重要的报纸详细报道此事，他关心的是，要让公众舆论获得此次刺杀事件和凶手的各种细节。接着，《奥地利观察家报》（*Österreichischer Beobachter*）刊载了系列报道文章，并于1819 年 5 月，以一篇从起诉文件中得到的材料所作的详尽报道，结束了这个系列报道。对于梅特涅来讲，重要的是，让在国际范围内出现的刺杀阴谋公之于众。在这些问题上，如同其他问题一样，说他只懂得"在欧洲的各位君主面前出色地演奏了"惧怕革命这件乐器，[47] 这种对梅特涅的诋毁，看起来是不合情理的，这样就使 1815 年维也纳秩序的创建者本身受到了攻击，而且是所有创建者。从这个意义上说，威灵顿与这位奥地利大臣处在同一个级别上：热情地协调着同盟国的安全政策，剿灭拿破仑的追随者，进而浇灭他眼中继续燃烧着的革命火焰。

行刺事件的反响远远超出了欧洲。政治舆论很清楚，威灵顿是同盟国派驻巴黎的、为期五年军事占领的负责人和监督人，是最重要的代表人物。对于一个巴黎的法律学者来说，他就是"所有欧洲军队的将军，就是世界的裁判官"。[48] 人们也非常清楚，欧洲军队撤离的计划怎么执行、什么时候执行，完全掌握在他可以生杀予夺的手中。[49]

拿破仑本人以一种异乎寻常但能令人信服的方式证明了波拿巴余党随时可能发起袭击。在他 1821 年的遗嘱中，他遗赠给下级军官玛利亚·安德雷亚斯·康蒂永 10000 法郎，理由是，他"同将我送往圣赫勒拿岛，让我在那里死去的人，具有同样多的权利，去刺杀这位寡头政客。提出'谋杀（cet attentat）'（我的）建议的威灵顿，试图以英国的利益为名，为这种谋杀进行辩解。假如康蒂永真的将公爵杀害了，那么，他也能够以同样的动机为他的行为辩解：为了法国的利益，去除掉一个先是破坏了《巴黎投降协议》，后又要为内伊、拉贝多耶（Labédoyère）等烈士的流血牺牲负主要责任，然后违背协议内容，犯有洗劫博物馆罪的将军"。[50] 梅特涅应该是通过正式渠道，得知这份遗嘱的内容的。如果不是这份法语遗嘱于1824 年出现在布鲁塞尔的市场上，一年之后就将有德语版出现。由于梅特涅会立即阅读所有有关拿破仑故事的市场出版物，比如拉斯·卡萨斯（Las Casas）的回忆录，或者拿破仑的秘书范恩的回忆录，所以，他至迟是在这份奇特的复仇文件的印刷版出版之后，就得到了一份这位前皇帝行将就木时，在那座岛的病床上倾尽最后精力所作的遗嘱。

51

德意志民族运动的激进化：瓦尔特堡的庆祝集会与桑德的刺杀行动

瓦尔特堡的庆祝集会：从口头的到政治的暴力

在梅特涅的判断中，不仅仅是希腊的和波兰的欲望可能威胁欧洲的秩序，危险也来自于德意志正在发生的民族运动，特别是当它被质疑小心翼翼地维护着德意志邦联的平衡时。那么，一直以来梅特涅反复强调的事情就显得颇为重要：1815年，全体德意志人中占压倒性的大多数，首先还将自我理解为普鲁士人、奥地利人、威斯特伐利亚人、梅克伦堡人、西里西亚人、符腾堡人、巴登人或者黑森人。此时，普鲁士和巴伐利亚还将其国民的大多数称为一个"民族"。旧帝国时期很多在弯曲的权杖（主教的权杖）下——人们就是这样称呼当时的精神统治者的——生活过的人，在1803年的世俗化和1806年变为附属邦国之后，在1815年于民族认同上还感到自己是无可归属之人。在解放战争中，在本尼迪克特·安德森（Benedict Anderson）解释的意义上，国家更多的还是一个"空想中的想象共同体（imagined community）"，是对整个国家未来的一个方案。在1815年，即使是领导者，对于设想这个德意志民族的国家该如何构建，也拿不出具体的方案，因而还不如德意志的雅各宾党人，但是他们并非多数。

这个"想象共同体"中最活跃的、积极活动的年轻人，是德意志的大学生，他们起初是唯一的全国联网性的社会团体，因为他们可以在各大学和各邦之间任意转学。战后时期，他们将民族精神传到各邦，然后以 1815 年 6 月 12 日在耶拿初创的大学生协会①为起点，日益发展起来。纪念莱比锡民族大会战给了这个组织成立以令人欢迎的理由。

　　1817 年 10 月 18 日，双重的纪念庆典，又使大学生运动引起了公众舆论的特别注意：三百年前的 10 月 31 日，马丁·路德（Martin Luther）通过公布自己的论纲开启了宗教改革，而 10 月 18 日，恰逢莱比锡民族大会战四周年纪念。出于纪念路德的原因，大学生选择了瓦尔特堡作为这场引起轰动的庆祝活动的地点。虽然这一事件在中学生的教科书中，经常被作为德国民族历史上具有里程碑意义的事件而受到赞誉，但是这里表达的却是一种民族主义，这种民族主义即使在同时代的具有批评思想的人看来，也认为当时是分裂性的，如果不说是危险性的话。如果将路德作为德意志自由的化身来庆祝，就很明显地忘记了德意志还有天主教徒。这位宗教改革家以他的《圣经》翻译创造了一份德语的共同遗产，然而他对罗马教廷的否定，却给后世留下了一个宗教信仰上分裂的民族。在瓦尔特堡庆典上所作的演讲，特别是在庆典上高唱的歌曲，被记录下来，并以最快的速度在公众中传播。[51] 晚上，在篝火旁由哲学学生路德维希·沃迪格（Ludwig Rödiger）所作的主旨演讲，是之前所描写过的平衡民族主义的典型的混合物：[52] 构成演讲基础的是低下无能、挫败感和弱势，与此形成对照的则是高昂的情绪，不停地充满激情的呼吁，时时刻刻不断更新的牺牲精神，随时准备为了上帝、为了祖国去牺牲生命，以及为了它们战斗到流尽最后一滴血。世上似乎只存在好的事与好的人——祖国的英雄、预言大师、光明、他们的真理、正义——以及坏

663

───────────

①　1815 年建立的德意志大学生统一及自由运动组织，此后学生运动有了统一的政治纲领。

的事与坏的人——（中世纪的）愚昧、被奴役、羞辱、统治上瘾的外国人呼出的毒气、相互无耻争夺的诸侯、骗子、耻辱。

对于当前的状况，则用了加密的暗示性语言，被描述成为一片世间苦海，并且鼓动人们要采取行动："力量的时代必须重新回来！因为灵魂的贫困也正在奴役着躯体，并把它打翻在地。精力充沛的祖先们的全体后裔，正逐渐昏昏欲睡，并且沉默着容忍一切暴力与奸诈，直到有一把外来的剑将他们吞噬。"[53] 接着是发出战斗的威胁："我们聚会在一起，不是为了用安逸的丰收花环来粉饰我们自己，而是要戴着橡树叶形勋章奔赴死亡，我们将为我们的躯体和精神被圣油涂满而感到高兴——因为一场炽热的战斗即将到来，以其所有的狡诈和虚荣。"[54]

这里需要想象一下，在听众中，后来的刺客卡尔·桑德（Carl Sand）也坐在篝火旁聆听，并且当他听到下面这些话，在内心中肯定感到自己正在受到召唤："受感召于这个时代的最高使命，这个玉宇重新澄清的时代，这个各国人民鞠躬于亘古不变的上天正义之手召唤的时代，这个所有人都准备为其神圣事业成为烈士的时代，我们大家在你的精神围绕下，在此缔结成一个纯洁的、坚强的联盟。"[55] 瓦尔特堡的民族主义统一了不太清晰的思想，"末世主义的期待视野"，以及好战和为民族的"建国战争"作出牺牲的准备［汉斯－乌尔里希·韦勒（Hans-Ulrich Wehler）语］。这种民族主义作为政治宗教，使自己合法化，并且提供了属于神话的一切东西：宗教仪俗、象征信条，以及日耳曼人的发源传说。

但是，引起轰动和愤慨的，是结束时的焚书活动，对此海因里希·海涅在其创作的悲剧《阿尔曼索》（*Almansor*）中对此事作了暗喻。剧情中当焚烧《古兰经》时，他让主角说道："这只是一段前戏。在哪里焚书，最终也会在哪里焚人。"[56] 当然，对这句话，不能以 20 世纪种族大屠杀的经验，和非历史的方式进行过分的解读。然而，这个（行刺的）行动存在着恐怖主义的内核，因为它是作为个人良心的一幕被发出的，而这种良心出于其宗教上的，或者出于民族主义的动机，看起来无论怎么做都是正义。然而，在一个人身上，海涅的预言却应验了。庆祝活动现场的卡尔·桑德第一次结识了科策布。他将此人的《德意志史》扔进了熊熊燃烧的烈焰之中。后来，他又让科氏送了命，当然用的不是火，而是匕首。

对这次活动认识得最敏锐的，是信奉犹太教的德意志人撒乌尔·阿舍尔（Saul Ascher），他的关于"日耳曼狂热"的书当然也被付之一炬。在书中，他主要反驳大学生协会，称基督教不仅仅是德意志的宗教，他将瓦尔特堡的庆祝活动评价为一场新教的活动，"反犹主义"充斥其间。他问道，当他们在焚烧那些有异见的书，而不是反对这样做时，这些科学的学子们是怎么了？[57] "这种胡作非为……没有更早地受到制止，并容忍高校的教员，在讲台上鼓励那些只用狭隘的知识装备起来的年轻学子，为了一些怪僻的观点和思想去自我授权，让他们的热情迸发，以至付诸行动去反对他们的反对者。"这使阿舍尔感到十分诧异。[58] 他于此在一定程度上已经抢先表达了梅特涅后来的思想，即宫廷要向大学派驻学监。阿舍尔建议不用"条顿主义（Teutonismus）"这个说法——这是他对此的称呼——而要用"容忍、世界公民和全科教育"。[59]

在梅特涅监护下出版的《奥地利观察家报》，鞭笞这些"新的、粗暴的汪达尔人不宽容的态度"；说瓦尔特堡音乐节现场的"奥肯（Lovenz Oken）教授[①]及与其持相同政见的

665

[①] Ockenfuss，1779~1859，德意志博物学家，是自然哲学派的重要成员，深受康德哲学影响，认为人是万物的顶峰，是宏观世界和宇宙的缩影。他曾创办重要博物学杂志 Isis，杂志不仅发表重要的博物学论文，也是传播奥肯民族主义观点的工具，而当时，日耳曼民族主义是一种自由主义运动。

人，明白无误地证明，他们总是厚着脸皮，摇唇鼓舌宣传所谓出版自由，并且表明，他们对这种出版自由的要求，只是为了宣传自然哲学主义的以及煽动蛊惑式的胡闹，而不是为了理性和秩序"。他们不是通过书报检查，而是通过焚书来实施"恐怖主义的《紧急状况法》"。[60]

尽管如此，《奥地利观察家报》对大学生的评价还算温和。因为它也同样抱歉地指出了年轻人热烈的情感冲动，年轻人的力量感觉、狂热、夸张，热火青年的表达方式与受到现场奔放情绪的感染，以及充满完全不成熟思想的演讲、领悟不了的方案、过高的要求和被误解的愿望与追求。它说，爱国热情和思想得到了承认，只是必须将这种情感引到正确的方向上。然而，文章却没有原谅教师。在场的教师应该干预，大学的教授本来必须更好地教导学生。[61] 这将成为梅特涅后来在拟定《卡尔斯巴德决议》时的行军路线图。

1818 年亚琛会议的外围：呼吁民族战争

1818 年 9 月末，君主和大臣们聚在一起召开他们第一次大会的本意，是对战争时代最终作个了结，在法国交齐了被要求缴纳的特别军税后，同盟国想结束对法国的占领，四国同盟于是又变成了五国共治。当然，这样做并没有结束继续实施欧洲的防御性安全政策。由于内部与外部的国情不能再截然分开，因为从任何一个国家内部爆发的革命，都会使欧洲体系遭殃，因此，人们的注意力也更多地转移到了内部。伦敦和巴黎的刺杀活动显示了一个非常不稳定的形势，这种不稳定的形势也可能从德意志获取营养，这至少是沙皇俄国国务顾问亚历山大·斯图尔札（Alexandre Stourdea）所担忧的。他提交了一份关于德意志大学生骚乱的备忘录，备忘录从德意志的远古历

1818 年的纪念莱比锡民族大会战宣传单

德意志青年致德意志民众（1818 年 10 月 18 日）
无论三十还是三十三，
民众们，广大民众们，
无奈地呼唤精神的春天，
一筹莫展。
将陈旧的坚冰打碎吧，
奋起实干！
在大海的惊涛骇浪中，
冲向奴隶主的训斥、暴君的野蛮。
我们的口号是：
做主人，建立自由的家园！

为自由而战时，
如你心冷淡，
那么你的剑在剑鞘中就将完蛋。
男人意志，剑中之剑，
虽然可为诸侯争战去挥舞，
但不久就会碎裂、折断。
只有在人民的斗争中，
才能熠熠生辉、完好无疚。

你们可能踩在市民和农民的脊梁上，
将暴君的城堡构建，
高耸云天。
诸侯的泥瓦工，
三十三！
诸侯的城堡如巴别塔通天塔，
腐朽且瘫软。
自由、平等与神灵，
将从人类母亲的痛苦中，
用电闪雷鸣将其摧残。

史追溯起，将德意志的情况描绘得非常令人忧虑。沙皇俄国由于不仅签署了《维也纳最后议定书》，而且也签署了《德意志邦联法案》，因此，如果内部形势受到干扰，沙皇俄国就有权要求在内部事务上行使发言权。他建议，监控大学，并限制出版自由。这两个措施应该由邦联大会通过决议来实施。

　　这个倡议帮了梅特涅一个大忙。在他和普鲁士警务大臣维特根施泰因面前摆放着有关大学的令人担忧的情报，特别是有关大学生协会的情报。上图传单中的内容 [62] 尤其引起了恐惧，因为看起来，它始终在继续着瓦尔特堡庆祝活动的煽动行为，并且显示大学生协会的特别影响力还继续存在。这份宣传单落到了普鲁士警务大臣维特根施泰因手里。这位御前大臣、普鲁士国王的亲信——维特根施泰因侯爵威廉·路德维希——就像一个实权派大佬，在幕后对政治发挥着作用，他绕过各部，在严格保密之下与梅特涅互通信息，而梅特涅也通过这种方式始终与普鲁士国王腓特烈·威廉三世一线相连，当然，他在柏林任公使期间，以及后来在解放战争中就与威廉三世非常熟识。维特根施泰因自 1812 年起就领导着普鲁士的警察系统，1814年任警务大臣，1819 年卸任，作为王室大臣，他只是表面上退居到了幕后。维特根施泰因向梅特涅提供了所有从大学生协会圈子里弄到的文件，送来的有他们的会议记录、纲领宣言、呼吁书和章程文件。通过这些材料，梅特涅才对这个从德意志的联合会分出来的组织有了一个较为清晰的印象。在两位大臣看来，大学生协会的主要罪行在于，要建立一个"国中之国"。[63]这就是说，传单的撰写人——就像过去被打败的普鲁士的"道义联盟（Tugendbund）"一样——认为自己有能力在本组织的基础上，对政治作出独断，并对其施加影响。

对两位政治家来说，从传单上获得的这首诗，是正在扩散的粗暴的民族主义的一种警示，由此可以窥斑见豹。这种民族主义没有具体的政治目的，却能把年轻人吸引到非理性的行动强迫症的旋涡之中。传单建立起一种纯朴的非敌即我模式，并且鼓动年轻人去实施狂热偏激的行动。传单上说，事关人民为了一个自由国家——可以想象为一个没有诸侯的共和国——进行的自由战斗，而敌对的一方就是专制暴君、诸侯和巴比伦①的主人们。上帝的使命赋予了这场斗争以神圣的庄严气氛。面对作为邪恶化身的诸侯，只有一种办法有效：亮剑。这份传单一共散发了 6000 份之多，专家们将它称为"维也纳会议之后的第一个号召武力推翻现有制度的传单行动，目标囊括了整个

———————————

① 此处指罪恶的渊薮。

德意志"。[64]

　　尽管这首政治抒情诗的来源不怎么样，但它包含了制造刺杀者的材料，可以将其看作来源于耶拿人卡尔·佛伦（Karl Follen）。卡尔·桑德也分发了大量的传单，在他实施刺杀行动后，法庭调查证明了这一点。维特根施泰因用他那风格独特的批评，同时刻画了这种民族主义的外部特征，这种民族主义让大学生变得激进化："在我看来，这份传单作者的思维过程和风格笔调糟糕透顶。半形而上学、半卑鄙粗俗（陈词滥调），自始至终充满着混乱不清的思想与翻来复去的重复说过的废话，无力的努力却要由努力来显示，还被狂妄不自量所驱使，最后用一种可笑的装腔作势来掩饰所有这一切，在另一个时代以及在另一代人那里，它将会完全失去影响力。"[65]

668

　　梅特涅在给皇帝的奏折封面左侧，贴上了这份传单，这是极其不同寻常的举动，皇帝马上就认识到了这份传单的革命倾向，这个示意立即收到了效果，弗朗茨皇帝的反应是下了一道紧急和特别详细的敕令："所质疑之社团危害甚大，不堪容忍。故宜迅即了结，不得有误。拖延愈久，遗祸愈甚。"他要求梅特涅应一如既往，尽可能又快又详细地将有关情报上报，特别是关于哈布斯堡皇朝那些在德意志的大学就读的大学生，可能在多大程度上受到了影响。皇帝还立即责成警务大臣赛德尼茨基参与调查。梅特涅本来的意图是，与维特根施泰因一起阻止大学生协会在1818年10月18日的聚会，但他后来意识到时间紧急，因此，建议对活动进行严密监视。如果要总结概括的话，可以说，在1818年10月，不仅有进行刺杀的土壤，而且对大学进行控制的土壤也已存在。1819年，在公众舆论对桑德行刺的反应基础上，还增加了对于出版自由加以限制的冲动。

桑德的刺杀行动：从耶拿到曼海姆的行动之路

1819年3月9日，一个不引人注目的、性格内向的23岁的神学院学生，离开求学的耶拿，踏上了前往曼海姆的旅程；[66]他出发去搞的一个行动，让他两个星期之后名声大噪，使他的名字卡尔·桑德在德意志受过教育的人的圈子里——这个圈子里的人大都看报纸，以及在欧洲的各个宫廷中，成了一个概念。具体地说，"桑德"成了到那时为止德意志还从未发生过的这种事情的化身：以德意志民族的名义去进行政治刺杀的原型。

669　　所有在这次为时两个星期的旅行中遇到他的人，都将他描绘成一个有礼貌的、深思熟虑的、有些心不在焉的年轻人。没有人意识到，这个年轻人一年多来内心在琢磨着什么，并且只将他所想的写在日记中。对他在无意间表达出来的许多暗示，人们后来在进行回忆时，才恍然大悟，发现其另有寓意。他是徒步旅行的，这与他所在的社会等级相符，每到一个地方，他都要参观当地的景点，不慌不忙，以至于人们得到的印象是，这是一个旅行者，身在旅途。

经过埃尔福特和埃森纳赫（Eisenach）之后，他于3月12日又像1817年一样回到了瓦尔特堡，他让人给他展示了城堡中的名胜古迹，并在那里用了午餐。在这里，他在大学生宾客留言簿上写下了一些充满寓意的话，如果将后来的行动联系起来考虑，这些留言的含义立即显现："他们**这些萎靡不振的老人**还能干什么呢？你们要自己在自己的心中树立一位上帝，在自己的祖国建立一座祭坛。"然后，他写下了他最喜爱的诗人西奥多·克尔纳（Theodor Körner）的诗作《一八一三年的呼吁》（*Aufruf 1813*）中的诗句："给自由开出一条血路／将你的长矛刺进虔诚的心胸！"[67]在那一刻，桑德有何感想，只有将这首诗歌的这段诗词补完之后，才能正确理解，这个大学生还将它存于自己的脑海中。这段诗词接着唱道："用你的鲜血，洗刷你的德意志祖国，将这片大地洗净！／这不是王室熟知的战争／这是一场圣战，是十字军远征！……祈祷吧，让古老的力量复苏／让我们，胜利的古老民族站在高峰！神圣德意志事业的烈士英灵。"他就是这样在宾客留言簿上，留下了自白的核心内涵：他是在政治不作为的地方采取行动，他是在履行上天的使命——是在个人良心的驱使下行动。德意志具有神圣的特性。按他自己的理解，他在采取行动时，已身处战争之中。[68]

3 月 23 日，当他在曼海姆诗人科策布的家中遇到科策布时，他用一把长长的匕首刺进了诗人的身体，并喊道："看刀！你这个祖国的叛徒！"然后，他将一把较短的匕首指向了自己，人们将这一举动解释为他试图自杀。这是不对的，这是一种因紧张引起的思维短路的反映，由诗人 4 岁的儿子所引起，因为他当时看到了一切，便大喊大叫起来。桑德在审讯时供述："他的叫喊促使我——在一种混杂的情绪中——同样用较短的匕首给了他一下，代替刺杀我自己。"[69] 他还试图逃跑，并且想用同一把匕首将写有一段辩解的纸钉在门上，这段话的标题是：刺死奥古斯特·冯·科策布。但是由于预料之外的受伤，他只能将辩解交给了科策布的仆人。[70]

670

桑德其人：成为政治圣像

如果仅仅将卡尔·桑德简单地认作一个自我陶醉的烈士和梦想者，那他的刺杀行动就只能被看成一个"微不足道的事件"。[71] 这样的判断没有正确认识到新的欧洲恐怖主义的特点，它们虽然是分别行动的，奉行的却是同样的思维模式。按照桑

671

铜版画《卡尔·路德维希·桑德》，根据
1819 年 8 月 1 日在监狱中绘制的油画所作

德的说法，他不仅仅是为了德意志而牺牲，也是为了希腊人的斗争而牺牲。对他行刺的危害程度估计过低，是没有看到桑德的行动是经过冷静考虑之后，按照成熟的计划进行的，并且在整个行动过程中，将他个人和他的角色，变得具有可以成为媒体事件的性质，并且是新型的恐怖分子的代表。

经过对其学界的朋友与熟人的详细问讯，以及调查委员会主席与他的多次谈话，他表现出一种令人糊涂的性格形象，与一个残暴的行刺暗杀犯格格不入。他被描绘成一个安静的、老实的、考虑周全的人，是一个赢得人们好感的人。他不是一个耽于梦想的人，而是一个用谨慎镇定语气讲话的人。从他身上散发出强大的内心安宁的气质。[72] 然而，当他将自己也曾参加的 1813~1814 年解放战争说成"圣战"之时，就理所当然地非常具有启发性了。[73]

这幅铜版画表现的是他坐牢四个月后的情况，参考的是一幅于 1819 年 8 月 1 日在监狱中为他绘制的油画，据说画得十分逼真。调查委员会主席可以证实，因为他们几乎每天都会见面，并且，大部分情况下他都比较友好，并非特别富于智慧，但是目光坦诚、举止和气。长长的鬈发，年轻的气息，身着旧式的德意志外袍，略显忧郁的、严肃的、更应该说是踌躇的面部表情，只有紧握藏在胸前的短剑的手才显示出坚毅——所有这一切，可以让他成为一座圣像，成为那些渴望民族热情和民族认可的年轻公民所寻觅的圣像。

对这幅传播很广的画作，新闻界有很多报道，将他描写成一个有着深刻思想认识的、可以理解的人。他并非一个幻想者，更不是一个精神错乱、丧失理智的狂人，行刺事件看起来已经过了深思熟虑。他给人的印象是，为了普遍的正义事业而献身。一般的德意志刑事法官，只审理过强盗杀人案件，作案动机通常非常低劣。在审讯中，桑德强调自己是出于对祖国的爱而独立行事，他并不企图进行暴力的政治革命。

1795 年 10 月 5 日，桑德生于巴伐利亚的温西德尔（Wunsiedel），是一位退休的司法小官吏的儿子。他痛恨拿破仑。1812 年，他看到了法国人从穿过皇宫的陆军大道撤退，并作为志愿者参加了解放战争，接着，于 1815 年冬在埃尔兰根（Erlangen）开始了大学的神学学业，一年之后在那里建立了一个大学生协会。参加瓦尔特堡的庆祝活动，为他的生活指明了新的方向。接着，他转学到耶拿大学，在那里同样参加了大学生协会。1818 年秋，他去北德旅行，还特别前往柏林，在那里散发了上文中提到的、在 1818 年 10 月发表的佛伦的传单。然后，他从柏林又回到了耶拿。在私人讲师卡尔·佛伦那里，他了解了佛伦的关于无条件良心行动的理论，这个理论让他解除了所有外人的关于自己的行为是否符合道德标准的顾虑。他将科策布称为误导青年的诱骗者、民族历史的亵渎者，以及一个俄国间谍。他的清教主义，让他鄙视在诗人的作品中对女人进行色情的暗喻。

在 1819 年 3 月 23 日行刺之前，卡尔·桑德于月初在耶拿

672

的一篇题为《致我所有的人》(*An alle die Meinigen*) 的自白声明中，提及了搞这次刺杀行动的因由。[74] 他说，停止梦想的时刻到了，因为"我们祖国的危机迫使我们必须去行动"。成千上万的人在 1813 年为了"上帝的事业"牺牲了生命，以德意志人生活的革新为转折，"特别是在 1813 年神圣的时间里，上帝给予的、信心十足的勇气开始迸发"。文中，他将德意志称为"祖国"，是"上帝的真正的庙宇"，而科策布是祖国的叛徒。他，桑德，原本并不是为了刺杀而生，但是，他对由其他人来代替他执行这一行动的所有等待和祈祷，最终都无济于事。他知道，他的行动不会引发革命，相反，他所期望的，可以从此前的恐怖主义教科书中找到。他想要制造惊恐，并赋予这种惊恐以双重功效。"精力充沛的年轻人"可以利用这种惊恐，以便在他的帮助下，将"人民的复仇"对准政府，因为"愚蠢的行为和暴力的威胁正来自政府"。同时，这种惊恐要直接触动政府，为的是推动它去执行祖国的政策。桑德解释说，他的动机是，"为了将共同的祖国——德意志——和一直处于撕裂及失去尊严状态的邦联，从面临的巨大危险中拯救出来，我要扩散对付邪恶和懦弱的惊恐，鼓舞并激发人们的善良与勇气。呼喊与演说已然不起作用，只有行动才能——我想至少要向现在软弱无力的松弛状态——投进一把火，以及帮助在人类中为了上帝的事业去努力的人民情感之火，和自 1813 年以来在我们之中激烈燃烧的烈火，保持下去、扩散开来"。

到目前为止，人们仅仅硬是将他说成献身给了自己的——德意志的——人民。然而，他的眼界却远远不限于此。他将自己看作为了欧洲被压迫民族而战斗的代表，而在他看来，希腊人正站在最前线。"为了从土耳其人的行刑鞭子下解放出来，许多希腊人现在都已阵亡献身，几乎所有的人都在看不到成果、看不到前景的情况下死去。他们之中千百万人，也包括我

们之中的人，通过教育，奉献自己，尽管如此，也不丧失勇
气，继续准备着为了他们国家的神圣事业牺牲生命，难道我自
己就不能去死吗？！"他不情愿地确认了梅特涅的分析：是希
腊人用民族问题首先挑战了维也纳体系。

作为是否坚信上天旨意行动的政治刺杀

引人注目的，还有桑德为使其行动的理由广为人知，所花
费的大量心思。当然，他始终避免去说有关第三者的供词。他
的政治行动的核心在于供词中所说的："我必须按照自由意志
去生活，而我的信仰方向一旦自行确定之后，我就必须实现
它，即使我会立即遭到失败，并因此遭受到完全的嘲弄，也
在所不惜。"对此，调查委员会的法官评论说："在触犯世界法
律的案件中，任何人也不可以因为祖国做了某事而不受到制
止。"[75] 目的使手段变得神圣，因此毫无疑问的是，他将个人
的信仰放在了积极立法的位置上，他认为，在德意志当前的宪
政体制下，不可能有真正的人民生活的繁荣，因此，现存的
法律已经不适用。他将现在的联邦制看作一种"德意志人民
之间的分裂状态"。向那些对抗个人信仰的人使用暴力是合法
的。他认为，人的行为与上帝的行为必须统一起来："如果每
个人都是他自己确定的生命之物，对上帝虔诚，那就将像文中
所说，所有的一切都在上帝那里统一了——任何政府、任何领
袖……都不能像善良和心中的上帝一样，起到帮助的作用。"[76]
在他行刺当天的辩白文章《致命一击》（*Todesstoß*）中，
他走得更远。就像一个预言家，他将向人们号召："我的德意
志人民，去赢得自信、去赢得勇气吧！去获得你们每一个英雄
所具有的勇气！这才是生命中真正值得纪念的精神，才是基
督教圣经和史前时代的教诲，才是你的诗人唱颂的——去行动

吧，干起来！……‘你也可以成为救世主！’”

为祖国而战的战士，可以像烈士一样去实现自由，并且因此可以获得像耶稣基督和上帝一样的形象。最后一句引用了卡尔·佛伦的革命歌曲《伟大之歌》（*Gotteskrieger*）。[77] 这篇自白使桑德成了“圣战”的先锋，为了这场圣战，将圣经的解释不可分割地同政治行为融合在一起。他是一个典型的革命原教旨主义者，因为他相信，自己是从一个唯一的起源中认识了真理，并且要将这种真理强加给其他人。他同样将自己理解成革命的先驱，因为他的《致命一击》是以这样的预言结尾的："起来！向着那自由的伟大一天！起来！我的人民！你要沉思、你要振作、你要解放！"

为了辩白，桑德再一次指出了人们普遍的对政治的漠不关心，对于这一点，他在瓦尔特堡的宾客留言簿上就已经抱怨过，并且明确无误地宣称，他要让人们醒悟，他要放出一个信号："**我痛恨这些天来人们思想的懦弱和懒惰。我要给你们一个信号，我必须声明要对抗这种软弱无力。我不知道还有比去刺杀最顽固的奴仆和这个可用金钱收买的时代的保护形象——我的人民的叛徒和坑害者奥古斯特·冯·科策布——更高尚的事了。**"[78] 自宗教战争以来，在德意志还没有人讲过这样的话，而那时的战争，从一般意义上讲，仅仅是为了上帝，而现在则还要为德意志民族和德意志国家。这绝对是新鲜事物，因此它才在由性格、政治和宗教形成的矛盾的混合中，引起了最大的公众关注。所以，从近处观察，就像梅特涅通过官方的证据很快得出调查结果一样，卡尔·桑德将凶手和行凶，从所谓的微不足道的案件中突显出来。

52

梅特涅踌躇的反应：
新闻界—教授—大学生

卡尔·桑德对科策布的刺杀导致作出了著名的、陈腐的《卡尔斯巴德决议》。在许多人看来，1819 年是德意志原本自由主义发展趋势戛然而止的划时代的转折之年。由于奥地利的这位大臣"阴险奸刁的"（韦勒语）政策，他的"梅特涅体制"使德意志各邦屈从臣服，强迫德意志内部实现了"几近墓地般的安宁"。关于这个话题的书籍可谓汗牛充栋，[79] 尽管如此，这个话题仍然没有穷尽。为了能够更全面地理解梅特涅，就值得从五个视角入手来作出解读：①他对此次刺杀的道义上的和②政治上的评价，③他寻求对邦联政治进行防御性修正方面的一致意见，④对限制出版自由的表述，以及⑤对大学采取的措施。

道义上的评价：不给持异见者自由

在他的道义评价中，梅特涅进一步显示了，他是根植在圣经中的"黄金法则"[80]（你希望别人怎样对待你，你就应该怎样对待别人，"己所不欲，勿施于人"）的一个原则性极强的信奉者，这一法则允许给任何人在不伤害他人权利的前提下做任何事情的一切权利，当然这是建立在相互对等的基础之上的。在争取出版自由的战斗中，传单的作者却违反了这一准则，而桑德在他那充满激情的檄文中也是承认这一点的。按照他的关于革命者崇高的目的是由其现实来检验的模式，梅特涅讥讽地确认道："在这个时机，自由主义者的表现就有些不怎么样了，而出版自由的原则，由这些用匕首去回答其反对者的人来捍卫，几乎是不可能的。至少在表面上看起来，他们似乎不想要轻松地承认给他们的自由。""黄金法则"也驳斥了桑德所要求的检验标准，即"目的使手段变得神圣"。在听到刺杀的消息之后，梅特涅立即写道："以博爱的名义杀人，令人厌恶，我对任何一种形式的狂人和神经错乱者都不感兴趣，更不要说那些去杀害和平地坐在自己家里的正派之人的杀人犯了。"[81]

梅特涅只需回忆一下他的家庭教师西蒙，就足以去憎恶那些所谓要实现美好意图，却同时要杀害别人的人："这个世界是真的病了，我的朋友；再没有任何东西比误入歧途的自由的精神更为糟糕了，它杀害一切并以自杀告终。"他也不可能作出别的判断：他是在革命时代的轨道上思想着。这适合于过去的东西："我向您保证，与现在的世界比起来，1789 年的世界是完全健康的。"[82] 他在 1848 年流亡过程中遇到现实的革命时，又重复过这层意思："刺杀是一件最糟糕的武器；鲜血一摊一摊地流淌，它只会玷污流经的地方，并不会使其净化，这是它的本性。让上帝来帮助帮助可怜的人类吧！"他刚刚听说，维也纳人将奥地利的战争大臣西奥多·巴耶·冯·拉托伯爵（Theodor Graf Baillet von Latour）私刑处死，并将他挂在了一根灯柱上。[83]

政治上的评价：独行刺客抑或共谋？

在证实了在德意志境内也有可能受到恐怖袭击之后，梅特涅无法掩盖自己也受到了同样或者说更大的威胁。当他向皇帝禀报由根茨呈上的整个过程情况，以及更详细的情报时，这位君主预言，大学生会像对待科策布一样来对待梅特涅。这位大臣回答说,很长时间以来,他就将自己看成一名将军,站在一个炮兵连的大炮面前,毫无惧色。弗朗茨皇帝说道:"好吧,那他们就会将我们两个统统干掉。"而这里使用的这个法语词"assassiner"——与当时的语境非常契合——也可表示"炮轰"的意思。[84]

当梅特涅考虑用什么样的战略,能够尽可能快又尽可能有效地对这种特殊的情况作出回应时,他正处于一个困难的境地。4月9日,当获悉刺杀的消息时,他正在罗马,远离德意志的各种行动中心:远离都城维也纳,远离刺杀现场曼海姆,远离邦联大会所在地法兰克福。他甚至猜测,自己所处的空间距离可能鼓舞了凶犯,就乘他不在的这个机会动手。身在维也纳的弗里德里希·根茨已经于3月31日通过《奥格斯堡汇报》上的文章,得知了消息,并于第二天向罗马发去了内容丰富的邮件,其中也包括一些评论,梅特涅于4月10日收到。

第一个需要搞清楚的紧迫问题,即案件涉及的仅是一个独行刺客,还是一种共谋犯罪。在这个问题上,梅特涅与根茨的观点完全对立。根茨认为,长时间地审问桑德已经没有意义,得不到更多有用的东西:"从阴谋这个词语本身的意义上讲,肯定不会有收获。"[85]相反,梅特涅坚持共谋的理论,他比根茨更了解情况,因为他从一开始就预感到,在耶拿大学与桑德之间存在着某种联系。梅特涅提醒根茨注意,几个月前曾交给他的关于大学生协会的秘密档案。4月10日,他已经得到了在曼海姆开始审讯的初步结果。他很早就可以对凶手作出性格刻画:"桑德是一个年轻的学子,因在埃尔兰根大学时平静的性格和品德端正而受过表彰。1817年他转学到耶拿大学,在瓦尔特堡出人头地。1818年他回到了埃尔兰根,并积极宣扬大学生协会。他对自由人(卡尔·佛伦周围的'无拘束的人')心醉神迷,对此大事宣扬,并返回了耶拿。"[86]梅特涅为了加

677

强他的理论，还使用了后来被大量引用的下述言语。

> 我丝毫不怀疑，凶手不是出于个人的动机，而是按照一个秘密社团的计划在行动。这里，这个真正的祸害也促成了一些好事，因为可怜的科策布一下子成了关于人身批判（argumentum ad hominem）①的一个参数，就连自由派的魏玛公爵（Herzog von Weimar）都不能为其辩护。我的担心是，如何让这件事情获得一个最好的结果，从中得到最大的益处，并且在这种担心中我会温和行事。[87]

在古罗马的法律中，人身批判意味着将一个人的个人命运作为举证的证据。科策布之死一下子变得无可争议，并大大削弱了卡尔·奥古斯特公爵的个人威望，因为一切线索都集中到了他的耶拿大学。此外，梅特涅还考虑到与欧洲局势的关联，他宣称："对科策布的刺杀不仅仅是一个孤立的事件。事情还会发展，而我肯定不会是'从中汲取教训的（tirer un bon parti）'最后一人。……我不会听信别人而离开这条轨道；我将走我自己的路，如果其他所有的大臣都这样做，事情就决不会停留在现在的位置上。"[88]

防御性的国家一体化战略：等待与调查

梅特涅的话将人们的目光引向了他的战略，实行防御性的邦联措施。这个战略通常是被这样解释的，即他只是在等待一个借口，以便出击，除此而外，他就不是太担心局势的发展

---

① 拉丁语，指仅从个人利害（或偏见）出发（的论证），迎合对方偏见（或利益）的辩论和迎合对方感情的议论。

了，只想通过制造恐慌，让德意志各邦的那些政府陷入紧张。这种解释是不对的。可能根茨确实是这么想的，与梅特涅相反，他时常去扮演空谈主义的急先锋。在 4 月 1 日他写的第一封信中，他就逼迫自己将这次危机看作"可资利用的甚至是有益处的"，是可以推进平时几乎完全不可能实现的手段和措施的机会。他拟定了一个三点纲领：①应该利用沙皇亚历山大，以便对普鲁士、巴伐利亚，甚至对德意志邦联施加压力。②应该对新闻界采取行动，并将那条关于出版自由的"永远不可宽恕的条款"，从《德意志邦联法案》中删除。③趁着刺杀的效应还未消散，以及呼唤以"科策布的鲜血"复仇的声音还言犹在耳，应马上召开邦联大会对各大学进行打压。

　　而梅特涅则是想先要获得更详细的情报，并要求巴登政府把情况搞得尽可能彻底。巴登政府正处于一个难堪的境地，因为刺杀就发生在这个尽人皆知的、号称自由主义的大公国的领土上。大公（1815 年获得晋升）也第一时间成立了一个调查委员会，调查凶手的前世今生、可能的同谋和知情人，以及最重要的卡尔·桑德的作案动机。调查由国务顾问卡尔·乔治·利温·冯·霍恩霍尔斯特（Karl Georg Levin von Hohnhorst）领导。他的工作做得既彻底又不带偏见，用各种评论作的论证完美无缺，以至于调查结果出来之后——第一部分是在 9 月，第二部分是在 1820 年 5 月 20 日桑德被斩首后——马上就被禁止公开。[89]

　　与根茨的建议相反，梅特涅不想扮演"欧洲的马车夫"，而是要等待德意志各邦政府的情绪和反应——他这样做是正确的。4 月 23 日，他以满意的姿态和嘲弄的心情写道："在我一生中很少遇到的事情之一就是，我被从罗马召回，一连几个小时地研究大学的问题，并且接到来自德意志四面八方的内阁函件，紧急请求我着手处理此事，结束这些不法行为——结束这

678

些每个诸侯在自己的邦国里培育的、激化的、最后他们自己都不知道该如何平息的胡闹。"[90]

他甚至计划将大学生协会的章程秘密地，就是说匿名地印刷，然后在德意志到处散发。让它们在他计划与诸侯的会谈中起到证据的作用。同样，与根茨所建议的相反，他认为，立即召开邦联大会达不到目的，而是建议在卡尔斯巴德举行各政府代表参加的预备性会谈——也就是与不断恳求他采取行动措施的那些人一起——以便将事态掌握在自己手中。其间，根茨几乎每天都会给他送来报刊文章，全是关于案件的消息。根茨强烈建议他将这些资料细心保存，因为日后还会用得上。而实际上，梅特涅将这些资料随手扔在一边，以至于它们如今在其布拉格的卷帙文档中，自成一捆，放在名为"根茨资料"的类别下。[91]

准备对付新闻界的措施：一个妥协的建议

在梅特涅和根茨看来，约束新闻界比起其他任何一项政治任务都显得重要，两人都将自己看作德语国家中新闻政策的高手。在巴黎时，梅特涅从拿破仑那里学了一招，并在那里见识到了媒体可以作为"第四权力"来起作用。能讲多种语言的根茨以他能言善辩的本领，以及他洞察时代的深刻分析，在柏林、伦敦、巴黎、维也纳声名鹊起，而只是在德意志较有名气的约瑟夫·格勒斯（Joseph Görres）、恩斯特·莫里茨·阿恩特与他无法相比。

在科策布刺杀案发生之后，新闻界一下子变成了另外一副模样。恰恰是新闻媒体或多或少对刺杀案的宣传，刺激了很多人发出要求进行新闻检查的呼声，而这一点却被大大地忽视了。这件事包含形式和内容两个方面。在内容方面要问的是：

能够将一个人所有喜欢的内容都印刷出版吗？只有这样做才是真正的出版自由吗？但是，如果应该给印刷出版的文字加以限制，那就将出现一个形式上的问题：限制的范围应该有多大？用什么样的程序来管理对出版自由所限定的边界？

在每个不同的邦国内，虽然已经存在着完全不同的《新闻检查法》，在符腾堡，新闻检查从1817年起甚至已完全取消，但是，就德意志整体来说，这还是一个全新的领域。《德意志邦联法案》第18条仅仅提出了一个要求："邦联大会将在其第一次会议上着手研究同等的、具有出版自由……的问题。"[92]但是到目前为止，什么也没有做，而且在邦联层面，法律在处理新闻媒体问题时完全是一片空白。如果在一个邦国中一些文章被禁止，而在另一个邦国中这些文章则可以任意流通，对这样的问题该如何处理，仍完全没有答案。因此，当奥地利皇帝与各诸侯讨论限制出版自由的问题时，也完全不是在奉行一种反动的政策。

从根本上说，用交流自由这个概念可能更符合实际情况，因为"出版自由"这个旧说法，是指印刷机生产出来的所有产品，就是说，不仅仅是文章，还包括图画类产品。在这里，首先要排除一个广为传播的误解，也就是，将限制交流自由与出版检查等同起来。尽管听起来是如此的似是而非和相互矛盾：专制国家中的新闻检查，和宪政国家中的基本权利要解决的，都是相同的问题，即找出一个模式和程序，以便在阻止与保障之间，画出一条界线。两个方面所做的事，同样都是"整治（Regulierung）"的过程。[93]在宪政国家中，由刑法来确定界限，比如德国当今就有差不多30条刑责，从叛国罪、煽动民众罪到泄露公务及税务秘密罪等，不一而足。[94]

毫无疑问，在现代刑法领域，出现了一些新的犯罪事实构成，但是有六种情况，基本上是一成不变的，自从发明了印刷

机以来，它们就逐渐形成了值得保护的对象，对于梅特涅以及
他的同代人来讲，它们也具有决定性。要保护的有：陛下或者
当权者、国家及其宪法、外国机构和政府的声誉、宗教、风俗
和道德（从赌博到色情），以及私人的名誉与名声。在启蒙运
动中还加上了保护不受愚昧、迷信和狂想的侵害。

这些传统意义上的整治内容，通过法制化进入了刑法，而
作出决定的则是独立的法庭。自 1695 年废除出版检查以后，
英国人就熟悉了这种程序，而在大陆的专制国家中，整治是要
被管理的，也就是说，要掌握在出版检查官手中，在作品付梓
之前，由他进行检查，而不是像一个法官做的那样，可能在事
后追加式地禁止它。在这一方面，如果一定要指责梅特涅和他
的同代人的话，那么可以指责的是，他们缺少勇气以及没有准
备，将对是否滥用出版印刷的决定权交由法律和独立法官去处
理，就像在英国所实行的，以及法国自法国革命以来所尝试的
那样。

但是，"三月革命之前的出版检查"这个醒目的时髦用语，
不应该阻止人们对下述这个事实视而不见，即某些出版物出于
内政安全考虑不被允许发行的事实。举例来说，解放战争中
的政治歌手、激进政治反对派圈子里的传单写手和诗人，以
及大学生协会中激进倾向的派别所产生的嗜血成性的、教人
刺杀的文章，这些均容易被国家统一的传统教育者忽视，或
者作为年轻人的激情而被认为是无害的。上文中所探讨过
的、由卡尔·桑德散发的那封传单《德意志青年致德意志民
众》就属于这一类，尽管它在其中还算是比较温和的。

具有对整治交流自由的现代认识水准这一条件之后，梅
特涅务实的、深思熟虑的和进行国际比较式的对整治问题的做
法，着实令人吃惊。[95] 因为他承认，像法国和英国这样的现代
国家，可以轻而易举地开放新闻出版业，甚至可以确立基本原

则，使“这种自由成为代议制不可或缺的前提条件”。它们可以在压制的途径上，就是说可以事后通过司法途径，阻止滥用新闻出版自由，因为它们是统一的中央国家。

德意志的情况需要另一种解决办法。梅特涅的建议标志着在他法制的和政治的思维方式，与根茨集权的甚至专制的严肃主义（Rigorismus）之间，有一道鸿沟，因为根茨要将《德意志邦联法案》第18条中涉及出版自由的含义删除，并且没有替代条款。这位大臣阐明，德意志不像英国和法国，它是由自主的邦国组成，它们相互提供保护和援助，对外通过邦联作为一个整体出现，但是对内在行政上，是完全分开的。如果一个邦国由于不希望看到某种出版物而在另一个邦国对这个出版物采取行动，那么必然导致邦联内部的和平被干扰破坏。顺便说一下，梅特涅根本不需要提及18世纪德意志各邦之间进行的家常便饭般的战争，自1815年起才开始终结的情况。

然后，他提出了一个令人吃惊的理由：但是现在存在着一个“遍布全德意志的民族”。他原则上要求通过立法来实现某些方面的国家一体化，使与新闻出版打交道的做法服从于共同的——国家的——基本原则。像法国和英国那样的管治，在德意志是不可能的，因为那样的管治要求“德意志必须统一在一个唯一的政体之中，其内部的组成部分不可分裂”。可以设想的是，这个政体是在一个唯一的德意志君主治下，或者是在一个“德意志自由邦”治下——这就是说，一个统一的德意志共和国在他的政治考虑中已然显现。具有决定性意义的是相反的理由，不是反动分子在迫害煽动者之后，本身有什么可以嗅到的味道——“梅特涅体制”的控告者一直将“愚民政策”的罪名强加于他。这位大臣列举的理由来自联邦制的对立面，即为了实行英国或法国的模式，不得不先牺牲这种制度。他说，可以设想，“不会有一个原本具有德意志属性的德意志政府，会

682

允许自己被扫地出（皇室和皇宫的）门"。

梅特涅并不讳言，他最想要的就是对所有出版物毫无例外地实行检查。在这方面，他的做法也不属于复辟性质，而是尊重现行法律，就是说，尊重在各个不同的德意志邦国中的不同管制制度。他既接受由法庭判决的出版自由，也接受事先进行检查的制度："任何一个德意志邦国都有权决定，它是否愿意对在其境内出版的所有精神产品设立或者保留检查机构，抑或（通过法庭）实行压制性法案。"

在刺杀案之后发生的公开的政治煽动，还是留下了它的痕迹，因为梅特涅建议设置一个障碍，他对这个障碍所下的定义不是物质意义上的——就内容来说——而是形式上的。他一方面将一次性出版的"作品"——指的是那些仅仅因其规模就含有"科学内容"的书籍，也就是说自然科学书籍，并且至少有25 个印张（等于400 页，后来达成一致意见，改为20 个印张320 页）——区分开来；另一方面将定期出版的"期刊、宣传单等"加以界定，这些出版物的特点是含有政治的或者道德方面的内容，原则上，它们在付印之前要呈送检查。在这个措施中，人们也看到了一个社会特别条款，即通过事先检查将受过教育的人排查出来。

这个由梅特涅独立起草的建议，就像其事先已在卡尔斯巴德达成了意见一致一样，写入了 1819 年 9 月 20 日的《德意志邦联普通出版法》之中。这是一个妥协，后来，德意志强国普鲁士和奥地利在这个妥协之下，只有唉声叹气的份了，是它们自己为各邦毫无例外地保留了事先检查措施。当然，这些措施也由梅特涅自己作为平衡而建议的、在三月革命之前新闻出版格局之内的、自由主义的解决方法，提供了事先没有预料到的操作空间。所以，绝不能将其说成是与新闻出版界打交道时，一种已然板上钉钉的镇压制度或者警察制度。[96] 对于这一点最好的证明，是连续不断地提出新建议，并通过邦联大会加强针对检查行为本身的有关规定。只有当现行体制不能有效起作用，并且只能一而再，再而三地封堵缺口漏洞时，上述这些才属必要。此外还要加上：1825年后，随着快速印刷技术的发明和引入，日报日刊大量增加，传统的检查机构已经应付不了潮水般涌来的印刷品。因此，普鲁士甚至试图在1842年设立出版检查法庭。

对桑德刺杀案的反应：国家动员

为什么卡尔·桑德刺杀案推动了德意志新闻出版立法新规的制定？根茨回答了这个问题。他恰恰作了一个具有先见之明的预言，预言称，由于刺杀案实施的方式方法，会在德意志公众舆论中引起某种情绪的反应。他预言在这个案件中，对桑德的审讯程序会非常严肃地进行，而凶手桑德作为罪犯，会受到刑法最为严厉的惩处。他期待着新闻界会有"成千上万的文章为他兴奋若狂，直到狂想，将他作为英雄、作为美好事业的烈士、作为蒙昧主义者屠宰场上的牺牲品来描写，会把这些蒙昧主义者，描写成比他们现在还要暴怒十倍，比他们犯的罪行还要扩大十倍"。[97]

根茨收集的报刊文章，确实令人信服地提供了一种证明：新闻界正在建立一道同情阵线。一开始，人们还是义务式地与这桩"可恶的"刺杀案保持距离，并且信誓旦旦地说，刺杀不是政治应有的方式。但是不久，桑德性格中可贵的一面被突显出来，而且紧接着——也是主要的情节——赞扬他的没有任何私利的爱国主义，并且结合对各邦诸侯的建议和警告，要求他们修正自己错误的政策。在一定程度上，所有报刊在处理各种新的消息时，都会相应地联系以

684

上的这个情节。如果仔细地观察一下，就会发现，这些报刊对能够得到的消息来源，尽最大可能地进行发掘：见证人的报告就像滚雪球似的到处散播，再加上法庭调查材料的细节，其中包括桑德的声明和信件的细节。威斯巴登《莱茵报》（*Rheinishe Blätter*，Wiesbaden）的文章被大量地引用，很具代表性，因为根茨对文章的下述段落画了重点，并且为方便梅特涅阅读，明显地突出了特别有伤风化之处。这份报纸于 1819 年 4 月 5 日写道：

> 然而在科策布灾难中，似乎每个人都有一种要去说道说道的感同身受（在类似的案件中本应结案的地方），而在这一案件中，原本的（刺杀）行动却刚刚开始，即在完成了刺杀**之后**方才开始。在这个案件中，不是一个单一的个人对一个单一的个人在战斗，是竞技场中的新时代精神在与过了时的旧时代精神战斗。……这个行动证明，1813 年为了德意志从异国的领导、监管和奴役中获得独立而升华出来的精神，1819 年时仍在活跃。这个行动在所有德意志诸侯领地所产生的印象说明，这件事已不是一件个人的事，而是应当作为国家的事情来对待。[98]

这篇评论揭露了事件造成影响的一个方面：对制度的批评，矛头则指向了各邦诸侯。影响的另一方面，是对准了一个个体，这个人成了象征、圣像、神话般的存在以及文化—宗教意义上的高大形象。比如，青年学生会成员卡尔·哈泽（Karl Hase）宣布了这一点，1820 年，他拜访了桑德的父母，并且在拜访之后于自己的日记中写了一篇悼词，这篇悼词代表了被梅特涅和根茨所惧怕的、同情大合唱中的一种声音。

在我看来，桑德是他所处的那个世纪中最伟大的男人。他选择了自愿为祖国的神圣事业英勇献身，这是人类最伟大的行动。为此，他的坟墓上要放上一顶公民王冠。为此，他的英名将为后世纪念。为此，虽然这个行动也带来了一时的痛苦，但是它就像从未有过的伟大行动一样，在上帝赐予的天命中并未失败。……但是，他毕竟成了一名刺杀者，如果我也坐在法官席上，为此，我也会判他死刑。正义要得到伸张，人要上断头台，因为没有正义，人的生命还有什么价值呢？你们这些心地善良的女人就为他哭泣吧，他值得你们为他流泪。……桑德想要为祖国而牺牲，你们怎么能够为此就将他斩首呢？[99]

就连约翰大公爵也对桑德表示了某种程度的同情，他无疑是要谴责刺杀行为，但是尽管如此，关于科策布和桑德，他在日记中却这样写道："我对他没有丝毫的遗憾。这个杀人犯，一个年轻人，名叫桑德——狂想者——他的这种行动被判有罪是要为他感到遗憾的，刺杀毕竟属于谋杀。"[100] 桑德自己的所有供词，则与这种将原教旨主义圣战者作为"幻想者（Schwärmer）"的无害开脱，完全相反。对于他来说，重要的是引起轰动效应和公众舆论反响，一句话，是要成为"一个重大事件的象征"。这一点他达到了，而且还得到了另一个情况的印证：在那个时代，报纸上出现插图是极其少见的，如果一旦出现了一幅，那就证明，肯定是发生了一个引起最大关注的事件。《阿劳日报》（*Aarauer Zeitung*）上出现的斩首题材的版画，是为题为《1820 年 5 月 20 日处死卡尔·路德维希·桑德》的文章所做的插图，插图中还为桑德补充了当他受伤卧床，死刑判决送达时的一幕。

报纸文章没有露出对这起政治刺杀一丝一毫的厌恶。但是

《阿劳日报》上《1820 年 5 月 20 日处死卡尔·路德维希·桑德》文章的插图

文章表明，桑德是在争取将他的被斩首一幕，作为一场编排好的表演来进行。人们曾向他提出过建议，让他用匕首自决，但是他坚持要求进行公开的处决。"死在断头台上，在他看来是个明显的胜利。"报纸将他描绘为一个"值得深深哀悼的青年学子"，突出了他伟大的"平静灵魂"。在行刑前，允许他表达愿望，并接见"想要与他相见和与他最后交谈的人"。他则愿意穿着一件德式的裙袍，也不要神职人员陪同，一个人单独赴死，英勇就义。在斩首前，他举起右手对天发誓："我对上帝的希望，坚定不移，"并祈祷说，"我死在我的上帝的力量之中！"然后，说出了人生的最后一句话："主啊，你宽宥了我。"他表演得像个圣战战士和烈士，就像报纸后来以颂扬的手法所公开描写的那样。

报刊恰恰给了桑德最后的登台上场以耶稣式的维度："他只是想以最好的意愿去做好事，并且准备好了为此牺牲自己的生命，仅此，就应该尊敬他、热爱他。尽管如此，他还是犯了罪，原因在于，他被束缚于不幸的误会之中。……他的罪行业已得到了宽恕。桑德，他已不再是个罪犯。桑德，这个高贵和不幸的学子，会长久地活在许多人的纪念中。"

断头刀刚被拉起来，在场的许多人就蜂拥而上，他们的手帕沾上了他的鲜血，他的碎尸从鲜血染红的架子上被分开，或者寻找抓下一绺他的头发。一个外来者将行刑椅搬走，而载着桑德前来刑场的四轮无篷马车，后来卖了一个好价钱，而海德堡的大学青年学生会，则让所有争抢纪念物的人黯然无光，因为一个普法尔茨民主党人用从断头台上卸下来的木条和木板，在海德堡的葡萄种植山上建了一座木屋，这样，人们就可以"作为刽子手的客人，在桑德的断头台上"秘密地聚会。[101] 对于也在考虑被害人家庭的梅特涅而言，这里显现的民族主义是以其令人不安的、分裂社会的形式出现的。他当然清楚地知道对凶手的神圣赞誉，因为在他的私人遗留物中，也保存了《阿劳日报》上的插图以及所有相关的文章。[102]

计划对付大学的措施

就像对付新闻出版界的可能措施一样，梅特涅受到根茨以及莱比锡的行政长官和政治舆情监察官亚当·穆勒（Adam Müller）的鼓动，形成了该如何行动的具体想法。这些想法与这位大臣如何判断大学生们的政治活动，以及与他如何确定哪里是危险产生的根源所在息息相关。在他的眼中，一所大学也没有的邦联国家，才是没有危险的，然而，甚至在一致认为监视得很好的维也纳，也有卡尔·佛伦和"吉森绝对派"的追随者。在一次逮捕了140名大学生的大搜捕中，一本桑德崇拜者的日记得以曝光。这本日记暴露了自诩为了爱国主义神圣目的、作为高尚的良心行动的恐怖袭击，是多么轻而易举地就可

687

以得到响应："旅行计划、会战、疯狂的酒宴、革命、刺杀暴君，这一切使我忙得赶来赶去、团团乱转。只有这个人是真正意义上的伟大牺牲者，他才是献身给一个世界称之为荣誉的、神圣目的本身的牺牲者。也正因如此，所以只有桑德才那么崇高，因为他不惧怕让这些乌合之众看到一个平凡的刺杀者。"[103] 在这里，我们看到，一个思想联合体已经建立起来，范围之广涵盖了从普通大学生直到大公爵。

那么，到底从哪儿开始着手处理呢？梅特涅认为，真正的危险不在大学生那里，甚至不在青年学生会那里："青年，就其本身而言，还是孩子，而青年学生会的行为就是不切实际的玩偶游戏。"[104] 危险来自于教授，他们作为学业教师，同时影响着大学生的人品和道德，卡尔·佛伦的例子就充分地说明了这一点，他们制造了意识形态上的同情网络。没有其他人像柏林的神学教授威廉·德·维特（Wilhelm de Wette）那样，能更好地证明这种同情网络的存在，他曾认识桑德，他没有预计到，正是他对桑德的母亲所说的一番安慰言词，传到了警察的耳朵里。他为了她儿子的名誉，在"这群乌合之众的意见"面前辩护，他说，他是个罪犯，他的行为当然是犯法的，并且在世俗的法官面前是要接受刑罚的。您的儿子自己糊涂了，并且被自己的热情所迷惑——接着，他写了许多人想说而又使梅特涅非常不安的话。

　　错误已经得到原谅，并且在一定程度上有所消除，这要归功于他的信仰的坚定性和信仰的纯洁性，而他的热情，也由于出自这种美好的来源而变得神圣：这两个方面在您虔诚的、道德高尚的儿子身上得以体现，我是坚信不疑的。他对他的事业非常坚定，任何一个人如果是按照他最好的信仰行事，那他就会去做最好的事。……一个年轻人，将他的生命奉献于铲除一个许多人崇拜为偶像的人，这样做难道不会产生轰动效应吗？[105]

对这位神学家而言，凶手纯粹是一个青年学子，有着虔诚的信仰，并且对他按照自己良心的命令去做好事，充满信心。因此，他的行为是"时代的一个美好信号"。这位教授由于写了这封信而失去了教职，他属于第一批因此而失业的人，还有很多名人因为误导青年而步其后尘，其中包括民族主义预言家、不久前才刚被任命为波恩大学历史教授的恩斯特·莫里茨·阿恩特。

梅特涅将这一类教授视作精神纵火犯，他们超出了自己的专业范畴，比如在上述的这个例子中，超出了神学和历史的专业范畴，而从事政治活动。当然，对于从事杀人放火或者推翻政府这类事，他们完全是不中用的，他认为，再也没有比他们"更为虚弱的、只会忽悠和空谈的阴谋家了，无论他们是单独个人行动还是联合起来"。他们只会寻章摘句、空谈理论，而革命则要反抗具体的事物。这些学者和教授并不懂得如何推翻现行的机构，因为他们不懂得私有财产的价值概念，而干实事的人却懂得，比如律师。梅特涅认为，律师才是真正有能力的阴谋策划者，而且他可能确实没有搞错，想一想意大利的、受到广泛追捕的革命者朱塞佩·马志尼（Giuseppe Mazzini）——他学的是法律，毕业后以作为穷人的律师开始工作，因此，他在当地学会了如何衡量财产的重要性及财产的分配过程。

梅特涅从中得出的结论是："因此，会在这些大学中**出现**革命，这一点我从来就不害怕。然而，如果对这一祸害不加限制，革命者会在同样的大学中培养整整一代人，这在我看来，则是确定无疑的。"[106] 那么，该如何对付这种情况呢？他反对亚当·穆勒的操之过急的建议。亚当·穆勒建议"悄悄地、不事张扬地'清洗（Epuration）'教席"。穆勒想要静悄悄地将为数不多的"为首闹事者……铲除掉，并用老实的、有道德的学者替而代之"。此外，这些学者应该是富有天分和能力的，这样，就可以对大学内部的改革作出具有决定意义的贡献。[107]这就意味着，要对教授的工作内容进行评价。这样一来，亚当·穆勒就会将整个"大学的胡作非为"归因到宗教改革上，而只有收回宗教改革，才可能给予他们彻底的帮助。他脑海中想到的肯定涉及诸如新教的神学教授德·维特以及神学学生桑德。梅特涅甚至同意这种想法的思想内核，因为他毕竟也将路德看成一个革命者，因为路德也将这种刺杀的理由，仅仅归类为良心的行动，与国家及教会禁止的法规并不相关。然而梅特涅是政治家，而不是像穆勒一样的玩弄手段、不务实践的理论家。梅特涅用一种对其所处形势的解嘲式的特殊感觉，反驳穆勒，他当时在罗马写道："然而我在奎里纳尔宫（Quirinal）这里，不能从事关于马丁·路德博士的研究，并且希望，尽管如此，能出现一些好事，而不必去触动基督新教的起源。"因此，他定下一条规则，将"惩戒纪律"与"教学事务"分开，教学事务涉及教学内容，从邦联方面考虑，对此不予干预，由大学自行负责，邦联只负责制定规则。而在这个问题上，亚当·穆勒则贡献了一个主意：在每所大学都任命一名"学监"。根据这个建议，还真的在关于大学的决议中实行了派驻"君主代表"的举措，这意味着国家把手伸进了学术领域。这个职务设置一直延续下来，并且直到今天，在许多大学中仍能看到它作为"教务长"在起作用。

53

从特普利采到卡尔斯巴德：内政安全会议（1819~1820）

筹备卡尔斯巴德会议：与维特根施泰因的安全条约

梅特涅于 1819 年 4 月 9 日在罗马获悉了科策布刺杀案。于是他马上就与在维也纳的弗里德里希·根茨进行了密集的磋商，就像在"德意志事务"——文件中就是这么称呼的——问题上一样。他发现，在伦巴第-威尼托王国中，公众舆论的气氛变坏了，但是舆论只将对此事件的部分责任归于政府错误的举措，并且认为，在德意志和法兰西发生的事件之后，本地的动乱会受到那里的强烈刺激。因此，他从此时开始对这种事变得敏感起来，对任何一次袭击、对任何关于动乱的表示，他都更加有意识地加以注意，并将其列入那个于他而言定义欧洲进步革命的坐标系中。

尽管在他看来，事件是这样的富有戏剧性，然而他却没有受此干扰而改变自己的旅行计划。他于 4 月最后一周结束了在罗马的逗留，继续前往那不勒斯，整个 5 月他都是在那里度过的，而且还没有错过攀登维苏威火山；6 月初回到罗马，月中转赴维罗纳；6 月的最后一个星期去了佛罗伦萨，在那里停留到了 7 月中旬；7 月的最后两天在维罗纳度过，然后才动身前往卡尔斯巴德。

7 月 18 日在慕尼黑中途停留，他利用这个机会，交给巴伐利亚国王路德维希一世（Ludwig I）一份形势报告。想要

在未来德意志邦联内关于内政安全立法上取得一致意见，巴伐
利亚无疑是在普鲁士之后最重要的对话伙伴。梅特涅与各位大
臣及国王均建立起联系，并且发现，巴伐利亚的气氛也发生了
很大的改变。在半年之前，这里的人们还沉浸在"一个政治大
国的梦想"中，如今人们看到的是政府"毫无主意、毫无希望
地瘫倒在地"，人们已经完全丧失了自我救助的希望。巴伐利
亚只是许多邦国围绕着梅特涅求救的例子之一。在行刺事件之
后，人们现在都在担心自己的脑袋不保，于是，他向陆军元帅
冯·弗雷德（von Wrede）通报了他关于召开卡尔斯巴德会议
的意图。

　　同时，他继续搜集具有威胁性的情报。他清楚地知道柏
林、卡尔斯鲁厄、达尔姆施塔特（Darmstadt）和拿骚的搜捕。
他获悉在柏林破获了一个"黑色联盟"——指的是一个"吉森
黑色（Gießener Schwarzen）"所属的、激进的大学生协会圈
子。1819 年 7 月 1 日，拿骚政府首脑卡尔·冯·伊贝尔（Carl
von Ibell）被一个来自伊特施泰因（Idstein）的名叫卡尔·
罗宁（Karl Löning）的药剂师袭击未果，于是，梅特涅让拿
骚的大臣马歇尔男爵（Freiherr von Marschall）向他通报
审讯结果。两个多星期后，梅特涅就得知凶手与"吉森黑色"
之间存在联系，并且与 60 多个可疑的同情者有关。他让人将
有关文件复制给皇帝，并且立即通知了警务署长赛德尼茨基。

691　　　　为卡尔斯巴德会议进行的准备工作，梅特涅主要依靠的
是普鲁士警务大臣维特根施泰因，他是于 6 月底来求助梅特涅
的。维特根施泰因感到在柏林的调查工作孤掌难鸣，"我需要
有力的同盟者。因此，我真切地希望，亲爱的您能以您本人的
高贵人格来帮助我"。桑德刺杀案使两个人结成了紧密的，并
且是高度保密的"反恐联盟"。也是从这时开始，梅特涅才有
了与腓特烈·威廉三世的直线联系。维特根施泰因建议普鲁士

国王与梅特涅在特普利采进行一次当面会晤，这位警务大臣直截了当地催促梅特涅，说如果国王在那里见到他"会让国王非常开心"，也可以促成与哈登贝格进行"一次幽会"。这样一来，维特根施泰因就有机会使梅特涅"将他视作一个忠诚的同盟者，并予以支持"。[108] 梅特涅也将这个结盟建议继续呈报给皇帝，并称普鲁士的倡议对坚定他本人的意志，以及对普鲁士宫廷中的路线斗争和这种争夺对国王产生的影响，怎么强调也不过分。

在几个月的时间里，有关成功的和失败的袭击案，以及激进的大学生协会的政治阴谋活动的消息，源源不断地涌向梅特涅。此外，由桑德式的行动而在所谓爱国主义市民中引发的同情热潮，更让他惊恐不安。他丝毫也不怀疑，在欧洲范围内，这个热潮会交织影响、相互增强。桑德发表的同情希腊人的声明，只显示了事情的一个维度，另一个恰恰体现在8月这几天，此时卡尔斯巴德正在召开会议，而同时（1819年8月16日），英国的骑士（兵）们在曼彻斯特附近的所谓的彼得卢屠杀（Peterloo-Massaker）① 中，对反对谷物法改革的抗议群众进行血腥镇压。在伦敦经过谈判而达成的、保护内政安全的《六项法案》（Six Acts），与梅特涅及维特根施泰因在卡尔斯巴德为之而战的决议，可以说是如出一辙。当梅特涅总结他的担忧时，人们还可以将其说成是"借口"："如今，我比任何时候都坚信，如果德意志各邦政府不紧密地团结在一起，在此期间和今后数月内不采取非常认真的，特别是形式要完全一致的措施，那么，在祸害面前，人类的任何帮助手段都将束手无策。"[109] 而达此目的之路，将人们引向了特普利采。

692

---

① 1819年8月16日发生在曼彻斯特圣彼得广场上，对要求改革《选举法》、废除《谷物法》和取消《禁止工人结社法》的集会群众进行镇压的流血惨案。

特普利采: 奥地利和普鲁士的共同平台
1819 年 7 月 27 日至 8 月 2 日

梅特涅是于 1819 年 7 月 21 日抵达卡尔斯巴德的。通过外交渠道,他确定了参会者的范围,从日程上看,也是作了最好的准备,他非常清楚,这次要达到什么目的。之前,他先去了一趟特普利采。"我答应了普鲁士国王的邀请",他给弗朗茨皇帝写道,并同时向皇帝表明了这个倡议来自何处。普鲁士与奥地利之前的磋商,当然完全符合他的理想,他也是按照这个理想来构建德意志邦联的。而实现这一理想的前提条件,是各方信守不渝、意见一致。

在特普利采达成一致的政治纲领,建立在两根支柱之上。一个是根植于《卡尔斯巴德决议》,并且涉及"对德意志邦联内的党派约束",也就是针对媒体出版、大学、大学生协会及桑德刺杀案的调查。另一个涵盖了普鲁士的宪法立法过程。普鲁士国王于 1815 年 5 月 22 日颁发了一道敕令:《关于组建人民代表机构令》。[110] 在敕令中,他将国家称为"帝国",在这个国家中将以"宪法—证书"的形式给予"普鲁士国家一个我们可以信任的抵押物"。组建"人民代表机构"意味着除了建立中央议会外,不建立其他任何机构。对于梅特涅而言,这是值得思考的方式,确定了"人民代表"的思想。这里虽然指的仍是各省的等级代表,但是新的议会应该代表"人民"。

早在 1818 年 11 月亚琛会议期间,梅特涅就在一封写给维特根施泰因侯爵密信中探讨过,为什么中央议会对普鲁士不合适。如果对他的想法的理解是正确的,那么也就会理解,梅特涅绝不是反对社会力量参与国家的政治生活,他不是一个专制主义者,而是因为,于他而言重要的是,一种政治制度在多大程度上能够为国家的内政安全服务。如果没有这种能力,那在他看来就毫无价值。他理解的普鲁士王朝，就像哈布斯堡皇朝一样，是一个"组合的国家"，就如同王国或者帝国一样："普鲁士国家虽然处于一个君权治下，但也是由因地理位置、气候、民族以及语言不同而分开的部分组成的。从这个方面来讲，它与奥地利有着实质性的相似之处。"[111]

　　将一个王朝集中为一个纯粹的代议制度，就会导致其瓦解成各个不同的单一部分，这已有现成的先例。作为证据，梅特涅举了尼德兰，这个由于实行了这样的制度而使自己在政治上瘫痪的国家的例子。相反，成立一个中央议会，会制造"在议会所有的组成部分中，由单一的、相互之间怀有敌意的代表组成的陌生的组合，而这些代表还远没有为了一个统一的国家而致力于联合"。中央议会作为中央机构无疑是需要的，但也可以由国务委员会或常设的中央委员会来起相近的作用。致力于国家统一的力量，就像在尼德兰一样——除了君主之外——主要建立在军队实力的基础上。梅特涅将取军队而代之的"武装民众"的做法，形容为毫无意义的制度，将其形容为一支"头目由 7~8 个分属不同的乌合之众的头领"率领的军队。德意志人很长时间以来就谋求抵制任意专断，而这种任意专断由于各诸侯"独立自主的狂妄自大"，自"灾难性的 1806 年以来"，就扩散蔓延开来。

　　梅特涅认为，并非过去趋于集中制的莱茵邦联的专制制度，而是"等级宪法的重新引入"，才是当务之急和保持内政安全的最好方法。并不一定非要成为他的政治理想的朋友，才可以承认他敌视专制制度，并且谋求建立保障政治参与的法律形式的立场，这种参与根植在地方与省的传统遗产之中。实际上，在普鲁士面前，梅特涅是捍卫立宪保守主义的，在这一点上，他是符合政治预言家埃德蒙·伯克的主张的，也恰恰是在这个意义上，他试图在特普利采去影响普鲁士国王和哈登贝格让他们"不要实行人民代表制，而是要在纯粹的王朝意义上，将自己限制在省一级之上"。[112]

694　　会使有些梅特涅的批评者感到吃惊的是，他的危机演出脚本，以及他在《卡尔斯巴德决议》之后奉行的防御性安全政策，是以德意志统一的思想为基础的。他在皇帝面前戏剧化地将问题说得无比严重："因为在所有问题中，列在第一位的是普鲁士会在革命的潮流中被撕裂，还是普鲁士国王有足够的力量，来拯救他自己，以及与他连带在一起的德意志？"那么，怎么来理解这个论断呢？他获得的最新经验是，目前存有一种以意识形态为基础的、对国家元首进行政治刺杀的危险，这种危险随时都会在意想不到的地方出现，仅仅是它的不确定性，就会使得人心惶惶。因此，对于梅特涅而言，"保住皇朝"正面临着危险。他从法国革命中得到的经验教训是，社会中释放出来的暴力，能在一瞬间转变成强大无比的军事专政，这个教训作为他政治预测的基础，已无法消失。

在此，他没有以浅薄的类比法去思考问题，而是直接去研究其中的区别和不同。同一个皇朝，"自1792年至1814年，受到了来自完全不同但危险又丝毫没有减少的方向的威胁"。在这样一种场景中——无论是否处于革命之中——奥地利于他而言，都具有非常决定性的和发于内在的意义。革命一旦席卷整个德意志，那它不久也会进入意大利，尔后还将席卷奥地利，这也就意味着德意志邦联必将终结。但是，奥地利既是一个德意志强国，也是一个欧洲强国，德意志如果完蛋，奥地利仍会是一个欧洲强国。对于梅特涅来讲，这种情况似曾相识。当皇帝在帝国战争中失去了成员国的支持时——1795年的《巴塞尔和约》就是一个里程碑式的转折点——他曾以退出大德意志地区相威胁。[113]现在，梅特涅将这种格局作为一个再次降临的挑战来认识，因此，1819年是关键的一年。问题会持续到未来。1833 年的关税同盟以及 1848 年的革命，像路标一样标明了发展方向，这一发展使普鲁士和奥地利分道扬镳。这使人感觉很像一个历史的辩证怪论——不能统一的统一性——遭人唾弃的、被认为是反民族的《卡尔斯巴德决议》，在梅特涅看来，恰恰正是要保留由他于 1815 年在联邦制基础上参与建立的德意志的统一。因此，他向皇帝恳求："我们的**第一**要务是，尽力去拯救还能拯救的德意志，因为也只有在拯救中才能安全地、真正地拯救我们自己。"

梅特涅于 1819 年 7 月 27 日抵达特普利采，在那里又进到了同一间房间，甚至坐到了同一张桌子旁，六年前，他就是在这张桌子上签署了四国同盟协议，[114] 而且季节也几乎相同。与那时相比，他感到，这个可怜的世界正在为更为困难的失误和更加严重的错误所困扰。[115]

第二天，他与腓特烈·威廉三世国王进行了一次长谈。国王也回忆了往昔："六年前，我们与敌人在公开的战场上作战，而如今，敌人虽然隐蔽了起来，却到处神出鬼没。"[116] 梅特涅则全然不顾外交惯例，坦率地批评起柏林的宫廷。他说，哈登贝格年事已高，精神和身体均已不济，他总是好心办坏事。梅特涅批评说，普鲁士国务首相在身边豢养了一帮坏人，必须把他们清除掉。而后来的《遗存的文件》压下了梅特涅当时与普鲁士国王谈的最紧迫的问题，没有收入其中。他说："如果今天将一个名叫**雅恩**（Jahn）的人关押了，而他的胡作非为多年来已然众所周知，如果在波恩建立一所新的大学，其中充斥着在德意志臭名昭著的坏东西，如果由于我今天的举报，才将一个名叫**法恩哈根**（Varnhagen）的人从他的驻外公使的位置上清除掉，而他之前已经在全国煽动起了革命，那么，许多心怀好意的人怎么能够站在政府的一边呢？"

国王认为梅特涅说的都对，并且向他寻求帮助。而梅特涅则将其与一个无关的要求联系在一起，即"不要在陛下您的国家中引入人民代表制，因为您的国家比任何一个其他国家都不合适"。优先要考虑的，是对付新闻出版和青年大学生协会的措施。腓特烈·威廉三世随即颁布敕令，其行政机构中的所有文件——"即使是保密文件"——都要通报给梅特涅。

根据所有获悉的情报，梅特涅坚信，"存有一个分布很广的阴谋，旨在**毫无例外**地推翻所有德意志邦国的政府"。要确定是否真的存在这么一个统一的组织，无论梅氏事先对情况做何预估，从当时的视角看，应该是警务和司法系统的任务。公开显露出来的，当然是已经进行了的、可以证明的有计划的暴力袭击，它们建立在思想意识罪犯和持续罪犯的基础之上（桑德、罗宁、康蒂永以及马利内，后来还有西瑟尔伍德和卢维尔）。还有很清楚的一点是，实施刺杀的决心具有全欧洲的特征，并且由于其处在共同的欧洲范围的交流空间内，并具有相同的价值观，从而使其合法化（民族解放——希腊人、德意志人、波兰人、意大利人，等等——以及要求立宪）。对于梅特涅而言，号召刺杀诸侯是重罪，比如有这样一份通告要求，哪里有 21 个诸侯，哪里就要有 21 颗人头落地。梅特涅以嘲弄口吻、挑剔地提到，为什么拒绝给予列支敦士登侯爵与奥地利皇帝并列出现在这份名单上的殊荣。

梅特涅怀疑的范围非常广泛。对于他而言，在这起阴谋中，大部分普鲁士高官都是定调者，此外还有耶拿大学、海德堡大学、吉森大学和弗莱堡大学。所有的"体操活动"都在为同一个目的服务，首先便是"雅恩博士"。"绝对派"（大学生协会中激进的、革命的核心组织）是"真正的刺客"（暗杀者）——主要是 20~24 岁之间的年轻人。梅特涅称之为"盲目信仰"，他们被截获的日记中的很多段落，都表明了这种信仰，"这些段落，全被进行一场屠杀、佩带刀剑并成为国王刺客、响应号召为上帝最喜欢的事业而献身等想法所充斥。许多年轻人写下祈祷文，请求上帝原谅他们还没有行动——祈求上帝赐予他们机会，能够像桑德一样去牺牲"。教授们则鼓励这些青年学子坚守初衷，不忘初心，为了祖国彰显尊严而战。有迹象表明，其中还存在着与法国雅各宾党人可能的联系。哈登贝格强烈要求梅特涅在特普利采逗留到 8 月 2 日。大臣梅特涅则修改了自己的看法：国务首相"不是在精神上，而是在性情上更像个孩子"。

梅特涅将 8 月的这个时刻，视作"对德意志作为一个整体最为重要的时刻"。[117] 他成功地说服普鲁士，反对将路线改变到人民代表制上，成功地通过维特根施泰因与国王建立起了一座信任的桥梁，以及成功地邀请到德意志各邦关键位置上的大臣们前往卡尔斯巴德。让我们回忆一下：梅特涅是带着最为惴惴不安的心情，出发前往特普利采的，因为他怀疑，普鲁士能在多大程度上准备在德意志邦联中成为共同的宗主国，或者它到底有没有这个能力：一个弱势的国王、一个衰老的国务首相以及宫廷中一个难以驾驭的改革派。这个改革派想的是中央集权，而且丝毫没有兴趣去巩固一个古老的、有着由各省议会组成的王朝内部的多样性。

在弗朗茨皇帝面前，大臣梅特涅只是一再重复强调一个唯一的选择："通过奥地利的参与可能拯救德意志，或者奥地利放弃这种可能性——尽管这种可能性微乎其微——在最糟糕的情况下进行自救。"皇帝毫无保留地全力支持了他，他的大臣可以摒弃所有的担心。成果超乎预料。梅特涅已经可以确保在即将召开的卡尔斯巴德会议上获得普鲁士的支持。

他认为，既可采取预防性的安全政策，也可采取建设性的安全政策。他发现有必要修正邦联宪法中的错误或含糊之处，并同时促进这一宪法继续发展，就是说，"证明邦联宪法中的不足之处并且改善它"。为此，他为皇帝起草了一份进程表，并将其以协议的方式与普鲁士确定下来。他确定了在卡尔斯巴德第一阶段的议题：处理新闻出版和大学连同青年大学生协会的问题，以及桑德刺杀案调查委员会的问题。这些都是防御性的措施，这些措施符合伦敦的《六项法案》。在以维也纳作为主场的会议第二阶段，应该安排解决邦联宪法中其他还继续存在争议的问题。

卡尔斯巴德会议（1819 年 8 月 6~31 日）

梅特涅只是邀请了有选择的国家圈子的大臣前往卡尔斯巴德，并且尽可能地保密，他们还是过于担心无法驾驭的新闻界：可以肯定的预期情况是，会上的讨论将会非常激烈，可能引起邦联各邦互相攻击，从而一开始就可能使梅特涅的计划落空。还在 8 月 31 日会议结束讨论时，他就曾断言："在德意志，还没有人知道我们在这里讨论的内容到底是什么。"[118] 梅特涅所有预先的计划，以及他的谈判技巧，都大获成功。在挑选出来的、梅特涅认为重要的和可以信赖的 11 人中，除了奥地利以外，还有来自普鲁士、巴伐利亚、萨克森、汉诺威、符腾堡、巴登、梅克伦堡、拿骚、黑森选帝侯区以及萨克森 - 魏玛。

就像阴谋家聚会一样，11 位大臣就四项法律草案达成了一致，这些法律草案将提交邦联大会表决决定。梅特涅本来还计划，在此次会议之外顺便疗养一下，现在根本就谈不上了，因为他低估了谈判的困难程度。在三个多星期的时间里，他每天不得不用上 10~12 个小时开会、构想和研究文件。他感到自己是处在一种"疲于奔命的疯狂状态之中"。但是到了最后，却得到了极大的放松，因为他有十分的把握，会议并不是表面上所展示出来的那样。最终，他在皇帝面前承认，终于促成了"在不久前看起来还几乎不可能的事"。在回顾成绩时，梅特涅生动诠释了，在细节上是如何为了一个准确的措辞而争得面红耳赤的。对文本的"审阅是如此之严格，不仅考虑到了德意志的情况，而且也考虑到了欧洲〔！〕的情况"。[119]

①《大学法》禁止学生之间的串联，特别是青年学生会之间的串联，并且规范对高等学校的监管。每一所大学必须设立一名所谓的官派学监，以特别监督教学事务。梅特涅事先已经多次警告过要注意革命和"党派"。但是决议内容说明，人们还没有关注到开展运动的真正的社会载体：政治社团。只是到了1830年七月革命时，才开始禁止这些政治组织。

② 邦联终于有了关于出版自由的法律框架。当然这些法律只对那些放弃了进行事前审查的邦国中，超过320页的印刷品管用。对小于这一规模的印刷品，特别是定期出版物，将由邦联统一的事先审查机制来管理。梅特涅在意大利起草的妥协建议，成功地获得通过。

③因《检查法》而成立了一个邦联机构：落户于美因茨的中央审查委员会；它的任务是调查清楚，在卡尔·桑德刺杀案背后是否真的隐藏着一个阴谋。

④行政法规赋予了德意志邦联以强迫那些反其道而行之的个别邦国遵守共同决议的权力，必要的情况下可以对他们动用武力。这样一来，邦联就具有了武力威慑手段，让偏离的邦国重归正轨。比如，符腾堡就必须放弃其1817年制定的取消普遍检查的《出版法》，而像巴登1831年所作的取消检查的尝试，也同样招致了失败。邦

国议会已经通过的相关法律也必须撤销，以避免冒犯邦联的行政法规。

有一种散布很广的观点，说梅特涅是借助他那陈腐的"体制"，将《卡尔斯巴德决议》强加给了德意志各邦，这种观点一直占据着统治地位。但是在桑德刺杀案之后的第一时间，我们就已获知，恰恰是梅特涅被猛烈地纠缠着，纷纷要求他采取主动措施。在会议谈判结束时，所有被梅特涅邀请来的大臣均已证明，这个没有任何变化。在一封告别信中，他们众口一词地表示了"无限的尊敬和感激"，他们赞誉梅特涅明智的领导、孜孜不倦的努力、亲善友好以及充满信任，是梅特涅帮助他们"去完成他们对共同的祖国最为神圣的和不可推卸的义务"。就是说，他们也认为，他们所做的不但是为了各自的诸侯，而且是为了德意志。[120] 梅特涅不仅仅将这份决议文件看作官方业务交往的成果，而且也看作对他个人所受尊重的一种表达，因为他在这份文件上注明了："放入家族档案。"

在 1819 年 9 月 20 日召开的决定性的邦联大会上，大会主席、奥地利公使布尔伯爵（Graf von Buol）要求各成员，正视在全德意志范围内令人不安的运动，关注那些"在个别恐怖暴行中显露出来的宣扬暴动的文章和分布非常广泛的违法联络"。付诸表决的决议，保证了亟须要做的事："秩序和安宁，对法律的敬畏，对政府的信任，普遍的满意，以及所有人不受干扰地享受美好事物，那些美好事物，在出自各诸侯之手的持久的、有保障的和平保护下，应该给予德意志民族［！］。"[121]

如同英国的压制性法案，邦联大会在 1819 年 9 月 20 日作为邦联法律在形式上终于批准的这四项决议，也是有时间限制的。梅特涅获悉后，在给多萝特娅·冯·丽温的信中写道，"在我腹中怀了九个多月的婴孩，终于健康地来到了这个世界

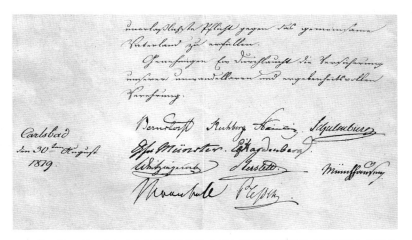

1819 年 8 月 30 日，参加卡尔斯巴德会议的各邦大臣在写给梅特涅的感谢信上的签名：贝昂施托尔夫（Bernstorff）、雷希贝格（Rechberg）、施泰因莱（Stainlein）、舒伦堡（Schulenburg）、明斯特伯爵（Graf Münster）、哈登贝格（Hardenberg）、温岑格罗德（Wintzingerode）、贝尔施泰特（Berstett）、门兴豪森（Müncbhausen）、马歇尔（Marschall）、普雷森（Plessen）

上"。[122] 假如仔细地回过头来计算一下，梅特涅关于这项立法的念头，并不是在刺杀科策布事件发生之后才产生的，而是在 1818 年 12 月亚琛会议之后，就立即想到了。因为在亚琛，已经讨论了国内的以及欧洲的动乱这个议题。当时他就已经非常清楚，这项立法会有很大争议："在给婴孩洗礼时，每一派都会对他有各自的称呼。一些人会将其视为怪物，另一些人会将其视为杰作，第三部分人会把它视作一件蠢事。而站立在中间的，则是真理。三十年来才说出的第一批法律语言，在理智、正义和经验意义上说出的语言……这些语言是伟大的行动，是我的一生中最为重要的行动。"梅特涅的这种自我评价，无疑是令人吃惊的，因为这个自我评价与对《卡尔斯巴德决议》的普遍评价，正好针锋相对。只有重新还原一下过去的战争时代和所赢得的内部和平对于他意味着什么，以及德意志的统一和哈布斯堡皇朝归属于德意志，对于他有着何其重要的价值，才能真正理解他所作的这种自我评价。"三十年来"——这意味着：自 1789 年以来，梅特涅在塑造未来时，不能将过去完全摆脱。

54

梅特涅发展和扩大《德意志邦联宪法》的建议《维也纳最终决议》（1820年5月15日）

从卡尔斯巴德到维也纳：巩固与发展

在卡尔斯巴德的辩论仅仅过去了几个星期。像英国人一样，梅特涅想以管束新闻出版和监控大学的这些决议，来抵制国家可能发生的革命化。纯粹的防御性措施加强了邦联的权力，可以说是消极的民族融合，但是他没有忘记，邦联的决议本来就仅是个临时性的文件，因此，他开始走向他已经宣布的国家宪法政策的第二部分，他热切而又目标明确地向前推动扩建邦联宪法，甚至连只愿认为《卡尔斯巴德决议》是"对邦联宪法的、保守复辟的倒退"的宪政历史学家都认为，紧接着的维也纳会议的发展趋势，是"令人吃惊和值得关注的"。[123]

11月18日，皇帝分别逐一接见了应邀前来维也纳的各邦大臣，为此，梅特涅为他准备了相应的谈话口径。口径上说，维也纳会议成为"终于可以试一试抄近路将联邦制引向良好轨道"的缘由。[124] 估计持不同意见的反对派，只有巴伐利亚和符腾堡，它们或者由于误解——这很容易解释清楚——或者出于坚持原则，对此就要借助整个邦联来进行斗争。重要的是，"要保持共同的成果"。梅特涅在口径中说，有一到两个参加者会出于个人的观点反对所有的一切。"在这种情况下，如果整个社会除了这几个持反对意见者之外，全部同意并且证明他们自己是对的，持反对意见者就必须屈从。"梅特涅还建议，当皇帝在向参加者发表的讲话中暗示这个意思的时候，他的眼光应该一动不动，直接瞄向他所指的那些人。

实际上，这次维也纳会议的过程完全不像卡尔斯巴德会议，这位奥地利大臣完全掌握着主动，不用其他国家政府来提出请求。他没有排除任何国家，因为他正式邀请了邦联大会核心委员会的所有 17 个成员来维也纳谈判邦联宪法。这个圈子中所有邦国都有代表，无论是通过"个人表决权（Virilstimme）"，还是"集体表决权（Kuriatstimme）"。如果指责梅特涅，说他故意绕过原本主管此事的邦联大会，是会引人误入歧途的。因为位于法兰克福的邦联大会，只是各邦公使参加的常设大会，而他们所能做的所有事务，都必须听从各自邦国发来的指令，通过这种途径，并不能讨论诸如像宪法的补充修订这种复杂的问题，这种问题必须由能够拍板的决策者，也就是大臣们，直接在现场解决。

一切都在梅特涅的掌握之中：他邀请所有代表去他的相府开会，他提出会议议程建议，并发给参会者人手一份预先详细措辞好的方案。他为 1819 年 11 月 25 日的开幕式准备了两篇演讲稿，一篇是为皇帝准备的，皇帝将表示与德意志邦联意见一致；另一篇是给他自己作为发出邀请的大臣准备的，讲话中主要是说明即将召开会议的目的。他自己的讲话持续了整整两个小时，梅特涅还对没有安排一个速记员而感到遗憾，因为后来他——以一种他一以贯之的嘲弄的弦外之音——对多萝特娅·冯·丽温说："我就像上帝一样侃侃而谈。"[125]

在谈判开始的时候，梅特涅感觉就像在做一件很难办成的大事："我正处于我整个职业生涯最为关键的阶段——我或者与这个社会一起灭亡，或者将会为了她的治愈，作出我最重要的贡献。"[126] 与此相关，他引用塔列朗曾经说过的话："奥地利是欧洲的上院，只要不解散，它就会驯服下院。"他的这句话指的是那些较小的国家。梅特涅还一再强调，前不久的《卡尔斯巴德决议》以及最新的决议，不仅仅对于德意志来说意义重大，而且对于欧洲来说，意义同样重大。他说这话指的是强大的但奉行防御性政策的中部欧洲，注定要由德意志邦联来组成。

由于梅特涅也为皇帝起草了讲话稿，因此可以在这里对两篇讲话作一个共同的评价。在讲话中，他回忆了是什么动机导致建立了邦联。令人瞩目的是将邦联描写为"**德意志民族**作为整体唯一可能的统一结点"。[127] 他原话讲的是一个德意志的"联邦—宪法"。

同时他警告，要警惕"散布在全欧洲的革命党"，他们在德意志邦联的区域内广为散布，并且在最近两年取得了令人担忧的进展。参与的是一些政治幻想者，他们起初只是有些许的不满，然后则是整整一代人被席卷进去，"在圣洁的语言和友好意图的骗人的假面之下，用感情唤醒民众的热情"。这里，他明显指的是桑德刺杀案及其造成的巨大反响。

他说，邦联保障了德意志内外部的安宁、各个结盟成员的独立，也保护了德意志各邦免受相互之间的威胁，当然也免受外国的威胁。梅特涅在他的开幕式演讲中直接为德意志邦联宣传鼓噪，他向参会者解释了在国际法的基础上建立邦联意味着什么。他说，德意志全部现存的公法性的法律现状都与它有关，不仅整体的权利，而且每一个单独邦国的自主权利都会由它来保证。邦联的存在不再取决于肆无忌惮的条件，但是，必须要使邦联不要持续地陷入无休止的、永不满足的、永无安宁的状况中，它不能在软弱无能和尘世虚妄中沉沦。

邦联的政治纲领

这位所谓的复辟大臣起草了一份改革方案："按照其赖以

创办的基本思想规定所要达到的目标，将邦联升华到完美的境界，这种必要性既显而易见也是我们共同的义务。"到目前为止之所以没有继续推进，在于邦联本身的特点，在于地方上一些观念的影响，也就是在于其联邦性组成部分的自身比重。他祝愿邦联"完善、坚实以及三千万德意志人应得的、与欧洲一流强国在尊严和等级上平起平坐的统一"。

同时，他向会议提出了 10 项任务，为此要成立 10 个委员会（工作委员会）。[128] 这份任务目录牵扯着梅特涅的坚定意志，即赋予联邦性的德意志邦联以较强的联邦国家的属性。邦联应该具有中央性的司法、行政、立法、军事甚至经济政策的权力，这无疑可以评价为为邦联的下一步继续发展指明了方向——以民族融合的形式。梅特涅自己向人们展示了他的优先政治领域何在，因为这位大臣选择了参加 3 个委员会的工作："第 13 条委员会"、"政治—军事关系委员会"和"巩固邦联委员会"。来自亟须自主的巴伐利亚的大臣岑特纳（Zentner），想一下子参加 7 个委员会，在他之后，是猜疑心不亚于巴伐利亚的符腾堡代表曼德尔斯洛（Mandelsloh），他以参加 5 个委员会紧随其后。普鲁士选择了"常设法院委员会"，即高等法院（哈登贝格），"权限委员会"、"第 13 条委员会"、"巩固邦联委员会"和"贸易委员会"（均由贝昂施托尔夫负责）。在这个内容丰富的议题范畴内，有两个议程要特别强调一下，为此梅特涅还通过提出成文的预案亲自出马，也同时说明了他的政治信仰及等级政治利益。这两个问题就是宪法问题，以及失去帝国直辖地位的邦国在邦联宪法中的地位问题。

梅特涅、立宪主义和第 13 条

在卡尔斯巴德外围，以及在这次会议上，成员们热烈地讨论了《德意志邦联法案》第 13 条该如何解释的问题："在所有的邦联国家中，都会出现地方性等级制的宪法。"而如何进行解读的中心焦点，即"旧等级制"还是"代议制"。为了使旧有等级制的解释能够获得通过，弗里德里希·根茨使出浑身解数，发挥了他的雄辩之才，然而，主要是由于符腾堡和巴伐利亚代表的反抗，他遭到了失败。最后人们达成协议：在即将召开的维也纳会议上，再解决这个问题。

在之前的激烈辩论后，会议的参加者紧张地期待着，想看看梅特涅在委员会中会如何处理这个问题。因为众所周知，他认为"主权在民"这个概念是个煽动性口号，他会将维也纳会议变成一个复辟的战场吗？很多与会者都向自己提出了这样的问题。梅特涅很清楚他们的疑虑，并当面向巴伐利亚外交大臣雷希贝格解释道："整个德意志——无论是心怀善意的人还是其他所有人——几乎全都误解了我们在维也纳会晤的目的。全世界都认为，我们正在废除最近两三年在德意志土地上（在这块这么富有历史的、古典主义的以及思想深刻的土地上）不幸根植下来的一切有形的东西。一些人可能的想法是，我们有理由这样去做；而另一些人则发出了大声的喊叫，然而，我们不是去做人们事先看到的事情。而我在我的内心和良心上坦率地承认，我不能允许我自己为此而感到遗憾，因为我不会为不可能的事而感到遗憾。"与巴伐利亚的宪法相反，梅特涅认为刚刚颁布的符腾堡的宪法是没有生存力的，他嘲弄地补充说，他为符腾堡国王和他的人民感到遗憾，"因为他们推托不了，必须保留他们的宪法"，由于卡尔斯巴德会议之后德意志邦联召开的维也纳会议及其决议具有强迫性，他们不得不接受。[129]

这位大臣自己搞了一份宪法问题的备忘录，[130] 结果令所有的人目瞪口呆、大跌眼镜。因为他将有争议的"旧等级制"——

705

"代议制"问题完全剔除在外。他对每个国家宪法的态度，是从其涉及邦联程度的视角来决定的，并为此定下规矩：由于邦联是一个联邦属性的邦国联合体，因此，只有王朝的原则而非民主的原则，才能满足邦联的目的。宪法不能危及邦联面对外国时的独立，同样不能危及每一个邦国的不可侵犯性、自主性及内部安全性，否则将损害邦联所致力的内外安全的目的。同样，各等级参与税收审核，也不得损害向邦联缴纳军费，各等级也不能对邦联决定战争与和平的问题施加影响。而偏偏是巴伐利亚代表在宪法问题上代表委员会发言，他明确对梅特涅的解释表示感谢，并且得出了令人无法辩驳的结论："有鉴于地方性等级制的宪法，属于邦联有效范围之外的各邦的内部事务，以及宪法的颁布由各邦政府自行安排的原则，因此，现存的宪法不得修改，未来将要订立的宪法也不得服从其他的规定。"换句话说就是：现行法律是有效的，无论其是如何制定设立的。

梅特涅为这一原则还加上了一层保险。几个月之前，巴
706 伐利亚国王曾想就他是否以及如何撤回自己邦国中的宪法，听取梅特涅的建议，梅特涅坚决地拒绝了。现在在维也纳作出了决定，现存宪法只能"以符合宪法的途径进行修订"，也就是说，只能在各等级参与的情况下进行修改，而不是通过君主单方面的专制命令进行修改。在这方面，《维也纳最终决议》①意味着一个巨大的进步，因为它允许各邦以宪法的方式安排内政结构，并且同时将其置于邦联的保障之下。此外，所有邦联成员继续有义务订立宪法。"来自上面的违法"〔恩斯特·鲁道夫·胡贝尔（Ernst Rudolf Huber）语〕以及"复辟政变"随即被排除在外。保留各邦宪法，成了各邦君主实施邦联法制的

———————
① 《维也纳最终决议》是卡尔斯巴德会议之后的维也纳会议中有关德意志邦联的决议，并非 1815 年 6 月 9 日签署的 121 条的《维也纳最后议定书》。

义务。

宪法补充法强化了各邦议会的地位。现在基本上已经确定下来的王朝原则,与此并不相悖,这一点经常被当作反动的旗帜来评说。实际上,它坚持的是"所有的邦国权力应当统一置于国家元首手中",而各等级只是参与民意的形成,这不是真正的三权分立。然而,代表们以这种方式从一开始就排除了发生宪法冲突的可能性,如果议会与君主的表决意见相左,比如在 1861~1866 年间俾斯麦的普鲁士,由于议会拒绝批准征收军队改革所需的税收,政治陷于瘫痪。实际上,在 19 世纪,君主制是种普遍现象。[131] 在革命中诞生的新的国家,如比利时和希腊,也保留了他们的国王——他们是来自科堡的利奥波德,以及来自巴伐利亚的奥托。瑞士联邦和美利坚合众国是个例外,但是如果考虑到总统具有否决权的超强地位,以及他的最高军事统帅身份,美国也只能说是半个例外。

恰恰是与那些已经拥有宪法的德意志中等国家在维也纳的讨论,促使梅特涅更加详细地解释了自己是如何理解权利和宪法的。他想澄清,他不是如人们经常形容的那样,是一个专制主义者。他有意识地将来自有着特别活跃议会活动的巴登的公使挑选出来。梅特涅再一次明白无误地表明了他对这一概念的理解,"保留不仅仅是指在一些国家一直受到保护的事物的旧秩序,而且还指一切新的、合法创造的机构"。[132] 于他而言,最高的目标是避免出现动乱,而回到已经不复存在的事物上,就像从旧的过渡到新的一样,同样充满了诸多的危险。让人大吃一惊的是,他说应该将到此时(1820 年 5 月)为止已经设立的宪政,作为宪政加以承认,理由是:"任何经由法律途径引入的秩序,本身都带有较好的制度性原则。"梅特涅用这句话,宣布了他原则上同意以法律的途径进行改革,并走向发展进步。

707

一个真正的宪政是"随着时间发展而形成的"。他说这句话时想到的是英国，并预设前提条件，称这种法制秩序有其历史的原因，就是说，它具有历史渊源且根植于现实实践之中。在一封私人信件中他透露道："英国原本就有一部宪法；《自由大宪章》不过是其属下的一个部分而已。英国宪法是历经数百年而形成的，在血流成河和各种无序混乱后，始得其成。越来越多的社会制度走上了这条立宪之路，而且也不可能有别的结果，因为这是自然规律。"[133] 1847年，他警告人们，小心普鲁士的全国宪法，他的原话是："我不反对宪政，相反，我对好的宪政充满敬意，但是也对那些生存在坏宪政之下，就是说对它们不合适的宪政之下的国家，感到遗憾。我诅咒立宪主义，它只能靠蒙蔽和欺骗存活。"[134] 他又补充解释说，他痛恨带"主义（-ismus）"这个词尾的组合词，因为它通过添加这种词尾，变成了党派概念，不再能够对事物进行客观的描述——如公社（Communitas）和共产主义（Kommunismus），公司（Societas）和社会主义（Sozialismus），责任（Pietas）和虔信主义（Pietismus），当然，还有宪政（Konstitution）和立宪主义（Konstitutionalismus）。

相反，1812年的《科尔特斯宪法》于他而言并非一部宪法，而是"一部专断的作品或者一种荒唐的蒙蔽"。[135] 只要了解梅特涅的思维方式，就会看出这不仅仅是单纯的理论论战。正是这部宪法，在1820~1823年南欧革命期间起到了示范作用，致使仿效它的许多国家——当然也出于许多内政原因——招致失败，原因是这些宪法实际上确实不符合它们的具体国情。[136] 对西班牙本身也是这样，因为只有一个议会和一个民族知道这部宪法，而这个巨大国家的组成部分——其他许多邦国不知道它的存在。

被褫夺权利者的现状以及作为受害者的梅特涅

我们已经认识了生存于旧帝国的男爵、伯爵以及后来甚至是侯爵的名门世家传统下的梅特涅家族。到目前为止，父亲弗朗茨·乔治作为一个其所处等级——前帝国直属贵族——热忱的利益代表，孜孜不倦地捍卫着这些特征（特权）。他的儿子作为置身于政治事务中的大臣，行动起来则更为谨慎，更多的是从事幕后活动，但是幕后活动并非更无效果，看一看《德意志邦联法案》中如何对待等级领主的特别条款即可得知，大多数与贵族统治相关的权利，犹如"平原地区的领主"（海因茨·高尔维策语），均得到了保护。

弗朗茨·乔治于 1819 年 8 月 11 日去世，所以，克莱门斯·冯·梅特涅作为长子继承人和家族财产受益权人，承继了所有的权利。因此，在维也纳牵涉宪法的工作中，他接受了起草关于被褫夺权利者的状况和权利的报告任务，也就不足为奇了。[137] 这里，我们有来自他本人的、对他如何理解作为等级领主的很少见的表态。按照他的解释，这位前帝国贵族已经失去了一切与政府相关的公权力；而其他的权利则必须留给他们。维也纳会议及《德意志邦联法案》第 14 条，"在丝毫也没缩水的意义上"确认了这一点。但是，这一条款所作的规定并没有完全得到实现。这就要通过《维也纳最终决议》第 63 条来完满解决。被褫夺权利者认为他们的期待得到了满足，因为现在邦联已经具有获得承认的权力，去监护帝国贵族的要求是否得到满足。如果不是这样，他们就有权利和可能性，向邦联大会提出申诉。通过这种方式，贵族在新的邦联中为他们自己挽救了一项旧有的权利，在旧"德意志自由"的条件下，所有帝国成员通过向帝国高等法院申诉，都曾拥有它。这是一种倒退，并且有损于德意志邦联在民众中的形象，它放弃了这一原本属

于民主的权利。同样，对于被褫夺权利者，还有一些需要澄清
和需要提出要求的方面，涉及以下六点。

① 业已保证的与当权贵族"在等级上的平起平坐"，
必须明显展示出来，以便使人不会忘记他们。因此，侯爵
的头衔"殿下（Durchlaucht）"以及伯爵的头衔"阁下
（Erlaucht）"，必须以法律的形式予以确认。邦联政府必
须将这些家族的资料——生育、婚姻和死亡——存档立案，
并持续记录。后来在1848年的法兰克福国民大会上，多
数代表认为这一点卑鄙无耻，并讨论将贵族作为等级予以
取消，剥夺其头衔称谓。

② 被褫夺权利者可以在任何邦国中担任公职，而不
受其可支配财产多寡的限制。在这里，梅特涅家族表明了
他们与拿破仑以及符腾堡国王打交道时的痛苦经历，外加
《莱茵邦联法案》所规定的所谓贵族的府邸义务。

③ 对暂行没收的有争议财产，即抄没充公的私有财
产，予以保护保全。按照《莱茵邦联法案》，被褫夺权利
者的地产在刑事案件中不得抄没充公，只可抄没由此产生
的收益。这"并非不合理"，因而应予保障。

④ 如果一个家族的地产分布在多个邦国中，并在可
能出现未成年继承人的情况下，应设立共同的监护管理。

⑤ 家族继承权法意义上的家族内部协议和财产处置
方式，应不受干预。

⑥ 在向等级意义上之非门当户对者出售前帝国贵族
等级的财产时，贵族等级头衔称谓仍属于原财产所有者，
因为等级意义上之非门当户对，只担保家族而不担保财产
状态。

梅特涅补充道，奥地利皇帝认为被褫夺权利者的愿望是合适的，他同意并希望所有代表应该去说服各自的政府，从这个意义出发来发布指令。

困难与反抗：巴伐利亚与符腾堡

梅特涅在维也纳已经作好了遇到反抗的准备，就像他在卡尔斯巴德已经经历过的一样，他期待着反抗又是来自巴伐利亚与符腾堡。必须说服巴伐利亚政府同意邦联具有关于战争与和平的决定权，而发明的这条规矩，防止了"较小的宫廷与外国策动政治阴谋的可能性"，梅特涅这样讲道。[138] 然而，谈判中最大的反抗是符腾堡制造的，在谈了四个月之后，符腾堡要推翻全部（谈妥的内容）。它不想要维也纳的谈判形成一个确定的、完结的成品——像人们说的："成为一份最后的明确的决议。"它只希望将咨询结果作为前期工作，并在邦联大会上经过充分讨论后进一步完善。梅氏注意到，在他的主持下，最为棘手的问题最终得到了妥善解决。符腾堡在法兰克福的表现肯定会不一样，梅特涅已经预感到会有争议出现。梅特涅假设，符腾堡国王会试图通过他的抵抗，来树立其自由派的形象，并且将实行压迫的罪名安在全体代表身上。他说，符腾堡国王想轻而易举地以大众代表的形象出现。在卡尔斯巴德，梅特涅已经有了与符腾堡的反抗打交道的经验，而现在他看到：所有德意志邦国的宫廷都派出了最好的使者来到维也纳，符腾堡本身虽然也委托了一个无可指责的人，然而这位代表既得不到宫廷的信任，也毫无影响力，而站在他身后的操刀手，则是一个狡猾的、卑鄙无耻的，还卷入了刑事犯罪的冒险家，曼德尔斯洛伯爵的任何一个行动，都要听从这位幕后人的指示。而德意志邦联只能在"坚定的、统一的意志下才能兴旺"。

710

　　符腾堡最主要的指责是，没有签署《维也纳最后议定书》的保障大国的参与，这次会议并不能补充完善《德意志邦联法案》，因为邦联法案是《维也纳最后议定书》的一部分。梅特涅有充足的理由来小心翼翼地对待符腾堡政府，特别是对待威廉一世国王，因为后者知道有一个强势的同盟者站在自己背后。威廉一世国王的第二次婚姻娶的是女大公爵叶卡捷琳娜·巴甫洛夫娜。她虽然已经于 1819 年 1 月 9 日过世，但是斯图加特与圣彼得堡之间仍存在着紧密的姻亲关系。[139] 亚历山大的父皇保罗一世就娶了符腾堡女公爵索菲·多萝媞（Sophie Dorothee）为妻〔她皈依东正教后，改名为玛丽娅·费奥多罗夫娜（Maria Fjodorowna）〕。也就是说，沙皇亚历山大的母亲是符腾堡人，而他则习惯在每次穿越欧洲的旅途中，都前往斯图加特看望亲戚。他是《维也纳最后议定书》负有使命的签署人，也对参与德意志各邦的治理有着非常强烈的兴趣。不久前他还通过沙俄的国务顾问斯图尔札在亚琛会议上证明了这一点。

　　梅特涅从其他方面得知，国外也关注着维也纳谈判的进程，特别是对第 13 条的解释更加引人注目。法国媒体的一篇文章摆在了梅氏的面前，文章的报道令人惊异，说每一个德意志君主都可以"按照自己个人的主观臆断，去解读这一著名的条款——无论是从专制的诸侯统治的角度，还是从立宪的、符合人民利益的角度"。[140]

　　当然，梅特涅是带着某种满意的心情，来看待对外国干预提出的警告的，他说，符腾堡政府坚决不允许外来强国对在维也纳谈判的问题进行干预，它警告说，这样做是与德意志邦联的独立与尊严互不相容的。此外，德意志邦联就像其他任何一个自主的大国一样，具有无可争议的权力，可按照自身的信仰和适合的方式来处理内部事务。

符腾堡代表坚决拒绝在声明上签字，因为声明说，维也纳的各项决议"不需要在邦联议会上继续讨论"。他以非常详细的方式解释了，为什么他的宫廷不能加入这个声明。于是，1820 年 3 月 31 日，弗朗茨皇帝亲自向符腾堡国王说项，最终符腾堡国王退让了，外交大臣温岑格罗德伯爵（Graf Wintzingerode）于 1820 年 4 月 14 日向梅特涅声明，他同意这个进程——即明确地承认维也纳的各项决议——也不再需要在邦联议会上继续讨论了。5 月 14 日，符腾堡正式同意了《维也纳最终决议》。从 1819 年 11 月 25 日到 1820 年 5 月 15 日，经历过 30 轮会谈之后，尘埃终于落定，文件上印上了 5 月 15 日这个日期。

梅特涅终于松了口气，同时感到非常高兴，此业绩"为迄今为止所发生的最为伟大之事件"。所有的参与邦国从此都要按照新规矩行事，在邦联议会中无需再进行其他的辩论，即可将《维也纳最终决议》的全部 65 条作为邦联基本法照单全收。经此一争，奥地利的分量陡增，这一结果让梅特涅洋洋得意地说道："在全德意志，奥地利一言九鼎，言出即法。现在，《卡尔斯巴德决议》终于可以真正生效，而所有认为在德意志维持安宁是必要的人，当然都要不折不扣地遵照执行。"[141]

总的来看，按照梅特涅对德意志联邦的权力架构和角色分配的设想所形成的《维也纳最终决议》的 65 条，是一个巨大的进步，有了它才使得邦联宪法变得完整。它强化了这个联合体的国家特征，并且将这个位于中部欧洲的同盟，用 30 万人的军队武装起来，而这些军队只有在防御时才能动用，邦联的联邦性结构可为此担保，而军队的总指挥则必须根据每次不同的情况，由邦联再进行挑选。在几次会议的讲话稿中，梅特涅多次作为"祖国"相称的德意志，在大国的圈子中变得更加安全，并且应该像梅特涅多年来所计划的，作为一个大国在法俄之间来加强欧洲的和平，而不需在"欧洲协调"中非得亲自来登台表演。此外，德意志正处在立宪主义的道路上，而且还打开了通向贸易和经济统一的大门，即使它的实现后来失败了。

然而，一个在历史学家中充满争议的问题依然存在，即谁应该对这次前景非常看好的发展可能性的最终失败负责：是那些自称出于好意的凶手和政变者吗？（因为自1815年之后直到1848年，几乎谈不上有真正的革命）是西蒙们和桑德们吗？托马斯·尼佩代（Thomas Nipperdey）就曾警告过，不要将这些人作为精神病案例，使他们变得无害化，从而认识不到他们的革命特色，以及"包括直接进行恐怖行动的潜在危险"。[142]或者像汉斯－乌尔里希·韦勒宣称的真正的责任人："现存的专制主义"、"政府的失误"，而且首要的是奥地利的国务首相，他将"全部剧目以他马基雅维利式的艺术，在全方位、多层次、淋漓尽致地表演，并且对人们对革命的恐惧加以巧妙的操弄"——就是说，责任人是那些对他们所处时代毫无理解、目光短浅、自命不凡的诸侯及其追随者。然而，我们对1815年之后时代的叙述已然说明，在这样历史经验的背景下，将当时的现实状况解释清楚是多么的困难，当时的现实状况，是数十年毫无意义的战争造成的公共财政困境、饥饿和通胀危机，以及让人感到毫无希望的落后状态。

55

作为欧洲问题的恐怖主义和安全政策：英国、法国与梅特涅

英国对德安全政策的判断

像尼佩代以及韦勒一样的德国历史学家，是从他们的民族视野出发来看待社会暴力进行的恐怖袭击及其他表达方式的。然而，那时的政治家却不这样看。英国人和俄国人非常关注地跟踪着德意志邦联对刺杀事件作何反应，这一点最典型地反映在卡斯尔雷与俄国驻伦敦公使克里斯托夫·冯·丽温（Christoph von Lieven）之间的看法交换中。对于他们而言，卡尔斯巴德的"前期会议"，是在非常和睦和一致的精神中召开的。而现在，他们的兴趣却在于要得知，这种精神在维也纳的会议上是否还会继续保持下去。因为圣彼得堡和伦敦的政府真诚并殷切希望，德意志的强国能够努力将这种进步的革命势头保持下去。他们欢迎在维也纳扩大德意志邦联的内部联系，以便强化在德意志的普遍安定局面，这种安定局面与欧洲的安宁是分不开的。只有这样才能满足政治上的巨大期待，这个期待一直伴随着在维也纳会议上缔结《德意志邦联法案》的全过程。圣詹姆斯宫的内阁，也以从这个视角关注德意志政策的方式，引导着这个安全政策的原则。此外，维也纳和柏林的宫廷也定期向伦敦通报己方采取了哪些措施。[143]

在卡尔斯巴德会议之后，梅特涅甚至亲手撰写了一份总结，寄给英国摄政王，并向他通报后续的发展计划。他说，德

意志各邦之间"一个崭新的时代"开始了，人们正在完成一项
伟大的事业。他说自己从未忘记英德双方在 1813~1815 年奉
行的共同原则，他明确地感谢国务大臣明斯特伯爵恩斯特·弗
里德里希（Graf Ernst Friedrich zu Münster）在卡尔斯巴德
给予的支持，明斯特伯爵既领导德意志的驻伦敦机构，又是英
国摄政王驻汉诺威王国的代表。梅特涅将明斯特在维也纳支持
他的行为，看作是"真正的善举"。[144]

714　　　这种交流以及卡斯尔雷的评论示范性地说明，在欧洲共同
安全政策实施的最初年代，不存在有人信誓旦旦所说的"东西
方的对立"，恰恰相反：在一封于 1820 年 1 月 14 日发给英国
驻维也纳公使的很长的加急文件中，卡斯尔雷概括称，四国同
盟内阁的意见，在实质上基本一致，细节上只是在如何达到共
同目标的方式上略有区别。英国政府如何着手行动，还必须顾
及其他方面，如议会和公众舆论。[145]

　　　1820 年 5 月，卡斯尔雷继续关注着在维也纳的有关邦联宪
法的商谈，并且对此予以支持，他说，对激进主义的斗争已经
取得了巨大的进展，但是，"恶魔"还活着，并且还以各种新的
形式展示出来。然而，一点也不要怀疑，随着时间的推进和持
之以恒的斗争，终将会打倒它。德意志的法律变得严格了，法
庭在尽它们的义务。[146] 可以看得出来，卡斯尔雷对镇压措施的
质量、目的性和严厉程度毫无保留地予以同意。当《维也纳最
终决议》通过时，卡斯尔雷向梅特涅所展现的眼力和顽强表示
祝贺，他说，梅特涅恰恰是在当前严峻的情况下，促进了欧洲
的平安，他为欧洲体系进一步创造了重要的安全保证。[147]

　　　英国驻法兰克福邦联大会公使弗里德里克·兰姆
（Friedrick Lamb）于 1820 年 5 月 28 日——桑德遭到处决一
个星期之后——报告了舆论对判决的反应。报告中称，当地舆
情对被视为牺牲品的杀人犯的热切同情，以及对梅特涅侯爵的

强烈义愤，让他感到吃惊。报告说，是梅特涅同意了邦联大会为保护内部安全所制定的措施，这些措施看起来促进了社会的安定。社会中真正危险的、不安定的部分大概是由 30 个左右的作家，以及很大一部分是由学校教员和大学教授组成。自从设立检查制度以来，这部分人相对来说还是老实多了。但是，在关于桑德之死的文章中，他发现一篇从来没有看到过的这类文章，极为有失体统，让这种文章通过检查是政府的失误。他认为海德堡大学的情况糟糕透顶，大学生穿着怪异，始终以强者的自我感觉出现，伴之以自以为是和令人不堪忍受的态度。他是在卡塞尔观看哥廷根大学生游行时看到这种现象的。但是，镇压措施出奇的有效。兰姆从而认为，1819 年 9 月 20 日的目标和效果，颇为值得欢迎。[148]

715

刺杀贝里公爵（1820 年 2 月 13 日）

虽然研究中时常指出此处正在探讨的刺杀行动的国际性问题，[149] 但是这些研究也从未问起过梅特涅——如果是的话——到底是如何获悉、对其如何定位以及如何作出反应的。越是仔细地观察就越会发现，将梅特涅与《卡尔斯巴德决议》等同起来的一维思维模式，是多么的欠缺，因为这种思维模式，阻断了当时处理事件的那些人的认知视野的途径，即它不清楚危机的背景情况，此外，它完全忽略了整日感觉生活在生命危险之中，于政治家而言意味着什么。而引起最大国际轰动的，是成功地刺杀了波旁王朝的贝里公爵查理－斐迪南·德·阿图瓦（Charles-Ferdinand d'Artois, Duc de Berry），他父亲是 1824 年之后在位的国王查理十世，即当时的统治者路易十八的弟弟，查理·斐迪南是一个潜在的王位继承人。1820 年 2 月 13 日晚，当这位王子从剧院出来，步行前往他的马车时，马鞍皮革匠路易·皮埃尔·卢维尔（Louis Pierre Louvel）用刀将其刺杀。这一刺还未致死，公爵尚意识清醒，直到次日凌晨，当着全王宫人的面，才血流不止而亡。这个过程给所有在场的人，以及给后来读到这一故事的贵族读者，留下了深刻的烙印，并且对弑君的可怕图景烙上了不可治愈的创伤，而弑君看起来随时随地都可能发生，因为它完全不可预测。"让宫殿去打仗！给村舍以和平！"——法国革命时期的作家尼古拉斯·尚福尔（Nicolas Chamfort）的这句口号，可以从巴黎这个聚焦点出发，让全欧洲的高等贵族心惊胆寒。那时还不到 15 岁、出身于匈牙利贵族阶层的梅拉妮·齐希——她后来成了梅特涅的夫人——对写在她的日记中的、远在维也纳发生的事，怎么会有其他的理解呢？她描述道，2 月 21 日，她的母亲惊慌失措地冲进她的房间。她的记录也透露，多少天来，这次刺杀行动是这个家庭的主要话题。[150]

716 　　对此，凶手的形象做派也起了一定的作用，他太不像是一个凶杀犯。1820 年代的前法国外交官夏多布里昂（Chateaubriand）曾赶到案发地点，并成了目击者，他后来在回忆录中将凶犯描写为一个既普通又狡猾的人，如同人们在巴黎的石板路上看到的千千万万男人中的一个，无甚两样。他将其描绘成一个偏激的独行侠，甚至没有参加任何一个政治组织。在他看来，凶犯更像一个邪教徒，而不是一个政治阴谋组织的成员，他应该属于那些发誓过的思想圈子中的一个，其成员时常聚会在一起，但行动起来却永远是各行其事——完全是出于他们自己的私人动机。他们的大脑就如同他们的心一样，被一种激情所操控，只认知一种思想。卢维尔的行动一直遵循着自己的原则：他要用这一击来击中整个贵族阶层。[151]

　　夏多布里昂所描述的这一类凶犯，其行动就像一个恐怖分子，貌似在"休眠"，却随时可以快速出击。由于他从共同的思想中来为他的政治信仰刺杀行动寻找理由，还不能说他属于哪个有组织的革命网络——对这样的网络可以安插奸细进去——而他则与德意志的原型卡尔·桑德惊人的相似。

　　1820 年 11 月，夏多布里昂被任命为驻柏林公使。他喜欢穿越柏林的各种公园散步，因此也结识了年轻的凶犯，因为夏多布里昂在那里发现，有人在山毛榉木做的长椅上，刻画了一个心形图案，是用匕首刻画的，下面写着“桑德”的名字。[152] 他发现，在德意志的蓝天下，对自由的热爱，转变成了在秘密的社团中散布的、性情忧郁严肃且神秘不可思议的、狂热的盲目信仰。他将这种新的恐怖主义归结为一句话：“桑德正在使欧洲陷入恐怖（Sand vient effrayer l'Europe）。”[153]

　　在法庭的审讯中，卢维尔显示自己是一个坚定的反君主主义者。他说，他为了自己的目的已经准备了好几年，他崇拜拿破仑，并且希望，能够对外来的侵略进行复仇。他个人对受害人并无恶感，但是，他要从根源上铲除波旁王朝。而实际上，他刺中的确实是直系血脉中唯一一个合法的王位继承人。[154] 这样一来，“弑杀暴君”的证明可以作为一种具体的行动方式，就如他从激进的大学生协会嗜血成性的革命抒情诗，直到弗里德里希·赫克（Friedrich Hecker）的追随者那里所定的调子一样。任何一个刻画了心形图案的人，就像上文所描述的，均属于那个团体，这个团体将政治刺杀作为自身民族良知的体现。

　　1820 年 2 月 20 日，梅特涅得到了初步的、关于“一个不太好事件”的模棱两可的消息，是银行家罗斯柴尔德在 2 月 14 日从巴黎发给他的信中告诉他的。当时，他正在进行《维也纳最终决议》的谈判。梅特涅建议皇帝对此事先保持严格的沉默，[155] 2 月 23 日，皇帝批准了梅特涅的建议，由瓦尔莫登伯爵（Graf von Wallmoden）亲自将吊唁函转交王室。当天，

717

梅特涅坦率地对多萝特娅·冯·丽温说："自由主义日子过得不错，满天在下着桑德［沙雨（Sand）］。这是在不到九个月的时间里的第四桩刺杀案，我的名单上还有 60 个人，这还仅仅是在德意志。"[156] 他马上就发现，在巴黎和曼海姆之间存在着平行的现象，两个凶手都具有同样的政治动机。梅特涅一直生活在一种总有一天会遭遇同样命运的预感之中，在当他得知桑德刺杀案时的最新印象中，他承认："我每天都在与各种各样的激进行动作战，直到会有一天，不定哪个疯子用匕首刺中了我。但是，如果那家伙不是从背后进攻，那他就会吃我一耳光，他会长时间记住这记耳光——即使他刺到了我。祝您健康！"[157] 时刻会受到生命威胁的感觉是根深蒂固的，最新发生的刺杀案只会加剧这种感觉。1831 年，梅特涅在一次宴请客人，回答根茨的警告时说："我将在三个月之后被杀害。我知道这个，但是我也可能晚些时候被害，这样更好。"[158]

1820 年 2 月 26 日，在梅特涅面前放着一份驻巴黎公使卡尔·冯·文森特的报告，并附有报纸文章。报告说，作出一个确切的判断还为时过早，但是，现在法国政府有理由去修改宪法（《法兰西一八一四年宪章》）的条款，为此条款，政府到目前为止"曾受到两个激进党派同样的攻击"。此外，还可能取消法国的《人身保护令决议》（Habeas Corpus Akte），也就是说，取消只有经过法官判决之后，警方才可以实行逮捕的法令。最后，报告还建议设立为期五年的新闻出版检查制度。对此梅特涅评论道："从根本上讲，后面这两项法律不外乎是对我们《卡尔斯巴德决议》的模仿。"[159] 但是他怀疑，这些预案能否在议会通过而不出问题。他是带着怀疑态度看待法国组建黎塞留部的，虽然他欢迎这个部所执的政治中间立场，但是也认为它并没有执行能力："对于雅各宾党人来说，黎塞留是激进社会主义中的懦夫；而在保王党看来，他是一个没有思想的懦夫。"[160]

亚瑟·西瑟尔伍德的"卡托街阴谋"（1820 年 2 月）

还在梅特涅忙于巴黎刺杀案及其后果时，从伦敦传来了一条更大规模的刺杀消息，如果不是事先暴露并因此而失败的话，全体英国内阁成员都会死于非命。梅特涅现在面对的现实是，最著名的革命演说家，都准备变成杀人凶手。三年前，他在研究坎宁的讲话和政策时，就已经认识了所有这些人，[161] 这显示出他的消息极为灵通。"激进主义者阴谋活动时代"（他所指的是 1816 年底和 1817 年初）的最著名的 30 位人民演说家，想于 2 月 13 日动手。当天在议长哈罗比勋爵（Lord Harrowby）处，安排了一场所谓的内阁晚宴。这些阴谋策划者在附近的一处储藏草料的仓库旁集合，只有一架梯子通向这里——所有的人都全副武装。这时，许多警察出现了，要求集合的人放下武器。"闹事的主要首领"是亚瑟·西瑟尔伍德，即上文已经提及的亨特的最著名的朋友之一，[162] 此前也曾作为人民演说家，在温泉场作过演讲。阴谋策划者们不想毫不反抗就束手就擒，大部分人成功逃脱，只有九人被逮捕。

即使对这种情况，梅特涅也进行了评论式的比较："这些事件，或许还有其他许多事件，是对《卡尔斯巴德决议》最好不过的评价。此外，英国的局势完全安定。"[163] 皇帝在其发表的声明中希望，将视角还要放远到"西班牙的局势"之中。

这位大臣并没有将恐怖袭击计划的残忍细节，写进呈送给皇帝的正式奏折中。多萝特娅·冯·丽温是从威灵顿公爵那里获得了更多的消息，而人们不敢将这些消息透露给新闻界。主要涉及的是袭击实施的方式方法。行刺者计划割下袭击对象的脑袋，并且在争论由谁来干掉谁。西瑟尔伍德选择了威灵顿，对谁负责卡斯尔雷，则争论了很长时间，要由两个人去割他的脑袋，另外一个人负责撑开麻袋。离开袭击地之后，前

719

往银行，占领银行后，去制服炮兵发射阵地的六门大炮，然后宣布事先准备好的公告中的声明：已经抓获了所有的大臣，军队和人民应该加入起义。阴谋策划者们准备宣布"推翻了暴君统治，自己作为人民政府在行使权力"。还有一份支持这次行动的签名名单，不得了，其中有许多富有家庭成员的名字，包括各个阶级的市民，甚至外国人。这些计划过程都是从缴获的文件中获悉的，只是由于一个被安插在阴谋策划者圈子内的奸细，才幸运地将这场阴谋挫败。丽温伯爵夫人在她的信的结尾处，嘲弄地总结说："卡托大街离我们的住宅不远。在我看来，肯定是一个迷恋于古代的弱智者，影响了这帮混蛋。"164

56
干涉的双刃剑与"欧洲协调"
——意识形态化

有保留的干涉

不仅仅是在梅特涅的头脑里，而且在许多 1815 年时的前政客们的思想中，一个问题总是萦绕其间、挥之不去，即"革命"是否由于新建立的维也纳秩序，已然到头。不久即将爆发的涉及全欧洲的动乱以及起义的尝试，说明革命还在继续。在与社会动乱和刺杀行动的对峙中，英国政府认识到，也要像哈布斯堡皇朝一样，进行坚决的干涉，即便是限制个人自由、集会和新闻的公民权利，也在所不惜。奥地利的那位大臣并非在随心所欲地将局势与卡尔斯巴德作对比。

自 1814 年四国同盟签订《肖蒙条约》以来，干涉原则就属于强迫约定的内容，但是，如果欧洲的和平受到威胁，该如何履行这一原则呢？在这个问题上，占统治地位的意见在梅特涅和卡斯尔雷之间画出了一条分界线。英国的角色，也就是卡斯尔雷的角色，是被正确地描述了吗？即大不列颠在亚琛会议之后对"反对革命的自动干涉机制"持反对立场？人们是要捍卫"国家的独立，从而捍卫国际法的支柱"吗？[165] 问题的要害，在于如何评价卡斯尔雷。实际上，鉴于卡尔斯巴德和维也纳会议的召开——也将俄国包括在内——他已经肯定断言道："普奥两国宫廷都同样担忧，任何一种对德事务的干涉，都会不起作用，无果而终——这种干涉可以视为对德意志

邦联权利和独立的强奸。"¹⁶⁶

在这方面，澳大利亚历史学者哈夫纳（Hafner）为修正卡斯尔雷的形象，作出了决定性的辩护：¹⁶⁷ 英国大臣的立场是反对干涉，这是对的，但这也只是半个真相，因为他这样做不是先验的，就是说，不是绝对无条件的。于他而言，干涉首先意味着大国在一次大的行动中——结合成同盟——进行武装干预。这种做法对于卡斯尔雷来说，应该是极其例外的情况。相反，他认为个别的、单一的行动更为合适。只要那些国家——比如德意志各邦——自己能够用其保护国家的法律来解决它们内政上的问题，大国就不要插手。如果那些国家过于弱小，那么，他也认为干涉是合适的手段。他完全赞同梅特涅的意见：并非在欧洲所有的冲突中都要像过去的反拿破仑战争时那样，必须由大国抱团动用武力来进行帮助。在梅特涅看来，那样一来，就会允许沙皇在欧洲拥有过大的发言权。"梅特涅不想看到由哥萨克来恢复德意志的秩序。"（哈罗德·坦普利语）¹⁶⁸ 按照卡斯尔雷的意见，只能根据每一个国家各自不同的具体情况，来决定是否进行干涉，而且这种干涉在有一种情况下——比如针对那不勒斯——只能交给奥地利来实施；而在另一种情况下——比如针对西班牙——干涉的角色就要由法国来扮演。当卡斯尔雷在仔细地区分能否运用干涉这把双刃剑之时，他丝毫也没有改变自己对邦联内政的意见。这个自称是梅特涅朋友的人，完全同意邦联的内部政策。

当然，这位英国外交大臣也认为有必要提醒一下，"我们不得不去应付议会"，这就迫使我们要有所顾忌，发言时，有时也要违心地将说法缓和。他认为，各国君主和大臣的会晤是大有裨益的，这是一种新的发明，会晤中，"欧洲政府（European Government）"把外交用来遮挡视野的蜘蛛网摧毁了。如此一来，这个制度也进入了正确的光照之中，使得大国的建议简单且富有成效，就好像它们是出自一个国家一样。[169]

由于坎宁和巴麦尊而意识形态化

而在卡斯尔雷的后继者坎宁和巴麦尊那里，何时进行干涉的问题则变得模糊不清。乔治·坎宁于 1822 年接任了卡斯尔雷的外交大臣职务，他宣布奉行不干涉政策，并将其作为宣传的武器，也因此与前任划清了界限，并偏离了服务于大陆和平的、更高的欧洲共同利益政策。坎宁将英国的政策，再一次并且更加强烈地瞄准了进行世界贸易的利益，从而将欧洲大陆视作在迈向强国的竞争中，赢得结盟伙伴的舞台。他解释说，内阁必须在国际上施以援手，让自由的和符合宪法的政府的原则发扬光大，从长远看，民主的精神必定摧毁王朝。[170] 说这话的时候，他当然已将本国的王朝排除在外。他构造了两个相互争斗的阵营，他的传记作者哈罗德·坦普利则信以为真，将其当作了"东方三个专制君主"与"西方代议制国家"的战争。[171]实际上，1770 年出生的坎宁属于梅特涅的同代人，但是，他的社会根基却并非根植于高等贵族，而是伦敦的商人阶层。他懂得，在英国的体制内受人欢迎意味着什么，所以他将许多的话直接说给平民院和新闻舆论听。[172]

裂痕已然出现，而在巴麦尊自 1830 年开始影响国际政治进程之后，分裂更为加剧。[173] 梅特涅甚至称其为赞同希腊起义以及西班牙殖民地独立战争的革命宣传的传声筒。[174] 梅特涅尖锐地谴责其在内政与外交政策之间的矛盾。对内——恰恰是在对待他们自己国家的问题上——无论是托利党人还是辉格党人，均毫无差别地保守行事，并且忘记了实行他们向大陆上的大国所建议的原则。"政府刚刚在与议会意见完全一致的情况

722

下，为维持爱尔兰［！］的秩序采取了强有力的措施。政府与议会的所作所为是对的，它们不对的地方是，在那个时候（卡尔斯巴德会议时）对大陆上的政府为了保障公共利益作出的决议大为光火。合情合理的事，不能因为地理上的分界就要受到限制，而那句'一切为我，毫不为你'的、有己无人的话，在原则上是错误的。"175 梅特涅发现，在卡斯尔雷之后，英国的政策发生了根本的转变，在巴麦尊的领导下，英国的政策对内是保守的，"供内部消费（for home consumption）"；对外则是革命的，"供出口（for exportation）"，这是一种对英国工业，而不是对英国政治更适合的制度，176 从而摧毁了欧洲的国际法。他将之归罪于巴麦尊，并且还公开了之所以这样做的更为深层的动机："英国的政策变得完全围着目的转。而巴麦尊勋爵是这种可疑政策的突出代表。"177

受伯克的"法国革命的社会分析"训练出来的梅特涅，始终在考察着如何将经济的和政治权力的利益，与悦耳动听的政治原则结合起来。他也见识过人们如何作为一个个人和国家公民，嘴上呼唤着"自由和平等"，同时又作为一个商人或者地主，去主张自己的利益好处，去图谋贵族和神职人员的财产。在他看来，坎宁的政策就是这样的，他是从 1817 年 2 月坎宁在平民院的演讲中，得出他在内政事务上保守的、反对革命的基本信仰这一结论的。178

因此，历史叙事应该彻底告别那种解读模式：好像有一些进步的大国与"神圣同盟"斗争过，再加上"神圣同盟"这个概念反正只是在一些批评者的头脑中，以及在沙皇亚历山大的头脑中，看来是有道理的。"立宪制的西方"与"反立宪专制的贵族"的对立，硬赋予了西方政治道义以优势，这与谈论"恐怖幻觉"一样，同样是陈腐过时的。而事实上，这只是利益政策的另一种解释。安塞姆·多林-曼托菲尔（Anselm Doering-Manteuffel）

将坎宁的这种"立宪式"的自我表现评价为一种自由派的宣传，他的说法是没错的："自由这个理由将'坎宁的沙文主义'包装了起来。"[179] 而实际上，则是（英国）政策走向的彻底改变。卡斯尔雷与梅特涅还都认为，自己有义务为欧洲的"共同利益（general interest）"、为"欧洲公法（public law of Europe）"而努力。梅特涅一直在强调应该尊重国际法，而坎宁及其继任者，则将其替换为"民族利益（national interest）"，他们将"民族利己主义变成了英国外交政策最为重要的部分"。[180]

法国是最好的例子。人们将其算在立宪和反干涉阵营中，却隐瞒了法国军队经维罗纳会议（1822）[181] 授权对西班牙进行的入侵。七月王朝与拿破仑三世的法国，就是利用自由的意识形态，挺进到了莱茵河边。他们还以此为托词，侵占北非、尼斯和萨伏依。沙皇俄国呼喊着"基督—东正教信仰自由"的口号，进行对"异教的"奥斯曼帝国的战争，以这种方式扩张到了欧洲东南部，并一步步占领了巴尔干的重要地区，而且试图进入博斯普鲁斯海峡。

说到结成集团，也忽略了"西方强国"英法与"东方强国"俄国的联盟，他们为了希腊而联合起来，入侵了奥斯曼帝国。英国将他们海外的殖民地和贸易政策的扩张，也宣传为是向着自由的胜利进军。三大强国还在地中海领域争夺势力范围，而哈布斯堡皇朝则从没有追求这样一种扩张趋势，哈布斯堡皇朝太柔弱，做不到，而且对它来讲也过于昂贵。但是尽管如此，皇朝的统治者仍然坚持要求亚平宁半岛隶属于他的势力范围。普鲁士正走在对内进行殖民扩张的路上，它试图在领土和"道义占领"方面（威廉一世），于德意志内部实现突破。它企图吞并（汉诺威、萨克森）或者在经济政策上（德意志关税同盟）实现突破。

尽管出现过很多时代断裂，但是自 1789 年以来，有一种现象却一直延续下来: 由于自此以来外交与内政相互交织在一起, 在一个大国势力范围之内的革命起义, 会对整个欧洲产生影响。为了防止欧洲大战, 战争年代过来的"梅特涅一代", 建立了国家之间的国际谅解体系, 规定了要定期召开进行战争管控的会议, 它的产生, 要归功于梅特涅—卡斯尔雷这辆双驾马车。然而, 当一个大国在扩张的道路上走得过远, 就像在1839~1840年由于其他四个大国联合反抗, 法国在埃及遭到失败后, 又在莱茵危机中进行挑衅, 战争管控这个崇高的想法因而一再被搅乱。当出现了战争卡特尔时, 就无法进行谈判和调解, 就像1828~1829年的俄土战争, 这是在1815年之后第一场可能波及欧洲的战争, 当时英国和法国与沙皇俄国结盟对付土耳其, 这场战争使这个体系遭到了破坏。

欧洲的社会和经济基础, 在拿破仑体制完蛋之后变得如此脆弱, 占有财产、受过教育、具有手艺的市民精英以及被遣散的军人, 是如此易受煽动, 这使抗议和起义运动以及政变的尝试, 一波未平, 一波又起——1820、1830以及1848年——形成了波浪一样的连锁反应。乐观的反对派, 如受过黑格尔历史哲学训练的历史学者格奥尔格·戈特弗里德·格维努斯(Georg Gottfried Gervinus), 将这种现象解释为通向更多自由时代的伟大趋势。而更为悲观的同时代人如梅特涅, 则将这一浪潮解释为"再次肇始"的不祥之兆, 他们所指的是革命的再次爆发。法国革命变成了神话, 这可以从法国革命的象征物、仪式和媒体, 直到雅各宾党人的红色帽子及断头台, 来想象它在继续进行。

对于梅特涅而言, 当他说到"雅各宾党人"时, 并非像对其他许多人一样, 只是一个空洞的称谓。这个浪潮的第一波, 是按照"传声筒模式"于1820年从一些没有得到军饷给养的士兵中爆发的, 他们在西班牙殖民帝国崩溃之后, 回到西班牙，并且在陆军元帅拉斐尔·德尔·列格雷戈（Rafael del Riego）的率领下起事。他们起义的征兆，是1812年在加的斯产生的著名的《科尔特斯宪法》，按现代历史叙事的手法，可以将其视为文化传播的媒介。在西西里、那不勒斯和都灵，起义者将这个文件作为榜样，并要求成立自己的宪政国家。而对于各国政府而言，新鲜而又让它们迷惑不解的是，市民精英，加上自由派的贵族，在一个跨越国家边界的通信网络中，竟然能够迅速地就共同目标达成一致。

　　受到西班牙的鼓舞，1820年7月2日，位于诺拉（Nola）、阿韦利诺（Avellino）和萨勒诺（Salerno）的秘密组织烧炭党也开始起事，然后就波及了那不勒斯，之后是西西里岛。[182]此外，运动还于1820年8月和9月蔓延到了葡萄牙，最后于1821年3月到达了上意大利的皮埃蒙特。起义的中坚是烧炭党，他们在军队中立住了脚，因此，起义的开端是一场"军事政变（Pronunciamiento）"。在起义的整个过程中，拿破仑帝国作为这一事件的助产士，也一直阴魂不散，因为1816年遍及欧洲的农业危机之后，紧接着就是贸易危机，原因是新政府偏离了到那时为止的生产机制，向外国的粮食竞争者开放了国内市场，从而严重地损害了本国地主的利益。在拿破仑时代获得了土地资产的人，抗议生产过剩、外国产品的涌入以及价格下跌。这些"农业资产者型的各省精英"〔维尔纳·道姆（Werner Daum）语〕，作为暴动的主力突显出来。也就是说，地主、官员、高级军官、文学家以及科学家，他们在拿破仑时期，在缪拉的统治下，拥有了财产，升了官，封了贵族头衔，获得了名望。

　　这就出现了一个引人注目的矛盾，因为南欧的"革命"具有非常明显的地域特点，也是从本地区出发来反对新的中央集权管理，但实际上却产生了对外的影响，成了日益壮大的革命力量。其原因主要在于，将西班牙的宪法榜样当作了一项共同的使命，它代表的是一院制，限制的只是具有延期否决权的君主权，并且主张主权在民。欧洲在短期内分裂成为两种"宪法区域"，[183] 原因是，《法兰西一八一四年宪章》是一种相反的模式，它建立在两院制以及君主原则基础之上。对于梅特涅而言，这期间真正的挑衅在于人们接受了 1812 年的《科尔特斯宪法》，以及有一个被禁的秘密社团参与其中。由于他是从南欧革命链条所产生的对外影响出发，而不是从其内部情况出发看待问题，因此，于他而言，这是个危及欧洲和平，以及对五国共治体系构成挑战的事件。

57

"欧洲协调"与 1820 年代的
防御性安全政策

特罗保（1820）、莱巴赫（1821）
以及维罗纳（1822）会议

如果地方的革命威胁着欧洲，并蔓延成燎原之势，国际和平将陷入危险，这给了召开君主会议充分的理由。在 1818 年亚琛会议之后，第一次五国同盟会议于 1820 年在小城特罗保①召开，特罗保位于当时奥地利－西里西亚最东边的一角。那不勒斯的起义促使君主们举行会晤，商讨应对之策。如果仔细地观察一下会议是被如何促成的，所谓东方—西方的陈词滥调马上就会烟消云散。卡斯尔雷和梅特涅认为，按照维也纳秩序，意大利属于奥地利的势力范围，如果奥地利自己去干涉一下也就够了，没有必要召开这么大的会议。是外交大臣卡波迪斯特里亚斯（Capodistrias）以及支持他的宫廷党，强烈要求沙皇亚历山大通过召开一次欧洲会议在同盟中取得优势，[184] 梅特涅最后让步了。10 月 19 日到 12 月 25 日，[185] 三国君主在特罗保聚会：弗朗茨皇帝、沙皇亚历山大和尼古拉大公爵（Grofürst Nikolaus）、腓特烈·威廉三世和普鲁士王子。作为外交官参加的有：梅特涅、根茨、涅谢尔罗迭、卡波迪斯特里亚斯以及哈登贝格。作为英国代表出现的则是卡斯尔雷的弟弟、英国驻

---

① 捷克奥帕瓦旧称。

维也纳公使斯图尔特，他只想要一个观察员的地位，这被误解为英国拒绝任何形式的干涉，不仅拒绝军事干预，还要拒绝召集全体五国开会的这种模式。其对法国代表拉费罗纳伯爵奥古斯特（Auguste Comte de la Ferronay）也是这种态度。

727　在特罗保，奥地利与俄国之间形成的两种对立，反驳了"东方集团"是一个不可分割的整体的说法。沙皇要求弗朗茨皇帝立即开展军事打击，而在与沙皇和涅谢尔罗迭长达几个小时的讨论中，梅特涅则激烈地反对这个意见，他的理由是："我们坚持的原则是，一个君主在道义领域去干涉另一个君主，以及**建议**与**行动**相互混淆，在国际法中是站不住脚的。我们可以为那不勒斯王国表达最美好的祝愿，但是，不能颁布内部的行政法律。我们可以对本国说，我们希望最美好的东西永远不会抵制最美好的事物，但是，我们不能决定什么是对其他国家最美好的事情。"[186] 倡议必须由那不勒斯国王作出，比起局外人，他更了解自己的国家。

在争论将会议结果公之于众的文件措辞时，第二个对立出现了。梅特涅起草了三条显得比较低调的原则：所采取的行动不仅要给还合法的权力机构——国王——思想和行动的自由，而且通过这次行动，要保证欧洲的安宁与稳定；重建统治的过程必须要顾及这个国家真正的担忧和利益；同样要照顾到这个国家理智的那一部分人的意愿。[187]

这些原则的提出，是有具体的案例作参考的。而卡波迪斯特里亚斯审定的文稿则完全是另一种态度。我们有幸能够追踪一下，1820 年 11 月 19 日臭名昭著的《特罗保议定书》（Troppauer Protokoll）是如何产生的，其中最惹争议的一句话，最终确定了同盟的干涉权力。同盟 "为了使处于动乱中的国家重新回到同盟的怀抱，应该首先采取友好的步骤，其次，不得已才使用不可避免的强迫方式"。[188] 后来，人们将这句话与为了镇压1968年的"布拉格之春"而为华沙条约国军队的入侵作辩解的勃列日涅夫主义（Breschnew-Doktrin）相提并论。这样的一个总条款，与梅特涅原本谨慎和有差异的政治思想背道而驰，原因是，比如它为俄国沙皇可以动用他的军队，在任何时间以及在欧洲的任何地方采取行动，打开了方便之门。那不勒斯的例子，已经说明了梅特涅和卡斯尔雷恰恰是要将这种可能性排除掉，此外，也要排除沙皇关于由他的某位外交官来担任调停人的建议。

案文通过一天之后，梅特涅半是受折磨、半是嘲弄地谈到这个议定书是如何产生的："当我与卡波迪斯特里亚斯面对面坐在会议桌旁数小时之久，不得不看着他那拙劣的文稿，这比听他说话还让我难受，迫使我最后停止了胡思乱想，因为我一直害怕自己也会干这种蠢事。所有从这里发出的文件，思想是我的，而编辑则由卡波迪斯特里亚斯来做，结果经常是，我已经看不出我的思想了。"[189] 过了几天，他又补充说，这种强迫的共同工作的结果，并非我所希望看到的。他好像事先预知了《特罗保议定书》造成的影响，于是写道："我将取得85%的胜利，其余的将由他为了世界的安宁、为了理智的形象、为了健康人理解力的荣誉而带来……卡波迪斯特里亚斯不是一个坏人，但是老实说，却是一个十足的、彻头彻尾的傻瓜。……他生活在一个有时我们的灵魂可能被邪恶的梦魇所替换的世界中。"[190]

显然，从特罗保发出给欧洲各宫廷的对会议决议进行辩解的一封公函，也引发了这种梦魇。[191] 卡斯尔雷批评这份在平民院引起强烈不满和反感的文件，在此处人们也误解了他，似乎他在谴责干涉行动本身。恰恰在这一点上不是这种情况，因为英国向那不勒斯派出了一艘三桅快速战舰，从那里将国王斐迪南一世接往的里亚斯特，以便出席即将在斯洛文尼亚召开的

728

莱巴赫会议。如果英国政府谴责干涉政策，就很难被说服去这样做。原来在经过几次长时间的深入会谈后，梅特涅说服了沙皇必须邀请斐迪南一世出席，并且期待着他的同意。其间，在与沙皇亚历山大进行了这样的一次会谈后，他向弗朗茨皇帝禀报："我已经将其完全搞定，他并且**完全同意我的意见**，而且信任我。"[192] 1821 年 1 月 4 日到 5 月 21 日，在斯洛文尼亚召开了莱巴赫会议并进行了谈判。实际上，波旁王朝已经认可了斐迪南一世对那不勒斯起义的镇压，并废除了之前已经由国王清理过的宪法，国王辩解说，自己不是自愿进行这种起誓的。在奥地利军队占领之后两个月，斐迪南一世于 1821 年 5 月 15 日返回了他的王国。梅特涅同时向国王提供了一套对这个国家进行改革的、需要认真对待的方案，让他带回国内。是斐迪南一世用后来所实行的专制政策，将这一指明未来发展方向的建议毁掉了。

729

　　还在莱巴赫会谈之际，在相邻的撒丁王国也爆发了革命。这次倒不需要像那不勒斯那样，通过一条很复杂的途径去解决，因为当地政府立即请求奥地利支援。当一支奥地利部队在皮埃蒙特本地军队的支持下，出现在都灵时，整个起义就已经土崩瓦解。

　　各国列强也在致力于准备为西班牙这个火药桶召开一个专门的会议，因为整个革命浪潮都是因它而起的。梅特涅反对干涉，但是这次的倡议却是由立宪国家法国发起的，为的是铲除邻国的宪法。在这次行动中，沙皇也提出了立即由他的军队来提供支援的建议。这次行动特别露骨地显示了国家利己主义原则，是如何用花言巧语的委婉表达来加以掩饰的。波旁王朝的复辟政策，将西班牙看作其当然的势力范围，并且明目张胆地追求本国的国家利益。

　　梅特涅在斯洛文尼亚的莱巴赫进行的国际危机管理历经四

个半月，当他于 1821 年 5 月 26 日回到维也纳时，那不勒斯
的起义已经被镇压下去，斐迪南一世也已重回王位。回到维也
纳后，在他面前放着一封皇帝御笔亲书的给他的信，他立即发
现，亲笔信的语调亲善诚挚，这位矜持冷淡的统治者，绝少会
受到影响而采取这种态度。这封信唤起了对 1809 年 7 月的回
忆，那时，施塔迪翁由于战争失败而刚刚辞职，皇帝于 7 月 8
日先是临时性地，然后又于 31 日明确地、正式地任命梅特涅
为"国务与会议大臣"，以便他能以一个合适的地位与拿破仑
谈判和约问题。皇帝对皇朝的这段抹不掉的屈辱历史仍记忆犹
新，只见皇帝写道：

> 　　亲爱的梅特涅侯爵！您在十二年的大臣生涯中，为
> 朕和国家努力重建普遍的和平，巩固朕与欧洲列强及欧洲
> 各国之间的友好联系所取得的功绩，这些功绩由于您不停
> 地操持而日益彰显，尤其是最近两年，您以自己的睿智与
> 大无畏精神，在为维持国家内部与外部的普遍安宁，及法
> 制对破坏者疯狂的胡作非为取得的胜利上作出了重要的
> 贡献。
>
> 　　在维持未来安定的关键时刻，向您公开证明对您的满
> 意与信任，朕以为义不容辞。
>
> 　　朕谨授予您朕之皇室、宫廷和国务首相职，您以幸运
> 的成就与忠贞顺诚，已经在领导这个职务的工作了。

弗朗茨 m.［anu］p.［proprio］

维也纳

1821 年 5 月 25 日 [193]

知道弗朗茨皇帝矜持、理智行文风格的人，都会从这道

730

敕令的遣词造句中，听出他对这位大臣无出其右的、溢于言表的赞扬，以及对他功绩的认可。梅氏以国务大臣之职，行国务首相之权。但是，由于皇帝仍然继续坚持其有违时代发展潮流的躬亲朝政，因而也继续保留着能够任意摆布他的大臣与各宫廷机构领导之间相互争斗的权力。被褒奖者的形象得到了提升，他一直自视为第二个考尼茨，如今更是作为第二个考尼茨也得到了皇帝的公开认可。虽然梅特涅私下声称，他自己对这种晋升无所谓，他的虚荣心除了促成好事已别无他求。他说，如果能从一个鼹鼠洞内做好这件事情，他会同样感到无比幸福和极大的满足。他还强调他的谦虚说："我的新职位既没有与假发也没有与银鼬皮大衣联系在一起。这个不幸应该是最为恼人的。"但是，他也承认，这一职位大大拓宽了他的影响范围。[194] 可是，缺少了一个强有力的君主作支撑，这个听起来很好听的头衔，分量到底是如何的一文不值，在弗朗茨皇帝驾崩后，便显露出来。

希腊问题作为世纪问题的催化剂

当"希腊问题"让所谓整体行动的三个专制制度的东方列强分裂之时，东方—西方—集团组成的景象就一下子成了问题，这次危机迫使维也纳体系毁于一旦。除了"波兰问题"外，就像梅特涅暗示的那样，他还将"希腊问题"看作世纪问题，因为它与奥斯曼帝国的生死存亡不可分割地紧密联系在一起。[195] 在维也纳会议上，他没有使他的危险形势分析取得突破，因为除了英国，所有参会大国均拒绝将奥斯曼帝国作为第六个帝国纳入维也纳秩序，梅特涅与卡斯尔雷的建议属于空忙一场，未被采纳。

成功地将 1820~1840 年列强之间所有的外交往来函件研

究一遍，在其中找出这些列强是否以及在多大程度上，对奥斯曼帝国在欧洲"大国协调"中的作用予以认可，则要归功于捷克历史学家米罗斯拉夫·塞迪维（Miroslav Šedivý）的坚忍不拔。研究的结果，开创性地指出了历史上的这一军事行动和剑拔弩张的紧张领域的意义与影响，到目前为止，这一领域还较少被仔细地研究过。研究的结果对欧洲危机地理坐标的判断，也因此获得了决定性的改变，或者更确切地说：因此而进入了正确的方向。[196] 传统的研究——除了保尔·施罗德[197]之外——始终将主要目光投向了欧洲南部和西南部（那不勒斯 - 西西里、皮埃蒙特 - 撒丁尼亚、葡萄牙和西班牙），瞭望着特罗保、莱巴赫以及维罗纳会议。传统的研究忽视并低估了欧洲东南部——希腊问题这个炸弹——所具有的剧烈的爆炸力。希腊问题没有在这一系列的会议，而是在塞迪维系统地查阅过的、多得汗牛充栋的公使馆通信往来的函件中表达出来。它们透露了欧洲的最大战争的真正爆发点和催化剂究竟在何处，而这场战争可能将所有列强都牵扯进来。像我们所知道的，梅特涅预计的将是一场全新质量的战争，会像一场巨大的自然灾害一样，将一切从下到上掀个底朝天。他的预言性的断言偏偏是在 1824 年[198]发出的，从这一年开始，维也纳体系维护和平的功能开始逐渐失去功效。

我们应该设身处地地回忆一下当时的情况，那时事关究竟是什么样的火药桶，然后有意识地设想一下，在 1853~1856 年的克里米亚战争期间，竟发生了 10 次俄土战争，仅仅在梅特涅的生卒时代就发生了 4 次。1815 年以来发生的第一次欧洲战争，就是 1828~1829 年奥斯曼帝国与俄、法、英三个盟国之间的战争；1840 年又是在东地中海从埃及发展而来的战争；而在 1853 年的克里米亚战争中，这一体系再一次面临脱轨的危险。在 1820 年代，有鉴于沙皇明显的扩张倾向，梅

732

特涅提出了大量的倡议，然而所有的倡议均遭到挫败。在人们不得不确认，他是如何以一种"秘密帝国主义"（米罗斯拉夫·塞迪维语）系统性地使近东地区的和平以及同盟的作用能力受到动摇之前，人们除了看到俄国统治者仁爱的形象以外，就什么都视而不见了。[199]

　　1822~1823 年，所有因素和时刻都已会聚一处，显示了南巴尔干冲突没完没了和错综复杂的原因，以及这并非一个简单的问题。在这个问题上，不仅仅在希腊地区、塞尔维亚和多瑙诸侯国摩尔多瓦和瓦拉几亚，俄国、土耳其以及奥地利的势力范围交织在一起；而且宗教的（基督徒与穆斯林）和民族的对立也突显出来，以一种在欧洲范围内引人注目的战争暴行，掀起了一个事先无法预测的自发势头，在列强之间引起了相互猜忌误解、厌恶反感和烦躁恼怒。甚至一个宫廷中的主张也不尽一致，正如圣彼得堡谋求粉碎奥斯曼帝国的俄国主战派所显示的那样。而主张复辟的沙皇则相反，先是愿意接受梅特涅的影响，同意镇压希腊的起义，以稳定苏丹的统治区域。总之：沙俄帝国主义自始至终都一直在幕后窥伺着，但是有时还不至于致命。"进城"（指伊斯坦布尔，当时人们也这样称呼奥斯曼帝国）的僵化立场、俄国潜在的战争意愿、法国亲俄的倾向、英国的冷淡和漠不关心，以及普鲁士的被动做法，都有助于走向战争之路。[200] 梅特涅清醒地看出了俄国政策的虚伪，它说它无意扩张，无意进行战争，而只是想要对自己的军事开销进行补偿，然而由于苏丹不能拿出钱来，沙皇俄国不得不将土地拿走，就是说，临时占领多瑙河各公国，它也不得不将其势力范围扩张到塞尔维亚。

　　人们恰恰可以像教科书一样，去追踪参战双方是如何开启战端的，对于其中一方来说，想返回来是越来越困难了；而另一方，当战争来临时则声称，原本不想打仗。在这场错综复杂的冲突中，梅特涅的两个特质表现得淋漓尽致：他对国际法的坚持以及他的务实立场，为了缓和冲突，甚至准备最后承认希腊这个国家。

有人声称，国务首相只是想捍卫合法统治者的权利而去对抗起义的人民，而且是从封建正统继承以及"教条主义"的立场出发。梅特涅绝没有按照这样的政治逻辑和思维方式去行事，他已经用自身的例子表明，国际法的原则对他而言意味着什么。如果不愿按照国际法去做，欧洲列强不仅可能进行有利于希腊起义者的干涉，而且还会以同样的方式进行有利于伊朗人和芬兰人的干涉，英王和沙皇能用什么理由来反对呢？起义者的革命暴力，在原则上会提升到与国家合法权力同样高的位置。梅特涅质问，假如自封的协会宣布自己为爱尔兰政府，那么，英国政府是否准备将这个起义搞得最早和最好的协会，也视作与英国国王具有同样的权力呢？[201]

他的务实主义则赞同在前奥斯曼帝国的领土上，建立由一场革命行动而产生出来的、独立的希腊王国，这样做从根本上是违反1815年维也纳体系的基本原则的。与不久前建立的、将奥地利排除在外的三国同盟完全相反，重建有行动能力的五国共治，对于梅特涅而言，比镇压一场革命运动的分量要重得多。塞迪维澄清了崇尚封建正统的反革命分子梅特涅的形象，与之相反，甚至就是梅特涅本人赞同建立一个独立的希腊（"自主"），而不是一个自治体（"宗主"），并且愿意尽快看到其实现。完全的国家独立，比起在奥斯曼帝国的宗主权下的自治来说，将会更能阻止俄国的扩张需求，因为这个宗主国将永远会为干涉提供借口。梅特涅的思想是多么的非教条和务实，这也体现在他选择美利坚合众国的国际法架构作为建立新的希腊国家的模板，即通过国际社会各国的集体承认而非通过与各个单一国家去磋商。

希腊的起义是由塞尔维亚人的成功起义引发的，1804~1817年，塞尔维亚人通过起义取得了在奥斯曼帝国宗主权下的半自治。希腊人是从1821年开始起义的，这场斗争持续了近十年，并且始终带有社会革命的特征，因为贫穷的山区农民感觉受到富裕的希腊商人和船商的欺压，以及土耳其人一再以征战侵扰伯罗奔尼撒。没有任何其他问题像在希腊问题上一样，体现了全欧洲公共舆论的巨大能量，以及政治冲突的意识形态化。现代民族主义也被当作一种解决问题的宗教，渗入到这里的社会和经济落后的地区。1815年之后的政治和社会动乱，被理解为是所谓1789年事件连续统一体的一部分，并被理解为是在"民族革命"的神话中无所不能的万能密码。非常奇怪的是，那些同情者与宣传家在此处与他们的反革命的、在台上统治的反对者一样，被同样的表面现象所蒙骗。在这里，希腊山区农民争取地区性独立的战斗，突变为一场以宗教为动机的、反对异教的奥斯曼帝国宗主权的自由独立战争，而奥斯曼帝国正准备削减君士坦丁堡的希腊—东正教族长们的权力：原本是为了"道义经济学（moral economy）"的前现代的抗议行动，一下子跃升到了"自由、平等和博爱"的民族战争的维度。

与古典的希腊没有任何共同点的新希腊人，突然作为民主和古希腊国家被压迫的继承者出现，这是巴伐利亚国王路德维希一世在亲希腊人的思想共同体中梦寐以求的。英国诗人拜伦勋爵在抒情诗中控诉希腊人民的命运，而德意志人发现，就像后来的波兰人一样，他们对这种运动抱有同情。因为他们是在为本民族的解放而斗争，这样的运动也使得他们在内心深处幻想着本国的运动。"人民的春天"的乌托邦是不可分割的。

1815~1823年曾一直坚持的共同的欧洲同盟政策现在失

效了。这一政策的目标本来是，将可能重新进行革命的法国关进牢笼。1829 年的《阿德里安奥佩尔和约》（Frieden von Adrianopel）① 规定，整个多瑙河入海口地区和亚美尼亚的部分地区，以及多瑙诸侯国摩尔多瓦和瓦拉几亚，即后来的罗马尼亚，均属于沙俄的势力范围，这样一来，俄国就作为哈布斯堡皇朝的竞争者出现在巴尔干。而这个和约也已经保证了希腊的自治，虽然还没有搞清楚自治具体应该怎样实行，直到 1830 年，伦敦会议才最终承认这个新的民族国家的自主权。梅特涅则站在了这个国家的一边。

---

① 阿德里安奥佩尔系埃迪尔内旧称。

第十二章

经济学家：从帝国伯爵到早期资本家的社会族长

58
财政危机管理

经济制度的变化：从受束缚的
私有财产到资本主义经济学

克莱门斯·冯·梅特涅是一个经济学家？在知名的有关梅特涅的传记作品中，都缺少这一章节，这样一个章节也不符合由西尔比克散布的关于梅特涅的陈词滥调——说他是一个沉溺于享乐的佞臣，一个既不懂得安排时间计划，也不能摆脱无所事事、游手好闲习惯的公子哥。根茨，这位像其他人一样散布这些错误判断，并且在这方面误导西尔比克的人，不知天高地厚且自视甚高，为能与那个时代欣赏他的大人物打交道而沾沾自喜，他除了政治大事之外，对梅特涅的日常事务几乎没有表现出应有的兴趣。然而梅特涅自己也为掩盖他事业上的这一部分事务负有责任。当将他的私人遗存文件放入卷帙浩繁的《克莱门蒂纳文献》时，他就将其中所有涉及家族经济情况和问题的线索和文件都挑了出来，将它们放入了更高一级的"家族档案"之中。

属于与上文所提到的误判相关联的，还有其他的误解，比如：说国务首相根本不懂经济，他也从未与社会的贫苦阶层打过交道。因为在那个时代，社会的和经济的范畴，均隶属在"良好政策"的框架之下，而这正意味着内政上的社会普遍利益。我们必须将旧的等级社会制度与正在开创的、新的市场资

本主义社会制度加以区别。对这种转变，贵族们的感觉是一种
动摇其生存基础的威胁，是他们必须通过"为留存在上层"的
战斗来克服的。[1] 从这个意义上说，梅特涅只不过是许许多多
人中的一个而已。他们之中有一个人，普鲁士的地主奥古斯
特·路德维希·冯·德尔·马维茨（August Ludwig von der
Marwitzl，1777~1837），作为梅特涅的同代人，在1818年
向他的农夫们演讲时，对日益进逼的农业资本主义的经济挑
战，作了特别恰如其分的说明。他指出，"如果地产就像商人
的商品一样一直被卖来卖去……而且每个人只关心怎么来钱，
那么，谁运气好，谁就生存下去，谁倒霉，谁就完蛋"。[2] 这
种做法，害处极大。当他尖锐地批评普鲁士以及其他地方所
谓的极端市场化的解放农民的社会后果时，他想到的是"穷
人和弱者"，因为这有利于"圈地"——购买小农的农庄——
使他们失去社会保障，并将他们推向无产者阶级。同时代的人
在这一过程中看到过的"赤贫"现象，在三月革命之前已大量
出现——那么，致力于国际大舞台事务的帝国伯爵梅特涅，对
所有这种现象真的很陌生吗？

梅特涅家族通过他们的领地，特别是通过温纳布尔格和
拜尔施泰因的伯爵领地，以及波希米亚的科尼希斯瓦尔特的不
可分割、不能转让的财产权成为当权者。1803年以后，又将
替代莱茵河左岸伯爵领地的、位于乌尔姆附近的奥克森豪森添
加了到了侯爵家产之中。就像1764年弗朗茨·乔治继承家产
时所做过的那样，在从父亲向长子继承人转换时，财产的管
理人都要将"臣民们"召集到一起，作效忠宣誓。克莱门斯
在1826年接过普拉斯的统治权时，他虽然不再要求进行宣誓，
但是，民众对他的迎接仪式与效忠宣誓别无二致，特别是像犹
太教区所公开做的那样。

以主权为特征的等级制度向农业资本主义的过渡，是悄然

进行和循序渐进的，在 1848 年之前，普鲁士也曾发布了 40 多部调整诏书和敕谕，来引导这一过程。在此，我们必须区分资本主义和所谓的工业化的想象：这里所指的资本主义，涉及的主要是地产和土地，而这些地产和土地，在过去的等级制中大部分是分封世袭的——通过统治权和继承权而占有——而新时代的标准则是，在罗马法的意义上取得对土地的完全的物权统治，就是说，要让其从社会分封世袭的财产，变为可以分割、可以出售以及可以转变为资本的商品。而在哈布斯堡皇朝，这一过程是维也纳帝国国会在 1848 年革命中通过著名的《库德里法案》（Kudlichsches Gesetz）废除旧的财产制而一下子实现的。但是也有一些（贵族）较早就自愿向其"臣民"允诺，对来自等级制度的私有财产上的义务和债务贡赋予以"解脱"，就像梅特涅 1843 年在约翰尼斯贝格向他的葡萄种植园农民所许诺的那样。

738

换句话说就是：贵族领主必然要遇到处理所谓的普通民众和社会问题，这些问题在工业化之前的时代，普遍地带有农业特色，农民和他们身负的贡赋、徭役、利息、债务以及法律争端等，均属于他们的生活现实。而在对待"自己的人"方面，梅特涅与等级制度中的同类人，如巴伐利亚的卡尔·冯·奥廷根 - 瓦勒施泰因亲王（Prinz Karl von Öttingen-Wallerstein），这个将旧封建的、据说是历史形成的权利复活，以便从他的臣民那里榨取更多租金的人，截然相反，因而显示了梅氏自由开放的一面。

区分一下梅特涅在经济中所扮演的种种不同的角色，也非常的重要。他同时在履行四种角色的职责：葡萄种植园主和葡萄酒商、林业主、大量农田土地的出租人——所谓的大农牧场主——而且还是一个成功的工厂主，或者更确切地说，是钢铁厂主和企业家。与他的行事方式相符，他在每个领域都雇用了勤谨的管家和律师，但是在经营上则事必躬亲，定期让他们提交有关经济资产和经营的报告。在他于维也纳致力于国家大政方针和具体国务的同时，他还要马不停蹄地忙于这些具体业务，这需要勤奋、精力和出众的组织天赋。而如果看看他的业务领域的具体情况，那么，就会对这位老兄驾轻就熟、轻而易举地同时处理所有这些业务的能力更加钦佩之至了。

艰难的开端

如果要想象自 18 世纪下半叶以来笼罩在梅特涅家族头上的厄运灾星的话，就必须想象一下持续的债务是他们的命运，其中混合交织着自己造成的不会与金钱打交道的无能、被迫要显示社会地位（而大量花销）的无奈以及在革命年代因战争而发生的财产被剥夺。

739　　对于过早就要肩负起责任的儿子来讲，财务赤字过于庞大，他父亲为此而持续地抗争，债台高筑，又让长子继承人卷入了无休止的法律争端，因为债权人绝望地尝试从伯爵，即后来被晋封侯爵的梅特涅这里拿到钱。持续缺钱的原因不仅仅是弗朗茨·乔治铺张浪费的生活方式。他是 4 岁时失去父亲的，而在监护人管理期间，被约束在产业受益权上的家族财产经营得每况愈下，直到他——作为长子继承人为了经营被托管的财产，由皇帝过早地宣布成年——于 1764 年作为一个 22 岁的地主接管了所有的田产和地产。在为皇帝效劳的过程中，他的许多职务迫使他四处出差，并且还必须得体面地生活，为了符合对其过高的期待，有时他还要自掏腰包，支付差旅费和"油资"——为马车车轴上油——以及符合等级身份的装束行头的开销，并且还时不时地要为皇帝的旅行掏钱埋单。³

被驱逐出莱茵河左岸的庄园田产后，（家族）经济困难的程度更进一步地加剧了。从 1795 年缔结的（梅特涅的）婚姻协议所经历的艰难之路中就可以看出，这个家族要不断地算计失去财产的糟糕状况会达到何种地步。只是当按照 1803 年《帝国特别代表团最终决议》，用位于乌尔姆附近的奥克森豪森的前西多会修道院进行补偿以后，家族的经济紧张状况才看起来有所缓解。但是，表象是会骗人的，因为债务仍然在不断增加，甚至到了侯爵与债权人的法律争端，由一位绝望的债权人最后打到了帝国高等法院的地步——他想要回两笔债（"债券"）。法院还真的于 1806 年 6 月 3 日作出了有利于原告的判决：包括利息与诉讼费在内，弗朗茨·乔治共要赔偿 7000 古尔登。[4] 情况的异乎寻常之处在于，判决恰恰是在弗朗茨皇帝于 1806 年 8 月 6 日退位之前（指神圣罗马帝国解体）及时作出的，属于最后作出的判决之一。

这样一来，梅特涅家族的财务状况就被记入了档案，并且在帝国范围内家喻户晓。然而，判决只是让冰山露出了一角，而且这个巨大的压力让家族日益陷入窘境。当儿子还在德累斯顿与后来在巴黎作为公使工作，并不断地与父亲书信往来、交换忧虑时，后者仍然通过大量的支出，将家族进一步带向崩溃的边缘。情况最剧烈的恶化是 1809 年战争期间，符腾堡国王没收了他们在奥克森豪森的资产。这种情况导致越来越多的指责指向了儿子克莱门斯所应负的责任，因为他于 1810 年给了父亲一份资产负债表，算了总账，使父亲非常痛心，结果是弗朗茨·乔治提前将财产继承管理权交予了他。而梅特涅则对此解释道，他在对父亲的爱和敬佩与现实面对的困境之间辗转反侧、备受煎熬，因为父亲已经没有能力将家族从这种困境中解脱出来——而他采取的这一措施，则将家族族长的失败公之于众。

740

债务的螺旋下降

在这种情况下，1810 年 12 月 23 日，克莱门斯·冯·梅特涅决定走出了令人惊奇的一步：他发表了一份遗嘱式的声明，[5] 因为他感觉到，作为财产的继承人和家庭的父亲，"在关键时刻对于未来的福祉，甚至对于我们家族的生存"都负有责任。因此，他想尽可能坦率地、无保留地说明家族的财务是处在一种什么样的状态，这样的声明以及像后来的 1814 年的声明，是这个家族危机历史中的关键节点。谁要是曾在汗牛充栋的文件堆前站过，看过这些用无休无止的被没有付清账单的诉讼案卷所充斥的一捆捆不断讲述案件重新开始的文件，进而从"债务"文件的丛林中走出来后，就会感谢能有这样的一份中期资产负债表和总结性声明。这种总结和声明总是出自儿子之手，他在寻找出路和方式，获得一个总的概况，并阻止家族经济走向崩溃。

梅特涅发现，在父亲主政以前，继承家产的几代的家族族长们，对家族资产的管理只是凑凑合合、勉勉强强。在他的父亲未成年时，由于托管时间过长，而且没有亲生父亲作为靠山，管理财产的起始条件是最不好的。父亲能在职业生涯中一直干到最高位，完全要归功于他自己，因此，他的子孙后人应该给他以最为宝贵的纪念，是他为子孙后代开辟了前程。而儿子梅特涅却给人只留下了为拯救家族，也为拯救"目前还是族长"的、已经不能掌握自己命运的父亲，做得还不够的印象，因为他想保护父亲。

那时候，1801 年，当他有一次于科尼希斯瓦尔特短暂逗留时，他整顿了一回家族债务。早在 1799 年，他就以小步走的做法开始了这一进程，但是自从这个阶段以来，债务又开始攀升。他忍受了担当几乎一切角色的痛苦——作为财产合法继

承人和抵押债权人。他同意将婚姻协议规定的附属财产作为给
债权人的抵押担保，他也同意将继承财产的三分之一以这种方
式记在借方账下。1803年——这一年他任驻柏林公使——全家
人在那里聚会，他宣布准备将另三分之一的财产拿出来用作抵
押，因此，同样记在借方账下的非封地地产达到了三分之二。
他之所以这样做，是希望在合适的时间再次还清波希米亚的
债务。

当1803年父亲弗朗茨·乔治接受奥克森豪森的资产时，
他也在场，那时他正在调查家族在帝国的债务状况。发现很多
不清不明的情况出现后，弗朗茨·乔治于1804年委托符腾堡
的枢密顾问冯·维克贝克（von Weckbecker）作为临时全权
代理人前往奥克森豪森，调查债务状况。他查清的债务总额是
1055796古尔登。他出售了两块地产和莱茵的一些小块地皮，
得款430000古尔登，据此，债务仍然还有625796古尔登。

但是情况并没有好转，因为这位临时全权代理人将米伦兄
弟（Mühlens）牵扯进来，在他们处理梅特涅家族的钱财时，
笨拙的财务政策导致了债权人申诉到帝国高等法院。当时弗
朗茨·乔治已不知所措，于是，他要求成立一个皇室代理委员
会。当债务整顿正在进行时，整个进程陷入了危险，1806年
代理委员会将所有有债务要求的债权人召集在一起，发现债务
总额又有了新的攀升，需要清偿的总额已经达到910297古尔
登，增加了284501古尔登。

1809年的战争再一次使家族担心起他们在德意志的资产。
四年后，在那个地区的债务也将大量增加，而波希米亚的遗产
并没有被解除抵押，这样，家族面临着第二次完全崩溃的局
面。1810年的特殊政治地位——也就是拿破仑的直接影响——
使梅特涅有了将被符腾堡没收的所有财产（"有争议的财产"）
变得全部无效的可能。在这种情况下，要想清偿债务和自行解

742

除抵押，最为重要的是行动起来。

当前的债务预算已经达到了 1210500 古尔登的"天文数字"，与 1807 年相比，又增加了 300203 古尔登。出售莱茵低地以及银器的收入仅 47000 古尔登。在不到七年的时间内，债务升高了 613704 古尔登。唯一的出路就是，父亲将责任交予儿子。而儿子也成立了一个代理委员会，他自任全权代理，这样就能最终排除到那时为止父亲所犯的错误。除了梅特涅，不能指望还会出现能比较体谅人的、可以商谈让步的债权人了。最后这七年证明，债务管理必须作为一个整体——即由一个人——来负责才有可能清偿。梅特涅担心的是，子孙后代会指责他，是想对自己的父亲取而代之才这样做。他补充说："作为自我辩解的理由，我要求将当前的这份声明永久地放入家族档案。在这份声明中，我将可以永远地找到自我安慰的理由和自我原谅的要求。"[6]

梅特涅目的明确的债务整顿

在这个时刻出现了一个特殊情况，鼓励了梅特涅立即采取行动。他拟定了名为《产生财产或者建立财产》的共同纲领，要求所有财产必须集中到一起，包括夫人在摩拉维亚的资产。家族财务和清偿债务体系也必须统一管理。从个人方面他提出了五点建议。

① 他接管家族的所有债务；但是要由他来想出办法，以谈判、和解或者类似的方式减少债务。

② 他确保家族族长终生享有合适的生活费用。

③ 由他来偿还母亲和兄弟姐妹现存的债务，接管兄弟姐妹的附加债务。

　　④ 他将自己的私有财产放入整个债务管理的篮子中。

　　⑤ 应确保新产生的财产，通过约束为不可分割、不能转让的遗产，留给后代。

　　这份1814年8月4日拟就的、没有指明对象的声明，只能是给父亲量身定制的，因为梅特涅期待着他的认可。这些建议迫使父亲以保密的方式采取行动。[7] 弗朗茨·乔治对荣誉和公众形象极为看重，这就使得儿子只能一步步地让他退位。通过1808年12月23日的一纸家族协议，弗朗茨·乔治将科尼希斯瓦尔特不可分割、不能转让的遗产和其他资产，以及所有与这些财产有关的债务和抵押，全部交给了儿子；[8] 通过1815年1月3日的另外一份协议，克莱门斯提前成为家族全部财产的所有者。[9]

　　在交接协议签订以后，他父亲的话让人认识到，这个过程对他而言是多么的痛苦，但是也让人认识到，他是多么信任自己的儿子。他说他认识到，儿子为了挽救家族的荣誉和为了提高家族的信誉，作出了太大的牺牲。他声明："为了避免我的家庭私人事务中的不利状况，以及为了不再进一步损害我的私有财产，我已认识到再无能力受理法院所判决的新的债务或者其他支付义务，它们将由我的儿子予以监护，对此，我完全同意。"[10]

　　在1816年10月8日的《维也纳日报》上，梅特涅公开了父亲的财务状况，他是想一劳永逸地重建家族财产和父亲的私有财产秩序。为了理顺债务，他声明准备从个人的财产中拿出钱来建立一个清偿基金。这个基金主要用来满足他父亲的债权人的要求，以及在可能的情况下，与他们达成谅解。

　　为了使这个程序可信，按照梅特涅的请求，皇帝在高等法院设立了一个代理委员会。代理委员会邀请债权人登记他们的权利主张，并同意了一个支付计划，声明的日期是

744

1816 年 9 月 27 日。[11] 代理委员会提供了 5 月 29 日的清偿谈判结果，并同时提供了弗朗茨·乔治的所有债权人的概况，这些人希望，还能拿到属于他们的钱。总共有 106 人登记了权利主张。债务可分为两种，一种是所谓的"手写字据债权人（chirographarisch）"，共 36 人，就是说，他们借钱给弗朗茨·乔治，作为证据，弗朗茨·乔治给他们开具了亲笔签字的债券。每个债权人的债额从 61 古尔登到 15333 古尔登不等。70 位另一类的债权人，则有未付款的账单在手，期望能得到从 57307 古尔登到 18 古尔登 36 十字币的纸币——如锁匠雅各布·普莱纳（Jakob Prener）。人们的印象是，手中持有未付款账单的债权人，涵盖了哈布斯堡皇朝所有的手工艺行业和商业从业者。全部 106 个债权人的债务总额共计 211056 古尔登。[12] 令代理委员会满意的是，很少有庭外和解会进行得如此成功。

梅特涅还从父亲那里接手了一桩官司，在这桩官司中，该家族为了争夺莱夏德施泰因（Reichardstein）、普斯诺尔（Poußneur）、韦姆（Weismes）和瓦纳（Wanne）的资产而提起诉讼。与瓦赫滕登克（Wachtendonck）家族的遗产继承冲突，可以追溯到 15 世纪初的约翰斯·冯·梅特涅一世时期。官司过程复杂，这让高等法院院长盖尔特纳男爵（Freiherr von Gärtner）为梅特涅专门写了一部"诉讼历史"，而这部历史的结局就是，原告要打赢官司的机会并不是很大。这桩司法争端以莱比锡帝国高等法院于 1884 年 5 月 27 日作出判决方告了结，采邑封地最终判给了梅特涅家族。[13] 国务首相在私法领域还不如在公众领域有权力。

从奥克森豪森到普拉斯：冒险的勇气

果不其然，克莱门斯·冯·梅特涅的确将家族的财务状况扭转了过来，并使其得到改善，这主要是他成功地将奥克森豪森的财产剥离，并且找到了能够赚钱的赢利机会。应该说，他将家族的商业重点最终挪到了波希米亚，这是幸运的一步，因为他用奥克森豪森在那里换取了一块新的领地。

　　梅特涅出售奥克森豪森，是通过符腾堡国王的全权代表、枢密顾问和财政大臣冯·维克林（von Weckherlin）以及所罗门·冯·罗斯柴尔德男爵（Freiherr Salomon von Rothschild）进行的，售价是帝国货币 120 万古尔登，图书、家具及艺术品不包括在内，这些东西全都运往了科尼希斯瓦尔特。全权代表们于 1825 年 1 月 27 日在斯图加特签订了合同，但是合同 1 月 1 日起已然生效，因为需要涉及自这个日期起所要缴纳的税费，以及已经采伐的林木。威廉一世国王于 1825 年 3 月 8 日御笔亲批了这个协议。[14] 用这种方式，梅特涅避开了符腾堡的令人不快的反等级制政策，多年来，这个政策让他陷入困境。[15]

　　然后，他于 1826 年购买了不用缴纳地税的自由领地普拉斯。1146 年，波希米亚国王弗拉迪斯劳斯二世（Wladislaus II）将这块地产捐赠给了西多会修道院。在巴洛克时代，即此地发展最光辉灿烂的时期，修道院甚至荣获了"波希米亚的埃斯科里亚尔"的雅号，让人想起了西班牙国王那座规模宏大、富丽堂皇的修道院宫殿。1785 年，在奉行由济慈思想所驱动的宗教政策的过程中，约瑟夫二世皇帝放弃了这个地方，并将土地和房产全部放入了为此目的而设立的"宗教基金"中。由于是公开挂牌拍卖，梅特涅于 1826 年才得以将此处产业搞到手。

　　皇室国家地产出售宫廷委员会于 1826 年 2 月 5 日批准了出售普拉斯领地及其附属的房产，合同在 1825 年 11 月 1 日就已经在法律上生效，也就是说，从这一日开始，梅特涅就可以使用这一领地了。售价是 1100050 古尔登公约币（亦称协议硬币）。[16]

　　由于与他父亲的债权人之间的债务整顿问题——这期间他父亲已经过世——梅特涅还不能将出售奥克森豪森收入的全部所得，转用到购买普拉斯的地产上来，他还必须填满相当大一块融资缺口。他的资产管理总管在法兰克福从梅耶·阿姆谢尔·罗斯柴尔德（Mayer Amschel Rothschild）那里搞到了一笔 50 万古尔登的巨额贷款，以全资资助去年购进的普拉斯领地。[17] 这笔钱也全部进入了波希米亚的宗教基金之中，而梅特涅也按照清偿结算单，于 1858 年 12 月 31 日按时完全还清了这笔年息 4% 的贷款。不能说国务首相在融资回报上受到了优惠，但是，他能够获得这么大一笔贷款，也要归因于他所任政治职务的名望和重要性。在这段时间里，一个名叫弗里德里希·柯尼希的集快速印刷发明者和企业家于一身的先行者想建立一家机械厂，但在德意志却找不到投资人，不得不远走伦敦，在那里要通过展示他所发明的机器样品，费尽九牛二虎之力才能说服投资人。[18] 而梅特涅却为一个钢铁厂的项目，轻而易举地在法兰克福罗斯柴尔德银行获得了 50 万古尔登的贷款，当然这也带有同样大的风险。

59
农业经济学家：
农场主—葡萄种植园主—林业主

地主兼农田出租人

与科尼希斯瓦尔特相反，普拉斯的领地是一块所谓的自由非封地，这就意味着，地产的所有者可以作为自由的财产占有它：他可以自己支配它，并不像对采邑资产很典型的做法那样，绑定了赋税及其他要缴纳费用的义务。换句话说就是：梅特涅可以将供他使用的农业资产出租，而同时他仍然是地主。

《布拉格日报》上普拉斯领地出租农庄的广告，1835年4月

① 比拉（Biela）   ⑨ 罗伊（Rohy）

② 比克夫（Bikow）   ⑩ 罗瑟尔（Schlössel）

③ 胡本诺夫（Hubenow）   ⑪ 泽胡蒂茨（Sechutitz）

④ 卡策罗夫（Katzerow）   ⑫ 特鲁次纳（Tlutzna）

⑤ 雷德尼茨（Lednitz）   ⑬ 特雷莫施尼茨（Třemoschnitz）

⑥ 罗曼（Lohmann）   ⑭ 沃尔山（Wollschan）

⑦ 姆拉茨（Mlatz）   ⑮ 伏尔特瓦（Wrtwa）

⑧ 普拉斯（Plaß）   ⑯ 分散之地

    属于领地普拉斯的有大量的田产，资产的五分之三由耕地、草场和牧场组成，而农庄的黏土地由于含有大量砂土，从而带来高产，所以几乎可以种植所有的粮食、块茎和饲料作物，水果和啤酒花生长得也很好。此外还有畜牧业，按照1844年统计的存栏数量，计有牛4620头、羊13850只、马957匹。梅特涅一共出租了16座农庄。[19]

    这位维也纳的大臣虽然为普拉斯选了一名地方行政长官作为管理者，但是，一旦租赁关系出现变更，他还是要亲自关注一些细节。他会在形式上深入到一些细节中去，比如某块草地是否可一同被出租出去，承租户有哪些义务和要缴纳的款项，以及按照这名租户的能力和名声，能否将这块土地交给他经营等。

    租赁关系一般为期六年。在出租之前要对未来的承租户进行某种形式的评估，承租户要对居住和经营用房有一个了解，要做出一份物品清单，就像正规的合同一样，还要包括使用和维护的规定。侯爵会通过在《布拉格日报》发广告，以为空出的庄园土地招租。地方行政当局还要进行审查，比如两个农庄的收成是否够高，或者将两个农庄出租给一个租户是否更好。[20]关于出租的方式要写成一份租赁议定书，送到维也纳呈献给梅

748

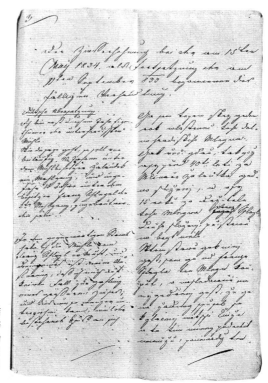

在普拉斯地方行政当局缔结的德语—捷克语租赁议定书之对 1833 年 9 月 11 日开始的诉讼程序于 1834 年 5 月 15 日作的续页（1834 年 5 月 15 日）

特涅审查，而他的的确确也细致地作了审核。

在整个普拉斯地区，捷克语（语言学上的语源是"波希米亚语"）是民间和日常用语，而在矿山和钢铁厂的工人中，也 749 有很多人说德语。在这里可以随手学习梅特涅是如何与当地的不同民族打交道的。他对待他们采取了一种宽容和平等的方式，即一种看起来与正在兴起的现代民族主义——他将其称为"条顿人的优越感"——不太合时宜的方式。

恰恰在一些司法争议的案件中，显示了他是如何对捷克人让步和迁就的，在这些案件中，他作为当权领主，可以让当地通晓法律的行政长官进行判决和调解。如果争议的一方要求在法庭上用捷克语来表达其诉求，那么就可以用捷克语，并且也要用相同的语言作庭审记录。这种使用不同语言的、宽容的交往方式，在梅特涅接过普拉斯地产时，就已展露出来，当时，他的"臣民"也是用德语和捷克语写就的诗歌来欢迎他的。接过普拉斯地产不久，在 1828 年，梅特涅将先人遗骸"接回"此地，安放在了圣温采尔教堂他决定作为家族棺椁墓室的地下室内。[21]

犹太教区

"在诺伊施塔德的犹太人"，他们是这样称呼自己的，而他们也想出了一个欢迎梅特涅到任他在普拉斯的领地的特殊效忠方式。"诺伊施塔德（Neustadl）"［也称作"诺伊施塔特尔（Neustadtel）"或者"下比拉"］教区作为一个有 64 座房屋和 511 个居民的农庄，隶属于普拉斯领地，位于梅特涅作为领主农庄的比拉（Biela）附近。[22] 1838 年，包括拉比住宅和学校在内的这个教区，在领主的庇护下生活着 14 户犹太家庭，共 82 人。这里一个不知姓名的犹太居民对新的统治者说的一番话，有如是在面对摩西，他以先知约书亚的话开始，然后以"阿门"结束。他引用了《塔纳赫》（Tanach）中先知约书亚的话："完全就像我们顺从摩西一样，我们也要这样顺从你——愿永恒的主，像对待摩西那样对待你！"[23] 他称赞梅特涅为了欧洲的幸福所做的贡献，他说，然而大臣不仅为成百万人的命运操心，对他来说，他是个"不会嫌弃关照被人看不起的、直接臣服在他身边的这一小部分人……就像他（摩西）一样，他是个懂得将这么多民族的利益融合在一起的人，也是知道将他的以色列臣民的幸福与其他民族的幸福联系在一起的人"。

在梅特涅位于波希米亚的领地中，还有其他的犹太教区，在科尼希斯瓦尔特本身就有 74 户家庭，在阿蒙斯格林有 12 户，在米尔提高有 6 户。[24] 就像他在维也纳会议上被公开认为的那样，[25] 他那所谓犹太教徒靠山的名声，也一直传播到了这些乡僻之所，这里的人用特殊的赞美诗来欢迎他，并且刻意突出了他为犹太人所做的贡献。

对生活在他的领地中的那些乡下人来说，梅特涅所具有的社会救济性族长的特色也表现出来。他让人为他们烤制便宜的面包，并为鳏寡老人和孤儿专门设立了助养金。如果一个家庭陷入了非债务性困境，比如因一家之主的父亲去世而交不起租赋，他就会不再坚持一定要收租，而是会想出一些缓和的解决办法。在维也纳时，他就已经关照他的管家向他报告的所有这些个别案例了。此外，他还为建立穷人救济所而设置了一笔原始资产，直到救济所建成，梅特涅及夫人每年都要捐赠 1100 古尔登。[26] 关于他对一般老百姓所处的社会境况毫不关心也毫无感觉，对这种说法，现在可以安心地注解为误读。

约翰尼斯贝格的葡萄种植园主、葡萄酒商和餐馆老板

如前文所述，弗朗茨皇帝曾将位于科布伦茨附近莱茵高的、盈利颇丰的葡萄种植园领地约翰尼斯贝格及其巴洛克式宫殿，在一定的条件下赠予了梅特涅，以作为对其作用无可估量的助手的感谢。梅特涅则像后来在科尼希斯瓦尔特一样，将地上现存的建筑进行了维修。就像申克尔对于普鲁士和克伦策对于巴伐利亚的重要性一样，① 在大公国黑森，就要数建筑家和宫廷建筑师乔治·莫勒（Georg Moller）了，是他按照古典主义风格改建了约翰尼斯贝格的巴洛克式宫殿。在这个项目上，

---

① 申克尔（Karl Friedrich Schinkel）和克伦策（Leo von Klenze）均为德意志著名建筑师。

法兰克福的梅耶·阿姆谢尔·罗斯柴尔德也帮助提供了贷款。1819年11月19日，梅特涅得到了1800古尔登，他想在四年的时间里，用葡萄酒的收入还清这笔款项。[27] 改建工程不仅要符合宫殿的原初风格，还要满足商业使用功能，因为要用这种方式进行现代化改造，使宫殿成为正在兴起的莱茵旅游的一个游览胜地。热衷而痴迷的园艺爱好者梅特涅，还让人建立了一座地中海植物园，可以让游人在林荫小道中散步，直到今天，人们仍可以漫步其中。

751

贝德克出版社创始人卡尔·贝德克（Karl Bädeker）就已经开始为这座宫殿做广告了，他称赞从宫殿挑楼的悬窗望出去，能够面对富丽迷人的景色，而好客的侯爵甚至为来游览的陌生人打开窗户供他们欣赏。[28] 所以旅游手册上，都把这里描绘成非常值得一游的观景点。[29]

从"封建领主"到企业经营者

梅特涅接受了本笃会神父卡尔·阿恩特（Karl Arnd）作为管理人，自1826年起，就与他及他的继承人用一种现代的、经济高产的方法改进了葡萄酒的生产工艺，他摒弃了当时通行的做法，即将一年的年份酒按桶拍卖。与这种做法不同，他让人将酒装瓶，只卖给那些特惠客户，特别是那些有爵位的领主。这种做法显著提高了销售额。他改革了全部的会计方式，甚至关注到葡萄种植农、烟囱清理工和敲钟人的工资问题，以及扩建通往约翰尼斯贝格的道路问题。[30] 在这方面，这位大臣也显示了他的现代市场营销的敏感嗅觉，他建议取消过去将葡萄酒品种按1、2、3的数字来分级的方式，因为购买人可能会由此得出结论，即标着数字"1"的是一级酒。取而代之的是，将酒瓶口用各种颜色的封漆封印，这样就只按照葡萄品种，而不是按照它们的次序来辨认。1830 年，他甚至安排管理人和酿酒师亲笔在酒的标签上签名，这样，就可以更让买主对最受欢迎的酒的品质一目了然。

　　令如今的观察者更为惊异的，是梅特涅按照企业管理的原则来经营葡萄酒业务的方式，这涉及全部的行政管理。1836 年，他为葡萄树种的经管引入了一种所谓的轮耕计划（Cultur-Plan）和砍伐计划。[31] 管理人必须每年向他提交报告，报告要分为两列，按照强弱对比分析的模式，来评估上一年的收获与种植方法。梅特涅原则上是通过科隆的葡萄酒商莱登（Leyden）——他的商业事务"代理商"——来指导销售。他与这位代理商一直保持着通信联系，在 1848~1849 年的革命年代也未中断，当时莱登从正处在革命运动中的科隆收集了所有的传单，送给已经流亡到伦敦的梅特涅。

　　这里有一个特殊情况需要突出说明一下，这是梅特涅与拿骚政府间持续不断争端的根源。虽然帝国衰落了，但是梅特涅仍然以旧有的法律形式保有他的"领地"，这种法律形式包括一套形式，可以证明他是统治的领主——就像过去他获得科尼希斯瓦尔特时一样。但是皇帝将这一资产定义为典型的采邑法范畴的"财产所有权（Obereigentum）"，包括采邑受封者使

1819 年的原始标签（1819 年 3 月 2 日梅特涅在维也纳向约翰尼斯贝格管理局提交）

752

用权利在内的"财产使用权（Untereigentum）"，是相对于这个采邑主人的"私产所有"的权利而言的。这并非钻牛角尖式的吹毛求疵，而是意味着：梅特涅不能变卖这处资产，而且如果他没有继承人，还要将这份财产归还给皇帝。正是由于这块地产是归属于皇帝的"自主的私有财产"，那么在旧帝国终结之后，皇帝在德意志就有了一块飞地。梅特涅解释说，随着赠予的生效，自主权也转移到了他的手中，他享有皇室的特权，也就是民事和刑事的司法管辖权的主权。但他首先还是贵族领主，而非资本主义的地主。

1841 年 9 月 20 日，约翰尼斯贝格政府借梅特涅在场的机会，向他要求偿付水果什一税。他在当天回复说，只有与葡萄酒什一税关联在一起才有可能，只有这样他才准备缴纳，同时表明他是以"至高无上的采邑领主"奥地利皇帝的名义说话的。他建议，签订一份合适的契约，[32] 过了一段时间，直到 1843 年 7 月，梅特涅的资产管理人在为莱茵高的约翰尼斯贝格、吕德斯海姆以及艾宾根（Eibingen）等地政府起草好相应的协议，并寄给了它们。偿还金额由公国信贷银行融资解决。梅特涅从而又比他所处的时代先进了一步，因为他为他的"臣民"开创了成为自由财产所有人的通路，因而他摒弃了"封建领主"的特点，而在许多地方直到 1848 年革命时人们才用暴力手段实现了这一点。作为领主，梅特涅当然懂得要继续行使教会资助人的权利，也就是说，关怀教区内的神父和教堂，为他（它）们设立基金。

1848 年革命时梅特涅为约翰尼斯贝格进行的战斗

因为法律地位和纳税义务，他与威斯巴登政府之间爆发了一场深刻的争端，因为威斯巴登政府将约翰尼斯贝格视作拿骚公国中一个臣民的财产，而这个臣民必须纳税。在这场争端中，两种法律世界相互碰撞，而出于可以理解的原因，梅特涅是与旧世界联系在一起的，并且拒绝交税。免税是源于美因茨总教区与富尔达主教教堂议事会曾经达成的一份非常古老的协议——是花了 2000 古尔登买下来的。可老百姓并不清楚有这个协议，只是知道还有没有还清的税债。在 1848 年的三月革命中，民众的怒气爆发了，美因茨和富尔达的工人开始进攻约翰尼斯贝格宫。而在他们到来之前，3 月 31 日 23 点，来自约翰尼斯贝格和附近村庄由 19 人组成的"民防队"，在来自吕德斯海姆的拿骚镇长的支持下，已经先期抵达。这位镇长将宫殿地下室加封，并封锁了进入宫殿和葡萄酒窖的入口，[33] 还在宫殿两翼的楼上插上了两面旗帜，一面是拿骚的颜色，一面是德意志国旗的颜色。梅特涅家族的族徽纹章被用拿骚家族的颜色重重覆盖，很难马上将它去除。到目前为止，作为奥地利宗主权的象征，宫殿的角柱一直用的是黑黄色。最终，约翰尼斯贝格被暂行没收（像他们所说的，"'由当局指派的'有争议的财产暂行保管人"接管）。

　　现在又再一次对拖欠的税款提起了诉讼，整个事件后来发展成为威斯巴登等级议会的一个议题，议会为此专门设立了一个自己的"调查约翰尼斯贝格宫在国家法律上的隶属关系委员会"。起诉报告上标明的时间是 1849 年 3 月 15 日，并于 5 月 28 日提交给等级议会。这份报告还是一年前三月革命神话时的调子，报告信誓旦旦地诉说了人民——特别是莱茵高地区的居民——长期被压抑的满腔怒火需要爆发出来，以便向旧的"不公"讨还血债这种新发生的剧烈变化。据此报告统计，约翰尼斯贝格拖欠国家（拿骚公国）税款 55353 古尔登，应该缴纳的地方税为 17738 古尔登，拿骚政府甚至要求其偿付自 1792 年以来的战争捐费。[34] 对已经流亡到伦敦的梅特涅来说，他是无论如何也交不起 73000 古尔登的。

直到革命后的时代，才能从最高层面为这场争端促成和解，也只有奥地利总理施瓦岑贝格侯爵费里克斯以及站在他身后的年轻皇帝弗朗茨·约瑟夫的话才有足够的分量，以说动小小的拿骚来进行和解。1850 年 12 月 20 日，奥地利皇帝与拿骚公国关于约翰尼斯贝格领地在国家法律上的隶属关系的协议签署，梅特涅于 1 月份在布鲁塞尔对此协议予以认同。这个协议包括偿付自 1818 年以来所拖欠的税费 7000 古尔登，即使这样，考虑到每年的收成合计起来也不过就是 15000~18000 古尔登，所以这也是一笔不小的数目。流亡者梅特涅自己一时也没有能力筹措到这么大一笔款项，再加上他在波希米亚的财产已经于 1848 年被没收。梅特涅之所以还能还清这笔债务，是因为他从莱茵河畔法兰克福的 M.A.罗斯柴尔德及其儿子的银行得到了一笔贷款。

1851 年 3 月 3 日，皇帝和公爵批准了这个协议。[35] 皇帝放弃了《维也纳最终决议》第 51 条中保证的对约翰尼斯贝格领地的主权，但是他仍然保有采邑所有权，使他有权利在梅特涅家族绝嗣的情况下，可以将梅氏家族后裔的财产——此处采邑——收回，并可以继续赠予他人。须纳税的"法规"被保留下来。在调解中，皇帝和梅特涅均放弃了免税权，当然，梅特涅还放弃了补偿那 2000 古尔登的要求。将来，"就像拿骚公爵殿下主权治下的其他任何资产一样"，约翰尼斯贝格领地也要无限制地服从纳税立法管辖。现代的规矩终是降临到了葡萄酒产区，而梅特涅也为他自己及后人挽救了这一醇美佳酿。

林业主

由于在波希米亚的财产，梅特涅不仅拥有坐落在那里的企业带来的丰厚收入，而且还占有大量的林产。他让林业官员按照先进的林业经济方式经营森林。在普拉斯，侯爵的一位林业师出了名，他叫约翰·努斯保莫尔（Johann Nußbaumer），他引入了现代的动力和栽培方式，提高了木材产量，聪慧的经营管理使梅特涅信服，因此同意给予主管和官员运作和判断空间，这就鼓励矿山和冶炼经理发明了一种技术机械，可以高效地将砍伐后的树根从地下拔出，这项发明还作为专利通过正式渠道获得了皇室的认可。

　　在这种面向未来的国内发展政策中，梅特涅使用了众多工程师发明的经济和技术上的新方法，不仅搞研究的历史学家获得了这种印象，那些思想开放的、没有先入为主偏见的同代人，在去波希米亚旅行时，也观察到了这种政策的痕迹。人们惊异的是，像美国人彼得·埃文·特恩布尔（Peter Evan Turnbull）的报告竟然能这样轻而易举地被忘掉，在这份报告中他认为梅特涅是一个"伟大的、充满影响力的地主"："在通过近年的几次重要收购而获得重大拓展的波希米亚土地资产

756

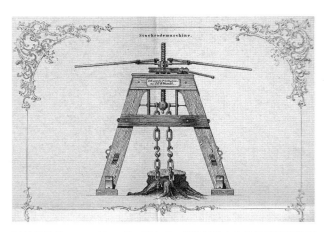

树根挖掘机，1858 年 10 月 9 日专利，梅特涅矿山和炼铁厂经理约瑟夫·Em. 布吕莫尔（Joseph Em.Blümel）特许专用

中，他创立了模范经济。他从其他国家引进了更加先进的经营制度，建立了村庄，设立了学校，并且通过他财富、影响力和精神上的巨大势力，直接将其作用于改善他的领地和领地中农民的教育方面，他间接地，然而却是强有力地为整个帝国最好的发展发挥了作用。"他惊奇地发现，梅特涅的精神既能"驾轻就熟地一眼看清具体事物的细枝末节，又能轻而易举地领会和把握住伟大的思想"。他正确地叙述了国务首相是如何在处理国际政治事务的间隙，找时间向波希米亚的土地资产经营发布指令的。[36]

60
早期工业化的工厂主和企业家

普拉斯的炼铁厂

当梅特涅将其注意力专注于波希米亚领地普拉斯时，他也希望从土地资源中有所产出，在教区附近新建一座炼铁厂，他委托别人进行调查，并经过繁复的过程得出了结论。他与在他属下的普拉斯镇政府打交道的方式令人深受启发，他在那里遇到了聪明的、独立思考的官员，这些官员揣测，在他的领地之内有铁矿存在，并自作主张地保证，为确保取得建设矿山的勘探开采权而努力。他们给梅特涅寄去了找到的矿石样品，并且询问，可否由领地出资进行试钻探。大臣对这个项目的商业好处，和对此事进行系统性综合处理的必要性作了思考，"因为开矿山要完全取决于自己的坚信，而不能完全依靠大自然非常偶然地暴露出的某种征兆，此外，我也看到了，为了提高木材的使用价值，一切都有可以试一试的必要性"。[37]

他让镇长作出决断，但是也同时提醒他，将项目仅仅视为一项"临时的研究"。这也就意味着，要先确认铁矿石的储量、品质和产出效益。结果令维也纳的国务首相与其属下的普拉斯地方官员喜出望外，因为这处领地远远比仅仅开采一处产量丰富的矿山要有利得多：除了含有铁矿石的成矿层岩之外，还发现了硬煤储藏。这真是幸运的一箭双雕。在还没有铁路网出现的早期工业化时代，铁矿石与硬煤在空间距离上靠得这么近，

757

1844 年位于普拉斯的圣克莱门
斯炼铁厂

是再理想不过的事了，命中注定就适合将这些资源进行工业化
的利用，再加上那些木材还可以用于工厂的生产，这将大大增
加其使用价值，而且还由于是产自本地，也大大节省了木材的
运输成本。我们知道，梅特涅对企业和技术的革新，是持非常
开放的态度的，就像他在 1794 年作为聪敏的学生第一次到访
伦敦时，英国的工程技艺所给他留下的深刻印象那样，也正因
如此，他才能够扮演早期工业化先锋和企业家的角色。

炼铁厂逐渐发展成为一个大企业，我们有 1844 年关于这家
企业装备的详细资料。[38] 此时，有一座高炉和一座冲天炉，以
758 及一台蒸汽机。由英国人约翰·威尔金森（Johann Wilkinson）
1794 年发明的冲天炉（化铁炉），比起高炉可以在较低的温度
下对熔铁施加影响，从而也更加经济，可以用它从粗铁中生产铸
铁。仅冲天炉的名字本身，就可以想象它已经指向了厂房的天
顶，长长的炉身高高地伸出了房顶。蒸汽机带动各种锻锤，将粗
铁条锭变成所谓的条钢，这是一种铁原料，可以让小型的铁匠铺
用来制造铁钉和饭勺之类的产品。所有这一切，都是侯爵的炼铁
厂自行主导生产的，并为此还建了一座铸铁厂，一个机械加工车
间，并配备了共计 3 台的车床和钻床，以及共计 6 台的刨床、螺
栓车床及冲压机，以便对铁件进行深加工。炼铁厂所需的煤炭将

1856 年普拉斯梅特涅炼铁厂的产品
价目单

从两个矿井中开采，铁矿石来自 16 个铁矿井。整个工厂已经具备了专业分工的工人队伍：124 名矿工，26 名冶炼工，75 名铸工及刮沙工，45 名锻工，46 名钳工、车工及木模工，以及 32 名炭炉工，总共 348 名员工。这些人一年要加工 80000 担[1]铁矿石，生产 18000 担生铁、8000 担铸件以及 7800 担条钢或工具钢。1842 年的年销售额达到了 280000 古尔登。

产品种类

　　1856 年的某一款产品的价目表细节，表明了所提供产品种类之广泛，适应了当时正处于工业起飞的经济在各方面的需求。
　　因为可以用熟铁首先为铁路建设制造铁轨、车轴、轮箍，

---

① 一担为 50 公斤。

为农业主制造排土犁犁板、排土犁轮箍，为桶匠制造箍铁，相对而言，用铸铁生产的产品则可以满足家用需求：烤箱桶、铁锅、砝码、锅炉、研钵以及研杵、铁炉、炉隔板、炉算、人行道板、水管、栅栏、铁钉，当然也有花园坐椅的扶手和长沙发。如果客户可以提供图纸和样品的话，炼铁厂还会根据额外交费，提供定制产品，经常是一些机器部件。自己设计的定制产品也是可以提供的，就像如今游客经常造访的、梅特涅下令为前修道院神职人员修建的墓碑一样。

科尼希斯瓦尔特宫庭院中标志性的铸铁喷泉，也是出自普拉斯炼铁厂，非常吸引来客的眼球。梅特涅炼铁厂的产品在波希米亚全境销售，所有产品主要存储于萨兹（Saaz）商人阿道夫·门德尔（Adolf Mendl）的仓库中，向全国供货。大臣没有将工厂出租，而是亲自指导，并由他的一个经理人领导，这样一来，收入就直接进了他的腰包。

社会性的工业族长

在梅特涅于1851年从流亡地重新回到维也纳后，他又一如既往地、细心深入地关心起自己的田产、地产和其他资产，直到生命的最后一刻。他特别关注的是炼铁厂，以至于工人们在扩建企业的庆祝仪式上，集体向他表示感谢，并将感谢语写在了一份自制的荣誉状上——通过这种方式证实了梅特涅是一位具有社会性思维的工业族长。

1854年，繁荣的炼铁厂扩建了一个蒸汽轧机厂。在落成仪式上，员工合唱团 ① 为梅特涅高歌一曲《波希米亚圣歌》，由普拉斯神父温采尔创作，并专为梅特涅翻译成了德语。歌谱封面上——

---

① 实际由员工合唱团演唱，但曲目标题上写的是学生合唱团。

760

普拉斯圣温采尔公墓中为修道院
去世的神父修建的纪念碑，**"怀
念普拉斯西多会教区之逝者"**

从捷克语翻译过来——的标题是："歌唱：献给最尊贵的克莱门
斯·温采尔·罗塔尔·冯·梅特涅 – 温纳布尔格侯爵先生（Herr
Clemens Wenzel Lothar Fürst Metternich von Winneburg）殿下，
由学生合唱团为普拉斯蒸汽轧机厂落成而演唱。"[39]

　　梅特涅的做法，就像后来其他的早期工业化工厂主一
样——如克虏伯（Krupp）家族——受族长式思想驱动，因而
感到有义务关心"他们的"工人。而梅特涅还受到其数百年的
家族传统影响，从领主与"臣民"的关系中跳出来，将自己理
解成一个执政侯爵，面对其"人民"时要负有责任，在资本主
义新时代，这一点阻止了他变成一个仅仅想获取利润的曼彻斯
特式资本家。对于这样的企业家类型，给他们起的名字"二十
年代人"，与1844年同时代的西里西亚纺织工人一样，可悲

761

1854 年普拉斯圣克莱门斯炼铁厂因扩
建而向梅特涅致敬

地出了名［在格哈德·豪普特曼（Gerhart Hauptmann）的剧
作《纺织工人》中被称作"三十年代人"］。梅特涅作为一个
社会性族长，在一定程度上较早践行了后来才有的国家救济原
则，比如在普拉斯炼铁厂附近，为他的工人建造了单层住房，
如今，人们还可以在博物馆展出的企业建筑中找到这种住房的
样式。那里还展出着当时非常赢利的铸铁产品，从栅栏、火炉
直到雕塑，应有尽有。

762

放眼整个皇朝的工业先锋

　　作为大臣去参与哈布斯堡皇朝内部的商业发展，不属于梅
特涅的职权范围。尽管如此，他还是以他作为企业家的经验，
在从事此事，并且证明了他超出自己领地范围之外的行动能
力和早期工业化的天赋。梅特涅清楚，如果将能源与铁矿石结

合在一起，炼铁工业会获得什么样的成就。他看中了伊斯特拉的硬煤储藏，并且在那里建议，为建设硬煤开采工厂而成立一家股份公司，他还帮助这家公司度过了成立初期遭遇的种种困难。聪明的观察家将其称为"通向富裕的增值源泉"。[40]

国务首相是多么认真严肃地在对待国家内部的发展问题，一份于1844年起草的备忘录作了证明，在备忘录中，他预先勾画了匈牙利通过工业化迈向富裕的蓝图。[41] 他发现这个落后的农业国太缺少"城市意识"。"城市只会在向前发展的文明进程中产生"，于他而言这是：通过"振兴他们的民族工业"，也就是从内部取得突破。为此，他提出了五点纲领，这五点纲领会给三月革命之前任何一位进步的经济大臣带来荣誉：[42] ①"振兴"，这意味着地产和耕地的解放和流动（与冯·德尔·马维茨完全相反！）；②为促进物产发展设立抵押贷款银行，明确说就是：刺激投资和自由收购资产——他支持个人进行的大规模财产"接管"进程；③加大劳动力的投入，提高劳动强度；④改善"交往交流方式"以及"内部的交往交流通道"，就是说，扩建公路、铁路和内河航运，一个广泛拟定的基础设施政策要为持续增长打下基础；⑤"工业化培训"——要将正在积累的资本投入到工厂的建设中去。以上他所描写的摆脱传统的落后状态的措施，都是完全正确的，也是他在自己的领地上已经实践过的。国务会议上讨论了这份备忘录，结果是——也是用哈布斯堡皇朝内部最喜欢的方式——交给一个委员会去处理。这个委员会否决了为广大人民设立一家抵押贷款银行的建议。他从而再一次领教了民间谚语的真谛：一个预言家在自己的祖国屁也不是。纲领于1850年才通过一组系列文章公之于众，当时国务首相带着轻松愉悦的心情在流亡地得知了一个难以置信的消息，即一份曾经出自他笔下的纲领获得了通过。[43]

在他于内部提出匈牙利纲领的同一时间——1844年——他

在自己炼铁工业的影响领域向前推动的，正是当时全国最大的目光短浅的大土地贵族和——直到1835年——这个大帝国高高在上的、过于胆小怕事的君主在其主政的地方，做不好的事情。在波希米亚的贵族中，梅特涅并非唯一一个适应了现代经济转型，将农业土地领主抛诸脑后而加入工业生产的人，却是唯一一个身为大臣而这样做的人。早期，他在访问英国时就已经表现出对现代机器和工业生产技术的好奇心，在他自己的影响范围内结出了丰硕的成果，但是也在最高政治层面产生了后果，他不仅热情地促进扩建铁路交通，而且还关心皇朝的工业发展。在1844年撰写的"匈牙利备忘录"中，他对此提纲挈领地说道，像其他落后地区一样，这个国家必须从农业社会进入工业社会，因为工业化对他而言——他的原话是这样说的！——与"文明"同样重要。他写道："工业培训是文明的自然结果，而文明大厦则必须从底层盖起。"[44]

梅特涅在流亡布鲁塞尔时，再次确认了其几乎不为人知的经济政策设想，当时他回顾了三月革命之前的时代，并对弗里德里希·李斯特（Friedrich List）[①]的一份呈文表示完全同意，李斯特为匈牙利提出了与他同样的建议，即工业化前要先考虑公路、河流、运河、铁路这些合适的基础设施建设。按照李斯特的设想，关键是要"振兴交通通信方式和道路"。[45] 如果梅特涅能将弗里德里希·李斯特这样的人算作他主张的证明人，那么，将他说成是所谓的"复辟狂"的说法，就要作一些修正了。按照他的帝国贵族等级出身来衡量，他完成了意识和心态的转变。在他所处的那个时代，那些同样经历了旧制度和正在开始的现代化的人，很少有人能够成功做到这一点。

[①] Georg Friedrich List，1789~1846，德意志古典经济学的怀疑者和批判者，历史学派的先驱。他的奋斗目标是推动德意志在经济上的统一，这决定了他的经济学服务于国家利益。他的主导思想包括国家主导的工业化和贸易保护主义。

第十三章
赤贫中各国人民的春天：
三月革命之前，1830~1847

61
1830 年七月革命及梅特涅的国际危机治理

巴黎革命：开端

对梅特涅来说，1830 年夏天同往年相比毫无变化。比以往更早，他于 5 月 28 日即从维也纳动身前往约翰尼斯贝格。在那里，来自巴黎的消息让他忧心忡忡，消息之所以让他比平常更加不安，是因为在法国的政治中，外交与内政再次交织在了一起。由于一个微不足道的原因，国王查理十世于 1830 年 4 月 20 日向阿尔及尔总督——苏丹的地方长官——宣战。他对公众舆论解释说，军队要在地中海结束来自阿尔及利亚陆地的、海盗的劫掠活动。实际上，这无外乎就是法国自 1830 年将阿尔及利亚作为殖民地占领以后，在北非开始奉行的一种增强帝国主义威望的政策。

法国国王想通过这一行动，在内政上将对手打入冷宫，因为他们在议会里反对他通过一项"敕令"，即《紧急状态法》，来限制选举权和新闻自由的计划。就像后来在 1840 年莱茵危机时一样，他们想用外交政策上的成就，来挽回内政上的威望——"为了挽救王国政府"，梅特涅评论道。[1] 他说，选举权的计划将失败，并且会引起非常危险的麻烦。这是他于 6 月 5 日写给驻巴黎公使的话，并且将其与完全是预言式地宣告王朝将被推翻的猜测联系在一起："法国的一切都岌岌可危——一切都处于一种公开的危机之中。需要花费好长一段时间，我才有

765　了一种生存危机的感觉，并眼睁睁地看着这种危机在发展。也同样是用了这么长的时间，让我相信，必须唤醒各大国宫廷严肃认真地关注这次事件。"他想到的是在"协调"的框架内召开一次国际会议。

　　7月7日梅特涅回到了维也纳，不过只停留了很短一段时间，于22日就动身前往科尼希斯瓦尔特，他通常整个8月都是在这里度过的。他选择的路线是经过布拉格，前往特普利采，在这里，他短暂觐见了普鲁士国王。29日抵达他的夏休地，这是巴黎七月革命爆发的三天之后。第二天，7月30日，他就已经收到刊载有关于7月25日"敕令"和7月26日起义消息的《箴言报》。接下来进一步的消息，使他略感安慰，他得悉奥尔良公爵已经接管最高权力，为什么恰恰这条消息能使他平静下来？这需要作些解释。总而言之，至少国王查理十世还在军中。整个局势促使梅特涅考虑，"如何能在各列强之间，特别是在四国同盟之间制造出意见统一的契合点"。² 这就意味着，除了将被打得粉碎的会议体制重建，已别无他法。他至少不认为巴黎的情况像1815或1789年那样糟糕，因为，他认识到"这次颠覆活动有英国1688年革命的印记特征"。那是一场没有流血的"光荣革命"，只是将国家元首调换了一下。

对欧洲局势危险性的分析

　　1827年俄国、英国和法国的联合舰队与土耳其、埃及之间开展的纳瓦里诺海战，被梅特涅评价为一个转折点：盟国强迫奥斯曼帝国让希腊独立。从国务首相的视角来看，这个将奥地利排除在外的大国格局，是1813~1815年在列强之间创立的体系的绝对低潮。在希腊的土地上应该建立一个何种形式的国家？巴黎七月革命对于欧洲来讲究竟意味着什么？这些问题只能通过已经被打翻在欧洲舞台上的"协调"来解决，必须立即让它起死回生，刻不容缓。在这种极其扑朔迷离的世界形势下，弗朗茨皇帝再次委托他的大臣，作出一个危机形势分析，可以让人们认识到，由于巴黎事件，欧洲国家在多大程度上的确受到了威胁。大臣以一份典型的原则性奏折回禀皇帝，供其认清形势，找准坐标。[3]

　　他认为，在出现入侵战争的情况下，意大利和加利西亚是最为危险的区域。自1814年巴黎和会以来，各国宫廷之间的谅解体系保障了多年的秩序稳定。在梅特涅的回顾中，1824~1825年是深受坎宁自私政策影响的"过渡时期"，法国政府的日益虚弱以及亚历山大的去世，更为加重了这种色彩。过去奉行的"普遍保护的大联盟"的基石被动摇了，从而也让奥地利（对同盟）的信任受到了动摇，将来奥地利的政治安全，不能再仅仅通过盟国予以保证。由于1828~1829年遭受的损失，俄国被大大削弱，需要多年的休养生息才能恢复元气。法国国内政治支离破碎，在特定的情况下，甚至王位难保。普鲁士与奥地利内阁的关系是"最为亲密的"，因而奥地利只需采取防卫性措施即可。梅特涅预计还有几年的和平可享，没有奥地利，三国同盟只会是一出悲情的幕间戏。奥地利与英国的关系同样是"亲密的"，只是在坎宁任大臣时有些生疏罢了。英国与法国王室相互打交道时还是需要小心翼翼。法国与俄国旨在"促进孤立的（目的）"的危险联系不复存在。俄国与奥地利在法国维持君主原则的问题上，以及在维持奥斯曼帝国的问题上，应该有着共同的利益。普鲁士在这个目标上会诚心诚意地表示同意。

　　与旧式的德意志帝国纽带相比较，自维也纳会议以来，奥地利是唯一具有完善的地缘战略意义上的政治实体：向西，撒丁王国以及德意志邦联可以掩护哈布斯堡皇朝；向东，皇朝没有屏障。奥斯曼帝国已经衰落，从而使多瑙诸侯国——摩尔多瓦和瓦拉几亚——以及塞尔维亚进入了俄国的势力范围。奥地利所面临的军事态势，因维也纳会议新建立的统一意愿显著地得到了改善。蒂罗尔和阿尔卑斯山脉，如同波希米亚和特兰西瓦尼亚一样，同样被梅特涅视为固若金汤，他认为可能易受攻击的地点是多瑙河谷、加利西亚以及伦巴第。整个局势分析使人清楚，地缘战略形势，绝对没有唤起旧的、对革命的恐惧症的必要。没有理由像 1792 和 1814 年一样，立即将军队开进法国，而巴伐利亚元帅弗雷德强烈建议梅特涅采取这样的行动。[4]

以 "协调" 的名义干涉？梅特涅的调解

在当前这种无法预测的欧洲危机局势下，一切都倾向于同意重新复活维也纳会议体系。最棘手的问题莫过于重塑与俄国的友好关系，由于希腊问题，俄国宣布停止了与奥地利的合作。而对梅特涅来说，机会得来全不费功夫。因为当他于 8 月 5 日提前终止在科尼希斯瓦尔特的逗留，准备动身返回维也纳时，他取道途经卡尔斯巴德，而碰巧的是，外交大臣涅谢尔罗迭此时正在那里休假疗养。

1830 年 8 月 6 日，梅特涅与涅谢尔罗迭举行了一次值得纪念的会晤，会晤中，梅特涅终于达到了与俄国宫廷重建旧时统一意见的目的。因为这是重新激活 "协调" 的基础。当他们谈到巴黎的颠覆事件时，这位俄国同事对梅特涅的 "极端节制立场" 感到吃惊。[5] 此外，会议本来主要是为了解释进行干涉的状况和目的，因为冲突情况已经出现——在法国重新发生了革命。梅特涅对这种不一致的情况当然非常清楚，这种矛盾

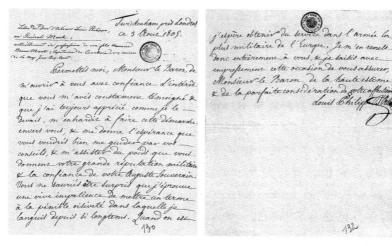

奥尔良公爵路易·菲利普致马克将军的亲笔信，1805 年 8 月 3 日于伦敦附近的特威克纳姆（Twickenham），第一页和最后一页

自然也出现在路易·菲利普①的态度之中，是革命将他送上了王位，但是这位国王激烈地重申他对保守的——经过考验证实的——原则完全尊重，同盟正是按照这样的原则建立的。[6]

梅特涅怎么能有百分之百的把握，证明法国的此次革命不会对欧洲的其他地方构成威胁呢？他手中握有到那时为止不为人知的、可以主宰一切的有力把柄，可用它无条件地将路易·菲利普牢牢控制在手中，而且只有他和法国国王本人对此事心知肚明。因此，这份相府的文件没有存入公使馆的往来文件档案中，而是放进了"绝密档案"（Acta Secreta）内。[7]这是一封奥尔良公爵于 1805 年 8 月 3 日在流亡伦敦时，亲笔写给奥地利将军马克的信。他在信中请求，允许他加入"欧洲最善战的军队"，为其效力。他提醒说，他曾经于 1801

---

① Louis Philippe de France，1773~1850，法国国王，奥尔良公爵。法国大革命时期曾支持革命政府，参加雅各宾派和国民卫队。1830 年七月革命后被自由派拥上王位，后镇压共和派起义和里昂工人起义，在 1848 年二月革命中逊位。

年向帝国皇帝提出过这个建议（由于《吕内维尔和约》而落空），就是说，公爵准备加入第三次反法同盟，当时，各国大臣正在柏林筹备建立这一同盟，梅特涅作为公使参加了有关谈判。

梅特涅亲自将此信的一份抄件做成一个特殊的文件筒交给了阿波尼，并写了一封加密信作为指示，密信是这样开头的："您会在附件中发现一份非常有趣的文件，只要看看就会向您证明，它包含着使路易·菲利普'身败名裂的不得了的手段（un moyen de compromission immense）'。"他指示公使，请求拜见路易·菲利普，如果法国人准备以"硬件"，也就是说以军事手段进攻"我们"，而非口头上的攻击，那么，就可以向国王展示一下这封信，并警告他，如果他想对奥地利采取军事行动，这封信就会被公开，而且我们手上还有一些类似的、敏感棘手的文件。在这里顺便提一下，在巴伐利亚国王路德维希一世的事情上，梅特涅手上也握有令人难堪的文件——而且是一大摞！——给劳拉·蒙蒂斯（Lola Montez）① 的信件。但是，就像对待路易·菲利普的信一样，梅特涅很少利用它们。[8]

当然了，不能忘记与这一事件相关联的大的背景情况：是梅特涅一人使"五国共治"这一机制重新发挥了作用，因为在他建筑好了与俄国的桥梁之后，他立即又建立起了与英国及普鲁士国王的联系，这些联系，在不久前的特普利采会谈后就一直持续着。梅特涅倡议的第一项成果记录在了一张小小的纸片上，他将与涅谢尔罗迭当面达成的协议，亲笔写在了上面。协议的内容是："作为我们行动的总体基础，达成协议如下：不

---

① Elizabeth Rosanna Gilbert，1821~1861，劳拉·蒙蒂斯系艺名，爱尔兰著名舞蹈家、交际花，巴伐利亚国王路德维希一世的情人。

介入法国的内部争端，当然，另一方面也不接受法国政府危及欧洲的、通过一般协议而建立和保证的物质利益，或者危及欧洲各国通过谅解达成的内部和平。"[9] 在外交辞令中，这个不起眼但意义重大的纸条得到了一个名称："卡尔斯巴德纸片（Chiffon de Carlsbad）"。

人们将修正自己的看法，将历史过程来个翻天覆地的改变。承认七月王朝的倡议并非来自英国方面，而奥地利也并未因其糟糕的财政形势，而没有尽快响应。[10] 梅特涅扮演的真正角色，表现的是他向俄国发出了决定性的、完全以准备介入的姿态去关注巴黎事态发展的信号。

此外，虽然出现了协议中提到的情况，并为干涉提供了缘由，奥地利国务首相反而利用了五国共治来阻止干涉进行。他之所以决定反对这样做，是因为这是更好的途径，可以确保欧洲的和平。这就驳斥了那些将他贬低为是所谓的"反对起义的人民、捍卫合法统治者权力的神圣同盟"[11] 代表人物的陈词滥调。在青年时代，梅特涅就恰恰非常鄙视那位合法的波旁王朝国王查理十世，他经历了这位国王——那时还是阿图瓦伯爵——作为激进保王党，建议发表灾难性的《皮尔尼茨宣言》，实质性地刺激了第一次反法同盟战争的爆发。[12] 梅特涅在当时与这一类保王党保持了距离，而在 1830 年，他也没少批评这位恰恰是由于自己愚蠢的统治措施而招致倒台的国王。对梅特涅有利的是，自比利时热马普会战以来，他就同这位与他同龄的法国人打交道，对其性格特点有了一个非常直观的印象。[13]

对梅特涅在国际上对待七月革命态度的解释，还体现在路易·菲利普 8 月末派遣将军奥古斯丁·丹尼尔·贝利亚尔（Augustin Daniel Belliard）前往维也纳这件事上，贝利亚尔曾是迪穆里埃将军麾下的一名老兵，现在则是新国王的支持

770

者。在维也纳与梅特涅的三次会谈中，以及在觐见皇帝时，贝利亚尔试图使两人相信，通过革命被扶上王位的新统治者，将会完全站在《维也纳最后议定书》的基础上，并且不会让革命运动越过法国，向周边扩散。他还呈献了一封新国王的亲笔信，在信中，新王吹嘘自己与查理十世相比是秩序的保护人。皇帝的回应就像人们所希望的，他保证说，已经决定在任何情况下都不会介入这个国家的内部困难。对此，梅特涅还补充道，他已经在向所有奥地利驻外公使馆发出的一件快函中通知：皇帝承认法国新政府，并且将促进与其发展外交关系。[14]

62

信息通信的革命——各国人民的春天
——国家安全

欧洲作为公众舆论的经验空间

1830 年，与反对第一次法国革命和反对拿破仑的战争时已截然不同。从那时以来的十五年间，解除旧的等级制度的进程在一直向前推进。1816 年之后，一场新的饥饿和通货膨胀危机，饥荒在 1830 年再次席卷而来，并制造了遍及欧洲的社会抗议的反响土壤。在德意志，社会性的动乱并非像一次相互协调的行动，而是像燎原烈火一样火速蔓延：在亚琛，手工业者和工人冲击了一个工厂主的工地；在莱比锡，手工业学徒和小工袭击了各方面都遭人愤恨的地方警察，并且喊出了七月革命的口号；[15] 在德累斯顿，示威的人群冲击市政厅并焚烧文件；农民以及上卢萨蒂亚纺织工人中的本地工人也终于揭竿而起；在不伦瑞克，人们甚至将宫殿烧毁；在卡塞尔，面包涨价之后，穷人冲击了面包店；在汉诺威，大学生试着举行起义。日益彰显的绝对贫困正在展现着它的影响。

新型的信息通信革命的功效是受人欢迎的。冲天而起的巨量的日报、时评和讽刺性刊物淹没了市场。1853 年，海德堡历史学者格奥尔格·戈特弗里德·格维努斯就已经认识到现代化特点的深层原因："有产者迁移的灵活性、遗产的平均分配、共同的学校、便捷的交通工具，这一切对促进各等级的相互接近产生了影响。人的不同特质和热情同样也一致起来，这有助于最底层等级的提升。"然后他又补充了一句，就因为这句话，他被处以叛国罪。他说："所有被压迫者和受苦难者的解放，是整个世纪的呼唤。而这种强力思想在欧洲革除屈从和徭役的过程中，以及在西印度解放奴隶的过程中，成了战胜强大利益（集团）和根深蒂固的社会状态的胜利者。"[16] 格维努斯与他的后继者海因里希·冯·聚贝尔（Heinrich von Sybel）及海因里希·冯·特赖奇克的想法相反，他的思想还是欧洲式的，并且像他自己写的一样，"还处于世界公民的联盟中"。因此，他对欧洲的行动和信息通信空间认识得很准确，在 1789 年之后，这个空间非常典型地得到了不断扩大，先是在 1820 年，后是在 1830 年，直到最后的 1848 年。以这些年代的革命为标志，欧洲范围的、自下而上的社会运动的循环周期结束了。自此，再也没有"幽灵"（卡尔·马克思语）在欧洲游荡了，而"世界革命"也只是社会主义和共产主义理论家的纸上谈兵而已。因为，取代当时欧洲社会的普遍共识的是梅特涅事先预见的为形成民族国家而进行的战争。

772　　　尽管对欧洲作为一个整体有着共同的看法，梅特涅还是不同意格维努斯有关欧洲大陆正行进在通往自由王国的路途上的进步乐观主义。相反，他当面向涅谢尔罗迭坦承，七月革命引起了他的思考："我最隐秘的思考是，旧欧洲正处在其终结的开端。我决心与之共存亡，我将坚定地履行我的义务，而这种誓言并非仅仅只有我一个人发出过，皇帝也同时发了誓。另一方面，新欧洲还没有开始，在开始与终结之间，将产生混乱。"[17] 他预测这种混乱将会在两个领域发生：社会以及国家之间。在说到这两个领域时，他思考的方式也是欧洲式的。

　　　在欧洲的信息通信空间，从巴黎发出的信号将民族的力量激发出来，就像 1813~1815 年在波兰、西班牙、德意志和意大利曾显示过的那样。那时，拿破仑已是一个战败的或者一个被崇拜的象征。自从七月革命以来，在公开的讨论中形成了一条战线：战线的一边站立的是那些为报刊写文章的、将自己定义为自由战士的言论领袖；另一边则是"持保留原则的堡垒"（格维努斯语）、专制主义和"保留的皇朝政治"。善与恶泾渭分明、高下立判。

"各国人民的春天"："未来的炸药桶"

民族性的原则立即起到了燃料和社会黏合剂的作用。在平民贵族朱塞佩·马志尼极具蛊惑力和说服力的演讲中，他大肆宣扬在和平与和谐中生活的各国人民的"春天"。他蛊惑召唤"青年欧洲"、"青年意大利"和"青年德意志"，同时，他唤醒和宣传鼓动人们进行反对"梅特涅体制"的革命战争。这再一次证明了这种认识，即在现时的、悲惨的状况需要更多希望的地方，那里的民族性就特别的兴旺发达，这是人们从"人民觉醒"和"民族再生"的浪漫主义乌托邦中创造出来的。那时候，那些激昂亢奋的群体对民族性影响的无知程度，大到简直无法想象，他们以为，他们从文化上和宗教上获得的民族性，在各自的国家以及在政治上将得以实现，并且对于邻国而言是和平无害的。精神的、宗教的、社会的和经济的危机以及不稳定，造成了民族主义在所有地方的兴起。因此，用划时代的概念"三月革命之前"，来描述陷入运动中的社会在不情愿地追求欧洲更大规模的革命，并导致其于 1848 年 3 月发生，便再贴切不过了。

赫尔穆特·隆普勒（Helmut Rumpler）用"潘多拉魔盒"这个形象画面来形容是很对的，他让人们对三月革命之前

773

的这段时间，在哈布斯堡皇朝内对民族性发表的五花八门的言论，有了一个大概的了解，然后又痛苦地认识到："民族自决也包含了划清民族界限"，这就"为未来埋下了炸药"。对未来持乐观态度的民族历史叙事方式，挡住了自己对全景的观察，而这种全景只有在一个单一的民族性及其运动"减少自身要求"的情况下，才能作为一个整体在政治上把握自己，以至不进行战争。[18] 但是，如果正好有机会能够征服和赢得某些东西时，为什么要放弃呢？不是看着别人，而是着眼于自己，这样才能汲取自己希望得到的力量，在这一点上所有的民族都是一样的。按照隆普勒的说法，各国人民的春天会点燃离心的力量——一种"反对派的民族主义或者分离式的民族主义"。他形象地将这一幕——对于梅特涅而言是开始构建灾难性的一幕——即"波兰还没有灭亡"这句在今天波兰国歌中还继续存在的口号，与号召建立波兰民族国家的这把板斧，一同砍向了整个维也纳体系。波兰人看到自己面对的，是在加利西亚的乌克兰人的文化觉醒，原本只容忍在普雷斯堡帝国议会使用匈牙利语的马扎尔人（Magyaren），还要与特兰西瓦尼亚的萨克森人、塞凯伊人（Széklern）、克罗地亚人和塞尔维亚人战斗，捷克的民族主义与共同的"波希米亚民族"的双语基础渐行渐远，这个民族基础只能忍受爱国主义，而不是民族主义，然而这个爱国主义发现，想要自我"实现"的斯洛伐克人，也成了新的对手。当克罗地亚人还在这个巨大的皇朝中寻找自身的位置时，它的斯拉夫兄弟已经在南部开始发展"全塞尔维亚"计划，而与之作对的则是正在兴起的"伊利里亚主义"。反过来，"觉醒的"伊利里亚人又要与一个意大利邻居算账，因为它正在庆祝自己的"复兴（Risorgimento）"。

直到此时，人们才开始慢慢地、深入地观察哈布斯堡皇朝农业的、法律的和机构设置的现状的多元性。帝国的地区差异，就像它的所有的各个民族一样，是如此之大。在 19 世纪上半叶，在德意志和波希米亚各邦中，农业的经济环境使社会各阶层之间相处得相对平静，就是说，进行社会抗议的动因还比较少。[19] 当普鲁士刚开始改革时，约瑟夫二世的改革已经显现了积极的效果，他们对在德意志邦联中出现的动乱很不理解，而在帝国和普鲁士，眼之所见是相对安宁的社会。但是另一方面，哈布斯堡皇朝以鲁塞尼亚人为主的及以斯洛文尼亚人为主的东部地区，还非常落后，直到 1910 年，帝国统计数据的东西差距还令人印象非常深刻。[20] 看起来，在经济和社会方面，皇朝同样是分裂的，这对梅特涅而言，就必须精准地、有针对性地促进地区发展。他已经有了对伊利里亚和对上意大利的发展思路，后来对匈牙利也有了思路，尽管这些事务并不属于他的职权范围。在什么时候、在什么地方、动员哪些民族，这些问题在三月革命之前还并不清楚，而在 1848 年之后，情况就不一样了。

首先是德意志人毫无感知，因为他们像其他所有人一样，只看到了自己——他们的亲希腊倾向和对波兰的友好态度，主要被当作反映其民族感情的陪衬。这些德意志人庆祝他们梦想出来的国家统一——1817 年在瓦尔特堡，1832 年在汉巴赫宫，在石勒苏益格 – 荷尔施泰因 – 里登（Schleswig-Holstein-Liedern），在体操协会，在大学生协会，以及在天主教教区里。对于他们来说，奥地利的德意志人当然也属于他们，但是他们没有搞明白，他们只是欧洲大陆上觉醒的民族大合唱中的一环。

必须尽可能生动地去想象一下陷入了运动之中的民族多元性的景象，才能准确地理解梅特涅的政治算计，以及他的预感和担忧。他从来没有从单一的民族视角出发去思考问题，而是永远在各种复杂的综合背景下去加以思考。他知道与民族运动打交道的两种方案：文化促进和政治驯服，也就是在内政上设置障碍、建立堤坝，并且希望，随着内部富裕程度的提高，安定会随之到来。

对内政策的尖锐化

梅特涅在政策决断领域着手采取措施，像过去促成《卡尔斯巴德决议》一样，不能忘记的是，在这方面，占压倒多数的德意志诸侯在背后为他撑腰。他们共同在卡尔斯巴德开始的进程，又在七月革命的过程中，通过邦联大会的各项决议得以完善：反对公众在地方议会中的过多参与（1830），反对在社团、政党、集会以及民族节日中，开展公开的政治活动（1832）。国务首相将在邦联大会上试图制造刺杀的事件（1833年4月3日）列入了目前我们已经熟悉的、他系统排列的恐怖主义行动的景象中。这次袭击比起通常的说法，即是由"容易激动的理想主义者"引起的，确实有着更多的支持者。[21] 这次行动，使得政府获得了建立第二个国家调查机构的理由：作为美因茨中央调查委员会后续机构的法兰克福中央调查局，而且梅特涅通过维也纳的部际会议（1834），再一次开始强化为了内部安全而在卡尔斯巴德打造的工具，手法是通过其他的邦联决议。

梅特涅还为自己建立了一个独立于邦联政治之外的秘密情报机构：美因茨"中央警察"——相府的档案中用的就是这个名称——或者为了摆脱掉"警察"这个说法，并且听起来更时髦一些，叫作"美因茨情报办公室（MIB）"。[22] 这个方案是在法兰克福刺杀案发生前一个星期，梅特涅从巴伐利亚陆军元帅弗雷德那里引申发展而来的。机构设立之后，柏林、威斯巴登、达尔姆施塔特以及维也纳等各国宫廷，就围绕着这个十字转门，在政治、警察、间谍事务上展开了合作。这是德意志土地上第一个在机构上独立的、作为办公室组织建构的、集中的秘密情报机构，其行动范围遍及所有德意志邦联邦国，以及相邻的重点城市（巴黎、苏黎世）。在其成立时的1833年5月和解体时的1848年2月这段时间内，它将无数的有关可疑人员、社团、集会活动和旅行等的信息资料集中在一起，这样一来，办公室就起到了一个观察站的作用，使得梅特涅成为一个对大陆中部地区的政治运动和言论、有抱负的文学界，以及政治舆论等的消息最为灵通的政治家，大陆上再没有其他的政治家像他一样这么信息灵通了。

在维也纳，相府将从美因茨获得的成果，与警务大臣和财政大臣各自部门的资料联系在一起。插图显示的就是对这些信息的评估结果，即试图从人员信息中发现一个相互联络通信的

776

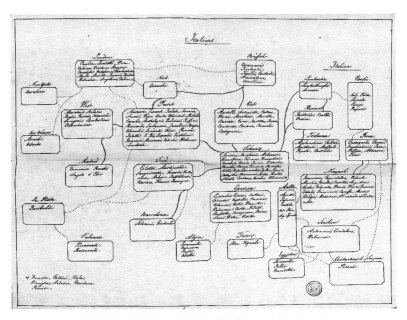

《政治流亡概况图》，意大利、美因茨，1845年6月6日

777

Sub. allegat ad 3/5 No 994

Der deutsche Tribun.

Erstes Heft.

Nachzudrucken!

Zur Notiz.

Der „Tribun" (welcher mo... wenigstens einmal zu erscheinen gedenkt) kann nicht auf Verbreitung durch den Buchhandel rechnen, er verläßt sich daher auf Privatverbreitung und zwar mittelst Vorherbestellung, unter Angabe guter Adressen und Beifügung des Nettobetrags (5 Sgr. pr. Heft). Bestellungen auf weniger als 50 Exemplare können nicht angenommen werden. Die Zusendung an die Besteller erfolgt unter alle Zuschrift. Auch Bestellungen an Spione werden pünktlich realisirt, jedoch erhalten diese ihre Exemplare durch die „königlichen" Posten.

Wird der „Tribun" kräftig unterstützt,

1

923

JB Engelshofen 20

35

Das deutsche Volk wird eine Revolution machen, eine gründliche; es wird alle seine Unterdrücker und Blutsauger aus dem Lande jagen und eine Föderativrepublik errichten. Erst dann wird es ein deutsches Volk, eine deutsche Freiheit, eine deutsche Einheit, ein deutsches Leben, eine deutsche Ehre, ein deutsches Glück geben.

Wir wissen und haben es euch schon vorgehalten, ihr möget gern auf dem unendlichen Weg der „Gesetzlichkeit" bleiben. Aber, nochmals fragen wir euch, gibt es denn bei euch einen gesetzlichen Weg? Ist eure „Gesetzlichkeit" etwas Andres, als ein Deckmantel und Hülfsmittel für die Willkür der Gewalt? Sind eure „Gesetze" etwas Andres, als direkte oder indirekte Ausflüsse dieser Willkür? Sind sie nicht Diktate der Barbarei und des Unsinns, des Despotismus und der Lüge, sanktionirt durch den geschändeten Namen der Gesetzlichkeit? Habt ihr ein einziges „gesetzliches" Recht von Bedeutung, das wirklich ein Menschenrecht wäre und das ihr gegen die Gewalt geltend machen könnt; habt ihr ein einziges, das sie euch nicht wieder nehmen oder verkümmern könnte? Was Grundsätze für den einzelnen Menschen, das sind Gesetze für ein ganzes Volk. Grundsätze aber bildet man sich selbst und läßt sie sich nicht diktiren. Wohlan, wollt ihr die Henkergesetze eurer Unterdrücker eure Volksgrundsätze

---

92

Kombst war, wie wir wissen, im Begriff, Memoiren herauszugeben und nach Ostindien zu gehen. Hoffentlich sind die Memoiren nicht mit ihm verloren gegangen! Die Schicksale der deutschen Flüchtlinge sind trostlos, tragisch, tückisch, teuflisch. Wer sie kennt, der muß, wenn er stark ist, vor Zorn entbrennen oder, wenn er schwach ist, vor Gram das Haupt beugen. Menschengefühl, Gerechtigkeit, Schmerz, Grimm, Rachelust, kurz all' die treibenden Mächte der Menschenseele, ich frage euch: wann wird endlich, endlich der Tag anbrechen, wo Diejenigen nach dem Wanderstab des Flüchtlings greifen, deren henkerische Zuchtruthe bisher so manchen Edeln in die Fremde und in die Verzweiflung jagte? Wäre mit einem Dolchstoß Gerechtigkeit zu schaffen — wir gestehen es offen, wir griffen nach dem Dolch statt nach der Feder!

画出重点的宣传单《德意志民众领袖》，作为"波登湖，1846 年 11 月 23 日"的附件

网络。这就使得存在一个"革命党"的旧说法已然多余，因为通过这种方式，可以大大提高追踪现实痕迹的准确性，同时，这种结合及调查的工作方式，又使得内部与外部工作的职权范围交叉在一起。梅特涅虽然不能指挥一切，但无疑是其中的中心协调人。监视工作还包括将没收的印刷品证据寄回维也纳，进而再将这些资料用红铅笔进行加工整理——或者由主管，或者由大臣亲自进行——而这位阅读上瘾的大臣，从中形成了自己对当前存在的危险情况的具体图象。他当然要比普通民众更有理由感到恐惧，因为他得到了更多的有关绞死诸侯、刺杀他们，或者将其赶出本国的血腥威胁的消息，这些消息并非只是一些思想游戏范畴的说辞，这一点，他在 1820 年代初已经领教过了。

附图的传单是在苏黎世撰写，并在黑里绍（Herisau）著名的印刷厂印刷，然后通过巴登边境走私 2000 份入境的。像情报办公室主任报告中所说的，这是预计的宣布起义的前奏。传单内容显示的目标是建立共和国，并且准备将诸侯及其下属（"压迫者和吸血者"）驱逐出本国，最后公开要求将他们处死。

一份 1847 年 3 月被截获的传单《一道德意志的算题》（*Ein deutsches Rechenexempel*）历数了"游手好闲的诸侯"，将侯爵和侯爵的仆人全部算作"无可救药的、人类的敌人"，然后意味深长地更正说："无可救药？当然有**一种**可救之药，而这种药**是用钢铁做成的**！"[23]

梅特涅与"警察国家"

位于美因茨和法兰克福的两个邦联调查机构的工作，不仅仅是调查可能发生的阴谋活动的背后主谋是谁，更为重要的目的在于情报活动。他们所从事的工作是每一个现代国家都

778

在做的事：为保卫宪法而收集秘密情报。凭什么偏偏梅特涅就应该少一些严肃认真地对待德意志邦联受到的攻击呢？我们已经将政治的核心内容突显出来，正是这种政治构建了梅特涅"反革命分子"的形象。《卡尔斯巴德决议》像"警察国家"的形象一样，是属于促成这种局面的因素。历史学家在此必须指出一个令人伤脑筋的方法论层面的问题，如果自欺欺人地否认它，就永远也不会找到对过去作出忠实于历史的判断的正确之路。这是一个非常简单的问题：名实相异。"警察国家"这个表达方式对 20 世纪和 21 世纪初期的人们而言是与诸如"盖世太保"、"国安部"、"古拉格"、"集中营"，以及秘密逮捕与秘密处决联想在一起的概念。所有这些，并不符合非均质性的、在 1848 年之前几乎非中央统治的哈布斯堡帝国的国情，同样也不符合德意志邦联的国情。弗朗茨和斐迪南皇帝深受广大民众的喜爱，这得益于他们——特别是弗朗茨——通过每周一次的接见"人民"的惯例而得到认可，可以将他们的统治描绘成一种家族族长式的教养专政，如果一定要说是"警察（Policey）"和"警察国家（Policeystaat）"的话，而另一种书写方法就可以清楚地说明，这个概念所指的是完全不同的事物。在古代德语的行政用语中，这种形式的"警察"描述的是整个内部管理领域。与此相应的也有人们所说的"卫生警察（Medicinal-Policey）"和"公共救济警察（Wohlfahrts-Policey）"。如果想用现在的概念对当时的警察活动的事实情况加以称呼，那就要使用诸如"秘密情报机构"和"宪法保卫机构"这样的字眼。通过邮政渠道对国家的以及私人的书信往来的调查和秘密阅读，也属于这一工作领域。这类现代概念那时叫作"严格查究（Perlustrieren）"（"彻底检查"）以及"截获（Interzipieren）"（"拿走""没收"）；后一个概念指的是从邮政投递机构中，秘密地将信件拿出。"截取（Interzept）"就是抄录秘密打开的信件，这需要很多专业知识技能。为此，梅特涅在其相府中设立了一个特别办公室，所谓的解密室，它不仅负责截获信件、打开信件、抄录信件，然后在神不知鬼不觉的状态下，再将信件重新送返邮政渠道，它还要负责对外国外交使团加密文件的破译工作。

如果在这个意义上来理解哈布斯堡的"警察国家"，就不禁会对现代的国家保卫措施可以在什么时候、对什么样的国家、采取什么样的方法加以保护的问题，产生一种并行的联想，就如同上文已经谈到的对通信的监控一样，[24] 看起来问题不在于监控本身，而在于缺失由独立的法庭对监控进行监管。这种缺失和亏欠正符合对教养专政的叙事描述，因为这样一种国家，不愿意服从一个独立法庭的监管。当然，所有三月革命之前的德意志邦国，首先是普鲁士，都与哈布斯堡皇朝一样有着这样的特点。至于梅特涅，还有其他的奥地利国家行政管理方面的专家都很清楚的一点是：皇朝内的新闻书报检查和警察事务属于内政部的管辖范围，自 1826 年以来由波希米亚伯爵暨财政大臣科罗福拉特（Kolowrat）掌管。由于弗朗茨皇帝挫败了所有关于设置一个以总理为首的大臣会议作为独立的政府机构的企图，因而为自己保留了将每一个大臣都作为一个所谓的宫廷机构主持者来对待的权力，他们——直属最高当权者——可以直接面见皇帝，呈送自己的奏折，皇帝则始终有机会可以对不同大臣之间的矛盾加以利用，而这种事情确实也没少发生。

但是，如果君主不想按照总是擅长方案设想和从长计议的梅特涅的方案行事，比如他提出的将整个皇朝进行合理的、联邦式的重组，就像他 1816~1817 年曾经试图做过的那样，那留给梅特涅的，就几乎只剩欲哭无泪的绝望了。

63
宽容的后续革命

比利时国王利奥波德：第二位革命诸侯的合法化

1830 年 9 月 28 日的布鲁塞尔起义，属于七月革命后续起义链条中的一环，它符合梅特涅对混乱局面的预测。那么，如何与一个新诞生的国家打交道呢？ 1815 年维也纳会议上建立的、合法的尼德兰联合王国的一部分，尝试着举行起义，并一再重复着梅特涅认为的最糟糕的 19 世纪的同一种模式：一个民族再一次提出要求，目的是要分得一块分裂的领土。这就产生了一种矛盾的情况：民族原则使未来的民族国家具有合法性，而现存的国家却从内部被破坏了。

俄国、英国和奥地利政府在认真考虑进行干涉，[25] 但是梅特涅却是在欧洲力量对比中算计着：如果奥地利的军队介入布鲁塞尔，那么这支军队就无法再用到意大利方面，因为他预计，意大利那里也会出现起义，后来也确实出现了。此外，这样一来，哈布斯堡皇朝在德意志的局势中就失去了行动能力。另外他还估计到，在波兰地区也会发生动乱。梅特涅如一个象棋棋手一样在考虑每步棋的组合排列——他也是以这种方式考虑外交局势的——从一个方向上调走一些棋子，另一个方向上就会缺少这些力量。可能发生冲突的策源地错综复杂地纠缠在一起，让准备进行干涉的国家保持了冷静而没有动手，最终也挽救了一个自主的比利时王国的国家组成，并且通过于 1831 年

11 月 15 日在伦敦召开的五大国会议，使其合法化。虽然 1820 年代的连续的会议政治不再成功，但是欧洲外交"协调"看来还在起作用。利奥波德·冯·萨克森 – 科堡 – 哥达（Leopold von Sachsen-Coburg-Gotha），这个在与波旁王朝竞争中因妥协而产生的候选人，抓住了这个绝少的机会，从一个德意志侏儒小邦的侯爵，一跃而起成了王国的元首。后来，利奥波德国王成为自 1848 年以来就逃亡海外的梅特涅在流亡期间最可靠的一位支持者。

对德意志立宪进程的推动

七月革命将德意志自 1814 年就已经开始的立宪进程向前推进了一大步。到 1848 年，仅仅还有四个国家没有立宪宪法成文法：奥地利、普鲁士、梅克伦堡及黑森 – 霍姆堡（Hessen-Homburg）。三月革命之前的普鲁士和奥地利，由于其具有的各省等级制，当然并非教科书中经常宣称的那种专制，但是，对普鲁士的内政来说，却存在着一个永久性的问题。还处于 1815 年拿破仑战争印象中的普鲁士国王腓特烈·威廉三世，就曾用下诏的方式保证，他的国家应该有一部（现代化的）代议宪法成文法。梅特涅认识到，这个问题对普鲁士而言，就像对哈布斯堡皇朝一样具有爆炸性，因为他认为，普鲁士也是一个非均质的——组合而成的——国家，一个议会制中央代议机构，会将这个国家炸得四分五裂。1840 年腓特烈·威廉四世继承王位之后，梅特涅与其持续不断地交换关于这个国家无论如何不能同意代议宪法的意见。而 1847 年，在普鲁士还是发生了他之前一再警告过的事情：国王召集"地方联合议会"，讨论通往东普鲁士的铁路线路的融资问题，而这个按照古代方式组建的议会，对其成为普鲁士"国家"议会的强烈要求却已不再压抑。

在为争取更多的政治话语权的斗争中，奥地利的各地方议会也作为先驱而大肆活动。直到 1848 年，在奥地利也同样没有一个全国性的代表机构，1848 年革命才第一次为此开辟出了一条道路，但是这也只不过是个插曲，直到梅特涅死后，具体说即 1861 年起，才开始走上了为整个皇朝建立一个全国议会的道路，而且是通过奥匈间的"平衡"才得以强化的。在梅特涅正确预计到的、对多民族国家而言会出现一股离心的破坏力的地方，德意志各邦——首先是拿破仑的巴伐利亚和符腾堡王国——却指望出现一种清新的、一体化的国家意识，并以一种新的宪法爱国主义，将支离破碎的国土和人民统一起来。像巴伐利亚国王路德维希一世让人在多瑙河畔建立耗资不菲的民族纪念堂"英灵殿（Walhalla）"时宣布的那样，还是可以谈论和使用"德意志"精神的。但是，这种国家意识是文化和历史上的，而不是政治上的，因为人们当时在经常引用"德意志祖国（deutsches Vaterland）"时，在思想意识中，还存在着叫普鲁士、巴伐利亚、符腾堡和黑森的"国家"。如今几乎已经不再有人知道，人们经常挂在口头上的、1832 年 5 月汉巴赫（Hambach）所谓的"德意志人的民族节日"，早已偏离了原本的含义，因为这个作为节日来庆祝的日子，原是巴伐利亚的宪法日。

对德意志邦联中发生的动乱，梅特涅也是以与欧洲相关联的背景去解释的。在相隔一段时间之后发生于 1833 年 4 月 3 日的对法兰克福警务总署的袭击，是针对邦联大会的，它虽然可怜地失败了，但是必须将其作为革命的企图来定性，因为它准备暴力袭击的对象，是邦联大会的代表。而且很多证据指向了与波兰和意大利活跃分子的联系，虽然法兰克福的市民卓有成效地掩盖了那些重要的痕迹。

波兰——一场革命？

　　后来的所有革命，都在整个欧洲范围内相互影响着，整个大陆都在搞运动：在比利时所属尼德兰起义期间对安特卫普的炮击，是与波兰华沙的起义同时发生的。在公开的出版物中，人们将波兰人评价为像1820年代的希腊人一样，是"起义民族"，所有行动的目的都冲着国家机器而来，最激进的行动则将矛头指向了君主。作为沙皇的代表，俄国皇储康斯坦丁（Konstantin）在华沙逗留时遇险，逃往部队，其中有15000人驻扎在华沙。梅特涅的反应也顺理成章，他马上命令数万军队开赴加利西亚边界，普鲁士也采取了同样的行动。当起义被镇压下去之后，波兰士兵在梅特涅的容忍下虽然逃进了奥地利所属的加利西亚，但是他们被全部缴械，收缴的这些装备如数交给了俄国人。在波兰问题上，五国共治存在着某种形式的默契容忍协定，这个协定没有正式付诸文字，因为不去促成波兰改变现状，符合所有参与方的利益，免得像比利时那样，可能会突然产生一个独立的波兰。同时，梅特涅也在思考哈布斯堡皇朝各地的情况，因为那里的人民，特别是加利西亚的农民保持了安定，他于是得出结论，在斯拉夫国家中，人们不同情革命或者动乱，他将这种情况归功于自己的政策，首先是由于他的一招妙棋，在加利西亚和沃里尼亚王国（Königreich Galizien-Lodomerien，也称加利西亚和洛多梅里亚王国）中，将政治责任交给一位波兰总督来负责。但是无论如何，从华沙发起的起义，在1815年的维也纳体系中还是个棘手的问题，因为波兰试图摆脱沙俄的宗主统治，重建自己的王国。这样就会使得波兰一分为三的状况发生改变，而三大国奥地利、普鲁士和沙俄的领土现状，也会因此受到挑战。

783

64
从东方到莱茵河：
大国"协调"的挑战

由于七月革命以来引起的整个欧洲公众舆论的激荡，梅特涅强烈地希望，能够继续保持此前的欧洲定期举行会议体制的功效，尽管这种会晤会使参加者横穿欧洲、车马劳顿。在当时的那种路况中，坐着减震效果极差的马车，颠簸数星期，必须要有承受超出体力极限的能力。国务首相虽然在他的信中抱怨辛苦，但是仍然坚持这样去做。开始时，这种坚持对东方大国的效果很有限。1833 年 9 月在布拉格东北部的门兴格莱茨〔Münchengrätz，捷克语叫作姆尼赫沃赫拉吉什捷（Mnichovo Hradiště）〕举行了会晤，沙皇尼古拉从华沙赶来。在那里，在普鲁士王储在场的情况下，奥地利和俄国签署了一份共同协定，这份协定看起来好像是要将 1815 年原本针对法国的体系重新激活。以这个同盟为支柱，俄国就可以转向到保留奥斯曼帝国的方针上来，只要它能扩大自己在巴尔干半岛和黑海海峡的势力范围，基于此，俄国与普鲁士加入了这个协定。此外，协定还保证波兰被占领的现状，以及如果发生波兰人为了成立自己的王国而举行起义的情况，将相互给予支援。同时，同意在共同应对煽动性的"自由主义"战斗中，互相提供帮助，因为预计"革命"会继续进行，双方还就互相交换有关"激进主义"的警察情报达成了一致。如果革命蔓延到德意志邦联、哈布斯堡皇朝和普鲁士，各国可以凭借求救进行干涉。1849 年就发生了俄国军队急驰而至援助奥地利的情况，若没有援助，革命根本不可能被镇压下去。这个反对革命的同盟也要确保各自皇（王）朝体制本身的稳定，就像沙皇尼古拉1833年在门兴格莱茨表示的一样，保证当时的皇储、未来的皇帝斐迪南继位，虽然无论其在体力还是智力方面，均无法当朝理政。这一政策首先是稳定了1815年的维也纳会议体系，而不是为阵营政策服务，因而从根本上说，为准备直到1841年为止这几年的协调政策，三大国均作出了贡献。

从表面上看，好像沙俄、奥地利和普鲁士三国的保守同盟再一次被激活了，然而这种看法是不正确的。门兴格莱茨是确保1815年欧洲体系的再一次尝试，因为保持奥斯曼帝国关系到维也纳体系整体的存亡，这非常明显是梅特涅的功绩。与此并行的，是不久前沙皇俄国与奥斯曼帝国于1833年7月签署的协议［《温卡尔—伊斯凯莱西条约》(Vertrag von Hunkiar Iskelessi)］，它使过去的战争对手结成了防御联盟，沙皇再一次保证了奥斯曼帝国的生存，并且在一条"附加秘密条款"中，达成了封锁第三国战舰通过博斯普鲁斯和达达尼尔海峡的约定。

梅特涅知道，这个承诺等于是对法国的羞辱，更严重的是对英国的羞辱，作为一个海权大国，英国认为这触动了它的利益。沙俄与奥斯曼帝国之间的双边协议，基本上是清晰地发出了超越维也纳体系的、沙俄帝国主义的声音，并一再向西延展。而对于梅特涅而言，这之所以不是问题，是因为这些海峡并不一定涉及哈布斯堡皇朝，而对奥斯曼帝国的保障以及这个秘密条款，则可以确保法国和沙俄之间令人恐惧的联合不会发生。梅特涅的长远目标一直是，从维也纳共识的道义出发，建立五国共治的和平和睦。如果这种团结一时间不能保障，至少大国还可以奉行保证欧洲和平的理智政策。

1839~1841年，这一政策再一次经受了考验。近来，对所有公使馆档案再一次进行彻底的审阅后证明，梅特涅对克服欧洲范围的危机，起到了决定性的作用，缓解了因奥斯曼帝国内部冲突的爆发而带来的冲突。[26] 由于法国外交部的偏袒，这一冲突险些引发欧洲规模的大战。在 1840 年《第一次伦敦条约》中，在排除法国的情况下，几大国将埃及的副王逼回到他自己的国家边界中，并且确保了奥斯曼帝国的生存，于是，原本局限于叙利亚和埃及的地区冲突，呈现了扩大的趋势。法国公众对四国同盟的私下约定，出奇的愤怒，情感中还夹杂着面子政治和对伟大的拿破仑的历史性回忆，并且偏偏正赶上拿破仑的尸骨从圣赫勒拿岛刚刚运抵巴黎。协议被视作法国的民族耻辱，因为看起来就像四个战争盟国在 1813~1815 年时做的那样，共谋反对法国。这就使法国产生了要进行报复的想法，被点燃的报刊舆论要求重新夺回莱茵河边界和上意大利。德意志新闻以及歌曲运动（Liedbewegung，"他们得不到它——自由的德意志莱茵河"），对此报以了一波民族激情，而双方都在谈论进行捍卫祖国的战争。

1840 年，不但法国，而且德意志邦联也在考虑动员军队的具体方式。而梅特涅则成功地打破了对法国的外交孤立，并在 1841 年的《第二次伦敦条约》中，促成了五大国与奥斯曼帝国苏丹达成一致，禁止战舰在和平时期进入博斯普鲁斯和达达尼尔海峡，这是他的一项了不起的成就。梅特涅及时地认识到将法国排除在共同的大国政治之外，具有很高的风险，因为这就顺理成章地意味着，根本上关系到法国的自我孤立政策。

整个的国际冲突却澄清了，在莱茵危机的过程中，梅特涅是将德意志邦联作为一个要认真严肃对待的军事因素来加以评估的，并且未将在莱茵危机期间、群情激奋的民族主义浪潮中公开进行的鼓动性宣传，定性为"革命"，而是将其看作在加强德意志邦联，并明确表示欢迎。在普奥关系之中，重新赢得的优势也是显而易见的。当然，梅特涅也遇到了由他参与创立的 1815 年体系照样不能搞定的事，因为现状是无法预设的：希腊和比利时的独立、卢森堡的被瓜分，以及巴黎统治者被推翻是无法阻止的；而在停滞意义上的稳定也是无法达到的。

65
梅特涅视野中的关税政策

　　德意志邦联独特的制度是经过梅特涅的参与制定的，其组成使哈布斯堡皇朝能够与其他德意志邦国一道，进入一种国家性质的准民族结合［这个组合被称作"德意志兰（Deutschland）"］，而没有放弃自己国家的独立或者被瓜分掉。我们看到的则是，由此一来，势力范围与职权领域交互重叠。实际上，奥地利皇帝与德意志邦联的关系就像英国、普鲁士、丹麦及尼德兰的国王们同德意志邦联的关系一样，形象地说就是，每一个统治者都在德意志邦联中插了一脚。但是，经济领域是不会长期忍受这种碎片化的，贸易要求的是货物的自由交换，以及减少相互之间的壁垒，比如关税边界。普鲁士成功地通过 1818 年 5 月 26 日的《贸易和关税法》，创造了一个经济上统一的内部空间。哈布斯堡皇朝则相差甚远，因为在波登湖边的布雷根茨（Bregenz）与布科维纳的切尔诺夫策（Czernowitz）的边界之间，国情差距有着天壤之别，很多地方的手工业和农业需要保护，需要关税壁垒，更不用说将帝国的其他部分与匈牙利隔离开的关税带了。自 1816 年以来，虽然存在一个皇室商业委员会，但是这个委员会丝毫没有能力为整个帝国建立一个封闭的经济区。[27]

　　通过维也纳会议的各种调整，普鲁士早已"深深地长入了德意志兰"［汉斯－维尔纳·汉（Hans-Werner Hahn）语］，但是由于东部和西部地区国土的碎片化，其正在寻求跨越国家的解决办法。[28] 通过建立关税同盟来建立一个封闭的贸易区域，看来是个不错的想法。一个封闭的对外关税边界可以带来的财政收入，深深地吸引着其他德意志邦国加入关税同盟，梅特涅则以极大的忧虑注视着这一进程。在此，倒不想过多地描述有关财政政策的细节，而是将叙事集中在两个方面：国务首相如何看待正在兴起的自由贸易，以及他如何看待由普鲁士推动的发展进程，在多大程度上会成为由他设计的"德国"——具有多重民族身份认定的"联邦国家"——的一个问题。

在与美国人蒂克纳（Ticknor）的谈话中，梅特涅透露了他对有计划地促进手工业和工业发展的兴趣。[29] 综合技术学院是他最为关心的事情，从那里毕业的学生都是帝国最重要的"制造工坊（manufactory）"的顶尖人才。这些制造工坊不仅推动着进步，还有着对先进工厂的巨大需求，手工业主和生产者要求降低关税，以便他们能够更好地与外国竞争。梅特涅发现，奥地利政府保留关税的目的不是增加国库的收入，而仅是要保护和鼓励业主。关税制度是由约瑟夫二世皇帝引入的，假如那时梅特涅就当了大臣，他会奉劝皇帝不要这样做，至少关税法的一部分会被取消。

当组建德意志关税同盟正在奋力前行时，梅特涅在其于1833 年 6 月 24 日给弗朗茨皇帝的原则奏折中作了警示。[30] 他以自己的财政专业知识，不带任何偏见地阐述了普鲁士是出于什么样的先决条件来推行这项政策的。引起他特别注意的是，"两个像巴伐利亚和符腾堡这种平时对自己的独立性无比计较猜忌的南部邦国"，竟然"作为卫星国"依附于普鲁士的体系，因为失去王室的关税经济特权，也就意味着失去了一种基本的主权。梅特涅知道，财政上的吸引力（关税同盟）对这两个金融业已然崩溃的邦国意味着什么。而在他看来，这个"小德意志的"关税统一，对于德意志邦联，特别是对于奥地利来讲绝对是不利的，甚至是灾难性的。他已经预计到，在贸易政策上被排除在外会给帝国的生产和工业带来何种坏处，但是比起商业上的影响更令人担忧的，在他看来是政治上的影响。如果一个正在成长的大国的分量过重，将会损害邦联的本质，因为在他的思想中，邦联的稳定是从平衡体系中获得的，因此梅特涅认为，邦联因普鲁士日益增长的经济影响力而受到了威胁。因为，这样一来，在资助人和当事人、保护者与受保护者之间就产生了一种新型关系。在邦联大会和核心理事会中，力量的平衡已经发生了偏移，17 个邦国中，已经有 10 个拥护普鲁士的关税体系。普鲁士想削弱奥地利在德意志的影响力，与此相关，出现了一种既意义重大，又充满寓意的说法：普鲁士想要各邦宫廷习惯于"将他们既带有恐惧又抱有希望的目光，只望向柏林，而最终要将奥地利与这些邦国在商业上的关系变成现在已然成为的模样，并且，像普鲁士的时髦作家们一直以来以特别的热情试图描绘的那样，将奥地利看作外国"。梅特涅看得更远：从长远看，德意志邦联各邦与奥地利的关系将变得松散无力，最终奥地利将与普鲁士公开决裂。

梅氏看到了，自己在奥地利和"德意志"之争中的作用，而"德意志"显然有两种不同的形式。在历史的研究工作中，出现了——尤其与海因里希·冯·特赖奇克的论点针锋相对——具有说服力的理由，说是并不存在从普鲁士的财政大臣弗里德里希·冯·默茨（Friedrich von Motz）到"帝国奠基者"奥托·冯·俾斯麦（Otto von Bismarck）的单行道。此外，还说有足够多的例子说明，从经济的统一中绝不一定必然出现政治的统一。然而，如果听一听梅特涅和默茨的说法，就一定会对上述观点产生怀疑。为什么当两个人说到关税、贸易和经济时，都要谈到"德国"？梅特涅思考的是，用什么方式和途径"给普鲁士的关税系统以致命的一击"。而默茨则相反，希望从关税同盟中"产生出一个实际结盟的，无论从内部还是从外部来讲，是一个在普鲁士保护和庇护下的真正自由的德国，并且是一个幸福的德国"。[31]

归根结底，关系到的是国体如何组建的问题：是成为一个组合成的帝国，还是成为一个中央政府形式的现代理性国家。矛盾而又似是而非的则是，在这个时候，就连普鲁士也更倾向将后一个选项作为现实的想法，因为它的君主还一直在害怕骑士领主们的贵族反对派——易北河以东地区村庄的警察、司法管辖以及学校保护权，仍一直掌握在领主或贵族议员手中。

在梅特涅呈给皇帝的备忘录中，他还作了一个政治告白，在这个告白中，他以原本应该的形象出现。他心里非常清楚，德意志邦联在公众舆论中是多么不受待见，邦联大会也同样好不到哪儿去，"由于那个时代的动乱气氛，其不得不过于频繁地采取严厉的镇压手段，来履行这种不招人喜欢的天职"，因而不受待见。梅特涅试图唤醒应该为民族福祉服务的本真。他用将德意志邦联变成贸易中心的理由，来回答普鲁士的偏离邦联的特殊道路。他提醒说，要履行《德意志邦联法案》第19条的义务，即"由于不同邦国间的贸易和往来……要进行磋商"。[32]

作为最有可能的、最有希望达到目的的对抗计划，他认为应该是这样的：邦国之间互相往来自由，对来自德意志邦联各邦而非来自"共同的外国"的自然产品和人造产品，给予同等的互惠。这取决于以"善意规则行事"，目的是促进"德意志的公众福祉"。

至于奥地利，他建议必须修改到目前为止的关税制度，使其与其他德意志各邦一致起来，必须要准备作出自我牺牲，这是"预防皇朝最后落得从繁荣和影响力的根基上受到攻击，从而吃更大的亏的唯一方式"。我们已经在梅特涅如何与他自

790 己的财产打交道时知道了，他在促进经济、繁荣和基础设施上
多么富于发明创造，而且在这一过程中，在农业、林业、葡
萄种植与酿酒，以及炼铁工业上，他充分应用了最先进的技
术方法。将这种方法作为一种前景用于整个国家，只能更有
说服力。然而，他仅仅是个外交大臣，而且他还处于一种情
况之中，对这种情况我犹豫地却也坚信地评价为"悲剧性的
（tragisch）"。"悲剧性的"这个形容词并非等同于"悲哀的
（traurig）"——这个形容词经常被这样错误地使用——而它描
写的，是从一种可选项中做出的行动，在这个可选项中的任何
一个决定，无论它们是如何作出的，均被证明是错误的。如果
梅特涅加入关税同盟的想法得以实现——他本来就认为这样做
是正确的——他就要与国内的政治闹翻，并且很可能在反抗中
遭到失败；如果他决定同意他的主要反对者科罗福拉特所希望
建立的哈布斯堡皇朝内部的关税同盟，奥地利就将失去与"德
意志"的连接，从而变成"外国"，他是这样理解的。

改革者梅特涅没少建言献策，比如，他与他的顾问亚当·
穆勒保持了距离，这位顾问赞同实行保守的农业经济制度，对
工业则持敌视的偏见态度，宣传反对"大工厂的胡作非为"，
并且声明支持手工业的家庭作坊。还比如，梅特涅在维也纳与
自由派人士弗里德里希·李斯特谈判，以迎合邦联中小邦国在
贸易政策上的愿望和需求。他试图在邦联的法律上，确保食品
的自由往来。

由于皇帝的否决，他失败了，"因为我的皇朝无论是否加
入德意志邦联，其本身则永远要保持一个整体"。[33]梅特涅所
碰到的国家内政发展趋势，是坚守和孤立，而这一趋势的代表
人物正是皇帝本人。如果要改变的话，也只有他才能实现基
本的路线更迭，想想约瑟夫二世的命运就清楚了。梅特涅也低
估了他的那些贵族等级的同僚们的力量和影响力，最关键的

反应是在糖的关税上：对输往波希米亚的糖征收的关税必须降下来。为了避免不受欢迎的竞争，生产糖的波希米亚大地主们则坚决抵制这样做，而他们在皇帝面前有科罗福拉特作为代言人。梅特涅备忘录遭遇的命运，可以从原文中看到：里面缺少通常的"最高决策"，而做事认真的弗朗茨皇帝是从来不会错的，除非他有别的原因。这就是他与梅特涅打交道的方式，对这样一类的建议不加评论、不置可否、不予理睬。这就已经够了，因为后者明白这是什么意思。我们只能同意海因里希·鲁茨（Heinrich Lutz）所说的："梅特涅想的完全是另一回事。"[34]

791

第十四章
统治的组织工作：
权力中心—网络—利益—阴谋

66
相府的主人

政治统治的磁场

从表面上看，读者们会认为，到目前为止已经共同经历了主人公一段政治生涯的晋升过程，直到他1821年坐上哈布斯堡帝国国务首相的位置，这从头衔上来看已有了充分的显示。现在我们遇到了1848年革命的一次波折。直到1847年10月，一个来自萨克森的年轻外交官到了维也纳之后，还认为这位此时已经74岁的人非常令人赞叹不已：坚强有力的姿态——像威灵顿，这个"铁腕人物"——鲜活有朝气、像年轻人一样招人喜欢，简单一句话，是个当代很少出现的杰出人物。[1]另外，又可以将他评价为是这个包括"暴君塞德尼茨基和梅特涅"在内的、"令人耻辱的精神被奴役"时代的"梅特涅体制"的完美化身。[2]对他的看法尽管如此针锋相对，在两个见证人看来，他还是欧洲最强有力的国家的引导者。因此，非常有必要更清楚地认识一下，到目前为止，在他所进行的斗争和他的政策中，哈布斯堡皇朝有哪些权力中心以及网络正在发挥作用，而梅特涅也不得不屈从于它们。需要考虑的是，梅特涅在其政治生涯中，侍奉了从弗朗茨到斐迪南两任皇帝，而在皇朝的统治中，他们两位则是可以想象得到的两种最极端的例子：事必躬亲的前者是个控制狂，事无巨细均要亲自拍板；与其形成鲜明对照的则是他的因欠缺统治天赋而不得不被实行摄政的皇位继承人。因而，梅特涅则不得不在两种截然不同的基本条件下工作。弗朗茨皇帝——"他的朋友"，在弗朗茨皇帝的遗嘱中，梅特涅以这样的称呼而英名永存——形象地说是为梅氏建造了一堵墙，即一堵可以为这位大臣提供保护和依靠的墙，特别在面对大多数对其持有不甚友好态度的皇亲国戚时，比如皇后，在她对梅特涅在拿破仑面前实行策略性的绥靖政策不理解时，或者在约翰大公爵自作主张，认为自己有能力发动一场反拿破仑的革命战争时，这堵墙都对梅特涅起到了保护作用。这堵墙也多次使他免于被革职，无论这种革职的要求是出于皇亲国戚的圈子，还是来自一位强有力的沙皇。有了这种靠山，梅特涅就可以不依靠同盟者，可以在很大程度上自主行动，当然，前提是，他的行动与他君主的想法是相一致的。

弗朗茨死后，斐迪南被摄政时期的情况则完全相反。再也没有墙的保护了，梅特涅也就需要同盟者了，而他看到的，是皇亲国戚组成的强大阵线，这还未算上他在内政上的最主要对手：前布拉格城堡军事总管（Burggraf，也译堡伯，实掌波希米亚总督权）、来自波希米亚的领主、老于世故的贵族弗朗茨·安东·冯·科罗福拉特－里普施泰因茨基伯爵（Franz Anton Graf von Kolowrat-Liebsteinsky）。弗朗茨皇帝于1826年9月26日诏其前来维也纳任国务和会议大臣。作为一名金融和预算专家，他懂得如何使自己立即成为这位时刻都在为国家的财政状况担忧的统治者的不可或缺之人。[3] 因此，有必要将梅特涅在一个强势皇帝和一个弱势皇帝面前，在各种会议、各部以及宫廷各部门复杂的体系面前，在各个等级特别是经济利益的影响面前的作用解释清楚。在奥地利以外对梅特涅人生的叙事或者其他出版物中，看问题的视角通常过渡到了"欧洲国务活动家"的层面。但是，从本章开始，才能回答这样一个急迫的问题，梅特涅的行动范围到底有多大？

19世纪初哈布斯堡皇朝政府构成

统治时期		最高政府及议事机构	对外管理	司法及司法管理	内政	财政	战争事务	行政及财政	司法	地方机构	城市机构
				帝国中央机构				各邦机构		基层机构	
玛丽娅·特蕾莎	1740										
	1742										
	1748										
	1749	国务议事会	皇室、宫廷和相府	宫廷事务署（分两个部门）	宫廷财务署		内廷战争议事会（始自1556年）	各邦政府	各邦法律	地方各部门	市长、市议会
豪格维茨改革时期	1760			皇室高等法院	奥地利—波希米亚宫廷事务总署			各署代表处	（各邦）司法部门		
考尼茨改革时期	1765				波希米亚联合宫廷事务署	簿记总署		含审判庭的各邦政府			
约瑟夫二世	1780	皇帝内阁			联合宫廷事务司	宫廷审计署					
	1782				宫廷事务署	宫廷财务署		行政区及管区	上诉法院		市长、市政府
利奥波德二世	1790										
弗朗茨二世/一世	1792	国务会议						各邦政府（部分划分的邦机构）			
	1806										
	1814										

在古风遗存的行政丛林中首获经验

　　直到 1801 年被任命为驻德累斯顿公使之前，梅特涅已经看到了在大臣图古特导演下的国家顶层的相互牵制的体系的运作情况，这种对阴谋诡计、尔虞我诈、自负专横的了解，使他反感，以至于他考虑到底要不要进入公职为国效劳。⁴ 直到他的提携人科洛雷多加入公职，他才改变了自己的看法。真正看透政治的运作，已是他 1809 年被皇帝任命为国务大臣，并开始亲自、定期与皇帝打交道之后的事。

795　　细心的观察者会发现一个还带着出自玛丽娅·特蕾莎和约瑟夫二世时代特点的、互相缠绕在一起的国家体制。这不仅涉及各省内部宪法的大多数，而且还涉及维也纳宫廷自上而下的统治方式。核心是君主，围绕着他转的是各种各样的机构、委员会，集中的是国务议事会的参事会，它负责审议宫廷和地方各部门给皇帝上的奏折。⁵ 各部门之间的交往基本上都要通过公函文字，并直接上呈给君主。负责外交和军事的政客们不知道财政、内政和贸易部门的首脑们在做些什么，反过来也是一样。大臣们、宫廷各机构主管以及负有领导责任的官员，在皇帝那里争相邀宠，原因是缺少一个大臣会议（部长会议）一样的机构，以便大家在一起共同讨论问题，也没有会议主席（首相、总理）这样一种职务。这样一来，就可能导致君主的躬亲理政，带有相对的局限性或者出现疏忽，而最后的决定权，却又永远在皇帝手上，因为虽然他的国家仆人们都是集体讨论，但也正因如此，就不用像分工主管大臣那样负个人的责任。一桩小事可以形象地说明，即使在 1815 年之后，皇帝也不愿从这种严格的权力划分的格局上偏离半步。而正因如此，被认为权压群臣的梅特涅，很快就受到了申斥。

　　1817 年 7 月，法兰克福邦联大会正在谈判关于"追加征税及免税"的问题，也就是保证避免从一个邦国转移到另一个邦国的财产被征税，比如遗产、赠予、出售或者陪嫁物等。梅特涅虽然是奥地利驻邦联公使的直接上司，并可以对其发号施令，但是这次事关征税且同时属于内政问题，驻法兰克福公使在没有得到内政部门审核的特别指令的情况下，就投了否决票，而出自梅特涅之手的指令却被皇帝视为废纸一张。皇帝训斥道，梅特涅应当知道他的无知［！］造成的损害，因为他应该知道，"本朝内事，相府无需知晓，亦无法得知，故此有谕：凡此类事务，均需征得本朝各部门同意，如此，尔等今后所有相关奏折之审查，实属多余，可详加阐述，径呈朕阅"。[6]而如果设立一个大臣会议，外交与内政方面的大臣就可以共同开会协商，并在重要事务上各自知晓对方的重要事务，而不是到了弗朗茨皇帝那里才得以知道对方的"秘密"。自然而然的，也就缺少了一个从一开始就可以将重要与次要事务区分开来的过滤器。

796

各省的等级贵族的影响力，比如首先在决定应该缴纳多少赋税问题上的影响力，也绝不可小觑而等闲视之。各邦国对强化国家的抵抗是卓有成效的。在其公职生涯的整个时间内，梅特涅对这一点的认识是日益深化的，直到他无可奈何地适应了1840年代的保守主义，或者换句话说，将他在内政事务上的话事权打入了冷宫。

1809年，当他意气风发地进入外交部时，他还相信，对"组织混乱的国家管理机构"进行改革，具有极大的可能性。[7]就像他的未付印的回忆录透露的那样，自认为是个革新者的梅特涅，从一开始就想向这种混乱局面开战。[8]他发现，没有一个部是法国革命以来（在其他国家）普遍出现的、现代意义上的部，政府业务是在各部门的一个主管领导下，同事式地进行运作。现在这个主管的头衔被称作宫廷事务署总管，负责其属下的一个宫廷事务署。与匈牙利事务、波希米亚事务、特兰西瓦尼亚事务、意大利事务以及尼德兰事务等相对应，都设有这样一个事务署。父亲弗朗茨·乔治作为驻布鲁塞尔派遣大臣，以前没少与尼德兰事务署进行激烈的争论。其中重要的部门则是皇室、宫廷和相府。在其整个职业生涯期间，梅特涅都试图从与其他宫廷事务署的竞争中超脱出来，拼命努力成为置于这些机构之上的"总理"，而弗朗茨皇帝却让他的意图破灭。

重新改组相府

新官上任的大臣遇到等待他的第一个问题，就是从施塔迪翁手中接管过来的相府混乱不堪的烂摊子。⁹1809 年 4 月初，施塔迪翁随着军队统帅部到了上奥地利，但是没有将相府的领导权交给任何人，而是继续掌控在自己手里，虽然他人已经不在此处办公了。也就是说，只有三个留守在这里的宫廷参事在工作，他们分工负责宫廷与各驻外公使馆之间的文书往来，每个人都分别径直将报告呈送大臣，并从他那里领取指示，但是他们均不清楚其他同事在做些什么，也根本没有一个总务署来负责领导相府的人事事务。关于档案室和在那里保存的文件，人们只知道钥匙在档案员和收发员手中。几年前就给他们派发任务，将档案整理好，但是由于忙于日常事务而没有做成。而且要知道：1805 年战争时期，为安全起见，所有的文件档案都被隐藏了起来，送到了普雷斯堡（今布拉迪斯拉发）。由于缺乏目录指南，所以自从这时起，就没有人知道，哪些东西到底要在哪些地方才能找到。

当拿破仑 1809 年向维也纳进军时，相府的宫廷参事胡德里斯特（Hudelist）完成了他一生之中的英雄壮举。因为施塔迪翁忽略了考虑军事失利的可能性，以及在这种情况下应当将档案送往安全的地方。在他看来，这"完全是过分的担忧"，不允许大声喧哗，这会动摇军心、葬送取胜的意志。然而当危险确实出现之后，施塔迪翁将一切托付给了胡德里斯特。在不到六天的时间内，胡德里斯特将相府的文件装了满满 61 箱，每箱至少 600 磅，还有 26 箱尼德兰和意大利事务署的文件，再加上相府的账本等，并且将所有这些都送到了一艘租来的船上，在两名官员的陪同下，于 5 月 4 日从维也纳驶向泰梅什堡（Temesvar），并于 5 月 10 日抵达普雷斯堡。

从宫廷流亡地匈牙利的托蒂斯（陶陶）返回维也纳之后，（当时的）新晋大臣梅特涅头一次经历了为一个宫廷机构听差员额的编制，与节俭成癖的皇帝费尽口舌、讨价还价的艰难。而皇帝的御批经常是详尽异常，与奏折所占篇幅相差无几。大臣想扩大人员编制，却一而再，再而三地被拒绝，并在奏折中经常读到这样的御批："财政形势迫使我们不容置疑地有必要贯彻执行任何不致使公务中断的节约政策。"[10]

尽管如此，梅特涅仍然一意孤行，在返回维也纳之前就开始着手对位于舞厅广场的相府建筑进行彻底的修缮。两个地下室圆厅、底层以及上面三层的建筑，组成了梅特涅赖以从维也纳向欧洲实施政策的整个宇宙。在地下室，后来储藏的是约翰尼斯贝格葡萄酒；烘焙房、马厩、马车工具库、工勤、家仆、厨师和马车等都位于底层，相府的官员则在二层办公，档案室、信件解密室、图书馆，以及用于府内各部门交流的会议室也在这一层；第三层用作外交活动，维也纳会议就曾在此举行，此外还有接待厅、会见厅、宴会厅、私人书房，以及主人夫妇的卧室；第四层是孩子们以及管家、马厩主管和仆从们的房间，此外，这一层还有梅特涅家族负责家产的管事房，并且弟弟约瑟夫，这个全城知名的怪人，也住在这里。[11]

新晋大臣也留任了 50 岁的约瑟夫·冯·胡德里斯特，他曾在驻佛罗伦萨、罗马、那不勒斯、柏林和圣彼得堡的公使馆工

798

作了 18 年，1803 年开始在相府任宫廷参事，1813 年梅特涅提升他为国务和枢密顾问，这是梅特涅直属的最高职务，当大臣出差不在时，胡德里斯特可以作为相府总管代表他，所有送呈梅特涅的文件都要先经胡氏过目。当人们批评他，要其为相府的档案状况负责时，他辩解称，他以"牺牲自己的身体健康和放弃任何一种生活享乐为代价，招来的却是自己同事的妒忌"。

梅特涅按照合理化的原则，重组了相府，并且让人重新修订了档案目录，责成一位（来自相府第五部门的）宫廷参事对此事严格负责。他也明确了五个部门的权责，将业务分成：①与大国关系交往；②与莱茵邦联交往；③与奥斯曼帝国交往；④与国内机构交往；⑤收发公文与档案保管。[12]

1815 年，梅特涅不得不让这种组织结构去适应新的要求，因为帝国又扩大了，重新占有了在拿破仑时期失去的驻国外代表机构，与此相应，也增加了更多的外交人员。每一次提薪、每一个新的编制都要极其详细地说明理由，进行辩解，直到皇帝同意将这些要求从厉行节约的圣谕中作为例外摘除。

1816 年上半年，在皇帝前往意大利去视察新成立的伦巴第 – 威尼托王国的途中，梅特涅向他展示了重组相府的新方案，以及提升相府的地位和大幅提升工资的方案。他给皇帝算了一笔账："在法国占绝对优势的年代里"，帝国只与四个方向有交集：法国加上莱茵邦联的诸侯、沙皇俄国、普鲁士以及"隘口"（奥斯曼帝国），如今相府则保持着与 30 个宫廷的交往关系。在各个不同时期，工作人员一直维持在 30 人左右，只是在 1815 年之前减少到了 23 人，缺少的岗位应该重新补齐。身份相当于雇主的一部之长，不仅要庇护他的机构，还要让他的工作人员证明他们能始终如一地以同样的忠诚和努力去工作，并"通过最符合义务的对君主的效忠而凸显业绩"，他们理应受到"应得的鼓励"。

如果按照过去在拿破仑时代的做法，皇帝对待此类奏折，一律会当即拒绝：薪俸之事以"官员不饿死"为准。现在他的圣谕则是："朕全额［！］诏准奏请之人事及俸禄，所需资费，（全额）悉充善举。然卿须努力，视情而为，以裁减冗员为荷。"[13] 梅特涅为他的奏折制作了一张特殊的简表，就像在透视仪上可以清晰看到的一样，这个对国家如此重要的部门，其内部是如何设置的，其在 1816 年帝国重新开始的新时代是如何壮大起来的，以及其需要多少费用，一目了然。简表反映了这个机构的建制、所主管的业务范围和所辖部门的分工，一个工作合理而高效的领导，在率领这台"机器"。

后来，在每年一度的预算讨论中，在涉及相府的年度预算时，梅特涅均会陷入与宫廷财务署及财政大臣的持续不断的冲突中，尤其是当布拉格城堡军事总管弗朗茨·安东·冯·科罗福拉特 – 里普施泰因茨基于 1826 年就任财政大臣之后。他成了梅特涅的一个对手，知道如何针对这位貌似强大的国务首相建立一条内部阵线，从而使得皇朝陷入了一场系统性的危机，为在其中爆发革命创造了条件。这是梅特涅生平中的重要一节，却很少有人会翻开阅读。然而，要是不知道这一环，那对梅特涅在政治中的作用，只能算是一知半解。

1816 年皇室、宫廷和相府人员名单及薪俸标准

姓名	职务	旧标准（弗洛林）	新标准（弗洛林）
对外事务部			
梅尔希伯爵	宫廷参事	4000	4000
冯·瓦肯	宫廷参事	4000	4000
施皮格尔男爵	宫廷参事		4000
克鲁夫特男爵	参事	2000	2500
冯·霍佩	事务主理	2500	3000
彭特男爵	宫廷秘书		2000
冯·施维格	宫廷秘书	1500	2000

800

续表

姓名	职务	旧标准（弗洛林）	新标准（弗洛林）
冯·梅卡尔斯基	宫廷文书	1000	1200
冯·施特拉迪欧特	宫廷文书	800	1000
冯·迪尔克	管理员	400	800
莱蒙德	管理员		800
国内事务部			
冯·胡德里斯特	相府参事	10000	10000
冯·佩林	宫廷参事	2500	4000
冯·布莱纳	宫廷参事	2500	4000
雷普策尔腾	参事	1800	2500
布莱特费尔特男爵	参事	1600	2500
奥滕费尔斯男爵	宫廷秘书	1500	2000
冯·科塞尔	宫廷秘书	1200	1600
施明格勒	宫廷文书	1000	1200
卡萨奎	宫廷文书	1000	1200
冯·斯维斯基	宫廷参事兼事务主理	2500	4000
奥伯迈耶尔	信使	1800	2000
奥格	信使助理	800	1000
德·霍策	管理员	800	800
冯·希伯	管理员		800
约瑟夫·冯·科塞尔	管理员		800
公文收发室			
安东·冯·科塞尔	参事兼公文收发室主理	2500	2500
伯姆	公文收发室助理	1000	1200
旧公文收发室			
冯·勒夫雷	宫廷秘书	3000	2000［！］
施普林格	宫廷文书	1000	1000
相府簿记室			
霍尔提希	会计	1800	2500
施特拉迪欧特	出纳	450	600
皇室、宫廷和相府档案馆			
冯·拉德马赫	档案馆馆长	5000	5000
克内希特尔	参事兼档案员	2000	2500
莱因哈德男爵	档案员	1000	1500
德里奇	管理员	800	800
罗斯纳	管理员	700	700

67
弗朗茨皇帝"圣躬亲政"的紧身衣

对帝国机构的第一次改革尝试

1811 年，梅特涅开始了革新所有帝国领导机构的首次尝试——超出其自己所在的机构，一项非常大胆的计划——与弗朗茨皇帝的"圣躬亲政"完全背道而驰，因而，这一改革也没有超出充其量仅仅是一个方案的尴尬地位。梅特涅建议成立一个帝国议事会，他计划将各个单独工作的国务顾问集中组织到一个共同的议事机构中来，他想赋予"中央权力机构更多的中央意识"，并将国务大臣以及宫廷各事务署归统到一个顶层的机构之中。在奏折中，他一再提到法国的例子。从根本上说，梅特涅追求的，是建立一种作为政府的大臣会议（部长会议），它将按业务范畴划分，并有一个大臣会议主席作为首脑。他当然要避免直接这样称呼这个机构，尽管如此，奏折中的一句话偏偏还是激怒了皇帝："君主将其部分权力托付于此大臣，即该部门首脑。……最终，一组织良好，由勤求治理、开明忠直之臣组成之机构，为君主而不存私心、面折廷诤、赞襄政务、弘济时艰，其设置于全局而言，实为高度保障，不日即会普遍感到。而此种感觉，亦会同样保障政府之强大稳定。"[14] 但是，在弗朗茨皇帝看来，要让他将权力拱手相送，门儿也没有。

虽然遭到拒绝，梅特涅却并未灰心。因为就像我们看到的一样，1817 年秋季他再次上书皇帝，呈献上了一份更为详尽、更为重要的方案，想要按照大民族集体的标准，对整个皇朝同时进行联邦化改组，并且对最顶层的行政管理实行中央化。[15] 这个方案照样被放进了皇帝"办公桌的抽屉"里，蒙尘而终，没有得获任何"圣谕"。这位大臣再次成了一名空想家，现实是，皇帝并不想按其意愿行事——还因为，与他抗衡的首先是皇室家族的利益。

皇帝其人

人们痛心地感到，这位在政治上非常重要，而在创新性上却又十分平庸的君主缺少一段现代化的、专业内行的生平。[16] 看一看他的这个领土完整的帝国，就不得不承认这当然是他的伟大业绩：在他超过 42 年（1792~1835）的统治期内，能够让这个复杂的集合体在旧秩序和拿破仑战争的激荡中安然度过。然而，他却同时又是一个固执己见、易受环境影响的人，在梅特涅早年经历的图古特时代，他认识的皇帝就是这个样子。

只是由于有了梅特涅，皇帝的对外政策才具有了明确的目的性和内在的逻辑性。而梅特涅则在他一再被引用的箴言中，对其与这位统治者的特殊关系，作了精准的定义："皇帝一直所做的，就是我想要做的，而我想要做的，不会与他将要做的有什么两样。"[17] 如果皇帝不是像经常被描述的那样，是梅特涅的傀儡，那么他就必须要清楚，"什么是他要做的事情"。

此事解释起来有点复杂，因为皇帝不是一个概念性思维的人，他更清楚的是，他不想要什么，但是，可以从这些"不想要的"当中罗列出一大堆东西来，因为从他那数以百千万计的"最高决策"——在许多"奏折"上的签字——中可以形象清晰地勾勒出他所想要之物的图像。他使人感到充满着病态的恐惧，害怕变化，畏惧风险。我们已经看到，1813 年 8 月，梅特涅只能在永远留着谈判这道后门，作为备用出路的前提下，才能向他力陈反击拿破仑战争的决定。[18] 从性格上看，他是坚定的、正派的、可信的、坚持原则的，然而却会在少之又少的人面前，以一种矜持的方式表现温情。他在梅特涅孩子及夫人过世时展露的真正的同情，说明他事实上也的确可以表现得温情脉脉。而有些时候，梅特涅则在几乎与其每天都要进行的谈话中，从他极少的动作和干瘪的评论中，也终究能捉摸出他的真实想法。也正因如此，梅特涅赢得了君主的信任，因为他在皇帝面前始终保持着应有的距离，并且也以同样的方式，在皇帝面前表现得坦诚可靠。

因此，梅特涅是能够洞悉这位统治者心理特质的最佳之人，因为他能够在这位顾虑重重、小心翼翼、摇摆不定因而也猜忌多疑的对象面前，明明白白地讲清楚复杂的行动局面，就像我们已经看到的，他懂得如何将各种行动方案及其可能带来的后果，令人信服地描述透彻。然后，这位君主就可以作出决定，而一旦决定，他就会坚决地、目的明确地付诸行动。

但是，决不要被皇帝表面的、顾虑重重的、有时只说出一个字眼的表态所蒙蔽，而将他视作一个心不在焉的、一知半解的、心胸狭隘的门外汉，比如在德意志历史叙事著作中出现的那个样子。他有很多不为人知的方面。[19] 他是一个认真的时代观察者，一个细心进行研究的大自然爱好者，一个意大利艺术的内行，具有过目不忘的记忆力，对企业运作、社会和医疗设施感兴趣，并且能够亲手将其中重要的印象画下来。他能够深入研读文件，并将内容记入脑海，进而主动灵活地运用它们。梅特涅不但清楚皇帝的这些特长，而且深知其人，因此，像他经常说的，他对自己的"主人"的尊崇，是真诚的、有充分理由的，而并非所谓的仅是一种表面的阿谀奉承。

68

弗朗茨皇帝的遗嘱：拥有"一个代表皇位的白痴"的制度

1835 年 3 月 2 日，弗朗茨皇帝在维也纳驾崩，哈布斯堡皇朝陷入了"最严峻的局势"，因为皇朝严格坚持按照法统的继承顺序行事，而如果按此规定，将由第一个出生的儿子——无能力进行统治的斐迪南大公爵——承继大统。梅特涅在发给所有哈布斯堡驻外公使馆的密函中，正式宣布了皇帝的死讯。他说，崇拜他的人民，只能用一个他实至名归、理应得到的称呼来形容他：人民的"父亲"。为了从一开始就排除嫌疑，国务首相详尽地描述了从 2 月 27 日深夜到 28 日的情况，在 4 个多小时的时间里，这位君主部分口述、部分亲笔写下他的最终遗愿，并紧接着还亲自编辑了他所写的内容。在一封特意的、原本是写给他儿子的遗书中，皇帝用简短的几句话，就为立法机构写成了交到未来政府手中的法典，其核心意思是："不能挪动构成国家大厦基础的任何东西；执政但不能有改变；……敬畏正当获得的权力；……维护好家族的统一，将其视作最宝贵的财产。"20 然后，弗朗茨皇帝——显然是冲着斐迪南说的——谈了三条原则，它们明确无误地作为支柱定义了未来的统治架构。

①**路德维希大公爵**：予朕弟路德维希大公爵以充分信任。重大政务，朕始终以其忠谦之言襄助左右，凡遇重大内政事务，务必听其咨议。

②**弗朗茨·卡尔大公爵**：保持与汝弟友情，向其通报国务。

③**梅特涅**：予梅特涅侯爵以信任，此为朕最忠诚之辅臣及友人，历年来朕对其信任有加。凡公事人事，矩细靡遗，悉以咨之，方可决断。朕已托孤其为顾命重臣，对汝忠贞诚信如朕，尽心辅弼，以内外相维、国祚永延。

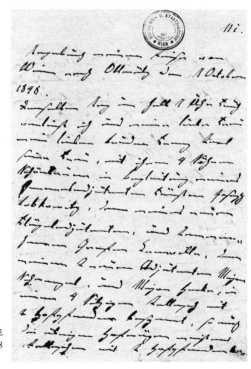

805

斐迪南一世皇帝的《我的从维也纳到奥尔米茨之旅日记，1848年10月1日》首页

按照弗朗茨皇帝的最后遗愿，应该组建一个政府机构——国务会议——在这个机构中由三驾马车行使摄政职能，来接替形式上继位的斐迪南皇帝。由于国务首相应当属于所有的部门——对外、对内及所有人事事务——他就应当担负起大臣会

806

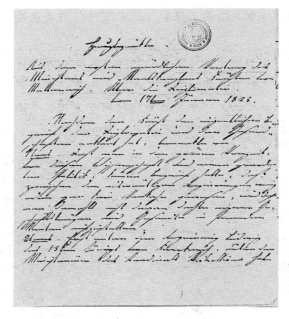

斐迪南一世皇帝抄录的
《大臣及国务首相梅特涅
侯爵的第一次口头讲演：
关于外交，1825 年 1 月
17 日》首页

议主席的角色，并拥有政策方针的制定权。路德维希大公爵作
为血亲［父系亲属（Agnat）］，按资历排序来代表皇朝，优
先于弗朗茨·卡尔大公爵，弗朗茨·卡尔只是非正式地加入
其中。

　　据说，这个考虑周全的架构可以帮助皇位继承人克服执政
弱点，因为斐迪南毫无疑问是个弱势皇帝，他同时身患多种疾
病：癫痫、佝偻病以及脑水肿。然而他并非像过去各种不同的
历史研究著述中所描写的，是一个弱智的统治者。他能讲五种
语言，包括匈牙利语，他会弹钢琴，热衷于植物学。[21] 他父亲
很早就目的明确地将他塑造成皇位继承人，并于 1830 年在普
雷斯堡地方议会上加冕他为匈牙利国王。在皇室档案中存有他
写给姐姐玛丽－路易莎的令人动情、充满关怀的信：温馨又富
于真正的手足之情。[22] 在 1848 的革命之年，他记日记，从一

定的距离上观察着事态的发展。他在出行时也喜欢记日记，比如在前往普雷斯堡、因斯布鲁克及奥尔米茨（Olmütz，即奥洛穆茨）的途中。[23] 梅特涅对他比较熟悉，因为曾亲自为他授课，如在 1825 年，给他作了"关于外交"的讲座——下面的插图是这位皇储亲手所画。[24] 关于这位皇帝，我们可以通过他的皇室内务署总管奥古斯特·塞居尔－卡巴纳克伯爵（Graf August Ségur-Cabanac），了解得更为详细，他发现这位皇帝有许多值得尊重的特点，如不谋私利、积极的责任感、即使在下属面前也友好亲善。当然，这一切特质，并未能有助于提高他的执政能力。[25]

　　形式上，他要以所谓的最高圣谕，批览所有的需要由君主过目的政府公文，而这些最高圣谕都是他的大臣——梅特涅或者科罗福拉特——事先准备好的。他当然也可以发表自己的意见，比如在作出对那些政治上被判刑了的意大利人中间，谁可以享受提前赦免的决定时。[26] 但是，他没有能力像他父亲一样使用相同的方式方法，全面自主地掌握政府的运作。梅特涅在与他打交道时，始终充满着尊重——符合他对这一位置的尊重——但是他上呈给皇帝奏折的质量、品质和数量却在持续地下降。在面对先帝时，他会将某件事情的来龙去脉，以及所采取的应对措施在政治上的所有可能性，都详解预演一遍，而对斐迪南，他的奏折越来越缩减到只是将公使馆发来的报告，千篇一律地归纳一下。[27]

　　卡尔·约翰·冯·卡尔姆－马梯尼茨伯爵（Karl Johann Graf von Clam-Martinitz）是作为侍从武官长为斐迪南效劳的。他在梅特涅面前自称是梅氏的"朋友"，很少有人敢这样说，因为这位思维敏捷的将军——就像我们将要看到的——在思想和行动上与梅特涅属于一个级别：无论是在智慧还是在个人交往上。国务首相以这种朋友方式获得了大量的，不仅仅涉及皇帝，而且也涉及宫内圈子的有关信息。弗朗茨皇帝死后，这个宫内圈子不仅与梅特涅渐行渐远，而且在立场上与这位大臣也愈加充满敌意。

在出现先帝 1827 年罹患重病这种严重情况之前的很长一段时间内，梅特涅就曾建议先帝对继位问题作出安排，他说，必须防患于未然，为此“建立一种政府机器，借助于它的帮助，可以让您的继任者在皇位上随时发号施令”。[28] 他并非从一开始就想以此建议将斐迪南排除在外，但确实是想建立一种可以对执政者可能的缺陷或者弱势，进行弥补的机构性框架。强调这一点至关重要，因为它是反驳后人对梅特涅试图让行将就木的皇帝签署遗嘱的质疑的强有力证据。这个决定是当时已经无力贯彻自己意愿的弗朗茨皇帝本人作出的，也是他本人拒绝考虑，是否能将他后来生的儿子弗朗茨·卡尔（Franz Karl，1802~1878）定为继承人。

遗嘱中，在继承人安排问题上只字未提的科罗福拉特，感觉深深受到了伤害，因为他认为自己曾与先帝有着特殊的信任关系，皇帝的许多亲笔文字似乎支持这种说法。[29] 因此，他像许多人一样，是第一个站出来诬陷梅特涅要阴谋的，称梅特涅在病榻前，为行将就木的已无意愿的先帝喋喋不休地口述遗嘱，目的是以自私的方式，使自己成为一个影子皇帝。

这就夸大了大臣梅特涅的影响力，而且低估了先帝的个人意志。这位先帝有完全的行动能力，虽然存在着一份由梅特涅起草的遗嘱草案，但是这份草稿与最终的版本相去甚远，也正因如此，恰恰从另一个方面证实了皇帝本人具有的决定性意愿。[30] 梅特涅只是起草了遗嘱的一般性原则，没有提任何人的名字（“他只将信任送给经过考验的正直之人”），并且与弗朗茨皇帝相反，梅特涅也将改变现状的问题列入该考虑的事项中（“始

808 终要注意，给皇帝提出的改善建议，不能威胁构成国家稳定的基

础"）。在结尾部分，梅特涅使用了一个表达方式，有意地隐去了可托付之人的名字（"作为朕可以推荐给皇储的、忠诚的、值得其充分信任的顾命大臣，朕谨任命……"）。他可能在此处想到的是他自己，但是，将路德维希大公爵的名字放在此处同样也是可以想象的。客观上需要这样一个人，但是梅特涅没有将注意力引到他本人身上，而且最终的结果也完全是另外一个样子，并且远比设想的要具体得多。

为了正确评判国务首相在皇帝的遗嘱中的突出作用，就必须将这位君主的人格构成，以及他与梅特涅四十余年的交集，来仔细地观察一遍。在 1794 年，从皇帝在比利时的战场上第一次见到梅特涅开始，他就认为，梅特涅所持的政治原则是正确和富有成果的，他发现，即使在最严重的危机和失败的情况下，这位大臣总是能找到一条出路，并且总是将维持皇朝作为一个整体来加以考虑。先帝也观察到，即使在拿破仑或者沙皇亚历山大面前，他也懂得如何坚持自己的立场。对"国家大厦的根基"——他足可以放心——梅特涅肯定不会改动一丝一毫。如果他认为，国务首相会放弃借助变动来推进帝国进化论式的发展，那他显然就错了。对此，国务首相一方面确有许多想法，但是另一方面，他对帝国在社会和经济方面的缺陷则有着更多的认识。

正是先帝要求忠于皇朝，因此他也让人们了解到，他正是在这个方面预见到会出问题。事实上，在皇室家族的圈子里，也确实为皇位的继承安排争吵得不可开交，从中也因此产生了反对梅特涅的强大的敌对势力，以至于这个体系自此也只能是管理而不是统治。特别是索菲大公爵妃（Erzherzogin Sophie）极为不满，要梅特涅为先帝的遗嘱承担责任，并且对此事不依不饶，一直持续到 1851 年。这一年的 9 月 24 日，梅特涅和夫人从流亡地回到了维也纳，索菲 10 月 6 日就邀请梅

809

梅拉妮侯爵夫人日记中对 1851 年 10 月 6 日会见被压下的片段记载:"……仅是一个戴着皇冠的白痴的皇朝。"[32]

特涅夫人梅拉妮前往霍夫堡见面,在长时间的谈话中,谈到了皇位继承问题上梅特涅所起的作用。索菲的话明显地说明,她对当时的真实过程一无所知。

"我指责您丈夫的是,他想要得到的结果是完全不可能的,他想要领导一个没有皇帝的、仅是一个戴着皇冠的白痴的皇朝。"当问到应该由谁来替换他(白痴)时,索菲回答,应当由一个生来就具有足够的能力进行统治的人来担当。她当时想的无疑是先帝的后一个儿子,弗朗茨·卡尔大公爵,她的丈夫,后来的皇位继承人弗朗茨·约瑟夫一世的父亲。《遗存的文件》中对这次会见有所评论,但是奉行的也是当时最流行的做法,为尊者讳,即要保护皇室不受批评,因此文件中也压下了大公爵妃所说的谴责梅特涅的话。取而代之的是,杜撰了一段日记原文中根本不存在的话,并且以一句"在友好的气氛中告别"作为结尾。[31]

　　实际上，这些做法对合法皇位继承人的伤害是显而易见的：他那纯朴的脾气秉性在公众舆论面前无法掩盖，再加上他那不能向外介绍却又时常被恶意解读的癫痫病的发作，他几乎没有能力出现在公众面前进行礼仪式代表性的活动，最好的情况也不过就是身着皇帝礼服露一露面，在人们面前展示一下，以便人们向他山呼万岁，因为他还有能力和善地用眼睛看着人们，这也给他带来了一个"善良的斐迪南"的绰号。但是，要他与别人进行任何的交谈，那就会充满了尴尬。沙皇尼古拉一世的夫人、普鲁士国王腓特烈·威廉四世的女儿、来自普鲁士的沙皇皇后夏洛特〔Charlotte，亚历山德拉·费奥多罗夫娜（Alexandra Fjodorowna）〕曾于 1835 年在特普利采见过斐迪南一面，见面后她在日记中写道："我的天啊！我曾经听到过有关他的很多说法，他那矮小、丑陋、猥琐的身体，一个除了愚笨没有任何表情的大脑袋，而实际上的情况，比起别人描述的还要有过之而无不及。"[33]

810

69

没进行国家改革，只有体制危机：
梅特涅对抗科罗福拉特

梅特涅对国务会议的改革
(1836 年 10 月 31 日)：一个"总理"？

　　毫无疑问，在皇帝死后，梅特涅想利用其在国务会议中的地位，以达到运用遗嘱的合法性在中央对整个皇朝进行一次彻底改革的目的，并且在内政管理上取得领导权。为此，他于1836 年秋制订了一项改革计划。在国务首相如何在帝国的顶层改革政府这个问题上，西尔比克非同寻常地深入研究了维也纳和普拉斯的历史遗留文献，而且得到的是关于梅特涅非常正面的形象结论，这与其之前囿于回忆书籍和文章中所获得的印象而作出的对梅特涅形象的描写，迥然不同。他对梅特涅所做的工作给予了"非常重要的国务活动家式的内容"以及绝对明确和合乎逻辑的评价。[34] 在他看来，此处的梅特涅已不再是一个精力充沛、浮于表面的空想家了。

　　国务首相想要改革这个体制，在这个体制内，到目前为止，宫廷各事务署之间均不加协调，而是直接将它们成文的奏折呈送最高统治者。这样一来，在互相竞争的项目上，就会出现梅特涅所称的"阴谋诡计"的私货，而他要铲除的就是这些东西，并且当前出现的特殊情况，更加坚定了他的这一想法。[35] 科罗福拉特一再抱怨他的身体受到了损害，因此，1836 年 9 月他决定回到自己位于波希米亚的领地休养六个月。梅特涅得知，由于皇朝这位负责财政、新闻检查、警察事务和内政的最重要的人不在职，或者只能偶尔工作，使得正常的日常业务此时以及后来一再受到阻碍，因此，他试图引进一个减少科罗福拉特负担的，并且同时使顶层的运作模式更为合理和高效的解决办法。当然，他绝非想压过这位同事，或者在谋略上挫败他。科罗福拉特也已明确声明，他没有想参与进来的意思，而是将一切都交付给国务首相和路德维希大公爵来处置。

于是，梅特涅真的于 1836 年 9 月 30 日提出了一份重磅建议，并且是以备忘录的形式解释了他全部的改革方案。[36] 然后，他召集了两个讨论此事的会议。会议分别于 10 月 6 日和 10 月 28 日召开，由路德维希大公爵主持，出席会议的有弗朗茨·卡尔、各会议大臣、各事务署总管以及梅特涅。梅特涅以历史性的眼光开创了自考尼茨时代以来的新局面，他所提出的建议模式受到各方欢迎，经过一些小的修改后，于 1836 年 10 月 31 日经斐迪南皇帝"亲笔圣裁"，确认为合法，并实际生效。

改革要求将管理和统治严格区分开来，并建议设立两个中央机构。改革方案将顶层最具决定性的机构确定为"国务会议（Staatskonferenz）"，由它来最终对各大臣和各事务署总管上呈的奏折请示，以及对宫廷各机构之间的争议事项，作出有约束力的决定。最具关键性意义的是将梅特涅安排为"国务会议主席"这样一个事实，并且只有大臣和行政管理官员（总管）可作为成员列席会议。如果仔细读一下方案，就会发现，作为诸侯的成员却没有被提及。通过这种方式，政府部门变为从皇朝的干涉和利益之中被解放出来的行政机构，皇室成员在一定程度上退居到了二线，但是他们也同意了。通过这样一种建构，梅特涅本可以在**所有的**政治问题上——无论是内政还是外交上——赢得影响，并且具有发言权，在国务会议上他本可以具有最终决定权，就如同具有弗朗茨皇帝在奏折上御批一样的分量。

812　　　梅特涅有更深层的理由主张将所有的事务集中于一人之手，这个人在弗朗茨皇帝去世之前就是君主本人。并非是个人的虚荣心促使他这样做，而是像他所说，由于哈布斯堡皇朝具有的特殊性，使得这样做成为必要，这种特殊性有别于其他欧洲国家，特别是有别于法国的中央集权制度。这种特殊性源于"哈布斯堡皇朝由在语言、习俗、状态和历史起源上等相互分离的部分组成"。帝国的统一只能通过"各个部分融合到摄政者（君主）一人身上才能产生"。[37]

由于先帝的遗嘱一句话也未提到科罗福拉特，梅特涅就处于了一种超乎其他人之上的地位。但是三驾马车已经准备接受科罗福拉特的抗议，将其作为第四名正式成员纳入领导班子。对此梅特涅不以为然，他倒不是要搞阴谋，而是认为，这迎合了科罗福拉特由于其糟糕的身体状况而自称只能从事有限的工作的说辞。

为这个政府机构还配备了一个作为纯粹的管理机构的**国务议事会（Staatsrat）**。所有国务和会议大臣以及他们的下属，都属于国务议事会，科罗福拉特也在其中，如此一来，他就不参加国务会议的定期会议了。梅特涅也同样出任这个机构的主席，这样，科罗福拉特就在双重意义上被置于梅特涅之下：无论是对于国务会议而言，还是对于国务议事会而言。此外，与国务会议这个行政机构有方针政策决定权相反，国务议事会只有议政顾问权。事实上，梅特涅已经在内政上挫败了他的对立面，并且一举剥夺了这个令人讨厌的反对派的权力，这个反对派顽固地反对他增加军费开支以加强军队，或者为了经济自由发展而作出经济牺牲的要求。

在斐迪南皇帝正式诏准改革方案之后，梅特涅甚至将其组建新中央机构的事，以及他在新机构中地位的消息捅给了舆论界，目的是以这种做法，让这个决定板上钉钉。这个消息在整个德意志邦联范围内正式公布，其中这样说道："奥地利皇朝正处于内政与外交政策不能轻易分开的情况中，就更有必要由一位大工匠按照君主的旨意，来引导整体的运作，梅特涅侯爵在各个时期都证明了，是他而不是别人掌握了此事真正的高超技能。"[38] 在与奥地利进行贸易和往来的过程中，许多新的、实质性的便利化举措，让人们已经看到了新制度的初步成果。

813

　　显而易见的是，两位"领袖人物"之间的对立，在下述问题上更加尖锐起来：科罗福拉特想要节省开支，要将国家预算从赤字中解放出来。为此目的，很多其他部门也包括军队，出于经费原因必须裁减。偏偏在1830年七月革命期间，他第一次成功地取得了预算平衡，虽然运用了一些计算上的技巧。[39] 皇帝对此简直是兴奋异常，将对这位大臣的信任和好感程度向上提高了一大截。然而恰恰在这个国际局势紧张的关键时刻削减军备预算，无疑会大大削弱梅特涅在欧洲的影响，因为军事干涉和部队调动都需要大量花钱。即使他不倾向于远征，他也需要军队的战斗力，目的是作为一个大国在大国协调中能够立住脚。

科罗福拉特的小型政变（1836年12月12日）： 梅特涅的解职

　　当科罗福拉特拿到已成定案的新体制方案时，马上就看出来，他的地位和作用被大为减弱了。尽管如此，他改变主意的心路历程演变也很难在事后重新追溯。他以最快的时间迅速返回了维也纳。现在发生的事，可以用小型政变来形容，因为这位内政和财政大臣要尽手腕，以便推翻这个合法产生的决定，尤其是其核心内容，即行政管理改革，他甚至不惜动用了诽谤的手段。在他与梅特涅之间，发生了史无前例的权力较量。对于理解最高层的政治分量和力量转化具有决定性作用的，是科罗福拉特成功地将约翰大公爵，以及通过约翰大公爵将皇室家族的大部分成员争取过来，反对梅特涅。

破冰之举是约翰大公爵做的。西尔比克将幕后的这一过程逐分逐秒地记录下来，他通过摘录约翰大公爵的日记，使他的描述具有了原始资料的价值，因为恰恰是 1836 年这一部分的日记，在第二次世界大战中全部被毁，而没有西尔比克的这些信息，也就无法再还原当时幕后出现的那些翻江倒海的宫斗剧情。搞清这里建立起来的战线，具有多重意义：它解释了自此开始的制度瘫痪，并且让梅特涅的角色出现在一束新的光照之中。这一次，科罗福拉特辞职的威胁也起了作用，如果他辞职，在公众舆论面前就会取得丑闻般的爆炸性效果，因为这样一来，高层的危机就会曝光在公众舆论面前。

科罗福拉特片面地向约翰通报了有关情况，[40] 结果就出现了一种在"斐迪南体制"下一再重复的状况，而且这种状况说明了为什么皇朝陷入了保守主义，因为科罗福拉特成功地获得了先帝的弟弟约翰大公爵的信任。约翰大公爵从他在施蒂利亚的流放地回来了，恰恰是梅特涅将他放逐到那里的。科罗福拉特阴险地玩了一回两面派游戏，他滥用了约翰大公爵对他所给予的信任，在大公爵面前散布诋毁梅特涅，约翰大公爵当然非常愿意相信这些看法，并且继续向外散布。毕竟他认识的梅特涅是一个在 1813 年破坏了他的——约翰的——崇高兴趣和计划，并将他开除出局的人。约翰指控梅特涅受到了"罗斯柴尔德犹太集团"的支持。[41] 在进行这一切活动时，科罗福拉特有计划、有步骤地致力于将梅特涅形容成一个反动分子，而将他自己吹嘘成一个自由派，从而捞取好处。

比如，国务首相重新允许耶稣会活动的本意，是出于与天主教会进入一种和谐关系的动机，他并非是因为年事高了，变得更加虔诚，而是因为他看到，皇权与神权的和谐相处会促进内部的和平，他想要皇朝超然于文化政治斗争之外，这种斗争，就如同后来腓特烈·威廉三世于1837年在普鲁士挑起的那种争端一样，当时这位国王与天主教神父们在"异教通婚争论"中吵得不可开交。梅特涅在世界观上原本是自由派，而在宗教信仰上则是态度冷淡、漠不关心的人，科罗福拉特则告发说他是教权主义者或者是教宗至上主义者。无论在哪个领域里，只要是梅特涅提出改革建议，如1840年代在匈牙利问题上、在自由贸易问题上、在发展基础设施方面，科氏均会以其在内政和财政上的权力阻挠或者封杀，然后再指责这位国务首相在推行一种保守的政策。总而言之，他在约翰大公爵以及一部分智能低下、决定意志受限的大公爵那里，制造起反梅特涅的氛围。

他用这种方式聚集了反对国务首相的多数派，约翰则成为皇室中最强有力的反对者，他反对"大臣会议政府"，这意思就是说，反对由梅特涅来担任国家的最高领导人，反对改变父系亲属制。[42] 他在日记中写道："我们不要一个宫相"——宫相（Majordomus）是墨洛温王朝中宫廷最高官员的专用名词。一想到是由梅特涅而不是由皇室成员来担任国务会议主席，他的心中就感到有辱于皇朝的名誉。西尔比克重新追溯了约翰大公爵的活动圈子，他与路德维希大公爵和弗朗茨·卡尔大公爵商谈，与弗朗茨·卡尔的夫人索菲、与皇太后、与卡尔姆–马梯尼茨商谈，当然作为最后的高潮，也与国务首相梅特涅交换意见。

他抨击梅特涅"仿佛要当总统"，说"梅特涅想要回到墨洛温王朝，并且想成为当代的丕平"。简而言之，他给愤怒异常的梅特涅施加了巨大的压力，以至于后者不得不让步，并且同意按照科罗福拉特的意思改写了会议制度。就这样，科氏推翻了内部行政管理顶层的重组计划——虽然，这个计划已经由主持国务会议的路德维希大公爵和斐迪南皇帝签署，从而已经具有了法律效力。由于科罗福拉特和宫廷党在背后捣鬼，路德维希最后被吓了回去，并撤回了他的签字。

对梅特涅改革方案取而代之的，是 1836 年 12 月 12 日的修正案。斐迪南皇帝以"皇帝手谕"颁旨，而这个手谕是事先由科罗福拉特口授写下的，他委托路德维希大公爵按照皇帝具有法律效力的旨意（"因为是朕的旨意……"）改组国务会议。这样一来，就出现了一个新的规章，[43] 在形式上，皇帝亲自出任主席，路德维希大公爵和弗朗茨·卡尔大公爵参加，此外还有梅特涅和科罗福拉特。国务和会议大臣、各部门主理、国务顾问、宫廷各事务署总管等，视不同情况可分别受邀前来出席会议。

与这个新的规章相伴而来的，还有一份同一天为科罗福拉特量身定制的皇帝手谕，那才是真正的轰动事件——一次小型政变。[44] 按照最原始的方案，梅特涅本应是两个机构的领导，所有的事务——无论是内政还是外交——都要经过他的手。而现在则决定，财政、内政和最高警务只经过科罗福拉特，由他来决定哪些事务可以提交国务会议讨论，并因此绕过梅特涅，直接提交给了实际的国务会议主席路德维希大公爵。科罗福拉特则可以对任何事务发表意见并作出决定，而梅特涅的权限只限于外交。科罗福拉特背叛了先帝弗朗茨遗嘱中的意愿。

如果说，在此之前谈论"梅特涅体制"已经几乎没有什么意义，那么现在——自 1836 年 12 月开始——再去说什么"梅特涅体制"就恰恰会成为一幅讽刺画了。梅特涅在他的改革中，要求改掉文牍主义的行政办公做法，进而要引进每周召开例会的制度，他想要在一个机构中，通过直接的意见交流来扫清弊端，比如单独行动、因相互竞争而玩弄阴谋诡计、背后的小动作等，当然也要排除办事拖拉的现象。然而现在，再也谈不上定期会议以及当面讨论的可能性了，以至于科罗福拉特的让人捉摸不定的办事风格，以及揣测他要干什么事的斟酌判断，变成了具有决定性意义的事，而且事先还不知道什么时候他会中断工作返回波希米亚。科罗福拉特可以随心所欲地让国务会议瘫痪，或者让某些事务久拖不决，这就是导致哈布斯堡皇朝政府体系无可争议的瘫痪的根本症结。这种停滞的深层次原因，还需要再作进一步的解释。

梅特涅立即感觉到了后果。他发现，有关内政问题的文件再也不向他这里呈送了，于是他向科罗福拉特抱怨，后者冷淡地回答说："您说对了。"科氏对梅特涅说，您已经不再是国务会议主席了，并且您自己也同意委托路德维希大公爵来担任此职，科罗福拉特自然将所有的文件都送往大公爵处，并由主席来决定国务会议应该讨论哪些问题。

由于已经向公众舆论宣布了由梅特涅来任国务会议主席，这次政变就意味着是在出梅特涅的洋相和对其进行羞辱，而欧洲各宫廷当然也都会注意到这一点。比如在法国，人们在报纸上看到的内容是，科罗福拉特回归维也纳内阁是用重要的条件换取的，这些条件加强了他相对于梅特涅的影响和地位。[45] 到目前为止的历史研究，只是将这两位大臣之间的争论评价为内部的权力之争，事实上，这远远不够，因为欧洲方面将科罗福拉特以其政变造成的权力转移，解读为奥地利政治的划时代停顿。巴黎《商业日报》（*Journal du Commerce*）评论道："在这段时间里，全世界都看到了梅特涅先生的精力和活力'业已瘫痪（étaient paralysées）'；他可能准备将职位让位给侯爵[！]科罗福拉特的传言，在到处传播。"[46] 12 月底，这些谣言

817

被澄清了，但是梅特涅的地位从根本上遭到极大削弱的说法却没有消失。[47] 当然，这张报纸也报道说，梅特涅对内阁中最内部的秘密被曝光给公众舆论极为恼火，称他们为斯拉夫式的"科罗福拉特党（parti Kollowrat）"。人们也从是向俄国靠拢（科罗福拉特），还是疏远俄国（梅特涅）的角度对此加以解读，也就是说，赋予了事件的整个过程以国际的维度。

哈布斯堡皇朝在商业和贸易问题上的政府精英、思维敏锐的卡尔·弗里德里希·冯·屈贝克，立马就明白了这次搅局对于科罗福拉特意味着什么。这位后来官至宫廷财务署总管的屈贝克写到科罗福拉特时说："从影响上看，他是国务会议的最高首脑，是金钱权力的主人，是所有国家公职人员的招聘以及他们命运（通过警察）的主人，是整个奸党的主人，并且由于这种地位，从而在会议中也是决定性的发言人。"[48] 卡尔姆－马梯尼茨甚至说，这完全是"一种内阁大臣部门的专制主义"。[49] 屈贝克称科罗福拉特于内政方面大权在握，完全说到了点子上，并没有任何的夸张。

在评价梅特涅被误认为所谓的全面掌权之时，完全忽略了这样一个事实，即科罗福拉特自他于1826年被任命以来，一直负责整个皇朝的警务、书报检查、经济、财政包括国家预算以及人事方面的事务，后一项是因为如果某些职位需要聘用人员，就需涉及财政预算，因而所有涉及金钱支出的事务，他都有参与决定权。无论是想要增加一个为梅特涅在办公楼之间跑腿送文件的差役，还是由于维也纳昂贵的租金要为弗里德里希·根茨增加住房补贴，都要向他详细地说明理由。如果谁要控诉哈布斯堡皇朝的新闻书报检查制度，那么将梅特涅作为控诉对象则彻底的错了——至少自1826年以来是错误的，因为主管此事并起决定性作用的，是科罗福拉特和赛德尼茨基。曾经受到审查制度打击的弗朗茨·格里尔帕策感觉到了这种区别，1848 年在回顾这段情况时他写道："梅特涅侯爵从家道家风上就是一个和蔼可亲、精神丰富的人，在其人生第一阶段又是漫不经心的人，而其整个人生却由他的**渴望与追求**（从这两个词最积极的意义上去理解）所决定。在弗朗茨皇帝执政时期，梅氏最为坚定地谴责其君主的收紧措施；在他所信任熟悉的人面前，则讽刺奥地利国家心胸狭窄的小家子气本质；而对拜伦勋爵以及类似精神领袖的崇拜则清楚地表明，他那天生的人性，与使人失去人的天性尊严的做法，是如此的格格不入。"⁵⁰

在屈贝克的说法中，还隐藏着两个方面的情况，它们已清楚地表明，科罗福拉特无法被撼动的权力地位究竟根植于何处：在渗透于全皇朝的波希米亚贵族院外集团的影响之中，以及在皇朝的家族权力之中。

70

院外活动—皇室家族的权力政治—等级制度

对制度的封锁阻挠：波希米亚院外集团的活动

如果将 1836 年出现的内政事务危机，完全缩小成两个男人之间的个人冲突，那将是完全错误的。此外，就是对三月革命之前哈布斯堡皇朝的经济和社会历史，有一个角度研究得太少，即院外集团的活动在多大程度上影响了维也纳的政治。显而易见的是，院外集团的活动会带来切切实实的物质利益，这在弗朗茨皇帝在世时就已显现出来。1833 年，当普鲁士目的明确地实施以德意志内部关税同盟的形式，建立一个自由贸易空间的政策时，梅特涅就忧心忡忡地注意到，在关税同盟中将税率拉平，从长远上看会导致建立一个自由贸易区。从奥地利的视角看，事情的关键，首屈一指的是糖税：出口到波希米亚的糖的税率就必然会降下来，而波希米亚生产糖的大地主坚决抵制这样做，为的是省去不受欢迎的竞争，而他们在皇帝那里的代言人，就是他们认为是自己人的科罗福拉特。[51]

科罗福拉特则利用他掌管的部门，公开并且毫无顾忌地全面为波希米亚的利益政策服务。[52] 由于职权的关系，他主管人事招聘，因而他在皇朝的所有领域——匈牙利和意大利除外——首先照顾的都是他的同胞。他的这种做法尽人皆知，甚至有人编出了一个广为流传的笑话：说是在科罗福拉特那里，求职的人不用说明自己具有其他优势，只要说"我是一个波希米亚人，名叫温米尔"就足够了。[53] 他还搞了一套照顾波希米亚贵族混入公职的套路，这样的贵族在入职后的头几年不拿俸禄［作为"超额编外（Supernumerarius）"］，而是可以自掏腰包供职。然后一级一级地晋升，三四年之后，可以升至相当于管区首长的地位，从此就可以名正言顺地领取正规的俸禄了。而一般的非贵族实习生，在干了 12~16 年之后，还永远是个实习生。除此之外，这位大臣还成功地做到了让贵族在立法上施加更大的影响。他在布拉格的继任人、高等城堡军事总管（大堡伯）卡尔·肖特克伯爵（Carl Graf Chotek）于 1843 年失宠，并丢了官职，原因是他在波希米亚滥用源自维也纳的法规。

可以想象一下，当科罗福拉特声称他想离职时，在他的家乡波希米亚的贵族中，会引发何等的震惊。梅特涅的亲信卡尔姆－马梯尼茨预言说："那个党派，那个需要他的公司（他领导的部）为其计划，以及需要他的权力为其利益工作的党派，会立即让他回来。这个党派是属于在第一时间表示震惊的那群人。"[54] 这股力量会更强烈地要求他们在维也纳的这个代理人，成为"在内政和财政上拥有无限权力的行政领导大臣"。他预言这个党派会很快宣布他的回归，"职位、俸禄、津贴的保护人"（通过任人唯亲的裙带关系获取好处利益）会重新回来。梅特涅当面向路德维希大公爵表示了同样的疑虑，他问道，科罗福拉特不久前刚刚声明说公职对他来说已经"无法忍受"，现在他又想重新接过全部职务，这怎么可能呢？他说，这个矛盾其实很好解开："起先是由科罗福拉特在说话，而现在，那些尽可能注意将他们的权力隐藏在迷雾中，并且心里像明镜一样清楚的人，会将他们想说的从他嘴里说出。"也就是说，如果他们公开跳出来，就得承担被人批斗的后果。[55]

卡尔姆强烈建议不让这个对手回来，或者通过组织手续，对此不事声张。[56] 此外，还要注意他在维也纳中央行政管理机构中的同党——"埃希霍夫自由派"。他指的是幕后的实权派、宫廷财务署总管约瑟夫·埃希霍夫（Joseph Eichhof）。说"自由派"是在贬义的意义上使用这个词，因为埃希霍夫也利用其地位，参与了股票交易所冒险的私人投机活动，买了米兰—威尼斯铁路的股份，并且将弗朗茨·卡尔大公爵也牵扯进来。[57]

科罗福拉特的这种波希米亚的院外政治活动，还有更大的利益视野。梅特涅和卡尔姆 - 马梯尼茨发现，不停地抱怨国家财政困境，强迫进行节约，在一定程度上被当作意识形态上假托的理由来使用，目的是从一开始就挫败其他的各种主意。长期以来，弗朗茨皇帝就曾致力于进行经济和财政改革，具体说就是建立一个详细计算基本税收的新基础。为此，他领导实施了一项名为"弗朗茨纳税登记"的计划。赫尔穆特·隆普勒首次将这一重要计划公之于众，并且显示了其涉及范围的广度。[58] 皇帝要求皇朝全体官员倾巢出动，收集整理统计学、经济学、地理学以及人口学上的详细数据，并从中整理出一个纳税登记系统。皇帝要对土地和耕地进行精确的征税——这是国家的主要税源。因此，这个主意在大地主庄园主那里极不受待见，是不难想象的。贵族大地主当然清楚，用这种方式很容易就会发现，他们交的税太少了。于是，他们想尽一切办法来破坏这次数据征集工作，在必要的情况下，他们不惜动用武装猎骑来驱赶前来进行统计的官员。

弗朗茨皇帝死后，科罗福拉特作为内政事务管理的首席要员，使梅特涅建议的所有有关国家发展的先进方案，由于这种利益依赖而泡汤。《哈瑙日报》（*Hanauer Zeitung*）在说到梅特涅原来所设想的行政管理改革时，出现口误绝非偶然，说在梅特涅的影响下，相对于其他的邦国，奥地利的贸易往来会更加活跃起来。[59]

埃希霍夫的倒台——以屈贝克任宫廷财务署总管为标志的新开端

　　梅特涅还没有承认失败，这也是由于受到斐迪南皇帝的侍从武官长卡尔姆－马梯尼茨的鼓动，后者当面向梅特涅谈了一套能够对付科罗福拉特的策略：将狭隘固执的埃希霍夫的宫廷财务署总管的职衔拿下，埃希霍夫在财政管理上是一位重量级人物，因为每年的预算都由他来起草。这次谈话是绝对秘密进行并严格保密的。由于一个非常偶然的情况，我们现在才能得知这次谈话到底是为了什么，因为谈话中卡尔姆－马梯尼茨向梅特涅报告形势时，准备了一份文字的草稿，并将内容向他讲述了一遍，然后他要将草稿销毁，"原因是它的内容完全属于那种自白招供的范畴，这些内容的主要线条只能牢牢地记在心里，为的是不要担心由于其完全考虑不周的、缺乏对文字痕迹的妥善保管，而招致不幸"。[60] 梅特涅则认为报告内容非常重要，以至于请求向他要一份报告草稿的誊清稿，而卡尔姆则毫无保留地完全信任梅特涅——他说"这是我们的大事儿"。

　　后来，梅特涅的儿子理查德·冯·梅特涅在整理文件时只想准备以匿名的和缩写的方式，将这份草稿中涉及对路德维希大公爵批评的部分段落，在《遗存的文件》中公开，[61] 这样人们就无法在发表的文字中获悉整个行动的目的实际上是要推翻埃希霍夫。密谋是绝对必要的，因为两人均认为，他们的任务是"最为艰难和最为错综复杂的"。梅特涅非常看重的是可以向他坦露一切的、爽直的朋友，这种朋友不多，而卡尔姆属于其中之一。卡尔姆也承认，"两位股肱重臣之间在观念和路线走势上的分歧以及不和谐，日益成了一个公开的秘密"。后果将会是丧失方向、由于意向不清导致拖延耽搁、缺乏决断力、上层机构犹豫不定、有保留的或者残缺不全的信息，总之，不

一而足。如果财政和人事职位这类国家上层管理的核心问题得
不到解决，就会产生不是"基于智慧和意志力的决定性优势，
而是基于奸诈狡猾和阴谋诡计的"专制主义，到时，狭隘的虚
荣心、自私自利的计划、阴谋家和自私之人将大行其道、猖獗
于市。如果国务会议主席路德维希大公爵不为科罗福拉特所迷
惑，并且没有低估其精神特质，可能就不会出现上述现象，可
是他不清楚此人"作为国务活动家在道德上的不堪"。卡尔姆
的评论也包括了对梅特涅的看法：这个人想"对弊端进行改
革"，对此他不缺少坚忍的意志和品质，然而却缺少采用科罗
福拉特式手段的意愿，诸如两面三刀、篡改伪造、无耻诽谤
等。梅特涅对教会、国家和立法的观点，被科罗福拉特说成是
胆小的、退行的和阴险的。说他为了外交牺牲了内政，以及为
了相府牺牲了财政。卡尔姆写道，不择手段的主管当局赢得了
上风。他说，只要对手的权力不被打破，那就什么事情也干不
了，而对手害怕一切组织；必须让路德维希大公爵清楚地知
道，埃希霍夫先生道德失范，他是"整个科罗福拉特党的领袖
和支撑"。必须对"错用和滥用暴力进行举证"。没有埃希霍
夫，科罗福拉特将会失去支撑，他将变得孤立无助。为了达到
反对埃希霍夫的目的，就必须审查他的业务行为。当然，也要
检视一下与科罗福拉特决裂可能带来的危险。

这次谈话于1838年1月进行。在整整这一年里直到1840
年春，夫人梅拉妮都观察到丈夫日益增长的绝望神色和越来
越气馁的神态，他一直不停地发出同样的抱怨："懒散、拖沓、
漫不经心的作风日益严重。害怕开会，因为他们知道，一旦开
会我丈夫的建议就一定会通过，而科罗福拉特是不喜欢这些建
议的。我们美好的皇朝就这样陷入了一片废墟之中，这就是
说，它陷入了腐烂，因为在皇朝中只有破坏的因素，而没有维
持的因素。"[62] 在卡尔姆于1840年1月29日去世后，梅特涅

失去了他在内廷中最为重要的支持。而且这期间他还患了一场重病，梅拉妮甚至作了最坏的打算。"他感到自己太老了，无法进行战斗了，他不再相信有力量将这场战斗进行下去，而且他还不懂得去进行一些必要的、小规模的战斗。"[63]

最终梅特涅还是成功地将埃希霍夫排除掉了，并让屈贝克取而代之。现在国务首相可以再一次尝试让哈布斯堡皇朝接近关税同盟了。曾被科罗福拉特散布流言蜚语说不懂经济的梅特涅，于1841年底制订了一个令人印象深刻的经济计划，这个计划也同时将奥地利的商业优势和劣势总结概括了出来。计划说，通过内部的发展计划，"如果我们能够组织成一个内部联通的体系，使关税同盟能够开通与意大利进行更快和更便利的联系"，[64] 那么就可以增加奥地利对关税同盟的吸引力。1839~1840年的莱茵危机点燃了全德意志的民族情绪，梅特涅想利用这一有利的气氛，在他看来这是最后的一次机会，可能"给予德意志的贸易进程以决定性的促进，这不仅有利于德意志的未来，同样有利于奥地利的未来"。对这样的机会，不能不加以利用就轻易放过。他还认为绝对有必要的是，将各邦铁路系统连通起来。他在此再一次强调了1833年的模式，即他要竭尽全力，设法阻止奥地利"犹如被排除在外，并且似乎作为一个外国被加以对待"。1841年11月17日召开的部际会议进行了秘密讨论，国务首相的意见遭到了激烈的反对，他的倡议落空了，更确切地说是倡议落到了一个委员会那里，这个委员会要先作出关于奥地利的商业情况的调查。这就意味着延期，而且根本看不到延期在何时结束。[65]

从梅特涅的这次失败中，同时可以领略到很多东西：他已经有了对德意志前景的设想，他也准备同意对邦联进行改革，在1840年代，其余德意志各邦也有这种愿望。他深入地研究经济问题并且在经济、贸易和关税问题上证明了他的专业知识水平，而且这个倡议再一次表明，对外和对内政策不可分割地互相发生着影响。在国务会议上将这两个领域截然分开，使得他不得不依赖于科罗福拉特，而科氏又再一次证明，可以使制度瘫痪、不起作用，因为他和他的波希米亚贵族们对自由贸易政策没有表现出丝毫的兴趣。梅特涅将这件事情看得非常严重，可以在他向屈贝克提出的建议中得知，他建议要坚决果断："波希米亚的故事就是征兆，必须将它们压制下去，办法就是让他们**走人**。埃希霍夫是个恶性的伤口，而如今他更是一块焦痂。他将完蛋！您要坚定地上场，我们一定会取得最好的结果。"[66]

直到 1850 年 1 月，梅特涅才从布鲁塞尔的流亡地向他长年的亲信弗朗茨·冯·哈尔提希伯爵（Franz Graf von Hartig）吐露说，他在 1816 年就曾上书弗朗茨皇帝，对帝国进行彻底的改革，这个改革可能会遭遇到"社会领域的不满"。皇帝将奏折锁进了抽屉，束之高阁。十年之后，鉴于自己患了不治之症，将不久于人世，他才当面向梅特涅承认，他的不作为是在"犯罪"，而在 1835 年回顾此事时，皇帝自责地说道："对那次故意的说谎，以及没有能哪怕是启动一下事情进程的这种无知，朕追悔莫及。"[67]

当然，好事并未如期而至。在梅特涅的最后时光陪伴在侧的外交官亚历山大·冯·叙普纳（Alexander von Hübner），从他与梅特涅的交谈中讲述了梅特涅在回顾 1835 年弗朗茨皇帝过世后，是怎样评价自己在政治体系中的情势的。"他的努力全部毁于一个强势的'阴谋小圈子'的反抗，说其强势，是因为它将所有的行政机构都操纵在自己的手中。其首脑被看作自由派思想的先锋，而实际上他除了是一个被其他人所领导的僵化的官僚机构的头目之外，什么都不是。仍处于被权力包围的假象之中的梅特涅侯爵，感到［？］自己已经瘫痪了，实际上也确实瘫痪了。"[68] 梅特涅的评价甚至走得更远，他说，如果没有内部的瘫痪，1848 年的颠覆本来是可以避免的，或者换句话说：这种瘫痪为革命提供了事先的推动力，原因是这种推动力没能实施他所计划的改革。梅特涅在关税同盟问题上的失败，是这种观点的令人印象深刻的证明。

皇室的家族权力政治：作为哈布斯堡皇朝遗产的帝国 [69]

如果没有皇室家族绝大部分人作为他的后台，科罗福拉特永远也不会赢得这样的影响力。因为在失去了先帝的铁腕后，大公爵们在幕后展开的宫斗戏，大大地助长了其影响力的扩张。在这场宫斗戏中，也明显地暴露了梅特涅不得不在没有皇帝的支持下，去对抗这些影响力巨大的对手，包括大部分的大公爵，其中包括 1835 年之后还在世的先帝的兄弟们：卡尔大公爵、约瑟夫大公爵、莱纳大公爵、路德维希大公爵和约翰大公爵。除他们之外，还有先帝的儿子们：皇位继承人斐迪南，他一直统治到 1848 年，在先帝的孙子弗朗茨·约瑟夫成年后退位，以及弗朗茨·卡尔大公爵，他本来可以在 1848 年继位，可是为了他的儿子弗朗茨·约瑟夫而放弃了皇位。自从弗朗茨·约瑟夫 1830 年出生之后，他就成了未来的希望，但是这个希望直到 1848 年宣布他成年之后才得以满足。在其他大公爵们几乎都成为梅特涅的反对派时，弗朗茨·约瑟夫的母亲、索菲大公爵妃却始终与梅特涅保持着联系，并且将年轻皇储的教育托付给他，让成长中的弗朗茨·约瑟夫每天都在梅特涅那里上政治课。

政治数十年掌握在同一个人的手中，不可避免地会产生伤人感情、神经过敏，甚至敌意的现象，以至于这些现象发展到了无法想象相互之间还能谅解与和睦相处的地步。**卡尔大公**

爵，这位阿斯佩恩会战的胜利者和内廷战争议事会议长，是使拿破仑第一次战败受挫的名将，他在军事上拥有超凡的天赋，在国际上也大受称赞。然而，当梅特涅拒绝任命大公爵担任所希望的总指挥，并且拒绝他似乎要当哈布斯堡皇朝所有军队的最高统帅时，情况变得严峻了。这个愿望如果实现，卡尔大公爵将居于一个极不平常的地位，这样做会触动皇朝内所有权力的分配架构。因为梅特涅希望在皇帝死后，让这个制度的弱点为自己所用，所以他没让卡尔的计划得逞，这样就将卡尔大公爵变成了敌人，直到大公爵 1847 年去世。此外，再加上国务首相阻止了卡尔大公爵的一个女儿与法国王储路易·菲利普儿子的联姻，两人之间结怨更深。

我们之前已经提到**约翰大公爵**对梅特涅所持的深深的保留态度。先帝弗朗茨的弟弟、在先帝的遗嘱中被着重突出强调，并且担任国务会议主席的**路德维希大公爵**，是一个决断能力很弱，才能不高，因而容易受他人影响的人，这奠定了其弱势禀赋的基础。此外，他还缺少形式上的自主权，因为形式上的自主权在斐迪南皇帝手中，斐迪南既要在形式上签发圣旨，还要事先在私下接受各种各样的耳提面命和暗中提示的授意。**约瑟夫大公爵**作为先帝所谓的（派驻）匈牙利帕拉丁（即副王），与梅特涅的关系一向友好而紧密，这也与梅特涅的第三任妻子梅拉妮有关。1831 年，通过迎娶出身齐希家族的这位女伯爵，梅特涅与匈牙利最重要的豪绅巨富家族之一成功联姻。作为派往伦巴第－威尼托王国任副王的**莱纳大公爵**，只是起着一个龙套角色的作用。而未来皇帝的父亲**弗朗茨·卡尔大公爵**的地位则很重要，虽然是国务会议成员，但是他个性并不突出，耳根子软。最后，先帝的遗孀**卡洛琳·奥古斯塔皇太后**也是位与梅特涅对着干的反对派。

读者可能会产生这样的印象，好像本书的历史观察完全误

826

入了歧途，降格到了只注重各皇室宫闱尔虞我诈的宫斗戏和皇朝中的争风吃醋上。实际上，皇朝中的小集团正属于制度的中心，并且打上了皇权衰落的烙印，政治几乎不再以整个国家的利益为出发点，在这里，已经显示了整个制度的衰落，而这种衰落在弗朗茨皇帝的时代就已经埋下了祸根。我们可以回忆一下，在玛丽－路易莎出嫁的问题上，已经可以看出，弗朗茨皇帝对待帝国的方式，是将其看作统治家族的世袭领地。[70] 在现在权力真空的这个阶段，这种家族权力思想更是暴露无遗，极而言之地说：19 世纪哈布斯堡皇朝的命运，首先是建立在两位皇帝的生殖能力之上的。利奥波德二世皇帝生了 16 个孩子，其中 12 个是儿子。其中有 9 个是大公爵。这些大公爵年长后，都在皇朝中发挥着他们的作用：斐迪南三世（托斯卡纳大公，卒于 1824 年）；卡尔（内廷战争议事会议长，卒于 1847 年）；约瑟夫（匈牙利副王，卒于 1847 年）；安东（德意志的德意志骑士团首领、奥地利的德意志骑士团首领，卒于 1835 年）；约翰（1848~1849 年摄政，卒于 1859 年）；莱纳（任伦巴第－威尼托王国副王，卒于 1853 年）；路德维希（至 1848 年为止任国务会议主席，卒于 1864 年）；鲁道夫（枢机主教、奥尔米茨侯爵总主教，卒于 1831 年）。利奥波德二世的儿子弗朗茨二世皇帝（变成奥地利帝国后称一世）有 13 个孩子，其中 4 个是儿子，而当中只有皇位继承人斐迪南及弗朗茨·卡尔大公爵（至 1848 年时为国务会议成员，卒于 1878 年）在他之后还活着。

这个制度的目的，是为了将皇朝作为一个巨大的、由长子继承的世袭庄园来看待，而国体仅仅是一种补充，以方便利用它来达到供养皇朝家眷的目的，帝国起到了一个巨大的家族不可转让的财产权的作用。从这个角度来看，所有试图按照一体化和合理化原则去重新组织这个财产权，并且同时按照联邦的标准去进行分权和权力下放，都违背了这个皇室家族众多成员的自身利益。1817 年，梅特涅就失败在这上面。[71] 代议制的思想和给予各民族更多的自主权利，将毁坏当前的制度。正因如此，虽然梅特涅曾经当面强烈提醒弗朗茨皇帝注意改革的紧迫性，而在皇朝顶层，则再也不会出现改革的冲动。与普鲁士或巴伐利亚不太相同，皇朝顶层的不中用、不作为，使官僚机器在奥地利没有发展成为促进社会现代化的发动机。"斐迪南体制"更是阻止了它的发展。

革命前沿的"政治参与—宪法—贵族等级"

革命的征兆已然出现，在一些德意志邦国中，1830 年时的口号呼得震天响，要求给邦联大会加上一个由"人民"选举的、议会式的全体会议。对此，梅特涅也已察觉到。他曾一直声称自己不是一个"专制主义者"，因为对于他来说，哈布斯堡的省一级属于一种现实的客观存在，它们也是属于权力组织架构的问题。对于作为旧帝国前成员的梅特涅而言，等级宛如政治宇宙的一部分，在这个部分中，他自己有着固定的所属位置：帝国议会中伯爵坐的条凳。在他的档案中，他保存着由帝国高等法院制定和管理的花名册（人头登记簿），为了帝国的利益，花名册将所有的帝国等级贵族登记在册，帝国将这些"纳税人"集中到这里，为的是将"目标"——帝国税——收集上来，用作运营帝国高等法院的开支。[72] 在旧帝国终结之后，梅特涅作为波希米亚邦一级的正式成员，依旧保有其政治等级，他感到自己对此负有义务，并命人按时将会议记录呈自己过目。

1847 年 10 月，梅特涅发表意见，赞成成立一个处理地方议会事务问题的委员会，与此相关，他再一次确认了哈布斯堡皇朝需要等级代表。他决定反对任何形式的专制主义，也反对那种由内政大臣亚历山大·巴赫（Alexander Bach，自1854年起叫亚历山大·冯·巴赫）引导的"新专制主义"。对于梅特涅而言，这种形式的代表取决于国家的性质，他认为具有决定性意义的特点，是奥地利作为"一个由各个部分组成的集合体，而各个部分在集合体中均拥有等级代表"。[73]

而英国、法国、巴伐利亚和巴登则是等级团体掌握着整个国家。在奥地利、普鲁士、瑞典含挪威、丹麦含日德兰半岛与荷尔施泰因、尼德兰含卢森堡等国家中，"等级团体只代表整体的一些部分，而政府则掌握着整体"。对于奥地利而言，统一是建立在协议基础之上的，通过这些协议，君主扮演着整体的核心。但是，他认为这是哈布斯堡皇朝的特殊性，而这种特殊性，并不排除其他国家各式各样的解决办法。

特别有意思的是梅特涅在会见外国知识界人士时，对原则问题的表态——显示他的眼界远远超出了日常的政治范畴。在1836年6月与来自波士顿的美国人乔治·蒂克纳的谈话中，他表达了对政治体制的原则性看法。他抗议所谓的他在自己推行的政策中，是一个"大号的专制主义者"的说法。[74] 说他之所以不喜欢民主，是因为他认为民主是建立在分解和分裂原则基础之上的，民主趋向于强迫人们去建立相互竞争的政党，用这种方式去分裂人们，去解构社会的联系纽带。他说，这些说法不符合他的性格，"我的特征是建设性的（Je suis par caractère et par habitude constructeur）"。

他说正因如此，皇朝体制更符合他的思想。只有皇朝体制能将人们聚集起来，让他们统一成为团结的、有影响能力的人群。它可以使人达到共同使用自己力量的状态，引导他们在文化和文明上达到最高程度。从功能上讲，皇朝体制是民族国家的相对模式，因为它也发挥了融合潜力，其程度当然更强有

828

力，因为这种融合潜力趋向于同一化。

这位美国人则反驳说，在共和国中，人们借助自己的智力可以更积极地，并且自主负责地行动，而皇（王）朝制度则为他们包揽了一切事务。这次谈话证实，梅特涅的判断依赖于一个国家的特殊条件。他自己很清楚，美利坚合众国只能通过民主制度才能在如此短的时间内取得如此巨大的进步，正因为民主将人们区分开来，它才能创造各种形式的竞争，驱使人们通过相互之间的竞赛快速前进。与法国人以及与"我们古老的奥地利"——他时常这样称呼奥地利——相反，美国人作为个人来讲有其突出的特点，求知欲更强，不模棱两可，或许甚至效率更高。但是，为了取得长远的进步，在群体中可能就不会显得更有效率。对于蒂克纳而言，民主是再自然不过的现实，但那是在美国。在欧洲它可能被当成一种冒牌货，因为"在欧洲它就是一个谎言（En Europe c'est un mensonge）"。他一直赞同托克维尔表达过的见解，民主与经常宣称的、扮装成最古老的和最简单的政府形式相去甚远：民主是所有社会形态中最晚被发现的，也是最复杂的一种形态。在美国，它像一种"永久的暴力行动一样出现（un tour de force perpétuel）"。因此，人们也经常陷入危险的局势。梅特涅同意，说一部年轻的宪法可能会排除一部老宪法中的缺陷，这些缺陷会毁掉这部老宪法的生命。这一点他完全承认，但是他不禁要问，在美国日益加强的民主化，最后将在哪里终结——肯定不是在一个安宁的、成熟的、古老的时代。如果他是个美国人并且有权选择的话，那么他会支持乔治·华盛顿的旧党，那是一个保守的政党，而且无论在什么地方，他都会是一个保守派，如果在英国或者美国的话，他板上钉钉会是一个保守派。

在他看来，法国就像一个刚刚战胜了严重疾病的人，他不能装作好像什么都没有发生似的。他说，很长时间以来，路易·菲利普已经是一个有能力的国务活动家了，然而法国需要稳定。在他庆祝职业生涯25周年时，他曾作过统计，然后确认，在这段时间里他曾与25位法国外交大臣打过交道，现在，在他职业生涯的第27个年头，打交道的已经是第28位外交大臣了。[75] 在蒂克纳面前他坦承，他不喜欢自己的职业。如果他喜欢的话，他就不能保持精神上的安宁，这是这个职业必不可少的。他说，当他25岁之时，他就预测欧洲除了颠覆就是叛逆，并且考虑过移民到美国去。他几乎是一个人在孤军奋战，去预防困境和祸害发生。

对于过去与未来的关系，他透露说，他并不是一个"复辟型"的人。他断言，过去之所以重要，是因为它可以为未来提供警告。对于他而言，当今的这一天，只有作为即将到来的一天的预备阶段才具有价值。他是在为明天而工作：他的精神始终在为未来而奋斗。[76]

第十五章
革命—出逃—流亡，
1848~1851

71
1848年革命:"闪电"、爆发和出逃

欧洲范围危机的前奏: 维也纳从动乱到革命

我们陪伴着梅特涅进行的穿越时间的旅行,现在到了1848年革命的最初几个星期。让我们试着想象一下,在这些天中,在已然老迈年高的国务首相的办公桌上,都送来了些什么样的文件。像通常一样,对欧洲消息最为灵通的这位政治家,从他派驻四面八方的公使们那里收到的急件堆成了山,再加上赛德尼茨基发来的有关皇朝动乱地区的警务报告,以及还有发自他在美因茨情报机构的秘密消息。此外,来自法国、英国和德意志邦联的报纸,也都是他时常跟踪阅读的消息来源,并且,他认为重要的部分,都要剪报存入文件夹中。聚集起来的信息越来越频密,在他看来已经形成一种威胁,各种迹象表明,这是一种内容不同的威胁。在法兰克福席恩美术馆举办的纪念1848~1849年革命150周年的大型展览上,举办者特意找到了一幅油画《革命的闪电》(*Wetterleuchten der Revolution*)。[1]我们只能短暂地去触碰一下一般性的历史关联,[2]因为否则在我们去感知——在1789、1820和1830年之后——欧洲的这第四场革命是怎样对待梅特涅的,以及反过来说,梅特涅是如何与之打交道的,我们就会让我们的视野变得狭窄起来。

在1840年代,欧洲大陆的社会和经济结构危机的征兆越积越多:资产阶级对参与政治的要求、对民族自决和民族独

立的追求没有得到满足，工业化前手工业从业者的困境、大城市中以及平原地区的人口过剩和无产阶级化等各种征兆不一而足。弗里德里希·恩格斯甚至认为，伦敦、曼彻斯特和伯明翰的"工人阶级"的无产阶级化，可能是欧洲普遍危机的不祥之兆，这种危机也将会冲击德意志。1848 年 2 月 21 日，卡尔·马克思在伦敦用他那如今已经是世界著名的警句，更加尖锐地形容了这种现象："一个幽灵，共产主义的幽灵在欧洲游荡。"

欧洲的农业危机使得社会鸿沟日益加深，这一危机以截至当时为止不为人知的疯狂，不但席卷了爱尔兰的贫困家庭，而且将许多德意志邦国卷了进去，马铃薯腐烂病大面积蔓延，直接威胁到"人民"的基本食物，导致了面包短缺以及在市场上因饥饿而闹事。投机商人激起了公愤，资产阶级新闻记者更加激烈地叱骂更加严厉的新闻书报检查，并且将西里西亚纺织工人事件的丑闻，变成预示着因德意志悲惨状况而将发生重大事件的前兆。各邦议会越来越勇敢地发声，甚至于 1847 年提交议案，说应该设立一个德意志议会，或者至少应该给邦联指派民族代表。

1847 年，动乱已经持续地蔓延到了哈布斯堡皇朝。在下奥地利（维也纳）和匈牙利（普雷斯堡）的等级大会上，进行政治思考的大会成员第一次发声，公开地在请愿书和宣传单中，以及在议会的讨论会上表达他们的诉求。维也纳的地方议会也在向这个方向发展，因为其成员要于 3 月 13 日在等级议事厅聚会。这一天以及这个地方，将决定梅特涅的命运。

梅特涅知道，在巴黎 1848 年二月起义为全欧洲的革命发出信号之前，巴勒莫（Palermo）和那不勒斯的革命起义已经取得胜利。在哈布斯堡皇朝中，不仅仅有来自意大利和匈牙利的臣民在闹事，在加利西亚、波希米亚，甚至在沿着亚得里亚海岸的伊利里亚各省以及匈牙利统治的塞尔维亚人、克罗地亚人和斯洛文尼亚人地区也发出了"三月诉求"的呼吁之声，到处听到的都是要求新闻和结社自由、成立自己的国家代表机构以及农民解放的吼声。[3]

奥地利驻意大利各国的公使们发来的报告，让梅特涅及时但也惊讶地得知了越来越密集的动乱的实况，1847 年 12 月，他就已经预计到将会发生革命，因为他依据的是严酷的情报材料。当时任驻那不勒斯公使的施瓦岑贝格侯爵要求进行军事干预，梅特涅制止了他，并且警告说，只有在保护国家免受侵略的情况下才能调动军队。即使国务首相能够正确预言革命将至，他也不可能准确预测会在哪一天爆发，以及出于什么缘由爆发，而恰恰是这两点完全让他惊诧莫名。

在过去年代为梅特涅树立不同形象的先驱、维也纳档案馆馆长汉斯·施利特（Hans Schlitter），以及后来的西尔比克，发现了如此众多的关于革命爆发的细节和背景材料，来追溯当时在梅特涅的头上掀起的是一场多么巨大的风暴，最终将他赶下了台，以至于可以以天来计算，甚至于以小时来计算。坚持记日记的侯爵夫人梅拉妮也曝了很多料，由于日记中她对个别皇室家族成员进行判断的感情过于激烈，以至于不能让她的日记印刷出版。出版人、梅特涅的儿子理查德"必须按照最高层的命令将重要段落删除，或者伪造这些段落以后再出版，因为这些段落有为梅特涅开脱，以及使其他人物丧失名誉的嫌疑"。[4] 就国务首相而言，得知皇室家族似乎要将其作为弃车保帅的牺牲品加以利用，并且行政机构的个别成员对能参与此事而心满意足时，他的内心则是异常的痛苦。

科罗福拉特迟来的虚荣——梅特涅的政治终结

如同新的文献发现所证明的，许许多多零散单一的信息，新近又拼合成关于梅特涅下台的一幅完整画面，而其中国务和会议大臣科罗福拉特再一次扮演了一个极不光彩的角色。所有的迹象都表明，他是要利用维也纳日益增加的愤怒和抗议运动，将梅特涅赶走，因为他自己想取而代之，并且还要扩大其权力范围。鉴于他多年来对自己身体状况的不佳多有抱怨，在革命的浪潮下，他到底能否胜任国家顶层的这样一个岗位，是要打上一个问号的。但是，有鉴于这个千载难逢的机会，上述疑问并没有难住他。总之，梅特涅曾说科罗福拉特总体上没有领导才能："他虽然是一个杰出的商人，然而他缺乏成为一个国务活动家的特质。他没有能力去统揽问题的全貌，去理解领会它，去确定它的走向，并且让这一走向不被偶然因素所迷惑。"[5]

人们发现科罗福拉特参加了资产阶级反对派运动——维也纳法律政治读书会和下奥地利企业联合会——这让人觉得异常和不可思议。在这些社团中聚集的，全是些持批评意见的等级成员。在 3 月 6 日召开的每月例会上，企业联合会通过了一个令人棘手的请求：向皇帝上一份请愿书，并将其交给当时也在现场的企业联合会的保护人弗朗茨·卡尔大公爵。同样也在现场的科罗福拉特宣布，他赞成对受梅特涅启示而出版的一篇报刊文章发起攻击。"国务会议的两名成员起到了这次反对政府体制示威的衬托作用。"（西尔比克语）[6]

在 3 月 13 日前的数天时间里，宫廷圈子中蔑视梅特涅的说法日见增多，其中公开说人们希望能够摆脱他。约翰大公爵、科罗福拉特以及索菲大公爵妃知道，3 月 13 日，在邦一级会议召开的这一天，将会发生针对梅特涅的抗议风暴。由于有人背叛，这个消息也传到了梅特涅的耳朵里。梅拉妮在其 3 月 12 日日记中一段禁止付梓的文字里，写到了在相府的客厅中发生的一件事。头脑有些简单的费丽琪·埃斯特哈齐伯爵夫人

（Gräfin Felicie Esterházy）当面向她问道："你们明天将被送走，是真的吗？""为什么？"侯爵夫人问。"噢，是路易·塞切尼（Louis Széchényi）刚才跟我们说，他让我们去买蜡烛，因为你们要被送走，晚上装饰庆祝用！"梅拉妮在她的日记中还解释说，塞切尼将他的一生都奉献给了皇室，他说出来他所知道的事，就不能当作耳旁风。[7] 他是索菲大公爵妃的总管家！

3月13日，星期一，在维也纳市内下奥地利地方议会前的运动，像预期的那样升级了。这一天，议会正要聚会，并将其立宪的要求呈送给皇帝。当天，群众涌上了街头，发生了挑衅性的开枪事件，有人中弹身亡，并最终在城郊发生暴力起义。无产化了的工人将煤气管从地下拔起，这些煤气管本来是用于加固环绕维也纳防御工事的，他们点燃了一堆堆熊熊烈火，作为社会起义的象征，耀眼地点亮在城市之中。这时，科罗福拉特的机会来了，在一场巧妙安排的行动中，他成功地通过大公爵们的影响力，向梅特涅施加压力，让他除了辞职别无选择。为了维持安定的局面，梅特涅成了弃车保帅的牺牲品，因为在霍夫堡皇宫里，人们乐意接受这个说法，即应将梅特涅作为一种"体制的化身"清除掉。国务首相对于下台的方式和方法，以及对幕后的阴谋诡计对他造成的这种创伤，难以抚平，诸多出于他个人之手的、没有印刷出版的宣言和辩解，都保存在他遗留的文献中。他在这些文献中一再说明，如果他的留职会导致一场革命，他将不会对让他辞职的做法进行任何反抗，因为他所追求的只是变革，而不是其他更多的东西。

834

从维也纳出逃，穿越德意志前往伦敦

在这群情激昂的气氛中，梅特涅不得不顾虑自己的生命安全，并决定出走。他的夫人梅拉妮在日记中详细准确地

835

梅特涅一家出逃用的护照，用的是来
自格拉茨的批发商弗里德里希·迈耶
尔的名字

记述了他们穿越德意志，前往布鲁塞尔、海牙和英国的冒险
旅行。[8] 出逃第一个目的地是位于南摩拉维亚的菲尔斯贝格
［Feldsberg，捷克语称瓦尔季采（Valtice）］的列支敦士登侯
爵的宫殿，列支敦士登侯爵与梅特涅一向交好。然而当地议会
却要求梅特涅一家在 24 小时之内必须离开，而梅特涅却不知
道该逃向何方。是他的女儿莱欧蒂娜才让他有了逃往英国的
想法。他们想隐姓埋名出逃——使用的是一本为商人弗里德
里希·迈耶尔（Friedrich Mayern）开具的护照，旅行目的
地是伦敦。这位扮装成来自格拉茨的批发商，与夫人和儿子
"约瑟夫"准备为了"私人业务"在伦敦停留六个月。这本救
命的护照对梅特涅是如此的重要，以至于他将护照原件保存

到了他的遗留的文件中。[9]

前往奥尔米茨之路，有几段他们要乘坐火车，然而那里的市长和总主教拒绝接纳他们，于是他们只得继续乘坐火车前往布拉格，而不可思议的巧合是，在与他们相邻的车厢中，坐着3月13日在维也纳相府前发表演讲的波兰人布莱安（Burian）。尽管梅特涅在旅行中使用了三个不同的化名，但是在特普利采的宾馆里，人们还是认出了他，其中有人高呼："把帽徽摘下吧，他是梅特涅侯爵。"人们还是恭恭敬敬地对待他，让他安静地通过。在德累斯顿，人们也发现了这位旅行者，但只是好奇地观望着他（3月24日），在莱比锡，到处都响彻着爱国的士兵歌曲，他们怀着极度恐惧的心情，整整熬过两个小时，因为大批的工人正在聚集（3月26日）。接着向马格德堡进发，在那里警务官员向梅特涅坦承，如果梅特涅想满足自己的强烈愿望，在公众面前出现，他不能够保证他们的安全（3月27日）。然后继续逃向汉诺威，在那里人们将汉诺威国王关押了起来，并且悬赏要普鲁士王子的狗头（3月27~28日）；到了明登（Minden，3月28日）；前往菲斯特瑙（Fürstenau），在这里，店掌柜根据梅特涅衬衣上绣的侯爵头冠标志，认出衣着主人非等闲之辈，进而评说道："这肯定又是一个国王，必须得让他们通过。"3月30日，终于抵达了荷兰边界。此时，梅特涅已经彻底的一文不名，如果不是罗斯柴尔德男爵给他开出了一个信用证，派人在半路送到他手上的话。一家人继续颠沛流离，经历着胆战心惊的状况，比如在阿尔海姆（Arnbeim）的一个客栈里，一个店小二声称，他要是碰上了梅特涅侯爵，就要把他干掉。4月4日，一家人继续乘坐汽船从阿尔海姆前往海牙，在那里觐见了尼德兰国王，并于4月19日从鹿特丹乘坐轮渡进入英国的布莱克沃尔（Blackwall），直到4月20日幸运地抵达了伦敦。

梅特涅永远不知道的奸刁的阴谋诡计

梅特涅不得不身无分文地逃离维也纳，从流亡地伦敦方才得知，他在波希米亚的财产已经被没收（"暂行没收"），并且扣留了他的所有俸禄津贴。为什么年长的国务首相、大臣之中资历最深的一个，在供职 39 年之后，却遭到了与其他退职的领导人不一样的待遇，比如赛德尼茨基、不久后退休的科罗福拉特以及菲克蒙特（Ficquelmont），对此他不得不去猜测。在他退出公职后没有几天，斐迪南签署了关于原本要保障国务首相退休金的一项决议。[10]

在他退职之后，一场史无前例的运动不期而至，将他简直说成要对过去应该诅咒的一切负责的恶魔，自由媒体肆无忌惮地公开诽谤和中伤他。[11] 记住这个诽谤过程，无疑也十分的重要。

1848 年 6 月 23 日，在《维也纳晚报》上，记者路德维希·奥古斯特·弗兰克尔（Ludwig August Frankl）指责梅特涅，说他自 1815 年以来，每年从俄国沙皇那里收取 50000~70000 杜卡特不等的款项，以使奥地利奉行一种对俄友好的政策。还说他贪污以及浪费了数不清的公款。这里所说的，没有一丝一毫的真凭实据。

接着是时任相府档案馆馆长的约瑟夫·冯·霍尔迈耶（Joseph von Hormayr），他在诽谤文章《弗朗茨皇帝与梅特涅》中，进行了一系列的指责，说梅特涅从各种不同的国家资源里中饱私囊，并说他对 1826 年获得的普拉斯修道院，分文未付。[12]

这类指责在新闻舆论界互相传抄，重复传播，并以这种方式滚雪球似的扩大。这个诽谤运动一直持续着，直到在新选出的维也纳帝国国会中的德意志—波希米亚议员路德维希·赫特勒·冯·罗纳尔（Ludwig Elder von Löhner）按照民主惯例，提出了所谓的质询时方有了新的发展。1848 年 8 月 14 日，他直接向三月政府财政大臣菲利普·冯·克劳斯男爵（Philipp Freiherr von Krauß）提问，问他国务首相的财政问题——也就是说指责梅特涅使用公款的问题——是否按程序进行过审核。令人吃惊的是，他对细节的了解，看起来就像一个只有宫廷财务署的工作人员原本才能知晓的那样。他怎么知道外交大臣对划拨给他的款项使用，经后来对单据的审查没有通过，以及没有给予外交大臣（议员）豁免权呢？他也重复了上述那种说法，梅特涅对获得的普拉斯修道院，分文未付。[13]

837

这种质询的意义在于，要求主管大臣对某一事态作出解释。这位财政大臣在同一个会议上解释说："我也在关注这一事件，正在进行处理。"他说此话的目的是要暗示，显然要准备进入所谓的"国库检查程序"，用今天的话来说就是财务审计和查账。由于案情还未搞清，所以政府拒绝向梅特涅支付养老金，并且人们说，是为了保险起见，才没收了他在波希米亚的财产。

人们计划审查梅特涅自 1809 年入职以来是否正确地使用资金以及付出的款项是否正确地入账。这个程序暴露出来的荒谬之处在于，他们怀疑 1813~1815 年的财务支出，也就是皇室及相府辗转于各处战场，有时——如穿越法国时——还要冒着生命危险。而在过了三十多年之后，到了 1848 年，竟还想着一丝不苟地查当时的明细账，也只能将这种做法解释为阴险的恶意了。那些在处理此事的人，在看到文件原件第一眼时，肯定从一开始对一个重要的事实就已了然于胸：那时候之所以没有作出具有约束力的免责判断，是因为当时在其总管领导下的宫廷财务署，以及任财政大臣的科罗福拉特将此事拖延了好几年，而现已众所周知，科罗福拉特正是以其办事拖沓而著称。也就是说，账目没有任何问题，现在只剩下了对梅特涅自肥腰包的指责。

为了能够审核账目是否正确，在拖延了很长时间之后，财政大臣于1849年12月设立了一个委员会：审计署总管、三位宫廷参事、两位处长和一位宫廷财务署全权代表不紧不慢地、严肃认真地审查起来。此时，侯爵可以说已一文不名，为了堵上200000古尔登的亏空，他正准备将维也纳跑马路的房产卖掉。如果没有沙皇100000卢布的有息贷款，梅特涅将会一贫如洗，生活难以为继。

大臣会议中的审理辩论没能使财政大臣改变主意，甚至连有人提醒说，梅特涅当时"为了国家的最高利益而肩负使命，在那个时代，国家的生死存亡系于一旦，他跟随统帅部直抵战场边缘，然后进入敌国，经常与他的办公室分离，而他分身乏术，怎么可能监督所有财务业务的细节呢！"但这没有起到任何作用。[14]

在耐心等待了两年之后，梅特涅终于使用了留给他的最后的手段，委托了他在维也纳的律师。而这位律师援引了有关"任何一项立案（预先登记）须在14天之内通过形式上的起诉才具有法律效力"的法律条款，[15] 案件终于可以受到审理。在召开的两次大臣会议中审理辩论了此案，最终梅特涅获得了胜利：1850年11月14日，同意支付给他每年8000古尔登的法定退休金，抵押亦被解除。

科罗福拉特倡议攻击梅特涅

到目前为止没有解决的问题是：这个诉讼案件到底是怎

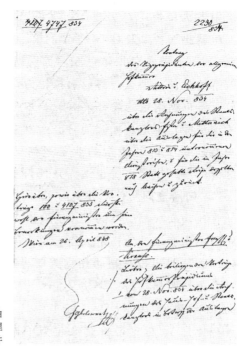

839

文件批注！1848 年 4 月 25 日由
科罗福拉特抽出来的有关梅特涅
1813~1818 年之间"差旅费"的文件

么形成的？赖以作为理由的说三十年前贪污差旅费的内幕消息
到底出自何方？一个文件上的注释拨开了迷雾，揭露了真正的
元凶。1826~1848 年内政与财政大臣的办公文件（"大臣—科
罗福拉特—文件"），整整装满了 228 箱，只有知情人才能借
助 20 册的目录指南，找出时任宫廷财务署副总管的埃希霍夫
骑士于 1834 年 11 月 28 日撰写的那份报告。[16] 这份文件是关
于 1813~1814 年和 1818 年费用中梅特涅账目的，其中说到了
"出公差"的费用支出。文件上注有科罗福拉特的亲笔批示，
是他于 1848 年 4 月 25 日在维也纳写在文件原件上的，换句话
说就是，他自己让人在这个时间将涉及梅特涅的案卷从宫廷财
务署的档案中抽了出来，然后，就像批注泄露的一样，转交给

了财政大臣克劳斯男爵，而文件上写着批示的文字："请财政大臣就此报告以及对 1835 年的第 100 号和第 4107 号报告发表意见。"这是急急忙忙赶在前面的行动，明摆着是出自科罗福拉特的建议。那么，科罗福拉特为什么随后要将文件带回自己位于维也纳附近的埃普莱西斯多夫宫（Schloss Ebreichsdorf）的家中呢？难道就如同他自己亲笔在文件背面标注的那样？这与政府机关内部正常的业务运作流程毫无关系。4 月 30 日，这位大臣又出现在维也纳，并且为斐迪南皇帝起草了一份"敕令"，随后连同文件一并交给了财政大臣冯·克劳斯。

840　　还需要加以思考的是，斐迪南皇帝于 1848 年 3 月 17 日设立了大臣会议，他指定大臣会议主席（暂时）由科罗福拉特担任，而科罗福拉特则聘任克劳斯男爵担任其内阁的财政大臣。接着，科罗福拉特的老病又犯了，他不得不在 4 月 3 日第二次大臣会议之后表示，要中断工作。然而他还是继续留在任上，直到 4 月 18 日皇帝将其解职为止。[17]也就是说，当他于 4 月 25 日将文件从宫廷财务署档案中取出之时，他已经不是正式在职了。在此需要再一次强调：已经不在职了，但是他还在为皇帝起草敕令。自己的精神状态导致斐迪南皇帝不能自主作出行动决定，而是只能一味地去执行（别人提出的建议），所以，这位前大臣有机可乘，为达到自己的目的而"挟天子以令诸侯"。他想要将梅特涅纳入监控！科罗福拉特有内线消息，帝国国会议员罗纳尔显得消息极为灵通，他能宣称梅特涅对其使用的预算费用没有豁免权。同样也是他，向财政大臣示意关注这个问题。毫无疑问，是科罗福拉特作为真正的始作俑者，完全有意识地使梅特涅陷入了随之而来的财务和生存危机，而梅特涅只能完全凭借外来的帮助摆脱它。然而皇室方面，却无一人伸出援手，出手相助。

72

梅特涅在英国流亡地的自我感觉，
1848~1849

从英国视角看德意志问题

在英国的流亡丝毫没有让这位退休的政治家忘记政治。
在报纸上能够看到的有关德意志和欧洲的所有消息，这位 75
岁的老人事无巨细全都要记下来。他成了英国社会中一个人
们愿意与之交往的中心，他们很快并且不断地到他那里去：
老的同路人如滑铁卢的胜利者威灵顿公爵，几乎每天都去拜
访他，英国的政界领袖——阿伯丁、迪斯雷利、伦敦德里，
甚至政治上的对手巴麦尊——所有的人都到了，别忘了还有
另外一位著名的流亡者：普鲁士的威廉亲王。

梅特涅与大陆也一直保持着联系，他一份一份地起草着备
忘录。[18] 简短研究了这些文件的西尔比克，将其贬低为一个僵
化的、不合时宜的、不明智的空想理论家的没有成果的产物。
1848 年 7 月 10 日，梅特涅就已经给晋升为斐迪南皇帝代表的
约翰大公爵写了一份备忘录，名为《关于今日之局势》。这位
于 1848 年 7 月 12 日作为德意志帝国的流放者（因组织蒂罗尔
及阿尔卑斯山地区的反拿破仑起义）就任新职的大公爵，在 8
月份就又收到了一份《德意志问题——起源、过程及当前状况》
的备忘录。就像平常习惯的一样，梅特涅从问题的历史背景分
析起，最后得出结论，只有一个解决办法能够保持奥地利、普
鲁士和其他单一民族国家之间的和平：重建德意志邦联。他曾

经仔细地、用怀疑的态度观察过法兰克福国民大会（正在）讨论联邦国家议题时的工作。当奥地利的新任总理施瓦岑贝格侯爵卡尔·菲利普在为"大奥地利"解决方案呼吁，并且想要谋求将整个皇朝帝国纳入德意志邦联，建立一个"7000万人口帝国"时，梅特涅就曾试图为他出主意、作参谋。这位流亡者最终还密切注视着独断专行的普鲁士国王腓特烈·威廉四世，这位国王想要当小德意志宪法联盟的首领，而梅特涅持续的怀疑也证实，这个北方强国要"吞并"德意志。国王的口号"从此以后普鲁士在德意志崛起"碰到了他的要害神经。

梅特涅不改初衷，一直坚持其预测，即除了重建德意志邦联，其他方案在现实政治中均毫无希望。他是从三个前提作出推论的：①民族纽带必须保持；②一个不包括奥地利的制度必须排除；③民族原则不能带有国家的特征。最后一条的意思是，任何民族在将设立的新的国家组织中，都不能高于其他民族，而要实现这一点，只能通过建立一个松散的、联邦制的、尊重各种不同历史传统的、由一位君主作为元首的统一国家来实现。实际上，这是一种在弗朗西斯·帕拉茨基（František Palacky）统治下的捷克人也能宽容的解决方案，而捷克人却从一开始就强烈反对在法兰克福所设计的民族国家构成：他们不愿意属于一个德意志的帝国。在这样一个帝国中，他们会变为少数民族，而在哈布斯堡皇朝中，则只有少数民族。

梅特涅对形势的分析是准确的，后来的发展证实了他的预见。因为德意志的民族国家组成于1866~1871年，只是没有奥地利，而奥地利则在民族原则政治化的情况下分崩离析了。1870~1871年建立的德意志帝国则相反，在所谓的内部的帝国的创立中，将反对少数民族的战斗转移到了内部：反对丹麦人、波兰人、法属阿尔萨斯人，以及，当然也反对犹太人。犹太人在法律上虽然享有平等的权利，但是在社会的讨论中，却日益不承认他们的德意志民族属性。

这次是梅特涅在英国的第三次逗留，同时也是最长的一次。他这次来，不像 1794 或 1814 年，那两次仅仅作为访问者，这次还给他提供了一个居留家园，他认识到必须从长计议。在他的生平中，在不列颠岛上展示的完全是另一个梅特涅，不再是一个处于不能自主、顾虑重重的网络之中的负有政治责任的国务活动家，直到 1848 年 3 月 13 日为止，他都是这样度过的。也可以将他作为一个处于颠沛流离状态之中的个人，对这次逗留中所想和所做的一切，看作是他精神自由的、享有治外法权的一块空间。

流亡——这样的一种特殊情况是怎样改变梅特涅的？他自有一套方式，不是将心理压力排除，而是积极地去消解它。他的处方叫作："如果我能将使我难堪的（这里应该叫作：痛苦的）事情告知一颗心灵，这颗心灵以众所周知的方式，与我所走的方向并行前进的话，那么我就得到了心情的放松。"[19] 实际上，他一直在写大量的信件，一些选择出来的通信对象，也一直与他保持着书信往来，或者说自 1848 年以来他持续地与他们通信，与其中的一部分人直到他或者他们生命的最后时光。值得提及的有他的女儿莱欧蒂娜、主要继承人儿子理查德，还有他儿子维克多的私生子罗格·冯·阿尔登堡（Roger von Aldenburg），他是孙子未成年时的监护人。每一个他经常写信的人，与他都有特殊的关系：亚历山大·冯·洪堡，英国人迪斯雷利、威灵顿、特拉弗斯·特威斯（Travers Twiss）①、爱德华·切尼（Edward Cheney），陆军元帅阿尔弗

---

① Travers Twiss, 1809~1897，牛津大学政治经济学教授，是具有重要影响力的经济思想史著作《关于 16 世纪以来欧洲政治经济学之进步的观点》的作者。

843 　雷德·冯·温迪施格雷茨和奥古斯特·冯·约赫穆斯（August von Jochmus），威廉米娜的妹妹多萝特娅·冯·萨甘，以及在精神和志趣方面相合的亚历山大·冯·叙普纳与卡尔·弗里德里希·冯·屈贝克。

对英国与自由的爱情声明

在重又离开不列颠岛之后，梅特涅于 1849 年 12 月 31 日作了一次回顾，回顾这个国家于他而言意味着什么。[20] 这就需要考虑到，此前他将什么留在了奥地利。就连奥地利皇室以及他最接近的贵族圈子，也将他视作干扰破坏因素，而且在奥地利政府看来，他是使他们丧失名誉的原因。这一切，都深深地伤害了梅特涅。而在英国，他遇到的却是一个相反的世界，是一个——用句已经不够时髦的话来说——能够安抚他那苦痛心灵的世界。

他的全部"自我感觉"显示在了如下的判断中："在英国，一切的一切均与这些如今久病衰弱的大陆国家形象不同。在那里，还是守规矩的力量在管理；在那里，他们对幻想还保有平衡的力量，在这个国家还可以有这种幻想的空间，但是在事实的压力下，幻想也会在迷雾中消解。"他在为"这个伟大的国家"唱赞歌，这个他曾在三个地方居住过的国家：伦敦、布莱顿和里士满。为了最终打破那种顽固的偏见，就必须一再地重复：一个有着如此崇敬英国信念的人，绝不可能成为专制主义的崇拜者或者宪法的痛恨者。还有：在他看来与各种抽象的温室宪法完全相反，英国宪法简直就是完美无缺的，而温室宪法，在他看来就是法国革命者在流水线上制造出来的（冒牌货）。

1849 年 4 月 12 日，他从英国写了一封私信："在这里，我生活在一个不但生命和财产能受到严格保护，而且是崇尚自由的国度之中，它知道要坚决地击退威胁公共秩序的肆无忌惮的攻击。因此，我也几乎每天都与那些对大陆上横行无忌的无政府状态不能理解的人们接触，而我对这种无政府状态则毫不陌生。"[21] 在另一封信中，他以嘲弄的口吻建议维也纳的大学生们到这里来一趟，看看应当怎样有秩序地去建设一个国家。

他一而再，再而三地赞扬英国的自由和文化："由于在英国——这个世界上最为自由的国家——一切习俗都要遵从一定的规矩，比如在晚餐前一小时就要敲钟。"[22] "在英国的精神中，自由与秩序的概念是如此的密不可分，以至于当一个秩序的改良者要向一个马夫进行自由说教时，马夫可以当面嘲笑他！首先最能够刻画英国精神的就是简单的务实思想，这种思想在那里随处可见，英国人只是依据事实行事，形式对于他们来说无所谓。"[23]

844

阿德莱德阶梯国王大道，布莱顿，约 1849 年

有点不一样的贵族

这位所谓的"英国人"梅特涅，也让另外一个对他的偏见彻底地消亡。他被看作僵化的旧贵族的、"旧制度"社会的代表。然而人们却没有考虑到，这位所谓的"空想家"，最蔑视的就是语言的条框，与此相反，他探求的是思想社会根基的牢固性。在梅特涅如何评价英国的贵族问题上，已然显示，他基本上绝少是一个传统派（Traditionalist）或者正统派（Legitimist）。他将英国贵族分为广义的、依附于血缘的"世袭贵族（Geburtsadel）"和狭义的、跟政界联系紧密的"上院大贵族（Peers）"，"人们很容易用英国贵族（Aristokratie）这个词联系到贵族概念（Adelsbegriff），这不完全正确。英国贵族的基础不是建立在这个概念之中，而是建立在巨大的财产概念之上"，以至于"今天的资产阶级明天就可能晋升到贵族（Adel）的行列中去"。[24] "头衔不过是职位的等价物，而任何人都可以通过他的功绩，打通通往头衔的这条道路。这其中蕴藏着对他们非常有利的成功平等原则，它的作用是提升、鼓励和振作，而不是像贫困平等那样，是压抑。"[25] 梅特涅，这位本身在贵族等级中就是一个上升的人物——从伯爵晋为侯爵——直率地赞扬了现代的贵族概念，这是一种引申自资产阶级的崇尚成绩与功绩原则的概念，并且他没有去捍卫世袭即等级贵族的那种封闭隔绝的观念。对英国贵族概念的定位，使梅特涅更加成为一个保守的立宪派代表，这与同一切进步都背道而驰的传统派，以及敌视任何变化的正统派相去甚远。

政党

他也以同样探寻社会指标和社会利益的观察方式和方法，

对英国政党进行分析研究。他曾在大陆上谈及党派的讲话方式——简单地斥之为自由党或者"革命党"——是粗俗笨拙的。这是因为，这些政党于他而言是知识分子头脑中的产物，此外，他通过参与邦联大会党禁政策的制定，也促进了自己的这种认知，他不相信德意志人在与政党打交道时表现出政治上的公民行为的能力。而在英国，他将政党作为自由活动的社会团体加以接受，却没有丝毫的问题，这一点也让人摸不着头脑。

　　他客观地和不带偏见地描述英国的政党格局，以及清楚地分析英国政治的矛盾，这一点是令人激动的。首先，他不是单方面地对待所谓"好人"的党，托利党。在过去发给驻伦敦公使的一份指示中，他曾教育这位公使："我完全明确地认定，说托利党和辉格党的名称代表着某种可以准确定义的思想的说法，可以休矣。当我思考这些政党在实践中是些什么党，我会发现，谁说托利，就是在说保守。而辉格党，鉴于该党分为保守者和激进改革者两派，因此也绝不是这个名称所表现的那样。在这种关系中，托利党人在与其对手的比较中有着道德上的优势，但是这种优势却因托利主义者分裂为温和派与激进派而大为减弱。如果想找出在一个温和的托利党人与一个保守的辉格党人之间的区别，从我的视角看，那是在做毫无目的的事情。"这两个党的区别，"不在于他们想要做什么，而在于用什么方式去达到他们的目标"。[26] 一个崇尚空想的理论家是不会这样说话的。

846

新闻与公众意见

　　梅特涅在英国看到了公众的意见可以自由地发展，而他则尽量深入阅读所订阅的大量报纸。在流亡地，他甚至参与到英国意见市场的公开讨论之中。在写给他女儿莱欧蒂娜的一封私信中，他坦承了自己是如何理解新闻政策的。

> 形势为我创造了一个理性的先驱角色（我找不到具有同样意义的、其他的合适表达方式），从中出现了一个我认为在英国的年鉴中没有先例的事实。人们称之为公众意见的并且又可以向他们施加影响的第一批报刊，是些大的日报和期刊，它们可以供我使用，为了了解在《泰晤士报》，特别是在《纪事晨报》（*Morning Chronicle*）中，对重要问题的观点的完全彻底的变化，只要看一看这些报纸就足够了。我给你寄去一期《评论季刊》（*Quarterly Review*），这是最重要的一份季刊，所有的图书馆都值得给它留一个位置。你在其中会看到两篇文章，一篇是《奥地利和德意志》，是按照我的口授写的，另一篇说的是意大利的事，是在我的影响下写的。通过阅读这些文章，你可以确信，在这个国家中，真理在为自己开辟道路。"见证"是我在公众舆论中作的一个尝试，但是这个尝试不太长，因为用法语写的报纸过于昂贵。[27]

如果认定，梅特涅在英国公开的政治生活中非常的引人注目，那是一点也不夸张的："我在英国的露面和表现，对那些围绕在我身边的保守党人群立马有了效果。"而他为此所利用的工具就是新闻界的报刊。尽管他之前就对英国有着非常详细的了解，但是，在这里他有如此大的行动空间和可能性，也着实让自己惊讶不已。梅特涅的"观点和情感"写进了《泰晤士报》、《纪事晨报》和《评论季刊》。在对意大利和匈牙利争夺的最关键时刻，他在这些报刊上发表了他的意见。一些人如迪斯雷利在议会中阐述了梅特涅的理由，以此为基础，《泰晤士报》每天都会报道对梅特涅观点的反响，而这些报道中传播的，正是梅特涅的判断。[28]

　　尤其是迪斯雷利，他特别敏锐地注意到，梅特涅在他自己创立的报纸项目《伦敦观察家》(*Spectateur de Londres*) 失败之后，在英国新闻界建立了一个网络，[29]梅特涅拥有了一批对话伙伴，他们实际上将他的文章隐姓埋名，然后刊登在各种不同的报刊上。这一方面是由于爱德华·切尼（1803~1894）——他曾将巴麦尊的政策当作和平的障碍加以批评——他用一种完全现代的风格对梅特涅搞了一系列采访，并且提出了就是今天我们也愿意向国务首相提及的问题。同样做的还有特拉弗斯·特威斯（1809~1897），他在《评论季刊》上发表了出自梅特涅之手的关于德意志各邦的匿名系列文章，在文章中，他特别深入而详细地解释了对于英国人来说非常难以理解的哈布斯堡皇朝复杂的组成和架构。

　　迪斯雷利对梅特涅的崇拜，简直可以说是狂热的，并且他将其视为自己的导师。他感叹与梅特涅进行的"绝妙非凡的访谈"，在谈话中，作为"教授的梅特涅"给他提供了一个关于欧洲事务当前局势的杰出的讲解，他从未听到过有人用这样令人喜欢的"阳光"方式，作出如此智慧和精彩的阐述。[30]梅特涅回到维也纳之后，与所有这三位作者都保持着定期的通信联系。1859年5月最后一封出自梅特涅之手、没有写完因此也没有发出的信，是写给特拉弗斯·特威斯的。[31]

73

布鲁塞尔，1849~1851——也是一种幻景：梅特涅对自由派经济政策受阻前途的回望

　　梅特涅怀着沉痛的心情离开了英国。那里"对于一个人口众多的家庭来说，不是一个久留之地"，他这样说道，而且指的是，在伦敦的生活对于他的经济状况而言，从长远上看过于昂贵。[32] 因此他迁移到了布鲁塞尔，从 1849 年 10 月 11 日到 1851 年 6 月 9 日，他一直逗留在那里，他对比利时有着许多美好的回忆。我们知道，他们这个家庭为这个国家贡献了许多——先是父亲作为派驻布鲁塞尔的大臣，然后是儿子在反拿破仑战争期间，与卡斯尔雷共同争取重建尼德兰的独立。七月革命之后，他又支持比利时建立自己的国家，并且帮助利奥波德·冯·萨克森 – 科堡 – 哥达，作为比利时新的加冕国王利奥波德一世登上大位。而这位国王，现在则恭恭敬敬地欢迎这位来自伦敦的流亡者。

　　在梅特涅的一生中，这次逗留是非常奇特的一站。因为他原本一直期待着得到维也纳向他发出的现在希望他回归的信号。然而什么也没有发生。他在精神上也处于一种飘忽状态：直到 1848 年 3 月 13 日，他还在代表着的旧奥地利在他看来是没落了，它的现在以及当前的生活状态被革命掌握着。同时他仔细地关注着奥地利未来会表现成什么样子，还不确定但是非常必要的是，未来要对德意志问题以及对哈布斯堡皇朝内部的宪法状况作出规范。对这两个问题他都有着非常清晰鲜明的设想，对他来说是带有预测的性质。在这不到

两年的时间里，梅特涅与三月革命之前政府的财政专家卡尔·冯·屈贝克男爵，进行着令人难以置信的深入的思想交流，即就两个核心问题——德意志问题和奥地利宪法问题——进行原则性的而又知识渊博的探讨。

1840 年 11 月 25 日被任命为宫廷财务署总管的屈贝克，在卡尔姆 - 马梯尼茨去世后，逐渐发展成为国务首相政治上最为重要的及思想上的志同道合者，他们之间的信任已经发展到梅特涅在给他写信时用"牢不可破的友谊"来结尾——与梅特涅对待其他政治家相比，这是绝无仅有的。[33] 这种信件往来具有三个重要目的。

第一，它可以让梅特涅在思想上作自我澄清，并运用各种疗法去改善自己的生活状况。

第二，可以制止他对奥地利命运的担忧，被动地忍受现时发生的事情，他得用他的建议继续积极地介入政治讨论，就如同他在英国已然做过的那样。而屈贝克是一个合适的写信对象，因为弗朗茨·约瑟夫一世皇帝任命屈贝克为四人临时委员会成员，于 1849 年 11 月 30 日至 1850 年 9 月 30 日，在德意志问题没有新的解决方案之前，这个委员会接替了被帝国流放的约翰大公爵的职务。[34] 通过这种方式，屈贝克进入了普鲁士与奥地利之间重新开始的关于宪法讨论的核心圈。1851 年 12 月 5 日，皇帝任命屈贝克担任新组建的帝国议事会主席，这样，他就获得了一个极具影响力的地位，因为这个机构是作为与大臣会议并行的顾问机构而设立的，皇帝可以视具体情况随意与哪个机构打交道。这位君主直接倾听屈贝克的意见，并且同意了他的建议，一步步地逐渐收回 1849 年的"三月宪法"。直到他于 1855 年 9 月 11 日去世，屈贝克在内政上都占据着关键的位置。对于梅特涅而言，他是一个可以向其提出建议的、最为理想的谈话伙伴。

第三，他可以利用通信为他的政策作出辩解，驳斥对"梅特涅体制"的说三道四。1848年3月13日，国务首相现身于聚集在相府宫殿前愤怒的游行示威者面前，他们大声指控他是"阻碍进步的万恶之源"。[35] 对于这一点，梅特涅试图用他1848年的经济财政政策建议加以反驳。这位老国务首相从未在其他任何地方，像在专家屈贝克面前那样如此精细地作出过自我解释。

由于受到"空想家"这种陈词滥调的吸引，人们很少注意到梅特涅政策的这一面，而是更愿意接受西尔比克的判断，说梅特涅"脱离人民"，从未准备"从社会最高层的氛围中放下身段，亲身去认识一下广大群众的需要和追求"。[36] 我们已经看到，仅仅通过亲自管理他的葡萄种植园—葡萄酒庄、农庄和炼铁厂，就完全可以排除这种说法。他也一直向他的听众说教，说自1789年以来的革命，都带有社会原因的烙印。然而鉴于当前在革命中表达出来的对他的偏见，梅特涅认为，仅仅就他余生所剩的时间而言，对这些指控进行反驳也是合适的。

他指出了已经错过的机会：科罗福拉特的利益政策及其官僚主义让他坐失良机。哈布斯堡皇朝上层在经济和财政政策上，不像普鲁士自1806年以来有了一些改革派官员。奥地利虽然在约瑟夫二世治下比普鲁士先进，但是现在，国家的精髓已消耗殆尽，其政府核心运作停滞不前——缺少像施泰因、哈登贝格和洪堡一样的人物，而是只有像科罗福拉特、埃希霍夫以及赛德尼茨基这样的人在掌握权柄。在此，必须要思考一下梅特涅在作分析时，作为革命运动造成的难民，他是多么小心翼翼地用许多费解的措辞和复杂的句子，才能表达自己的真实意思。如果他还想要回到维也纳，就不能公开地与还具有影响力的皇室和官员们算账。他从未让自己牵涉到私人论战中去，即使与那些伤害过自己的人也没有，这也不是他的风格，因为即使在最为私密的记载中，比如当着他夫人梅拉妮的面，他也没有说过他最主要对手的坏话，相反，他的夫人在其日记中则口无遮拦，因此后来在她的日记将要付梓时，招致宫廷出面干涉，要求删节，这个情节我们前面已经看到了。在写给屈贝克的信中，由于要交换的想法的性质过于敏感，梅特涅总是预防性地注明"仅供您本人阅读"、"一人看"或者"保密"，而且最好是由可信赖的人来送达这些信件，比如当他的管家从维也纳动身之时。有一次他甚至在信的结尾写上了这样的话："阅后即焚。"[37]

　　他对奥地利当局的主要指责是，没有执政，没有行动，只有管理。[38] 令人惊奇的是，他对1848年之前政府错误的批评切中了要害。在梅特涅看来，评判他的政策最重要的是在两个方面：在回顾"三月前"时——自从1848年以来人们都这样称呼三月革命前的时代——他反驳对他的诋毁，说他从一个篡夺了一切的、"有君主一般至高无上权力"的情况出发，去采取行动，然而现在一切罪责都要他来承担。梅特涅固执地认为，在内政上，他既没有负责过，也没有过这方面的权力。[39] 弗朗茨皇帝去世之后，是由于科罗福拉特才导致了政府的瘫痪。在他看来，科氏既无执政能力又无执行意志，如果让他（梅特涅）来负责的话，这些能力则是都具备的。他认为财政管理部门的不作为，是他们所犯的最为决定性的错误——而他所指的一直是科罗福拉特，说他犯了"玩忽职守罪"。

　　他的信友屈贝克确认了梅特涅观察事物的经济眼光，"达到富裕的真正源泉——即劳动——的条件也只能是财产和资本，然后是能够获得这两者的意愿"。"没有私人信用就没有农业的、加工的以及营利的产业，而没有国家信用，权力就不可能持续地巩固。"[40] 他说，与此相反，当前是由私人利益集团的、毫无活力的政治在进行统治。我们还记得由科罗福拉特所代表的波希米亚贵族谋求逃避提高财产税的努力，而虽然本身也属于贵族这个范畴的梅特涅，则与他们相反，他剑指"大地主们现存财产的价值"。他说，如果想要实现绝对必要的、提高帝国收入预算的目的，就必须向这些财产动手。[41] "找到使需要活跃的事物活跃起来的真正的自由主义［！］思想空间"的机会被错失了。[42] 如果自由主义被正确理解了的话，梅特涅本身绝不会拒绝它。

在他看来，假如不是促进了关乎"生死存亡的弊端"的丛生，革命或许可以饶过奥地利。屈贝克提醒梅特涅，他们两人在国务会议上是因为什么败给了大多数人，他列举了整整一份在内政上应当采取却没有采取的措施的清单：在中央政府集中职能权限；在全国范围内对行政管理进行目的明确的重组；对司法和武装力量的改革；对等级代表制的名额与权利的和谐化；对"贵族大地主的冷漠无情以及政治上目光短浅、头脑狭隘"的斗争；消除农民的生活难以为继的状况；等等。总之，不一而足。真正引起注意和让人感兴趣的，是一个后来没有成功的意图，即颁布一部法律，"一部宣布让一方卑躬屈膝、俯首听命的状况，改变成私法中的简单关系，改变成债务人和债权人、劳动者和雇佣者之间的简单关系，使他们之间产生的争端从政府机构转由法院审理解决，最终形成在法院参与下的、按情节决定偿还或履行债务或承担责任，进而厘清争端双方权利的法律"。梅特涅本身就曾自愿以他在约翰尼斯贝格的葡萄酒庄为抵押，达成过这样的履行偿还义务的协议。[43] 然后，年迈的宫廷财务署总管还补充道："这些建议还被放在被推翻了的政府的档案室里，既没有被认真考虑过，也没有实施。"[44]

梅特涅毫无保留地明确赞成这份清单，同样也同意要提出实实在在的具体方案："对所有这一切都多次地作出了建议，却都止于惰性。"在寻找过去的文件时，梅特涅还发现了屈贝克

852

1834 年的一份报告，报告说明了两人在关税同盟问题上均持赞同意见：尽管在开始的时候会造成一些物质上的损失，但是两人都同意加入关税同盟。[45] 屈贝克还具体提到了梅特涅当时的一项建议，即他在 1844 年一个备忘录中写明的对匈牙利的国家发展直至工业化的改革方案。[46] 梅特涅在经济政策上的信仰，恰恰与德意志经济自由主义的教宗弗里德里希·李斯特相一致，这一点我们已经知道了。于他而言，对过去的主要指控，当然是集中在中央于内政和外交领域令人窒息的政策分裂上。梅特涅自己重新再建了"梅特涅体制"的神话——至少对于弗朗茨皇帝去世以来的这段时间是这样的——他的话是：

> 对这些问题只有一个答案是合适的，而这个答案存在于整个欧洲的，甚至连奥地利自己都未认识到的，当然自己也未必理解的事实之中，即我们的帝国自从弗朗茨皇帝过世以来，没有政府。国家这辆破车，在获得与其相符的动力的作用下，缓慢前行，如果迎面给它一击，它就会停滞不前。我在这种缓慢前行中所扮演的，不过是个稻草人的角色。由此来说，旧的大厦不是出于内部的虚弱无力，而是出于对有责任维持这座大厦的权力，缺少谨慎使用的态度而坍塌。[47]

另外一个判断更加令人吃惊：梅特涅发现，在革命过程中，才有机会进行改革，而没有革命，也就不会有这样的机会，但恰恰是奥地利政府在 1848 年坐失良机！"皇室政府完全可以很好地利用革命来进行所需要的改革，可以找到现成的所需要的新领域！"而政府却没能"利用那些为它从天而降的自由"。[48]

第十六章

"在观测台上"：
暮年在维也纳，1851~1859

过渡时代的政治：从欧洲革命到组成民族国家的战争

梅特涅虽然在 1850 年就从那桩不可名状的公帑诉讼案中解放出来，但是，直到年轻的弗朗茨·约瑟夫一世皇帝的一道谕旨发布，才让这出由妒忌和小家子气的复仇心理所推动的、可笑的滑稽戏画上了句号，并使得年迈的国务首相在 1850 年底得到了退休金，同时解除了对他的财产的抵押。但是，回维也纳的路，并没有因此而变得畅通无阻。他怀着强烈的渴望等待着对他的邀请，无论这个邀请是来自总理施瓦岑贝格还是来自年轻的皇帝。然而，什么都没有发生。

不能将这种冷淡态度仅仅归咎于对梅特涅本人所怀有的敌意。1848~1851 年，在经历一场严峻的考验之后，哈布斯堡皇朝正处于困难的过渡时期，1848 年关于整个帝国将分裂成为三到四块的预测，并非完全不现实，进行的各式各样宪法形式的实验，也同样是极端的冒险，而人们永远也不敢肯定的是，这一切会不会以一场各民族之间的内战来告结。在陆军元帅——如曾经抵抗拿破仑的温迪施格雷茨和拉德斯基——领导下的军队，有时成了维持整个国家唯一的手段。此外，由于法兰克福的宪法计划和统一计划，这个国家从而还受到了分裂为一个德意志部分和一个非德意志部分的威胁。在这种背景下，政治象征性人物"梅特涅"可能会被理解成一个不可预测的风险、一个错误的信号。再加上自 1849 年夏季以来，施瓦岑贝格就目的明确地在奉行一种新专制主义，当 1849 年被强制接受的"三月宪法"废止时，他还成功地使 1851 年 12 月 31 日所谓的《除夕特许令》（Silvesterpatent）得以贯彻。而且在维也纳，人们也不能百分之百地肯定，梅特涅是否真的会放弃任何的政治活动，虽然他一再信誓旦旦地保证，但是他从伦敦写的大量信件以及他提出的种种建议和行动，指向的却是另一个方向。

只是在梅特涅明确提出了要求，以及在皇太后索菲大公爵妃的赞同下，梅特涅才得到了皇帝的平反昭雪，颁旨允许他返回维也纳。这样，他才于1851年6月9日结束了客居生活，离开了布鲁塞尔。

第一站是前往久违了的约翰尼斯贝格，看起来，它在革命的骚乱过程中被拿骚没收了。[1] 1851年6月11日，一家人抵达了那里。这一年的秋季，全家人又回到了维也纳，他们担心的梅特涅的名声会由此受到损害，没有发生，正相反：他到处受到邀请，人们向他征求建议，年轻的皇帝也经常驾临他的住处。梅特涅又可以在他熟悉的氛围内，继续从事他在伦敦就已经进行的事儿了。在他的遗存文件资料中，1850年代的报纸和报刊剪报汗牛充栋，这些资料说明了这位精神矍铄、头脑清晰的老政治家时刻在追踪着所有重大的时代问题，并且从他那我们现在已经熟悉的政治坐标系的视角出发，去作出评判。他反对对帝国进行新专制主义式的重建，与从资产阶级反对派脱颖而出的新晋大臣亚历山大·冯·巴赫针锋相对。他与屈贝克定期交换看法，这位帝国议事会成员也作为幕后的实权派在后台起着作用。

坚持这种意见显然是没错的，即梅特涅在英国的流亡学习时期结束后，尽管年事已高，却仍然坚持己见、不忘初心、不改初衷，尽管他仍旧以极大的忧虑，关注着沙皇俄国与奥斯曼帝国之间的冲突。克里米亚战争向他表明，1815年的维也纳体系已经失效，俄国的政策仍然处在1820年代以来同样的扩张道路上，保住奥斯曼帝国事关生死存亡，这一点依然没有改变。但是梅特涅不仅仅只是在旧有轨道内活动，还对一切新的事物都表现了极大的求知欲，比如对开始筹建的苏伊士运河。1850年代，梅特涅政治活动的光谱更为五光十色、丰富广阔，他在人生的这个阶段也正处于一个"观测台上"，可以为视线打开新的领域并且保证视野开阔。这之前，他"在被翻掘得乱七八糟的平地上屹立了半个世纪"，使得他"在冰冷坚硬的政府事务中"，很少能和气可亲地表达自己的真实感情。[2] 而现在在沉思冥想的静默状态下，他可以从自己丰富的阅报以及与四面八方大量的通信中，始终汲取新的氧料，并且使他对每天发生的事件保持着敏感的兴趣，令人惊讶的是，直到他生命的最后时刻，他还在关心和评价着时局的发展，这些评论足以成为一本独立书籍的素材。

在家庭生活中给这位业已八十的老人最后一击的，是他的夫人于 1854 年 3 月 3 日去世，享年 49 岁。恰恰是她，在过去的这些年头支撑着这位难民和流亡者。吊唁者表达了超乎寻常的同情，包括普鲁士国王和涅谢尔罗迭。这些同情证明，暂时的贬谪，或者害怕公开对这位返乡者有所表示以及与他交往，变得完全无效了。[3]

在他漫长的一生快要终结时的一个插曲，特别适合再一次非常典型地刻画他在 1850 年代的活跃程度，这与他最关切的问题息息相关，他担心自己奠定的维也纳体系将随他的逝去而终结。

奥地利—意大利战争，他政治告白的最后试金石 （1859 年 4~5 月）

在他生命的最后时间里，由于向撒丁尼亚－皮埃蒙特王国发出的一纸荒唐的最后通牒，这位年迈的首相不得不眼睁睁看着奥地利因错误的外交政策走到战争的边缘，却没考虑过战争可能失控的风险。1859 年 4 月 19 日，政府在都灵发出了一封最后通牒，要求撒丁尼亚王国在三天之内解除武装，否则奥地利将动用战争手段。得到的答复不出所料：最后通牒被拒绝了。因此，奥地利军队于 4 月 29 日开进了皮埃蒙特。这样一来，哈布斯堡皇朝就自然而然与法国处于战争状态之中（使人们好像想起了第一次世界大战爆发的情景），因为撒丁尼亚与法国之间签订的 1858 年《普隆比埃秘密协定》，将盟国出现需要互助的情况定义为：如果奥地利军队进攻撒丁尼亚，法国则必须给予支援。

梅特涅看到他的欧洲政策的基本原则受到了不可饶恕的损害。令人感到荒唐的是，法国方面恰恰再一次激活了"欧洲协调"的原则，这些原则正是维也纳秩序的实质，而现在却被奥地利的政策所否认。在电报时代，信息交流在几个小时之内就可以完成——不得不说，万幸——而以前从维也纳到圣彼得堡则需要两到三个星期。1859 年 4 月 29 日，奥地利军队开进了皮埃蒙特，同一天［！］法国驻圣彼得堡大使蒙特贝洛公爵路易·拿破仑·拉纳（Louis Napoléon Lannes, Duc de Montebello），就去找了驻那里的普鲁士公使奥托·冯·俾斯麦。俾斯麦当天就将与蒙特贝洛公爵的谈话内容写成电报，并于同一天发到了柏林。电报的行文令人惊讶地想起梅特涅 1826 年关于希腊—东方危机可能引发欧洲大战的考虑。[4] 电报赋予俾斯麦以及普鲁士政府一个欧洲和平意义上的角色，自 1815 年以来，梅特涅就成功地担负着这样的角色。电文的内容真的非常适合作为梅特涅在其生命末期的政治信仰宣言来聆听，虽然其基本思想源自一位外交官，这位外交官的父亲曾经属于拿破仑最为亲密的朋友，并且为了拿破仑，于 1809 年作为法军元帅在阿斯佩恩之战中阵亡。电报中说道：

> 蒙特贝洛公爵促使我在未接到国内指示，但是鉴于他熟悉拿破仑（拿破仑三世）的观点的情况下，斗胆秘密地询问国内，如果法国能够保证在任何情况下都会尊重邦联

857

的边界，包括奥地利的边界，我们是否准备通过互换照会来确保中立。在他看来，这是不让战争带来损害、保证奥地利的德意志省份的安全，以及保证来自俄国方面和平的唯一的，也是安全的方式。按照他的意见，没有这样的约定，已经爆发的战争将会席卷整个欧洲，并且危及所有现存的一切情况，这些看起来已不可避免。就像英国公使认为的那样，俄国以及英国持有同样的意见，而且它们似乎倾向于为这种约定进行担保，因而现在将决定权和责任推到了我们手里。[5]

大使对中欧危险局势的估计完全正确，因为在德意志内部的公众舆论中，与法国进行战争的民族情绪已经被煽动起来，并且引发了一场大讨论，即这种情况是否就是德意志邦联已经遇到了履行同盟和战争互助义务的情况；如果邦联的边界受到了侵害，邦联必须站在奥地利一边，出兵参战。这种说法虽然不够准确，因为《德意志邦联法案》只规定了是在防卫的情况下进行战争互助，但是，在民族荣誉被损害，以及需要捍卫像正在流行的口号中所说的"德意志的屁股"时，谁还那么咬文嚼字地去认真研究条款的细节呢？[6] 当务之急是让战争升级的温度降下来，俾斯麦的态度与从前梅特涅的态度是一样的：他保持了冷静的头脑，并且坚持要求德意志邦联在冲突中保持中立的立场。

此时，在外交的聚焦城市巴黎，亚历山大·冯·叙普纳正在为奥地利而紧张地忙碌着。自1833年供职相府以来，他就受到梅特涅的特别信任，[7] 经过培训，他的顶头上司很愿意使用他作为外交信使去完成特殊的使命，叙普纳也经过考验，最终获任驻巴黎公使。他经历的战争爆发的情景与梅特涅1809年所经历的过程几乎一模一样：作为公使他热盼着

0859

梅特涅的最后遗照，摄于1850
年代末

被召回（并于 1859 年 5 月 4 日离开了巴黎），5 月 6 日晚
他就抵达了维也纳，并前往外交大臣布尔伯爵处，接着觐见
了弗朗茨·约瑟夫皇帝，然后赶往跑马路的梅特涅官邸。梅特
涅立即将他引到小会客厅里，在这里，叙普纳还能感觉到上午
皇帝来访后，引起的这位老国务首相难以平复的激动情绪。于
是，这位老国务首相就势顺带着向他讲授了一堂历史和外交
课。他谈到了他"多年以来从未放弃的、在大国之间保持和谐
的努力，以及如他所说，如果这种和谐受到了威胁，就要一直
寻求建立一种'谅解中心（centre d'entente）'。正是这种做
法，成功地保障欧洲享受了 33 年的和平。"[8] 这番表述也正是
梅特涅的自我画像。叙普纳得到的印象是，因战争爆发所产生
的激动情绪，以及战争过程造成的紧张，夺走了本已虚弱的梅

特涅最后的生存力量，而对于梅特涅来说，过去与现在，再一次以奇特的方式在他行将就木之际连接起来，因为当前在意大利，过去与现在战斗在同一块战场上。输掉了马坚塔之战（Schlacht von Magenta）的陆军元帅海因里希·冯·黑斯男爵（Heinrich Freiherr von Heß），1809 年就曾参加过阿斯佩恩和瓦格拉姆会战，并于 1813 年在莱比锡参战。现在梅特涅得知，这位元帅当时还没有出生的两个儿子理查德和鲍尔，正在同一个战场上战斗——当时，1809 年，如同现在一样，都是错误政策导致的战争后果。

5 月 25 日，最后这一天叙普纳是与梅特涅一起度过的，陪同梅特涅在他位于跑马路别墅美丽的后花园散了一会步，并又将梅特涅带进了热烈的、富于启发的谈话中去，围绕的还是战争与和平的问题。梅特涅一再向他的旧部重复了这句话："我是制度的一块岩石。"当叙普纳向已经成为朋友的梅特涅告别时，出现了他用令人动容的、使人感到很有文学意味的语言记录下的一幕。就像永远烙印在叙普纳的记忆中一样，也值得在我们的男女读者，也就是您的内心中将这一幕复活。梅特涅生命消逝前的一幅照片，似乎也定格了这种印象。

860

> 我已经在身后关上了门，为了再看一看这位伟大的国务活动家，我又将门打开。他坐在他的写字台前，身体坐得笔直，手中握着水笔，目光向上，沉思着，冷峻、骄傲、优雅，就像我以前在相府中经常看到的一样，在权力的光芒中熠熠生辉。我自认为这几天看到的死亡的阴影，在他的面容上已然不再。一缕阳光照亮了房间，反光使他高贵的脸容光焕发。过了一会儿，他发现我还站在门框里，遂用真挚的欢快心情，长时间注视着我，然后转过身去，用不高的声调轻言道：制度的一块岩石。[9]

作为"一个旧时代延续"的梅特涅的葬礼

1859 年 6 月 11 日，星期六下午，梅特涅在他位于跑马路的别墅中"安详而无痛苦地去世"，《奥地利日报》这样报道说。[10] 梅特涅获得了圣葬规格。除了至亲家眷之外，他的私人医生耶格尔博士、保尔·埃斯特哈齐侯爵、门希－贝灵豪森伯爵（Graf Münch-Bellinghaugen）以及前特兰西瓦尼亚事务署总管约西卡男爵（Baron Josika），在他离世时守候在床边，在 1848 年梅特涅逃离维也纳时，约西卡男爵曾给予了他有力的支持。梅特涅的儿子理查德和罗塔尔也立即动身，离开位于维罗纳的指挥部，并于 6 月 14 日凌晨抵达维也纳。

葬礼于 6 月 15 日举行，记者报道说，这是"长久以来，此地看到的最为庄严宏伟的葬礼之一"。[11] 现在，维也纳的高等贵族们终于可以向这位为他们的生存作出过巨大贡献的国务活动家表示崇高的敬意了，整个皇室几乎全体出动：弗朗茨·卡尔大公爵、路德维希大公爵、阿尔布莱希特大公爵（Erzherzog Albrecht）、莱纳大公爵、西吉斯蒙德大公爵（Erzherzog Sigismund）以及路德维希·维克多大公爵（Erzherzog Ludwig Victor）均出席了葬礼。

御前总领大臣卡尔·列支敦士登侯爵与各皇室卫队和弓箭手卫队的一部分，排列其中，后者是匈牙利王室的贴身护卫。参加葬礼的还有枢密顾问、宫廷名誉侍从参议、宫廷膳务总管等，他们均身着各式各样的军礼服。人们看到普鲁士侍从武官的军礼服，教宗使节和希腊神父的礼服，阿提拉（Attila）——一种匈牙利贵族的皮革外套——以及方济会和多明我会修道士的圣袍。

除却皇室的、紧密的小圈子里的人之外，还可以看到瓦萨（Wasa）和符腾堡亲王，陆军元帅温迪施格雷茨伯爵、弗拉迪斯拉夫伯爵（Graf Wratislau）、豪格维茨伯爵、图尔恩与瓦尔萨西纳伯爵（Graf Thurn und Valsassina），还有众多的将军与内阁成员，如大臣布尔－绍恩施泰因（Buol-Schauenstein）、雷希贝格、布鲁克（Bruck）、亚历山大·冯·巴赫、图恩与纳达斯迪（Thun und Nádasdy）、托根堡骑士（Ritter von Toggenburg）以及肯彭男爵（Baron Kempen）。地方长官与总督队列中有洛普科维茨侯爵（Fürst Lobkowitz）、门希－贝灵豪森伯爵、约西卡男爵、骑兵上将瓦尔莫登伯爵，以及地方议会议员与社会名流显要。

在社团队列中出席的有全体外交使团，其中包括教宗使节、外交部全体成员，以及东方科学院院士、皇室、宫廷和国家档案馆成员与玛丽娅·特蕾莎骑士团成员，梅特涅曾是该骑士团的执行长。

灵车是一辆六驾马车，周围由骑士团旗和纹章擎旗手环绕，走在神职队伍的前面。在乐队的伴奏下和昂扬的钟声里，紧跟着的至亲家属，走在最前面的是两个儿子理查德和罗塔尔，然后是桑多伯爵（Graf Sandor）、齐希伯爵（Graf Zichy）、瓦尔特施泰因伯爵（Graf Waldstein），再后是私人医生以及家族的管理随扈人员。

死者对欧洲的重要性再一次引人注目，因为他所有的勋章、奖章被展示在灵柩后面的七个枕头上。在第一个枕头上展示的是皇帝颁发的金羊毛骑士勋章，在后面的六个枕头上摆放着其余45枚勋章和19枚大十字勋章。除了英国的嘉德勋章外，梅特涅荣获了欧洲的各大勋章。

卫队和内廷守卫作为仪仗站立在圣查理教堂[①]中，分列两旁，逝者在此接受祈祷。圣查理教堂建于1716~1739年，也

---

① 也译圣卡尔教堂。

就是建于梅特涅的祖父约翰·胡戈·弗朗茨（Johann Hugo Franz）的时代，是阿尔卑斯山以北最重要的教堂之一，这座教堂为整场出殡礼蒙上了一层传统的庄严气氛。圣查理教堂前的广场由骑警封锁，封锁线外，聚集着约 500 辆停放的马车。

862 　　如果说维也纳会议是旧欧洲皇（王）室社交圈的最后一次盛大聚会，那么，现在给人的印象是，这是旧欧洲皇（王）室经历的最后一次盛大的宫廷葬礼。在这个葬礼上，人们不仅为一位最重要的政治家送行，其漫长的一生超过三分之一的时间是在那个古老的帝国中度过的，而且看起来也像是这位政治家将这个帝国送进了坟墓。令人惊异的是，西尔比克却对这个葬礼三缄其口，只字不提。象征性的仪式以及整个葬礼过程安排所显示的力量，是不能小觑的，这种力量在梅特涅的葬礼中更是与葬礼主人的一生历史性地联结在一起，自此以后，这种安排只能在哈布斯堡皇室成员的葬礼仪式上得以延续。当时，对于同时代人来说已经是衰落的事务，梅特涅则将其描写成"帝国事务的旧历史秩序"，[12] 于他而言，这种旧历史秩序还继续存续在哈布斯堡皇朝的组合国体之中。由于他根植于旧帝国，因此可以较其他人更好地理解 19 世纪的奥地利皇朝的这种国体所具有的独特性。

　　参加葬礼和观察葬礼的同时代人，均得到了同样的印象。一位记者同时也是见证人，将这种印象用文字记录下来："梅特涅侯爵之死，在此地被普遍看作旧的时代被迁走，有如一种宿命的终结。那是一个四十年和平的时代——新的努力必须再一次摆脱同样的命运。但愿它能尽快成功！"[13]

　　虽然从传统上说，已经从这个时代陨落的政治家的形象，还将一直与梅特涅联系在一起，但是本传记说明，他已经超越帝国传统，到达了 19 世纪的现代社会中。他懂得去分析新时代的问题，深入地看到了社会的变动，并且确定了自己的新立场，进而从这种新立场出发，试图去适应"现代实验室"的挑战。他绝没有像其同时代的等级同仁如奥古斯特·冯·德尔·马维茨（August von der Marwitz）那样，去诋毁和妖魔化市场的力量，以及工业化和技术的进步。像他所感觉到的那样，他立足于两个时代的交替之间，他认为自己或者出生得过早，或者出生得过晚，就他本人而言，他更愿意在 20 世纪长大。[14]

他置人的自然属性中的所有怀疑于不顾，以及在面对这种人性的"弯曲的木头"（康德语）时，并没有宿命地在当时的危机中沉沦。危机对于他并不意味着毁灭，而是一个过程的痛苦阶段。那是"一段令人厌恶的时期"——"une période abominable"，但是这段时期会过去，使人们可以按照"力量蕴自法理"的箴言，在遥远的将来重新和平地生活。他的传记作者可以在他自己已经作出诊断的、他本人所处的过渡局势中追踪着他。由此，我才可以让他以一个"出自前现代的后现代人"的面貌，展现在世人面前。

863

结　语
梅特涅：出自前现代的
后现代人

著名的文学批评家马塞尔·莱希－拉尼奇（Marcel Reich-Ranicki），习惯在其77集的电视节目《文学四重奏》（*Literarische Quartette*）中，用稍加改编的布莱希特的话作为每一集的结束语："我们看到，涉及自己。大幕落下，问题依旧。"我可以想象得到，男男女女的读者在与梅特涅进行了这么长的时间之旅后，肯定对找到一段简明扼要、言简意赅、浓缩成精华的白纸黑字，并且确确实实可以带回家去的文字感兴趣。当然，导游也不想在主人公一死去，就一言不发地与大家告别，因为笔者认为，对一本书的阅读可以结束，但是，如果这本书能够提供可以继续就梅特涅的话题，以及他那个时代的问题进行思考的足够多的挑战，那么，对本书素材进行的讨论就没有完结。一部传记的魅力在于，在一个陌生人的生平中，重新找寻到自我认定的因素。去引导读者的目光，虽然不是笔者在这里的任务，但是，结语可以帮助我们去确定一个19世纪最具争议的政治家，放在当下，对问题和议题会说些什么。这位"战略家和空想家"的特征，能够起到光束的作用，将一处陌生的领域重新照亮。

我们的目光应该首先关注到人们政治生活的基础，关注到国家和宪法，这是激发和挑战梅特涅终其一生要思考的问题。他是按照是否适合一个国家的国情来评判一个国家的政治宪法的。因此，他也没有固定在某一个特定国家的宪法上，如果这个宪法能保证实现他们家族纹章中的箴言"力量蕴自法理"的话。这句箴言概括了一个国家应该给予其国民的基本保障，法理在这句箴言中代表秩序，秩序则将暴力的专制排除在外，并且提供给个人在其中可以改善自己生活的保护空间，这包括个人精神的、经济的、教育的、科学的自由，以及国民的个人发展自由。这种法理必须根植于传统之中，否则它就会是专制的化身。在这句箴言中，力量代表保障国家秩序的一切，它可以是警察或者军队的执法与执行权力，也可能意味着一种社会中存在着的社会道义，是一种在多数原则中的自我确信，这种多数原则懂得不使用暴力就可以拒绝对秩序的伤害。这样一种秩序是如何起作用的，梅特涅在伦敦的大街上已经见识过，那里的人们对社会的激进行为保持着健康的人类理智。

在这样一种普遍意义的背景下，英国的宪法是自从《自由大宪章》和一系列像梅特涅在 1794、1814 以及后来的 1848~1849 年所经历过的血腥战争形式以来，最具典范意义的。他赞同英国中产阶级的价值观，按照这种价值观，自由比平等更重要。在由"力量"统治的英国，他感到安全，不惧怕新闻界，甚至还积极地参与其中。公众意见中以及议会中的争吵使他兴奋活跃，并且在他看来，产生了可以从政治集体的力量出发，将冲突利用为方式和途径，从而达成促进性的妥协。这种模式本身对于他而言之所以是模范性的，是因为它反对任何的激进行为，以及反对想让世界幸福的或者要占领世界的偏激狂热。这对于他来说，是活生生（实现了）的幻想，在欧洲大陆上，这种幻想只能作为远期目标，要经过几代人才能实现，因为那里缺少一切必要的条件：资本、教育、崛起的意愿以及——是的——冒险精神。他可以在自己的小邦国中——在莱茵河畔、在波希米亚以及在维也纳他的产业范围内，得心应手地进行这种实践。像他这样思想灵活、对未来持开放态度的人，可以摆脱所继承的帝国传统的束缚，却可以为了其一生的战略，来汲取隐藏在传统中的沉稳的力量。在已经习以为常谈论"传记的错觉"（皮埃尔·布迪厄语）的地方去观察密实程度，这可能与传记故事的方法讨论相违背。梅特涅那受到那个时代所有可能的灾害强烈震撼的一生——革命、战争、激进主义、自己家庭成员接二连三几乎不断的去世——仍然指明了它是合乎逻辑、顺理成章的，这种顺理成章使得笔者在看到它的第一眼时，感到迷惑，在看到第二眼时，感到好奇，那是一种什么样的指南针，让人能够如此执着地、一心不二地跟随着它？

"我真的愿意当一个英国人"，这种表白于他来说是虚拟式的，是作为一种可能的形式出现的，这种形式展示了另一个梅特涅，如果他能够在英国的、自由的条件下生活和工作，那将是一个他更愿意成为的梅特涅。这一点引导了他的判断：去深究在一个国家中影响宪法的条件。按照他的认识，这些条件可以为共和国式的，如北美的总统制宪法提供依据，也可以像匈牙利人一样，生活在具有"立宪宪法"与古老传统的合适的家园里。他学会了自己与南德各邦的早期立宪主义宪法和平相处，尽管他对那里的激进知识分子持怀疑态度，与正在工业化崛起之中的普鲁士相比，这些经历着社会经济落后与立宪进步之间巨大矛盾的知识分子，仍然不顾他们国家中人数众多的文盲，梦想着人民可以独立自主。

然而对他来讲最大的问题还是国家，这个似乎是他——前后超过四十年，开始时只是作为外交大臣在对外方面，后来作为国务首相这样一个权臣——在进行引导的国家。但是，他实际上真的是哈布斯堡皇朝的引导者吗？聪明绝顶如他之人，能看不透这个国家的缺陷吗？他将这个国家说成是不能修复的"腐朽的大厦"，基本上只能拆除或者新建。他至少从中得出了一个教训，他也将这个教训归咎于以神圣罗马帝国形象出现的这个国家的前身。经验是，与法国式的中央集权国家相反，一个非均质的、一个由多族群组成的多元化国家，比起通过战争争夺而形成的民族国家的世俗宗教，可以更好地保证许多共同生活在一起的各种各样、不尽相同的民族和宗教的和平与安全。当梅特涅将民族性作为一个国家的基础和实质性标志，宣布为危险以及卑鄙时，他已经超越了他所处的时代。如今，现代国家的历史学家，如沃尔夫冈·赖因哈德判断说，应该与民族国家的虚构告别。如今到处都可以看到，现代国家还在援引他们的民族性，并每天都在使新的战争合法化。梅特涅在理论上很清楚，在给一个民族下定义的行动中，存在着肆无忌惮的东西，至少是一种要摧毁像哈布斯堡皇朝一样的、多民族的秩序的政治爆炸物，它不能向生活在皇朝中的各个民族提供他们希望的、在自决的国家里的和平建议。

但是，哈布斯堡皇朝巨大的帝国组合，并不是先期建立的欧盟，它独特的统治结构阻止它这么做，是梅特涅让这种统治结构成了古典戏剧理论最严格意义上的"悲剧人物"，"英雄"可以自己决定他想干什么：但是最终还是要失败。梅特涅对如何引导这个帝国走向富裕、走向更多的正义以及更多的政治参与权，有足够多的想法，这些想法当然是考虑通过非暴力、谈判和妥协的途径来实现，也就是说，是进化论式的。他也不排除自己所在的等级、地主以及以前进行统治的贵族不得不作出牺牲，比如与其他等级一道给国库缴纳更多的赋税，并且不能再利用特权加以拒绝。我们已经知道了他对国家发展的设想，这些设想将会使一些人吃惊，因为他在其中以进步的"保守派"形象（像埃德蒙·伯克一样的辉格党），或者以保守的"自由派"形象出现，虽然这个概念于他而言，由于有其他的经历而只是一种错合。但是，按照事实来评判，他确是这样的一个自由主义者。他赞成企业的自由，赞成公开的资本市场，赞成减少贸易和关税壁垒，在这方面他与堪称标杆的经济自由主义者弗里德里希·李斯特经常交换观点。

他拒绝国家**的**民族，却促进国家**中**的民族，就像德意志邦联所做的，在其领土上居住着为数众多的、各种各样的民族。德意志的问题于他而言，是一个不折不扣的中欧问题。他自己在其私人的以及公众的生涯中，代表着一种内心的矛盾冲突，这种内心的矛盾冲突，只有在联邦制的制度中才能减弱或者忍耐，这种联邦制恰似瑞士联邦经过斗争取得的并经受了考验的制度，而德意志人在他们那个时代则徒劳一番。对于一个带有多重身份认定的个人来讲，他自己本身也是最好的例子。像他所说，在他的血管里流淌着莱茵河，但是，这个莱茵人不仅在拿破仑面前感到自己是德意志人，而且在维也纳的相府中，也感到自己是德意志人；他在这个相府中领导着一个多民族的国家，并且向这个国家保证，在他看来，任何一个民族的地位都不得高于其他民族。这种民族平等和价值平等的思想，而不是一颗巧妙地掩盖起来的专制之心，让他怀疑在这样一个巨大的奥地利帝国里，是否可以由一个唯一的议会来代表如此众多的民族。持这种怀疑观点的并非仅他一人，因为英国人在经过彻底的考虑之后，也在他们的印度放弃了中央议会的想法。尽管如此，他还是认为专制和暴政是最根本的祸害，如果统治者还身着"奉天承运"的旧衣裳出场，或者如拿破仑一样，作为一个"现代的"梭伦（Solon）① 将战争遍及整个欧洲，从葡萄牙到莫斯科，从巴勒斯坦到圣多明各，目的似乎好像是要打出一个更幸福的未来，并且据说是要帮助波兰人、意大利人和匈牙利人建立他们合理的国家，然而却让 300 多万人尸陈疆场。

　　这种二十多年的战争经验，深深地印在了梅特涅的脑海中。他像许多其他的欧洲政治家一样，去医治战争的创伤，并且作为政治家不得不要为落后的状态负责，而这种落后状态的真正元凶却流落在了圣赫勒拿岛。但是，如果将 1815 年之后欧洲社会的巨变，仅仅说成是拿破仑帝国主义的附带的损失，那就过于简化了。作为哈布斯堡皇朝的领导政治家，梅特涅看

---

　　① 　Solon，前 638~ 前 559，古希腊雅典城邦著名的改革家、政治家、立法者，古希腊七贤之一。

到了这个国家是如何扼杀自己国家的发展机会的，因为皇朝的寡头们在各省强大的贵族势力的支持下，巧取豪夺，而对于这些贵族而言，个人的福祉远比整个皇朝的繁荣更为重要。在尊贵的弗朗茨皇帝治下，就已经给梅特涅划定了界限，当时他将帝国进行联邦化改革整顿的计划，被这个家族皇朝的皇室利益彻底搅黄，因为他们将皇朝的各个部分，都视为自己的世袭领地。他们的反抗阻止了像梅特涅这样具有天赋且想法丰富的政治家，取得像意大利的加富尔（Cavour）或者普鲁士的俾斯麦那样的成就。加富尔和俾斯麦也要克服贵族们的反抗，加富尔面对的是西西里的贵族，俾斯麦则面对着易北河东的容克贵族，虽然俾斯麦自己也隶属其中。梅特涅遇到的最大反抗，是在1830年代和1840年代，等级贵族的经济利己主义者以及皇朝的皇室利益集团联合起来，一道反对他奉行的国家整体发展政策原则。由此而产生的落后和停滞，却莫名其妙地算到了他的账上，算到了所谓的"梅特涅体制"的账上。

这是多么的不合情理，这本生平故事应该已经说明，在所谓的警察国家奥地利，这个直到1849年都还没有宪兵的国度里，国家很少起统治作用：为整体国家发展政策去反对利益集团。梅特涅并没有被赐予蒙特格拉斯的角色，那么，假如他仗着战胜拿破仑的声望，去逼迫获得这样的角色，就像西尔比克后来充满谴责地将罪名强加于他的那样，又会怎样呢？这样他就不仅要去对付他的君主，还要去对抗联合起来的哈布斯堡的皇室力量，他怎么能够取得成功呢？他自己的政治智慧和聪明才智告诉他，什么能做，什么不能做。当他善意的朋友卡尔姆－马梯尼茨伯爵在内政局势发展的顶点，以其三寸不烂之舌央求他全力出击，并且同时向媒体透露消息，以便造成既成事实时，他被吓了回去。他对联合起来的大公爵们结成联盟，并加上一个诡计多端的权谋政客的场景还历历在目、记忆犹新，他清楚自己毫无机会。这里需要强有力的、有改革意愿的弗朗茨皇帝那样的支持，然而，即使是天使也不能从皇室权力政治的钳制中逃脱出来。

　　与梅特涅打交道最大的问题，一直还是那些与他有关的诸如警察国家、新闻检查以及尽人皆知的《卡尔斯巴德决议》的联想。但是，如果人们知道，对于梅特涅而言，自由和法律安全也是最为崇高的事物，以上的一切指责就成了矛盾的悖论。在这里，人们遇上了史学方法论上的一个根本问题——价值观问题。一个回顾历史的观察者，应从哪里获得相应的历史价值？鉴于面对的一直是断简残片的历史遗留，那么，这位观察者能够对那个他要进行评价的时代有足够的认识吗？难道不值得努力一下，先不要戴着大学生协会和汉巴赫庆祝节的、民族的有色眼镜，而是与梅特涅一道，设身处地地回到那个时代的现实状况中吗？回到当时的欧洲政治家所认知的现实状况中吗？那是与今天的历史教科书作者，与爆发针对统治者、大臣以及国家其他代表人物的政治暴力所认知的时代完全不同的状况。假如今天的各种政府——无论是民主的还是专制的——在其统治中心遭受攻击，他们会作出何种反应？一个国家应如何处理必须保护其政治家的问题？只允许现代国家这样做或者现代国家必须这样做，而两百年前的革命暴力就仅是一种自由的行动吗？难道可以允许天真地促进无限制的新闻自由的要求吗？就像三月革命之前记者们所要求的一样，即使那样一来，反犹运动以及煽动民众会大肆扩散，也在所不惜吗？难道可以允许不受阻止地号召进行刺杀吗？年青一代应该只唱着那些有关流血与死亡、匕首与刀剑、自我牺牲与仇恨其他民族内容的歌而成长吗？每一个英雄必须马上去死吗？由谁来设置反对这一切的障碍呢？现在我们知道，能够反对这一切的最好方式，是独立的法院和良好的刑法。

870

为什么偏偏是梅特涅成为社会镇压的化身？——此处是非常严肃地在提出这个问题。为什么人们不考虑一下，他是在普鲁士和大多数德意志邦国的支持下，并且是为它们的利益而采取行动，与此时英国人所做的并无二致，英国政治家对德意志内部的措施是表示欢迎的，因为他们也看到了欧洲的视角，而且记忆犹新的还有，法国军队是怀着何等崇高的目标去横扫欧洲大陆的。而当作为进步人物受到欢呼的拿破仑，完美地、举世无双地策划着新闻检查、警察和密探行动时，从当时欧洲比较的视角看，呈现出什么样的局面呢？没有任何理由去假设，如果拿破仑的欧洲卫星国体系赢得了滑铁卢之战，他会放弃上述的所有镇压措施。

在穿越梅特涅的一生以及他那个时代的时候，有一点教训是确定无疑的：对政治理想，要追问其深层次的、有意掩藏起来的真正意图，同时要将其去神圣化。应该如何评价资产阶级争取自由和平等的斗争，如果通过这种斗争，他们同时也变得更为富有了呢？如果贵族、僧侣、吉伦特派，甚至最后罗伯斯庇尔本人都上了断头台——以自由和革命进步的名义——那么，人权的价值何在？如果为了其存在需要蓄奴，并且需要剥夺原住民的权利，美国民主党的以及共和党的宪法还算数吗？这个问题连梅特涅都提了出来：当英国派兵去攻打爱尔兰时，他们在欧洲大陆上支持争取自由和立宪运动的行为，还具有任何的价值与意义吗？当德意志的自由主义者们庆祝出于宗教和民族的原因刺杀一个公民，而凶手的目的，就是要用匕首让持不同意见的人噤声时，他们主张的新闻自由还有多少可信性？这个凶手当然不是牺牲者。难道每个人都应当像这个凶手一样，按照自己个人的任意判断，就宣布别的人是"人民的叛徒"，并将其斩首吗？如果通读完梅特涅那些简直就是没完没了的通信——恰恰是那些写给他所信任的人的信——那么，您一样会

871

提出上述的这些问题。不要轻易对这些问题作出答复，因为这一切已经过去了两百年，而且那是一个不同的时代。

　　撰写一部传记，就像上一所很好的学校，因为不同于其他各种不计其数的历史叙事形式，这种著述方式恰恰要严格遵循一个特定的着眼方向，它要从过去出发，看到过去那些同时代的人还不知道的未来，这样就将你带进了一种无法解脱出来的方法论上的困境。因为无论是男历史学家还是女历史学家，他们都有自己的价值观、性格特征、认识事物的视野，甚至感觉和思维的方式，而且是从他们自身所处的现况中——或者从更窄的范围去说——甚至是从他们这一代人所受的限制的视野中，来汲取和认识历史的。没有一个历史的研究者能够脱离这种同时性，而且对于本传记的历史作家也就是笔者来说，这基本上意味着作出一个坦白，即我是如何从自己所处的时代出发来回望过去。这样一种告解和自白不会在这里作出，因为我绝无必要去突显自己。有时候读者当然可能从思想的和谐一致中，已经感觉到了放在下面的坐标网络中的一些东西。如果一个传记作者意识到自己"的兴趣由知识主导"，并且不相信自己能够重新复活历史，以及不相信自己能够让"如同本来面目"的历史图像产生，那么，这就足够了，这也是必要的。否则的话，就会变成科幻小说，而不是学术研究了。

　　只有一种方式可以将自己从这种拘禁中解放出来：那就是"原始资料的否决权"（莱因哈德·科塞勒克语）。历史学家必须能够进入到陌生的时代去倾听，必须有计划地，而且要如饥似渴地去研究那些与自己的期待和判断以及成见相悖的事物。对于一个梅特涅的传记作者而言，现成的成果多如牛毛，他也知道关于梅特涅的偏见成堆。因此，笔者首先关注的是近代早期，然后更多地关注了18世纪，并且从这个时代出发去展望未来。并非在过去的历史中重新找到当今人们认为有价值或

872 者有害的东西，这些东西就能成为口号，并非"西方"，并非"自由、平等、博爱"，并非民族宪法国家中的"统一和自由"。谁要是能从这种历史教育中解放出来，他就为自己打开了一种异化了的视野，他不再将目光屈从于历史神话学，而三月革命之前那些非常投入的宣传鼓动家，他们将历史神话学与他们已成为戒律的说教材料背得滚瓜烂熟，并且促使后世产生了那就是真的、现实的想法。他们高谈阔论专制主义、为了自由和统一的无私斗争、人民与祖国、皇位与神坛，等等，不一而足。"反动的专制主义者""先进民主主义者与自由主义者""地方分治主义与小国地方本位主义"——这一切都是庸俗乏味的陈词滥调，是历史的代理人想要以此将他们的视角强加给我们的陈腐之物。而在梅特涅这个另类这里，看似理所当然的事物则被成功地重新建构了，在没有令人笃信的价值和途径的地方，因为再没有像通常那样形成的民族历史叙事给出方向，梅特涅就出现在一种新的光照之下。有人问道，是梅特涅的哪些东西这样吸引着你？我的回答是：倾听他如何让人们注意到人类的表达矛盾——通过他的话语和行动，如他是怎样参与时代和经验的，他是如何做到让两百年前的老问题被人们听到和感知到的，让它通过这种迂回的途径，突然能够与现实联系在一起。举一个例子：1789、1813 和 1819 年的圣战战士与如今的圣战战士在结构上有什么共同点吗？

读者们可能最后会原谅这种进入历史方法的迂回绕行，然而只能这样做，其他的方法均已失灵。以在本书中偏偏不是那么特别受宠的拿破仑的看问题方式来看，就叫作：那座统帅山丘，从那里望出去，那场历史性的战斗便一目了然的山丘，必须换一换了。当军队已经在欧洲甚至是全球的战场上厮杀时，民族的视角（已经）不灵了或者不会再灵了。

一些命题与问题交织在一起，反映了研究梅特涅是多么具有不确定性，但是，当你的视野被新的认识解放之后，你就会因此让梅特涅更易于被理解。旧帝国真的只是一个垂死的形象，是一出过了时的化装盛会，还是一个可能的、也是做法正确的、能够给予所谓权力弱小之人生存权的一种法律制度？旧帝国以它的方式找到了一种解决方法，在法律保障的平衡中保持一种超民族的制度，按照梅特涅的解释，是一种比起重建，更容易失去平衡并且更容易被摧毁的资产。旧帝国与后续的德意志邦联处于一种连续的状态中。按照梅特涅的意思，人们可以暂时忘记非理性的"割据分立（Fleckenteppich）"，以及所谓的低效率的地方分治的传统教训，如果人们像他一样回忆一下，这两种组成形式在中欧表现为一种防御性的联邦制度，这种制度有时拥有300000武装士兵（在德意志邦联中），当需要他们时，他们足够强大，可以在穷兵黩武的邻国面前自卫；然而要让他们去进攻不喜和平的邻居时，他们又弱得不可救药。在被冠以"暴力大陆"之名的欧洲，我们难道不应将此也视作一种政治智慧吗？

那么，当具有世界主义思想的政治家——首先当属梅特涅——在像1815年维也纳会议这样的大型会议上就一种秩序达成一致，这种秩序首先必须能应付针对所有价值观和所有界限的颠覆，而这种颠覆则整整持续了一代人，难道这不同样也是一种政治智慧吗？那些放弃了唾手可得的复仇和报复机会的政治家——就像莱茵邦联各邦和法国巴不得他们放弃的那样——难道不值得尊敬吗？那些放弃了去清算受到的伤害、费用、损失的政治家，难道不值得尊敬吗？如果以民族的概念去定义国家，对于他们而言还不是很时兴甚至根本就不存在时，还能够指责他们是"拿国家去作肮脏的交易"吗？如果不按照人民、领土和皇（王）朝，那么那个时候该怎样去重新将国家归类呢？如果在1815年和平刚刚降临欧洲，就按照民族在国家之间划分边界，爆发新的战争将是绝对无疑、板上钉钉的事。1848 年，人们已经看到了战争的火星，因为在革命中，德意志邦联的、普鲁士的和哈布斯堡皇朝的德意志、捷克和克罗地亚的士兵已经向着丹麦、波兰、捷克、匈牙利和意大利进发了。如果与梅特涅一起，在大不列颠的岛上，去体验这出被他事先预见到的、不好看的戏剧，并有另一番的感觉，难道不更富于教益吗？

874 　　对梅特涅的研究讨论，教会我们认识到，皇室的庙堂礼仪、繁文缛节以及对历史传统的坚持，其本身并不一定就是对和平的危害——如果认识到，19 世纪从革命中，也就是从梅特涅时代中产生的任何一个新的国家，都有一个国王。希腊人和比利时人在七月革命的环境中就想拥立一位君主，而梅特涅让他们满足了，是的，他支持了这一愿望，虽然经常被回忆起的维也纳秩序因此而受到了损害。对他而言的模范国家英国，展示了自由的制度与一个作为元首的君主是可以融合在一起的。那句流行语是怎么说的：为什么现代国家如比利时、荷兰、丹麦、挪威、瑞典，甚至卢森堡、列支敦士登以及摩纳哥，均重视维护他们的公侯、国王以及现在还有的女王？作为小国，它们在国际上的形象给人的感觉是另类的，而且是更重要的。当然，这些并不是梅特涅的理由，这只是表明，从长远看，皇（王）朝也会发展成一件衣服。"皇帝的旧衣"（芭芭拉·施多尔贝格 - 雷林格语）通过其象征性语言的力量，变成了一件新衣。对于理性的梅特涅而言，皇朝在政治制度中不具有情感上的价值，只具有功能上的价值。于他而言，最重要的问题在于如何解决宪法机构与君主之间的冲突。如果没有宪法法院，那么谁具有最后的决定权？皇朝原则的答案是清晰而明确的，如果在 19 世纪的条件下，拒绝这样的答案，会发生什么样的事情呢？俾斯麦上演了一场为时四年的对抗普鲁士议会的宪法战争，最后胜出的，既不是民主党人，也不是自由党人。对于梅特涅来说，以哈布斯堡皇朝形态出现的宫廷，在这个多元的国家制度中起着拱顶石的作用，因为这种国家制度由于其本身的多民族特性——两百年前的欧洲特性——看起来更适合作为最后的一级中立机构来发挥作用。

　　直到他生命的最后时刻，梅特涅都在为这个皇朝操心。他试图维护它，以他在公众舆论中的形象为代价，为此作出贡献。公众舆论将他宣布为"梅特涅体制"的始作俑者，将一整代人的被耽误归咎于他。作为一个细心的报纸读者，他懂得这套暗语意味着什么。他一再地驳斥这个概念，以及与这个概念捆绑在一起的所有判断。如果人们能够向他发问，那他肯定会同意保留这篇关于其波澜壮阔的一生的作品的最后一段话。让我们赐给他机会，去表达一下他是如何理解"战略家"和"空想家"的吧。在这段话里，他甚至以特别的方式，也将后来为他作传的作家们囊括进来。

875

　　　我们从未远离那条通过良法业已标明的道路，我们丝毫不受这个时代误导的影响，这种误导曾一直要将社会引向深渊。在这个充满危险的、从未因政治变革而得到促进的时代，能为国家的和平与繁荣事业效劳，是我们的满足。我们的名字在我们所处时代的报道和诽谤的文章中，有着固定的意义。在这些报道中，我们连自己都认不出来了。对于后世来说，要按照我们做出的业绩来描写我们，而为了使后世做好完全由他们支配的这个本职工作，我们认为，应该立刻将这个过程（用"自传体的备忘录"）引导到正确的基础上来。当前，当我们正在写这段文字之时（1829），可以撰写关于19世纪头二三十年所发生的、多如牛毛事件的历史编纂学者还没有出生。很理智的是，不能再要求同时代之人为那些日后将担当这个崇高职业的人去搜集材料。那些人将以平静和不带偏见的心态，去书写已经过去的、真正的历史，而亲身经历过和积极参与过这些历史事件的人，却一直缺乏这种平静与不偏不倚的心态。[1]

附 录

后记与致谢

　　"应该上了岁数才开始写传记"——如果历史学家计划撰写新的作品，经常会听到这句话。在结束这本书的写作时，从我的角度看，完全可以证实：此言不虚。如果在年轻的时候，我也不可能写出这样的作品。经验是无法估量的财富，只有上了岁数，才会有大量的这种财富不断地涌来。"经验"这个美好的词，本身就带有旅行的景象，而这种旅行的行进能够穿越风景、穿越时代，最终，同样能够穿越另一个人的生平。因此，这部传记一直被"带有导游的旅行"所贯穿和围绕。

　　那条从原始资料到作品的完成之路，只有通过无休无止的讨论、理解和鼓励，才可以想象，因为在发现者所拥有的幸运之外，这条路上还铺垫着怀疑，怀疑传记作者对那位死人的态度是否真的做到了不带偏见，这也是主人公在其活着的时候，对"历史叙事"的期待，而传记作者正是想要将那位死人的精神介绍给活着的人。这样一个共同的制造过程是由很多人来完成的，没有他们，传记作者什么都不是，因此，我需要这几页篇幅来感谢那些参与其中的人。但是，说起来容易做起来难，因为在我的眼前显现了一张没有明确尽头，却有很多结节的网。在自己的研究道路上，在后来为学术宇宙的活动提供的所有表演场所中，一直有新的织匠加入并参与进来。所有与我讨论过关于革命、警察、新闻检查、德意志问题、哈布斯堡和德意志、从法国革命到1848~1849年欧洲革命的时代，以及关于工业化、农业社会与资产阶级崛起和关于"世界资产阶级与民族国家"的人——无论是在课堂上、会议上还是在学术参观的旅行时——他们都在为这张网工作，都帮助过我。因此，我不能一一列举出每一位织匠的姓名。但是，这张网毕竟具有承重的经纬，没有这些线它就不能承重，这样我就必须提到他们的姓名。

蒂森基金会（Thyssen-Stiftung）和大众汽车基金会以它们"伟大的工作（opus magnum）"计划，与德意志研究联合会一起，赐予了我三个学期的、完全自由的研究时间，因为他们资助了一位代课教师，并且向我提供了大量的实物帮助，允许我将档案馆的原始资料扫描复印，带回家去浏览。这样我就获得了一种独特的机会，在布拉格国家档案馆，花了一年时间去研究梅特涅侯爵及其家族那些没有付梓的、浩如烟海的遗留文献，到目前为止，还没有如此大方地给过其他人这样的机会。档案馆几乎毫无保留的支持、在我需要时所提供的帮助、阅览室那天堂般的工作条件，这一切让我感谢，同时也让我感到遗憾，因为我不能以最合适的历史方式去做这件事：将哈布斯堡皇朝最高等级的平民勋章——圣斯特凡骑士团大十字勋章——授予分派给我的档案馆工作人员扬·卡胡达（Jan Kahuda）先生。

同样十分感谢维也纳的皇室、宫廷和国家档案馆，在这里，仅仅是因为按时间顺序排列，将其放在了第二位。档案馆馆长托马斯·尤斯特（Thomas Just）为我创造了极好的工作条件，并且如此慷慨地特许复制资料，方才使我得以循着对活动范围如此广大的梅特涅的问题进行研究。许多维也纳档案馆的工作人员也伸出了援助之手，将整捆整箱新的档案资料不停地搬来挪去。有一位与我门靠门办公的人，我必须说声感谢。约阿希姆·特波贝格（Joachim Tepperberg）先生的投入超乎

880

了我的任何期待，在我查找梅拉妮·冯·梅特涅有十年之长的下落不明的日记而不得，并感到绝望时，他带我翻遍了档案馆的所有［！］楼层。

上文提到的那张网上的一个不可或缺的结节，是 C. H. 贝克出版社。出版商沃尔夫冈·贝克（Wolfgang Beck）先生以及总编辑德特勒夫·费尔肯（Detlef Felken）先生关照和鼓励我的方式，一个作家只能在梦想中得到。此书能在他们这里出版，我非常高兴。

我要提及在创作过程中的那些无休无止的谈话和对话，没有这些谈话和对话，现在放在眼前的这堆纸也就无法成书。这些谈话和对话的主角是我的夫人阿妮塔（Anita）。对于她的强有力的参与，我有一个历史见证人，这位历史见证人在出版她丈夫的书的过程中，关于她本人所起到的作用写得非常好，本人笔拙，无可超越。作为布吕尔女伯爵（Gräfin Brühl）出身的卡尔·冯·克劳塞维茨将军（General Carl von Clausewitz）的夫人玛丽，经历了《战争论》这部著作的产生过程。1838 年，在这部将军去世之后才出版的书的导言中，她写道："作为参与其中的陪伴者，我想在这部著作面世时，站在她的身旁。我可以要求得到这个位置，因为在她的产生和形成的过程中，我均被赐予了类似这样的一个位置。了解我们的幸福婚姻，并且知道我们俩共同分享和分担一切事务的人，不仅仅是欢乐与悲哀，而且分担任何活动、分享日常生活中的任何兴趣，那么他们也会理解，我亲爱的丈夫要做的这类工作，在没有让我详细了解之时，是不会着手进行的。因而，也没有任何人能够像我一样来见证他对这部著作所付出的热情与喜爱，他对她所满怀的期待，期待这部著作诞生的方式与时刻。"

如果有人问我，我是否已经被这个人深深吸引，变得对梅特涅过于不加批判，我就会指向**我的** "布吕尔女伯爵"。这部传记的每一行她都阅读过，就像一个收买不了的批评家，这是因为，一方面，她将梅特涅同时与多位女性交往的做法视作非常尴尬的事情；另一方面，她则一再地追问，一个人在多大程度上仅仅由于其出身，就能够要求享有更高的权利？她那极有素养的历史知识留下了社会批评的痕迹，一再让我想起一首古老的农民战争时期的歌曲中男高音不断变化的唱腔："当亚当男耕、夏娃女织时，哪里有贵族什么事儿？"

2015 年 6 月 2 日于阿德尔茨豪森

注 释

导 言

1 Vgl. Externbrink, «*Generation Metternich*», 69–77; Savoy, *Napoleon und Europa*, 155.
2 Droysen, *Historik*, 8.
3 Evans, *Nipperdeys Neunzehntes Jahrhundert*, 137.
4 Vgl. NP 1, 138–141.
5 NP 1, 32.
6 NP 1, 142.
7 Metternich, 28. 12. 1850, an seine Tochter Leontine, in: NP 8, 239.
8 «Herr von Radowitz mein Biograph (1851)», NP 8, 553.
9 Metternich, 31. 12. 1849, an den späteren österreichischen Reichsratspräsidenten Kübeck, in: NP 8, 488.
10 Pertz, *Stein* (Bd. 1 erschien 1849).
11 Treitschke, *Deutsche Geschichte*, vgl. insbesondere 1, 590 f.
12 Bibl, *Metternich*, 27.
13 Vgl. Grunwald, *La vie de Metternich*; diesem ist auch das Werk des 1911 geborenen Bertier de Sauvigny, *Metternich et son temps*, zur Seite zu stellen.
14 Cecil, *Metternich*, 45.
15 Vgl. im Folgenden Palmer, *Der Staatsmann Europas*; Seward, *The First European*; Zorgbibe, *Le séducteur diplomate*.
16 Schroeder, *Transformation*.
17 Kissinger, *A World Restored*.
18 Vgl. Rumpler, *Österreichische Geschichte*.
19 Schmidt-Weissenfels, *Fürst Metternich*.
20 Beer, *Fürst Clemens Metternich*.
21 Malleson, *Life of Prince Metternich*.
22 Strobl von Ravelsberg, *Metternich und seine Zeit*.
23 Sandeman, *Metternich*.
24 Auernheimer, *Statesman and Lover*.
25 Missoffe, *Metternich*.
26 Vallotton, *Metternich*.
27 Béthouart, *Metternich et l'Europe*.
28 Hartau, *Metternich in Selbstzeugnissen*.
29 Herre, *Staatsmann des Friedens*.
30 Cartland, *The passionate diplomat*.
31 Fink, *Staatsmann, Spieler, Kavalier*.

32 Berglar, *Kutscher Europas.*

33 Schremmer, *Kavalier & Kanzler.*

34 Vgl. Just, *Wiener Kongress.*

35 Vgl. Botzenhart, *Botschafterzeit*, 262.

36 Srbik, *Metternich*, 1, 117.

37 Vgl. Rauchensteiner, *Das Leben eines Geradlinigen*, 101 u. 99, Anm. 1.

38 Vgl. Nipperdey, *Historismus und Historismuskritik*, 65.

39 西尔比克仅仅援引理查德·科布登（Richard Cobden）于 1847 年 7 月 10 日对梅特涅进行的采访，英文稿中出现的 "race" 概念，与西尔比克的生物学意义上的种族概念没有任何关系。1852 年梅特涅再次谈到 "race"。《遗存的文件》第八卷，521 页。

40 Koselleck, *Einleitung*, XVII.

41 Srbik, *Geist und Geschichte*, 2, 329.

42 Srbik, *Geist und Geschichte*, 2, 349.

43 Srbik, *Geist und Geschichte*, 2, 353.

44 Srbik, *Geist und Geschichte*, 2, 248.

45 关于斯宾格勒他写道："这是何等的权力崇拜，这是对暴力何等的美化，对强势者权利何等的美化，对血腥的胜利者何等的美化！在一场激烈的战斗中，这是何等的激情，为了成功付出了何等的代价，在这个预言中，这是何等的生物学上的自然主义！"西尔比克：《精神与历史》，2，322。

46 Vgl. Sked, *Metternich and Austria.*

47 Mascilli Migliorini, *L'artefice dell'Europa.*

第一章　出身：家族渊源与门第升迁

1 Johann Gottfried Biedermann: Geschlechts-Register Der Reichs Frey und unmittelbaren Ritterschafft Landes zu Francken, Culmbach 1751, Tabula CCLXV.

2 NP 1, 276.

3 Vgl. Schraut, *Das Haus Schönborn.*

4 在 11~14 世纪的中世纪早期，（王朝）过渡要流畅得多，而此处所说的结构只是在近代早期的帝国时期才建立起来，这是理所当然的。参见 Paravicini 的 *Die ritterlich-höfische Kultur*。

5 曾经是遗赠奥托二世一脉的 "奥托宫"（后称 "费尔布吕克宫"）。在叫作 "Metternich" 的同一个地方曾有另一处骑士领地，还有迄今仍存的 "Burg Metternich" 废墟，它是梅特涅家族的祖屋，带有狮子图案的家族族徽纹章。参见 Broemser 的 *Zur Geschichte der Familien Metternich*。不要将这个叫作 "Metternich" 的地方与科布伦茨的一处地方搞混，经常会发生这种情况。参见比如 Palmer 的 *Der Staatsmann Europas*，16。

6 Aus dem Metternichschen Familienarchiv, NA Prag RAM Krt. 1, 1687, Krt. 58, 3211 u. Krt. 200, 1983, kombiniert mit den streng urkundlich abgesicherten Daten bei Broemser, *Zur Geschichte der Familien Metternich*.

7 Vgl. Broemser, *Zur Geschichte der Familien Metternich*, 7. Der viel berufene Arnold von Hemberg als Stammvater ist nach Lage der Urkunden nicht zu halten.

8 «Darstellung der Rechtsverhältnisse des Hauses Metternich-Winneburg, bearbeitet nach den im Hausarchiv zu Plaß erliegenden Quellen im Monate Dezember 1882», NA Prag RAM Krt. 200, 1983.

9 Vgl. die Karten bei Broemser, *Zur Geschichte der Familien Metternich*, 33 u. 52.

10 Diese hatte der Großvater Edmund 1538 im Gütertausch von Kloster Namedy erworben; vgl. http://www.regionalgeschichte.net/fileadmin/Mittelrheinportal/Orte/Sinzig/7._REGESTENSAMMLUNG_Sinzig_-_von_den _Anfaengen_bis_1999.pdf (9. 5. 2014).

11 Vgl. http://www.architektenlexikon.at/de/1196.htm (13. 5. 2014).

12 NA Prag RAM Krt. 74, 3614; zugrunde lagen, wie der Vertrag mitteilt, kaiserliche Resolutionen vom 4. 4. 1627, 19. 7. 1629 und 28. 3. 1630.

13 Vgl. Günter, *Die Habsburger-Liga 1625–1635*, 232.

14 Abb. in: Rolf Toman, Hg.: Barock. Theatrum Mundi. Die Welt als Kunstwerk. Potsdam 2012, 227.

15 AVA Wien, Adelsakten, Johann Reinhard von Metternich (Konzept).

16 Die genauen Hergänge und Hintergründe bei Paul Wagner: Philipp Christoph von Soetern, in: ADB, 26 (1988), 50–69.

17 Das Folgende nach «Succincta [gedrängter Extrakt] Facti Species zur Geschichte, wie Winneburg und Beilstein an die Metternichs kamen», NA Prag RAM Krt. 94, 3964.

18 NA Prag RAM Krt. 94, 3964.

19 AVA Wien, Adelsakten, Johann Reinhard von Metternich Verleihung der Titel Winneburg und Beilstein, 28. März 1854.

20 Metternich, 5. 9. 1832, an den ehemaligen kurtrierischen Geheimrat von Rieff, NA Prag RAM Krt. 172, 6195.

21 Rieff, 20. 6. 1832, an Metternich, NA Prag RAM Krt. 172, 6195.

22 Cochem, 14. 10. 1834, in: Didaskalie. Blätter für Geist, Gemüth und Publizität, Nr. 305, 5. 11. 1834.

23 Konzept der Urkunde: AVA Wien, Adelsakten, Philipp Emmerich von Metternich Grafenstand, 20. 3. 1679; Reinschrift: NA Prag RAM Krt. 58, 3231.

24 Franz Werner: Der Dom zu Mainz und seine Denkmäler, Teil 3, Mainz 1836, 69.

25 Peter Fuchs: Metternich, in: NDB, 17 (1994), 232–235.

26 Stiftsbrief, NA Prag RAM Krt. 61, 3286.

27 NA Prag RAM Krt. 62, 3344.

28 NA Prag RAM Krt. 62, 3324.

29 Dekret vom 24. 10. 1697, NA Prag RAM Krt. 62, 3336.

30 NA Prag RAM Krt. 6, 1774 u. 1783.

31 NA Prag RAM Krt. 6, 1784 u. 1785; im österreichischen Recht galt Volljährigkeit mit dem vollendeten 24. Lebensjahr; vgl. v. Schwerin, *Rechtsgeschichte*, 15.

32 NA Prag RAM Krt. 62, 3340, 22. 11. 1770, Abschrift.

33 Der Text der Urkunde (Abschrift): NA Prag RAM Krt. 59, 3240.

34 Srbik, *Metternich*, 1, 55.

35 Vgl. Mathy, *Franz Georg von Metternich*.

36 Srbik, *Metternich*, 1, 57.

37 Srbik, *Metternich*, 1, 57.

38 NA Prag RAM Krt. 59, 3236.

39 Eigenhändiges Schreiben Franz Georgs, 26. 5. 1803, an den Kaiser, NA Prag RAM Krt. 143, 5359.

40 Extrakt aus dem Übernahmeprotokoll, Ochsenhausen, 1.7.1803, NA Prag RAM Krt. 59, 3242.

41 NA Prag RAM Krt. 143, 5359.

42 Das originale Handschreiben: NA Prag RAM Krt. 59, 3244; die Mitteilung in: Wiener Zeitung, Nr. 151, 3.11.1813, ein Exemplar in NA Prag RAM Krt. 59, 3245.

43 Taxnachricht des Hofkammerpräsidenten Ugarte, 4.2.1814, NA Prag RAM Krt. 59, 3246.

44 Metternich, 1.2.1814, HHStA Wien StK Vorträge Krt. 195.

45 Metternich, 26.2.1814, an Kaiser Franz, HHStA Wien StK Vorträge Krt. 195, Fol. 114; der Wappenentwurf: HHStA Wien StK Interiora Personalia, Krt. 7, Fol. 14.

46 NP 7, 634.

47 NP 3, 348.

48 NP 8, 626.

第二章 他这一代：旧秩序与启蒙运动，1773~1792

1 NP 1, 7.

2 Eine erste Skizze der «Autobiographischen Denkschrift» entwarf Metternich 1826 als «Hauptmomente meines Lebens» in mehreren, immer stärker ausformulierten Versionen; NA Prag A. C. 8, Krt. 1, 1.

3 NA Prag RAM Krt. 1, 1714.

4 Der Vorgang ist dokumentiert in NA Prag RAM Krt. 126, 4767–4774.

5 Das geschah im Zusammenhang mit der Beantragung einer weiteren Präbende noch im Juni 1789 beim Domkapitel in Köln; NA Prag RAM Krt. 126, 4772.

6 Maximilian Franz von Köln, Ende 1785, an Franz Georg, in: Mathy, *Die Entlassung des Franz Georg von Metternich*, 95.

7 «Hauptmomente meines Lebens», NA Prag A. C. 8, Krt. 3, 21.

8 Franz Georg, 9.4.1785 und 2.11.1787, an Clemens, NA Prag A. C. 14, Krt. 6, 95.

9 «Autobiographische Notizen», NA Prag A. C. 14, Krt. 13, 324.

10 Beatrix, 18.5.1789, an Clemens, NA Prag A. C. 14, Krt. 6, 106.

11 Metternich, 1.12.1818, an Dorothea von Lieven, in: Mika, *Metternichs Briefe*, 60.

12 NA Prag RAM Krt. 99, 1; zu dem Vorgang Hansen, *Quellen*, 1, 3 f.

13 Vgl. Renaud, *Johann Friedrich Simon*, 449–500.

14 Hansen, *Quellen*, 1, (Einleitung:) 28*, 42*; 45, 50, 61 u. 63.

15 Franz Georg, 30.12.1790, an Clemens, NA Prag A. C. 14, Krt. 6, 95, gekürzt in: NP 1, 221 f.

16 Das bisher unbekannte, stark verblichene und nur mit Mitteln moderner digitaler Technik entzifferbare Original befindet sich in NA Prag RAM Krt. 138, 5212.

17 Vgl. Renaud, *Johann Friedrich Simon*, 468.

18 Johann Friedrich Simon, 22.4.1789, an Pauline von Metternich, NA Prag A. C. 14, Krt. 13, 317.

19 Johann Friedrich Simon, 29.5.1789, an Pauline von Metternich, NA Prag A. C. 14, Krt. 13, 317.

20 Johann Friedrich Simon, 7.5.1789, an Metternichs Schwester Pauline: «L'expérience et la réflexion sont les seuls grands maîtres, qui forment l'esprit humain»; NA Prag A. C. 14, Krt. 13, 317; vgl. Srbik, *Metternich*, 1, 64.

21 NP 1, 9.

22 NP 1, 12.

23 NP 1, 14.

24 NP 1, 9.

25 Deckblatt zu den Briefen, NA Prag A. C. 14, Krt. 13, 317.

26 «Bemerkungen als Zugabe und Erläuterung zu der Geschichte meines Lebens und Werkes, niedergeschrieben Dez. 1844», NA Prag A. C. 8, Krt. 3, 22.

27 NP 1, 12.

28 Hier zit. nach dem Original: NA Prag A. C. 13, Krt. 2, 37b, mit den Hervorhebungen von Metternich; um das Ende gekürzt in: NP 1, 256 f.

29 Metternich, 1. 12. 1818, an Dorothea von Lieven, in: Mika, *Metternichs Briefe*, 59.

30 Bei Srbik, *Metternich*, 1, 65 fälschlich auf den November 1788 datiert, richtig nach Angabe der Präbende (vgl. oben, 58 f.) und Metternichs Erinnerung («Sommer 1788») in: «Bemerkungen als Zugabe und Erläuterung zu der Geschichte meines Lebens und Werkes, niedergeschrieben Dez. 1844», NA Prag A. C. 8, Krt. 3, 22.

31 NA Prag RAM Krt. 126, 4772 mit zugehörigem Schriftverkehr.

32 Johann Friedrich Simon, 12. 6.–7. 11. 1789, an Franz Georg, NA Prag A. C. 14, Krt. 12, 271.

33 Abbé Bertrand, 13. 5. 1789, an Franz Georg, NA Prag A. C. 14, Krt. 13, 313.

34 Franz Georg, 30. 12. 1790, an Clemens, NA Prag A. C. 14, Krt. 6, 95.

35 Weis, *Montgelas*, 1, 15.

36 Weis, *Montgelas*, 1, 13 f.

37 NP 1, 8.

38 Koch, *Gemählde der Revolutionen*, 1, 2 f.

39 Koch, *Gemählde der Revolutionen*, 1, 5.

40 Koch, *Gemählde der Revolutionen*, 2, 225.

41 Die Termini post und ante quem ergeben sich aus einem Brief der Mutter Beatrix an Clemens («abgereist») vom 21. 10. 1790 und ihrem ersten nach Mainz adressierten Brief vom 23. 10. 1790, NA Prag A. C. 14, Krt. 6, 107, sowie ihrem Brief vom 14. 8. 1792, Clemens möge spätestens am 10. 9. in Brüssel eintreffen, NA Prag A. C. 14, Krt. 6, 109.

42 Vgl. Berg, *Niklas Vogt*, 43–45.

43 Berg, *Niklas Vogt*, 45.

44 Berg, *Niklas Vogt*, 44.

45 Vgl. die Inhaltsübersicht der Schrift Vogts: *Die deutsche Nation*.

46 NP 1, 14 f.

47 Vogt, *Politisches Sistem*, 181.

48 Vogt, *Politisches Sistem*, 36.

49 Vgl. Weichlein, *Cosmopolitanism, Patriotism, Nationalism*, 78.

50 Vogt, *Politisches Sistem*, 70.

51 Vogt, *Politisches Sistem*, 71–87.

52 Vogt, *Politisches Sistem*, 95.

53 NP 1, 218.

54 Vgl. Merkwürdiges Beyspiel politischer Weissagung aus dem sechsten Buche der Geschichte des Polybius, in: Vogt, *Die deutsche Nation*, 217–227.

55 Vgl. Karl Anton Schaab: Geschichte der Stadt Mainz, Mainz 1841, 1, XXVII f. Karl Georg Bockenheimer: Nicolaus Vogt, in: ADB, 40 (1896), 189–192, zitiert den ursprüng-

lichen, hier wiedergegebenen Text, Schaab schreibt fälschlich «Verfechter des alten
Reichs» (Hervorhebung W. S.); richtig auch in: Frankfurter Ober-Postamts-Zeitung,
Beilage No. 225, 16. 8. 1838.

56 NP 1, 32.

57 NP 1, 33.

58 NP 1, 34 f.

59 Vogt, *Darstellung des europäischen Völkerbundes*, 248.

60 Alle Zitate aus Vogt, *Darstellung des europäischen Völkerbundes*, 248–250.

61 Burgdorf, *Ein Weltbild verliert seine Welt*, 11–16.

62 NP 1, 113.

63 Vgl. auch Siemann, *Metternich's Britain*.

第三章　双重危机：帝国与革命，1789~1801

1 Lang, *Memoiren*, 1, 212.

2 Vgl. Stollberg-Rilinger, *Des Kaisers alte Kleider*, 8.

3 NP 1, 11.

4 Das Folgende nach: *Vollständiges Diarium der Römisch-Königlichen Wahl*, 329 f.

5 Ablauf in: *Vollständiges Diarium der Römisch-Königlichen Wahl*, 316–330.

6 Vgl. insgesamt Hattenhauer, *Wahl und Krönung Franz II*.

7 *Vollständiges Diarium der Römisch-Königlichen Wahl*, 331.

8 NA Prag A. C. 14, Krt. 6, 106.

9 Kurtrierisches Intelligenzblatt, 28. 8. 1789, in: Hansen, *Quellen*, 1, 428.

10 Beatrix, 14. 8. 1789, an Clemens, NA Prag A. C. 14, Krt. 6, 106.

11 Vgl. Eimer, *Straßburg im Elsaß im Jahre 1789*, 101.

12 NP 1, 11 f.

13 Die folgende Schilderung stützt sich auf Eimer, *Straßburg im Elsaß im Jahre 1789*, 66–101.

14 Eimer, *Straßburg im Elsaß im Jahre 1789*, 68.

15 Eimer, *Straßburg im Elsaß im Jahre 1789*, 73.

16 Eimer, *Straßburg im Elsaß im Jahre 1789*, 74.

17 «Bemerkungen als Zugabe und Erläuterung zu der Geschichte meines Lebens und
Werkes, niedergeschrieben Dez. 1844», NA Prag A. C. 8, Krt. 3, 22.

18 Beatrix, 4. 8. 1789, an Clemens, NA Prag A. C. 14, Krt. 6, 106.

19 «Bemerkungen als Zugabe und Erläuterung zu der Geschichte meines Lebens und
Werkes, niedergeschrieben Dez. 1844», NA Prag A. C. 8, Krt. 3, 22.

20 La Constitution française, présentée au Roi par l'Assemblée Nationale le 3 Septembre
1791, Paris 1791. Das Exemplar befindet sich noch immer in der Bibliothek in Königswart.

21 Renaud, *Johann Friedrich Simon*, 474.

22 Die folgenden Daten nach Renaud, *Johann Friedrich Simon*, 449–500.

23 Renaud, *Johann Friedrich Simon*, 478.

24 «Bemerkungen als Zugabe und Erläuterung zu der Geschichte meines Lebens und
Werkes, niedergeschrieben Dez. 1844», NA Prag A. C. 8, Krt. 3, 22.

25 Vgl. Blanning, *Reform and Revolution in Mainz*, 300.

26 Renaud, *Johann Friedrich Simon*, 490 f.

27 NP 1, 9.

28 «Bemerkungen als Zugabe und Erläuterung zu der Geschichte meines Lebens und Werkes, niedergeschrieben Dez. 1844», NA Prag A. C. 8, Krt. 3, 22.

29 Metternich, 20. 4. 1820, an Dorothea von Lieven, NP 3, 325.

30 NP 1, 9.

31 NP 1, 9.

32 Hansen, *Quellen*, 1, 782; die Wahl fand statt am 6. 3. 1791.

33 Abgedruckt bei Friese, *Vaterländische Geschichte*, 5, 120 f.

34 NP 1, 9.

35 NP 3, 325, 20. 4. 1820.

36 NP 1, 14.

37 Vgl. Dumont, *Mainzer Republik*, 48; Hansen, *Quellen*, 2, 162 f.; Kuhn/Schweigard, *Freiheit oder Tod!*, 160–162.

38 Königswart, Bibliothek, Mainzer Druckschriften 1791–1793 (sie wurden einst irrtümlich unter die Flugschriftensammlung von 1848/49 eingereiht und befinden sich noch heute dort); die im Folgenden berührten Dokumente befinden sich alle in diesem Bestand.

39 Srbik, *Metternich*, 1, 96.

40 Hansen, *Quellen*, 2, 463.

41 Königswart, Bibliothek, Mainzer Druckschriften 1791–1793.

42 Anrede an die neu gebildete Gesellschaft der Freunde der Freiheit und Gleichheit in Mainz. Von A. J. Dorsch. Mainz im ersten Jahre der mainzer [!] Freiheit und fränkischen Republik, Königswart, Bibliothek, Flugschriftensammlung 1791–1793.

43 Hansen, *Quellen*, 1, 660 f. u. 1035–1040; Dumont, *Mainzer Republik*, 47 f.; Kuhn/Schweigard, *Freiheit oder Tod!*, 159 f.

44 Custines «Bekanntmachung an die Einwohner des Erzbisthums Mainz wie auch der Städte und Bißthümer Worms und Speier», 18. 11. 1792, Königswart, Bibliothek, Mainzer Druckschriften 1791–1793; vgl. Hansen, *Quellen*, 2, 596.

45 Dumont, *Mainzer Republik*, 132.

46 Mathias Metternich, *Rede, worinn die Bedenklichkeiten*, 6 (Königswart, Bibliothek).

47 Mathias Metternich, *Rede, worinn die Bedenklichkeiten*, 12 (Königswart, Bibliothek).

48 Königswart, Bibliothek.

49 Königswart, Bibliothek, Mainzer Druckschriften 1791–1793.

50 Vgl. für den Hergang Lorenz, *Joseph II. und die Belgische Revolution*.

51 Kaunitz, 27. 11. 1791, an Franz Georg, NA Prag RAM Krt. 227, 2017–4.

52 «Bemerkungen als Zugabe und Erläuterung zu der Geschichte meines Lebens und Werkes, niedergeschrieben Dez. 1844», NA Prag A. C. 8, Krt. 3, 22.

53 NP 1, 13.

54 Vgl. Zeißberg, *Zwei Jahre belgischer Geschichte*, 1, 78–80.

55 Zeißberg, *Zwei Jahre belgischer Geschichte*, 2, 55.

56 Vgl. die aus den Wiener Akten hergeleitete detaillierte, leider die militärische Entwicklung ausklammernde Vorgeschichte bei Zeißberg, *Zwei Jahre belgischer Geschichte*, 1, 2–14.

57 Zeißberg, *Zwei Jahre belgischer Geschichte*, 2, 216–218.

58 Erzherzog Carl, 23. 12. 1792, an Kaiser Franz; vgl. Zeißberg, *Zwei Jahre belgischer Geschichte*, 2, 237.

59 Zeißberg, *Zwei Jahre belgischer Geschichte*, 2, 239. Die Feststellung von Srbik, *Metternich*, 1, 77, Franz Georg sei «bei den Auszeichnungen übergangen» worden, stimmt also nicht.

60 Zeißberg, *Zwei Jahre belgischer Geschichte*, 2, 250.

61 Zeißberg, *Belgien unter der Generalstatthalterschaft Erzherzog Carls*, 1, 18.

62 Zeißberg, *Belgien unter der Generalstatthalterschaft Erzherzog Carls*, 2, 9.

63 Mathy, *Franz Georg von Metternich*, 176.

64 NA Prag RAM Krt. 142, 5344.

65 Vgl. Koll, ‹Die belgische Nation›, 367–378.

66 Vgl. Zedinger, *Die Verwaltung der Österreichischen Niederlande*, 166.

67 NA Prag A. C. 14, Krt. 6, 109.

68 Aretin, *Vom Deutschen Reich zum Deutschen Bund*, 24.

69 Blanning, *The French Revolutionary Wars*, 62–64.

70 Franz Georg, 23. 4. 1792, an den Kölner Erzbischof, nach: Mathy, *Franz Georg von Metternich*, 160.

71 Beatrix, 13. 3. 1792, an Clemens, NA Prag A. C. 14, Krt. 6, 109.

72 Beatrix, 13. 5. 1791, an Clemens, NA Prag A. C. 14, Krt. 6, 108.

73 NP 1, 13.

74 «Bemerkungen als Zugabe und Erläuterung zu der Geschichte meines Lebens und Werkes, niedergeschrieben Dez. 1844», NA Prag A. C. 8, Krt. 3, 22.

75 NP 1, 15.

76 «Bemerkungen als Zugabe und Erläuterung zu der Geschichte meines Lebens und Werkes, niedergeschrieben Dez. 1844», NA Prag A. C. 8, Krt. 3, 22.

77 NP 1, 16.

78 Beatrix, 1. 9. 1789, an Clemens, NA Prag A. C. 14, Krt. 6, 106.

79 Beatrix, 4. 9. 1789, an Clemens, NA Prag A. C. 14, Krt. 6, 106.

80 Beatrix, 14. 6. 1791, an Clemens, NA Prag A. C. 14, Krt. 6, 108.

81 Vgl. Blisch, *Friedrich Carl Joseph von Erthal*, 207.

82 Zur Entstehung: Heigel, *Das Manifest des Herzogs von Braunschweig*, 138–184.

83 NP 1, 16 f.

84 Zit. nach Heigel, *Das Manifest des Herzogs von Braunschweig*, 139; Regest und Kommentar bei Hansen, *Quellen*, 2, 297–303.

85 Heigel, *Das Manifest des Herzogs von Braunschweig*, 146.

86 Blanning, *The French Revolutionary Wars*, 71.

87 NP 1, 17.

88 NP 1, 18.

89 So Palmer, *Der Staatsmann Europas*, 39.

90 «Hauptmomente meines Lebens», NA Prag A. C. 8, Krt. 3, 21.

91 NP 1, 17.

92 Vgl. Blanning, *The French Revolutionary Wars*, 80–82.

93 Blanning, *The French Revolutionary Wars*, 88.

94 «Hauptmomente meines Lebens», NA Prag A. C. 8, Krt. 3, 21.

95 Mathy, *Franz Georg von Metternich*, 169.

96 NP 1, 12.

97 «Hauptmomente meines Lebens», A. C. 8, Krt. 3, 21.

98 Hansen, *Quellen*, 2, 817; Dumouriez, *Mémoires*, 2, 177.

99 Dumouriez, *Mémoires*, 2, 181.

100 NP 1, 18.

101 Hansen, *Quellen*, 2, 817.

102 NP 1, 18.
103 Vgl. Stefan W. Römmelt: Kurzbiogramm Vergniaud, in: revolution.historicum.net, http://www.revolution.historicum-archiv.net/biografien/vergniaud.html (8. 7. 2014).
104 Georg Büchner: Dantons Tod, 1. Akt, 5. Szene.
105 Dumouriez, *Mémoires*, 2, 203.
106 Dumouriez, *Mémoires*, 2, 223.
107 «Hauptmomente meines Lebens», NA Prag A. C. 8, Krt. 3, 21.
108 Vgl. Wagner, *Französische Gegenrevolution*, 105–114; 108; Schroeder, *Transformation*, 125–132.
109 Der Text bei Grab, *Die Französische Revolution*, 126.
110 Wagner, *Französische Gegenrevolution*, 93.
111 Weis, *Durchbruch des Bürgertums*, 187 f.
112 Das Protokoll der Konferenz in: Dohna, *Feldzug der Preußen*, 157–164.
113 Ludwig von Starhemberg, 12. 4. 1793, an Freiherr von Thugut, in: Vivenot/Zeißberg, *Quellen zur Kaiserpolitik*, 1, 9–11.
114 Prokesch von Osten: *Der Feldzug in den Niederlanden*, 203.
115 Zur genaueren Übersicht über die einzelnen hier genannten Schlachten vgl. http://www.historyofwar.org/articles/siege_valenciennes_1793.html (6. 7. 2014).
116 NP 1, 18.
117 NP 1, 339; das Original mit Aufschrift: NA Prag A. C. 8, Krt. 3, 24.
118 «Bemerkungen als Zugabe und Erläuterung zu der Geschichte meines Lebens und Werkes, niedergeschrieben Dez. 1844», NA Prag A. C. 8, Krt. 3, 22.
119 Zu Hintergründen und Verlauf vgl. Zeißberg, *Belgien unter der Generalstatthalterschaft*, 3, 56–71.
120 Vgl. Liedekerke Beaufort, *Souvenirs et Biografie*, 1–4.
121 Metternich, *Journal de mon Voyage*.
122 Metternich, *Journal de mon Voyage*, 27. 3. 1794.
123 Vgl. Arnold-Baker, *The Companion to British History*, Stichwort «Dagger scene», 393.
124 Vgl. Liedekerke Beaufort, *Voyage en Angleterre*.
125 NP 1, 18.
126 NP 1, 19.
127 Metternich, *Journal de mon Voyage*, 3. 4. 1794.
128 Metternich, *Journal de mon Voyage*, 3. 4. 1794.
129 NP 1, 18.
130 NP 1, 19.
131 NP 1, 19.
132 Metternich, *Journal de mon Voyage*, 8. 4. 1794.
133 NP 1, 19.
134 Vgl. Liedekerke Beaufort, *Voyage en Angleterre*, 214 f.
135 Vgl. Wagner, *Französische Gegenrevolution*, 35.
136 Wagner, *Französische Gegenrevolution*, 61.
137 Das Folgende stützt sich auf die vorzügliche Analyse von Wagner, *Französische Gegen-revolution*, 42–65.
138 Vgl. Wagner, *Französische Gegenrevolution*, 49.
139 Vgl. Wagner, *Französische Gegenrevolution*, 48.
140 Wagner, *Französische Gegenrevolution*, 50.

141 Srbik, *Metternich*, 1, 94.

142 Srbik, *Metternich*, 1, 260.

143 Das Exemplar befindet sich in Königswart, Bibliothek.

144 Sie reicht – nach der Erstausgabe 1790 – von S. 8: «When I see the spirit of liberty […]
     till the liquor is cleared» bis S. 9: «Flattery corrupts both […] which may be soon turned
     into complaints.»

145 Gentz, *Betrachtungen*, 10 (Ausgabe 1793) übersetzte das verfälschend mit «Ruhe und
     Ordnung».

146 Beatrix, 1. 9. 1789, an Clemens, NA Prag A. C. 14, Krt. 6, 106.

147 Sie geht von S. 112: «It is now sixteen or seventeen years» bis S. 114: «to be subdued by
     manners.»

148 Gentz' Übersetzung von S. 112 f.: «I thought ten thousand swords must have leaped from
     their scabbards to avenge even a look that threatened her with insult.»; vgl. Gentz, *Be-
     trachtungen*, 114.

149 NA Prag A. C. 11, Krt. 2, 49, in der Übersetzung von Friedrich Gentz; der komplette Brief
     «Letter to William Elliot, occasioned by the account given in a newspaper of the speech
     made in the House of Lords by the **** [Duke] of ******* [Norfolk] in the Debate con-
     cerning Lord Fitzwilliam 1795», in: Edmund Burke: The Works, VII, London 1826, 345–372.

150 Vgl. Ticknor, *Life, Letters, and Journals*, 2, 14.

151 Horaz: Carmina, III 6, 5.

152 Metternich, *Journal de mon Voyage*, 29. 3. 1794; Liedekerke Beaufort, *Voyage en Angleterre*,
     197.

153 Metternich, *Journal de mon Voyage*, 2. 4. 1794.

154 Liedekerke Beaufort, *Voyage en Angleterre*, 219.

155 Metternich, *Journal de mon Voyage*, 1. 4. 1794.

156 Metternich, *Journal de mon Voyage*, 4. 4. 1794.

157 Liedekerke Beaufort, *Voyage en Angleterre*, 201.

158 Liedekerke Beaufort, *Voyage en Angleterre*, 198.

159 Metternich, *Journal de mon Voyage*, 30. 3. 1794.

160 Liedekerke Beaufort, *Voyage en Angleterre*, 200.

161 Liedekerke Beaufort, *Voyage en Angleterre*, 220.

162 Metternich, *Journal de mon Voyage*, 28. 3. 1794; Liedekerke Beaufort, *Voyage en Angleterre*,
     196.

163 Liedekerke Beaufort, *Voyage en Angleterre*, 223.

164 Hofmann beschreibt den ganzen Vorgang in einem 1795 aufgezeichneten «Rapport»:
     A. J. Hofmann, […]. Seine Sendung nach England in den Jahren 1793, in: Nassauische
     Annalen 29 (1897/98), 84–89.

165 Joseph Haydn aus Eisenstadt, 27. 9. 1802, an Metternich, NA Prag A. C. 7, Krt. 2, IIIA.

166 Vgl. Liedekerke Beaufort, *Voyage en Angleterre*, 245–250.

167 NP 1, 20.

168 Liedekerke Beaufort, *Voyage en Angleterre*, 228.

169 NP 1, 21.

170 Vgl. ebenso Palmer, *Der Staatsmann Europas*, 40.

171 Eine genaue Beschreibung in: Umständlicher und genauer Bericht von der großen See-
     Schlacht am ersten Junius und dem Siege des Admirals Howe, in: Politisches Journal
     [Hamburg] (1794), 2. Teil, 702–712.

172 Politisches Journal (1794), 2. Teil, 766.

173 NP 1, 22.

174 Vgl. Anderegg, *Die politischen Verhältnisse Englands*; Rohl, *Metternich und England*; Sadek, *Metternichs publizistische und pressepolitische Betätigung im Exil.*

175 Alle Urteile aus Anderegg, *Die politischen Verhältnisse Englands.*

176 Srbik, *Metternich*, 2, 446.

177 Metternich, 21. 6. 1819, an Dorothea von Lieven, NA Prag A. C. 6, C19.4, Fol. 46 f.; gekürzt gedruckt bei Corti, *Metternich*, 2, 99 f.

178 Metternich, 22. 4. 1848, an die Tochter Leontine, NP 8, 148.

179 Metternich aus Wien, 23. 10. 1858, an Benjamin Disraeli, NA Prag A. C. 13, Krt. 1, 25.

180 Vgl. Ticknor, *Life, Letters, and Journals*, 2, 16.

181 So Palmer, *Der Staatsmann Europas*, 41.

182 Politisches Journal (1794), 2. Teil, 768.

183 Vgl. Schütz/Schulz, *Geschichte der Kriege*, Teil 3, 245 f.

184 NP 1, 22.

185 Zur Reise des Kaisers vgl. Zeißberg, *Belgien unter der Generalstatthalterschaft*, 3, 1–27.

186 Im Juni Ypern (18.), Charleroi (25.), Fleurus (26.), im Juli Mons (1.), Brüssel (9.), Löwen (14.), Mechelen (15.), Landrecies (16.), Namur (17.), Nieuwpoort (18.), Antwerpen (24.) und Lüttich (27.), im August Le Quesnoy (16.), Sluis (25.) und Valenciennes (28.); vgl. die aus einschlägigen militärgeschichtlichen Quellen hergeleitete Chronik http://cliomaps.de/karten-eu/1794a/ereignisse (22. 7. 2014).

187 Zeißberg, *Belgien unter der Generalstatthalterschaft*, sowie, ganz an diesen angelehnt, Srbik, *Metternich*, Mathy, *Franz Georg von Metternich*, und Palmer, *Der Staatsmann Europas*, welche die etatistisch-absolutistischen Wertungen und Intrigen Trauttmansdorffs unkritisch übernahmen und Franz Georg als faul, den Ständen gegenüber zu nachgiebig und unpraktisch darstellten.

188 Zeißberg, *Belgien unter der Generalstatthalterschaft*, 2, 124–128.

189 Franz Georg, 8. 8. 1794, an Ferdinand von Trauttmansdorff, zit. bei Zeißberg, *Belgien unter der Generalstatthalterschaft*, 3, 164 f.

190 Zeißberg, *Belgien unter der Generalstatthalterschaft*, 3, 160.

191 Franz Georg, August 1794, an Erzherzog Carl, zit. nach Zeißberg, *Belgien unter der Generalstatthalterschaft*, 3, 172.

192 梅特涅在《我一生中的重要时刻》中写道："穿过哈里奇回到赫勒鲁茨劳斯；旅行穿过荷兰到我父亲与尼德兰政府一同逃往的杜塞尔多夫旁的本拉特。旅行到位于弗隆勒孔泰的科堡公爵的统帅部。"在另一处记载中加上了旅行到 "Aug." 统帅部。《遗存的文件》Prag A. C. 8，Krt. 3，21。

193 Ohne das vorausgeschickte Motto und mit einigen vom handschriftlichen Original abweichenden Redigierungen abgedruckt in: NP 1, 340–345; im Folgenden wird nur nach diesem Original zitiert: NA Prag A. C. 8, Krt. 3, 24.

194 So Srbik, *Metternich*, 1, 76 f.

195 Hansen, *Quellen*, 3, 168–171.

196 Hansen, *Quellen*, 3, 14 f.

197 Hansen, *Quellen*, 3, 170.

198 Einige Beispiele bei Hansen, *Quellen*, 3, 170; es gab deren erheblich mehr.

199 Zur Charakterisierung als totaler Krieg vgl. Blanning, *The French Revolutionary Wars*, 101.

200 NA Prag A. C. 8, Krt. 3, 24.

201 Vgl. Wagner, *Französische Gegenrevolution*, 144–146.

202 William Robertson: The History of the Reign of the Emperor Charles V., 1, Dublin 1770, 9: «Wherever they marched, their route was marked with blood. They ravaged or destroyed all around them. They made no distinction between what was sacred, and what was profane. They respected no age, no sex, or rank. What escaped the fury of the first inundation perished in those which followed.»

203 Vgl. Blanning, *The French Revolutionary Wars*, 116–120.

204 Blanning, *The French Revolutionary Wars*, 115.

205 Zum Kontext der sozialpolitischen Argumentation der Flugschrift vgl. Leonhard, *Bellizismus und Nation*, 222 f.

206 Vgl. Wendland, *Versuche einer allgemeinen Volksbewaffnung*, 140 f.

207 Vgl. Wendland, *Versuche einer allgemeinen Volksbewaffnung*, 134.

208 Wendland, *Versuche einer allgemeinen Volksbewaffnung*, 136 f., Anm. 1.

209 Magazin der Kunst und Litteratur, Wien, 4. Jg. 1796, 3, 212–214.

210 Zit. nach dem handschriftlichen Original, NA Prag A. C. 8, Krt. 3, 24; der Druck enthält manche eigenwillige Redigierungen.

211 Beatrix aus Benrath, 6. 9. 1794, an Franz Georg, NA Prag A. C. 14, Krt. 6, 110.

212 Beatrix aus Benrath, 3. 9. 1794, an Franz Georg, NA Prag A. C. 14, Krt. 6, 110.

213 Beatrix aus Rüdesheim, 11. 10. 1794, an Franz Georg, NA Prag A. C. 14, Krt. 6, 110.

214 «Biographische Andeutungen», NA Prag A. C. 8, Krt. 3, 21.

215 Vgl. den ausführlichen Bericht in Hansen, *Quellen*, 3, 275–282.

216 NA Prag RAM Krt. 223, 2015–2.

217 Z. B. im «Trierischen Wochenblatt» vom 13. 12. 1795, wo in einer Anzeige Flurland in Konz, Merzlich und Matheis zur Versteigerung angeboten wurde: NA Prag RAM Krt. 223, 2015–2.

218 Eigenhändig unterzeichnete Erklärung Metternichs, Wien, 1. 1. 1845, heute ausgestellt in der Bibliothek in Königswart.

219 Nicht im Februar 1794, wie Srbik, NP 1, 23 irrtümlich folgend, feststellt; Srbik, *Metternich*, 1, 79.

220 Über die näheren Hintergründe unterrichtet der Briefwechsel Eleonore von Liechtensteins, ausgewertet bei Wolf, *Fürstin Eleonore Liechtenstein*, bes. 242–250.

221 Vgl. z. B. Corti, *Metternich*, 1, 30–45; Srbik, *Metternich*, 1, 81 f.; Wolf, *Fürstin Eleonore Liechtenstein*, 242–250.

222 Asch, *Europäischer Adel*, 99.

223 Aus Clemens' und Eleonores Briefwechsel, NA Prag RAM Krt. 391, 2576 (nicht in NP).

224 Zu den anderen Bewerbern vgl. Corti, *Metternich*, 1, 33–35.

225 Eleonore von Kaunitz, undatiert, an Metternich, NA Prag RAM Krt. 391, 2576.

226 NP 1, 23.

227 Vgl. Wolf, *Fürstin Eleonore Liechtenstein*, 244 f.

228 Metternich, 1. 12. 1818, an Dorothea von Lieven, in: Mika, *Metternichs Briefe*, 60 f.

229 Das Gespräch ist dokumentiert im Protokoll Röpers, überschrieben als «Untertäniges Promemoria», 29. 3. 1795, NA Prag RAM Krt. 391, 2577.

230 Das entsprach 50 000–58 333 Gulden österreichischer Währung.

231 «Besitzungen und Vermögensstand des reichsgräflich Metternich Winneburgischen Hauses in reinem Ertrag nach Abziehung aller Administrations-Unkosten», NA Prag RAM Krt. 390, 2574.

232 «Rubrizierter Überschlag des Ertrags und der Administrations-Kosten der gräflich Metternichschen böhmischen Herrschaften», NA Prag RAM Krt. 390, 2574.

233 NA Prag RAM Krt. 391, 2578.

234 NA Prag RAM Krt. 390, 2574.

235 Original in: NA Prag A. C. 12, Krt. 1, 1; Abschrift in: NA Prag RAM Krt. 390, 2574.

236 «Beantwortung der gegen den vorgelegten Vermögensstand des gräflich Metternichschen Hauses gemachten Einwendungen» [undatiert], NA Prag RAM Krt. 390, 2574.

237 Franz Georg, 4. 6. 1795, an Kaunitz, NA Prag RAM Krt. 390, 2574.

238 Note Franz Georgs an den Grafen von Rothenhan [undatiert], NA Prag RAM Krt. 390, 2574.

239 NA Prag RAM Krt. 391, 2577.

240 NA Prag RAM Krt. 26, 2004.

241 Liechtenstern, *Geographie des Österreichischen Kaiserstaates*, 2, 1025.

242 So teilte Kienmayer es Clemens mit, NA Prag RAM Krt. 391, 2578.

243 Eleonore, 19. 8. 1795, mit Zusatz von Ernst von Kaunitz, an Clemens, NA Prag RAM Krt. 391, 2576.

244 Wolf, *Fürstin Eleonore Liechtenstein*, 248–250.

245 Der Wortlaut der «kurzen Anrede nach dem Wiener Ritual» in NA Prag RAM Krt. 390, 2574.

246 Pauline Metternich, *Erinnerungen*, 45.

247 Kaufvertrag vom 29. 9. 1785, NA Prag RAM Krt. 207, 2056.

248 Hinweis auf diese zweite Hochzeitsfeier bei Corti, *Metternich*, 1, 46.

249 NP 1, 24.

250 Vgl. Kadletz-Schöffel, *Metternich und die Wissenschaften*.

251 Metternich, 28. 2. 1819, an Wilhelmine von Sagan, in: Mika, *Metternichs Briefe*, 204.

252 NP 1, 23.

253 NP 1, 29 f.

254 NP 1, 28.

255 NP 1, 26.

256 Ziegler, *Kaiser Franz II. (I.)*, 17 f.

257 Ziegler, *Kaiser Franz II. (I.)*, 14.

258 NP 1, 43.

259 Vgl. Srbik, *Metternich*, 1, 82–84; Mathy, *Ein berühmter Student der Mainzer Universität*, 82.

260 Hansen, *Quellen*, 3, 163.

261 So Srbik, *Metternich*, 1, 82 f., nach Hüffer, *Diplomatische Verhandlungen*, 2–1, 41 f.

262 Hüffer, *Diplomatische Verhandlungen*, 2–2, 181.

263 Hansen, *Quellen*, 4, 274.

264 Hüffer, *Diplomatische Verhandlungen*, 2–1, 62.

265 Hansen, *Quellen*, 4, 592.

266 Vgl. Aretin, *Das Alte Reich*, 3, 462–468.

267 Srbik, *Metternich*, 1, 83.

268 Hüffer, *Diplomatische Verhandlungen*, 2–1, 204 f., Anm.

269 Srbik, *Metternich*, 1, 82.

270 Clemens, 8. 2. 1798, an Franz Georg, NA Prag RAM Krt. 227, 2017–4.

271 Vgl. Aretin, *Das Alte Reich*, 3, 464. «Österreich» zählte zu einem der zehn seit Mitte des 16. Jahrhunderts eingerichteten Reichskreise; sie waren auch zu Ende des Reiches noch weitgehend als Bezugsgrößen der Reichspolitik existent.

272 Hüffer, *Diplomatische Verhandlungen*, 2–1, 204 f., Anm.

273 Clemens, 6. 1. 1798, an Eleonore, NA Prag A. C. 12, Krt. 1, 2, gekürzt in: NP 1, 359 f.

274 Clemens, 4. 5. 1798, an Eleonore, NA Prag A. C. 12, Krt. 1, 2, gekürzt in: NP 1, 371.

275 Alle Anschreiben in NA Prag RAM Krt. 362, 2403–1.

276 Zum ganzen Vorgang Hüffer, *Diplomatische* Verhandlungen, 2–1, 255–261.

277 Franz Georg von Metternich, 29. 4. 1798, an Thugut, Entwurf von Clemens' Hand, NA Prag RAM Krt. 362, 2403–2.

278 Clemens von Metternich, 16. 1. 1798, an Eleonore, NA Prag A. C. 12, Krt. 1, 2, gekürzt in: NP 1, 361.

279 Hüffer, *Diplomatische Verhandlungen*, 2–1, 93.

280 Clemens von Metternich, 5. 12. 1797, an Eleonore, NA Prag A. C. 12, Krt. 1, 2, gekürzt in: NP 1, 349.

281 Clemens, 5. 4. 1798, an Eleonore, NA Prag A. C. 12, Krt. 1, 3, gekürzt in: NP 1, 366.

282 Vgl. Blanning, *The French Revolutionary Wars*, 158–161.

283 Clemens, 7. 12. 1797, an Eleonore, NA Prag A. C. 12, Krt. 1, 2, gekürzt in: NP 1, 349.

284 Clemens, 9. 12. 1797, an Eleonore, NA Prag A. C. 12, Krt. 1, 2, gekürzt in: NP 1, 351.

285 Clemens, 22. 12. 1797, an Eleonore, NA Prag A. C. 12, Krt. 1, 2, gekürzt in: NP 1, 357.

286 Clemens, 24. 12. 1797, an Eleonore, NA Prag A. C. 12, Krt. 1, 2, gekürzt in: NP 1, 357.

287 Clemens 31. 12. 1797, an Eleonore, NA Prag A. C. 12, Krt. 1, 2, abgedruckt in: NP 1, 359; im Druck der NP steht: «dans moins de soixant-dix ans», in der Handschrift: «dans moins des 7 ans».

288 Clemens, 6. 1. 1798, an Eleonore, NA Prag A. C. 12, Krt. 1, 2, gekürzt in: NP 1, 359 f.

289 Hüffer, *Diplomatische Verhandlungen*, 1, 387.

290 Hüffer, *Diplomatische Verhandlungen*, 1, 387 u. 450.

291 NP 1, 26.

292 Hüffer, *Diplomatische Verhandlungen*, 2–2, 297 f.

第四章 在和平与战争之间: 公使经历, 1801~1806

1 Vgl. Schroeder, *Transformation*, 228–230.

2 NP 1, 152.

3 Ludwig von Cobenzls verschlungene, zwischen diplomatischer und ministerieller Tätigkeit pendelnde Karriere ist detailliert dargestellt bei Hermann Hüffer: Cobenzl, Ludwig Graf, in: ADB 4 (1876), 355–363.

4 Cobenzl, 24. 2. 1801, «Lettre particulière», an Metternich, NA Prag RAM A. C. 2, 9-A.

5 NP 1, 32.

6 Vgl. oben, 189 f.

7 NP 1, 29.

8 Srbik, *Metternich*, 1, 80.

9 Aretin, *Das Alte Reich*, 3, 461, 470, 472, 474, 477.

10 Vgl. oben, 80 f.

11 NP 1, 32.

12 "我们出身高贵的、尊贵的、神圣罗马帝国正式的侍从参议克莱门斯·冯·梅特涅-温纳布尔格侯爵所遵循的指令，1801 年 11 月 2 日。"维也纳皇室、宫廷和国家档案馆。更为详尽的、上述引文据为基础的草稿，由梅特涅 1801 年 7 月 11 日提供，仅为摘录的第三部分，并经多次编辑、修订、印刷；而下述的解释则根据原始草稿 Fol. 2-54。

13 NP 1, 40.

14 Aretin, *Das Alte Reich*, 3, 490.

15 Zu den Salons und den Frauen vgl. Corti, *Metternich*, 1, 68–78.

16 Mémoires du Maréchal Marmont Duc de Raguse de 1791 à 1841. Paris 2. Aufl., Bd. 6, 1857, 375.

17 NP 1, 37.

18 NP 1, 36 f.

19 NP 1, 38.

20 Gentz, *Fragmente*, XLV.

21 Gentz, *Fragmente*, 16 f.

22 Gentz, *Tagebücher*, 1, 25.

23 NP 1, 39.

24 NP 1, 39.

25 Vgl. Arndt, *Reichsgrafenkollegium*, 141–145.

26 «Beschreibung der reichsgräflich Metternich-Winneburgschen Besitzungen auf dem linken Rheinufer nebst erläuternden Anmerkungen zu dem desfalsigen Rentenetat», NA Prag RAM Krt. 141, 5298.

27 «Ueber Länderverlust und Zusage neuer Länder für die erblichen Regenten. Eine geographisch statistische Noth- und Hülfstafel zur richtigen Beurtheilung des Lüneviller Friedens vom 9. Februar 1801», NA Prag RAM Krt. 294, 1, 2255; hier werden als Einkünfte 46 000 fl. verzeichnet.

28 Z. B. «Generalliste des sämtlichen zur Entschädigung judizierten Revenuenverlustes der katholischen Mitglieder des westfälischen Grafenkollegiums», NA Prag RAM Krt. 329, 2321, 1.

29 Alle hier genannten Schreiben: NA Prag RAM Krt. 263, 2194.

30 Talleyrand, 4 Germinal XI (25. 3. 1803), an Franz Georg von Metternich, NA Prag RAM Krt. 263, 2194.

31 NP 1, 40.

32 Vgl. oben, 51–57.

33 Vgl. Andreas, *Das Zeitalter Napoleons*, 316–319.

34 Raumer/Botzenhart, *Deutschland um 1800*, 176.

35 HHStA Wien StK Instruktionen, Krt. 6, «Instruktion für den Kaiserl. Königl. Bevollmächtigten Minister am Berliner Hofe Herrn Grafen von Metternich, 5. Nov. 1803», Fol. 1–16 (Abschrift); bei Fournier, *Gentz und Cobenzl*, 203–233, leider am Anfang und Ende gekürzt; deshalb wird hier aus dem Original zitiert.

36 Metternich, 16. 3. 1804, an Colloredo, HHStA Wien Preußen Korrespondenz, Krt. 85, Fol. 108–111.

37 Metternich, 24. 9. 1804, an Colloredo, NP 2, 20–25.
38 In einem Randkommentar zu einem an ihn gerichteten Traktat Schulenburgs aus dem Winter 1809/10, NA Prag A. C. 8, Krt. 5, 34, 1.
39 NP 2, 72.
40 Vgl. oben, 126–128.
41 Vgl. Raumer/Botzenhart, *Deutschland um 1800*, 151.
42 Metternich, 29. 10. 1805 und 31. 10. 1805, an Colloredo, in: NP 2, 69–74.
43 Bemerkungen Metternichs zu seinem Zusatzartikel, in: NP 2, 79.
44 So das Urteil bei Andreas, *Das Zeitalter Napoleons*, 330.
45 Nicht datierte Anlage zu einer Depesche Metternichs (Nr. 99), NA Prag A. C. 8, Krt. 4, 28 (nicht in NP).
46 «Quelques observations sur la situation actuelle des affaires relativement à la Prusse», NA Prag A. C. 8, Krt. 4, 28; im Einzelnen: 193 000 Preußen, 25 000 Sachsen, 16 000 Hessen, 8000 Darmstädter, 3000 Braunschweiger, 1000 Weimarer, 24 000 Engländer und Hannoveraner.
47 «Note sur la marche à suivre pour déterminer la Prusse à se joindre à la Russie», Depesche Nr. 99, NA Prag A. C. 8, Krt. 4, 28 (nicht in NP).
48 Vgl. Metternichs Darstellung in NP 1, 50.
49 Schroeder, *Transformation*, 227.
50 Gemeinsame Note Metternichs und des russischen Gesandten in Berlin Alopäus, 13. 12. 1805, an Hardenberg, in: NP 2, 89–91.
51 Metternich, 10. 1. 1806, an Stadion, in: NP 2, 102–105.
52 Oer, *Der Friede von Preßburg*, 196 u. 271 ff. französische Fassung, deutsche Fassung RegBl. für das Königreich Bayern 1806, Nr. 7 u. 8, 49 ff. u. 64 ff.
53 Hardenbergs Plan vom 5. 2. 1806 ist genauer beschrieben bei Angermeier, *Das Alte Reich*, 478.
54 Metternich, 7. 3. 1806, an Stadion, in: NP 2, 110–114.
55 Die Denkschrift Metternichs vom 12. 4. 1806: in: NP 2, 114–118; der Fragenkatalog mit Hardenbergs Antworten: NP 2, 118–120.

第五章　世界大战：布局与升级，1806~1812

1 Osterhammel, *Die Verwandlung der Welt*, 13.
2 Füssel, *Der Siebenjährige Krieg*.
3 Oncken, *Österreich und Preußen*, 1, 21.
4 Vgl. Blanning, *The French Revolution in Germany*, 318.
5 Juhel, *1813 – das Jahr eines Weltkriegs?*, 40–51.
6 Bayly, *Die Geburt der modernen Welt*, 123.
7 Bayly, *Die Geburt der modernen Welt*, 158.
8 NP 1, 56.
9 Vgl. NP 1, 209. Die Autografe Metternichs, die Ab- und Reinschriften, auf denen die Memoiren in den NP fußen, liegen gesammelt in dem Bestand NA Prag A. C. 8.
10 参见博岑哈尔特的 *Botschafterzeit*，这部出色的研究作品也是基于《克莱门蒂纳文献》以及布拉格的梅特涅家族档案，并且在实质性的问题上纠正了西尔比克的论断，这一点在1960 年代是极为不寻常的。

11 Botzenhart, *Botschafterzeit*, 11.

12 Metternich, 21. 1. 1806, an Gentz, in: Wittichen, *Friedrich von Gentz*, 3–1, 44.

13 Vidal, *Caroline Bonaparte*, 257.

14 Napoleon, 26. 3. 1806, an Talleyrand, in: Napoléon, *Correspondance*, 12, 220 f.; vgl. Botzenhart, *Botschafterzeit*, 7.

15 Genauestens und überzeugend rekonstruiert bei Botzenhart, *Botschafterzeit*, 9–13.

16 Vgl. Botzenhart, *Botschafterzeit*, 21.

17 NP 1, 53.

18 HHStA Wien StK Frankreich Krt. 199; die folgenden Zitate aus der Instruktion beziehen sich auf diese Akte.

19 HHStA Wien StK Frankreich Krt. 199, Fol. 27.

20 Der 4. August als Ankunftsdatum (NP 1, 55) ist zu korrigieren, vgl. Botzenhart, *Botschafterzeit*, 28, Anm. 5.

21 Vgl. Bitterauf, *Geschichte des Rheinbundes*, 402.

22 Kraehe, *Metternich's German Policy*, 1, 52.

23 Vgl. Andreas, *Zeitalter Napoleons*, 341.

24 Stadion, 3. 4. 1806, an Franz Georg von Metternich, NA Prag RAM Krt. 317, 2295, 3.

25 NA Prag RAM Krt. 317, 2295, 1.

26 Bassenheim 3. 7. 1806, an Franz Georg, NA Prag RAM Krt. 317, 2295, 1.

27 Wortlaut bei Pölitz, *Constitutionen*, 2, 85 (Art. 24).

28 Jacob Chrétien, 26. 7. 1806, an Franz Georg von Metternich, NA Prag RAM Krt. 317, 2295, 1.

29 Napoleon, 10. 4. 1806, an Talleyrand, in: Napoléon, *Correspondance*, 12, 266–268.

30 Vgl. Botzenhart, *Botschafterzeit*, 19.

31 Vgl. Gollwitzer, *Die Standesherren*, 27.

32 Clemens von Metternich, 4. 8. 1806, an Franz Georg, NA Prag A. C. 12, Krt. 1, 5.

33 Clemens von Metternich, 16. 9. 1806, an Franz Georg, NA Prag A. C. 14, Krt. 10, 202.

34 Vgl. Endres, *Sauhirt in der Türkei*, 837–856.

35 König Friedrich von Württemberg, 26. 10. 1806, an Franz Georg, NA Prag RAM Krt. 317, 2296, 1.

36 Clemens von Metternich, 16. 9. 1806, an Franz Georg, NA Prag A. C. 14, Krt. 10, 202.

37 Vgl. Gollwitzer, *Standesherren*, 17.

38 Vgl. insgesamt zur Antrittsaudienz Botzenhart, *Botschafterzeit*, 38–40.

39 Stollberg-Rilinger, *Des Kaisers alte Kleider*, 134.

40 出现在《遗存的文件》第一卷，275~291 页的随笔，有几处出版人擅自弱化了语言表达。下文引用的是梅特涅亲笔所写的完整标题 "Portraits des hommes les plus marquants de l'époque pour servir des materiaux à mes memoires"，见《遗存的文件》Prag A. C. 8，Krt. 1（Konzept und Reinschrift）。

41 NP 1, 276.

42 NP 1, 285.

43 NP 1, 280.

44 Vgl. Gottfried Eisermann: Rolle und Maske, Tübingen 1991, bes. 150 f.

45 Abweichend vom Original mildern die NP 1, 276 ab in «une tenue négligée» (vernachlässigt).

46 Vgl. Günter Daniel Rey: Methoden der Entwicklungspsychologie. Datenerhebung und Datenauswertung, Norderstedt 2012, 17.

47 Tulard, *Napoleon*, 502.

48 Presser, *Napoleon*, 898.

49 NP 1, 277.

50 NP 1, 288.

51 Das Bild gebraucht Metternich, in: NP 1, 288.

52 Helfert, *Maria Louise*, 188–190, Zitat 190.

53 Vgl. NP 1, 288.

54 Marquis de Noailles: Le Comte Molé 1781–1855, 1, Paris 1925, 155; vgl. Fournier, *Napoleon*, 3, 233.

55 NP 1, 300; die folgenden Zahlen nach NP 1, 297–300.

56 NP 1, 280 f.

57 Aus dem Dresdner Gespräch mit Metternich 1813, in: NP 1, 151.

58 NP 1, 281.

59 NP 1, 61.

60 Der vollständige «Große Titel» in NA Prag RAM Krt. 321, 2300, 3.

61 NP 1, 282.

62 NP 1, 279.

63 NP 1, 54.

64 NP 1, 73.

65 NP 1, 287.

66 NP 1, 291, Anm.

67 NP 1, 54 f.

68 NP 1, 290 f.

69 NP 1, 56.

70 Metternich, 21. 1. 1806, an Friedrich Gentz, in: Wittichen/Salzer, *Gentz*, 3, 44 f.

71 Metternich, 16. 9. 1806, an Franz Georg, NA Prag A. C. 14, Krt. 10, 202.

72 Metternich, 25. 9. 1806, an Franz Georg, NA Prag A. C. 14, Krt. 10, 202.

73 NP 1, 57.

74 Metternich, 26. 7. 1807, an Stadion, in: NP 2, 121.

75 NP 1, 58.

76 Talleyrand, *Memoiren*, 1, 247.

77 NP 1, 57.

78 Metternich, 11. 10. 1807, an Stadion (Privatbrief), in: NP 2, 123 f.; zur Reziprozität vgl. oben, 81.

79 Vgl. Metternich, 12. 10. 1807, an Stadion, in: NP 2, 124–130.

80 Metternich, 12. 11. 1807, an Stadion, in: NP 1, 130 f.

81 Vgl. oben, 99 f.

82 Zur Kontinentalsperre insgesamt vgl. Bayly, *Die Geburt der modernen Welt*, 119–126, Zitate 124.

83 Vgl. Tulard, *Napoleon*, 231–237.

84 Bericht Metternichs über die Audienz vom 2. 8. 1807, in: NP 1, 294–296, Zitat 295.

85 Metternich, 16. 10. 1807, an Stadion, in: NP 2, 133.

86 Vgl. Tulard, *Napoleon*, 382; Fournier, *Napoleon*, 2, 246 f.

87 Vgl. Talleyrand, *Memoiren*, 1, 290.

88 Zitat nach Kircheisen, *Briefe Napoleons*, 2, 147.
89 NP 1, 68.
90 Metternich, 26. 8. 1808, an Stadion, in: NP 2, 214.
91 NP 2, 215.
92 Metternich, 24. 9. 1808, an Stadion, in: NP 2, 237.
93 Die ganzen Umstände werden in vier vor Beginn des Kongresses abgefassten Depeschen Metternichs an Stadion entwickelt; vgl. NP 2, 221–233.
94 Caulaincourt, *Mémoires*, 1, 252.
95 Talleyrand, *Memoiren*, 1, 304.
96 Talleyrand, *Memoiren*, 1, 307.
97 Talleyrand, *Memoiren*, 1, 301 f.
98 Vgl. Carl, *Erinnerungsbruch als Bedingung der Moderne*, 182.
99 Vgl. Beyer, *Neue Chronik*.
100 Der Vertragstext in Talleyrand, *Memoiren*, 1, 345–348.
101 Talleyrand, *Memoiren*, 1, 308.
102 Vgl. Caulaincourt, *Mémoires*, 1, 249–253.
103 NP 1, 62.
104 Talleyrand, *Memoiren*, 1, 234 f.
105 «Über Talleyrands Stellung und die Parteien», in: NP 2, 240–243.
106 NP 2, 243.
107 Metternich, 20. 1. 1809, an Stadion, HHStA Wien StK Frankreich Krt. 205, Fol. 66.
108 Vgl. Dard, *Napoleon und Talleyrand*, 291–293, dort auch mit weiteren Quellennachweisen.
109 Vgl. Willms, *Talleyrand*, 174.
110 Z. B. Bericht Metternichs, 17. 1. 1809, an Stadion («réservé», d. h. «streng geheim»), HHStA Wien StK Frankreich Krt. 205, Fol. 56.
111 Dard, *Napoleon und Talleyrand*, 297.
112 HHStA Wien StK Frankreich Krt. 201, Fol. 65.
113 HHStA Wien StK Frankreich Krt. 203, Fol. 101–110.
114 HHStA Wien StK Frankreich Krt. 203, Fol. 127.
115 Metternich, 26. 7. 1808, an Stadion, HHStA Wien StK Krt. 203, Fol. 200–203.
116 HHStA Wien StK Frankreich Krt. 203, Fol. 205–207.
117 HHStA Wien StK Frankreich Krt. 205, Fol. 98.
118 Metternich, 27. 2. 1809, HHStA Wien StK Frankreich Krt. 205, Fol. 111–128.
119 Metternich, 23. 3. 1809, an Stadion, HHStA Wien StK Frankreich Krt. 205, 79–99.
120 Metternich, 26. 8. 1808, an Stadion, in: NP 2, 214.
121 Wolf, *Fürstin Eleonore Liechtenstein*, 318.
122 Srbik, *Metternich*, 1, 117.
123 Vgl. Botzenhart, *Botschafterzeit*, 262; vgl. auch 220 u. 263.
124 Metternich, 23. 6. 1808, an Stadion, in: NP 2, 183.
125 Metternich, 1. 7. 1808, an Stadion, in: NP 2, 189.
126 Vgl. auch Botzenhart, *Botschafterzeit*, 229 f.
127 Metternich, 3. 9. 1808, an Franz Georg, NA Prag A. C. 12, Krt. 1, 5; vgl. Botzenhart, *Botschafterzeit*, 249 f.
128 Die Angabe in den NP 1, 63 von der Ankunft in Wien am 10. Oktober 1808 ist zu korrigieren; vgl. Botzenhart, *Botschafterzeit*, 268 f.

129　NP 1, 69.

130　Erste Denkschrift Metternichs vom 4. 12. 1808, in: NP 2, 246–257.

131　NP 2, 255.

132　Nicht in den NP, abgedruckt bei Beer, *Zehn Jahre österreichischer Politik*, 525–529, Zitat 527.

133　Beer, *Zehn Jahre österreichische Politik*, 527.

134　Der Wortlaut der Denkschrift in NP 2, 257–264, Zitat 261.

135　NP 2, 264.

136　Vgl. Botzenhart, *Botschafterzeit*, 251.

137　«Geschichtliche Bemerkungen» Metternichs, in: NP 1, 228 f.

138　Vgl. Planert, *Der Mythos vom Befreiungskrieg*.

139　NP 1, 83.

140　Vgl. Raumer/Botzenhart, *Deutschland um 1800*, 508.

141　NP 1, 70.

142　«Instruktion vom 23. Dezember 1808 für den Gesandten Metternich zu seiner Rückkehr nach Paris», abgedruckt bei Beer, *Zehn Jahre österreichischer Geschichte*, 536–539.

143　NP 2, 272.

144　Metternich, 23. 2. 1809, an Stadion, in: NP 2, 284 f.

145　Metternich, 17. 2. 1809, an Stadion, in: NP 2, 281.

146　Metternich, 11. 4. 1809, an Stadion, in: NP 2, 298.

147　Dieses Szenario entwickelt Metternich noch in Paris am 24. 4. 1809, in: NP 2, 303–306.

148　Vgl. zum Kriegsverlauf Hill, *Thunder on the Danube*.

149　Abgedruckt in: Spies, *Die Erhebung gegen Napoleon*, 117 f.

150　«Expédition du major Schill. 1809» / «Rapport confidentiel et détaillé sur les circonstances et négociations relatives au Projet d'Insurrection dans le Nord de l'Allemagne», NA Prag A. C. 8, Krt. 5, 34, 1.

151　Metternich, 3. 4. 1809, an Stadion, in: NP 2, 293.

152　Nach Botzenhart, *Botschafterzeit*, 294.

153　Eleonore erhielt von Fouché persönlich am 25. 5. 1809 den abgebildeten Pass, der sie jederzeit zur Ausreise berechtigte, NA Prag A. C. 12, Krt. 1, 6.

154　Metternich aus Paris, 18. 4. 1809, an Stadion, in: NP 2, 300–303.

155　NP 1, 76.

156　NP 1, 71; das Abreisedatum in den Memoiren (der 19.) ist nach dem Bericht vom 18., in: NP 2, 300, zu korrigieren.

157　Abrantès, *Mémoires*, 12, 215.

158　NP 1, 77.

159　«Précis d'une conversation avec Mr. de Champagny le 6 Juin 1809», NA Prag, A. C. 8, Krt. 5, 34, 2; Corti, *Metternich*, 1, 157, bezieht sich fragmentarisch ohne Herkunftsnachweis auf den Bericht, unterschlägt aber den politischen Hintergrund der «Affaire Chasteler» vollkommen.

160　NP 1, 78.

161　NP 1, 78.

162　Schreiben des Baron von Wimpfen, 12. 6. 1809, in: Pelet, *Mémoires*, 3, 452 f.

163　《1809 年 6 月 15 日萨瓦里将军与梅特涅大使的详细对话》(*Précis d'une Conversation entre le Général Savary et l'Ambassadeur comte de Metternich à Grünberg le 15 Juin 1809*)，《遗存的文件》Prag RAM A. C. 8，Krt. 5，34，2；克尔蒂 (Corti) 将这份文件描述为 "梅特

涅后来跌宕起伏的辉煌生涯"的基础，分量委实不足。参见 Corti 的 *Metternich*，I，157。:
像本传记所显示的，梅特涅平步青云的生涯，建立在长期发展的基础之上。

164 《遗存的文件》第一卷，79 页，在 "Précis d'une Conversation" 中，梅特涅提到相邻的
花园，萨瓦里应该是知道的。按照报道，没有理由怀疑回忆录中的说法，而克尔蒂却这
样做了，再加上梅特涅当时也明确地强调了他的保留态度。参见 Corti 的 *Metternich*，I，
159。

165 NP 1, 82.

166 Namentlich Corti hat diese Unterstellung, sich den Hofverdächtigungen anschließend,
verbreitet, vgl. Corti, *Metternich*, 1, 187 f.

167 Vgl. Srbik, *Metternich*, 122–128.

168 NP 1, 87.

169 Kaiserliche Resolution, Komorn, 31. 7. 1809, HHStA Wien StK Vorträge Krt. 182,
Fol. 133.

170 NP 1, 85.

171 NP 1, 86.

172 NP 1, 86.

173 NP 1, 88.

174 Vgl. Corti, *Metternich*, 1, 165 f.

175 NP 1, 88.

176 Vortrag Metternichs, 20. 7. 1809, an Kaiser Franz, in: NP 2, 307–310 – mit zahlreichen
unterdrückten Partien und Redigierungen, hier zitiert nach dem Original, HHStA
Wien StK Vorträge Krt. 182, Fol. 189–199.

177 Vortrag Metternichs, 20. 7. 1809, HHStA Wien StK Vorträge, Krt. 182, Fol. 194, in NP
unterdrückt.

178 Vgl. Šedivý, *Eastern Question*, 437–474.

179 Vortrag Metternichs, 20. 7. 1809, HHStA Wien StK Vorträge Krt. 182, in NP unter-
drückt.

180 Vgl. Bertolt Brecht: Gesammelte Werke. Frankfurt a. M. 1967, 12, 375 f.

181 Vgl. Srbik, *Metternich*, 1, 119.

182 Vortrag Metternichs, 10. 8. 1809, in: NP 2, 311 f., in der Wiedergabe der NP selbst an den
programmatisch herausragenden Sätzen teilweise entstellt, hier zitiert nach dem Origi-
nal HHStA Wien StK Vorträge Krt. 182, Fol. 200–205.

183 Vortrag Metternichs, 10. 8. 1809, HHStA Wien StK Vorträge Krt. 182, Fol. 200–205.

184 Die genaueren Umstände werden beschrieben in Metternichs «Réflexions sur les Négo-
tiations rélatives au traité de paix conclus 14 Octobre à Vienne l'an 1809», NA Prag
RAM A. C. 8, Krt. 5, 34, 2.

185 NP 1, 91.

186 Kaiserliche Resolution, 25. 9. 1809, an Metternich, HHStA Wien StK Vorträge Krt. 182,
Fol. 53 f.

187 NP 1, 93.

188 Metternich, 30. 9. 1809, an Kaiser Franz, HHStA Wien StK Vorträge Krt. 182, Fol. 45–
47, 58.

189 Ebd., Fol. 61.

190 «Réflexions sur les Négotiations rélatives au traité de paix conclus 14 Octobre à Vienne
l'an 1809», NA Prag RAM A. C. 8, Krt. 5, 34, 2.

191 Champagny, *Souvernirs*, 117.

192 NP 1, 95 f.

193 Protokoll der Sitzung Totis, 16. 10. 1809, HHStA Wien StK Vorträge Krt. 182, Fol. 151–154.

194 在《遗存的文件》公布的、作为回忆录基础的文稿中，恰恰包括了有关1809年战争的一段空白（《遗存的文件》第一卷，69页），这段空白由后来在梅特涅写给最高统帅卡尔大公爵的副官长兼帅府总管、陆军中将菲利普·格伦纳伯爵（FML Philipp Graf Grünne）的一封信的有关讨论中，部分地补充上了，格伦纳伯爵对1809年9月23日的失败给出了他的说法。可惜，《遗存的文件》第一卷，228页将这段重要文字的开头部分删除了，正是在这部分中，梅特涅讲述了失败的原因。原件 "Geschichtliche Bemerkungen zu dem Schreiben des Generals Grafen Grünne an den Prince de Ligne"，《遗存的文件》Prag A. C. 8，Krt. 5，34，1。

195 So Srbik, *Metternich*, 1, 123.

196 Metternich, «Geschichtliche Bemerkungen», NA Prag A. C. 8, Krt. 5, 34, 1.

197 In dem Dresdner Gespräch, vgl. NP 1, 152.

198 Vgl. NP 1, 83.

199 Vgl. Hill, *Thunder on the Danube*, 1, XIII f.

200 Vgl. Klueting; *Die Lehre von der Macht der Staaten*.

201 NA Prag RAM A. C. 8, Krt. 5, 34, 2. Die Zeile zu den Verlusten in Kroatien ist in dieser Tabelle herausgefallen, so dass die Endsummen nicht stimmen, vgl. Der aufrichtige und wohlerfahrene Schweizer-Bote, Aarau 6. Jg. (1809), 366.

202 Vgl. Raumer/Botzenhart, *Deutschland um 1800*, 514.

203 NP 1, 96.

204 Vgl. oben, 304.

205 NP 1, 96.

206 Metternich, 25. 12. 1809, an Eleonore in Paris, NA Prag A. C. 12, Krt. 1, 6; in NP falsch zugeordnet und in den Brief vom 28. 11. montiert.

207 Srbik, *Metternich*, 1, 122.

208 NP 1, 97.

209 NP 1, 287.

210 NP 1, 96.

211 Kaiserliche Resolution, 6. 11. 1809, an Metternich, HHStA Wien StK Vorträge Krt. 139, Fol. 30.

212 So Lechner, *Gelehrte Kritik*, 56.

213 «Über die Notwendigkeit der Einflussnahme auf die Presse», Metternich, 23. 6. 1808, an Stadion, in: NP 2, 191–193, zit. 192.

214 Vgl. Lechner, *Gelehrte Kritik*, 59 f.

215 Vortrag Metternichs, 19. 11. 1809, HHStA Wien StK Vorträge Krt. 183, Fol. 100–104.

216 Vortrag Metternichs, 19. 11. 1809, HHStA Wien StK Vorträge Krt. 183, Fol. 100–104.

217 Kaiserliches Handbillett an sämtliche Länderchefs (Entwurf aus der Hand Metternichs), 3. 10. 1809, HHStA Wien StK Vorträge Krt. 183, Fol. 3.

218 Kaiserliche Resolution, 27. 5. 1810, an Franz Georg, HHStA Wien StK Vorträge Krt. 185, Fol. 162.

219 Vgl. oben, 110.

220 Franz Georg, 31. 10. 1810, HHStA Wien StK Vorträge Krt. 186, Fol. 100–108.

221 Umfangreiches Konvolut «Gründung und Einrichtung eines literarischen Bureaus 1810 bis 1811», NA Prag RAM Krt. 212, 2008–1.

222 «Votum ad Imperatorem, das literarische Bureau betreffend», NA Prag RAM Krt. 215, 2009–4.
223 Vgl. Siemann, *Anfänge der politischen Polizei*, 63–68.
224 Vortrag Metternichs, 19. 11. 1809, an Kaiser Franz, HHStA Wien StK Vorträge Krt. 183, Fol. 96–99.
225 Ks. Handschreiben, 18. 1. 1811, an Metternich, HHStA Wien StK Vorträge Krt. 188, Fol. 159.
226 Text in: Pfaundler/Köfler, *Tiroler Freiheitskampf,* 73 (Faksimile).
227 Pfaundler/Köfler, *Tiroler Freiheitskampf,* 84.
228 Ebd., 127.
229 Ebd., 218 (Faksimile).
230 Vortrag Metternichs (ohne Datum) HHStA Wien StK Vorträge Krt. 182, Fol. 226. Die Datierung ergibt sich aus der Ablage im Aktenzusammenhang.
231 Metternich, 1. 1. 1810, an Kaiser Franz, HHStA Wien StK Vorträge Krt. 184, Fol. 2.
232 Kaiserliche Resolution, 12. 2. 1810, HHStA Wien StK Vorträge Krt. 184, Fol. 144.
233 Kaiserliche Resolution, 22. 3. 1810, HHStA Wien StK Vorträge Krt. 184, Fol. 126.
234 Metternich, 4. 4. 1810, an Kaiser Franz in Wien, zit. nach Corti, *Metternich,* 1, 265.
235 Vgl. oben, 271.
236 Talleyrand, *Memoiren,* 2, 6.
237 Vgl. Fournier, *Napoleon,* 2, 314.
238 Vgl. NP 1, 98.
239 Schreiben Schwarzenbergs, 4. 12. 1809, an Metternich, in: Helfert, *Maria Louise,* 349 f.
240 Vgl. Helfert, *Maria Louise,* 79 f.
241 Vgl. Corti, *Metternich,* 1, 234.
242 Sie ist nur auszugsweise gedruckt, in: NP 2, 317–319, ebenso verkürzt bei Helfert, *Maria Louise,* 350–352; es fehlt der einleitende Grundsatzteil, der die nachfolgende Heiratspolitik rechtfertigt; hier zit. nach der vollständigen Fassung, NA Prag A. C. 8, Krt. 6, 36.
243 NP 1, 98 f.
244 «Bulletin de Paris de 22. Déc. 1809 jusqu'au 11. Janvier 1810», NA Prag A. C. 8, Krt. 6; die folgende Darstellung stützt sich für die Pariser Vorgänge weitgehend auf das Bulletin.
245 Eleonore, 3. 1. 1810, an Clemens von Metternich, in: NP 2, 319.
246 Vgl. die Zweifel bei Andreas, *Zeitalter Napoleons,* 427.
247 Metternich, 27. 1. 1810, an Eleonore, in: NP 2, 321–323, Zitat 322; das Original in NA Prag A. C. 12, Krt. 1, 6.
248 Metternich, 14. 2. 1810, an Eleonore, NA Prag A. C. 12, Krt. 1, 6; im Auszug in: Corti, *Metternich,* 1, 231.
249 Talleyrand, *Memoiren,* 1, 7 f.
250 Schwarzenberg, 14. 2. 1810, an Metternich, in: Helfert, *Maria Louise,* 399.
251 Vortrag Metternichs, 13. 3. 1810, HHStA Wien, StK Vorträge Krt. 184, Fol. 64 f. (Konzept).
252 Metternich, 12. 3. 1810, an Eleonore in Paris, NA Prag A. C. 12, Krt. 1, 6.
253 Beschrieben in: Allgemeine Ulmer Zeitung, No. 85, 26. März 1810 (Abschrift), NA Prag RAM Krt. III, 4342.
254 Ebd., vgl. auch oben, 123.
255 Das Originalprotokoll: «Proces verbal à Wesel sur le Rhin ce 12 Decembre 1792», NA Prag RAM Krt. III, 4332.

256 Die Berechnungen dazu hat Metternich hinterlegt, NA Prag A. C. 8, Krt. 6, 37; die heute kurios anmutende Übergabezeremonie erfolgte ganz in den Formen von 1770 wie im Falle Marie Antoinettes in einem eigens errichteten Holzbau mit Thronhimmel und einer österreichischen und französischen Saalhälfte; vgl. Helfert, *Maria Louise*, 116–120.

257 Vortrag Metternichs, 18. 2. 1810, HHStA Wien StK Vorträge Krt. 184, Fol. 174 f.

258 Vortrag Metternichs, 14. 3. 1810, HHStA Wien StK Vorträge Krt. 184, Fol. 68–71; NP 1, 106.

259 Vortrag Metternichs, 11. 3. 1810, HHStA Wien StK Vorträge Krt. 184, Fol. 37.

260 Vortrag Metternichs, 14. 3. 1810, HHStA Wien StK Vorträge Krt. 184, Fol. 68–71.

261 Der Zeitungsausschnitt «Journal de l'Empire» 31. 3. 1810, NA Prag A. C. 8, Krt. 6, 37.

262 Vortrag Metternichs, 21. 3. 1810, HHStA Wien StK Vorträge Krt. 184, Fol. 261 f.

263 Vgl. insgesamt zum Verlauf Helfert, *Maria Louise*, 126–144.

264 Metternich, 29. 3. 1810, HHStA Wien StK Vorträge Krt. 184, Fol. 263.

265 Claude de Barante, Hg.: Souvenirs du Baron de Barante. Paris 1890, 1, 316–318.

266 Helfert, *Maria Louise*, 142.

267 NA Prag A. C. 8, Krt. 6, 36.

268 Srbik, *Metternich*, 1, 132.

269 Vgl. oben, 256 f.

270 Talleyrand, *Memoiren*, 2, 19.

271 Vortrag Metternichs, 5. 9. 1810, NA Prag A. C. 8, Krt. 6, 35; NP 2, 395–399, Zit. 398.

272 NP 1, 156.

273 NP 1, 107.

274 Vortrag Metternichs, 9. 5. 1810, HHStA Wien StK Vorträge Krt. 185, Fol. 270 f.

275 Vortrag Metternichs, 18. 10. 1810, HHStA Wien StK Vorträge Krt. 186, Fol. 132–147, Zit. Fol. 134 f.

276 Ebd., Fol. 146.

277 Vortrag Metternichs, 9. 5. 1810, HHStA Wien StK Vorträge Krt. 184, Fol. 271.

278 Helfert, *Maria Louise*, 161.

279 Vortrag Metternichs, 16. 4. 1810, HHStA Wien StK Vorträge Krt. 184, Fol. 252 f.

280 Vgl. oben, 251–257.

281 «Convention sur la lévée des Séquestres 1810», NA Prag A. C. 8, Krt. 6, 36.

282 «Convention de Paris, du 30. Août 1810, en exécution du Traité de Vienne du 14. Octobre 1809», in: Meyer, *Staats-Acten*, 149–151.

283 Vortrag Franz Georgs von Metternich, 17. 9. 1810, HHStA StK Vorträge Krt. 186, Fol. 152.

284 NP 1, 102.

285 Vortrag Metternichs, 9. 7. 1810, HHStA Wien StK Vorträge Krt. 185, Fol. 73.

286 NP 1, 106.

287 NP 1, 107.

288 «Précis sommaire d'une conversation avec l'Empereur Napoléon après son lever à St. Cloud le 20 Septembre 1810», NA Prag A. C. 8, Krt. 6, 35 (Konzept); HHStA Wien StK Vorträge Krt. 188, Fol. 136–157 (Reinschrift); in der Autobiografischen Denkschrift in deutscher Übersetzung ungekürzt in den Memoirentext eingefügt, in: NP 1, 112 («Am 20. September ...») bis 115 («was der Kaiser Franz davon denkt»).

289 NP 1, 115.

290 NP 1, 112.

291 Vertrauliches Schreiben Labordes, 6. 2. 1810, an Metternich, vgl. Helfert, *Maria Louise*, 92.

292 NP 1, 115.

293 «Audience du 24. Septembre», HHStA StK Vorträge Krt. 188, 133 (Reinschrift); NA Prag A. C. 8, Krt. 6, 35 (Konzept); in NP 2, 400, textlich völlig umformuliert.

294 Napoléon, *Correspondance*, 21, 222; vgl. Corti, *Metternich*, 1, 278. Die heute in Königswart zu besichtigende Büste stand in Metternichs Arbeitszimmer, Corti, 1, 311.

295 Wiener Zeitung Nr. 83, 17. 10. 1810, 1573.

296 «Original-Vortrag (Bericht) des Fürsten Metternich nach seiner Rückkehr aus Paris an Se. Majestät, d. d. Wien 17. Januar 1811», HHStA Wien StK Vorträge Krt. 188, Fol. 136–157; der Abdruck NP 1, 405–420, enthält zahlreiche sinnverändernde Redigierungen und ungekennzeichnete Auslassungen, so dass hier im Zitat das Original zugrunde gelegt wird.

297 《维也纳最后议定书》第 97 条，试图将这些财产重新分配给复辟的国家。在意大利，人们将任何一种作为抵押的资本都称作 "Monte"，并附加在抵押上，因此，在米兰人们将国家债务称作 "Monte Napoleone"。根据 Johann Hübner 的 *Zeitungs- und Conversations- Lexikon*，Bd.3，Leipzig 1826，196。

298 Vortrag Metternichs, 20. 10. 1810, HHStA Wien StK Vorträge Krt. 186, Fol. 4–10, Zitat 4.

299 Vortrag Metternichs, 31. 10. 1810, HHStA Wien StK Vorträge Krt. 186, Fol. 91–99; vgl. NP 2, 401–405.

300 Gutachten, 17. 9. 1810, HHStA Wien StK Vorträge Krt. 186, Fol. 93 ff.

301 Vgl. Srbik, *Metternich*, 1, 129 f.

302 Vortrag Metternichs, 24. 10. 1810, HHStA Wien StK Vorträge Krt. 186, Fol. 24 f.

303 Kaiserliche Resolution, 28. 11. 1810, an Metternich, HHStA Wien StK Vorträge Krt. 187, Fol. 151.

304 NA Prag A. C. 8, Krt. 6, 36.

305 Vortrag Metternichs, 28. 11. 1811, HHStA Wien StK Vorträge Krt. 190, Fol. 154–167 (Reinschrift); Fol. 168–169 (Konzept); ziemlich zuverlässig mit einer Auslassung in NP 2, 426–438.

306 NP 2, 436 f.

307 Metternichs vom Kaiser genehmigter Resolutionsentwurf, 18. 12. 1811, HHStA Wien StK Vorträge Krt. 190, Fol. 132.

308 Vortrag Metternichs, 15. 1. 1812, HHStA Wien StK Vorträge Krt. 191, der gesamte Vortrag Fol. 81–90, Zit. Fol. 81; in NP 2, 438–442, fehlt die ganze hier ausgewertete umfangreiche Exposition bis Fol. 84.

309 Vortrag Metternichs, 2. 3. 1812, HHStA Wien StK Vorträge Krt. 191, Fol. 7–10.

310 Kaiserliche Resolution aus der Hand Metternichs an Zichy, 2. 3. 1812, HHStA Wien StK Vorträge Krt. 191, Fol. 5.

311 Vgl. Clercq, *Recueil des traités de la France*, 2, 369–372.

312 Vortrag Metternichs, 25. 3. 1812, HHStA Wien StK Vorträge Krt. 191, Fol. 199.

313 Vgl. Clercq, *Recueil des traités de la France*, 2, 355 f.; die Tatsache der Defensiv- und Offensivallianz stand allerdings nur in dem beigefügten Geheimartikel.

314 Vgl. Napoléon, *Correspondance*, 23.

315 Nach dem Tagebuch Hudelists, NA Prag A. C. 8, Krt. 3, 22.

316 Vortrag Metternichs, 17. 5. 1812: «Notizen über die bevorstehende Ankunft des Kaiser Napoleon in Dresden / Logement», HHStA Wien StK Vorträge Krt. 191, Fol. 7 f.

317 NP 1, 122.

318 NP 1, 124.

319 NP 1, 123.

320 Vgl. Corti, *Metternich*, 1, 330–335.

321 Vortrag Metternichs, 28. 6. 1812, HHStA Wien StK Vorträge Krt. 191, Fol. 137.

322 Vortrag Metternichs, 7. 7. 1812, HHStA Wien StK Vorträge Krt. 192, Fol. 8.

323 Vortrag Metternichs, 14. 8. 1812, HHStA Wien StK Vorträge Krt. 192, Fol. 125.

324 Vortrag Metternichs, 8. 9. 1812, HHStA Wien StK Vorträge Krt. 192, Fol. 46.

325 Vortrag Metternichs, 26. 9. 1812, HHStA Wien StK Vorträge Krt. 192, Fol. 145.

326 http://napoleonwiki.de/index.php?title=Neunzehntes_Bulletin_der_großen_Armee_ (1812) aus der Leipziger Zeitung vom 13. 10. 1812.

327 Vortrag Metternichs, 30. 9. 1812, HHStA Wien StK Vorträge Krt. 192, Fol. 165; die französische Abschrift des Bulletins Fol. 166 f.

328 http://napoleonwiki.de/index.php?title=Zwanzigstes_Bulletin_der_großen_Armee_ (1812).

329 Vortrag Metternichs, 4. 10. 1812, HHStA Wien StK Vorträge Krt. 192, Fol. 30; Abschrift des 20. Bulletins angehängt.

330 Vortrag Metternichs, 17. 12. 1812, HHStA Wien StK Vorträge Krt. 192, Fol. 173.

331 HHStA Wien, StK Vorträge Krt. 192, Fol. 211; zeitgenössischer Archivvermerk: «Handschrift des H. H. u. Staatskanzlers F. Metternich (Dec. 1813).»

第六章　世界大战：转折与危机，1813

1 Zamoyski, *1815*, 30.

2 Müchler, *1813*, Zitate 158, 159, 210.

3 Vgl. Platthaus, *1813*; ebenso Thamer, *Völkerschlacht*, wo Metternich bei den Planungen vor und in der Völkerschlacht nicht vorkommt.

4 Kaiserliche Resolution, 24. 1. 1813, an Fürst Schwarzenberg, HHStA Wien StK Vorträge Krt. 193, Fol. 65 f.

5 Vortrag Metternichs, 3. 2. 1813, HHStA Wien StK Vorträge Krt. 193, Fol. 109; die Flugschrift Fol. 111–116.

6 Vgl. Schroeder, *Transformation*, 462.

7 Krones, *Aus dem Tagebuche Erzherzog Johanns*, 73.

8 «Gewagte Bemerkungen über die gegenwärtige Lage Tirols», 28. 2. 1813, HHStA Wien Acta Secreta, Krt. 1, Fol. 15.

9 Metternich, 7. 1. 1811, HHStA Wien StK Vorträge Krt. 188, Fol 32.

10 Krones, *Aus dem Tagebuche Erzherzog Johanns*, 82 f.

11 HHStA Wien StK Acta Secreta Krt. 1.

12 HHStA Wien StK Acta Secreta Krt. 1, Fol. 151.

13 Metternich, 10. 3. 1813, HHStA Wien StK Vorträge Krt. 193, Fol. 83.

14 Metternich, 3. 3. 1813, HHStA Wien StK Vorträge Krt. 193, Fol. 12.

15 Vgl. Stahl, *Metternich und Wellington*, 154–161.

16 Vortrag Metternich, 4. 3. 1813, und von ihm formulierte Kaiserliche Resolution, HHStA Wien StK Vorträge Krt. 193, Fol. 41, 47.

17 Vortrag Metternichs, 14. 3. 1813, mit Konzept der Resolution, HHStA Wien StK Vorträge Krt. 193, Fol. 113.

18 Vortrag Metternichs, 16. 3. 1813, HHStA Wien, StK Vorträge Krt. 193, Fol. 117.

19 Vortrag Metternichs, 17. 3. 1813, HHStA Wien StK Vorträge Krt. 193, Fol. 119.

20 Vortrag Metternichs, 10. 4. 1810, HHStA Wien StK Vorträge Krt. 193, Fol. 32 f.

21 Publiziert in: Allgemeine Handlungs-Zeitung, Nr. 82, 20. Jg. vom 25. April 1813, «K. K. Oesterreichische Verordnung die Ausfertigung von 45 Millionen Antizipations-Scheinen betreffend»; vgl. zur weiteren Geschichte dieses Fonds Raumer/Botzenhart, *Deutschland um 1800*, 492 f.

22 Bubna, 16. 5. 1813, an Metternich, in: Oncken, *Österreich und Preußen*, 2, 651.

23 Oncken, *Österreich und Preußen*, 1, 439–445.

24 Vgl. oben, 135.

25 Vortrag Metternichs, 19. 4. 1812, HHStA Wien StK Vorträge Krt. 191, Fol. 82.

26 Metternich, 5. 10. 1812, an Hardenberg, vgl. Oncken, *Österreich und Preußen*, 1, 378–380.

27 Vortrag Metternichs, 21. 4. 1813, HHStA Wien StK Vorträge Krt. 193, Fol. 83.

28 Bericht Graf Bubnas aus Dresden, 16. Mai 1813, vgl. Oncken, *Österreich und Preußen*, 1, 652.

29 Vgl. Aschmann, *Preußens Ruhm und Deutschlands Ehre*, 76.

30 Vgl. Hoffmann, *Hamburg im kalten Griff Napoleons*.

31 Metternichs Instruktion an Graf von Stadion, Wien, 7. Mai 1813, in: Oncken, *Österreich und Preußen*, 2, 640–644.

32 Die folgende Darstellung der Kriegsereignisse bis Bautzen stützt sich auf Price, *Napoleon*, 60–74.

33 So Zamoyski, *1815*, 87.

34 Vortrag Metternichs, 27. 5. 1813, HHStA Wien StK Vorträge Krt. 193, Fol. 130.

35 NA Prag A. C. 8, Krt. 7, 41.

36 NP 1, 139.

37 Metternich, 19. 6. 1813, an Kaiser Franz, HHStA Wien StK Vorträge Krt. 194, Fol. 36.

38 Zamoyski, *1815*, 161.

39 Metternich, 15. 2. 1814, an Wilhelmine von Sagan, in: Ullrichová, *Metternich*, 207.

40 McGuigan, *Metternich*, 65–86; sie zieht auch die Familienbriefe aus dem NA Prag heran.

41 Vgl. oben, 226–228.

42 Schroeder, *Transformation*, 477.

43 NP 1, 146.

44 NP 1, 178.

45 NP 1, 146.

46 NP 1, 147.

47 Vgl. Oncken, *Österreich und Preußen*, 2, 356.

48 Vgl. Oncken, *Österreich und Preußen*, 2, 352.

49 Vgl. Kronenbitter, *Friedrich Gentz*, 30, sowie zu seiner Karriere und Rolle 21–45.

50 Gentz, 25. 6. 1813, in: Wittichen, *Friedrich von Gentz*, 3, 1; in NP 1, 251 f. gekürzt.

51 Vortrag Metternichs aus Gitschin, 24. 6. 1813, HHStA Wien StK Vorträge Krt. 194, Fol. 11 f.

52 Müchler, *1813*, 229.

53 NP 1, 156.

54 So Metternichs Schilderung NP 1, 149.

55 NP 1, 153.

56 NP 1, 157.

57 NP 1, 158.

58 NP 1, 159.

59 NP 1, 161.

60 Oncken, *Österreich und Preußen*, 2, 652.

61 Fain, *Manuscrit de mille huit cent treize*, 2, 39.

62 Fain, *Manuscrit de mille huit cent treize*, 2, 40–42.

63 «Conversation de M. le Comte de Metternich avec l'empereur Napoléon, telle que S. M. me l'a rancontée», in: Hanoteau, *Une nouvelle Relation*; vgl. Price, *Napoleon*, 75 f.

64 Vgl. Price, *Napoleon*, 84.

65 Talleyrand, *Memoiren*, 2, 103.

66 Vgl. oben, 255.

67 Ich folge nachstehend meiner hier leicht ergänzten Darstellung in Siemann, *Metternich. Staatsmann*, 47 f.

68 NP 1, 155.

69 [Extrait du compte rendu par le C. de M. de son premier] «Entretien avec Napoléon à Dresde 28 [!] Juin 1813», NA Prag A. C. 8, Krt. 1, 1 (Anfang im Autograf von Metternich gestrichen). Der zweite Auszug gibt die Reinschrift aus anderer Hand mit Metternichs eigenhändig hinzugefügter Randbemerkung und der Abmilderung «soucie peu» wieder.

70 Bubna, 16. 5. 1813, an Metternich, in: Oncken, *Österreich und Preußen*, 2, 649.

71 Metternich, 2. 7. 1813, an Wilhelmine von Sagan, in: Ullrichová, *Metternich*, 28.

72 Vgl. Oncken, *Österreich und Preußen*, 2, 397–399.

73 Vgl. Oncken, *Österreich und Preußen*, 2, 401.

74 Metternich, 12. 7. 1813, HHStA Wien StK Vorträge Krt. 194, Fol. 67–71; auch in: Oncken, *Österreich und Preußen*, 2, 402–405.

75 Vortrag Metternichs, 5. 8. 1813, HHStA Wien StK Vorträge Krt. 194, Fol. 34.

76 Vgl. Price, *Napoleon*, 89–94.

77 Oncken, *Österreich und Preußen*, 2, 447 f.

78 NP 1, 153; 156.

79 Bubna, 9. 8. 1813, an Metternich, in: Oncken, *Österreich und Preußen*, 2, 684–687.

80 Metternich, 18. 8. 1818, an Hudelist, in: Fournier, *Napoleon I.*, 3, 419.

81 Metternich, 10. 8. 1813, an Eleonore in Wien, NA Prag A. C. 12, Krt. 5, 33.

82 Vgl. Oncken, *Österreich und Preußen*, 2, 431; außerdem generell Sked, *Radetzky*.

83 Das behauptet Thamer, *Völkerschlacht*, 40 f.

84 Protokoll des «Kriegsplans von Trachtenberg» vom 12. 7. 1813, in: Oncken, *Österreich und Preußen*, 2, 663 f.

85 Zeinar, *Geschichte des österreichischen Generalstabes*, 290.

86 Zuverlässiger Abdruck in: Spies, *Die Erhebung gegen Napoleon*, 308–322.

87 Gentz, 4. 9. 1813, an Metternich, in: Wittichen/Salzer, *Friedrich von Gentz*, 3–1, 139.

88 Vgl. Zeinar, *Geschichte des österreichischen Generalstabes*, 287.

89 Denkschrift des Friedrich Gentz vom 11. 11. 1813, NP 1, 259.

90 Metternich, 21. 2. 1814, an Hudelist, in: Fournier, *Congress von Châtillon*, 259.

91 Vgl. zur Gesamtsituation, zu Schwarzenberg und Radetzky Zeinar, *Geschichte des öster-reichischen Generalstabes*, 288–290.

92 Vgl. Price, *Napoleon*, 129.

93 NP 1, 119.

94 Metternich, 27. 8. 1813, an Wilhelmine von Sagan, in: Ullrichovà, *Metternich*, 47 f.

95 Schwarzenberg, 28. 8. 1813, an Kaiser Franz, in: Fournier, *Napoleon*, 3, 428.

96 Vgl. Sked, *Radetzky*, 54.

97 Vgl. NP 1, 169 f.

98 Denkschrift vom 12. 12. 1854, in: NP 8, 371.

99 Denkschrift vom 12. 12. 1854, in: NP 8, 369.

100 Vgl. Zamoyski, *1815*, 121–123; hier werden die Geheimartikel übergangen.

101 Die Geheimartikel sind abgedruckt bei Martens, *Recueil de Traités*, 3, 122 f. (Verträge Russland – Österreich, St. Petersburg 1876).

102 Vgl. Oncken, *Zeitalter der Revolution*, 2, 698 f.; hier mit Hinweis auf die Separatartikel.

103 NA Prag A. C. 8, Krt. 7, 40 (Denkschriften 1813).

104 Vgl. Schroeder, *Transformation*, 477 f., zu der These ausführlich Zamoyski, *1815*, 133–137.

105 Castlereagh, 5. 7. 1813, an Viscount Cathcart, in: Oncken, *Österreich und Preußen*, 2, 702–705.

106 Metternich, 14. 9. 1813, an seinen Vater Franz Georg, NA Prag, A. C. 12, Krt. 1, 5.

107 Metternich, 1. 9. 1813, an Hudelist, Fournier, *Napoleon*, 3, 422.

108 Metternich, 3. 9. 1813, an Hudelist, Fournier, *Napoleon*, 3, 422.

109 Metternich, 28. 9. 1813, an Hudelist, Fournier, *Napoleon*, 3, 423.

110 Metternich, 10. 10. 1813, an Eleonore, NA Prag A. C. 12 Krt. 5, 33.

111 HHStA Wien StK Vorträge Krt. 194, Fol. 30; wieder abgebildet in: Schallaburg, *Napoleon*, 245.

112 NP 1, 151 f.

113 NP 1, 171 f., Anmerkung.

114 Metternich, 18. 10. 1813, in: Ullrichová, *Metternich*, 81 f.

115 Metternich, 19. 10. 1813, 10 Uhr früh, an Hudelist, in: Fournier, *Napoleon*, 3, 424.

116 Metternich, 19. 10. 1813, 10 Uhr früh, an Hudelist, in: Fournier, *Napoleon*, 3, 424.

117 Martens 的 *Recueil des traités*，1，Suppl.bd.5，612，《里德协议》全文包括改变领土的。秘密条款 610~614 页；保障了领土范围，但是没有具体的领土占有现状，以致没有排除，将来在补偿面积的基础上变更领土的可能（如蒂罗尔的情况）。

118 Srbik, *Metternich*, 1, 165.

119 Schwarzenberg, 25. 12. 1813, an Ehefrau Marie Anna, in: Novák, *Schwarzenberg*, 360.

120 Vortrag Metternichs, 13. 10. 1813, HHStA Wien StK Vorträge Krt. 194, Fol. 29.

121 Metternich, 6. 11. 1813, an Wilhelmine von Sagan, in: Ullrichová, *Metternich*, 100.

122 Vgl. oben, 245.

123 Metternich, 7. 11. 1813, an Wilhelmine von Sagan, in: Ullrichová, *Metternich*, 101.

124 «Etablissement d'un système militaire général pour tout l'Allemagne», Martens, *Receuil des traités*, 1, Suppl.bd. 5, 624.

125 Vgl. Schroeder, *Transformation*, 480–484.

126 Vgl. oben, 80–82.

127 Schroeder, *Transformation*, 483.

128 Stein, *Briefe*, 4, 242–248.

129 NP 1, 164.

130 Vgl. insgesamt Oncken, *Aus den letzten Monaten*, 1–40; Duchhardt, *Stein*, 295–300.
131 NP 1, 128, 172, 207.
132 NP 2, 492.
133 Vgl. die treffende Charakterisierung des beiderseitigen Verhältnisses bei Duchhardt, *Stein*, 295.

第七章　世界大战：灾难与解救，1814

1 Vgl. auch Fournier, *Congress von Châtillon*, 20 f.
2 «Propositions générales sur un plan d'opération contre la France (présenté à Francfort s. l. M. par le Feld-Maréchal prince de Schwarzenberg à S. M. L'Empereur de Russie)», in: Bernhard, *Denkwürdigkeiten*, 4–2, 390–392; vgl. Fournier, *Congress von Châtillon*, 17–19; Sked, *Radetzky*, 56 f.; Price, *Napoleon*, 159 f.
3 NP 1, 177.
4 Vgl. Oncken, *Zeitalter der Revolution* 2, 713 f.
5 Schroeder, *Transformation*, 491.
6 Vgl. Oncken, *Zeitalter der Revolution* 2, 714 f.
7 Metternich, 9. 11. 1813, an Hudelist, in: Fournier, *Congress von Châtillon*, 242.
8 Metternich, 23. 11. 1813, an Hudelist, in: Fournier, *Congress von Châtillon*, 243.
9 Duchhardt, *Stein*, 299.
10 Vgl. oben, 120.
11 NP 1, 177.
12 So lautet Metternichs Randbemerkung zu einem Brief Hudelists vom 11. 11. 1813, in: Fournier, *Kongress von Châtillon*, 25, Anm. 2.
13 NP 1, 179.
14 Metternich, 14. 11. 1813, an Hudelist, in: Fournier, *Kongress von Châtillon*, 7, Anm. 1.
15 Beilage «Keine Eroberungen», NA Prag A. C. 8, Krt. 3, 23 aus dem «Leitfaden».
16 Die deutsche Fassung bei Oncken, *Zeitalter der Revolution*, 2, 719; die französische bei Capefigue, *Le congrès de Vienne*, 1, 78 f.
17 NP 1, 178.
18 Vgl. Oncken, *Zeitalter der Revolution*, 2, 720.
19 Vortrag Metternichs, 15. 12. 1813, HHStA Wien StK Vorträge Krt. 194, Fol. 195–197.
20 Vgl. Plotho, *Krieg in Deutschland und Frankreich*, 3. Teil.
21 Vgl. Sked, *Radetzky*, zu Schwarzenberg und Radetzky durch neue Archivfunde auch Price, *Napoleon*.
22 Nach Oncken, *Lord Castlereagh*, 17.
23 Talleyrand, *Memoiren*, 2, 107.
24 Metternich, 27. 1. 1814, HHStA Wien StK Vorträge Krt. 195, Fol. 40–47; auf Deutsch, teilweise paraphrasiert und zitiert bei Oncken, *Zeitalter der Revolution*, 2, 62–66.
25 Abgedruckt in: Fournier, *Congress von Châtillon*, 306–308.
26 Vgl. oben, 427.
27 Oncken, *Zeitalter der Revolution*, 2, 764: «L'Allemagne composée de princes souverains uni par un lien fédératif qui assure et garantisse l'indépendance de l'Allemagne», in: Fournier, *Congress von Châtillon*, 307, Metternichs Urheberschaft ebd., 73.

28 Fain, *Manuscrit de 1814*, 94 f.

29 Vgl. Schroeder, *Transformation*, bes. 497 u. 504 f.

30 Metternich, 2. 2. 1814, an Wilhelmine von Sagan, in: Ullrichová, *Metternich*, 198.

31 Metternich, 15. 2. 1814, an Wilhelmine von Sagan, in: Ullrichová, *Metternich*, 207.

32 Schwarzenberg, 11. 2. 1814, an Ehefrau Marie Anna, in: Novák, *Schwarzenberg*, 374.

33 Vgl. Oncken, *Zeitalter der Revolution*, 2, 746.

34 Schwarzenberg, 26. 1. 1814, an Ehefrau Marie Anna, in: Novák, *Schwarzenberg*, 369.

35 Schwarzenberg, 26. 2. 1814, an Ehefrau Marie Anna, in: Novák, *Schwarzenberg*, 379.

36 NP 1, 194.

37 Vgl. Forgues, *Baron de Vitrolles*, 1, 1814, 78; vgl. auch Oncken, *Zeitalter der Revolution*, 2, 779.

38 Vgl. oben, 148.

39 Metternich, 21. 1. 1814, an Wilhelmine von Sagan, in: Ullrichová, *Metternich*, 183.

40 Metternich, 19. 1. 1814, an Wilhelmine von Sagan, in: Ullrichová, *Metternich*, 180, sowie 21. 1. 1814, in: ebd., 183.

41 Vortrag Metternichs, 24. 10. 1821, in: NP 3, 490.

42 Metternich, 22. und 25. August 1822, in: NP 3, 522 f.; Castlereagh hatte sich mit einem Brieföffner die Halsschlagader aufgeschnitten; die Zeitgenossen sprachen von einer Nervenkrankheit; moderne Diagnosen vermuten eine schwere Depression mit psychotischen Symptomen; vgl. Franklin, *Londonderry*, 20–23.

43 Vgl. Stahl, *Metternich und Wellington*.

44 Das «Memorandum on the deliverance and security of Europe» stammte ursprünglich von William Pitt; vgl. Hurd, *British Foreign Secretary*, 1814; außerdem Webster, *Castlereagh*, 125.

45 Vgl. Martens, *Recueil de traités 1808–1815*, 155–165.

46 Vgl. Schroeder, *Transformation*, 504.

47 Vgl. Schroeder, *Transformation*, 504.

48 Metternich, 8. 3. 1814, an Wilhelmine von Sagan, in: Ullrichová, *Metternich*, 227.

49 Vgl. Hardenberg, *Tagebücher*, 783.

50 Datierung Hardenberg, *Tagebücher*, 783; der Text in: Capefigue, *Congrès de Vienne*, 1, 143–146; auszugsweise bei Fournier, *Napoleon*, 3, 279.

51 Vgl. Talleyrand, *Memoiren*, 2, 105.

52 Metternich, 7. 4. 1814, 1 Uhr morgens, an Wilhelmine von Sagan, in: Ullrichová, *Metternich*, 240.

53 Metternich, 29. 3. 1814, 1 Uhr morgens, an Tochter Marie, NA Prag A. C. 12, Krt. 1, 7.

54 Metternich, 7. 4. 1814, 1 Uhr morgens, an Wilhelmine von Sagan, in: Ullrichová, *Metternich*, 242.

55 Hardenberg, *Tagebücher*, 785, zu den Geschäften in Dijon 784–786.

56 Vgl. Fournier, *Napoleon*, 3, 285.

57 Vgl. Talleyrand, *Memoiren*, 2, 116.

58 Vgl. Talleyrand, *Memoiren*, 2, 106–114.

59 «Traité dit de Fontainebleau, conclu à Paris», 11. 4. 1814, in: Capefigue, *Congrès de Vienne*, 1, 148–151.

60 NP 1, 200.

61 Metternich, 13. 4. 1814, an Wilhelmine von Sagan, in: Ullrichová, *Metternich*, 244.

62 Metternich, 19. 4. 1814, an Wilhelmine von Sagan, in: Ullrichová, *Metternich*, 248.

63 NP 1, 206.

64 Der Text des Friedensvertrags in: Capefigue, *Congrès de Vienne*, 1, 161.

65 So festgelegt im Artikel 27; vgl. zu den Ansprüchen der Metternichs oben, 1771, 215 f.

66 Metternich, 12. 6. 1814, HHStA Wien StK Vorträge Krt. 196, Fol. 5–14.

67 Metternich, 12. 6. 1814, an Ehefrau Eleonore, NA Prag A. C. 12, Krt. 5, 34.

68 Metternich, 12. 6. 1814, HHStA Wien StK Vorträge Krt. 196, Fol. 5–14.

69 Metternich, 15. 6. 1814, an Eleonore, NA Prag A. C. Krt. 5, 34.

70 Metternich, 12. 6. 1814, HHStA Wien StK Vorträge Krt. 196, Fol. 17 f.

71 Metternich, 25. 6. 1814, HHStA Wien StK Vorträge Krt. 196, Fol. 43 f.

72 Metternich, 28. 6. 1814, HHStA Wien StK Vorträge Krt. 196, Fol. 40–51.

73 Metternich, 3. 6. 1814, HHStA Wien StK Vorträge Krt. 195, Fol. 173 f.

74 Metternich, 5. 7. 1814, HHStA Wien StK Vorträge Krt. 196, Fol. 53–56.

75 Metternich, 28. 6. 1814, HHStA Wien StK Vorträge Krt. 196, Fol. 49–51.

76 Metternich, 25. 6. 1814, HHStA Wien StK Vorträge Krt. 196, Fol. 44.

77 Metternich, 7. 7. 1814, HHStA Wien StK Vorträge Krt. 196, Fol. 59.

78 Metternich, 24. 6. 1814, HHStA Wien StK Vorträge Krt. 196, Fol. 45.

79 Metternich, 25. 6. 1814, HHStA Wien StK Vorträge Krt. 196, Fol. 47 f.

80 Metternich, 27. 5. 1814, HHStA Wien StK Vorträge Krt. 195, Fol. 138–140.

81 Metternich, 3. 6. 1814, HHStA Wien StK Vorträge Krt. 195, Fol. 168.

82 Metternich, 3. 6. 1814, an Eleonore, NA Prag A. C. 12, Krt. 5, 34.

83 Vgl. Zamoyski, *1815*, etwa zum Urteil über den Krieg 135, zur Eitelkeit 54, 123, zur mäßigen Intelligenz 55.

84 Ticknor, *Life, Letters, and* Journals, 2, 14; 17; 20.

85 Vgl. Price, *Napoleon*, 87.

86 Metternich, 28. 6. 1813, an Eleonore, NA Prag A. C. 12 Krt. 5, 33; bei Price teilweise wiedergegeben, *Napoleon*, 87; Zamoyski entnimmt diesem Brief einen Theaterbesuch in Dresden, den Metternich dort aber als nicht geschehen bezeichnet, Zamoyski, *1815*, 102, übergeht jedoch das von Metternich in demselben Brief mit deutlichen Zeichen der Erschütterung beschriebene und bei Price vermerkte Bild des Grauens.

87 Metternich, 1. 9. 1813, an Wilhelmine von Sagan, in: Ullrichová, *Metternich*, 55.

88 Metternich, 23. 10. 1813, an Wilhelmine von Sagan, in: Ullrichová, *Metternich*, 85.

89 Metternich, 20. 10. 1813, an Wilhelmine von Sagan, in: Ullrichová, *Metternich*, 82.

90 Metternich, 2. 11. 1813, an Wilhelmine von Sagan, in: Ullrichová, *Metternich*, 94.

91 Metternich, 5. 11. 1813, an Wilhelmine von Sagan, in: Ullrichová, *Metternich*, 99.

92 Metternich, 13. 12. 1813, an Wilhelmine von Sagan, in: Ullrichová, *Metternich*, 135.

93 Metternich, 25. 2. 1814, an Wilhelmine von Sagan, in: Ullrichová, *Metternich*, 218.

94 Vgl. Price, *Napoleon*, 198 f.

95 Metternich, 1. 3. 1814, an Wilhelmine von Sagan, in: Ullrichová, *Metternich*, 221.

96 Metternich, 14. 3. 1814, an Wilhelmine von Sagan, in: Ullrichová, *Metternich*, 231.

97 Vgl. Planert, *Der Mythos vom Befreiungskrieg*, 116–120.

98 Metternich, 15. 3. 1814, an Wilhelmine von Sagan, in: Ullrichová, *Metternich*, 232. («C'est une vilaine chose que la guerre! Elle salit tout; jusqu'à l'imagination et je tiens beaucoup à ce que cela ne m'arrive pas.»)

99 Metternich, 4. 9. 1813, an Tochter Marie, NA Prag A. C. 12 Krt. 1, 7.; vgl. gekürzt bei Corti, *Metternich*, 1, 391.

100 Dorothea von Lieven, 24. 9. 1820, an Metternich, NA Prag A. C. 6, C19.1–3.

101 Clausewitz, *Vom Kriege*. Teil 1, 28.
102 Vgl. Schulz, *Normen und Praxis*, 91 f.
103 Metternich, 28. November 1824, an Dorothea von Lieven, NA Prag A. C. 6, C19.11. Nr. 151–162; gekürzt in Corti, *Metternich*, 2, 253 f.
104 Baumgart, *Akten zur Geschichte des Krimkriegs*, I, 3, 7.
105 Metternich, 21. 6. 1824, an Gentz, in: NP 4, 101.
106 Metternich, 20. 4. 1820, an Dorothea von Lieven, in: Mika, *Metternichs Briefe*, 265, im französischen Original in Hanoteau, *Lettres du Prince de Metternich*, 301 (die Originalbriefe vor 1. 5. 1819 befinden sich nicht in Prag).
107 Metternich, 6. 2. 1848, an Apponyi, in: NP 7, 559.

第八章 行将结束和重新开始之间的欧洲：
维也纳会议，1814~1815

1 So lautet der Titel der deutschen Übersetzung des Kongresstagebuchs von Jean Gabriel Eynard.
2 Vgl. Schroeder, *Transformation*, 486.
3 Vgl. Gruner, *Wiener Kongress*, 12.
4 NP 1, 13.
5 Adam Krzemiński in: DIE ZEIT, Der Griff nach der Weltmacht, No. 38, 12. 9. 2013, 22.
6 So Savoy, *Napoleon und Europa*, 155.
7 Vgl. oben, 238 f.
8 Vgl. Doering-Manteuffel, *Vom Wiener Kongreß*, 13 f.
9 Nach Koselleck, *Einleitung*, XV.
10 Die begrifflichen Unterscheidungen orientieren sich an Münkler, *Imperien*, 16–29.
11 Note Talleyrands, 1. 10. 1814, in: Capefigue, *Le congrès de Vienne*, 2, 1962–1964.
12 Vgl. Stauber, *Wiener Kongress*, 60–78; Mayr, *Aufbau und Arbeitsweise*, 64–127.
13 Stauber, *Wiener Kongress*, 57.
14 Gruner, *Wiener Kongress*, 7.
15 杜赫哈尔特（Duchhardt）的 *Wiener Kongress*，14。有关"会议并非会议"等强加于梅特涅头上的说法，并非出自梅特涅之口，而是来自失败的法国方面的一种解嘲式的复述。参见 Mayr 的 *Wiener Kongress*，77。
16 «Dixième Protocole de la séance du 12 mars 1815 des plénipotentiaires des huit Puissances signataires du Traité de Paris», in: Capefigue, *Le congrès de Vienne*, 2, 910 f.
17 Vgl. oben, 391.
18 NP 2, 474.
19 Vgl. Stauber, *Wiener Kongress*, 59, freilich nur belegt durch eine anfechtbare Augenblicksäußerung Castlereaghs.
20 NP 1, 33.
21 Vgl. oben, 80.
22 So lautet der Untertitel des großen Jubiläumsbandes, vgl. Just, *Wiener Kongress*.
23 NP 1, 208.
24 NP 2, 473–502.
25 Vgl. oben, 457.

26 Vgl. zum Beispiel Rauchensteiner, *Das Leben eines Geradlinigen*, 115.
27 Nesselrode, 25. 4. 1806, an seinen Vater, in: Nesselrode, *Lettres et papiers*, 3, 132.
28 Vgl. oben, 210.
29 Krones, *Aus dem Tagebuche Erzherzog Johanns*, 166 (Eintrag 24. 7. 1814).
30 Memorandum Castlereaghs als Beilage seines Berichts vom 24. 10. 2014, in: Müller, *Quellen*, 221 f.
31 Metternich, 10. 12. 1814, an Hardenberg, in: NP 2, 503.
32 Vgl. Eynard, *Der tanzende Kongress*, 158.
33 Eynard, *Der tanzende Kongress*, 67.
34 NP 1, 326.
35 Metternich, 24. 10. 1814, an Kaiser Franz, in: Corti, *Metternich*, 1, 477.
36 NP 2, 502.
37 Vgl. Mayr, *Aufbau und Arbeitsweise*, 85.
38 Metternich, 2. 12. 1814, HHStA Wien StK Vorträge Krt. 196, Fol. 103.
39 Vgl. Duchhardt, *Wiener Kongress*, 86.
40 Vgl. Blank, *Sächsische Frage*, 96–101.
41 Vgl. oben, 209, der Ausdruck bei Metternich in seinem Brief aus Brüssel, 31. 12. 1849, an den österreichischen Beauftragten in Frankfurt Kübeck von Kübau, in: NP 8, 485 u. 487.
42 Zu Alexander vgl. Oncken, *Österreich und Preußen*, 1, 325–360; zu Stein: Hundt, *Die Mindermächtigen»*, 32; Duchhardt, *Stein*, 294; zu den Reichsständen: Hundt, *Die Mindermächtigen*, 43.
43 NA Prag A. C. 8, Krt. 3, 23.
44 Vgl. oben, 207.
45 Hier nach dem (in den NP unterdrückten) Text des Autografen NA Prag A. C. 8, Krt. 3, 23.
46 NP 1, 136.
47 NP 1, 131 f.
48 «Die Deutsche Frage. Genesis, Verlauf und gegenwärtiger Stand derselben. Eine Denkschrift Metternich's an den Erzherzog Johann, deutschen Reichsverweser, ddo. London, August 1848», in: NP 8, 443–453.
49 Metternichs Denkschrift «Die deutsche Frage. Anfang des Jahres 1849», NA Prag A. C. 8, Krt. 1, 10.
50 Vgl. NP 1, 216 f.
51 Zitiert nach NA Prag A. C. 8, Krt. 3, 23 (Autograf des «Leitfadens»); in NP 1, 218 mit eigenwilligen Textänderungen.
52 Vgl. Schmidt, *Deutsche Geschichte*, 55–81, 233.
53 NA Prag RAM Krt. 220, 2013, 1; «Titulatur und Wapen [!] Seiner Oesterreichisch-Kaiserlichen und Königlichen Apostolischen Majestät vom 6. Aug. 1806», Wien 1806.
54 Kaiserliche Resolution, 6. 7. 1814, an Feldmarschallleutnant Bellegarde, HHStA Wien StK Vorträge Krt. 195, Fol. 50.
55 Stauber, *Wiener Kongress*, 161.
56 Kaiserliche Resolution an Metternich (ohne Datum), HHStA Wien StK Vorträge Krt. 195, Fol. 56.
57 Stauber, *Wiener Kongress*, 152.
58 Vgl. insgesamt zur Italienpolitik 1814/15 Stauber, *Wiener Kongress*, 151–160.

59 «Wielands Andenken in der Loge Amalia, gefeiert den 18. Februar 1813», in: Goethes poetische Werke, 2. Abt., Bd. 8, 1: Autobiographische Schriften, hg. v. Liselotte Lohrer, Stuttgart 1952, 1449.

60 Vgl. oben, 411; das Zitat nach der deutschen Version des Originalmanuskripts NP 1, 155, in der französischen Version des Originalmanuskripts: «Vous oubliez, Sire, que vous parlez à un Allemand!», NA Prag A. C. 8, Krt. 1, 1.

61 Lang, *Memoiren*, 1, 212.

62 Jürgen Overhoff: Ein Kaiser für Amerika. Nach Deutschland der Verfassung wegen: Wie der spätere US-Präsident Thomas Jefferson 1788 das Alte Reich erlebte, in: DIE ZEIT, 11. 11. 2012, 20.

63 Vgl. Montesquieu, *Meine Reisen*, 19–35.

64 Die folgenden Ausführungen über die Vorgeschichte stützen sich weitgehend auf die Edition von Treichel, *Die Entstehung des Deutschen Bundes*. Abt. 1, Bd. 1, 1–2.

65 Vgl. Treichel, *Die Entstehung des Deutschen Bundes*, 1–1, XXXV–XLIV.

66 Metternich, 5. 10. 1812, an Hardenberg, in: Oncken, *Österreich und Preußen*, 1, 378.

67 Metternich, 28. 3. 1813, an Schwarzenberg, in: Oncken, *Österreich und Preußen*, 1, 439–445; Zit. 442.

68 Metternichs Instruktion, 7. 5. 1813, an Stadion, in: Oncken, *Österreich und Preußen*, 2, 640–644.

69 Vgl. oben, 452.

70 Treichel, *Die Entstehung des Deutschen Bundes*, 1–1, CXXX.

71 Treichel, *Die Entstehung des Deutschen Bundes*, 1–1, XVII.

72 NA Prag A. C. 8, Krt. 1, 9.

73 Note Schwarzenbergs, 28. 12. 1848, an Heinrich von Gagern, in: Huber, *Dokumente*, 1, 362.

74 Alle Zitate NP 1, 216.

75 Vgl. zum Vorgriff auf den Völkerbund von 1920 und die UNO von 1945: Koselleck in: Bergeron, *Das Zeitalter*, 218 f.

76 Vgl. Šedivý, *Eastern question*, 807–810.

77 Vgl. Fournier, *Julie von Krüdener*, 331–348; Ter Meulen, *Gedanke der Internationalen Organisation*, 157–168.

78 Vgl. in diesem Sinne die neueste Deutung bei Menger, *Die Heilige Allianz*.

79 Vgl. oben, 249 f.

80 Vgl. Hundt, *Die Mindermächtigen*, 315.

81 Vgl. Treichel, *Quellen zur Geschichte des Deutschen Bundes*, I, 1–2.

82 Königlich-Baierisches Regierungsblatt, 28. 3. 1807, 466 f.; vgl. Kohler, *Die staatsrechtlichen Verhältnisse*, 103 f.

83 Vgl. oben, 249.

84 Metternich, 8. [eigentlich 9.] 6.1815, 1 Uhr früh, an Vater Franz Georg, NA Prag A. C. 12, Krt. 1, 5.

85 Franz Georg, 4. u. 20. 9. 1815, an Metternich, NA Prag A. C. 12, Krt. 1, 5.

86 NA Prag RAM Krt. 218, 2011–2.

87 Morgenblatt für gebildete Stände, 8. Jg. 1814, 828; vgl. auch Eduard Hanslick: Geschichte des Concertwesens in Wien, 1. Wien 1869, 176.

88 Zitate vgl. NP 1, 208 f.

89 Vgl. die Zeittafel bei Stauber, *Wiener Kongress*, 255–260.

90 Kaiserliche Resolution, 6. 8. 1814, mit Karten und Vorträgen Trauttmansdorffs, HHStA Wien StK Vorträge Krt. 195, Fol. 18–27.

91 Das Folgende nach *Feyerlichkeiten bei der Rückkehr.*

92 Vgl. oben, 384.

93 Vgl. Rauscher, *Staatsbankrott*, 266.

94 *Feyerlichkeiten bei der Rückkehr*, 19.

95 Vgl. Mattl-Wurm, *Politisierende Frauen.*

96 So mit vielen neuen anregenden Kombinationen Vick, *The Congress of Vienna.*

97 Vgl. als Pionierin in diesem Genre McGiugan, *Metternich;* dann King, *Vienna 1814;* Zamoyski, *1815;* jüngst noch in belletristischer Form eines Romans Ebert, *1815. Blut, Frieden.*

98 Metternich aus Paris, 3. 6. 1815, NA Prag A. C. 8, Krt. 7, 41 (Original).

99 Vgl. die zusammengestellten Kommentare bei Ouvrard, *Congrès de Vienne*, 193–197.

100 Vgl. Albert Firmin-Didot, Hg.: Souvenirs de Jean-Étienne Despréaux. Issoudun 1894.

101 Despréaux, 19. 6. 1814, an Metternich, NA Prag A. C. 8, Krt. 7, 41; das Programm ist abgedruckt in NP 1, 266–268.

102 Vgl. oben, 149.

103 Despréaux, 18. 6. 1814, an Metternich, NA Prag A. C. 8, Krt. 7, 41.

104 Vgl. Rauscher, *Staatsbankrott*, 266.

105 Vgl. oben, 338–341.

106 Vgl. oben, 53.

107 Vgl. Vick, *Der Kongress tanzt und arbeitet trotzdem*, 281.

108 Eynard, *Der tanzende Kongress*, 52.

109 Talleyrand, *Correspondance*, 66; vgl. Ouvrard, *Congrès de Vienne*, 197.

110 Kaiserliches Handschreiben, 1. 7. 1816, HHStA Wien StK Kleinere Betreffe, Johannisberg, Krt. 8.

111 Vgl. Struck, *Johannisberg*, 295–308.

112 Hardenberg, 7. 10. 1815, an Metternich, HHStA Wien StK Kleinere Betreffe, Johannisberg, Krt. 8.

113 Das Folgende nach Struck, *Johannisberg*, 311 f.

114 自 1842 年开始，梅特涅有权将约翰尼斯贝格的葡萄酒什一税按照全年收成的总价值缴纳，但前提是，这一许可随时可以撤销。作为付款的贴水，他仍需要财政部的特别免除令，如同他 1852 年 1 月 27 日获得的对 1851 年葡萄酒季的特别免除令一样：Menßhengen 在 1852 年 2 月 21 日自法兰克福写给主管约翰尼斯贝格宫酒窖管理局的信。维也纳皇室、宫廷和国家档案馆 StK Kleinere Betreffe, Johannisberg, Krt. 10。

115 Nach Struck, *Johannisberg*, 312, der aus dem Vortrag vom 11.5. und einer achtseitigen Eingabe vom 22. 5. 1816 zitiert.

116 Staab, *Schloss Johannisberg*, 82; das französischsprachige Original NA Prag A. C. 12, Krt. 2, 10, schreibt auch «million».

117 Metternich, 22. 8. 1857, an Tochter Leontine, NA Prag A. C. 14, Krt. 10, 193; vgl. NP 8, 276.

118 Der zweite Band (1838–1857) und der angefangene dritte befinden sich in der Bibliothek in Königswart.

119 Metternich, 2. 12. 1818, an Dorothea von Lieven, in: Mika, *Metternichs Briefe*, 65.

120 Die Mappe befindet sich in Schloss Königswart.

121 Die Bäder von Lukka (Erste Fassung), in: Heine, *Historisch-kritische Gesamtausgabe*, 7–1, 419.

122 Lutezia, in: Heine, *Historisch-kritische Gesamtausgabe*, 13–1, 20.

123 1822 年 4 月 9 日拉姆贝格（Ramberg）写给梅特涅的请求信,《遗存的文件》Prag A. C. 7, Krt. 3, 150-A, 水彩画 A. C. 9, Krt. 2, 102。此外，梅特涅通过 1813~1814 年一役，也非常了解拉姆贝格之子 Georg Heinrich von Ramberg，他作为参谋部军官参加了那次战役，1815 年甚至做了与威灵顿之间的联络官。

124 我感谢我的慕尼黑研究艺术史的同事 Frank Büttner 用他专业的解释提供的友好支持，他也曾对弗朗茨·乔治·冯·梅特涅于 1792 年在比利时时的铜版画提供了帮助。参见本章注 113，以及 Frank Büttner 的 *Giovanni Battista Tiepolo. Die Fresken in der Residenz*, 维尔茨堡，1980；拉姆贝格：Alheidis von Rohr: 约翰·海因里希·拉姆贝格，见 *Neue Deutsche Biographie* 21（2003），128。

125 Eleonore, 13. 1. 1822, an Metternich, NA Prag A. C. 14, Krt. 1, 15; vgl. Corti, *Metternich*, 2, 192.

126 Zuletzt in: Metternichs große Stunde, in: DIE ZEIT Nr. 23/2015, 3. Juni 2015, 18.

第九章　理解女人的人和长子继承人

1 Srbik, *Metternich*, 1, 185.

2 Gentz, 9. 4. 1815, an Wessenberg, in: Fournier, *Gentz und Wessenberg*, 86; vgl. Erbe, *Dorothea Herzogin von Sagan*, 27–29.

3 Corti, *Metternich*, ist wegen der Fülle zuverlässig wiedergegebener, zuvor unbekannter Briefzeugnisse aus dem Prager Familienarchiv unentbehrlich, seine zeittypischen Klischees sind verzichtbar.

4 Vgl. Mattl-Wurm, *Politisierende Frauen*.

5 So Schremmer, *Kavalier & Kanzler*, 277.

6 Vgl. Jørgensen, *Aufklärung, Sturm und Drang*, 157 f.

7 http://151.12.58.213/index.php?page=default&id=6&lang=de&item_id=62247&schema Type=S&schemaVersion=2.00.

8 Die Charakterisierung folgt J. T. Herbert Baily: Francesco Bartolozzi. A Biographical Essay. London 1907, X.

9 Metternich, 10. 2. 1822, an Dorothea von Lieven, NA Prag A. C. 6, C19.9; Auszug in NP 3, 503.

10 Briefzitate in: Ullrichová, *Metternich*, 21, 35, 36.

11 Metternich, 31. 12. 1818, in: Mika, *Metternichs Briefe*, 104.

12 So Zamoyski, *1815*, 104.

13 Vellusig, *Schriftliche Gespräche*, 61.

14 Reinlein, *Der Brief als Medium der Empfindsamkeit*, 53.

15 Metternich, 14. 4. 1818, an Dorothea von Lieven, in: Mika, *Metternichs Briefe*, 74.

16 Vgl. Jørgensen, *Aufklärung, Sturm und Drang*, 172 f.

17 Carl Friedrich Pockels: Über die Verschiedenheit und Mischung der Charaktere, in: Sauder, *Theorie der Empfindsamkeit*, 82.

18 http://www.rheinische-geschichte.lvr.de/persoenlichkeiten/L/Seiten/SophievonlaRo-che.aspx (23. 3. 2015); vgl. Nenon, *Salongeselligkeit*, 282–296.

19 Daniel Jenisch: Geist und Charakter des 18. Jahrhunderts, in: Sauder, *Theorie der Emp-findsamkeit*, 135 f.

20 Metternich, 3. 1. 1819, an Dorothea von Lieven, in: Mika, *Metternichs Briefe*, 107 f.

21 Metternich, 1. 12. 1818, an Dorothea von Lieven, in: Mika, *Metternichs Briefe*, 62.

22 Metternich, 20. 12. 1818, an Dorothea von Lieven, in: Mika, *Metternichs Briefe*, 79.

23 Metternich, 2. 2. 1819, an Dorothea von Lieven, in: Mika, *Metternichs Briefe*, 161.

24 Metternich, 3. 2. 1819, an Dorothea von Lieven, in: Mika, *Metternichs Briefe*, 168.

25 Vgl. Nenon, *Salongeselligkeit*, 285.

26 Metternich, 1. 12. 1818, in: Mika, *Metternichs Briefe*, 58.

27 Metternich, 20. 12. 1818, in: Mika, *Metternichs Briefe*, 79.

28 Metternich, 1. 12. 1818, in: Mika, *Metternichs Briefe*, 64.

29 Nesselrode, 25. 4. 1806, an seinen Vater, in: Nesselrode, *Lettres et Papiers*, 3, 132.

30 Metternich, 15. 1. 1814, an Wilhelmine von Sagan, in: Ullrichová: *Metternichs Briefe*, 174.

31 Metternich, 1. 12. 1818, an Dorothea von Lieven, in: Mika, *Metternichs Briefe*, 59.

32 Bouillé, *Souvenirs et Fragments*, 44–46.

33 Metternich, 1. 12. 1818, an Dorothea von Lieven, in: Mika, *Metternichs Briefe*, 62 f.

34 Edouard-Marie Oettinger: Moniteur des dates. Bd. 6, Dresden 1868, 32.

35 Varnhagen, *Denkwürdigkeiten*, 3, 234 f.

36 Mikas Ausgabe folgte der französischen von Jean Hanoteau und reicht wie diese nur bis zum 30. 4. 1819. Ab hier beginnt die Prager Überlieferung, nur teilweise in Auszügen in den NP und bei Corti publiziert; der Verf. plant eine komplette Edition.

37 Vgl. oben, 208 f.

38 Stella K. Hershan: Der nackte Engel. Wien, München 1972; vgl. auch Corti, *Metternich*, 1, 69–71; er verwechselt Vater Adam Kazimierz und Sohn Adam Jerzy Czartoryski.

39 Thürheim, *Mein Leben*, 2, 100 f., Anm.; das Todesjahr 1856 bei Mattl-Wurm, 345, trifft nicht zu.

40 Die Daten zu der unehelichen Clementine gehen stark auseinander, darunter das falsche Geburtsjahr 1810; im Hausarchiv finden sich keine Nachrichten; am meisten findet sich noch bei Corti, *Metternich*, 1, 68–72.

41 NP 8, 127.

42 Metternich aus Wien, 5. 6. 1857, an Sohn Richard, NA Prag A. C. 12, Krt. 4, 32, in: Corti, *Metternich*, 2, 460.

43 Die Charakterisierung von St. Cloud folgt Botzenhart, *Botschafterzeit*, 77.

44 P.[aul]-A.[rthur] Chéramy, Hg.: Mémoires inédits de Mademoiselle George. Paris 1908, 160.

45 Vidal, *Caroline Bonaparte*, 65.

46 Vidal, *Caroline Bonaparte*, 75.

47 Bertier de Sauvigny, *Metternich et son temps*, 91.

48 NP 1, 311.

49 Vgl. Bertier de Sauvigny, *Metternich et son temps*, 91 f.

50 Bertier de Sauvigny, *Metternich et son temps*, 92.

51 Vgl. Corti, *Metternich*, 1, 215–219.

52 Vgl. oben, 131.

53 Vgl. oben, 333.

54 Metternich, 14. 2. 1810, an Eleonore in Paris, NA Prag, A. C. 12, Krt. 1, 6; vgl. Corti, *Metternich*, 221 f. gekürzt; nicht in NP.

55 Abrantès, *Mémoires*, Bd. 23, 28.
56 Abrantès, *Mémoires*, Bd. 23, 27.
57 Abrantès, *Mémoires*, Bd. 23, 27 f.
58 Vgl. Missoffe, *Metternich*, 125 f.
59 Der ganze Vorgang ist dokumentiert in NA Prag A. C. 2, Krt. 1, 002-A-Apponyi.
60 Vgl. den exzellenten Essay von Erbe, *Wilhelmine von Sagan.*
61 Vgl. oben, 394.
62 Vgl. Erbe, *Wilhelmine von Sagan*, 229 f.
63 So in einem Brief an Alfred von Windisch-Graetz, vgl. Erbe, *Wilhelmine von Sagan*, 232.
64 Metternich, 19. 8. 1813, an Wilhelmine, in: Ullrichová, *Metternich*, 41.
65 Wilhelmine, 27. 8. 1813, an Metternich, in: Ullrichová, *Metternich*, 51.
66 «Adieu, mein Geliebter, mein lieber Clemens, Adieu – ich weiß nicht, warum ich Ihnen
    auf Deutsch geschrieben habe; ich bin mir dessen nicht bewusst gewesen.» Wilhelmine,
    31. 8. 1813, an Metternich, in: Ullrichová, *Metternich*, 53 f.
67 Wilhelmine, 12. 9. 1813, an Metternich, in: Ullrichová, *Metternich*, 60.
68 NA Prag RAM Krt. 404, 2812. Sie ist in einem Umschlag zwischen der Korrespondenz
    erhalten.
69 Metternich, 17. 9. 1813, an Wilhelmine, in: Ullrichová, *Metternichs Briefe*, 64.
70 Metternich, 7. 11. 1813, an Wilhelmine, in: Ullrichová: *Metternichs Briefe*, 101.
71 Wilhelmine, 2. 11. 1813, an Metternich, in: Ullrichová, *Metternichs Briefe*, 97.
72 Metternich, 13. 1. 1814, an Wilhelmine, in: Ullrichová, *Metternichs Briefe*, 165 f.
73 Wilhelmine, 20. 1. 1814, an Metternich, in: Ullrichová, *Metternichs Briefe*, 186.
74 Wilhelmine, 26. 1. 1814, an Metternich, in: Ullrichová, *Metternichs Briefe*, 194.
75 Wilhelmine, 1. 3. 1814, an Metternich, in: Ullrichová, *Metternichs Briefe*, 223 f.
76 Gentz, 24. 4. 1814, «Privatissime» an Metternich, NA Prag A. C. 5, Krt. 1, 3.
77 Gentz, 5. 4. 1814, «Privatissime» an Metternich, NA Prag A. C. 5, Krt. 1, 3.
78 Gentz, 11. 4. 1814, «Privatissime» an Metternich, NA Prag A. C. 5, Krt. 1, 3.
79 Varnhagen, *Denkwürdigkeiten*, 3, 235 f.
80 Metternich, im Juli 1814, an Wilhelmine von Sagan, in: Ullrichová, *Metternich*, 258.
81 Vgl. McGuigan, *Metternich*, 308 f.
82 Vgl. McGuigan, *Metternich*, 208 f.
83 Vgl. McGuigan, *Metternich*, 364–367.
84 Metternich (März 1815), in: Ullrichová, *Metternich*, 278 f.
85 Metternich, 5. 1. 1819, an Dorothea von Lieven, in: Mika, *Metternichs Briefe*, 114 f.
86 Vgl. zur Biografie insgesamt Cromwell, *Dorothea Lieven.*
87 Temperley, *Das Tagebuch der Fürstin Lieven*, 39 f.
88 Mika, *Metternichs Briefe*, 96.
89 Cromwell, *Dorothea Lieven*, 57.
90 Vgl. die genauere Beschreibung bei Cromwell, *Dorothea Lieven*, 58 f.
91 Die Übersetzung folgt dem bei Hanoteau, *Lettres de Prince de Metternich*, 1 f., publizier-
    ten französischen Original, weil die Wiedergabe bei Mika, *Metternichs Briefe*, 31 f., die
    zeittypischen sprachlichen Wendungen der Empfindsamkeit durch stilistische Umfor-
    mulierung verfälscht.
92 Vgl. Quennell, *Vertrauliche Briefe der Fürstin Lieven.*
93 Erster Brief in der Sammlung, ohne Datum, in: Hanoteau, *Lettres du Prince de Metter-
    nich*, 2.

94 Metternich, 3. 1. 1819, an Dorothea von Lieven, in: Mika, *Metternichs Briefe*, 108.

95 Metternich, 17. 1. 1819, an Dorothea von Lieven, in: Mika, *Metternichs Briefe*, 136 f.

96 Metternich, 21. 2. 1819, an Dorothea von Lieven, in: Mika, *Metternichs Briefe*, 192 f.

97 Metternich, 29. 11. 1813, an Wilhelmine von Sagan, in: Ullrichová, *Metternich*, 129–131.

98 Metternich, 9. 5. 1821, an Dorothea von Lieven, NA Prag A. C. 6, C19.7; Teilabdruck in Corti, *Metternich*, 2, 173; in NP weggelassen.

99 Vgl. Corti, *Metternich*, 1, 323.

100 Metternich, 6. 5. 1819, an Dorothea von Lieven, NA Prag A. C. 6, C19.4.

101 Nach Reinlein, *Der Brief als Medium der Empfindsamkeit*, 69–77; vgl. zu Metternichs Aussage über seine Brieflust den Brief, 21. 2. 1819, an Dorothea von Lieven, in: Mika, *Metternichs Briefe*, 194.

102 Metternich, 2. 2. 1819 und 22. 3. 1819, an Dorothea von Lieven, in: Mika, *Metternichs Briefe*, 161, 231.

103 Heinrich von Kleist: Über die allmähliche Verfertigung der Gedanken beim Reden (1805), in: Kleist: Sämtliche Werke, hg. v. Paul Stapf. Regensburg 1964, 1032–1037, Zit. 1032.

104 Metternich, 3. 1. 1819, an Dorothea von Lieven, in: Mika, *Metternichs Briefe*, 107.

105 Dorothea von Lieven, 16. 5. 1826, an Metternich, in: Quennell, *Vertrauliche Briefe der Fürstin Lieven*, 348.

106 Dorothea von Lieven, 22. 11. 1826, an Metternich, in: Quennell, *Vertrauliche Briefe der Fürstin Lieven*, 352.

107 Vgl. oben, 176.

108 Metternich, 3. 1. 1819, an Dorothea von Lieven, in: Mika, *Metternichs Briefe*, 107.

109 Pauline Metternich, *Erinnerungen*, 36.

110 Metternich, 15. 11. 1818, an Dorothea von Lieven, in: Mika, *Metternichs Briefe*, 32.

111 Metternich, 14. 12. 1818, an Dorothea von Lieven, in: Mika, *Metternichs Briefe*, 73 f.

112 Metternich, 24. 12. 1818, an Dorothea von Lieven, in: Mika, *Metternichs Briefe*, 89 f.

113 Metternich, 15. 11. und 24. 12. 1818, an Dorothea von Lieven, in: Mika, *Metternichs Briefe*, 32, 90.

114 Metternich, 3. 1. 1819, an Dorothea von Lieven, in: Mika, *Metternichs Briefe*, 109.

115 Metternich, 3. 1. 1819, an Dorothea von Lieven, in: Mika, *Metternichs Briefe*, 107; Quennell, *Vertrauliche Briefe der Fürstin Lieven*, 102.

116 Metternich, 22. 4. 1820, an Dorothea von Lieven, NA Prag A. C. 6, C19.5, Auszug in NP 3, 326.

117 NP 3, 320, 321, 327, Original von Metternich an Dorothea von Lieven, NA Prag A. C. 6, C19.5

118 Metternich, 22. 3. 1820, an Dorothea von Lieven, NA Prag A. C. 6, C19.5, Auszug in NP 3, 321.

119 Metternich, 2. 5. 1820, an Dorothea von Lieven, NA Prag A. C. 6, C19.5, Auszug in NP 3, 326.

120 Metternich, 5. 5. 1820, an Dorothea von Lieven, NA Prag A. C. 6, C19.5, Auszug in NP 3, 327.

121 Metternich, 16. 5. 1820, an Dorothea von Lieven, NA Prag A. C. 6, C19.5, Auszug in NP 3, 329. – Er trennte zwischen seiner geschäftlichen und privat-persönlichen (moi même) Hälfte, vgl. oben 586.

122 Metternich, 12. 5. 1820, an Dorothea von Lieven, NA Prag A. C. 6, C19.5, Auszug in NP 3, 328.

123 Metternich, 17.7.1820, an Dorothea von Lieven, NA Prag A.C. 6, C19.6, Auszug in
   NP 3, 339 f.
124 Metternich, 25.7.1820, an Dorothea von Lieven, NA Prag A.C. 6, C19.6, Auszug in
   NP 3, 341.
125 Metternich, 28.1.1819, an Dorothea von Lieven, in: Mika, *Metternichs Briefe*, 150.
126 Metternich aus Weinzierl, 17. Juli, aus Wien, 25. Juli 1820, Auszug in NP 3, 340 f.
127 Metternich, 28.7.1820, an Dorothea von Lieven, NA Prag A.C. 6, C19.6, Auszug in
   NP 3, 343.
128 Metternich, 29.7.1820, an Dorothea von Lieven, NA Prag A.C. 6, C19.6, Auszug in
   NP 3, 343.
129 Metternich, 28.7.1820, an Dorothea von Lieven, NA Prag A.C. 6, C19.6, Auszug in
   NP 3, 342.
130 Metternich, 17.5.1823, an Dorothea von Lieven, NA Prag A.C. 6, C19.10, Auszug in
   NP 4, 10.
131 Metternich, 27.5.1823, an Dorothea von Lieven, NA Prag A.C. 6, C19.10, Auszug in
   NP 4, 11; vgl. 1. Buch Mose 2, 18: «Es ist nicht gut, dass der Mensch allein sei».
132 Metternich schilderte die näheren Umstände Dorothea von Lieven; NA Prag A.C. 6,
   C19.12; darauf stützt sich die folgende Darstellung. Die NP versuchen aus unerfind-
   lichen Gründen, die Adressatin zu kaschieren, und sprechen nur von «Privatkorrespon-
   denz», aus der auszugsweise abgedruckt wird, vgl. NP 4, 147–157.
133 Metternich, 14.2.1815, an Dorothea von Lieven, NA Prag A.C. 6, C 19.12; in NP 4,
   149.
134 Eleonore, 28.1.1825, an Metternich, A.C. 14, Krt. 2, 18; in freierer Übersetzung bei
   Corti, *Metternich*, 2, 257 f.
135 Metternich, 29.3.1825, an Dorothea von Lieven, NA Prag A.C. 6, C 19.12, in: NP 4,
   149 f.
136 Nach dem Trauschein NA Prag RAM Krt. 8, 1795; die Taufurkunde (10. August 1806)
   Krt. 1, 1728.
137 Vgl. oben, 584.
138 Vgl. Corti, *Metternich*, 2, 289.
139 Dekret des Oberhofmeisters, 21.12.1827, NA Prag RAM Krt. 28.
140 Metternich, 21.1.1829, an Victor, in: NP 4, 532.
141 Urteile Dorothea von Lievens, vgl. Corti, *Metternich*, 2, 292 f.
142 Metternich, 20.10.1827, an Gräfin Molly Zichy-Ferraris, NA Prag A.C. 12, Krt. 4, 26,
   Auszug in NP 4, 337.
143 Metternich, 16.10.1827, an Gräfin von Wrbna, das Original NA Prag A.C. 13, Krt. 5, 89b.
144 Metternich, 25.10.1827, an Molly Zichy-Ferraris, A.C. 12, Krt. 4, 26.
145 Metternich, 7.10.1827, an Victor, NA Prag A.C. 12, Krt 3, 17, im Auszug NP 4, 336 f.
146 Metternich, 28.2.1819, an Wilhelmine von Sagan, in: Mika, *Metternichs Briefe*, 204.
147 Taufurkunde NA Prag RAM Krt. 1, 1729/1730.
148 Metternich, 17.1.1829, an Victor, NA Prag A.C. 12, Krt. 3, 18, Auszug in NP 4, 530.
149 Metternich, 2.10.1830, an Melanie Zichy-Ferraris, NA Prag A.C. 12, Krt. 3, 19.
150 Metternich, 31.10.1830, an Melanie Zichy-Ferraris, NA Prag A.C. 12, Krt. 3, 19.
151 Prokesch von Osten, *Tagebücher*, 84.
152 Eintrag 17.2.1831, in: NP 5, 91 f.
153 Prokesch von Osten, *Tagebücher*, 118.

154 NP 5, 539.

155 NP 5, 548.

156 Vgl. den aufwendigen Nachdruck von Kugler, *Staatskanzler Metternich und seine Gäste.*

157 «Leichenbefund des Hochgeborenen durchlauchtigsten Fürsten Clemens von Metternich», Wien, 5. 7. 1833, NA Prag RAM Krt. 55, 3063.

158 Metternich, 4. 2. 1829, an Victor, NA Prag A. C. 12, Krt. 3, 18, im Auszug in NP 4, 536.

159 NA Prag RAM Krt. 55, 3049 (St. Margaretha), 3055 (St. Ursula).

160 Metternich, 29. 6. 1820, an Dorothea von Lieven, NA Prag A. C. 6, C19.6, Auszug in NP 3, 336.

161 Eine Abbildung in: Die Reliquien der heiligen Valentina in der fürstlich Metternichischen Gruftkirche zu Plaß. Prag 1829.

162 Alle hier beschriebenen Vorgänge sind dokumentiert in NA Prag RAM Krt. 132, 5022–5027.

163 Metternich, 29. 6. 18120, an Dorothea von Lieven, NA Prag A. C. 6, C19.6, Auszug in NP 3, 336.

第十章 构建与新开端: 改革与变动, 1815~1818

1 Sellin, *Die geraubte Revolution*, 278.

2 Vgl. oben, 392.

3 Vgl. oben, 24.

4 Vgl. Haas, *Metternich, Reorganization and Nationality.*

5 Vortrag Metternichs, 29. 12. 1815, HHStA Wien StK Vorträge Krt. 200, Fol. 83–86.

6 Vortrag Metternichs, 21. 1. 1816, HHStA Wien StK Vorträge Krt. 201, Fol. 50–62.

7 Vortrag Metternichs, 12. 10. 1819, HHStA Wien StK Vorträge Krt. 219, Fol. 100–111; darin auch die Entwürfe zur Reorganisation der Kunstakademie und zur Gründung der Akademie der Wissenschaften.

8 Koselleck, *Zeitalter*, 227.

9 Metternich, 7. 5. 1819, an Gentz, in: Wittichen, *Friedrich von Gentz*, 3.1, 429; in: NP 3, 244.

10 Vortrag Metternichs, 3. 11. 1817, HHStA Wien StK Vorträge Krt. 210, Fol. 468–470.

11 Vortrag Metternichs, 11. 1. 1819, HHStA Wien StK Vorträge Krt. 217, Fol. 85–87.

12 Vortrag Metternichs, 12. 10. 1819, HHStA StK Vorträge Krt. 219, Fol. 119–122.

13 Vortrag Metternichs, 11. 1. 1819, HHStA Wien StK Vorträge Krt. 217, Fol. 85–87.

14 Vortrag Metternichs, 5. 5. 1819, HHStA Wien StK Vorträge Krt. 218, Fol. 50–58.

15 NP 7, 910.

16 Vgl. Haas, *Metternich, Reorganization and Nationality*, 207; vgl. des Weiteren zur «Lega Italica» ebd., 65 f., 207.

17 «Tableau del'état moral de l'Italie depuis le rétablissement du Système politique actuel jusqu'au 31 Mai 1817», HHStA StK Vorträge Krt. 210, Fol. 105– 279.

18 «Bemerkungen über den inneren Stand von Italien», HHStA StK Vorträge Krt. 210, Fol. 41– 74; Auszüge in NP 3, 75–91.

19 Vgl. insgesamt zur kontinuitätsbewahrenden Politik Mazohl-Wallnig, *Königreich Lombardo-Venetien.*

20 Vortrag Metternichs, 3. 11. 1817, HHStA StK Vorträge Krt. 210, Fol. 31 f.; die Denk-schrift nur auszugsweise in NP; das Zitat in: NP 3, 90 f. statt «zu schmeicheln» fälschlich geändert in «entgegenzukommen».

21 Vgl. Haas, *Metternich, Reorganization and Nationality*, 95.

22 Vgl. Kuster, *Italienreise Kaiser Franz' I.*, 323.

23 Vgl. Rosenstrauch, *Wahlverwandt und ebenbürtig.*

24 NA Prag A. C. 12, Krt. 1, 8.

25 Das Folgende nach den Briefen NA Prag A. C. 12, Krt. 1, 9; teilweise abgedruckt in NP 3, 22–50.

26 Metternich, 5. 4. 1819, an Dorothea von Lieven, in: Mika, *Metternichs Briefe*, 246 f.

27 Metternich, 28. 6. 1817, an Eleonore, in: NP 3, 30.

28 Metternich, 7. 4. 1819, an Dorothea von Lieven, in: Mika, *Metternichs Briefe*, 249 f.

29 Vgl. Siemann, *Kant – Aus so krummem Holz*, 240–244.

30 Metternich, 29. 8. 1817, an Eleonore, NA Prag A. C. 12, Krt. 1, 9; gekürzt in NP 3, 46.

31 Vortrag Metternichs, 24. 3. 1818, HHStA Wien StK Vorträge Krt. 213, Fol. 156–164.

32 Nicosia, *Regione e testimonianze d'Italia.*

33 Vgl. zu diesem hier geschilderten Vorgang insgesamt Knöbl, *Kontingenz der Moderne.*

34 Vortrag Metternichs, 27. 10. 1817, HHStA Wien StK Vorträge Krt. 209, Fol. 72–84.

35 Vgl. «Ueber die Ungarischen Zustände», in: NP 7, 51–63.

36 Vgl. die Interpretation bei Haas, *Metternich, Reorganization and Nationality*, 133–135.

37 Vortrag Metternichs, 24. 5. 1816, HHStA Wien StK Vorträge Krt. 202, Fol. 170, abge-druckt bei Haas, *Metternich, Reorganization and Nationality*, 175.

38 Vgl. E. P. Thompson in: Hobsbawm, *Invention of Tradition*; Anderson, *Imagined Com-munities.*

39 Wiener Zeitung Nr. 295, 24. 12. 1817, abgedruckt bei Haas, *Metternich, Reorganization and Nationality*, 180 f.

40 Vgl. Haas, *Metternich, Reorganization and Nationality*, 134.

41 Vgl. oben, 513.

42 Kaiserliche Resolution, 6. 11. 1816, HHStA Wien StK Vorträge Krt. 205, Fol. 20.

43 Vgl. Bibl, *Metternich*, 8.

44 Berlinische Nachrichten von Staats- und gelehrten Sachen, 29. 1. 1818. 1/3 (Jan.–März) vom Bericht aus «Wien, vom 9. Januar».

45 Vortrag Metternichs, 18. 1. 1818, HHStA Wien StK Vorträge Krt. 212, Fol. 60–82 (mit Beilagen).

46 Das Memorandum findet sich in der angegebenen Akte auf Fol. 62– 74.

47 Kaiserliche Resolution, 14. 2. 1818, HHStA Wien StK Vorträge Krt. 213, Fol. 14.

48 «Protokoll der am 5ten März 1818 abgehaltenen Zusammentretung zur Beratung über das Allerhöchste Handschreiben v. 14. Hornung d. J. die zum teutschen Bunde gehören-den Provinzen und Teile der Österreichischen Monarchie betreffend», HHStA Wien StK Vorträge Krt. 213, Fol. 13–28.

49 Vgl. oben, 170–173.

第十一章　防御性安全政策："维也纳体系"地平线上的
危机防范，1815~1829

1　Vgl. Schulz, *Normen und Praxis*, 73.

2　Vgl. NP 1, 209 f.

3　Napoleon war am 1. März zwischen Antibes und Cannes an Land gegangen. In Paris war die Nachricht am 5. März eingetroffen.

4　Text bei Capefigue, *Le congrès de Vienne*, 2, 971–973.

5　Vgl. Schroeder, *Transformation*, 552.

6　Text bei Capefigue, *Le congrès de Vienne*, 4, 1595–1601.

7　NP 1, 213.

8　Text bei Capefigue, *Le congrès de Vienne*, 4, 1636–1638.

9　Es unterzeichneten Castlereagh (*1769), Wellington (*1769), Metternich (*1773), Johann von Wessenberg (*1773), Hardenberg (*1750), Humboldt (*1767), Rasumowski (1752), Capodistrias (1776), durch die Präambel eingeschlossen: Kaiser Franz (*1768), der englische Prinzregent, ab 1820 Georg IV. (1762), Zar Alexander (*1777) und Friedrich Wilhelm III. (*1770).

10　Friedrich Carl Fuldas Analyse der wirtschaftlichen Lage der Landwirtschaft zu Beginn der 1820er Jahre (1823), in: Steitz, *Quellen*, 80.

11　Vgl. oben, 384.

12　Vgl. Mieck, *Preußen*, 123–127, 153.

13　Hamm, *Napoleon und Bayern*, 142.

14　Ullmann, *Steuerstaat*, 36 f.

15　Vgl. Fischer, *Sozialgeschichtliches Arbeitsbuch*, 202 (Mark in Gulden umgerechnet vgl. 201).

16　Vgl. Rieck, *Friedrich Koenig*.

17　Vgl. Wittmann, *Buchmarkt und Lektüre*, 154–157.

18　Vgl. Wittmann, *Buchmarkt und Lektüre*, 162.

19　Vgl. zu den Topoi und der Funktionalität der Rückständigkeit Wehler, *Nationalismus*, 64.

20　Wehler, *Nationalismus*, 25.

21　Wehler, *Nationalismus*, 64.

22　Osterhammel, *Die Verwandlung der Welt*, 904.

23　Metternich, 26. 2. 1833, an Wrede, in: Bibl, *geheimer Briefwechsel*, 363–366; Siemann, *Anfänge der politischen Polizei*, 138.

24　Vgl. Bock, *Terrorismus*, 34–36.

25　Schriftstück Nr. 7 «Nationalität», NA Prag A. C. 8, Krt. 1, 8.

26　Schriftstück Nr. 27 (ohne Titel), NA Prag A. C. 8, Krt. 1, 8.

27　Eigenhändige Materialien zu einem Presseartikel, 21. 9. 1829, in: NP 4, 597.

28　Vgl. Siemann, *Zwietracht der Nationalitäten*, 24–34.

29　Grillparzer, *Werke*, 1, 500.

30　Vgl. Bayly, *Die Geburt der modernen Welt*, 279.

31　Vgl. Reinhard, *Geschichte des modernen Staates*, 92.

32　Vgl. Langewiesche, *Reich, Nation, Föderation*, 53, 259, 261; ders., *Nation, Nationalismus, Nationalstaat*, 45, 49.

33　So Schulz, *Normen und Praxis*, 73.

34 Mieck, *Preußen*, Zitate 112 u. 189.

35 Temperley, *Canning*, 3.

36 Schulz, *Normen und Praxis*, 72.

37 Castlereagh, 7. 5. 1814, an Lord William Bentinck, in: Castlereagh, *Correspondence*, 10, 18.

38 Sir Henry Wellesley, 24. 7. 1820, an Castlereagh, in: Castlereagh, *Correspondence*, 12, 282.

39 William à Court, 6. 7. 1820, an Castlereagh, in: Castlereagh, *Correspondence*, 12, 279.

40 Das Folgende nach: «Extraits d'un discours de Mr. Canning en demandant des pouvoirs extraordinaires pour empêcher ou reprimer des casseurs elements séditieux en Fevrier 1817», NA Prag A. C. 8, Krt. 1, 44.

41 Vgl. «Report of the Secret Committee of the House of Commons on the disturbed state of the country, 19. Feb. 1817», «The Habeas Corpus Suspension Act, 1817», «The Seditious Meetings Act, 1817», in: Aspinall, *Documents*, 325–331; die Rede in: Canning, *The speeches*, 3, 439–455.

42 Vgl. Gash, *Aristocracy and People*, 91.

43 Vgl. zu dem Attentat Stahl, *Metternich und Wellington*, 178 f.

44 Österreichischer Beobachter Nr. 134, 14. 5. 1819, 663 f. (= Teil 1 aus der Anklageakte); außerdem Nr. 136, 16. 5. 1819, 673–675 (= Teil 2).

45 Österreichischer Beobachter Nr. 141, 21. 5. 1819, 699–701 (= Teil 3).

46 Metternich, 22. 2. 1818, HHStA StK Vorträge Krt. 212, Fol. 42.

47 Vgl. Mieck, *Preußen*, 158.

48 Lemberger Zeitung Nr. 249, 14. 12. 1818, 774.

49 The Gentleman's Magazine for March, 1818, 264.

50 Vgl. Testament de Napoléon. Bruxelles: Auguste Wahlen (Verlag) 1824, 23; dt. Ausgabe 1825; vgl. auch François G. de Coston: Napoleon Bonaparte's erste Jahre, von der Geburt bis zur Ernennung als commandirender General von Italien. Teil 2. Leipzig 1840, 243 f.; (es handelt sich um den 4. Zusatz des Testaments, Longwood, 24. 4. 1821, Absatz 5).

51 Vgl. Kieser, *Wartburgsfest*.

52 Rödiger, *Rede*, 114–127.

53 Rödiger, *Rede*, 124

54 Rödiger, *Rede*, 125.

55 Rödiger, *Rede*, 115.

56 «Almansor», in: Heine, *Historisch-kritische Gesamtausgabe*, 5, 16.

57 Vgl. Ascher, *Wartburgs-Feier*, 25.

58 Ascher, *Wartburgs-Feier*, 31.

59 Ascher, *Wartburgs-Feier*, 51.

60 Österreichischer Beobachter Nr. 344, 10. 12. 1817, 1767.

61 Österreichischer Beobachter Nr. 356/360, 25./26. 12. 1817, 1846.

62 HHStA Wien StK Vorträge Krt. 215, Fol. 135.

63 Vgl. Siemann, *Anfänge der politischen Polizei*, 76–78.

64 Mattern, *«Kotzebue's Allgewalt»*, 209.

65 HHStA Wien StK Vorträge Krt. 215, Fol. 139.

66 Die folgende Beschreibung beruht auf: *Acten-Auszüge Carl Ludwig Sand*, 66 ff.

67 *Acten-Auszüge Carl Ludwig Sand*, 68.

68 Vgl. Hohnhorst, *Vollständige Übersicht*, 1, 35.

69 *Acten-Auszüge Carl Ludwig Sand*, 74.

70 Abgedruckt bei Hohnhorst, *Vollständige Übersicht*, 1, 187–191.

71 Wehler, *Gesellschaftsgeschichte*, 2, 332 u. 337.

72 Vgl. Hohnhorst, *Vollständige Übersicht*, 1, 105.

73 Vgl. Hohnhorst, *Vollständige Übersicht*, 1, 104.

74 Abgedruckt in: Hohnhorst, *Vollständige Übersicht*, 1, 191; daraus im Folgenden die Zitate.

75 Vgl. Hohnhorst, *Vollständige Übersicht*, 1, 113.

76 Hohnhorst, *Vollständige Übersicht*, 1, 118 f.

77 Vgl. Mattern, «*Kotzebue's Allgewalt*», 209.

78 Hohnhorst, *Vollständige Übersicht*, 1, 188.

79 Vgl. bes. Büssem, *Karlsbader Beschlüsse*; das Urteil bei Schulz, *Normen und Praxis*, 74; «Friedhofsruhe» auch bei Mieck, *Preußen*, 189.

80 Vgl. NP 1, 34.

81 Metternich, 20. 4. 1819, an Dorothea von Lieven, im französischen Original bei Hanoteau, *Lettres du Prince de Metternich*, 301; übersetzt in: Mika, *Metternichs Briefe*, 265.

82 Metternich, 10. 4. 1819, an Eleonore, NA Prag A. C. 12, Krt. 2, 11, in: NP 3, 194.

83 Metternich, 18. 10. 1848, an Tochter Eleonore, NA Prag, A. C. 12, Krt. 5, 46, 2, in: NP 8, 190; der Mord an Latour geschah am 6. 10. 1848.

84 Metternich, 20. 4. 1819, an Dorothea von Lieven, im französischen Original bei Hanoteau, *Lettres du Prince de Metternich*, 301; übersetzt in: Mika, *Metternichs Briefe*, 265.

85 Gentz, 14. 4. 1819, an Metternich, in: Wittichen, *Friedrich von Gentz*, 3.1, 396.

86 Metternich, 10. 4. 1819, an Gentz, in: Wittichen, *Friedrich von Gentz*, 3.1, 391.

87 Metternich, 9. 4. 1819, an Gentz, in: Wittichen, *Friedrich von Gentz*, 3.1, 388.

88 Metternich, 10. 4. 1819, an Eleonore, NA Prag A. C. 12, Krt. 2, 11, in: NP 3, 194.

89 Vgl. Hohnhorst, *Vollständige Übersicht*; außerdem Feilchenfeldt, *Varnhagen von Ense*, 1, 383.

90 Metternich, 23. 4. 1819, an Gentz, in: Wittichen, *Friedrich von Gentz*, 3.1, 409.

91 NA Prag A. C. 5, Krt. 2, 5.

92 Huber, *Dokumente*, 1, 90.

93 Vgl. Siemann, *Zensur im Übergang*, 377 f.

94 Vgl. Hans-Heinrich Jescheck, Hg.: Strafgesetzbuch. München ³⁸2002.

95 Das Folgende nach: Metternich, 17. 6. 1819, an Gentz, in: Wittichen, *Friedrich von Gentz*, 3.1, 464–470.

96 Vgl. Nipperdey, *Deutsche Geschichte*, 1, 589–592.

97 Gentz, 14. 4. 1819, an Metternich, in: Wittichen, *Friedrich von Gentz*, 3.1, 396.

98 Rheinische Blätter Nr. 54, 5. 4. 1819, 247, NA Prag A. C. 5, Krt. 2, 5.

99 Bruchmüller, *Karl Hases Rhein- und Lenzfahrt*, 160. Das Zitat wurde fälschlich dem Erzherzog Johann zugeschrieben bei Heydemann, *Carl Ludwig Sand*, 126, und von dort mehrfach übernommen.

100 Doblinger, *Tagebucheintragungen des Erzherzogs Johann*, 151.

101 Vgl. Nipperdey, *Deutsche Geschichte*, 1, 282.

102 Vgl. NA Prag A. C. 9, Krt. 1, 53; das Exemplar ist möglicherweise eine Beilage aus der Aarauer Zeitung, es war in den regulären Tagesausgaben des Blatts nicht auffindbar.

103 Zit. nach Rumpler, *Österreichische Geschichte*, 212.

104 Metternich, 17. 6. 1819, an Gentz, in: Wittichen, *Friedrich von Gentz*, 3.1, 465.

105 Brief Wilhelm de Wettes, 31. 3. 1819, an Sands Mutter, in: *Acten-Auszüge Carl Ludwig Sand*, 254 f.

106 Metternich, 17. 6. 1819, an Gentz, in: Wittichen, *Friedrich von Gentz*, 3.1, 465.

107 Gentz, 25. 4. 1819, an Metternich, in: Wittichen, *Friedrich von Gentz*, 3.1, 415 f.
108 Eigenhändiger Brief Wittgensteins, 28. 6. 1819, an Metternich, HHStA Wien StK Vorträge Krt. 218, Fol. 35 f.
109 Vortrag Metternichs, 18. 7. 1819, HHStA Wien StK Vorträge Krt. 218, Fol. 83– 88.
110 Vgl. Huber, *Dokumente*, 1, 61 f.
111 «Über die Lage der preußischen Staaten», eine Beilage zum konfidentiellen Schreiben Metternichs, 14. 11. 1818, an Wittgenstein, in: NP 3, 171–178, Zitat 174.
112 Vortrag Metternichs, 25. 7. 1819, HHStA Wien StK Vorträge Krt. 218, Fol. 93–95.
113 Vgl. oben, 207.
114 Vgl. oben, 426–428.
115 Metternich, 27. 7. 1819, an Dorothea von Lieven, NA Prag A. C. 6, C19.4, nicht in NP.
116 Vortrag Metternichs, 30. 7. 1819, HHStA Wien StK Vorträge Krt. 218, Fol. 159–168; es wird hier aus dem Original zitiert; die NP 3, 258–261, kürzen wesentliche Passagen.
117 Vortrag Metternichs, 1. 8. 1819, HHStA Wien StK Vorträge Krt. 219, Fol. 1–7.
118 Vortrag Metternichs, 31. 8. 1819, HHStA Wien StK Vorträge Krt. 218, Fol. 173 f.
119 Vortrag Metternichs, 1. 9. 1819, HHStA Wien StK Vorträge Krt. 219, Fol. 1 f.
120 Korrekt abgedruckt in: NP 3, 284, das Original NA Prag RAM Krt. 140, 5226/27.
121 «Präsidial-Proposition», NP 3, 271.
122 Metternich, 25. 9. 1819, an Dorothea von Lieven, NA Prag A. C. 6, C19.4; in NP 3, 294 in nicht genauer Übersetzung.
123 Huber, *Verfassungsgeschichte*, 1, 646.
124 Vortrag Metternichs, 18. 11. 1819, HHStA Wien StK Vorträge Krt. 220, Fol. 104.
125 Metternich, 25. 11. 1819, an Dorothea von Lieven, NA Prag A. C. 6, C19.4.
126 Metternich, 28. 11. 1819, an Dorothea von Lieven, NA Prag A. C. 6, C19.4.
127 «Erster Vortrag», HHStA Wien StK Deutsche Akten Krt. 212, 138; die Akte enthält alle Protokolle.
128 "Übersicht der Beratungs-Gegenstände", 维也纳皇室、宫廷和国家档案馆 StK Deutsche Akten Krt. 212, 138。"第 14 条"和"集体代表权（Kuriatstimme）"两个问题由一个委员会负责处理也是合乎逻辑的，因为二者均涉及被褫夺权利者，而"资格委员会"则是专门成立的。
129 Metternich, Ende Januar 1820, an Rechberg, in: NP 3, 362 f.
130 «Grundzüge zur Interpretation des 13. Artikels der Bundes-Acte», HHStA Wien StK Deutsche Akten Krt. 212, 138.
131 Vgl. Langewiesche, *Monarchie*.
132 Metternich, 4. 5. 1820, an Berstett, in: NP 3, 372–377, Zitat 374.
133 Metternich, 8. 4. 1820, an Dorothea von Lieven, NA Prag A. C. 6, C19.5; in: NP 3, 322.
134 Metternich, 10. 2. 1847, an Canitz, in: NP 7, 366 f.
135 NP 3, 375.
136 Vgl. Späth, *Revolution in Europa*, 440–445.
137 «Vortrag des Herrn Fürsten von Metternich über einige in Antrag gebrachte nähere Bestimmungen des 14. Artikel der Bundes-Acte», HHStA Wien StK Deutsche Akten Krt. 212, 138.
138 Vortrag Metternichs, 12. 2. 1819, HHStA Wien StK Vorträge Krt. 221, Fol. 80 f.
139 Vgl. Landesmuseum Württemberg, Hg., *Im Glanz der Zaren*.
140 La Renommée Nr. 250, 21. 3. 1820, HHStA Wien StK Vorträge Krt. 221, Fol. 142.
141 Vortrag Metternichs, 14. 5. 1820, HHStA Wien StK Vorträge Krt. 222, Fol. 72.

142 Nipperdey, *Deutsche Geschichte*, 1, 282.

143 Castlereagh, 14. 1. 1820, an Christoph von Lieven, in: Castlereagh, *Correspondence*, 12, 179 f.

144 Metternich, 2. 9. 1819, an den Prinzregenten von England, in: NP 3, 285 f.

145 Castlereagh, 14. 1. 1820, an Lord Stewart, in: Castlereagh, *Correspondence*, 12, 189.

146 Castlereagh, 6. 5. 1820, an Metternich, in: Castlereagh, *Correspondence*, 12, 258.

147 Castlereagh trug dem Gesandten in Wien auf, diese Glückwünsche zu überbringen, Castlereagh, 5. 5. 1820, an Stewart, in: Webster, *Castlereagh*, 2, 198.

148 Lamb, 28. 5. 1820, an Metternich, in: Castlereagh, *Correspondence*, 12, 264 f.

149 Vgl. schon bei Koselleck, *Zeitalter*, 221 f.

150 Tagebuch Melanie Metternich, Jg. 1820, S. 67 ff.; NA Prag.

151 Vgl. Chateaubriand, *Mémoires*, 4, 63.

152 Vgl. Chateaubriand, *Mémoires*, 4, 93.

153 Vgl. Chateaubriand, *Mémoires*, 4, 105.

154 Vgl. Lions, *Duc de Berry*, 58–61.

155 Metternich, Vorträge, 20. 2. 1820, HHStA Wien StK Vorträge Krt. 221, Fol. 47.

156 Metternich, 20. 2. 1820, an Dorothea von Lieven, NA Prag A. C. 5, C19.5.

157 Metternich, 10. 4. 1819, an Gentz, in: Wittichen, *Friedrich von Gentz*, 3.1, 391 f.

158 Prokesch von Osten, *Aus den Tagebüchern*, 118; Eintrag vom 6. 12. 1831.

159 Metternich, Vorträge, 26. 2. 1820, HHStA Wien StK Vorträge Krt. 221, Fol. 93 f.

160 Metternich, Vorträge, 29. 2. 1820, HHStA Wien StK Vorträge Krt. 221, Fol. 101.

161 Vgl. oben, 656 f.

162 Vgl. oben, 659.

163 Metternich, Vorträge, 8. 3. 1820, HHStA Wien StK Vorträge Krt. 221, Fol. 77 f.

164 Dorothea von Lieven, 25. 2. 1820, an Metternich, in: Quennell, *Vertrauliche Briefe der Fürstin Lieven*, 34–36.

165 Vgl. Schulz, *Normen und Praxis*, 72.

166 Castlereagh, 14. 1. 1820, an Lieven, in: Castlereagh, *Correspondence*, 12, 179 f.

167 Hafner, *Castlereagh*, bes. 71–75; vgl. zur längst fälligen Neudeutung des verpönten britischen Außenministers jüngst auch Bew, *Castlereagh*.

168 Temperley, *Canning*, 4.

169 Castlereagh, 20. 10. 1818, an Lord Liverpool, in: Castlereagh, *Correspondence*, 12, 55.

170 Vgl. Temperley, *Canning*, 46.

171 Temperley, *Canning*, 20.

172 Vgl. Stahl, *Metternich und Wellington*, 254–265.

173 Vgl. Siemann, *Metternich's Britain*, 23 f.

174 Anderegg, *Die politischen Verhältnisse Englands*, 33.

175 Metternich, 22. 7. 1848, an die Tochter Leontine, in: NP 8, 172.

176 Metternich, 24. 3. 1857, an Grafen Buol, in: NP 8, 395; vgl. auch Anderegg, *Die politischen Verhältnisse Englands*, 41.

177 «La politique anglaise est devenu simplement utilitaire. C'est Lord Palmerston qui a été le représentant le plus avancé de cette politique douteuse», in: NP 8, 322, an Buol 1. 8. 1852.

178 Vgl. oben, 656 f.

179 Doering-Manteuffel, *Wiener Kongress*, 53; die jüngst erhobene Behauptung von Zamoyski, *Phantom Terror*, kann nach Kenntnis der Quellen jedenfalls aus meiner Sicht als widerlegt

gelten. Vgl. zu einer heilsamen Skepsis gegenüber der Zweiteilung in ‹Gute› und ‹Böse› auch den zu wenig beachteten J. L. Talmon, *Geschichte der totalitären Demokratie.*

180 Doering-Manteuffel, *Wiener Kongress*, 55.

181 Vgl. in diesem Sinne Heydemann, *Konstitution*, 142; beim Kongress von Verona, 135–144, kein Wort zur französischen Intervention.

182 Vgl. zum Folgenden Daum, *Oszillationen*, 55–63.

183 Vgl. Daum, *Oszillationen*, 56 f.

184 Vgl. Schroeder, *Transformation*, 609 f.

185 Nach dem Briefwechsel mit Dorothea von Lieven, NA Prag A. C. 6, C19.4.

186 Vorträge Metternichs, 3. II. 1820, HHStA Wien StK Vorträge Krt. 224, Fol. 17 f.

187 «Grundsätze für die Interventionspolitik» (Konzept Metternichs), in: NP 3, 391.

188 Abgedruckt in: Droß, *Quellen zur Ära Metternich*, 104–106.

189 Metternich, 20. II. 1820, an Dorothea von Lieven, NA Prag A. C. 6, C19.6, im Auszug in: NP 3, 355 f.

190 Metternich, 27. II. 1820, an Dorothea von Lieven, NA Prag A. C. 6, C19.6, im Auszug in: NP 3, 356.

191 «Zirkulardepesche der Höfe von Österreich, Russland und Preußen an ihre Gesandten und Geschäftsträger bei den deutschen und nordischen Höfen, Troppau, 8. Dezember 1820», in: NP 3, 391– 394.

192 Metternich, 19. 12. 1820, HHStA Wien StK Vorträge Krt. 224, Fol. 107.

193 Kaiserliches Handschreiben vom 25. 5. 1821, HHStA Wien StK Vorträge Krt. 226, Fol. 198.

194 Metternich, 28. 5. 1821, an Dorothea von Lieven, NA Prag A. C. 6, C19.8; im Auszug in NP 3, 441 f.

195 Vgl. oben, 651.

196 Vgl. zur griechischen Frage insgesamt Šedivý, *Eastern Question*, 59–337.

197 Vgl. Schroeder, *Transformation*, 637–665.

198 Vgl. oben, 483 f.

199 Šedivý, *Eastern Question*, 126.

200 Šedivý, *Eastern Question*, 217.

201 Šedivý, *Eastern Question*, 175 f.; vgl. auch Temperley, *Canning*, 361.

第十二章　经济学家：从帝国伯爵到早期资本家的社会族长

1 Vgl. Conze/Wienfort, *Adel und Moderne*, 1 u. 7.

2 Nach Henning, *Quellen*, 43; vgl. Frie, *von der Marwitz*.

3 参见本章注 160。家族一再得到来自皇室的资金馈赠。当儿子晋升为大臣之后，他曾让宫廷财务署的一名官员从账目登记簿中汇总一下家族通过这种方式一共得到了多少馈赠。许多差旅费、正规的公务支出、特殊的花销，如 1790 年皇帝加冕典礼或者拉施塔特和会的会议费用出现在账目中，但是，秘密的直接馈赠却不在其中，如对年轻的伯爵 1795 年婚礼，以及后来拿破仑战争年代和以后的馈赠。参见 Franz Weibel 的 "Die Herrn von Metternich, insoweit im k. k. Hofkammer-Archive Nachweisungen von Ihnen vorhanden sind"，科尼希斯瓦尔特宫图书馆。

4 Das Urteil in NA Prag RAM Krt. 206, 2035–5.

5 «Eigenhändig niedergeschriebene Erklärung S. E. des Reichsgrafen Clemens W. L. Metternich über die Vermögens-Verhältnisse des Hauses zur Wissenschaft für die Nachkommenschaft, 23. Dezember 1810», NA Prag RAM Krt. 63, 3353.

6 «Eigenhändig niedergeschriebene Erklärung [...]», NA Prag RAM Krt. 63, 3353.

7 Vermögenserklärung 4. 8. 1814, NA Prag RAM Krt. 64, 3398.

8 NA Prag RAM Krt. 63, 3358.

9 Verfügung des niederösterreichischen Landrechts, Wien, 22. 10. 1819, NA Prag RAM Krt. 192.

10 Erklärung Franz Georgs [ohne Datum], NA Prag RAM Krt. 64, 3410.

11 Wiener Zeitung Nr. 282 vom 8. 10. 1816/Beilage Allgemeines Intelligenzblatt, 707.

12 «Individueller Fürstlich-Metternichscher Passivstand mit Ende Dezember 1819», NA Prag RAM Krt. 192.

13 Prozessakten und endgültiges Urteil in NA Prag RAM Krt. 398.

14 Der Originalvertrag in NA Prag RAM Krt. 192.

15 Vgl. oben, 527 f.

16 Schreiben vom 13. 2. 1826 an das Plasser Oberamt, StA Pilsen Vs-Plasy, Krt. III, 1826.

17 Schuldverschreibung vom 1. 6. 1827, NA Prag RAM Krt. 200, 1996.

18 Vgl. Rieck, *Friedrich Koenig*.

19 Die meisten in diesem Kapitel angeführten statistisch-topografischen Daten zu Plaß stützten sich auf: Anton Wiehl: «General-Karte von der hochfürstlich von Metternich'schen Herrschaft Plaß», Schloss Johannisberg, Archiv. Wiehl war hochfürstlicher Revierförster und beeideter k.k. Landmesser; außerdem auf Sommer, *Das Königreich Böhmen*, Bd. 6: Pilsener Kreis (mit Plaß), Bd. 15: Elbogner Kreis (mit Königswart).

20 Verfügung Metternichs vom 24. 6. 1835 an das Oberamt Plaß, StA Pilsen, Vs-Plasy, Krt. 125.

21 Vgl. oben, 605.

22 Vgl. Sommer, *Das Königreich Böhmen*, 6, 322.

23 NA Prag RAM Krt. 141, 5294; das Bibelzitat in Josua 1, 17.

24 Nach «Verzeichnis der Juden-Familien 1833» im Elbogner Kreis in der Herrschaft Königswart mit Miltigau und Amonsgrün, StA Pilsen Vs-Kynžvart, K-174; Sommers auf 1838 bzw. 1847 bezogene Daten in Bd. 6 u. 15 weichen leicht ab.

25 Vgl. Volkov, *Die Emanzipation der Juden*.

26 Vgl. Sommer, *Das Königreich Böhmen*, 6, 316.

27 Metternich, 27. 11. 1819, an Handel in Frankfurt, Archiv Schloss Johannisberg.

28 Vgl. Bädeker, *Rheinreise*, 169 f.

29 Bädeker, *Rheinreise*, 169 f.

30 Metternich, 2.3. 1819, an das Verwalteramt Johannisberg, Archiv Schloss Johannisberg.

31 Archiv Schloss Johannisberg, Akte 1836.

32 Archiv Schloss Johannisberg, Akte 1843.

33 Alle Vorgänge zu 1848 in: HHStA Wien StK Kleinere Betreffe, Johannisberg, Krt. 8.

34 Bericht, HHStA Wien StK Kleinere Betreffe, Johannisberg, Krt. 9.

35 Vertrag vom 20. 12. 1850, HHStA Wien StK Kleinere Betreffe, Johannisberg, Krt. 9.

36 Turnbull, *Reise*, 54 f.

37 Metternich, 19. 7. 1827, an das Plasser Oberamt, StA Pilsen Vs-Plasy Krt. 107.

38 Die meisten statistisch-topografischen Daten zu Plaß stützten sich auf: Anton Wiehl: «General-Karte von der hochfürstlich von Metternich'schen Herrschaft Plaß», Archiv Schloss Johannisberg.

39 NA Prag RAM Krt. 143, 5357.

40 Turnbull, *Reise*, 2, 236.

41 «Ueber die Ungarischen Zustände», in: NP 7, 51–63; das Autograf dazu in NA Prag A. C. 8, 9a.

42 Alle Punkte in NP 7, 58 f.

43 Die Veröffentlichung geschah indirekt eingebunden in einer am 3. 2. 1850 in der Wiener konservativen Zeitung «Der Lloyd» beginnenden Serie über Ungarn, NA Prag A. C. 8, Krt. 12, 73. Daneben war der Text in einer anonymen Flugschrift erschienen, A. C. 8, Krt. 11, 71; komplett erschien der Text in «Oesterreichische Zeitung» vom 14. 5. 1857, A. C. 8, Krt. 13, 80.

44 «Ueber die Ungarischen Zustände», in: NP 7, 58.

45 Metternich, 12. 3. 1850, an Kübeck, in: Beer, *Metternich und Kübeck*, 94 f.

第十三章　赤贫中各国人民的春天：三月革命之前，1830~1847

1 Metternich, 5. 6. 1830, an Apponyi, in: NP 5, 6.

2 Metternich, 5. 8. 1830, an Kaiser Franz, in: NP 5, 17.

3 Metternich (ohne Datum) an Kaiser Franz, HHStA Wien, StK Vorträge Krt. 263, Fol. 150 ff.

4 Vgl. in diesem Sinne Wrede, Mai 1831, an Metternich, in: Bibl, *Geheimer Briefwechsel*, 223 f.

5 Der ganze Vorgang ist beschrieben in Metternich, 13. 10. 1830, an den Gesandten Fiquelmont, in: NP 5, 63–69.

6 Metternich, 21. 10. 1830, an Esterházy, in: NP 5, 69–71.

7 HHStA Wien StK Acta Secreta Krt. 4, Fol. 129–132.

8 Dokumentiert in HHStA Wien StK Acta Secreta Krt. 6, No. 562, «Lola Montez betreffend».

9 NP 5, 18 f./Anm.

10 Schulz, *Normen und Praxis*, 104.

11 Schulz, *Normen und Praxis*, 93.

12 Vgl. oben, 120 f.

13 «Louis Philipp, König der Franzosen», NA Prag A. C. 8, Krt. 1, 5 (Autograf); in NP 5, 84–88 ohne Datierung.

14 Die Gespräche und Briefe sind sämtlich dokumentiert in NP 5, 18–34.

15 Vgl. Siemann, *Vom Staatenbund*, 343 f.

16 Gervinus, *Einleitung in die Geschichte*, 173 f.

17 Metternich, 1. 9. 1830, an Nesselrode, in: NP 5, 25.

18 Vgl. die exzellente Rundumschau in dem Kapitel «Die Büchse der Pandora» in: Rumpler, *Österreichische Geschichte*, 154–214, die oben angeführten Zitate 154 f.

19 Vgl. zu dieser wenig beachteten sozio-ökonomischen Vielfalt Godsey, *Habsburgerreich*, 29–35.

20 Vgl. Rumpler, *Habsburgermonarchie*, 9: *Soziale Strukturen*, z. B. die Karte 161 «Soziale Strukturen nach der Stellung im Beruf».

21 Wehler, *Gesellschaftsgeschichte*, 2, 366.

22 Eine genaue Darstellung zu Funktionsweise, Personal und Verbindungen bei Siemann, *Anfänge der politischen Polizei*, 139–174; zur praktischen Arbeit Hoefer, *Pressepolitik.*

23 HHStA Wien, Informationsbüro StK Mainzer Zentral-Polizei, Krt. 20.

24 Vgl. oben, 679–681.

25 Das Folgende nach Siemann, *Metternich. Staatsmann*, 86 f.

26 Vgl. Šedivý, *Eastern Question*, 777–838.

27 Vgl. Lutz, *Zwischen Habsburg und Preußen*, 75–78; Godsey, *Habsburgerreich*, 29–35.

28 Vgl. Hahn, *Wirtschaftspolitische Offensive*, 97.

29 Ticknor, *Life, Letters, and Journals*, 2, 7 (26. 6. 1836).

30 Metternich, 24. 6. 1833, in: NP 5, 502–519; Abdruck zuverlässig, das Original HHStA Wien StK Vorträge Krt. 271.

31 Vgl. Siemann, *Vom Staatenbund*, 339.

32 Vgl. Huber, *Dokumente*, 1, 90.

33 Vgl. Lutz, *Zwischen Habsburg und Preußen*, 75 f.; hier auch die aufgeführten Argumente.

34 Vgl. Lutz, *Zwischen Habsburg und Preußen*, 76.

第十四章 统治的组织工作：权力中心—网络—利益—阴谋

1 Vgl. Vitzthum von Eckstädt, *Berlin und Wien*, 60; Srbik, *Metternich*, 2, 262.

2 Kürnberger, *1848*, 71.

3 Es sei hier auf die im Druck befindliche Münchner Dissertation von Isabella Schüler über Kolowrat verwiesen.

4 Vgl. oben, 202.

5 Vgl. die abgebildete Grafik nach Vocelka, *Österreichische Geschichte*, 359.

6 Kaiserl. Entschließung, 20. 8. 1817, HHStA Wien StK Vorträge Krt. 208, Fol. 129.

7 Vgl. «Wer regiert in Österreich» in: Rumpler, *Österreichische Geschichte*, 69–77, Zitat 73.

8 NA Prag A. C. 8, Krt. 3, 23.

9 Das Folgende stützt sich auf den Rechenschaftsbericht des Hofrats Hudelist, 1. 2. 1810, HHStA Wien StK Vorträge Krt. 184, Fol. 1–10.

10 Vortrag Metternichs, 22. 12. 1809, HHStA Wien StK Vorträge Krt. 183, Fol. 73.

11 Vgl. Mayr, *Österreichische Staatskanzlei*, 7 (zur Ausstattung des Hauses).

12 NP 2, 315 f., das Original in HHStA Wien StK Vorträge Krt. 183, Fol. 55.

13 Vortrag Metternichs, 19. 5. 1816, Signat des Kaisers 22.5., HHStA Wien StK Krt. 202, Fol. 96–119.

14 NP 2, 444–453, das originale Konzept in NA Prag A. C. 8, Krt. 7, 38.

15 Vgl. oben, 623–627.

16 Vgl. Ziegler, *Franz I. und Franz II.* Gegenwärtig arbeitet der tschechische Historiker Professor Dušan Uhlíř aus Brünn an einer Biografie des Kaisers.

17 Metternich, 20. 12. 1818, an Dorothea von Lieven, in: Mika, *Metternichs Briefe*, 81; vgl. oben, 301–303.

18 Vgl. oben, 417 f.

19 Zu erschließen aus einem Tagebuch, das der Kaiser eigenhändig während seiner Italienreise zwischen dem 10.2. und 1.8.1819 verfertigt hatte, vgl. Kuster, *Italienreise Kaiser Franz' I.*, 65–402, bes. 407 f.

20 NP 5, 651.

21 Vgl. Mikoletzky, *Ferdinand I.*

22 HHStA Wien, Hausarchiv, Erzherzogin Marie Louise Krt. 3.

23 HHStA Wien, Hausarchiv. Familienkorrespondenz, K 30, Teil 1: «Tagebuch Kaiser Ferdinands I. über eine Reise nach Steiermark. 17. August– 2. September 1847, und Reise nach Pressburg 11.-19. November 1847, Reise nach Olmütz 1. Okt. 1848». Teil 2: «Tagebuch Kaiser Ferdinands I über seine Reise nach Innsbruck 17. Mai–12. August 1848». Die Werke wären einer Edition wert.

24 HHStA Wien, Hausarchiv, Familienkorrespondenz, K 30, Teil 1.

25 Vgl. Ségur-Cabanac, *Kaiser Ferdinand.*

26 HHStA Wien StK Informationbüro. Vorträge in Polizeisachen. Krt. 1–4.

27 Dokumentiert in HHStA Wien StK Vorträge Krt. 278 (1836) – Krt. 296 (1848).

28 Metternich, 29. 1. 1850, an Hartig, in: Hartig, *Metternich*, 43.

29 HHStA Wien StK Acta Secreta Krt. 3–5.

30 HHStA Wien StK Acta Secreta Krt. 5, Fol. 108.

31 NP 8, 114.

32《遗存的文件》Prag，梅拉妮·冯·梅特涅1851年日记（法语），1851年10月6日："然后她对我说：'我指责您丈夫的是，他想要得到的结果是完全不可能的，他想要领导一个没有皇帝的、仅是一个戴着皇冠的白痴的皇朝。'但是，夫人，要这样改革的原因是什么？多年以来，他知道另外一个人是否更有能力。'她咬紧牙关回答道：'是的，当然要谴责，这是因为他生来就不具备统治的天赋，这一点并没有被提到，然而，这些非常好的禀赋他的确失去了。'"按照原件及施利特（Schlitter）已经出版的 *Niederösterreich*，122，此处那个贬义的说法（"白……"）被模糊掉了。

33 Zit. bei Theodor Schiemann: Geschichte Russlands unter Kaiser Nikolaus. Bd. 3. Berlin 1913, 271.

34 Vgl. Srbik, *Metternich*, 2, 9 f.

35 Vgl. zum Folgenden Schlitter, IV, *Niederösterreich*, 40 f.

36 Abgedruckt bei Schlitter, IV, *Niederösterreich*, 92–97.

37 Memorandum Metternichs 1836, HHStA Wien StK Interiora Personalia Krt. 7, Fol. 256–259.

38 Hanauer Zeitung No. 310, 9. 11. 1836, Titelseite, HHStA Wien StK Interiora Personalia Krt. 7.

39 Genau entwickelt bei Schüler, *Kolowrat* (im Druck).

40 Das Folgende nach Srbik, *Metternich*, 2, 14–31, daraus auch die Tagebuchzitate.

41 Vgl. Srbik, *Metternich*, 2, 15.

42 Srbik, *Metternich*, 2, 15.

43 Abgedruckt bei Schlitter, IV, *Niederösterreich*, 109 f.

44 Abgedruckt bei Schlitter, IV, *Niederösterreich*, 110.

45 Journal du Commerce, No. 332, Paris, 27. 11. 1836, Titelseite, HHStA Wien StK Interiora Personalia Krt. 7, 269.

46 Journal du Commerce No. 280, 6. 10. 1835, auch in HHStA Wien StK Interiora Persona-
    lia Krt. 7, Fol. 267.

47 Journal des Débats, 27. 12. 1836, Titelseite, der Text aus der Allgemeinen Zeitung.

48 Kübeck, *Tagebücher*, 1–2, 742.

49 NP 7, 629.

50 Grillparzer, *Erinnerungen aus dem Jahre 1848*.

51 Vgl. Srbik, *Metternich*, 2, 9.

52 Das Folgende nach Beidtel, *Staatsverwaltung*, 228–231.

53 Vgl. Beidtel, *Staatsverwaltung*, 228, Anm. 1.

54 Clam-Martinitz, 28. 9. 1836, an Metternich, HHStA Wien StK Interiora Personalia
    Krt. 7, Fol. 196–207.

55 Metternich, 29. 11. 1836, an Erzherzog Ludwig, HHStA Wien StK Interiora Personalia
    Krt. 7, Fol. 246 f.

56 Clam-Martinitz, 28. 9. 1836, an Metternich, HHStA Wien StK Interiora Personalia
    Krt. 7, Fol. 196–207.

57 Metternich, 25. 2. 1843, an Kübeck, in: Kübeck, *Metternich und Kübeck*, 18 f.

58 Vgl. Rumpler, *Der Franziszeische Kataster*, bes. 7–34.

59 Vgl. oben, 813.

60 NA Prag A. C. 2, Krt. 2, 8. Memorandum mit Anschreiben Clam-Martinitz, Wien,
    10. 1. 1838.

61 NP 7, 628 f.

62 Tagebucheintrag vom 29. 3. 1839, NP 6, 301.

63 Tagebucheintrag vom 18. 1. 1840, NP 6, 368.

64 Metternich, 20.10. und 10. 12. 1841, an Kübeck, NP 6, 531–545.

65 Zum Verlauf vgl. NP 6, 539 f.

66 Metternich, 1. 5. 1843, an Kübeck, in: Kübeck, *Metternich und Kübeck*, 20.

67 Metternich, 29. 1. 1850, an Hartig, in: Hartig, *Metternich*, 42 f.

68 NP 8, 625, ein Wort fehlt.

69 Vgl. zum Folgenden auch Siemann, *Metternich. Staatsmann*, 93–103 («Das System Fer-
    dinand»).

70 Vgl. oben, 627–629.

71 Vgl. oben, 630.

72 NA Prag RAM Krt. 350, 1780. «Viertes Verzeichnis was des Heiligen Römischen Reichs
    Churfürsten, Fürsten und Stände an des Kaiserlichen und Reichs Kammer-Gerichts
    Unterhaltung … Wetzlar 1780».

73 Metternich, 10. 10. 1847, an Hartig, in: NP 7, 476 f.

74 Ticknor, *Life, Letters, and Journals*, 2, 13–16.

75 Ticknor, *Life, Letters, and Journals*, 2, 15.

76 Ticknor, *Life, Letters, and Journals*, 2, 17.

第十五章　革命—出逃—流亡，1848~1851

1 Gall, *1848*, 39 (Beitrag Karin Schambach).

2 Diese stützen sich im Folgenden auf Siemann, *Metternich. Staatsmann*, 108–110, und
   Siemann, *1848*, 17–57.

3 Vgl. zur regionalen Mobilisierung in der Habsburgermonarchie Langewiesche, *Europa 1848* und Rumpler, *Habsburgermonarchie*, 7, 1–2: *Verfassung*; 8, 1–2: *Öffentlichkeit*; 9, 1–2: *Soziale Strukturen*.

4 Vgl. Schlitter, IV, *Niederösterreich*, 88.

5 Vgl. Schlitter, IV, *Niederösterreich*, 41.

6 Vgl. Srbik, *Metternich*, 2, 259.

7 Vgl. Schlitter, IV, *Niederösterreich*, 37; Srbik, *Metternich*, 2, 265.

8 Auszüge in: NP 7, 529–546; in: NP 8, 3–141; das Original für Jg. 1848–1854 befindet sich im NA Prag.

9 NA Prag A. C. 9, Krt. 2, 82.

10 HHStA Wien MKA 1848.

11 Das Folgende nach Srbik, *Metternich*, 2, 332–334.

12 Es handelte sich um die Schrift Josef von Hormayr: Kaiser Franz und Metternich. Leipzig 1848.

13 Verhandlungen des österreichischen Reichstages, 14. 8. 1848, 532.

14 Srbik, *Metternich*, 2, 339.

15 Srbik, *Metternich*, 2, 335.

16 HHStA Wien, MKA Krt. 103, Zl. 2230.

17 Nach Schüler, *Kolowrat* (im Druck).

18 Die wichtigsten sind gesammelt in NA Prag A. C. 8, Krt. 1, zur österreichischen Frage Fasz. 9, zur deutschen Frage 1848/49 Fasz. 10.

19 Metternich, 24. 2. 1850, an Kübeck, in: Kübeck, *Metternich und Kübeck*, 75.

20 Vgl. für das Folgende Metternich, 31. 12. 1849, an Kübeck («Für Sie allein»), in: Kübeck, *Metternich und Kübeck*, 48–52.

21 Metternich, 12. 2. 1849, an Kübeck, in: NP 8, 207.

22 Metternich, 20. 12. 1848, an Leontine, in: NP 8, 199.

23 Metternich, 2. 5. 1849, an Leontine, in: NP 8, 217 f.

24 Metternich, 28. 2. 1849, an Schwarzenberg, in: NP 8, 477.

25 Metternich, 7. 9. 1848, an Leontine, in: NP 8, 180.

26 Metternich, 21. 12. 1848, an Moritz II. von Dietrichstein, zit. nach Anderegg, *Die politischen Verhältnisse Englands*, 22. Den identischen Gedanken entwickelt Metternich später am 1. 8. 1852 gegenüber dem Grafen Buol, in: NP 8, 321 f.

27 Metternich, 17. 1. 1849, an Leontine, in: NP 8, 205 f.

28 Metternich, 31. 12. 1849, an Kübeck («Für Sie allein»), in: Kübeck, *Metternich und Kübeck*, 50.

29 Genauer bearbeitet bei Martin Sadek: Metternichs publizistische und pressepolitische Betätigung im Exil (1848–1852). Diss. masch. Wien 1968.

30 Disraeli, 7. 1. 1849, an Mary Anne Disraeli, in: M. G. Wiebe, Hg. u. a.: Benjamin Disraeli. Correspondence. Bd. 5: 1848–1851. London 1993, 17.

31 Vgl. NP 8, 619 f.; die Twiss-Briefe von 1849–1859 befinden sich im NA Prag A. C. 10, Krt. 13, die zu Cheney in A. C. 10, Krt. 6 sowie A. C. 13, Krt. 2, 41. Man könnte und müsste dieses von Metternich gesponnene Pressenetzwerk von der Prager Überlieferung her aufdecken.

32 Metternich, 31. 12. 1849, an Kübeck, in: Kübeck, *Metternich und Kübeck*, 51.

33 Beer, *Kübeck und Metternich*, 157.

34 Vgl. Huber, *Verfassungsgeschichte*, 2, 883 f.; Beer, *Kübeck und Metternich*, 9–13.

35 Kübeck, *Tagebücher*, 2, 16.

36 Srbik, *Metternich*, 2, 253.

37 Metternich, 7. 7. 1852, an Kübeck, in: Beer, *Kübeck und Metternich*, 145.

38 Metternich, 31. 12. 1849, an Kübeck, in: Beer, *Kübeck und Metternich*, 57.

39 Metternich, 10. 3. 1850, an Kübeck, in: Beer, *Kübeck und Metternich*, 94 f.

40 Kübeck, 9. 3. 1850, an Metternich, in: Kübeck, *Metternich und Kübeck*, 86.

41 Metternich, 20. 2. 1850, an Kübeck, in: Beer, *Kübeck und Metternich*, 77.

42 Metternich, 24. 2. 1850, an Kübeck, in: Beer, *Kübeck und Metternich*, 84.

43 Vgl. oben, 753.

44 Kübeck an Metternich (undatiert), in: Beer, *Metternich und Kübeck*, 90 f.

45 Metternich, 15. 7. 1852, an Kübeck, in: Beer, *Metternich und Kübeck*, 146.

46 Vgl. oben, 762.

47 Metternich, 12. 3. 1850, an Kübeck, in: Beer, *Metternich und Kübeck*, 94 f.

48 Metternich, 15. 3. 1850, an Kübeck, in: Beer, *Metternich und Kübeck*, 97.

第十六章 "在观测台上"：暮年在维也纳，1851~1859

1 Vgl. oben, 753–755.

2 Das Bild vom «Observatorium» gebraucht Metternich im Zusammenhang mit Kübecks Position als Reichsratspräsident, vgl. Metternich, 23. 2. 1850, an Kübeck, in: Beer, *Kübeck und Metternich*, 83.

3 NA Prag RAM Krt. 48, 3 (Tod, Anzeigen), 48, 4 (Hinterlassenschaft), Krt. 141, 5278 (Kondolenzschreiben).

4 Vgl. oben, 483 f., 723.

5 Ludwig Raschdau: Die politischen Berichte des Fürsten Bismarck aus Petersburg und Paris (1859–1862). Bd. 1. Berlin 1920, 46.

6 Vgl. Siemann, *Gesellschaft im Aufbruch*, 171–189.

7 一再出现的关于叙普纳（Hübner）是梅特涅的私生子的说法，不符合他平时惯用的行事方式，即不掩盖非婚生子女的事实，比如与巴格拉季昂公爵夫人的私生女克莱门蒂娜（Clementine），但是，也应该批驳西尔比克的这类问题。西尔比克的 *Metternich*，2，621。

8 NP 8, 623.

9 NP 8, 626.

10 Österreichische Zeitung vom 15. 6. 1859.

11 Die Beschreibung folgt dem Artikel der Österreichischen Zeitung vom 17. 6. 1859 und dem Fremden-Blatt vom 16. 6. 1859.

12 NP 8, 621.

13 Schreibt der Wiener Korrespondent in der Klagenfurter Zeitung vom 18. 6. 1859, S. 546.

14 Metternich, 6. 10. 1820, an Dorothea von Lieven, NA Prag A. C. 6, C19.6; in: NP 3, 348.

结　语　梅特涅：出自前现代的后现代人

1 《遗存的文件》第一卷，141 页。屈贝克面前放着两封梅特涅的信，信中对未来著史的人们表达了这个愿望，并且对能否满足这个愿望表示了极大的怀疑。"仅仅历史本身并不能比同时代人得到更为公正的对待，因为历史是由同时代人向后代人传播的，即使同代人的热情会更多地后退到历史的背景中去，以及历史活动的原因与影响会从其关联性上得到更好的评判，从而使偏见能够从当前延续到遥远的将来，而后代比起同代来，对谩骂侮辱、中伤诽谤的接受程度一点儿也没有减少，后代的轻信程度也是一点儿也没有减少。因此，援引历史就是现代受到羞辱的人的一种微薄的安慰，是一种当代的受欢迎的人的虚荣希望。而自己个人的良心——这种上帝的法庭——是站在高于同代和后代的评判之上的。"1849年 5 月 26 日的日记，摘自屈贝克（Kübeck）的 Tagebücher, 2, 46。

第 662 页插画声明

Das Ölgemälde des französischen Malers François Gérard (1770–1837) hat sich in den einschlägigen kunsthistorischen Werkverzeichnissen und mit anderen Hilfsmitteln nicht nachweisen lassen, was nicht verwundert, da es anscheinend nur ein in privater Hand befindliches Original (?) und eine in Schloss Königswart aufbewahrte Kopie gibt. Es wird oft im Zusammenhang mit Reproduktionen datiert, besonders mit einer in der Porträtsammlung der Österreichischen Nationalbibliothek befindlichen Gravur, welche der Wiener David Weiß (1775–1846) nach dem Ölgemälde angefertigt hat. Das Original wird zwischen 1808 und 1809 datiert (vgl. z. B. Husslein-Arco, *Napoleon in Wien*, Abb. des vermuteten Originals S. 166, Datierung 1809 auf S. 165 u. 167); das kann aber nicht stimmen. Denn das Bild zeigt Metternich mit der Halsdekoration des Ordens vom Goldenen Vlies. Der Kaiser hatte dem Außenminister den Orden am 10. März 1810 verliehen; die Urkunde ist auf den 15. März 1810 ausgestellt (vgl. S. 338–340). Der vielgefragte Hofmaler Napoleons porträtierte den Empereur und dessen Familie, Herrscher, Staatsmänner, Generäle und deren Gemahlinnen, kaum aber Gesandte, wie Metternich bis 1809 in Paris einer war. Als Außenminister und zugleich als gefeierter Brautbegleiter kam Metternich anlässlich der Vermählung Marie-Louises mit Napoleon an den Pariser Hof, wo er vom 28. März bis zum 24. September 1810 weilte. Das Gemälde in Schloss Königswart trägt nach Auskunft des vormaligen Kustos, Dr. Miloš Říha, den Vermerk «Kopie von 1810». Gérard hat also das Original ebenso wie die Kopie im Sommer 1810 in Paris von dem damals 37-Jährigen angefertigt.

缩略语

A. C.   «Acta Clementina» im NA Prag – der persönliche Nachlass Metternichs
ADB   Allgemeine Deutsche Biographie
AVA   Allgemeines Verwaltungsarchiv Wien
DA   «Deutsche Akten» im HHStA Wien
Frhr.   Freiherr
Fst.   Fürst
GG   Geschichte und Gesellschaft
Hg.   Herausgeber/Herzog
HHStA   Haus-, Hof- und Staatsarchiv Wien
Kg.   König
Ks.   Kaiser
Krt.   Karton (es folgt Kartonnummer, ggf. nach einem Komma Faszikelnummer)
MKA   Minister Kolowrat-Akten im HHStA Wien
NA   Nationalarchiv Prag
NP   Nachgelassene Papiere
RAM   «Rodinný Archiv Metternichů, Starý archiv» – das Familienarchiv der Metternichs
StA   Staatsarchiv
StK   Staatskanzlei

档案来源（未出版）

说明：在布拉格国家档案馆中，一方面有梅特涅家族的档案，包括了从中世纪直到 1945 年的原始材料（410 箱），其中很大一部分由弗朗茨·乔治·冯·梅特涅的帝国文件组成，此外，这部分资料还包括家族在整个时期的凭证（出生证明、死亡证明、等级晋升凭证、婚嫁协议、遗产协议、家族协议、财产买卖凭证等）。放进档案的还包括梅拉妮侯爵夫人的遗留文字，特别是她发自流亡地伦敦的信件。除此之外，这里还包括家族经济财务状况的所有文件，首先是有关债务的账目档案。一位档案保管员试图在 1960 年代重新整理所有档案，但撕坏了老的档案来源索引，以致目前已无目录索引可用。另外，梅特涅侯爵本人整理的私人遗留文字也存放在布拉格（92 箱），主要是来往信件和报刊剪报，以及他为撰写回忆录而收集的资料，其中包括部分从维也纳档案馆抄写的档案。有关普拉斯及科尼希斯瓦尔特的财产管理文件则另外存放于皮尔森国家档案馆中。

Nationalarchiv Prag (Státní ústřední archiv v Praze)
Rodinný archiv Metternichů, Starý archiv (Familienarchiv Metternich) Krt. 1–410
Vlastní rodinný archiv (Persönliches Familienarchiv) = Acta Clementina, Abteilungen 1–14 (Krt. 1–92)
RAM-FG mapy Krt. 1–8 (Karten)
Tagebücher der Fürstin Melanie von Metternich 1819–1835, 1846–1853
Acta Richardiana (Archiv Richard Metternich) Krt. 3, 4, 18, 19–29, 31–34, 400

Staatsarchiv Pilsen (Státní archiv v Plzni)
Fond: Vs Plasy Krt. 110–131, 176–179
Fond: Vs Kynžvart F-Bestände F-156- 157, 270
   K-Bestände 1–3, 16, 18, 20, 21, 137, 152, 173, 174

Schloss Königswart (Kynžvart)
Bücher, Karten, Zeichnungen, Archivalien (Sign. Ky)
Eva Stejskalová: Katalog Zámecké Knihovny Kynžvart, 3 Bde. 1965–1967

Staatsarchiv Tetschen (Děčín)
Rodinný archiv Clary-Aldringenů (Nachlass Fiquelmont) Krt. 375, 376–378, 382, 383, 385–389, 394, 398, 773

Haus-, Hof- und Staatsarchiv Wien
Staatskanzlei   Interiora Krt. 1
           Acta Secreta Krt. 1–7
           Vorträge Krt. 180–296, 301, 304
           Frankreich Krt. 181, 199, 201, 203–206
           Preußen Korrespondenz Krt. 85
           Sachsen Krt. 33
           Informationsbüro Vorträge Krt. 1–4
           Informationsbüro Mainzer Zentralpolizei Krt. 1–24
           Friedensakten Krt. 102, 103.1–2
           Instruktionen Krt. 6
           Deutsche Akten Krt. 210, 212, 278.1–2, 279–290
           Kleine Betreffe Johannisberg Krt. 8–11

Minister Kolowrat-Akten Krt. 70, 73, 84, 90, 92, 93, 95, 101, 103, 105, 115, 122, 123, 127–129, 153, 154, 173, 175, 177, 178, 180, 183, 184, 197, 218, 222, 225, 226

Nachlass Franz A. Kolowrat
Nachlass Gervay
Nachlass Kübeck Krt. 7, 8
Depot Kübeck
Nachlass Schlitter

Politisches Archiv I Acta Secreta Krt. 451

Personalia Krt. 215

Hausarchiv   Kaiser Franz-Akten Krt. 13, 24, 83, 89
           Erzherzogin Maria Luise Krt. 3
           Familienkorrespondenz Krt. 30. 1–2

Große Korrespondenz Krt. 481
Korrespondenz Krt. 71 Teil 1–2; Krt. 75 Teil 2

Ministerrat Krt. 1, 8, 9, 12, 14

Belgien Rot Krt. 1, 70 a, b, 114–116, 122, 123, 127, 129, 135, 141, 142

Allgemeines Verwaltungsarchiv Wien
Adelsakten Metternich

Schloss Johannisberg, Kellerei-Archiv Metternich
Faszikel Jg. 1819–1859

档案来源（已出版）

Abrantès, Laure Junot d' – *Mémoires* de Mme la Duchessse d'Abrantès, ou souvenirs histo-
riques sur Napoléon, la revolution, le directoire, le consulat, l'empire et la restauration.
Bd. 1–25. Brüssel/Paris 1831–1837.

Acten-Auszüge aus dem Untersuchungs-Proceß über *Carl Ludwig Sand* [Hg. Friedrich Cra-
mer]. Altenburg, Leipzig 1821.

Aktenstücke für die Deutschen, oder Sammlung aller officiellen Bekanntmachungen in dem
Kriege von 1813. Dresden 1813.

Anonym – Metternich am Pranger und sein System vor dem Richterstuhle der Geschichte.
Eine Warnungsstimme an das deutsche Volk. Leipzig 1848.

Ascher, Saul: Die *Wartburgs-Feier*. Mit Hinsicht auf Deutschlands religiöse und politische
Stimmung. Leipzig 1818.

Ascher, Saul: Flugschriften, hg. v. André Thiele. Mainz 2011.

Aspinall, A., Hg.: English Historical *Documents*. 1783–1832. London 1959.

Bädeker, Karl: *Rheinreise* von Basel bis Düsseldorf. Koblenz 1849. Ndr. Dortmund ³1983.

Barante, Claude de: Souvenirs du Baron de Barante. 1782–1866. Bd. 1. Paris 1890.

Baumgart, Winfried, Hg.: *Akten zur Geschichte des Krimkriegs*: Serie I, Bd. 3: Österreichische
Akten. München 1979.

Beer, Adolf, Hg.: *Kübeck und Metternich*. Denkschriften und Briefe. Wien 1897.

Bernhard, Theodor v., Hg.: *Denkwürdigkeiten* aus dem Leben des [...] Carl Friedrich Grafen
von Toll. Bd. 4–2. Leipzig 1866.

Beyer, Constantin: *Neue Chronik* von Erfurt oder Erzählung alles dessen, was sich vom Jahre
1736 bis zum Jahre 1815 in Erfurt Denkwürdiges ereignete. Erfurt 1821.

Bibl, Viktor, Hg.: Metternich in neuer Beleuchtung. Sein *geheimer Briefwechsel* mit dem bay-
erischen Staatsminister Wrede. Wien 1928.

Bouillé, Marquies de – *Souvenirs et fragments* pour servir aux mémoires de ma vie et de mon
temps par le Marquis de Bouillé (Louis-Joseph-Amour). Bd. 2: 1769–1812, hg. v. F.-L. Ker-
maingant. Paris 1908.

Boyer d'Agen [Augustin]: Une dernière amitié de Metternich d'après une correspondance
inédite du Prince de Metternich au Cardinal Viale Prela. Paris 1919.

Breycha-Vauthier, Arthur: More Sources on Metternich, in: Austrian Yearbook 1 (1965),
38–44.

Breycha-Vauthier, Arthur: Metternich à Bruxelles. Lettres inédites, in: Revue Générale Belge
(1957), 3–15.

Breycha-Vauthier, Arthur, Hg.: Aus Diplomatie und Leben. Maximen des Fürsten Metter-
nich. Graz u. a. ²1964.

Bruchmüller, Wilhelm: *Karl Hases Rhein- und Lenzfahrt* vom Jahre 1820, in: Quellen und
Darstellungen zur Geschichte der Burschenschaft 8 (1966), 154–186.

Burckhardt, Carl J., Hg.: Briefe des Staatskanzlers Fürsten Metternich-Winneburg an den österreichischen Minister ... Grafen Buol-Schauenstein aus den Jahren 1852–1859. München, Berlin 1934.

Burke, Edmund: Reflections on the Revolution in France and on the proceedings in certain societies in London. London 1790 (*Originalsausgabe Bibliothek Schloss Königswart*).

Burke, Edmund: The Writings and Speeches of Edmund Burke. Bd. VII: India: The Hastings Trial 1789–1794. Hg. v. P. J. Marshall. Oxford, New York 2000.

Canning, George: *The speeches* of the right honorable Georg Canning. 6 Bde. London 1828.

Capefigue – The Diplomatists of Europe. From the French of M. Capefigue. Hg. v. Major-General Monteith. London 1845.

Capefigue, M. Hg.[= Comte d'Angeberg]: *Le congrès de Vienne* et les traités de 1815. Bde. 1–4. Paris 1863/64.

Castlereagh, Viscount: *Correspondence*, Despatches, and other Papers. Bde. 9–12. London 1852/53.

Caulaincourt – *Mémoires* du General de Caulaincourt, Duc de Vicence, grand écuyer de l'empereur. Introduction et notes de Jean Hanoteau. 3 Bde. Paris 1933.

Champagny – *Souvenirs* de M. de Champagny, duc de Cadore. Paris 1846.

Chateaubriand, François-René de: Mémoires d'outre-tombe. Bd. 4. Paris 1851.

Clercq, Alexandre Jehan Henry de: *Recueil des traités de la France*. 2 Bde. Paris 1864.

Confalonieri – Carteggio del Conte Federico Confalonieri ed altri documenti spettanti alla sua biografie, pubblicato con annotazioni storiche a cura di Giuseppe Gallavresi. Bd I. Mailand 1910.

Doblinger, Max: *Tagebucheintragungen des Erzherzogs Johann*, des späteren Reichsverwesers, über Karl Ludwig Sand und die Karlsbader Beschlüsse, in: Quellen und Darstellungen zur Geschichte der Burschenschaft 8 (1966), 151–153.

Dohna, Albrecht zu: Der *Feldzug der Preußen* gegen die Franzosen in den Niederlanden im Jahre 1793. Stendal 1798.

Droß, Elisabeth, Hg.: *Quellen zur Ära Metternich*. Darmstadt 1999.

Dumouriez – Lebenserinnerungen des Generals Dumouriez. Aus dem Französischen übersetzt und erläutert von Karl Fritzsche. Leipzig 1912 (= Voigtländers Quellenbücher Bd. 35).

Dumouriez – *Mémoires* du Général Dumouriez. Bd. 2. Hamburg, Leipzig 1794.

Eynard, Jean Gabriel: *Der tanzende Kongress*. Tagebuch. Berlin 1923.

Fain [Agathon]: *Manuscrit de mille huit cent treize*, contenant le précis des événemens de cette année; pour servir à l'Histoire de l'Empereur Napoléon. Bd. 2. Paris 1824.

Fain, Baron de: *Manuscrit de 1814*. London 1823.

Feilchenfeldt, Konrad u. a., Hg.: *Varnhagen von Ense* und Cotta. Briefwechsel 1810–1848. 2 Bde. Stuttgart 2006.

Feyerlichkeiten bey der Rückkehr Sr. Maj. des Kaisers von Österreich nach Wien im Jahre 1814. Wien 1816.

Fischer, Wolfram: *Sozialgeschichtliches Arbeitsbuch* Bd. 1: Materialien zur Geschichte des Deutschen Bundes. 1815–1870. München 1982.

Forgues, Eugène, Hg.: Mémoires et relations politiques du *Baron de Vitrolles*. Bd. 1: 1814. Paris 1884.

Fournier, August, Hg.: *Gentz und Wessenberg*. Briefe des ersten an den zweiten. Leipzig 1907.

Franklin, Robert: The death of Lord *Londonderry*, in: The Historian (Winter 2007), 20–23.

Geisenhof, Georg: Kurze Geschichte des vormaligen Reichsstifts Ochsenhausen in Schwaben. Ottobeuren 1829, Ndr. 1975.

Gentz – Aus dem Nachlaß Varnhagen's von Ense. *Tagebücher* von Friedrich von Gentz, hg. v. Ludmilla Assing. 4 Bde. Leipzig 1873/74.

Gentz – Tagebücher von Friedrich von Gentz (1829–1831), hg. v. August Fournier u. Arnold Winkler. Zürich 1920.

Gentz, Friedrich von: *Fragmente* aus der neusten Geschichte des Politischen Gleichgewichts in Europa. St. Petersburg ^{2}1806.

Gentz, Friedrich: *Betrachtungen* über die französische Revolution. Berlin 1793.

Gentz – Wittichen, Friedrich Carl/Ernst Saltzer, Hg.: Briefe von und an Friedrich von *Gentz*. Bd. 3, 1–2. München, Berlin 1913.

Grab, Walter, Hg.: *Die Französische Revolution*. Eine Dokumentation. München 1973.

Grillparzer, Franz: *Erinnerungen aus dem Jahre 1848*, in: Grillparzers sämmtliche Werke, hg. v. August Sauer, Bd. 20. Stuttgart o. J. [1892], 191–194.

Grillparzer, Franz, *Sämtliche Werke*. Ausgewählte Briefe, Gespräche, Berichte, hg. v. Peter Frank/Karl Pörnbacher. 2 Bde. München 1960.

Günter, Heinrich: *Die Habsburger-Liga 1625–1635*. Briefe und Akten aus dem General-Archiv zu Simancas. Berlin 1908.

H. M. [d.i. Heinrich Herbatschek]: Von Metternich bis Thun. 50 Jahre Oesterreich! 1848–1898. Zürich 1899.

Hanoteau, Jean, Hg.: *Lettres de Prince de Metternich* à la comtesse de Lieven. 1818–1819. Paris 1909.

Hanoteau, Jean, Hg.: *Une nouvelle Relation* de l'Entrevue de Napoléon et de Metternich à Dresde, in: Revue d'histoire diplomatique 47 (1933), 421–440.

Hansen, Joseph, Hg.: *Quellen* zur Geschichte des Rheinlandes im Zeitalter der Französischen Revolution. 4 Bde. Bonn 1831–1838.

Hardenberg, Karl August von: *1750–1822. Tagebücher* und autobiographische Aufzeichnungen, hg. v. Thomas Stamm-Kuhlmann. München 2000.

Hartig, Franz, Hg.: Metternich – Hartig. Ein Briefwechsel des Staatskanzlers aus dem Exil. 1848–1851. Wien, Leipzig 1923.

Heidrich, Kurt: Preußen im Kampfe gegen die Französische Revolution bis zur zweiten Teilung Polens. Stuttgart, Berlin 1908.

Heine, Heinrich: *Historisch-kritische Gesamtausgabe*, hg. v. Manfred Windfuhr. 16 Bde. Hamburg 1975–1997 (Düsseldorfer Heine-Ausgabe).

Heller von Hellwald, Friedrich Jakob: Der k.k. österreichische Feldmarschall Graf Radetzky. Eine biographische Skizze nach den eigenen Dictaten und der Correspondenz des Feldmarschalls von einem österreichischen Veteranen. Stuttgart, Augsburg 1858.

Hellinghaus, Otto, Hg.: Napoleon auf St. Helena. Denkwürdigkeiten seiner Begleiter und Ärzte. Freiburg i. Br. 1914.

Henning, Hansjoachim, Hg.: *Quellen* zur sozialgeschichtlichen Entwicklung in Deutschland von 1815–1860. Paderborn 1977.

Hohnhorst, Levin Karl v., Hg.: *Vollständige Uebersicht* der gegen Carl Ludwig Sand wegen Meuchelmordes verübt an dem K. russischen Staatsrath v. Kotzebue geführten Untersuchung aus den Originalakten. 2 Abt. Stuttgart, Tübingen 1820.

Huber, Ernst Rudolf, Hg.: *Dokumente* zur deutschen Verfassungsgeschichte. Bd. 1. Stuttgart u. a. ^{3}1978.

Huch, Ricarda: Das Leben des Grafen Federigo Confalonieri. Leipzig ⁵1911.

Huch, Ricarda: Das Risorgimento. Leipzig 1908.

Jenak, Rudolf, Hg.: «Mein Herr Bruder». Napoleon und Friedrich August I. Der Briefwechsel des Kaisers der Franzosen mit dem König von Sachsen. 1806–1813. Beucha-Markkleeberg 2010.

Kieser, D. G: Das *Wartburgsfest* [!] am 18. Oktober 1817. In seiner Entstehung, Ausführung und Folgen. Jena 1818.

Kircheisen, Friedrich Max, Hg.: *Briefe Napoleons* des Ersten. Auswahl aus der gesamten Korrespondenz des Kaisers. 3 Bde. Stuttgart 1909/10.

Kleßmann, Eckart, Hg.: Deutschland unter Napoleon. München 1976.

Klein, Tim, Hg.: Die Befreiung. 1813–1814–1815. Urkunden, Berichte, Briefe. Ebenhausen 1913.

Klüber, Johann Ludwig, Hg.: Acten des Wiener Congresses in den Jahren 1814 und 1815. 8 Bde. Erlangen 1815–1818. Bd. 9 1835.

Krones, Franz von, Hg.: *Aus dem Tagebuche Erzherzog Johanns* von Oesterreich 1810–1815. Innsbruck 1891.

Kübeck – Aus dem Nachlass des Freiherrn Carl Friedrich Kübeck von Kübau. Tagebücher, Briefe, Aktenstücke (1841–1855), hg. v. Friedrich Walter. Graz, Köln 1960.

Kübeck, Max von, Hg.: Metternich und Kübeck. Ein *Briefwechsel*. Wien 1910.

Kübeck – *Tagebücher* des Carl Friedrich Freiherrn Kübeck von Kübau. Hrsg. u. eingel. v. Max Freiherrn von Kübeck. Bd. 1, 1–2, Bd. 2. Wien 1909.

Kugler, Georg: *Staatskanzler Metternich und seine Gäste*. Die wiedergefundenen Miniaturen von Moritz Michael Daffinger, Josef Kriehuber und anderen Meistern aus dem Gästealbum der Fürstin Melanie Metternich. Graz u. a. 1991.

Kuster, Thomas, Hg.: Das italienische *Reisetagebuch Kaiser Franz' I.* von Österreich aus dem Jahre 1819. Eine kritische Edition. Münster 2010.

Lang, Karl Heinrich Ritter von: *Memoiren*. 2 Teile. Braunschweig 1841/42.

Liedekerke Beaufort, Christian de: Le Comte Hilarion. *Souvenirs et Biographie* du premier Comte de Liedekerke Beaufort. Histoire de sa famille. Bd. 1. Paris 1968.

Liedekerke Beaufort, Christian de: *Voyage en Angleterre* de M. le vicomte Desandrouin avec MM. les comtes de Metternich fils et M. le comte de Liedekerke Beaufort, son gendre, in: Liedekerke Beaufort, *Souvenirs et Biografie*, 190–252.

Lions, J., Hg.: Histoire de S. A. R. Mgr. le *Duc de Berry*, assassiné dans la nuit du 13 février 1820. Lyon 1820.

Lothar, Rudolf: Die Metternich-Pastete. Ein appetitliches Lustspiel in drei Gängen. Leipzig 1917 (= Reclams Universal-Bibliothek Nr. 5983).

Malfatti von Monteregio, Johann: Studien über Anarchie und Hierarchie des Wissens. Mit bes. Bez. auf die Medizin. Leipzig 1845 (*Metternich als «Beschützer und Beförderer der Wissenschaft» gewidmet).

Marmont – Mémoires du Maréchal Marmont Duc de Raguse de 1792 à 1841. Bd. 6. Paris ²1857.

Martens, Friedrich, Hg.: *Recueil des traités* et conventions conclus par la Russie avec les Puissance étrangères. Bd. III. Traités avec l'Autriche 1808–1815. St. Petersburg 1876.

Metternich – *Journal de mon Voyage* en Angleterre depuis le 25. Mars jusqu'au [Enddatum fehlt] en l'année 1794. Königswart, Bibliothek.

Metternich – La coalition européenne en 1813 et 1814. Fragment tiré des Mémoires Inédits du Prince de Metternich, in: Revue des Deux Mondes (1. Dez. 1879), 481–518.

Metternich – Aphoristische Bemerkungen über die Ungarischen Zustände zu Ende des Jahres 1844, vom Fürsten von Metternich (als Manuscript gedruckt [Wien, k.k. Hof- u. Staatsdruckerei 1857]).

Metternich – Documenti relativi ad alcune asserzioni del Principe di Metternich intorno al Re Carlo Felice ed a Carlo Alberto Principe di Carignano cos osservazioni di Nicomede Bianchi. Rom, Turin, Florenz 1882.

Metternich – Fürst Metternich über Napoleon Bonaparte (übersetzt aus dem Französischen ins Deutschen von Dr. med. Hegewald). Wien 1875.

Metternich – Noch nicht veröffentlichte Briefe Metternichs an Schwarzenberg aus dem Feldzuge 1814, hg. v. A. v. Janson, in: Beiheft zum Militär-Wochenblatt 3. Heft 1906, 87–104.

Metternich – Relazione del Principe di Metternich a S. M. l'imperatore Francesco I sul suo colloquio col conte Federico Confaloniere (2 Febbraio 1824) [hg. von Allessandro d'Ancona]. Pisa 1891.

Metternich, Richard von, Hg.: Aus Metternich's Nachgelassenen Papieren. 8 Bde. Wien 1880–1884.

Metternich, Melanie: Mon Voyage en Angeleterre l'année 1848, in: Allgemeines Verwaltungsarchiv Wien: Kriegsarchiv, Nachlass Melanie Metternich [Tochter], Krt. B/1449:2.

Metternich, Pauline: *Erinnerungen*, hg. v. Lorentz Mikoletzky. Wien 1988.

Metternich: Denkwürdigkeiten. Mit e. Einl. u. m. Anm. hg. v. Otto H. Brandt. 2 Bde. München 1921.

Meyer, Philipp Anton Guido, Hg.: *Staats-Acten* für Geschichte und öffentliches Recht des Deutschen Bundes (Corpus Juris Confoederationis Germanicae). Frankfurt a. M. ²1833.

Mika, Emil, Hg.: Geist und Herz verbündet. *Metternichs Briefe* an die Gräfin Lieven. Wien 1942.

Montesquieu, Charles-Louis de: *Meine Reisen* in Deutschland 1728–1729, hg. v. Jürgen Overhoff. Stuttgart 2014.

Müller, Klaus, Hg.: *Quellen* zur Geschichte des Wiener Kongresses 1814/15. Darmstadt 1986.

Nabert, Thomas, Hg.: Zeugen des Schreckens. Erlebnisberichte aus der Völkerschlachtzeit in und um Leipzig. Leipzig 2012.

Nachträgliche Aktenstücke der deutschen Bundes-Verhandlungen als Anhang zu den Protokollen der Bundesversammlung. Bd. 1. Frankfurt a. M. 1817.

Napoléon, *Correspondance*, publiée par ordre de l'Empereur Napoléon III. 32 Bde. Paris 1858–1869.

Nesselrode, Comte A., Hg.: *Lettres et papiers* du chancelier Comte de Nesselrode. 1760–1850. 10 Bde. Paris 1904–1911.

Novák, Johann Friedrich, Hg.: Briefe des Feldmarschalls Fürsten *Schwarzenberg* an seine Frau 1799–1816. Wien 1913.

Pelet, Jean-Jacques: *Mémoires* sur la guerre de 1809 en Allemagne. 4 Bde. Paris 1825.

Pfaundler, Wolfgang/Werner Köfler, Hg.: Der *Tiroler Freiheitskampf* 1809 unter Andreas Hofer. Zeitgenössische Bilder, Augenzeugenberichte und Dokumente. München, Bozen, Innsbruck 1984.

Pölitz, Karl Heinrich Ludwig, Hg.: Die *Constitutionen* der europäischen Staaten seit den letzten 25 Jahren. 2 Bde. Leipzig u. a. 1817.

Pozzo di Borgo, Charles André: Correspondance diplomatique du comte Pozzo di Borgo, 1814–1818. Hg. v. Charles Pozzo di Borgo. Bd. 1–2. Paris 1890/97.

Pribram, Albert Francis, Hg.: Urkunden und Akten zur Geschichte der Juden in Wien. Bd. 2. Wien, Leipzig 1918.

Prokesch von Osten, Anton von: *Aus den Tagebüchern* des Grafen Prokesch von Osten. 1830–1834. Wien 1909.

Prokesch von Osten, Anton von: *Der Feldzug in den Niederlanden* 1793, in: Kleine Schriften. Bd. 3. Stuttgart 1842.

Prudhomme, Marie-Louis: Histoire générale et impartiale des erreurs, des fautes et des crimes commis pendant la revolution française, à dater du 24 Août 1789. Bd. 1–6. Paris.

Quellen zur Geschichte des Deutschen Bundes. Abt. 1. Bd. 1, 1–2. München 2000. Abt. 2. Bd. 1. 2003. Abt. 3. 1996/98/2012.

Quennell, Peter, Hg.: *Vertrauliche Briefe der Fürstin Lieven.* Berlin 1939.

Radetzky von Radetz: Denkschriften militärisch-politischen Inhalts aus dem handschriftlichen Nachlass. Stuttgart, Augsburg 1858.

Riegel, Martin: Der Buchhändler Johann Philipp Palm. Ein Lebensbild. Mit e. vollständigen Abdruck der Schrift «Deutschland in seiner tiefen Erniedrigung». Hamburg 1938.

Rödiger, L.: *Rede*, gehalten am Feuer auf dem Wartenberge, am Abend des 18. Oct. 1817, in: Kieser, *Wartburgsfest*, 114–127.

Saint-Aulaire, Comte de: Souvenirs (Vienne, 1832–1841), hg. v. Marcel Thiébaut. Paris 1927.

Sassmann, Hanns: Metternich. Historisches Schauspiel in fünf Akten. Wien 1929.

Sauder, Gerhard, Hg.: *Theorie der Empfindsamkeit* und des Sturm und Drangs. Stuttgart 2003.

Servan de Sugny: Épitre a. M. le Prince de Metternich. Paris 1831.

Sommer, Johann Gottfried: *Das Königreich Böhmen*, statistisch-topographisch dargestellt. Bd. 6: Pilsner Kreis [mit Plaß]. Prag 1838, Bd. 15: Elbogner Kreis [mit Königswart] 1847.

Spiel, Hilde, Hg.: Der Wiener Kongreß in Augenzeugenberichten. München 1978.

Spies, Hans-Bernd, Hg.: *Die Erhebung gegen Napoleon.* 1806–1814/15, Darmstadt 1981.

Stein, Freiherr vom: *Briefe* und amtliche Schriften. Bearb. v. Erich Botzenhart. Neu hg. v. Walther Hubatsch. 10 Bde. Stuttgart u. a. 1957–1974.

Steitz, Walter, Hg.: *Quellen* zur deutschen Wirtschafts- und Sozialgeschichte im 19. Jahrhundert bis zur Reichsgründung. Darmstadt 1980.

Stolberg-Wernigerode, Henrich Graf zu: Tagebuch über meinen Aufenthalt in Wien zur Zeit des Congresses, hg. v. Boje Schmuhl. Halle 2004.

Talleyrand – Correspondance inédite du Prince de Talleyrand et du Roi Louis XVIII pendant le Congrés de Vienne. 2ème Ed. M. G. Pallain. Paris 1881.

Talleyrand – *Memoiren* des Fürsten Talleyrand, hg. vom Herzog von Broglie. Dt. Original-Ausgabe. 5 Bde. Köln, Leipzig 1891.

Temperley, Harold, Hg.: *Das Tagebuch der Fürstin Lieven* mit politischen Skizzen und einigen Briefen. Berlin 1926.

Thürheim, Lulu: *Mein Leben.* Erinnerungen aus Österreichs großer Welt, hg. v. René van Rhyn. 2 Bde. München 1913.

Ticknor, George: *Life, Letters, and Journals.* 2 Bde. Boston 1876.

Treichel, Eckhardt, Hg.: *Die Entstehung des Deutschen Bundes* 1813–1815. Bd. 1, 1–2. München 2000 = Quellen zur Geschichte des Deutschen Bundes Abt. I, 1, 1–2.

Turnbull, Peter Evan: *Reise* durch die Oesterreichischen Staaten. Aus d. Engl. v. E. A. Moriarty. 2 Bde. Leipzig 1841.

Ullrichová, Maria, Hg.: Clemens *Metternich* – Wilhelmine von Sagan. Ein Briefwechsel 1813–1815. Graz, Köln 1966.

Varnhagen von Ense, Karl August: *Denkwürdigkeiten* des eignen Lebens. 3. Teil. Leipzig ²1843.

Varnhagen von Ense – Aus dem Nachlaß Varnhagen's von Ense. Briefe von Stägemann, Metternich, Heine und Bettina von Arnim. Leipzig 1865.

Verhandlungen des österreichischen Reichstages nach der stenographischen Aufnahme. Bd. 1. Wien 1848.

Vitzthum von Eckstädt, Carl Friedrich Graf: *Berlin und Wien* in den Jahren 1845–1852. Politische Privatbriefe. Stuttgart 1886.

Vivenot, Alfred von/Heinrich von Zeißberg, Hg.: *Quellen zur* Geschichte der deutschen *Kaiserpolitik* Österreichs während der französischen Revolutionskriege 1793–1797. 3 Bde. Wien 1882/85/90.

Vollständiges Diarium der Römisch-Königlichen Wahl und Kaiserlichen Krönung [...] Leopold des Zweiten. Frankfurt a. M. 1791.

Wildner-Maithstein, Ignaz v.: Wackere Mitbürger des großen herrlichen Oesterreichs! Wien, 14. März 1848.

Winkopp, Peter Adolph: Die Rheinische Konföderations-Akte und das Staatsrecht des Rheinischen Bundes. Frankfurt am Mayn 1808.

Wittichen, Friedrich Karl, Hg.: Briefe von und an *Friedrich von Gentz*. Bde. 3, 1–2. München u. a. 1913.

参考文献

Acemoglu, Daron/James A. Robinson: Warum Nationen scheitern. Die Ursprünge von Macht, Wohlstand und Armut. Frankfurt a. M. 2013.

Alter, Peter: Nationalismus. Frankfurt a. M. 1985.

Amelunxen, Clemens: Der Clan Napoleons. Eine Familie im Schatten des Imperators. Berlin 1995.

Anderegg, Paul: Metternichs Urteil über *die politischen Verhältnisse Englands*. Diss. Bern. Wien 1954.

Anderson, Benedict: *Imagined Communities*. Reflections on the Origin and Spread of Nationalism. London, New York [13]2003.

Andreas, Willi: *Das Zeitalter Napoleons* und die Erhebung der Völker. Heidelberg 1955.

Angermeier, Heinz: *Das Alte Reich* in der deutschen Geschichte. Studien über Kontinuitäten und Zäsuren. München 1991.

Anton, Annette C.: Authentizität als Fiktion. *Briefkultur* im 18. und 19. Jahrhundert. Stuttgart, Weimar 1995.

Ara, Angelo: Il problema delle nazionalità in Austria da Metternich al dualismo, in: Rivista Storica Italiana, Bd. 116 (2004), 409–473.

Arco-Husslein, Agnes/Sabine Grabner, Werner Telesko, Hg.: Europa in Wien. Der Wiener Kongress 1814/15. Wien 2015.

Aretin, Karl Otmar von: *Das Alte Reich* 1648–1806. 4 Bde. Stuttgart 1993–2000.

Aretin, Karl Otmar von: Heiliges Römisches Reich 1776–1806. Reichsverfassung und Staatssouveränität. 2 Teile. Wiesbaden 1967.

Aretin, Karl Otmar von: *Vom Deutschen Reich zum Deutschen Bund*. Göttingen 1993.

Arndt, Johannes: Das niederrheinisch-westfälische Reichsgrafenkollegium und seine Mitglieder (1653–1806). Mainz 1991.

Arnold-Baker, Charles: *The Companion to British History*. Tunbridge Wells 1996.

Asch, Ronald G.: *Europäischer Adel* in der Frühen Neuzeit. Wien 2008.

Asche, Martin, u. a., Hg.: Was vom Alten Reiche blieb. Deutungen, Institutionen und Bilder des frühneuzeitlichen Heiligen Römischen Reiches Deutscher Nation im 19. u. 20. Jahrhundert. München 2011.

Auernheimer, Raoul: Prince Metternich: *Statesman and Lover*. New York 1940; dt: Staatsmann und Kavalier, 1947, 1972, 1977.

Austensen, Roy A.: Felix Schwarzenberg: «Realpolitiker» oder Metternichian? The evidence of the Dresden conference, in: Mitteilungen des Österreichischen Staatsarchivs 30 (1977), 97–118.

Autin, Jean: La duchesse d'Abrantès. Paris 1991.

Bauer, Franz J.: Das ‹lange› 19. Jahrhundert. Profil einer Epoche. Stuttgart 2004.

Bauer, Gerhard/Gorch Pieken, Matthias Rogg, Militärhistor. Museum, Hg.: *Blutige Romantik*. 200 Jahre Befreiungskriege. 2 Bde. 2013.

Baumgart, Winfried: Europäisches Konzert und nationale Bewegung. Internatinale Beziehungen 1830–1878. Paderborn u. a. 1999 (= Handbuch der Geschichte der Internationalen Beziehungen Bd. 6).

Bayly, Christopher A.: *Die Geburt der modernen Welt*. Eine Globalgeschichte. 1780–1914. Frankfurt a. M. u. a. 2006 (amerik. Ausg. Malden, MA 2004).

Beck, Ulrich/Marin Mulsow, Hg.: Vergangenheit und Zukunft der Moderne. Berlin 2014.

Beer, Adolf: *Fürst Clemens Metternich*. Leipzig 1877 = Rudolf Gottschall: Der neue Plutarch, Teil 5, 255–397.

Beer, Adolf: *Metternich* und die Entstehung des Zollvereins = Zs. f. d. gesamte Staatswissenschaft Bd. 49, 2 (1893), 316–320.

Beer, Adolf: *Zehn Jahre österreichischer Politik*: 1801–1810. Leipzig 1877.

Beidtel, Ignaz: Geschichte der österreichischen *Staatsverwaltung*. 1740–1848. Bd. 2: 1792–1848. Innsbruck 1898.

Benl, Rudolf, Hg.: Der Erfurter Fürstenkongress 1808. Hintergründe, Ablauf, Wirkung. Erfurt 2008.

Berg, Ursula: *Niklas Vogt* (1756–1836). Stuttgart 1992.

Bergeron, Louis, u. a. Hg: Das Zeitalter der europäischen Revolution. 1780–1848. Frankfurt a. M. 1969 = Fischer Weltgeschichte Bd. 26.

Berglar, Peter: Metternich: «*Kutscher Europas* – Arzt der Revolutionen». Göttingen 1973.

Bertier de Sauvigny: *Metternich et son temps*. Paris 1959, 1986; dt. München 1996.

Béthouart, Antoine: *Metternich et l'Europe*. Paris 1979.

Bettelheim, Anton: Balzacs Begegnung mit Metternich. Ein biographisches Blatt. Wien 1912 (= Neue Freie Presse 2./3. August 1912).

Beutner, Eduard: «Metternich und seine elende Umgebung». Strategien der Satire auf Exponenten des ‹Systems› bei Franz Grillparzer im Vorfeld von 1848, in: Hubert Lengauer u. Primus Heinz Kucher, Hg.: Bewegung im Reich der Immobilität. Bevolutionen in der Habsburgermonarchie 1848–1849. Literarisch-publizistische Auseinandersetzungen. Wien, Köln, Weimar 2001, 67–75.

Bew, John: *Castlereagh*. The Biography of a Statemann. London 2011, Paperback 2014.

Bibl, Viktor: Erzherzog Karl. Ein beharrlicher Kämpfer für Deutschlands Ehre. Wien, Leipzig 1942.

Bibl, Viktor: Kaiser Franz. Der letzte römisch-deutsche Kaiser. Leipzig, Wien 1938.

Bibl, Viktor: *Metternich*. Der Dämon Österreichs. Leipzig, Wien 1936.

Billinger, Robert D.: Metternich and the German Question. States' Rights and Federal Duties, 1820–1934. London, Toronto 1991.

Billinger, Robert D.: They sing the best songs badly: Metternich, Frederick William IV, and the German confederation during the war scare of 1840–41, in: Helmut Rumpler, Hg.: Deutscher Bund und deutsche Frage 1815–1866. Europäische Ordnung, deutsche Politik und gesellschaftlicher Wandel im Zeitalter der bürgerlich-nationalen Emanzipation. Wien, München 1990, 94–113.

Binder, Wilhelm: Fürst Clemens Metternich und sein Zeit-Alter. Eine geschichtlich-biographische Darstellung. Ludwigsburg 1836, ³1845.

Bitterauf, Theodor: *Geschichte des Rheinbundes* und der Untergang des alten Reiches. München 1905.

Blank, Isabella: Der bestrafte König? *Die Sächsische Frage* 1813–1815. Diss. phil. Heidelberg 2013.

Blanning, Tim/Hagen Schulze, Hg.: *Unity and Diversity* in European Culture c. 1800. Oxford, New York 2006

Blanning, Timothy Charles William: Das Alte Europa 1660–1789. Kultur der Macht und Macht der Kultur. Darmstadt 2006.

Blanning, Timothy Charles William: *Reform and Revolution in Mainz* 1743–1803. London, New York 1974.

Blanning, Timothy Charles William: *The French Revolution in Germany*. Occupation and Resistance in the Rhineland 1792–1802. Oxford 1983.

Blanning, Timothy Charles William: *The French Revolutionary Wars* 1787–1802. London (u. a.) 1996.

Bleyer, Alexandra: Auf gegen Napoleon! Mythos Volkskriege. Darmstadt 2013.

Bleyer, Alexandra: Das System Metternich. Die Neuordnung Europas nach Napoleon. Darmstadt 2014.

Blisch, Bernd: *Friedrich Carl Joseph von Erthal* (1774–1802). Erzbischof – Kurfürst – Erzkanzler. Studien zum Kurmainzer Politik am Ausgang des Alten Reiches. Frankfurt a. M. (u. a.) 2005.

Bock, Andreas: *Terrorismus*. Paderborn 2009.

Bödeker, Hans Erich, Hg.: Biographie schreiben. Göttingen 2003.

Botzenhart, Manfred: Metternichs Pariser *Botschafterzeit*, Münster 1967.

Bourke, Eoin: Moritz Hartmann, Bohemia and the Metternich System, in: Goethe im Vormärz. Hg. v. Detlev Kopp u. Hans-Martin Kruckis = Forum Vormärz Forschung, Jb. 9 (2003), 353–371.

Brandt, Hartwig, Hg.: Restauration und Frühliberalismus. 1814–1840. Darmstadt 1979.

Breitenstein, Hans: Metternich und Consalvi. Das Bündnis von Thron und Altar (1815–1823). Diss. masch. Wien 1959.

Broemser, Ferdinand: *Zur Geschichte der Familien Metternich* mit den drei Muscheln und mit dem Löwenwappen bis zum Jahr 1700. Andernach 1988.

Brühl, Clemens: Die Sagan. Das Leben der Herzogin Wilhelmine von Sagan, Prinzessin von Kurland. Berlin 1941.

Brugger, Eveline, u. a., Hg.: Geschichte der Juden in Österreich. Wien 2006.

Buchmann, Bertrand Michael: Das Dilemma des Konservativismus in der beginnenden Moderne. Die Zeit des Neoabsolutismus. In: Rill, *Konservatismus*, 89–108.

Burgdorf, Wolfgang: *Ein Weltbild verliert seine Welt*. Der Untergang des Alten Reiches und die Generation 1806. München 2006.

Budil, Ivo/Miroslav Šedivý, Hg.: Metternich & jeho doba. Pilsen 2009.

Büsch, Otto, Hg.: *Handbuch* der preußischen Geschichte. Bd. 2: Das 19. Jahrhundert und Große Themen der Geschichte Preußens. Berlin, New York 1992.

Buschmann, Nikolaus/Dieter Langewiesche, Hg.: Der Krieg in den Gründungsmythen europäischer Nationen und der USA. Frankfurt a. M., New York 2003.

Büssem, Eberhard: Die *Karlsbader Beschlüsse* von 1819. Die endgültige Stabilisierung der restaurativen Politik im Deutschen Bund nach dem Wiener Kongress von 1814/15. München 1972.

Carl, Horst: *Erinnerungsbruch als Bedingung der Moderne?* Tradition und bewusste Neuorientierung bei Hof und Zeremoniell nach 1806, in: Klinger u. a., *Das Jahr 1806*, 169–184.

Cartland, Barbara: Metternich, *the passionate diplomat*. London 1964.

Castelot, André: Talleyrand ou le cynisme. Paris 1980.

Cecil, Algernon: *Metternich 1773–1859*. A study of his period and personality. London 1933, ³1947.

Cerman, Ivo/Luboš Velek, Hg.: Adel und Wirtschaft. Lebensunterhalt der Adeligen in der Moderne. München 2009.

Cerman, Ivo/Luboš Velek, Hg.: Adelige Ausbildung. Die Herausforderung der Aufklärung und die Folgen. München 2006.

Cerman, Markus/Hermann Zeitlhofer, Hg.: Soziale Strukturen in Böhmen. Ein regionaler Vergleich von Wirtschaft und Gesellschaft in Gutsherrschaften, 16.-19. Jahrhundert. Wien 2002.

Chvojka, Michal: Josef Graf *Sedlnitzky* als Präsident der Polizei- und Zensurhofstelle in Wien (1817–1848). Ein Beitrag zur Geschichte der Staatspolizei in der Habsburgermonarchie. Frankfurt a. M. 2010.

Clausewitz, Carl von: *Vom Kriege*. Teil 1. Berlin 1832.

Clewing, Konrad/Oliver Jens Schmitt, Hg.: Geschichte Südosteuropas vom frühen Mittelalter bis zur Gegenwart. Regensburg 2011.

Cobden, John: The Life of Richard Cobden. 2 Bde. London 1908.

Conze, Eckart/Monika Wienfort, Hg.: *Adel und Moderne*. Deutschland im europäischen Vergleich im 19. und 20. Jahrhundert. Köln 2004.

Coons, Ronald E.: Metternich and the Lloyd Austriaco, in: Mitteilungen des Österreichischen Staatsarchivs 30 (1977), 49–66.

Corti, Egon Conte: *Metternich* und die Frauen. 2 Bde. Zürich 1948/49.

Cromwell, Judith Lissauer: *Dorothea Lieven*. A Russian Princess in London and Paris. 1785–1857. Jefferson, NC 2007.

Cwik, Christian: Die amerikanische Dimension des Wiener Kongresses, in: Just, *Wiener Kongress*, 120–145.

Dann, Otto, Hg.: Die deutsche Nation. Geschichte, Probleme, Perspektiven. Greifswald 1994.

Dann, Otto: The Invention of National Languages, in: Blanning/Schulze, Hg., *Unity and Diversity*, 121–133.

Dard, Émile: Les Mémoires de Caulaincourt, in: Revue d'histoire diplomatique, 47. Jg. (1933), 368–453.

Dard, Émile: *Napoleon und Talleyrand*. Berlin 1938.

Darwin, John: Der imperiale Traum. Die Globalgeschichte großer Reiche 1400–2000. Frankfurt a. M., New York 2010.

Darwin, John: Das unvollendete Weltreich. Aufstieg und Niedergang des Britischen Empire. 1600–1997. Frankfurt a. M., New York 2013.

Daum, Werner: *Oszillationen* des Gemeingeistes. Öffentlichkeit, Buchhandel und Kommunikation in der Revolution des Königreichs beider Sizilien 1820/21. Köln 2005.

De Luca Editori d'Arte, Hg.: Il Palazzo d'Inverno di Villa Metternich a Vienna. Uno Scrigno Crisoelefantino. Hg. v. Anna Gramiccia. Rom 2007.

Demel, Walter/Sylvia Schraut: Der deutsche Adel. Lebensformen und Geschichte. München 2014.

Demelić, Vera von: Fürst Metternich und der Uebertritt des Herzogs Karl II. von Lucca zum Protestantismus (Deutsche Revue Dezember 1907).

Doering-Manteuffel, Anselm: Die deutsche Frage und das europäische Staatensystem 1815–1871. München 1993.

Doering-Manteuffel, Anselm: Vom *Wiener Kongreß* bis zur Pariser Konferenz. England, die deutsche Frage und das europäische Mächtesystem 1815–1856. Göttingen 1991.

Dortiguier, Pierre: Metternich, le Taureau Blanc. De la philosophie politique du Prince-Chancelier, in: L'Autriche et l'idée d'Europe, hg. v. Michel Reffet. Dijon 1997, 243–258.

Dowe, Dieter u. a., Hg.: Europa 1848. Revolution und Reform. Bonn 1998.

Droysen, Johann Gustav: *Historik*. Vorlesungen über Enzyklopädie und Methodologie der Geschichte, hg. v. Rudolf Hübner. Darmstadt 1974.

Duchhardt, Heinz: Frieden im Europa der Vormoderne. Ausgewählte Aufsätze 1979–2011, hg. v. Martin Espenhorst. Paderborn u. a. 2012.

Duchhardt, Heinz: *Stein*. Eine Biographie. Münster 2007.

Duchhardt, Heinz: *Der Wiener Kongress*. Die Neugestaltung Europas 1814/15. München 2013.

Duchkowitsch, Wolfgang: Beschattet und gejagt vom Kanzler Metternich. Österreichische Publizisten im deutschen Exil, in: Markus Behmer, Hg.: Deutsche Publizistik im Exil 1933 bis 1945. Personen – Positionen – Perspektiven. Münster 2000, 31–45.

Dumont, Franz: *Die Mainzer Republik* von 1792/93. Alzey 1982.

Ebert, Sabine: *1815. Blut, Frieden*. Roman. München 2015.

Echternkamp, Jörg: Der Aufstieg des deutschen Nationalismus (1770–1840). Frankfurt a. M., New York 1998.

Eigenwill, Reinhardt: Wiederherstellung des europäischen Gleichgewichts. Das Zusammentreffen Napoleons I. mit Metternich im Sommer 1813, in: Dresdner Hefte, 23. Jg., Heft 83 (2005), 45–50.

Eimer, Manfred: Die politischen Verhältnisse und Bewegungen in *Straßburg im Elsaß im Jahre 1789*. Straßburg 1897.

Endres, Rudolf: Lieber Sauhirt in der Türkei als Standesherr in Württemberg, in: Alte Klöster – Neue Herrren. Die Säkularisation im deutschen Südwesten 1803, Bd. 2. Sigmaringen 2003, 837–856.

Erbe, Günter: Dorothea Herzogin von Sagan (1793–1862). Eine deutsch-französische Karriere. Köln, Weimar 2009.

Erbe, Günter: *Wilhelmine von Sagan* (1781–1839), in: Schlesische Lebensbilder 9 (2007), 229–239.

Erbe, Michael: Revolutionäre Erschütterung und erneuertes Gleichgewicht. Internationale Beziehungen 1785–1830. Paderborn u. a. 2004 (= Handbuch der Geschichte der Internationalen Beziehungen Bd. 5).

Externbrink, Sven: Kulturtransfer, Internationale Beziehungen und die «*Generation Metternich*» zwischen Französischer Revolution, Restauration und Revolution von 1848, in: Pyta, *Das europäische Konzert*, 59–78.

Evans, Richard: *Nipperdeys Neunzehntes Jahrhundert*, in: GG 20 (1994), 119–139.

Fahrmeir, Andreas: Revolutionen und Reformen. Europa 1789–1850. München 2010.

Fehrenbach, Elisabeth, Hg.: Adel und Bürgerum in Deutschland. 1770–1848. München 1994.

Fink, Humbert: Metternich. *Staatsmann, Spieler, Kavalier*, München 1989, 1993.

Fischer, Bernhard: Johann Friedrich Cotta. Verleger – Entrepreneur – Politiker. Göttingen 2014.

Fischer, Wolfram, u. a., Hg.: Handbuch der europäischen Wirtschafts- und Sozialgeschichte. Bd. 4. Stuttgart 1993 (darin: Alte Maße und Gewichte in Europa).

Förderverein «Historisches Torhaus zu Markkleeberg 1813», Hg.: 1813. *Kampf für Europa*. Die Österreicher in der Völkerschlacht bei Leipzig. Markkleeberg 2013.

Forgó, Hannelore: Fürst Richard Metternich. Diss. masch. Wien 1966 (mit genealogischer Karte der Nachfahren).

Fournier, August: Der *Congress von Châtillon*. Die Politik im Kriege von 1814. Wien, Prag 1900.

Fournier, August: *Gentz und Cobenzl*. Geschichte der österreichischen Diplomatie in den Jahren 1801–1805. Wien 1880.

Fournier, August: Julie von Krüdener, in: Fournier, Historische Studien und Skizzen. Prag, Leipzig 1885, 331–348.

Fournier, August: *Napoleon I.*, hg. v. Theophile Sauvageot. 3 Bde. Essen 1996 (Ndr.).

Frie, Ewald: Friedrich August Ludwig *von der Marwitz*. 1777–1837. Biographien [!] eines Preußen. Paderborn u. a. 2001.

Friese, Johannes: Neue *Vaterländische Geschichte* der Stadt Straßburg Bd. 5. Straßburg 1801.

Frohmann, Inge: Das Bild Metternichs in der deutschen Geschichtsliteratur mit besonderer Berücksichtigung der Biographien. Diss. masch. Graz 1954.

Furlani, Silvio: L'Austria e la questione Carignano alla vigilia del Congresso di Verone, in: Bollettino Storico-Bibliografico Subalpino 58 (1960), 116–153.

Füssel, Marian: *Der Siebenjährige Krieg* – Ein Weltkrieg im 18. Jahrhundert. München 2013.

Gall, Lothar, Hg.: *1848*. Aufbruch zur Freiheit. Berlin 1998.

Gall, Lothar: Die Nationalisierung Europas seit der Französischen Revolution, in: Dieter Hein u. a., Hg.: Lothar Gall. Bürgertum, liberale Bewegung und Nation. Ausgewählte Aufsätze. München 1996, 205–216.

Gall, Lothar: Wilhelm von Humboldt. Ein Preuße von Welt. Berlin 2011.

Gash, Norman: *Aristocracy and People* – Britain, 1815–1866. London 1979.

Gehler, Michael, u. a., Hg.: *Ungleiche Partner?* Österreich und Deutschland im 19. und 20. Jahrhundert. Stuttgart 1996.

Geisthövel, Alexa: Restauration und Vormärz. 1815–1847. Paderborn u. a. 2008.

Gersmann, Gudrun: Der Schatten des toten Königs. Zur Debatte um die Régicides in der Restauration, in: Gudrun Gersmann, Hubertus Kohle, Hg.: Frankreich 1815–1830. Trauma oder Utopie? Die Gesellschaft der Restauration und das Erbe der Revolution. Stuttgart 1993, 41–59.

Gervinus, Georg Gottfried: *Einleitung in die Geschichte* des neunzehnten Jahrhunderts. Leipzig 1853.

Giese, Ursula: Studie zur Geschichte der Pressegesetzgebung, der Zensur und des Zeitungswesens im frühen Vormärz, in: Archiv für Geschichte des Buchwesens. Bd. 6 (1966), 342–546.

Godsey, William D.: Das *Habsburgerreich* während der Napoleonischen Kriege und des Wiener Kongresses, in: Husslein-Arco, *Europa in Wien*, 29–35.

Gollwitzer, Heinz: Die *Standesherren*. Ein Beitrag zur deutschen Sozialgeschichte. Göttingen ²1964.

Griewank, Karl: Der Wiener Kongress und die europäische Restauration 1814/15. Leipzig ²1954.

Grobauer, Franz Josef: Metternich, der Kutscher Europas, Wien 1959; 1961: Ein Kämpfer für Europa.

Gruner, Wolf D.: *Der Deutsche Bund*. 1815–1866. München 2012.

Gruner, Wolf D.: Die deutsche Frage. Ein Problem der europäischen Geschichte seit 1800. München 1985.

Gruner, Wolf D.: Der *Wiener Kongress 1814/15.* Stuttgart 2014.

Grunwald, Constantin: *La vie de Metternich,* Paris 1938.

Haas, Arthur G.: *Metternich, reorganization and nationality* 1813–1818. A story of foresight and frustration in the rebuilding of the Austrian Empire. Wiesbaden 1963.

Hachtmann, Rüdiger: Hinabgestiegen von den Barrikaden? Revolutionäre und gegenrevolutionäre Gewalt 1848/49, in: Neithard Bulst u. a., Hg.: Gewalt im politischen Raum. Fallanalysen vom Spätmittelalter bis ins 20. Jahrhundert. Frankfurt a. M. 2008, 134–163.

Haefs, Wilhelm/York-Gothart Mix, Hg.: *Zensur* im Jahrhundert der Aufklärung. Geschichte – Theorie – Praxis. Göttingen 2007.

Hafner, D. L.: *Castlereagh,* the Balance of Power, and ‹Non-Intervention›, in: The Australian journal of politics and history 26 (1980), 71–84.

Hahn, Hans-Werner/Helmut Berding: Reformen, Restauration und Revolution. 1806–1848/49. Stuttgart 2010 (= Gebhardt Bd. 14).

Hahn, Hans-Werner: *Wirtschaftspolitische Offensive* mit deutschlandpolitischem Langzeiteffekt? Der Zollverein von 1834 in preußischer Perspektive, in: Gehler, *Ungleiche Partner,* 95–111.

Hamm, Margot, u. a., Hg.: *Napoleon und Bayern.* Katalog zur Bayerischen Landesausstellung 2015. Augsburg 2015.

Hantsch, Hugo: Metternich und das Nationalitätenproblem, in: Der Donauraum. Zeitschrift des Institutes für den Donauraum und Mitteleuropa. Bd. 11 (1966), 51–63.

Hardtwig, Wolfgang: Vormärz. Der monarchische Staat und das Bürgertum. München 1985.

Hartau, Friedrich: Clemens Fürst von *Metternich in Selbstzeugnissen* und Bilddokumenten, Reinbek bei Hamburg 1977.

Hartmann, Peter C./Florian Schuller, Hg.: Das Heilige Römische Reich und sein Ende 1806. Zäsur in der deutschen und europäischen Geschichte. Regensburg 2006.

Hattenhauer, Christian: *Wahl und Krönung Franz II.* AD 1792. Frankfurt a. M. 1995.

Häusler, Wolfgang: «Krieg ist das Losungswort! Sieg! Und so tönt es fort!» Deutsche und Österreicher für, mit und gegen Napoleon Bonaparte, in: Stadtgeschichtliches Museum, *Helden nach Maß,* 37–46.

Häusler, Wolfgang: Politische und soziale Probleme des Vormärz in den Dichtungen Karl Becks, in: Hubert Lengauer u. Primus Heinz Kucher, Hg.: Bewegung im Reich der Immobilität. Revolutionen in der Habsburgermonarchie 1848–1849. Literarisch-publizistische Auseinandersetzungen. Wien, Köln, Weimar 2001, 266–298.

Heigel, Carl Theodor: Ludwig I., König von Bayern. Leipzig 1872.

Heigel, Karl Theodor von: *Das Manifest des Herzogs von Braunschweig* vom 25. Juli 1792, in: Ders.: Neue geschichtliche Essays. München 1902, 138–184.

Helfert, Joseph Alexander Freiherr von: Kaiser Franz und die europäischen Befreiungskriege gegen Napoleon I. Wien 1867.

Helfert, Joseph Alexander Freiherr von: *Maria Louise,* Erzherzogin von Oesterreich, Kaiserin der Franzosen. Wien 1873.

Herman, Arthur: Metternich, New York 1932.

Herre, Franz: Metternich: *Staatsmann des Friedens,* Köln 1983.

Heydemann, Günther: *Carl Ludwig Sand.* Die Tat als Attentat. Hof 1985.

Heydemann, Günther: *Konstitution* gegen Revolution. Die britische Deutschland- und Italienpolitik 1815–1848. Göttingen, Zürich 1995.

Heyden-Rynsch, Verena von der: Europäische Salons. Höhepunkte einer versunkenen weiblichen Kultur. Düsseldorf, Zürich 1992, Darmstadt ³1993.

Hilbert, Wilfried: Metternich était-il un Européen? In: Synthèses. Revue Internationale. Brüssel 19 (1964), 432–441.

Hill, John H.: *Thunder on the Danube*: Napoleon's Defeat of the Habsburg. Bd. I. (E-Book) 2014.

Himmelein, Volker/Hans Ulrich Rudolf, Hg.: Alte Klöster, neue Herren. Die Säkularisation im deutschen Südwesten. Bde. 1 u. 2, 1–2. Ostfildern 2003.

Hirschfeld [Gustav]: Fürst Metternich und Herzog Ernst I. von Sachsen-Coburg und Gotha. Coburg 1929.

Höbelt, Lothar: Die Konservativen Alt-Österreichs 1848 bis 1918. Parteien und Politik, in: Rill, *Konservativismus*, 109–152.

Hobsbawm, Eric, u. a., Hg.: The *Invention of Tradition*. Cambridge ¹¹2003.

Hobsbawm, Eric J.: Nationen und Nationalismus. Mythos und Realität. Frankfurt a. M., New York 2004.

Hoefer, Frank Thomas: *Pressepolitik* und Polizeistaat Metternichs. Die Überwachung von Presse und politischer Öffentlichkeit in Deutschland und den Nachbarstaaten durch das Mainzer Informationsbüro (1833–1848). München 1983.

Hoffmann, Gabriele: Die Eisfestung. *Hamburg im kalten Griff* Napoleons. München 2012.

Hofschröer, Peter: 1813. Die Napoleonischen Befreiungskriege. Großgörschen (Lützen), Bautzen, Leipzig. Königswinter 2013 (engl. Originalausg. in 2 Teilen 1993/2001).

Hormayr, Josef von: Kaiser Franz und Metternich. Leipzig 1848.

Huber, Ernst Rudolf: Deutsche *Verfassungsgeschichte* seit 1789. Bde. 1–3. Stuttgart 1960–1963. Ndr. 1975.

Hüffer, Hermann: *Diplomatische Verhandlungen* aus der Zeit der französischen Revolution. 1. Bd. u. Ergbd.: Oestreich und Preußen gegenüber der französischen Revolution bis zum Abschluss des Friedens von Campo Formio. Bonn 1868/69.

Hüffer, Hermann: *Diplomatische Verhandlungen* aus der Zeit der französischen Revolution. Bd. 2, 1–2: Der rastatter Congreß und die zweite Coalition. Bonn 1878/79.

Hundt, Michael: *Die Mindermächtigen* deutschen Staaten auf dem Wiener Kongress. Mainz 1996.

Hunecke, Volker: Napoleon. Das Scheitern eines guten Diktators. Paderborn u. a. 2011.

Hurd, Douglas: Choose Your Weapons. The *British Foreign Secretary*. London 2010.

Husslein-Arco, u. a., Hg.: *Europa in Wien*. Der Wiener Kongress 1814/15. Wien 2015.

Jaeger, Friedrich/Jörn Rüsen: Geschichte des Historismus. Eine Einführung. München 1992.

Jansen, Christian: «Revolution» – «Realismus» – «Realpolitik». Der nachrevolutionäre Paradigmenwechsel in den 1850er Jahren im deutschen oppositionellen Diskurs und sein historischer Kontext, in: Kurt Bayertz u. a., Hg.: Weltanschauung, Philosophie und Naturwissenschaft im 19. Jahrhundert. Band 1: Der Materialismus-Streit. Hamburg 2007, 223–259.

Jansen, Christian: Der schwierige Weg zur Realpolitik. Liberale und Demokraten zwischen Paulskirche und Erfurter Union, in: Gunther Mai, Hg.: Die Erfurter Union und das Erfurter Unionsparlament 1850. Köln, Weimar, Wien 2000, 341–368.

Jœrgensen, Sven Aage/Klaus Bohnen, Per Œhrgaard: *Aufklärung, Sturm und Drang*, frühe Klassik. 1740–1789. München 1990 (= De Boor/Newald Bd. 4).

Johnson, Paul: The Birth of the Modern. World Society 1815–1830. New York 1991.

Judt, Tony/Denis Lacorne, Hg.: Language, Nation, and State. Identity Politics in a Multilingual Age. New York 2004.

Juhel, Pierre O.: 1813 – das Jahr eines Weltkriegs? In: Gerhard Bauer, u. a., Hg.: *Blutige Romantik*. 200 Jahre Befreiungskriege. Essayband. Dresden 2013, 40–51.

Just, Thomas Wolfgang, u. a., Hg.: *Der Wiener Kongress*. Die Erfindung Europas, Wien 2014.

Kadletz-Schöffel, Hedwig/Karl Kadletz: Metternich (1773–1859) und die Geowissenschaften, in: Geschichte der Erdwissenschaften in Österreich. Berichte der Geologischen Bundesanstalt Bd. 51 (2000), 49–52.

Kadletz-Schöffel, Hedwig: *Metternich und die Wissenschaften*. Wien 1992.

Kaernbach, Andreas: Bismarcks Konzepte zur Reform des Deutschen Bundes. Zur Kontinuität der Politik Bismarcks und Preußens in der deutschen Frage. Göttingen 1991.

Kammerer, Frithjof: Die Pressepolitik Metternichs. Versuch einer Gesamtdarstellung. Diss. masch. Wien 1958.

Kann, Robert A.: Geschichte des Habsburgerreiches 1526 bis 1918. Wien, Köln 1990.

Kerchnawe, Hugo/Alois Veltzé: Feldmarschall Karl Fürst zu Schwarzenberg, der Führer der Verbündeten in den Befreiungskriegen. Wien, Leipzig 1913.

King, David: Vienna 1814. New York 2008. Dt. Ausgabe München 2014.

Kissinger, Henry Alfred: *A World restored*: Metternich, Castlereagh and the problems of peace, 1812–22. London 1957; dt.: Großmacht Diplomatie: von der Staatskunst Castlereaghs und Metternichs. Düsseldorf, Wien 1962.

Klinger, Andreas/Hans-Werner Hahn, Georg Schmidt, Hg.: *Das Jahr 1806* im europäischen Kontext. Balance, Hegemonie und politische Kulturen. Köln u. a. 2008.

Klueting, Harm: *Die Lehre von der Macht der Staaten*. Das außerpolitische Machtproblem in der «politischen Wissenschaft» und in der praktischen Politik im 18. Jahrhundert. Berlin 1986.

Kohler, J. C.: *Die staatsrechtlichen Verhältnisse* des mittelbar gewordenen vormals reichsständischen Adels in Deutschland. Sulzbach 1844.

Knöbl, Wolfgang: Die *Kontingenz der Moderne*. Wege in Europa, Asien und Amerika. Frankfurt a. M. 2007.

Koch, Christoph Wilhelm: *Gemählde [!] der Revolutionen* in Europa: seit dem Umsturze des Römischen Kaiserthums im Occident bis auf unsere Zeiten. 3 Bde. Berlin 1807/1807/1809.

Koll, Johannes: ‹Die belgische Nation›. Patriotismus und Nationalbewusstsein in den Südlichen Niederlanden im späten 18. Jahrhundert. Münster (u. a.) 2003.

Koselleck, Reinhart: Einleitung, in: Geschichtliche Grundbegriffe. Bd. 1. Stuttgart 1972, XIII–XXVII.

Koselleck, Reinhart: Kap. 7–10 [1815–1847], in: Louis Bergeron, Hg.: Das *Zeitalter* der europäischen Revolution 1780–1848. Frankfurt a. M. 1969.

Kraehe, Enno Edward, Hg.: The Metternich Controversy. New York u. a. 1971.

Kraehe, Enno Edward: Metternich's German policy. 2 Bde. Princeton, N. J. 1963/83.

Kraus, Hans-Christof: Die politische Romantik in Wien. Friedrich Schlegel und Adam Müller, in: Rill, *Konservativismus*, 35–70.

Kronenbitter, Günther: Friedrich von Gentz und Metternich, in: Rill, *Konservativismus*, 71–88.

Kronenbitter, Günther: Wort und Macht. *Friedrich Gentz* als politischer Schriftsteller. Berlin 1994.

Kuhn, Axel/Schweigard, Jörg: *Freiheit oder Tod!* Die deutsche Studentenbewegung zur Zeit der Französischen Revolution. Köln (u. a.) 2005.

Kuster, Thomas: Die Italienreise Kaiser Franz' I. von Österreich 1819, in: Römische Historische Mitteilungen 46 (2004), 305–334.

Lachenicht, Susanne: Information und Propaganda. Die Presse deutscher Jakobiner im Elsaß (1791–1800). München 2004.

Landesmuseum Württemberg, Hg.: *Im Glanz der Zaren.* Die Romanows, Württemberg und Europa. Ulm 2013.

Langewiesche, Dieter: Kongress-Europa. Der Wiener Kongress und die internationale Ordnung im 19. Jahrhundert, in: Just, *Wiener Kongress,* 14–35.

Langewiesche, Dieter: Die *Monarchie* im Jahrhundert Europas. Selbstbehauptung durch Wandel im 19. Jahrhundert. Heidelberg 2013.

Langewiesche, Dieter: *Nation, nationale Bewegung, Nationalstaat* in den europäischen Revolutionen von 1848. Demokratische Hoffnung und Kriegsgefahr, in: ders.: *Reich, Nation, Föderation,* 259–276, 311 f.

Langewiesche, Dieter: *Nation, Nationalismus, Nationalstaat* in Deutschland und Europa. München 2000.

Langewiesche, Dieter: *Reich, Nation, Föderation.* Deutschland und Europa. München 2008.

Langewiesche, Dieter: Zum Wandel sozialer Ordnungen durch Krieg und Revolution: Europa 1848 – Wissenserzeugung durch Wissensvermittlung, in: Jörg Baberowski/Gabriele Metzler, Hg.: Gewalträume. soziale Ordnungen im Ausnahmezustand. Frankfurt a. M., New York 2012, 93–134.

Lauenberg, Diana Grazia: Die Auswirkungen der Pariser Julirevolution von 1830 auf die Wiener Presse unter Berücksichtigung der absolutistischen Politik des Staatskanzlers Metternich. Diss. masch. Wien 1992.

Lechner, Silvester: *Gelehrte Kritik* und Restauration. Metternichs Wissenschafts- und Pressepolitik und die Wiener «Jahrbücher der Literatur» (1818–1849). Tübingen 1977.

Lefebvre, Georges: Napoleon, hg. v. Peter Schöttler. Stuttgart 2003. Originalausg. 1935.

Lentz, Thierry: Le congrès de Vienne. Une refondation de l'Europe. 1814–1815. Paris 2013, dt. 2014.

Leonhard, Jörn: *Bellizismus und Nation.* Kriegsdeutung und Nationsbestimmung in Europa und den Vereinigten Staaten 1750–1914. München 2008.

Leonhard, Jörn/Ulrike von Hirschhausen, Hg.: Empires und Nationalstaaten im 19. Jahrhundert. Göttingen ²2011.

Liechtenstern, Joseph Marx v.: Handbuch der neuesten *Geographie des Österreichischen Kaiserstaates.* 3. Teile. Wien 1817/18.

Lieven, Dominic: Russland gegen Napoleon. Die Schlacht um Europa. München 2009 Originalausg. London 2009.

Linden, Marcel van der: Zur Logik einer Nicht-Entscheidung. Der Wiener Kongress und der Sklavenhandel, in: Just, *Wiener Kongress,* 354–373.

Lorenz, Ottokar: *Joseph II. und die Belgische Revolution.* Nach den Papieren des General-Gouverneurs Grafen Murray 1787. Wien 1862.

Lutz, Heinrich: *Zwischen Habsburg und Preußen.* Deutschland 1815–1866. Berlin 1985.

Mader, Eric-Oliver: Die letzten «Priester der Gerechtigkeit». Die Auseinandersetzung der letzten Generation von Richtern des Reichskammergerichts mit der Auflösung des Heiligen Römischen Reiches Deutscher Nation. Berlin 2005.

Magenschab, Hans: Erzherzog Johann. Habsburgs grüner Rebell. München 2002.

Malleson, G[eorge] B[ruce]: *Life of Prince Metternich*, London 1888.

Mascilli Migliorini, Luigi: *Metternich*. L'artefice dell'Europa nata dal Congresso di Vienna. Salerno 2014.

Mathy, Helmut: *Ein berühmter Student der Mainzer Universität*. Die diplomatischen Lehr- und Wanderjahre Metternichs, in: Jahrbuch der Vereinigung «Freunde der Universität Mainz» 17 (1968).

Mathy, Helmuth: *Die Entlassung des* österreichischen Gesandten *Franz Georg von Metternich* aus Mainz im Jahre 1785 = Mainzer Zeitschrift 66 (1971), 73–95.

Mathy, Helmut: *Franz Georg von Metternich*, der Vater des Staatskanzlers. Meisenheim 1969.

Mattern, Pierre: *«Kotzebue's Allgewalt»*. Literarische Fehde und politisches Attentat. Würzburg 2011.

Mattl-Wurm, Sylvia: «La haute volaille de Vienne – Intelligänse und Elegänse». *Politisierende Frauen* und Frauen der Politik 1814/15, in: Just, *Wiener Kongress*, 338–351.

Mayr, Josef Karl: *Aufbau und Arbeitsweise* des Wiener Kongresses, in: Archivalische Zeitschrift 45 (1939), 64–127.

Mayr, Josef Karl: Geschichte der *österreichischen Staatskanzlei* im Zeitalter des Fürsten Metternich. Wien 1935 = Inventare des Wiener Haus-, Hof- und Staatsarchivs V, 2.

Mayr, Josef Karl: Metternichs geheimer Briefdienst. Postlogen und Postkurse. Wien 1935 = Inventare des Wiener Haus-, Hof- und Staatsarchivs V, 1.

Mazohl-Wallnig, Brigitte: Österreichischer Verwaltungsstaat und administrative Eliten im *Königreich Lombardo-Venetien 1815–1859*. Mainz 1993.

Mazohl-Wallnig, Brigitte: Das Heilige Römische Reich und die Geburt des modernen Europa. Wien u. a. 2005.

Mazower, Mark: Die Welt regieren. Eine Idee und ihre Geschichte. München 2013.

McGuigan, Dorothy Gies: *Metternich*, Napoleon und die Herzogin von Sagan. Wien u. a. 1975.

Meinecke, Friedrich: Weltbürgertum und Nationalstaat, hg. v. Hans Herzfeld. München 1962.

Melville, Ralph: Adel und Revolution in Böhmen. Strukturwandel von Herrschaft und Gesellschaft in Österreich um die Mitte des 19. Jahrhunderts. Mainz 1998.

Menger, Philipp: *Die Heilige Allianz*. Religion und Politik bei Alexander I. (1801–1825). Stuttgart 2014.

Meyer, Arnold Oskar: Fürst Metternich. Berlin 1924 (= Einzelschriften zur Politik und Geschichte 5).

Mieck, Ilja: *Preußen* von 1807 bis 1850. Reformen, Restauration und Revolution, in: Büsch, *Handbuch*, 3–292.

Mikoletzky, Lorenz: *Ferdinand I.* von Österreich. 1835–1848, in: Schindling, *Kaiser der Neuzeit*, 329–339.

Milne, Andrew: Metternich, London 1975.

Missoffe, Michel: *Metternich 1773–1859*. Paris 1959.

Mitterer, Karl Anton: *Die Rolle Österreichs im Feldzug 1813*, in: Förderverein, *Kampf für Europa*, 16–27.

Molden, Ernst: *Ein österreichischer Kanzler*. Der Fürst von Metternich. Leipzig 1917 (= Österreichische Bibliothek Nr. 27).

Möller, Frank: Heinrich von Gagern. Eine Biographie. München 2004.

Moritz, Verena/Hannes Leidinger: Der Überwachungsstaat. Polizei, Geheimdienst und

Zensur. Der Wiener Kongress und die Kontinuität staatlicher Kontrolle, in: Just, *Wiener Kongress*, 162–179.

Mraz, Gerda und Gottfried: Österreichische Profile. Wien, Königstein 1981.

Müchler, Günter: *1813*. Napoleon, Metternich und das weltgeschichtliche Duell von Dresden. Darmstadt 2012.

Müller, Jürgen: *Der Deutsche Bund* 1815–1866. München 2006.

Müller, Jürgen: Reichsstädtisches Selbstverständnis, traditionales Bürgerrecht und staatsbürgerliche Gleichstellung in Speyer vom Ancien Régime zur napoleonischen Zeit, in: Rödel, Volker, Hg.: Die Französische Revolution und die Oberrheinlande (1789–1798). Sigmaringen 1991 (Oberrheinische Studien Bd. 9), 127–146.

Münkler, Herfried: Die neuen Kriege. Reinbek ⁴2010.

Münkler, Herfried: *Imperien*. Die Logik der Weltherrschaft — vom Alten Rom bis zu den Vereinigten Staaten. Berlin ⁵2006.

Münkler, Herfried: Über den Krieg. Stationen der Kriegsgeschichte im Spiegel ihrer theoretischen Reflexion. Weilerswist ⁶2011.

Nenon, Monika: Sophie von La Roches literarische *Salongeselligkeit* in Koblenz-Ehrenbreitstein 1771–1780, in: The German Quarterly 2002, 282–296.

Neuhaus, Helmut: Das Reich als Mythos in der neueren Geschichte, in: Helmut Altrichter u. a., Hg.: Mythen in der Geschichte. Freiburg 2004, 293–320.

Nicosia, Alessandro, Hg.: 1861–2011. *Regioni e Testiminaze d'Italie*. 1: I Luoghi. Le Testiminaze. 2: Le Regioni. Rom 2011.

Nipperdey, Thomas: *Deutsche Geschichte*. Bd. 1: Bürgerwelt und starker Staat. München 1983.

Nipperdey, Thomas: *Historismus und Historismuskritik*, in: Ders.: Gesellschaft, Kultur, Theorie. Gesammelte Aufsätze zur neueren Geschichte. Göttingen 1976, 59–73.

Oer, Rudolfine Freiin von: *Der Friede von Preßburg*. Ein Beitrag zur Diplomatiegeschichte des napoleonischen Zeitalters. Münster 1965.

Okey, Robin: The Habsburg Monarchy c. 1765–1918. From Enlightenment to Eclipse. New York 2001.

Oncken, Wilhelm: *Aus den letzten Monaten* des Jahres 1813, in: Historisches Taschenbuch. Leipzig 1883, 1–40.

Oncken, Wilhelm: *Lord Castlereagh* und die Ministerconferenz zu Langres am 29. Januar 1814, in: Historisches Taschenbuch. Leipzig 1885, 1–52.

Oncken, Wilhelm: *Oesterreich und Preußen* im Befreiungskriege. Urkundliche Aufschlüsse über die politische Geschichte des Jahres 1813. 2 Bde. Berlin 1876/79.

Oncken, Wilhelm: Das *Zeitalter der Revolution*, des Kaiserreiches und der Befreiungskriege. 2 Bde. Berlin 1884/86.

Opitz, Claudia u. a., Hg.: Tugend, Vernunft und Gefühl. Geschlechterdiskurse der Aufklärung und weibliche Lebenswelten. Münster u. a. 2000.

Osterhammel, Jürgen: *Die Verwandlung der Welt*. Eine Geschichte des 19. Jahrhunderts. München 2009.

Otto, Friedrich: A. J. Hofmann, Präsident des rheinisch-deutschen Nationalkonvents zu Mainz. Seine Sendung nach England in den Jahren 1793, 1794, 1795 nebst einigen anderen Nachrichten über sein Leben, in: Annalen des Vereins für Nassauische Altertumskunde Bd. 29 (1897/98), 77–92, darin: Rapport: Observations que j'ai faites pendant mon séjour en Engleterre [!], 84–89.

Ouvrard, Robert: Le *Congrès de Vienne* (1814–1815). Carnet mondain et éphémérides. Paris 2014.

Paléologe, Georges Maurice: Romantisme et diplomatie: Talleyrand, Metternich et Chateaubriand. Paris [1924].

Palmer, Alan: Alexander I. Der rätselhafte Zar. Frankfurt a. M., Berlin 1994.

Palmer, Alan Warwick: Metternich. London 1972; 1997: councillor of Europe; dt. 1977: Metternich. *Der Staatsmann Europas.*

Palmer, Alan: Napoleon in Rußland. 1967, dt. Ausg. Frankfurt a. M. 1969.

Paravicini, Werner: *Die ritterlich-höfische Kultur* des Mittelalters. München 1994.

Petschar, Hans: Altösterreich. Menschen, Länder und Völker in der Habsburgermonarchie. Wien 2011.

Pertz, Georg Heinrich: Das Leben des Ministers Freiherrn vom *Stein.* 6 Bde. Berlin 1849–1855.

Planert, Ute: *Der Mythos vom Befreiungskrieg:* Frankreichs Kriege und der deutsche Süden. Alltag, Wahrnehmung, Deutung. 1792–1841. Paderborn 2007.

Planert, Ute: Zwischen Alltag, Mentalität und Erinnerungskultur. Erfahrungsgeschichte an der Schwelle zum nationalen Zeitalter, in: Nikolaus Buschman/Horst Carl, Hg.: Die Erfahrung des Krieges. Paderborn u. a., 51–66.

Platthaus: *1813.* Die Völkerschlacht und das Ende der Alten Welt. Berlin 2013.

Plischnack, Alfred: «Sie sind alle verrückt und gehören ins Narrenhaus». *Österreich und seine Alliierten* im Kampf gegen Napoleon 1812/1814, in: Bauer, *Blutige Romantik,* 184–191.

Plotho, Carl v.: Der *Krieg in Deutschland und Frankreich* in den Jahren 1813 und 1814. 3. Teil. Berlin 1817.

Poole, Steve: The Politics of Regicide in England, 1760–1850. Troublesome Subjects. Manchester 2000.

Presser, Jacques: *Napoleon.* Das Leben und die Legende. Zürich 1990.

Price, Munro: *Napoleon.* The End of Glory. Oxford 2014.

Pyta, Wolfram, Hg.: *Das europäische Mächtekonzert.* Friedens- und Sicherheitspolitik vom Wiener Kongress 1815 bis zum Krimkrieg 1853. Köln u. a. 2009.

Quarg, Gunter: Friedrich Gentz charakterisiert Metternich. Ein biographischer Vergleich aus dem Jahre 1830, in: Mitteilungen des Instituts für Österreichische Geschichte 106 (1998), 435–439.

Radvany, Egon: Metternich's Projects for Reform in Austria. The Hague 1971.

Rauchensteiner, Manfred: Clemens Lothar Fürst Metternich. *Das Leben eines Geradlinigen,* in: Just, *Wiener Kongress,* 98–119

Raumer, Kurt von/Manfred Botzenhart: Deutsche Geschichte im 19. Jahrhundert. *Deutschland um 1800:* Krise und Neugestaltung. Von 1789 bis 1815. Wiesbaden 1980.

Rauscher, Peter: *Staatsbankrott* und Machtpolitik. Die österreichischen Finanzen und die Kosten des Wiener Kongresses, in: Just, *Wiener Kongress,* 257–267.

Reden-Dohna, Armgard/Ralph Melville, Hg.: Der Adel an der Schwelle des bürgerlichen Zeitalters. 1780–1860. Wiesbaden, Stuttgart 1988.

Reinhard, Wolfgang: *Geschichte des modernen Staates.* München 2007.

Reinlein, Tanja: *Der Brief als Medium der Empfindsamkeit.* Erschriebene Identitäten und Inszenierungspotentiale. Würzburg 2003.

Renaud, Theodor: *Johann Friedrich Simon,* ein Strassburger Pädagog und Demagog (1751–1829), in: Zs. f. d. Gesch. d. Oberrheins 62 (1908), 449–500.

Rieck, Eckhard: *Friedrich Koenig* und die Erfindung der Schnellpresse. Wege eines Pioniers der modernen Unternehmensgeschichte. Diss. phil. München 2014 (im Druck).

Rijn, Maaike van/Matthias Ohm, Red.: Im Glanz der Zaren. Die Romanows, Württemberg und Europa. Stuttgart 2013.

Rill, Robert u. a., Hg.: *Konservatismus* in Österreich. Strömungen, Ideen, Personen und Vereinigungen von den Anfängen bis heute. Graz, Stuttgart 1999.

Riotte, Torsten: Hannover in der britischen Politik (1792–1815). Dynastische Verbindung als Element außenpolitischer Entscheidungsprozesse. Münster 2005.

Ritzen, Renatus: Der junge Sebastian Brunnder in seinem Verhältnis zu Jean Paul, Anton Günther und Fürst Metternich. Aichach 1927.

Rodekamp, Volker, Hg.: *Helden nach Maß.* 200 Jahre Völkerschlacht. Katalog. Leipzig 2013.

Rödel, Volker, Hg.: Die Französische Revolution und die Oberrheinlande (1789–1798). Sigmaringen 1991 (Oberrheinische Studien Bd. 9).

Rohl, Eva-Renate: Metternich und England. Studien zum Urteil des Staatskanzlers über eine konstitutionelle Monarchie. Diss. masch. Wien 1967.

Rosenstrauch, Hazel: Congress mit Damen. Europa zu Gast in Wien 1814/1815. Wien 2014.

Rosenstrauch, Hazel: *Wahlverwandt und ebenbürtig.* Caroline und Wilhelm von Humboldt. Frankfurt a. M. 2009.

Rürup, Reinhard: Deutschland im 19. Jahrhundert. 1815–1871. Göttingen 1984.

Rumpler, Helmut: *Der Franziszeische Kataster* im Kronland Kärnten (1823–1844). Klagenfurt 2013.

Rumpler, Helmut/Peter Urbanitsch, Hg.: Die *Habsburgermonarchie* 1848–1918. 9 Bde. Wien 1973–2010; Bd. 7, 1–2: *Verfassung*; Bd. 8, 1–2: *Öffentlichkeit*; Bd. 9, 2: *Soziale Strukturen*. Wien 2000–2010.

Rumpler, Helmut: *Österreichische Geschichte* 1804–1914. Eine Chance für Mitteleuropa. Bürgerliche Emanzipation und Staatsverfall in der Habsburgermonarchie. Wien 1997.

Sadek, Martin: Metternichs publizistische und pressepolitische Betätigung im Exil (1848–1852). Diss. masch. Wien 1968.

Sandeman, G[eirge] A[melius]C[rawshay]: *Metternich.* London 1911.

Sapper, Theodor: Metternich und das System aus anglo-amerikanischer Sicht. Diss. masch. Wien 1973.

Sassen, Sakia: Das Paradox des Nationalen. Territorium, Autorität und Rechte im globalen Zeitalter. Frankfurt a. M. 2008.

Savoy, Bénédicte: *Napoleon und Europa.* Traum und Trauma. München u. a. 2011.

Schaeffer, Franz B.: Metternich, Bielefeld 1933 = Monographien zur Weltgeschichte 35.

Schallaburg Kulturbetriebsges.m.b.H., Hg.: *Napoleon.* Feldherr, Kaiser und Genie. Schallaburg 2009.

Schindling, Anton/Walter Ziegler, Hg.: Die *Kaiser der Neuzeit.* 1519–1918. Heiliges Römisches Reich, Österreich, Deutschland. München 1990.

Schlitter, Hanns: Aus Österreichs Vormärz. I: Galizien u. Krakau, II: Böhmen, III. Ungarn, IV: *Niederösterreich.* Zürich u. a. 1920.

Schmidt, Georg: Wandel durch Vernunft. *Deutsche Geschichte* im 18. Jahrhundert. München 2009.

Schmidt-Brentano, Antonio: Österreichs Weg zur Seemacht. Die Marinepolitik Österreichs in der Ära Erzherzog Ferdinand Maximilian (1854–1864), in: Mitteilungen des Österreichischen Staatsarchivs 30 (1977), 119–152.

Schmidt-Weissenfels, Eduard: *Fürst Metternich.* Geschichte seines Lebens und seiner Zeit. 2 Bde. Prag 1859/60

Schneider, Günter: 1794 – Die Franzosen auf dem Weg zum Rhein. Aachen 2006.

Schönpflug, Daniel: Der Weg in die Terreur. Radikalisierung und Konflikte im Straßburger Jakobinerclub (1790–1795). München 2002.

Schönpflug, Daniel: Luise von Preußen. Königin der Herzen. München ³2010.

Scholz, Natalie: Die imaginierte Restauration. Repräsentationen der Monarchie im Frankreich Ludwigs XVIII. Darmstadt 2006.

Schraut, Sylvia: *Das Haus Schönborn*. Eine Familienbiographie. Katholischer Reichsadel 1640–1840. Paderborn u. a. 2005.

Schremmer, Bernd: Metternich. *Kavalier & Kanzler*. Halle 1990.

Schroeder, Paul W.: Metternich's Diplomacy at its Zenith 1820–1823. Austin 1962.

Schroeder, Paul W.: The *Transformation* of European Politics 1763–1848. Oxford 1994.

Schüler, Isabella: Franz Anton Graf von *Kolowrat*-Liebsteinsky (1778–1861). Der Prager Oberstburggraf und Wiener Staats- und Konferenzminister. Diss. phil. München 2014 (im Druck).

Schütz, Friedrich Wilhelm von/Carl Gustav von Schulz: *Geschichte der Kriege* in Europa seit dem Jahre 1792, Teil 3. Leipzig 1829.

Schulz, Gerhard: Die deutsche Literatur zwischen Französischer Revolution und Restauration. 1: 1789–1806. München ²2000. 2: 1806–1830. 1989 (= De Boor/Newald 7, 1–2).

Schulz, Matthias: *Normen und Praxis*. Das Europäische Konzert der Großmächte als Sicherheitsrat. 1815–1860. München 2009.

Schulze, Hagen: Staat und Nation in der europäischen Geschichte. München 1994.

Schumacher, Annemarie (Bearb.): Clemens Fürst von Metternich und seine Zeit. Aus den Beständen der Stadtbibliothek Koblenz. Koblenz 1973 = Veröffentlichungen der Stadtbibliothek Koblenz H. 10.

Schwarz, Henry F., Hg.: Metternich the «Coachman of Europe» – Statesman or Evil Genius? Lexington Mass. 1962.

Schwerin, Claudius v.: Deutsche *Rechtsgeschichte*. Leipzig, Berlin 1912.

Šedivý, Miroslav: Metternich, the Great Powers and the *Eastern Question*. Pilsen 2013.

Šedivý, Miroslav: Metternich and the French Expedition to Algeria (1830), in: Archiv orientální 76 (2008), 15–37.

Ségur-Cabanac: Viktor Graf: *Kaiser Ferdinand* als Regent und Mensch (Der Vormärz). Wien 1912.

Seibt, Gustav: *Goethe und Napoleon*: eine historische Begegnung. München 2008.

Sellin, Volker: *Die geraubte Revolution*. Der Sturz Napoleons und die Restauration in Europa. Göttingen 2001.

Seward, Desmond: Metternich. *The first European*. New York 1971, dt.: Metternich, der erste Europäer. Zürich 1993.

Sheehan, James: German History. 1770–1866. Oxford 1988.

Sheehan, James: *Kontinent der Gewalt*. Europas langer Weg zum Frieden. München 2008.

Sieben, Anton: Die Stellung Österreichs zu den braunschweigisch-hannoverschen Angelegenheiten 1822–1830. Diss. masch. Wien 1924.

Siemann, Wolfram: «Deutschlands Ruhe, Sicherheit und Ordnung». Die *Anfänge der politischen Polizei* 1806–1871. Tübingen 1995.

Siemann, Wolfram: Die deutsche Revolution von 1848: Einheit der Nation und Zwietracht *der Nationalitäten*, in: Dann, *Die deutsche Nation*, 24–34.

Siemann, Wolfram: *Gesellschaft im Aufbruch*. Deutschland 1849–1871. Frankfurt a. M. 1990.

Siemann, Wolfram: Immanuel *Kant. Aus so krummem Holz*, als woraus der Mensch gemacht ist, kann nichts ganz Gerades gezimmert werden, in: Ein solches Jahrhundert vergißt sich nicht mehr. München 2000, 240–244.

Siemann, Wolfram: *Metternich. Staatsmann* zwischen Restauration und Moderne. München 2010, ²2013.

Siemann, Wolfram: *Metternich's Britain*. London 2011.

Siemann, Wolfram: *Vom Staatenbund* zum Nationalstaat. Deutschland 1806–1871. München 1995.

Siemann, Wolfram: *Zensur im Übergang* zur Moderne. Die Bedeutung des «langen 19. Jahrhunderts», in: Haefs, *Zensur*, 357–388.

Simon, Christian, Hg.: Basler Frieden 1795. Revolution und Krieg in Europa. Basel 1995.

Sked, Alan: *Metternich and Austria*. An evaluation. Basingstoke 2008.

Sked, Alan: *Radetzky*. Imperial Victor and Military Genius. London, New York 2011.

Smith, E. A.: George IV. New Haven u. a. 1999.

Späth, Jens: *Revolution in Europa* 1820–23. Verfassung und Verfassungskultur in den Königreichen Spanien, beider Sizilien und Sardinien-Piemont. Köln 2012.

Srbik, Heinrich von: *Geist und Geschichte*. Vom deutschen Humanismus bis zur Gegenwart. 2 Bde. München, Salzburg 1950/51.

Srbik, Heinrich von: *Metternich*. Der Staatsmann und der Mensch. 2 Bde., München 1925, Ndr. München 1956; Bd. 3: Quellenveröffentlichungen und Literatur. Eine Auswahlübersicht von 1925–1952. München 1954.

Srbik, Heinrich von: Vom alten Metternich, in: Archiv für österreichische Geschichte. Bd. 117 (1944), 1–35.

Srbik, Heinrich: Die Bedeutung der Naturwissenschaften für die Weltanschauung Metternichs. Wien 1925.

Staab, Josef u. a., Hg.: *Schloss Johannisberg*. Neun Jahrhunderte Weinkultur am Rhein. Mainz [2001].

Stahl, Andrea: *Metternich und Wellington*. Eine Beziehungsgeschichte. München 2013.

Stauber, Reinhard, u. a., Hg.: Mächtepolitik und Friedenssicherung. Zur politischen Kultur Europas im Zeichen des Wiener Kongresses. Berlin 2014.

Stauber, Reinhard: Der *Wiener Kongress*. Wien u. a. 2014.

Stern, Alfred: L'idée d'une représentation centrale de l'Autriche, in: Revue historique 31 (1886), 1–14.

Stollberg-Rilinger, Barbara: Das Heilige Römische Reich Deutscher Nation. Vom Ende des Mittelalters bis 1806. München 2006.

Stollberg-Rilinger: *Des Kaisers alte Kleider*. Verfassungsgeschichte und Symbolsprache des Alten Reiches. München 2008.

Strobl von Ravelsberg, Ferdinand: *Metternich und seine Zeit* 1773–1859. 2 Bde. Wien 1906/07.

Struck, Wolf-Heino: *Johannisberg* im Rheingau. Eine Kloster-, Dorf-, Schloß- und Weinchronik. Frankfurt a. M. 1977.

Sutermeister, Werner: Metternich und die Schweiz. Bern 1895.

Talmon, Jacob L.: Die *Geschichte der totalitären Demokratie*. 3 Bde., hg. v. Uwe Backes. Göttingen 2013, Originalausg. London 1952/1960/1981.

Tausig, Paul: Die Beziehungen des Staatskanzlers Metternich zu Baden. [o. O.] 1912.

Taylor, Alan John Percivale: The Italian Problem in European Diplomacy 1847–1849. 1934.

Telesko, Werner: Geschichtsraum Österreich. Die Habsburger und ihre Geschichte in der bildenden Kunst des 19. Jahrhunderts. Wien u. a. 2006.

Temperley, Harold/Charles Webster: The Congress of Vienna 1814–1815 and the Conference of Paris 1919, in: Medlicott, W. N., Hg.: From Metternich to Hitler. Aspects of British and Foreign History 1814–1939. London 1963.

Temperley, Harold: The Foreign Policy of *Canning*. 1822–1827. England, the Neo-Holy Alliance, and the New World. London ²1966.

Ter Meulen, Jacob: Der Gedanke der Internationalen Organisation in seiner Entwicklung. The Hague 1968.

Thamer, Hans-Ulrich: Die *Völkerschlacht* bei Leipzig. Europas Kampf gegen Napoleon. München 2013.

Tischler, Ulrike: Die habsburgische Politik gegenüber den Serben und Montenegrinern 1791–1822. Förderung oder Vereinnahmung? München 2000.

Toussaint du Wast, Nicole: Laure Junot, duchesse d'Abrantès. Paris 1985.

Treitschke, Heinrich von: *Deutsche Geschichte* im 19. Jahrhundert. 5 Bde. Leipzig 1927, Erstausgabe. Berlin 1879–1894.

Tritsch, Walther: Metternich und sein Monarch. Biographie eines seltsamen Doppelgestirns. Darmstadt 1952.

Tritsch, Walther: Metternich: Glanz und Versagen. Berlin 1934.

Tulard, Jean: *Napoleon* oder der Mythos des Retters. Tübingen 1978, ²1979.

Ullmann, Hans-Peter: Der deutsche *Steuerstaat*. Geschichte der öffentlichen Finanzen vom 18. Jh. bis heute. München 2005.

Ullmann, Hans-Peter: Staat und Schulden. Öffentliche Finanzen in Deutschland seit dem 18. Jahrhundert. Göttingen 2009.

Ullrich, Volker: Napoleon. Eine Biographie. Hamburg 2004.

Vallotton, Henry: *Metternich*. Paris 1965.

Vellusig, Robert: *Schriftliche Gespräche*. Briefkultur im 18. Jahrhundert. Wien u. a. 2000.

Veltzé, Alois: Napoleon und Erzherzog Karl 1809, in: Österreichische Rundschau 19 (1909), 215–224.

Venohr, Wolfgang: Napoleon in Deutschland. Zwischen Imperialismus und Nationalismus. 1800–1813. München ²1998.

Vick, Brian E.: The *Congress of Vienna*. Power and Politics after Napoleon. Cambridge, London 2014.

Vick, Brian: Der *Kongress tanzt und arbeitet trotzdem*. Festkultur und Kabinettspolitik, in: Just, *Wiener Kongress*, 268–285.

Vidal, Florence: Caroline Bonaparte. Sœur de Napoléon Ier, Paris 2006.

Vocelka, Karl: *Österreichische Geschichte* 1699–1815. Glanz und Untergang der höfischen Welt. Repräsentation, Reform und Reaktion im habsburgischen Vielvölkerstaat. Wien 2001.

Vogt, Nicolaus: Ueber die Europäische Republik. 1: *Politisches Sistem* [!]. Frankfurt a. M. 1787.

Vogt, Nikolaus: *Die deutsche Nation* und ihre Schicksale. Frankfurt a. M. 1810.

Vogt, Nikolaus: Historische *Darstellung des europäischen Völkerbundes*. 1. Theil Frankfurt a. M. 1808.

Volkov, Shulamit: Bitten und Streiten. *Die Emanzipation der Juden* auf dem Wiener Kongress, in: Just, *Wiener Kongress*, 236–253.

Wachalla, J. W.: Der österreichische Reichskanzler [!] Clemens Lothar Fürst v. Metternich. Historisch-politische Studie. Wien 1872.

Wagner, Michael: England und die *Französische Gegenrevolution* 1789–1802. München 1994.

Webster, Charles: The Congress of Vienna 1814–1815. London 1963 ('1919).

Webster, Charles: The Foreign Policy of *Castlereagh*. London 1925/31. Repr. 1958/63.

Webster, Charles: The Foreign Policy of Palmerston. 2 Bde. London 1951.

Wehler, Hans-Ulrich: Deutsche *Gesellschaftsgeschichte*. 5 Bde. München 1987–2008.

Wehler, Hans-Ulrich: *Nationalismus*. Geschichte, Formen, Folgen. München 2001.

Weichlein, Siegfried: *Cosmopolitanism, Patriotism, Nationalism*, in: Blanning, Schulze, Hg., *Unity and Diversity* (2006), 77–99.

Weikl, Katharina: Krise ohne Alternative? Das Ende des Alten Reiches 1806 in der Wahrnehmung der süddeutschen Reichsfürsten. Berlin 2006.

Weis, Eberhard: Der *Durchbruch des Bürgertums* 1776–1847. Frankfurt a. M., Berlin, Wien Ndr. 1982.

Weis, Eberhard: *Montgelas*. 2 Bde. München 1971/2005. Bd. 1 ⁴1988.

Weiß, Dieter J.: Die Reaktion auf Aufklärung und Französische Revolution. In: Rill, *Konservatismus*, 11–34.

Weissensteiner, Friedrich: Liebhaber von staatsmännischer Weltklasse. Clemens Wenzel Lothar Fürst Metternich, in: ders.: Liebe in fremden Betten. Große Persönlichkeiten und ihre Affären. Wien, Frankfurt a. M. 2002, 139–175.

Wendland, Wilhelm: *Versuche einer allgemeinen Volksbewaffnung* in Süddeutschland während der Jahre 1791 bis 1794. Berlin 1901.

White, George W.: *Nationalism and Territory*. Constructing Group Identity in Southeastern Europe. New York, Oxford 2000.

Widmann, Ernst: Die religiösen Anschauungen des Fürsten Metternich. Darmstadt 1912.

Wilflinger, Gerhard: Der aufgeklärte Reaktionär: Metternichs europäische Friedensordnung, in: Claus Bussmann, Friedrich A. Uehlein, Hg.: Wendepunkte. Interdisziplinäre Arbeiten zur Kulturgeschichte. Würzburg 2004, 249–268.

Willms, Johannes: *Napoleon*. Eine Biographie. München 2005.

Willms, Johannes: *Talleyrand*. Virtuose der Macht. 1754–1838. München 2011.

Wimmer, Josef: Beiträge und Bilder zur Geschichte Metternichs und seiner Zeit. Aus den Tagebüchern des Grafen Prokesch von Osten 1830–1834. Gmunden 1910 (= 14. Jahresbericht des k.k. Staats-Realgymnasiums in Gmunden).

Winkelhofer, Martina: Adel verpflichtet. Frauenschicksale in der k.u.k. Monarchie. Wien 2009.

Winkler, Heinrich A., Hg.: Nationalismus in der Welt von heute. Göttingen 1982.

Wittmann, Reinhard: *Buchmarkt und Lektüre* im 18. und 19. Jahrhundert. Tübingen 1982.

Wolf, Adam: *Fürstin Eleonore Liechtenstein*. 1745–1812. Nach Briefen und Memoiren ihrer Zeit. Wien 1875.

Zamoyski, Adam: *1812*. Napoleons Feldzug in Russland. München 2012.

Zamoyski, Adam: *1815*. Napoleons Sturz und der Wiener Kongress. München 2014.

Zamoyski, Adam: *Phantom Terror*. The Treat of Revolution and the Repression of Liberty 1789–1848. London 2014, Paperback 2015.

Zedinger, Renate: Die Verwaltung der Österreichischen Niederlande in Wien (1714–1795). Studien zu den Zentralisierungstendenzen des Wiener Hofes im Staatswertungsprozess der Habsburgermonarchie. Wien (u. a.) 2000.

Zeinar, Hubert: *Geschichte des österreichischen Generalstabes*. Wien 2006.

Zeißberg, Heinrich Ritter von: *Belgien unter der Generalstatthalterschaft* Erzherzog Carls. 3 Teile. Wien 1893/93/94.

Zeißberg, Heinrich Ritter von: *Zwei Jahre belgischer Geschichte.* 2 Teile. Wien 1891.

Ziegler, Walter: *Franz I.* von Österreich. 1806–1835, in: Schindling, *Kaiser der Neuzeit,* 309–328.

Ziegler, Walter: *Franz II.* 1792–1806, in: Schindling, *Kaiser der Neuzeit,* 290–306.

Ziegler, Walter: *Kaiser Franz II. (I.).* Person und Wirkung, 17 f., in: Wilhelm Brauneder, Hg.: Heiliges Römisches Reich und moderne Staatlichkeit. Frankfurt a. M. (u. a.) 1993, 9–28.

Zimmermann, Harro: Friedrich Gentz. Die Erfindung der Realpolitik. Paderborn u. a. 2012.

Zorgbibe, Charles: Metternich, *le séducteur diplomate.* Paris 2009.

Zorgbibe, Charles: Talleyrand et l'invention de la diplomatie française. Paris 2012.

图片索引及版权说明

（索引中页码为德文版页码，即本书页边码）

S. 537: Schloss Königswart
S. 540: Schloss Königswart
S. 543: NA Prag RAM A. C. 9 Krt. 2, 102
S. 546: Schloss Königswart, Signatur Ky 78
S. 548: Denkmalinstitut Pilsen, Hg.: Schloss Kynžvart. Nymburk 2005
S. 578: Metternich 6. 5. 1823 an Dorothea von Lieven, RAM A. C. 6, C 19, 10, Nr. 138–150
S. 586: ÖNB, Wien
S. 587: ÖNB, Wien
S. 589: © Privatbesitz
S. 602: Georg Kugler: Staatskanzler Metternich und seine Gäste. Graz u. a. 1991
S. 604: © Privatbesitz
S. 605: NA Prag RAM Krt. 132, 5024 u. 5025
S. 606: © Privatbesitz
S. 625: HHStA Wien StK Vorträge Krt. 209, Fol. 81
S. 629: HHStA Wien, StK Vorträge, Krt. 205, Fol. 55
S. 666: HHStA Wien StK Vorträge Krt. 215, Fol. 135
S. 671: Levin Karl von Hohnhorst: Vollstaendige Uebersicht der gegen Carl Ludwig Sand wegen Meuchelmordes veruebt an dem k. russischen Staatsrath v. Kotzebue gefuehrten Untersuchung. Stuttgart 1820
S. 685: NA Prag A. C. 9 Krt. 1, 53
S. 700: NA Prag RAM Krt. 140, 5226
S. 747: StA Pilsen Vs-Plasy, Krt. 125, 1833
S. 748: StA Pilsen, Vs-Plasy, Krt. 125, 1834
S. 752: Archiv Schloss Johannisberg
S. 756: StA Pilsen, Vs-Plasy, Krt. 149
S. 757: Anton Wiehl: General-Karte von der hochfürstlich von Metternich'schen Herrschaft Plaß
S. 759: StA Pilsen, Vs Plasy, Krt. 149
S. 760: © Privatbesitz
S. 761: NA Prag RAM Krt. 143, 5357
S. 768: HHStA Wien StK Acta Secreta Krt. 4, Fol. 129–132
S. 776: HHStA Wien Informationsbüro StK Mainzer Zentral-Polizei, Krt. 16
S. 777: HHStA Wien Informationsbüro StK Mainzer Zentral-Polizei, Krt. 20
S. 794: Karl Vocelka: Österreichische Geschichte 1699–1815. Wien 2001
S. 805: HHStA Wien, Hausarchiv, Familienkorrespondenz, K 30, Teil 1
S. 806: HHStA Wien, Hausarchiv, Familienkorrespondenz, K 30, Teil 1
S. 809: NA Prag, Tagebuch Melanie von Metternich, Jg. 1851, 6. 10. 1851
S. 835: NA Prag A. C. 9 Krt. 2, 82
S. 839: HHStA Wien Minister-Kolowrat-Akten Krt. 103, Zl. 2230
S. 844: NA Prag, Tagebuch der Fürstin Melanie v. Metternich Jg. 1848
S. 859: ÖNB/L. Angeno

人名索引

（索引中页码为德文版页码，即本书页边码）

图书在版编目(CIP)数据

梅特涅:帝国与世界/(德)沃尔弗拉姆·希曼
(Wolfram Siemann)著;杨惠群译. -- 北京:社会科
学文献出版社, 2025. 1. -- ISBN 978-7-5228-4582-1

Ⅰ. K835.217

中国国家版本馆 CIP 数据核字第 2024LM5744 号

梅特涅:帝国与世界

著　　者 /	〔德〕沃尔弗拉姆·希曼(Wolfram Siemann)
译　　者 /	杨惠群
出 版 人 /	冀祥德
组稿编辑 /	段其刚
责任编辑 /	陈旭泽　阿迪拉木·艾合麦提
责任印制 /	王京美

出　　版 / 社会科学文献出版社·教育分社 (010) 59367151
　　　　　地址:北京市北三环中路甲29号院华龙大厦　邮编:100029
　　　　　网址:www.ssap.com.cn
发　　行 / 社会科学文献出版社 (010) 59367028
印　　装 / 北京盛通印刷股份有限公司

规　　格 / 开　本:889mm×1194mm 1/32
　　　　　印　张:37.5　字　数:917千字
版　　次 / 2025年1月第1版　2025年1月第1次印刷
书　　号 / ISBN 978-7-5228-4582-1
著作权合同
登 记 号 / 图字01-2016-2352号
定　　价 / 179.00元

读者服务电话:4008918866